עליע (אליה) פֿאַלקאָוויטש

ייִדיש. פֿאָנעטיק, גראַפֿיק, לעקסיק און גראַמאַטיק

אַרויסגעגעבן פֿון אפֿרת גל־עד, דאַריע וואַכרושאָוואַ,
שמעון נויבערג און וואַלענטינאַ פֿעדטשענקאָ

ע. פאלקאָוויטש

ייִדיש

מעלוכע-פארלאג „דער עמעס"

מאָסקווע 1940

עליע (אליה) פֿאַלקאָוויטש

ייִדיש

פֿאָנעטיק, גראַפֿיק, לעקסיק און גראַמאַטיק

אַרויסגעגעבן פֿון אפֿרת גל־עד, דאַריע וואַכרושאָוואַ, שמעון נויבערג און וואַלענטינאַ פֿעדטשענקאָ

d|u|p

אינהאַלט

הקדמה

דער זיבעטער באַנד אין דער סעריע „ייִדיש: אויסגאַבעס און פֿאָרשונג“ איז אַ נײַע עדיציע פֿון אליה פֿאַלקאָוויטשעס „ייִדיש. פֿאָנעטיק, גראַפֿיק, לעקסיק און גראַמאַטיק“ אין כּלל־ייִדישן אויסלייג, דערגאַנצט דורך קאָמענטאַרן און פֿיר עסייען. דאָס ווערק, וואָס איז פּובליקירט געוואָרן אין מאָסקווע אין 1940, איז ביז הײַנט צו טאָג איינס פֿון די וויכטיקסטע אײַנקוקביכער פֿאַר ייִדישער גראַמאַטיק. דאָס דאָזיקע טעאָרעטישע גראַמאַטיק־ביכל אַנטהאַלט אַ פּרטימדיקע באַשרײַבונג פֿון דער מאָדערנער ייִדישער שפּראַך אין גערעם פֿון דער אַלגעמיינער לינגוויסטיק. די שילדערונג פֿונעם שפּראַכסיסטעם ווערט פֿאַרברייטערט דורך דיאַלעקטאַלע וואַריאַנטן און פֿאַרבינדט זיך מיט דערקלערונגען פֿון נאָרמאַטיזיווע כּללים. דער פֿאָרמאַליסטיש סינכראָניסטישער צוגאַנג ווערט דערגאַנצט דורך שטעלן וועגן דער געשיכטע פֿון דער ייִדישער שפּראַך און וועגן דער אַנטוויקלונג פֿון איינצלנע פֿאָרמעס. דאָס אַלץ – מיטן ציל צו עטאַבלירן אַ ייִדיש־סאָוועטישע כּלל־שפּראַך.

אליה פֿאַלקאָוויטש (1898–1979) איז געווען איינער פֿון די אָנפֿירנדיקע ייִדישע שפּראַכפֿאָרשער אין ראַטן־פֿאַרבאַנד. אין די 1920–1930ער יאָרן האָט ער מיטגעאַרבעט בײַ דער שאַפֿונג פֿון אויסלייג־ און פּונקטואַציע־רעפֿאָרמעס. אין 1929 און 1936 זענען אַרויס זײַנע צוויי לערנביכער, וואָס קענען באַטראַכט ווערן ווי אַ צוגרייט־אַרבעט צו דער גראַמאַטיק פֿון 1940. די דאָזיקע אַרומנעמיקע גראַמאַטיק איז – נישט אַזוי ווי די פֿריערדיקע לערנביכער – ביז הײַנט צו טאָג ניט דיגיטאַליזירט געוואָרן און איז שווער צו געפֿינען אין ביבליאָטעקן, כאָטש זי האָט זיך אַרויסגעוויזן פֿאַר דורכויס נייטיק פֿאַר אַן ערנסטער באַשעפֿטיקונג מיט דער ייִדישער שפּראַך. אַ דאַנק דער נײַער קאָמענטירטער אויסגאַבע איז דאָס ווערק ווידער אַ מאָל צוטריטלעך צו פֿאָרשן און לערנען ייִדיש – אי געדרוקט און אי – צום ערשטן מאָל – דיגיטאַליש.

צווישן 1920 און 1940 זענען עטלעכע גראַמאַטישע ווערק אָנגעשריבן געוואָרן אין פֿאַרשיידענע ייִדישע קיבוצים, געאָגראַפֿיש דערווײַטערטע איינער פֿונעם צווייטן (למשל אין ווילנע, וואַרשע, מאָסקווע אָדער מינסק). נאָך דער אָקטאָבער־רעוואָלוציע אין 1917, אַז מע האָט אָנערקענט די נאַציאָנאַלע מינדערהייטן און זייערע שפּראַכן, איז אויפֿגעקומען אַ דינאַמיק פֿון קולטור־אויפֿבוי, וואָס האָט גורם געווען אַן אינטענסיווע אַנטוויקלונג פֿון ייִדיש אין ראַטן־פֿאַרבאַנד צווישן ביידע וועלט־מלחמות, בפֿרט וואָס שייך שפּראַך־פּלאַנירונג. אליה פֿאַלקאָוויטש איז געווען אַ וויכטיקע פֿיגור אין דער דאָזיקער אַנטוויקלונג.

די פֿאָרש־מעטאָדעס פֿון די ייִדיש־סאָוועטישע לינגוויסטן זענען אויף פֿאַרשיידענע אופֿנים מושפּע געוואָרן פֿון פֿאָרמאַליסטישע טענדענצן וואָס האָבן דאָמינירט אין דער

רוסיש־רעדנדיקער סבֿיבֿה. מע האָט זיך מער פֿאַר אַלץ אָפּגעגעבן מיט סיסטעמאַטיזירונג פֿון פֿאַראַדיגמעס און אַרומנעמיקער באַשרײַבונג פֿון פֿאָרמעס, פֿון דיאַלעקטאַלער פֿילמיניקייט און שפּראַך־וואַריאַבלען. די פֿאָרשער האָבן זיך גלײַכצײַטיק באַמיט פֿאָרצושטעלן ייִדיש אין גערעם פֿון אַלגעמיינער לינגוויסטיק און אין קאָנטעקסט פֿון מאַריזם,[1] וואָס איז פֿאַרשפּרייט געוואָרן אין ראַטן־פֿאַרבאַנד אַרום 1930 און האָט צוליב אידעאָלאָגישע סיבות באַדאַרפֿט אינטעגרירט ווערן אין דער ייִדישער שפּראַכפֿאָרשונג אויך. די אַמביציע פֿון ייִדיש־סאָוועטישע לינגוויסטן – צו שאַפֿן אויף ייִדיש אַ פּרטימדיקע שפּראַך־באַשרײַבונג וואָס זאָל זײַן טערמינאָלאָגיש פּרעציז – האָט געפֿאָדערט, זיי זאָלן אַנטוויקלען אַ פֿולשטענדיקן סיסטעם לינגוויסטישע באַגריפֿן. די אַמביציע און איר אויספֿירונג זענען ביידע געווען אַ טייל פֿון דער שטרעבונג צו מאַכן ייִדיש פֿאַר אַ פֿולווערטיקער נאַציאָנאַל־שפּראַך, וואָס אין איר זאָל זײַן מעגלעך צו פֿירן דיסקוסיעס וועגן אַיעדן וויסן־געביט, ניט אָנקומענדיק צו דאָמינירנדיקע שפּראַכן.

אַן אַנדער צוגאַנג האָבן געהאַט די לינגוויסטן פֿונעם ייִדישן וויסנשאַפֿטלעכן אינסטיטוט (ייִוואָ), וואָס האָט זיך אײַנגעפֿונען קודם אין ווילנע און דערנאָך אין ניו־יאָרק. זיי האָבן זיך געסטאַרעט אונטערצושטרײַכן די באַזונדערקייט פֿון דער ייִדישער קולטור אויך מיט די מיטלען פֿון שפּראַכפֿאָרשונג. זייער באַשרײַבונג פֿון ייִדיש האָט זיך דער עיקר אָפּגעגעבן מיט אירע אונטערשיידן פֿון אַנדערע לשונות. די פֿאַרשיידנדיקע פּערספּעקטיוון פֿון סאָוועטישע און ייִוואָ־פֿאָרשער ווײַזן זיך בולט אין זייערע באַשרײַבונגען פֿון דעם שמעלץ־כאַראַקטער פֿון ייִדיש, וואָס אין איר קומען זיך צונויף עטלעכע דעטערמינאַנטן: מאַקס ווײַנרײַך, דער מיטגרינדער פֿון ייִוואָ און מחבר פֿון דער פֿירבענדיקער „געשיכטע פֿון דער ייִדישער שפּראַך“, האָט אונטערגעשטראָכן די אייגנאַרטיקייט פֿון ייִדיש שאַפֿנדיק אַ ספּעציעלן באַגריף ‚שמעלצשפּראַך‘. סאָוועטישע שפּראַכפֿאָרשער האָבן געהאַלטן אַז שפּראַכקאָנטאַקטן כאַראַקטעריזירן די אַנטוויקלונג פֿון אַלע שפּראַכן, כאָטש דאָס קען זײַן שטאַרקער פֿאַרטראָטן אין ייִדיש. אַ שטייגער אין דעם אַרײַנפֿיר צו דער גראַמאַטיק האָט פֿאַלקאָוויטש אָנגעוויזן אויפֿן „געמישטן“ כאַראַקטער פֿון ענגליש און האָלענדיש אויך.

פֿאַרגלײַכנדיק יודל מאַרקס „גראַמאַטיק פֿון דער ייִדישער כּלל־שפּראַך“ – די איינציקע אַרומנעמיקע גראַמאַטיק, וואָס איז אַנטשטאַנען אין דער ייִוואָ־סבֿיבֿה אין ניו־יאָרק אין 1978, מיט פֿאַלקאָוויטשעס „ייִדיש“, דערזעט מען אַ בולטן אונטערשייד אין זייער מעטאָדע: די ערשטע איז פּרעסקריפּטיוו, די צווייטע – דעסקריפּטיוו. אַנשטאָט צונויפֿצושטעלן רשימות פֿון כּללים האָבן סאָוועטישע לינגוויסטן געלייזט די אויפֿגאַבע פֿון שפּראַך־סטאַנדאַרדיזאַציע דורך באַריכותדיקע באַשרײַבונגען פֿון שפּראַך־וואַריאַבלען און פֿאַרשיידענע

1 די יאַפֿעטישע טעאָריע פֿון ניקאָלײַ מאַר איז אַ לינגוויסטישע טעאָריע וואָס איר יסוד איז די פֿאַרבונדנקייט צווישן דער שפּראַכסטרוקטור און דער געזעלשאַפֿטלעך־פּאָליטישער אַנטוויקלונג. לויט הײַנטיקע לינגוויסטן האָט זי ניט קיין גרונד. זי האָט דאָמינירט אין דער סאָוועטישער לינגוויסטיק צווישן 1920 און 1950. איר השפּעה ווײַזט זיך ניט נאָר אין די לערנביכער פֿון דער ייִדישער שפּראַך, נאָר אויך אין די דיסקוסיעס אין דעם קיִעווער אינסטיטוט פֿאַר ייִדישער פּראָלעטאַרישער קולטור.

דיאַלעקטן. מחמת דעם גרויסן רײַכטום פֿונעם מאַטעריאַל האָבן זײ זיך געסטאַרעט ניט אָפּצושאַצן די פֿאָרמעס אין שײַכות מיט זײער קוואַליטעט. פֿאַלקאָוויטש באַגרענעצט זיך אויף דער באַשרײַבונג פֿון דערשײַנונגען אויסמײַדנדיק אַיעדע שאַצונג וואָס שייך שפּראַכלעכע נאָרמעס אָדער סטיל. אַריבערגייענדיק די ענגע גרענעצן פֿון פֿאָרמאַליזם אין די 1920ער יאָרן באַמיט זיך פֿאַלקאָוויטש פֿאָרצושטעלן ייִדיש ווי אַ קולטורשפּראַך. אין דער אייגענער צײַט וויל ער נעענטער צוברענגען דעם געבילדעטן ייִדיש־רעדער די אייגענע שפּראַכקולטור; די אָ שטרעבונג האָט אים באַוויגן צו ברענגען אין זײַן ווערק אַ ניואַנסירטן אָפּקלײַב פֿון שפּראַכציטאַטן, שעפּנדיק פֿון אַ גרויסן שפּראַכקאָרפּוס. אַ דאַנק דעם צוגאַנג דערהיט די גראַמאַטיק איר גרויסן ווערט ביז הײַנט צו טאָג.

אויסלייג און געשטאַלטיקונג פֿון טעקסט

דער אָריגינעלער טעקסט, געדרוקט לויטן ייִדיש־סאָוועטישן אויסלייג, איז פֿאַר דער נײַער עדיציע צוגעפּאַסט געוואָרן צו די מאָדערנע ייִוואָ־כּללים. די געוויינטלעכע גראַפֿן האָט מען וואָרט־אויס אויסגעביטן אויף סוף־אותיות. דער פֿאָנעטישער אויסלייג פֿון לשון־קדושדיקע ווערטער איז געביטן געוואָרן אויפֿן טראַדיציאָנעלן. פֿאַראַכטן אָן אַ וואָרט־סימן זענען אויך אַנדערע ספּעציפֿישע אייגנשאַפֿטן פֿון דער ייִדיש־סאָוועטישער אָרטאָגראַפֿיע: צוגעגעבן אַ פּתח אונטער אַן אַלף ווו ער באַטײַט דעם קלאַנג [אַ], אַרײַנגעשטעלט דעם שטומען אַלף נאָך פּרעפֿיקסן: פֿאַרייניקונג ← פֿאַראייניקונג. סטאַנדאַרדיזירט איז דער סאָוועטישער אויסלייג פֿון פּרעפּאָזיציעס און צוגאָבן: באַ ← בײַ, אַפּ/אופּ־ ← אויף/אויפֿ־. אַדווערביאַלע פֿאַרבינדונגען ווערן געשריבן צוזאַמען אָדער באַזונדער לויטן ייִוואָ־אויסלייג, למשל אשטייגער ← אַ שטייגער.

מע האָט איבערגעלאָזט דעם ייִדיש־סאָוועטישן אויסלייג דאָרטן ווו ער איז די טעמע פֿון דיסקוסיע, למשל אין קאַפּיטל „ייִדישע גראַפֿיק און אָרטאָגראַפֿיע“. כּדי צו פֿאַרגרינגערן דאָס נאָכקוקן אין ווערטערביכער, ווערט אין עטלעכע פֿאַלן צוגעגעבן די שרײַבונג לויט די ייִוואָ־תּקנות.

צו זײַן גראַמאַטיק האָט פֿאַלקאָוויטש צוגעגעבן פּרטימדיקע הערות. מיר פֿאָלגן דעם נוסח פֿון דער ערשטער עדיציע און גיבן אָן די נומערן פֿון ,פֿוסנאָטיצן׳ זײַט בײַ זײַט. פֿאַלקאָוויטשעס אייגענע פֿוסנאָטיצן האָבן אַ נומער אין קאַנטיקלעך כּדי זײ אונטערצושיידן פֿון די הערות פֿון דער רעדאַקציע. די דאָזיקע אַנטהאַלטן ייִדישע איבערזעצונגען פֿון רוסישע באַגריפֿן און בײַשפּילן און עטלעכע צוגאָב־אינפֿאָרמאַציעס.

פֿאַלקאָוויטשעס אַלע ציטאַטן און אָפּשיקן האָבן מיר איבערגענומען אין דער נײַער עדיציע, נישט איבערקוקנדיק די פּרטים איינציקווײַז. די רעפּראָדוקציעס זענען פֿון ס׳נײַ אַראָפּגענומען געוואָרן פֿון זייערע אָריגינאַלן.

פֿאָלגנדיק דעם אָנגענומענעם נוסח האָט פֿאַלקאָוויטש אויסגעטיילט ספּעציעלערע פּרטים, וואָס גיבן צו קאָנטעקסט, דורך אַ קלענערן שריפֿט; די דאָזיקע שטעלן זענען אויך

אין אונדזער באַנד געדרוקט קלענער. די זײַטל־נומערן פֿון דער ערשטער עדיציע געפֿינען זיך אין טעקסט גופֿא אין קאַנטיקלעך.

בײַם סוף פֿונעם בוך געפֿינט זיך אַ ביבליאָגראַפֿיע פֿון פֿאַלקאָוויטשעס אַלע פּובליקירטע ווערק וואָס זענען אונדז געווען צוטריטלעך.

דער קאָמענטאַר

אַ קאָמענטאַר אויף ייִדיש דינט ווי אַ נאָכקוקווערק פֿאַר פֿאַרשיידענע גראַמאַטישע טעמעס און צייכנט אָן פֿאַלקאָוויטשעס צוגאַנג אין גערעם פֿון דער דעמאָלטיקער און הײַנטיקער ייִדישער שפּראַך־וויסנשאַפֿט. דער קאָמענטאַר איז צעגלידערט אויף קאַפּיטלען און פּאַראַגראַפֿן לויטן אינהאַלט פֿון בוך און שיקט אָפּ צו די ווערק פֿון באַטײַטנדיקע ייִדישע שפּראַכפֿאָרשער הן אין ראַטן־פֿאַרבאַנד און הן אין דער ייִוואָ־סבֿיבֿה ווי אויך צו פֿריִערדיקע פֿאָרשונגען וועגן ייִדיש. אין ברענפּונקט שטייט די סאָוועטישע לינגוויסטיק, וואָס פֿאַלקאָוויטשעס גראַמאַטיק געהערט צו אירע גרעסטע אויפֿטוען.

די עסייען

די עדיציע באַלײַכט דעם אויפֿטו פֿון ייִדיש־סאָוועטישע שפּראַכפֿאָרשער וואָס ביז הײַנט צו טאָג איז ער מחמת אידעאָלאָגישע פֿאָראורטלען ניט אָפּגעשאַצט געוואָרן ווי געהעריק. איין אַרטיקל אויף ענגליש און דרײַ אויף דײַטש שטעלן פֿאָר פֿאַלקאָוויטשעס לעבן און שאַפֿן אין אַ קולטור־היסטאָרישן און לינגוויסטישן גערעם און ווײַזן אָן אויף שײַכותן צו ייִדישיסטישע שפּראַכפּראָיעקטן אין ראַטן־פֿאַרבאַנד און מחוץ זײַנע גרענעצן.

אין איר ביאָגראַפֿישן עסיי גייט אפֿרת גל־עד נאָך אליה פֿאַלקאָוויטשעס לעבנס־געשיכטע און זײַן ווירקן ווי אַ לערער און פֿאָרשער אויפֿן סמך פֿון אינטערוויוען מיט דער משפּחה און שילערס. באַניצנדיק זיך מיט פּרעסע־ און אַרכיוו־מאַטעריאַלן רעקאָנסטרויִרט זי זײַן ראָלע ווי אַ וויכטיקער מיטטוער אין דעם גרויסן ייִדיש־סאָוועטישן קולטור־פּראָיעקט, וואָס באַלד נאָך דער צווייטער וועלט־מלחמה איז ער חרובֿ געוואָרן.

וואַלענטינאַ פֿעדטשענקאָ שטעלט פֿאָר פֿאַלקאָוויטשעס ווערק אין גערעם פֿון דער סאָוועטישער שפּראַכפֿאָרשונג און פֿאַרגלײַכט זײַן מעטאָדע מיט די מעטאָדעס פֿון די ערשטראַנגיקע ייִוואָ־לינגוויסטן. זי גייט נאָך פּראַגעס וועגן דער שפּראַך־טיפּאָלאָגישער קלאַסיפֿיקאַציע פֿון ייִדיש, וועגן מעטאָדישע צוגאַנגען, וועגן סטאַנדאַרדיזאַציע און די באַגריפֿן וואָס האָבן משפּיע געווען אויף דער אינטערפּרעטאַציע פֿון שפּראַכלעבן מאַטעריאַל.

אין ברענפּונקט פֿון דאַריע וואַכרושאָוואַס עסיי שטייט אליה פֿאַלקאָוויטש דער פּעדאַגאָג. זי שטעלט פֿאָר דאָס לערנביכל אין קאָנטעקסט פֿון דער רוסיש־ און ייִדיש־סאָוועטישער שפּראַך־מעטאָדיק. דורכן אַנאַליז פֿון אינהאַלט און קאָמפּאָזיציע־פּרינציפּן באַשרײַבט זי פֿאַלקאָוויטשעס אומגאַנג מיט שפּראַכלעכן און וויזועלן מאַטעריאַל וואָס האָט געדינט זײַן שטרעבונג צו עטאַבלירן ייִדיש ווי אַ נאַציאָנאַל־שפּראַך.

שמעון נויבערג גיט זיך אָפּ מיט ציטאַטן פֿון דער עלטערער (מערבֿ־)ייִדישער ליטעראַטור אין פֿאַלקאָוויטשעס ווערק און פֿאָרשט זיי אויס ברענגענדיק ביבליאָגראַפֿישע פּרטים און ידיעות וועגן דער געשיכטע פֿון דער פֿאָרשונג איבער זיי.

דאַנקוואָרט

מיר באַדאַנקען דער Fritz Thyssen Stiftung פֿאַרן שטיצן אונדזער עדיציע־פּראָיעקט. אַ האַרציקער דאַנק גייט צו אַנאַ פֿאַלקאָוויטש־קראַקינאָווסקאַיאַ (ניו־דזשערסי) פֿאַר אָפּטרעטן די רעכט איבערצודרוקן דעם טעקסט. מיר באַדאַנקען אנטולי און בנימין ארציס (חיפה), וועלוול טשערנין (כּפֿר־אלדד), אַנאַ פֿאַלקאָוויטש־קראַקינאָווסקאַיאַ (ניו־דזשערסי) און דמיטרי כאַדאָווסקי (ווימרע) פֿאַרן טיילן זיך מיט זייערע דערמאָנונגען. אַלכּסנדר גאָרדין (ירושלים), יעלענאַ סאַראַשעווסקאַיאַ (ביראָבידזשאַן), לידיאַ פּעטראָוואַ (מאָסקווע) און אַלכּסנדר פֿרענקעל (סאַנקט־פּעטערבורג) קומט אונדזער דאַנק פֿאַר דער הילף בײַם אײַנשאַפֿן אַרכיוו־מאַטעריאַלן און ייִדישע צײַטונגען און צײַטשריפֿטן. מיר באַדאַנקען אונדזערע העלפֿער(ינ)ס אַסטריד בלעס און פֿין וועסטערקאַמפּ פֿאַר זייער אומדערמידלעכער אַרבעט. פֿאַר דער ענגלישער איבערזעצונג פֿון אונדזער הקדמה באַדאַנקען מיר לאָרענס ראָזענוואַלד. רחל לעפֿקאָוויץ און האַנס־אולריך מילער־שוועפֿע קומט אונדזער דאַנק פֿאַרן פֿאַרריכטן די ענגלישע און דײַטשישע טעקסטן. פֿאַר שטיצע, פֿאַר קריטיש דורכקוקן דעם טעקסט און פֿאַר עצות דאַנקען מיר האַנס רודאָלף באָסהאַרד, ראָלאַנד גרושקאַ, אַקינטשאַנאָ מ. וועבער, קלאַוס מילער־סאַלגעט, יצחק ניבאָרסקי, אליעזער ניבאָרסקי, אלכּסנדרה פּאָליאַן, שירי שאַפּיראַ. אַנע סאָקאָל פֿון düsseldorf university press קומט אַ דאַנק פֿאַר זאָרגעוודיק באַגלייטן דעם באַנד.

אפֿרת גל־עד און דאַריע וואַכרושאָוואַ
קעלן, נאָוועמבער 2023

איבערגעזעצט פֿון דאַריע וואַכרושאָוואַ

ע. פאַלקאָוויטש

ייִדיש

פאָנעטיק, גראַפיק, לעקסיק
און גראַמאַטיק

דערלויבט פונעם פאָלקאָמבילד
פון רספסר אלס הילפבוך

מעלוכע-פאַרלאַג „דער עמעס"
מאָסקווע 1940

„שטאָפ אונ פאָרמע פונ דער אייגענער שפראכ" זייַ=
נענ אָבער נאָר דאנ פארשטענדלעכ, ווענ מע שפירט
נאָכ איר אנטשטייונג אונ בעהאדראָגעדיקע אנטוויק=
לונג, אונ דאָס איז ניט מעגלעכ, אויב מע זאָל ניט נע=
מענ אינ אכט, ערשטנס, אירע אייגענע אָפגעשטאָרבע=
נע פאָרמעס אונ, צווייטנס, די קרוווישע לעבעדיקע אונ
טויטע שפראכנ".

ע נ ג ע ל ס — „אנטי=דירינג", 1936, ז. 233 (רוסיש).

מאָטאָ פֿאַר קאַפּיטל I אין דער אָריגינאַל־אויסגאַבע.

פֿאָרוואָרט

[3] דאָס איז אַ קורס פֿאַר סטודענטן פֿון פּעדשולן און פֿאַר דערוואַקסענע בכלל. דאָס דאָזיקע ביכל וועט קאָנען ניצן סײַ דער, וואָס האָט דורכגעמאַכט אַ מער עלעמענטאַרן קורס ייִדיש (אין די ערשטע זיבן קלאַסן פֿון דער מיטלשול), און סײַ דער, וואָס האָט אַזאַ קורס ניט דורכגעמאַכט, אָבער וואָס האָט אַ באַשטימטע שפּראַכלעך־ליטעראַרישע דערפֿאַרונג.
די דאָזיקע אויסגאַבע „ייִדיש" שיידט זיך שטאַרק אונטער פֿון דער אויסגאַבע פֿון 1936 יאָר. דאָ זײַנען צוגעגעבן זייער פֿיל נײַע קאַפּיטלען (פֿאָנעטיק, גראַפֿיק, לעקסיק־סעמאַנטיק, סינטאַקס), עס איז פֿאַרברייטערט און פֿאַרפּינקטלעכט די באַלײַכטונג פֿון אַ ריי גראַמאַטישע דערשײַנונגען, און עס איז אין פֿיל ערטער געענדערט דער אילוסטראַטיווער מאַטעריאַל.
מחמת אָרגאַניזאַציאָנעל־טעכנישע טעמים איז אינעם דאָזיקן ביכל געגעבן בלויז דער טעאָרעטישער טייל. דער פּראַקטישער טייל, די אויפֿגאַבעס, וועט גיין באַזונדער.
פֿאַר אַ ריי וויכטיקע קריטישע באַמערקונגען און עצות דריק איך אויס מײַן גרעסטן דאַנק די חבֿרים מ. ווינער און א. זאַרעצקי.

מאָסקווע, יולי 1938 י.

ע. פֿ.

קירצונגען פֿון ציטירטע אַוטאָרן, ווערק און אַנדערע

אויז. וואַרש.[1] – עוזר וואַרשאַווסקי.
אַלב. – מאיר אַלבערטאָן.
אַנשל – **ספר של רבי אנשיל**, קראָקע, 1584.
אַקס. – ישׂראל אַקסענפֿעלד (1787–1866).
אָר. – הערשל אָרלאַנד.
אָ. שוו. – אָשר שוואַרצמאַן (1890–1919).
בליץ – יקותיאל בליץ – **תנך**, אַמסטערדאַם, 1676–1679.
בערג. – דוד בערגעלסאָן.
ברעסל. – נחמן ברעסלאַווער, בראַצלאַווער (1772–1811).
גאָד. – שמואל גאָדינער.
גאָטל. – אַבֿרהם־בער גאָטלאָבער (1811–1899).
גל.א.י. – **גלילות ארץ ישראל**, פּירט, 1691.
גליקל – גליקל האַמעל (1645–1724).

[1] די סאָוועטישע קירצונגען (שאָל. א"אַ) ווערן אין טעקסט ניט געביטן.

דאָב. – יחזקאל דאָברושין.
דאַנ. – מרדכי דאַניעל.
דינ. – יעקבֿ דינעזאָן (1856–1919). [4]
האַל. – שמואל האַלקין.
האָפּ. – דוד האָפּשטיין.
ווינ. – מאיר ווינער.
ווײַס. – יצחק־מאיר ווײַסענבערג (1881–1938).
וויצנה. – יויזל (יוסף) וויצנהויזן – **תנך**, אַמסטערדאַם, 1679.
י.־ב. ל. – יצחק־בער לעווינזאָן (1788–1860).
כאַשטש. – משה כאַשטשעוואַצקי.
לינ. – יצחק־יואל לינעצקי (1839–1915).
ליפּ. – ליפּמאַן־לעווין.
ליפֿשיץ – יהושע־מרדכי ליפֿשיץ (1829–1878).
לעפֿ. – מענדל לעפֿין, סאַטאַנאָווער (1741–1819).
מ. א. – **מצח אהרן**, נאָווי־דוואָר, 1797.
מאַרק. – פּרץ מאַרקיש.
מאַרקוזע – משה מרקוזה, **ספר רפואות**, פּאָריצק, 1790.
מ.־ל. ה. – משה־לייב האַלפּערן (1886–1932).
ממס. – מענדעלע מוכר־ספֿרים (1836(?)–1917).
מס. ר. ב. – **מסעות רבי בנימין**, אַמסטערדאַם, 1691.
נאָטע ל. – נטע לוריע.
ניס. – דער ניסתּר [פּנחס כּהנאָוויטש].
נ. ש. – נחום שטיף (1879–1933).
ס. מ. – **ספר מידות**, איסני, 1542.
ע. ג. – אליה גאָרדאָן.
עדעל. – דוד עדעלשטאַט (1866–1892).
עט. – שלמה עטינגער (1801(?)–1856).
על. ב. – עליהו בחור, לעוויטאַ, אַשכּנזי, דער תּשבי (1468(?)–1549).
עלז. – יהודה עלזעט – **דער ווונדער־אוצר פֿון דער ייִדישער שפּראַך**, וואַרשע, 1918–1920.
פּ. – יצחק־לייבוש פּרץ (1851(?)–1915).
פּערל – יוסף פּערל (1773–1839).
פֿינ. – עזרא פֿינינבערג.
פֿעפֿ. – איציק פֿעפֿער.
קוו. – לייב קוויטקאָ.
קוש. – אַהרן קושניראָוו.
קיפּ. – איציק קיפּניס.
ראָס. – שמואל ראָסין.
רשל. – רב (רבינו) שלמה לוריא (1510–1573) – **שאלות ותשובות**.[1]
שאָל. – שלום־עליכם [שלום ראַבינאָוויטש] (1859–1916).
שערטל – משה שערטל (שערטעלן, שערטלס, סערטעלעס) – **באר משה**, פּראָג, 1605, **לקח טוב**, פּראָג, 1604.

*

א״אַ – און אַנדערע; אאַ״וו – און אַזוי ווײַטער; ד״ה – דאָס הייסט; אַה״ד – אַלט־הויכדײַטש; מה״ד – מיטל־הויכדײַטש; נה״ד – נײַ־הויכדײַטש; צ. – צײַטונג. [5]

1 [1] רש״לס שאלות־ותּשובֿות זײַנען פֿון דער מיט XVI י״ה. דאָ ווערט ציטירט די פֿערטע אויסגאַבע פֿון 1768.

I אַרײַנפֿיר

(אַלגעמיינע באַגריפֿן)

1 ייִדיש און זײַנע שטאַם־עלעמענטן

1 ייִדיש – די שפּראַך, אויף וועלכער עס רעדט (און שרײַבט) די לעצטע הונדערטער יאָרן דער גרעסטער טייל ייִדן, – געהערט צו דער גערמאַנישער גרופּע שפּראַכן. דאָס איז אַ גרופּע, וואָס פֿאַראייניקט פֿאָלגנדיקע שפּראַכן:

I די מיזרח־גערמאַנישע סובגרופּע[1]: 1. גאָטיש,[2] וואָס איז באַוווּסט דער עיקר פֿון די רעשטן פֿון די ביבל(תּנך)־איבערזעצונגען, וואָס זײַנען געמאַכט געוואָרן אינעם IV יאָרהונדערט; 2. אייניקע אַנדערע שפּראַכן (בורגונדיש, וואַנדאַליש א״אַ), וואָס פֿון זיי זײַנען כּמעט קיין דענקמעלער ניט געבליבן און וואָס זײַנען באַוווּסט בלויז דורך אַ ריי אייגן־נעמען.

II די צפֿון־גערמאַנישע סובגרופּע: 1. איסלענדיש (‚סקאַנדינאַוויש‘); 2. נאָר־וועגיש (זייער נאָענט צו איסלענדיש); 3. שוועדיש; 4. דעניש.

III די מערבֿ־גערמאַנישע סובגרופּע: 1. פֿריזיש;[3] 2. אַנגלאָזאַקסיש (אַלטענגליש), וואָס איז די באַזע פֿון ענגליש; 3. האָלענדיש (נידערלענדיש, פֿלעמיש); 4. נידערדײַטש – אַ ריי דיאַלעקטן אין צפֿון־דײַטשלאַנד, וואָס זײַנען די באַזע פֿון האָלענדיש; 5. הויכדײַטש – אַ ריי דיאַלעקטן, וואָס זײַנען די באַזע פֿון דער איצטיקער ליטעראַרישער דײַטשער שפּראַך; 6. ייִדיש.

אָנמערקונג אויסער אַנגלאָזאַקסיש (אַלטענגליש) איז אין מיטל־עלטער געווען און איז נאָך אויך איצט פֿאַראַן אַ דיאַלעקט אַלטזאַקסיש.

2 די גערמאַנישע גרופּע שפּראַכן געפֿינט זיך אין די רייען פֿון דער אַזוי גערופֿענער אינדאָ־איראָפּעיִשער סיסטעם שפּראַכן. דאָס זײַנען שפּראַכן, וואָס מחמת זייערע אָפֿטערע, דירעקטע אָדער אומדירעקטע באַגעגענישן איינע מיט די אַנדערע און קעגנזײַטיקע איבפֿווירקונגען האָבן זיי היפּש אַלגעמיינס אין דער לעקסיק (אינעם ווערטער־באַשטאַנד), אין דער גראַמאַטיק (אין דער וואָרט־און זאַץ־סטרוקטור), ווי אויך אין דער פֿאָנעטיק (קלאַנגען־סיסטעם).

אַלס אינדאָ־איראָפּעיִשע (אָדער אַריאָ־איראָפּעיִשע, אינדאָגערמאַנישע, פּראָמעטעיִדישע) איז אָנגענומען צו רעכענען פֿאָלגנדיקע גרופּעס שפּראַכן: [6]

1. די אינדישע: די מער באַוווּסטע פֿון זיי זײַנען: וועדיש;[4] סאַנסקריט;[5] הינדוסטאַני;[6] מערבֿ־

[1] [1] די נעמען פֿון די שפּראַכן, וואָס זײַנען געזעצט מיט קורסיוו, זײַנען שוין טויט.

[2] [2] אָסטגאָטיש (מיזרח־גאָטיש) און וועסטגאָטיש (מערבֿ־גאָטיש).

[3] [3] די פֿריזן וווינען דער עיקר אין האָלאַנד און דײַטשלאַנד.

[4] [1] פֿונעם וואָרט ‚וועדאַ‘ (וויסן). אַזוי הייסן די פֿיר ‚הייליקע‘ זאַמלביכער פֿון דער אוראַלטער רעליגיע אין אינדיע. זייערע עלטערע טיילן זײַנען פֿאַרפֿאַסט מיט אַן אָנדערהאַלבן טויזנט יאָר פֿאַר אונדזער ערע.

[5] [2] פֿונעם וואָרט ‚סאַמסקריטאַ‘ – באַאַרבעטע, ליטעראַרישע שפּראַך. זי איז ‚באַאַרבעט געוואָרן‘ אין V יאָרהונדערט פֿאַר אונדזער ערע דורך אַ ריי גראַמאַטיקער און איז פֿון דאַן אָן געוואָרן די ליטעראַרישע און ‚הייליקע‘ שפּראַך פֿון די הערשנדיקע שיכטן אין אינדיע.

[6] [3] דאָס איז אַזאַ מין אַלגעמיינע שפּראַך (קאָינע), וואָס פֿאַראייניקט אין אינדיע ניט ווייניקער פֿון אַ 200

הינדי; מיזרח־הינדי; מאַראַטהי; קאַשמיריש; בענגאַליש; ציגייַנעריש און זייער פֿיל אַנדערע (בייַ 150 שפּראַכן);

2. די איראַנישע: אַלטפּערסיש; אַוועסטיש (אָדער זענדיש);[1] סקיטיש;[2] נייַפּערסיש; טאַדזשי־קיש; קורדיש; טאַטיש;[3] אַפֿגאַניש; אָסעטיניש א״אַ;

3. די אַרמענישע: אַלט־אַרמעניש און נייַ־אַרמעניש;

4. די גריכישע: אַלטגריכיש,[4] מיטל־גריכיש, נייַגריכיש און (אפֿשר אויך) מאַקעדאָניש (אין דער אַנטיקער צייַט);

5. די אַלבאַנישע: אַלבאַניש און (אפֿשר אויך) איליריש[5] א״אַ;

6. די איטאַלישע: לאַטייַן,[6] אומבריש,[7] אָסקיש[7] א״אַ און די ראָמאַנישע שפּראַכן: איטאַליע־ניש, דאַלמאַטיניש,[8] רעטאָראָמאַניש,[9] פּראָוואַנסאַליש, קאַטאַלאָניש, שפּאַניש, פּאָרטוגעזיש, פֿראַנ־צייזיש, רומעניש, מאָלדאַוויש, סאַרדיניש;

7. די קעלטישע: גאַליש,[10] וואַליש (אועלסיש, קימריש),[11] קאָרניש (קאָרנועליש),[12] ברעטאָ־ניש, אירלענדיש, שאָטלענדיש (שאָטיש), מענ(ק)יש;[13] [7]

8. די גערמאַנישע (זעט פֿריִער);

9. די באַלטישע: ליטוויש, לעטיש, לאַטגאַליש,[14] פּרייַסיש, קוריש;[15]

10. די סלאַווישע: רוסיש, אוקראַיִניש, ווייַסרוסיש, פּויליש, פּאָלאַביש,[16] לוזשיקיש,[17] קאַשו־ביש,[18] טשעכיש, סלאָוואַקיש; סלאָוועניש, סערביש, כאָרוואַטיש; מאַקעדאָניש, בולגאַריש;

מיליאָן מענטשן, וועלכע האָבן צו גלייַך דערמיט אויך זייערע פֿאַרשיידענע פּראָווינציעלע מוטערשפּראַכן.

1 [4] פֿונעם וואָרט ,אַוועסטאַ׳ – דער הייליקער בוך פֿון דער אַלטפּערסישער רעליגיע (פֿון זאָראָאַסטער, אָדער זאַראַטוסטרע).

2 [5] די שפּראַכ(ן) פֿון די סקיטן. די סקיטן האָבן געוווינט אין די אוראַלטע צייַטן אויפֿן דרום פֿון דער איצטיקער אוקראַיִנע.

3 [6] די שפּראַך פֿון די קאַווקאַזער ייִדן (באַרגייִדן).

4 [7] פֿיל פֿאַרשיידענע דיאַלעקטן און שפּראַכן – עלישע, עאָלישע, דאָרישע, יאָניש־אַטישע, אַרקאַ־דיש־קיפּרישע, ווי אויך די אַלגעמיינע גריכישע ליטעראַרישע שפּראַך.

5 [8] די שפּראַך פֿון די אוראַלטע אילירער. די דאָזיקע האָבן (ביז זיי זייַנען באַזיגט געוואָרן דורך רוים) געוווינט אינעם מערבֿ־טייל פֿונעם באַלקאַנישן האַלבאינדזל.

6 [9] די שפּראַך פֿון די אוראַלטע רוימער.

7 [10] שפּראַכן פֿון אייניקע אוראַלטע פֿעלקער אין איטאַליע, וואָס האָבן געלעבט אײנצייַטיק מיט די רוימער.

8 [11] גערעדט בייַ די דאַלמאַטינער – אין צפֿון־מערבֿ פֿונעם באַלקאַנישן האַלבאינדזל.

9 [12] אין דער שווייץ.

10 [13] די גאַלן האָבן אין אוראַלט געוווינט אין די איצטיקע פֿראַנקרייַך, שווייץ, בעלגיע און צפֿון־איטאַליע.

11 [14] אין אועלס. אַ רעשטל פֿון דער שפּראַך פֿון די אַלטע בריטן (די דאָזיקע שפּראַך, וועלכע די ענגלענ־דער רופֿן ,וועלש׳, דאַרף מען ניט צונויפֿמישן מיט ,וואַלאָניש׳, וואָס איז אַ פֿראַנצייזישער דיאַלעקט און וואָס זייַן נאָמען נעמט זיך, מעגלעך, אויך פֿון ,וואַליש, וועלש׳).

12 [15] גערעדט אין קאָרנואָל – אין דרום־מערבֿ פֿון גרויס־בריטאַניע, אַרויסגעשטויסן דורך ענגליש.

13 [16] אויפֿן אינדזל מען אינעם אירלענדישן ים.

14 [1] די שפּראַך פֿון די לאַטגאַלער אין לעטלאַנד.

15 [2] גערעדט אין לעטלאַנד. אַרויסגעשטויסן דורך לעטיש.

16 [3] גערעדט בייַ די אַזוי גערופֿענע פּאָלאַבישע סלאַוון – אויפֿן דרום־ברעג פֿונעם באַלטישן ים און בייַם טייַך עלבע.

17 [4] בייַ די לוזשיקישע (לאַוזיצער) סאָרבן אין דייַטשלאַנד; ווערט אַלץ מער און מער אַרויסגעשטויסן דורך דייַטש.

18 [5] די שפּראַך פֿון די קאַשובן – אין פּרייַסן, אין אַמעריקע.

3 אויסער דער אינדאָ־אייראָפּעיִשער סיסטעם שפּראַכן זיַינען פֿאַראַן נאָך פֿיל סיסטעמען (גרר־פּעס שפּראַכן). פֿון די דאָזיקע זיַינען די מער באַוווּסטע.

1. די סעמיטישע: אַסיריש (אַשוריש), פֿיניקעיִש, העברעיִש, אַראַמעיִש, אַמהאַריש (אַביסיניע), אַראַביש א״אַ;
2. די כאַמיטישע: עגיפּטיש, קאָפּטיש,[1] בערבעריש (צפֿון־מערבֿ פֿון אַפֿריקע), קושיטיש (אַביסיניע);
3. די אונגאַריש־פֿינישע (אוגראָ־פֿינישע): אונגאַריש (מאַדיאַריש), פֿיניש, קאַרעליש, עסטיש, מאָרדוויניש, אודמורטיש, קאָמי א״אַ;
4. די טורקישע: אַזערבייַדזשאַניש (טורקיש), טורקמעניש, אוזבעקיש, טאָטעריש, באַשקיריש, קאַזאַכיש, קירגיזיש, טווּויניש, יאַקוטיש, טערקיש א״אַ;
5. די מאָנגאָלישע: בוריאַט־מאָנגאָליש, קאַלמיקיש, כאַלכאַ־מאָנגאָליש, מאָנגאָליש א״אַ;
6. די טיבעטיש־כינעזישע (אינדאָ־כינעזישע): טיבעטיש, כינעזיש, בירמאַניש, סיאַמיש א״אַ;
7. די פּאַלעאָ־אַזיאַטישע: לואָראַוועטלאַניש (טשוקטשיש), נימילאַניש (קאָריאַקיש), איטעלמעניש (קאַמטשאַדאַליש); יוקאַגיריש (אָדוליש) א״אַ;
8. די יאַפּאָנישע שפּראַך;
9. די יאַפֿעטישע: אַ גאַנצע רײ שפּראַכן פֿון צפֿון־ און דרום־קאַווקאַז (לעזגיניש, טשעטשעניש, קאַבאַרדיניש, גרוזיניש, סוואַניש א״אַ), ווי אויך באַסקיש אין שפּאַניע און אין פֿראַנקרייַך א״אַ. די יאַפֿעטישע זיַינען אַזעלכע שפּראַכן, וועלכע געפֿינען זיך, לויט דער מיינונג פֿונעם באַרימטן לינגוויסט דעם אַקאַדעמיקער מאַר אויף אַ פֿריִערדיקער, עלטערער סטאַדיע, וואָס אויף אַזאַ האָבן זיך אַ מאָל געהאַט געפֿונען אויך אַנדערע שפּראַכן – דערין אויך די שפּראַכן פֿון דער סעמיטישער און אינדאָ־אייראָפּעיִשער (פּראָמעטעיִדישער) סיסטעם.

4 צווישן די פֿריִער אָנגעוויזענע טויטע שפּראַכן זיַינען פֿאַראַן אַזעלכע, ווי אַ שטייגער אַלטפּערסיש, אַלט־אַרמעניש, וואָס אַ טייל עלעמענטן זייערע (ווערטער און פֿאָרמעס) עקסיסטירן נאָך אויך איצט אין ייִנגערע שפּראַכן (נייַפּערסיש, נייַ־אַרמעניש); און עס זיַינען פֿאַראַן אַזעלכע שפּראַכן, ווי אַ שטייגער ווערדיש, סאַנסקריט, אַלטגריכיש, לאַטיַין, העברעיִש, וואָס פֿונקציאָנירן נאָך אויך איצט אַלס שריפֿטלעכע (ליטעראַרישע), קולטישע (רעליגיעזע) אָדער (און) צעכישע שפּראַכן און פֿאַרשפּרייטן זייער ווירקונג אויף דער לעקסיק און גראַמאַטיק פֿון אַ רײ לעבעדיקע שפּראַכן.[2] [8]

5 די שפּראַכן און סיסטעמען (גרופּעס שפּראַכן) זיַינען, פֿאַרשטייט זיך, ניט אַבסאָלוט אָפּגעגרענעצט איינע פֿון די אַנדערע. עס זיַינען צווישן זיי פֿאַראַן איבערגאַנג־דערשיַינונגען, אַ שטייגער אַלט־אַרמעניש, וואָס אַנטהאַלט עלעמענטן אי פֿון דער יאַפֿעטישער סיסטעם אי פֿון דער אינדאָ־אייראָפּעיִשער, אָדער אַ שטייגער דייַטש און יעדע פֿון די אַזוי גערופֿענע גערמאַנישע שפּראַכן, וואָס לויט מאַרס מיינונג, שטעלן זיי מיט זיך פֿאָר „אַן אייגנאַרטיקע סטרוקטור פֿון אַן איבערגאַנג־שטופֿע אין דער סטאַדיִאַלער אַנטוויקלונג – פֿון דער יאַפֿעטישער סיסטעם צו דער פּראָמעטעיִדישער“.[3]

6 פֿון די פֿריִער אָנגעוויזענע גערמאַנישע שפּראַכן איז ייִדיש זייער נאָענט מיט הויכדייַטש. אין דער אַנטוויקלונג פֿון הויכדייַטש שיידט מען אונטער דרייַ הויפּטפּעריאָדן:

[1] [6] קאָפּטיש – אַ שפּראַך, וואָס איז אויפֿגעקומען פֿון עגיפּטיש (אין עגיפּעט) און וואָס האָט פֿון אָנהייב XVII יאָרהונדערט אויפֿגעהערט צו עקסיסטירן אַלס אַ ריידשפּראַך.

[2] [7] ווי אויך פֿאַרקערט: צווישן די לעבעדיקע שפּראַכן זיַינען פֿאַראַן אַזעלכע, וואָס ווייַזן שוין אַרויס גאַנץ קנאַפּע סימנים פֿון לעבן. אַ שטייגער אויף מענ(ק)יש (קעלטישע גרופּע) ריידן איצט בלויז עטלעכע פֿישער־געזינדן.

[3] [1] נ. יאַ. מאַר, **געקליבענע אַרבעטן**, ב׳ I, ז׳ 316 (רוסיש).

1. אַלט־הויכדײַטש (אַה״ד) – לערך פֿון VIII ביז XII יאָרהונדערט;
2. מיטל־הויכדײַטש (מה״ד) – לערך פֿון XII ביז XIV יאָרהונדערט;
3. נײַ־הויכדײַטש (נה״ד) – לערך פֿון XVI יאָרהונדערט און ווײַטער.

סײַ אַה״ד און סײַ מה״ד, ווי נאָך אַ לאַנגע צײַט אין אַ היפּשער מאָס אויך נה״ד, זײַנען ניט קיין איינהייטלעכע שפּראַכן, נאָר פֿאַראייניקונגען פֿון אַ גאַנצער ריי דיאַלעקטן. אַ שטייגער אַה״ד האָט אַרומגעכאַפּט פֿרענקישע דיאַלעקטן, אַלעמאַניש און בײַעריש.

7 ייִדיש איז אַנטשטאַנען דער עיקר אויף דער באַזע פֿון מיטל־הויכדײַטש. צו גלײַך דערמיט אַנטהאַלט אין זיך ייִדיש אויך אַ ריי עלעמענטן פֿון אַנדערע גערמאַנישע דיאַלעקטן און שפּראַכן, באַזונדערש פֿון נײַ־הויכדײַטש – סײַ פֿונעם פֿריִיִקן פּעריאָד (XVI–XIV), וואָס דאָס איז די צײַט, ווען עס האָט זיך גענומען אויסבילדן די מאָדערנע דײַטשע שפּראַך און עס האָבן גענומען אויפֿקומען גרעסערע שפּראַצונגען פֿון ייִדיש (ייִדיש־טײַטש), און סײַ כּמעט פֿונעם גאַנצן ווײַטערדיקן פּעריאָד, ביז צו די לעצטע יאָרן פֿון פֿאָריקן יאָרהונדערט. אָבער אויסער דעם זײַנען אין ייִדיש מיט דער צײַט אויפֿגעקומען זייער פֿיל נײַע דערשײַנונגען און אַנטוויקלונגען, וואָס גייען אָפֿט גאָר אין אַן אַנדער ריכטונג און טיילן די ייִדישע שפּראַך אויס פֿון די איבעריקע גערמאַנישע שפּראַכן און דיאַלעקטן.

אויף דער אויסבילדונג פֿון ייִדיש אַלס זעלבשטענדיקע שפּראַך האָבן אַנטשיידנדיק גע־ווירקט פֿאָלגנדיקע מאָמענטן: ייִדיש האָט אַרײַנגענומען אין זיך זייער פֿיל עלעמענטן – ווער־טער, אויסדרוקן און סטרוקטורן – פֿון די סעמיטישע שפּראַכן (פֿון העברעיִש און אַראַמע־יִש) און דערנאָך אויך פֿון די סלאַווישע שפּראַכן (פֿון פּויליש, אוקראַיִניש, ווײַסרוסיש, רוסיש). דערבײַ זײַנען די דאָזיקע סעמיטישע און סלאַווישע עלעמענטן אַרײַנגעדרונגען אין ייִדיש (ייִדיש־טײַטש) אין אַזאַ גרויסער צאָל און אַזוי טיף און אָרגאַניש, אַז זיי האָבן געלייגט אַ באַזונדערן שטעמפּל אויף ייִדיש, וואָס האָט זיך בכלל און נאָך מער טאַקע מחמת דעם אַלץ מער און מער גענומען אויסטיילן פֿון די איבעריקע גערמאַנישע שפּראַכן, ביז עס איז פֿאַר־וואַנדלט געוואָרן אין אַ פֿולשטענדיק נײַער, אייגנאַרטיקער שפּראַך – אין אַזאַ, ווי מיר קענען זי איצט.

8 ווי שטאַרק ייִדיש־טײַטש האָט זיך שוין גאַנץ לאַנג אונטערגעשיידט פֿון דײַטש און פֿון די גער־מאַנישע שפּראַכן בכלל, קאָן מען זען אַ שטייגער פֿון פֿאָלגנדיקן עלטערן טעקסט – פֿון שלמה ווערגאַס ספֿר „שבֿט יהודה“ ([שייוועט יהודאָ], די ערשטע איבערזעצונג אויף ייִדיש־טײַטש איז דערשינען אין קראָקע, 1591; דאָ ווערט ציטירט די צווייטע אויפֿלאַגע, אַמסטערדאַם, 1648): [9]

> ...שנית[1] שטיט אין דען ספר פיל שיני כוונות [קאַוואָנעס] אויף עטליכי הערבי אגדות [אַגאָדעס] אויז דעם תּלמוד [טאַלמוד]. שלישית[2] דאז ספר רעט פון פיל שיני דישפוטיר דעש גלויבן דיא זיין גירעט ווארדן פער גרושי קיניגן. רביעית[3] דאז ספר וויא מן פר צייטן האט גיטאן וועט מן האט גיוועלט אויף ריכטן איין נשיא[4] אונטר ישראל.[5] חמישית[6] רעט עז...

[1] [1] שנית [שייניס] – צווייטנס. [2] [2] שלישית [שלישיס] – דריטנס. [3] [3] רביעית [ר(ע)וויִיס] – פֿער־טנס. [4] [4] נשיא [נאָסי] – פּירשט. [5] [5] ישראל [ייִסראָעל] – ייִדן. [6] [6] חמישית [כאַמישיס] – פֿינפֿטנס.

דאָס קאָן מען אויך זען פֿון אַ ריי דאָקומענטן און קוועלן פֿון די שפּעטערדיקע יאָרן. אַ שטייגער פֿון פֿאָלגנדיקע אויסצוגן פֿון יויזל (יוסף) וויצנהויזנס פֿאָררעדע (התנצלות – פֿאַרענטפֿערונג) צו זײַן ביבל־איבערזעצונג (אַמסטערדאַם, 1679; דאָ און אויך ווײַטער ווערט ציטירט די צווייטע אויפֿלאַגע – פֿון 1687):

> איך האב מיך מטריח גיוועזן אונ[1] אלי מפרשים וואול נאך גיזוכט. ביז דאש איך האָב גיפונ־דן וועלכיש ווארט אויף טייטש מין קרוב לפשוטה איז גיוועזן דאש האב איך בוחר גיוועזן...
> ...דרום אויך האבן מיר משתדל גיוועזן בכל אמצי כוחנו יום ולילה בעיון רב ובדיוק גדול צו אויבר לייאנן דיא העתקה כמה פעמים. דער ווארטן דאש עש רעכט וויא עש אין דעם פסוק שטיט פאר טייטשט איז גיווארדן. בלי תוספת ומגרעת.[2]

ווי אויך פֿון אַן אויסצוג פֿונעם פֿאַרלעגערס פֿאָררעדע צו וויצנהויזנס ביבל־איבערזעצונג:

> אויך האָב איך לגמרי קיין געלט גישפארט אונ׳ גינומן מובחר פפייאר[3] גוטי טינט, שיני נייאי אותיות, דיא בעשטי בעלי מלאכות. דען אפילו המעתיק הנ״ל[4] האט עש אויך זעלבירט גיוועצט אונ׳ וואול אכטונג גיגעבן אויף די הגהה[5] אונ׳ אלי זאכן גאר היפש אורדינטליך גישטעלט.

דאָס קאָן מען באַזונדערש זען פֿון דער גאַנץ היפּשער מוסר־ און רײַזע־ליטעראַטור פֿון דער צווייטער העלפֿט פֿון XVII יאָרהונדערט – פֿון דער ליטעראַטור, וואָס האָט זיך ווייניקער גערעכנט מיט דער ליטעראַרישער טראַדיציע פֿון דער ביבל־ליטעראַטור און האָט געשטרעבט צו זײַן וואָס נענטער צום גערעדטן וואָרט און זאַץ פֿון דער מערהייט דעמאָלטיקע ייִדיש־רעדער. אָט איז אַ שטייגער איינער אַזאַ אויסצוג פֿונעם ספֿר „גלילות ארץ ישראל“ [גלילויס ערעץ־ייִסראָעל], דאָ ווערט ציטירט די אויפֿלאַגע פֿון 1691:

> אונ׳ זיא האבן מיר גיזאגט אונ׳ גיוויזן וויא יהודים זיינן גיקומן אין דר שטאט אונ׳ האבן מחריב גיוועזן[6] אונ׳ האבן אלי איהרי אוצרות [אויצרעס] איין וועק גינומן אונ׳ איין טייל מויארן פון דער שטאט מחריב גיוועזן אונ׳ איין טייל הייזר. זיא האבן מיר דיא חרבות [כור־ועס] גיוויזן. אונ׳ דיא מוירן האבן דיא שטאט לייט גער ווידער גיבויאט אונ׳ האבן גרושי שאנצין[7] אויף גישטעלט דער פיר. דער ווייל [10] פראגט איך וואז דער מער איז מיט יהודים אודר וואז איר גבורה איז אודר וואז פור איין לאנד דיא יהודים האבן אונ׳ פראגט אלש אויז אונ׳ זיא זאגטן מיר כל דבר בשורש[8] דאז איך פור שמחה האב גימוזט ויינן.

1 [7] ,און׳ ווערט אין אַלטיִידיש מערסטנס געשריבן מיט אַ קורצן ,נ׳ און מיט אַן אַפּאָסטראָף נאָכן ,נ׳. אָפֿט מאָל אָבער איז דער אַפּאָסטראָף פֿאַרפֿעלט.

2 [8] „איך האָב מיך מטריח געווען און אַלע מפֿרשים [קאָמענטאַטאָרס] ווויל נאָכגעזוכט, ביז איך האָב געפֿונען, וועלכעס וואָרט איז אויף טײַטש מיין [מער] נאָענט צום פּשט געווען – דאָס האָב איך אויסגעקליבן...

...דערום אויך האָבן מיר זיך באַמיט מיט אַלע אונדזערע כּוחות טאָג און נאַכט, מיט גרויס אויפֿמערקזאַמקייט און גענויקייט איבערצולייענען די איבערזעצונג אַ סך מאָל. די ווערטער זײַנען פֿאַרטײַטשט געוואָרן ריכטיק, ווי עס שטייט אינעם פּסוק, אָן צוגאָבן און אָן בלויזן.“

3 [9] פּפייאר – פּאַפּיר.

4 [10] המעתיק הנ״ל – דער אויבן דערמאָנטער איבערזעצער – וויצנהויזן.

5 [11] הגהה – קאָרעקטור.

6 [12] מחריבֿ [מאַכריוו] געווען – חרובֿ געמאַכט.

7 [13] שאנצן – שוצגראָבנס.

8 [1] כּל־דבֿר־בשורש [קאָל דאָוואָר ב(ע)שוירעש] – יעדע זאַך (אַלץ) גענוי, אין תּוך.

און דאָס קאָן מען אויך זען אַ שטייגער פֿון פּראָפֿעסאָר קאַלענבערגס „ייִדיש־טויטשעס ווערטערביכלײַן“ (געשריבן אין דײַטש, דערשינען אין האַלע, 1736 יאָר), ווו אויף צו פֿאַרטײַטשן דײַטשע ווערטער אויף ייִדיש (ייִדיש־טײַטש) ווערט געבראַכט זייער אַ גרויסע צאָל סעמיטישע ווערטער און נאָך מער ייִדישע (היברידע) אויסבילדונגען פֿון סעמיטישן און גערמאַנישן שטאָף. דערבײַ אויך אַזעלכע, וואָס בכלל אין די ייִדיש־ליטעראַרישע קוועלן טרעפֿט מען זיי גאַנץ זעלטן אָדער גאָר ניט, אָבער וואָס קאַלענבערג אָדער ווער פֿון זײַנע מיטאַרבעטער אָדער לערער האָט די דאָזיקע ווערטער משמעות געהערט פֿון די אַרומיקע דײַטשע ייִדן.[1] אַ שטייגער:

1. סעמיטישע: חתונה, חופּה, שליח, מפּלה, תּלין, בשׂר יבש [באָסאָר יאָווייש] (טרוקן פֿלייש), גבֿיע (בעכער), איגרת (בריוו), חמור (אייזל), זבֿובֿ (פֿליג), כּפֿרי (פּויער, דאָרפֿסמאַן), גג (דאַך), חלון [כאַלוין] (פֿענצטער), מר (ביטער) און פֿיל אַנדערע;

2. ייִדישע אויסבילדונגען פֿון סעמיטישע ווערטער:[2] דגימר (פֿישער), בתולכן (מיידל), טרבער (בעסער), דער טוברשטי (דער בעסטער), מעטנר (ווייניקער), אכלן (עסן), אויפאכלן, אויזהולכן (אויסגיין), אומהולכן, נותנן (געבן), אויזעומדן (אויסשטיין), אנדברן (אָנריידן), אנלקחן (אָננעמען), תליין (הענקען), אבחתכן (אָפּשנײַדן), מביאן (ברענגען), פרחלפן (פֿאַרטוישן), מלאכן (מאַכן) און פֿיל אַנדערע;

3. ייִדישע הילפֿווערטער, מערסטנס הילפֿווערבן, בײַ סעמיטישע ווערטער (באַשרײַביקע, פּעריפֿראַסטישע ווערבן):[3] מורא האָבן, מחשבֿה האָבן, פּליטה מאַכן, תּשובֿה געבן, תּקיעת־כּף ברעכן, ברכה מלאכהן (ברכה מאַכן), טבֿילות מלאכהן (זיך באָדן), אין רגילות קומען, לידי מעשׂה ברענגען, ויבֿרך מאַכן, מקבל זײַן, מפֿציר זײַן, מרוויח זײַן (פֿאַרדינען), חוזר־למוטבֿ [כויזער לעמוטאָוו] זײַן, מודה זײַן על האמת [מוידע זײַן אַל האָעמעס], זיך מתחבר זײַן, מזכּה־רבים זײַן און זייער פֿיל אַנדערע.

אַזוי אַז דער אָנגעזעענער דײַטשער העבראַיִסט און פֿאָרשער פֿון דער ייִדישער שפּראַך און ליטעראַטור פֿון XVII יאָרהונדערט – וואַגענזײַל (1633–1705) איז אין אַ גאַנץ גרויסער מאָס געווען גערעכט, ווען ער האָט געזאָגט, אַז די ייִדן האָבן די דײַטשע ווערטער באַפֿאַרבט מיט אַ „גאַנץ פֿרעמדן טאָן און קלאַנג“, האָבן געשאַפֿן „נײַע אונדז אומבאַקאַנטע“ ווערטער און האָבן זיי געמישט מיט אַזוי פֿיל „העברעיִשע ווערטער און רייד־[11]אַרטן“, אַז ווער עס הערט זיי ריידן טײַטש, גלייבט (מיינט), אַז „זיי ריידן אויסשליסלעך העברעיִש, ווו ס׳איז כּמעט קיין איינציק וואָרט ניט פֿאַרשטענדלעך.“

וואַגענזײַל האָט, פֿאַרשטייט זיך, אַ ביסל איבערגעטריבן, זאָגנדיק וועגן ייִדיש פֿון יענע צײַטן, אַז עס איז אין דעם פֿאַר אַ דײַטש „כּמעט קיין איינציק וואָרט ניט פֿאַרשטענדלעך“. אָבער אַז דאָס ייִדישע לשון סוף XVII יאָרהונדערט האָט מיט זיך שוין פֿאָרגעשטעלט אַ זעלבשטענדיקע שפּראַך – דאָס איז אמת.

[1] [2] אין דער „ביבליאָטעק פֿונעם ייִדישן פֿילאָלאָג“ אונטערן נומער 18 (**דער פּנקס**, 1913). זאָגט באָראָכאָוו, אַז קאַלענבערג „ברענגט אָבער נאָר די העברעיִש־אַראַמעיִשע ווערטער פֿון ייִדיש־טײַטש“. באָראָכאָוו האָט, ווײַזט אויס, דאָס „ווערטערביכלײַן“ ניט גאָר אויפֿמערקזאַם דורכגעקוקט. אַפֿילו אין דעם היפּש צעשעדיקטן עקזעמפּלאַר, וועלכן אונדז איז אויסגעקומען צו האַלטן אין די הענט, האָבן מיר געטראָפֿן אַזעלכע ניט־סעמיטישע – ייִדיש־גערמאַנישע און ייִדיש־ראָמאַנישע ווערטער ווי „פֿעלשן, אַנטפּלעקן, געווינערין, הויערן, נײַערט (נאָר), ברײַלעפֿט (חתונה), געבענטשט, ניטל (ווײַנאַכט), לייענען“ (בײַ קאַלענבערגן זײַנען די דאָזיקע ווערטער אויסגעלייגט אַזוי: פעלשן, ענטבלעקן, גווינרן, הויארן, נייערט, ברײלאפט,* גבענשט, נטל, לייאנן). אויסער דעם קאָן מען, פֿאַרשטייט זיך, פֿאַר קיין פֿאַל ניט האַלטן פֿאַר קיין העברעיִש־אַראַמעיִשע אַזעלכע ייִדישע אויסבילדונגען ווי די, וואָס מיר ברענגען דאָ ווײַטער.

* אין עלטערע טעקסטן איז דאָס אָפֿט אויסגעלייגט אויף אַזאַ אופֿן: ברוטלויף, ברויילופט, ברײלפט…

[2] [3] די ווערטער פֿון דער דאָזיקער גרופּע ווערן געגעבן מיט קאַלענבערגס אויסלייג (וועגן דעם אויסלייג פֿון סעמיטישע ווערטער זעט אינעם קאַפּיטל „ייִדישע גראַפֿיק און אָרטאָגראַפֿיע“).

[3] [4] זעט אינעם קאַפּיטל „באַשרײַביקע ווערבן“.

9 אויסער די גערמאַנישע, סעמיטישע און סלאַווישע עלעמענטן אַנטהאַלט די ייִדישע שפּראַך נאָך אויך אַ געוויסן פּראָצענט עלעמענטן פֿון אַ רײי אַנדערע שפּראַכן, דער עיקר פֿון גריכיש, לאַטײַן און פֿראַנצייזיש. דאָס הייסט – פֿון די שפּראַכן, וואָס האָבן, ווי עס זאָגט דער באַוווּסטער לינגוויסט יעספּערסען, די לעצטע עטלעכע הונדערט יאָר (און גריכיש און לאַטײַן – נאָך פֿריִער) „פֿאַרטרונקען די גאַנצע וועלט פֿון דער מערבֿדיקער קולטור און ציוויליזאַציע און האָבן דערמיט אַליין בײַ די שפּראַכן, אין די איבעריקע הינזיכטן אין גאַנצן פֿאַרשיידענע, אַרויסגערופֿן שטריכן פֿון פֿאַמיליען־ענלעכקייט אין די טיילן פֿונעם לעקסיקאָן (ווערטער־באַשטאַנד), וואָס זײַנען שייך צו דער אַממערסטן דערהויבענער גײַסטיקער און טעכנישער טעטיקייט פֿונעם מענטשן.“

אָנמערקונג אַ רײי פֿראַנצייזישע ווערטער, און בכלל ראָמאַנישע, ווערן דורך ייִדן געברויכט שוין גאַנץ לאַנג, נאָך איידער יידיש איז אויפֿגעקומען אַלס אַ שפּראַך. דאָס איז דער עיקר דערפֿאַר, וואָס די דײַטשע ייִדן, הויפּטזאַכלעך די דרום־דײַטשע, האָבן זיך אַ לאַנגע צײַט געפֿונען אין גאָר נאָענטע באַציִונגען מיט ו״ פֿראַנצייזישע ייִדן.[1] אייניקע אַזעלכע ווערטער זײַנען נאָך אויך איצט שטאַרק פֿאַרשפּרייט אין ייִדיש. אַ שטייגער: פֿאַרשוין, סאַרווער, אַלקער, אַלמער, ווירע, פֿאַטשיילע, שקאַרפּעטן, טשאָלנט, מילגרוים, פּלעט, גוידער, אימפּעט, ניטל, בענטשן, לייענען, ברײַען, דאַוונען, קאַפּאַ(ב)ל,[2] קאָנטעט א״אַ, ווי אויך אייניקע אייגן־נעמען: שפּרינצע, יענטע א״אַ און אויך דער מערצאָל־סופֿיקס ־ס׳. אַ שטייגער אין די ווערטער ,איידעמס, זייגערס, טאַטעס׳ אאַ״וו. אַגבֿ, די דאָזיקע און ענלעכע ראָמאַניזמען, ווי אויך אַ רײי מיטל־הויכדײַטשע עלעמענטן, וואָס די דײַטשע ייִדן האָבן זיי אויפֿגעהיט און די אַרומיקע דײַטשע באַפֿעלקערונג ניט, האָבן אויך געהאַט אַ געוויסע ווירקונג אויף דער אויסבילדונג פֿון ייִדיש אַלס אַ באַזונדערע שפּראַך.

10 דאָס, וואָס ייִדיש איז אויפֿגעקומען ווי אַ געמיש פֿון אַ רײי פֿאַרשיידענע שפּראַכן, דאַרף מען ניט אויפֿנעמען ווי עפּעס אַן אויסטערלישע דערשײַנונג, אַ ספּעציפֿיש ייִדישע.[12] געמישט איז אויך ענגליש – דער עיקר פֿון אַנגלזאַקסיש און ראָמאַנישע עלעמענטן; געמישט איז אויך האָלענדיש (נידערלענדיש, פֿלעמיש) – דער עיקר פֿון נידערפֿרענקיש, פֿריזיש און זאַקסיש; געמישט זײַנען נאָך אַנדערע שפּראַכן. די ספּעציפֿישקייט באַשטייט ניט אין דער געמישטקייט בכלל, נאָר דערין, ווי אַזוי און מיט וועלכע שפּראַכן ייִדיש, ענגליש אאַ״וו האָבן זיך אויסגעמישט. וואָרן געמישטע, איבערגעקרייצטע זײַנען אַבסאָלוט אַלע שפּראַכן. „די אַזוי גערופֿענע לעבעדיקע שפּראַכן, – זאָגט דער אַקאַדעמיקער מאַר, – פּונקט ווי די אַזוי גערופֿענע אוראַלטע און אוראַלטסטע קולטורעלע שפּראַכן פֿון

1 [1] עס זײַנען אַפֿילו פֿאַראַן מיינונגען, אַז די דאָזיקע דײַטשע ייִדן קומען אַרויס פֿון די פֿראַנצייזישע. אַזאַ מיינונג האָט אַ שטייגער געהאַט אַרויסגעזאָגט אליהו בחור (אליהו לעוויטאַ, אליהו התּשבי) אין זײַן „ספר התשבי“ – אַ ביכל, וווּ 712 (תשבי) העברעיִשע ווערטער (וואָרצלען) ווערן פֿאַרטײַטשט אויף העברעיִש, ייִדיש־טײַטש („בלשון אַשכנז“) און איטאַליעניש (דערשינען אין איסני, דײַטשלאַנד, 1541). בײַם פֿאַרטײַטשן אינעם דאָזיקן ביכל דאָס וואָרט ,קרבץ׳ זאָגט עליהו התּשבי: „עס איז באַוווּסט, אַז מיר, די דײַטשע ייִדן (האַשכנזים) שטאַמען פֿון די פֿראַנצייזישע (באנו מגזע הצרפתים), וואָרן ווען מיר זײַנען פֿאַרטריבן געוואָרן פֿון פֿראַנקרײַך..., האָבן מיר זיך אויסגעשפּרייט איבער דײַטשלאַנד (נתפשטנו בארץ אשכנז), און אין אונדזער מויל זײַנען פֿאַרבליבן פֿיל ווערטער פֿון זייער שפּראַך...“ (ציטירט פֿון דער אויפֿלאַגע פֿון 1601).

2 [2] קאַפּאַ(ב)ל (אָדער קאַפּאַוול) – פֿעיִק, אין שטאַנד.

דער וועלט, זייַנען ניט געשאַפֿן געוואָרן אין גענויעם זין פֿונעם דאָזיקן וואָרט, זיי זייַנען ניט געשאַפֿן געוואָרן, ווי עס ווערן פֿון אַן אומבאַאַרבעטן מאַטעריאַל געשאַפֿן צו ערשט פֿאָרמירטע קעגנשטאַנדן..., נאָר זייַנען אויפֿגעקומען אינעם פּראָצעס פֿון איבערקרייצונג, אַנטוויקלענדיק זיך (אויסבילדנדיק זיך) פֿון עלעמענטן אָדער גאַנצע ווערטער פֿון שוין פֿול פֿאַרענדיקטע פֿאַרשיידענע שפּראַכן״.[1]

11 דער פּראָצענט עלעמענטן פֿון די גערמאַנישע, סעמיטישע, סלאַווישע און אַנדע־רע שפּראַכן, וועגן וועלכע עס איז ערשט גערעדט געוואָרן, איז אינעם ייִדיש פֿון פֿאַר־שיידענע פֿאָרשטייער, פֿון פֿאַרשיידענע צייַטן און ערטער, שיכטן און פּראָפֿעסיעס, אין פֿאַרשיידענע טיפֿן ווערק (זשאַנערן) מערסטנס אַ פֿאַרשיידענער. אַ שטייגער בליץ ברויכט אין זייַן ביבל־איבערזעצונג (אַמסטערדאַם, 1679–1676) ווייניקער העברעיִזמען ווי זייַן מיטצייַטלער, קאָלעגע און קאָנקורענט וויצנהויזן (זעט ז׳ 25). פֿאַרגלייַכט אַ שטייגער:

בליץ	וויצנהויזן
1. וויא גאר שין איז דיין ליבשאפט מיין שוועסטיר. אויך ברויט.[2]	1. וויא גאר שין איז דייני גרושי פריינדשאפט. מיין שוועסטר [ליבה] (כלה).[3]
2. ער האָט דיא מאונט[4] בשאפין. פאר דיא גזעצטי הוך צייטין.	2. ער האט דיא (לבנה) בישאפן צו דען (ימים טובים).[5]

און זיי ביידע, אי בליץ אי וויצנהויזן, באַמיִען זיך, מחמת דער ליטעראַרישער טראַדיציע, דעם ליטעראַרישן קאַנאָן, צו ברויכן גופֿא אין זייערע ביבל־איבערזעצונגען וואָס ווייניקער העברעיִזמען און וואָס מער דייַטשע ווערטער און פֿאָרמעס – פֿיל מער איידער אַ שטייגער אין זייערע היפּשלעכע און ווייניקער אָפֿיציעלע פֿאָררעדעס צו די ביבל־איבערזעצונגען.

די טענדענץ צו ברויכן וואָס מער דייַטשע ווערטער און פֿאָרמעס האָט זיך באַזונדערש פֿאַר־שטאַרקט שפּעטער, אין XVIII און טיילווייַז אויך אין XIX יאָרהונדערט, אָבער אַזאַ [13] טענדענץ איז שוין געווען אויך פֿריִער. דאָס איז צו זען פֿון די ערשט געבראַכטע פֿאַקטן, ווי אויך פֿונעם עדות־זאָגן פֿון אַזאַ אַווטאָריטעט ווי פּראָפֿעסאָר יאָהאַן בוקסטאָרף (דער עלטערער – 1629–1564) – איינער פֿון די גרעסטע קענער פֿון העברעיִש און ייִדיש צווישן די ניט־ייִדן, – וועלכער האָט אין זייַן העברעיִשער גראַמאַטיק (געשריבן אין לאַטייַן, 1609) אינעם ספּעציעלן קאַפּיטל וועגן ייִדיש שוין געהאַט קאָנסטאַ־טירט וועגן די ייִדן פֿון זייַן צייַט, אַז די, „וואָס זייַנען איצט אַ ביסל זאָרגעוודיקער געבילדעט, פֿלייַסן זיך איבערצוזעצן פֿייַנער און קלערער און פּאַסן זיך צו צו דער אייגנטימלעכקייט פֿון דער דייַטשער שפּראַך״.

1 [1] נ. יאַ. מאַר, ב׳ II, ז׳ 189 (רוסיש).

2 [2] ,כּלה׳ איז אויף דייַטש ,בראַוּט׳ (ברויט).

3 [3] די העברעיִזמען זייַנען אין וויצנהויזנס איבערזעצונג, ווי אָפֿט אין פֿיל אַנדערע אַלטייִדישע ביכער, גענומען אין קלאַמערן. אין קאַנטיקע קלאַמערן ברענגט וויצנהויזן די ווערטער, וואָס זייַנען ניט פֿאַראַן אין דער ביבל, אָבער וואָס ער האַלט פֿאַר נייטיק צוצוגעבן אין דער איבערזעצונג.

4 [4] דאָס וואָרט ,מאָנט׳ (לבֿנה) איז גופֿא ביַי בליצן אין פֿאַרשיידענע ערטער פֿאַרשיידן אויסגעלייגט: מאנט, מאונט, מאן, מאניט, מאניד.

5 [5] אויך וויצנהויזן ברויכט דאָס וואָרט ,מאָנט׳ (,מונאט׳), אָבער גאַנץ זעלטן. אַ שטייגער: זיא ווערדן דיך פערכטן. אזא לאנג אז דיא זון אונ אזא לאנג דער מ ו נ א ט ווערדן זיין (תּהילים, עב, ה). אַגבֿ, ביַי בליצן איז ,ד י א מאנט׳ און ביַי וויצנהויזענען ,ד ע ר מאנט׳.

פֿאַרשיידן איז דער פּראָצענט גערמאַנישע, סעמיטישע און אַנדערע עלעמענטן אויך אינעם ייִדיש פֿון די שפּעטערדיקע דורות. אַ שטייגער בײַ מענדעלען קאָן מען אָפֿט טרעפֿן אַ פּרוי „אַ וויל־קענענדיקע, וואָס שיט אין די רייד ווערטער פֿון די הייליקע חכמים“,[1] אָבער דינעזאָנס מירעלע, וועלנדיק אין איר בריוו צו הערשעלען זיך פֿאָרצושטעלן פֿאַר אַ מאַנספֿאַרשוין, האָט געמוזט קאָנסטאַטירן, „אַז איר פֿעלן די געברויכלעכע לשון־קודש־ווערטער,[2] ווי אַ באַלעבאָס אַ מאַנצביל ברויכט צו שרײַבן.“ שלום־עליכמס יודל קטנתּי פֿונעם ראָמאַן „אין שטורעם“ – איז „כּמעט נאָך יעדע צוויי־דרײַ ווערטער ייִדיש מוז ער אַרײַנוואַרפֿן איין וואָרט אַ לשון־קודשדיקס, וואָסער ניט איז, צי עס פּאַסט זיך צי ניין, אַבי לשון־קודש“; און די באַלעבאַטישע סאָניטשקע פֿון „מנחם־מענדל“ – „רעדט האַלב אויף ייִדיש, האַלב אויף רוסיש, דאָס הייסט מער אויף רוסיש ווי אויף ייִדיש“. מענדעלעס ביילע פֿון „ווינטשפֿינגערל“ האָט אָפֿט ליב צו באַפּוצן אירע בריוו מיט דײַטשמעריזמען, אָבער ווי זי דערפֿילט נאָר אַ צרה, שטעלט זי אויס „בײַ זיך אין די געדאַנקען אַ בריוול אַהיים, פֿול מיט קינות, מיט קלאָג, שוין נישט אויף קאַבצאַנסקער דײַטש, פּירגריסל־לשון, נאָר אויף ריין ייִדיש – אויף דעם לשון פֿון איר צעבראָכן האַרץ און שווער, ביטער געמיט“ (ממס.).

2 דיאַלעקט און ליטעראַרישע שפּראַך

12 ווי אַלע אַנדערע שפּראַכן איז אויך די ייִדישע שפּראַך, באַזונדערש די גערעדטע, ניט קיין דורכויס איינהייטלעכע. זי פֿאַרמאָגט אַ ריי דיאַלעקטן. די וויכטיקסטע פֿון די דיאַלעקטן זײַנען: דער אוקראַיִנישער, דער ליטוויש־ווײַסרוסישער און דער פּוילישער. דער אונטערשייד צווישן די דאָזיקע דרײַ דיאַלעקטן דריקט זיך אויס דער עיקר אָט אין וואָס:

1. אין דער לעקסיק – אין דער פֿאַרשיידנקייט פֿון אַ טייל געברויכטע ווערטער. אַ שטייגער די ליטוואַקעס זאָגן ‚ענטל‘, די אוקראַיִנער און די פּוילישע זאָגן ‚קאַטשקע‘; די ליטוואַקעס זאָגן ‚דיל‘ (די ווײַסרוסישע ייִדן זאָגן אין פֿיל ערטער ‚בריק‘), און די איבעריקע זאָגן מערסטנס ‚פּאָדלאָגע‘ אָדער ‚פּאָל‘; די ליטוואַקעס און די ווײַסרוסן האַלטן מער פֿון ‚רידל‘ אָדער ‚גראָבאײַזן‘, און די אוקראַיִנער און פּוילישע – דער עיקר פֿון ‚ריסקאַל‘ אָדער ‚זאַסטעפּ‘. אין ווײַסרוסלאַנד האָט ‚אײַנגעמאַכטס‘ דעם באַטײַט פֿון רעטעך, געפּרעגלט אין האָניק, און אין אַנדערע קאַנטן, בײַ דער מערהייט ייִדן, האָט עס דעם באַטײַט פֿון אויפּס, גע־[14]פּרעגלט אין צוקער (וואַרעניע); די פּוילישע ייִדן ניצן נאָך די עלטערע פֿאָרמעס ‚ענק‘ (אײַך) און ‚עץ‘ (איר), די אוקראַיִנישע און ליטוויש־רוסישע ייִדן – ניט.[3]

[1] [1] געמיינט: סעמיטישע (העברעיִש־אַראַמעיִשע) ווערטער און אויסדרוקן.

[2] [2] לשון־קודש – הייליקע שפּראַך – אַזוי הייסט (האָט געהייסן) מערסטנס אין די ייִדישע קלעריקאַל־נאַציאָנאַליסטישע קרײַזן די העברעיִשע שפּראַך.

[3] [1] זעט אַ שטייגער וועגן דעם אויך בײַ מענדעלען: „דערווײַל... קומט גראָד איינער אַ מלמד, פֿון יענע ווײַטע מקומות, דאָרט ערגעץ אין וואָלין... ער... וואַרפֿט אַרײַן אין דעם שמועס פֿרעמדע וואָלינישע ווערטער – אַנשטאָט ‚יוי‘ זאָגט ער ‚יאָ‘, אַנשטאָט ‚קרופּניק‘ – ‚קוליש‘, און ‚קיטקע‘ הייסט בײַ אים ‚קוילעטש‘ (**די אַלטע מעשׂה**, III).

2. אין דער גראַמאַטיק – אין די פֿאָרמעס פֿון וואָרט און זאַץ. אַ שטייגער די אוק־ראַיִנער און פוילישע ייִדן זאָגן ,דאָס ייִנגל, דאָס מיידל׳, און די ליטוואַקעס זאָגן ,דער ייִנגל, די מיידל׳; די אוקראַיִנער און פוילישע ייִדן זאָגן מערסטנס ,איך רוף דיך, איך שיק די שוועסטער אין שול׳; און די ליטוואַקעס זאָגן מערסטנס ,איך רוף דיר, איך שיק דער שוועסטער אין שול׳; דער פוילישער ייִד זאָגט ,איך גיי אויף (פֿון) די פֿאַרזאַמלונג׳, און כּמעט אַלע אַנדערע ייִדן זאָגן ,איך גיי אויף (פֿון) דער פֿאַרזאַמלונג׳; די אוקראַיִנער און פוילישע ייִדן ניצן אַזעלכע פֿאָרמעס ווי ,האָב געהאַט געשריבן, וועל האָבן געשריבן׳, און די ליטוואַקעס ניצן זיי כּמעט ניט; די ליטוואַקעס ניצן אויך ניט אַ שטייגער אַזאַ פֿאָרמע (אַזאַ סטרוקטור) ווי ,געקומען אַהיים, האָב איך אים דערזען׳.

3. אָבער באַזונדערש גרויס איז דער אונטערשייד צווישן די דיאַלעקטן אין דער פֿאָנעטיק – אינעם אויסברענג פֿון אַ גאַנצער ריי קלאַנגען. דאָ איז שוין אַפֿילו אין די גרענעצן פֿון איין דיאַלעקט אָפֿט פֿאַראַן אַן אונטערשייד. אַ שטייגער די גרופּעס ווערטער

יאָר	בוך	בוים	פֿלייש	ווײַן	ברעט	האַק
האָר	אונדז	שטרוי	גיין	טײַך	שפּעט	האַמער
וואָגן	קומען	לויפֿן	שטיין	בלײַבן	פֿרעגן	העלפֿן

ווערן אינעם ליטעראַרישן ייִדיש אַרויסגעבראַכט מיט ,אָ, ו, וי, יי, ײַ, ע, ה׳. אָבער אין די אָדער אין יענע דיאַלעקטן ווערן די דאָזיקע גרופּעס ווערטער און נאָך פֿיל ענלעכע (לויטן קלאַנג) אַרויסגעבראַכט לערך אויף אַזאַ אופֿן:

ליטעראַריש / דיאַלעקטאַל	אָ	ו	וי	יי	ײַ	ע	ה
ליטוויש־ווײַסרוסישער	אָ	ו	יי	יי	ײַ	ע	ה
אוקראַיִנישער	ו	י	וי	יי	ײַ	יי[1]	
פוילישער	ו	י	וי	ײַ	אַ (אַ)[2]	יי	ה

אויך ווערטער מיט ,אַ׳ (טאַטע, גאַס, קאַלט, לאַנג א״אַ), ווי אויך מיט ,ז – זש, ס – ש, צ – טש׳ (זעכציק, זיבעציק, זשאַלעווען, דרײַסיק, וואַשן, קנייטשן א״אַ) און אויך מיט ,ל׳ (ליבע, געלט, וועלט א״אַ) ברענגט מען אָפֿט אין פֿיל [15] ערטער אַרויס ניט אַזוי, ווי עס איז אָנגענומען די דאָזיקע ווערטער אַרויסצוברענגען אין אַלע אַנדערע ערטער און אין דער ליטעראַרישער שפּראַך.

אָנמערקונג צווישן די דרײַ וויכטיקסטע ייִדישע דיאַלעקטן זײַנען פֿאַראַן פֿיל

1 [2] אין אַ ריי אוקראַיִנישע ייִשובֿים איז דאָ ,י׳.

2 [3] אַ לאַנגער [אַ].

איבערגאַנג־דיאַלעקטן – אונטערדיאַלעקטן, וואָס אין אייניקע הינזיכטן זײַנען זיי מער נאָענט צו איין דיאַלעקט פֿון די גרונטיקע דרײַ און אין אַנדערע הינזיכטן צו אַ צווייטן דיאַלעקט. אַ שטייגער אין אַ ריי ערטער פֿון אוקראַיִנע ברענגט מען אַרויס די ווערטער ,בוים, שטרוי, לויפֿן׳ א״אַ ניט מיט [וי], נאָר מיט [יי] – אַזוי ווי אינעם ליטוויש־ווײַסרוסישן ייִדיש, אָדער אין אַ ריי אַנדערע ערטער פֿון אוקראַיִנע ברענגט מען די ווערטער ,ווײַן, טײַך, בלײַבן׳ – ניט מיט [ײַ], נאָר מיט [אַ] – כּמעט אַזוי ווי אינעם פּוילישן ייִדיש אאַ״וו.

13 איינער און דער זעלבער קלאַנג אין דער ליטעראַרישער שפּראַך, וואָס אָפּט אַנטשפּרעכט ער פֿאַרשיידענע מיטל־הויכדײַטשע קלאַנגען, קאָן אין פֿאַרשיידענע דיאַלעקטן, אין פֿאַרשיידענע ווערטער אַרויסגערעדט ווערן אויף אַ פֿאַרשיידענעם אופֿן. אַ שטייגער די ווײַטערדיקע פֿיר גרופּעס ווערטער:

1. בויך, מויל, טויז, הויז, הויט, קרויט, זוויזנט;
2. בוים, אויג, רויך, לויפֿן, קויפֿן, טויגן;
3. שטרוי, ברויט, קרוין, טויט, שטויסן, שוין;
4. אויוון, הויף, בוידעם, וווּיל, לויבן, וווינען –

ווערן אינעם ליטעראַרישן ייִדיש געבראַכט מיטן דיפֿטאָנג [וי]; אין מיטל־הויכדײַטש פֿלעגן די דאָזיקע גרופּעס ווערטער אויפֿן אָרט פֿון אונדזער ליטעראַרישן [וי] האָבן:

די 1טע – אַ לאַנגן [ו] (û):[1] tûs, mûl, bûch

די 2טע – [אָו] (ou): loufen, oug(e), b(ou)m

די 3טע – אַ לאַנגן [אָ] (ô): krône, brôt, strô

די 4טע – אַ קורצן [אָ] (o): bodem, hof, oven

און אין די דיאַלעקטן אונדזערע האָבן מיר אַנטשפּרעכיק דערצו אַזאַ בילד:

מיטל־הויכדײַטש	דיאַלעקטן (און אונטערדיאַלעקטן)			ליטעראַריש ייִדיש
	ליטוויש־ווײַסרוסישע	אוקראַיִנישע	פּוילישע	
û[1]	וי (אָוו[2]), וּי, ו, אָו	וי (אָוו[3]), אָו, אָאָ	אָאָ, אָו, אָע[4]	וי
o, ô, ou	יי (עוו[5])	יי (עוו[5]), וי	וי	

[16]

1 [1] און פֿאַר אַ וואָקאַל – ûw (וּוו). אַ שטייגער: bûwen, sûwer (זוויער, בויען).

2 [2] אין אַ ריי ערטער בײַ אייניקע ווערטער פֿאַר אַ וואָקאַל. אַ שטייגער: זאָווער, מאָווער און אויך: זוּיער, מוּיער.

3 [3] בײַ ליפֿשיצן אין די ווערטערביכער (זיי זײַנען געזעצט מיט זײַן דיאַלעקטאַלער אָרטאָגראַפֿיע) טרעפֿט מען כּסדר: אויסבאָוון, באַדאָווערן, געדאָווערן, געטראָוון, זאָווער, טראָווער, מאָווער, פֿאָווער א״אַ (אויס־בויען, באַדויערן, געדויערן, געטרויען, זויער, טרויער, מויער, פֿויער).

4 [4] ,אָע׳ איז אויך פֿאַראַן אין אַ ריי אוקראַיִנישע ייִשובֿים. אַ שטייגער פֿענעקס מלמד שלמה־דוד „זאָגט ניט ,מויל׳, נאָר ,מאָעל׳“ (בערג.).

5 [5] אין אַ ריי ערטער: עווער, טעווער (אויער, טויער).

14 די ייִדישע ליטעראַרישע שפּראַך איז אין תּוך געבילדעט ווי אַ סינטעז פֿון די דיאַלעקטן. דעם דאָזיקן סינטעז האָבן מיטגעהאָלפֿן די סאָציאַל־עקאָנאָמישע און קולטור־שטייגערשע פֿאַרבינדונגען, וואָס זײַנען געווען צווישן די ייִדן אין פֿאַרשיידענע לענדער און געגנטן.

אויף אַזאַ סינטעז האָט ניט ווייניק מיטגעווירקט אויך דאָס ייִדישע פֿאַרלאַג־וועזן. און שוין מיט יאָרהונדערטער צוריק. אַ שטייגער דער פֿאַרלייגער (המדפּיס) פֿון וויצנהויזנס ביבל־איבערזעצונג (זעט ז׳ 25) גיט אין זײַן פֿאָררעדע צו דער איבערזעצונג אַזאַ כאַראַקטעריסטיק וועגן זײַנער און וויצנהויזנס שפּראַך־פּאָליטיק:

> דא האב איך מיך משמח גיוועזן כמוצא שלל רב. דאש איך אזא איינן מאן האב גיפונדן דער דא אויך וואול בקי איז אין דען לשונות פון דען מדינות פיהם, מערהרן, איסטרייך, פולן אונ אשכנז. דער ווארטן דאש מאן עש אויבר אל [איבעראַל] וואול זאל קענין פאר שטין. אונ׳ קייני ווערטיר אין דיזם ספר גיברויכט דיא היא אין הולאנד אודר פריז לאנד מורגל זיינן. דען מאן פאר שטיט זיא אנדערש וואו ניט.[1]

וואָס איז שייך דער מאָדערנער ייִדישער ליטעראַרישער שפּראַך – האָט אויף איר מער געווירקט דער אוקראַיִנישער (דרומדיקער) דיאַלעקט – דער דיאַלעקט, וואָס אויף אים האָבן געשאַפֿן זייערע ווערק אַ גאַנצע ריי זייער אָנגעזעענע שרײַבער, ווי מ. לעפֿין (מענדל סאַטאַנאָווער), י. פּערל, י. ב. לעווינזאָן, י. אַקסענפֿעלד, י. לינעצקי און אַנדערע, דער לעקסיקאָגראַף י. ליפֿשיץ[2] און באַזונדערש די גרונטלייגער פֿון דער ייִדישער קלאַסישער ליטעראַטור – מענדעלע מוכר־ספֿרים און שלום־עליכם,[3] ווי אויך די אָנגעזעענסטע שרײַבער פֿון אונדזער נײַסטער ליטעראַטור – בערגעלסאָן, ניסתּר, מאַרקיש, קוויטקאָ און אַנדערע. אָט זיי אַלע – יעדערער אין זײַן צײַט און אויף זײַן אופֿן – האָבן פֿון די טיפֿענישן פֿון די פֿאָלקסמאַסן, ווי אויך פֿון די פֿריִערדיקע דורות און אַרומיקע שפּראַכן, אַרויסגעהויבן אוצרות פֿון וואָרט און אויסדרוק און האָבן אויסגעפֿורעמט די מאָדערנע ייִדישע ליטעראַרישע שפּראַך.

אָנמערקונג אַ גאַנצע ריי זייער אָנגעזעענע שרײַבער פֿון ליטע און ווײַסרוסלאַנד, ווי אויך אַ גאַנצע ריי ביז גאָר באַגאַבטע שרײַבער פֿון פּוילן מיטן גרויסן פּרץ בראָש, האָבן, פֿאַרשטייט זיך, אויך ניט ווייניק מיטגעהאָלפֿן דער אויסבילדונג פֿונעם מאָדערנעם ייִדיש. [17]

אָט דאָס דאָזיקע ייִדיש, וואָס פֿורעמענדיק אונדזער שיינע ליטעראַטור, איז עס אַלץ מער און מער אַליין געפֿורעמט געוואָרן, איז געווען און איז די באַזע, וואָס אויף איר האָט

1 [1] „דעמאָלט האָב איך זיך זייער דערפֿרייט, ווי אַז מע געפֿינט אַ גרויס פֿאַרמעגן, וואָס איך האָב געטראָפֿן אַזאַ ספּעציעלן מענטשן, וואָס איז געניט אין די לשונות [אין די ייִדישע דיאַלעקטן] פֿון די לענדער בעמען [באָהעמיע], מערן [מאָראַוויע], עסטרײַך, פּוילן און דײַטשלאַנד, אַזוי אַז מע וועט דאָס אומעטום ווויל קאָנען פֿאַרשטיין. און אין דעם דאָזיקן בוך [האָבן מיר] קיינע ווערטער ניט געברויכט, וואָס זײַנען פֿאַרשפּרייט בלויז אין האָלאַנד אָדער פֿריזלאַנד, וואָרן אין אַנדערע ערטער פֿאַרשטייט מען זיי ניט.“ אין דער אויבן געבראַכטער ציטאַט זײַנען די קאָמעס אונדזערע. בײַ וויצנהויזענען זײַנען אויפֿן אָרט פֿון אונדזערע קאָמעס פֿאַראַן פּונקטן.

2 [2] אין זײַנע ווערטערביכער: אינעם רוסיש־ייִדישן (1869) און ייִדיש־רוסישן (1876).

3 [3] מענדעלע, ווי ס׳איז באַוווּסט, איז לויט זײַן אָפּשטאַם פֿון ווײַסרוסלאַנד, אָבער לויט דער שפּראַך, אין וועלכער ער האָט געשאַפֿן זײַנע וווּנדערבאַרע ווערק, איז ער מער ,אוקראַיִנער׳ איידער ליטוואַק.

זיך געבויט און בויט זיך בכלל אונדזער ליטעראַרישע שפּראַך – ניט נאָר די קינסטלערישע, נאָר אויך די פּובליציסטישע און די וויסנשאַפֿטלעכע.

אַ באַזונדערן שטויס פֿאָרויס האָט דער אַנטוויקלונג פֿון אונדזער ייִדיש געגעבן די גרויסע סאָציאַליסטישע אָקטיאַבער־רעוואָלוציע, ווען אונדזער לשון איז צו גלײַך מיט אַלע אַנדערע שפּראַכן פֿונעם גרויסן סאָוועטישן פֿאָלק געוואָרן אַ מעכטיק געצײַג פֿון און פֿאַר די פֿײַנסטע און איידלסטע געדאַנקען און אידעען פֿון דער פֿאָרגעשריטנסטער טעאָריע פֿון אונדזער צײַט – פֿון מאַרקסיזם־לעניניזם.

15 אַזוי האַלט עס מיט דער אויסבילדונג פֿון דער ייִדישער ליטעראַרישער שפּראַך. אַנדערש אָבער איז עס מיט דער ייִדישער ליטעראַרישער אויסשפּראַך (אָרטאָעפּיע – ריכטיק ריידן). די דאָזיקע באַזירט זיך אין תּוך אויף דער ליטעראַרישער שריפֿט – אויף דער שריפֿט, וואָס אירע גרונטפּרינציפּן זײַנען אײַנגעשטעלט געוואָרן מיט עטלעכע הונדערט יאָר צוריק. און כאָטש פּרווון אַריבערצופֿירן די ייִדישע שריפֿט אויף אַ געוויסן דיאַלעקט (אויפֿן אוקראַיִנישן אָדער פּוילישן) זײַנען שוין עטלעכע מאָל געמאַכט געוואָרן (אַקסענפֿעלד, ליפֿשיץ, עטינגער א״אַ) און ווערן נאָך אויך איצט אַ מאָל געמאַכט, דאָך היט די ייִדישע שריפֿט אין תּוך אָפּ אירע גרונטפּרינציפּן, וואָס דער גרעסטער טייל פֿון זיי פֿאַלט צונויף מיט דער ליטוויש־ווײַסרוסישער אויסשפּראַך.

די ייִדישע ליטעראַרישע אויסשפּראַך ווערט בײַ אונדז אין לאַנד באַזונדערש קולטיווירט אויף דער בינע, אין טעאַטער.

16 כּמעט אין אַלע איצטיקע שפּראַכן זײַנען פֿאַראַן פֿיל דיאַלעקטן, אָבער די דאָזיקע ווערן בכלל אַלץ ווייניקער און ווייניקער. וואָרן פֿאַר דער גאַנצער צײַט פֿון דער מענטשלעכער אַנטוויקלונג קומט כּמעט כּסדר פֿאָר אַ פּראָצעס פֿון דערנעענטערונג צווישן פֿאַרשיידענע קאָלעקטיוון און צווישן פֿאַרשיידענע שפּראַכן. קליינע בינטלעך מענטשן פֿאַראייניקן זיך אין משפּחות, משפּחות – אין שטאַמען, שטאַמען – אין שבֿטים, שבֿטים – אין פֿעלקער, אין נאַציעס. צוזאַמען מיט דער דאָזיקער פֿאַראייניקונג און אויסמישונג קומט אויך פֿאָר אַ פֿאַראייניקונג, אויסמישונג און איבערקרייצונג פֿון באַזונדערע דיאַלעקטן און שפּראַכן.

אַזאַ איז אין תּוך די גרונטטענדענץ פֿון דער מענטשלעכער און שפּראַכלעכער אַנטוויקלונג. כאָטש גאָר גלאַט גייט עס ניט אַזוי אין דער סאָציאַל דיפֿערענצירטער געזעלשאַפֿט. אין געוויסע עטאַפּן קומען פֿאָר פֿאַרקערטע דערשײַנונגען אויך, ווען גרעסערע קאָלעקטיוון ווערן אויפֿגעריסן, צעפֿאַלן זיך אויף קלענערע און זונדערן זיך אָפּ איינע פֿון די אַנדערע. אין אַזעלכע פֿאַלן אַנטוויקלען זיך די שפּראַכן אָדער די דיאַלעקטן פֿון די צעפֿאַלענע קאָלעקטיוון גאַנץ פֿאַרשיידן און דערווײַטערן זיך איינע פֿון די אַנדערע אַלץ מער און מער, ביז זיי ווערן אָפּט ניט נאָר ניט פֿאַרשטענדלעך איינע פֿאַר די אַנדערע (פֿאַר די דאָזיקע צעפֿאַלענע קאָלעקטיוון), נאָר פֿאַרלירן אַפֿילו, ווי עס זאָגט ענגעלס, יעדן שפּור פֿון דער אַמאָליקער איינהייט.

17 אַן ענגערע דערנעענטערונג פֿון דיאַלעקטן קומט פֿאָר אין דער קאַפּיטאַליסטישער געזעלשאַפֿט – אין דער געזעלשאַפֿט, וואָס די איינהייטלעכקייט פֿון דער שפּראַך איז איינע פֿון אירע וויכטיקע אַנטוויקלונג־באַדינגונגען.[1] און דאָך זײַנען אין דער קאַפּיטאַ־[18]ליסטישער געזעלשאַפֿט געוויינטלעך פֿאַראַן פֿיל דיאַלעקטן מיט אַ גאַנץ היפּשן אונטערשייד צווישן זיי. דאָס איז מחמת דעם, וואָס בײַם קאַפּיטאַליזם פֿאַרבלײַבן ניט ווייניק שפּורן פֿון דער פֿעאָדאַלער געזעלשאַפֿט, וואָס

[1] [1] זעט: לענין, ב׳ XVII, ז׳ 428 (רוסיש).

קאָנסערווירן אין אַ רײַ ראַיאָנען בײַ באַשטימטע שיכטן פֿון דער באַפֿעלקערונג אַ געוויסע אָפּגעזונ־דערטקייט און באַגרענעצטקייט פֿונעם גאַנצן לעבן און במילא אויך פֿון דער שפּראַך. איבער הויפּט אָבער איז דער אונטערשייד צווישן דיאַלעקטן נאָך גרויס מחמת דעם, וואָס דיאַלעקטן זײַנען פֿאַראַן ניט נאָר טעריטאָריעלע – אויף וועלכע עס ריידן קאָלעקטיוון פֿון איינע און די זעלבע ראַיאָנען און געגנטן, נאָר אויך סאָציאַלע – אויף וועלכע עס ריידן קאָלעקטיוון מיט איינער און דער זעלבער ראָלע אין דער געזעלשאַפֿט.

אָט דער דאָזיקער אונטערשייד צווישן דיאַלעקטן ווערט אַלץ מער און מער אָפּגעשוואַכט אין דער סאָציאַליסטישער געזעלשאַפֿט, ווו עס ווערט גרינטלעך איבערגעבויט דאָס לעבן פֿון אַלע שיכטן פֿון דער באַפֿעלקערונג, ווו עס ווערט אָפּגעווישט דער אונטערשייד צווישן שטאָט און דאָרף, צווישן אַרבעטער און אינטעליגענט און ווו עס קומט פֿאָר אַ גראַנדיעזער וווּקס פֿון דער גאָרער קולטור. אָט דאָס אַלץ פֿירט צו דער אויסבילדונג פֿון אַן איינהייטלעכער ליטעראַרישער שפּראַך בײַ יעדער נאַ־ציאָנאַליטעט און צו דער צעבליִונג פֿון אַלע נאַציאָנאַלע שפּראַכן, און דאָס גרייט אַזוי אַרום צו אַ באָדן פֿאַר דער אַנטוויקלונג פֿון איין אַלגעמיינער קולטור מיט איין אַלגעמיינער שפּראַך פֿון (און פֿאַר) אַלע פֿעלקער, ווען דער סאָציאַליזם וועט שוין האָבן אָפּגעהאַלטן אַ נצחון אין דער גאַנצער וועלט און ער וועט אומעטום אַרײַן אין לעבן־שטייגער.[1] [18]

3 רייד־גלידערונג און שפּראַך־וויסנשאַפֿט

18 די שפּראַך איז דאָס וויכטיקסטע פֿאַרקער־מיטל צווישן מענטשן, דאָס באַ־דײַטנדיקסטע אויסדרוק־מיטל פֿון זייער באַוווּסטזײַן. דער באַוווּסטזײַן פֿונעם מאָדערנעם מענטשן ווערט מערסטנס אויסגעדריקט (מאַטעריאַליזירט) דורך קלאַנגען – דורך אַר־טיקולירטע, צעגלידערטע שפּראַכקלאַנגען, וואָס פֿון זיי באַשטייען אונדזערע ווערטער און זאַצן און וואָס ווערן געוויינטלעך אַרויסגערעדט גרופּעסווײַז – אַלס טראַפֿן, טאַקטן אאַ״וו. אַ שטייגער: די חבֿרים לויפֿן אויפֿן יום־טובֿ. דאָ האָבן מיר פֿינף ווערטער, וואָס בילדן אַ געוויסן פֿאַרענדיקטן געדאַנק – אַ זאַץ – און וואָס באַשטייען פֿון צוויי און צוואַנציק קלאַנגען, וועל־כע ווערן אַרויסגערעדט מיט זיבן לופֿט־אויסאָטעמונגען – זיבן טראַפֿן ([די – כאַ־וויי־רים – לוי־פֿן – אַ־פֿן – יאָנ־טעוו]) – און מיט דרײַ אַקצענטן – דרײַ טאַקטן (די חבֿרים – לויפֿן – אויפֿן יום־טובֿ).[2]

19 די ווערטער אין אַ זאַץ פֿילן געוויינטלעך אויס פֿאַרשיידענע פֿונקציעס – זיי ווײַזן אָן אויפֿן טוער, אויף זײַן טוונג, אויפֿן קעגנשטאַנד פֿון דער טוונג אאַ״וו. פֿון דעם שטאַנדפּונקט טיילט מען די ווערטער אײַן אין זאַצגלידער.

זאַצגלידער, דאָס הייסט ווערטער אָדער גרופּעס ווערטער, וואָס ענטפֿערן [19] אויף דער אָדער יענער פֿראַגע און וואָס פֿון זיי באַשטייען די זאַצן פֿון אונדזער רייד, זײַנען אַמ־אָפֿטסטן פֿאַראַן אַזעלכע:

1 [1] זעט דאָס „שלוסוואָרט" אינעם ח׳ סטאַלינס „באַריכט־פֿאָרטראָג אויפֿן XVI פּאַרטיי־צוזאַמענפֿאָר" (**פֿראַגן פֿון לעניניזם**, X אויפֿלאַגע, ז׳ 431, רוסיש).

2 [2] גענויער וועגן דעם אַלץ – אין די ווײַטערדיקע לימודים.

.1	סוביעקט	דער ברודער שרײַבט;
.2	פּרעדיקאַט	ער שרײַבט, ער איז אַ שרײַבער;
.3	אָביעקט	ער שרײַבט אַ בריוו מיט אַ פּען;
.4	אַטריבוט	ער שרײַבט אַ גרויסן בריוו;
.5	צאָל־באַשטימונג	ער שרײַבט צוויי בריוו;
.6	אָרט־באַשטימונג	ער שרײַבט אין קלוב;
.7	צײַט־באַשטימונג	ער שרײַבט פֿאַר נאַכט;
.8	אופֿן־באַשטימונג	ער שרײַבט אויפֿמערקזאַם;
.9	סיבה־באַשטימונג	ער שרײַבט מחמת אינטערעס;
.10	צוועק־באַשטימונג	ער איז געקומען (צו) שרײַבן אַ בריוו;
.11	אינהאַלט־באַשטימונג	ער האָט געוואָלט שרײַבן אַ בריוו.

1. אַ סוביעקט איז אַ וואָרט אָדער אַ גרופּע ווערטער, וואָס ווײַזט אָן אין זאַץ אויף דעם טוער. אַ סוביעקט ענטפֿערט אויף דער פֿראַגע ‚ווער?‘ אָדער ‚וואָס?‘.

2. אַ פּרעדיקאַט איז אַ וואָרט אָדער אַ גרופּע ווערטער, וואָס שטעלט פֿעסט דעם סוביעקטס טוונג, צושטאַנד, אײגנשאַפֿט. אַ פּרעדיקאַט ענטפֿערט געוויינטלעך אויף דער פֿראַגע ‚וואָס טוט דער סוביעקט? וואָס איז דער סוביעקט? אַ וועלכער איז דער סוביעקט? ווי אַזוי איז דער סוביעקט? ווען איז דער סוביעקט?‘.

3. אַן אָביעקט איז אַ וואָרט אָדער אַ גרופּע ווערטער, וואָס ווײַזט אָן אין זאַץ, אויף וועמען אָדער אויף וואָס עס גייט אַריבער די טוונג אָדער צו וועמען אָדער צו וואָס עס איז געווענדעט די טוונג. אַן אָביעקט ענטפֿערט אויף דער פֿראַגע ‚וועמען, וואָס?‘ אָדער ‚מיט וועמען, מיט וואָס; צו וועמען, צו וואָס; פֿון וועמען, פֿון וואָס?‘ און אַנדערע.

4. אַן אַטריבוט אָדער אַ צאָל־באַשטימונג קומען בײַ ווערטער, וואָס באַטײַטן עפּעס אַ זאַך. דער אַטריבוט ווײַזט אַ וואָסער ניט איז סימן פֿון דער זאַך און ענטפֿערט אויף דער פֿראַגע ‚וועלכער, וועלכע, וועלכעס, וועלכן?‘ אָדער ‚וועמענס?‘; און די צאָל־באַשטימונג ווײַזט די צאָל פֿון דער זאַך און ענטפֿערט אויף דער פֿראַגע ‚וויפֿל?‘.

5. אַלע איבעריקע באַשטימונגען קומען געוויינטלעך בײַ ווערטער, וואָס באַטײַטן אַ טוונג. זיי ווײַזן דאָס אָרט, די צײַט, דעם אופֿן, די סיבה, דעם צוועק אָדער דעם אינהאַלט פֿון דער טוונג און ענטפֿערן אויף די פֿראַגעס: ‚ווו, וווּהין, פֿון וואַנען, ביז וואַנען; ווען, פֿון ווען אָן, ביז ווען אָן; ווי אַזוי; פֿאַר וואָס, איבער וואָס, מחמת וואָס; נאָך וואָס, צוליב וואָס?‘ אָדער ‚וואָס טאָן?‘.

אָנמערקונג ווען אַ זאַצגליד באַשטייט ניט פֿון איין וואָרט, נאָר פֿון מער, איז איינס פֿון די ווערטער אַ זעלבשטענדיקס, וואָס רופֿט אָן אַ זאַך, אַ טוונג אאַ״וו, און די איבעריקע ווערטער זײַנען מערסטנס באַהילפֿיקע. פֿאַרגלײַכט אַ שטייגער:

1. משה פֿאָרט הײַנט אַהין;
2. דער ברודער וועט פֿאָרן נאָך דער אַרבעט אין שטאָט. [20]

אי אינעם ערשטן זאַץ אי אינעם צווייטן האָבן מיר צו פֿיר זאַצגלידער: אַ סוביעקט, פּרע־דיקאַט, צײַט־באַשטימונג און אָרט־באַשטימונג. אינעם ערשטן זאַץ זײַנען קיין הילפֿווער־טער ניט פֿאַראַן, אָבער אינעם צווייטן – יאָ (,דער, וועט, נאָך, דער, אין׳).

20 די ווערטער קאָן מען באַטראַכטן ניט נאָר לויט זייער פֿונקציע אין זאַץ, נאָר אויך לויט זייער באַטײַט און פֿאָרמע, אומאָפּהענגיק פֿונעם זאַץ. פֿון דעם שטאַנדפּונקט טיילט מען זיי אײַן אין וואָרטקלאַסן. אַ שטייגער אינעם זאַץ ,פּיאָנערן לייענען צײַטונגען׳ פֿילן די ווערטער ,פּיאָנערן׳ און ,צײַטונגען׳ אויס פֿאַרשיידענע פֿונקציעס: ,פּיאָנערן׳ איז סוביעקט און ,צײַטונגען׳ איז אָביעקט. אָבער אין דער זעלבער צײַט געהערן די דאָזיקע צוויי ווערטער צו איין קלאַס – צום קלאַס סובסטאַנטיוו, וואָס צו אים געהערן בכלל אַלע ווערטער, וועל־כע באַטײַטן עפּעס אַ זאַך.

וואָרטקלאַסן, דאָס הייסט גרעסערע אָדער קלענערע גרופּעס, וואָס נעמען אין זיך אַרײַן אַלע אָדער כּמעט אַלע ווערטער פֿון דער שפּראַך, אײַנגעטיילט לויט דעם, וואָס די ווערטער באַטײַטן; וועלכע פֿונקציעס און פֿאָרמעס זיי האָבן און מיט וועלכע ווער־טער זיי באַהעפֿטן זיך אָדער קאָנען זיך באַהעפֿטן, – זײַנען פֿאַראַן אַזעלכע:

		וואָרטקלאַסן	בײַשפּילן
I זעלבשטענדיקע	1	סובסטאַנטיוו	טיש, מענטש, לופֿט, געדאַנק, אידעע, סאָציאַליזם …
	2	ווערב	שרײַב, זעגט, שלאָפֿן, געזעסן, רייניקן, קריטיקירנדיק …
	3	אַדיעקטיוו	שוואַרצע, טיפֿע, קלוגע, ריינע, הײַנטיקע, איבעריקע …
	4	צאָלוואָרט	צוויי, פֿינף, נײַן, צען, עלף, צוועלף, הונדערט …
	5	אַדווערב	אונטן, אויבן, שפּעט, מאָרגן, אַליין, צוזאַמען …
	6	פּראָנאָם	איך, דו, ער, אַזאַ, אַזוי פֿיל, דאָ, דאָרט, אַהין …
II באַהילפֿיקע	7	אַרטיקל	אַ(ן), דער, די, דאָס (דעם), קיין.
	8	הילפֿווערב	בין, ביסט, איז, זײַנען, זײַט; ווער, ווערסט, ווערט; וועל …
	9	פּרעפּאָזיציע	אויף, אין, פֿאַר, נאָך, פֿון, צו, ביז, צווישן, מיט, אָן …
	10	בינדוואָרט	און, אָבער, צי, נאָר, אַז, אויב, ווײַל, כּל־זמן …
	11	פּאַרטיקל	ניט, זשע, טאַקע, זיך, צו, עס, אַ, צי, נאָר, דאָך …[1]
	12	אויסרופֿוואָרט	אוי, אײַ, ע, עט, בע, פֿע, אַך, אָך, נו, אָ, אַהאַ, הוראַ …

[21]

21 לאָמיר איצט קורץ פֿאָרמולירן, וואָס שטעלן מיט זיך פֿאָר די ערשט אָנגעוויזענע צוועלף קלאַסן ווערטער, און פֿריִער פֿאַר אַלץ – די ערשטע זעקס:[2]

1. אַ סובסטאַנטיוו באַטײַט אַ זאַך אָדער אַזוינס, וואָס מע נעמט עס אויף ווי אַ זאַך. אַ סובסטאַנטיוו קאָן אין זאַץ אויספֿילן פֿאַרשיידענע פֿונקציעס, אָבער אָפֿטער פֿון אַלץ

[1] [1] אַ שטייגער: ער וואַשט זיך; ער וועט האָבן צו זינגען און צו זאָגן; עס לויפֿן מענטשן; אַ מענטשן צוואַנציק; צי איז דאָס מעגלעך?; ער האָט נאָר געוואָלט לייענען; ער איז דאָך דאָ ערשט געווען.

[2] [1] ברייטערע און גענויערע פֿאָרמולירונגען וועלן געגעבן ווערן שפּעטער.

קומט ער אַלס אַ סוביעקט אָדער אָביעקט; דאָס הייסט: ער ווײַזט אין זאַץ אָדער דעם טוער פֿון דער טווּנג אָדער דעם קעגנשטאַנד פֿון דער טווּנג.

2. אַ ווערב באַטײַט אַ טווּנג אָדער אַזוינס, וואָס מע נעמט עס אויף ווי אַ טווּנג. אַ ווערב קאָן אויספֿילן פֿאַרשיידענע פֿונקציעס, אָבער אָפֿטער פֿון אַלץ איז ער אַ פּרעדיקאַט. דאָס הייסט: ער ווײַזט דעם סוביעקטס טווּנג.

3. אַן אַדיעקטיוו באַטײַט אַן אייגנשאַפֿט (אַ סימן) אָדער אַזוינס, וואָס מע נעמט עס אויף ווי אַן אייגנשאַפֿט. אַן אַדיעקטיוו קומט געוויינטלעך בײַ אַ סובסטאַנטיוו און פֿילט אין זאַץ אויס אָדער אַ פֿונקציע פֿון אַן אַטריבוט (אַ כאַראַקטעריסטיק) אָדער (מיט אַ הילפֿ־ווערב) אַ פֿונקציע פֿון אַ פּרעדיקאַט. אַ שטייגער: דער שיינער הימל געפֿעלט זיי (‚שיינער‘ – אַטריבוט); דער הימל איז אַ שיינער (‚שיינער‘ צוזאַמען מיט ‚איז‘ – פּרעדיקאַט).

4. אַ צאָלוואָרט באַטײַט אַ צאָל, קומט געוויינטלעך בײַ אַ סובסטאַנטיוו און איז אין זאַץ אָפֿטער פֿון אַלץ אין דער פֿונקציע פֿון אַ צאָל־באַשטימונג.

5. אַן אַדווערב באַטײַט אַן אָרט, אַ צײַט, אַן אופֿן, אַ צושטאַנד, קומט מערסטנס בײַ אַ ווערב און פֿילט אויס פֿאַרשיידענע פֿונקציעס. אַדווערבן זײַנען פֿאַראַן צווייערליי: 1. אַד־יעקטיווישע אַדווערבן; 2. ניט־אַדיעקטיווישע אַדווערבן. אַן אַדיעקטיווישער אַדווערב איז אַזאַ, צו וועלכן מע קאָן צוגעבן אַ טייל ‚־ער‘ און עס וועט ווערן אַן אַדיעקטיוו (אָדער עס וועט בלײַבן אַן אַדווערב מיט אַ צוגאָב־באַטײַט פֿון ‚מער‘). אַ שטייגער: ער גראָבט טיף, פֿעסט (טיפֿער, פֿעסטער). אַ ניט־אַדיעקטיווישער אַדווערב איז אַזאַ, צו וועלכן מע קאָן אַזאַ ‚־ער‘ ניט צוגעבן. אַ שטייגער: צוזאַמען, אַליין, פּלוצעם, מיט אַ מאָל, אויבן, אונטן, בקיצור, בסוד, לכתּחילה אאַ״וו.

6. אַ פּראָנאָם ווײַזט אָן אויף עפּעס אַזוינס, וואָס קאָן אָנגערופֿן ווערן מיט אַ וואָרט פֿון די פֿאָריקע קלאַסן. אַ שטייגער: דער פּראָנאָם ‚ער‘ קאָן אָנווײַזן אויף אַ טיש, שטול, מענטש, הימל, אידעאַל, און אויף נאָך טויזנטערליי זאַכן; דער פּראָנאָם ‚אַזאַ‘ קאָן אָנווײַזן אויף אַ שוואַרצן, גראָבן, הויכן, קלוגן, פֿעטן און אויף נאָך אָן אַ שיעור אייגנשאַפֿטן אאַ״וו. אָפּהענגיק דערפֿון, וואָס פֿאַר אַ וואָרט דער פּראָנאָם פֿאַרטרעט אין זאַץ אָדער וואָס פֿאַר אַ וואָרט עס קאָן קומען אין זאַץ אַנשטאָט דעם פּראָנאָם און וואָס פֿאַר אַ פֿאָרמעס דער פּראָנאָם נעמט אָן, טיילט מען די פּראָנאָמען אויף פּראָנאָמען סובסטאַנטיוון (ער, עמעצער...), פּראָנאָמען אַדיעקטיוון (אַזוינע, אַזעלכע...), פּראָנאָמען צאָלווערטער (וויפֿל, אַזוי פֿיל...), פּראָנאָמען אַדווערבן (דאָ, דאָרט...).

די דאָזיקע זעקס וואָרטקלאַסן זײַנען די וויכטיקסטע אין דער שפּראַך – זיי רופֿן אָן אָדער ווײַזן אָן זאַכן, טווּנגען, אייגנשאַפֿטן (סימנים), צאָלן אאַ״וו; זיי [22] קאָנען קומען אויך זעלבשטענדיק (דעריבער הייסן זיי זעלבשטענדיקע ווערטער) און דריקן אַזוי אָדער אַנדערש אויס די פֿאַרשיידענע פֿונקציעס פֿון די זאַצגלידער (סוביעקטן, פּרעדיקאַטן, אָביעקטן, אַטריבוטן אאַ״וו).

22 גאָר אַנדערש איז אָבער מיט די ווײַטערדיקע פֿינף קלאַסן ווערטער. דאָס זײַנען אַלץ אַזעלכע, וואָס זעלבשטענדיק קומען זיי ניט, קיין פֿונקציעס פֿון זאַצגלידער פֿילן זיי ניט

אויס – זיי באַדינען נאָר אַזוי אָדער אַנדערש די זעלבשטענדיקע ווערטער, און דעריבער הייסן זיי באַהילפֿיקע (הילפֿווערטער).

די דאָזיקע פֿינף קלאַסן הילפֿווערטער קומען אין פֿאָלגנדיקע פֿאַלן:

1. אַרטיקלען – זיי קומען בײַ סובסטאַנטיוון (און אויך בײַ אַדיעקטיוון) און ווײַזן די באַשטימטקייט אָדער אומבאַשטימטקייט פֿון דער אָדער יענער זאַך. אַ שטייגער: אַ חבֿר איז געקומען; דער חבֿר איז פֿון קיִעוו; דעם חבֿר קען איך ניט; דער חבֿר איז ניט קיין היגער.

2. הילפֿווערבן – זיי קומען בײַ אַלערליי ווערטער פּרעדיקאַטן, צוגעבנדיק דעם פּרע־דיקאַט אַזאַ אָדער אַן אַנדער באַטײַט פֿון צײַט (קעגנוואַרט, פֿאַרגאַנגענהייט, צוקונפֿט...), פֿון ווערן (זײַן) און אַנדערע. אַ שטייגער:

איך בין (ווער) אַ סטודענט	איך בין געווען (געוואָרן) קראַנק
איך בין (ווער) אַ לערער	איך בין געווען (געוואָרן) געזונט

3. פּרעפּאָזיציעס – זיי קומען געוויינטלעך צווישן סובסטאַנטיוון, וואָס פֿילן אין זאַץ אויס פֿאַרשיידענע פֿונקציעס (צווישן אַ סוביעקט אָדער אַן אומדירעקטן אָביעקט מיט אַן אַטריבוט, צווישן אַ צײַט־באַשטימונג מיט אַן אַטריבוט און אַנדערע), אָדער צווישן אַ ווערב מיט אַ סובסטאַנטיוו און אַנדערע, כּדי צו ווײַזן אַזאַ אָדער אַן אַנדער פֿאַרהעלטע־ניש צווישן אַ פּאָר זאַכן, אַ טווּנג מיט אַ זאַך אאַ"וו. אַ שטייגער: די אַרבעטער פֿון פֿאַבריק גייען אין טעאַטער מיט זייערע פֿרויען; די קינדער האָבן געטאַנצט אַרום אונדז, לעבן אונדז, הינטער אונדז, אַנטקעגן אונדז, צווישן אונדז, אַנשטאָט אונדז, בײַ אונדז, פֿאַר אונדז, מיט אונדז, אָן אונדז, לכּבֿוד אונדז, צוליב אונדז אאַ"וו.

4. בינדווערטער – זיי קומען צו פֿאַרבינדן זאַצגלידער אָדער גאַנצע זאַצן, ווען די דאָזיקע ווערן פֿאַראייניקט און בילדן איין גדאַנק, איין אַרויסזאָגונג. אַ שטייגער:

צווישן זאַצגלידער	**צווישן זאַצן**
1. פֿאַר אונדז איז געזעסן און האָט גע־רעדט אַ ריזיקער מײַסטער (בערג.).	1. מײַן ברודער אליה האָט פֿײַנט, אַז מע לאַכט פֿון אים (שאָל.).
2. ער דערזעט פֿאַר זיך אַ גרויסע שטאָט, נאָר אַ פֿינצטערע (שאָל.).	2. דאָס אויג זעט, נאָר איך קוק נישט (פּ.).

5. פּאַרטיקלען – זיי נעמען אַרום אַ גאַנץ פֿאַרשיידענע גרופּע ווערטער, וואָס דריקן אויס אָדער באַטייליקן זיך אין אויסדריקן: פֿאַרשטאַרקונג (אַפֿילו, אַזש, דאָך, טאַקע), אויסטיילונג (בלויז, נאָר, גראָד, דווקא), לערכדיקייט (אַ, בײַ, כּמעט, אַרום) און אַ ריי אַנדערע. [23]

וואָס איז שייך דעם צוועלפֿטן און לעצטן קלאַס ווערטער – די אויסרופֿווערטער (אינטעריעקציעס) – זיי טיילן זיך אויס פֿון די ביז איצט פֿונאַנדערגעקליבענע ווערטער מיט

צוויי וויכטיקע מאָמענטן: 1. זיי דריקן אויס ניט קיין באַשטימטע פֿאָרשטעלונג וועגן עפּעס אַ זאַך, אַ טוונג, אַן אייגנשאַפֿט אאַ"וו, נאָר אַ געוויסן אוממיטלבאַרן געפֿיל־צושטאַנד; 2. זיי באַהעפֿטן זיך געוויינטלעך ניט מיט די אַרומיקע ווערטער און בילדן אַ באַזונדערן זאַץ (די דאָזיקע אָפּגעזונדערטקייט ווערט אין דער שריפֿט באַצייכנט מיט אַ קאָמע, מיט אַ פֿרעגצייכן אָדער מיט אַן אויסרוף־צייכן). אַ שטייגער ביי שלום־עליכמען:

1. סטייַטש, וואָס האָט איר געשוויגן ביז אַהער?
2. נו? וואָס זאָגט איר אויף אייַער תּכשיט?
3. אַהאַ! עס האָט זיי גענומען!

אָט דאָס זייַנען צוועלף פֿאַרשיידענע קלאַסן ווערטער, וואָס זיי נעמען אַרום כּמעט דעם גאַנצן פֿאָנד פֿון אונדזער שפּראַך און וואָס מיט זייער הילף דריקן מיר אויס אַלערליי געדאַנקען און געפֿילן.

23 דער סובסטאַנטיוו שליסט אין זיך איין פֿיר פֿאַרשיידענע פֿאָרמעס ווערטער, וואָס האָבן געוויינטלעך אין זאַץ פֿאַרשיידענע פֿונקציעס – פֿונקציעס פֿון סוביעקט, אָביעקט, אַטריבוט אָדער אַנדערע. די דאָזיקע פֿאָרמעס הייסן אַזוי:[1]

1 נאָמינאַטיוו:	משה, דער טאַטע, די מאַמע, דאָס קינד...
2 אַקוזאַטיוו:	משהן, דעם טאַטן, די מאַמע, דאָס קינד...
3 דאַטיוו:	משהן, דעם טאַטן, דער מאַמען, דעם קינד...
4 פּאָסעסיוו:	משהס, דעם טאַטנס, דער מאַמעס, דעם קינדס...

און פֿיר פֿאַרשיידענע פֿאָרמעס מיט פֿאַרשיידענע פֿונקציעס שליסט אין זיך אויך דער ווערב. זיי הייסן אַזוי:

1 פּערזאָניקער ווערב:	גיי, גייסט, גייט, גייען; שטיי, שטייסט, שטייט, שטייען...
2 אינפֿיניטיוו:	גיין, שטיין, וויסן, צוגיין, פֿאַרגיין, אָפּגיין, אַרייַנגיין, אַרויס־גיין...
3 פּאַרטיציפּ:	געגאַנגען, געשטאַנען, געוווּסט, צוגעגאַנגען, פֿאַרגאַנגען...
4 גערונדיוו:	גייענדיק, שטייענדיק, וויסנדיק, צוגייענדיק, פֿאַרגייענדיק...

24 כּדי צו מאַכן די ערשט אָנגעוויזענע ווערטער־קלאַסיפֿיקאַציע אַ ביסל אָנשוילעכער, וועלן מיר עס פֿאָרשטעלן אין אַ טאַבעלע. [24]

[1] [1] גענויער וועגן די דאָזיקע פֿאָרמעס זעט ז"ז 196–199.

וואָרטקלאַסן־טאַבעלע

	וואָרטקלאַסן	דער באַטייט	די אָפּטערע פֿונקציע אין זאַץ	קאָן צו זיך באַהעפֿטן	קאָן געוויינטלעך קומען ביי
I זעלבשטענדיקע	1. סובסטאַנטיוו	זאַך, קעגנשטאַנדלעכקייט	סוביעקט, אָביעקט	אַדיעקטיוו, צאָלוואָרט, אַרטיקל	
	2. ווערב	טוונג	פּרעדיקאַט	אַדווערב	סובסטאַנטיוו
	3. אַדיעקטיוו	אייגנשאַפֿט, סימן	אַטריבוט, פּרעדיקאַט	אַדיעקטיוו, אַדווערב	סובסטאַנטיוו, אַדיעקטיוו
	4. צאָלוואָרט	צאָל	צאָל־באַשטימונג		סובסטאַנטיוו
	5. אַדווערב	אָרט, צייַט, אופֿן, צושטאַנד	אָרט־באַשטימונג, צייַט־באַשטימונג, אופֿן־באַשטימונג א״אַ	אַדווערב	ווערב, אַדווערב, אַדיעקטיוו
	6. פּראָנאָם	ווייַזט אָן אויף עמעצן, אויף עפּעס	פֿאַרשיידענע פּראָנאָמען האָבן פֿאַרשיידענע פֿונקציעס און קאָנען זיך באַהעפֿטן מיט פֿאַרשיידענע ווערטער		
II באַהילפֿיקע	7. אַרטיקל	(אום)באַשטימטקייט, נעגאַציע			סובסטאַנטיוו (אַדיעקטיוו)
	8. הילפֿווערב	איצטיקייט, פֿריִערדיקייט, (אומ)פֿאַקטישקייט...	אַ טייל פֿונעם פּרעדיקאַט		אַלערליי ווערטער פּרעדיקאַטן
	9. פּרעפּאָזיציע	פֿאַרשיידענע פֿאַרהעלטענישן (אָרט, צייַט, סיבה, צוועק, מיטל, א״אַ)			סובסטאַנטיוו דאַטיוו, ווערב אינפֿיניטיוו, אַדווערב
	10. בינדוואָרט	פֿאַרשיידענע פֿאַרבינדונגען (צוזאַמענשטעלונג, קעגנשטעלונג, נאָכגעביקייט א״אַ)			אַלערליי ווערטער (אָדער גרופּעס ווערטער, זאַצן)
	11. פּאַרטיקל	פֿאַרשיידנס (אָפּלייקענונג, פֿאַרשטאַרקונג, א״אַ)			פֿאַרשיידענע ווערטער
	12. אויסרופֿוואָרט	אַן אוממיטלבאַרער געפֿיל־צושטאַנד	בילדעט געוויינטלעך אַ באַזונדערן זאַץ	באַהעפֿט זיך געוויינטלעך ניט מיט קיינע ווערטער	

25 איינס און דאָס זעלבע וואָרט קאָן אין איין פֿאַל געהערן צו איין גרופּע און אין אַ צווייטן פֿאַל צו אַן אַנדערער. אַ שטייגער:

1. איך קויף אַ זעג (‚זעג׳ – סובסטאַנטיוו).
2. דאָס איז אַן אַקטיוו קינד (‚אַקטיוו׳ – אַדיעקטיוו).
3. איך האָב אַ זייגער (‚האָב׳ – אַ זעלבשטענדיק וואָרט – אַ ווערב).

1. איך זעג האָלץ (‚זעג׳ – ווערב).[1]
2. מיר אַרבעטן אַקטיוו (‚אַקטיוו׳ – אַדיעקטיווישער אַדווערב).
3. איך האָב געקויפֿט (‚האָב׳ – אַ באַהילפֿיק וואָרט – אַ הילפֿווערב).

און איינס און דאָס זעלבע וואָרט קאָן אַ מאָל געהערן צו אַ פּאָר גרופּעס איינצייַטיק. אַ שטייגער אינעם זאַץ ‚דער אַלטער איז געקומען׳ – איז דאָס וואָרט ‚אַלטער׳ אי אַ סובסטאַנטיוו אי אַן אַדיעקטיוו (אַ סובסטאַנטיווירטער אַדיעקטיוו – אַן אַדיעקטיוו, וואָס פֿאַרנעמט אַ ‚שטעלע׳ פֿון אַ סובסטאַנטיוו).

26 אָט דאָס אַלץ, וועגן וואָס דאָ איז פֿריִער גערעדט געוואָרן – די צעגלידערטקייט און אָרגאַניזאַציע פֿון דער רייד, אירע פֿאָרמעס און באַטייַטן, ווי אויך איר אויפֿקום און אַנטוויקלונג, – דאָס אַלץ שטודירט די שפּראַך־וויסנשאַפֿט (לינגוויסטיק).

די שפּראַך־וויסנשאַפֿט באַשטייט פֿון אַ ריי געביטן, פֿון אַ ריי דיסציפּלינען, וואָס שטודירן די שפּראַך, די שפּראַכפֿאַקטן פֿון פֿאַרשיידענע זייַטן. די וויכטיקסטע דיסציפּלינען פֿון דער שפּראַך־וויסנשאַפֿט זייַנען:

I לעקסיקאָלאָגיע (לעקסיק) – די לערע וועגן דעם וואָרט־מאַטעריאַל פֿון דער געגעבענער שפּראַך. לעקסיקאָלאָגיע פֿאַרנעמט זיך מיט צונויפֿזאַמלען אַלע ווערטער פֿון דער שפּראַך, כּדי צו דערלערנען און סיסטעמאַטיזירן זיי. לעקסיקאָלאָגיע האָט געווייַנטלעך אויך צו טאָן מיט דערלערנען דעם אויפֿקום (אָפּשטאַם) פֿון באַזונדערע ווערטער. דאָס ווערט אָנגערופֿן עטימאָלאָגיע. ווייַטער פֿאַרנעמט זיך לעקסיקאָלאָגיע מיט אויפֿדעקן די באַטייַטן פֿון ווערטער און פֿון זייערע טיילן. דאָס ווערט אָנגערופֿן סעמאַסיאָלאָגיע (אָדער סעמאַנטיק).

II גראַמאַטיק – די לערע וועגן דער סטרוקטור פֿון דער שפּראַך. גראַמאַטיק באַשטייט פֿון מאָרפֿאָלאָגיע און סינטאַקס. מאָרפֿאָלאָגיע שטודירט די סטרוקטור פֿון אַ וואָרט, זייַנע באַטייַטיקע טיילן און די ענדערונגען, וואָס אַ וואָרט באַקומט מחמת זייַן אָפּהענגיקייט פֿון אַנדערע ווערטער אין זאַץ; סינטאַקס שטודירט די סטרוקטור פֿון אַ זאַץ, די באַהעפֿטונג פֿון די זאַצטיילן און די באַהעפֿטונג פֿון זאַצן.

[1] [1] וואָסער וואָרט איז עלטער – דער סובסטאַנטיוו צי דער ווערב – דאָס איז אָפֿט ניט גרינג צו זאָגן, כאָטש בכלל, ווי עס ווייַזט אָן מאַר, זייַנען ווערבן אַנטשטאַנען פֿון סובסטאַנטיוון.

III פֿאָנעטיק – די לערע וועגן דער קלאַנגלעכער, ריטמיש־מעלאָדישער זייַט פֿון דער שפּראַך.

IV גראַפֿיק – די לערע וועגן אַלף־בית און שריפֿט בכלל. [26]

V דיאַלעקטאָלאָגיע – די לערע וועגן דער לעקסיק־סעמאַנטיק, גראַמאַטיק און פֿאָנעטיק פֿון באַזונדערע (טעריטאָריעלע און סאָציאַלע) דיאַלעקטן פֿון אַ וועלכער ניט איז שפּראַך.

ווייַטער זייַנען נאָך פֿאַראַן אייניקע ריין פּראַקטישע שפּראַך־דיסציפּלינען: אָרטאָגראַ־פֿיע, פּונקטואַציע, אָרטאָעפּיע און סטיליסטיק. אָרטאָגראַפֿיע – דאָס איז די לערע (אַ סיסטעם כּללים) וועגן אַן איינהייטלעך אייַנגעשטעלטן אויסלייג פֿון די ווערטער אין דער שריפֿט. פּונקטואַציע – דאָס איז די לערע וועגן אַן אייַנגעשטעלטער באַצייכענונג פֿון די זאַצן און זאַצגלידער מיט די אָדער יענע אָפּשטעל־צייכנס (פּונקט, פֿרעגצייכן, קאָמע אאַ״וו). אָרטאָעפּיע – דאָס איז די לערע וועגן אַן איינהייטלעך אייַנגעשטעלטער אויסשפּראַך פֿון די ווערטער. סטיליסטיק – דאָס איז די לערע וועגן דער צוגעפּאַסטקייט פֿון די אָדער יענע ווערטער, אויסדרוקן, סטרוקטורן פֿאַר די אָדער יענע פֿאַלן, פֿאַר די אָדער יענע טיפּן דאָקומענטן און ווערק.

די דאָזיקע אַלע זייַטן פֿון דער שפּראַך קאָן מען שטודירן סטאַטיש, אין זייער שטייענדיקן צושטאַנד, און דינאַמיש, אין זייער באַוועגלעכן צושטאַנד. ווען מע שטודירט עס דינאַמיש, באַקומט מען אַ פֿאָרשטעלונג וועגן דער אַנטוויקלונג, וועגן דער געשיכטע פֿון די אָדער יענע זייַטן פֿון דער געגעבענער שפּראַך און פֿון דער שפּראַך בכלל.

ווייַטער קאָן מען דאָס אַלץ שטודירן אין די גרענעצן פֿון איין שפּראַך אָדער פֿון פֿיל שפּראַכן. אויב מע שטודירט עס אין אַ ריי שפּראַכן און מע דעקט אויף דאָס געמיינזאַמע און פֿאַרשיידענע פֿון די דאָזיקע שפּראַכן, באַקומט מען דאָס, וואָס מע רופֿט אָן פֿאַרגלייַכיקע שפּראַך־וויסנשאַפֿט. אויב מע שטודירט דאָס אַלץ אין די גרענעצן פֿון פֿיל שפּראַכן און מע דעקט אויף די געזעץ־מעסיקייטן, וואָס זייַנען פֿאַר זיי אייגנטימלעך אין די אָדער אין יענע סטאַדיעס פֿון זייער אַנטוויקלונג און אין דער אַנטוויקלונג פֿון דער מענטשלעכער שפּראַך בכלל, באַקומט זיך דאָס, וואָס מע רופֿט אָן אַלגעמיינע שפּראַך־וויסנשאַפֿט.

אין די ווייַטערדיקע קאַפּיטלען וועלן אָט די דאָזיקע אַלע דיסציפּלינען – אייניקע מער און אייניקע ווייניקער אויספֿירלעך – באַהאַנדלט ווערן און אויך באַלויכטן ווערן מיט אַ ריי פֿאַקטישע מאַטעריאַלן. [27]

II פֿאָנעטיק און גראַפֿיק

4 שפּראַכקלאַנגען און רייד־אַפּאַראַט

27 די שפּראַכקלאַנגען, וואָס פֿון זיי באַשטייען אונדזערע ווערטער און זאַצן, ווערן געבילדעט דורך דעם לופֿטשטראָם, וואָס מיר אָטעמען אַרויס. אין אַרויסברענגען די שפּראַכקלאַנגען באַטייליקן זיך אַקטיווער אָדער פּאַסיווער פֿאָלגנדיקע אָרגאַנען (גלידער) פֿון אונדזער קערפּער:

1. די ליפּן – ביידע אָדער בלויז איינע – די אונטערשטע;
2. די צונג – אָדער אַ טייל אירער;
3. די ציינער – דער עיקר די אייבערשטע פֿאָדערשטע;
4. דער גומען – דער האַרטער (פֿאָדערשטער אומבאַוועגלעכער) טייל און דער ווייכער (הינטערשטער באַוועגלעכער);
5. דאָס צינגל – אַ ווייכער, שפּיציקער און זייער באַוועגלעכער מוסקול־אָרגאַן, וואָס איז צוגעפֿעסטיקט צום ווייכן (צום הינטערשטן טייל) גומען;
6. דער גאָרגל (די קעל) מיט די שטימבענדער און דעם שטימשפּאַלט. די שטימבענדער – דאָס זייַנען צוויי קלייניקע און זייער פֿילבאַרע הויטפֿאַלדן (מעמבראַנעס), וואָס זייַנען רעכטס און לינקס צוגעפֿעסטיקט צו די מוסקולן פֿונעם גאָרגל און קאָנען זיך דערנענטערן איינער צום אַנדערן אָדער זיך דערווייַטערן. צווישן די שטימבענדער איז פֿאַראַן אַ שטימשפּאַלט, דורך וועלכן עס גייט פֿון די לונגען אַרויס דער לופֿטשטראָם;
7. די לונגען און די בראָנכעס (לופֿטרערן) – זיי שטעלן צו פֿאַר די פֿריִער דערמאָנטע אָרגאַנען דעם לופֿטשטראָם, וואָס איז נייטיק אויף אַרויסצוברענגען די שפּראַכקלאַנגען;
8. דער מויל־חלל און דער נאָז־חלל – דורך זיי ביידן אָדער דורך איינעם פֿון זיי גייט דער לופֿטשטראָם אַרויס.

אַלזאָ, כּדי אַרויסצוברענגען שפּראַכקלאַנגען, נייטיקן מיר זיך: אין דער טעטיקייט פֿון די לונגען און בראָנכעס, וואָס אָטעמען אַרויס דעם לופֿטשטראָם; אין דער טעטיקייט פֿון די שטימבענדער, וואָס מאָדיפֿיצירן (פֿורעמען) דעם לופֿטשטראָם; אין דער טעטיקייט פֿונעם צינגל, גומען, צונג, ציינער און ליפּן, וואָס גיבן צו דעם לופֿטשטראָם אַזאַ אָדער אַן אַנדער קלאַנגלעכע קוואַליטעט (כאַראַקטער, רעזאָנאַנס) און אין דער טעטיקייט פֿונעם מויל־חלל און נאָז־חלל, דורך וועלכע דער לופֿטשטראָם (דער קלאַנג) גייט אַרויס. [28]

28 די אַלע אָרגאַנען הייסן ריידאָרגאַנען. די ליפּן, די צונג, דאָס צינגל און די שטימבענדער זייַנען אַקטיווע ריידאָרגאַנען – זיי טוען דאָס אַלץ, וואָס איז נייטיק אויף אַרויסצוברענגען די שפּראַכקלאַנגען. די איבעריקע ריידאָרגאַנען זייַנען פּאַסיווע – מיט זיי קומען די אַקטיווע ריידאָרגאַנען אין אַ באַרירונג בייַם אַרויסברענגען די אָדער יענע שפּראַכקלאַנגען.

די אַרבעט פֿון די ריידאָרגאַנען, וואָס איז נייטיק אויף אַרויסצוברענגען אַ געוויסן קלאַנג, הייסט אַרטיקולאַציע.

אָנמערקונג די לונגען און די בראָנכעס געהערן צום רייד־אַפּאַראַט נאָר אויף אַזוי פֿיל, אויף וויפֿל זיי שטעלן צו דעם לופֿטשטראָם, וואָס אָן אים איז ניט שייך אַרויסצוברענגען קיינע קלאַנגען.

די אַקטיווע באַטייליקונג פֿון דער צונג און פֿון די ליפּן אין אַרויסברענגען די שפּראַכקלאַנגען וואַרפֿט זיך דעם מענטשן אַזוי שטאַרק אין די אויגן, אַז אין פֿיל שפּראַכן ווערט מיט איינעם און דעם זעלבן וואָרט אָנגערופֿן אי שפּראַך אי צונג (אַ שטייגער אין רוסיש, דײַטש, פֿראַנצייזיש, גריכיש, העברעיִש...) אָדער אי שפּראַך אי ליפּ (אַ שטייגער אין העברעיִש...).

29 די אַקטיווע באַטייליקונג פֿון די שטימבענדער בײַם ריידן דריקט זיך אויס אָט אין וואָס: זיי קאָנען זיך געפֿינען אין אַ צושטאַנד פֿון ריטמישן וויברירן (ציטערן) – אין אַ באַוועגונג היין און צוריק אין משך פֿון איינע און די זעלבע צײַטאָפּשניטן.[1] דאָס דאָזיקע וויברירן נעמט זיך דערפֿון, וואָס בײַם ריידן ווערן די שטימבענדער צונויפֿגערוקט (דערנעענטערט) און אָנגעצויגן; און דעם לופֿטשטראָם, וואָס שפּאַרט אויף זיי פֿון די לונגען אַרויס, קומט אויס פֿונאַנדערצורוקן זיי צו עטלעכע מאָל נאָך אַנאַנד, ווײַל נאָך יעדן לופֿטדורכרײַס רוקן זיך די שטימבענדער ווידער צונויף. אָט די דאָזיקע היין־ און צוריק־באַוועגונגען פֿון די שטימבענדער ברענגט זיי אין אַ צושטאַנד פֿון וויברירן, און עס באַקומט זיך אַ הילך (אַ שטים).

30 דער ווייכער טייל גומען צוזאַמען מיטן צינגל ווערט אָנגערופֿן גומען־פֿאָרהאַנג אָדער גומען־בלעטל (אָדער אוּוווּלע). בײַם רוִיקן אָטעמען איז דאָס גומען־בלעטל ניט אָנגעשטרענגט און הענגט אַראָפּ. דער לופֿטשטראָם גייט דאַן אַרויס דורך דער נאָז. אין פּראָצעס פֿון ריידן איז דאָס גומען־בלעטל געוויינטלעך אויפֿגעהויבן, און עס לאָזט דעם לופֿטשטראָם ניט אַרײַן אין נאָז. דעריבער גייט דער לופֿטשטראָם אַרויס דורכן מויל. מחמת דעם טאַקע באַקומען זיך ריינע קלאַנגען, ניט ,אין נאָז׳. ניט קיין ריינע קלאַנגען זײַנען אין (ליטעראַרישן) ייִדיש בלויז די קאָנסאָנאַנטן ,מ, נ׳ (מע רעדט זיי ,אין נאָז׳). דעריבער הייסן די דאָזיקע קאָנסאָנאַנטן נאָזקלאַנגען (אָדער נאַזאַלע).

די שפּראַכקלאַנגען (ווי אויך די קלאַנגען פֿון מוזיקאַלע אינסטרומענטן) שיידט מען אונטער לויט דער שטאַרקייט, הייך און דעם טעמבער. וואָס ברייטער די וויברירונג פֿון די לופֿטכוואַליעס איז, אַלץ שטאַרקער איז דער קלאַנג. וואָס אָפֿטער (גיכער) די וויברירונג איז, אַלץ העכער איז דער קלאַנג. און דער טעמבער – די באַפֿאַרבונג פֿונעם קלאַנג, וואָס לויט איר שיידן מיר אונטער די קלאַנגען פֿון אַלערליי מוזיקאַלע אינסטרומענטן און פֿונעם מענטשלעכן קול, – ער (דער טעמבער) הענגט אָפּ פֿונעם צוזאַמענשטעל און דער שטאַרקייט פֿון די צוגאָבטענער (אויבערטענער), וואָס באַגלייטן דעם גרונטטאָן פֿונעם קלאַנג.

[1] [ו] ענלעך צום וויברירן פֿון סטרונעס בײַ אַ מוזיקאַלן אינסטרומענט.

דער רייד־אַפּאַראַט

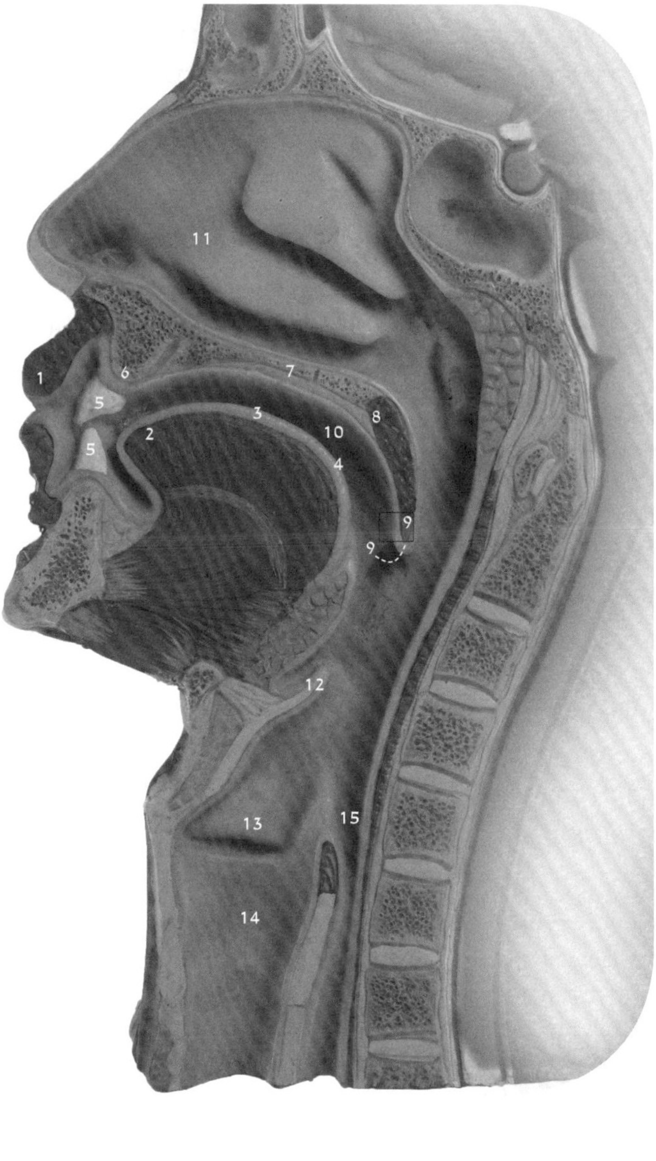

1. די ליפּן. 2. דער פֿאָדערשטער טייל צונג. 3. דער מיטלסטער טייל צונג. 4. דער הינטערשטער טייל צונג. 5. די ציינער – די פֿאָדערשטע. 6. די אַלוועאָלן (ציינגריבלעך, קעמערלעך), ווו עס זיצן די וואָרצלען פֿון די ציינער. 7. דער האַרטער גומען. 8. דער ווייכער גומען. 9. דאָס צינגל – אויפֿגעהויבן. 9. דאָס צינגל – אַראָפּגעלאָזט. 10. דער מויל־חלל. 11. דער נאָז־חלל. 12. דאָס גאָרגל־דעקל (קעלדעקל). 13. דער רעכטער שטימבאַנד. 14. דער אָטעם־גאָרגל (אָטעמרער). 15. דער וושט (שלונד, שפּייַזרער). [29]

5 קלאַנגען־קלאַסיפֿיקאַציע

31 אָפּהענגיק פֿונעם אָנטייל און פֿון דער לאַגע פֿון דעם אָדער יענעם ריידאָרגאַן בײַם אַרויסברענגען די קלאַנגען, באַקומט זיך אַזאַ אָדער אַן אַנדער קלאַנג. פֿאַרגלײַכט אַ שטייגער דעם אָנטייל און די לאַגע פֿון דער צונג און פֿון די ליפּן בײַם אַרויסברענגען די קלאַנגען [ט] און [מ]. פּרוּווט אַרויסריידן דאָס וואָרט ,טאַטע׳ אָן דער צונג און דאָס וואָרט ,מאַמע׳ אָן די ליפּן.

די קלאַנגען פֿון דער שפּראַך קאָן מען קלאַסיפֿיצירן פֿון פֿאַרשיידענע שטאַנדפּונקטן. פֿון פּראַקטישן שטאַנדפּונקט איז וויכטיק פֿריִער פֿאַר אַלץ אײַנצוטיילן זיי אין אַזעלכע גרופּעס:

1 וואָקאַלן (5): אַ, אָ, ו, י, ע. אַ שטייגער: שטאַל, שטאָל, שטול, שטיל, שטעל;
2 דיפֿטאָנגען (3): וי, יי, ײַ. אַ שטייגער: שוין, שיין, שײַן;
3 קאָנסאָנאַנטן (21): ב, ג, ד, ה, וו, ז, זש, ט, טש, י,[1] כ, ל, מ, נ, ס, פּ, פֿ, צ, ק, ר, ש.

אָנמערקונג דאָ וועט די גאַנצע צײַט גיין אַ רייד וועגן די קלאַנגען פֿון דער ליטעראַרישער שפּראַך. אין די פֿאַרשיידענע דיאַלעקטן, באַזונדערש אין די דיאַלעקטן פֿון די אוקראַיִנער ייִדן און נאָך מער פֿון די פּוילישע ייִדן, איז די צאָל קלאַנגען היפּש גרע־סער פֿון דער דאָ אָנגעוויזענער. בײַ זיי איז אַ שטייגער אין אַ ריי ווערטער פֿאַראַן אַ לאַנגער [אַ] (,צײַט, בלײַבן׳), דיפֿטאָנגען [אָו, אָע] (זעט ז״ז 30 – 31) און נאָך אַנדערע.

32 די קלאַנגען, וואָס הייסן וואָקאַלן (אַ, אָ, ו, י, ע), באַקומען זיך דאַן, ווען די שטים, וואָס בילדעט זיך אין גאָרגל מחמת דער אָנגעצויגנקייט און וויברירונג פֿון די שטימבענדער, גייט אַרויס דורכן מויל־חלל פֿרײַ, אָן שטערונגען. די קלאַנגען, וואָס הייסן קאָנסאָנאַנטן (ב, ג, ד, ה, וו...), באַקומען זיך דאַן, ווען די אַרויסשטראָמענדיקע לופֿט ווערט אויפֿן וועג דורך די אָדער יענע ריידאָרגאַנען צײַטווײַליק פֿאַרהאַלטן אָדער ווערט אָנגעשטעלט דורך אַ פֿאַרשמעלערטן דורכגאַנג.

אָנמערקונג דער וואָקאַל [י] (אַ שטייגער אין די ווערטער ,דיר, פֿרי, איך׳) און דער קאָנסאָנאַנט [י] (אַ שטייגער אין די ווערטער ,ים, יאָדער, יענער׳) זײַנען זייער נאָענט צווישן זיך: אַז מע ברענגט זיי אַרויס, הייבט זיך דער מיטלסטער טייל צונג אויף צום מיטלסטן (האַרטן) טייל גומען. דער חילוק איז נאָר דער, וואָס בײַם אַרויסברענגען דעם קאָנסאָנאַנט [י] איז די צונג אַ ביסעלע נעענטער צום גומען. אָט פֿאַר וואָס עס איז אָפֿט ניט גרינג צו זאָגן, צי האָבן מיר בײַ די אָדער יענע ווערטער צו טאָן מיטן וואָקאַל [י] צי מיטן קאָנסאָנאַנט [י], אַ שטייגער אין די ווערטער ,גראַנדיעז, גראַציעז, זאָאָלאָגיע, געאָלאָגיע׳ א״אַ. און אָט פֿאַר וואָס עס איז לעת־עתּה נאָך אויך שווער צו זאָגן, צי זײַנען די אַזוי גערו־פֿענע דיפֿטאָנגען אין ייִדיש וואָקאַלן (אָ, אַ, ע), וואָס זײַנען פֿאַראייניקט מיט אַ ניט־טראַפֿיקן וואָקאַל [י] צי מיט אַ קאָנסאָנאַנט [י].

[1] [ו] אַ שטייגער דער ערשטער קלאַנג אין די ווערטער ,ים, יאָדער, יוגנט, יענער׳ און אין אַ ריי אַנדערע.

33 די וואָקאַלן שיידן זיך אונטער איינער פֿונעם אַנדערן דערפֿאַר, וואָס בײַם אַרויסברענגען זיי נעמט אונדזער מויל אָן אַזאַ אָדער אַן אַנדער פֿאָר־[30]מע איבער דער פֿאַרשיידענער לאַגע פֿון די ליפּן (מער אָדער ווייניקער פֿאָרויס, מער אָדער ווייניקער פֿאַרקײַלעכט) און איבער דער פֿאַרשיידענער דערנעענטערונג פֿון דער צונג צום גומען. ווי עס זעט אויס דאָס מויל בײַם אַרויסברענגען פֿאַרשיידענע וואָקאַלן, קאָן מען זען אין אַ שפּיגל.

34 די קאָנסאָנאַנטן שיידן זיך אונטער איינער פֿונעם אַנדערן לויט אַ גאַנצער ריי מאָמענטן:

I לויט דעם, מיט וואָס און ווו זיי ווערן אַרויסגעבראַכט (לויטן אָרגאַן און אָרט פֿון אַרויסברענגען);

II לויט דעם, ווי אַזוי זיי ווערן אַרויסגעבראַכט (לויטן אופֿן פֿון אַרויסברענגען);

III לויטן אָנטייל (לויט דער לאַגע) פֿון די שטימבענדער בײַם אַרויסברענגען זיי.

קאָנסאָנאַנטן־טאַבעלע

לויטן אָרגאַן און אָרט פֿון אַרויסברענגען							לויטן אופֿן פֿון אַרויס־ברענגען	לויטן אָנטייל פֿון די שטימבענד־דער
ליפּנדיקע		צונגיקע				גאָרגל־דיקע		
צוויי־ליפּנדיקע	ליפּ־צאָניקע	צאָניקע	אַלוועאָלאַרע	האַרט־גומענדיקע	ווייך־גומענדיקע			
ב		ד			ג		אויפֿרײַסיקע	הילכיקע
פּ		ט, צ	טש		ק			דומפּע
	וו	ז	זש	י			רײַביקע	הילכיקע
	פֿ	ס	ש		כ	ה		דומפּע
מ		נ					נאָזיקע	הילכיקע (סאָנאָרע)
		ל					זײַטלעכע	
			ר				וויברירנדיקע	

35 לויטן אָרגאַן און אָרט פֿון אַרויסברענגען די קאָנסאָנאַנטן טיילט מען זיי אויף אַזעלכע:

1 צווייליפּנדיקע (בילאַביאַלע): 3 – זיי ווערן אַרויסגעבראַכט בײַם אָנטייל פֿון ביידע ליפּן;[31]

2 ליפּ־צאָניקע (לאַביאָדענטאַלע): 2 – זיי ווערן אַרויסגעבראַכט בײַם אָנטייל פֿון דער אונטערשטער ליפּ און די אייבערשטע פֿאָדערשטע ציינער;

3 צאָניקע (דענטאַלע): 7 – זיי ווערן אַרויסגעבראַכט בײַם אָנטייל פֿונעם פֿאָדערשטן טייל צונג און די אייבערשטע פֿאָדערשטע ציינער;

4 אַלוועאָלאַרע: 4 – זיי ווערן אַרויסגעבראַכט בײַם אָנטייל פֿונעם פֿאָדערשטן טייל צונג און די אַלוועאָלן (ציינגריבלעך);

5 האַרט־גומענדיקע (פּאַלאַטאַלע): 1 – ער ווערט אַרויסגעבראַכט בײַם אָנטייל פֿונעם מיטלסטן טייל צונג און דעם האַרטן גומען;

6 ווייך־גומענדיקע (וועלאַרע): 3 – זיי ווערן אַרויסגעבראַכט בײַם אָנטייל פֿונעם הינטערשטן טייל צונג און ווייכן גומען;

7 גאָרגלדיקע (לאַרינגאַלע): 1 – ער ווערט אַרויסגעבראַכט בײַם אָנטייל פֿונעם גאָרגל, דערבײַ ווערט דער גאָרגל און דער שטימשפּאַלט אַ ביסל פֿאַרשמעלערט.

אָנמערקונג 1 בײַם אַרויסברענגען די קאָנסאָנאַנטן ,צ, ז, ס׳ איז דער שפּיץ צונג אַ ביסעלע העכער, נעענטער צו די יאַסלעס איידער בײַם אַרויסברענגען די קאָנסאָנאַנטן ,ד, ט, נ, ל׳.

אָנמערקונג 2 אַ ,ר׳ ווערט אָפֿט אַרויסגעבראַכט בײַם אָנטייל פֿונעם האַרטן גומען אָדער בײַם אָנטייל פֿונעם צינגל און דעם גאָרגל (אַ געכאָרכלטער ,ר׳). אָבער אויף דער בינע אין סאָוועטן־פֿאַרבאַנד ווערט אַ ,ר׳ אַרויסגעבראַכט אַזוי, ווי ס׳איז אָנגעוויזן אין דער ,קאָנסאָנאַנטן־טאַבעלע׳.

אָנמערקונג 3 עס זײַנען פֿאַראַן קאָנסאָנאַנטן, וואָס אין געוויסע פֿאַלן ווערן זיי פֿאַרווייכערט – ווערן אַרויסגעבראַכט מער מיטן מיטלסטן טייל צונג און נעענטער צום האַרטן גומען. דאָס קומט אָפֿט מאָל פֿאָר מיט די צאָניקע קלאַנגען ,ד, ז, ט, ל, נ, ס׳. פֿאַרגלײַכט אַ שטייגער די אויסגעטיילטע קלאַנגען אין די ווײַטערדיקע ווערטער:

1	**האַרטע:**	האָ**ד**ע	**ז**למן	אס**תּ**ר [עס**ט**ער]	**ל**ייבל	מע**נ**דל	**שׂ**רה [**ס**אָרע]
2	**ווייכע:**	האָ**ד**יע	**ז**יאַמע	ע**ט**יע	א**ל**יה [ע**ל**יע]	מע**נ**יע	**ס**יאָמע

אָבער די אינטערנאַציאָנאַלע ווערטער, וואָס אַנטהאַלטן קלאַנגען, וועלכע ווערן אין רוסיש פֿאַרווייכערט, ווערן אין ייִדיש מערסטנס אַרויסגעבראַכט אָן פֿאַרווייכערונג. אַ שטייגער: טיפּ, דעלעגאַט, קאָלעקטיוו, נעגאַטיוו, אוניווערסיטעט און אַנדערע (אין וועלכע פֿאַלן ווערן אויך אינטערנאַציאָנאַלע ווערטער אַרויסגערעדט מיט אַ פֿאַרווייכערונג – וועגן דעם וועט זײַן אין די ווײַטערדיקע קאַפּיטלען).

אָנמערקונג 4 די קלאַנגען [גע, קע] (געצל, קעצל, זינגען, זינקען) ווערן אַרויסגערעדט ניט האַרט, נאָר ווייך – נעענטער צום האַרטן (מיטלסטן) גומען.

36 לויטן אופֿן פֿון אַרויסברענגען די קאָנסאָנאַנטן טיילט מען זיי אויף אַזעלכע:

1 אויפֿרײַסיקע (עקספּלאָזיווע): 8 – דאָס זײַנען קאָנסאָנאַנטן, וואָס בײַם אַרויסברענגען זיי נעמט דער אַרויסגייענדיקער לופֿטשטראָם מיט אַ מאָל פֿונאַנדער די אָדער יענע צונויפֿגעפּרעסטע ריידאָרגאַנען און רײַסט זיך מיט אַ גערויש אַרויס פֿון מויל־חלל;

2 רײַביקע (פֿריקאַטיווע אָדער ספּיראַנטן): 9 – דאָס זײַנען קאָנסאָנאַנטן, [32] וואָס בײַם אַרויסברענגען זיי טוט דער אַרויסגייענדיקער לופֿטשטראָם זיך דורכהאַפּט רײַבן אָן די אָדער יענע דערנעענטערטע ריידאָרגאַנען;

3 נאָזיקע (נאַזאַלע): 2 – דאָס זײַנען קאָנסאָנאַנטן, וואָס בײַם אַרויסברענגען זיי הענגט דאָס גומען־בלעטל אַראָפּ און דער לופֿטשטראָם גייט דווערהאַפֿט אַרויס דורכן נאָז־חלל;

4 זײַטלעכע (לאַטעראַלע): 1 – דאָס איז אַ קאָנסאָנאַנט, וואָס בײַם אַרויסברענגען אים גייט דער לופֿטשטראָם דווערהאַפֿט אַרויס בײַ די זײַטן פֿון דער צונג;

5 וויברירנדיקע: 1 – דאָס איז אַ קאָנסאָנאַנט, וואָס בײַם אַרויסברענגען אים איז דער אַרויסגייענדיקער לופֿטשטראָם אין אַ וויברירנדיקן צושטאַנד, מחמת דער שפּיץ צונג באַוועגט זיך הין און צוריק.

אָנמערקונג 1 די אויפֿרײַסיקע קאָנסאָנאַנטן הייסן אויך מאָמענטאַלע, ווײַל דעם קלאַנג קאָן מען ניט ציִען און דאָס גערויש, מיט וועלכן זיי ווערן אַרויסגעבראַכט, הערט גלײַך נאָכן אויפֿרײַס אויף; און די רײַביקע קאָנסאָנאַנטן הייסן אויך דווערהאַפֿטע, ווײַל מע קאָן דעם קלאַנג ציִען און דאָס גערויש, מיט וועלכן זיי ווערן אַרויסגעבראַכט, דויערט אַ ביסל לענגער.

אָנמערקונג 2 דער קאָנסאָנאַנט [טש] ווערט געבילדעט, ווען מע ברענגט אַרויס צוזאַמען אַן אויפֿרײַסיקן (מאָמענטאַלן) [ט] און אַ רײַביקן (דווערהאַפֿטן) [ש]. און דאָך איז [טש] אַן אויפֿרײַסיקער קאָנסאָנאַנט, ווײַל אַלס אַזאַ (אַלס [טש]) קלינגט ער נאָר אינעם מאָמענט פֿונעם אויפֿרײַס; אָבער אויב מיר וועלן אים ציִען, וועט פֿון אים בלײַבן בלויז דער רײַביקער און דווערהאַפֿטער [ש]. ענלעכס קומט פֿאָר אויך מיטן קאָנסאָנאַנט [צ], וואָס ווערט געבילדעט, ווען מע ברענגט אַרויס צוזאַמען אַן אויפֿרײַסיקן (מאָמענטאַלן) [ט] און אַ רײַביקן (דווערהאַפֿטן) [ס]. און אַזוי איז אויך מיטן זעלטענערן קאָנסאָנאַנט [דז] (אונדז, האַלדז, גאַנדז), וואָס ווערט געבילדעט פֿון אַן אויפֿרײַסיקן (מאָמענטאַלן) [ד] און אַ רײַביקן (דווערהאַפֿטן) [ז].

אַזאַ קלאַנג, ווי [טש, צ] (אָדער [דז]), וואָס איז צונויפֿגעזעצט פֿון אַן אויפֿרײַסיקן קאָנסאָנאַנט און אַ רײַביקן, וועלכע ווערן אַרויסגעבראַכט מיט איינעם און דעם זעלבן אָדער ענלעכן אָרגאַן, הייסט אַפֿריקאַט.

אָנמערקונג 3 די אויפֿרײַסיקע און רײַביקע קאָנסאָנאַנטן הייסן רוישיקע – זיי ווערן אַרויסגעבראַכט מיט אַ היפּשן גערויש מחמת דער דערנעענטערונג פֿון די ריידאָרגאַנען.

37 לויטן אָנטייל (לויט דער לאַגע) פֿון די שטימבענדער בײַם אַרויסברענגען די קאָנסאָנאַנטן טיילט מען זיי אויף אַזעלכע:

1 הילכיקע: 11 – סײַ אויפֿרײַסיקע און סײַ רײַביקע. דאָס זײַנען קאָנסאָנאַנטן (און קלאַנגען בכלל), וואָס ווען מע ברענגט זיי אַרויס, זײַנען די שטימבענדער צונויפֿגערוקט און אָנגעצויגן; און דער לופֿטשטראָם, שפּאַרנדיק אויף זיי פֿון די לונגען אַרויס, רוקט זיי פֿונאַנדער צו עטלעכע מאָל נאָך אַנדאַנד און ברענגט זיי אין אַ צושטאַנד פֿון הילכיקן וויברירן;

2 דומפּע: 10 – סײַ אויפֿרײַסיקע און סײַ רײַביקע. דאָס זײַנען קאָנסאָנאַנטן, וואָס ווען מע ברענגט זיי אַרויס, זײַנען די שטימבענדער פֿונאַנדערגערוקט; [33] און דער לופֿטשטראָם, ניט פֿאַרהאַלטנדיק זיך בײַ די שטימבענדער, גייט דורך דעם אָפֿענעם שטימשפּאַלט פֿרײַ אַרויס אין מויל־חלל.

אָנמערקונג ביַים אַרויסברענגען די דומפּע קאָנסאָנאַנטן הערט זיך ניט קיין הילך, נאָר אַן אויפֿרײַסיק אָדער רײַביק גערויש, וואָס בילדעט זיך דורך די אָדער יענע ריידאָרגאַנען, וועלכע פֿאַרהאַלטן די אַרויסשטראָמענדיקע לופֿט. אַן אויפֿרײַסיק אָדער אַ רײַביק גערויש הערט זיך אויך ביַים אַרויסברענגען די הילכיקע קאָנסאָנאַנטן ,ב, ג, ד, וו, ז, זש, י׳. אָבער ביַים אַרויסברענגען די דאָזיקע קאָנסאָנאַנטן הערט זיך ניט נאָר אַ גערויש, נאָר אויך אַ הילך. גאָר שטאַרק הערט זיך דער דאָזיקער הילך ביַי די אַזוי גערופֿענע סאָנאָרע (הילכיקע, שטימיקע) קאָנסאָנאַנטן – ביַי ,ל, מ, נ, ר׳; און באַזונדערש – ביַי די וואָקאַלן.

דערקענען אַ הילכיקן אָדער אַ דומפּן קלאַנג קאָן מען דורך צוויי אופֿנים: 1. דורך צודריקן די אויערן מיט די הענט: ביַים אַרויסברענגען אַ הילכיקן קלאַנג הילכט, רוישט אין קאָפּ; ביַים אַרויסברענגען אַ דומפּן קלאַנג – ניט. 2. דורך אַרויפֿלייגן (ביַי אַ מאַנצביל) אויפֿן גאָרגלקנאָפּ אַ פֿינגער: ביַים אַרויסברענגען אַ הילכיקן קלאַנג פֿילט דער פֿינגער אַ וויברירן, ביַים אַרויסברענגען אַ דומפּן קלאַנג – ניט.

38 אַלזאָ, דאָס, וואָס די קאָנסאָנאַנטן ,ב, פּ, מ׳ אַ שטייגער שיידן זיך אונטער פֿון אַלע איבעריקע קאָנסאָנאַנטן, שטאַמט דערפֿון, וואָס ,ב, פּ, מ׳ זיַינען צווייליפּנדיקע און אַלע איבעריקע – ניט; דאָס, וואָס ,ב, פּ׳ שיידן זיך אונטער פֿון ,מ׳, כאָטש אַלע דריַי זיַינען זיי צווייליפּנדיקע, שטאַמט דערפֿון, וואָס ,ב, פּ׳ זיַינען אויפֿרײַסיקע און ,מ׳ איז אַ נאָזיקער; און דאָס, וואָס ,ב׳ שיידט זיך אונטער פֿון ,פּ׳, כאָטש ביידע זיַינען זיי אי אויפֿרײַסיקע אי צווייליפּנדיקע, שטאַמט דערפֿון, וואָס ,ב׳ איז אַ הילכיקער און ,פּ׳ איז אַ דומפּער.

אָט די אַלע מאָמענטן (ווי נאָך אַ ריי אַנדערע) באַשטימען געוויינטלעך דעם קלאַנג־לעכן כאַראַקטער (די אַרטיקוליר־באַזע) פֿון דער אָדער יענער שפּראַך – דעם קלאַנג־לעכן כאַראַקטער, וואָס לויט אים דערקענען מיר אָפֿט די אָדער יענע שפּראַך, אַפֿילו ווען מיר פֿאַרשטייען ניט דעם באַטיַיט פֿון די קלאַנגען (פֿון די ווערטער), און וואָס מיט זיַינע שטריכן באַפֿאַרבן מיר געוויינטלעך די ווערטער פֿון אַ צווייטער שפּראַך, ווען מיר הייבן אָן אויף איר צו ריידן. אָדער ווען מיר נעמען זיי, די דאָזיקע ווערטער, אַריַין אין דער אייגענער שפּראַך.

אָנמערקונג איין שפּראַך שיידט זיך קלאַנגלעך אונטער פֿון דער צווייטער ניט נאָר מיטן קלאַנגען־באַשטאַנד – ניט נאָר דערמיט, וואָס אין דער אָדער אין יענער שפּראַך פֿעלן די אָדער יענע קלאַנגען, וואָס זיַינען פֿאַראַן אין אַ צווייטער שפּראַך, – נאָר אויך דערמיט, וואָס ענלעכע קלאַנגען ווערן אָפֿט אין פֿאַרשיידענע שפּראַכן אַ ביסל פֿאַרשיידן אַרויסגעבראַכט.

6 קלאַנגען־אַסימילאַציע

39 אָפֿט טרעפֿט, אַז אַ געוויסער קלאַנג ווערט מחמת אַ שכנישן קלאַנג אַרויסגע־בראַכט אַנדערש, ווי ער וואָלט געדאַרפֿט אַרויסגעבראַכט ווערן (קלינגט אַנדערש, ווי ער וואָלט געדאַרפֿט קלינגען). אַ שטייגער אין די ווערטער ,האָבן, פֿאַרבן, קלאַפּן, שטופּן׳ און

אין נאָך אַנדערע ווערט דער ,נ׳ געוויינטלעך אַרויסגעבראַכט ניט ווי אַ [נ], נאָר ווי אַ [מ] (קאָנטראָלירט עס אין אַ שפּיגל אָדער דורך אַ ח־[34]בֿר). דאָס איז דערפֿאַר, וואָס דער ,נ׳ ווערט אין די דאָזיקע ווערטער אַרויסגעבראַכט אין איינעם מיטן ,ב׳ אָדער ,פּ׳ – מיט אַ פֿאַרמאַכט מויל, און אַ ,נ׳, וואָס ווערט אַרויסגעבראַכט מיט אַ פֿאַרמאַכט מויל, קלינגט, פֿאַרשטייט זיך, ווי אַ [מ] (זעט די קאָנסאָנאַנטן־טאַבעלע).

אַזאַ פֿאַרענלעכונג פֿון איין קלאַנג צו אַ צווייטן קומט באַזונדערש פֿאָר, ווען עס באַגעגענען זיך הילכיקע און דומפּע קאָנסאָנאַנטן. ווען הילכיקע קאָנסאָנאַנטן באַגעגענען זיך מיט דומפּע, ווערן די הילכיקע (ב, ג, ד, וו, ז, זש) געוויינטלעך אַרויסגערעדט ווי דומפּע (פּ, ק, ט, פֿ, ס, ש). אָדער די דומפּע ווערן געוויינטלעך אַרויסגערעדט ווי הילכיקע. אַ שטייגער אין ,שרײַבט, פֿאַרבט, שטרעבט׳ און אין נאָך אַנדערע ווערטער מיט אַזאַ ענדונג וועריז דער ,ב׳ אַרויסגערעדט ניט ווי א הילכיקער, נאָר ווי אַ דומפּער (ווי אַ [פּ]); און אין ,אָפּגיין, אָפּגראָבן, אָפּגעבן׳ און אין נאָך אַ ריי ווערטער מיט אַזאַ ,אָפּ־׳ ווערט דער ,פּ׳ אַרויסגערעדט ניט ווי אַ דומפּער, נאָר ווי אַ הילכיקער (ווי אַ [ב]).

די פֿאַרענלעכונג פֿון איין קלאַנג צו אַ צווייטן ווערט אָנגערופֿן אַסימילאַציע.

40 די אַסימילאַציע פֿון די קלאַנגען קאָן זײַן אַ פֿולע און אַ טיילווײַזע.

אַ פֿולע אַסימילאַציע איז געוויינטלעך דאַן, ווען עס באַגעגנט זיך אַ ,ב׳ מיט אַ ,פּ׳, אַ ,ג׳ מיט אַ ,ק׳, אַ ,ד׳ מיט אַ ,ט׳ אָדער אַן אַנדער פּאָרל הילכיקע און דומפּע קאָנסאָנאַנטן, וואָס ווערט אַרויסגעבראַכט אין איין אָרט און אויף איין אופֿן (זעט די קאָנסאָנאַנטן־טאַבעלע). אין אַזעלכע פֿאַלן ווערט געוויינטלעך דער הילכיקער אָדער דער דומפּער קאָנסאָנאַנט גאָר ניט אַרויסגערעדט. אַ שטייגער אין די ווערטער ,אַוועקגיין, אויסזאָגן׳ רעדט מען אין דער טאָג־טעגלעכער שפּראַך ניט אַרויס די דומפּע ,ק׳ און ,ס׳ – זיי אַסימילירן זיך מיט די הילכיקע ,ג׳ אָדער ,ז׳, און אין די ווערטער ,שטרענגקייט, בייזסטער׳ רעדט מען ניט אַרויס די הילכיקע ,ג׳ און ,ז׳ – זיי אַסימילירן זיך מיט די דומפּע ,ק׳ אָדער ,ס׳.

אַ טיילווײַזע אַסימילאַציע איז געוויינטלעך דאַן, ווען עס באַגעגנט זיך אַ הילכיקער מיט אַ דומפּן און זיי זײַנען ניט פֿון איין פּאָרל (אַ ,ב׳ מיט אַ ,ק׳; אַ ,ב׳ מיט אַ ,ט׳ אאַ״וו). אַ שטייגער: גראָבקייט, גראָבט, וויגט, פּרווּוט, בלאָזט...

41 סײַ די פֿולע און סײַ די טיילווײַזע אַסימילאַציע קאָן זײַן אַ פּראָגרעסיווע (אַ פֿאָרויסיקע) אָדער נאָך אָפֿטער אַ רעגרעסיווע (אַ צוריקיקע). אַ שטייגער אין ,הייסט דאָס׳ אַסימילירט דער ,ט׳ אין זיך דעם ווײַטערדיקן קלאַנג, דעם ,ד׳, און עס ווערט [הייסטאָס] (אַ פּראָגרעסיווע אַסימילאַציע). און אין ,אַנטדעקן׳ איז פֿאַרקערט: דער ,ד׳ עסט אין דער טאָג־טעגלעכער שפּראַך אויף דעם פֿאָריקן קלאַנג, דעם ,ט׳, און עס ווערט [אַנדעקן] (אַ רעגרעסיווע אַסימילאַציע).

42 די אַסימילאַציע פֿון קלאַנגען ווערט אין שרײַבן מערסטנס ניט אָפּגעשפּיגלט. דאָס איז דערפֿאַר, וואָס אונדזער אָרטאָגראַפֿיע שפּיגלט מערסטנס אָפּ ניט אַזוי די פֿאָנעטישע זײַט פֿון אַ וואָרט ווי זײַן מאָרפֿאָלאָגישע זײַט – זײַן סטרוקטור. אַ שטייגער דאָס וואָרט ,וויגט׳ שרײַבט מען מיט אַ ,ג׳ און ניט מיט אַ ,ק׳, כאָטש הערן הערט זיך אַ ,ק׳. דאָס וואָרט

„שטרענגקייט׳ שרײַבט [35] מען אי מיט אַ „ק׳ אי מיט אַ „ג׳, כאָטש הערן הערט זיך דאָ (אין דער טאָג־טעגלעכער שפּראַך) בלויז אַ „ק׳.

כּדי אויסצומײַדן גרײַזן בײַם שרײַבן ווערטער מיט אַסימילאַציע, דאַרף מען וויסן די סטרוקטור פֿון די ווערטער. ווען מע ווייסט אַ שטייגער, אַז דאָס וואָרט „אויפֿמערקזאַמקייט׳ איז קאָנסטרויִרט (געבילדעט) פֿון די טיילן „אויפֿ־מערק־זאַמ־קייט׳, שרײַבט מען עס ריכטיק. און אין אַ ריי פֿאַלן קאָן מען בײַם שרײַבן ווערטער מיט אַסימילאַציע אויסמײַדן גרײַזן אויף אַזאַ אופֿן: נעמען דאָס וואָרט מיטן אַסימילירטן קלאַנג אין אַזאַ פֿאָרמע, אַז נאָכן אַסימילירטן קלאַנג זאָל דאַרפֿן קומען אַ סאָנאָרער קלאַנג (ל, מ, נ, ר) אָדער אַ וואָקאַל, וואָרן פֿאַר די דאָזיקע קלאַנגען קומט קיין אַסימילאַציע ניט פֿאָר. אַ שטייגער: וויגט – וויגל, וויגן, וויגעלע; וואַלד – וועלדל, וועלדער, וועלדעלע אאַ״וו.

7 געשיכטע פֿון שריפֿט

43 ווערטער באַשטייען אין דער גערעדטער שפּראַך פֿון *קלאַנגען* און אין דער געשריבענער – פֿון *אותיות*. מיט איין אות באַצייכנט מען אָפֿט ניט קיין אַלציינע קלאַנגען, און איינעם און דעם זעלבן קלאַנג באַצייכנט מען אָפֿט מיט פֿאַרשיידענע אותיות. אַ שטייגער אינעם וואָרט „פֿאַרבער׳ קלינגט דער „ב׳ ווי אַ [ב], און אין „פֿאַרבט׳ קלינגט ער ווי אַ [פּ]. און אין „פֿאַרבט׳ און „קלעפּט׳ קלינגען די צייכנס „ב׳ און „פּ׳ אַלץ איינס, ווי אַ [פּ].

די אותיות פֿון אַ וועלכער ניט איז שריפֿט, אויסגעשטעלטע אין אַ געוויסן סדר, בילדן אַ באַשטימטן *אַלף־בית* (אַלפֿאַבעט) – אַ ייִדישן אַלף־בית, אַ רוסישן, אַ לאַטייַנישן אאַ״וו. לויטן אַלף־בית ווערן אויסגעשטעלט די ווערטער אין אַ ווערטערבוך און ווערן געוויינטלעך צונויפֿגעשטעלט אַלערליי צעטלען.

44 דער אַלף־בית און די שריפֿטשפּראַך בכלל האָט דורכגעמאַכט אַ ריי עטאַפּן אין דער אַנטוויקלונג. לכתּחילה, ווען דער אוראַלטער מענטש האָט געוואָלט עפּעס געבן צו וויסן זײַנע אָפּוועזנדיקע חבֿרים, פֿלעגט ער אָנקומען צו *קעגנשטאַנדלעכע* „בריוו׳. בײַשפּילן פֿון אַזעלכע „בריוו׳ אָדער „מעלדונגען׳ טרעפֿט מען נאָך אויך אין אונדזערע יאָרן בײַ די יעגערשע פֿעלקער. אַ שטייגער דער אַמעריקאַנער אינדיאַנער, ווען ער גייט ערגעץ אַוועק אין דער אָפּוועזנהייט פֿון זײַנע חבֿרים, גיט ער וועגן דעם צו וויסן דורך צווײַגן.

אַזעלכע קעגנשטאַנדלעכע „בריוו׳ ווערן אויך אַריבערגעשיקט. אין אַפֿריקע אַ שטייגער האָט איינער אַ נעגער, וואָס איז בשעת מלחמה אַרײַנגעפֿאַלן אין געפֿענקעניש, געשיקט זײַן פֿרוי אַ „בריוו׳, וואָס איז באַשטאַנען פֿון אַ שטיין, אַ קויל, אַ טרוקענעם זאַנג און אַ שמאַטע. דער „בריוו׳ האָט באַטײַט: „איך בין פֿעסט אין קערפּער, די האָפֿענונגען זײַנען פֿינצטערע – איך וועל ווערן אויסגעטריקנט, עס וועט פֿון מיר ווערן אַ שמאַטע.׳ ענלעך צו אַזאַ „בריוו׳ האָבן, לויט *העראָדאָטן*,[1] אויך די סקיטן[2] אַ מאָל געהאַט געשיקט צו די פּערסן. זיי האָבן

[1] [1] *העראָדאָט* – אַ באַוווסטער גריכישער היסטאָריקער. האָט געלעבט אין V יאָרהונדערט פֿאַר דער קריסטלעכער ערע.

[2] [2] זעט ז׳ 22.

גע־[36]שיקט אַ פֿויגל, אַ מויז, אַ פֿראָש און פֿינף פֿײַלן. דער זין פֿונעם דאָזיקן „בריוו' איז, לויטן אויסטײַטש פֿון איינעם אַ פּערסישן חכם, געווען אַזאַ: „פּערסן! צי קאָנט איר פֿליען ווי פֿייגל, באַהאַלטן זיך אין דער ערד ווי מײַז, שפּרינגען איבער בלאָטעס ווי פֿרעש? אויב איר קאָנט ניט, זאָלט איר ניט פּרוּוון מלחמה האַלטן מיט אונדז. מיר וועלן אײַך באַשיטן מיט פֿײַלן, ווי נאָר איר וועט אַרויף אויף אונדזער ערד.'

1

2

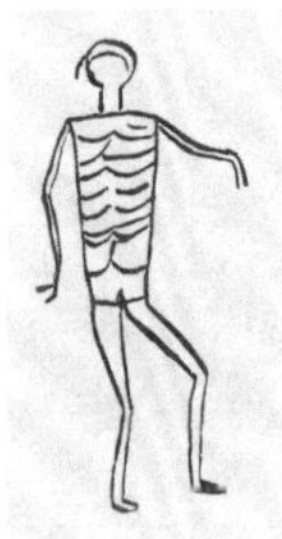

3

צייכנס פֿון די צפֿון־אַמעריקאַנער אינדיאַנער: 1 איך בין אַוועק ניט ווײַט; 2 איך וועל ניט זײַן פֿינף טעג; 3 מען איז אויף צרות.

45 אָבער דאָס אַלץ איז נאָך, אייגנטלעך, ניט קיין שריפֿט. די אמתע שריפֿט, דאָס הייסט אַ שריפֿט מיט צייכנס אויף עפּעס אַ מאַטעריאַל, האָט זיך אָנגעהויבן אַנטוויקלען פֿון געמעלן, פֿון בילדער. ווען מע האָט שריפֿטלעך געדאַרפֿט אָנרופֿן עפּעס אַ קעגנשטאַנד אָדער אַ דערשײַנונג, האָט מען דעם דאָזיקן קעגנשטאַנד אָדער די דערשײַנונג אָנגעמאָלט. אַזוי לערך, ווי דאָס ווערט נאָך טיילווײַז עד־היום געטאָן אויף שילדן, באַזונדערש אויף די שילדן, וואָס זײַנען אויסגערעכנט אויף מענטשן, וואָס קאָנען ניט לייענען (אַ געמעל פֿון אַ קו אָדער פֿון אַ שטיק פֿלייש אויף אַ שילד פֿון אַ יאַטקע, פֿון אַ פֿליישקראָם; אַ געמעל פֿון אַ שוך אָדער פֿון אַ שטיוול אויף אַ שילד פֿון אַ שוכקראָם אאַ״וו).

אָט די דאָזיקע שריפֿט הייסט פּיקטאָגראַפֿיע (בילדערשריפֿט).[1]

דאָס צייכענען און מאָלן האָט דעם מענטשן פֿון די אוראַלטע צײַטן, פֿאַרשטייט זיך, געדינט ניט נאָר אַלס אַ שריפֿטלעך פֿאַרקער־מיטל. דער אוראַלטער מענטש, וואָס פֿלעגט געוויינטלעך אידענטיפֿיצירן (אויפֿנעמען פֿאַר איינס) דאָס געשטאַלט פֿון אַ קעגנשטאַנד און דעם קעגנשטאַנד גופֿא, פֿלעגט נאָך אָפֿטער און נאָך פֿריִער אָנקומען צו געמעלן צוליב אַנדערע צוועקן. ער פֿלעגט אָפֿט אויסמאָלן אָדער אויסקריצן אויף די ווענט פֿון זײַנע היילן אָדער אויף זײַן געצײַג און געווער די אָדער יענע באַשעפֿעניש, כּדי דערמיט „אײַנצובעטן' די דאָזיקע (געוויינטלעך פֿאַר אים שרעקלעכע) באַשעפֿעניש אָדער כּדי דערמיט פֿון איר „איבערצונעמען' איר קראַפֿט, איר פֿלינקייט, איר כיטרעקייט. און אָפֿט פֿלעגט דער אוראַלטער מענטש, ווי טיילווײַז אויך דער מאָדערנער (הײַנטצײַטיקער), אָנקומען צו די אָדער [37] יענע געמעלן צוליב נאָך אַנדערע צוועקן: כּדי דערמיט אײַנצוהאַלטן עפּעס אין זכרון, אָדער כּדי צו באַצייכענען אַ געוויס אייגנטום, אָדער כּדי אויסצודריקן באַשטימטע עמאָציאָנעל־קינסטלערישע געפֿילן אאַ״וו.

1 [1] פֿונעם לאַטײַנישן „פּיקטוראַ', „פּיקטוס' (געמעל, אויסגעמאָלט) און גריכישן „גראַפֿע' (שרײַבן).

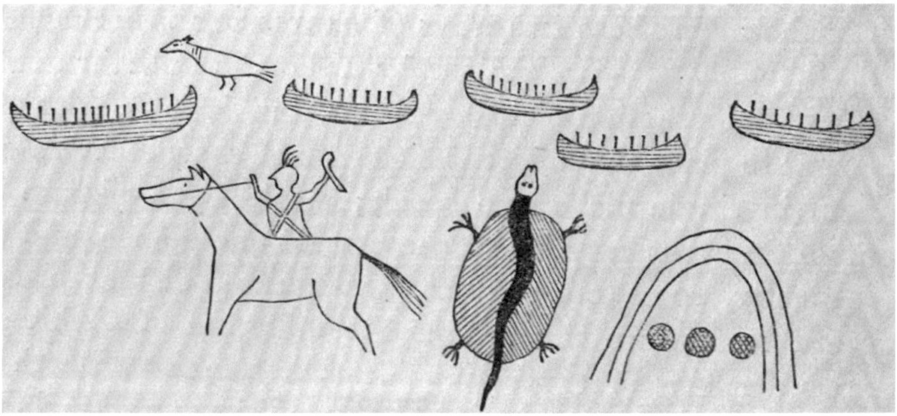

פּיקטאָגראַפֿיע בײַ די צפֿון־אַמעריקאַנער אינדיאַנער

דאָ ווערט געשילדערט אַ צוג (אַ מאַרש) איבער דער אייבערשטער אָזערע אין צפֿון־אַמעריקע. דער פֿירער רײַט אויף אַ פֿערד. אין פֿינף שיפֿלעך זיצן 51 אָנטייל־נעמער פֿון דער עקספּעדיציע. אינעם ערשטן שיפֿל געפֿינט זיך דעם פֿירערס קאָמפּאַניאָן. זײַן נאָמען – קישקעמונאַציע – איז אויסגעדריקט דורך אַ פֿויגל, וואָס טראָגט דעם זעלבן נאָמען. זייער אָנקומען אויף יענער זײַט אָזערע ווערט, וואָרשײַנלעך, אויסגעדריקט דורך אַ שילדקרעט (טשערעפּאַכע) – אַן עמבלעמע פֿון דער ערד. די דרײַ־זונען אונטערן הימל באַטײַטן, אַז דער צוג האָט געדויערט דרײַ טעג.

46 די פּיקטאָגראַפֿיע האָט געהאַט זייער אַ גרויסע מעלה: זי איז אין אַ היפּשער מאָס געווען ‚אינטערנאַציאָנאַל׳. מענטשן פֿון פֿאַרשיידענע שפּראַכלעכע קאָלעקטיוון האָבן די דאָזיקע שריפֿט געקאָנט לייענען. זי האָט אָבער געהאַט אויך זייער גרויסע חסרונות: ערשטנס, האָט מען דורך איר געקאָנט אויסדריקן נאָר אַ ריי קאָנקרעטע קעגנשטאַנדן און איינפֿאַכערע דערשײַנונגען; צווייטנס, האָט זי פֿונעם ‚שרײַבער׳ געפֿאָדערט אַ היפּשע אָנשטרענגונג און געניטקייט. אָט פֿאַר וואָס, ווען די מענטשהייט איז געקומען צו אַזאַ שטופֿע, ווען זי האָט שריפֿטלעך געדאַרפֿט אויסדריקן אַבסטראַקטערע קעגנשטאַנדן און קאָמפּליצירטערע דערשײַנונגען, האָט זי די דאָזיקע בילדערשריפֿט, די פּיקטאָגראַפֿיע, געענדערט אין פֿאָלגנדיקע ריכטונגען: ערשטנס, האָט מען די צייכענונגען גענומען מאַכן מער סכעמאַטיש און באַדינגלעך; צווייטנס, האָט מען די צייכענונגען גענומען אָנווענדן פֿאַר מער אַבסטראַקטע און קאָמפּליצירטע דערשײַנונגען.

אַזוי האָט אָנגעהויבן אויפֿצוקומען אַ נײַער עטאַפּ אין דער אַנטוויקלונג פֿון דער שריפֿט־שפּראַך – די אידעאָגראַפֿיע (אידעענשריפֿט).

אידעאָגראַפֿיע באַשטייט דערין, וואָס יעדער באַזונדערער קעגנשטאַנד אָדער באַגריף ווערט אויסגעדריקט דורך אַ געהעריקן באַדינגלעכן צייכן. אַ שטייגער כּדי אויסצודריקן אַזאַ באַגריף ווי ‚הערשן׳, פֿלעגט מען (אין עגיפּטיש) אָנצייכענען אַ בײַטש; כּדי אויסצודריקן דעם באַגריף ‚קאַלטלעך׳, פֿלעגט מען אָנמאָלן אַ קריגל מיט וואַסער; דעם באַגריף

‚אַלטקייט׳ פֿלעגט מען אויסדריקן דורך אַ געמעל פֿון אַ מענטשן, וואָס שפּאַרט זיך אַ ביסל אָן אויף אַ שטעקל. און אַזעלכע באַגריפֿן ווי ‚פֿאַרניכטונג, אָפּלייקענונג׳ און שפּעטער אויך ‚ניין, ניט׳ פֿלעגן [38] אַ שטייגער די שומערן[1] אויסדריקן דורך אַ געמעל פֿון אַ היישעריק. דערבײַ פֿלעגן די דאָזיקע געמעלן אָנגעצייכנט ווערן בלויז דורך עטלעכע ליניעס, אייבער־פֿלעכלעך, סכעמאַטיש, אַזוי אַז ס׳איז געוואָרן גרינגער זיי צו מאַכן, דערפֿאַר אָבער זײַנען זיי געוואָרן ווייניקער צוטריטלעך פֿאַר מענטשן פֿון אַנדערע שפּראַכלעכע קאָלעקטיוון.

47 די אידעאָגראַפֿישע שריפֿטסיסטעמען זײַנען מער־ווייניקער גענוי דער־לערנט. די מער באַוווּסטע פֿון זיי זײַנען פֿאָלגנדיקע:

1 די עגיפּטישע שריפֿט. זי איז געווען שטאַרק פֿאַרשפּרייט פֿון מיטן IV יאָרטויזנט פֿאַר אונדזער ערע. די עגיפּטער פֿלעגן מערסטנס ניצן צווייערליי שריפֿטן: היעראָגליפֿן און קורסיוו.[2] די היעראָגליפֿן זײַנען געווען צייכנס פֿון געמעלן. מיט זיי פֿלעגט מען מאכן אויפֿשריפֿטן אין קיניגלעכע פּאַלאַצן, אין טעמפּלען (געבעטהײַזער) און אין מאַוזאָלייען (קבֿרים־שטיבער). דער קורסיוו – ריכטיקער: די קורסיוון, ווײַל עס זײַנען געווען אַ פּאָר סיסטעמען פֿון שנעלשריפֿט, – דאָס זײַנען געווען צייכנס, וואָס האָבן שוין פֿאַרלוירן זייער אויסזען פֿון געמעלן און וואָס מיט זיי פֿלעגט מען מערסטנס שרײַבן די ווערק פֿון דער עגיפּטישער ליטעראַטור, ווי אויך אַלערליי געשעפֿטלעכע דאָקומענטן (אין דער לעצטער עפּאָכע פֿון דער עגיפּטישער קולטור, אַ שטייגער פֿון די לעצטע עטלעכע הונדערט יאָר פֿאַר אונדזער ערע, פֿלעגט מען די קורסיוון ניצן ניט נאָר אין וועלטלעכע ווערק און דאָקו־מענטן, נאָר אויך אין רעליגיעזע).

2 די שומערישע שריפֿט. זי איז געווען פֿאַרשפּרייט בײַ די מעסאָפּאָטאַמער פֿון III יאָרטויזנט פֿאַר אונדזער ערע. דערנאָך האָבן זי גענומען ניצן אויך אייניקע פֿעלקער פֿון קליינאַזיע און פֿון אַ ריי אַנדערע ערטער. די צייכנס פֿון דער דאָזיקער שריפֿט האָבן אין פּראָ־צעס פֿון זייער אַנטוויקלונג אַלץ מער און מער פֿאַרלוירן זייער געמעלן־פֿאָרעם און זײַנען געוואָרן ענלעך צו פֿאַרשיידענע פֿלעקלעך. דעריבער רופֿט מען זי אָפֿט די פֿלעקלשריפֿט.

3 די כינעזישע שריפֿט. זי איז אויפֿגעקומען מיט אַ צוויי טויזנט יאָר פֿאַר אונדזער ערע און איז עד־היום דאָס וויכטיקסטע פֿאַרקער־מיטל צווישן דער קאָלאָסאַלער כינעזי־שער באַפֿעלקערונג מיט אירע פֿילצאָליקע דיאַלעקטן (און שפּראַכן).

48 די אידעאָגראַפֿיע (היעראָגליפֿן) האָט אָבער אויך זייער גרויסע חסרונות: עס איז זייער שווער זי אויסצולערנען, און זי איז ניט גענוג בייגעוודיק.[3] דעם מענטשן, וואָס קען נאָר

[1] [1] די שומערן האָבן געלעבט מיט אַ פֿיר־פֿינף טויזנט יאָר פֿאַר אונדזער ערע אינעם דרומדיקן טייל מעסאָפּאָטאַמיע (אין אַזיע – איצט איראַק).

[2] [2] היעראָגליף (גריכיש) – הייליקע שריפֿט (אײַנקריצונג). קורסיוו (לאַטײַניש) – שנעלשריפֿט. מיטן וואָרט ‚קורסיוו׳ מיינט מען איצט אויך די פֿאַרשיידענע שריפֿטן מיט געשריבענע אותיות (ניט קיין געדרוקטע). און אַזוי ווי ווערטער, וואָס מע וויל זיי אין אַ געדרוקטן טעקסט אויסטיילן, זעצט מען זייער אָפֿט מיט קורסיוו (מיט געשריבענע אותיות), דעריבער האָט דאָס דאָזיקע וואָרט באַקומען אויך דעם באַטײַט פֿון אויסטיילן, אונטערשטרײַכן.

[3] [3] ניט אומזיסט זאָגט מען אויף אַ שווערער, אומלייענבאַרער שריפֿט – היעראָגליפֿן. אַגבֿ, מיטן וואָרט ‚היעראָגליפֿן׳ מיינט מען אָפֿט ניט דווקא די עגיפּטישע שריפֿט, נאָר יעטוועדע אידעאָגראַפֿישע שריפֿט.

אַן אידעאָגראַפֿישע שריפֿט, ווערט אַלץ שווערער און שווערער אויסצודריקן מיט צייכנס די נײַ וואַקסנדיקע פֿאָרשטעלונגען און באַגריפֿן. [39] אָט פֿאַר וואָס דער גרעסטער טייל פֿון די, וואָס ווענדן אָן אידעאָגראַפֿישע שריפֿט, זײַנען דורכן לעבן געצווּנגען זיך פֿריִער אָדער שפּעטער אָפּצוזאָגן פֿון איר און אַריבערצוגיין צו אַזאַ סיסטעם פֿון שרײַבן, וואָס זאָל אויסדריקן ניט די אידעע פֿון אַ וואָרט, נאָר זײַן קלאַנגלעכן באַשטאַנד.

דאָס האָט געבראַכט צום אויפֿקום פֿון דער פֿאָנעטישער (קלאַנגלעכער) שריפֿט.

49 די פֿאָנעטישע שריפֿט איז אין ערשטער סטאַדיע געווען אַ טראַפֿנשריפֿט. יעדן טראַף – דאָס הייסט יעדע גרופּע קלאַנגען, וואָס ווערט אַרויסגערעדט מיט איין אויסאָטעמונג, – פֿלעגט מען באַצייכענען מיט אַ געוויסן צייכן (אין זייער פֿיל פֿאַלן איז אַ טראַף איינצײַטיק אויך אַ וואָרט. זעט ז׳ 80). דערבײַ פֿלעגט מען מערסטנס באַצייכענען נאָר דעם ערשטן טראַף. פֿון דער דאָזיקער טראַפֿנשריפֿט איז שוין געווען ניט שווער אַריבערצוגיין צו דער עכטער פֿאָנעטישער שריפֿט – צו דער אַלף־בית־שריפֿט.

די עכטע פֿאָנעטישע שריפֿט איז געשאַפֿן געוואָרן, ווי מע מיינט, אויף דער באַזע פֿון די עגיפּטישע היעראָגליפֿן. פֿון די דאָזיקע היעראָגליפֿן איז צונויפֿגעשטעלט געוואָרן אַן אַלף־בית פֿון פֿיר און צוואַנציק צייכנס פֿאַר די קאָנסאָנאַנטן. געטאָן האָט מען עס אויף אַזאַ אופֿן. מע האָט אָפּגעמאַכט, אַז דער און דער צייכן זאָל געניצט ווערן פֿאַרן ערשטן קלאַנג פֿון אַן אַנטשפּרעכיק וואָרט. אַ שטייגער דאָס פֿיגורל פֿון אַ האַנט (אויף עגיפּטיש „דאָט׳) האָט אָנגעהויבן צו באַטײַטן דעם קלאַנג [ד], דאָס געמעל פֿון אַ מויל („ראָ׳) האָט אָנגעהויבן צו באַטײַטן [ר], דאָס בילד פֿון וואַסער („נו׳) – [נ] אאַ״וו.

די פֿאָנעטישע שריפֿט האָט אָבער ניט אין גאַנצן אויסגעשלאָסן די אידעאָגראַפֿיע. אידעאָגראַפֿיע האָט זיך עד־היום אויפֿגעהיט אויך אין די מאָדערנע שריפֿטן. אַ שטייגער אין מאַטעמאַטיק, ווּ יעדע פֿאָרמל ווערט געוויינטלעך אין יעדער שפּראַך פֿאַרשיידן געלייענט; אָדער אַ שטייגער די פּונסאָנען (די געמעלן) אין ווערטערביכער, ווּ דער צייכן ♂ באַטײַט באָטאַניק; דער צייכן ♪ – מוזיק; דער צייכן ⚓ – שיפֿוועזן אאַ״וו.

די עגיפּטישע פֿאָנעטישע שריפֿט האָבן פֿאַרפֿולקומט די פֿיניקער – אַ סעמיטישע פֿעלקערשאַפֿט, וואָס האָט געהאַט היפּשע שיכטן גרויסע סוחרים, וועלכע האָבן זיך שטאַרק געניטיקט אין אַ ווייניקער קאָמפּליצירטער און אַ מער צוגענגלעכער שריפֿט. די דאָזיקע פֿיניקער האָבן די צאָל צייכנס פֿונעם אַלף־בית דערפֿירט ביז צוויי און צוואַנציק און האָבן זיי געמאַכט פֿיל איינפֿאַכער.

דער פֿיניקיִשער (אָדער אַלט־סעמיטישער) אַלף־בית, וואָס איז באַוווּסט פֿון דעם מעלער פֿון XIII יאָרהונדערט פֿאַר אונדזער ערע, האָט געהאַט אַ קאָלאָסאַלע ווירקונג אויף דער קולטור פֿון אַ גרויסן טייל מענטשהייט. וואָרן פֿון אים זײַנען דירעקט אָדער אומדירעקט אַנטשטאַנען אַ היפּשע צאָל אַלף־ביתן, וועלכע עס האָבן געניצט און ניצן זייער פֿיל פֿעלקער און שפּראַכן פֿון גאָר דער וועלט. אַ שטייגער: דער אַראַמעיִשער, העברעיִשער (און ייִדישער), אַראַבישער, גריכישער, אַרמענישער, גרוזינישער, לאַטײַנישער (אויך גאָטישער), סלאַוויש־רוסישער א״אַ.

דער מאַטעריאַל, וואָס אויף אים האָט מען געמאַכט די אָדער יענע שריפֿטצייכנס, איז אויך געווען אַ פֿאַרשיידנאַרטיקער און האָט אויך געהאַט אַ באַשטימטע ווירקונג אויף דער אַנטוויקלונג פֿון די שריפֿטן. מע האָט געצייכנט, געקריצט און געשריבן אויף שטיינער, האָלץ, [40] העלפֿאַנדביין, מעטאַל (מעטאַלענע ברעטלעך), ליים, וואַקס (ברעטלעך מיט וואַקס), פֿעל (פֿאַרמעט – פֿעל פֿון שאָף, קעלבלעך, ציגן), געוויקסן (פֿאַלמענבלעטער און באַזונדערע פֿאַפּירוסן), טעקסטילשטאָפֿן און צו לעצט – אויף פּאַפּיר.

8 ייִדישע גראַפֿיק און אָרטאָגראַפֿיע

50 פֿונעם פֿיניקעישן אַלף־בית האָט זיך דורך דער פֿאַרמיטלונג פֿון דער אַראַמעישער שנעלשריפֿט אויך אויסגעבילדעט די העברעישע (ייִדישע) קוואַדראַטשריפֿט. מיט דער דאָזיקער שריפֿט, ווי מיט נאָך אַ ריי אַנדערע שריפֿטן, האָבן ייִדן אין משך פֿון טויזנטער יאָר געשריבן און שרײַבן נאָך אויך איצט זייערע פֿאַרשיידענע ווערק און דאָקומענטן, כאָטש די שפּראַכן האָבן זיך בײַ זיי פֿאַר דער צײַט פֿיל מאָל געביטן.

אויף דער באַזע פֿון דער קוואַדראַטשריפֿט האָבן זיך געהאַט אויסגעבילדעט זייער פֿיל פֿאַרשיידענע קורסיוון – שנעלשריפֿטן. פֿון די דאָזיקע שריפֿטן זײַנען באַזונדערש באַוווּסט רשי־כּתבֿ[1] און ווײַבערשריפֿט (טײַטששריפֿט, ווײַבערטײַטש). מיט ווײַבערשריפֿט זײַנען געשריבן און געדרוקט כּמעט אַלע ייִדישע (ניט העברעישע) ביכער, וואָס זײַנען דערשינען ביז די ערשטע אָנדערטהאַלבן־צוויי צענדליק יאָר פֿון XIX יאָרהונדערט.

אָנמערקונג 1 אייניקע ייִדישע ביכער (אַ שטייגער „צאינה־וראינה" [צ'ענאָ אור'ענאָ]) האָט מען נאָך אויך שפּעטער, אין מיטן XIX יאָרהונדערט, געדרוקט מיט דער ווײַבערשריפֿט. אָבער בכלל האָט מען שוין אין XIX יאָרהונדערט ייִדישע ביכער געדרוקט מיט דער קוואַדראַטשריפֿט.

אָנמערקונג 2 אויך פֿריִער איז געווען אַ פּרוּוו צו דרוקן אַ ייִדיש ביכל מיט די קוואַדראַט־אותיות. אַזאַ פּרוּוו האָט געמאַכט איינער אַן אַהרן בן שמואל פֿון הערגערסהויזן (אַ שטעטעלע אין דרום־דײַטשלאַנד). אין 1709 יאָר האָט דער דאָזיקער אַהרן אין פֿירט אַרויסגעלאָזט אַ נײַעם סידור אויף ייִדיש אונטערן נאָמען „ליבליכע תפילה אודר גרעפטיגה ארטצנייא פאר גוף אונ' נשמה". די רבנים האָבן אָבער אינעם דאָזיקן סידור גלײַך דערשמעקט אַפּיקורסות, דער עיקר מחמת זײַנע אַ ריי דרייסטע באַהויפּטונגען וועגן דערציִונג און דער וויכטיקייט צו לערנען קינדער אויף דער מוטערשפּראַך, און האָבן אים תּיכּף אַרײַנגעלייגט אין חרם. ערשט אין העכער הונדערט יאָר אַרום, אין 1830, האָט מען אויפֿן בוידעם פֿונעם בית־מדרש אין הערגערסהויזן געהאַט געפֿונען כּמעט די גאַנצע אויפֿלאַגע פֿונעם דאָזיקן קאָנפֿיסקירטן סידור. אַזוי אַז דער פּרוּוו צו דרוקן ייִדישע ביכער מיט דער קוואַדראַטשריפֿט ביזן XIX יאָרהונדערט האָט געהאַט ווייניק מזל.

אָנמערקונג 3 אייניקע ייִדישע ביכער זײַנען געדרוקט מיט רשי־אותיות. אַ שטייגער: אליהו בחורס ראָמאַן אין פֿערזן „פּאַריז און וויענע", ווועראָנע, 1594, און דער ייִדישער טייל פֿונעם ווערטערבוך „ספר של רבי אנשיל", קראָקע, 1584.[2] [41]

1 [1] רשי – אַ ראָשי־תּיבֿות פֿון די ווערטער ,רבינו שלמה־יצחקי' [ראַביינו שלוימע ייִצחאָקי] – אַ באַרימטער קאָמענטאַטאָר פֿון ביבל און תּלמוד (1040–1105).

2 [2] אין דער ערשטער אויפֿלאַגע, קראָקע, 1534, האָט דער „ספר של רבי אנשיל" געהייסן „מרכבת המשנה": „מחמת ער איז צונויפֿגעזעצט (,מורכב') פֿון די צוויי שפּראַכן – פֿון לשון־קודש און פֿון לשון־אַשכּנז,

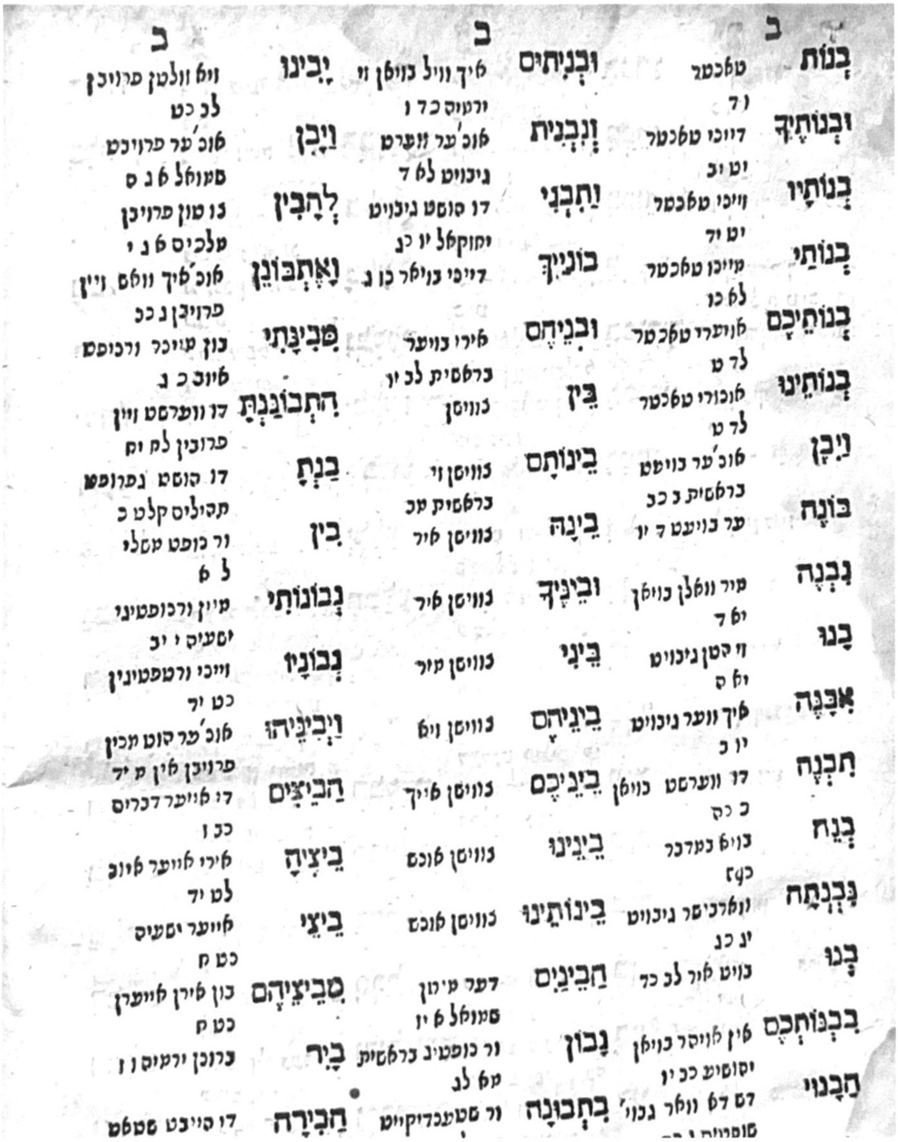
ב
בְּנוֹת טאכטר
ו ד
וּבְנוֹתֶיךָ דיינע טאכטר
יט יב
בְּנוֹתָיו זיינע טאכטר
יט יד
בְּנוֹתַי מיינו טאכטר
לא כו
בְּנוֹתֵיכֶם אויערי טאכטר
לד ט
בְּנוֹתֵינוּ אונזרי טאכטר
לד ט
וַיִּבֶן אונ׳ער בויעט
בראשית ב כב
בּוֹנֶה ער בויעט ד יו
נִבְנֶה מיר וואלן בויאן
יא ד
בָּנוּ זי הטן גיבויט
יא ה
אִבָּנֶה איך ווער גיבויט
יו ב
תִּבָּנֶה דו ווערסט בויאן
כ כח
בְּנֵה בויא במדבר
כא״ז
נִבְנָתָה ווארכיסר גיבויט
יג כב
בָּנוּ בויט איר לב כד
בִּבְנוֹתְכֶם אין אויער בויאן
יהושע כב יו
חֲבָנוֹי דס דא וואר גנוי׳
סופרות ...

ב
וּבְנִיתִים איך וויל בויאן זי
ירמיה כד ו
וְנִבְנֵית אונ׳ער ווערט
גיבויט לא ד
וַתִּבְנִי דו הוסט גיבויט
יחזקאל יו כג
בּוֹנַיִךְ דייני בויאר כו ג
וּבְנֵיהֶם אירי בויער
בראשית לב יו
בֵּין בוויסן
בֵּינוֹתָם בוויסן זי
בראשית מב
בֵּינָהּ בוויסן איר
וּבֵינֶךָ בוויסן איר
בֵּינִי בוויסן מיר
בֵּינֵיהֶם בוויסן ויא
בֵּינֵיכֶם בוויסן איך
בֵּינֵינוּ בוויסן אונס
בֵּינוֹתֵינוּ בוויסן אונס
חֲבֵינַיִם דער מיטן
שמואל א יו
נָבוֹן ור כופטיג בראשית
מא לג
בִּתְבוּנָה ור שטענדיקייט

ב
יָבִינוּ ויא וולטן פרויכן
לב כט
וַיָּבֶן אונ׳ער פרויכט
שמואל א ג ח
לְהָבִין בו טון פרויכן
מלכים א ג י
וָאֶתְבּוֹנֵן אונ׳איך וואס זיין
פרויבן ג כב
מְבִינָתִי בון מיינר ורכופט
איוב כ ג
הִתְבּוֹנַנְתָּ דו ווערסט זיין
פרובין לח יח
בַּנְתָּ דו הוסט גפרופט
תהילים קלט ב
בִּין ור כופט משלי
ל א
נְבוּנוֹתִי מיין ורכופטיגי
ישעיה י יב
נְבוֹנָיו זייני ורטפטינין
כט יד
וַיְבִיאֵהוּ אונ׳ער הוט מכין
פרויכן אין ח יד
הַבֵּיצִים די אייער דברים
כב ו
בֵּיצֶיהָ אירי אייער איוב
לט יד
בֵּיצֵי אייער ישעיה
כט ח
מִבֵּיצֵיהֶם בון אירן אייערן
כט ח
בִּיר ברונן ירמיה ו ז
חֲבִירָה די הייבט שטאט

אַ זײַטל (אַ ביסל פֿאַרקלענערט) פֿונעם **ספר של רבי אנשיל**, קראָקע, 1584 (אַזוי זעט אויך אויס דער **מרכבת המשנה**, נאָר דאָרט איז דער יידישער טייל געזעצט מיט ווײַבערשריפֿט). [42]

בילד: ש. נ.

וואָס דאָס איז די געוויינטלעכע שפּראַך בײַ אונדז ,אַשכּנזים״. אינעם דאָזיקן ווערטערבוך ווערן געבראַכט די ווערטער פֿון תּנך אין אַלע זייערע פֿאָרמעס, לויטן אַלף־בית פֿון די וואָרצלען. דערנאָך גייט אַ טײַטש אויף ,לשון־אַשכּנז׳ און אַן אָנווייַז פֿונעם ספֿר, קאַפּיטל און פּסוק, ווו דאָס העברעיִשע וואָרט געפֿינט זיך אין תּנך (זעט אויבן).

נומ׳	ציכן			הייסט[1]	באַטײַט[2]	באַטרעפֿט
	קוואַדראַט־שריפֿט	רשי־שריפֿט (שפּאַנישע)	ווײַבערשריפֿט (טײַטששריפֿט)			
1	א	א	א	אַלעף	אָקס, רינד	1
2	בּ ב	ב	ב בֿ	בייס (בייז) ווייס	הויז	2
3	ג	ג	ג	גימל	קעמל	3
4	ד	ד	ד	דאַלעט (דאַלעד)	טיר	4
5	ה	ה	ה	היי	פֿענצטערל, לעכל	5
6	ו	ו	ו	וואָוו	פֿלעקל	6
7	ז	ז	ז	זײַען	געווער	7
8	ח	ח	ח	כעס	פֿאַרצוים, פּלויט	8
9	ט	ט	ט	טעס	שלאַנג, קערבל	9
10	י	י	י	יוד	האַנט	10
11	כּ כ ך	כ ך	כ כֿ ך	קאָף, כאָף, לאַנגע(ר) כאָף	דלאָניע	20
12	ל	ל	ל	לאַמעד	אָקסן־שטעקן	30
13	מ ם	מ ם	מ ם	מעם, שלאָס־מעם	וואַסער	40
14	נ ן	נ ן	נ ן	נון, לאַנגע(ר) נון	פֿיש	50
15	ס	ס	ס	סאַמעך	שטיצע	60
16	ע	ע	ע	אײַען	אויג	70
17	פּ פֿ ף	פ ף	פ פֿ ף	פּיי, פֿיי, לאַנגע(ר) פֿיי	מויל	80
18	צ ץ	צ ץ	צ ץ	צאַדי(ק), לאַנגע(ר) צאַדי(ק)[3]	ווענטקע	90
19	ק	ק	ק	קוף	נאָדל־לעכל	100
20	ר	ר	ר	רייש	קאָפּ	200
21	שׁ שׂ	ש	ש	שין, סין	צאָן	300
22	תּ ת	ת	ת תֿ	טאָוו (טאָף), סאָוו[4]	ציכן (קרייצציכן)	400

1 [1] דאָ ווערט אָנגעוויזן, ווי די ציכנס ווערן אַרויסגעבראַכט אין ייִדיש [פֿאָנעטיש].

2 [2] דאָ ווערט געגעבן דער באַטײַט, וואָס די נעמען פֿון די ציכנס האָבן (געהאַט) אין די אָדער יענע סעמיטישע שפּראַכן – אין פֿיניקיִש, אַראַמעיִש, העברעיִש, כאַלדעיִש, אַראַביש א״אַ. אַגבֿ, אייניקע פֿון די באַטײַטן ווערן אָפּגעפֿרעגט פֿון אַ ריי געלערנטע.

3 [3] ,לאַנגע(ר) צדי(ק)׳ אָדער ,שלעכטע (גלײַכע) צדי(ק)׳.

4 [4] ,פֿון אַלף ביז תּוו׳ האָט דעריבער דעם באַטײַט ,פֿון אָנהייב ביזן סוף׳. אַ שטייגער: כאַפּט זיך אַרויס מײַן ייִד מיט אַ פֿײַער און הייבט אָן צו דערציילן די גאַנצע מעשׂה פֿון אַלף ביז תּוו (שאָל.). [43]

אָנמערקונג 1 איינע און די זעלבע (גרעסערע) צאָלן קאָנען אָפֿט אויסגעדריקט ווערן דורך פֿאַרשיידענע אותיות, אויסגעשטעלט אין אַ פֿאַרשיידענעם סדר. געוויינטלעך אָבער שטעלט מען די אותיות אויס אַזוי, אַז פֿריִער גייען הונדערטער, דערנאָך צענדליקער, דערנאָך איינציקע. אַ שטייגער: י״א – 11, כ״א – 21, ק״א – 101, קי״א – 111, ק״ן – 150, ת״ח – 408, תרפ״ט – 689 (ווערט געברויכט אינעם באַטייַט פֿון זייער אַ גרויסער סומע) אאַ״וו.[1]

אָנמערקונג 2 די צאָל 15 ווערט מערסטנס אויסגעדריקט ניט דורך ,י״ה׳, נאָר דורך ,ט״ו׳. אויך 16 ווערט אָפֿט אויסגעדריקט ניט דורך ,י״ו׳, נאָר דורך ,ט״ז׳.

אָנמערקונג 3 אַלס צייכנס פֿאַר צאָלן (אַלס ציפֿער) האָבן די אותיות פֿונעם אַלף־בית געניצט אויך די גריכן, די רוימער, די אינדוסן, אַ שטייגער בייַ די רוימער (און אויך איצט אין פֿיל לענדער און שריפֿטן):

I	V	X	L	C	D	M
1	5	10	50	100	500	1000

51 די אותיות פֿונעם ערשט אָנגעוויזענעם אַלף־בית זייַנען אין העברעיִש געווען אויסשליסלעך קאָנסאָנאַנטן־צייכנס. קיין וואָקאַלן פֿלעגט מען אין העברעיִש בדרך־כּלל ניט באַצייכענען. אַפֿילו אַזעלכע ווערטער ווי ,אומה, שבֿועה, מוח, כּוח, היזק, עיקר׳ און אַ ריי אַנדערע האָט מען אַ לאַנגע צייַט געשריבן אָנעם ,ו׳ און אָנעם ,י׳. ,ו׳ און ,י׳ זייַנען דער עיקר געווען קאָנסאָנאַנטן־צייכנס, און פֿאַר וואָקאַלן פֿלעגט מען זיי אין העברעיִש ניצן ביז גאָר זעלטן. אויך ,א׳ און ,ע׳ זייַנען געווען אויסשליסלעך קאָנסאָנאַנטן־צייכנס – פֿאַר צוויי פֿאַרשיידענע גאָרגלדיקע קלאַנגען. ערשט שפּעטער, ווען העברעיִש איז געוואָרן שוין ניט קיין לעבעדיקע שפּראַך, האָט מען גענומען אַ ביסל מער אָנווענדן די אותיות ,א, ו, י׳, און אָפֿט אויך דעם ,ה׳, אַלס וואָקאַל־צייכנס. באַזונדערש האָט מען עס געטאָן אין תּלמוד און אין דער שפּעטערדיקער ליטעראַטור.

אין תּלמוד ווערן מיט די אותיות ,א, ה, ו׳ זייער אָפֿט באַצייכנט וואָקאַלן ניט נאָר אין אַנטליִענע גריכישע און לאַטייַנישע ווערטער, וואָס זייַנען אין תּלמוד פֿאַראַן אין אַ גרויסער צאָל, נאָר אָפֿט אויך וואָקאַלן אין סעמיטישע ווערטער גופֿא. דאָס האָט געבראַכט דערצו, וואָס פֿאַר אַ ריי פֿאַלן האָט מען אַפֿילו גענומען ניצן אַ געטאָפּלטן ,ו׳ (,וו׳) און אַ געטאָפּלטן ,י׳ (,יי׳). אַ שטייגער אַנשטאָט ,כונה, גאוה, רוח׳ האָט מען גענומען שרייַבן ,כוונה, גאווה, ריווח׳ אאַ״וו. מע האָט גענומען שרייַבן ,שייך, שייכות, התחייבות, דהיינו׳ א״אַ.

נאָך שפּעטער, ווען מע האָט אָנגעהויבן צו שרייַבן ייִדיש־טייַטש, האָט מען פֿאַר אַ וואָקאַל־צייכן גענומען ניצן אויך דעם ,ע׳. דאָס טרעפֿט מען שוין אין טעקסטן פֿון XIII יאָרהונדערט.

[1] [1] אַ שטייגער: לאָמיר דאָס אַלע, זאָג איך, פֿאַרמאָגן, וואָס איך האָב ווינציקער פֿון ש י ן קאַרבן, און אַפֿילו פֿון ר יש, און אַפֿילו פֿון ק״ן (שאָל.); ס׳איז געווען מי־יודע וואָס פֿאַר אַ סומע געלט, ת ר פ ״ט אַלפֿים (שאָל.).

אָנמערקונג צו גלײַך מיטן נעמען אָנווענדן די אותיות ,א, ה, ו, י׳ פֿאַר וואָקאַלן האָט מען אין VII–VI יאָרהונדערט אַלס וואָקאַל־באַצייכענונגען אין [44] העברעיִש געהאַט אײַנגעפֿירט אויך די נקודות – דיאַקריטישע צייכנס. די דאָזיקע נקודות האָט מען דער־נאָך, איבער הויפּט ווען מע האָט ייִדישע ביכער גענומען דרוקן מיט דער קוואַדראַטשריפֿט, אַריבערגענומען אויך אין ייִדיש. אייניקע פֿון די דאָזיקע נקודות זײַנען פֿאַרבליבן אויך אין אונדזער הײַנטיקער שריפֿט (זעט די בײַגעלייגטע רעפּראָדוקציע און אויך ז״ז 71–74).

I.

סְטֶעמְפֶּעניוּ׳ס יִחוּס.

סְטֶעמְפֶּענְיוּ? וָואס אִיז דָאס פַאר אַ נָאמֶען „סְטֶעמְפֶּענְיוּ״?—דָאס אִיז נִישְׁט קֵיין נָאמֶען, רַבּוֹתַי, דָאס אִיז אַ צוּ-נָאמֶענִישׁ, וָואס אִיז אִיהְם אִיבֶּערגֶעגַאנְגֶען בִּירוּשָׁה פוּן זַיין טַאטֶען; זַיין טַאטֶע, עָלָיו הַשָּׁלוֹם, הָאט גֶעהֵייסֶען בֶּעריל בַּאס, אָדֶער „בֶּעריל סְטֶעמְפֶּענִיר״, הָאט גֶעשְׁפִּיעלְט אוֹיפְ׳ן בַּאס אוּנ אִיז אוֹיךְ גֶעוֶוען אַ גוּטֶער בַּדְחָן, אַ שֶׁאנֶער גְרַאמְ-זָאגֶער, אַ פֶערְשְׁלֶעפְּטֶע קְרַאנְק, הָאט זִיךְ פֶערְשְׁטֶעלְט אוֹיף אַלֶע חֲתוּנוֹת פַאר אַ בֶּעטְלֶער, פַאר אַ קַאצַאפּ, אִיבֶּערגֶעקֶעהְרְט דִי אוֹיגֶען, גֶעטַאנְצְט וִוי אַ בֶּער, נָאכְגֶעמַאכְט וִוי אַ יוּדֶענֶע גֶעהְט צוּ קִינְד אוּנ שְׁרַייעָט: „בַּאבֶּענִיוּ, אִיךְ שְׁוֶועהְר אַייךְ בַּיי אַ פָּאר תְּפִלִּין אַז עָס וֶועט מֶעהְר אַזוֹי נִישְׁט זַיין!״... אָדֶער גֶעלָאזְט פְּלוּצִים אַ וַואסֶער אִין מִיטֶען שְׁטוּבּ, אַזוֹי אַז אַלֶע יוּדֶען הָאבֶּען פֶערְקַאטְשֶׁעט דִי פָּאלֶעס אוּנ דִי וַוייבֶּער אוּנְטֶערגֶעהוֹיבֶּען דִי קְלֵיידְלֶעךְ; אָדֶער גָאר אוֹיפְגֶעהַאנְגֶען אַ לוּנְג-אוּנ-לֶעבֶּער דֶער מְחוּתֶּנְתְ׳טֶע אוֹיפְ׳ן פַּארְטוּךְ, אוּנ נָאךְ אַזֶעלְכֶע אָנְשְׁטֶעלֶען אוּנ קוּנְצֶען לָרוֹב. אוּנ אִיבֶּערְהוֹיפְּט הָאט בֶּעריל בַּאס לִיעבּ גֶעהַאט פָארְצוּשְׁטֶעלֶען אַ זַאךְ, אַ מִין טְהֶעאַטֶער-שְׁטִיק מִיט דֶעם נָאמֶען „סְטֶעמְפֶּענִי״, דֶערְפַאר הָאט מֶען אִיהְם מֵייְנְסְטֶענְס גֶערוּפֶען „בֶּעריל-סְטֶעמְפֶּענִיר״, אוּנ דֶערְפַאר הָאט מֶען זַיין אֵיינְצִיגֶען זוּהְן יַעֲקֹב׳לֶע גֶערוּפֶען „דֶער סְטֶעמְפֶּענִיר״, אָדֶער גָאר „סְטֶעמְפֶּענְיוּ״, אוּנ דֶער נָאמֶען סְטֶעמְפֶּענְיוּ אִיז אִיהְם שׁוֹין פֶערְבְּלִיבֶּען אוֹיף תָּמִיד.

דער אָנהייב פֿון שלום־עליכמס „סטעמפּעניו״ אינעם ערשטן באַנד „פֿאָלקס־ביבליאָטעק״, קיִעוו, 1888.

דער העברעיִשער אַלף־בית און די העברעיִשע (העברעיִש־אַראַמעיִשע) אויסלייג־פּרינציפּן האָבן געהאַט זייער אַ גרויסע ווירקונג אויף דער ייִדישער אָרטאָגראַפֿיע. אַ גאַנצע ריי דערשײַנונגען פֿונעם העברעיִשן אויסלייג – דאָס ניט־באַצייכענען קיין וואָקאַלן, דאָס אָנווענדן די אָדער יענע אותיות פֿאַר די אָדער יענע קלאַנגען א״אַ – האָט מען אַריבערגע־טראָגן אויך אויפֿן ייִדישן אויסלייג (זעט ווײַטער).

52 איינער פֿון די וויכטיקסטע מאָמענטן פֿון דער ייִדישער אָרטאָגראַפֿיע, און פֿאַר דער מערהייט ייִדן איינער פֿון די שווערסטע מאָמענטן, איז (געווען) דער אויסלייג פֿון

סעמיטיזמען אין ייִדיש. דאָס, וואָס סעמיטישע ווערטער און סעמי־[45]טישע וואָרטטיילן פֿלעגט מען ביז 1920 יאָר אין ייִדיש אויסלייגן, און אין אויסלאַנד לייגט מען נאָך אויך איצט אויס, אויפֿן סעמיטישן שטייגער. למשל: ספֿר, כּתבֿ, שׂכל, ספֿק, לץ, חן, מחבר, מיסחר, מכשף, תּכלית, כּעסן (סייפֿער, קסאוו, סייכל, סאָפֿעק, לעצ, כיינ, מעכאבער, מיסכער, מעכאשעפֿ, טאכלעס, קייַסנ) אאַ״וו.[1]

כּדי צו קאָנען לייענען אין ייִדיש סעמיטישע ווערטער מיט זייער אַלטן אויסלייג, דאַרף מען וויסן, אַ וועלכן קלאַנג און צייכן פֿון אונדזער מאָדערנעם ליטעראַרישן ייִדיש באַטייַט אין סעמיטישע ווערטער דאָס אָדער יענץ אות. דער עיקר דאַרף מען געדענקען אָט וואָס:

1. די אותיות ,ב, כ, פ, ת׳ מיט אַ פּינטל אינעווייניק – מיט אַ ד ג ש – באַטייַטן שטענדיק [ב, ק, פּ, ט]. אָן אַ דגש באַטייַטן זיי מערסטנס [וו, כ, פֿ, ס]. אַ שטייגער:[2]

גבורים	חבור	כּישוף	זכּרון	פּירוש	פּרט	מחותּן	סתּירה
גבורה	חברה	מכשף	זכרונות	בפירוש	בפרט	חתונה	סותר (זייַן)

אָנמערקונג דעם דגש פֿלעגט מען אָבער אָפֿט דורכלאָזן אויך אין די פֿאַלן, ווו לויט דער אויסשפּראַך האָט ער יאָ געדאַרפֿט זייַן. אין רשי־כּתבֿ און אין ווייַבערשריפֿט ווערט דער דגש אין גאַנצן ניט געברויכט. אין ווייַבערשריפֿט באַצייכנט מען די אותיות ,ב, כ, פ, ת׳ מיט אַ שטריכעלע פֿון אויבן – און גראָד דאַן, ווען זיי באַטייַטן [וו, כ, פֿ, ס] (זעט פֿריִער).

2. אַ ,ה׳ אין סעמיטיזמען באַטייַט ניט נאָר [ה], נאָר אויך – דער עיקר סוף וואָרט – אַן [ע]. אַ שטייגער:

הלוואי	הלל [הילעל]	הכנסה	אכילה	חולה
הפקר	מהות	השגחה	אלמנה	שוטה

און אין אייניקע פֿאַלן איז דער ,ה׳ אין ייִדיש אַ ש ט ו מ ע ר – ער ווערט אין גאַנצן ניט אַרויסגערעדט. אַ שטייגער: אַהרן [אַרן], יהודית [יודעס], שהיות [שיִעס], גיהנם [גענעם].[3]

3. אַ ,ח׳ באַטייַט שטענדיק אַ [כ]. אַ שטייגער: חוש, חוצפּה, מומחה, חלק, בדחן, חטא, אורחים, חלום, בחור, אַחדות, חיל [כאַיִל] אאַ״וו. סוף וואָרט לייענט זיך אַ ,ח׳ געוויינטלעך ווי [עך (אַך)]. אַ שטייגער: לוח, רוח, שליח, משיח, מוח, ריח [רייעכ], רוצח, שטח, משגיח, מטריח (זייַן), משׂמח (זייַן), מנצח (זייַן), מצליח (זייַן) אאַ״וו.

4. אַ ,ש׳ באַטייַט סייַ אַ [ש] און סייַ אַ [ס]. אַ שטייגער:

שכן	שליח	נפֿש	שכל	השכּלה	שימחה
שלום	שבֿועה	שבֿט	שרפֿה	בשמים	שטן[4]

[1] [1] איינס און דאָס זעלבע סעמיטישע וואָרט קאָן אין פֿאַרשיידענע קאָנטעקסטן פֿאַרשיידן געלייענט ווערן. אַ שטייגער: זכר [זייכער, זאָכער], מחיה [מעכייַע, מיכיע], שבט [שייוועט, שוואַט], מוסר [מוסער, מאָסער, מויסער(־נעפֿעש זייַן זיך)] א״אַ.

[2] אין די ווייַטערדיקע טאַבעלעס ווערט אָפּגעהיט דער אויסלייג פֿון אָריגינאַל.

[3] [2] אין פֿיל ערטער זאָגט מען אויך [געהענעם].

[4] [3] שׂטן (סאָטן = טייַוול). ניט פֿלאָנטערן מיטן גערמאַנישן ,שאָטן׳ (ליכט און שאָטן).

אין אַ טעקסט מיט נקודות איז אויף אַ ,ש׳, וואָס באַטייַט [ש], פֿאַראַן אַ פּינטל פֿון אויבן רעכטס; און אויף אַ ,ש׳, וואָס באַטייַט [ס], איז פֿאַראַן אַ פּינטל לינקס (זעט אַ שטייגער ז״ז 59, 61). [46]

5. באַזונדערש אָבער זייַנען פֿאַרשיידן־ און פֿיל־באַטייַטיק אין סעמיטיזמען די אותיות ,א, ו, י, ע׳. זייי באַטייַטן

דאָס אות	באַטייַט	בייַשפּילן
א	אַ	אַדיר, אַכזר, אַלמן, אַגדה, אַבֿרהם, אַדוני [אַדויני]...
	אָ	אָשר, אָדם, מלאָכה, אָבֿות [אָוועס], אָבֿל, אָסור...
	יי	אבֿר [אייווער], זאבֿ (וואָלף), אשת־איש, אש להבה...
	ייַ	מאכל, גאווה, דאגה, תּאווה, מאריך (זייַן)...
	ע	אמונה, גוזמא, אמת [עמעס], אסתר, אבֿן־טובֿ, שונא...
ו	ו	גוף, מום, בושה, אומה, חופּה, חוש, זכות, רשות...
	וו	דוד [דאָוויד], אַחשורוש [אַחשוורוש] [אַכאַשווייערעש], סם־המות [האַמאָוועס]...
	אָ	קול, דור, סוד (סעקרעט), סוף, אורחים, שונאים...
	וי	אוצר, אופֿן, אורח, בולט [בוילעט], שונא, יובֿל [יוייול]...
	ע	רכילות, אַחדות, בהמות, אַפֿילו, חלום, בחור, דרום(־זייַט)...
י	י[1]	יריד, ידיעה, יושר, יורש, ים [יאַם], ישׂראל, יצחק...
	י (יִ)	דינים, דירה, אַכילה, מניעה, משגיח, שליח...
	יי	היפּוך, מילא, אימה (שרעק), איכות, בכדי [ביכדיי]...
	ע	חזיר, תּכלית, היזק, כּלי [קיילע], כּלי־זמר [קלעזמער]...
ע	ע	עצם, רגע, (ב)טבֿע, (ב)שפֿע; רשע [ראָשע], פּועל [פּויעל]...
	אַ	עקשן, עגונה, עזות, טעם, בשעת, עגמת־נפֿש, בר־דעת...
	אָ	עמוד [אָמעד], עני־ואבֿיון, העזה, תּענית [טאָנעס]...
	י	עבֿרי [איוורע], ענין [איניען]...
	יי	עצה, עדה, עסק [אייסעק], עדות, גן־עדן [גאַניידן], בעת...
	ייַ	טענה, מעלה, מעשׂה, כּעסן, מעמד[2], מערבֿ(־זייַט)...[3]

אָנמערקונג 1 ,א׳ באַטייַט אַ מאָל אויך [י] און [וי]. אַ שטייגער: אשה (אישע [אישה] = פֿרוי), ראשון (רישן = ערשטער), לא (לוי = ניט)[4].

אָנמערקונג 2 ,ו׳ ווערט אָפֿט אַרויסגעבראַכט ווי [אָ] – אויפֿן ספֿרדיש, שפּאַניש, שטייגער – אָדער ווי [וי] – אויפֿן אַשכּנזיש, דייַטשן, שטייגער. דאָס קומט אָפֿט פֿאָר אַפֿילו אין איינעם און דעם זעלבן סעמיטיזם:

1. אין פֿאַרשיידענע פֿאָרמעס פֿונעם סעמיטיזם. אַ שטייגער:

קול [קאָל] – קולות [קוילעס]　　　אורח [אוירעך] – אורחים [אָרכים]

דור [דאָר] – דורות [דוירעס]　　　שׂונא [סוינע] – שׂונאים [סאָנים]

1 [1] דאָס איז אַ יוד אַ קאָנסאָנאַנט – אַ יאָט (זעט די אָנמערקונג אויף ז׳ 46).

2 [2] אַ שטייגער: מיר זייַנען געבליבן אָן אַ מעמד, אָן אַ באָדן... (ממס).

3 [3] אַ מאָל לייענט זיך ,ע׳ אויך ווי [אַן]. אַ שטייגער: יעקבֿ [יאַנקעוו].

4 [4] לא [לוי] – מיט אַן אַלף – אין קעגנזאַץ צו ,לו׳ [לוי] מיט אַ וואָוו, וואָס באַטייַט ,(צו) אים׳.

2. אין פֿאַרשיידענע דיאַלעקטן. אַ שטייגער די סעמיטיזמען ,יוסף, סדום, יצר־[47]טובֿ׳ [יויסעף, סדוים, יעיצערטויוו] ברענגען די אוקראַיִנישע ייִדן אַרויס מיט [אָ] און די ליטוואַ־קעס מיט [וי (עי)].

3. אין איינעם און דעם זעלבן דיאַלעקט בײַם באַהעפֿטן (צונויפֿזעצן) דעם סעמיטיזם מיט אַזאַ אָדער אַן אַנדער וואָרט (וואָרטטייל). אַ שטייגער בײַ די ליטוואַקעס: יצר־טובֿ [יעיצערטויוו, יעיצערטעיוו], אָבער מזל־טובֿ [מאַזלטאָוו].

אָנמערקונג 3 אין אַ ריי סעמיטישע ווערטער זײַנען די קלאַנגען ,א, ו, י, ע׳, פּונקט ווי דער ,ה׳, גאָר פֿאַרקירצט (רעדוצירט ביז נול) און זײַנען געוואָרן שטום. אַ שטייגער:

1. שטומער ,א׳: אומה, ראובֿן, חטא [כעט = זינד], נבֿיא [נאָווי], שׂונאים;
2. שטומער ,ו׳: לשון [לאָשן], צפֿון, אָרון, חשבון, נצחון, ניגון;
3. שטומער ,י׳: קשיא [קאַשע], לחלוטין [לאַכלוטן], להבֿדיל [לעהאַוודל];
4. שטומער ,ע׳: עיקר, עולם, עושר, עול (יאָך), עוף, סעודה.[1]

בײַ אייניקע ווערטער קאָן מען צווייפֿלען, צי איז בײַ זיי שטום דער ,ה׳ צי דער ,א׳ אָדער ,ע׳. אַ שטייגער: קינאה, שׂינאה; ידיעה, זריעה, שעה [קינע, סינע; יעדיִע, זריִע, שאָ]. אָבער פֿאַר דער פּראַק־טישער אַרבעט איז עס קיין חילוק ניט.

אָנמערקונג 4 אין אַ ריי ווערטער, וואָס הייבן זיך אָן מיט אַ קאָנסאָנאַנט, ווערט דער קאָנסאָנאַנט אַרויסגערעדט אַ ביסל אָפּגעטיילט (מיט אַ ,שוואָ׳). ווי נאָכן קאָנסאָנאַנט וואָלט געווען אַ האַלבער [ע] אָדער אַן אַפּאָסטראָף. דאָס קומט אָפּט אַפֿילו פֿאָר, ווען נאָכן קאָנ־סאָנאַנט גייט אַן ,א׳ אָדער ,ע׳. אַ שטייגער: גאולה [געולה], מאַסף־ממון [מעאַסעף־מאָמען], באמת [בעעמעס], בערך [בעערעך], לערך [לעערעך] א״אַ.

אָנמערקונג 5 אויפֿן סעמיטישן שטייגער פֿלעגט מען אויסלייגן אויך אַ ריי ניט קיין סעמיטישע ווערטער: 1. גריכישע ווערטער, וואָס זײַנען אין ייִדיש אַרײַן דורך די סעמיטישע קוועלן. אַ שטייגער: אַפּיקורס, אַפֿיקומן, אַפּיטרופּוס, אַפּותיקא [פּויטעקע], פּרצוף [פּאַרצעף], פּינקס [פּינקעס], פּרנס [פּאַרנעס], מרגלית (מאַרגאָליס = פּערל) א״אַ; 2. אייניקע אַנדערע ווערטער, וועלכע מע האָט על־פּי טעות פֿאַררעכנט פֿאַר סעמיטישע. אַ שטייגער: קונדס, חוזק [כויזעק].[2] און אויך פֿאַרקערט: מע פֿלעגט אָפּט אייניקע סעמיטיזמען אויסלייגן ווי ניט קיין סעמיטישע ווערטער. אַ שטייגער אַנשטאָט ,שמועות, תּאמר, שחט׳ האָט מען אין זייער פֿיל פֿאַלן געשריבן ,שמועס, טאָמער, שעכט׳.

53 ניט נאָר בײַם אויסלייגן סעמיטיזמען – אויך בײַם אויסלייגן ווערטער פֿונעם גערמאַנישן (און אַנ־דערן) שטאָף האָט מען אין ייִדיש, אין אַלטייִדיש, געהאַט צו טאָן מיט גאָר אַנדערע פּרינציפּן פֿון

[1] [1] און אין אַזאַ וואָרט ווי ,שיעור׳ (שיר – אַ מאָס, אַ לעקציע) איז שטום אי דער ,ע׳ אי דער ,ו׳. אַ שטייגער: וויפֿל איז דער שיעור? זאָגן דאַרט אַלע פֿרימאָרגן... אַ שיעור גמרא (ממס). דעם דאָזיקן סעמיטישן ,שיעור׳ דאַרף מען ניט פֿלאָנטערן מיטן גערמאַנישן ,שיִער׳ (איך האָב שיִער ניט פֿאַרגעסן, ער האָט שיִער ניט פֿאַר־שפּעטיקט) און מיטן סעמיטישן ,שיר׳ (אַ ליד).

[2] די טעזע, אַז דאָס וואָרט ,חוזק׳ שטאַמט פֿונעם אַלט־הויכדײַטשן hosc, האָבן צווישן אַנדערע פֿאָרמו־לירט האַרקאַווי און ווײַנרײַך (פֿ״גל מאַקס ווײַנרײַך, **געשיכטע פֿון דער ייִדישער שפּראַך**. ניו־יאָרק: ייִדישער וויסנשאַפֿטלעכער אינסטיטוט – ייִוואָ. 4 בענדער, ב׳ 1, ז׳ 314; ב׳ 3, ז׳ 322). די הײַנטיקע פֿאָרשונג פֿרעגט די דאָזיקע טעזע אָפּ (זע Alexander Beider, *The Origins of Yiddish Dialects*. Oxford: Oxford University Press 2016, 47).

גראַפֿיק און אָרטאָגראַפֿיע איידער אינעם איצטיקן אויסלייג – מיט פּרינציפּן, וואָס טיילווײַז האָבן זיי זיך גענומען פֿון דער דײַטשער גראַפֿישער טראַדיציע, אָבער נאָך מער האָבן זיי געשטאַמט פֿון די אייגנטימלעכקייטן פֿונעם העברעיִשן אַלף־בית און העברעיִשן אויסלייג. [48]

אין אַלטייִדישע טעקסטן, דער עיקר פֿון XVI יאָרהונדערט, קומט אָפֿט אויס צו טרעפֿן זיך מיט אַזעלכע גראַפֿישע דערשײַנונגען:

1. ניט נאָר אין סעמיטישע ווערטער, נאָר אויך אין ווערטער פֿונעם גערמאַנישן (און אַנדערן) שטאָף ווערן אָפֿט ניט באַצייכנט די אָדער יענע וואָקאַלן (און דיפֿטאָנגען). אַ שטייגער: מוטר, קינדר, טעכטר, ברודר, לנד, נכט, דר צילט, לפין, קפין, שטרקר א״אַ. (דאָס הייסט: מוטער, קינדער, טעכטער, ברודער, לאַנד, נאַכט, דערציילט, לויפֿן, קויפֿן, שטאַרקער).[1]

2. ,א׳ באַטײַט [אַ, אָ] און אָפֿט אויך [ע].[2] אַ שטייגער:

לאנד	טראכט	גאלד	מארגן	בויאן	נייארט
מאכט	דארף	שטאק	נאן	טרויארט	פיל ארלייא[3]

אַ שטומער ,א׳ (,צירונג־א׳) קומט ניט נאָר אָנהייב וואָרט (זעט ווײַטער), נאָר אין אַ ריי פֿאַלן אויך אין מיטן און סוף וואָרט.[4] אַ שטייגער: וואונדער, פרייאט, שויאט [זעט, קוקט], גרובא, צירונגא, באנקא, ווארבא (פֿאַרב), דיא, זיא, טוא.[5]

3. ,ו׳ באַטײַט ניט נאָר [ו], נאָר אויך [אָ]. אַ שטייגער:

גרוב	טוט	זול	נוך
בלוט	קומן	הוב	אודר[6]

אין אַ ריי ווערטער באַטײַט ,ו׳ דעם דיפֿטאָנג [וי] (זעט 31) און אָפֿט, דער עיקר אָנהייב וואָרט, אויך דעם קאָנסאָנאַנט [פֿ]. אַ שטייגער:

שוס	טוט	ורוכט	ור זוכט
קרון	נוט	ואלט	ור טראגן[7]

אָנמערקונג ,ו׳ באַטײַט אַ מאָל אויך [יי]. אַ שטייגער: שונהייט (אַנשל). [49]

[1] [1] אַ שטייגער: זי [זיי] האָבן דר צילט (שערטל); איטליכר זול [זאָל] קומן צו לפין ור [פֿאַר] זיך אונ׳ זיין קינדר דז [דאָס] ספר [סייפֿער] קפין (שערטל); ער ורייט [פֿרייט] זיך אז [אַלס, ווי] איין שטרקר (על.ב.).

[2] [2] מיטן וואָרט ,באַטײַט׳ ווערט דאָ כּסדר געמיינט דער אָדער יענער קלאַנג און צייכן פֿון אונדזער איצטיקן ליטעראַרישן ייִדיש.

[3] [3] אַ שטייגער: מיין ורייגד [פֿרײַנד]... האט גיבאטן אונז צו בויאן (שערטל); ער טרויארט אויף זיינן זון פיל טעג (וויצנה.); נייארט איך וערד [וועל] נידירן טרויאריג צו מיינעם זון (וויצנה.); אונ׳ זיא שיקטן דען ראק [ראָק] פון פיל ארלייא [פֿילערליי] פארבן (וויצנה.).

[4] [4] אינעם „ספֿר־מידות“ ([סייפֿער מידויס], דערשינען אין איסני, 1542), ווו עס ווערן געגעבן אייניקע כּללים וועגן ייִדישן אויסלייג, ווערט וועגן דעם דאָזיקן ,א׳ אַזוי געזאָגט: אונ׳ דש אלף זוא עז הינדן שטעט [שטייט]... טוט עז ניקש [גאָרנישט] דען עש מאכט דער גישריפט איין צירונגא.

[5] [5] אַ שטייגער: ער פרייאט זיך גלייך אז וויא איין שטארקר העלד (וויצנה.); גיט אויש [גייט אַרויס] אונ׳ שויאט, איר טעכטיר (בליץ); איין גרובא ער גראבט (על.ב.); ער פאלט אין דיא גרוב (וויצנה.); ער האט זיא אויש גיגראבן (וויצנה.); אונ׳ איך טוא ברומן (שערטל).

[6] [6] אַ שטייגער: ער זול גיוועלטיגן (שערטל); דו הושט (האָסט) גיאגט נוך מיר (שערטל); איך וויל טון אודר איך וויל מאכין (שערטל).

[7] [7] אַ שטייגער: אונ׳ אירן טוטן זון האט זיא גיליגט אין מיינין שוס (וויצנה.); זעכט [זעט] דען קיניג...

4. ,וי׳ באַטייַט ניט נאָר [וי], נאָר אָפֿט אויך [י, ע, יי]. אַ שטייגער:

הויז	קויניגן	קוינן	בויז
קויפּן	ולויגיל	ורוימדר	ורויליך[1]

אָנמערקונג ,וי׳ באַטייַט אַ מאָל אויך [ו]. אַ שטייגער: קער אבא [אָפּ] פון בויז אונ׳ טוא גוט זויך וריד [זוך פרידן] (על.ב.).

5. ,ווי׳ באַטייַט [ייַ] און אַ מאָל [יי] אָדער [וי]. אַ שטייגער:

לוייט	גילוייטרט	ורוייאן (פֿרייען)
טוייטש	ורויינטליך	מוייארן (מויערן)[2]

6. ,י׳ באַטייַט ניט נאָר דעם וואָקאַל [י] און דעם קאָנסאָנאַנט [י] (זעט ז׳ 46), נאָר אָפֿט אויך דעם דיפֿטאָנג ,יי׳ און דעם אַזוי גערופֿענעם אומבאַשטימטן וואָקאַל – אַ וואָקאַל, וואָס ווערט ניט באַטאָנט און וואָס איז נאָענט צו ,י׳ אָדער צו ,ע׳. אַ שטייגער:

שטיא (שטיי)	ברודיר	ביגעגנין
מין (מיין – מער)	טעכטיר	גיגאנגין
אי (איי – איידער)	ברונין	גילושטיגר[3]

אָנמערקונג ,י׳ באַטייַט אַ מאָל אויך אַ באַטאָנטן [ע]. אַ שטייגער: זיא האבן אירן מונט [מונד = מויל] קיגן מיך אויף גישפערט [אויפֿגעשפּאַרט = אויפֿגעעפֿנט] (וויצנה.).

7. ,יי׳ באַטייַט אי [יי] אי [ייַ]. אַ שטייגער:

גיין	לייד	אייני	מיינם	דרייא	לייבא
קיין	נייג	צווייא	דיינם	זייא	ורײנט[4]

מיט דער קרון (וויצנה.); דאש זעלביג האט אונז גיבראכט אין גרושי נוט („מגילת ווינץ“); ער ואלט אין דיא גרובא (על.ב.); דו הושט ור זוכט (פֿאַרזוכט = געפּרוּווט) מיין הערץ (על.ב.); איך הוב ור טראגן (שערטל).

[1] [1] אַ שטייגער: ער ווערט קויניגן (על.ב.); ווער געב מיר ולויגיל [פֿליגל] אז איין טויב זא וואלט איך פליהן (על.ב.); זיין חברים ניקש קוינן לערנן (,ס.מ.׳)*; ער זול אבער... ורוימדר [פֿרעמדער] געלט ניט ליבא הון [האן = האבן] (,ס.מ.׳); הויט [היט] דיין צונג פֿון בויז (על.ב.); אונ זיא ווערן ורויליכן (על.ב.).

* דער דאָזיקער און די ווייַטערדיקע בייַשפּילן פֿונים „ספֿר־מידות“ זייַנען גענומען פֿון די אויסצוגן, וואָס ווערן געבראַכט אין מ. גידעמאַנס **אידישע קולטור־געשיכטע אין מיטלאַלטער**, בערלין, 1922, ז׳ 148 און ווייַטער.

[2] [2] אַ שטייגער: די לוייט... נעמן... עס ור גוט אויף (,ס.מ.׳); דו הושט גילוייטרט מיך (על.ב.); איינר זול זיין חבר... ורויינטליך שטרופן (,ס.מ.׳); ווען עש דיינם ויינדא [פֿייַנט] אויבל גיט [איבל (שלעכט) גייט] זו זאלשטו דיך עש ניט ורוייאן דאש איז איין בויזי שמחה (,ס.מ.׳); דו הושט צו בראכן אל זיין מוייארן (שערטל).

[3] [3] אַ שטייגער: איך שטיא היא בייא דעם וואשיר [וואַסער] ברונין (בליץ); ער ווערט ביגעגנין דיך (שערטל); זיא זיינן גילושטיגר מין ווערר [איידער] גאלד (וויצנה.). זעט אויך די פֿריִערדיקע בייַשפּילן.

[4] [4] אַ שטייגער: איך ווער [וועל] מיט לייד נידרין אין דיא גרוב צו מיינם זון [בליץ]; גיא [גיי] צו דיר מיין ורײנט (שערטל); זיא ביהעפט זיך צו דער ערדן מיין לייבא (על.ב.).

8. ‚ב׳ מיט אַ פֿאַסיקל פֿון אויבן – און אַ מאָל אויך אָן – באַטײַט אַ [וו] און אָפֿט אויך אַ [פֿ]. אַ שטייגער: אובנט, גיפֿריבט; בון, בוינף (פֿינף), גיבונדן (געפֿונען).[1] [50]

9. ‚ז׳ באַטײַט ניט נאָר [ז], נאָר אָפֿט אויך [ס]. אַ שטייגער: עז, דאָז – דז (דאָס), אויז.[2]

10. ‚כ׳ פֿאַר ‚ס׳ (פֿאַר ‚ש׳) באַטײַט אַ מאָל אויך [ק]. אַ שטייגער: וואכסן (אָפֿט אויך: וואכשן), ווערכסלען, אוכש (אָקס).[3]

11. ‚ש׳ באַטײַט ניט נאָר [ש], נאָר אָפֿט אויך [ס]. אַ שטייגער: האשט, טושט, אויש, דאש – דש (דאָס), עש, טרוישטן, דינשט.[4]

אָנמערקונג אָפֿט מאָל קומט אין אַלטייִדישע טעקסטן אַ ‚ש׳ אויך אין די פֿאַלן, ווו איצט וואָלטן מיר דאָרט געהאַט אַ ‚ז׳ (אָדער ‚דז׳). אַ שטייגער: דו מושט ווידר קערן (שערטל); עש איז קיין פרעמדיר מיט אונש אין דעם הויז (וויצנה.).

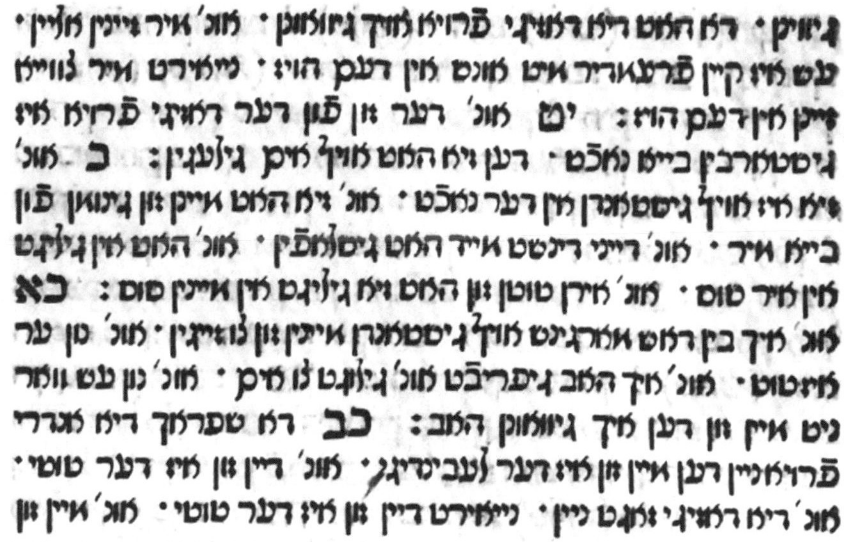

אַ פֿראַגמענט פֿון יויזל (יוסף) וויצנהויזנס תּנך־איבערזעצונג, אַמסטערדאַם, 1679 (פֿון **מלכים**, א, ג). [51]
[זע אויך ז׳ cxviii.]

אויף אַזאַ אופֿן זעען מיר, אַז די וויכטיקסטע אייגנטימלעכקייט פֿון דער אַלטייִדישער גראַפֿיק איז דאָס, ערשטנס, וואָס עס ווערן אין איר אָפֿט ניט באַצייכנט די אָדער יענע וואָקאַלן (און דיפֿטאָנגען), און, צווייטנס, וואָס אַ רייז אותיות באַטײַטן אָפֿט גאָר עפּעס אַנדערש ווי איצט. דהײַנו:

[1] [5] אַ שטייגער: אובנט אונ׳ מורגן אונ׳ מיטג איך ריד אונ׳ איך ברום (על.ב.); דוא האשט מיין הערץ גיפֿריבט (וויצנה.); בון קנאה [קינאה] קומט דש איינר קריגט מיט דען לוייטן (‚ס.מ.׳); ויר אודר בוינף בעלי בתים (‚ס.מ.׳); דוא האשט גיבונדן (על.ב.). [2] [1] אַ שטייגער: איך האָב עז ואר מיך אונ׳ מייני קינדר לוסן דרוקין (שערטל); איך ווער דאז ספר קיינים שענקין (שערטל); גיבט איר דז לעבידיגי קינד (בליץ); אונ ער איז אז איין חתן דער דא גיט [גייט] אויז פונ זיינר חופה (על.ב.). [3] [2] אַ שטייגער: אונ׳ זי וואוכסן [זיי זײַנען געוואַקסן] (אַנשל); דו הושט טון ור ווערכסלן [האָסט פֿאַרוועקסלט = געענדערט, געביטן] (אַנשל).

דאָס אות	באַטײַט (מערסטנס)	בײַשפּילן
א	אַ, אָ, ע, שטום	לאנד; גאלד; בויאן; וואונדער; גרובא; דיא
ו	ו, אָ, וי, פֿ	גרוב; אודר, צורן; קרון; ורוכט, ואלט
וי	וי, י, ע, יי, ו	הויז; קויניגן; קוינן; בויז, ורויד; זויך
ויי	ײַ, יי, וי	לוייט, טוייטש, ורוייננטליך; ורוייאן; מוייארן
י	י, יי, אומבאַשטימט	מיר; יאר; שטיא; טעכטיר, גיגאנגין, קיגן
יי	יי, ײַ	אייני, צווייא; דרייא, דיין, ורייינט
ב	וו, פֿ	גיפּריבט, אובנט; בון, בויל, גיבונדן
ז	ז, ס	זיין, זיא; עז, דאז (דז), אויז
כ	כ, ק	טעכטר, טראכט; וואכסן, אוכש
ש	ש, ס, ז	שענק; האשט, דאש (דש), דינשט; מושט (מוזסט)

54 אָט דער דאָזיקער אויסלייג איז אי פֿאַקטיש אי טעאָרעטיש געווען אײַנגעשטעלט און פֿאָרמולירט אין XVI יאָרהונדערט. אייניקע כּללים פֿונעם דאָזיקן אויסלייג זײַנען געווען גילטיק כּמעט בלויז אין XVI יאָרהונדערט. אַ שטייגער דעם שטומען ,א׳ סוף וואָרט נאָך אַ קאָנסאָנאַנט טרעפֿט מען אין די טעקסטן פֿון XVII יאָרהונדערט שוין זייער זעלטן. אָבער בכלל האָט מען זיך בײַם גרעסטן טייל פֿון די דאָזיקע כּללים געהאַלטן אויך אין XVII און אָפֿט אַפֿילו אין XVIII יאָרהונדערט. און אייניקע פֿון זיי זײַנען גילטיק נאָך אויך איצט, אַפֿילו אין אונדזער אויסלייג, ווי אַ שטייגער דער שטומער ,א׳ אָנהייב וואָרט.

55 בײַם דאָזיקן אויסלייג האָבן זיך בכלל געהאַלטן אַלע אַלטייִדישע פֿאַרלאַגן. אָבער קיין פֿולע איינהייטלעכקייט, ווי דאָס איז צו זען פֿון אַ ריי פֿאָריקע בײַשפּילן, איז אינעם אַלטייִדישן אויסלייג ניט געווען און האָט, פֿאַרשטייט זיך, ניט געקאָנט זײַן. דערפֿאַר, ווײַל קיין פֿולע איינהייטלעכקייט איז ניט געווען אויך אינעם דײַטשן אויסלייג פֿון יענער צײַט. אַפֿילו אַזאַ דערשײַנונג ווי ניט־באַצייכענען אין אייניקע פֿאַלן קיין וואָקאַלן האָט מען געקאָנט טרעפֿן אויך אין דעם דאַמאָלסטיקן דײַטש. אויך דערפֿאַר, ווײַל די ייִדישע אַווטאָרן און פֿאַרלאַגן פֿון יענע יאָרן האָבן זיך אָפֿט געוואַקלט צווישן צוויי פֿאַרשיידענע אויסלייג־פּרינציפּן. טייל מאָל האָט אויף זיי געווירקט די אַרומיקע ליטעראַרישע טראַדיציע, דאָס דײַטשע געשריבענע וואָרט, און זיי האָבן אין זייער אויסלייג זיך אָריענטירט אויף דײַטש. טייל מאָל אָבער האָט אויף זיי געווירקט דאָס גערעדטע וואָרט, מיט אַלע זײַנע פֿאָנעטישע אייגנטימלעכקייטן און וואַריאַציעס – סײַ גערמאַניש־דיאַלעקטאַלע און סײַ ספּעציעל ייִדישע. און לסוף דערפֿאַר, ווײַל דער ייִדישער אַלף־בית, וואָס איז אורשפּרינגלעך אַנטשטאַנען צוליב אַ סעמיטישער שפּראַך, מיט איר קלאַנגען־סיסטעם און מיט אירע פּרינציפּן פֿון אויסלייג, האָט ניט שטענדיק אונטערגעזאָגט ווי צו באַצייכענען אייניקע קלאַנגען פֿון דער ייִדישער שפּראַך, און דאָס האָט געמוזט ברענגען צו גראַפֿישע זוכענישן און עקספּערימענטן און צו אָרטאָגראַפֿישער ניט־שטאַנדהאַפֿטיקייט.

אָנמערקונג אַ געוויסע פֿאַרשיידנקייט אינעם אויסלייג האָט, נאַטירלעך, געשטאַמט אויך פֿון דער אָדער יענער סטרוקטורישער (און במילא קלאַנגלעכער) עוואָלוציע פֿון אַ ריי ווערטער. פֿאַרגלײַכט אַ שטייגער: האפונג (אַנשל) – הופונג, הופנוג (על.ב.) – הופנונג (שערטל) – האפונונג (בליץ) – הופינונג (וויצנה.).

מחמת די אַלע טעמים טרעפֿן מיר אין אַלטייִדישן אויסלייג און טיילווײַז אויך שפּעטער – זייער פֿיל דובלירנדיקע שרײַבונגען. אַ שטייגער: הט – האט – הוט (האָט); הערץ – הארץ; קפין – קאפין – קויפן;

קרון – קרוין; קויניג – קיניג; שלייאיר – שלייער; טרושטן – [52] טרוישטן – טרישטן (טרייסטן); יונק – יונג; אויגן פליק – אויגן בליק; ורײנד – ורײנט – פריינד – פריינט; איידן – איידום – איידם – איידים; פפלעקט – פפלעגט – פלעגט; גירעט – גירעד – גירעדט; דז – דאז – דש – דאש; נויירט – נויערט – נייעריט – נייאירט – נייארט – נייערט; אאַ״וו.

אַזעלכע פֿאַרשיידענע אויסלייג־פֿאָרמעס טרעפֿט מען מערסטנס בײַ פֿאַרשיידענע שרײַבער. פֿאַרגלײַכט אַ שטייגער:

1. איר ור שעמט (על.ב.) – איר פאר שעמט (וויצנה.).
2. גיא... מיין ורײנט (שערטל) – גיא מיין פריינד (וויצנה.).
3. הושט טון ור וועכסלן (אַנשל) – האשט פאר וועקסילט (וויצנה.).

אָפֿט אָבער טרעפֿט מען אַ פֿאַרשיידענעם אויסלייג בײַ איינעם און דעם זעלבן אַווטאָר. אַ שטייגער בײַ אַנשלען: שרייבר – שרייבער; הט – האט; שוועהר – שווער;[1] פפלנצונג – פלנצונג; פולק – פאלק (פֿאָלק); וויין שטוק – וויין שטאק; צורן – צארן; אפיל – איפל (עפּל); פויאר – פייער (פֿײַער); בוגיל – פויגל; ורויד – ורייד – פרייד; ורייא – פרייא (פֿרײַ); וארכטן – פארכטן (פֿאָרכטן = מורא האָבן); גיגעשין – גיגעסן; הושט – הוסט; ווכסן – ווקסן; און פֿיל אַנדערע. און אַזוי איז עס געווײנטלעך מיטן דובלירן אין שרײַבן בײַ אַלע אַלטייִדישע אַווטאָרן.

אָנמערקונג די דאָזיקע דובלירנדיקע שרײַבונגען, וואָס טייל מאָל שטימען זיי מיט דער טראַדיציע פֿון דער דאַמאָלסטיקער אָרטאָגראַפֿיע און טייל מאָל מיט אונדזער הײַנטיקער אויסשפּראַך, לאָזן אונדז צו הערן, אַז שוין אין XVI יאָרהונדערט (און אפֿשר נאָך פֿריִער?) האָבן זיך שוין גאַנץ דײַטלעך געהאַט אָנגעמערקט אַ ריי דערשײַנונגען פֿון אונדזער איצטיקער ליטעראַרישער אויסשפּראַך און אָרטאָגראַפֿיע.

56 נאָך מער ניט איינהייטלעך איז דער ייִדישער אויסלייג געוואָרן אין XVIII און באַזונדערש אין XIX יאָרהונדערט. די אַלץ מער פֿאַרצווײַגטע סטרוקטור פֿון דער ייִדישער געזעלשאַפֿט, באַזונדערש אין XIX יאָרהונדערט, האָט די אַנטוויקלונג פֿון דער ייִדישער שפּראַך און איר אָרטאָגראַפֿיע געשטויסן אָפֿט אין פֿאַרשיידענע ריכטונגען – צו קאָנסערוואַציע אָדער צו רעפֿאָרם, נעענטער צו דײַטש אָדער נעענטער צו ייִדיש, מער צו פֿאָנעטישקייט אָדער מער צו מאָרפֿאָלאָגישקייט, צו אַ גרעסערער דיאַלעקטאַלקייט אָדער צו אַ גרעסערער אינטערדיאַלעקטאַלקייט אאַ״וו. דערבײַ איז די אַנטוויקלונג פֿון דער אָרטאָגראַפֿיע, ווי פֿון דער שפּראַך בכלל, אָפֿט געגאַנגען אין אַ זיגזאַגאַרטיקן וועג.[2] אין אַ ריי פֿאַלן איז דער אויסלייג פֿון עלטערע דאָקומענטן (ווערק) נעענטער צו אונדזער איצטיקער אָרטאָגראַפֿיע איידער דער אויסלייג פֿון נײַערע דאָקומענטן. פֿאַרגלײַכט אַ שטייגער פֿאָלגנדיקע אויסצוגן:

1. דער שיסער האט אונז גפירט נאך דיא ביינר האט ער גיזאגט וויא ער האט דעם מת [מעס] גיפונן איז נאך דאש פנים [דאָס פּאָנעם] גאנץ גיוועזין און איך האב אים דער קענט אן פנים אז דאש איז דער בריסקר קרעמר וואש [וואָס] איז בייא אונז גיוועז.[3]
2. דא וועלן מיר שרייבן דען בריב וואש (המן הרשע) האט אויש גשיקט צו אלי הערציגן אונ גראַבן [גראַפֿן] און פירשטן די וואש זיין גיזעצט גוועזין איבר די לענדר פון קיניג אחשורש [אַכאַשווייִרעש]. אונ מיט דען (חותם) פון מלך פר (חתמנת).[4]

1 [1] איןביידע פֿאַלן גייט דאָ בײַ אַנשלען אַ רייד וועגן העברעיִשן ,חם׳.

2 [2] זעט נ. שטיפּס אַרטיקל „צו דער היסטאָרישער אַנטוויקלונג פֿון ייִדישן אויסלייג“ אינעם זשורנאַל **די ייִדישע שפּראַך**, 1928, 1–2, (8–9).

3 [3] פֿון אַן עדות־זאָגן אין 1756 יאָר, פֿאַרעפֿנטלעכט אינעם ספֿר „גבעת שאול“ [גיוואַס שאָול], דערשינען אין זשאָלקעוו, 1774.

4 [4] פֿונעם ספֿר **מצח אהרן** [מייצאַך אַהאַרוין], דערשינען אין נאָווי־דוואָר, 1797.

3. ער איז ארויס אונטער די וואנדטליך [וועגנטלער] אונ איז צוריק געקוממען מיט אָבגעגאָססענע האנד; זי דערלאַנגט איהם אַ האנדטוך. אויפֿ׳ן עק פֿון טישעל שטעהט שוין גרייט אַ „מוציא׳ מיט זאלץ און דאָס אפערגענומענע יאכיל (ייַיכל).[1] [53]

די ניט־איינהייטלעכקייט אין דער אָרטאָגראַפֿיע ציט זיך נאָך ביז היַינטיקן טאָג. אָבער צווישן דער איצטיקער ניט־איינהייטלעכקייט און דער פֿריִערדיקער, באַזונדערש דער אַלטייִדישער, איז פֿאַראַן אַ וועזנטלעכער אונטערשייד. אין אַלטייִדיש האָט מען זייער פֿיל דובלירנדיקע שרײַבונגען געקאָנט טרעפֿן אין איינעם און דעם זעלבן ווערק, דאַן ווען איצט קאָן מען זיי געוויינטלעך טרעפֿן אין פֿאַרשיידענע ווערק פֿון פֿאַרשיידענע פֿאַרלאַגן. יעדער פֿאַרלאַג, באַזונדערש גענומען, האָט זיך איצט געוויינטלעך אַ מער אָדער ווייניקער אויסגעהאַלטענע אויסלייג־סיסטעם פֿאַר אַלע זײַנע דרוקזאַכן.

57 פֿון די פֿאַרשיידענע אויסלייג־סיסטעמען, וואָס זײַנען פֿאַראַן אינעם איצטיקן ייִדיש פֿון גאָר דער וועלט, דאַרף מען אויסטיילן פֿאָלגנדיקע צוויי: 1. די אַלטע אויסלייג־סיסטעם – אין אירע פֿאַרשיידענע וואַריאַציעס; 2. אונדזער סיסטעם – די סאָוועטישע. אַלע איבעריקע, דערין אויך דער אויסלייג פֿונעם ווילנער וויסנשאַפֿטלעכן אינסטיטוט, זײַנען אין אייניקע הינזיכטן נעענטער צו דער אַלטער אָרטאָגראַפֿיע און אין אַנדערע הינזיכטן – צו דער סאָוועטישער.

דעם חילוק צווישן די דאָזיקע צוויי אָרטאָגראַפֿיעס קאָן מען אַמבולטסטן זען פֿון פֿאָלגנדיקן פֿאַרגלײַך:

אַלטער אויסלייג

די איינוואוינער אליין אין טונעיאדעווקע זענען, נעבעך, כמעט אלע, לא עליכם, גרויסע אביונים, שטארקע דלפנים, נאָר דעם אמת מוז מען זאָגען, זיי זענען פרעהליכע אביונים, לוסטיגע קבצנים, ווילדע בעלי־בטחון׳ס. אז מען זאָל, אשטייגער, פלוצלים א פרעג געבען א טונעיאדעווקער יודען: פון וואנען און ווי אזוי ער איז זיך מפרנס? בלייבט ער תחילת שטעהן ווי צומישט, ווייסט, נעבעך, נישט וואָס צו ענטפֿערן, נאָר שפּעטער א ביסעל אָבער קומט ער צו זיך און ענטפערט בתמימות: – איך, ווי ארום איך לעב, איך? עט... (ממס.).[2]

סאָוועטישער אויסלייג

די אײַנוווינער אליינ אינ טונעיאדעווקע זענענ, נעבעכ, קימאט אלע, לוי־אלייכעמ, גרויסע עוויוינימ, שטארקע דאלפאָנימ, נאָר דעמ עמעס מוז מענ זאָגנ, זיי זענענ פריילעכע עוויוינימ, לוסטיקע קאפּצאָנימ, ווילדע באלעביטאָכנס. אז מע זאָל, אשטייגער, פּלוצלעמ א פרעג געבנ א טונעיאדעווקער ייִדנ: פונוואנענ אונ וויִאזוי ער איז זיכ מעפּארנעס? בלײַבט ער טכילעס שטיינ ווי צעמישט, ווייסט, נעבעכ, נישט וואָס צו ענטפערנ, נאָר שפּעטער א ביסל אָבער קומט ער צו זיכ אונ ענטפערט ביטמימעס: – איכ, ווי ארומ איכ לעב, איכ? עט... (ממס.).

[1] [5] פֿון פּרצעס „אין קעלערשטוב״. דאָ איז ציטירט פֿונעם באַנד **שריפטען**, דערשינען אין פּעטערבורג, 1903. אינעם אָריגינאַל זײַנען אונטערן אַלף פֿאַראַן פֿאַרשיידענע נקודות – פּתח, קמץ, סגול א״אַ.

[2] [1] פֿון **אַלע ווערק פֿון מענדעלע מוכר ספרים**, ב׳ X, וואַרשע.

58 די וויכטיקסטע מאָמענטן, וואָס מיט זיי שיידט זיך דער סאָוועטישער אויסלייג אונטער פֿונעם אַלטן, זײַנען פֿאָלגנדיקע:

1. די סעמיטיזמען זײַנען אינעם סאָוועטישן ייִדיש ‚נאַטוראַליזירט‘ – ווערן אויסגע־לייגט אויפֿן זעלבן אופֿן ווי אַלע אַנדערע ייִדישע ווערטער.

אָנמערקונג דאָ גייט אַ רייד וועגן די פֿאַרייִדישטע סעמיטיזמען. ניט קיין פֿאַר־ייִדישטע סעמיטיזמען, וואָס ווערן אַ מאָל געבראַכט אַלס ציטאַטן (פּסוקים און אַנדערע), ווערן געוויינטלעך אויסגעלייגט אויפֿן אַלטן שטייגער, ווי אין די סעמיטישע קוועלן. [54]

2. עס איז געענדערט דער אויסלייג פֿון אַ ריי ווערטער און וואָרטטיילן. אַ שטייגער אַנשטאָט ‚מענש, ווינש; האַלז, גאַנז; פענסטער, פינסטער; בעדעקן, ענטדעקן, פערדעקן; גליקליך, פֿריילין; זאַמדיג, בלוטיג; רייניג‘ און פֿיל אַנדערע – שרײַבט מען: מענטש, ווינטש; האַלדז, גאַנדז; פענצטער, פינצטער; באַדעקן, אַנטדעקן, פֿאַרדעקן; גליקלעך, פֿריילעך; זאַמדיק, בלוטיק, ריייניק אאַ״וו. (זעט אויך די קאַפּיטלען 13 און 14).

3. קיין שטומע אותיות (א, ע, ה) ווערן בדרך־כּלל ניט געברויכט. סײַדן נאָר אין אייני־קע פֿאַלן אָנהייב וואָרט (זעט ווײַטער).

4. די שלאָס־אותיות (ך, ם, ן, ף, ץ) און די אותיות ‚ח, תּ, ת‘ ווערן בכלל ניט געברויכט; ‚יי‘ און ‚ײַ‘, ווי אַ ריי אַנדערע (זעט ווײַטער), זײַנען שטרענג דיפֿערענצירט. דער אַלף־בית באַשטייט אַזוי אַרום פֿון פֿאָלגנדיקע אַכט און צוואַנציק צייכנס:

א	אָ	ב	ג	ד	ה	ו(וּ)	וי	וו	ז	זש	ט	טש	י(יִ)
יי	ײַ	כ	ל	מ	נ	ס	ע	פּ	פֿ	צ	ק	ר	ש

אָנמערקונג קלאַנגען זײַנען געווען אָנגעוויזן ניט קיין אַכט און צוואַנציק, נאָר נײַן און צוואַנ־ציק (זעט ז׳ 46), ווײַל אַ ‚י‘ באַצייכנט צוויי פֿאַרשיידענע קלאַנגען – אַ וואָקאַל ‚י‘ (טיש, שיך, מיך) און אַ קאָנסאָנאַנט ‚י‘ (ים, יאָדער, יוגנט).

9 די באַצייכענונג פֿון די קלאַנגען

59 אַן ‚א‘ קומט אין צוויי פֿאַלן: 1. צו באַצייכענען אַזאַ וואָקאַל ווי אין די ווערטער ‚וואש, לאכ, מאכט‘...; 2. אין אָנהייב וואָרט, פֿאַר די וואָקאַלן ‚ו‘ און ‚י‘ און פֿאַר די דיפֿטאָנגען (וי, יי, ײַ). אַ שטייגער: איר און אײַערע אייגענע אויכ.

אין אַזאַ פֿאַל ווי אינעם צווייטן, ווען דער ‚א‘ באַצייכנט קיין קלאַנג ניט, הייסט ער שטומער ‚א‘.

די ווערטער ‚ייִד, ייִנגל, ייִנגער,[1] ייִטער [ייִתּור],[2] ייִכעס [ייִחוס], ייִשעוו [ייִשובֿ], ייִעש [ייִאוש],[3] ייִצכאָק [יצחק], ייִסראָעל [ישׂראל], ייִרמיע [ירמיהו]‘ און נאָך אייניקע, ווי אויך די פֿון זיי געבילדעטע

1 [1] ער איז ייִנגער פֿון מיר. אָבער: אַ יונגער באָכער [בחור].
2 [2] רעשטלעך, שטיקלעך פֿון געניי.
3 [3] ייִאוש – אַנטוישונג, פֿאַרצווייפֿלונג.

ווערטער (ייִדיש, ייִשוּווניק [ייִשובֿניק] אָדער ייִשעווניק אאַ״וו) – שרײַבט מען אָן אַ שטומען א׳, נאָר מיט אַ יוד פֿאַר י׳. דאָס זײַנען אַלץ ווערטער, וואָס פֿאַרן וואָקאַל י׳ קומט בײַ זיי אַ קאָנסאָנאַנט י׳ – דער זעלבער קאָנסאָנאַנט, וואָס אין די ווערטער יאַם [ים], יאָדער, יונג, יענטע׳ און אַנדערע.[1] אַזוי אויך דאַרף מען אָן אַ שטומען א׳ שרײַבן די ווערטער יעסורימ [ייִסורים], יעסוימימ [יתומים], יעסוידעס [יסודות], יערושע [ירושה], יערושאָלאַיִמ [ירושלים], יאַריד [יריד], יעשיִע [ישועה]׳ און נאָך אייניקע. [55]

אין מיטן וואָרט דאַרף בכלל קיין שטומער א׳ ניט זײַן. אַ שטייגער: ווּו, פּרוּוו, צוווּקס, פּאַרטייִיש, באײַנפלוסן, צווײַלנ [צוואײַלן] אאַ״וו.[2] אָבער ער דאַרף יאָ זײַן:

1 נאָכן צייכן אַפּאָסטראָף: מ׳איז, ס׳איז, ס׳אינטערעסירט...;

2 נאָך אַ בינדצייכן: שלאָג־אופגאבע [שלאָג־אויפֿגאַבע], מעטאַל־אינדוסטריע...;

3 בײַ אַזעלכע ווערטער ווי אאודיטאָריע [אוידיטאָריע], אאודיִענצ [אוידיענץ], אאול [אַוּל], אאוקציִאָנ [אויקציאָן] און אַנדערע מיט אַזאַ אָנהייב. וואָרן ווען מע זאָל אַזעלכע ווערטער שרײַבן אָנעם שטומען א׳, וואָלט מען זיי פֿאַלש געלייענט (אודיטאָריע...).

60 מע דאַרף אונטערשיידן אַן אָ׳ פֿון אַן א׳.[3] אין אַלע פֿאַלן, ווען מע שרײַבט אַ וואָרט מיט אַ וואָקאַל, וואָס ווערט אין דער ליטעראַרישער שפּראַך אַרויסגערעדט אַלס [אָ], מוז מען עס באַצייכענען מיט אַ קמץ אונטערן א׳. אַ שטייגער: באָלשעוויק, קאָלאָסאַל, עקאָנאָמיע, פּראָפּאגאנדע, אגיטאטאָר אאַ״וו. אָבער אין אַזעלכע ווערטער ווי אלט, קאלט, וואלד, נאס, גאס׳ און אַנדערע דאַרף מען דעם וואָקאַל באַצייכענען בלויז מיט אַן א׳, אָן יעדן צייכן אונטערן א׳.

61 אַ יוד באַצייכנט צוויי פֿאַרשיידענע קלאַנגען: 1. אַזאַ וואָקאַל ווי אין די ווערטער איר, מיר, דיר, גרינ, גרינג...׳; 2. אַזאַ קאָנסאָנאַנט ווי דער ערשטער קלאַנג אין די ווער־טער יאמ [ים], יאָסל, יונג, ייִנגל, יענטע׳...

דער וואָקאַל י׳ ווערט געוויינטלעך באַצייכנט מיט אַ יוד אָן אַ פּינטל. אַ שטייגער: פליִ, פיל, שטיל. מיט אַ פּינטל ווערט ער באַצייכנט, ווען ער געפֿינט זיך: 1. לעבן אַ יוד אַ קאָנסאָנאַנט. אַ שטייגער: ייִד, ייִדיש, ייִנגל, ייִכעס [ייִחוס], ייִשעוו [ייִשובֿ], לערנייִנגל אאַ״וו; 2. לעבן אַ וואָקאַל אָדער אַ דיפֿטאָנג. אַ שטייגער: מאיִס, אוויִאציע, לעגיִאָנ, טנאָיִמ [תּנאָים], געשריִענ,[4] קיִעוו, יעדיִע [ידיעה], אייראָפּעיִש, אָפּיִומ, באציִונג, רויִק, טוייִק, בלוייִנקע, פּאַרטייִיש, נײַיִנקע...

ווען צוויי וואָקאַלן [י] געפֿינען זיך איינע לעבן די אַנדערע, דאַרפֿן זיי ביידע זײַן געפּינטלט. אַ שטייגער: פּריִיִקע, עקספּראָפּריִירנ, וואריִירנ, נעוויִיִמ [נבֿיאים], נעוויִיִש [נבֿיאיש].

אַ יוד, וואָס איז פֿאַר אַן ע׳ סוף וואָרט, ווערט בכלל ניט געפּינטלט. אַ שטייגער:

[1] [4] אָבער: אידעע, אידעאַל, אידעאָלאָגיע אאַ״וו.

[2] [1] ביז די לעצטע יאָרן האָט מען די דאָזיקע ווערטער און פֿיל אַנדערע געשריבן מיט אַ שטומען א׳ (וואו, רואיק...), און אַזוי שרײַבט מען זיי אויך נאָך איצט אין אַ ריי אויסלענדישע אויסגאַבעס.

[3] אין סאָוועטישן אויסלייג באַצייכנט א׳ דעם קלאַנג [אַ].

[4] [2] ער האָט שטאַרק געשריִען. אָבער: עס הערן זיך געשרייען.

אריסטאָקראַטיע, ביוראָקראַטיע, בורזשואַזיע, סטאַנציע און אַנדערע. ווען אָבער דער יוד ווערט אַקצענטירט און ווערט קלאָר אַרויסגערעדט ווי אַ וואָקאַל, דאַרף מען אים פּינטלען. אַ שטייגער: יעדיִע [ידיעה], נעסיִע [נסיעה], זריִע [זריעה], פּניִע [פּניה], מעניִע [מניעה], מאַליאַריִע [מאַלאַריע] און אַזוי ווײַטער.

די פֿאַרווייכערונג פֿון אַ קאָנסאָנאַנט (זעט די אָנמערקונג 3 אויף ז׳ 48) ווערט אָפֿט באַצייכנט מיט אַ ,י׳, אויב נאָכן פֿאַרווייכערטן קאָנסאָנאַנט איז דאָ אַ וואָקאַל ,אַ, אָ, ו, ע׳. אַ שטייגער: אָקטיאַבער, רעוואָליוציע, ניאָמע, מעניע. די פֿאַרווייכערונג ווערט אָבער ניט באַצייכנט: 1. פֿאַר אַ קאָנסאָנאַנט. אַ שטייגער: פּאַלטאָ, קולטור, וואַסילקאָוו, רעוואָלווער אאַ״וו; 2. סוף וואָרט. אַ שטייגער: קאַזאַנ, פּעוורואַל, אַפּרעל, יונ, יול אאַ״וו.[1]

די קלאַנגען־גרופּע ,לע׳ אין אינטערנאַציאָנאַלע ווערטער באַצייכנט מען אָן אַ [56] יוד. אַ שטייגער: לעגאַל, עלעמענט, לעקציע, קאָלעגיע, קאָלעקטיוו און אַנדערע (אין אַזעלכע ווערטער איז די אויסשפּראַך פֿונעם ,ל׳ בכלל אַ ביסל האַרטלעכער). אָבער: פּעליעטאָן, פּעליעטאָנען, פּעליעטאָניסט...

קיין יוד דאַרף אויך ניט אויפֿקומען צווישן אַ וואָקאַל און אַן ,ע׳, אַ שטייגער אין אַזעלכע פֿאַלן: קיִעוו, פּליִען, פּריִער, רוען, טאָעס [טעות]... (ניט קייִעוו...).

62 ,ו׳ קומט געוויינטלעך אָן אַ פּינטל. אַ שטייגער: גרופּע, קולטור, קונסט אאַ״וו. מיט אַ פּינטל קומט ער: 1. פֿאַר אַ צווייטן ,ו׳. אַ שטייגער: טווּנג, אינדיווידוּום; 2. לעבן אַ ,וו׳. אַ שטייגער: פּרוּוו, שוואַקס, ווּ, צווּוקס; 3. פֿאַר אַ יוד אַ קאָנסאָנאַנט. אַ שטייגער: בורזשוּי, אוּיעזד, מעכוּיעוו [מחויב], מעקוּיעם [מקוים] ווערן אאַ״וו. אָבער פֿאַר אַ יוד מיט אַ פּינטל דאַרף מען דעם ,ו׳ ניט פּינטלען. אַ שטייגער: רויִק, רויִנירן, עוואַקויִרן אאַ״וו.

63 אַן ,ע׳ פֿאַר ,נג׳ און ,נק׳ באַצייכנט אַ קלאַנג, וואָס ווערט אַרויסגערעדט אַזוי אָדער כּמעט אַזוי ווי דער דיפֿטאָנג ,יי׳. אַ שטייגער:

ענג   הענגען   בענק   שווענקען
שטרענג   ברענגען   שענק   קרענקען

אין אַלע אַנדערע פֿאַלן ווערט דאָס אות ,ע׳ אַרויסגערעדט ווי [ע]. ווי [ע] ווערט דאָס דאָזיקע אות אַרויסגערעדט אויך אין אייניקע ווערטער פֿאַר ,נ׳ און ,ג׳ אָדער ,נ׳ און ,ק׳ – אין ניט קיין גערמאַנישע. אַ שטייגער: בענגאַליע, בענגאַליש, עווענק, עווענקיש אאַ״וו.

אָנמערקונג אַן ,אַ׳ פֿאַר ,נג׳ און ,נק׳ (גאַנג, באַנק) ווערט אין אייניקע קאַנטן אַרויסגערעדט ווי דער דיפֿטאָנג [ײַ], אָבער אין דער ליטעראַרישער שפּראַך ווערט עס אַרויסגערעדט ווי [אַ].

64 די דיפֿטאָנגען פֿון דער ליטעראַרישער שפּראַך, דאָס הייסט די קלאַנגען [אָי, עי, אַי], ווערן כּמעט שטענדיק באַצייכנט אַזוי: ,וי, יי, ײַ׳. אַ שטייגער: בוימ, הויז, אויער; וויינ, שיינ, קעדייי [כּדי]; ווײַנ, שײַנ, קעדײַ [כּדאַי].

[1] [3] אויך פֿאַר אַ בינדצייכן. אַ שטייגער: יונ־אופרופ, יול־געשעענישנ.

אויב נאָך די קלאַנגען [אָי, עי, אַי] איז פֿאַראַן אַ וואָקאַל און מען אַקצענטירט ניט דעם [אָי, עי, אַי], נאָר אַן אַנדער טייל וואָרט, דאַרף מען די דאָזיקע קלאַנגען באַצייכענען מיט ‚אָי, עי, אַי‘. אַ שטייגער:

פּאָיע (פּאָ־יע) מעיאשעוו (מע־יאַשעוו) [מייִשבֿ] ראיאָן (ראַ־יאָן)
פּראָיעקט (פּראָ־יעקט) מעיוכעס (מע־יוכעס) [מיוחס] ראיעל (ראַ־יעל)

אויב קיין וואָקאַל איז נאָך [אָי, עי, אַי] ניט פֿאַראַן אָדער אויב דער אַקצענט קומט אויף די דאָזיקע קלאַנגען, דאַרף מען זיי באַצייכענען ‚וי, יי, ײַ‘. אַ שטייגער: ווינען (ווױ־נען), זייען (זיי־ען), שרײַבן (שרײַ־בן) און אויך, פֿאַרשטייט זיך, אָפּשרײַבן, אויסשרײַבן, שרײַבערײַ אאַ״וו.

אין די ווערטער ‚ראַיאָנסירקאָם, ראַיאָנספּעקטאָר‘[1] און אין אַלע אַנדערע מיט ‚ראַי‘, וואָס איז אַ קירצונג פֿון ‚ראַיאָן‘, דאַרף מען דעם דיפֿטאָנג שרײַבן ניט מיט ‚ײַ‘, נאָר מיט ‚אַי‘.

אָנמערקונג דעם דיפֿטאָנג ‚וי‘ דאַרף מען אַרויסברענגען לערך ווי [אָי] און ניט ווי [ױ]. אַ שטייגער די ווערטער ‚בויך, הויז‘ דאַרף מען זאָגן ניט [בױך, הױז] (ווי מע טוט אין אַ ריי ערטער), נאָר לערך ווי [באָיך, האָיז]. [57]

65 מע דאַרף אונטערשיידן אַן ‚יי‘ און אַן ‚ײַ‘. אין אַלע פֿאַלן, ווען מע שרײַבט אַ וואָרט מיט אַ דיפֿטאָנג, וואָס ווערט אין דער ליטעראַרישער שפּראַך אַרויסגערעדט אַלס אַן [ײַ], מוז מען עס באַצייכענען מיט אַ פּתח (אַ פּאַסיקל אונטן). אַ שטייגער:

גייסט דריי ווײַנ ווייס זייער לייב לייג מיינ נײַנ שיינ
גײַסט דרײַ ווײַנ ווײַס זײַער לײַב לײַג מײַנ נײַנ שײַנ

66 ס'זײַנען פֿאַראַן ווערטער, וואָס דאַרפֿן קומען מיט אַ ‚ה‘, אָבער אין די שפּראַכן, ווו קיין אות פֿאַר אַזאַ קלאַנג איז ניטאָ, אין רוסיש אַ שטייגער, ווערן זיי געשריבן מיט אַ г (ג) אָדער מיט אַ x (כ). אָדער דער קלאַנג [ה] ווערט גאָר ניט אַרויסגעבראַכט. די פֿאַמיליע ‚האַלפּערין‘ אַ שטייגער קומט אָפּט אין אַ רוסישן טעקסט באַצייכנט ווי ‚גאַלפּערין‘, אָדער ‚כאַלפּערין‘, אָדער גאָר ‚אַלפּערין‘. אָבער אין ייִדיש (ווי אין נאָך אַ ריי שפּראַכן) קומען די דאָזיקע ווערטער מיט אַ ‚ה‘. אַ שטייגער: הארמאָניע, האָריזאָנט, העקטאר, היסטאָריע, היסטעריע, האָטעל, הארפּע, הומאָר, טשוהונ א״אַ. מיט אַ ‚ה‘ קומען אויך פֿיל נעמען (און פֿאַמיליעס) פֿון פּערזאָנען און געאָגראַפֿישע פּונקטן, וואָס אין רוסיש ווערן זיי געוויינטלעך באַצייכנט מיט אַ г (ג). אַ שטייגער: האמלעט, היינע, העגעל, האמבורג, האָלאנד.

אָנמערקונג דערפֿון דאַרף מען אָבער ניט דרינגען, אַז אַלע ווערטער, וואָס ווערן אין רוסיש געבראַכט מיט אַ г (ג), מוזן אין ייִדיש קומען מיט אַ ‚ה‘. אַ ריי ווערטער ווערן סײַ אין רוסיש און סײַ אין ייִדיש געבראַכט מיט אַ ‚ג‘. אַ שטייגער: גראמאטיק, געאָגראפיע, ענגעלס, גאָרקי, מאָנגאָליע.

[1] ראַיאָנישער אויספֿירקאָמיטעט, ראַיאָנישער אינספּעקטאָר.

67 די קלאַנגען ,זש (ж), טש (ч), שטש (щ)׳ ווערן באַצייכנט אַזוי, ווי זיי זײַנען דאָ אָנגעשריבן. אַ שטייגער:

זשיטאָמיר	סאַבאָטאַזש	גליטש	טשוהונ	באָרשטש
זשלאָבינ	עטאַזשערקע	פּאַטש	טשײַניק	בלישטשענ
זשורנאַל	בורזשואַזיע	בײַטש	טשעמאָדאַנ	שטשעדרינ[1]

68 ווען אַ ,פּ׳ קומט מיט אַ פּינטל אָדער אָן אַ פּינטל, באַצייכנט ער גאָר פֿאַרשיידענע קלאַנגען. אַ שטייגער:

פּאַס	פּאָר	פּאָטער [פּטור]	פּוטער	פּאָלק	פּרעסנ	פּראָסט
פּאַס	פּאָר	פּאָטער	פּוטער	פּאָלק	פּרעסנ	פּראָסט

דעריבער דאַרף מען אין אַ ,פּ׳ (п) אַלע מאָל שטעלן אַ פּינטל.

69 אַ ריי ווערטער – דער עיקר גריכישע – ווערן אין רוסיש אַרויסגעבראַכט און געשריבן מיט ф [f] און אין ייִדיש – געוויינטלעך מיט ,ט׳. אַ שטייגער: קאַטעדרע, פּאַטאָס, אַפּאָטעאָז, פּיטאַגאָר, סקיט, אַטען א״אַ. אָבער: אַריפֿמעטיק (אַריפמעטיש...), אַריפּמאָמעטער, פּאָמאַ (טאָמאַס), פּיאָדאָר (טעאָדאָר), פּיאָקלאַ, פּעאָדאָסיע. און אַ ריי ווערטער – דער עיקר סעמיטישע – ווערן אין רוסיש אַרויסגעבראַכט און געשריבן מיט ф און אין ייִדיש – מיט [ט] אָדער מיט [58] [ס]. אַ שטייגער: עסטער [אסתּר] (Эсфирь) [ėsfir], יודעס [יהודית] (Юдифь) [judif’], שולאַמיס [שולמית] (Суламифь) [sulamif’]. דאָס זײַנען אַלץ ווערטער, וואָס אין די מערבֿ־אייראָפּעיִשע שפּראַכן (גריכיש, דײַטש, ענגליש, פֿראַנצייזיש א״אַ) קומען זיי מיט th (און אַ מאָל מיט t) און אין העברעיִש מיט ,תּ, ת׳ און וואָס אין רוסיש פֿלעגן זיי ביז 1918 קומען מיט Θ.[2]

70 ווען עס קומט אויס אַריבערצוטראָגן אַ טייל וואָרט אויף אַן אַנדער שורה, קאָן מען עס געוויינטלעך טאָן גאַנץ פֿרײַ. ווען דער טייל וואָרט אַנטהאַלט אַ דיפֿטאָנג אָדער אַ קאָנסאָנאַנט ,וו, זש, טש׳, דאַרף מען אים אַזוי אַריבערטראָגן, אַז דער דיפֿטאָנג און דער קאָנסאָנאַנט זאָלן ניט געשפּאָלטן ווערן. אַ שטייגער: רוי־ביק, שטיי־נער־נע, ברי־ווע־לע, ע־טאַ־זשער־קע אאַ״וו. אַ טייל וואָרט, וואָס באַשטייט פֿון איין אות, דאַרף מען אין קיין פֿאַל ניט אַריבערטראָגן. בכלל דאַרף מען געדענקען, אַז יעדע אַריבערטראָגונג פֿאַרשוועריקט אָפֿט דאָס לייענען, און מע דאַרף צו איר אָנקומען וואָס ווייניקער.

1 מיכאַיִל סאַלטיקאָוו־שטשעדרין – אַ רוסישער מחבר (1826–1889).

2 פֿיטאַ (פֿ״גל θ theta אינעם גריכישן אַלף־בית), אַן אות וואָס אין דער אַלטסלאַווישער שפּראַך האָט עס באַצייכנט דעם קלאַנג [פֿ]. נאָך דער אָקטאָבער־רעוואָלוציע, אַז מע האָט רעפֿאָרמירט דעם רוסישן אַלף־בית, איז פֿיטאַ מבֿוטל געוואָרן; צו באַצייכענען דעם דאָזיקן קלאַנג איז געבליבן בלויז דער אות ф (פֿערט, אינעם הײַנטיקן רוסישן אַלף־בית ווערט ער גערופֿן „עף״).

10 טראַף. אַקצענט

71 ווערטער באַשטייען פֿון קלאַנגען, אָבער ריידן רעדט מען זיי אַרויס ניט קלאַנגענווײַז. אַ שטייגער דאָס וואָרט ‚טיש‘ באַשטייט פֿון דרײַ קלאַנגען ‚ט־י־ש‘, אָבער מיר ריידן דאָס דאָזיקע וואָרט אַרויס ניט מיט דרײַ לופֿטשטויסן, ניט מיט דרײַ אויסאָטעמונגען, נאָר מיט איין אויסאָטעמונג; דאָס וואָרט ‚צײַטונג‘ ריידן מיר אַרויס מיט צוויי אויסאָטעמונגען – צײַ־טונג; דאָס וואָרט ‚באַשטימונגען‘ ריידן מיר אַרויס מיט פֿיר אויסאָטעמונגען – באַ־שטי־מונ־גען.

אַ קלאַנג אָדער אַ גרופּע קלאַנגען, וואָס ווערט אַרויסגערעדט מיט איין אויסאָטעמונג, הייסט טראַף.

די צאָל טראַפֿן אין אַ וואָרט פֿאַלט געוויינטלעך צונויף מיט דער צאָל וואָקאַלן (און דיפֿטאָנגען). די וואָקאַלן (און די דיפֿטאָנגען) זײַנען די הילכיקסטע קלאַנגען, און אַלע איבעריקע קלאַנגען, די קאָנסאָנאַנטן, ווערן געוויינטלעך אַרויסגעבראַכט צוזאַמען מיט זיי. אַ שטייגער: ע־מע־צער לויפֿט, דו פֿאַר־ברענגסט.

72 אויסער די וואָקאַלן און דיפֿטאָנגען זײַנען פֿאַראַן אויך טראַפֿיקע קאָנסאָנאַנטן. דאָס הייסט אַזעלכע קאָנסאָנאַנטן, וואָס זײַנען אויך זייער הילכיקע און בילדן אַ טראַף אָן וואָקאַלן. דאָס זײַנען די סאָנאָרע ‚ל, מ, נ, ר‘, ווען זיי קומען נאָך אַן אַנדער קאָנסאָנאַנט. אַ שטייגער: איי־דל, קאָ־מו־ני־זם, לוי־פֿן, קאָנ־טר(־רעוואָלוציע) [קאָנטער־]. אין אַזעלכע פֿאַלן הייסן די ‚ל, מ, נ, ר‘ – טראַפֿיקע (טראַף־בילדנדיקע).

אָנמערקונג עס זײַנען פֿאַראַן ווערטער (טראַפֿן) אָן וואָקאַלן און אָן טראַפֿיקע קאָנסאָנאַנטן, דאָס זײַנען איייניקע אויסרופֿווערטער (אינטעריעקציעס). אַ שטייגער: ששש, טסס, פּפּף און אַנדערע.

די טראַפֿיקע קאָנסאָנאַנטן קומען געוויינטלעך סוף וואָרט. זיי קאָנען אָבער זײַן אויך אין מיטן וואָרט. אַ שטייגער: זי־צנ־דיק, לוי־פֿנ־דיק, טונ־קל־סטן, וואָל־וול־סטן, אוי־בנ־אויף, קע־גנ־אי־בער. [59]

אָנמערקונג ווערטער מיט טראַפֿיקע קאָנסאָנאַנטן, באַזונדערש מיט ‚ל, נ‘, רעדט מען אין אַ ריי קאַנטן אַרויס אַזוי, ווי פֿאַרן ‚ל‘ אָדער ‚נ‘ וואָלט געווען אַן ‚ו‘ (אָדער אַן ‚ע‘). דאָס דאַרף מען זען אויסמײַדן. מע דאַרף אַלע מאָל דעם טראַפֿיקן ‚ל‘ און ‚נ‘ זאָגן און שרײַבן אָן אַן ‚ו‘ פֿאַר אים. דאָס הייסט אָבער ניט, אַז פֿאַר אַ ‚ל‘ אָדער פֿאַר אַ ‚נ‘ קאָן בכלל קיין ‚ו‘ ניט קומען. דאָס וואָרט ‚אָפּעקון‘ אַ שטייגער אָדער די ווערטער ‚מוסקול, סטימול, סטאַמבול‘ און אייניקע אַנדערע דאַרפֿן זײַן מיט ‚ו‘.

73 די טראַפֿיקע קאָנסאָנאַנטן פֿאַרלירן אָפֿט זייער טראַפֿיקייט. דאָס קומט פֿאָר, ווען צום וואָרט מיטן טראַפֿיקן קאָנסאָנאַנט קומט צו אַ טייל, וואָס הייבט זיך אָן מיט אַ וואָקאַל (אָדער וואָס באַשטייט פֿון אַ וואָקאַל). אַ שטייגער:

האַנדל (2 טראַפֿן: האַנ־דל)	לערן (2 טראַפֿן: לע־רן)
האַנדלען (2 טראַפֿן: האַנ(ד)־(ד)לען)	לערנען (2 טראַפֿן: לער־נען)
האַנדלענדיק (3 טראַפֿן: האַנ(ד)־(ד)לען־דיק)	לערנענדיק (3 טראַפֿן: לער־נען־דיק)

ווען דער טראַפֿיקער קאָנסאָנאַנט (ל, נ) פֿאַרלירט זײַן טראַפֿיקייט, קומט פֿאַרן ,ל׳ אָדער ,נ׳ אין אַ ריי פֿאַלן אַרײַן אַ קאָמפּענסיר־,ע׳ – אַן ,ע׳, וואָס קאָמפּענסירט (קערט אום, ,באַצאָלט׳) די טראַפֿיקייט. דאָס קומט פֿאָר אין פֿאָלגנדיקע פֿאַלן:

I פֿאַרן טראַפֿיקן ,נ׳: בײַ סובסטאַנטיוון מיט ,־ונג׳: עפֿן – עפֿענונג; רעכן – רעכע־נונג; צייכן – צייכענונג; 2. בײַ ווערבן: עפֿן – עפֿענען, עפֿענענדיק; רעכן – רעכענען, רעכענענדיק; צייכן – צייכענען, צייכענענדיק. אָבער: לערן – לערנען, לערנענדיק;[1] 3. בײַ אַדיעקטיוון פֿון שטאָפֿנעמען:[2] וואָלן – וואָלענער; באַטיסטן – באַטיסטענער; גאָלדן – גאָלדענער. אָבער: הילצערן – הילצערנער; קופּערן – קופּערנער; גילדערן – גילדערנער אאַ״וו; 4. בײַ אַדיעקטיוון (און אַדווערבן): געשוואָלן – געשוואָלענער; דערהויבן – דערהויבענער; טרוקן – טרוקענער, טריקענער.[3]

II פֿאַרן טראַפֿיקן ,ל׳ – בײַ אַדיעקטיוון און אַדווערבן: איידל – איידעלער;[4] וואָלוול – וואָלוועלער (וועלוועלער); טונקל – טונקעלער, טינקעלער; רענטאַבל – רענ־טאַבעלער און אַנדערע.[5]

אָנמערקונג ווען צו אַ וואָרט מיט אַ טראַפֿיקן ,נ׳ קומט צו אַ סופֿיקס ,־(ע)ניש׳, ווערט דער ,נ׳ אָפּגעוואָרפֿן. אַ שטייגער: טרוקן – טריקעניש.

74 אין אַ וואָרט, וואָס באַשטייט פֿון אַ פּאָר אָדער פֿון עטלעכע טראַפֿן, ווערט גע־וויינטלעך איינער פֿון די טראַפֿן אַרויסגערעדט שטאַרקער פֿון די איבעריקע – ער ווערט אַקצענטירט. אַ שטייגער אינעם וואָרט ,זומער׳ אַקצענטירט [60] מען דעם טראַף ,זו׳; אינעם וואָרט ,געזעלשאַפֿט׳ – דעם טראַף ,זעל׳; אינעם וואָרט ,קאַפּיטאַליסט׳ – דעם טראַף ,ליסט׳.

דער אַקצענט קאָן אין יידיש זײַן אויף פֿאַרשיידענע טיילן פֿונעם וואָרט. אַ שטייגער: צושנײַדערקעס (אויף ,צו׳), צעשנײַדן (אויף ,שנײַ׳), שנײַדערײַ (אויף ,רײַ׳). אָבער זייער אָפֿט איז דער אַקצענט אויפֿן וויכטיקסטן טייל פֿונעם וואָרט – אויפֿן וואָרצל. אַ שטייגער: זעענדיק (אויף ,זע׳), פֿריִער (אויף ,פֿרי׳), פֿאַרדרייען (אויף ,דריי׳).

אָנמערקונג 1 אויך די טראַפֿן, וואָס ווערן ניט אַקצענטירט, ווערן ניט אַלע אַלץ איינס אַרויסגעבראַכט. אַ שטייגער דער טראַף, וואָס געפֿינט זיך דירעקט פֿאַרן אַקצענטירטן

1 [1] אָן אַ קאָמפּענסיר־,ע׳ איז אין פֿיל קאַנטן און מערסטנס אין דער ליטעראַטור אויך דער אַלטשטיי־גערישער ווערב ,דאַוון׳ – דאַווענען, דאַווענענדיק.

2 [2] זעט דאָס קאַפּיטל „אַדיעקטיווישע אויסבילדונג“.

3 [3] זעט דאָס קאַפּיטל „פֿאַרגלײַך־שטופֿעס“.

4 [4] אין איניקע ערטער זאָגט מען אי ,איידעלער׳ אי ,איידלער׳ – מיט אַ דיפֿערענציאַציע אינעם באַטײַט: אַן איידעלער – אַ פֿײַנער; אַן איידלער – אַ מאָגערער.

5 [5] וועגן נאָך פֿאַלן, ווען עס קומט אַרײַן אַן ,ע׳, זעט אינעם קאַפּיטל „סופֿיקס“.

טראַף, ווערט אין פֿאַרגלײַך מיט אַלע איבעריקע אומאַקצענטירטע טראַפֿן אַרויסגעבראַכט אַ ביסל שטאַרקער. און פֿאַרקערט: דער טראַף, וואָס געפֿינט זיך גלײַך נאָכן אַקצענטירטן, ווערט אַרויסגעבראַכט שוואַכער פֿון אַלע איבעריקע.

אָנמערקונג 2 עס זײַנען פֿאַראַן ווערטער, וואָס אין זאַץ ווערן זיי אַרויסגעבראַכט אָן אַקצענטן, ווען אַפֿילו זיי זײַנען צווייטראַפֿיקע און מער. דאָס זײַנען די באַהילפֿיקע ווערטער (פּרעפּאָזיציעס, הילפֿווערבן און אַנדערע) – ווערטער, וואָס זעלבשטענדיק קומען זיי (אין זאַץ) געוויינטלעך ניט און ווערן אַרויסגערעדט אין איינעם מיט אַ זעלבשטענדיק וואָרט. אַ שטייגער: איבער אײַך, אַנשטאָט זיי. אין די ביידע פֿאַלן ברענגען מיר עס אַרויס [איבערײַך, אַנשטאָטזיי (אַנשטאָדזיי)] און אַקצענטירן די דיפֿטאָנגען פֿון די זעלבשטענדיקע ,אײַך׳ און ,זיי׳. ווען אָבער מיר וועלן די דאָזיקע באַהילפֿיקע ווערטער ברענגען באַזונדער, אויסער אַ זאַץ, וועט שוין אין זיי איין טראַף זײַן אַקצענטירט (אין ,איבער׳ – דער ערשטער טראַף, אין ,אַנשטאָט׳ – דער צווייטער טראַף). און אַ מאָל טרעפֿט, אַז מע רעדט אַ באַהילפֿיק וואָרט אַרויס מיט אַן אַקצענט און באַזונדער אַפֿילו אין זאַץ. דאָס קומט געוויינטלעך פֿאָר בײַ אַן איבעררעכענונג אָדער בײַ אַ קעגנשטעלונג פֿון די באַהילפֿיקע ווערטער. אַ שטייגער: ער קוקט מיט און אָן ברילן; דאָס ביכל ליגט ניט אויפֿן טיש, נאָר אונטערן טיש.[1]

אַ טראַף אָדער אַ גרופּע טראַפֿן, וואָס מע רעדט אַרויס מיט איין אַקצענט, הייסט טאַקט.

75 אויסער דעם ערשט אָנגעוויזענעם אַקצענט איז פֿאַראַן נאָך אַ טיפּ אַקצענט – אַ לאָגישער. דער דאָזיקער קומט אין זאַץ אויף אַ וואָרט, וואָס דער ריידער וויל עס אויסטיילן, צוציִען צו דעם די אויפֿמערקזאַמקייט. אַ שטייגער אינעם זאַץ ,איך פֿאָר מאָרגן׳ קאָן מען דעם לאָגישן אַקצענט שטעלן אויף יעדן פֿון די דאָזיקע ווערטער, און אָפּהענגיק דערפֿון, וואָסער וואָרט וועט ווערן אַקצענטירט, וועט זיך אַ ביסל וואַריִירן דער באַטײַט פֿונעם זאַץ. אַ שטייגער: 1. איך פֿאָר מאָרגן – איך און ניט קיין אַנדערער; 2. איך פֿאָר מאָרגן – איך פֿאָר און ניט איך טו עפּעס אַנדערש; 3. איך פֿאָר מאָרגן – מאָרגן און ניט ווען ניט איז אַנדערש.

76 דער טאַקט, די צאָל טאַקטן, זייער אָפּטקייט – דאָס שפּילט באַזונדערש אַ גרויסע ראָלע אין דער דיכטונג (אין פּאָעזיע, אין לידער), ווו דער אויסשטעל [61] פֿון ווערטער מיט אַקצענטירטע און אומאַקצענטירטע טראַפֿן אין אַ געוויסער אָרדענונג שאַפֿט אַזאַ אָדער אַן אַנדער ריטעם, וואָס דאָס איז איינע פֿון די הויפּט־אייגנשאַפֿטן פֿונעם פּאָעטישן וואָרט. אַ שטייגער:

איך וויג דײַן וויגעלע
און זינג אין אויערל,
ס'האָט דאָרט אַ ריגעלע
פֿאַרמאַכט אַ טויערל (האָפּ.).

[1] [1] אין דער געשריבענער שפּראַך ווערט אין אַזעלכע פֿאַלן אַן אַקצענטירט וואָרט אַ מאָל געגעבן מיט אַן אַנדער שריפֿט, שיטערער אָדער מיט אַ ליניע אונטער דעם.

יעדע פֿון די פֿאָריקע שורות באַשטייט פֿון זעקס טראַפֿן, וואָס צווישן זיי ווערט כּסדר אַקצענטירט דער צווייטער טראַף און דער פֿערטער און עס ווערן ניט אַקצענטירט די איבעריקע (– ' – ' – –). און אַ שטייגער אַן אַנדער ריטעם, וואָס נעמט זיך פֿון אַן אַנדער אָרגאַניזאַציע (אָרדענונג) פֿון אַקצענטירטע און אומאַקצענטירטע טראַפֿן, האָבן מיר אין פֿאָלגנדיקע שורות – קוויטקאָס:

מיר, די יונגע, קומען שטײַפֿע. ' – ' – ' – ' –
בלוט און פֿײַער, יונגע לײַט! ' – ' – ' – '
זעט, מיר מאָלן אויס אַ לעבן: ' – ' – ' – ' –
פֿרײַ די פֿאַרבן, קלאָר די ווײַט. ' – ' – ' – '

און נאָך אַן אַנדער ריטעם איז אַ שטייגער אין פֿאָלגנדיקע פֿערזן:

די פֿרייד, וואָס דאַרף קומען, איז טויזנט מאָל ליבער
פֿון דער, וועלכע קומט שוין, פֿון דער, וואָס איז דאָ (כאַשטש).

דאָ האָבן מיר אין יעדער שורה צו פֿיר אַקצענטן, וואָס פֿאַלן אויפֿן צווייטן, פֿינפֿטן, אַכטן און עלפֿטן טראַף.

א נ מ ע ר ק ו נ ג ניט שטענדיק פֿאַלט דער וואָרטאַקצענט צונויף מיטן ריטעם־אַקצענט. אַ שטייגער:

אַ שטראַל פֿון דער זון האָט אַ כוואַליע געקושט
מיט ליפֿן פֿון ריינעם גינגאָלד.
אַ שפּרונג האָט די כוואַליע געטאָן ווי צעמישט
און לעבן שוין מער ניט געוואָלט (אָ. שוו.).

דאָ האָבן מיר אַ וואָרט ,גינגאָלד׳, וואָס בכלל ווערט עס אַרויסגעבראַכט מיט אַן אַקצענט אויפֿן ע ר ש ט ן טראַף, אָבער אין דעם געגעבענעם פֿאַל דאַרף עס אַרויסגעבראַכט ווערן מיט אַן אַקצענט אויפֿן צ ו ו י י ט ן טראַף, ווײַל מיר האָבן דאָ צו טאָן מיט אַ ריטעם, וואָס קאָן גראַפֿיש פֿאָרגעשטעלט ווערן אויף אַזאַ אופֿן:

– ' – – ' – – ' – – '
– ' – – ' – – '
– ' – – ' – – ' – – '
– ' – – ' – – ' [62]

III וואָרטסטרוקטור, וואָרטשאַפֿונג און אָרטאָגראַפֿיע

11 מאָרפֿעמע. וואָרצל און אַפֿיקסן

77 אַ וואָרט באַשטייט זייער אָפֿט פֿון אַ פּאָר אָדער פֿון עטלעכע באַטײַטיקע טיילן. אַ שטייגער דאָס וואָרט ,שנײַדערקעס׳ באַשטייט פֿון אַזעלכע פֿיר באַטײַטיקע טיילן:

1. ,שנײַד׳ – עס באַטײַט אַ געוויסע טוּונג;
2. ,־ער׳ – עס באַטײַט אַ טוער פֿון עפּעס;
3. ,־קע׳ – עס באַטײַט אַ ,זי׳ (אַ פֿרוי);
4. ,־ס׳ – עס באַטײַט מערצאָל (אַ פּאָר און מער).

אָט די דאָזיקע פֿיר באַטײַטיקע טיילן בילדן אויס די סטרוקטור און דעם באַטײַט פֿונעם וואָרט ,שנײַדערקעס׳ – פֿון אַ וואָרט, וואָס באַטײַט: פֿיל פֿרויען (מיידלעך), וואָס פֿאַרנעמען זיך מיט שנײַדערײַ.

אַ טייל וואָרט, וואָס האָט אַ געוויסן באַטײַט און נעמט אָדער קאָן נעמען אַן אָנטייל אין אויסבילדן דאָס אָדער יענץ וואָרט, הייסט מאָרפֿעמע.

מאָרפֿעמעס דאַרף מען ניט צונויפֿמישן מיט טראַפֿן, כאָטש אָפֿט פֿאַלן זיי צונויף.

אַ טראַף איז אַ קלאַנגלעכער עלעמענט (אַ קלאַנג אָדער אַ גרופּע קלאַנגען), וואָס ווערט אַרויסגערעדט מיט איין אויסאָטעמונג, אומאָפּהענגיק דערפֿון, צי דער דאָזיקער עלעמענט האָט אַ געוויסן באַטײַט צי ניט. אַ שטייגער:

אַ מאָרפֿעמע איז אַ קלאַנגלעכער עלעמענט (אַ קלאַנג אָדער אַ גרופּע קלאַנגען), וואָס האָט אַ געוויסן באַטײַט, אומאָפּהענגיק דערפֿון, צי דער דאָזיקער עלעמענט ווערט אַרויסגערעדט מיט איין אויסאָטעמונג צי ניט. אַ שטייגער:

1. טראַפֿן: פֿאַר־בער־קעס; רו־זִק; רו־סיש; זו־מער; איַין־גע־מאַכטס;
2. מאָרפֿעמעס: פֿאַרב־ער־קע־ס; רו־זִק; רוס־יש; זומער; אײַנ־גע־מאַכ־ט־ס.

אָנמערקונג עס זײַנען פֿאַראַן זייער פֿיל ווערטער, וואָס יעדעס פֿון זיי באַשטייט בלויז פֿון איין מאָרפֿעמע און בלויז פֿון איין טראַף. אַ שטייגער: אויג, האַנט, זיץ, נעם, זע, רויט, געל, הײַנט, פֿינף, זעקס און פֿיל אַנדערע.

78 די גרונטיקסטע מאָרפֿעמע פֿון אַ וואָרט, וואָס זי טראָגט דעם גרונטבאַטײַט פֿונעם וואָרט, הייסט וואָרצל. די מאָרפֿעמעס, וואָס געפֿינען זיך אין וואָרט פֿאַר און נאָך דעם וואָרצל און וואָס אַ דאַנק זיי באַקומט דאָס וואָרט צו־[63]גאָב־באַטײַטן, הייסן אַפֿיקסן. אַן אַפֿיקס פֿאַרן וואָרצל הייסט פּרעפֿיקס; אַן אַפֿיקס נאָכן וואָרצל – סופֿיקס.

פּונקט ווי פֿיל ווערטער קאָנען האָבן איין געמיינזאַמען וואָרצל און זאָלן דעריבער זײַן

צווישן זיך נאָענט לויטן באַטייַט, אַזוי קאָנען פֿיל ווערטער האָבן אַ געמיינזאַמען אַ פֿי ק ס, וואָס זאָל אויך דערנעענטערן זייער באַטייַט. אַ שטייגער:

שנייַד ער	פֿאַרב ער	שטעפּ ער	שטיפֿ ער
שנייַד ער קע	פֿאַרב ער קע	שטעפּ ער קע	שטיפֿ ער קע
שנייַד ער קע ס	פֿאַרב ער קע ס	שטעפּ ער קע ס	שטיפֿ ער קע ס

די ווערטער פֿון יעדער ק אָ ל אָ נ ק ע זייַנען צווישן זיך נאָענט, ווייַל זיי זייַנען פֿון איין וו אָ ר צ ל. און די ווערטער פֿון יעדער שורה זייַנען צווישן זיך נאָענט, ווייַל זיי האָבן איינע און די ז ע ל ב ע סופֿיקסן (און מע קאָן אויך זאָגן פֿאַרקערט: די ווערטער פֿון יעדער קאָלאָנקע באַטייַטן פֿאַרשיידנס, ווייַל זיי אַנטהאַלטן ניט איינע און די זעלבע סופֿיקסן, און די ווערטער פֿון יעדער שורה באַטייַטן ניט אייוס און דאָס זעלבע, ווייַל זיי זייַנען פֿון פֿאַרשיידענע וואָרצלען).

אָ נ מ ע ר ק ו נ ג 1 בכלל קאָנען וואָרצלען קומען אי מיט אַפֿיקסן אי אָן זיי. עס זייַנען אָבער פֿאַראַן אויך אַזעלכע וואָרצלען, וואָס אָן אַפֿיקסן קומען זיי ניט. אַ שטייגער די וואָרצלען ,קאָמ, טראַג׳ קומען אָדער מיטן סופֿיקס ,־יש׳ (קאָמיש, טראַגיש), אָדער מיט ,־יזם׳ (קאָמיזם, טראַגיזם), אָדער מיט אַנדערע.

אָ נ מ ע ר ק ו נ ג 2 ווען צו אַ וואָרצל (וואָרט) קומט צו אַן אַפֿיקס, באַקומט עס אָפֿט ניט נאָר אַ צ ו ג אָ ב ־ ב אַ ט ייַ ט, נאָר אַ מאָל גאָר אַן אַנדער באַטייַט. פֿאַרגלייַכט אַ שטייגער די ראָלע פֿון די אַפֿיקסן – פֿון די פּרעפֿיקסן ,דער־, פֿאַר־, באַ־׳ – אין אויספֿאָרמירן די באַטייַטן פֿון די ווייַטערדיקע ווערטער רעכטס און לינקס.

שרייַבן – דערשרייַבן	ציילן – דערציילן
שרייַבן – פֿאַרשרייַבן	שטיין – פֿאַרשטיין
שרייַבן – באַשרייַבן	קומען – באַקומען

אָ נ מ ע ר ק ו נ ג 3 ווען צו אַ וואָרצל (וואָרט) קומט צו אַן אַפֿיקס, קומט אָפֿט פֿאָר אַ ק ל אַ נ ג ע נ ב ייַ ט (טאָג – טעגלעך; בוך – ביכער), אָדער אַן א י ב ע ר אַ ק צ ע נ ט י ר ו נ ג – דער אַקצענט גייט פֿון איין טראַף אַריבער אויף אַ צווייטן (כּבֿוד – אומכּבֿוד; שנייַדער – שנייַדערייַ), אָדער אי אַ קלאַנגענבייַט אי אַן איבעראַקצענטירונג (חודש – חדשים; דאָקטער – דאָקטוירים).

אָ נ מ ע ר ק ו נ ג 4 איינעם און דעם זעלבן אָדער אַן ענלעכן אינהאַלט קאָן מען אַ מאָל אויסדריקן מיט אַ ה י ל פֿ ו וּ אָ ר ט אָדער מיט אַ פּאָר הילפֿווערטער און אַ מאָל מיט אַן אַ פֿ י ק ס. פֿאַרגלייַכט אַ שטייגער: ער מיינט עס א ו י ף אַ ן א מ ת – ער מיינט עס ב א מ ת. אַ הילפֿוואָרט איז אַ באַוועגלעכער טייל רייד – ער לאָזט זיך געוויינטלעך אָפּרוקן, און מע קאָן צווישן אים און די ווייַטערדיקע ווערטער אַרייַנשטעלן נאָך ווערטער. אָבער אַן אַפֿיקס לאָזט זיך ניט אָפּרוקן – ער ווערט ,צוגעקלעפּט׳.

אָ נ מ ע ר ק ו נ ג 5 איינער און דער זעלבער קלאַנגען־קאָמפּלעקס קאָן אין איין פֿאַל זייַן

אַ זעלבשטענדיק וואָרט, אין אַ צווייטן פֿאַל אַ באַהילפֿיק וואָרט און אין אַ דריטן פֿאַל אַן אַפֿיקס. פֿאַרגלײַכט אַ שטייגער: 1. ער וועט [64] איצט גיין אַרום (,אַרום׳ – אַד־ווערב); 2. ער וועט גיין אַרום שטוב (,אַרום׳ – פּרעפּאָזיציע); 3. ער וועט שפּעט אַרומגיין (,אַרומ־׳ – אַפֿיקס).

אָנמערקונג 6 איינער און דער זעלבער קלאַנגען־קאָמפּלעקס (אָדער קלאַנג) קאָן אין איין פֿאַל זײַן אַן אַפֿיקס און אין אַ צווייטן פֿאַל ניט. אַ שטייגער אין די ווערטער ,זי־סער, שטאַרקער, עלטער׳ איז דער ,־ער׳ אַן אַפֿיקס – ער באַטײַט ,מער׳ (זיסער – מער זיס; עלטער – מער אַלט); און אין די ווערטער ,זויער, מאָגער, ביטער׳ איז דער ,־ער׳ ניט קיין אַפֿיקס, נאָר אַ טייל פֿונעם וואָרצל (זעט ז׳ 165).

אָבער אין אַזעלכע ווערטער ווי ,בעסער, ערגער׳ איז ,־ער׳ אַן אַפֿיקס, כאָטש די וואָרצלען ,בעס, ערג׳ (באַס, אַרג) קומען ניט זעלבשטענדיק, אַלס ווערטער. ,בעסער׳ באַטײַט ,מער גוט׳, און ,ערגער׳ – ,מער שלעכט׳ (אין אייניקע ערטער זאָגט מען נאָך ,אַרגער׳. אַזוי טרעפֿט מען עס אויך געשריבן בײַ אייניקע עלטערע שרײַבער, אַ שטייגער בײַ י. פּערלען, מיט אַ פּתח אונטערן ,א׳).

אָנמערקונג 7 איינער און דער זעלבער קלאַנגען־קאָמפּלעקס קאָן אין איין פֿאַל באַ־שטיין פֿון איין צאָל מאָרפֿעמעס און אין אַ צווייטן פֿאַל – פֿון אַן אַנדערער. אַ שטייגער ,פֿײַערלעך׳ באַשטייט: 1. פֿון ,פֿײַער + ל + עך׳ – אַ סך קליינע פֿײַערן – דרײַ מאָרפֿעמעס; 2. פֿון ,פֿײַער + לעך׳ (אַזוינס, וואָס האָט אַן אויסזען פֿון פֿײַער, פֿון יום־טובֿ) – צוויי מאָר־פֿעמעס. און אַזוי איז עס אַ שטייגער אויך מיט די ווערטער ,מענטשלעך, ווײַבלעך׳ און מיט נאָך אַ גאַנצער ריי.

79 די מאָרפֿעמעס אין אַ וואָרט – סײַ די וואָרצלדיקע און סײַ די אַפֿיקסישע – זײַנען לויט זייער אָפּשטאַם אָפֿט פֿון פֿאַרשיידענע שפּראַכלעכע קוועלן. אַ שטייגער: קלאָץ־קשיא (גערמאַניש + סעמיטיש); דירה־געלט (סעמיטיש + גערמאַניש); בונדאָוועץ (גערמאַניש + סלאַוויש); בחורעץ (סעמיטיש + סלאַוויש); שוואַרץ־מאהניק (גערמאַניש + סעמיטיש + סלאַוויש); לצוועץ (סעמיטיש + סלאַוויש + גערמאַניש); פּראַקטיש (גריכיש + גערמאַניש); דאָקטוירים (לאַטײַניש + סעמיטיש); סאָרטן (פֿראַנצייזיש + גערמאַניש) אאַ״וו.

80 בײַ ווערטער זײַנען אָפֿט מאָל פֿאַראַן אומבאַטײַטיקע טיילן אויך – טיילן, קלאַנ־גען, וואָס זײַנען פֿאַראַן נאָר צוליב ווילקלאַנג (אייפֿאָניע), – כּדי אויסצומײַדן אומבאַ־קוועמע, שווערע קלאַנגלעכע קאָמבינאַציעס. אַ שטייגער:

בײַ אַ וואָרט, וואָס ענדיקט זיך מיט			קומט אַרײַן אַן אייפֿאָנישער	פֿאַרן סופֿיקס	אַ שטייגער
1	־יי	דריי	ד	־ל	דריידל
2	־ן	ביין	ד	־ל	ביינדל
3	־ן	שײַן	ד	־לינג	שײַנדלינג[1]
4	־ן	ווען	ט	־לעך	ווענטלעך[2]
5	־ל	העל	ב	־לעך	העלבלעך [65]

1 [1] אַן אייפֿאָנישער ,ד׳ איז פֿאַראַן אויך אינעם וואָרט ,צענדליק׳, וואָס איז אין דער אמתן געבילדעט פֿון ,צען(+ ד) + לינג׳.

2 [2] ס׳איז דאָ אַ וואָרט ,געוויינטלעך׳ און ,געווײנלעך׳. אייניקע פּרוּוון דיפֿערענצירן די

אָנמערקונג אין אַ ריי ערטער ברענגט מען אָפֿט מאָל צווישן וואָקאַלן אַן אייפֿאָנישן ‚נ׳. מע זאָגט אַ שטייגער ‚אַזאַ־נ אומגליק, צו־נ־אים, צו־נ־אונדז׳ אאַ״וו. אין דער ליטעראַרישער שפּראַך איז עס ניט אָנגענומען. הגם בײַם פֿאָרשטעלן אייניקע געשטאַלטן מיט זייער אַרט ריידן ווערט דער דאָזיקער ‚נ׳ אָפֿט מאָל געבראַכט אויך אין דער ליטעראַטור. אַ שטייגער בײַ שלום־עליכמען: 1. מײַן מאַמע האָט אײַנגעלייגט די וועלט. סטײַטש, אַזאַ־נ־אומגליק! 2. וואָס זשע, איר דאַרפֿט טאַקע דווקא צו־נ־אים?

81 אויסער אייפֿאָנישע טיילן זײַנען בײַ ווערטער אָפֿט מאָל פֿאַראַן אויך פּאַראַזיטאַרע טיילן – טיילן, וואָס האָבן ניט קיין באַטײַט און זײַנען בכלל איבעריק. אַזאַ איז אַ שטייגער דער ‚עט׳, וואָס איז אָפֿט פֿאַראַן בײַ אַ גאַנצער ריי (ווערבאַלע) צוגאָבן,[1] ווען די דאָזיקע געפֿינען זיך נאָכן ווערב, בײַ אייניקע אַדווערבן און אַנדערע. אַ שטייגער פֿון מענדעלעס פּישקען קאָן מען הערן:

1. מע זיצט אַ מאָל אָפּ'עט אַ לאַנגע צײַט.
2. זיי האָבן עס מיר אָפּגעטאָנ'עט אויף טערקיש.
3. דאָ אויף דעם פּלאַץ איז שוין כּמעט גאָר נישטאָ וואָס צו טאָנ'עט.

82 אָרטאָעפּיש־אָרטאָגראַפֿישע אָנמערקונגען 1. אויב אין אַ וואָרצל איז דאָ אַ ‚ה׳, דאַרף מען מיט אַ ‚ה׳ אַרויסברענגען אַלע ווערטער, וואָס זײַנען געבילדעט פֿונעם דאָזיקן וואָרצל. אַ שטייגער: האַלט, האַלטן, צוהאַלטן, אויסהאַלטן, באַהאַלטן, אָפּהאַלטן, אַנטהאַלטן, דערהאַלטן, פֿאַרהאַלטן, געהאַלט, אינהאַלט, פֿאַרהעלטעניש...

2. אויב אין אַ וואָרצל איז דאָ ‚נג׳ (לאַנג) אָדער ‚נק׳ (דאַנק), דאַרף מען אין אַלע ווערטער, וואָס זײַנען געבילדעט פֿון אַזאַ וואָרצל, פֿאַר ‚נג׳ און ‚נק׳ שרײַבן ‚אַ׳ (ניט ‚ײַ׳) אָדער ‚ע׳ (ניט ‚יי׳). אַ שטייגער:

לאַנג	לענג	פֿאַרלאַנגען	דאַנק	דענק	אָפּדאַנקען
לענגער	לענגער	פֿאַרלענגערן	דאַנקען	דענקען	געדענקען

אָבער ווײַנגאָרטן (ווײַן + גאָרטן), ווײַנקעלער (ווײַן + קעלער), קליינגעלט (קליין + געלט), שטיינקוילן (שטיין + קוילן) אאַ״וו.

3. אויב אַ וואָרצל און אַן אַפֿיקס באַגעגענען זיך מיט אַלץ איינע קאָנסאָנאַנטן, שרײַבט מען בכלל נאָר איין קאָנסאָנאַנט. אַ שטייגער: אָפּאַטערן (אָפּ + פּאַטערן [אָפּפּטרן]),[2] אוועקײַקלען (אוועק + קײַקלען), שטאַרקײַט (שטאַרק + קייט).[3] ווען אָבער עס באַגעגענען זיך פֿאַרשיידענע קאָנסאָנאַנטן און איינער פֿון זיי ווערט אַפֿילו פֿאַרטויבט אָדער

באַטײַטן פֿון די צוויי ווערטער: ‚געוויינטלעך׳ – אַוודאי, פֿאַרשטייט זיך, конечно [רוסיש konečno], ‚געוויינלעך׳ – אָפֿט, מערסטנס, обычно [רוסיש obyčno]. אָבער אין דער ליטעראַרישער שפּראַך איז די דאָזיקע דיפֿערענצירונג דערווײַל ניט אײַנגעשטעלט.

1 [1] וועגן צוגאָבן זעט אויף ז׳ 90 און ווײַטער.

2 [2] אָבער אָפּפּאלן (אָפּ + פּאלן [אָפּפֿאַלן]), אראָפּפּאלן (אראָפּ + פּאלן [אַראָפּפֿאַלן]), ארופּפּעקלען (ארופּ + פּעקלען [אַרופֿפּעקלען]) אאַ״וו.

3 [3] בײַם אַנאַליזירן די סטרוקטור פֿון די דאָזיקע און ענלעכע ווערטער דאַרף מען אָבער דעם דאָזיקן קלאַנגען־צונויפֿגוס איגנאָרירן. און אַ שטייגער בײַ אַזאַ וואָרט ווי ‚שטאַרקייט׳ דאַרף מען ריידן וועגן אַ וואָרצל ‚שטאַרק׳ און אַ סופֿיקס ‚־קייט׳.

פֿאַרהילכט פֿונעם צווייטן, דאַרף מען שרײַבן בײדע קאָנסאָנאַנטן. אַ שטייגער: אָפּבעטן, אַוועקגיין, יונגקייט.

4. די ווערטער פֿונעם טיפּ ‚גייסטו (גייסט + דו), נעמסטו (נעמסט + דו), זיצסטו (זיצסט + דו)’ שרײַבט מען אָן אַ ‚ד’. [66]

5. אויב צו אַ וואָרצל (אַ וואָרט) מיט אַ ‚ל’ צום סוף קומט צו אַ סופֿיקס ‚לאָז’, שרײַבט מען בײדע ‚ל’ – אי דעם וואָרצלדיקן אי דעם סופֿיקסישן. אַ שטייגער: אידעאַללאָז, קאָנטראָללאָז, געפֿיללאָז, סטיללאָז אאַ״וו.

6. אויב אַ וואָרצל און אַן אַפֿיקס באַגעגענען זיך מיט אַלץ איינע וואָקאַלן, דאַרף מען שרײַבן בײדע וואָקאַלן. אַ שטייגער: באַאַרבעטן (באַ + אַרבעטן), טוונג (טו + ונג), פֿריִיק (פֿרי + יק).

12 צונויפֿזאַץ און אַברעוויאַציע

83 עס זײַנען פֿאַראַן ווערטער, וואָס יעדעס פֿון זיי אַנטהאַלט ניט איין וואָרצלדיקע מאָרפֿעמע, נאָר אַ פּאָר און מער. אַ שטייגער:

ווינטמיל (ווינט + מיל)	שרײַבטיש (שרײַב + טיש)	זויערמילך (זויער + מילך)
רוסלאַנד (רוס + לאַנד)	הענגלאָמפּ (הענג + לאָמפּ)	קלײנגעלט (קליין + געלט)

דערבײַ קאָנען אין אַזעלכע פֿאַלן פֿאַר און נאָך יעדער וואָרצלדיקער מאָרפֿעמע אָפּט זײַן אַפֿיקסן. אַ שטייגער: ראַטנמאַכט [(ראַט + נ) + מאַכט], אָפּרוהויז [(אָפּ + רו) + הויז], וואַנטצײַטונג [וואַנט + (צײַט + ונג)], שרויפֿן־ציִער [(שרויפֿ + נ) + (צי + ער)].

אַ וואָרט, וואָס אַנטהאַלט צוויי אָדער מער וואָרצלדיקע מאָרפֿעמעס (מיט אָדער אָן אַפֿיקסן), הייסט צונויפֿזאַץ (קאָמפּאָזיט).

אָנמערקונג צווישן די באַשטאַנדטיילן פֿון אַ צונויפֿזאַץ איז אָפּט מאָל פֿאַראַן אַ בינדקלאַנג – אַ ‚ס’ אָדער ‚(ע)נ’. אַ שטייגער: שיפֿסקאַרטע, שלאַקסרעגן; פֿערדנשטאַל, גענדזנשמאַלץ, זונענשטראַל (זעט די אָנמערקונג 2 אויף ז׳ 200).

84 עס זײַנען פֿאַראַן אַזוינע (אַלטע, אַמאָליקע) צונויפֿזאַצן, וואָס איצט ניצן מיר ניט זעלבשטענדיק איינעקע זייערע וואָרצלען. אַ שטייגער אין די ווערטער ‚פֿלעדערמויז, קוועקזילבער, שלימזל, מאָלצײַט, גינגאָלד, גרימצאָרן, טענענבוים’ האָבן זיך צונויפֿגעזעצט די וואָרצלען:

פֿלעדער[1]	קוועק[2]	שלים[3]	מאָל[4]	גין[5]	גרים	טענען (טאַנע)
מויז	זילבער	מזל	צײַט	גאָלד	צאָרן	בוים [67]

[1] [1] ‚פֿלעדער’ האָט אַ מאָל באַטײַט דאָס זעלבע, וואָס איצט ‚פֿלאַטער’ (‚פֿלי’). [2] [2] ‚קוועק’ האָט אַ מאָל באַטײַט ‚לעבעדיק, פֿריש’. דערפֿון – ‚קוויקן זיך, דערקוויקן’. בײַ מאָטלען (שלום־עליכמס) איז פֿאַראַן אויך אַ וואָרט ‚קוויק’. אַ שטייגער: זיסער קוואַס אַ גלאָז! אַ קאָפּיקע אַ ייִד! אַ קוויק און אַ קאַלט – אַ דערטרינקעניש! (שאָל.). [3] [3] ‚שלים’ באַטײַט אין דײַטש – ‚שלעכט’. [4] [4] ‚מאָל’ (‚מאַהל’) באַטײַט נאָך אויך איצט אין דײַטש – ‚סעודה, מאָלצײַט’, פֿאַרגלײַכט אויך מיט די ווערטער ‚קנס־מאָל, חתן־מאָל’. [5] [5] ‚גין’, און אַ מאָל – ‚גים’, האָט באַטײַט צירונג. אין אַלטע טעקסטן האָט מען טאַקע געשריבן ‚גים גאָלד (גולד)’.

די אונטערשטע זיבן וואָרצלען זײַנען אויך איצט פֿאַראַן אין אונדזער לעבעדיקער שפּראַך אין דעם באַטײַט זײַען. אָבער די אייבערשטע זיבן וואָרצלען לערן מער ניט אין ייִדיש אין זייער אַמאָליקן באַטײַט זעלבשטענדיק. זיי זײַנען פֿאַראַן נאָר אין די צונויפֿזאַצן.[1]

אַ מאָל טרעפֿט, אַז אַזאַ ,פֿאַרגעסענער׳ וואָרצל ווערט פֿון דאָס נײַ געברויכט זעלבשטענדיק. אַזוי איז עס אַ שטייגער מיטן וואָרצל ,אור׳ (אָנהייב, ערשטער צושטאַנד), וואָס ביז איצט פֿלעגט ער גע־ברויכט ווערן נאָר אין צונויפֿזאַצן (אוראַלט, אורעלטערן, אורקוואַל, אורפֿאָלק, אורוועלט, אורזאַך, אורשפּרינגלעך א״אַ) און וואָס איצט טרעפֿט מען אים אָפֿט מאָל אויך געברויכט אַלס אַ זעלבשטענדיק וואָרט, אַ שטייגער בײַ מאַרקישן: געקומען אַהין זײַנען פֿיר מיט דעם אור פֿון באַשאַף זיך פֿאַרוועטן; איר זאָלט... אַראָפּקעמען פֿון מיר ביז גרונט דעם אור.[2]

85 אָפֿט טרעפֿט, אַז די וואָרצלען פֿון אַ צונויפֿזאַץ לעבן זיך אין משך פֿון דער צײַט אַזוי צונויף, אַז מע הייבט אָן דעם צונויפֿזאַץ אויפֿצונעמען פֿאַר אַן איינפֿאַך וואָרט און זײַנע וואָרצלען פֿאַר איין וואָרצל. אַ שטייגער:

טישטעך (טיש + טוך)	אַכצן (אַכט + צען)
בוימל (בוים + אייל)	קימפּעט (קינד + בעט)
צווייפֿל (צוויי + פֿעל)[3]	עגבער (עק + בויער)[5]
טריוואַקס (טריף + וואַקס)	באַוול (בוים + וואָל)[6]
לײַוונט (לײַן + וואַנט)[4]	באָקסער (באָקס + האָרן)[7]

אין די דאָזיקע צונויפֿזאַצן פֿילן מיר שוין גאַנץ קנאַפּ אָדער גאָר ניט דעם צווייענדיקן וואָר־צל־באַשטאַנד. דאָ האָבן מיר כּסדר פֿאַלן, ווען דער אומאַקצענטיר־[68]טער אָדער דער

און אַ מאָל אַפֿילו בלויז ,גים׳. אַ שטייגער: 1. בײַ וויצנהויזענען: זיא זיינן גילושטיגר מין וועדר גאלד אונ מין וועדיר פיל גים גאלד [זיי זײַנען ליב(ער) מיין ווי גאָלד און מיין ווי פֿיל גינגאָלד]; 2. בײַ אליהו הבחור: זי זיין גילושטיגר מין ווען גולד אונ מין ווען גים ויל (פֿיל).

1 [1] אָדער אייניקע פֿון אַזעלכע ווערטער קומען איצט נאָר מיט אַפֿיקסן אָדער מיטן הילפֿוואָרט ,זיך׳ (דערקוויקן, קוויקן זיך); אָדער עס זײַנען פֿאַראַן ענלעכע ווערטער מיט גאָר אַנדערע באַטײַטן. אַ שטייגער:

1. ער האָט גערעדט צוויי מאָל.
2. דער אַקטיאָר האָט אַראָפּגענומען דעם גרים.

ווערטער פֿונעם וואָרצל ,גרים׳ קאָן מען נאָך אויך איצט באַגעגענען. אַ שטייגער: טאָמער וואָלט איך פֿון זיי הנאה געהאַט, זײַנען זיי מיר אָנגעקומען מיט גרימעניש [מיט בויכווייטיק] (בערג.); עס האָט אים געגרימט אין בײַכל (ממס.).

2 [2] אייגנטלעך, איז דער ,אור׳ אויפֿן גרענעץ פֿון אַ וואָרצל און אַ פּרעפֿיקס.

3 [3] ,פֿעל׳ (פֿאַלן) – אַן עלטערע מערצאָל־פֿאָרמע פֿון ,פֿאַל׳. אַ שטייגער בײַ מענדעלען: צוגעלאָזט און באַריידעוודיק איז דער טאַטע געווען אין אַזעלכע געוויסע פֿעל, ווען אַ קינד אַ שטייגער איז קראַנק געווען.

4 [4] ,וואַנט, געוואַנט, ווינדעלעך׳ זײַנען פֿון איין וואָרצל – פֿון אַ וואָרצל, וואָס האָט געהאַט דעם באַטײַט פֿון ,דרייען, פֿלעכטן׳ (זעט ז׳ 149).

5 [5] אין פֿיל ערטער זאָגט מען נאָך אויך איצט ,עק(ג)בויער׳.

6 [6] אין פֿיל ערטער זאָגט מען ,בײַ(מ)וול׳ (בײַנוול). אַ וואָרט ,בוימוואָל׳ איז איצט אין ייִדיש אויך פֿאַראַן. עס האָט אָבער אַן אַנדער באַטײַט ווי ,באַוול׳: בוימוואָל – хлопок [chlopok] – [דאָס געוויקס], ,באַוול׳ – хлопчатая бумага [chlopčataja bumaga] – [דער שטאָף].

7 [7] אַ האָרן פֿון אַ באָק (באָקסער – אַזאַ פּרוכט – האָט אַ ביסל דעם אויסזען פֿון הערנער).

ווייניק אַקצענטירטער וואָקאַל[1] ווערט רעדוצירט, דערפֿירט צו אַן ,ע׳ (טישטעך) אָדער צו נול (בוימל, צווייפֿל); אָדער מיר האָבן דאָ פֿאַלן פֿון אַסימילאַציע (טריוואַקס, קימפּעט) אָדער פֿאַלן פֿון אַסימילאַציע און וואָקאַל־רעדוצירונג (אַכצן, עגבער) און אַנדערע.

86 איינס און דאָס זעלבע וואָרט קען אין איין שפּראַך אויפֿגענומען ווערן אַלס אַ צונויפֿזאַץ און אין אַ צווייטער שפּראַך ניט. אַ שטייגער דאָס וואָרט ,באַלעבאָס׳ איז אין ייִדיש ניט קיין צונויפֿזאַץ, אָבער אין העברעיִש איז עס (געווען) ניט נאָר פֿון צוויי וואָרצלען, נאָר אַפֿילו פֿון צוויי באַזונדערע ווערטער (בעל הבית). אַזוי איז אויך אַ שטייגער מיט אַזעלכע ווערטער ווי ,שטרײַקברעכער׳ און ,סאַמאָוואַר׳. דאָס ערשטע פֿון די דאָזיקע איז אין ייִדיש אַ צונויפֿזאַץ און אין רוסיש ניט, און דאָס צווייטע איז אין רוסיש אַ צונויפֿזאַץ און אין ייִדיש ניט. אַזעלכע ווערטער זײַנען פֿאַראַן זייער אַ סך. באַזונדערש זײַנען עס אַ ריי טעכנישע און וויסנשאַפֿטלעכע טערמינען, געשאַפֿענע הויפּטזאַכלעך פֿון גריכישע און לאַטײַנישע וואָרצלען (אינטערנאַציאָנאַליזמען).

אַ שטייגער: געאָגראַפֿיע (גע – ערד + גראַפֿיע – שרײַבונג),[2] ביאָגראַפֿיע (בי[יאָס] – לעבן), פּאָליגראַפֿיע (פּאָלי – אַ סך), פֿאָטאָגראַפֿיע (פֿאָט – ליכט), ביבליאָגראַפֿיע (ביבליאָ[ן] – בוך), טעלעגראַף (טעלע – ווײַט), טעלעפֿאָן (פֿאָן – קלאַנג), פֿאָנאָגראַף, טעלעפֿאָטאָגראַפֿיע, ביאָלאָגיע (לאָגיע [לאָגאָס] – לערע, וויסנשאַפֿט, וואָרט), געאָלאָגיע, עטנאָלאָגיע (עטנ־ – פֿעלקערשאַפֿט), עטנאָגראַפֿיע, מיקראָפֿאָן (מיקר – קליין), מיקראָביאָלאָגיע, אַוטאָביאָגראַפֿיע (אַווטאָ [אַוטאָס] – זעלבסט), אַוטאָמאָביל (מאָביל – באַוועגלעך, באַוועגלעכער), אַוטאָנאָמיע (נאָם [נאָמאָס] – געזעץ, כּלל), גאַסטראָנאָמיע (גאַסט(ע)ר – מאָגן) און פֿיל אַנדערע.

87 אָפֿט טרעפֿט, אַז אַ געוויסער וואָרצל ווערט אַזוי לאַנג און סיסטעמאַטיש צונויפֿגעזעצט מיט אַ געוויסער קאַטעגאָריע וואָרצלען (ווערטער), אַז מע הייבט אים אָן אויפֿצונעמען פֿאַר אַן אַפֿיקס (און דעם צונויפֿזאַץ פֿאַר אַן אייפֿאַך וואָרט). אַזוי אַ שטייגער האָט עס פֿאַסירט מיטן וואָרצל ,טייל׳ אין די ווערטער ,דריטל, פֿערטל, פֿינפֿטל, זעקסטל, זיבעטל׳ און אַנדערע פֿונעם דאָזיקן טיפּ, אין וועלכע דער באַטײַט פֿונעם ,טייל׳ איז אַ ביסל אַבסטראַהירט געוואָרן און זײַן קלאַנגלעכער באַשטאַנד איז אַ ביסל פֿאַרקלענערט געוואָרן (דער דיפֿטאָנג איז רעדוצירט געוואָרן ביז נול), וואָס דאָס האָט סוף־כּל־סוף געבראַכט דערצו, אַז דער ,טייל׳ איז אין די דאָזיקע ווערטער פֿון אַ וואָרצל, פֿון אַ גרונט־מאָרפֿעמע, פֿאַרוואַנדלט געוואָרן אין אַן אַפֿיקס, אין אַ צוגאָב־מאָרפֿעמע.

ענלעך דערצו איז אויך מיטן וואָרצל ,ווערק׳. דער דאָזיקער וואָרצל פֿלעגט זייער אָפֿט געניצט ווערן אין אַזעלכע צונויפֿזאַצן ווי ,רויווערק, אַלטווערק, קליינווערק, גאָלדווערק, פֿוטערווערק׳ און אַנדערע. אָבער מיט דער צײַט איז דער ,ווערק׳ אין די דאָזיקע ווערטער און אין אַ ריי אַנדערע פֿאַרוואַנדלט געוואָרן אין ,וואַרג׳ (רויוואַרג, אַלטוואַרג אאַ״וו), אַזוי אַז צווישן ,וואַרג׳ און ,ווערק׳ האָט מען אויפֿגעהערט צו באַמערקן אַן אָפּשטאַם־נאָענטקייט און אַזוי אַרום איז אַנטשטאַנען אַ סופֿיקס ,־וואַרג׳. [69]

[1] [1] זעט די אָנמערקונג 1 אויף ז״ז 77–78.

[2] [2] צווישן די צונויפֿגעזעצטע ווערטער (גריכישע און אַנדערע) איז אָפֿט פֿאַראַן אַ בינדקלאַנג ,אָ׳. אַ שטייגער ווי אין ייִדיש אַ ,ס׳ (שיפֿסקאַרטע – שלאַקסרעגן).

און דאָס, וואָס עס האָט פּאַסירט מיט ,טייל (־טל)׳ און מיט ,ווערק (־וואַרג)׳, האָט מיט אַ ריי הונדערטער און טויזנטער יאָרן צוריק פּאַסירט מיט נאָך זייער פֿיל וואָרצלען, וואָס איצט נעמען מיר זיי אויף פֿאַר אַפֿיקסן אָדער פֿאַר הילפֿווערטער (זעט ז״ז 93–94, 95, 110–111, 113–114).

88 צונויפֿזאַצן זײַנען פֿאַראַן אין גרונט צווייערליי טיפּן:

1. סובאָרדיניריקער, אָדער באַשטימטייל + הויפּטטייל – אַזאַ צונויפֿזאַץ, וואָס איינער פֿון זײַנע באַשטאַנדטיילן, מערסטנס דער ערשטער, באַשטימט (כאַראַקטעריזירט) דעם צווייטן באַשטאַנדטייל – דעם הויפּטטייל. אַ שטייגער:

ווינטמיל	וועקזייגער	נאָזטיכל	גאַזלאָמפּ	זאָקן־פֿאַבריק
נאַפֿטמיל	וואַנטזייגער	קאָפּטיכל	בליצלאָמפּ	זייגער־פֿאַבריק
וואַסערמיל	שטאָטזייגער	האַלדזטיכל	הענגלאָמפּ	טעקסטיל־פֿאַבריק

דאָ האָבן מיר דרײַ מינים מילן, זייגערס, טיכלעך, לאָמפּן און פֿאַבריקן.

2. קאָאָרדיניריקער, אָדער הויפּטטייל + הויפּטטייל – אַזאַ צונויפֿזאַץ, וואָס זײַנע טיילן זײַנען גלײַכוואָגיק; קיין איינער פֿון זיי באַשטימט ניט דעם צווייטן, און צווישן זיי איז פֿאַראַן אָדער קאָן זײַן אַ בינדוואָרט ,און׳ (און אַ מאָל – ,אָדער׳). אַ שטייגער: גאָפּל־מעסער, טאטע־מאמע, הענטל־פֿעס, טינט־און־פּען, שער־און־אײַזן, האָב־און־גוטס, פראנק־און־פרײַ, גיכ־גיכ, ארום־און־ארום, מער־וויניקער,[1] וויי־וויי.[2]

אָנמערקונג 1 סובאָרדיניריקע צונויפֿזאַצן זײַנען פֿאַראַן פֿיל טויזנטער; קאָאָרדיניריקע – ניט קיין סך. די טיילן פֿון אַ סובאָרדיניריקן צונויפֿזאַץ קאָן מען איבערשטעלן, דערבײַ וועט זיך דער אינהאַלט שטאַרק בײַטן. פֿאַרגלײַכט אַ שטייגער:

אַרבעטלוין	זייגער־פֿאַבריק	אַרבעטער־צײַטונג	שולקינדער
לוינאַרבעט	פֿאַבריק־זייגער	צײַטונג־אַרבעטער	קינדערשול[3]

אָבער די טיילן פֿון אַ קאָאָרדיניריקן צונויפֿזאַץ לאָזן זיך ניט איבערשטעלן – ,מעסער־גאָפּל, מאַמע־טאַטע׳ זאָגט מען ניט.

אָנמערקונג 2 בײַ אַ סובאָרדיניריקן צונויפֿזאַץ איז דער אַקצענט (דער הויפּטאַקצענט) געוויינטלעך אויפֿן באַשטימטייל (קאָנטראָלירט עס). בײַ אַ קליינינקער גרופּע צונויפֿזאַצן איז דער אַקצענט אויפֿן הויפּטטייל, אַ שטייגער: גוטער־ברודער, יונגער־מאַן, גלײַכווערטל, אָרעמאַן (אָרעם + מאַן), פֿרימאָרגן, רויטאַרמייער, יאָרהונדערט, שוועסטער־קינד. אָבער בײַ אַ קאָאָרדיניריקן צונויפֿזאַץ איז דער אַקצענט געוויינטלעך אויף ביידע טיילן.

1 [1] אַ שטייגער: מיט ,טעג׳... זענען זיי, הייסט עס, מער־וויניקער פֿאַרזאָרגט. (ממס.).

2 [2] אַ שטייגער: וויי־וויי, וואָס ער האָט דאָרטן אויסגעלייענט (שאָל).

3 [3] עס איז פֿאַראַן אַ צונויפֿזאַץ אי ,קאַנדל־צוקער׳ אי ,צוקער־קאַנדל׳ – אָן אַן אונטערשייד אינעם באַטײַט.

בײַ צונויפֿזאַצן אינטערנאַציאָנאַליזמען (גריכישע, לאַטײַנישע, פֿראַנצייזישע א״אַ) איז דער אַקצענט אין ייִדיש אָפֿט אויפֿן בינדקלאַנג „אָ". אַ שטייגער: עטנאָגראַף, געאָגראַף, געאָ־[70]לאָג, ביבליאָגראַף. אָבער נאָך אָפֿטער איז דער אַקצענט אין אַזעלכע ווערטער אויפֿן לעצטן באַשטאַנדטייל. אַ שטייגער: געאָגראַפֿיע, געאָלאָגיע, ביבליאָפֿיל (אַ ליבהאָבער פֿון ביכער), דעמאָקראַט, ביוראָקראַט א״אַ.

אָנמערקונג 3 איין הויפּטטייל קאָן אַ מאָל בײַ זיך האָבן אַ פּאָר באַשטימטיילן. אַ שטייגער: אַרבעטער־ און פּויערים־דעפּוטאַטן; געשיכטע־ און ליטעראַטור־פֿאָרשונג. דאָס הייסט: אַרבעטער־דעפּוטאַטן און פּויערים־דעפּוטאַטן (אָדער: דעפּוטאַטן פֿון אַרבעטער און פּויערים); געשיכטע־פֿאָרשונג און ליטעראַטור־פֿאָרשונג (אָדער: פֿאָרשונג פֿון געשיכטע און פֿון ליטעראַטור).

אָנמערקונג 4 אַ באַשטאַנדטייל פֿון אַ צונויפֿזאַץ – סײַ אַ באַשטימטייל און סײַ אַ הויפּטטייל – קאָן אַ מאָל אַליין אויך זײַן אַ צונויפֿזאַץ. אַ שטייגער:

לאַנדשוץ־וואָך וואָפֿן־שטילשטאַנד

89 עס זײַנען פֿאַראַן ווערטער, וואָס זייערע צונויפֿגעזעצטע טיילן זײַנען ניט פֿון קיין גאַנצע ווערטער (באַזונדער גענומען), נאָר פֿון שטיקלעך – פֿון איינצלנע טראַפֿן אָדער גאָר פֿון די ערשטע קלאַנגען אָדער ערשטע אותיות. אַ שטייגער:

1. פֿון אַ טייל וואָרט מיט אַ גאַנץ וואָרט: רעווטריבונאַל (רעוואָלוציאָנערער טריבונאַל), דאָרפֿקאָר (דאָרף־קאָרעספּאָנדענט), געגנטקאָם (געגנט־קאָמיטעט);
2. פֿון אַ פּאָר טיילן ווערטער: אַרבקאָר (אַרבעטער־קאָרעספּאָנדענט), אָרטקאָם (אָרטיקער קאָמיטעט), קאָלווירט (קאָלעקטיווע ווירטשאַפֿט);
3. פֿון די ערשטע קלאַנגען פֿון עטלעכע ווערטער: נעפּ (נײַע עקאָנאָמישע פּאָליטיק);
4. פֿון די נעמען פֿון די ערשטע אותיות פֿון אַ פּאָר אָדער עטלעכע ווערטער: צעקאַ (צענטראַל־, צענטראַלער קאָמיטעט),[1] צעקאַקאַ (צענטראַלע קאָנטראָל־קאָמיסיע), מטס (מאַשין־טראַקטאָר־סטאַנציע).

אַזעלכע טיפּן ווערטער, ווי „רעווטריבונאַל, אַרבקאָר, נעפּ, צעקאַ" הייסן אַברעוויאַציעס.

אָנמערקונג 1 אין אַן אַברעוויאַציע ווערט אַקצענטירט דער לעצטער באַשטאַנדטייל. קאָנטראָלירט עס.

אָנמערקונג 2 אַן אַברעוויאַציע קאָן, ווי יעדעס אַנדער וואָרט, האָבן בײַ זיך אַפֿיקסן (אַ שטייגער: אַרבפֿאַקן, קאָמיוגיש, צעקיסט) און קאָן קומען אויך אַלס אַ באַשטאַנדטייל פֿון אַ צונויפֿזאַץ. אַ שטייגער: קאָלווירט־פֿאַרוואַלטונג, פֿאָלקאָם־אויסערן־אַנשטאַלטן.

[1] [1] מע זאָגט „צעקאַ", ניט „צעקאָ", ווײַל מע ברענגט דאָ ניט די ערשטע קלאַנגען, נאָר די ערשטע אותיות און מע רופֿט די דאָזיקע אותיות אָן אַזוי, ווי זיי הייסן אין רוסיש און אין אַ ריי אַנדערע שפּראַכן, שרײַבן שרײַבט מען „צעקאַ", „צ.ק." אָדער „צק".

אָנמערקונג 3 אַברעוויאַציעס דאַרף מען ניט צונויפֿמישן מיט געקירצטע ווערטער אין שרײַבן. אַ שטייגער: ד״ה – דאָס הייסט; אאַ״וו – און אַזוי ווײַטער; א״אַ – און אַנדערע. די דאָזיקע קירצונגען קומען פֿאָר נאָר אין שרײַבן, אין [71] ריידן זײַנען זיי ניטאָ: קיינער זאָגט ניט ,דעהע׳ (ד״ה), אָבער ,נעפּ, צעקאַ, צעקאַקאַ׳ זײַנען אָנגענומענע ווערטער אויך אין רייד.

90 שריפֿטקירצונגען, ווי אויך פֿאַרשיידענע אַברעוויאַציעס (,ראָשי־תּיבֿות׳) פֿלעגן באַזונדערש זייער פֿיל אָנגעווענדט ווערן (מער פֿון צען טויזנט) אין דער רבניש־העברעיִשער ליטעראַטור – אין דער ליטעראַטור, וואָס איז געווען אויסגערעכנט אויפֿן למדן.[1] אייניקע אַזעלכע קירצונגען זײַנען אַרײַן אויך אין יִידיש און ווערן נאָך אויך איצט אָנגעווענדט – דער עיקר אַלס פֿאַמיליע־נעמען. אַ שטייגער: ר ש״ל ([ראַשאַל] – רבנו שלמה לוריא), כ״ץ ([קאַץ] – כּהן צדק), מ״ץ ([מאַץ] – מורה צדק) און אַנדערע.

דאָס שאַפֿן געקירצטע צונויפֿזאַצן איז אַ גאַנץ אַלט מיטל (ס׳איז באַוווּסט פֿון אַ פֿאָר טויזנט יאָר), אָבער פֿאַרשפּרייט האָט זיך עס באַזונדערש די לעצטע עטלעכע צענדליק יאָר. דער עיקר – מחמת דעם טעלעגראַף מיט זײַן היפּשן טאַריף פֿאַר אַ וואָרט און מחמת דעם אויפֿקום פֿון אַ סך אַקציאָנערע פֿירמעס און געזעלשאַפֿטלעכע און מלוכישע אַנשטאַלטן, וואָס זייערע נעמען באַשטייען (זײַנען באַשטאַנען) געוויינטלעך פֿון אַ גרעסערער גרופּע ווערטער.

גאָר ברייט האָט מען גענומען אָנווענדן אַזעלכע צונויפֿזאַצן אין דער צײַט פֿון דער מלחמה און באַזונדערש אין די יאָרן פֿון דער רעוואָלוציע – אין די יאָרן פֿונעם אָנגעשטרענגט־האַסטיקן לעבן און דענקען.

די לעצטע צײַט אָבער ווערט אין די סאָוועטישע ליטעראַרישע שפּראַכן אַ ביסל פֿאַרקלענערט דער אָנווענד פֿון אַ ריי געקירצטע צונויפֿזאַצן. הויפּטזאַכלעך פֿון די, וואָס באַשטייען בלויז פֿון די ערשטע קלאַנגען אָדער פֿון די ערשטע אותיות פֿון ווערטער. דאָס איז דערפֿאַר, וואָס די דאָזיקע טיפּן צונויפֿזאַצן זײַנען פֿאַר ברייטערע קרײַזן אָפֿט ניט פֿאַרשטענדלעך.[2]

91 צונויפֿזאַצן שרײַבט מען אָדער אין איינעם אָדער מיט אַ בינדצייכן צווישן די צונויפֿגעזעצטע טיילן.

אין איינעם שרײַבט מען מערסטנס פֿאָלגנדיקע צונויפֿזאַצן:

1. אַלטע. אַ שטייגער: עלטערזיידע, גלידשוועסטערקינד, ווינטשפֿינגערל אאַ״וו;
2. נײַע, ניט קיין גרויסע, וואָס באַשטייען פֿון צוויי־דרײַ טראַפֿן. אַ שטייגער: ראַטנלאַנד, ראַטנמאַכט, שפּראַכקולטור, קולטורהויז אאַ״וו;
3. צונויפֿזאַצן פֿון אַן אַדיעקטיוו מיט אַ סובסטאַנטיוו. אַ שטייגער: גוטערברודער, קליינבירגערטום, גרויסבורזשואַזיע, רוימאַטעריאַל, זיכערנאָדל אאַ״וו;
4. צונויפֿזאַצן פֿון אַנדערע שפּראַכן, וואָס זייערע וואָרצלדיקע טיילן (אָדער אַ טייל פֿון זיי) קומען ניט אין יִידיש אַלס באַזונדערע ווערטער. אַ שטייגער: פּסיכאָלאָגיע, זאָאָפּסיכאָלאָגיע, ביאָגראַפֿיע, אויטאָביאָגראַפֿיע, היסטאָריאָגראַפֿיע אאַ״וו. אָבער: פּסיכאָ־אידעאָלאָגיע, קאָנטער־רעוואָליוציע א״אַ;
5. אַן אויסבילדונג פֿון אַ ווערטער־גרופּע (זעט ז׳ 118). אַ שטייגער: פֿינפֿיאָריקער, זעקס־כאַדאָשימדיקער [זעקס־חדשימדיקער], אונטערוואַסערדיקער, צווישנפֿעלקערלעכע אאַ״וו;

[1] [1] „בײַ וועמען פֿון זיי [פֿון די אַנדערע פֿעלקער] איז דאָ אַזוי פֿיל ראָשי־תּיבֿות, וואָס ברעכן דעם מוח, אַזוי פֿיל ווערטער מיט פּינטלעך אויף שטאַרקע אָנצוהערעניש צו געבן, ווי בײַ אונדז?״ (ממס.).

[2] [2] זעט דעם ח׳ ל. מ. קאַגאַנאָוויטשעס אַרויסטרעטונג אויפֿן XVII פּאַרטיי־צוזאַמענפֿאָר.

6. פֿאַרשיידענע טיפּן אַברעוויאַציעס. אַ שטייגער: פּאָלקאָמויסערן, ראַיוויספּירקאָם, נאַצמינדערהײַטן, אוקרמעלוכענאַצמינדערפֿאַרלאַג[1] אאַ״וו. [72]

מיט אַ בינדצייכן שרײַבט מען צונויפֿזאַצן געוויינטלעך אין פֿאָלגנדיקע פֿאַלן:

1. ווען דער צונויפֿזאַץ איז אַ נײַער און אַ גרעסערער. אַ שטייגער: ראַטן־מעלוכע [ראַטן־מלוכה], מעלוכע־אָרגאַן [מלוכה־אָרגאַן], רעגירונג־הויז, פֿאַבריק־ווירטשאַפֿט אאַ״וו;

2. ווען די טיילן פֿונעם צונויפֿזאַץ באַגעגענען זיך מיט אַלצאַיינע קאָנסאָנאַנטן. אַ שטייגער: הויפּט־טייל, טאַנץ־צימער, בירגער־רעכט, קויף־פּעיִק אאַ״וו. אָבער: אָרעמאַן (אָרעם + מאַן), האַנטעך (האַנט + טוך), אויערינגל (אויער + רינגל);

3. ווען דער צווייטער טייל פֿונעם צונויפֿזאַץ הייבט זיך אָן מיט אַ שטומען ,א׳. אַ שטייגער: גרונט־אידיי, גאַס־אוילעם [גאַס־עולם], האַלב־אינדזל, פּראָוואַנס־אייל אאַ״וו. אָבער: ראַיוויספּירקאָם, פּעדינסטיטוט אאַ״וו;

4. ווען דער צונויפֿזאַץ איז אַ צווייענדיקער. אַ שטייגער: לאַנדשוץ־וואָך, פּינפּיאָר־פּלאַן, נײַיאָר־אָוונט, וואָפֿן־שטילשטאַנד אאַ״וו;

5. גלײַכוואָגיקע צונויפֿזאַצן, ווי אויך אַ צווייענדיקן נאָמען. אַ שטייגער: טינט־און־פּען, הענטל־פּען, האָב־און־גוטס, מער־ווייניקער; לייזער־וואָלף, מוישע־בער [משה־בער] אאַ״וו;

6. צונויפֿזאַצן פֿונעם טיפּ ,וואַלד־אויס, וואַלד־אײַנ; דאָר־אויס, דאָר־אײַנ [דור־אויס, דור־אײַן]; באַרג־אַראָפּ, באַרג־אַרויף׳ אאַ״וו;

7. ווען דער צונויפֿזאַץ, זײַענדיק געשריבן אין איינעם, וואָלט געקאָנט באַטײַטן עפּעס אַנדערש אָדער וואָלט זיך געלייענט אַנדערש. אַ שטייגער: קאָנטער־אַקט (ניט דאָס זעלבע, וואָס ,קאָנטראַקט׳), ברענ־גלאָז, טוי־טראָפּן, ווינט־שנעלקייט אאַ״וו;

8. ווען איינער פֿון די צונויפֿגעזעצטע טיילן ווערט אײַנגעפּיסלט. אַ שטייגער: גרונט־,קויכעס׳ [גרונט־,כּוחות׳], ,שאָלעמ׳־פּלאַן [,שלום׳־פּלאַן], ,קונסט׳־אַנשטאַלט אאַ״וו.

13 פּרעפֿיקס און צוגאָב. פּרעפֿיקסירונג

92 פֿאַר אַ וואָרצל קאָן מען בײַ אַ וואָרט אַמאָפּטסטן טרעפֿן איינע אָדער עטלעכע פֿון פֿאָלגנדיקע מאָרפֿעמעס (קוקט זיך צו צו זייער באַטײַט און אויסלייג):

1 אומ־ אומחן, אומגליק, אומלעגאַל, אומגעגעסן, אומבאַקאַנט...
2 אַנט־ אַנטלויפֿן, אַנטדעקן, אַנטוואָפֿענען, אַנטווינען, אַנטהאַלטן...
3 באַ־ באַדעקן, באַגײַסטערן, באַנעמען, באַקומען, באַאײַנפֿלוסן...
4 גע־ געלאַכט, געשריִען, געשרייען, געביין,[2] געוויטער, געטרײַ...
5 דער־ דערשרײַבן, דערהאַלטן, דערהערן, דערציִען, דערשײַנען...

[1] פֿאָלקס־קאָמיסאַריאַט פֿון אויסערן, ראַיאָנער אויספּיר־קאָמיטעט, נאַציאָנאַלע מינדערהייטן, אוקראַיִנישער מלוכה־נאַצמינדערהייטן־פֿאַרלאַג.

[2] [1] אַ שטייגער: מיכל איז ערגעץ פֿאַרוואָגלט, נישט צו וויסן, ווו זײַן געביין איז הינגעקומען (ממס).

6 פֿאַר־ פֿאַרנעמען, פֿאַרלויפֿן, פֿאַרברענגען, פֿאַרגעבן, פֿאַרשטיין...

7 צע־ צענעמען, צעוואַרפֿן, צעפֿירן, צעגיין, צעשיקן...

8 אַהינ־ אַהינטאָן, אַהינגעטאָן, אַהינקומען, אַהינגעקומען...[1]

9 אַוועק־ אַוועקשיקן, אַוועקלויפֿן, אַוועקיאָגן, אַוועקגעבן, אַוועקטראָגן...

10 אַנטקעגנ־ אַנטקעגנגיין, אַנטקעגנפֿאָרן, אַנטקעגנלויפֿן, אַנטקעגנפֿירן... [73]

11 אַנידער־ אַנידערלייגן, אַנידערזעצן, אַנידערשטעלן, אַנידערוואַרפֿן...

12 אַפּיר־ אַפּירנעמען, אַפּירקוקן, אַפּירוואַרפֿן, אַפּירשאַרן, אַפּירשלעפּן...[2]

13 אָנ־ אָנהייבן, אָניאָגן, אָנפֿאַלן, אָנשרײַבן, אָנלייגן, אָנשטיין...

14 אונטער־ אונטערלייגן, אונטערשטעלן, אונטערוואַרפֿן, אונטעריאָגן...

15 אַרונטער־ אַרונטערגעבן, אַרונטערטראָגן, אַרונטערקוקן, אַרונטערפֿאַלן...

16 אומ־[3] אומגיין, אומלויפֿן, אומטאַנצן, אומפֿאַלן, אומקומען...

17 אַרומ־ אַרומגיין, אַרומלויפֿן, אַרומפֿירן, אַרומשלעפּן, אַרומקוקן...

18 אויפֿ־ אויפֿשטיין, אויפֿגיין, אויפֿקומען, אויפֿנעמען, אויפֿטאָן...

19 אַרויפֿ־ אַרויפֿגיין, אַרויפֿוואַרפֿן, אַרויפֿלויפֿן, אַרויפֿשלעפּן, אַרויפֿוויקלען...

20 אויס־ אויסזעצן, אויסמעסטן, אויסנעמען, אויסלינקען, אויסמײַדן...

21 אַרויס־ אַרויסזעצן, אַרויסשיקן, אַרויסגעבן, אַרויסנעמען, אַרויספֿאָרן...

22 איבער־ איבערגעבן, איבערזעצן, איבערפֿירן, איבערבייגן, איבערגרופּירן...

23 אַריבער־ אַריבערזעצן, אַריבערפֿירן, אַריבערשיטן, אַריבערהענגען...

24 אײַנ־ אײַנפֿירן, אײַנבייגן, אײַנהייצן, אײַנזייערן, אײַנבירגערן...

25 אַרײַנ־ אַרײַנפֿירן, אַרײַנוואַרפֿן, אַרײַנזאָגן, אַרײַנקוקן, אַרײַנשיטן...

26 אָפּ־ אָפּפֿירן, אָפּבייגן, אָפּבעטן, אָפּקומען, אָפּמינטערן...

27 אַראָפּ־ אַראָפּפֿירן, אַראָפּגיין, אַראָפּוואַרפֿן, אַראָפּזעצן, אַראָפּפֿליִען...

28 בײַ־ בײַזײַן, בײַזיצן, בײַשטיין, בײַלייגן, בײַקומען...

29 דורכ־ דורכגיין, דורכקוקן, דורכנעמען, דורכפֿירן, דורכלייגן...

30 הינטער־ הינטערלייגן, הינטערגיין, הינטערשטעלן, הינטערשטעליק...

31 מיט־ מיטגיין, מיטלויפֿן, מיטנעמען, מיטפֿילן, מיטאַרבעטן...

32 נאָכ־ נאָכגיין, נאָכקוקן, נאָכפֿאָלגן, נאָכטאַנצן, נאָכגעבן...

33 פֿאַנאַנדער־ פֿאַנאַנדערנעמען, פֿאַנאַנדערוואַרפֿן, פֿאַנאַנדערוויקלען...
[פֿונאַנדער]

1 [2] אַ מאָל קומט ניט ‚אַהינ־‘, נאָר ‚הינ־‘, ווי אַ שטייגער אין מענדעלעס פֿאָריקן בײַשפּיל.

2 [1] אַ שטייגער: מע האָט אַפּירגענומען [אַרויסגענומען] די רויטע ייִדלעך (ממס.); ער האָט אים געוואָלט... אַפּירשלעפּן און אַרויסשטויסן (ניס.).

3 [2] וועגן דעם חילוק פֿון דעם ‚אומ־‘ און דעם ערשטן – זעט ווײַטער.

34 פֿאַרבײַ־ פֿאַרבײַגיין, פֿאַרבײַפֿאָרן, פֿאַרבײַלויפֿן, פֿאַרבײַטראָגן, פֿאַרבײַפֿירן...

35 פֿאָר־ פֿאָרלויפֿן, פֿאָרלייענען, פֿאָרוואַרפֿן, פֿאָרשטעלן, פֿאָרנעמען...

36 פֿאָרויס־ פֿאָרויסגיין, פֿאָרויספֿאָרן, פֿאָרויסטראָגן, פֿאָרויספֿירן...

37 פֿיר־ פֿירזאָגן, פֿירנעמען, פֿירלייענען, פֿירגעבן (פֿאָרלייגן)...[1]

38 צו־ צונעמען, צוגיין, צושטיין, צוגעבן, צופּאַסן...

39 צוזאַמענ־ צוזאַמענקלײַבן, צוזאַמענלייגן, צוזאַמענוואַרפֿן, צוזאַמעננעמען...

40 צונויפֿ־ צונויפֿנעמען, צונויפֿנייען, צונויפֿלייגן, צונויפֿזעצן...

41 צוריק־ צוריקגיין, צוריקלויפֿן, צוריקגעבן, צוריקשלײַדערן...

42 אַ(נ)־ אַפּאָליטיש, אַסימעטריע, אַנאַלפֿאַבעטיזם, אַנעסטעטיש...

43 אַנטי־ אַנטיסאָוועטישע, אַנטיקלעריקאַלע, אַנטיציקלאָן, אַנטיסעמיט...

44 אינטער־ אינטערנאַציאָנאַל, אינטערדיאַלעקטאַל, אינטערוואַל...

45 דיס־ (דיז־) דיסהאַרמאָניע, דיסקרעדיטירן, דיסקוואַליפֿיצירן, דיזאַסאָציאַציע... [74]

46 דע(ז־) דעפֿאָרמירן, דעצענטראַליזירן, דעזאָרגאַניזירן, דעזינפעקציע [דיסאינפֿעקציע]

47 טראַנס־ טראַנספּאָרטירן, טראַנספֿאָרמירן, טראַנסמיסיע, טראַנסקאַווקאַז...

48 סינ־ (סימ־) סינכראָניש, סינטעז, סימפּאַטיע, סימפֿאָניע, סימעטריע...

49 עקס־ עקספּאָרטירן, עקסקורסירן, עקסטעריטאָריעל, עקספּרעסיע...

50 קאָנטר־ [קאָנטער־] קאָנטר־רעוואָליוציע [קאָנטער־רעוואָלוציע], קאָנטרמינע [קאָנטער־מינע], קאָנטר־אקט [קאָנטעראַקט], קאָנטראקט...[2]

51 רע־ רעפֿאָרמירן, רעקאָנסטרויִרן, רעעמיגראַציע, רעאַקציע...

52 בעל־ [באַל] בעל־שׂימחה, בעל־מלאָכה, בעל־חובֿ, בעל־פּרנסה, בעל־בטחון...

53 ב־ [בע] באמת, בשלום, בסוד, בטבֿע, בקאָמפּאַניע...[3]

54 ל־ [לע] למשל, לכּבֿוד, לסוף, להיפּוך, לערך...

55 מ־ [מי] מצד, מכּוח, מיד־ליד (פֿון האַנט צו האַנט)...[4]

56 מ־ [מע, מאַ] מלמד, משׂכּיל, מחבר, מסוכּן, מקריבֿ זײַן, משלח זײַן...[5]

93 אויסער די ערשט אויסגערעכנטע מאָרפֿעמעס זײַנען פֿאַר אַ וואָרצל אָפֿט מאָל פֿאַראַן נאָך אַנדערע – זעלטענערע. אַ שטייגער:

[1] [3] אַ שטייגער: מיר האָט מען פּירגעזאָגט, און איך האָב געשריבן (אַקס.); בנימין האָט פּירגענומען די נסיעה אין די ווײַטע מקומות...(ממס.); עטלעכע בלעטעלעך, וועלכע איך האָב הײַנט פּירגעלייענט פֿאַר אונדזערע נגידים (ממס.). [2] [1] קאָנטראקט – אָפּמאַך; קאָנטר־אקט – קעגנאַקט. [3] [2] אַ שטייגער: ער האָט אָנגעהויבן...מאַכן בקאָמפּאַניע אַ כּוסע אויך (שאָל.). [4] [3] אַ שטייגער: דעם שוחטס איידעמס בריוול איז געגאַנגען מיד־ליד (שאָל.). [5] [4] אַ שטייגער: איך באַטראַכט מײַן פֿאַרשוין: אַ טיפּ פֿון אַ קליינשטעטלדיקן משׂכּיל, אַ מחבר (שאָל.); אין די גרויסע היצן זײַנען די הינט מסוכּן – זיי ווערן משוגע (שאָל.); מע האָט מיך משלח געווען מיט כּבֿוד (שאָל.).

57 אינ־ (אימ־) אינסטרוקטירן, אימפּאָרט(ירן), אינוווערסיע, אינדיפֿערענט...
58 סוב־ סובקאָמיסיע, סובאַרענדע, סובטראָפּיש, סובאָרדינירן...
59 קאָ(נ)־ קאָאָפּעראַציע, קאָנקורס, קאָנטעקסט, קאָאָרדינירן...
60 ה־ [האַ] שמשון הגיבור, דוד המלך, אליהו הנבֿיא...
61 ר־ [ווע] אַדרבא־ואַדרבא, קינאה ושׂינאה...
62 נ־ (נת־) [ניס] נישׂרף, ניפֿטר (ווערן), ניגזל (ווערן), נתגדל ווערן...[1]
63 כּ־ [קע/קי] כּסדר, כּשורה, כּחלק, כּשמערל [קישמערל]...[2]
64 שב־ [שעבע/שעבי] אַ גן־עדן־שבגן־עדן, אַ ייִד־שבייִדן, אַ כּלבֿ־שבכּלבֿים [שעביקלאָווים]...[3]

און נאָך אַ ריי אַנדערע מאָרפֿעמעס (באַזונדערש אינטערנאַציאָנאַלע), וואָס דרינגען אַלץ מער און מער אַרײַן אין אונדזער לשון. [75]

94 די מאָרפֿעמעס 1–41 זײַנען גערמאַניש. די איבעריקע זײַנען אַנטלײַענע: ‚אַ(נ)־, אַנטי־, סינ־(סימ־)‘ זײַנען גריכישע; ‚אינטער־, דע־, טראַנס־, עקס־, קאָנטר־, רע־, אינ־ (אימ־), סוב־, קאָ(נ)־‘ זײַנען לאַטײַנישע; ‚דיס־ (דיז־)‘ איז אי אַ גריכישע אי אַ לאַטײַנישע; און ‚בעל־, ב־, ל־, מ־ [מי], מ־ [מע/מאַ], ה־, ו־, נ־, נת־, כּ־, שב־‘ זײַנען סעמיטישע.

95 אַ גאַנצע ריי פֿון די פֿריִער אָנגעוויזענע מאָרפֿעמעס, וואָס פֿיל פֿון זיי קומען אויך אַלס באַזונדערע ווערטער, באַשטייען אין דער אמתן אַליין אויך פֿון אַ פּאָר געוועזענע אָדער איצטיקע מאָרפֿעמעס. אַ שטייגער:

פֿאָרויס (פֿאָר + אויס) אַנטקעגן (אַנט + קעגן)
צוריק (צו + ריק)[4] פֿונאַנדער (פֿון + אַנדער)

אויך די מאָרפֿעמעס ‚אַרונטער, אַרום, אַרויף, אַרויס, אַריבער, אַרײַן, אַראָפּ‘ האָבן זיך געבילדעט ווי צונויפֿזעצונגען פֿון ‚אונטער, אום, אויף, אויס, איבער, אײַן, אָפּ‘ – מיטן וואָרט ‚הער‘ (הין און הער, אַהער), וואָס איז מיט דער צײַט פֿאַרוואַנדלט געוואָרן אין ‚אַר‘.[5] און אַזוי איז עס מיט נאָך אַ ריי פֿון די פֿריִער אָנגעוויזענע מאָרפֿעמעס – ניט שטענדיק זײַנען זיי געוועזן אַזעלכע, ווי זיי זײַנען איצט אין ייִדיש, אָבער פֿאַרן שפּראַכלעכן באַוווסטזײַן (חוש) פֿון אַ דורכשניטלעכן ייִדיש־רייִדער איז דער

[1] [5] אַ שטייגער: ער גייט גלאַט אַרום ווי אַ ניגזל (שאָל.); מײַן גאַנץ לעבן...בין איך נתגדל געוואָרן אין טונעיאַדעווקע (שאָל.).

[2] [6] אַ שטייגער: עפּעס איז ניט רעכט און ניט אַלץ כּשורה אין שטוב (ניס.); דאָס זאָל זײַן לחצאָין, אויף דער האַלב הייסט עס, חלק כּחלק (שאָל.); זײַנען די שדכנים ניט פֿויל... און זאָגן: אין כּשמערל! נישטאָ קיין בעסערער פֿאַר זייער טאָכטער ווי שמערל (ממס.).

[3] [7] אַ שטייגער: דער טאַטע זײַנער איז געווען...אַ ייִד־שבייִדן, אַ האָן־שבהענער (ממס.); אויף אַ לאַנגן שטריק שטייט ער צוגעבונדן – אָט דער כּלבֿ־שבכּלבֿים (שאָל.).

[4] [1] דאָס הייסט: צום רוקן. אינעם איצטיקן ייִדיש איז קיין מאָרפֿעמע ‚ריק‘ כּמעט ווי ניט פֿאַראַן. סײַדן נאָר אין ‚ריקצוג‘ אָדער אין ‚ריקפֿאַל־טיפֿוס‘ (возвратный тиф) [vozvratnyj tif].

[5] [2] און די עלטערע שרײַבער פֿלעגן טאַקע שרײַבן ניט ‚אַר‘, נאָר ‚הער‘. אַ שטייגער: פֿון פֿיל חלומות, און הבֿלים, און גערייִדערײַ קומט אַלץ נישט הערויס (לעפּ.).

ערשט געמאַכטער אַנאַליז פֿון אַ ריי מאָרפֿעמעס און ווערטער גאַנץ פֿרעמד. פֿאַר אַ דורכשניטלעכן ייִדיש־ריידער באַשטייט „פֿאָרויס, צוריק, צונויף, אַרונטער“ און אַ ריי אַנדערע – פֿון איין מאָרפֿעמע, פֿון איין באַטייַטיקן טייל. אָט פֿאַר וואָס די דאָזיקע מאָרפֿעמעס און ווערטער וועלן אויך פֿאַר אונדז, בייַם פּראַקטישן באַהאַנדלען די סטרוקטור פֿון דעם אָדער יענעם וואָרט, פֿיגורירן אַלס אַזעלכע.

96 די מערהייט פֿאַרוואָרצלדיקע מאָרפֿעמעס קאָן מען אייַנטיילן אין צוויי גרונטגרו־פּעס:

1. **פּרעפֿיקסן**. אַ שטייגער: באַהאַלטן, דערהאַלטן, אַנטהאַלטן, פֿאַרהאַלטן...
2. **צוגאָבן**. אַ שטייגער: אָפּהאַלטן, צוהאַלטן, אויסהאַלטן, אייַנהאַלטן...

אונטערשיידן אַ צוגאָב פֿון אַ פּרעפֿיקס קאָן מען לויט פֿאָלגנדיקע סימנים:

1. אַ צוגאָב איז שטענדיק אַקצענטירט; 2. בייַ אַ פּערזאָניקן ווערב (זעט ז׳ 39) קומט אַ צוגאָב שטענדיק נאָכן ווערב און באַזונדער. אַ שטייגער:

1. אָפּהאַלטן, אָפּגעהאַלטן, אָפּגעהאַלטענע – (איך) האַלט אָפּ;
2. צוהאַלטן, צוהאַלטנדיק, צוהאַלטנדיקע – (איך) האַלט צו;
3. אויסהאַלטן, אויסגעהאַלטן, אויסהאַלטונג – (איך) האַלט אויס.

אָבער אַ פּרעפֿיקס האָט ניט די דאָזיקע אייגנשאַפֿטן. אַ שטייגער: באַהאַלטן, באַהאַלטנדיק, באַהאַלטנדיקע – (איך) **באַהאַלט**; דערהאַלטן, דערהאַלטנדיק, דערהאַלטענע – (איך) **דערהאַלט**. [76]

אָנמערקונג 1 איינעם און דעם זעלבן (אָדער ענלעכן) אינהאַלט קאָן מען אַ מאָל אויסדריקן אי מיט אַ פּרעפֿיקס אי מיט אַ צוגאָב. אַ שטייגער: צעוואַרפֿן – פֿונאַנדערוואַרפֿן; צעשיקן – פֿונאַנדערשיקן; צענעמען – פֿונאַנדערנעמען.

אָנמערקונג 2 פּרעפֿיקסן און צוגאָבן קאָנען זייַן בייַ ווערטער פֿון פֿאַרשיידענע וואָרטקלאַסן, ניט דווקא בייַ ווערבן. אָבער אין דער אַבסאָלוטער מערהייט זייַנען זיי בייַ ווערבן און בייַ פֿון ווערבן אויסגעבילדעטע ווערטער. אַ שטייגער: פֿאַרשטיין, פֿאַרשטאַנד, פֿאַרשטענדלעך, פֿאַרשטענדלעכקייט, אומפֿאַרשטענדלעכקייט...; אויפֿשטיין, אויפֿשטאַנד, אויפֿשטאַנדן, אויפֿשטענדלער, אויפֿשטענדלעריש אאַ״וו.

אָנמערקונג 3 „אומ־“ איז פֿאַראַן אי אַ פּרעפֿיקס אי אַ צוגאָב (זעט די בייַשפּילן בייַ די נומערן 1 און 16 פֿונעם פֿאָריקן צעטל פֿאַרוואָרצלדיקע מאָרפֿעמעס). דער פּרעפֿיקס „אומ־“ (אַ מאָל איז ער געווען „אונ־“) באַטייַט **נעגאַציע** (פֿאַרניינונג, קעגנזאַץ) און קומט אויך מערסטנס מיט אַן אַקצענט.[1] אָן אַן אַקצענט אָדער מיט אַ שוואַכערן אַקצענט איז דער פּרעפֿיקס „אומ־“ אָפּט בייַ אַ פּאַרטיציפּ (זעט ז׳ 39) און בייַ פֿון אַ פּאַרטיציפּ געבילדעטע ווער־טער. אַ שטייגער: אומגעגעסן – אומגעגעסענער, אומבאַשטראָפֿט – אומבאַשטראָפֿטע.[2]

1 [1] מיט אַן אַקצענט קומט אויך דער גאַנץ ווייניק פּראָדוקטיווער פּרעפֿיקס „מיס־“ (= שלעכט, אומ־). אַ שטייגער: מיסברויכן, מיספֿאַרשטייעניש.

2 [2] אין די דאָזיקע פֿאַלן איז דער פּרעפֿיקס „אומ־“ ניט אַקצענטירט אָדער ווייניקער אַקצענטירט, כּדי, וואָרשייַנלעך, מע זאָל אים ניט פֿלאָנטערן מיטן צוגאָב „אומ־“.

97 די פּרעפֿיקסן ,אַנט־, באַ־, גע־, דער־, פֿאַר־, צע־׳, ווי אַלע אַנדערע אַפֿיקסן, זײַנען אַ מאָל אויך געווען זעלבשטענדיקע ווערטער (אַדווערבן). זיי האָבן אָבער זייער זעלבשטענדיקייט שוין גאַנץ לאַנג פֿאַרלוירן. אָבער די צוגאָבן – כאָטש אויך זייער פּראָצעס פֿון פֿאַרוואַנדלט ווערן אין אַפֿיקסן האָט זיך אָנגעהויבן שוין גאַנץ לאַנג, דאָך האָבן זיי נאָך אַלץ אויפֿגעהיט אַ ריי אייגנשאַפֿטן פֿון זעלבשטענדיקייט (אַקצענט, אַ קלענערע אָדער אַ גרעסערע באַוועגלעכקייט), און גאַנץ אָפֿט קומען זיי נאָך אַלס פֿולשטענדיק זעלבשטענדיקע ווערטער – אַלס אַדווערבן. אַ שטייגער: די גאַנצע שטאָט זאָלט איר באַשרײַבן, פֿון אויבן ביז אַ ר אָ פּ (שאָל.); שימקע... באַקוקט איטלעכן גרעבערן בוים פֿון אויבן אַ ר אָ פּ און פֿון אונטן אַ ר ו י ף (בערג.); פֿ אַ ר ב ײַ איז דורכגעפֿאָרן אַ... פּויערשע פֿור (בערג.); סענדערל, מיר זײַנען פֿ אַ ר ב ײַ (ממס.); ער איז געלאָפֿן א ו י ף און אָ פּ בײַ טאָג איינער אַליין אין בית־מדרש (פּ.).

98 אויסער אַ פּרעפֿיקס און צוגאָב קאָן מען בײַ פֿיל ווערטער פֿאַרן וואָרצל אָפֿט טרעפֿן אויך אַנדערע מאָרפֿעמעס, אַודערע טיילן. דער עיקר – אַ פּ ר ע פּ אָ ז י צ י ע, אָדער אַן אַ ר ט י ק ל, אָדער זיי ביידן צוזאַמען, אָדער עפּעס אַ פּ אַ ר ט י ק ל, דאָס הייסט אַזעלכע טיילן, וואָס בכלל קומען זיי אַלס הילפֿווערטער, נאָר אין געוויסע פֿאַלן פֿאַרלירן זיי זייערע אייגנשאַפֿטן פֿון באַוועגן זיך, וואַקסן צו צו זייערע ווײַטערדיקע ווערטער – צו סובסטאַנטיוון, אַדיעקטיוון אָדער ווערבן, און ווערן אויף אַזאַ אופֿן פֿאַרוואַנדלט אין וואָרטטיילן, אין פּרעפֿיקסן. אַ שטייגער:

1. פּ ר ע פֿ י ק ס י ר ט ע פּ ר ע פּ אָ ז י צ י ע ס: פּארטאָג,[1] בײַטאָג, אינגאנצן, אי־[77]ניינעם, אָנראכמאָנעסדיקע [אָנרחמנותדיקע],[2] אונטערוואסערדיקע, צווישנפעלקערלעכע, פּאריאָנטעוורדיקע [פֿאַריום־טובֿדיקע], ערעוויאָנטעוודיקע, נאָכיאָנטעוודיקע אאַ״וו.
2. פּ ר ע פֿ י ק ס י ר ט ע אַ ר ט י ק ל ע ן: אהיימ (איך גיי אַהיים), אפּאָנעמ (ער איז אפּאָנעמ פארנומענ) [אַ פּנים], דעריקער (דאָס קומט דעריקער פּאָר...) [דער עיקר], דאָסגלײַכנ (דעסגלײַכנ) [דאָס (דעסט) גלײַכן] און אַנדערע.
3. פּ ר ע פֿ י ק ס י ר ט ע פּ ר ע פּ אָ ז י צ י ע ס און אַ ר ט י ק ל ע ן: איבעראוואָכ, איבעראיאָר, אינדערוואָכנ, אינדערפרי, אפדערנאכט, פונדאָסנײַ, צומבעסטנ [צו + (דע)מ + בעסטנ], אמבעסטנ (א(נ) + (דע)מ + בעסטנ) אאַ״וו.
4. פּ ר ע פֿ י ק ס י ר ט ע פּ אַ ר ט י ק ל ע ן: אַ שטייגער דער ,צו׳ אין ,אַרײַנצוגיין, אַראָפּצונעמען׳ און אין ענלעכע; דער ,ניט׳ אין אַ ,ניטגוטער׳ און אַנדערע.

99 אָ נ מ ע ר ק ו נ ג ע ן 1. מע דאַרף זאָגן און שרײַבן ,באַ־׳, ווען דאָס ווערט אַרויסגערעדט אָן אַן אַקצענט – סײַ ווען דאָס איז אַ פּרעפֿיקס און סײַ ווען אַ פּרעפֿיקסירטע פּרעפּאָזיציע.[3] אַ שטייגער: באקומענ, באטראכט, באגריפ, באטאָג, באנאכט[4] אאַ״וו.

[1] לויט ייִוואָ ווערן עטלעכע פֿון די ווײַטערדיקע ווערטער געשריבן באַזונדער, לכל־הפּחות ווען זיי ווערן באַנוצט ווי אַדווערבן (ניט ווי קיין סובסטאַנטיוון).

[2] [1] דער דאָזיקער אַדיעקטיוו, ווי אויך אַלע ווײַטערדיקע, איז געבילדעט פֿון אַ סובסטאַנטיוו מיט אַ פּרעפּאָזיציע מיט אַן אַדיעקטיווישן סופֿיקס (און פֿלעקסיע) – ,אָן רחמנות׳ + ,־דיק׳ + ,־ע׳; ,צווישן פֿעלקער׳ + ,־לעך׳ + ,־ע׳ אאַ״וו.

[3] ייִוואָ: דער פּרעפֿיקס איז ב אַ ־ און די פּרעפּאָזיציע איז ב ײַ , כאָטש אַרויסגערעדט ווערן ביידע ווי [באַ].

[4] [2] אַזוי איז אויך, ווען ,בא׳ איז אַ פּרעפּאָזיציע, אַ הילפֿוואָרט. אַ שטייגער: איך וועל זײַנ ב א ד י ר , ב א י מ , ב א א ל ע מ ע נ ...[בײַ דיר, בײַ אים, בײַ אַלעמען].

מע דאַרף אָבער זאָגן און שרײַבן ‚בײַ־‘, ווען דאָס ווערט אַרויסגערעדט מיט אַן אַקצענט – סײַ ווען דאָס איז אַ צוגאָב און סײַ ווען אַ וועלכע ניט איז אַנדער מאָרפֿעמע. אַ שטייגער: בײַקומען, בײַשטיין, בײַזיצער, בײַהוצאָות, בײַזאַך, בײַגליד אאַ״וו.[1]

2. דער פּרעפֿיקס ‚גע־‘ (געדענקען, געשריבן; געשריי, געהילץ אאַ״וו) ווערט געוויינט־לעך אַרויסגערעדט אַזוי, ווי נאָכן ‚ג‘ וואָלט געווען אַ וואָקאַל, וואָס איז נאָענט צו ‚י‘.

3. קיין פּרעפֿיקס ‚ער־‘ איז אינעם מאָדערנעם ליטעראַרישן ייִדיש ניט פֿאַראַן. עס דאַרף שטענדיק זײַן ‚דער־‘. אַ שטייגער: דערהאַלטן, דערשײַנען, דערציִען, דערציִונג אאַ״וו.[2] אָבער: אָנערקענען.

4. ‚צע־‘ איז אַלע מאָל אָן אַן אַקצענט, באַטײַט כּמעט דאָס זעלבע, וואָס ‚פֿונאַנדער‘, און איז שטענדיק אַ פּרעפֿיקס.[3]

5. די צוגאָבן ‚אַפֿיר־, פֿיר־‘ זײַנען אַ פֿאַרשפּרייטע דערשײַנונג בײַ די פּוילישע און אוק־ראַיִנישע ייִדן. אַ מאָל ווערן די דאָזיקע צוגאָבן פֿאַרביטן דורך אַנדערע צו[78]גאָבן: ‚אַפֿיר־‘ – דורך ‚אַרויס־‘, און ‚פֿיר־‘ – דורך ‚פֿאָר־‘.[4] ווי אַלע אַנדערע צוגאָבן קומען ‚אַפֿיר־‘ און ‚פֿיר־‘ ניט נאָר אַלס פּרעפֿיקסירטע, נאָר אויך אַלס באַזונדערע. אַ שטייגער: (1) שרײַט פֿון הינטן אַ שמאַטע אַ פֿ י ר (עט.); איך נעם אַ פֿ י ר מײַן פּעקל סחורה (ממס.); זיי זײַנען ערשט פֿון אונטער דער חופּה אַ פֿ י ר (פּ.); (2) אַ נײַ לעבן שטייט איר פֿ י ר אַצינד (שאָל.).

6. דער אונטערשייד פֿון ‚אונטער‘ און ‚הינטער‘ באַשטייט דערין, וואָס ‚אונטער‘ באַטײַט געוויינטלעך אַ ווערטיקאַלע באַציִונג (פֿון אויבן אַראָפּ), под [pod]; און ‚הינטער‘ באַטײַט אַ האָריזאָנטאַלע באַציִונג, за, сзади [za, szadi]. עס קאָן זײַן אַן א ו נ ט ע ר ג אַ נ ג און אַ ה י נ ט ע ר ג אַ נ ג. דער קעגנזאַץ פֿון ‚אונטער‘ איז געוויינטלעך ‚איבער‘, דער קעגנזאַץ פֿון ‚הינטער‘ איז ‚פֿאַר, פֿריִער‘.

7. קיין צוגאָב ‚אויפֿ־‘ (אָדער ‚אָפֿ־‘) איז אינעם סאָוועטישן ליטעראַרישן ייִדיש ניט פֿאַ־ראַן. עס איז פֿאַראַן נאָר אַ צוגאָב און אַ זעלבשטענדיק וואָרט ‚אופֿ‘ אָדער אַ פּרעפּאָזיציע ‚אפֿ‘ אָדער ‚אפֿנ‘ (אפֿ + דעמ – אַ פּרעפּאָזיציע מיט אַן אַרטיקל). אַ שטייגער: דאָס אופֿשטיין, דער אופֿשטאנד; מיר שטעלנ אופֿ אפֿנ (אפֿ דעמ) בארג דאָס בײַדל, מיר זײַנענ אופֿ.

8. אויך קיין צוגאָב ‚אַרויפֿ־‘ איז אינעם סאָוועטישן ליטעראַרישן ייִדיש ניטאָ. עס איז פֿאַראַן נאָר ‚ארופֿ־‘ – סײַ אַ צוגאָב און סײַ אַ זעלבשטענדיק וואָרט. אַ שטייגער: דאָס ארופֿ־גיינ, מיר גייענ ארופֿ, מיר וועלנ גיינ ארופֿ אונ אראָפּ.

1 [3] אַזוי אויך, פֿאַרשטייט זיך, אין די ווערטער ‚דערבײַ, פֿאַרבײַ‘.

2 [4] שוין העכער פֿיר הונדערט יאָר, ווי מע ברענגט דעם דאָזיקן פּרעפֿיקס אין ייִדיש בכלל מיט אַ ‚ד‘. כאָטש פּרוּוון צו ‚פֿאַרדײַטשן‘ אים און צו ברענגען אים אָנעם ‚ד‘ זײַנען געמאַכט געוואָרן פֿיל מאָל.

3 [5] אָבער ניט אַבסאָלוט אין אַלע פֿאַלן באַטײַט ‚צע־‘ דאָס זעלבע, וואָס ‚פֿונאַנדער‘. אַ שטייגער אין פּרצעס זאַץ „זי וויל נישט אים מיט די עלטערן צ ע ק ר י ג ן“ אָדער אין שלום־עליכמס זאַץ „ביזן סוף אַקט איז דער עולם שיִער ניט צ ע ש ט אָ ר ב ן“ – קאָן דאָס אויסגעטיילטע וואָרט ניט קומען מיטן צוגאָב ‚פֿונאַנדער‘ אַנשטאָט דעם פּרעפֿיקס ‚צע־‘.

4 [1] אַ שטייגער: אַלץ, וואָס אַ מוטער איז פֿעיִק פֿ אָ ר צ ו נ ע מ ע ן פֿאַר אַ קינד בעת סכּנה איז שוין פֿ י ר ג ע נ ו מ ע ן געוואָרן (ניס.).

9. קיין צוגאָב ‚פֿאַרנאַנדער׳ איז אינעם ליטעראַרישן ייִדיש ניטאָ. אינעם סאָוועטישן ליטעראַרישן ייִדיש איז אָנגענומען צו זאָגן און צו שרײַבן ‚פֿאַנאַנדער׳ (ניט ‚פֿונאַנדער׳).[1]

10. ‚צו׳ אַלס אַ וואָרטטייל (ניט באַזונדער) קומט אין פֿאָלגנדיקע פֿאַלן: (1) ווען דאָס איז מיט אַן אַקצענט, באַטײַט געוויינטלעך דעם קעגנזאַץ פֿון ‚אָפּ־, צע־, פֿונאַנדער־׳ און איז אַ צוגאָב. אַ שטייגער: צושטיין, צוגעשטאַנען, צושטאַנד; (2) ווען דאָס איז אַ טייל פֿון די צוגאָבן (ווערטער) ‚צוזאַמען, צונויף, צוריק׳ (זעט פֿריִער, אויף ז׳ 93). אַ שטייגער: צוזאַמענפֿירן, צו־נויפֿלייגן, צוריקשיקן; פֿירן צוזאַמען, לייגן צונויף, שיקן צוריק; (3) ווען דאָס איז אַ ‚צו׳, וואָס געפֿינט זיך בײַ אַן אינפֿיניטיוו צווישן דעם צוגאָב און וואָרצל. אַ שטייגער: אויסצושרײַבן, אָנצושרײַבן, אַרײַנצושרײַבן;[2] (4) ווען דאָס איז אַ פּרעפֿיקסירטע פּרעפּאָזיציע. אַ שטייגער:[3] צוגאסט, צוגלײַכ, צולאָכעס, צוליב, צולעצט, צומאָל, צומאָרגנס, צומבעסטנ, צומגיכסטנ, צומווייניקסטנ, צונאכט(ס), צוניצ (קומענ), צונישט, צוערשט, צופוס(נ), צופרידנ, צוקאָפּנ(ס), צורעכט (מאכנ), צושטײַער (און אויך בײַ די ווערטער ‚צוביסלעכ, צופֿיל׳, ווו דער ‚צו׳ איז אַן אַנדערער. פֿאַרגלײַכט אַ שטייגער מיט ‚צו רובל, צו קוואָרט; צו שטאָ־ק, צו קאלט׳).

11. ‚אַ־׳ (פֿאַר אַ וואָקאַל – ‚אַנ־׳) באַטײַט ‚אומ־, אָן, ניט־׳. אַ שטייגער: אַ ס י מ ע ט ר י ע – אָן סימעטריע, ניט קיין סימעטריע; אַ פּ אָ ל י ט י ש – [79] אומפּאָליטיש, ניט פּאָליטיש (ניט געזעלשאַפֿטלעך). אויסער דעם קאָן בײַ אַ וואָרט פֿאַרן וואָרצל אָפֿט מאָל זײַן אַ גערמאַ־נישער ‚אַ׳ – אַ פּרעפֿיקסירטער אומבאַשטימיקער אַרטיקל. אַ שטייגער: א ה יי ם (איכ גיי אהיימ), א ד א נ ק (איכ באקומ עס אדאנק אײַכ) א״אַ.

12. ‚אַנטי־׳ באַטײַט ‚אַנטקעגן׳. אַ מאָל קומט אויך ‚אַנט־׳. אַ שטייגער: אַ נ ט אַ ר ק־ ט י ק – דער דרומדיקער פּאָלאַרער טייל פֿונעם ערדקײַלעך – דער קעגנזאַץ פֿון אַרקטיק.[4]

13. ‚אינטער־׳ באַטײַט ‚צווישן׳. אַ שטייגער: א י נ ט ע ר נ אַ צ י אָ נ אַ ל ע – צווישנפֿעל־קערלעכע; א י נ ט ע ר ד י אַ ל ע ק ט אַ ל ע ר פּרינציפּ (אין אָרטאָגראַפֿיע); א י נ ט ע ר וו אָ ק אַ־ ל ע ר קלאַנג (אַ קלאַנג צווישן צוויי וואָקאַלן).

14. ‚דיס־ (דיז־)׳ באַטײַט ‚אויס־, אָפּ־, פֿונאַנדער־, ניט־, אומ־׳. פֿאַרגלײַכט אַ שטייגער: קוואַליפֿיצירן – דיסקוואַליפֿיצירן; האַרמאָניע – דיסהאַרמאָניע; אַסאָציאַציע – דיזאַסאָ־ציאַציע.

15. ‚דע־׳ אָדער ‚דעז־׳ באַטײַטן כּמעט דאָס זעלבע, וואָס ‚דיס־ (דיז־)׳ אָדער ‚אַראָפּ־׳. פֿאַרגלײַכט אַ שטייגער: מאָביליזירן – דעמאָביליזירן; אָרגאַניזירן – דעזאָרגאַניזירן; גראַ־דאַציע – דעגראַדאַציע.

16. ‚טראַנס־׳ באַטײַט ‚איבער, אַריבער׳. פֿאַרגלײַכט אַ שטייגער: פֿאָרמירן – טראַנס־פֿאָרמירן (רעפֿאָרמירן, פֿאַרוואַנדלען); קאַווקאַז – טראַנסקאַווקאַז (אַריבער קאַווקאַז, פֿון יענער זײַט קאַווקאַז).

[1] אין דער אָ עדיציע ווערט כּסדר געניצט די פֿאָרמע ‚פֿונאַנדער׳.

[2] [2] אָפֿט מאָל איז דער דאָזיקער ‚צו׳ ניט צווישן דעם צוגאָב און וואָרצל, נאָר צווישן דעם צוגאָב און פּרעפֿיקס. אַ שטייגער: אויסצודערציילן, אַרויסצובאַקומען אאַ״וו.

[3] [3] אייניקע פֿון די ווײַטערדיקע ווערטער קומען איצט ניט אין ייִדיש אָנעם ‚צו׳.

[4] [1] דער גערמאַנישער ‚אַנט־׳ (אַנטלויפֿן, אַנטוואָפֿענען) שטאַמט פֿונעם גריכישן ‚אַנטי־׳.

17. ,סינ־׳ (פֿאַר אַ ליפּנדיקן קלאַנג – ,סימ־׳) באַטײַט ,צונויף, צוזאַמען׳. פֿאַרגלײַכט אַ שטייגער: אָפּטיק – סינאָפּטיק; מעטער – סימעטריע; אַפּאַטיע, אַנטיפּאַטיע – סימפּאַטיע.

18. ,עקס־׳ באַטײַט ,אַרויס, אויס, אויסער׳ און איז אָפֿט דער קעגנזאַץ פֿון ,אינ־ (אימ־)׳. פֿאַרגלײַכט אַ שטייגער: עקספּאָרטירן – אימפּאָרטירן; עקספּרעסיע (אויסדרוק, אויסדריקלעכקייט, אויסדריקונג) – אימפּרעסיע (אײַנדרוק). אָפֿט מאָל באַטײַט ,עקס־׳ אויך ,געוועזענער׳. אַ שטייגער: עקסמיניסטער (אַ געוועזענער מיניסטער), עקסטשעמפּיאָן.

19. ,קאָנטר־׳ [קאָנטער־] באַטײַט אַקטיווע קעגנזעצלעכע טעטיקייט אָדער קעגנשטעלונג. פֿאַרגלײַכט אַ שטייגער: רעוואָליוציע – קאָנטר־רעוואָליוציע; מינע – קאָנטרמינע; אקט – קאָנטר־אקט , קאָנטראקט.

20. ,רע־׳ באַטײַט ,איבער, צוריק׳. פֿאַרגלײַכט אַ שטייגער: קאָנסטרויִרן – רעקאָנסטרויִרן; פֿאָרמירן – רעפֿאָרמירן; עמיגראַציע – רעעמיגראַציע; אַקציע – רעאַקציע (אינעם וואָרט ,רעפּובליק׳ איז דער ,רע׳ ניט קיין פּרעפֿיקס, נאָר אַן אָפּקירצונג פֿונעם לאַטײַנישן וואָרט ,רעס׳ – זאַך, ענין, אינטערעס – רע(ס)פּובליק – ,אַלעמענס זאַך׳).

21. ,בעל־׳ [באַל] איז אין העברעיִש (און בכלל אין די סעמיטישע שפּראַכן) אַ זעלבשטענדיק וואָרט. לכתּחילה – אַ נאָמען פֿון אַ גאָט בײַ אַ ריי סעמיטישע שבֿטים און פֿעלקערשאַפֿטן. אין ייִדיש איז עס אַ פּרעפֿיקס, וועלכער באַטײַט לערך דאָס זעלבע, וואָס די ווערטער ,אייגנטימער, קענער, מאַן, מענטש׳ אָדער [80] וואָס די סופֿיקסן ,־ניק, ־ער, ־לער׳ און ענלעכע. אַ שטייגער: בעל־פּרנסה, בעל־חשבון, בעל־שׂימחה, בעל־גאווה, בעל־בטחון (אַ מענטש מיט בטחון, מיט האָפֿענונג); בעל־מרה־שחורה – מרה־שחורהניק (מעלאַנכאָליקער).[1] דער דאָזיקער ,בעל־׳ איז פֿאַראַן אויך בײַ אייניקע ווערטער, וואָס אין ייִדיש קומען זיי ניט אָן אים. אַ שטייגער: באַלעבאָס (בעל־הבית), בעל־עגלה. מער אָדער ווייניקער ענלעך צום באַטײַט פֿון ,בעל־׳ זײַנען אויך די ניט גאָר אָפֿטע סעמיטישע מאָרפֿעמעס ,בר־׳ און ,בן־׳. אַ שטייגער: בר־מזל, בר־דעת, בר־שׂכל; בן־תּורה, בן־בית א״אַ.[2]

22. ,ב־׳ [בע] באַטײַט ,מיט, אין׳. ער איז פֿאַראַן אויך בײַ אַ ריי ווערטער, וואָס אין ייִדיש קומען זיי ניט אָן אים. אַ שטייגער: בהדרגה (שטופּעסווײַז), בפֿירוש, בשעת, בשעתו (זײַנערצײַט) און אַנדערע. אין אייניקע פֿאַלן איז ניט [בע], נאָר [בי] א״אַ. אַ שטייגער: בתּנאַי, בכלל, בפֿרט, במחילה, בגראַנדע[3] און אַנדערע.

23. ,ל־׳ [לע] באַטײַט ,צו׳. ער איז פֿאַראַן אויך בײַ אַ ריי ווערטער, וואָס אין ייִדיש קומען זיי ניט אָן אים. אַ שטייגער: לאיבוד (עס גייט לאיבוד, אין ניוועץ – עס ווערט פֿאַרלוירן, צו

1 [1] אַ שטייגער: דער עלטערער, נחום וועוויקס, איז געווען... אַ מענטש אַ שטילער, אַ פֿאַרבאָרגענער און אַ גרויסער בעל־מרה־שחורה (שאָל.).

2 [2] אַ שטייגער: אַזאַ בר־מזל ווי דער קצבֿ איז (שאָל.); די איז גאָר, זאָגט ער, אַ בר־דעת, אַ פֿאָלנע מענטש (שאָל.); דו האָסט געטאָן ווי אַ בר־שׂכל (אַקס.); ...אַ באַהאַלטענע אומרויִקייט איז שוין געפֿאַלן אויף אים – דעם צעטראָגענעם בן־תּורה (בערג.); אָט אַזוי איז ער געוואָרן בײַ אונדז אין שטוב אַ גאַנצער בן־בית (שאָל.).

3 [3] אַ שטייגער: אַרײַנגעפֿאָרן אין שטאָט איז זי [די אַלטע שקאַפּע] האָפֿערדיק, בגראַנדע (ממס.); אויב זשע ניט, וועלן מיר די שוועסטער נעמען בגראַנדע (ניס.).

נישט),[1] לכתחילה, לכל־הפּחות (וויניקסטנס, כאָטש), לעת־עתּה (דערווײַל, פֿאָרלויפֿיק) און אַנדערע. אין אייניקע פֿאַלן קלינגט ניט [לע], נאָר אַנדערש. אַ שטייגער: לחלוטין [לאַכ־לוטן] (אין גאַנצן, אַבסאָלוט), לאַחדים [לאַאַכאָדים] (איינצל־פֿאַרקויף, דער קעגנזאַץ פֿון הורט), ליהודים [לײַהודים] (שטאַרק פֿריילעך)[2] אאַ״וו.

24. ,מ־׳ [מי] איז אַ העברעיִשע פּרעפֿיקסירטע פּרעפּאָזיציע און באַטײַט ,פֿון׳. אָפֿט מאָל קומט די דאָזיקע פּרעפּאָזיציע אין איר פֿולער פֿאָרמע (,מן׳ [מין]). אַ שטייגער: איך זיץ מיר אַזוי מן־הצד (פֿון דער זײַט) און קוק (שאָל.).

אָנמערקונג [מי] איז פֿאַראַן אויך אַ העברעיִשער פּראָנאָם, וואָס באַטײַט ,ווער׳. ער קומט אי באַזונדער אי פּרעפֿיקסירט. אַ שטייגער: איז מי־בֿאש ומי־במים (שאָל.); איך זאָל פֿאַרדינען מי־יודע [מי יוידייאַ = ווער ווייסט] וויפֿל (שאָל.).

25. ,מ־׳ [מע] אָדער [מאַ] (און אַ מאָל [מו], [מי]...) באַטײַט מערסטנס לערך דאָס זעל־בע, וואָס די סופֿיקסן ,־ער, ־לער, ־ניק, ־ענדיק, ־ערײַ׳ און אַנדערע. ער איז פֿאַראַן בײַ אַ ריי סעמיטיזמען, וואָס קומען אין ייִדיש אַלס סובסטאַנטיוון אָדער (נאָך אָפֿטער) אַלס די גרונטטיילן פֿון ווערבן. אַ שטייגער: משולח, מיסחר, מינהג, מיזמור, מחיה, משׂמח זײַן,[3] מקבל־פּנים זײַן, מסכּים זײַן, מוסכּם ווערן א״אַ. פֿאַרגלײַכט אַ שטייגער מיט ,שליח, סו־ [81]
חר, נוהג (זײַן זיך), זמירות, חיה, שׂימחה, קבלת־פּנים, הסכּמה׳ (זעט אויך ז״ז 227–228).

26. ,אינ־׳ (פֿאַר אַ ליפּנדיקן קלאַנג – ,אימ־׳) באַטײַט ,אַרײַן, אין, אינעווייניק׳ אָדער ,אָן, אומ־׳. אַ שטייגער: אימפּאָרט; אימיגראַציע (אימ־ + מיגראַציע) – אַרײַנוואַנדערונג, דער קעגנזאַץ פֿון עמיגראַציע – א(ר)ויסוואַנדערונג; אינווערסיע – איבערשטע־לונג, אומגעוויינטלעכער ווערטער־סדר; אינדיפֿערענט – גלײַכגילטיק, ניט פֿאַראינ־טערעסירט, אָן אַ דיפֿערענץ, אָן אַן אונטערשייד.

27. ,סוב־׳ באַטײַט ,אונטער׳ (אונטערגעוואָרפֿנקייט). פֿאַרגלײַכט אַ שטייגער: קאָמי־סיע – סובקאָמיסיע; אַרענדע – סובאַרענדע; טראָפּישער – סובטראָפּישער.

28. ,קאָ־׳ אָדער ,קאָנ־׳ (און פֿאַר אַ ליפּנדיקן קלאַנג – ,קאָמ־׳) באַטײַט ,מיט, צונויף׳. פֿאַרגלײַכט אַ שטייגער: אָפּעראַציע – קאָאָפּעראַציע; טעקסט – קאָנטעקסט; צענטער – קאָנצענטער; פּאָזיציע – קאָמפּאָזיציע.

29. ,ה־׳ [האַ] איז אַ העברעיִשער פּרעפֿיקסירטער אַרטיקל און באַטײַט באַשטימטקייט (,דער, די׳). אַ שטייגער: שמשון הגיבור (שמשון דער גיבור); הוצאָות־הדרך (וועג־הוצאָות); כּוח־הדיבור (כּוח, פֿעיִקייט צו ריידן); כּיד־המלך (קייסערלעך).[4] אַ מאָל קומט ניט [האַ],

1 [4] אַ שטייגער: מע טאָר אים ניט לאָזן גיין לאיבוד (שאָל.).

2 [5] אַ שטייגער: דאָ פֿאַרקויפֿט מען טינט הורט און לאַחדים (שאָל.); אַלע און אַלץ האָבן מיט אים אויף אַ שׂימחה מיטגעטרונקען, מיטגעזונגען און מיטגעטאַנצט... און ס׳איז געווען ליהודים (שאָל.).

3 [6] אַ שטייגער: דאָס שטעטל האָט זיך מיט אים משׂמח געווען (שאָל.).

4 [1] אַ שטייגער: ער זאָל האָבן קליינגעלט אויף הוצאָות־הדרך (שאָל.); עס איז זעלטן געווען צו באַגע־גענען אַ מענטשן מיט אַזאַ זכּרון און מיט אַזאַ כּוח־הדיבור ווי דער אַלטער לאָיעוו (שאָל.); און אַ וואַרמעס איז צוגעגרייט געוואָרן – כּיד־המלך. פֿיש געפֿילטע, פֿיש געפּרעגלטע, פֿיש געבאַקענע... (שאָל.).

נאָר [הע]. אַ שטייגער: שלמה החכם.[1] אויסער דעם איז בײַ אייניקע סעמיטיזמען פֿאַראַן אַ פּרעפֿיקס ‚ה־‘ [האַ, הע], וואָס באַטײַט לערך דאָס זעלבע, וואָס די סופֿיקסן ‚־ונג‘, ‚־קייט‘, ‚־שאַפֿט‘, ‚־עריַ‘ א״אַ. אַ שטייגער: הצלחה, הסכּמה, השׂכּלה, הכנעה, הפֿקר און אַנדערע. פֿאַרגלײַכט אַ שטייגער מיט ‚מצליח זײַן, מסכּים זײַן, משׂכּיל, מכניס־אורח זײַן, מפֿקיר זײַן‘.

30. ‚ו־‘ [ווע] אָדער [ו] איז אַ העברעיִשער בינדפּרעפֿיקס און באַטײַט ‚און‘. פֿאַרגלײַכט אַ שטייגער: קינאה־ושׂינאה – קינאה און שׂינאה; והשנית – און צווייטנס; בפֿרט – ובפֿרט (און איבער הויפּט, און באַזונדערש).[2]

31. ‚נ־‘, ‚נת־‘ [ני(ס)־] האָט אינעם באַטײַט געמיינזאַמע שטריכן מיטן פּרעפֿיקס ‚מ־‘ [מע, מאַ] (זעט פֿריִער). אָבער ‚מ־‘ [מע, מאַ] גיבן דעם וואָרט אָפֿט צו אַ באַטײַט פֿון אַקטיווקייט, און ‚נ־, נת־‘ גיט מערסטנס צו אַ באַטײַט פֿון פּאַסיווקייט. פֿאַרגלײַכט אַ שטייגער: שׂרפֿה – נישׂרף; גזילה – ניגזל; מציל זײַן – ניצול ווערן; מגדל זײַן – נתגדל ווערן.

32. ‚כּ־‘ [קע, קי] באַטײַט ‚לויט‘ אָדער ‚ווי‘. פֿאַרגלײַכט אַ שטייגער: סדר – כּסדר; שורה – כּשורה; חלק – כּחלק; שמערל – כּשמערל (זעט ז׳ 93). [82]

33. ‚שב־‘ [שעבע, שעבי] איז אַ העברעיִשע צונויפֿזעצונג פֿון אַ בינדפּרעפֿיקס ‚ש־‘ מיט דער פּרעפֿיקסירטער פּרעפּאָזיציע ‚ב־‘ [בע, בי] (זעט פֿריִער). דאָס באַטײַט ‚וואָס אין, וואָס צווישן‘. אָפֿט באַטײַט עס איבערשטײַגיקייט (די העכסטע פֿאָרמע) פֿון עפּעס אַ זאַך. אַ מאָל קומט ניט [שעבע, שעבי], נאָר [שעבאָ]. אַ שטייגער בײַ שלום־עליכמען: איך האָב פֿון זיי געמאַכט כּל־המינים [אַלע(רליי) סאָרטן] פֿאָקוסן שבעולם ([שעבאָאוילאָם], וואָס אין דער וועלט).

100 סעמיטישע פּרעפֿיקסן קומען בכלל בײַ סעמיטישע ווערטער. אָפֿט אָבער זײַנען זיי פֿאַראַן בײַ ניט קיין סעמיטישע ווערטער אויך. אַ שטייגער בײַ שלום־עליכמען: אַ ייִדענע... באַדאַרף זיין נישט קיין שלעכטע בנאַטור [בענאַטור];[3] כאַפּ איך מיך אַראָפּ מפּאָיעזד לפּאָיעזד [מיפּאָיעזד לעפּאָיעזד] אין אַ קליין שטעטל; אַז איך האָב דערזען, אַז ס׳איז שלעכט, האָב איך אַוודאי געטאָן כּל־המיטלען; סײַ ווי סײַ גיסט מען אין טײַך אַרײַן כּל־הפּאַסקודסטוועס; איך האָב קרעדיט במאָסקווע ובלאָדז [בעמאָסקווע וועבעלאָדז/אוּוועלאָדז – און אין לאָדז]; מײַן ברודער זאָגט, אַז ניט נאָר אַ סאָפּראַנאָ, נאָר אַ סאָפּראַנאָ־שבסאָפּראַנאָ; צו דער שׂימחה פֿונעם פּריזיוו איז געקומען צו פֿאָרן... אויך דער פֿאָטער פֿונעם בעל־הפּריזיוו; פֿאַר נאַכט קלײַבט זיך צונויף די משפּחה – אָנקוקן, וואָס פֿאַר אַ פּנים עס האָט דער בעל־הפּענסיע.

14 סופֿיקס

101 נאָך אַ וואָרצל קאָן מען בײַ אַ וואָרט אַמאָפֿטסטן טרעפֿן איינעם אָדער עטלעכע פֿון פֿאָלגנדיקע אַפֿיקסן (קוקט זיך צו צו זייער באַטײַט און אויסלייג):

1 [2] אַ שטייגער: החכם [העכאָכעם] שלמה... האָט בײַ צײַטנס זיך אַ כאַפּ געטאָן (ממס.).

2 [3] אַ שטייגער: ערשטנס, האָט ער באַוויזן די ייִדן, אַז זיי זײַנען בהמות... והשנית, איז שלום ניט דער איינציקער (שאָל.); אין אַ פֿרעמדער שטאָט דאַרף מען, זאָגט ער, אַרויסגיין ווי מענטשן, ובפֿרט דאָ, אין אויסלאַנד (שאָל.).

3 [1] זעט אויך אין שלום־עליכמס, מענדעלעס און ניסתּרס זאַצן אויף ז״ז 93, 98.

1 ־אַזש פּילאָטאַזש, מעטראַזש, שפּיאָנאַזש, אינסטרוקטאַזש, גנבֿאַזש...[1]

2 ־אַט, ־יאַט אַדרעסאַט, דיפּלאָמאַט, פּאַטריאַרכאַט, קאָנסולאַט, סעקרעטאַריאַט...

3 ־אַטאָר רעפֿאָרמאַטאָר, אַרענדאַטאָר, דיקטאַטאָר, אָפּעראַטאָר, גובערנאַטאָר...

4 ־אַטש פֿערדאַטש, יונגאַטש, מוידאַטש, פֿאָנפֿאַטש, פּיסקאַטש...[2]

5 ־אַל אינדיווידואַל, פֿונדאַמענטאַל, דאָקומענטאַל, קאָלאָסאַל, טעאַטראַל...

6 ־אַנט דיפּלאָמאַנט,[3] פּראָיעקטאַנט,[4] אַדרעסאַנט,[5] אינטערעסאַנט...

7 ־אַנעס[6] אויגאַנעס, פּיסאַנעס, מוידאַנעס, שטעקאַנעס, זאַכאַנעס...

8 ־(אַ)ציע רעפֿאָרמאַציע, אַגיטאַציע, קאַסאַציע, קוראַציע,[7] רעוואָלוציע...[8] [83]

9 ־אַר סעקרעטאַר, אַרענדאַר, קאָמונאַר, קאָמיסאַר, קאָמענטאַר...

10 ־אַר עלעמענטאַר, פּאַרלאַמענטאַר, פּאַראַזיטאַר, פֿראַגמענטאַר, לעגענ־דאַר...

11 ־אָר פֿאַקטאָר,[9] סענאַטאָר, דאָקטאָר,[10] רעוויזאָר, קאָמפּרעסאָר...[11]

12 ־באַר פֿרוכטבאַר, לוינבאַר, דאַנקבאַר, פּילבאַר, באַזיגבאַר...

13 ־האַפֿט מוסטערהאַפֿט, שטאַנדהאַפֿט, געוויסנהאַפֿט, לעבהאַפֿט, נאַרהאַפֿט...[12]

14 ־הייט קלײנערהייט, אַלטערהייט, פֿאַלנדיקערהייט, זיצנדיקערהייט...

15 ־הײַט [־הייט] קינדהײַט [קינדהייט], מענטשהײַט, שײנהײַט, פּארגאנגענהײַט, געלעגנהײַט...

16 ־ונג מײנונג, מעלדונג, זיצונג, באַהאַנדלונג, שטרויכלונג...[13]

1 [2] גנבֿאַזש [גאַנוואַזש] – גנבֿה (איראָניש). אַ שטייגער: איך רעכן אַלצדינג, שוין נאָך אַלע הוצאָות: ,קאַרטאַזש, גנבֿאַזש׳, אַרום און אַרום – קרובֿ צו פּופּציק... (שאָל.).

2 [3] פֿאָנפֿאַטש – דער, וואָס פֿאָנפֿעט, וואָס רעדט אין נאָז; פּיסקאַטש – אַ מענטש מיט אַ בייזן פּיסק (מויל). אַ שטייגער: בערל פֿאָנפֿאַטש מאַכט חתונה... יאַנקל פּיסקאַטש מאַכט חתונה (שאָל.).

3 [4] דער, וואָס גרייט אַ דיפּלאָם־אַרבעט. מע זאָגט אויך ,דיפּלאָמניק׳.

4 [5] אַ שטייגער: ער רעדט וועגן די רעפֿאָרמעס און זײַערע פּראָיעקטאַנטן (פּ.).

5 [6] דער, וואָס אַדרעסירט, שיקט אָפּ אַ בריוו, אַ פּעקל.

6 [7] דאָס איז אַן איטאַליענישער פֿאַרגרעסערנדיקער מערצאָל־סופֿיקס.

7 [8] אַ שטייגער: אין דער גרויסער מהומה... האָט געקרעכצט אין אַ ווינקעלע אַ קראַנקער אַלטער ייִד, וועלכן מע האָט נעכטן אויף קוראַציע אַהער געבראַכט (ממס.).

8 [9] אָבער: אַפּאַטיע, סימפּאַטיע, אַנטיפּאַטיע, ביוראָקראַטיע, דעמאָקראַטיע, אַריסטאָקראַטיע, פּלוטאָ־קראַטיע – אין די דאָזיקע ווערטער איז דער סופֿיקס ניט ,־אַציע׳, נאָר ,־יע׳.

9 [1] אָבער אַ מעקלער האָט געהייסן ,פֿאַקטער׳.

10 [2] אַ וויסנשאַפֿטלעכער טיטל. אָבער אַזאַ, וואָס היילט קראַנקע, איז ,דאָקטער׳.

11 [3] אָפֿט מאָל מיטן אַקצענט אויפֿן סופֿיקס (אַ שטייגער: רעוויזאָר) און אויך מיט אַ פֿאַרווייכערונג פֿונעם קאָנסאָנאַנט פֿאַרן סופֿיקס. אַ שטייגער: אַקטיאָר, בילעטיאָר, קאָנטראָליאָר.

12 [4] ,האַפֿט׳ (מיט אַן ענלעכן באַטײַט) קומט אָפֿט מאָל אויך אַלס אַ וואָרצל, אַלס אַ באַזונדער וואָרט. אַ שטייגער: דאָס אַלצדינג... האָט אפֿשר נישט קיין האַפֿט (ממס.); די נחמות... האָבן אַזאַ האַפֿט ווי זיסע חניפֿה־ריידעלעך (ממס.).

13 [5] אויך: לאָזונג. אָבער: הערינג, צימרינג, מיטינג, בלומינג [בליומינג – אַן אויוון אויף אויסצואַרבעטן שטאָל, אָנמ׳ פֿון רעד׳], דעמפּינג, סמאָקינג, ריסלינג, שילינג, סטערלינג.

17	־וק	בורזשוק, חזירוק, ממזרוק, שנײַדערוק, שרײַבערוק...[1]
18	־ור	אַגענטור, קליענטור, רעצעפּטור, אַפּאַראַטור, קאָרעקטור...
19	־וואַרג	רויוואַרג, רויכוואַרג, יונגוואַרג, אַלטוואַרג, שמאַטעוואַרג...
20	־ווײַז	טײלווײַז, ייִנגלווײַז, קעלבלווײַז, משוגענערווײַז,[2] אײנציקווײַז...[3]
21	־זאַם	אײנזאַם, לאַנגזאַם, וואַכזאַם, אויפֿמערקזאַם, געהאָרכזאַם...
22	־טום	פֿויערטום, רײַכטום, הײליקטום, אײגנטום, אַלטערטום...
23	־טע	באַלעבאָסטע, אורחטע, מבֿינטע, בחורטע,[4] פֿויערטע...
24	־טשיק	יונגער־מאַנטשיק, בנימטשיק, חײטשיק, דבֿורטשיק...[5]
25	־(י)אַק[6]	פֿרומאַק, הוליאַק(ע), צבֿויאַק [צבֿועק], טרײפֿניאַק, קצבֿניאַק...[7]
26	־יוו	אַקטיוו, פּראָדוקטיוו, קאָרעקטיוו, סוביעקטיוו, אָביעקטיוו...
27	־יזיר(ן)	טיפּיזיר(ן), טעראָריזיר(ן), מעכאַניזיר(ן), אינדוסטריאַליזיר(ן)...
28	־יזם	מאַרקסיזם, לעניניזם, מאַטעריאַליזם, אידעאַליזם, קאָמוניזם... [84]
29	־יטעט[8]	נייטראַליטעט, נאַציאָנאַליטעט, אוניווערסיטעט, געניאַליטעט...
30	־יטשק, ־טשיק	יונגיטשק, אַלטיטשק, קלייניטשק (קלײנטשיק), פֿײַנטשיק...[9]
31	־יכע	לײביכע, שטײנמאַניכע, סענדעריכע, יאַנקעליכע, שנײַדעריכע...[10]
32	־ים	דינים, מינים, פּויערים, דאָקטוירים, טײַוואָלים...
33	־ינק	יונגינק, אַלטינק, שוואַרצינק, בלויִנק, פּיצינק...
34	־ינקע	טאַטינקע, זײדינקע, מאַמינקע, מומינקע, באָבינקע...
35	־יסט	מאַרקסיסט, קאַפּיטאַליסט, שאַכמאַטיסט, מעטאַליסט, קאָלאָניסט...[11]
36	־יע	דעמאָקראַטיע, פּראָגרעסיע, בורזשואַזיע, בולגאַריע, אימפּעריע...

[1] [6] אָפּט מאָל מיט אַ פֿאַרווייכערונג פֿונעם קאָנסאָנאַנט (,נ׳) פֿאַרן סופֿיקס. אַ שטייגער: וואַרט אויס, גדלניוק! וועסט אַ מאָל אָנקומען צו מיר (שאָל.).

[2] [7] אַ שטייגער: נאָך ייִנגלווײַז האָט פּיצי אַרויסגעוויזן, אַז ער איז אַ כּלי (שאָל.); משוגע איז זי [די בהמה] טאַקע נאָך קעלבלווײַז געווען (ממס.); אַ מענטש קען ווערן אַ וואָלף..., וואָס לויפֿט אַרום משוגענערווײַז און בילט (ממס.).

[3] [8] אָבער: אַ שניי ווײַס פֿעלד. דאָ איז ,ווײַס׳, פֿאַרשטייט זיך, ניט קיין סופֿיקס.

[4] [9] אַ שטייגער: פֿאַרלאָזן זיך אויף איר, אויף דער בחורטע, איז ניט קיין פלאַן (שאָל.).

[5] [10] אַ שטייגער: בנימטשיק איז דורכגעגאַנגען דעם גאַנצן קורס (שאָל.).

[6] [11] אָפּט מיט אַ פֿאַרווייכערונג פֿונעם קאָנסאָנאַנט פֿאַרן סופֿיקס.

[7] [12] אַ שטייגער: זי איז באַרימט [אונדזער משפּחה]... מיט אירע נגידים קולאַקעס, מיוחסים פֿרומאַקעס, חסידים צבֿויאַקעס, שיכּורים הוליאַקעס, גנבֿים באָסיאַקעס (שאָל.); זאָלסט אַזוי זײַן מיט דער נאָז, קצבֿניאַק, ווי ס׳איז גאָר פֿאַראַן אַזאַ גמרא (שאָל.); דער קאַסיר ,שׂשׂון־ושׂימחה׳ איז אַ בריאַק אויף ציילן געלט (שאָל.).

[8] [1] דער סופֿיקס ,־יטעט׳ ווערט אין אַ ריי פֿאַלן אַרויסגעשטויסן דורכן סופֿיקס ,־קייט׳.

[9] [2] אַ שטייגער: און נאָך אייניקע... פֿונקטן זײַנען אויסגעאַרבעט געוואָרן, און אַלע פֿײַנטשיק, מיט אַ שׂכל און מיט אַ גאַנג (שאָל.).

[10] [3] אַ שטייגער: סענדעריכע איז אַ גאַנץ ווילע ייִדענע (שאָל.); לייזער־יאַנקעליכע האָט זיך אויך נאָכגעשלעפּט (ממס.).

[11] [4] אַ מאָל קומט ניט ,־יזם, ־יסט׳, נאָר ,־אַזם, ־אַסט׳. אַ שטייגער: ענטוזיאַזם, ענטוזיאַסט.

37	־(י)עז	נערוועז, פּאָמפּעז, סקאַנדאַליעז, גראַציעז, סקרופּולעז...[1]
38	־יפֿיציר(ן)	רוסיפֿיציר(ן), קלאַסיפֿיציר(ן), עלעקטריפֿיציר(ן), ראַדיאָפֿיציר(ן)...
39	־יפֿיקאַציע	רוסיפֿיקאַציע, קלאַסיפֿיקאַציע, עלעקטריפֿיקאַציע, ראַדיאָפֿיקאַציע...
40	־יק	ריטמיק, כאַראַקטעריסטיק, סימבאָליק, עפּיטעטיק, פּאָליטיק...[2]
41	־יק	שמואליק, ישׂראליק, הערשיק, לייוויק, פּנחסיק [פּינכאָסיק]...
42	־יק	זאַמדיק, שנייִק, לוסטיק, מעכטיק, בייגיק, אײַליק...
43	־יק(ן)	רייניק(ן), באַזײַטיק(ן), באַשעפֿטיק(ן), פֿאַראיבעריק(ן)...[3]
44	־יר(ן)	רעמאָנטיר(ן), טעלעפֿאָניר(ן), אַספֿאַלטיר(ן), קאָנסערוויר(ן)...
45	־יש	נאַריש, ענגליש, פּאַרטייִש, מלוכיש, פּראַקטיש...
46	־ל	טישל, קעפּל, פֿיסל, ווענטל, שטיינדל, ביינדל...
47	־ל	שליסל, הענגל, שפּינדל, טײַטל, שטייחל, פֿאַרשטעקל...[4]
48	־ל(ען)	צערטל(ען) (פֿון ‚צאַרט׳), פֿינקל(ען), פּעקל(ען), זאַנגל(ען) זיך...[5]
49	־לאָז	אַרבעטלאָז, היימלאָז, ירידלאָז,[6] געפֿיללאָז, קאָנטראָללאָז... [85]
50	־לינג	וויצלינג, פֿרילינג, פֿינצטערלינג,[7] ערשטלינג, דרײַלינג...
51	־לעך	גליקלעך, ווענטלעך, פֿריילעך, ווירקלעך, טויגלעך...[8]
52	־לעך	שוואַרצלעך, גראָבלעך, טיפֿלעך, געלבלעך, שמאָלבלעך...[9]
53	־לער	שפּײַזלער, קינסטלער, ווירטשאַפֿטלער, פֿלאָטלער, גרענעצלער...
54	־נ [־ין][10]	לערערנ, וועבערנ, בעקערנ, ארטיסטנ, קעכנ, שוועגערנ...
55	־ן	ווילן, שאָדן, ליגן (לײַג), טראָפּן (טריף)...
56	־ניק	קעסטניק, קאָלווירטניק, בהמהניק,[11] קאַפּריזניק, באַגאַזשניק...[12]

1 [5] סקרופּולעז – גענוי, דעטאַל, פּעדאַנטיש, מיט אַלע פּישטשעווקעס.

2 [6] אַ טייל ווערטער זײַנען מיטן אַקצענט אויפֿן ‚־יק׳ און אַ טייל ניט. בײַ אַ ריי פּריִערדיקע שרײַבער און אָפֿט אויך בײַם פֿאָלק קאָן מען אין אַ ריי פֿאַלן טרעפֿן דעם דאָזיקן סופֿיקס מיט אַן ‚ע׳ צום סוף. אַ שטייגער: איז אין דער פּאָליטיקע געוואָרן אַ מהומה (ממס.); אָן גראַמאַטיקע האָט מען זיך ניט געקאָנט געבן אַ ריר (שאָל.).

3 [7] אַ שטייגער: איבערן זומער האָט ער נישט פֿאַראיבעריקט קיין רובל (ווײַס.).

4 [8] איך בין בײַ איר געווען אַ פֿאַרשטעקל, אַ קאָרק, מיט וועלכן זי האָט פֿאַרשטאָפּט אַלע לעכער (ממס.).

5 [9] אַ שטייגער: מענדל פּעקלט נישט קיין סחורה (פּ.); די סאָציאַליסטישע סטעפּעס האָבן זיך אָנגע־גאָסן און צוגעזאָגט זאַנגלען זיך (ע.ג.).

6 [10] אַ שטייגער: בחורים, וואָס גייען אַראָפּ פֿונעם זינען... אין אַ שטילער ירידלאָזער צײַט (בערג.).

7 [1] אַ שטייגער: הער נאָר אויס, דו פֿינצטערלינג (מ.־ל.ה.).

8 [2] אַ שטייגער: אָט דאָס איז מײַן מיכל, אַן ערלעכער, טויגלעכער יונגער־מאַן (אַקס.).

9 [3] אַ שטייגער: איז ער גלײַך אַרײַנגעגאַנגען אין שמאָלבלעך־לענגלעכן קאָרידאָר (ניס.). וועגן דעם ‚ב׳ אין ‚שמאָלבלעך׳ און ‚ט׳ אין ‚ווענטלעך׳ זעט אויף ז׳ 268.

10 לויט די ייִוואָ־תּקנות שרײַבט מען דעם סופֿיקס מיט אַ יוד: לערערין, כאָטש מע רעדט אים ניט אַרויס: [לערערן].

11 [4] אַ שטייגער: מײַן פֿאָטער דער בהמהניק האָט ווידער שוין דאָס מויל זײַנס אויפֿגעעפֿנט (מ.־ל.ה.).

12 [5] אַ שטייגער: ער איז... אויף די זאַכן אַ גרויסער קאַפּריזניק (שאָל.); באַגאַזשניק – בײַ ליפֿשיצן – אַ רימען פֿאַר באַגאַזש, פֿאַר עפּעס אַ משׂא.

57	־ניצע	קעסטניצע, קאָלווירטניצע, פּוסטעפּאַסניצע, בעל־עבֿירהניצע...[1]
58	־ס	טאַטעס, מאַמעס, איידעמס, גרופּעס, שטופּעס...
59	־(ס)טל	דריטל, פֿערטל, צוואַנציקסטל, דרייַסיקסטל, פֿערציקסטל...
60	־(ס)ט	צווייט, דריט, צוואַנציקסט, דרייַסיקסט, פֿערציקסט...
61	־סט[2]	העכסט, שטאַרקסט, עלטסט, קליגסט, באַליבטסט...[3]
62	־ע, ־ה [ע]	ליבע, פּראָפּאַגאַנדע, סחורה, חבֿרה, חכמה [כאָכמע]...
63	־ה [ע]	גבֿירה (גבֿירנטע), חכמה [כאַכאָמע], שכנה, קרובֿה, זקנה...
64	־(ע)דיק	לעבעדיק, גריבערדיק, תּעניתדיק, בחורדיק, צימעסדיק...[4]
65	־עוואַטע	פֿוילעוואַטע, חולהוואַטע, חזירעוואַטע, הינטעוואַטע, קולטורע־וואַטע...[5]
66	־עוודיק	חנעוודיק, רירעוודיק, בייגעוודיק, פֿליסעוודיק, באַרעדעוודיק...
67	־עווע(ן)	בונטעווע(ן), ווערבעווע(ן), בראַקעווע(ן), קאַפּריזעווע(ן)...[6] [86]
68	־(ע)ך	אייניקלעך, ייִנגלעך, פֿייגעלעך, ייִנגעלעך, העלדזועלעך...[7]
69	־עכץ	טועכץ, טייגעכץ, שפּייַעכץ, שמירעכץ, שרייַבעכץ...[8]
70	־על, ־יעל	קולטורעל, פֿאָרמעל, פֿיגורעל, פּרינציפּיעל, פּראָווינציעל...
71	־עלע	טישעלע, בענקעלע, פֿייגעלע, ייִנגעלע, העלדזועלע...
72	־(ע)ן	גיין, זיצן, שטיין, זייַן, זען, זינגען, ברענגען...
73	־(ע)ן	מענטשן, אידעען, ביוראָען, בלומען, געזאַנגען...
74	־ן [(ע)ן]	שדכן, גזלן, שקרן, כּזבֿן, חקרן,[9] קרבן...

[1] [6] אַ שטייגער: אונדזער רחלע איז געקומען אַהער נישט חלילה ווי אַ בעל־עבֿירהניצע (שאָל.).

[2] [7] דער גרעסטער טייל ווערטער מיטן דאָזיקן סופֿיקס קומען מיט אַדיעקטיווישע פֿלעקסיעס (זעט אי־נעם קאַפּיטל „פֿאַרגלייַך־שטופּעס״).

[3] [8] אָבער: אייבערשט, אונטערשט, פֿאָדערשט, הינטערשט, ערשט (זעט ז׳ 279).

[4] [9] אַ שטייגער: דער וועג איז געווען שמוציק, גריבערדיק (ממס.); דער זומערטאָג – לאַנג, תּעניתדיק (בערג.); ער האָט אויסגעזען ווי ייִנגער מיט עטלעכע יאָר, גאָר בחורדיק (שאָל.); אַזוי איז ער [דער דאָקטער] אַפֿילו אַ גאַנץ ליבלעכער מענטש... רעדט ייִדיש, ווי איך מיט אייַך, און אַזוי זיס, אַזוי קוגלדיק, שטרודלדיק, צימעסדיק – גאָר אַ מחיה, נאָר געלט קאָן עס צאַפּן... (שאָל.).

[5] [10] אַ שטייגער: ער כאַפּט זיך אַרויף אויף זייַן קליינעם משוגעוואַטן פֿערדל (בערג.); נאָר ראַבינער אין צילינדער... בעט און קליאַנטשעט הינטעוואַטע (קוו.); ער איז אַ קולטורעוואַטער ייִד („פֿרייַ־הייט״).

[6] [11] אַ שטייגער: ער איז געגאַנגען ווערבעווען בייַ אונדזער שכן אַ מענטשן (אַקס.); און אַ רעקרוט וועלן מיר אָפּגעבן, וואָס מע וועט אַוודאי ניט בראַקעווען (אַקס.); געוויינטלעך ירידעוועט זיך אָנהייב זמן אין דער ישיבֿה אַמשטאַרקסטן אָוונטצייַט (ממס.); איך וועל אייַך ווייַזן, ווי אַזוי צו לצעווען פֿון אַ יתום (שאָל.); שנייַדערשע און שוסטערשע זין, וואָס האָבן אין איינעם מיט אים פּאַרטיזאַנעוועט (בערג.); מאירל איז ניט געווען פֿון די, וואָס... קאַפּריזעווען בייַם לערנען (ניס.).

[7] [1] מיט ‚עכ׳ קאָנען זיך ענדיקן אויך וואָרצלען. אַ שטייגער: מויעכ, נויעכ, רייעכ, קויעכ, שאָליִעכ [מוח, נח, ריח, כּוח, שליח]. אָבער: רויך, הויפּטזאַך, אייבערפֿלאַך.

[8] [2] אַ שטייגער: עס געפֿעלט זיי מייַן שרייַבעכץ (שאָל.). אָבער: שלעכטס (שלעכט־ס), געקעכטס (גע־קעכ־ט־ס), אייַנגעמאַכטס (אייַנ־גע־מאַכ־ט־ס).

[9] [3] אַ שטייגער: ווי האָט אייַך געקאָנט זאָגן אָט דער שקרן, אָט דער כּזבֿן [ליגנער], אַזאַ מעשׂה (שאָל.); איר זייַט דאָך עפּעס אַ שטיקל חקרן [קאָפּמענטש, פֿילאָסאָף], וואָס זאָגט עפּעס דערויף אייַער פּסיכאָלאָגיע? (שאָל.).

75	־(ע)ן	(אין) צווייען, דרייַען, פֿיר(ע)ן, פֿינפֿ(ע)ן, זעקס(ע)ן ...[1]
76	־(ע)ן, ־ערן	זייַדן, וואָלן, לייַנען, זילבערן, קופּערן, הילצ(ער)ן...
77	־(ע)נדיק	שרייַבנדיק, זיצנדיק, גייענדיק, זינגענדיק, טרייסלענדיק...
78	־עניו	טאַטעניו, מאַמעניו, קינדעניו, האַרצעניו, גבֿריאלעניו...[2]
79	־(ע)ניש	וויסטעניש, ערגערניש, גערעטעניש, טומלעניש, זאַכעניש...[3]
80	־ענט	רעצענזענט, קאָנקורענט, סטודענט, אינטעליגענט, אינטערווענט...
81	־ענע	טרייפֿענע, גאַנצענע, גרויסענע, אַזעלכענע...[4]
82	־ות [(ע)ס]	דירות, הנחות, מלוכות, חובֿות, ספֿקות (ספֿק)...
83	־ות [עס]	שדכנות, בטלנות, קצבֿות, עקשנות, שייַכות...
84	־עץ, ־אָוועץ	לענינעץ, סטאַכאַנאָוועץ, פּאַפּאַנינעץ, מיטשורינעץ, בונדאָוועץ...
85	־ער	קינדער, קליידער, וועלדער, הייַזער, בייַכער, ביימער...
86	־ער	שרייַבער, פֿידלער, אַפּטייקער, הענגער, פֿעלער, בלייַער...
87	־ער	שטאַרקער, טיפֿער, העכער, שענער, עלטער, ייִנגער...
88	־ער	צווייער, דרייַער, פֿינפֿער, אַכטער, צענער, עלפֿער, פֿינף־און־צוואַנציקער, כף־האער...[5] [87]
89	־ער	סווערדלאָווער, קיראָווער,[6] סווערדלאָווסקער, קיראָווסקער...[7]
90	־ער(ן)	לופֿטער(ן), גלידער(ן), העכער(ן), באַגייַסטער(ן), פֿאַרלענגער(ן)...[8]
91	־ערליי	צווייערליי, דרייַערליי, כלערליי,ביידערליי, קיינערליי...[9]
92	־(ער)ייַ	טערקייַ, באַרבאַרייַ, דאָקטערייַ, בעקערייַ, שטותערייַ, חסידערייַ...[10]

1 [4] און אויך די פּראָווינציעלע ,פֿילן, אַ סכן׳.

2 [5] אַ שטייגער: און דער דרוקער... האָט מיט אַ מאָל אָנגעהויבן דולן אַ ספּאָדעק... „געלטעניו! געלט״ (שאָל.); אַלטעניו וועט גיין תּיכּף דערציילן דער מאַמעניו, און די מאַמעניו דעם טאַטעניו און דערנאָך, גבֿריאלעניו, מעגסטו דיר שוין אויפֿנייען אַ טאָרבעניו און גיין אין די הײַזער (עט.). אַ מאָל קומט אויך ,־וניו׳. אַ שטייגער בײַ אַקסענפֿעלדן: טאַטוניו, פּאָטערוניו.

3 [6] אַ שטייגער: ס׳איז אַ לויפֿעניש, אַ זוכעניש, אַ ראַנגלעניש, אַ טומלעניש װעגן די באַ־שטעלונגען (ממס.); פֿון דער ענגעניש... האָט ביילצע געחלשט (אַקס.); פֿון גרויס איבערראַשונג און ערגערניש האָט זיך ניסל שוואַלב שווער אַראָפּגעלאָזט אויף אַ שטול (שאָל.); די גאַנצע מעשׂה... וואָלט ער באַדאַרפֿט באַהאַלטן..., ווו ער באַהאַלט אַלע אַנדערע גוטע זאַכענישן (בערג.).

4 [7] אַ שטייגער: דייַן טרייפֿענע הצלחה, וואָס איך קאָן אַצינד צו דיר ניט פֿאָרן (שאָל.). דאָס איז אַ באַטאָנענדיקער סופֿיקס. פֿאַרגלייַכט אַ שטייגער: טרייפֿע – טרייפֿענע; גאַנצע – גאַנצענע.

5 [8] אַ שטייגער: ראובֿן־הערש! נתנט דעם אָדון אַ כף־האער (שאָל.).

6 [1] פֿון ,סווערדלאָוו, קיראָוו׳.

7 [2] פֿון ,סווערדלאָווסק, קיראָווסק׳.

8 [3] אַ שטייגער: מע האָט געלופֿטערט די פֿאַרטשאַדעטע נשמות אין קאַמינאָבאַלקער פֿאַרשנייטן הויף (בערג.).

9 [4] אַ שטייגער: קיינערליי שׂימחה האָב איך מײַן האַרץ ניט געזשאַלעוועט (לעפֿ.); די ביידערליי ייִדן זייַנען גאָר ניט גלייַך (אַקס.).

10 [5] אַ שטייגער: אַלצדינג גיט ער צו פֿאַרשטיין על־פּי דאָקטערייַ (שאָל.); אַלע אונדזערע העלדן... דאַרפֿן אַצינד רוען... נאָך אַלע נאַרישקייטן מיט די שטותערייַען פֿונעם גאַנצן טאָג (שאָל.); צווישן עולם איז געוואָרן אַ פּאַטשערייַ מיט אַ שאַקערייַ (שאָל.); אינעם לעבן זייַנען זיי נאַרישקייטן, קינדערייַען, ייִנגלישע זאַבאַבאָנעס (שאָל.); די חסידערייַ איז אַ צרה פֿאַר ייִדן (אַקס.).

93	־(ע)שי	טאַטעשי, זיידעשי, פֿעטערשי, שוויגערשי, טאָכטערשי, זונעשי...
94	־צע	ריווצע, סאָרצע, לייבצע, חנצע, אַבֿרהמצע...[1]
95	־קייט	ריינקייט, אָנגעשטרענגטקייט, פֿרעמדקייט, פֿאַרפֿרעמדטקייט...
96	־קע	שרײַבערקע, בעקערקע, שאַכמאַטיסטקע, (די) שלמה־דודקע...[2]
97	־קע	ברודערקע, שוועסטערקע, פֿעטערקע, שלמהקע, לייבקע...
98	־קע(ן)	האַווקע(ן), מעקע(ן), אויקע(ן), שאַקע(ן), נוקע(ן)...[3]
99	־ש	חבֿרש, פֿויערש, קהלש, מיידלש, ייִנגלש, ענגלש...[4]
100	־שאַפֿט	קנעכטשאַפֿט, באַקאַנטשאַפֿט, געטרײַשאַפֿט, געמיינשאַפֿט...

102 אויסער די ערשט אויסגערעכנטע סופֿיקסן זײַנען בײַ אַ וואָרט אָפֿט מאָל פֿאַראַן נאָך סופֿיקסן – זעלטענערע. אַ שטייגער:

101	־אַבל	רענטאַבל, קאָמפֿאָרטאַבל, רעספּעקטאַבל...[5]
102	־(אַר)ניע	ריידאַרניע, גיסאַרניע, גאַרבאַרניע, ציגעלניע...
103	־אָיִד	נעגראָיִד, אָרגאַנאָיִד, טיפֿאָיִד, פּלאַטינאָיִד...
104	־ט	נאָט, טאַט, זעט (זאַט), געבורט, געשעפֿט...
105	־(י)אַדע	בלאָקאַדע, קאָלאָנאַדע, ספּאַרטאַקיאַדע, אָלימפּיאַדע...
106	־(י)אַנער	אַמעריקאַנער, רעפּובליקאַנער, העגעליאַנער, וואָלטעריאַנער...[6]
107	־(י)ום	מאַקסימום, מינימום, פּלענום, אַקוואַריום, פּרעזידיום...
108	־יט	באַנדיט, פֿאָספֿאָריט, בראָנכיט, קאָלאָריט...
109	־יניע	קייסעריניע, גראַפֿיניע... [88]
110	־יר	באַנקיר, קאַסיר,[7] בריגאַדיר, קאָמאַנדיר, פּונקטיר...[8]
111	־נע	מאָדנע, נודנע, מינאָרנע, קאַפּריזנע, גראַמאָטנע...[9]
112	־נער	מילנער, רעדנער...
113	־עווע, אָוו(נ)ע[10]	מאַסעווע, מאַשינאָווע, גוואַלדאָוונע,[11] פּאַקאָוונע...[12]
114	־(ע)נד	רייצנד, באַדײַטנד, גלענצנד, אויפֿגייענד...[13]

[1] [6] אַ שטייגער: וואָס זשע זאָרגט איר זיך דאָ אַזוי, ר׳ אַבֿרהמצע... (ממס.).
[2] [7] אַ שטייגער: מיט אַן אַ שיעור רמזים האָט ער פֿון זײַן זײַט געגעבן צו פֿילן שלמה־דודן און דער שלמה־דודקע: איר האָט אײַער הונדערטער (בערג.).
[3] [8] אַ שטייגער: ווידער אַ מאָל נו און אָבער אַ מאָל נו, וואָס האָט איר זיך צענוקעט! (שאָל.)
[4] [9] ווערט אַלץ מער אַרויסגעשטויסן דורך דער פֿאָרמע ,ענגליש׳.
[5] [10] זעט די ווײַטערדיקע אָנמערקונגען.
[6] [11] און אַ מאָל אויך ,־י(ע)נער׳, אַ שטייגער: יאַקאָבינער, איטאַליענער.
[7] [1] שטויסט אַלץ מער אַרויס די עלטערע פֿאָרמע ,קאַסיר׳ (מיטן אַקצענט אויפֿן ערשטן טראַף) און ,קאַסירער׳.
[8] [2] פּונקטיר – אַ ליניע פֿון פּונקטן.
[9] [3] אייניקע פֿון די דאָזיקע קומען די לעצטע צײַט אויך אָנעם ,־נע׳. אַ שטייגער: און יעדער פֿון זיי... האָט ניט מער ווי געמאַכט אַן אײַנדרוק פֿון אַ קאַפּריזער בריאה (בערג.).
[10] [4] אָפֿט מאָל מיטן אַקצענט אויפֿן ,אָ׳.
[11] [5] אַ שטייגער: אַ מענטש מיט אַ גוואַלדאָוונער פּען, מיט אַ ריזן־טאַלאַנט און מיט אַ גילדן האַרץ – מאַקסים גאָרקי – האָט זיך גענומען צו אונדז גאַנץ געשמאַק (שאָל.).
[12] [6] פּאַקאָוונע – בײַ ליפֿשיצן – вместительно, укладисто [vmestitel'no, ukladisto] – געררומיק.
[13] [7] אַ שטייגער בײַ שלום־עליכמען: באַדײַטנדסטע בלאָנדזנדע שטערן; אַן אויפֿגייענדער גלענצנדער לויכטנדער שטערן.

115	־ענץ	קאָנקורענץ, עקסיסטענץ, אינטעליגענץ...[1]
116	־עסע	פּאַטעסע, באַראָנעסע, פּרינצעסע (פּרינצעסין)...
117	־עץ	בחורעץ, גנבֿעץ [גאַנעפֿעץ] (גנבֿ), שוואָגערעץ...
118	־צ(ן)	דוצ(ן), אירצ(ן), גרילצ(ן)...[2]

און נאָך אייניקע אַנדערע סופֿיקסן (באַזונדערש אינטערנאַציאָנאַלע), וואָס דרינגען אַלץ מער און מער אַריַין אין אונדזער לשון.

אָנמערקונג אַ ריי סופֿיקסן זיַינען אין ייִדיש (שוין אָדער נאָך) ניט קיין פּראָדוקטיווע – מע בילדעט מיט זיי ניט קיין נײַע ווערטער.

103 די ערשט אָנגעוויזענע סופֿיקסן זיַינען פֿון אַ פֿאַרשיידענעם אָפּשטאַם:

1. גערמאַניש ע: ־באַר, ־האַפֿט, ־הייט, ־הייט [הײַט], ־ונג, ־וואַרג, ־ווײַז, ־זאַם, ־ט, ־טום, ־(י)אַנער, ־יק (42), ־יק(ן), ־ל (46, 47), ־ל(ען), ־לאָז, ־לינג, ־לעך (51, 52), ־לער, ־ן (54, 55), ־נער, ־(ס)טל, ־סט, ־(ע)דיק, ־עוודיק, ־(ע)ך, ־עכץ, ־עלע, ־(ע)ן (72, 73), ־ען, ־(ע)ן – ־ערן, ־(ע)נד, ־(ע)נדיק, ־(ע)ניש, ־ער (85–89), ־ער(ן), ־צ(ן), ־קייט, ־ש, ־שאַפֿט;

2. סעמיטישע: ־טע, ־ים, ־ה [ע] (63), ־(ע)ן (74), ־ות [(ע)ס], ־ות [עס];

3. סלאַוויש ע: ־אַטש, ־(אַר)ניע, ־וק, ־טשיק, ־(י)אַק – ־ניאַק, ־יטשק, ־יכע, ־יניע, ־ינק, ־ינקע, ־יק (41), ־ניק, ־ניצע, ־נע, ־עוואַטע, ־עווע – ־אָוו(נ)ע, ־עווע(ן), ־עניו, ־ענע, ־עץ – ־אָוועץ, ־עץ, ־(ע)שי, ־צע, ־קע (96, 97), ־קע(ן);

4. גריכישע, לאַטײַנישע אָדער פֿראַנצייזישע: ־אַבל, ־אַזש, ־אַט – ־יאַט, ־אַטאָר, ־אַל, ־אַנט, ־(אַ)ציע, ־אַר (9, 10), ־אָיִד, ־אָר, ־ור, ־(י)אַדע, ־(י)ום, ־יוו, ־יזיר, ־יזם, ־יט, ־יטעט, ־יסט, ־יע, ־(י)עז, ־יפֿיציר(ן), ־יפֿיקאַציע, ־יק (40), ־יר, ־יר(ן), ־על – ־יעל, ־ענט, ־ענץ, ־עסע.

אָנמערקונג דער סופֿיקס [ע] (62) איז אַ גערמאַנישער, אַ סעמיטישער און פֿון נאָך אַ ריי אַנדערע שפּראַכן. דער סופֿיקס ,־ס׳ (58) שטאַמט פֿון פֿראַנצייזיש (זעט ז׳ 27). וועגן די סופֿיקסן ,־ערליי׳ און ,־(ער)ײַ׳ זעט ז״ז 113–114. [89]

104 איינצלנע אָנמערקונגען 1. דער סופֿיקס ,־אַבל׳ (101)[3] באַטײַט לערך דאָס זעלבע, וואָס דער סופֿיקס ,־באַר׳ (12), ,־יק׳ (42) און ,־(ע)דיק׳ (64) – ,עס טראָגט, עס באַזיצט׳. פֿאַרגלײַכט אַ שטייגער: רענטע – רענטאַבל; קאָמפֿאָרט – קאָמפֿאָרטאַבל; רעספּעקט – רעספּעקטאַבל.[4]

2. דער סופֿיקס ,־אַר׳ ביַי די ווערטער ,סעקרעטאַר, אַרענדאַר׳ (9) באַטײַט מערסטנס אַ טוער פֿון עפּעס; און בײַ די ווערטער ,עלעמענטאַר, פּאַרלאַמענטאַר׳ (10) באַטײַט ער כּמעט דאָס זעלבע, וואָס דער סופֿיקס ,־יש׳ (אָפּשטאַם, אָנגעהעריקייט). אָט פֿאַר וואָס בײַ אַ וואָרט

[1] [8] פֿאַרגלײַכט מיטן סופֿיקס ,־ענט׳ אויף ז׳ 105.

[2] [9] אַ שטייגער: קיינער אין שטוב האָט אים נישט געאירצט (ממס.); דערצו האָט נאָך צוגעגרילצט אַ גריל (ממס.). דער לעצטער ווערב קאָן קומען אויך אָנעם ,צ׳. אַ שטייגער בײַ פּרצן: כאַפּט זיך אַרײַן אין קוימען אַ גריל... גרילט און וועקט.

[3] [1] אין קלאַמערן איז אָנגעוויזן דער נומער פֿונעם סופֿיקס אין די פֿאָריקע צעטלען.

[4] [2] רענטע – הכנסה (אײַנקונפֿט) פֿון קאַפּיטאַל פֿון ערד. רענטאַבל – הכנסהדיק, עס טראָגט אַרײַן הכנסה; קאָמפֿאָרט – באַקוועמלעכקייט, געמיטלעכקייט; רעספּעקט – אָפּשײַ, דרך־ארץ.

מיט אַזאַ ‑אַר׳ (‑יש׳), ווי אויך בײַ ווערטער מיט די סופֿיקסן ‑אַל, ‑על, ‑(י)עז׳ און אייניקע אַנדערע, איז געוויינטלעך ניט נייטיק צוצוגעבן אַ טאַווטאָלאָגישן (איבערחזרנדיקן) סופֿיקס ‑יש׳.[1] אַ שטייגער די ווערטער ,עלעמענטאַריש, סאָציאַליש, קולטורעליש, נערוועזיש, רעלי־גיעזיש׳ און ענלעכע דאַרף מען ברענגען אָנעם ‑יש׳ – דער באַטײַט וועט בלײַבן דער זעלבער.

3. דער סופֿיקס ‑(אַר)ניע׳ (102) באַטײַט אַן אָרט. לערך אַזוי, ווי דער סופֿיקס ‑(ער)ײַ׳ (92). פֿאַרגלײַכט אַ שטייגער: ציגל – ציגעלניע; גאַרבער – גאַרבאַרניע; רייד – רײדאַרניע; חסיד – חסידאַרניע; קיבעץ – קיבעצאַרניע.[2]

4. דער סופֿיקס ‑אָיד׳ (103) באַטײַט ענלעכקייט צו עפּעס. אַ שטייגער: מאָנגאָלאָיד (ענלעך צו אַ מאָנגאָל), אַווסטראַלאָיד, אַנטראָפּאָיד (מענטשאַרטיקע מאַלפּע), גיגאַנטאָיד.

5. די סופֿיקסן ‑הייט׳ (14) און ‑הייט׳ [הײַט] (15) שטאַמען פֿון איין מאָרפֿעמע – פֿון אַ מאָרפֿעמע, וואָס באַטײַט געוויינטלעך ,אַרט, לאַגע, צושטאַנד׳ און וואָס אין אַ ריי ערטער פֿון פּוילן קומט זי (דער עיקר בײַם עלטערן דור) נאָך אויך איצט ווי אַ באַזונדער וואָרט, נאָר מיטן באַטײַט פֿון אַ שלעכטן (צו)שטאַנד. אַ שטייגער: איך האָב אים געטראָפֿן אין אַ הייט; ער איז נעבעך אין אַ הייט.[3] דער סופֿיקס ‑הייט׳ קומט אַלע מאָל צו נאָר צו אַן אַדיעקטיוו מיט דער פֿלעקסיע ‑ער׳. אַ שטייגער: קליינערהייט, זיצנדיקערהייט. אָבער דער סופֿיקס ‑הייט׳ [הײַט] קאָן צוקומען צו אַנדערע ווערטער אויך און באַטײַט ניט נאָר צושטאַנד, נאָר אָפֿט אויך קאָלעקטיוו. אַ שטייגער: מענטשהייט.

6. דער סופֿיקס ‑ט׳ (104) איז שוין לאַנג ניט קיין פּראָדוקטיווער (מע בילדעט מיט אים ניט קיין נײַע ווערטער), און אַ דורכשניטלעכער ייִדיש־רײדער נעמט אים אין אַ ריי פֿאַלן אַפֿילו ניט אויף פֿאַר קיין סופֿיקס. ער איז פֿאַראַן בײַ [90] ניט קיין גרויסער גרופּע ווערטער, בײַ וועלכע ער בילדעט דעם באַטײַט פֿון אַ זאַך (סובסטאַנטיוו). פֿאַרגלײַכט אַ שטייגער: ניי – נאָט; טו – טאַט; זיי – זעט (זאַט);[4] געבאָר (געבויר) – געבורט אאַ״וו. אייניקע קאָנסאָנאַנטן ווערן פֿאַרן דאָזיקן סופֿיקס פֿאַרוואַנדלט אין אַנדערע קאָנסאָנאַנטן. פֿאַרגלײַכט אַ שטייגער: שרײַב – שריפֿט; גיב – גיפֿט;[5] שלאָג – שלאַכט; וועג (וואָג) – געוויכט; צי(ה)[6] – צוכט; זע(ה) – געזיכט. בײַ אייניקע ווערטער (נאָך אַ נאָזקלאַנג) איז דער דאָזיקער סופֿיקס מיט אַ ,ס׳ אָדער ,פֿ׳ פֿאַרן ,ט׳. אַ שטייגער: דינסט, קונסט (פֿון ,קען׳), געשפּענסט (פֿון ,שפּאַן׳), צוקונפֿט, אײַנקונפֿט (פֿון ,צוקומ[ען], אײַנקומ[ען]׳), פֿאַרנונפֿט[7] (פֿון ,פֿאַרנעם׳) א״אַ.

אָנמערקונג ענלעך צום סופֿיקס ‑ט׳ איז אויך דער סופֿיקס ‑ד׳. אַ שטייגער: בראַנד (ברען), יאַגד (יאָג), שאַנד (שעם זיך) א״אַ.

1 [3] דאָס טוט מען אָפֿט, אָדער מחמת מע פֿאַרשטייט ניט דעם באַטײַט פֿון די סופֿיקסן ‑אַר, ‑אַל, ‑על, ‑(י)עז׳ אָדער מחמת מע וויל, ווי דאָס טוען אייניקע ייִדישיסטן, עס זאָל זײַן ,ייִדישלעכער׳.

2 [4] אַ שטייגער: ער ווייסט ניט מער ווי די חסידאַרניע, ווו ער פֿאַרברענגט די גאַנצע טעג מיט זײַנע לײַט (ממס.); די קיבעצאַרניע – דאָס איז אַ מין קלוב אָדער אַ קאַפֿע אַזעלכע... (שאָל.).

3 בײַ פֿאַלקאָוויטשן „הײַט״.

4 [1] אַ שטייגער: זי פֿאַקט, עסט פֿאַר צען און קאָן ניט כאַפּן די זעט, עפּעס גאָר אַ הײשעריק (ממס.).

5 [2] זעט ז׳ 149.

6 [3] דאָס דאָזיקע וואָרט פֿלעגט מען אַ מאָל אַרויסברענגען (און שרײַבן) מיט אַ ,ה׳.

7 [4] פֿאַרנונפֿט – שׂכל, פֿאַרשטאַנד, [razum] разум.

7. דער סופֿיקס ־(י)אַדע׳[1] (105) באַטייַט אַ לאַנגדויעריקן פּראָצעס (בלאָקאַדע, קאַנאָ־נאַדע),[2] אַ ריי איינצלנע זאַכן (קאָלאָנאַדע, אַרקאַדע),[3] מוזיקאַלע און טעאַטראַלע ווערק (אַרלעקינאַדע, בופֿאָנאַדע),[4] אַ לענגערע אַקציע פֿון אַ געוויסער פּערזאָן אָדער גרופּע (דע־ניקיניאַדע, קאָרנילאָוויאַדע),[5] און אַנדערע.[6]

8. דער סופֿיקס ,־יט׳ (108) און אַ מאָל אויך ,־אַט׳ באַטייַט אָפּשטאַם (סעמיט, אַזיאַט), מינעראַלן (פֿאָספֿאָריט), קראַנקייטן (בראָנכיט) און אַנדערע.

9. ,־ים׳ קומט אין די פֿאַלן, ווען דאָס איז אַ סופֿיקס און דאָס באַטייַט מערצאָל (32). אין אַלע אַנדערע פֿאַלן קומט בכלל ניט ,־ים׳, נאָר ,־עם׳. אַ שטייגער: חכם [כאָכעם] – חכמים; יתום [יאָסעם] – יתומים; וואָרעם – ווערעם; פּנים – פּנימער. מיט ,־ים׳ דאַרף מען אויך ברענ־גען פֿאָלגנדיקע גרופּעס ווערטער: (1) אַנאָנים, פּסעוודאָנים, האָמאָנים, סינאָנים און אַנ־דערע מיט אַזאַ (גריכישן) ,־נים׳, וואָס ראַטייַט ,נאָמען׳;[7] (2) בשׂמים, ברואים, געדערים [גערדע־רעם], דיבורים, תּחתּונים, תּכריכים, תּנאָים, חיים (לחיים, בעלי־חיים), יסורים, ירוש־[91]לים, חושים, לאַחדים, ליהודים, ממתּקים, מעשׂים, מזומנים, מרחקים, אפֿרים,[8] פּורים, פּראָים, רבותים, רבים, רחמים (רחמנות), מסכּים א״אַ (אויסער ,געדערים׳ זייַנען אַלע ווערטער פֿון דער 2טער גרופּע – סעמיטיזמען, און פֿיל פֿון זיי זייַנען שוין היפּש פֿאַרעלטערט).[9]

10. ,־יק׳ אַלס אַ סופֿיקס (40–43) איז אַלע מאָל מיט אַ ,ק׳.[10] אָבער וואָרצלען קאָנען זיך ענדיקן מיט ,יג׳, ,יק׳ אָדער ,עק׳. אַ שטייגער:

(1) זיג, ליג, וויג, פֿאַרוויג, צעוויג, קריג, קיניג (קעניג)...

1 [5] אינעם דאָזיקן סופֿיקס זייַנען זיך צונויפֿגעגאַנגען צוויי סופֿיקסן: אַ גריכישער און אַ פֿראַנצייזישער (,־אַדע׳).

2 [6] בלאָקאַדע – פֿאַרצוימונג, אַרומרינגלונג, איזאָלירונג; קאַנאָנאַדע – אַן אָפּטע שיסערייַ פֿון קאַ־נאָנעס.

3 [7] אַ ריי קאָלאָנעס (אין אַ געבייַדע), אַ ריי אַרקעס (געוועלבן).

4 [8] אַרלעקין – פּאַיאַץ, לץ, קאָמיקער; בופֿאָן – כּמעט דאָס זעלבע, וואָס אַרלעקין.

5 [9] אין אַזעלכע פֿאַלן קאָנקורירט מיטן דאָזיקן סופֿיקס דער סלאַווישער ,־שטשינע׳ (דעניקינשטשינע, קאָרנילאָווּשטשינע). [קאָרנילאָוו, דעניקין – אָפֿיצירן פֿון דער ווייַסער אַרמיי. אָנמ׳ פֿון רעד׳].

6 [10] אַ מאָל קומט אויך ,־אַד׳. אַ שטייגער: לימאָנאַד, ראַפֿינאַד (צוקער, וואָס איז ראַפֿינירט, גערייניקט, ,געאיידלט׳), מאַרינאַד (מאַרינירן).

7 [11] אַנאָנים – אָן אַ נאָמען, אָן אַן אונטערשריפֿט; פּסעוודאָנים – אַ צוגעקלערטער נאָמען (פֿאַמי־ליע). אַ שטייגער: שלום־עליכם (דער אמתער נאָמען – שלום ראַבינאָוויטש); האָמאָנים – דער זעלבער נאָמען; סינאָנים – געמיינזאַמער נאָמען (זעט ז״ז 145 און 153).

8 אָבער: פּרויעם.

9 [1] בשׂמים – געווירצן, אַזעלכע קרייַטעכצער מיט פֿייַנע ריחות; ברואים – מאָדנע באַשעפֿענישן, פֿאַרזעענישן; חושים – סייַ ווען דאָס איז מערצאָל פֿון ,חוש׳, מיטן באַטייַט פֿון געפֿילן, סייַ ווען דאָס ווערט געברויכט אין איינצאָל מיטן באַטייַט פֿון דולער. אַ שטייגער: נאָר גיי טענה זיך אויס מיט אַ חושים (שאָל.); ווייס איך וואָס ער וועט דיר דערציילן, אָט דער חושים! (שאָל.); ממתּקים – בכלל באַטייַט עס צוקערקעס, זיסוואַרג, נאָר געוויינטלעך מיינט מען דערמיט געלט. מרחקים – ווייַטע ערטער. פּראָים – ווילדע; גרויסע נאַראָנים. רבותים – מייַנע הערן, מייַנע הערשאַפֿטן. אַ שטייגער: עסט, רבותים, לאָז אייַך וווּל באַקומען (ממס.). רבים – סייַ ווען דאָס באַטייַט מערצאָל, סייַ ווען דאָס ווערט געברויכט אַלס איינצאָל. אַ שטייגער: מע ליגט אין מויל פֿון אַ רבים (ממס.); רבים איז בילכער.

10 [2] מיט אַ ,ג׳ איז דער דאָזיקער סופֿיקס נאָר בייַ די ווערטער ,היגער, היגע, היגן, היג, היגס׳ (אַ היג קינד – אַ קינד אַ היגס).

(2) זונטיק, מאָנטיק; צוואַנציק, דרײַסיק; עסיק, האָניק; דאַנציק, לײַפּציק ...

(3) אייסעק, דיבעק, העזעק, כויזעק, כילעק, ביילעק, ביישעק, סאָפּעק ...[1]

דעם סופֿיקס ־יק׳ (42, 43 – דעם גערמאַנישן) האָט מען מיט אַ פּאָר צענדליק יאָר צוריק געשריבן (און אין אויסלענדישע אויסגאַבעס שרײַבט מען נאָך אויך איצט) ניט מיט אַ ,ק׳, נאָר מיט אַ ,ג׳. דאָס איז אַ סופֿיקס, וואָס נעמט זיך פֿון אַן אַלט־גערמאַניש (גאָטיש) וואָרט ,אייגאַן׳, וועלכעס באַטײַט דאָס זעלבע, וואָס אונדזער איצטיק וואָרט ,אייגן׳ (איי־גנס, באַזיץ). אָט פֿאַר וואָס ווען צו אַ וואָרט קומט צו דער סופֿיקס ־יק׳, באַקומט עס דעם באַטײַט פֿון באַזיצן (אַ שטייגער: בלוטיק, זאַמדיק, קרעפֿטיק אאַ״וו) אָדער דעם באַטײַט פֿון מאַכן, עס זאָל באַזיצן (אַ שטייגער: רייניק, פֿעסטיק, ענדיק אאַ״וו).[2]

11. דער סופֿיקס ־יר׳ בײַ די ווערטער ,רעמאָנטיר, פּולסיר׳ (44) באַטײַט אַ טוונג (ביל־דעט אַ ווערב); און בײַ די ווערטער ,באַנקיר, קאַסיר׳ (110) באַטײַט ער מערסטנס אַ טוער פֿון עפּעס.

12. ־יש׳ אַלס אַ סופֿיקס (45) איז אַלע מאָל מיט ,י׳. ניט קיין סופֿיקס איז געוויינטלעך מיט ,ע׳. אַ שטייגער:

(1) טיפּיש (טיפּ + יש), יידיש, רוסיש, ענגליש, פּראַקטיש, קאָמיש, טראַגיש ...

(2) טיפּעש (אַ נאַר), כידעש, כוידעש, מאלבעש, נעפּעש, כאָלעש, בעפּיירעש ...[3]

ווען דער סופֿיקס ־יש׳ קומט צו צו אַ וואָרט, וואָס איז מיט ,ע׳ צום סוף, פֿאַלט דער דאָזיקער ,ע׳ אַרויס. אַ שטייגער: מעלוכע – מעלוכיש, בעריע – בערייִש, כײַע – כײַיִש, באַלמעלאָכע – באַלמעלאָכיש.[4] אָבער פֿאַרן סופֿיקס ־שאַפֿט׳ פֿאַלט דער ,ע׳ ניט אַרויס. אַ שטייגער: מעלוכעשאַפט, בעריעשאַפט.[5] [92]

13. דער אונטערשייד פֿונעם ־ל׳ אין די בײַשפּילן 46–48 באַשטייט אָט אין וואָס: בײַ 46 באַטײַט דער ־ל׳ פֿאַרקלענערונג (שלאָס – שלעסל); בײַ 47 בילדעט ער פֿון אַ ווערב אַ סובסטאַנטיוו (שליס – שליסל); און בײַ 48 איז פֿאַרקערט: פֿון אַ סובסטאַנטיוו (אָדער פֿון עפּעס אַנדערש) בילדעט ער אַ ווערב (פֿונק – פֿינקל, צאַרט – צערטל).

14. קיין סופֿיקס ־ליך׳ אָדער ־לאַך׳ איז אינעם סאָוועטישן יידיש ניט פֿאַראַן. מיט ־לעך׳ דאַרף מען אויך ברענגען די ווערטער ,עטלעכע, איטלעכער, נעמלעך, ענלעך, ענלע־כער׳ אאַ״וו. דער סופֿיקס ־לעך׳ בײַ די ווערטער ,גליקלעך, מענטשלעך׳ (51) און בײַ די ווערטער ,שוואַרצלעך, גרינלעך׳ (52) איז אין תּוך איינער און דער זעלבער. ער שטאַמט פֿון אַ מאָרפֿעמע (אַ מאָל אַ וואָרצל), וואָס האָט באַטײַט ,קערפּער, אויסזען׳.[6] מיט דער

1 ייִוואָ: עסק, דיבוק, היזק, חוזק, חילוק, חלק, חשק, ספֿק.

2 [3] בײַ אַ ריי ווערטער נעמט מען דעם דאָזיקן ־יק׳ געוויינטלעך ניט אויף פֿאַר קיין סופֿיקס. אַ שטייגער: וויי ניק (זעט ז׳ 143), פֿעיִק (פֿון אַ מיטל־הויכדײַטש וואָרט våhen – פֿאַנגען) און אַנדערע.

3 ייִוואָ: טיפּש, חידוש, חודש, מלבוש, נפֿש, חלוש, בפֿירוש.

4 ייִוואָ: מלוכה – מלוכיש, בריה – בריהש, חיה – חייִש, בעל־מלאָכה – בעל־מלאָכיש.

5 ייִוואָ: מלוכהשאַפֿט, בריהשאַפֿט.

6 [1] אין דײַטש ווערט נאָך אויך איצט געברויכט אַ וואָרט פֿונעם דאָזיקן וואָרצל – ,לײַכע׳, נאָר מיטן באַטײַט פֿון אַ טויטן קערפּער. אַ מאָל טרעפֿט מען דאָס דאָזיקע וואָרט אויך אין יידיש. אַ שטייגער בײַ באָוושאָווערן (אין זײַן ליד „צום אָנדענקען פֿון דוד עדעלשטאַט“): „דאָרטן אין אַן אָרעמען שטיבל ליגט פֿאַר־גליווערט אויפֿן בעט איצט די לײַכע פֿון אַ קערפּער – פֿון אַן אַרבעטער־פּאָעט.“

צײַט האָט זיך דער דאָזיקער סופֿיקס אַ ביסל דיפֿערענצירט: צוקומענדיק צו אַ סובסטאַנ־טיוו אָדער צו אַ ווערב, האָט ער אָדער אויפֿגעהיט זײַן גרונטבאַטײַט (אַ שטייגער: גע־פּאַר – געפּערלעך; פֿריי – פֿריילעך) אָדער ער האָט געגומען באַטײַטן אַ רעגלמעסיקע איבערחזרונג. אַ שטייגער: חודש – חודשלעך, וואָך – וועכנטלעך. און צוקומענדיק צו אַן אַדווערב, האָט ער געגומען באַטײַטן אַ געוויסע אָפּשוואַכונג. אַ שטייגער: פֿינצטער – פֿינצטערלעך; פֿאַר נאַכט – פֿאַרנאַכטלעך.

15. דער סופֿיקס ־(ע)ן׳ בײַ די ווערטער ,גיין, ברענגען׳ (72) באַטײַט סתּם אַ טוּונג (בילדעט אַ ווערב אַן אינפֿיניטיוו);[1] בײַ די ווערטער ,מענטשן, אידען׳ (73) באַטײַט ער מערצאָל; און בײַ די ווערטער ,שדכן, גזלן׳ (74) באַטײַט ער מערסטנס אַ טוער פֿון עפּעס. פֿאַרגלײַכט אַ שטייגער: שידוך – שדכן; גזלה – גזלן; שקר (ליגן) – שקרן.

16. דער סופֿיקס [עס] ־ות, ־ית׳ (83 – דער סעמיטישער) באַטײַט אמאָפּטסטן אַ באַ־שעפֿטיקונג. פֿאַרגלײַכט אַ שטייגער: שדכן – שדכנות; קצבֿ – קצבֿות; חזן – חזנות. אַ מאָל באַטײַט ער אויך אַן אַבסטראַקטן סובסטאַנטיוו. אַ שטייגער: שייך – שײַכות; ממש – ממשות; פּשוט – פּשטות. און אָפֿט מאָל – אויך אַ ווײַבלעכן נאָמען. אַ שטייגער: מיוחס – מיוחסת; נגיד – נגידית.[2] דעריבער קאָן איינס און דאָס זעלבע וואָרט אָפֿט מאָל באַטײַטן

[93] אי אַן אַבסטראַקטן סובסטאַנטיוו אי אַ ווײַבלעכן נאָמען. פֿאַרגלײַכט אַ שטייגער: (1) בײַ אַזאַ גרויס עשירות וועט דיר אַוודאי גוט זײַן (אַקס.); (2) אַלע ווײַבער, אַפֿילו גיטעלע ר׳ גבֿריאלס, די גרעסטע עשירות אין שטאָט, זײַנען געלאָפֿן הערן (אַקס.).[3]

17. דער אונטערשייד פֿונעם ־ער׳ אין די בײַשפּילן 85–90 איז אָט אַ וועלכער: בײַ 85 באַטײַט ער מערצאָל (קינד – קינדער); בײַ 86 באַטײַט ער אַ טוער פֿון עפּעס אָדער אַ קעגנ־שטאַנד אַלס אַ טוער און אַנדערע (שרײַבער, טעפּער, אַפּטייקער, זײַער, הענגער, פֿעלער); בײַ 87 באַטײַט ער אַ העכערן גראַד (הויך – העכער); בײַ 88 באַטײַט ער מערסטנס אַ מטבע, אַ גלאָז אָדער אַן אַנדער קעגנשטאַנד פֿון אַזאַ אָדער אַן אַנדער ווערט אָדער מאָס (אַ צווייער, אַן עלפֿער); בײַ 89 באַטײַט ער געוויינטלעך אַן אָרטאָפּשטאַם (קיִעוו – קיִעווער); בײַ 90 באַטײַט ער אַ טוּונג (בילדעט אַ ווערב). פֿאַרגלײַכט אַ שטייגער: לופֿט – לופֿטער(ן); לאָך – לעכער(ן).

18. דער סופֿיקס ־קע׳ בײַ די ווערטער ,שרײַבערקע, שנײַדערקע׳ (96) באַטײַט אַ זי׳; בײַ די ווערטער ,ברודערקע, שוועסטערקע׳ (97) באַטײַט ער פֿאַרקלענערונג; און בײַ די ווערטער ,האַווקע, מעקע׳ (98) באַטײַט ער אַ טוּונג (בילדעט אַ ווערב). פֿאַרגלײַכט אַ שטייגער: האַוו – האַווקע; מע – מעקע; באָם – באָמקע.

אַגבֿ, פֿונעם דאָזיקן וואָרצל איז אויסגעבילדעט דאָס וואָרט ,גלײַך׳, ווו דער וואָקאַל פֿונעם פּרעפֿיקס ,גע־ (גי־)׳ איז רעדוצירט (פֿאַרקירצט) געוואָרן. אין עלטערע טעקסטן האָט מען טאַקע געשריבן מיט ,י׳ נאָכן ,ג׳. אַ שטייגער אינעם „באר משה“ (זעט ז׳ 20): דער הוט מיר גילייך גימאכט די וועג; ער איז גילייך מיין ורײנד צו איינים הירשן.

1 [2] ־(ע)ן׳ איז אויך פֿאַראַן אַ פֿלעקסיע (זעט ז״ז 232 און 326).

2 [3] אַ שטייגער: אַחוץ וואָס ער איז אַליין, זאָגט ער, אַ גרויסער מיוחס, איז זי נאָך אַ גרעסערע מיוחסת (ממס.); טעמע־ביילע די נגידית איז דווקא אַ ייִדענע אַ נידעריקע (שאָל.).

3 סאָוועטיש ייִדיש: ,אשירעס׳ איןביידע פֿאַלן.

19. דער סופֿיקס „־ש‘ (99) קומט מערסטנס בײַ ווערטער, וואָס ענדיקן זיך מיט „ער‘ אָדער „ל‘, און באַטײַט דאָס זעלבע, וואָס דער סופֿיקס „־יש‘.

105 אַלגעמיינע אָנמערקונגען 1. נאָענט צו סופֿיקסן (סופֿיקסאָידן) זײַנען אויך די מאָרפֿעמעס „מאַן, רײַך, פֿול‘ און אייניקע אַנדערע. פֿאַרגלײַכט אַ שטייגער: פֿליישמאַן – פֿליישער; דערפֿאָלגרײַך – דערפֿאָלגלעך; בלוטפֿול – בלוטיק. אָבער די דאָזיקע זײַנען בלויז נאָענט צו סופֿיקסן – קיין פֿולשטענדיקע סופֿיקסן זײַנען זיי ניט, ווײַל זיי קומען אויך אַלס וואָרצלען.

2. אַ ריי סופֿיקסן האָבן אַ נאָענטן באַטײַט אָדער אָפֿט מאָל אַפֿילו איינעם און דעם זעלבן באַטײַט. אַ שטייגער:[1] (1) „־לעך‘ באַטײַט – האָט אַן אויסזען פֿון...; (2) „־ן, ־ערן‘ – איז געמאַכט פֿון; (3) „־יש, ־ש‘ – שטאַמט, געהערט; (4) „־זאַם‘ – איז ענלעך, אַנטשפּרעכט; (5) „־יק, ־(ע)דיק, ־עוודיק‘ – באַזיצט, פֿאַרמאָגט; (6) „־באַר‘ – טראָגט, האָט;[2] (7) „־האַפֿט‘ – פֿאַרמאָגט, אַנטהאַלט; (8) „־הייט‘ [הײַט] – אייגנשאַפֿט, צושטאַנד, לאַגע, קאָלעקטיוו; (9) „־קייט‘ – אייגנשאַפֿט, צושטאַנד, לאַגע; (10) „־(ע)ניש‘ – צושטאַנד, לאַגע (פֿון אַ טווּנג); (11) „־שאַפֿט‘ – צושטאַנד, לאַגע, קאָלעקטיוו; (12) „־טום‘ – לאַגע, קאָלעקטיוו. און אַזוי איז עס מיט נאָך אַנדערע סופֿיקסן. אָט פֿאַר וואָס ווען פֿאַרשיידענע סופֿיקסן קומען צו צו אַ וואָרט, אַפֿילו צו איינעם און דעם זעלבן, גיבן זיי דעם וואָרט צו אַ מאָל אַן אַנדער באַטײַט, אַ מאָל אַן אַנדער ניואַנס אינעם באַטײַט און אַ מאָל דעם זעלבן באַטײַט. פֿאַרגלײַכט אַ שטייגער: מענטשלעך – מענטשיש, היימלעך – היימיש, אויספֿירלעך – אויספֿירבאַר, דערלאָזלעך – דערלאָזבאַר, גײַסטלעך – גײַסטיק, קײַלעכיק – קײַלעכדיק, שפּאָרזאַם – שפּאָרעוודיק, ווונדערבאַר – ווונדערלעך – ווונדערהאַפֿט, לעבהאַפֿט – לעבעדיק, שיינהייט – שיינקייט, ענגקייט – ענגשאַפֿט – ענגע־[94]ניש, גענײטשאַפֿט – גענײטקייט, אָרעמקייט – אָרעמשאַפֿט, בירגערשאַפֿט – בירגערטום, אייגנשאַפֿט – אייגנטום.

3. די סופֿיקסן „־יטשק (30), ־ינק (33), ־(ס)ט (60), ־סט (61), ־(ע)ן, ־ערן‘ (76) און אָפֿט אויך „־ש‘ (99) קומען בײַ די ייִדן אין ליטוויש־ווײַסרוסישן דיאַלעקט כּמעט שטענדיק נאָר מיט אַ פֿלעקסיע „־ע, ־ער, ־נ(עם)‘ נאָכן סופֿיקס (יונגיטשקע, יונגיטשקער, יונגיטשקן, זײַדענעם).[3] אָבער בײַ ייִדן פֿון די איבעריקע דיאַלעקטן און אויך אין דער ליטעראַרישער שפּראַך קאָנען די דאָזיקע סופֿיקסן קומען אויך אָן די פֿלעקסיעס „־ע, ־ער, ־נ(עם)‘. אַ שטייגער: אַ יונגיטשק, אַ ווײַסינק בחורל; אַ צווייט, אַ פֿינפֿט, אַ צוואַנציקסט מאָל; אַ קלענסט, אַן עלטסט קינד; אַ זײַדן, אַ לײַנען העמד; אַ זילבערן זייגערל; אַ פּויערש, אַ ייִנגלש פּנים (גענויער אויף ז׳ 260 – 261).

4. פֿאַר די סופֿיקסן „־ן‘ (72, 73) און „־נדיק‘, ווי אויך פֿאַר דער פֿלעקסיע „־ן‘ בײַם פּערזאָניקן ווערב (זעט ז׳ 231) קומט אַן „ע‘ אַרײַן אין פֿאָלגנדיקע פֿאַלן:

1 [1] דאָ ווערן פֿאָרמולירט די גרונטיקסטע באַטײַטן פֿון די ווײַטערדיקע סופֿיקסן.

2 [2] „באַר‘ און „געבאָרן‘ זײַנען פֿון איין וואָרצל.

3 [1] וועגן פֿלעקסיע זעט ז״ז 114–115.

אין וועלכע פֿאַלן	בייַשפּילן	אָנמערקונגען און אויסנאַמען
1. נאָך אַן אַקצענטירטן וואָקאַל אָדער דיפֿטאָנג	ביוראָ־ען, ריי־ען, זע־ען, זיי־ען,[1] זע־ענדיק, זיי־ענדיק	אַזוי איז אויך פֿאַר דער סובסטאַנטיווישער און אַדיעקטיווישער פֿלעקסיע ‚־ן' אין אַקוזאַטיוו און דאַטיוו. אַ שטייגער: איך רוף אַנדרייען; איך זע דעם פֿריִען, פֿרייַען, בלויען טאָג. אָבער די אינפֿיניטיוון ‚זען, זייַן, טאָן (טון), גיין, שטיין, געשען' זייַנען אָן אַזאַ ‚ע'.
2. נאָך ‚מ, נ'	בלום־ען, פֿאָנ־ען, נעמ־ען, מיינ־ען,[2] נעמ־ענדיק, מיינ־ענדיק	אַזוי איז אויך פֿאַר דער סובסטאַנטיווישער און אַדיעקטיווישער פֿלעקסיע ‚־ן'. אַ שטייגער: איך רוף אַבֿרהמען, וואַקסמאַנען; דעם אָרעמען, דעם קרומען בחור.
3. נאָך ‚־נג, ־נק'	יונג־ען, געדאַנק־ען, ברענג־ען, שווענק־ען, ברענג־ענדיק, שווענק־ענדיק	אָבער פֿאַר דער סובסטאַנטיווישער און אַדיעקטיווישער פֿלעקסיע ‚־ן' קומט ניט אַרייַן דער דאָזיקער ‚ע'. אַ שטייגער: איך לייען מערינגן, איך גיי צו פֿונקן, צו אַ קראַנקן יונגן מענטשן.
4. נאָך אַ טראַפֿיקן ‚ל'	קעסל־ען, שפּיגל־ען, וויקל־ען, האַנדל־ען, וויקל־ענדיק, האַנדל־ענדיק	אָבער ביי די אַדיעקטיוון מיט דער פֿלעקסיע ‚־ן' קומט אַן ‚ע' אַרייַן פֿאַרן ‚ל'. אַ שטייגער: דעם טונקעלן, רענטאַבעלן, קאָמפֿאָרטאַבעלן מויער; דעם איידעלן בחור.[3]

אָנמערקונג אין די ווערטער פֿונעם טיפּ ‚גאזלענ, שאקרענ, כאקרענ' [גזלן, שקרן, חקרן] (סופֿיקס 74) איז דער ‚ע' אַ קלאַנג, וואָס איז רעדוצירט (פֿאַרקירצט, דערפֿירט) געוואָרן פֿון אַן ‚אָ' (אָדער ‚אַ'). און אין די ווערטער ‚שאדכנ, לאמדנ, מעכוטנ' [שדכן, למדן, מחותּן] [95] און אין נאָך אַנדערע איז דער וואָקאַל פֿאַרן ‚נ' רעדוצירט געוואָרן ביז נול (אין גאַנצן פֿאַרשווונדן).

106 אַ ריי סופֿיקסן באַשטייען אין דער אמתן אַליין אויך פֿון אַ פּאָר געוועזענע אָדער איצטיקע מאָרפֿעמעס אָדער זייַנען אויפֿגעקומען איינע פֿון די אַנדערע. אַ שטייגער: 1. דער סופֿיקס ‚־שאַפֿט' אַנטהאַלט אין זיך אַ וואָרצל ‚שאַף' און אַ סופֿיקס ‚־ט' (זעט ז' 108); 2. דער סופֿיקס ‚־עריַי' נעמט זיך פֿון די סופֿיקסן ‚־ער' און ‚־ייַ'.[4] דער סופֿיקס ‚־ייַ' פֿלעגט אַזוי אָפּט צוקומען צו ווערטער, וואָס זייַנען מיטן סופֿיקס ‚־ער' (שנייַדער־ייַ, בעקער־ייַ), אַז מע האָט אָנגעהויבן אויפֿצונעמען דעם ‚־עריַי' ווי איין מאָרפֿעמע, ווי איין סופֿיקס (מיטן באַטייַט פֿון עפּעס אַן אַרבעט אָדער אַן אָרט פֿון אַן אַרבעט), און מע האָט עס אָנגעהויבן צושטעלן צו אַזעלכע ווערטער, וואָס מיטן סופֿיקס ‚־ער' קומען זיי ניט. אַ שטייגער בייַ אַקסענפֿעלדן: נאַרערייַ, שושקערייַ, קושערייַ, האַלדזערייַ, גערווייַנערייַ, חלשערייַ און אַנדערע (זעט אויך די בייַשפּילן אויף ז' 105); 3. דער סופֿיקס ‚־ערלייי' איז לכתּחילה געווען ניט ‚־ערלייי', נאָר ‚־ליי'[5] (ער שטאַמט פֿון פֿראַנצייזיש און פֿון אייניקע אַנדערע שפּראַכן). דער ‚־ער' איז צו אים מיט דער צייַט צוגעוואַקסן פֿון די ווערטער ‚קיינער, אַלער' און ענלעכע, וואָס מיט זיי פֿלעגט ער געוויינטלעך

[1] [2] אָבער נאָך אַן אומאַקצענטירטן וואָקאַל איז ניט ‚־ען' נאָר ‚־ן' (אָדער ‚־נען'). אַ שטייגער: האָרעווע־ן, בונטעווע־ן, קוילע־נ(ען), חתמע־נען.

[2] [3] אויב דער ‚נ' איז אַ טראַפֿיקער, קומט אַן ‚ע' אַרייַן אויך פֿאַרן דאָזיקן ‚נ'. אַ שטייגער: רעכן – רעכענען, רעכענענדיק (זעט ז' 77).

[3] [4] און אויך דעם איידלען (דעם מאָגערן). זעט די פֿוסנאָטיץ 4 אויף ז' 77.

[4] [1] און גופֿא דער סופֿיקס ‚־ייַ', ווי אויך דער זעלטענער ‚־ייי' (אָראַנזשערייי, פּאַרטייי, אַרמייי), שטאַמען פֿונעם סופֿיקס ‚־יע (־יע, ־יאַ)'.

[5] [2] ‚מין' – ווערט געזאָגט אינעם „ספֿר התּשבי" (זעט ז' 27) – איז „בלשון אַשכּנז [בעלאָשן אַשקענאַזי – אויף ייִדיש־טייַטש] ליי".

געברויכט ווערן. און אַזוי (נאָר אָפֿט מיט אַ שטומען א צום סוף און באַזונדער) איז דער דאָזיקער סופֿיקס טאַקע געשריבן אין די עלטערע ייִדיש־טײַטשע ווערק. אַ שטייגער: אונ׳ ניט פעלן אן קיינר לייא דינגן (על.ב.);[1] הט ער גפונדן זעקש הונדרט אונ אכציג קופפרני קעסלין פול מיט גאלד אונ אליר לייא איידל גשטיין (,מ. אַ.׳);[2] 4. דער סופֿיקס ־(ע)נדיק׳ איז אויפֿגעקומען ווי אַ צונויפֿזעצונג פֿון די סופֿיקסן ־(ע)נד׳ און ־יק׳ און האָט דעם סופֿיקס ־(ע)נד׳ גענומען אַלץ מער און מער אַרויסשטויסן; 5. דער סופֿיקס ־קייט׳ נעמט זיך פֿונעם סופֿיקס ־יקייט׳ (אַ שטייגער אין די ווערטער ,קלייניקייט, גערעכטיקייט, ריייניקייט׳),[3] וואָס איז אויפֿגעקומען ווי אַן אַסימילאַציע פֿון ־יק (־יג) + הייט׳; 6. דער סופֿיקס ־(ע)דיק׳ נעמט זיך פֿונעם סופֿיקס ־יק׳. אין אַ ריי ווערטער, הויפּטזאַכלעך מיט ,נ, ר׳ צום סוף (רעגן, זומער) פֿלעגט צוליב [96] ווילקלאַנג אָפֿט אַרײַנגעשטעלט ווערן אַ ,ד׳ (זעט ז׳ 82). דאָס האָט מיט דער צײַט געבראַכט, אַז מע האָט דעם ־דיק׳ אָנגעהויבן אויפֿנעמען ווי אַ סופֿיקס, וואָס דובלירט דעם ־יק׳. אָט פֿאַר וואָס עס איז (פֿון פֿאַרשיידענע דיאַלעקטן) פֿאַראַן אי ,קײַלעכיק׳ אי ,קײַלעכדיק׳, אי ,ביינעריק׳ אי ,ביינערדיק׳; 7. די סופֿיקסן ־לער, ־נער׳ (שפּײַזלער, מילנער) נעמען זיך פֿונעם סופֿיקס ־ער׳, און דער דאָזיקער קומט אַרויס פֿונעם לאַטײַנישן סופֿיקס ־אַר(יוס)׳.[4] דעריבער באַטײַטן טאַקע די סופֿיקסן ־ער׳ און ־אַר׳ אָפֿט איינס און דאָס זעלבע. פֿאַרגלײַכט אַ שטייגער דעם באַטײַט פֿון די סופֿיקסן אין די ווערטער ,שרײַבער – סעקרעטאַר,[5] אַפּטייקער – קאָמיסאַר, קעמפֿער – קאָמונאַר׳ און ענלעכע.[6] און אַזוי איז עס מיטן אויפֿקום פֿון נאָך אַ ריי סופֿיקסן.

15 סופֿיקס און פֿלעקסיע

107 ביי פֿיל ווערטער זײַנען נאָך די וואָרצלען אָפֿט פֿאַראַן ניט נאָר סופֿיקסן, נאָר אויך פֿלעקסיעס. דער אונטערשייד פֿון די דאָזיקע צוויי טיפּן נאָכוואָרצלדיקע מאָרפֿעמעס באַשטייט אָט אין וואָס:

1 [3] און ניט פֿאַרפֿעלן קיינערליי זאַכן.

2 [4] אויך דעם סופֿיקס ־ערליי׳, ווי אויך אייניקע אַנדערע סופֿיקסן, טרעפֿט מען בײַ פֿיל עלטערע שרײַבער געשריבן באַזונדער. אַ שטייגער בײַ מ. לעפֿינען, בײַ י. פּערלען און אַנדערע. בײַ אַ ריי פֿון די דאָזיקע שרײַבער איז ־ערליי׳ נאָך אָפֿט אויף דער גרענעץ פֿון אַ זעלבשטענדיק וואָרט, כּמעט אַ סובסטאַנטיוו. אַ שטייגער בײַ מאַרקוזען אינעם „ספר רפואות" ([סייפֿער רעפֿועס], זעט ז׳ 20) לייענען מיר: „איהר גיבט [גיט] נאך איירע קליינה קינדר צווייא דרייא ערלייא שפייזן. איהר גיבט זייא נאך עטליכע ערלייא שפייזן". איצט איז שוין אונדז, פֿאַרשטייט זיך, שווער צו זאָגן ,עטלעכע ערליי׳, וואָרן פֿאַר אונדזער איצטיקן שפּראַך־באַוווּסטזײַן (שפּראַך־געוווינהייט) איז ,ערליי׳ ניט קיין סובסטאַנטיוו, נאָר בלויז אַ סופֿיקס. כאָטש באַטײַטן באַטײַט ער אויך איצט דאָס זעלבע, וואָס דער סובסטאַנטיוו ,מינים, סאָרטן׳. אָפֿט מאָל טרעפֿט מען ניט ,אַלערליי׳, נאָר ,אַלערהאַנט׳. אַ שטייגער: דאָס לעבן האָט אים אויסגעאַרבעט, אָפּגעהאַרטעוועט אין דער מלחמה מיט אַלערהאַנט אומשטענדן און אַלערליי אָנשיקענישן; חמי ע״ה [מײַן שווער עליו־השלום]… האט אונש לכאן [אַהער] המבורג ב׳ [צוויי] גרושי פעסיר מיט אליר הנט ליינין צייק [צײַג] גשיקט אונ׳ דרין איזט גיוועזין פון אליר הנט עסין שפייז (גליקל).

3 [5] אַ שטייגער: זי וועט גיין שווערן בײַ אַ ריייניקייט [בײַ אַ ספֿר־תּורה], אַז די אַלע האָבן אַ חלק אין איר אומגליק (שאָל.).

4 [1] אַ שטייגער: אין די ווערטער ,נאָטאַריוס, אַרכיוואַריוס׳ (אַן אויפֿזעער פֿון אַן אַרכיוו).

5 [2] פֿונעם עלטערן דור קאָן מען אויך הערן ,סעקרעטער׳ (מיטן אַקצענט אויפֿן צווייטן טראַף).

6 [3] אָדער אַ מאָל דובלירן די דאָזיקע סופֿיקסן בײַ איינעם און דעם זעלבן וואָרט. אַ שטייגער: ביבליאָטעקער (אַקצענט אויפֿן פֿאָרלעצטן טראַף) – ביבליאָטעקאַר (אַקצענט אויפֿן לעצטן טראַף).

סופֿיקסן זײַנען אַזעלכע נאָכוואָרצל־דיקע מאָרפֿעמעס, וואָס אַ וואָרט האָט אָדער באַקומט אומאָפּהענגיק פֿון אַנדערע ווערטער אין זאַץ און וואָס זייער ראָלע איז אויסצובילדן אַ נײַ וואָרט מיט אַ נײַעם באַטײַט. אַ שטייגער:

פֿלעקסיעס זײַנען אַזעלכע נאָכוואָר־צלדיקע מאָרפֿעמעס, וואָס אַ וואָרט באַקומט מחמת זײַן אָפּהענגיקייט פֿון אַנדערע ווערטער אין זאַץ און וואָס זייער ראָלע איז בלויז צו ווײַזן די דאָזיקע אָפּהענגיקייט. אַ שטייגער:

1. סופֿיקסן: ער ריי**ניקט**, זיי ריי**ניקן**; ער בלעט**ערט**, זיי בלעט**ערן**,
2. פֿלעקסיעס: ער רייניק**ט**, ער בלעטער**ט**; זיי רייניק**ן**, זיי בלעטער**ן**.

אָנמערקונג איינע און די זעלבע קלאַנגען (און אותיות) קאָנען אין איין פֿאַל זײַן אַ סופֿיקס און אין אַ צווייטן פֿאַל אַ פֿלעקסיע. אַ שטייגער אינעם זאַץ ,די קאַפּיטאַליסטן עקס־פּלואַטירן די אַרבעטער אומעטום׳ איז דער ערשטער ,־ן׳ אַ סופֿיקס און דער צווייטער ,־ן׳ איז אַ פֿלעקסיע. דער סופֿיקסישער ,־ן׳ איז דאָ פֿאַראַן דערפֿאַר, ווײַל מע האָט גענומען אַ סובסטאַנטיוו אין מערצאָל (די קאַפּיטאַליסטן); דער פֿלעקסישער ,־ן׳ איז דאָ דערפֿאַר, ווײַל דאָס וואָרט ,עקספּלואַטירן׳ הענגט דאָ אָפּ פֿון אַ וואָרט ,קאַפּיטאַליסטן׳, וואָס איז אין מערצאָל. דאָס זעלבע איז אַ שטייגער אויך מיטן קלאַנגענפּאָרל ,־ער׳. קומט עס צו ווײַזן אַ העכערן [97] גראַד, איז עס אַ סופֿיקס; קומט ער צו ווײַזן סתּם אַן אייגנשאַפֿט, איז עס אַ פֿלעקסיע. אַ שטייגער:

1. דער טאַטע (די מאַמע) איז עלטער פֿון אײַך.
2. דער טאַטע איז אַן אַלטער (די מאַמע איז אַן אַלטע).

108 ווערטער (וואָרצלען) קומען אָפּט בלויז מיט סופֿיקסן, בלויז מיט פֿלעקסיעס אָדער אי מיט סופֿיקסן אי מיט פֿלעקסיעס. אַ שטייגער:

מיט סופֿיקסן	מיט פֿלעקסיעס	מיט סופֿיקסן און פֿלעקסיעס
רייניק (ריינ־יק)	שרײַבט (שרײַב־ט)	רייניקט (ריינ־יק־ט)
לופֿטער (לופֿט־ער)	לייענט (לייענ־ט)	לופֿטערט (לופֿט־ער־ט)
רעמאָנטיר (רעמאָנט־יר)	ברענגט (ברענג־ט)	רעמאָנטירט (רעמאָנט־יר־ט)

פֿלעקסיעס זײַנען כּמעט אַלע מאָל סוף וואָרט.[1] זיי קאָנען זיך געפֿינען האַרט לעבן וואָרצל, אָדער זיי קאָנען צווישן זיך און דעם וואָרצל האָבן סופֿיקסן.

דער טייל וואָרט ביז דער פֿלעקסיע הייסט באַזע.[2]

[1] [1] ניט צום סוף וואָרט איז אַ פֿלעקסיע פֿאַראַן בלויז בײַ עטלעכע צונויפֿגעזעצטע ווערטער. אַ שטייגער: (דעם) יונגן־מאַן, גוטן־ברודער ... דער ,־ן׳, וואָס נאָכן ערשטן וואָרצל אין יעדן פֿון די דאָזיקע ווערטער, איז אַ פֿלעקסיע.

[2] [2] אין אייניקע ביכער רופֿט מען עס ,טעמע׳.

ווען אַ וואָרט באַשטייט פֿון אַ וואָרצל מיט אַ פֿלעקסיע, אָן סופֿיקסן, פֿאַלט דער וואָרצל מיט דער באַזע צונויף. אַ שטייגער: שרײַבסט, שרײַבט; לייענסט, לייענט; ברענגסט, ברענגט. ווען אויסערן וואָרצל און פֿלעקסיע אַנטהאַלט נאָך דאָס וואָרט אַ סופֿיקס אָדער סופֿיקסן, איז די באַזע פֿון וואָרט דער וואָרצל צוזאַמען מיט די סופֿיקסן. אַ שטייגער: רייניקסט, רייניקט; לופֿטערסט, לופֿטערט; רעמאָנטירסט, רעמאָנטירט.

אָנמערקונג 1 אין ייִדיש (ווי אין נאָך פֿיל שפּראַכן) פֿאַלט דער וואָרצל מיט דער באַזע זייער אָפֿט צונויף. אַ שטייגער: שרײַבט, ברענגסט, קליינע, גרויסער, אָרעמען.

אָנמערקונג 2 אין די ווערטער פֿונעם טיפּ ‚אַלטערהייט, קליינערהייט, זיצנדיקערהייט‘, ווי אויך אין אַזאַ וואָרט ווי ‚משוגענערווײַז‘, איז דער ‚־ער‘ פֿון אַ פֿלעקסיע פֿאַרוואַנדלט געוואָרן אין אַ סופֿיקס. אָן ‚־הייט‘ און ‚־ווײַז‘ איז דער ‚־ער‘ אַ פֿלעקסיע, אָבער מיט ‚־הייט‘ אָדער ‚־ווײַז‘ ווערט די פֿלעקסיע פֿאַרשטיינערט און ווערט אַ סופֿיקס. פֿאַרגלײַכט אַ שטייגער:

1. דער טאַטע איז אַן אַלטער.
2. די מאַמע איז אַן אַלטע.

1. דער טאַטע איז אַלטערהייט אַוועק.
2. די מאַמע איז אַלטערהייט אַוועק.

109 די אָפּהענגיקייט פֿון איין וואָרט פֿונעם צווייטן קאָן אַ מאָל אויך ניט אויסגעדריקט ווערן דורך אַ ספּעציעלער פֿלעקסיע. אַ שטייגער: בײַ די ווערטער ‚מיר שרײַבן, קאָנטראָלירן, רייניקן, רעמאָנטירן‘ האָבן מיר אַ פֿלעקסיע ‚־ן‘, וואָס ווײַזט אַז די דאָזיקע ווערטער הענגען דאָ אָפּ פֿון ‚מיר‘. אָבער בײַ די ווערטער [98] ‚איך שרײַב, קאָנטראָליר, רייניק, רעמאָנטיר‘, וואָס הענגען אָפּ פֿון ‚איך‘, איז קיין פֿלעקסיע ניט פֿאַראַן.

אָנמערקונג עס זײַנען פֿאַראַן שפּראַכן, ווי רוסיש, אוקראַיִניש, ווײַסרוסיש, פּויליש און אַנדערע, וואָס האָבן פֿיל פֿלעקסיעס. ייִדיש געהערט צו די שפּראַכן, וואָס האָבן ווייניק פֿלעקסיעס.

110 אויף אַזאַ אופֿן זעען מיר פֿונעם גאַנצן פֿאָריקן מאַטעריאַל, אַז מאָרפֿעמעס, וואָס פֿון זיי באַשטייען די ווערטער, זײַנען פֿאַראַן אַזעלכע:

1. וואָרצלען	זיי קומען אַליין (שרײַב, טיש, מילך, זויער) אָדער צונויפֿגעזעצט (שרײַבטיש, זויערמילך), אָדער זיי קומען (אויך) מיט איינער אָדער מיט עטלעכע פֿון פֿאָלגנדיקע מאָרפֿעמעס:
2. פּרעפֿיקסן	אַנטדעק, באַקוק, דערצייל, פֿאַרבייג, צעשיק, רעפֿאָרמיר;
3. צוגאָבן	צוּווּקס, אָנהייב, אָפּפֿאַל, אַרײַנגאַנג, אויפֿקום, דורכקוק;
4. פּרעפּאָזיציעס[1]	צוגאַסט, צולעצט, באַטאָג, באַנאַכט, פּארפרי, אינגיכן [צו גאַסט... אין גיכן];
5. אַרטיקלען[1]	אהיימ, דעריקער [דער עיקר], דאָסראָוו [דאָס רובֿ], דאָסגלײַכן (דעסגלײַכן);
6. פּאַרטיקלען[1]	אַרײַנצוגיין,[2] אַרויפֿצוגיין, אַראָפּצוגיין, (אַ) ניט־גוטער;

[1] [1] פּרעפֿיקסירטע. [2] [2] דאָ גייט אַ רייד וועגן דעם פּאַרטיקל ‚צו‘. זעט וועגן אים אויף ז׳ 238–239.

7. סופֿיקסן מענטשן, פֿעלדער, מעגלעך, דאָרפֿיש, שנייִק, חנעוודיק;

8. פֿלעקסיעס שרײַבסט, לייענט, ריינע, שיינער, גוטס, לעניִנען, ענגעלסעס.

דערבײַ זײַנען פּרעפֿיקסן, פּרעפּאָזיציעס, אַרטיקלען און פּאַרטיקלען פֿאַ ר ן וואָרצל; סופֿיקסן און פֿלעקסיעס – נ אָ כ ן וואָרצל; און צוגאָבן – אָדער זיי קומען פֿאַ ר ן וואָרצל, אָדער זיי קומען נ אָ כ ן וואָרצל און באַזונדער.

פֿון די ערשט אָנגעוויזענע מאָרפֿעמעס זײַנען פּרעפֿיקסן, סופֿיקסן און פֿלעקסיעס אַלע מאָל וו אָ ר ט ט יי ל ן; פּרעפּאָזיציעס, אַרטיקלען און פּאַרטיקלען זײַנען וואָרטטיילן זעלטע־נער – געוויינטלעך קומען זיי אַלס ה י ל פֿ וו ע ר ט ע ר (באַזונדער); און צוגאָבן זײַנען אויף דער גרענעץ פֿון זעלבשטענדיקע ווערטער און וואָרטטיילן.

אָ נ מ ע ר ק ו נ ג 1 אַ מאָל קומט אויך דער אָדער יענער פּרעפֿיקס אָדער סופֿיקס אַלס אַ באַזונדער וואָרט. מע זאָגט אַ מאָל אַ שטייגער ,ער איז אַן ,אַנטי׳,[1] ער איז פֿון די ,אוקן׳ (שוסטערוק, שנײַדערוק, שרײַבערוק), אַלערליי „איזמען“ (ציוניזם, טעריטאָריאַליזם, בונדיזם)׳ און אַנדערע. אָבער דאָס זײַנען, פֿאַרשטייט זיך, זייער זעלטענע פֿאַלן.

אָ נ מ ע ר ק ו נ ג 2 אָפֿט מאָל איז שווער גענוי צו באַשטימען, צי איז די אָדער יענע מאָרפֿעמע אַ וואָרצל, אַ פּרעפֿיקס, אַ צוגאָב, אַ פּרעפּאָזיציע צי עפּעס אַן אַנדער הילפֿוואָרט, וואָס איז פֿאַרוואַנדלט געוואָרן אין אַן אַפֿיקס. דאָס איז דערפֿאַר, וואָס דער איבערגאַנג פֿון אַ זעלבשטענדיק וואָרט (פֿון אַ וואָרצל) אין אַ פּרעפֿיקס, צוגאָב, פּרעפּאָזיציע אָדער אין אַן אַנדער הילפֿוואָרט איז געוויינטלעך אַ לאַנג־דויערנדיקער פּראָצעס, וואָס קומט נאָך עד־היום פֿאָר. [99]

16 וואָרטבילדונג (קלאַנגענבײַט, אַפֿיקסאַציע א״אַ)

111 די צאָל ווערטער אין אַ לעבעדיקער שפּראַך און זייערע באַטײַטן זײַנען ניט קיין סטאַבילע. וואָרן ניט סטאַביל איז דעם מענטשנס לעבן, די פֿאָרמעס פֿון אַרבעט, פֿון די גע־זעלשאַפֿטלעכע פֿאַרהעלטענישן, ניט סטאַביל איז זײַן גאַנצער אַרום. עס אַנטשטייען פֿאַרן מענטשן שטענדיק נײַע דערשײַנונגען, עס קומען אַלע מאָל פֿאַר אים און בײַ אים אויף נײַע קעגנשטאַנדן, נײַע באַגריפֿן, נײַע באַציִונגען, וועלכע ער, דער דענקענדיקער און רײדנדיקער סאָציאַלער מענטש, איז פֿאַראינטערעסירט אָנצורופֿן מיט אַ נאָמען, אויסצודריקן מיטן וואָרט.[2] דאָס אַלץ פֿירט צו אַ שטענדיקן פּראָצעס פֿון וו אָ ר ט ש אַ פֿ ו נ ג אין דער שפּראַך.

112 מיטלען פֿון שאַפֿן ווערטער זײַנען פֿאַראַן אַזעלכע:

1. וו אָ ר ט ב י ל ד ו נ ג – דאָס שאַפֿן נײַע ווערטער פֿון אַלטע מאָרפֿעמעס. אַ שטייגער: ראַטנמאַכט, דאָרפֿראַט, שלאָגלער, קאָמאַנדירונג א״אַ;

2. אַ נ ט ל ײַ ו נ ג – דאָס אַריבערנעמען גרייטע ווערטער פֿון אַנדערע שפּראַכן. אַ שטיי־גער: טעאַטער, קאָמיסאַר, קאָמבײַן, באָלשעוויק, סאָוועט א״אַ;

[1] [3] אַ שטייגער: אַלע ווייסן... וואָס פֿאַר אַ מין ,אַנטי׳ א. ל. לעווינסקי איז געוועזן בכלל, ובפֿרט צו דער ליטעראַטור פֿונעם ייִדישן פֿאָלק (שאָל.).

[2] [1] אָט פֿאַר וואָס די שפּראַך איז זייער אַ וויכטיקער קוואַל פֿאַר געשיכטע און וויסן בכלל. זעט וועגן דעם אַ שטייגער בײַ לעניִנען אין דעם „לענינשן זאַמלבוך“, XII, 1931, ז׳ 315 (רוסיש).

3. באַטײַט־ענדערונג – דאָס אַרײַנלייגן אַ נײַעם באַטײַט אין אַן אַלט וואָרט. אַ שטייגער: אַ הענטל פֿון אַ קינד, פֿון אַ טיר, פֿון אַ כּלי, פֿון אַ מאַשין, פֿאַר אַ פּען אאַ״וו.

113 דאָס שאַפֿן נײַע ווערטער פֿון אַלטע מאָרפֿעמעס – וואָרטבילדונג – קומט פֿאָר אויף אַזעלכע אופֿנים:

1. דורך אַן אינעווייניקסטן קלאַנגענבײַט: דורך דעם, וואָס אַ געוויסער קלאַנג אָדער אַ גרופּע קלאַנגען, הויפּטזאַכלעך אַ וואָקאַל אָדער דיפֿטאָנג, ווערט געענדערט. אַ שטייגער: מיל – מעל – מאָל, וואָג – וועג – וויג, פֿור – פֿאָר – פֿיר, הייס – היץ, נאַס – נעץ אאַ״וו;[1]
2. דורך צונויפֿזעצונג און אַברעוויאַציע: דורך דעם, וואָס אַ פּאָר אָדער מער ווערטער מיט פֿאַרשיידענע באַטײַטן ווערן גאַנצערהייט אָדער שטיקלעכווײַז צונויפֿגעזעצט און ,צונויפֿגעוואַקסן׳ – בילדן איין באַגריף און ווערן אַרויסגעבראַכט אין איינעם, מיט איין אַקצענט (הויפּטאַקצענט). אַ שטייגער: ווינטמיל, שרײַבטיש, זויערמילך; געגנטקאָם, פֿאָל־קאָמבילד, צעקאַ[2] אאַ״וו;
3. דורך אַפֿיקסאַציע: דורך דעם, וואָס צו אַ וואָרט ווערט צוגעגעבן אַן אַפֿיקס – אַ פּרעפֿיקס, אַ צוגאָב, אַ סופֿיקס אאַ״וו. דערבײַ קומט אָפֿט פֿאָר אויך אַן איבעראַקצענטירונג. אַ שטייגער: האַלט – געהאַלט, אינהאַלט, פֿאַרהאַלט, אויסהאַלטן, פֿאַרהעלטענישן אאַ״וו;
4. דורך עטלעכע אופֿנים מיט אַ מאָל: דורך קלאַנגענבײַט און אַפֿיקסאַציע (מיט אָדער אָן איבעראַקצענטירונג) אָדער דורך צונויפֿזעצונג און אַפֿיקסאַ־[100]ציע אאַ״וו. אַ שטייגער: גלאָז – גלעזער; גיבור – גיבורים [גיבויירים]; טאָג – טעגלעך; געזעץ־געבונג; קײַלעכאַרטיק אאַ״וו.

114 ווען בײַם סוף פֿון אַ צונויפֿזאַץ איז פֿאַראַן אַ סופֿיקס, קומט די אויסבילדונג פֿון אַזאַ צונויפֿזאַץ געוויינטלעך פֿאָר אויף אַזאַ אופֿן:

1. די סופֿיקסאַציע קומט (געשיכטלעך) פֿאָר פֿריִער פֿון דער צונויפֿזעצונג. אַ שטייגער: וואַנטצײַטונג, דרוקפֿעלער, יוגנט־יאָרן – וואַנט + (צײַט + ־ונג), דרוק + (פֿעל + ־ער), יוגנט + (יאָר + ־ן);
2. די סופֿיקסאַציע קומט פֿאָר נאָך דער צונויפֿזעצונג. אַ שטייגער: שטאַנדפּונקטן, זונענשטראַלן, יונגער־מאַנטשיק – (שטאַנד + פּונקט) + ־ן, (זונען + שטראַל) + ־ן, (יונגער + מאַן) + ־טשיק;
3. די סופֿיקסאַציע קומט פֿאָר אײַנצײַטיק מיט דער צונויפֿזעצונג, דאָס הייסט, אַז אָנעם סופֿיקס קומען ניט די באַשטאַנדטיילן פֿונעם צונויפֿזאַץ איינע לעבן די אַנדערע אַלס אַ גרופּע ווערטער. אַ שטייגער: געזעץ־געבונג, קײַלעכאַרטיק – (געזעץ + געב + ־ונג), (קײַלעך + אַרט + ־יק);
4. די סופֿיקסאַציע בילדעט די צונויפֿזעצונג. דאָס הייסט, אַז אָנעם סופֿיקס קומען די באַשטאַנדטיילן פֿונעם צונויפֿזאַץ אַלס אַ באַזונדערע גרופּע ווערטער, ניט קיין צונויפֿגעזעצטע. אַ שטייגער: (אַ) צווייוואָכנדיק, דרײַ־חדשימדיק, צעניאָריק (קינד) – (צוויי וואָכן) + ־דיק, (דרײַ חדשים) + ־דיק, (צען יאָר) + ־יק.

115 אַ נײַ וואָרט – אָן אָדער מיט אַ וועלכן ניט איז באַטײַטלעכן אונטערשייד – ווערט אָפֿט מאָל אויך געבילדעט דורך אַן אָפּקירצונג (אָפּהאַקונג, אַפּאָקאָפּע). אַ שטייגער:

[1] [2] וואָסער וואָרט איז דאָ דאָס גרונטיקע (דאָס לכתּחילהדיקע) און וואָסער איז אויסגעבילדעט – דאָס קאָן מען בײַ אַ ריי אַזעלכע ווערטער אָפֿט ניט וויסן.

[2] קאָמיטעט פֿון געגנט, פֿאָלקס־קאָמיסאַריאַט פֿאַר בילדונג, צענטראַלער קאָמיטעט.

גלײַכגילט(יקייט), פֿאַס(פֿאָרט), קילאָ(גראַם), מעטראָ(פּאָליטען), ספּעצ(יאַליסט) א״אַ. דער דאָזיקער אופֿן פֿון בילדן ווערטער ווערט אין ייִדיש באַזונדערש אָנגעווענדט בײַם בילדן סובסטאַנטיוון פֿון אינפֿיניטיוון (זעט ז׳ 239–240) אָדער פֿון סובסטאַנטיוון, וואָס זײַנען מיטן סופֿיקס ־ונג, ־(ע)ניש׳ א״אַ. אַ שטייגער: דורכקוק, אָפּפֿאַל, צוזאַמענפֿאָר, צונויפֿפֿלי, אָפּטייל, באַדינג, פֿאַרמעסט, גערעט(עניש).

116 אַלס אַן אופֿן פֿון וואָרטבילדונג ווערט אָפּט מאָל אויך אָנגעווענדט די פֿאַר־טאָפּלונג פֿונעם וואָרט – אַ גאַנצע אָדער אַ טיילווײַזע, אָן אָדער מיט אַ קלאַנגענבײַט. אַ שטייגער: פּורפּור,[1] פּינגפּאָנג,[2] מיש־מאַש,[3] בילבול,[4] סיכסוך,[5] (ב)צימצום,[6] בעבען, טאַטע, מאַמע, מומע, באָבע, ביבער און אַנדערע. אין ייִדיש ווערט די פֿאַרטאָפּלונג מערסטנס אָנגעווענדט: 1. אָדער אַלס אַ פֿאַרשטאַרקונג. אַ שטייגער: פּרנסה האָט ער געהאַט פֿון דער קרעטשמע בצימצום, קוים־קוים דורכגעקומען (שאָל.); 2. אָדער אַלס אַן אָפּשפּעטונג, אין אַזאַ פֿאַל קומט נאָך אַנשטאָט דעם ערשטן קלאַנג פֿונעם פֿאַרטאָפּלטן וואָרט אַ ,ש(מ)׳. אַ שטייגער: תּחילת האָב איך גאָר ניט געוואָלט האָרכן פֿון קיין מינימום־שמינימום (שאָל.); וואָס עפּעס מיצקע דערינען ליב־שמיב (שאָל.). [101]

117 אַ מאָל ווערט אַ געוויסע סיסטעם ווערטער (פֿאָרמעס) מיט איינעם און דעם זעלבן גרונטבאַטײַט געבילדעט ניט פֿון איינעם און דעם זעלבן וואָרצל, נאָר פֿון פֿאַרשיידענע, פֿון ,צונויפֿגעפֿלאָכטענע׳ וואָרצלען. פֿאַרגלײַכט אַ שטייגער:

1. פֿונעם זעלבן וואָרצל: שטאַרק – שטאַרקער; אַלט – עלטער;
2. פֿון פֿאַרשיידענע וואָרצלען: גוט – בעסער; שלעכט – ערגער.

118 ווערטער מיט איינעם און דעם זעלבן (אָדער ענלעכן) באַטײַט ווערן אָפּט מאָל אין פֿאַרשיידענע דיאַלעקטן אָדער אַפֿילו אין דער גאַנצער ליטעראַרישער שפּראַך געבילדעט דורך פֿאַרשיידענע מיטלען. אַ שטייגער:

1. צאָן – ציין (קלאַנגענבײַט), ציינער (קלאַנגענבײַט + אַפֿיקסאַציע);
2. צונג – צונגען (אַפֿיקסאַציע), צינגער (קלאַנגענבײַט + אַפֿיקסאַציע);
3. בלײַפֿען, בלײַפֿעדער (צונויפֿזעצונג) – בלײַער (אַפֿיקסאַציע).

119 אין איין שפּראַך איז אָפּט (מער) פֿאָרגעשטעלט איין מיטל פֿון וואָרטבילדונג און אין אַ צווייטער שפּראַך אַן אַנדער מיטל. אַ שטייגער אין כינעזיש איז צונויפֿזעצונג פֿון וואָרצלען דאָס גרונט־מיטל פֿון וואָרטבילדונג; אין עסקימאָסיש און אין די טורקישע שפּראַכן (ז׳ 23) איז פֿאַראַן סופֿיקסאַציע, אָבער ניט קיין פּרעפֿיקסאַציע אאַ״וו. און אַפֿילו אין איינער און דער זעלבער שפּראַך קאָן איינס

1 [1] פּורפּור (לאַטײַן, וווּלגאַר־לאַטײַן) – אַזאַ קאָליר, ווי אויך אַזאַ טעקסטילשטאָף.
2 [2] פּינגפּאָנג (כינעזיש) – אַזאַ שפּיל – ,דאָס קלאַפּן פֿון רעגן־טראָפּנס אין דאַך׳.
3 [3] מיש־מאַש (ענגליש) – אַ געמיש, אַ פּלאָנטער, אומאָרדענונג. ענלעך דערצו איז אויך דאָס דײַטשע וואָרט ,ווירוואַר׳.
4 [4] בילבול (סעמיטיש) – אַן אויסטראַכטעניש, פּלאָנטער, אויסמיש.
5 [5] סיכסוך (סעמיטיש) – אַ שטרײַט, קריגערײַ.
6 [6] (ב)צימצום (סעמיטיש) – קאַרג, ווייניק, קוים אָנזעעוודיק.

און דאָס זעלבע מיטל אין איין צײַט זײַן מער פּראָדוקטיוו (מער אָנגעווענדט) ווי אין אַ צווייטער צײַט. אַ שטייגער דער אינעווייניקסטער קלאַנגגעבנבײַט ווערט שוין איצט אין ייִדיש מער ניט אָנגעווענדט אַלס מיטל צו בילדן נײַע ווערטער. עס קומט אַפֿילו פֿאָר אַ געוויסער פּראָצעס פֿון אויפֿהערן אָנווענדן דעם קלאַנגגעבנבײַט בײַ אַ ריי ווערטער, וואָס ביז איצט פֿלעגט עס בײַ זיי אָנגעווענדט ווערן. מיר זאָגן שוין אַ שטייגער ‚דער פֿינפֿיאָריקער (פּלאַן)‘ און ניט ‚דער פֿינפֿיעריקער‘; ‚די שטאָטישע (באַפֿעלקערונג, אײַנוווינער)‘ און ניט ‚די שטעטישע‘.[1] מיר זאָגן ‚פֿאַכן‘ און ניט ‚פֿעכער‘[2] און אַנדערע.

120 קלאַנגגעבנבײַט איז זייער פֿאַרשפּרייט אין גערמאַנישע ווערטער (און אין גערמאַנישע שפּראַכן בכלל) און נאָך מער אין סעמיטישע ווערטער (און אין סעמיטישע שפּראַכן בכלל). אַ שטייגער:

I אין גערמאַנישע ווערטער (בײַ קאָנסאָנאַנטן):

1. ד – ט: שנײַד – שניט; אויסמײַדן – אויסגעמיטן;
2. צ – ס: זיצן – געזעסן; הייס – היץ; נאַס – נעץ;
3. ג – ק: בייג – בוק; שלאָג – שלאַק; שפּרינג – שפּרענקל;
4. כ – ק: מילך – מעלק; ווייך – ווייק; וואַך – וועק;
5. ה – ג: פֿלי(ה) – פֿלוג, געפֿלויגן; צי(ה) – צוג, געצויגן; און אַנדערע.

II אין סעמיטישע ווערטער (בײַ קאָנסאָנאַנטן):

1. בֿ [וו] – ב [ב]: גבֿר, גבֿורה – גיבור; מקריבֿ זײַן – קרבן;
2. כ [כ] – כּ [ק]: מלך – מלכּה; זכר – זכּרון; שׂכל – השׂכּלה; [102]
3. פֿ – פּ: שופֿט – מישפּט; פּרט – בפֿרט;
4. ת [ס] – תּ [ט]: חתן – מחותּן; בעל־הבית – בעל־הבתּים;[3] און אַנדערע.

נאָך מער קלאַנגגעבנבײַט־וואַריאַציעס קומען אין די גערמאַנישע און סעמיטישע ווערטער פֿאָר בײַ וואָקאַלן (און דיפֿטאָנגען). אין די דאָזיקע שפּראַכן זײַנען די קאָנסאָנאַנטן געוויינטלעך די טרעגער פֿונעם גרונטבאַטײַט פֿון אַ וואָרט (פֿון אַ וואָרצל), און די וואָקאַלן (און דיפֿטאָנגען) שפּילן לגבי די קאָנסאָנאַנטן לערך די זעלבע ראָלע, וואָס אַן אַפֿיקס לגבי אַ וואָרצל. אַ שטייגער: 1. ליג – לייג – געלעגער – לאַגע – צולאָג; 2. גבֿר – גיבור – גבֿורה – גובֿר זײַן – גבֿיר א״אַ.

121 אַ וואָרט, וואָס איז געבילדעט אויף איין אופֿן, קאָן מיט דער צײַט אויפֿגענומען ווערן אַלס אַזאַ, וואָס איז געבילדעט אויף אַ צווייטן אופֿן. אַ שטייגער איצט האַלטן מיר, אַז אינעם וואָרט ‚טינטער‘ איז דאָ אַ וואָרצל ‚טינט‘ און אַ סופֿיקס ‚־ער‘, אָבער אויפֿגעקומען איז דאָס דאָזיקע וואָרט ווי אַ צונויפֿזאַץ פֿון צוויי וואָרצלען – טינט + האָרן,[4] וואָס זײַנען מיט דער צײַט פֿאַרוואַנדלט געוואָרן אין ‚טינטער‘[5] (זעט אויך ז״ז 110–111, 113–114).

1 [1] אָבער בײַ מענדעלען: „געוווּסט האָט מיכל פֿיל שטעטישע זאַכן“; אויך בײַ פּרצן: „עס מוז זײַן אַ גרויסשטעטישע גאַס“.

2 [2] אָבער בײַ מענדעלען: „עלנט, דלות, דערנידערונג... האָבן עס אמת געווירקט צו מאַכן שלמהלען פֿאַקטיש קלוג, ווי זייער פֿיל אַנדערע פּראַקטישע לײַט בײַ אונדז אין אַלע פֿעכער – סײַ געלערנטע, סײַ וועלטמענטשן, סײַ קלויזניקעס“.

3 [1] אין העברעיִש און אינעם פֿריִערדיקן אויסלייג אין ייִדיש (און אין אויסלענדישע אויסגאַבעס אָפֿט אויך איצט) ווערט דער ערשט אָנגעוויזענער סעמיטישער קלאַנגגעבנבײַט אין דער שריפֿט אָפּגעשפּיגלט בלויז דורך דער אָנוועזנהייט פֿון אַ פּינטעלע (דגש) אינעם אות, אָבער ניט דורך אַן אַנדער אות (זעט ז׳ 62). [אין טעקסט זײַנען די ווערטער שוין געגעבן אין ייִוואָ־אויסלייג. אָנמ׳ פֿון רעד׳].

4 [2] אַ האָרן (הערנער) פֿון אַ בהמה, פֿון אַ חיה. אין אייניקע ווײַסרוסלענדישע ערטער רופֿט מען עס ‚ראָג‘ [‚ראָג‘ – ווײַסרוסיש – האָרן. אָנמ׳ פֿון רעד׳].

5 [3] אין אַ ריי ערטער (גאַליציע) זאָגט מען נאָך אויך איצט ‚טינט(ה)אָרן‘.

122 אויף אַזאַ אופֿן זעען מיר פֿון די אַלע בײַשפּילן און פֿון אַ ריי פֿאָריקע, ערשטנס, אַז די אַלע וועגן פֿון וואָרטבילדונג – קלאַנגענבײַט, צונויפֿזעצונג, אַפֿיקסאַציע אאַ"וו – פֿירן ניט נאָר צום אויפֿקום פֿון נײַע ווערטער, נאָר אויך צום אויפֿקום פֿון נײַע וואָרצלען (בוימל, צווייפֿל, אומעט), ווי אויך צו דער אַנטשטייונג פֿון אַ פֿ י ק ס ן (־טל, ־וואַרג, ־שאַפֿט א"אַ, זעט ז' 165);[1] צווייטנס, זעען מיר, אַז דאָס, וואָס מיר רופֿן איצט ,וואָרצל, אַפֿיקס', איז אין דער אמתן אַ סך קאָמפּליצירטער און מאַכט דורך אַ סך אַ גרעסערן אַנטוויקלונג־וועג, ווי מע שטעלט זיך געוויינטלעך פֿאָר. אָבער אַז מיר ריידן דאָ וועגן וואָרצל־צונויפֿזעצונג אָדער וועגן אַפֿיקסאַציע, מיינען מיר אַזעלכע ווערטער, וואָס דער איצטיקער דורכשניטלע־כער ייִדיש־ריידער פֿילט אין זיי אַ פּאָר וואָרצלען אָדער וואָרצלען מיט אַפֿיקסן.

123 אָט די אַלע אָנגעוויזענע אופֿנים פֿון וואָרטבילדונג פּלוס באַטײַט־ענדערונג, אַסימילאַציע, רעדוקציע (פֿאַרקירצונג) און אַלערליי אַנדערע שפּראַכלעכע פּראָצעסן און דערשײַנונגען – דאָס אַלץ ברענגט דערצו, אַז ווערטער, וואָס קומען אַרויס פֿון איין וואָרצל, זאָלן זיך אָפּט איינע פֿון די אַנדערע אַזוי שטאַרק דערווײַטערן, אַז צווישן פֿיל פֿון זיי זאָלן מיר אויבנאויפֿיק ניט דערזען קיין אָפּשטאַם־נאָענטקייט. אַ שטייגער: שטיי, שטאַנד, באַ־שטאַנד, פֿאַרשטאַנד, צושטאַנד, אומשטאַנד, אויפֿשטאַנד, שטענ־[103]דער, שטאַנדפּונקט, שטענדיק, שטאַט, שטאָט, שטעל, שטעלע, שטאַל, שטאַלט,[2] געשטאַלט, אויסשטעלונג, פֿאָרשטעלונג און פֿיל אַנדערע. אָדער אַ שטייגער: צי(ה), פֿאַרציִען, אָפּציִען, דערציִען, באַ־ציִונג, צוג, אָנצוג, אָפּצוג, פֿאָרצוג, צוכט (פֿיצוכט), צוים, צײַג (ווײַסצײַג), געצײַג, צוק,[3] צוקן (פֿאַרצוקן), ציקלען (זיך),[4] און פֿיל אַנדערע.

און דאָס ברענגט אויך דערצו, אַז פֿון ניט קיין גרויסער צאָל מאָרפֿעמעס, וואָס אַ שפּראַך פֿאַרמאָגט, זאָל מען קאָנען אויסבילדן פֿיל טויזנטער און צענדליקער טויזנטער ווערטער, וואָס דריקן אויס אַלערליי קאָנקרעטערע און אַבסטראַקטערע פֿאָרשטעלונגען און באַגריפֿן מיט אַ גאַנצער ריי פֿאַרשיידענע ניואַנסן און שאַטירונגען.

17 אַנטלײַונג (אַנדערשפּראַכיקע עלעמענטן)

124 אָפּט אָבער גייט דער וועג פֿון שאַפֿן נײַע ווערטער גאָר אויף אַן אַנדער אופֿן: מע נעמט ג ר ייט ס. פֿאַר נײַע קעגנשטאַנדן און נײַע באַגריפֿן, ווי אויך פֿאַר פֿאַרשיידענע ניואַנסן פֿון די דאָזיקע באַגריפֿן, נעמט מען אַרײַן צו זיך אין דער שפּראַך פֿאַרטיקע ווער־טער פֿון אַנדערע שפּראַכן – אָדער פֿון די שפּראַכן, ווו דער דאָזיקער קעגנשטאַנד אָדער באַגריף זײַנען פֿריִער אויפֿגעקומען, אָדער פֿון די שפּראַכן, דורך וועלכע מע באַקומט אַ

1 [4] דאָס הייסט, אַז וואָרטבילדונג פֿירט ניט נאָר צום אויפֿקום פֿון נײַע געבײַדעס (ווערטער), נאָר אויך צום אויפֿקום פֿון נײַע בוי־מאַטעריאַלן (מאָרפֿעמעס – סײַ וואָרצלדיקע און סײַ אַפֿיקסישע).

2 [1] אַ שטייגער: האָט זי דערזען איר ש ט אַ ל ט אין שפּיגל (שאָל).

3 [2] אַ שטייגער: קולות אַלערליי פֿליִען... דרייעלעך ציט אַ צ ו ק אַהער און אַהין (ממס).

4 [3] אין אייניקע ערטער זאָגט מען אויך ,ציגלען זיך' – מיט אַ ,ג'.

פֿאָרשטעלונג וועגן די דאָזיקע נײַע קעגנשטאַנדן און באַגריפֿן. אַ שטייגער ,באָלשעוויק׳ און ,סאָוועט׳ קומען פֿון רוסיש; ,וואָקזאַל׳ און ,קאָמבײַן׳ קומען פֿון ענגליש.

דער דאָזיקער פֿאַקט, וואָס איין מענטשלעכער קאָלעקטיוו נעמט בײַ אַ צווייטן אָדער בינדט אָן אַ צווייטן אויף אַ פֿרידלעכן אָדער אויף אַ קריגערישן אופֿן די אָדער יענע קעגנשטאַנדן, באַגריפֿן און זייערע נעמען, זייערע ווערטער, – איז שטענדיק פֿאָרגעקומען און קומט כּסדר פֿאָר, ווײַל די מענטשהייט און די שפּראַכן האַלטן אין תּוך אין איין אויסמישן זיך און אין איין איבערקרייצן זיך.[1]

125 מחמת דעם דאָזיקן אויסמישן און איבערקרייצן זיך קאָן מען אין יעדער שפּראַך טרעפֿן ווערטער, וואָס זײַנען דירעקט אָדער אומדירעקט אַרײַן פֿון זייער פֿיל שפּראַכלעכע קוועלן. אַ שטייגער אין ייִדיש זײַנען פֿאַראַן ווערטער, וואָס אַ טייל פֿון זיי זײַנען שוין זייער לאַנג אַרײַן און אַ טייל ניט לאַנג, פֿון פֿאָלגנדיקע שפּראַכן:

1. אונגאַריש גאַטקעס, אָדער גאַטיעס, כּוטאָר, הוסאַר;
2. אַראַביש מאַגאַזין, באַקאַליי, שאַפֿראַן,[2] כאַלוואַ, קובעבע,[3] אַלקאָהאָל, כאַבאַר, סולטאַן, ציפֿער, אַלגעברע, אַלמאַנאַך א״אַ; [104]
3. גרוזיניש נאַרזאַן;
4. האָלענדיש קאַמפֿאָרקע,[4] ברעזוענט, מאַטראָס, באָצמאַן, פֿלאָט, פֿלאַג, רייס, רול, בוקסיר, דרייף, לאַווירן א״אַ;
5. טערקיש־טאָטערשע בורקע, מאַזוט, אַוּל, קאַראַול, קורגאַן, הײַדאַ;
6. טשעכיש קרעטשמע, נעבעך;
7. יאַפּאָניש קימאָנאָ, ריקשע, מיקאַדאָ, כאַראַקירי [האַראַקירי];
8. כינעזיש טשעסוטשאַ, פֿאַנזאַ, גאָנג,[5] פינגפּאָנג, קולי, גאָמינדאַן;
9. ליטוויש לופּ (עס קומט אויך פֿון לעטיש);[6]
10. מאַלאַיִש אָראַנגוטאַנג, באַמבוק;
11. מעקסיקאַניש קאַקאַאָ, שאָקאָלאַד, טאָמאַט;
12. נאָרוועגיש אַקולע, קיפּע;
13. סאַנסקריט אַנילין, סוואַסטיקע;
14. פּאָרטוגעזיש וועראַנדע, באַיאַדערקע,[7] קאַסטע, אויטאָדאַפֿע;
15. פּערסיש דיוואַן, סאַפֿיאַן, באַקלאַזשאַן, שעפּטאַלן;
16. פֿיניש לײַבע, אָדער לײַווע,[8] פיעקסן,[9] טונדרע;

[1] [4] „עס איז ניט פֿאַראַן – זאָגט מאַר – קיין איין שפּראַך, קיין איין פֿאָלק, קיין איין שבֿט (און בײַ זייער אויפֿקום איז ניט געווען), וואָס זאָל זײַן איינפֿאַך, ניט געמישט אָדער, לויט אונדזער טערמינאָלאָגיע, ניט איבערגעקרייצט״ (זעט אויך די ציטאַט אויף ז״ז 27–28).

[2] [5] אַזאַ סאָרט עפּל.

[3] [6] אַזאַ עקזאָטיש פֿעפֿערדיק געוויקס.

[4] [1] בײַ אַ סאַמאָוואַר אויבן.

[5] [2] אַזאַ מין גלאָק.

[6] [3] אַ גראָבע ליפּ. מערצאָל – לופּעס.

[7] [4] אַ טענצערין און אויך אַזאַ שטאָף.

[8] [5] אַזאַ שיפֿל.

[9] [6] שיך פֿאַר ליזשעס.

17. קאַראַיִביש — האַמאַק, הוראַגאַן;
18. איטעלמעניש[1] — בײַדאַרע, אָדער בײַדאַרקע;[2]
19. רומעניש — מאַמעליגע;
20. שפּאַניש — פּלאַטין, אַלפּאַגאַ,[3] מאָסקיט,[4] עמבאַרגאָ, קאָרטעסן, מאַראַנער[5] א״אַ.

און פֿון נאָך פֿיל אַנדערע שפּראַכן – סײַ נאָענטע און סײַ ווײַטע, סײַ לעבעדיקע און סײַ טויטע.

126 די ערשט אָנגעוויזענע שפּראַכן זײַנען דער עיקר אַזעלכע, וואָס זײַנען אין ייִדיש פֿאַרטראָטן מיט איינציקע ווערטער אָדער מיט ניט קיין גרויסע גרופּעס ווערטער. עס זײַנען אָבער פֿאַראַן שפּראַכן, וואָס זיי זײַנען אין ייִדיש פֿאָרגעשטעלט מיט הונדערטער און אַפֿילו מיט טויזנטער ווערטער. דאָס זײַנען פֿאָלגנדיקע שפּראַכן:

127 ערשטנס, העברעיִש און אַראַמעיִש – די דאָזיקע סעמיטישע שפּראַכן, וואָס אויף זיי האָבן די אוראַלטע ייִדן אין פּאַלעסטינע געהאַט גערעדט – [105] פֿריִער אויף העברעיִש און דערנאָך אויף אַראַמעיִש (העברעיִש־אַראַמעיִש) – און וואָס אויף זיי זײַנען געווען פֿאַרפֿאַסט די וויכטיקסטע ביכער פֿון דער אוראַלטער העברעיִשער און העברעיִש־אַראַמעיִשער ליטעראַטור.

אין מיטל־עלטער, ווי אין אַ ריי פֿאַלן אויך פֿריִער, אין אוראַלט, און צו מאָל אויך שפּעטער, בײַם קאַפּיטאַליזם, האָט צוזאַמען מיט דער מוטערשפּראַך, אויף וועלכער עס האָט אינעם טאָג־טעגלעכן לעבן גערעדט די אָדער יענע געזעלשאַפֿט, אָפֿט אויך עקסיסטירט אַ צווייטע שפּראַך, אַ „הייליקע׳, גע־וויינטלעך – בלויז אַ שריפֿטלעכע, אַן אינטערטעריטאָריאַלע און מערסטנס אַ צווישנפֿעלקערלעכע. אַזאַ שפּראַך איז אין מערבֿ־אייראָפּע געווען לאַטײַן; בײַ די מיזרחדיקע און דרומדיקע סלאַוון – קירכ־סלאַוויש (אַלט־בולגאַריש); בײַ די מוסולמענישע פֿעלקער און שבֿטים – אַראַביש; און בײַ די ייִדן – העברעיִש אָדער העברעיִש־אַראַמעיִש.

פֿון העברעיִש און העברעיִש־אַראַמעיִש זײַנען זייער פֿיל סעמיטישע עלעמענטן – ווער־טער, אויסדרוקן, סטרוקטורן, באַזונדערש פֿונעם רעליגיעזן, שטייגערשן און געריכטלעכן (יורידישן) לעקסיקאָן, ווי אויך אַ גאַנצע ריי טערמינען געשעפֿטלעכע, וויסנשאַפֿטלעכע, פֿילאָסאָפֿישע און אַנדערע – אַרײַנגעדרונגען אין די פֿאַרשיידענע ייִדיש־דײַטשע דיאַלעקטן און אַזוי אַרום – אין דער ייִדישער שפּראַך בכלל.[6]

128 ווי טיף עס זײַנען אין ייִדיש אַרײַנגעדרונגען סעמיטישע עלעמענטן און ווי גרויס עס איז זייער פֿאַרנעם, קאָן מען אַ שטייגער זען סײַ אין דער פֿאָלקשפּראַך סײַ אין די ווערק פֿון אונדזערע

[1] [7] דאָס זעלבע, וואָס (פֿריִער) קאַמטשאַדאַליש. [2] [8] אַזאַ ספּאָרטשיפֿל. [3] [9] אַזאַ וואָל.
[4] [10] בײַסיקע פֿליגעלעך. [5] [11] אָפּיציעל און מיט גוואַלד געשמדטע. [6] [1] אַ ריי סעמיטישע ווערטער זײַנען דורך ייִדיש אַרײַן אויך אין די דיאַלעקטן (און שפּראַך) פֿון דער דײַטשער באַפֿעלקערונג. אַ שטייגער: מציאה, מעות (געלט), כּשר (ריכטיק, אָרנטלעך), כּלה (געליבטע – ווערט מערסטנס געברויכט פֿאַראַכטלעך) און אַנדערע.

קלאַסיקער. למשל אינעם ערשטן טייל פֿון שלום־עליכמס „מאָטל פּייסע דעם חזנס ייִנגל“ זײַנען פֿאַראַן פֿאָלגנדיקע סעמיטיזמען:[1]

1. לשון, לשון־קודש, דיבורים, דבר, שמועס, חזר (לערן);
2. תּורה, חומש, שיר־השירים, גמרא, מוסר, תּלמוד־תּורה, חדר, תּנא, רבֿ – רבי – רב, מלמד, כּיתּה, ספֿר – ספֿרים, כּתבֿ – כּתבֿים, חבֿר – חבֿרים;
3. עסק, ענינים, טירחה, תּכלית, פּרנסה, סחורה, יריד, הוצאָות, נסיעה, מדינה, ים, אַכסניה (־ות), אורח, קונה, באַלעבאָס – באַלעבאַטים, בעל־עגלה (־ות), מלאָכה – בעל־מלאָכה (־ות), חובֿ (־ות) – בעל־חובֿות, משכּנות, מציאה (־ות), יד־אַחת, חשבון, דין־וחשבון, סך, סך־הכּל, לאַחדים, מקח, טעות, יושר, נאמנות – בנאמנות, תּקיעת־כּף, עדות, פּסק, מטבע, חצי־ר״ך [ראַך, ,רובל כּסף׳] / חצי־רו״ך [רוך], פּדיון, רווחים, אוצר, פּריץ – פּריצה – פּריצים – פּריצות, אַדיר, גבֿיר, נגיד, קבצן;
4. שידוך – שידוכים, ייִחוס – מיוחס, תּנאַי – תּנאָים, נדן [נאַדן / נאַדאַן], חתן – מחותּן – מחותּנים – חתונה, כּלה, חתן־כּלה, צד – מצד, קלעזמער, מזל, מזל־טובֿ, מתּנה, אַ זיווג מין־השמים, נחת, משפּחה, עולם, כּנופֿיה, נפֿשות, זכר, נקבֿה (־ות), בנים, אָחי, בת־יחידה;
5. שׂימחה (־ות), שבת, יום־טובֿ – יום־טובֿים (ימים־טובֿים), פּסח, שבֿועות, תּישעה־באָבֿ, ראָש־השנה, סוכּות, שׂימחת־תּורה; [106]
6. סעודה, אַכילה – מאכל, כּלי – כּלים, המוציא, חלה, מצה (־ות), פּרי (־ות), לחיים, כּל־טובֿ, שהחיינו, ריח, טעם, טעם־גן־עדן, הנאה, חיות [כּיִעס] – מחיה – חיות [כּיַיעס] (ניט זיכער), מחיה־נפֿשות, שוחט, קצבֿ – קצבֿים, חלבֿ, טרפֿות, טמא, פּסול, סם, סם־המוות, תּענית;
7. בהמה (־ות), חיה, כּלבֿ – כּלבֿ־שבכּלבֿים, חזיר – חזירים, עופֿות;
8. שכן – שכנה – שכנים – שכנות, דירה (־ות), חדר (צימער);
9. גיבור, עזות־פּנים, כּל־בו, מזיק, תּכשיט, גזלן – גזלנים – גזלה, מלא־גזלן, רוצח – רוצחים, מלא־רציחה, גנבֿ – גנבֿים – גנבֿה, ברואים, שׂונאים, רשעים, ממזרים, גוי (־ים) – גויעס,[2] ערל – ערלים – ערלית, שייגעץ – שקאָצים, משומד, יוון;
10. כּוח – כּוחות, אבֿר, יד – ידים, רגלים, פּנים, גרגרת, ראיה, פּאות, מלבוש – מלבושים, בגדי־מלכות;
11. זקן, חולה, חלאַת, מכּה, יסורים, רופֿא – רפֿואה (־ות), סגולה (־ות), הקדש, עיפּוש, מת, מיתה־משונה, מלאך־המוות, אַלמנה, יתום – יתומים, תּכריכים, קדיש, רבנן־קדיש, חבֿרה־קדישה, גן־עדן – גן־עדן־שבגן־עדן, עליו־השלום;
12. טבֿע, מוח, שׂכל, זכּרון, רצון, דעה – ידיעה – בר־דעת, חסר־דעה, משוגע – משוגעים – משוגעת, השׂגה, סבֿרא, ברירה, ראַיה, סיבה, עיקר, תּוך, שורש, כּלל – הכּלל, אופֿן, בשום־אופֿן, חילוק, עובֿדה, תּנועה, סוד (סעקרעט), בקשה, בשׂורה, גוזמא, בלי־גוזמא (בלא־גוזמא) – בעלי־מגזם, חכם, מבֿין – מבֿינים, בעלן – בעלנים;
13. חן, מלא־חן, דרך־ארץ, אמת, חסד, כּבֿוד – לכּבֿוד, מחילה, חניפֿה, שקר – שקרים, שקר־וכּזבֿ, כּעס – כּעסן, רעש (טומל), מהומה, יללה, בילבול, נקמה, מלחמה, מפּלה, תּל, סוף;
14. סימן – סימנים, חידוש – חידושים, מעשׂה (יות) – מעשׂים, עצה (־ות), קשיא (־ות), טענה (־ות), צרה (־ות), נשמה (־ות), חסרון – חסרונות, בזיון – בזיונות, קללות, שבֿועות, חכמות, סכּנות, סכּנת־נפֿשות, גדולה – גדלות, התפּעלות, רחמנות, שײַכות, רגילות, לצנות, שהיות, (אַ) סמיכות־הפּרשה;

1 [2] היות אינעם ווערק גייט אַ רייד וועגן אַ חזנס אַ ייִנגל און זײַן סבֿיבֿה, איז דאָרט אין אייניקע קאַפּיטלען דער ריטועלער לעקסיקאָן אַ סך מער פֿאָרגעשטעלט איידער אין דער דורכשניטלעכער שפּראַך. אָבער בכלל שפּיגלט דאָס דאָזיקע ווערק לערך אָפּ די ייִדישע שפּראַך פֿון די מאַסן פֿאַרן לעצטן פּעריאָד ביז דער אָקטיאַבער־רעוואָלוציע, און די דאָ געבראַכטע סעמיטיזמען זײַנען פֿאַר דער שפּראַך פֿונעם גרעסטן טייל ייִדן פֿאַרן דאָזיקן פּעריאָד גאַנץ טיפּיש.

2 [1] אייניקע פֿון די דאָזיקע פֿלעגן געברויכט ווערן אַלס שאָוויניזמען. זעט ז׳ 145.

15. רבונו־של־עולם, שומר־ישׂראל, אַבֿי־יתומים, השם־יתברך, בית־המדרש – בתּי־המדרשים, עמוד, חזן, משוררים, קול, ניגון, נגינה, קול־נגינה, תּפֿילין, טלית, ציצית, עטרה (־ות), מגן־דוד, שופֿר, אתרוגים, נוסח, סידור, מחזור, הגדה, סליחה, תּחינה, קרבן־מינחה, סדרה, פּסוק, אותיות, סידור־אותיות, למד, פּתחן, מינחה, מערבֿ, מוסף – מוספֿים, ברכות, יוצרות, פּיזמונות, זמירות, מגן־אָבֿות [מאָג(ע)ן־אָוועס], אַשרי, ונתנה־תּוקף, שיר־המעלות, מה־נשתּנה [מאַ־נישטאַנאָ], הבֿדלה, דרשה, קריאת־שמע, אָמן, עבֿירה, מיצווה, בר־מיצווה – בר־מיצווה, גבאי – גבאָים, שמשׂ – שמשׂים, שומרים, צדיקים, נבֿיא – נבֿיאות, משיח [מאָשיִעך], גלח, כּישוף – מכשפֿה, עין־הרע, נס – נסים, נסים־ונפֿלאָות, רוח – רוחות, שדים;

16. תּמיד, רק (נאָר), כּל־ימיו, עד־היום, כּסדר, קודם, קודם־כּל, ראשית־חכמה [ריישיס־כאָכמאָ], תּחילת, לכתּחילה, סוף־כּל־סוף, תּיכּף, חצי־אלול, חודש, שעה – בשעת, בשעת־מעשׂה, ערבֿ, כּל־זמן, על־פּי (טעות), חוץ, חוץ־לזה [כוץ־לאָזע], חוץ־לדרך־הטבֿע, מחמת, באשר, טאָמער, אם־כּן, בכדי;

17. פּשוט, משונה, מגושם, מיאוס, פּטור, אָסור, ממש, כּמעט, מי־יודע (ווײַל), אַפֿילו, דווקא, אַוודאי, בפּירוש, ובפּרט, אפֿשר, הלוואַי, אַדרבא, למשל, בקיצור, דהײַנו, חלילה, למאַי, כּדי, ניחא, מהיכא־תּיתי, ממה־נפֿשך, מסתּמא, מן־הסתּם, כּך־הווה, להבֿדיל, ברוך־השם, למען־השם, אם־ירצה־השם, היתּכן;

18. אַהרן, ברוך, גדליה, זרח, יוחנן [יויכאָנאָן], יונה, יוסף, יצחק, חיים, מ־[107]שה, מיכל (מיכאל), מאיר, מנשה, נחמן, אליה (אליהו), ראובֿן, שמואל־אַבא, שניאור, הילי (הלל), לייזער (אליעזר), פּיני (פּנחס), פּייסע (פּסח), באַסיע, ברכה, חנה, נחמה, שׂרה, שׂרה־רחל, עזרה, סדום.

אויסער די דאָזיקע סעמיטיזמען זײַנען אין „מאָטל פּייסע דעם חזנס ייִנגל“ (טייל I) פֿאַראַן פֿאָלגנדיקע היברידן – ייִדישע אויסבילדונגען פֿון סעמיטישן שטאָף מיט גערמאַנישע און סלאַווישע מאָרפֿעמעס:

1. משניותן, אַרבע־כּנפֿותל, חזנס, שכנס, (דער) שכנהס, (דער) כּלהס, שוחטס – שוחטקע, נגידס – נגידישע, גבאיס – גבאטע, רופֿאס – רופֿאטע, באַלעבאָסטע, גבֿירטע, מחותּנתטע, רשעטע, שׂונאטע, כּישוף־מאַכער, גזלנטע, גזלעוואָיע, גנבֿטע – גנבֿישע [גאַנאָווישע / גנייווישע], גדלנטע – גדלניוק, רביצין, שמדילניק, שלימזל(ען), פּריצל – פּריציש, בחורל, בר־מיצווה־בחורל, בר־מיצווה־ייִנגל, עופֿעלע, בהמהלע, חזירימלעך – חזירשער – חזירשן, ממזרימלעך, מלבושימלעך, ארץ־ישׂראל־עפּעלעך, מלכות־ברייטלעך, צענט־חלק, אומחן – חנעוודיק, צו להכעיס – צולהכעיסדיק, בריהשאַפֿט, חבֿרה־מאַן, סוכּות־צײַט, נאָך־פּסח(דיקער), חמצדיקע, שבתדיקע, חצי־אלולדיקע, מוראדיק(ע, ער), מחיהדיקע, רציחהדיקע, נישקשה(דיק), קצבֿישער, קבצנישער, שיכּורלעך, ברוגזלעך, כּשרע(ר), אמתע(ר), מיאוסן – מיאוסקייטן, משוגענער – משוגענערהייט, משוגענערווײַז, געהרגעטע, פֿאַרסמטע, אַ פּנים, כּלומרשט;

2. שמועסט, פּסקנט – געפּסקנט, טענהט – געטענהט, חלשן – חלשט – געחלשט, פֿאַלן חלשות, גנבֿענען – געגנבֿעט – אַוועקגנבֿענען, גטן, חזרט – איבערחזרן – איבערגעחזרט, לקחנט – אַוועקגעלקחנט, נתנען, מסרן, געפּועלט, געפּגרט, פּגרן אַוועק, אַראָפּגעפּטרט, פֿאַרחתמט, באַטעמט, מעלה־גירהן, לצעווען;

3. בחורט זיך,סודעט זיך, חלומט זיך, זיך דערהרגעט;

4. האָב מורא, מורא האָבן (געהאַט), האָב חשק, האָט רחמנות, האָט אַ שם, האָט אַ טעות, האָט די זכיה, הנאה האָבן, חתונה האָבן (מאַכן), מאַכ(ט) פּליטה, מאַכט אַ ברכה, מאַכן (ווערן) אַ תּל, ווערט אין כּעס, ווערט נתפּעל, נימאס געוואָרן, איז ברוגז, איז שייך, איז מוחל, מוחל זײַן, דורס זײַן, בין ערבֿ, איז (זײַנען) מקנא, מקנא געווען, איז מכבד, מכבד געווען, מקבל געווען, מקיים זײַן, זײַט מצליח, איז מחויבֿ, מטריח זײַן, זיך מטריח געווען, זיך מחיה געווען, מודע זײַן זיך, זיך נוקם זײַן, מקבל־פּנים זײַן, זײַנען

מחיה־מתים, איז געוועזן ליהודים, געבן שלום, שבת האַלטן, בענטשן גומל, מעבֿיר געווען די סדרה, גייט חסר, וואָלט זיך געטאָן חושך, ימח־שמם (זאָלן זיי) ווערן.

אָנמערקונג אין די דאָזיקע צעטלען זײַנען ניט אײַנגעשלאָסן: 1. ניט־סעמיטישע ווערטער מיט סעמיטישע אַפֿיקסן. אַ שטייגער: נאַראָנים, דאָקטוירים, (כּל־)הפּאַסקודסטוועס א״אַ; 2. ווערטער־גרו־פּעס, וואָס באַשטייען פֿון ווערטער סעמיטיזמען און ניט־סעמיטיזמען. אַ שטייגער: כּל־המינים פּאָקוסן שבעולם, תּישעה נײַניציק כּפּרות, פֿון דרך־שלום וועגן א״אַ; 3. סעמיטישע גרופּעס ווערטער, וואָס ווערן געברויכט אַלס ציטאַטן, ווי אויך אייניקע איינציקע ווערטער, וואָס זײַנען ניט קיין ווערטער פֿון דער ייִדישער שפּראַך פֿון ברייטערע קרײַזן. אַ שטייגער: הנשמה לך והגוף פּעלך, יתגדל ויתקדש שמיה רבה, קדמון, מסבֿבֿ א״אַ; 4. ווערטער, וואָס זייער סעמיטישקייט איז שטאַרק צווייפֿלהאַפֿט. אַ שטייגער: חוזק (זעט ז׳ 134); 5. ווערטער, וואָס קומען אין ייִדיש דורך סעמיטישע קוועלן, אָבער וואָס זײַנען ניט קיין סעמיטיזמען. אַ שטייגער: אַנדרוגינוס, פּותיקא, קיסר[1] א״אַ...

129 צווייטנס, זײַנען אין ייִדיש שטאַרק אַרײַנגעדרונגען פּויליש, אוקראַיִניש, ווײַסרוסיש און רוסיש.[108]

אָנמערקונג פֿון די דאָזיקע סלאַווישע שפּראַכן האָט אויפֿן איצטיקן ייִדיש, איבער הויפּט אויפֿן ייִדיש פֿון די לעצטע הונדערט יאָר, אַ באַזונדערע ווירקונג די רוסישע שפּראַך. פֿון איר איז אין ייִדיש אײַנגעדרונגען און דרינגט אַרײַן אַ גרויסע צאָל ווערטער פֿונעם אַרבעט־לעבן, פֿונעם פּראָפֿעסיאָנעלן און שטייגערשן לעקסיקאָן און אַ היפּשע צאָל פּאָליטישע, מלוכישע, אַדמיניסטראַטיווע און אַנדערע טערמינען. באַזונדערש גרויס איז די ווירקונג פֿון רוסיש געוואָרן אין די יאָרן פֿון דער אָקטיאַבער־רעוואָלוציע, ווען פֿון דער שפּראַך פֿונעם סאַמע פֿאָרגעשריטענעם פֿאָלק, פֿונעם אַוואַנגאַרד פֿון דער גרויסער, באַפֿרײַענדיקער רעוואָלוציע האָבן אין ייִדיש גענומען אַרײַנדרינגען פֿיל ווערטער, וועלכע ווערן געשאַפֿן מערסטנס אין רוסיש אויף אָנצורופֿן מיט זיי דאָס נײַע, וואָס קומט בײַ אונדז, אין דער סאָציאַליסטישער געזעלשאַפֿט, כּסדר אויף, און וועלכע דרינגען אָפֿט גלײַך אַרײַן אין די איבעריקע שפּראַכן פֿון די סאָוועטישע פֿעלקער און צו מאָל אויך אין פֿיל שפּראַכן אויסער די גרענעצן פֿון אונדזער היימלאַנד. חוץ דעם קומען אין ייִדיש דורך רוסיש אַרײַן אויך פֿיל ווערטער פֿון די שפּראַכן פֿון די ברידערלעכע פֿעלקער פֿון אונדזער לאַנד, ווי אויך גאָר אַ גרויסער טייל ווערטער פֿונעם אינטערנאַציאָנאַלן לעקסיקאָן בכלל – גריכישע, לאַטײַנישע, פֿראַנצייזישע א״אַ.

130 ווי רײַך און היימיש עס איז אין ייִדיש דער פֿאָנד סלאַוויזמען, קאָן מען זען פֿון פֿאָלגנדיקע בײַשפּילן:

1. קלייט, יאַטקע, טאַקסע, קאָראָבקע, קרעטשמע, גוראַלניע, הוטע, קוזניע, זאַוואָד, הודאָק, יאַס־לע, פּראַצע, הורט, פּוד, רובל, קאָפּעקע;
2. גאַרבער, סטאָליער, מוליער, פּריקאַשטשיק, לאַטוטניק, טאַנדעטניק, קאָראָבייניק, סעזאָניק, קוסטאַר, פּאַסטעך, קוטשער, קאָניוך, שאַכטיאָר;
3. סטאַדע, טשערעדע, קליאַטשע, שקאַפּע, אָגער, לאָשעק, בוהײַ, צאַפּ, צוציק, טכויר, סויבל, זשאַבע, ראַק, פּיאַווקע, הנידע, סאָלאָוויי;

[1] [1] די דאָזיקע זײַנען אין העברעיִש־אַראַמעיִש געקומען פֿון גריכיש. ,קיסר׳ נעמט זיך פֿונעם לאַטײַנישן ,צעזאַר׳.

4. שליאַך, סטעזשקע, סטעפּ, לאָנקע, וויהאָן, פּאַשע, אָזערע, סאַזשלקע, קאַנאַווע, בלאָטע, קרע־נעצע, הערבליע, וויספּע, כוואַליע, קרי(ה)ע, אָדליהע [אָדליגע], כמאַרע, זאַווערוכע;

5. אָקרענט (שיף), בערלינע, פּאַראָם, פּאַלובע, דראָזשקע, האָלאָבליעס, דישל, זברויע, דוהע, לייצעס, קעלניע, פּאָדקאָווע, טאַטשקע;

6. סאָד (גאָרטן), קוסט, בעז, אָלכע, בעריאָזע, דעמב, ווערבע, סאָסנע, שישקע, קראָפּעווע, מאָך, סמאָלע, קאָרע, קווייט, טוטין, מאַכאָרקע;

7. כאַרטש, האָדיוולע, וועטשערע, ליאַמע, פּאָטראַווע(ס), בולקע, קוילעטש, פּיראָזשנע,[1] באָרשטש, שטשאַוועל (שטשאַוו, שטשאַווי), ראָסל, קרופּניק, קוליש, יויך, קאַשע, זאָדעק, בייליק, פּופּיק, קישקע, פּרעזשעניצע, טוואָרע, גאָמלקע, סמעטענע, פּאָווידלע, פּאַטעקע, וואַרעניק(עס), קניש(עס), האַלעשקע(ס), צוקערקע, קוואַס, ווישניק, נאַליווקע, כריין, אוקראָפּ, באָטשווענע, באָב, בולבע, ברוקווע, פּאַסטערנאַק, קאַוון (קאַווענע), דיניע, מאַלינע, קלובניק, יאַגעדע, פּאָזעמקע, פּיל(ע)־ניצע, גדויל,[2] יאָדער;

8. טשוהון, ליאָק, סקאָווערדע (סקאָווערדע), סלאָי [סלויִ], פּאָלומעסעק, לייקע, סאַמאָוואַר, טשייַניק, דייזש(ק)ע, צעבער, פּאָמעניצע (פּאָמויניצע), קאָטע, ל'אָפּעטע, ואַטעטע, קאָטשערע, פּאָמע־לע, קאַטשלקע, קויש, טאָרבע, פּושקע, טאַבורעטקע, קאַנעץ;

9. דאַטשע, פּאַרקאַן, פּלויט, פּריזבע, גאַנעק, סלופּ, קראָווקע, סטעליע, שפּאַרונע, קליאַמקע, פּאָדלאָגע, פּאָל, פּאָליצע, הרובע, פּליטע, לעזשאַנקע, פּריפּעטשיק, קאַטוך, האָלעוועשקע, סאַזשע, טשאַד;

10. בעבעכעס, טראַנטע, לאַטע, וואָליקעס, טולופּ, שמויס, זשופּיצע, מאַנישקע, זאַפּענקע, שפּיל־קע, פּאַס, קעשענע, כאַליאַווע, יוכט, קאָלדרע, פּערענע, פּוך [109 ;]

11. פּלייצע, קאַרק, פּאַכווע, לאַפּע, פּיאַטע, פּיסק (מויל), וואָנצעס, ברעם, וויִע, טשופּרינע, פּאַט־לע, פּאַרך, פּליך, סמאַהע, סיניאַק, האָרב, קאַליקע;

12. פּאָראָנדקעס, סטראָי, פּריזיוו, להאָטע, אָטסראָטשקע,[3] פּאָוויעסטקע, פּוטיאָווקע,[4] ספּראַוו־קע, סוואָדקע, אוקאַז, פּראָגול;[5]

13. צאַר(יזם), פּריסטאַוו, סטאַראָסטע, נאַטשאַלניק, זעמסטווע, אויעזד, אָטריאַד, פּאָגראָם, נאַהייַקע, קאַט, הולטייַ, הוליאַקע, בונט, דומע, טורמע, מאַיאָווקע,[6] סאָוועט, מענשעוויק, באָלשעוויק, לענינעץ,[7] סטאַכאַנאָוועץ, פּאַפּאַנינעץ;[8]

14. שאָרך, טאָלק, נאָווענע, פּענטעס, מיירע,[9] זאַפּאַס, כאַליאַסטרע, כאָפּטע, קאַראַהאָד, קאַטערינ־קע, סטרונע, זיידע, פּלימעניק, קונדעס;

15. האָרעווען, סטריגעווען, פּאַלדעווען, צירעווען, ווינטשעווען, קאָטעווען, ראַבעווען, ראַטע־ווען, האָדעווען, כאָווען, פּאָיען, סטאַרען (זיך), טשעפּען זיך, איזדיעווקעווען זיך, קריוודען, כאַפּן, סטראַ־שען, מוטשען, טאָפּטשען, טופּען, קאַטשען, קאָרטשען, קאַלופּען, פּאָרקען, טיאָכקען, יורען, סטייַען, הוידען זיך, הוליען, בלאָנדזען, פּאַרטייַען זיך, דרעמלען, כראָפּען, כריפּען, סאָפּען, קוויטשען, קוואַקען, וואָרקען, נאַרייַען;

16. פּראָסט, פּוסט, טשיקאַווע, פּריקרע, פּאַסקודנע, מאָדנע, נודנע, קאַפּריזנע, קאַליע, כיטרע,

[1] פֿון רוסיש пирожное [pirožnoe] – טשאַסטע.

[2] אַ סאָרט באַרן.

[3] אָטסראָטשקע – אַ דערווייַליקע באַפֿרייַונג פֿון מיליטער־דינסט אָדער אָפּלייגונג פֿון אַן אָפּצאָלונג.

[4] פּוטיאָווקע – אַן אָנווייַזונג צו פֿאָרן.

[5] פּראָגול – דאָס נישט קומען צו דער אַרבעט (אומבאַרעכטיקערהייט).

[6] מאַיאָווקע – מייַ־דעמאָנסטראַציע.

[7] לענינעץ – אַ נאָכפֿאָלגער פֿון לענין און זייַן אידעאָלאָגיע.

[8] פּאַפּאַנינעץ – אַ פֿאָרשער פֿון אַרקטיק (נאָכן סאָוועטישן פֿאָרשער איוואַן פּאַפּאַנין).

[9] [1] אַ מיירע טייג. אַ מיירע אַרויף, אַ מיירע אַראָפּ.

סומנע, קאַזיאָנע, אומישנע (אומיסטן), פֿאַמעלעך, נעבעך, טאַקע, נעבײַ, װעדליק, כאָטש, אַבי, אַזש, צי, אי – אי, אָט, הײַדאַ און נאָך פֿיל אַנדערע.

131 דריטנס, זײַנען אין ייִדיש גאַנץ היפּש פֿאַרטראָטן איטאַליעניש, ענגליש און פֿראַנצײזיש.

אָנמערקונג פֿיל װערטער קומען אין ייִדיש די גאַנצע צײַט אַרײַן, נאַטירלעך, אױך פֿון דײַטש. אָבער די דײַטשע װערטער אין ייִדיש איז געװײנטלעך זײער שװער אָפּצוגרע־נעצן פֿון גופֿא די ייִדישע, אױף װיפֿל דײַטש און ייִדיש שטאַמען אין תּוך פֿון אײנע און די זעלבע שפּראַכלעכע קװעלן (זעט ז׳ 24). גרינג לאָזן זיך מערסטנס אױסטײלן יענע דײַטשע װערטער, װאָס זײַנען אין ייִדיש אַרײַן דער עיקר די לעצטע יאָרצענדליקער – סײַ די, װאָס זײַנען אַרײַן דירעקט פֿון דײַטש (פֿראַגע, אױפֿגאַבע, דערפֿאַרן, אָנערקענען א״אַ), און סײַ די, װאָס זײַנען אין ייִדיש געקומען דורך אַנדערע שפּראַכן – הױפּטזאַכלעך דורך רוסיש. אַ שטײגער: אַבזאַץ, אַנשלאַג, מאַסשטאַב, פֿאַריקמאַכער, קוראָרט, בוכהאַלטעריע א״אַ.[1]

132 װי גרױס און ספּעציפֿיש עס איז אין ייִדיש דער פֿאָנד װערטער פֿון די ערשט אָנגעװיזענע שפּראַכן, איז אַ שטײגער צו זען פֿון פֿאָלגנדיקע ניט גאָר פֿולע צעטלען:

I איטאַליעניש: 1. באַסטיאָן, קאַזעמאַט, קאַזאַרמע, אַרסענאַל, אינפֿאַנטעריע, בריגאַדע, באַ־ריקאַדע, קאַפּיטאַן;

2. לאַװע, אַװאַריע, אַלאַרעם, מאַלאַריע, לאַזאַרעט, קאַרעטע, קאַטאַפֿאַלק;

3. באַנק, קאַסע, אינקאַסאַטאָר, קאָנטע, זשירע, פּאָרטאָ, ברוטאָ, נעטאָ;

4. אַרקע, אַרקאַדע, מעזאָנין, בעלװעדער, באַלקאָן, באַלוסטראַדע, סופֿיט, גירלאַנדע;

5. בערגאַמאָט, פּאָמידאָר, פּאַסטע, בענזין, מאַרגאַנעץ;

6. סאַרזשע, קאָסטיום, שקאַרפּעטן, מאַנקעט, פֿאַטשײלע, מאַנטל, פּאַראַסאָל, אַלמער;

7. נאָװעלע, נאָװעליסט, מאָטאָ, פּראָפּאַגאַנדע, גאַזעט;

8. קאַרנאַװאַל, באַרקאַראָלע, אַרלעקין, פּאַיאַץ, באַלערינע; [110]

9. מאַדאָנע, ביוסט, פּראָפֿיל, מאַקעט, מאַיאָליק, אַקװאַרעל, קאַריקאַטור, קאַמײע, באַראָקאָ;

10. אָפּערע, אָפּערעטע, קאָנצערט, ליברעטאָ, פּאַרטיטור, סאָנאַטע, סאָלפֿעדזשיאָ, סאָלאָ, דועט, קװאַרטעט, קװינטעט, רעטשיטאַטיװ, אַריע, באַס, טענאָר, אַלט, סאָפּראַנאָ, מעצאָ־סאָפּראַנאָ, פּרימאַ־דאָנע, װירטואָז, דילעטאַנט, מאַעסטראָ, מאַנדאָלינע, װיאָלאָנטשעל, קאָנטראַבאַס, פּיאַנינע (פּיאַנע), פּיאַניסימאָ, מינאָר, מאַזשאָר, אוניסאָן, בראַװאָ, קאַפּריר (פֿאַרקערט) און אַנדערע;

II ענגליש: 1. קאָמפֿאָרט, קאָטעדזש, באַר, ביפֿשטעקס, ראָסטביף, פּודינג, קעקס, פּונש, ראָם, פּאָרטער, טאָסט, ראַוט, פּיקניק, פּאַרק, סקװער, קלוב, פֿלירט, שימי;

2. באָסטאָן, לאַסטיק, שערטינג, מאָלעסקין, סמאָקינג, דזשעמפּער, ברידזשי (ברידזשעס);

3. װאָקזאַל, עקספּרעס, װאַגאָן, טראַמװײַ, טענדער, בופֿער, באַלאַסט, קאַבינע, רעלס, שפּאַלן, קלינקער, טונעל, טאַנקער;

4. טאַנק, קאָמבײַן, טראַקטאָר, בלומינג, בלאָק, פּראָפּעלער, קאָקס;

5. קאָנצערן, שילינג, מיטינג, באָיקאָט, לאָקאַוט, אַװראַל;

[1] [2] אַלס ״ייִדישע״ װאָלטן די דאָזיקע װערטער געװען (און אײניקע פֿון זײ זײַנען) אַזױ: פֿרעג, אױפֿגאָב, דערפֿאָרן, אָנדערקענען, אָפּזאַץ, אָנשלאָג, מאָסשטאַב, פֿאַריקמאַכער, קוראָרט, בוכהאַלטערײַ – מיטן אַק־צענט אױפֿן באַשטימטײל אין די צונױפֿגעזעצטע װערטער און אױפֿן צוגאָב אין די אײנפֿאַכע װערטער.

6. קאָמיטעט, לידער, לאָרד, לענדלאָרד, מיסטער, מיטשמאַן, דזשענטלמען, סנאָב;

7. קלאָון [קלאַון], פֿאַמפֿלעט, הומאָר, פֿאָלקלאָר, אינטערוויו;

8. ספּאָרט, ספּאָרטסמען, טוריסט, פּאַרטניאָר [פּאַרטנער], זשאָקיי, בעק, סערווער, טשעמפּיאָן, קראָקעט, קריקעט, פֿוטבאָל, וואָליבאָל, באַסקעטבאָל, בעזבאָל [בייסבאָל], פּאָלאָ, וואַטערפּאָלאָ, טעניס, ראַקעטע, קאָרט, באָקס, אַוט, אַוטסייַד, נאָקאַוט, פֿאָרסינג, רינג, קיק, קיקס, מאַטש, סטאַרט, פֿיניש און אַנדערע;[1]

III פֿראַנצייזישע: 1. בעטאָן, בראָנדזע [בראָנדז], פֿאַיאַנס [פֿייַאַנץ], עמאַל, רעמאָנט, מאָנטיאָר, פּאָמפּע, בידאָן, באַלאָן, אַסעניזאַציע, פֿאַסאַד, פֿראָנטאָן, עטאַזש, בעלעטאַזש, נישע, אַנפֿילאַדע, בודואַר, סאַלאָן, פּלאַפֿאָן, פּאַרקעט, באָרדיור, באַגעט, לוסטרע, קאַנדעלאַבער, אַבאַזשור, בופֿעט, סערוואַנט, קאָמאָד, עטאַזשערקע, טעראַסע, פּאַווילִיאָן, אָראַנזשעריי, באַסיין, בולוואַר, אַלעע, בוקעט, פּליאַזש [פּלאַזשע], פּראָמענאַד, ביליאַרד, פּרעפֿעראַנס, פּאַסיאַנס, דאַמע, וואַלעט, רעמיז, פּאַס, וויזיט, פּאָזע, מאַניר, באַל, באַנקעט;

2. רעסטאָראַן, מעניו, סערוויז, סערווירן, סאַרווער, סערוועט, סאַרדינען, קראַב, מאַרינאַד, מאַרינירן, באַטאָן, בוליאָן, קאָנסאָמע, קאָטלעט, רולעט, ראַגו, גאַרניר, פּיורע, סאָוס, אָמלעט, דעסערט, קאָמפּאָט, זשעלע, קרעם, ביסקוויט, מאָנפּאַנסיע, דיושעס, ראַנעט, באָקאַל, קאָניאַק, ליקער, שאַמפּאַניער, לימאָנאַד, ראַפֿינאַד, פֿיסטאַשקעס, דעליקאַטעס;

3. גאַרדעראָב, סעזאָן, מאָדע, פֿאַסאָן, סאָרט, אַסאָרטימענט, טואַלעט, אַנטרעקאָט, וואַטין, גאַז(ע), קרעפּ, מוסלין, פּיקע, פּאָפּלין, ראַטין, רעפּס, סאַטין, טיק, קרעטאָן, טריקאָ, טריקאָטאַזש, טיול, פֿילדעקאָס, פֿילדעפּערס, פֿולאַר, אַזשור, שעוויאָט, קאַנוואַ, שעוורא, פֿורניטור, פּליסע, זשילעט, קאַמזויל, טוזשורקע, פֿראַק, קאַפּאָט(ע), קרינאָלינע, פּעניואַר, קאָקעטקע, מאַנזשעט, קאָרסאַזש, זשאַקעט, מאַנטאָ, סאַק, פּעלערינע, קאַשנע, בערעט, קאָקאַרדע, באָטן, באָטפֿאָרטן, קאַלאָשן, קאַמאַשן, געטרעס, רידיקיל, בראַסלעט, ברעלאָק, פּערל, פּאַרפֿומען, פּאָמאַדע, שיק;

4. פּעראָן, פּלאַטפֿאָרמע, לאָקאָמאָטיוו, אַווטאָמאָטריסע, קופּע, אַווטאָבוס, טאַקסי, דיליזשאַנס, וועלאָסיפּעד, באַרזשע, עקיפּאַזש, פֿיאַקער, פֿורגאָן, שאַסי, רעסאָר, באַגאַזש, נעסעסער, טאָנע, טאָנאַזש, האָטעל, פּאַנסיאָן;

5. עקספּלואַטאַציע, רעסורסן, פֿינאַנצן, אַוואַנס, באַלאַנס, קורטאַזש, פּריז, סורפּריז, שאַנס, לאָטעריי, קאָנקורענץ, אַוואַנטיור [אַוואַנטורע], (ה)אַזאַרט, אַפֿערע, שאַנטאַזש, גאַראַנטיע, אַליאַנס, קאָמפּאַניע, קאַרטעל, ביוראָ, אַקציאָנער, שעף, ראַנטיע, רענטע, בורזשואַ, בורזשואַזיע, ראָיאַליסט, קליקע, סוויטע, רעזשים, באַסטיליע, באַריער, סאַבאָטאַזש, עשאַפֿאָט, גיליאָטינע, [111] דעבאַטן, קולואַרן, רעזומע, סענסאַציע, סטאַזש, אַנקעטע, רענאָמע, פּרעסטיזש, קוראַזש, רעזאָן, פֿאַנאַטיקער, פֿראַזיאָר, באָהעמע, פּיקעט, פּראָקוראָר, קאָמיסאַר, פּיאָנער, קאָמונאַר, קאָמונע;

6. אַרמיי, פּלאַצדאַרם, מאַנעווער, מאַנעווירן, אַרטילעריע, באַטאַליאָן, באַטאַרייע,[2] סאָוועט, עסקאַדראָן, עסקאַדרע, עסקאָרט, עשעלאָן, קאַמפּאַניע, אַוואַנגאַרד, אַריערגאַרד, רעזערוו, קאָרדאָן, רעוועלין, טראַנשעע, בלינדאַזש, פּאָנטאָן, עסטאַקאַדע, דעסאַנט, אַטאַקע, קאָנטעראַטאַקע, רעוואַנש, מאַרש, פּאַראַד, סאַלוט, פּאָסט, אַוואַנפּאָסט, פּאַטרול, פּאַראָל, ביוואַק (ביוואַק), טיר, מאַנעזש, גאַראַזש, האַנגאַר, דיריזשאַבל, פּלאַנער, ביפּלאַן, טראַמפּלין, קאָמפּאַס, בינאָקל, פּראָזשעקטאָר, פּאַראַשוט, פּיקע, קאַראַבין, פּיסטאָלעט (פּיסטויל), פּיסטאָן, פּאַטראָן, באָמבע, מינע, אַטאַשע, אינטענדאַנט, פּילאָט, סאַפּיאָר, פּאַרטיזאַן, באַטאַליע;

[1] [1] נאָך גרעסער איז דער ענגלישער עלעמענט, פֿאַרשטייט זיך, אינעם אַמעריקאַנער ייִדיש. זעט אַ שטייגער שלום־עליכמס „מאָטל פּייסע דעם חזנס אין אַמעריקע“ (II טייל), „בלאָנדזשנדע שטערן“, II טייל, קאַפּיטל 53.

[2] אַ מיליטער־טייל.

7. באַנדאַזש, טאַמפּאָן, מאַרל(י)ע, גריפּ, קאָקליוש, קאַראַנטין, דיספּאַנסער, מאָרג;

8. פּאָטשט (פּאָסט), בלאַנק, דובלעט, דעפּעש, באַנדעראָל, קאָנווערט, אַדרעס, טאַלאָן, קוריער, אַבאָנעמענט;

9. זשאַרגאָן, אַרגאָ, קאַלאַמבור, קאַלקע, אַסאָנאַנס, טירע, אַפּאָסטראָף, פּונסאָן;

10. פּרעסע, זשורנאַל, בראָשור, ביולעטען, טיראַזש, קלישע, בוקיניסט;

11. רענעסאַנס, זשאַנער, שאַרזש, ראָמאַנטיזם, ראָמאַן, פּיעסע, בופּאָנאַדע, וואַריעטע, עסקיז, עטיוד, מיניאַטור, סוזשעט, רעמאַרקע, פּערסאָנאַזש, אַטעליע, ווערניסאַזש, אָפּאָרט, פּאַסטעל, פּאַליטרע, רעטוש, פּאַנאָ, נאַטורמאָרט, פּייזאַזש, פּאָרטרעט, זשעסט, סילועט, קאָנטור, פּאָן, רעקורס, באַרעליעף, אַמפּיר, ראָקאָקאָ, פּאַרטער, לאָזשע, אַוואַנלאָזשע, אַוואַנסצענע, ראַמפּע, קוליסן, אַקסעסואַרן, רעפּערטואַר, אַנסאַמבל, פּרעמיערע, ראָל, רעפּליק, אַרטיסט, אַקטיאָר, אַקטריסע, דובליאָר, אַמפּלואַ, רעזשיסער, סופֿליאָר, ראָיאַל, פּיאַניסט, אַקאָמפּאַנעמענט, אַקאָמפּאַניאַטאָר, אַקאָרד, מאָטיוו, טעמבער, טרעל, רעזאָנאַנס, קופּלעט, רעפֿרען, סויִטע, נאָקטורן, פּאָפּורי, באַלעט, פּאָלאָנעז, מענועט, פּירועט, פּאַ, רעוועראַנס, שעדעווער, אַנטראַקט, קאָנפֿעראַנסיע, אַנטרעפּרעניאָר, אַנאָנס, בילעט, אַפּלאָדירן;[1]

12. עקסטרעם, אינטענסיוו, עקספּאַנסיוו, פּאָמפּעז, נאַיִוו, אינטים, לאָיאַל, טאָלעראַנט, קאַפּאַ(ב)ל (קאַפּאַוול), פּיקאַנט, באַנאַל, פּאָרטאַטיוו, עלעגאַנט און נאָך פֿיל אַנדערע.

133 פֿערטנס, זײַנען אין ייִדיש זייער שטאַרק פֿאַרטראָטן גריכיש און לאַטײַן. אַ שטייגער דער גרעסטער טייל ווערטער (טערמינען), וואָס זײַנען געבונדן מיט דער מאָדערנער ווי סנשאַפֿט, מיט אירע אַנשטאַלטן, דיסציפּלינען און אָרגאַניזאַציע, זײַנען פֿון גריכישן אָדער לאַטײַנישן אָפּשטאַם.

אַ שטייגער: 1. גריכישע: אַקאַדעמיע, ליציי, גימנאַזיע, קאַטעדרע, טעאָריע, לאָגיק, מעטאָדאָלאָגיע, מעטאָדיק, היסטאָריע, עטנאָגראַפֿיע, עטנאָלאָגיע, פֿילאָסאָפֿיע, פּסיכאָלאָגיע, אַרכעאָלאָגיע, מאַטעמאַטיק, פֿיזיק, מעכאַניק, כימיע, געאָלאָגיע, געאָגראַפֿיע, געאָמעטריע, טריגאָנאָמעטריע, אַסטראָנאָמיע, מעטעאָראָלאָגיע, הידראָלאָגיע, באָטאַניק, פֿיזיאָלאָגיע, ביאָלאָגיע, זאָאָלאָגיע, מיקראָביאָלאָגיע, הידראָביאָלאָגיע, עמבריאָלאָגיע, איכטיאָלאָגיע, מיקראָסקאָפּ, מיקראָפֿאָן, מיקראָב, כירורגיע, אַפּטייק, ביבליאָטעק, ביבליאָגראַפֿיע, ביבליאָפֿיל און אַנדערע. 2. לאַטײַנישע: אינסטיטוט, קורס, קורסאַנט, רעקטאָר, פּראָרעקטאָר, אינספּעקטאָר, דעקאַן, פּראָפֿעסאָר, דאָצענט, אַסיסטענט, לעקטאָר, אַווטאָר, אַספּיראַנט, סטודענט, סעמעסטער, סעמינאַר, לעקציע, עקזאַמען, קאָלאָקוויום, דיסערטאַציע, אַטעסטאַט, מעדיצין, מיקסטור, ליטעראַטור און אַנדערע.

דער גרעסטער טייל לינגוויסטישע טערמינען[2] זײַנען אָדער גריכישע אָדער [112] לאַטײַנישע. 1. גריכישע: גראַמאַטיק, סינטאַקס, מאָרפֿאָלאָגיע, עטימאָלאָגיע, לעקסיק, סעמאַנטיק, פֿאָנעטיק, גראַפֿיק, אידעאָגראַפֿיע, דיאַלעקט, דיאַלעקטאָלאָגיע, סינאָנים, האָמאָנים און אַנדערע; 2. לאַטײַנישע: סוביעקט, פּרעדיקאַט, אָביעקט, אַטריבוט, סובסטאַנטיוו, ווערב, אַדיעקטיוו, אַדווערב, פּראָנאָם, אַרטיקל, פּאַרטיקל, נאָמינאַטיוו, אַקוזאַטיוו, דאַטיוו, פּאָסעסיוו, מאָדוס, אַפֿיקס, פּרעפֿיקס, סופֿיקס, אינטאָנאַציע, אַקצענט, טאַקט, וואָקאַל און אַנדערע. און אַזוי איז עס מיט נאָך זייער פֿיל טערמינען פֿון אַ ריי וויסנשאַפֿטלעכע, פּאָליטישע און אַ סך אַנדערע געביטן.

1 [1] אָבער די גרונטיקע טעאַטראַלע טערמינען זײַנען הויפּטזאַכלעך פֿון גריכיש. אַ שטייגער: טעאַטער, אַמפֿיטעאַטער, סצענע, אָרקעסטער, כאָר, דראַמע, טראַגעדיע, קאָמעדיע, דראַמאַטורג און אַנדערע.

2 [2] לינגוויסטישע – פֿונעם לאַט. ,לינגואַ׳ – שפּראַך; טערמינען – פֿונעם לאַט. ,טערמין, טערמינוס׳ – גרענעץ.

134 אַ ריי ווערטער, וואָס ווערן געוויינטלעך אָנגעוויזן אַלס איטאַליעניש, פֿראַנצייזיש, ענגלישע און אַנדערע, זײַנען אָפֿט אויסבילדונגען פֿון לאַטײַנישע (אָדער פֿון גריכישע) מאָרפֿעמעס. אַ שטייגער די איטאַליענישע ‚אָפּערע, אָפּערעטע' אַנטהאַלטן די זעלבע לאַטײַנישע וואָרצלדיקע מאָרפֿעמע, וואָס די לאַטײַנישע ווערטער ‚אָפּעראַציע, אָפּעראַטאָר'; דאָס ענגלישע ‚קאָמבײַן' און דאָס דײַטשע ‚קאָמבינירן' האָבן דעם זעלבן לאַטײַנישן וואָרצל, וואָס די לאַטײַנישע ‚קאָמבינאַט' און ‚קאָמבינאַציע'; די פֿראַנצייזישע ‚אַקטיאָר, אַקטריסע, אַנטראַקט, אַקטיוויסט' – דעם זעלבן וואָרצל, וואָס די לאַטײַנישע ‚אַקט, אַקטיוו'; דאָס דײַטשע (און פֿראַנצייזישע) ‚פּאַרטיי', דאָס איטאַליענישע ‚פּאַרטיטור', דאָס ענגלישע ‚פּאַרטניאָר' [פּאַרטנער] האָבן דעם זעלבן וואָרצל (‚פּאַרס, פּאַרטיס' – טייל, גרופּע), וואָס די לאַטײַנישע ‚פּאַרטיקל' און ‚פּאַרטיציפּ'.[1]

און אַפֿילו אַ ריי ווערטער, וואָס ווערן געוויינטלעך אויפֿגענומען אַלס עכט ייִדישע (און גערמאַנישע בכלל), קומען אין דער אמתן אויך אַרויס פֿון לאַטײַניש. אַ שטייגער די ווערטער ‚נאָמען, נאָז, קייסער, לייב, וואָרעם, ווינט, נעפּל, פּורפּור, פֿונט, מינץ, בעכער, קופּער, לײַן, ווײַן, עסיק, פֿעפֿער, מאַנדל, רעטעך, קירבעס, לאַקריצע, פֿלוימען (פֿלאָמען), קאַרשן, באַרן, קאַלך, ציגל, מויער, פֿענצטער, קעלער, קרייץ, קלויסטער, פּריסטער, פֿײַער, שול, טינט, בריוו, שרײַבן, קויפֿן, פֿלאַנצן, לאַנג, ניכטער, קלאָר, זויבער' און נאָך אַנדערע – קומען אַרויס פֿון ווערטער, וואָס זײַנען אין די גערמאַנישע שפּראַכן, און אויף אַזאַ אופֿן אויך אין ייִדיש, שוין זייער לאַנג אַרײַן פֿון לאַטײַן – פֿון דער שפּראַך, וואָס האָט אין משך פֿון הונדערטער יאָרן אַרײַנגענומען אין זיך ווערטער, מאָרפֿעמעס פֿון זייער פֿיל אַנדערע שפּראַכן פֿון פֿאַרשיידענע סטאַדיעס, אויסגעמישט און איבערגעקאָכט די דאָזיקע ווערטער און מאָרפֿעמעס אינעם לאַטײַנישן קעסל און דערנאָך גענומען סיסטעמאַטיש שפּײַזן מיט זיי די ראָמאַנישע שפּראַכן (זעט ז' 22) און דורך די דאָזיקע מערסטנס, דירעקט אָדער אומדירעקט, די שפּראַכן פֿון כמעט גאָר דער וועלט.

אָנמערקונג אַנדערשפּראַכיקע ווערטער אַנטהאַלטן אָפֿט מאָל אַ פּאָר אָדער עטלעכע מאָרפֿעמעס, וואָס זײַנען פֿון פֿאַרשיידענע שפּראַכלעכע קוועלן. אַ שטייגער: אויטאָמאָביל (גריכיש + לאַטײַניש); מאָטאָציקל (לאַטײַניש + גריכיש); אויטאָפּאָרטרעט (גריכיש + פֿראַנצייזיש); אַעראָקלוב (גריכיש + ענגליש); שאַכמאַט (פּערסיש + אַראַביש); שאַכמאַטיסט (פּערסיש + אַראַביש + גריכיש); באָלשעוויזם (רוסיש + גריכיש) אאַ"וו.

135 אַלזאָ: העברעיִש און אַראַמעיִש; פּויליש, אוקראַיִניש, ווײַסרוסיש און רוסיש; איטאַליעניש, ענגליש, פֿראַנצייזיש און דײַטש; גריכיש און לאַטײַן – אָט דאָס זײַנען די שפּראַכן, וואָס זײַנען אין ייִדיש פֿאָרגעשטעלט מיט גרעסערע אָדער גאָר גרויסע גרופּעס ווערטער. פֿון די דאָזיקע שפּראַכן האָבן אָבער אין דער געשיכטע פֿון ייִדיש אַ באַזונדערע ראָלע געשפּילט די סעמיטישע שפּראַכן – העברעיִש און אַראַמעיִש – און די סלאַווישע שפּראַכן – פּויליש, אוקראַיִניש, ווײַסרוסיש און רוסיש. וואָרן די באַגעגעניש פֿון די סעמיטישע און דערנאָך פֿון די סלאַווישע עלעמענטן מיטן גערמאַנישן עלעמענט, זייער אויסמישונג און איבערקרייצונג – אָט דאָס האָט געבראַכט צום אויפֿקום פֿון הונדערטער און דערנאָך פֿון טויזנטער גאָר נײַע ווערטער אין ייִדיש (ייִדיש־טײַטש), וואָס אַזעלכע זײַנען

[1] [1] פֿאַרגלײַכט אַ שטייגער אין רוסיש: פּאַרטיקל – частица [častica]; פּאַרטיציפּ – причастие [pričastie] [דער רוסישער וואָרצל čast באַטײַט ‚טייל'. אָנמ' פֿון רעד'].

ניט [113] פֿאַראַן ניט אין די דײַטשע, ניט אין די סעמיטישע, ניט אין די סלאַווישע און ניט אין קיינע אַנדערע שפּראַכן. אָט די דאָזיקע באַגעגעניש האָט אויך געווירקט אויף דער קלאַנג־לעכער אויספֿורעמונג פֿון די גערמאַנישע, סעמיטישע און סלאַווישע עלעמענטן גופֿא אין ייִדיש, ווי אָפֿט אויך אויף די באַטײַטן פֿון די דאָזיקע עלעמענטן (זעט ז׳ 137). און אָט די דאָ־זיקע באַגעגעניש האָט פֿאַראורזאַכט די אַנטשטייונג פֿון פֿיל נײַע סטרוקטורן, פֿון אַ ספּע־ציעלן ווערטער־סדר און פֿון נאָך פֿיל אַנדערע גראַמאַטישע און פֿאָנעטישע דערשײַנונגען, וואָס זײַנען אייגנטימלעך דער ייִדישער שפּראַך.

136 נאַטירלעך, אַז ניט אין אַלע צײַטן, ערטער און קרײַזן איז דער פּראָצענט אַנטלײַונגען (אַנדערשפּראַכיקע עלעמענטן), ווי בכלל דער לעקסיקאָן, איינער און דער זעל־בער. בײַ אונדז אין לאַנד, ווו עס קומט פֿאָר אַ פּראָצעס פֿון איבערבויען דאָס גאַנצע לעבן און דענקען אויף גאָר נײַע, סאָציאַליסטישע יסודות, האָט מען אַ שטייגער כּמעט אויפֿגע־הערט אַרײַנצונעמען נײַע ווערטער פֿון העברעיִש און אַראַמעיִש – פֿון די שפּראַכן, וואָס פֿון זיי האָט ייִדיש פֿריִער געשעפּט ווערטער אין אַ גרויסער מאָס. און ניט נאָר מע האָט אויפֿגעהערט אַרײַנצונעמען נײַע, נאָר מע האָט אויפֿגעהערט צו ברויכן זייער פֿיל אַלטע ווערטער – סײַ סעמיטישע און סײַ אַנדערע, – וואָס זײַנען געווען געבונדן מיט אַמאָליקע פֿאַרהעלטענישן, מיט אָפּגעשטאַנענע באַגריפֿן פֿון דער אָפּגייענדיקער וועלט. דערפֿאַר אָבער קומט בײַ אונדז פֿאָר אַ פֿאַרקערטע דערשײַנונג מיט די פֿאַרשיידענע עלעמענטן פֿונעם אינטערנאַציאָנאַלן לעקסיקאָן. אויב ביז דער גרויסער סאָציאַליסטישער אָק־טיאַבער־רעוואָלוציע זײַנען די דאָזיקע עלעמענטן געווען אין געברויך פֿון אַ קלייניקער גרופּע אינטעליגענץ, איז איצט, מחמת דעם גרויסן קולטורעלן וווּקס פֿון דער באַפֿעל־קערונג בײַ אונדז אין לאַנד, מחמת איר אומגעהײַערער פּאָליטישער אַקטיווקייט, זײַנען טויזנטער ווערטער פֿונעם דאָזיקן לעקסיקאָן געוואָרן אַ געוויינטלעכער פֿאַקט פֿון דער שפּראַך פֿון די סאַמע ברייטע סאָוועטישע פֿאָלקסמאַסן.

אָנמערקונג דערפֿון דאַרף מען אָבער ניט דרינגען, אַז אויב אַ רעדע, אַ דאָקומענט און בכלל אַ וואָסער ניט איז טעקסט אַנטהאַלט וואָס מער גריכישע, לאַטײַנישע און אַנדערע אויסלענדישע ,אינטעליגענטישע׳ ווערטער, איז עס פֿאַר אים, פֿאַרן טעקסט, אַ באַזונדערע מעלה. פֿאַרקערט, ווו מע קאָן נאָר אויסקומען אָן אַזעלכע ווערטער, ווו מע קאָן דעם גע־דאַנק פּינקטלעך, קלאָר, שפּאָרעוודיק און שיין אויסדריקן מיט ווערטער פֿונעם אייגענעם שפּראַך־אוצר, – דאַרף מען עס געוויינטלעך טאָן און אויף אַזאַ אופֿן מאַכן דעם טעקסט צוטריטלעכער פֿאַר ברייטערע קרײַזן צוהערער און לייענער.

וועגן דער דאָזיקער פֿראַגע האָבן מיר אַ גאַנץ דײַטלעכע אַרויסזאָגונג בײַ לענינען:

> די רוסישע שפּראַך מאַכן מיר קאַליע. אויסלענדישע ווערטער ניצן מיר סתּם אין דער וועלט אַרײַן. ניצן זיי ניט ריכטיק...
>
> ...אויב אַזאַ איינעם, וואָס האָט זיך ערשט אויסגעלערנט צו לייענען, קאָן מען נאָך אַנט־שולדיקן דאָס געברויכן, אַלס אַ נײַס, אויסלענדישע ווערטער, איז אָבער ליטעראַטן טאָר

מען עס ניט מוחל זײַן. צי איז ניט צײַט צו מעלדן אַ מלחמה דעם געבראָכן אויסלענדישע ווערטער סתּם אין דער וועלט אַרײַן?[1] [114]

דאָ איז אויך כּדאַי צו דערמאָנען פֿאָלגנדיקע שטעל פֿון שלום־עליכמס „אין שטורעם“, קאַפּיטל א:

> פֿאַראַן אַ סך מענטשן, וואָס האָבן ליב באַניצן און אויסמישן זייער שפּראַך מיט פֿרעמדע ווערטער. איך קען איינעם אַ קליין־שטעטלדיקן משׂכּיל, אַן ‚אינטעליגענט׳, וואָס שפּריצט מיט פֿרעמדע ווערטער אויף אַלע זײַטן, האָט מען אים אַ נאָמען געגעבן ‚ישׂראָליק ציוויליזאַציע׳ – און דאָס קליינע שטעטל, אַז עס גיט אַ נאָמען, איז דאָס אָנגעמאָסטן.

137 אָפֿט מאָל דרינגען אַרײַן ווערטער מיט אַן אַלצאיינער אָדער ענלעכער מאָרפֿעמע פֿון פֿאַרשיידענע שפּראַכן. אַ שטייגער די ווערטער ‚אַגראָנאָם, אַגראָלאָגיע, אַגראַריער, אַגריקולטור׳ אַנטהאַלטן א מאָרפֿעמע ‚אגר(י)׳, וואָס באַטײַט ‚פֿעלד׳ און וואָס איז אי אַ גריכישע אי אַ לאַטײַנישע. אַזוי איז אויך די מאָרפֿעמע ‚פֿאַט(ע)ר׳ (פֿאָטער) אין די ווערטער ‚פֿאַטריאַרכ(אַט), פֿאַטריאָט, רעפּאַטריאַציע, פֿאַטראָן׳ און אַנדערע – װי איז אי אַ גריכישע אי אַ לאַטײַנישע.[2] אָט פֿאַר וואָס עס טרעפֿט, אַז ווערטער, וואָס זײַנען אַרײַנגעדרונגען פֿון פֿאַרשיידענע שפּראַכן, ווערן מחמת דער ענלעכקייט פֿון זייער קלאַנג און באַטײַט אַ מאָל אויפֿגענומען אַלס ווערטער פֿון איין אָפּשטאַם. אַזוי איז עס אַ שטייגער מיטן וואָרט ‚סימן׳, וואָס איז קלאַנגלעך און באַטײַטלעך ענלעך צום וואָרצל פֿונעם גריכישן וואָרט ‚סעמאַנטיק׳ און וואָס דעריבער ווערט ‚סימן׳ דורך אַ ריי שפּראַכקענער אויפֿגענומען אַלס אַ גריכיש וואָרט,[3] הגם[4] זײַן „שטאַם איז עכט סעמיטיש“.

138 אָפֿט דרינגט אַרײַן אַן אַנדערשפּראַכיק וואָרט ניט דירעקט, נאָר אומדירעקט, דורך אַ צווייטער שפּראַך (און אַ מאָל דורך אַ דריטער, פֿערטער אאַ״וו). אַ שטייגער דאָס גריכישע וואָרט ‚אַפּיקורס׳ איז אין ייִדיש אַרײַן דורך אַראַמעיִש (העברעיִש־אַראַמעיִש); דאָס לאַטײַנישע ‚טראַקט׳ איז מסתּמא געקומען דורך פּויליש; דאָס כינעזישע ‚פּינגפּאָנג׳ – דורך רוסיש פֿון ענגליש; דאָס העברעיִשע ‚יובילײ׳ (יובֿל) – דורך רוסיש פֿון לאַטײַן. אָט פֿאַר וואָס עס איז אָפֿט שווער אָנצוּווײַזן דעם וועג, וואָס דאָס אָדער יענץ וואָרט האָט דורכגעמאַכט, וואַנדערנדיק פֿון איין שפּראַך אין דער צווייטער. אַ שטייגער דאָס לאַטײַנישע וואָרט ‚אַנטיק׳ (אַנטיקוס) איז אין ייִדיש געקומען, קאָן זײַן, דורך דײַטש אָדער דורך איטאַליעניש, דורך פֿראַנצייזיש אָדער דורך פּויליש (אָדער דורך עטלעכע שפּראַכן אייניצײַטיק אָדער אין פֿאַרשיידענע צײַטן). און אָט פֿאַר וואָס עס איז אָפֿט בכלל שווער צו באַשטימען דעם אורקוואַל, פֿון וואַנען דאָס אָדער יענץ וואָרט איז.[5] ווער רעדט נאָך, אַז [115] פֿיל

[1] [1] לענין, ב׳ XXIV, ז׳ 662 (רוסיש). בײַ לענינען גייט דאָ אַ רייד וועגן רוסיש. אָבער ס׳איז קלאָר, אַז דאָס האָט און קאָן האָבן אַ שײַכות צו אַלע אַנדערע שפּראַכן.

[2] [1] ‚פֿאַטראָן׳ באַטײַט אויך ‚באַלעבאָס, באַזיצער׳. ‚פֿאַטראָן׳, וואָס באַטײַט אַ ‚טראַפֿאַרעט׳ אָדער בכלל אַ געוויסן טעכנישן קעגנשטאַנד, איז פֿון פֿראַנצייזיש.

[3] [2] אַלס אַ גריכיש וואָרט איז ‚סימן׳ אָנגעגעבן אויך אינעם „ספר התשבי“.

[4] [3] ווי עס ווײַזט אָן דער באַוווּסטער העברעיִש־קענער געזעניוס אין זײַן „העברעיִשן און כאַלדעיִשן האַנט־ווערטערבוך“, 1834, ט׳ II, ז׳ 154 (דײַטש).

[5] [4] דעריבער מאַכט מען טאַקע אָפֿט טעותן. אַ שטייגער אַ לאַנגע צײַט האָט מען געהאַלטן, אַז ‚חוזק׳ איז

ווערטער זײַנען אין אַ גרויסער צאָל שפּראַכן אַרײַנגעדרונגען פֿון אַ ריי אַנדערע שפּראַכן מיט פֿיל הונדערטער און טויזנטער יאָרן צוריק, – דערבײַ אָפֿט פֿון אַזעלכע שפּראַכן, וואָס זיי זײַנען שוין לאַנג טויט און וואָס אַפֿילו זייערע נעמען זײַנען שוין לאַנג פֿאַרגעסן געוואָרן.

139 אָפֿט קומען פֿון אַנדערע שפּראַכן אַרײַן גאַנצע אויסדרוקן – גרעסערע ווערטער־גרופּעס. אָפֿט אויך אַזעלכע, וואָס די באַזונדערע ווערטער פֿון די דאָזיקע גרופּעס ווערן אין ייִדיש ניט געברויכט. אַ שטייגער: ער איז אַ גאַנצער יאַ־טעבע־דאַם (שאָל.). איבער הויפּט זײַנען אַזעלכע אויסדרוקן אין ייִדיש זייער פֿיל פֿון העברעיִש און אַראַמעיִש – אָדער טאַקע גרייטערהייט גענומענע אָדער פֿון העברעיִש־אַראַמעיִשע עלעמענטן געשאַפֿענע. אַ שטייגער בײַ שלום־עליכמען: איצט מעגן שוין קומען כּל מלכי מיזרח ומערבֿ;[1] וואָס פֿאַר אַ פֿוראָר דאָס האָט געמאַכט, הן מצד הלשון והן מצד הכּתבֿ;[2] כּל היוצא מפּיו איז שקר־וכּזבֿ.[3]

לויטן שניט פֿון אַזעלכע סעמיטישע ווערטער און ווערטער־גרופּעס ווערן אין ייִדיש אָפֿט מאָל געשאַפֿן כּלומרשטע סעמיטישע פֿאָרמעס און אויסדרוקן סײַ גופֿא פֿון סעמיטישע עלעמענטן און סײַ פֿון אַנדערע. דאָס ווערט מערסטנס געטאָן צוליב קאָמיזם און אָפּשפּעטונג. אַ שטייגער בײַ שלום־עליכמען: אַז איך מאַך חתונה, מאַך איך אַ חתונה, אַשר לא חתונו [כּאַסונו] אַבֿותינו;[4] אונדזער העלד האָט... געטראָגן אַ שניפּס אַשר לא שניפּסו אַבֿותינו; ס׳איז אַרויס... אַ צירקולאַר אַשר לא צירקולאַרו אַבֿותינו; אָדער: וואָס פֿאַרשטייט איר דאָ ניט? ס׳איז דאָך יאַוונע־ויאַסנע (זעט ז׳ 100).

דאָס וואָרט ‚חתונו׳ איז פֿונעם זעלבן העברעיִשן וואָרצל, וואָס ‚חתונה׳, און איז געמאַכט לויט אַ געוויסן העברעיִשן שניט, אָבער אין העברעיִש איז קיין וואָרט ‚חתונו׳ ניט פֿאַראַן. און די ווערטער ‚שניפּסו׳ און ‚צירקולאַרו׳ האָבן שוין לחלוטין קיין שײַכות ניט צו העברעיִש, אָבער זיי זײַנען אויסגעפֿורעמט, ווי זיי וואָלטן געווען העברעיִשע.

140 די איבערגענומענע ווערטער און אויסדרוקן ווירקן זייער אָפֿט אויף דער קלאַנג־לעכער און סטרוקטורישער סיסטעם פֿון דער שפּראַך, אין וועלכער זיי קומען אַרײַן. אַ שטייגער דער היפּשער צופֿלוס פֿון סלאַווישע ווערטער אין ייִדיש און די ווירקונג פֿון די סלאַווישע שפּראַכן בכלל – דאָס האָט געבראַכט צום אויפֿקום פֿון ווייכע קאָנסאָנאַנטן אין ייִדיש (זעט ז׳ 48) און צו נאָך פֿיל אַנדערע דערשײַנונגען. אָבער מערסטנס קומט פֿאָר אַ פֿאַרקערטער פּראָצעס: די איבערגענומענע ווערטער ווערן צוגעפּאַסט צו דער שפּראַכלעכער אינערציע, צו דער קלאַנגלעכער און סטרוקטורישער סיסטעם פֿון דער שפּראַך, אין וועלכער זיי קומען אַרײַן. אַ שטייגער די סלאַווישע ווערטער ‚סטאַדע, פּיאַטע, יאָדער, האָ־רעווען, זשאַלעווען׳ אָדער די סעמיטישע ‚סבֿיבֿה, רכילות, קלעזמער, באַלעבאָס, יום־טובֿ׳

אַ העברעיִש וואָרט, אָבער ‚חוזק׳ – ווי עס ווײַזט אָן דער אָנגעזעענער פֿאָרשער אַלכּסנדר האַרקאַווי (און אַנדערע) – „האָט קיין שײַכות ניט אין באַדײַטונג מיט דעם העברעיִשן שורש [וואָרצל] חזק... זעט אויס, אַז עס איז דאָס אַלט־הויכדײַטשע hosc אָדער מיטל־הויכדײַטשע hosche, שפּאָט“ (**ייִדיש־ענגליש־העברעיִשער ווערטערבוך** פֿון אַלכּסנדר האַרקאַווי, ניו־יאָרק, 1928, ז׳ 225) [זעט אָנמ׳ 2, ז׳ 264].

1 [1] אַלע קיסרים פֿון מיזרח און מערבֿ.

2 [2] סײַ מצד דער שפּראַך און סײַ מצד דער שריפֿט.

3 [3] אַלץ, וואָס גייט אַרויס פֿון זײַן מויל, איז ליגן און ליגן.

4 [4] וואָס אַזאַ האָבן ניט געפּראַוועט אונדזערע פֿאָטערס.

קלינגען [116] אין ייִדיש ניט אַזוי ווי אין די שפּראַכן, פֿון וואַנען זיי זײַנען געקומען.[1] און אַזוי איז עס מיט נאָך טויזנטער ווערטער.

בײַם איבערנעמען ווערטער פֿון אַן אַנדער שפּראַך שטעלט מען אַ מאָל איבער אייניקע זייערע קלאַנגען (טראַנספּאָזיציע, מעטאַטעזע). אַ שטייגער די ווערטער ‚קרענעצע, ווערליק, סאַקוואָיאַזש, מאַטעריאַל, רעאַל’ ווערן אין אַ ריי ערטער דורך אַ ריי שיכטן אַרויסגעבראַכט ‚קערנעצע, ווערדיק, סאַקאָוויאַזש, מאַטרעיאַל, ראַיעל’. אָבער די דאָזיקע האָבן זיך אויסערן וואָרט ‚ראַיעל’ אין דער ליטעראַרישער שפּראַך גראָד ניט פֿאַרפֿעסטיקט, ווי עס האָבן זיך ניט פֿאַרפֿעסטיקט נאָך זייער פֿיל פֿאַרשיידענע ווערטער־טראַנספֿאָרמאַציעס (ענדערונגען), וואָס מע קאָן אָפֿט הערן פֿון ווייניק קולטורעלע מענטשן און וואָס קומען פֿאָר אין דער ליטעראַטור בלויז אין די רעפּליקעס פֿון אַזעלכע מענטשן. אַ שטייגער אַנשטאָט ‚קופּאָן, סינדיקאַט, פּראָצענט, רעאַליזירן, קורטאַזש’[2] זאָגט מנחם־מענדל (ניט ריכטיק): ‚קאַפּאָן, סענדעקאַט, פּריצענט, רעלאַזירן, קאַרטאַזש’.[3]

141 אַ ספּעציעלער פֿאַל פֿון צופּאַסן די אַנדערשפּראַכיקע ווערטער צו די פֿאָרמעס פֿון דער אייגענער שפּראַך איז די אַזוי גערופֿענע פֿאָלקס־עטימאָלאָגיע, אָדער פֿאַלשע אַנאַלאָגיע, וואָס ווערט אָפֿט אָנגעווענדט אַפֿילו צו גרונטיקע ווערטער פֿון דער אייגענער שפּראַך. דאָס דאָזיקע באַשטייט דערין, וואָס אַ נײַ, אומבאַקאַנט וואָרט ווערט דערנענטערט צו אַן ענלעך, באַקאַנט וואָרט, כאָטש צווישן זיי איז פֿאַקטיש קיין אָפּשטאַם־נאָענטקייט ניט פֿאַראַן. אַ שטייגער פֿון ‚כּלי־קודש, צבֿויאַק, רייסטער’ (רעיעסטער – שטאַמט פֿונעם לאַטײַנישן ‚רעגיסטרום’) מאַכן פֿיל פֿאָלקסמענטשן אָפֿט ‚קליין־קודש, צווייאַק, לייזטער’, מיינענדיק, אַז די דאָזיקע ווערטער האָבן אַ שײַכות צו ‚קליין, צוויי’ און ‚לייזן’.

אַזעלכע פֿאָלקס־עטימאָלאָגיעס און פֿאַלשע אַנאַלאָגיעס ווערן אָפֿט מאָל אויך אָפּגעזעצט אינעם ליטעראַרישן לשון. אַ שטייגער פֿון די ווערטער ‚רבֿקה, מלכּה, רחל’, בײַ וועלכע מע האָט די ‚קע, ל’ סוף וואָרט אָנגענומען פֿאַר סופֿיקסן, על־פּי דער פֿאַלשער אַנאַלאָגיע מיט אַזעלכע ווערטער ווי ‚חיה – חייקע, לאה – לאהקע, שׂרה – שׂרהל (סאָרקע)’, האָט מען מיט דער צײַט געשאַפֿן אַזעלכע צוריקבילדונגען (רעטראָווערסיעס) ווי ‚ריווע, מאַלע’ און ‚ראָכע’. אָבער אין דער אמתן זײַנען די ווערטער ‚רבֿקה, מלכּה’ און ‚רחל’ פֿולשטענדיקע אַנטלײַונגען (סעמיטיזמען), וואָס זייערע ‚קע, ל’ צום סוף האָבן קיין שום שײַכות ניט ניט צום סלאַווישן סופֿיקס ‚־קע’ און ניט צום גערמאַנישן סופֿיקס ‚־ל’. [117]

[1] [1] דאָרט קלינגען די דאָזיקע ווערטער לערך אַזוי: гараваць (harować), ядро, пята, стадо [garavac', jadro, pjata, stado], żałować; סוויוואָ, רכילוס, קליי זעמער, באַאַל האַבאַיִס, יוים טוווו. די סעמיטישע ווערטער ווערן דאָ געגעבן אינעם אַזוי גערופֿענעם אַשכּנזישן דיאַלעקט. אין די איבעריקע שפּראַכן זײַנען די סעמיטיזמען (העברעיִזמען) מערסטנס אינעם אַזוי גערופֿענעם ספֿרדישן דיאַלעקט. דערפֿון שטאַמט טאַקע אין אַ היפּשער מאָס דאָס, וואָס פֿיל סעמיטיזמען קלינגען אַ שטייגער אין ייִדיש און אין רוסיש (און אין אַנדערע שפּראַכן) אָפֿט פֿאַרשיידן. פֿאַרגלײַכט אַ שטייגער: שׂרה, יצחק, שולמית און Сарра, Исаак, Суламифь [sarra, isaak, sulamif'].

[2] [2] קורטאַזש – אַזאַ מין מעקלערײַ־באַלוינונג, פּעט.

[3] [3] אַ ריי אַזעלכע ‚פֿאָלקספֿאָרמעס’ ברענגט אין זײַן רוסיש־ייִדישן ווערטערבוך י. ליפֿשיץ (זעט ז׳ 32). אַ שטייגער: קרישפּעדענט, טעיאַטער, מעניציע, אָנטילעריע, סטרימענט, פּאָטרעט, לימענאַציע, פּריטענציע און פֿיל אַנדערע (דאָס הייסט: קאָרעספּאָנדענט, טעאַטער, אַמוניציע, אַרטילעריע, אינסטרומענט, פּאָרטרעט, אילומינאַציע, פּרעטענזיע). אָבער אין דער ליטעראַרישער שפּראַך זײַנען די דאָזיקע פֿאָרמעס ניט אַרײַן.

אָפֿט מאָל ווערן אַזעלכע פֿאָלקס־עטימאָלאָגיעס און פֿאַלשע אַנאַלאָגיעס אָנגעווענדט גאַנץ באַוווּסטזיניק, דער עיקר צוליב איראָניע. אַ שטייגער: ,שטראַפֿירן, בויכהאַלטער, אַריסטאָקראַצן, לאָקשן־קודש, לשון־קוילעטש׳ – אַנשטאָט ,סטראַכירן, בוכהאַלטער, אַריס־טאָקראַטן, לשון־קודש׳ אאַ״וו. באַזונדערש ווערט עס אָנגעווענדט בײַם אָפּשפּעטן פֿון רעליגיעזע באַגריפֿן. אַ שטייגער: גאָט און זײַן מישטאָפּ (מישפּט – געריכט) איז גערעכט; לאַנדוואָלניקעס (למד־וואָווניקעס); צאַפּיק (אַ קליינער צאַפּ – באָק, אַנשטאָט ,צדיק׳); אָלעוואַשאָלעכץ, אָלעוואַשנאָבל (עליו־השלום) און אַנדערע.[1]

142 אָט דאָס דאָזיקע צופּאַסן די אַנדערשפּראַכיקע ווערטער צו דער אייגענער שפּראַך, ווי אָפֿט אויך די פֿאַלשע אַנאַלאָגיעס און נאָך פֿיל אַנדערע שפּראַכלעכע פּראָצעסן, – דאָס ברענגט דער־צו, אַז אויבנאויפֿיק איז אָפֿט שווערלעך צו דערקענען די סטרוקטור און דעם אָפּשטאַם פֿון אַ רײ ווערטער. אַ שטייגער אין די ווערטער ,העטמאַן׳, ,רייטוזן׳ און ,קראָכמ(ע)ל׳, וואָס זײַנען צו אונדז געקומען דורך די סלאַווישע שפּראַכן, איז גאַנץ שווערלעך צו דערזען די גערמאַנישע ,הויפּטמאַן׳, ,רײַטהויזן׳ און ,קראַפֿטמעל׳; אינעם רוסישן וואָרט мольберт [mol'bert] איז ניט גרינג צו דערזען דאָס דײַטשע ,מאָלברעט׳; און אַז מיר טרעפֿן אין רוסיש דאָס וואָרט ,בעגעמאָט׳ (אַ היפּאָפּאָטאַם), זײַנען מיר גאָר ניט חושד, אַז דאָס איז אין תּוך דאָס זעלבע סעמיטישע וואָרט (בהמות), וואָס ווערט אין ייִדיש אַרויסגעבראַכט – [בעהיימעס].

143 אַ רײ איבערגענומענע ווערטער זײַנען אין ייִדיש פֿאַראַן מיט דובלירנדיקע פֿאָרמעס, וואָס זײַנען אין פֿאַרשיידענע צײַטן (אָדער איינצײַטיק) אין פֿאַרשיידענע דיאַלעקטן אַרײַן דורך פֿאַרשיידענע שפּראַכלעכע קוועלן – דורך דײַטש אָדער דורך פּויליש, רוסיש און אַנדערע. פֿאַרגלײַכט אַ שטייגער:

אוניווערזיטעט, פֿילאָזאָפֿיע, זאָדע	אוניווערסיטעט, פֿילאָסאָפֿיע, סאָדע
שטודענט, שפּעקולאַנט,[2] פֿאַשקוויל[3]	סטודענט, ספּעקולאַנט, פֿאַסקוויל
קומפּאַניע,[4] מוזעום[5]	קאָמפּאַניע, מוזיי
פּאָעזי, בורזשואַזי	פּאָעזיע, בורזשואַזיע (בורזשואַזיִע)
אַרמיע, גאַלעריע, אָראַנזשעריע[6]	אַרמיי, גאַלעריי, אָראַנזשעריי
נאַציאָן, רעליגיאָן, רעוואָלוציאָן[7]	נאַציע, רעליגיע, רעוואָלוציע
פּאַטריאָטיזמוס, סאָציאַליזמוס	פּאַטריאָטיזם, סאָציאַליזם
שטורמעווען, ווערבעווען,[8] ראַפּאָרטעווען[9]	שטורעמען, ווערבירן, ראַפּאָרטירן

1 [1] אַ שטייגער בײַ לינעצקין, מענדעלען, שלום־עליכמען און פֿיל אַנדערע.

2 [2] און אויך דאָס פֿאָלקסטימלעכע ,שפּעגעליאַנט׳. אַ שטייגער בײַ שלום־עליכמען.

3 [3] אַ שטייגער בײַ י. פּערלען, בײַ פּרצן א״אַ.

4 [4] אַ שטייגער בײַ מענדעלען.

5 [5] אַ שטייגער בײַ שלום־עליכמען.

6 [6] אַ שטייגער בײַ ליפֿשיצן (אינעם ייִדיש־רוסישן ווערטערבוך) א״אַ.

7 [7] אַ שטייגער בײַ עדעלשטאַטן און בײַ פֿיל אַנדערע פֿון זײַן דור און ריכטונג.

8 [8] אַ שטייגער בײַ אַקסענפֿעלדן א״אַ.

9 [9] אַ שטייגער בײַ שלום־עליכמען.

דערבײַ איז ניט שווער צו באַמערקן, אַז די פֿאָרמעס רעכטס ווערן אַלץ מער און מער אַרויסגעשטויסן אָדער זײַנען שוין אַרויסגעשטויסן געוואָרן דורך די פֿאָרמעס לינקס. און אַ מאָל ווערן אַזעלכע דובלירנדיקע אָדער ענלעכע פֿאָרמעס אויפֿגעהיט – אָדער מחמת זיי הייבן אָן מער אָדער ווייניקער דיפֿערענצירט צו ווערן לויטן [118] באַטײַט אָדער מחמת זיי קו־מען לכתּחילה אַרײַן (אין פֿאַרשיידענע צײַטן) מיט אַ קלענערער אָדער גרעסערער באַטײַט־דיפֿערענציאַציע. פֿאַרגלײַכט אַ שטייגער: זופּ – סופּ;[1] שטראַף – שטראָף;[2] מאָנאַרך – מאָ־נאַרכע;[3] פּערזאָן – פּאַרשוין; קאַפּאָטע – קאַפּאָט;[4] יובֿל – יובילייִ;[5] גאַרניטור – גאַרניטער;[6] טורעם – טורמע; בינד – בינט; פֿרײַנד – פֿראַנט;[7] וואָגן – וואַגאָן; רעאַל – ראַיעל; קאָמאַנדע־ווען – קאָמאַנדירן; טערמין – טערמין[8] און אַנדערע.

מחמת די אַלע פֿריִער אָנגעוויזענע טעמים זײַנען אין אַ שפּראַך אָפֿט מאָל פֿאַראַן ניט בלויז פּאָרלעך ה̄ון אַזעלכע דובלירנדיקע פֿאָרמעס, נאָר אויך גרעסערע גרופּעס. אַ שטייגער אין ייִדיש (און אין נאָך פֿיל שפּראַכן) איז פֿאַראַן אַזאַ גרופּע ווערטער ווי מאַגיסטער – מאַעסטראָ – מײַסטער – מיסטער – מעטער[9] א״אַ, וואָס זײַנען אַרײַן פֿון פֿאַרשיי־דענע קוועלן, אָבער וואָס אַלע קומען זיי אַרויס פֿונעם לאַטײַנישן וואָרט ‚מאַגיסטער' (שעף, לערער).

144 אָפֿט ווערן אַנדערשפּראַכיקע ווערטער און אויסדרוקן ניט אַרײַנגענומען פֿאַר־טיקערהייט, ווי זיי שטייען און גייען, נאָר ווערן געענוי קאַלקירט (קאָפּירט, איבערגעזעצט). אַ שטייגער די ווערטער ‚שלאָגלער, פֿינפֿיאָר, קאָלווירט' (קאָלעקטיווע ווירטשאַפֿט) זײַנען געמאַכט לויטן זעלבן שניט ווי די רוסישע ‚אודאַרניק, פּיאַטילעטקאַ, קאָלכאָז'; דער אויס־דרוק ‚דער אַפּעטיט קומט בעתן עסן' איז אַ בוכשטעבלעכע איבערזעצונג פֿון אַזאַ אויסדרוק אין פֿראַנצייזיש; ‚קויפֿן אַ נאָמען'[10] איז אַ בוכשטעבלעכע איבערזעצונג פֿון העברעיִש. און אַזוי איז עס מיט נאָך זייער פֿיל ווערטער. וואָרן אַזעלכע קאַלקעס – ווערטער, וואָס זײַנען געבילדעט לויטן שניט פֿון אַן אַנדערשפּראַכיק וואָרט, – זײַנען פֿאַראַן אין יעדער שפּראַך ניט ווייניק, און זייער צאָל האַלט געוויינטלעך אין איין שטײַגן.

1 [1] פֿון די דאָזיקע און ווײַטערדיקע דובלעטן איז דאָס צווייטע וואָרט מערסטנס אַ דירעקטער אָדער אומ־דירעקטער וואַריאַנט פֿונעם ערשטן, אָדער ביידע זײַנען וואַריאַנטן פֿון אַ דריט וואָרט.

2 [2] ‚שטראָף' איז אַ דירעקטע פֿאַרייִדישטע פֿאָרמע פֿונעם דײַטשן ‚שטראַף'. ‚שטראַף' איז שוין אין ייִדיש אַרײַן דורך די סלאַווישע שפּראַכן. זעט אויך די אָנמערקונג אויף ז' 128.

3 [3] ‚מאָנאַרכע' – אַ גרויסער גבֿיר, אַ שׂררה.

4 [4] דאָס דאָזיקע וואָרט ווערט אין פֿראַנצייזיש אַרויסגעבראַכט אָנעם ‚ע', אָבער געשריבן ווערט עס מיטן ‚ע'.

5 [5] אַ מאָל אין אַ יובֿל (ווען ניט ווען, זייער זעלטן); פֿײַערן אַ יובילייִ (באַצייכענען אַ ווערלכע ניט איז וויכטיקע דאַטע).

6 [6] אַ גאַרניטור (קאָמפּלעקט) מעבל, וועש א״אַ; אַ גאַרניטער – אַ גאַנצער קאָסטיום.

7 [7] די פּוילישע ייִדן זאָגן ניט ‚פֿרײַנד', נאָר ‚פֿראַנט' (מיט אַ לענגערן ‚אַ'), און אַזוי איז עס פֿונעם פּוילישן ייִדיש אַרײַן אין דער פּוילישער שפּראַך, נאָר מיט אַן אַנדער באַטײַט (אַ שטשאָגעל). פֿון דער פּוילישער שפּראַך איז עס געקומען אין דער רוסישער און דערנאָך ווידער אין (ליטעראַרישן) ייִדיש.

8 [8] מיטן אַקצענט אויפֿן ערשטן טראַף – אַ וואָרט מיט אַ באַשטימטן, אָפּגעגרענעצטן אינהאַלט פֿון אַ געוויסן פֿאַך; מיטן אַקצענט אויפֿן צווייטן טראַף – אַ באַשטימטע צײַט.

9 [9] מעטער – אַ באַלעבאָס, אַ לערער, אַן אָנפֿירער (פֿון אַ ליטע־ראַרישער שול, ריכטונג א״אַ).

10 [10] אַ שטייגער: נאָר דער נאָמען, וואָס אסתּר האָט זיך געקויפֿט בײַ איר אין שטאָט, איז נאָך גאָרנישט... (שאָל.).

קאַלקעס זײַנען, נאַטירלעך, אויך אַ דערשײַנונג פֿון אַנטלײַונג און שפּראַכלעכער אינטערנאַציאָנאַליזאַציע, אָבער בלויז מצד דעם אינהאַלט. אָט פֿאַר וואָס אין דער לינגוויס־[119]טישער ליטעראַטור ווערן מיטן וואָרט 'אַנטלײַונג' אָפֿט געמיינט אויך אַזעלכע דערשײַנונגען ווי די ערשט אָנגעוויזענע. און אַז מע זאָגט אַ שטייגער וועגן דעם אָדער יענעם וואָרט, אַז דאָס איז אַ גערמאַניזם, סלאַוויזם, סעמיטיזם, לאַטיניזם אאַ״וו, מיינט מען דערמיט אָפֿט אויך, אַז דאָס איז געמאַכט לויט אַ גערמאַנישן, סלאַווישן, סעמיטישן, לאַטײַנישן א״אַ שניט.

145 אויף אַזאַ אופֿן זעען מיר, אַז אַנטלײַונג אַלס אַ מיטל פֿון וואָרטשאַפֿונג ברענגט ניט נאָר דערצו, וואָס מע נעמט אַריבער פֿון אַנדערע שפּראַכן פֿאַרטיקע ווערטער, נאָר אויך דערצו, וואָס מע שאַפֿט נײַע ווערטער דורך וואָרטבילדונג – דורכן קאָמבינירן אייגענע מאָרפֿעמעס מיט אייגענע, אייגענע מיט אַנטליִענע אָדער אַנטליִענע מיט אַנטליִענע. אַ שטייגער: קיניגן (זײַן אַ קיניג), איבעראַרבעטן,[1] איבערמאַכן,[2] וואַנטצײַטונג, רויטפֿאָניקער, בײַשטאָטישע, אָקטיאַבערלעך, סאָצגעוועט, געגנטקאָם,[3] פּאַרטיי־אָרגאַניזאַציעס, לענינשע, סטאַכאַנאָווישע, קאָלווירטניקעס, טראַקטאָריסטן און פֿיל אַנדערע.

146 דאָס שטרעבן צום פּינקטלעכן און וואָרטלעכן איבערזעצן האָט אויך געהאַט אַ באַשטימטע ווירקונג אויף דער אויסבילדונג פֿון ייִדיש אַלס זעלבשטענדיקע שפּראַך. דאָס וועלן וואָס גענויער איבערזעצן – סײַ רעליגיעזע און סײַ וועלטלעכע ווערק – האָט געצוווּנגען צו שאַפֿן נײַע ווערטער, נײַע סטרוקטורן, אַ נײַעם ווערטער־סדר[4] און האָט אָפֿט אויך געצוווּנגען אַרײַנצולייגן אין אַלטע ווערטער גאָר נײַע באַטײַטן.

דאָס דאָזיקע שטרעבן צום פּינקטלעכן איבערזעצן האָט געהאַט אַ ווירקונג אויף דער אַנטוויקלונג פֿון דער ייִדישער שפּראַך אויך שפּעטער.

די דאָזיקע ווירקונג איז באַזונדערש צו באַמערקן איצט, אינעם סאָוועטישן פּעריאָד, ווען דער פֿאַרלאַנג איבערצוגעבן וואָס גענויער, וואָס אַדעקוואַטער די אידעען פֿון די גרעסטע איבערפֿורעמער פֿונעם מענטשלעכן לעבן און דענקען – פֿון מאַרקס, ענגעלס, לענין און סטאַלין, – ווי אויך וואָס פּינקטלעכער אויסצודריקן דעם אינהאַלט און די פֿאָרמע פֿון די ווערק פֿון דער וועלט־ליטעראַטור און פֿון אונדזערע ברידערלעכע פֿעלקער – פֿון שעקספּיר, געטע, פּושקין, לערמאָנטאָוו, גאָרקי, שעווטשענקאָ, רוסטאַוועלי א״אַ – צווינגט צו שאַפֿן נײַע ווערטער, נײַע סטרוקטורן, וואָס דאָס מוז, פֿאַרשטייט זיך, זייער שטאַרק און פֿרוכטבאַר ווירקן אויפֿן צושטאַנד און כאַראַקטער פֿון דער שפּראַך.[5]

1 [1] פֿאַרגלײַכט אַ שטייגער מיטן רוסישן переработать [pererabotat'], [דער פּרעפֿיקס pere- באַטײַט לערך 'איבער', rabotat' הייסט 'אַרבעטן', אָנמ' פֿון רעד']. אויף דײַטש איז 'אומאַרבעיטען' אָדער 'פֿעראַרבעיטען' [umarbeiten, verarbeiten].

2 [2] פֿאַרגלײַכט אַ שטייגער מיטן רוסישן переделать [peredelat'] אָדער מיטן אוקראַיִנישן переробити [pererobiti]. אויף דײַטש איז 'אומענדערן, אוממאַכען, אומאַרבעיטען' [umändern, ummachen, umarbeiten].

3 אָקטיאַבערלעך – אַ קינדער־אָרגאַניזאַציע אין דער אָנהייבשול אין ראַטן־פֿאַרבאַנד; סאָצגעוועט – סאָציאַליסטישער געוועט, אַ געוועט אין פּראָדוקטיוויטעט צווישן פֿאַבריקן, צעכן אָדער אַפֿילו באַזונדערע אַרבעטער; געגנטקאָם – אַ ראַיאָנער קאָמיטעט.

4 [3] אויפֿן דאָזיקן פֿאַקט האָט שוין געהאַט אָנגעוויזן בוקסטאָרף (זעט ז' 132).

5 [4] וועגן קאַלקעס און אַ ריי אַנדערע שפּראַך־דערשײַנונגען זעט אין ע. ספּיוואַקס בוך **נײַע וואָרטשאַפֿונג**, קיִעוו, 1939.

18 באַטייַט־ענדערונג

147 דאָס דריטע מיטל פֿון וואָרטשאַפֿונג – באַטייַט־ענדערונג – איז אויך איינס פֿון די זייער פֿאַרשפּרייטע אין דער שפּראַך. אָבער אין פֿאַרגלייַך מיט וואָרטבילדונג און אַנטלייַונג צייכנט זיך באַטייַט־ענדערונג אויס דערמיט, וואָס ביַי יענע האָבן מיר צו טאָן מיט שאַפֿן נייַע ווערטער אין פֿולן זין פֿון וואָרט – נייַע סיַי קלאַנגלעך און סיַי באַטייַטלעך – און דאָ האָבן מיר צו טאָן בלויז מיט *נייַע באַטייַטן*, אָבער מיט *אַלטע ווערטער*.[120]

די ווערטער ‚נייַע‘ און ‚אַלטע‘ דאַרף מען דאָ, נאַטירלעך, פֿאַרשטיין רעלאַטיוו: דאָס, וואָס איז נייַ אָדער אַלט אין איין צייַט, פֿאַר איין גרופּע מענטשן, איז געוויינטלעך אַלט אָדער נייַ אין אַ צווייטער צייַט, פֿאַר אַן אַנדער גרופּע מענטשן.

148 דאָס אַרייַנלייגן אַ נייַעם באַטייַט אין אַן אַלט וואָרט קומט מערסטנס פֿאָר: לויט דער *ענלעכקייט* – אין דער פֿונקציע, אינעם אויסזען, אינעם שטאָף, אין דער אויפֿפֿירונג א״אַ; לויט דער *נאָענטקייט* אָדער *אָפּהענגיקייט* – אינעם אָרט, אינעם אָפּשטאַם א״אַ; לויט דער *קעגנזיַיצלעכקייט* אָדער לויט אייניקע פֿון די דאָזיקע אין איינעם. אַ שטייגער:

דאָס וואָרט ‚פֿעדער‘ הייסט איצט ניט נאָר אַ פֿעדער ביַי אַ פֿויגל, נאָר אויך אַזוינס, וואָס האָט צו אַ פֿויגל קיין שייַכות ניט – אַן אינסטרומענט צום שרייַבן. אָבער נאָך גאָר ניט לאַנג האָט מען געשריבן ניט מיט קיין שטאָלענע פֿעדערן, נאָר טאַקע מיט אמתע – מיט פֿויגלשע (געגנדזענע, הינערשע א״אַ). דעריבער איז דאָס אַלטע וואָרט געבליבן אויך פֿאַרן נייַעם שרייַב־אינסטרומענט, וואָס האָט גענומען אויספֿילן די *פֿונקציעס* פֿונעם *אַלטן* שרייַב־אינסטרומענט, כאָטש די דאָזיקע אינסטרומענטן זייַנען אין אַ סך הינזיכטן גאַנץ פֿאַרשיידן.

אַזוי איז עס אויך מיטן וואָרט ‚גלאָז‘. עס באַטייַט סיַי דעם מאַטעריאַל, דעם שטאָף גלאָז, סיַי אייניקע כּלים, וואָס זייַנען פֿונעם דאָזיקן שטאָף געמאַכט (אַ גלאָז צו אַ לאָמפּ, אַ גלאָז צום טרינקען אאַ״וו). און אויב מע האָט איצט גענומען מאַכן גלעזער פֿון גאָר אַן אַנדער שטאָף, פֿון פּאַפּיר אַ שטייגער, האָט מען דעם נאָמען ‚גלאָז‘ אַריבערגעטראָגן אויך אויף דער דאָזיקער נייַער כּלי. אַזוי איז עס אויך מיטן וואָרט ‚בלאַט‘ (אַ בלאַט פֿון אַ בוים, אַ בלאַט לאָקשן, אַ בלאַט בלעך, אַ בלאַט פּאַפּיר, אַ צייַטונג אאַ״וו); מיטן וואָרט ‚פֿליגל‘ (אַ פֿליגל פֿון אַ פֿויגל, פֿון אַ געביַידע, פֿון אַן אָרגאַניזאַציע אאַ״וו); מיט די ווערטער ‚קאָפּ, אויג, צונג, צאָן, נאָז, האַלדז, רוקן, זייַט, האַנט, פֿינגער, פֿוס, קעפּל, אייגל, צינגל‘ אאַ״וו, וואָס באַטייַטן ניט נאָר קערפּערגלידער, נאָר אויך זייער פֿיל פֿאַרשיידענע חפֿצים און זייערע טיילן. אָדער מיט די ווערטער ‚פֿערד, בהמה, אָקס, אייזל, ציג, באָק, חזיר, קאַץ, הונט, וואָלף‘ א״אַ, וואָס אָפֿט ווערן זיי געברויכט אויך אַלס נעמען (צונעמענישן, כאַראַקטעריסטיקעס) פֿאַר מענטשן.

ענלעכס זעען מיר ביַי אַזאַ וואָרט ווי ‚דערפֿאַרונג‘. לכתחילה האָט מען מיטן דאָזיקן וואָרט געמיינט דאָס וויסן, וואָס מע באַקומט פֿון אַרומפֿאָרן, פֿון *דערפֿאָרן*, אָבער דער־נאָך האָט מען מיטן דאָזיקן וואָרט גענומען מיינען וויסן און קענטעניש בכלל. אָדער אַ

שטייגער דאָס וואָרט ,העפֿלעך׳ – בײַם אויפֿקומען האָט עס באַטײַט אַזאַ מין אויפֿפֿירונג, וואָס האָט געשטאַמט פֿונעם פּריצישן און קייסערלעכן הויף (האָף); אָבער איצט באַטײַט עס בכלל יעדע פֿײַנע, לײַטישע אויפֿפֿירונג (פּונקט ווי די ווערטער ,היפּש, הערלעך, איידל׳ אַ שטייגער האָבן אין זייער איצטיקן באַטײַט אַ גאַנץ קנאַפּע שײַכות צו די ווערטער ,הויף, האַר׳ און ,אַדל׳, פֿון וועלכע זיי זײַנען אַנטשטאַנען).

אַזוי איז עס אויך מיט אַזאַ וואָרט ווי ,ביוראָ׳. לכתּחילה האָט עס אין פֿראַנצייזיש באַטײַט אַ גראָב שטיקל געוואַנט פֿון קעמלוואָל; דערנאָך – אַ טיש, וואָס איז באַדעקט מיט אַזאַ געוואַנט, און בכלל אַ טיש, וואָס איז מיט אַ צודעק; דערנאָך – אַ צימער, ווו עס שטייט אַזאַ טיש, ווי אויך בכלל עפּעס אַ [121] קאַנצעלאַריע, אַ קאָנטאָר; דערנאָך – עפּעס אַן אָרגאַן פֿון אַן אַנשטאַלט, פֿון אַן אָרגאַניזאַציע אאַ״וו. און אַזוי איז עס מיט נאָך זייער פֿיל ווערטער. וואָרן אַזעלכע פֿאַלן פֿון אַרײַנלייגן אַ נײַעם באַטײַט אין אַן אַלט וואָרט זײַנען שטענדיק פֿאָרגעקומען אין דער שפּראַך און קומען עד־היום פֿאָר זייער פֿיל.

ווי ווײַט עס גייט אָפּט דאָס אַריבערטראָגן דעם נאָמען, דאָס וואָרט, פֿון איין קעגנשטאַנד אָדער באַגריף אויף אַ צווייטן קעגנשטאַנד אָדער באַגריף, ווײַזט זייער בולט דער בײַשפּיל מיטן גריכישן וואָרט ,נאָמאָס׳. „דאָס גריכישע וואָרט ,נאָמאָס׳... האָט געהאַט אַ גאַנצע רײ פֿאַרשיידענע באַטײַטן, וואָס זײַנען, ווי עס קאָן זיך פֿונעם ערשטן קוק דוכטן, ניט געבונדן צווישן זיך. עס פֿלעגט לכתּחילה גענוצט ווערן אַלס פּיטערפּלאַץ, דערנאָך אַלס אָפּשטעלאָרט (אָפּרואָרט, ווינאָרט, אָפּטייל) און צום סוף האָט עס באַטײַט געוווינהייט, מינהג (טראַדיציע), געזעץ. פֿאַרשיידענע באַטײַטן פֿונעם וואָרט ,נאָמאָס׳ באַווײַזן די עטאַפּן, וועלכע עס האָט דורכגעמאַכט דאָס פֿאָלק, וואָס ווערט פֿון אַ וואַנדערנדיק פּאַסטעכער־פֿאָלק, אַן אײַנגעזעסנס, פֿאַרנעמט זיך מיט ערדאַרבעט און קומט צו שאַפֿן געזעצן, דאָס הייסט צו פֿאַרפֿעסטיקן געוווינהייטן און מינהגים (טראַדיציעס).“[1]

149 אַ פֿאַרשפּרייטער פֿאַל פֿון באַטײַט־ענדערונג איז אויך דאָס פֿאַרוואַנדלען אייגן־נעמען אין כּלל־נעמען. דאָס הייסט: נעמען פֿון איינצלנע קעגנשטאַנדן, מענטשן, ערטער א״אַ ווערן פֿאַרוואַנדלט אין נעמען פֿאַר אַ גאַנצער רײ אַלצאיינע אָדער ענלעכע קעגנשטאַנדן, מענטשן, ערטער א״אַ. אַ שטייגער:

1. פֿון אַ פּערזאָן – סײַ אַ היסטאָרישער און סײַ אַ לעגענדאַרער אָדער קינסטלערישער – ווערט דער נאָמען אָפּט אַריבערגעטראָגן אויף אַ שטאָף (באַטיסט, מאַרטען),[2] אויף אַן אָנטאָן (גאַליפּע, פֿרענטש), אויף אַ קעגנשטאַנד (גאָבעלען,[3] סילועט, פֿאַעטאָן, מאַקסים,[4] מאַוזער), אויף אַן אַקט (בויקאָט), אויף אַ חודש (מאַרט, יוני, יולי, אויגוסט, תּמוז), אויף אַן אָרט (אַמעריקע),[5] אויף אַ געבײַדע (מאַנסאַרדע), אויף אַ פּערזאָן

1 [1] פּ. לאַפֿאַרג, „שפּראַך און רעוואָלוציע“, 1930, ז״ז 19–20 (רוסיש).

2 [2] סײַ אַזאַ אויוון און סײַ אַזאַ סאָרט שטאָל. לויטן נאָמען פֿונעם דערפֿינדער.

3 [3] קינסטלעריש געמאַכטע וואַנטטעפּעכער אָדער טאַפּעטן (אויך אויף פּאַפּיר).

4 [4] אַזאַ מין קוילנוואַרפֿער.

5 [5] לויטן נאָמען פֿונעם געאָגראַף אַמעריגאָ, וואָס האָט געהאַט אַ חלק אינעם אַנטדעקן דאָס דאָזיקע לאַנד.

(אַפּיקורס, מעצענאַט, אַריסטאַרך,[1] מענטאָר,[2] כוליגאַן, המן, ויזתא,[3] דאָן קיכאָט, האַמלעט, כלעסטאַקאָוו,[4] מנחם־מענדל, משה,[5] פּריץ,[6] יאַכנע[7] און אַנדערע. [122]

2. פֿון אַן אָרט – סײַ אַ ווירקלעכס און סײַ אַן אויסגעטראַכטס – ווערט דער נאָמען אָפֿט אַריבערגעטראָגן אויף אַ שטאָף (קאַשמיר, שעוויאָט, מאַדעפּאָלאַם), אויף אַן אַקט אָדער ריכטונג (פּאַנאַמע, אוטאָפּיע, וואַנדייע, זשיראָנדע, האָצעפּלאָץ),[8] אויף אַן אָרט (סדום, בעדלאַם,[9] אַרקאַדיע[10]), אויף אַן אַנשטאַלט אָדער געבײַדע (אַקאַדעמיע, ליציי, פּאַלאַץ, פּאַלאַטע, לאָמבאַרד), אויף עסנוואַרג אָדער טרינקוואַרג (קילקעס, סאַר־דינקעס, מיראַבעל, נאַרזאַן,[11] באָרזשאָם, קאָניאַק, שאַמפּאַניער, מאַדערע, מאַלאַגע) און אַנדערע.

אָנמערקונג 1 אַ ריי אייגן־נעמען פֿון ערטער – טאָפּאָנימען – ווערן אָפֿט אָנגעווענדט אַלס אייגן־נעמען (פֿאַמיליע־נעמען) פֿון מענטשן, פֿון משפּחות. אַ שטייגער: בערלין, האַמ־בורג, פֿראַנקפֿורט, דאַנציק, האַנאָווער, קעניגסבערג, מײַנץ (מאַיאַנץ), גינצבורג (גינזבורג), אייבשיץ, מעזריטש און אַנדערע.

אָנמערקונג 2 פֿון אייגן־נעמען זײַנען פֿאַראַן אויך פֿיל אויסגעבילדעטע ווער־טער. אַ שטייגער: לאַזאַרעט,[12] מאַוזאָליי,[13] ספּאַרטאַקיאַדע; מאַרקסיזם, לעניניזם,[14] דאַר־ויניזם, מאַכיזם[15] שאָוויניזם;[16] ספּאַרטאַקיסט, באָטוויניסט,[17] סטאַכאַנאָוועץ, לאַקאָניש,[18] פּאַניק[19] און אַנדערע.

1 [6] אַ געבילדעטער, נאָר אַ שטרענגער און אַ ביסל אַ פּעדאַנטישער (קליינלעכער) קריטיקער. לויטן נאָמען פֿונעם גריכישן קריטיקער פֿון II יאָרהונדערט פֿאַר אונדזער ערע.

2 [7] אַן אָנפֿירער, דערציִער, וועגווייַזער. לויטן נאָמען פֿון אַזאַ געשטאַלט בײַ האָמערן.

3 [8] אַ לאָקש, אַ טיפּש, אַ נעבעך. לויטן נאָמען פֿון המנס ייִנגסטן זון (אין דער מגילת־אסתּר).

4 אַ שאַכער, אַ שווינדלער. לויטן נאָמען פֿון דער הויפּטפֿיגור אין גאָגאָלס פּיעסע „דער רעוויזאָר“.

5 [9] אַ פֿאַרגרעבטער, אומקולטורעלער מענטש אָדער עולם. דער עיקר – אין דער אַקטיאָרן־שפּראַך. זעט אַ שטייגער אין שלום־עליכמס „בלאָנדזנדע שטערן“, II, קאַפּ׳ 27.

6 [10] אַ גרינער, אַן אומדערפֿאַרענער, אַ לעקישעוואַטער. אַן אָפּקירצונג פֿון ‚פֿרידריך‘. אַ שטייגער: קום, איך וועל דיך אונטערפֿירן. ביסט דאָ, ווי איך זע, נאָך גאָר אַ פּריץ (ממס.).

7 [11] אַ יענטע, אַ קליין־שטעטלדיקע, אַן אָפּגעלאָזענע. אַ טראַנספֿאָרמאַציע פֿון ‚יוכבֿד‘.

8 [1] פֿאַרקריכן (פֿאַרפֿאָרן) אין האָצעפּלאָץ – אַראָפּגיין פֿון וועג, פֿון טעמע, פֿון ענין. לויטן נאָמען פֿון אַ שטאָט אין שלעזיע. אַ שטייגער: מע זאָל פֿאָרן אַפֿילו איבער האָצעפּלאָץ – אַבי קיין אַמעריקע (שאָל.). אין אייניקע ערטער זאָגט מען ‚האָצעקלאָץ‘. אַ שטייגער: גיי, גדול, מײַן מאַנצי, קיין האָצעקלאָץ (קוו.).

9 [2] אַ כאַאָס, אַ משוגעים־הויז לויטן נאָמען פֿון אַ לאָנדאָנער משוגעים־הויז. גענומען פֿונעם נאָמען ‚בית־לחם‘ – אַן אָרט אין פּאַלעסטינע.

10 [3] אַ גליקלעך לאַנד, אַ רויִקס, אַ פּאַטריאַרכאַלס. לויטן נאָמען פֿון אַ טייל פּעלאָפּאָנעס (אין אַלט גריכנלאַנד), וועלכער איז געווען באַזעצט מיט פּאַסטעכער און יעגער, וואָס האָבן זיך אויפֿגעפֿירט פּאַטריאַרכאַל.

11 אַ סאָרט מינעראַל־וואַסער, גערופֿן נאָכן קוואַל נאַרזאַן אין קאַבאַרדינאָ־באַלקאַריע.

12 [4] לויטן נאָמען פֿון איינעם אַ ‚הייליקן‘ לאַזאַראָ, לאַזאַר.

13 [5] אַ גרויסע און פּראַכטפֿולע מצבֿה. לויטן נאָמען פֿון אַן אוראַלטן קייסער מאַוזאָל, וועמען דאָס ווײַב האָט געהאַט געשטעלט אַזאַ מצבֿה.

14 [6] אויך דער אייגן־נאָמען לענין איז אַן אויסבילדונג (אַ רוסישע) פֿון אַן אייגן־נאָמען – פֿון לענאַ.

15 [7] אַזאַ פֿאַלשע פֿילאָסאָפֿישע לערע. לויטן נאָמען פֿונעם פֿיזיקער מאַך.

16 [8] בורזשואַז־נאַציאָנאַליסטישער פּאַטריאָטיזם און שׂינאה צו אַנדערע פֿעלקער. לויטן נאָמען פֿון אַ נאַפּאָלעאָנישן סאָלדאַט שאָווען.

17 [9] אַזוי האָבן געהייסן די מיטגלידער פֿון אַ ייִדישער קאָמפּאַניע אין איינער אַן אינטערנאַציאָנאַלער בריגאַדע פֿון דער שפּאַנישער רעפּובליקאַנער אַרמיי. לויטן נאָמען פֿונעם ייִדישן קאָמיוגיסט באָטווין, וואָס די פּוילישע רעגירונג האָט אים פֿאַרמישפּט צום טויט.

18 [10] גערעדט קורץ, געפּרעסט. פֿונעם וואָרט ‚לאַקאָניע‘ – אַ געגנט אין אַלט גריכנלאַנד, וואָס אירע אײַנוווינער זאָלן האָבן אויף אַזאַ אופֿן גערעדט.

19 [11] אַן אומבאַזיניקטע שרעק, אַ שוידער, וואָס כאַפּט אָן גרויסע מאַסן און אַ מאָל אויך אַ יחיד. פֿונעם נאָמען פֿון אַן אַלטגריכישן גאָט פּאַן.

אָנמערקונג 3 אָפֿט קומט פֿאָר אויך פֿאַרקערט, אַז כּלל־נעמען ווערן געברויכט אויך אַלס אייגן־נעמען. אַ שטייגער: הירש, לייב, בער, וואָלף אאַ״וו. [123] אָדער די פֿאַמיליע־נעמען – שנײַדער, שוסטער, קצבֿ, שוחט, זינגער, אײַנבינדער, בלעכער, שילער, וואַקס, פֿיש, זאַק, קאָפּ און פֿיל אַנדערע.

150 אַ ספּעציעלער פֿאַל פֿון באַטײַט־ענדערונג איז דאָס אַזוי גערופֿענע ריידן פֿאַרשטעלט (ריידן ,בלשון־סגי־נהור׳). אַ שטייגער: ,מיאוסקייט׳ – אינעם באַטײַט פֿון מויז; ,אַ גוט אויג׳ – אינעם באַטײַט פֿון אַ שלעכט אויג;[1] ,עס נעצט׳ – אַנשטאָט עס ברענט;[2] ,זיך פֿרייען׳ – אַנשטאָט וויינען[3] און אַנדערע.

אַזאַ אַרט באַטײַט־ענדערונג ווערט אָנגערופֿן אייפֿעמיזם. אייפֿעמיזמען ווערן געוויינטלעך אָנגעווענדט, מחמת מע וויל אויסמײַדן אַ גראָב אָדער אומאָנגענעם וואָרט; אָדער מחמת מע וויל ניט די אָדער יענע הייליקע אָדער שרעקלעכע זאַך (אָדער טוונג) אָנרופֿן מיט איר אמתן נאָמען, האַלטנדיק פֿונעם פּרימיטיוון און אוראַלטן פֿאָראורטייל, אַז די זאַך און איר נאָמען זײַנען אידענטיש (איינס און דאָס זעלבע).

אָנמערקונג אַלס אַן אייפֿעמיסטיש מיטל ווערט מחמת אָבערגלויבנס אָפֿט אויך אָנגעווענדט (פֿלעגן אָנגעווענדט ווערן) דאָס אַרײַנשטעלן אַ ,ניט׳, דער עיקר בײַם ציילן, בײַם שילטן און אין אַנדערע פֿאַלן. אַ שטייגער: 1. באַרעכנט... וויפֿל שכנים אויף איין דירה: שמערל דער גלעזער – האָט איר ניט איינס; פֿיניע־מאיר דער קצבֿ איז ניט צוויי, נפֿתּלי־בער דער שמאַרגאָנער מלמד איז ניט דרײַ; מוישקע דער אַלמן איז ניט פֿיר (שאָל.); 2. וואָס זיצסטו צונויפֿגעלייגט די הענט... פֿאַרשׂרפֿעט זאָלסטו ניט ווערן, יונגאַטש איינער! אַ מי־מיתה־משונה זאָל אויף דיר ניט קומען... (שאָל.).

151 בײַם אַריבערטראָגן די באַטײַטן ווערט דער פֿריִערדיקער באַטײַט פֿון אַ וואָרט אָפֿט פֿאַרברייטערט, אָדער פֿאַרשמעלערט, אָדער בכלל געענדערט. פֿאַרגלײַכט אַ שטייגער די איצטיקע באַטײַטן פֿון די ווײַטערדיקע ווערטער מיט זייערע פֿריִערדיקע באַטײַטן:

נומ׳	דאָס וואָרט	האָט פֿריִער באַטײַט	נומ׳	דאָס וואָרט	האָט פֿריִער באַטײַט
1	אויסדרוק	אויסקוועטשונג	6	פֿעל	הויט בכלל
2	פּויער (בויער)	אַזאַ, וואָס בויט	7	געזינד	מיטפֿאָרער
3	פֿויגל	אַלץ, וואָס פֿליט	8	שפּירן	גיין נאָכן שפּור
4	שטאָט	אַן אָרט צום שטיין[4]	9	פֿאַרטיק	גרייט צום פֿאָרן
5	אַ ביסל	אַ קליינער ביס (ביס + ל)	10	ווייניק	ס׳איז צום וויינען, שוואַך

1 [1] אַ שטייגער: געוועזן אַ מאָל אַ טײַערע בהמה... הײַנט האָט זי פֿון אַ גוט אויג אויפֿגעהערט צו מעלקן זיך (שאָל.).

2 [2] אַ שטייגער: באַדאַרף, מעשׂה־שׂטן, זיך פֿון דער העלער הויט מאַכן אַ שׂרפֿה, עס נעצט אַ שרעק (ממש.); פּלוצעם דערהער איך אַ משונה־מאָדנעם קלונג... און אַ לויפֿערײַ פֿון מענטשן מיט אַ קול: „עס נעצט! עס נעצט!“ (שאָל.).

3 [3] אין ווײַסרוסלאַנד פֿרעגט מען אָפֿט ,ווו פֿרייט איר זיך?׳ אַנשטאָט ,ווו וווינט איר?׳, וועלנדיק אויסמײַדן דאָס וואָרט ,וווינט׳, וואָס ווערט אין ווײַסרוסלאַנד אַרויסגעבראַכט אַלץ איינס ווי ,וויינט׳.

4 [4] אָדער צום זיצן.

אַן ענלעכן וועג האָט אַ שטייגער דורכגעמאַכט אויך דאָס וואָרט ,זייער׳, וואָס אין אַה״ד – sêr(o) – האָט עס באַטייַט שמערצלעך, ווייטיקדיק (און אין [124] אייניקע נידערדייַטשיש דיאַלעקטן באַטייַט עס נאָך אויך איצט פֿאַרווּנדעט, פֿאַרביטערט). אַן ענלעכן וועג מאַכט אויך דורך דאָס וואָרט ,שטאַרק׳. פֿאַרגלייַכט אַ שטייגער: ער איז שטאַרקְ – ער איז שטאַרק קראַנק. און אַן ענלעכן וועג הייבט אָן דורכצומאַכן אויך דאָס וואָרט ,מסוכּן׳ – פֿון ,געפֿערלעך׳ צו ,זייער׳. אַ שטייגער: פּענעקס געפֿיל – ווי בייַ אַ בעל־שׂימחה, ווי בייַ איינעם, וועמען ס׳האָט מסוכּן אָפּגעגליקט (בערג.).

דער פֿריערדיקער באַטייַט פֿון אַ וואָרט ווערט אָפֿט מאָל אַזוי שטאַרק פֿאַרגעסן, אַז מע רעכנט זיך שוין אין גאַנצן ניט מיט זייַן פֿריערדיקן, עטימאָלאָגישן, באַטייַט. אַ שטייגער מיר זאָגן אַ קאַלטער וואַרמעס, כאָטש ,וואַרמעס׳ אַנטהאַלט אַ מאָרפֿעמע ,וואַר(ע)ם׳;[1] מיר זאָגן פֿאַרטייַטשן אויף רוסיש, האָבנדיק אַרויסגעלאָזט פֿון זינען, אַז ,פֿאַרטייַטשן׳ הייסט – מאַכן עס אויף טייַטש (דייַטש); מיר ריידן איצט וועגן דער טיילונג פֿון אַטאָם און נעמען אַבסאָלוט ניט אין אַכט, אַז ,אַטאָם׳ באַטייַט (אין גריכיש) ,אומטיילבאַרס׳ – אַ + טאָם.[2] און אַזוי איז עס מיט נאָך אַנדערע ווערטער.

152 אַזאַ פֿאַרשמעלערונג אָדער ענדערונג פֿונעם באַטייַט קומט אָפֿט אויך פֿאָר בייַ ווערטער, ווען זיי ווערן אַרייַנגענומען אין אַ צווייטער שפּראַך – בייַ אַנטלייַונגען. אָט פֿאַר וואָס איינע און די זעלבע ווערטער האָבן אין פֿאַרשיידענע שפּראַכן אָפֿט ניט איינע און די זעלבע באַטייַטן. פֿאַרגלייַכט אַ שטייגער:

נומ׳	דאָס וואָרט	אין	באַטייַט	און אין ייִדיש באַטייַט עס מערסטנס
1	קלעזמער	העברעיִש	שפּיל (געזאַנג)־אינסטרומענטן	מוזיקאַנט (מוזיקאַנטן)
2	מיטה	העברעיִש	אַ געלעגער, בעט	אַ ,בעט׳ פֿאַר אַ טויטן
3	מאַלאַריע	איטאַליעניש	אַ קראַנקע לופֿט, בלאָטיק אָרט	אַזאַ קרענק (קדחת)
4	נעטאָ	איטאַליעניש	ריינער, ציכטיקער א״אַ	די וואָג פֿון עפּעס (פֿון סחורה) אָן דער טאַרע
5	סקווער	ענגליש	גלייַכער, אָרנטלעכער, אַ פּלאַץ, סקווער א״אַ	אַ (שטאָט־)גאָרטן
6	אַפֿערע	פֿראַנצייזיש	אַן ענין, געשעפֿט, שלאַכט, שווינדל	אַ שווינדל
7	קאַראַנטין	פֿראַנצייזיש	פֿערציק, קאַראַנטין	אַן איזאָלאַציע פֿון אַן עפּידעמישער קרענק
8	אַפּטייק	גריכיש	אַ לאַגער, אַ סקלאַד	אַ געשעפֿט פֿון מעדיקאַמענטן, פֿון רפֿואות[3]

1 [1] ,וואַרמעס׳ נעמט זיך פֿון ,וואַר(ע)ם׳ + ,מואָס׳ (שפּייַז).

2 [2] אַטאָם – אַ ביז גאָר קליינינקער טייל מאַטעריע, וואָס ביז די לעצטע יאָרן האָט מען אים געהאַלטן פֿאַר אַן אומטיילבאַרן.

3 [3] און אין אַ רייַ ערטער אויך (שפּאַסיק) – עפּעס זייער טייַערס, אַ יקרות.

9	פֿיליע	לאַטײַן	אַ טאָכטער	אַן אָפּטייל פֿון אַן אַנשטאַלט, פֿון אַ געשעפֿט
10	ליניע	לאַטײַן	אַ פֿאָדעם	פֿאַס, ריי, ריכטונג

[125]
מחמת דעם פֿאַרשמעלערן, פֿאַרברייטערן אָדער ענדערן דעם באַטײַט פֿון אַ וואָרט איז אונדז אָפֿט שווער צו דערקענען אַ געמיינזאַמען אָפּשטאַם בײַ אַ ריי ווערטער, וואָס פֿאַקטיש קומען זיי אַרויס פֿון איין וואָרצל. פֿאַרגלײַכט אַ שטייגער: ראָיאַל – ראָיאַליסט;[1] צירק – צירקל – צירקולאַר;[2] קאָנסערוון – קאָנסערוואַטאָר – קאָנסערוואַטאָריע[3] און פֿיל אַנדערע.

153 דאָס פֿאַרברייטערן, פֿאַרשמעלערן אָדער ענדערן דעם באַטײַט האָט אַ שײַכות ניט נאָר צו גאַנצע ווערטער, נאָר אויך צו איינצלנע מאָרפֿעמעס, צו אַפֿיקסן. אַ שטייגער דער פּרעפֿיקס ,גע־', וואָס זײַן פֿרִיערדיקער באַטײַט איז געווען אַ זאַמלונג קעגנשטאַנדן (געביין, געהילץ), האָט מיט דער צײַט גענומען באַטײַטן אויך אַ לענגערן פּראָצעס, אַ רעזולטאַט אָדער אַ קעגנשטאַנד פֿון אַ טוּונג און אַנדערע. אַ שטייגער: געשריי, געפּיל, געיעג, געטראַנק, געזעץ, געזעס, געוויטער (פֿון ,וועטער') א״אַ. אָדער אַ שטייגער דער סופֿיקס ,־שאַפֿט' – ער באַטײַט ניט נאָר אַ צושטאַנד, אַ לאַגע (קנעכטשאַפֿט, ענגשאַפֿט), נאָר אויך אַ קאָלעקטיוו, אַ רעזולטאַט אָדער אַ קעגנשטאַנד פֿון אַ טוּונג און אַנדערע. אַ שטייגער: אָרעמשאַפֿט, לערערשאַפֿט, באַקאַנטשאַפֿט, וויסנשאַפֿט, ווייקשאַפֿט[4] א״אַ. און אַזוי איז עס מיט נאָך פֿיל אַנדערע אַפֿיקסן. פֿאַרגלײַכט אַ שטייגער דעם באַטײַט פֿונעם סופֿיקס ,־יסט' אין די ווערטער ,דאַרוויניסט, קאַפּיטאַליסט, מאַשיניסט, שאַכמאַטיסט, קאַריקאַטוריסט'; אָדער אַ שטייגער דעם באַטײַט פֿונעם סופֿיקס ,־אַט' אין די ווערטער ,פּאַטריאַרכאַט, אַדרעסאַט, קאָנסולאַט, פֿאַבריקאַט, קאָנצענטראַט'.

154 בײַם ברויכן די אָדער יענע ווערטער רעכנט מען זיך געוויינטלעך ניט מיטן אַמאָליקן (עטימאָלאָגישן) באַטײַט פֿון אַ וואָרט און ניט מיטן באַטײַט פֿונעם דאָזיקן וואָרט אין דער אָדער אין יענער אַנדערער שפּראַך, נאָר מיט זײַן אַקטועלן באַטײַט – מיט זײַן באַטײַט (און מיין) הײַנט; וואָרן אויב ניט, קאָן מען אָפֿט מאַכן גאַנץ היפּשע גרײַזן. אַ שטייגער די ווערטער ,זשיד, גוי, קאַצאַפּ', אויב נעמען זיי עטימאָלאָגיש (לויטן אָפּשטאַם), זײַנען זיי גאַנץ נייטראַלע און ,פֿײַנע' ווערטער: ,זשיד' באַטײַט אין פּויליש – ,ייִד', ,גוי' אין העברעיִש – ,פֿאָלק', ,קאַצאַפּ' אין אַראַביש – ,קצבֿ'. אָבער אויב מיר וועלן דיסקאָנטירן די קאָנקרעטע געדאַנקען, געפֿילן, כּוונות, וואָס די דאָזיקע ווערטער רופֿן געוויינטלעך אַרויס בײַ זייערע געברויכער און צוהערער (און נאָר אַזוי דאַרף מען צוגיין בײַם ברויכן די אָדער יענע

[1] [1] ראָיאַל – (קייסערלעכער) מוזיקאַלער אינסטרומענט; ראָיאַליסט – מאָנאַרכיסט, אָנהענגער פֿון דער קייסערלעכער מאַכט (אין פֿראַנקרײַך און אַנדערע).

[2] [2] צירק – אַ געבײַדע, וואָס איז געמאַכט ווי אַ קרײַז; צירקל – אַזאַ אינסטרומענט, וואָס מע מאַכט דערמיט אַ קרײַז; צירקולאַר – אַ דאָקומענט, וואָס גייט אַרום, וואָס מאַכט אַ קרײַז.

[3] [3] קאָנסערוון – אָפּגעהיטע פּראָדוקטן; קאָנסערוואַטאָר – אַן אָנהענגער פֿון אויפֿהיטן אַלטע טראַדיציעס, אַן אַלטע אָרדענונג; קאָנסערוואַטאָריע – אַן אַנשטאַלט פֿאַר אויפֿהיטן קונסט (דער לכתּחילהדיקער צוועק פֿון אַ קאָנסערוואַטאָריע).

[4] [4] ווייקשאַפֿט – בײַ די ליטווישע ייִדן; ווייקשאַף, ווייקשעפּ(ל) – בײַ אַלע אַנדערע. ס'איז אויך פֿאַראַן ווייקשעפּטל. אַ שטייגער בײַ מענדעלען.

ווערטער), וועלן מיר זען, אַז דאָס זײַנען ווײַט ניט קיין נייטראַלע ווערטער, נאָר היפּש באַליידיקנדיקע – ווערטער, וואָס דריקן אויס נאַציאָנאַל'ע באַגרענעצטקייט, נאַציאָנאַלן האַס און אַנדערע שטריכן פֿון דער עקספּלואַטאַטאָרישער און שאָוויניסטישער וועלט. [126]

19 באַטײַט־ענדערונג און פּאָליסעמיע

155 באַטײַט־ענדערונג מאַכט געוויינטלעך זייער פֿיל ווערטער פּאָליסעמאַנטיש (פֿילבאַטײַטיק). פּאָליסעמיע איז אָבער אַ רעזולטאַט ניט בלויז פֿון באַטײַט־ענדערונג – דאָס איז אַ דערשײַנונג, וואָס איז בכלל אייגנטימלעך דער שפּראַך. פֿאַרגלײַכט אַ שטייגער דעם באַטײַט פֿונעם וואָרט ‚אָפּעראַציע‘ אין מויל פֿון אַ כירורג, פֿון אַ בוכהאַלטער אָדער פֿון אַ מיליטערמאַן; אָדער דעם באַטײַיז פֿונעם וואָרט ‚קאָפּ‘ און פֿון די איבעריקע ווער־טער אין פֿאָלגנדיקע פֿאַלן: אָנטאָן אַ היטל אויפֿן קאָפּ, הערן מיט קאָפּ, (זיך) ברעכן דעם קאָפּ, שטיין אויפֿן קאָפּ (אויף די קעפּ), זײַן מיטן קאָפּ אַראָפּ, האָבן אין קאָפּ, זיך שלאָגן קאָפּ אָן וואַנט, אַרויסשלאָגן פֿון קאָפּ, אַ גרויסער קאָפּ, דער קאָפּ פֿון דער אָרגאַניזאַציע אאַ"וו. פֿאַרגלײַכט אויך דעם באַטײַט פֿונעם וואָרט ‚מענטש(ן)‘ אין פֿאַרשיידענע שטעלן פֿון שלום־עליכמס „מענטשן“.

156 אַ ספּעציעלער און שטאַרק בולטער פֿאַל פֿון פּאָליסעמיע איז האָמאָנימיע[1] – ווען אַ וואָרט האָט פֿאַרשיידענע און גאַנץ ווײַטע באַטײַטן. אַ שטייגער: ער וועט זײַן זײַן געהילף; זייער אַרבעט איז זייער וויכטיק; איך פֿיל פֿיל פֿרייד.

האָמאָנימען דאַרף מען ניט מישן מיט האָמאָפֿאָנען און האָמאָגראַפֿן. האָמאָפֿאָנען הייסן אַזעלכע ווערטער, וואָס ווערן אַלץ איינס אַרויסגערעדט, אָבער פֿאַרשיידן געשריבן. אַ שטייגער: לײַט – לײַדט; זינקט – זינגט; ווײַסט – ווײַזט א"אַ. האָמאָגראַפֿן הייסן אַזעל־כע ווערטער, וואָס ווערן אַלץ איינס געשריבן, אָבער פֿאַרשיידן אַרויסגערעדט. אַ שטייגער: קרעמל (מיט אַ האַרטערן ‚ל‘ – אַ קליינע קראָם; מיט אַ ווייכערן ‚ל‘ – אַ פֿעסטונג. אַ שטייגער: מאָסקווער קרעמל); קופּע (מיטן אַקצענט אויפֿן ערשטן טראַף – אַ קופּע שניי; מיטן אַקצענט אויפֿן צווייטן טראַף – אַ קופּע אין וואַגאָן); פּיקע (אַ פּיקע פֿון אַן אַרמייער און פּיקע אויף אַ העמדל) א"אַ. און האָמאָנימען זײַנען אַזעלכע פֿאַרשיידן־באַטײַטיקע ווערטער, וואָס ווערן אַלץ איינס אַרויסגערעדט (ליטעראַריש) און אַלץ איינס געשריבן. אַ שטייגער: סאָד (זאָגן אין סאָד אַ סאָד),[2] פֿאָן (די רויטע פֿאָן אויפֿן פֿאָן פֿונעם הימל) און ענלעכע.

157 האָמאָפֿאָנען זײַנען פֿאַראַן ליטעראַרישע און דיאַלעקטאַלע. ליטעראַרישע זײַנען די, וואָס ווערן אַלץ איינס אַרויסגערעדט אין דער ליטעראַרישער שפּראַך. אַ שטייגער: לײַט – לײַדט; זינקט – זינגט אאַ"וו. דיאַלעקטאַלע זײַנען די, וואָס ווערן אַלץ איינס אַרויסגערעדט אין דעם אָדער אין יענעם דיאַלעקט, אָבער ניט אין דער ליטעראַרישער שפּראַך. אַ שטייגער: 1. ליטוויש־ווײַסרוסישע האָמאָפֿאָנען: ברייט (סײַ מיט ‚יי‘ און סײַ מיט ‚וי‘ – ‚ברייט – ברויט‘), וויינען, טייג, לייבן, נייט, קייט, כּלי/קוילע, ריי, שיין א"אַ; 2. אוקראַיִנישע האָמאָפֿאָנען: ברייט (סײַ מיט ‚יי‘ און

[1] [1] פֿון די גריכישע ‚האָמאָ(ס)‘ – אַלצאיינער – און ‚נים (אָנאָמאַ)‘ – נאָמען.

[2] די דאָזיקע ווערטער זײַנען האָמאָנימען בלויז אין סאָוועטיש ייִדיש; אין כּלל־ייִדיש זײַנען דאָס האָמאָ־פֿאָנען: סאָד – סוד.

סײַ מיט ,ע׳ – ,ברייט – ברעט׳), בייט, גרייט, טייג, זיי, לייבן, שטייט, אַלט (סײַ מיט אַ ,ה׳ און סײַ אָן – ,אַלט – האַלט׳), אַרט, אָבער, אָפֿן, אויך, איי, אייל, אײַל, עכט, עלף, ענג א״אַ; 3. פּויליש ע האָמאָפֿאָנען (טײַלווײַז אויך אוקראַיִנישע): גיט (סײַ מיט ,י׳ און סײַ מיט ,ו׳ – ,גיט – גוט׳), געזיכט, דינער, דריקן, היט, זיך, זין, זיפּ, ייִד, פּיטער, פֿיל, פּיר, צי, ציג, קישן, קריג, קרימער, שטיל, שטום, שילד, שליס, שפּיר א״אַ.

[127]

158 האָמאָפֿאָנען און האָמאָנימען דינען אָפֿט אַלס מאַטעריאַל פֿאַר ווערטלעך און קאַלאַמבורן.[1] אַ שטייגער: איך ווייס אַ ייִדן – א ס ת ר (עסט ער); בײַ אַ פֿאַבריקמאַכער הענגט דאָס לעבן אויף אַ האָר: אַז ס׳איז באַשערט, איז באַגאָלט; איך... זאָג דעם [פֿערד] צו... ווײַזן אַ הא אין סידור (שאָל.). אַזעלכע ווערטלעך און קאַלאַמבורן זײַנען אויך פֿאַראַן דיאַלעקטאַלע. אַ שטייגער: ווער עס האָט ברייט (ברויט), איז ברייט אין דער דעה; מיר אַז מע גיט פֿלייש, עס איך עוף (אויף).

159 האָמאָנימיע און בכלל פּאָליסעמיע איז אַ רעזולטאַט פֿון אַ גאַנצער ריי פֿאַרשיידנאַרטיקע שפּראַכלעכע פּראָצעסן און פֿאַקטאָרן. פֿון די דאָזיקע זײַנען די וויכטיקסטע פֿאָלגנדיקע:

1. אַפֿיקסאַציע, קלאַנגענבײַט און וואָרטבילדונג (און וואָרט־ענדערונג) בכלל. אַ שטייגער די ווערטער ,בעקל, זעקל, פֿענדל, פֿליגעלע׳ זײַנען פֿאַרקלענערונגען אי פֿון ,באַק, זאַק, פֿאַן, פֿליג׳ אי פֿון ,באָק, זאָק, פֿאָן, פֿליגל׳; די ווערטער ,גיסט, פֿליסט, נייט׳ זײַנען אי פֿון ,גיסן, פֿליסן, נייען׳ אי פֿון ,געבן, פֿליִען, נייטן׳; די ווערטער ,פֿרעסט, מאַכט׳ זײַנען פֿון ,פֿראָסט׳ און פֿון ,מאָג׳ (,מאָג – מאַכט׳, ווי ,שלאָג – שלאַכט׳) און פֿון ,פֿרעסן׳ און פֿון ,מאַכן׳.

אַ מאָל טרעפֿט אויך פֿאַרקערט, אַז מחמת וואָרטבילדונג הערט אַ וואָרט אויף צו זײַן אַ האָמאָנים. אַ שטייגער: זון – זין, זונען; [סאָד] – סוידעס [סודות], סעדער; פּאַס – פּאַסן, פּעסער; קעמל – קעמלעך, קעמלען א״אַ. אין איינצאָל זײַנען די דאָזיקע ווערטער האָמאָנימען, אָבער אין מערצאָל ניט.

2. קלאַנגען־רעדוצירונג און פֿאַלשע אַנאַלאָגיע (פֿאַלשע עטימאָלאָגיע). אַ שטייגער נאָך ניט גאָר לאַנג האָט מען געשריבן (און צו מאָל אין אויסלאַנד שרײַבט מען נאָך אויך איצט):

שוואַר (ניט גרינג)	פֿיעל (אַ סך)	זייער (их) [פֿון זיי]	מער (מעשׂה)[2]	לעבן (жить) [ווערב]
שוועהר (און שוויגער)	פֿיהל (שפּיר)	זעהר (очень) [שטאַרק]	מעהר (больше) [אַ סך, מער, צום מיינסטן]	נעבן (около) [פּרעפּאָזיציע]

דאָס הייסט, ס׳איז געווען אַ צײַט, ווען מע פֿלעגט די דאָזיקע פּאָרלעך ווערטער דיפֿערענצירן אויך קלאַנגלעך און דעריבער אויך שריפֿטלעך. מיט דער צײַט אָבער זײַנען די דאָזיקע פּאָרלעך ווערטער, מחמת אַ געוויסער קלאַנגען־רעדוצירונג און (אָדער) פֿאַלשער אַנאַלאָגיע (און עטימאָלאָגיע), פֿאַרוואַנדלט געוואָרן אין האָמאָפֿאָנען; דערנאָך האָט מען זיי גענומען אויך שרײַבן אַלץ איינס. אויף אַזאַ אופֿן זײַנען זיי געוואָרן פֿולע האָמאָנימען.

[1] [1] ,קאַלאַמבור׳ (פֿראַנצ.) – אַ ווערטערשפּיל, וואָס איז געבויט אויף דער ענלעכקייט פֿון די קלאַנגען און אויף דער פֿאַרשיידנקייט פֿון די באַטײַטן.

[2] [2] וואָס איז מיט אים דער מער (די מעשׂה).

אָפֿט קומען אַזעלכע פֿאַרוואַנדלונגען פֿאָר ניט אין אַלע דיאַלעקטן. אַ שטייגער די מיטל־הויכדײַטשע ‚טאַובע׳ (הערט נישט) און ‚טובע׳[1] (אַ פֿויגל), וואָס אין אייניקע דיאַלעקטן און אין דער ליטעראַרישער שפּראַך איז פֿון זיי געוואָרן אַ האָמאָנים ‚טויב׳, ווערן בײַ אַ גרויסן טייל ייִדיש־ריידער דיפֿערענצירט: ‚טאָובע׳ איז בײַ פֿיל ‚טעיב׳, און ‚טובע׳ איז בײַ פֿיל ‚טויב, טאָוב, טאָאָב, טאָעב׳ א״אַ (זעט ז׳ 31).[128]

3. אַנטלײַונג און שפּראַכמישונג בכלל. אַ שטייגער די ווײַטערדיקע ווערטער זײַנען אין ייִדיש געוואָרן האָמאָנימען, מחמת זיי האָבן זיך ‚צופֿעליק׳ באַגעגנט מיט נאָך אַזעלכע ווערטער פֿון אַנדערע שפּראַכלעכע קוועלן.[2]

נומ׳	דאָס וואָרט	פֿון	באַטײַט	פֿון	באַטײַט
1	דין	גערמאַניש	ניט גראָב	סעמיטיש	אַ געזעץ
2	[קראַך]	גערמאַניש (קְו אַן׳)	אַ באַנקראָט, אַ פּלאַצעניש	סעמיטיש (כּרך)	אַ גרויסע שטאָט
3	מאַך	גערמאַניש	טו, שאַף	סלאַוויש	אַ שאָקל מיט דער האַנט (אַ מאַך טאָן)
4	טאָן	גערמאַניש	מאַכן	גריכיש	קלאַנג, אַ שאַטירונג פֿון שטים א״אַ
5	קראַן	גערמאַניש	אַ הייבמאַשין	האָלענדיש	אַ טרײַבל פֿאַר פֿליסיקייטן און גאַזן
6	פֿאָן	גערמאַניש	אַ פֿלאַג	פֿראַנצייזיש	אַן אַרומרינגלונג, סבֿיבֿה
7	[קאַשע]	סעמיטיש (קשיא)	אַ פֿראַגע	סלאַוויש (קאַשע)	אַזאַ עסנוואַרג
8	[סאָד]	סעמיטיש (סוד)	אַ סעקרעט	סלאַוויש (סאָד)	אַ גאָרטן
9	[ראַק]	סעמיטיש (רק)	נאָר, שטענדיק	סלאַוויש (ראַק)	אַזאַ באַשעפֿעניש (אַ קרעפּס), אַ קראַנקייט
10	פּאָמפּע	לאַטײַניש	פֿײַערלעכקייט, פּאַראַד	פֿראַנצייזיש (ענגליש)	אַן אינסטרומענט אויף פּאָמפּען

אַזוי איז עס אויך מיטן וואָרט ‚רייד׳, וואָס אויסער גערמאַנישן וואָרט (רייד, ריידן) איז אויך פֿאַראַן אַ ‚רייד׳ פֿון ענגליש (אַן אָנפֿלי) און אַ ‚רייד׳ פֿון האָלענדיש (אַ באַקוועם אָרט פֿאַר שיפֿן לעבן אַ האַפֿן); אָדער מיטן וואָרט ‚פּאַס׳, וואָס קומט אי פֿון פויליש (אַ רימען), אי פֿון פֿראַנצייזיש (זיך אָפּזאָגן פֿון שפּילן), אי פֿון ענגליש (איבערגעבן די פּילקע). און אַזוי איז עס מיט נאָך אַ ריי אַנדערע ווערטער.

1 [3] מיט אַ לאַנגן [ו] (tûbe).

2 ווערטער, וואָס זענען האָמאָנימען בלויז אין סאָוועטישן ייִדיש, ווערן אין דער טאַבעלע געבראַכט אין טראַנסקריפּציע, דערגאַנצט דורך דער מאָדערנער ייִוואָ־שרײַבונג אין האַלבע לבֿנות.

4. אייפֿעמיזם און באַטײַט־ענדערונג בכלל. אַ שטייגער: ‚חכם‘ באַטײַט ניט נאָר קלוגער, נאָר אָפּט אויך נאַר; ‚נעצט‘ – באַטײַט אויך ברענט; מיט ‚אַ גוט אויג‘ מיינט מען מערסטנס דווקא אַ שלעכט אויג; ‚זאָנע‘ באַטײַט ניט נאָר אַ געוויסע שטרע־קע צווישן אַ וועלכע ניט איז פּאָר ליניעס (מערסטנס געאָגראַפֿישע), נאָר אויך אַ טייל געוועב (אַנאַטאָמיש) און אויך אַזאַ סאָרט לײַוונט;[1] ‚רײַך‘ באַטײַט אויך הערשאַפֿט, מלוכה (פֿראַנקרײַך, עסטרײַך); ‚פֿײַער‘ הייסט אויך (פּראַוועןן) יום־טובֿ. מיטן וואָרט ‚הימל‘ רופֿט מען אין פֿיל ערטער אויך די סטעליע (די אַרקע) אין אויוון אאַ״וו.

אָנמערקונג אַ מאָל איז האָמאָנימיק אַ רעזולטאַט פֿון אַ פּאָר פֿאַקטאָרן אין איינעם. אַ שטייגער דער האָמאָנים ‚פֿערטל‘ מיטן באַטײַט פֿון אַ פֿערט־חלק איז אַ פֿאַרגעסענער צונויפֿזאַץ פֿון ‚פֿערט‘ און ‚טייל‘ (זעט ז׳ 87), און מיטן באַטײַט פֿון אַ פֿענצטערל, אַ טירל, אַ טויערל איז ער אַ פֿאַרקלע־[129]נערונג פֿון ‚פֿאָרטע‘ (אין דײַטש ‚פּפֿאָרטע‘), וואָס איז פֿונעם לאַטײַנישן ‚פּאָרטאַ‘ (טויער).

160 באַטײַט־ענדערונג, האָמאָנימיע און פּאָליסעמיע בכלל זײַנען אָבער ניט קיין נײַע דערשײַנונגען – זיי זײַנען אין דער שפּראַך געווען אין אַלע סטאַדיעס פֿון איר אַנטוויקלונג. באַזונדערש אין די עלטערע סטאַדיעס פֿון דער שפּראַך, ווען איין וואָרט איז געווען, ווי דאָס זאָגט מאַר, אַן אויסדריקער פֿון צענדליקער פֿאַרשיידענע באַגריפֿן. אַ שטייגער ‚האַנט‘ „האָט באַטײַט ניט נאָר האַנט און אַ ריי צאָלן (1, 2, 10), נאָר (אויך) קראַפֿט, מאַכט, רעכט, חובֿ; גענאָד, ווילטאַט; רײַכער, מעכטיקער; זײַט, לאַנד; שטיצע, הילף; ענלעכער, ענלעך; איבער, ביז; האַלטן, כאַפּן; באַקומען; געבן, אויפֿטראָגן [אָנטרויען]; דולדן; זיגן אאַ״וו.“

„אין ריכטיק פֿאַרשטיין אַזוי פֿיל פֿאַרשיידן־באַטײַטיקע ווערטער האָט אַ וויכטיקע ראָלע גע־שפּילט די מימיק און איבער הויפּט די האַנט, ד״ה דער זשעסט, ווי אויך דאָס הערבערן און אַראָפּנידערן פֿונעם קול, די פֿאַרלענגערונג און פֿאַרקירצונג פֿון די קלאַנגען, זייער לענג אָדער די אַזוי גערופֿענע פֿאַרטאָפּלונג און קורצקייט, לסוף, גופֿא דער טאָן…“[2] (ווי מיר האָבן עס אַ שטייגער אין העברעיִש, וווּ ‚יד‘ [יאָד, יאַד] באַטײַט ‚האַנט, מאַכט, געוואַלט, הילף, פּלאָג, שלאָג, זײַט, אָרט, פּלאַץ, טייל‘ א״אַ; וווּ ‚ידה‘ באַטײַט ‚וואַרפֿן‘; ‚ידד‘ – ‚ליבן‘ א״אַ).

„אין די ריינע יאַפֿעטישע שפּראַכן[3] – זאָגט מאַר אין אַן אַנדער אָרט (באַנד II, ז׳ 186) – פֿלעגן אי ‚געבן (שענקען)‘ אי ‚נעמען‘ אויסגעבילדעט ווערן פֿון איינעם און דעם זעלבן שבֿטישן וואָרט, וואָס האָט באַטײַט ‚האַנט‘; כּדי אונטערצושיידן דאָס ‚געבן (שענקען)‘ פֿונעם ‚נעמען‘, פֿלעגן די אוריאַפֿעטידן איינע און די זעלבע וואָרטבאַזע אָדער באַגלייטן מיט סימנים פֿון ריכטונג צו זיך, כּדי צו באַטײַטן דאָס ‚געבן (שענקען)‘, אָדער זיך באַניצן מיט אירע (דער באַזעס) פֿאַרשיידענע דיאַלעקטאַלע אויסשפּראַכן. לסוף זײַנען באַניצט געוואָרן צוויי פֿאַרשיידענע באַזעס, וואָס יעדע האָט געהערט צו אַ באַזונדערן שבֿט, כאָטש זיי בײדע האָבן אַלץ איינס באַטײַט ‚האַנט‘; איין שבֿטיש וואָרט מיטן באַטײַט פֿון ‚האַנט‘ האָט מען גענומען ברויכן פֿאַר דער אויסבילדונג פֿונעם ווערב ‚געבן (שענקען)‘, דאָס אַנדערע שבֿטישע וואָרט מיטן זעלבן באַטײַט פֿון ‚האַנט‘ – פֿאַר דער אויסבילדונג פֿונעם ווערב ‚נעמען‘.“

1 [1] אַ שטייגער: אָננעמען זאָנע אויף אַ העמד (שאָל.).
2 [1] נ. יאַ. מאַר, ב׳ I, ז״ז 99–100 (רוסיש).
3 [2] זעט ז׳ 23.

161 איינס און דאָס זעלבע וואָרט קאָן אַ מאָל אין איין שפּראַך האָבן (אויפֿהיטן, באַקומען) איין טייל באַטײַטן און אין אַ צווייטער שפּראַך גאָר אַן אַנדער טייל. אַ שטייגער דאָס וואָרט ,גיפֿט׳ באַטײַט אין דײַטש אי סם אי (זעלטענער) געשאַנק, גאָב;[1] אין ייִדיש באַטײַט עס סם; און אין ענגליש – געשאַנק, באַגאַבטקייט, טאַלאַנט, מאַכן באַגאַבט; ,האַנט׳ באַטײַט אין ענגליש אויך פֿוס (פֿון אַ חיה) און אין ייִדיש ניט; ,וואַנט׳ באַטײַט אין דײַטש און אין ייִדיש וואַנט; און אין ענגליש – רוט, שטעקל.[2] דאָס וואָרט ,לאָב׳ (лоб) באַטײַט אין רוסיש – שטערן; אין בולגאַריש – שאַרבן; אין טשעכיש[3] – שאַרבן; און אין פּויליש[3] – קאָפּ; דאָס וואָרט ,ווערעדני׳ (вредный) באַטײַט אין רוסיש – שעדלעכער; אין סערביש – ניצלעכער; און אין סלאָוועניש – ווערטפֿולער; דאָס וואָרט ,הור׳ באַטײַט אין אַרמעניש – פֿײַער און אין באַסקיש – וואַסער. [130]

„ווען בײַ די אַרמענער באַטײַט ,הור׳ – פֿײַער און בײַ די באַסקן באַטײַט ,הור׳ – וואַסער, איז עס אַן איבערבלײַבעכץ פֿון דער לאַגע... ווען ,הור׳ האָט באַטײַט אי וואַסער, אי פֿײַער, אי פֿינצטערניש, אי ליכט אין איינער און דער זעלבער שפּראַך אָפּהענגיק פֿונעם קאָנטעקסט פֿון רייד (נ. יאַ. מאַר).[4]

162 אַ וואָרט, ווי דאָס איז שוין געענוי באַוויזן, איז בכלל פּאָליסעמאַנטיש. מאָנאָסעמאַנטיש (איינבאַטײַטיק) איז אַ וואָרט אין קאָנטעקסט. דער קאָנטעקסט באַזײַטיקט געוויינטלעך אַלע אַנדערע באַטײַטן פֿונעם וואָרט, וואָס דאָס האָט באַקומען און וואָס מיר היטן אין זכּרון, און באַשטימט, אין וועלכע פֿון זײַנע מעגלעכע באַטײַטן איז דאָס וואָרט געברויכט.[5] דערבײַ איז פֿאַרן באַזײַטיקן אַלע אַנדערע באַטײַטן אַ מאָל גענוג, אַז דער קאָנטעקסט זאָל זײַן אַ גאַנץ קנאַפּער. אַ שטייגער: דער זון – די זון; איך פֿיל – פֿיל ביכער. אַ מאָל אָבער דאַרף דער קאָנטעקסט זײַן אַ גרעסערער. אַ שטייגער: דער כירורג האָט פֿאַרענדיקט די אָפּעראַציע; דער בוכהאַלטער האָט פֿאַרענדיקט די אָפּעראַציע. און אַ מאָל העלפֿט אַפֿילו ניט אַ גאַנץ גרויסער קאָנטעקסט. אַ שטייגער אין איינער אַ קריטישער אָפּהאַנדלונג, ווו ווועגן איינעם אַ דיכטער ווערט געזאָגט, אַז ער „איז זעלטן מוזיקאַליש", איז אַפֿילו פֿון דער גאַנצער אָפּהאַנדלונג ניט קלאָר, צי דער דיכטער איז אויסערגעוויינטלעך מוזיקאַליש צי ער איז זייער ניט אָפֿט מוזיקאַליש. דאָ איז דאָס וואָרט ,זעלטן׳ אַפֿילו אין קאָנטעקסט געבליבן צווייִדײַטיק.

אַ מאָל קאָן אַזאַ צווייִדײַטיקייט ניט שטערן אויך און אַפֿילו זײַן גאַנץ צוגעפּאַסט, ווי אַ שטייגער אינעם ווײַטערדיקן פֿראַגמענט (פֿון פּרצעס נאָוועלע „דאָס שטרײַמל"):

> די בריאה איז ברוך־השם פֿריִער אין נאָך אַ קלענער שטעטל אַ מלמד געווען. און מײַן טאַטע עליו־השלום – איידער ער האָט געזען, אַז עס וועט שוין פֿון מיר קיין לײַט ניט זײַן, האָט ער מיך אַהין געשיקט צו דער בריאה לערנען. עס איז געווען אַ שלימזל, וואָס די וועלט פֿאַרמאָגט עס נישט! אַ זעלטענער מלמד!

1 [3] ,גיפֿט׳ נעמט זיך פֿונעם וואָרצל ,גיב, געב׳, ווי ,שריפֿט׳ פֿון ,שרײַב׳. זעט ז׳ 108.

2 [4] די אוראַלטע גערמאַנער פֿלעגן די ווענט פֿון זייערע געצעלטן פֿלעכטן (,ווינדן׳) פֿון שטעקלעך, צווײַגן. דערפֿון נעמען זיך די ווערטער ,וואַנט, געוואַנט, ווינדעלעך׳.

3 [5] נאָר שוין ניט ,לאָב׳, נאָר ,לעב׳.

4 די ציטירטע טעזע פֿון מאַר האָט ניט קיין לינגוויסטישן יסוד.

5 [1] זש. וואַנדריִעס [Joseph Vendryes], „שפּראַך", 1937, ז׳ 71 (רוסיש).

אָבער אַזעלכע פֿאַלן זײַנען גאַנץ ווייניק. בכלל איז צווייִדײַטיקייט אין דער שפּראַך אַ גרויסער חסרון, ווײַל מחמת דעם פֿאַרלירט די שפּראַך איר הויפּט־אויפֿגאַבע – קאָמוניקאַציע (פֿאַרקער, פֿאַרבינדונג).[1]

163 אַזאַ צווייִדײַטיקייט ווערט נאָך מער פֿאַרשטאַרקט מחמת דעם, וואָס אַ וואָרט האָט ניט נאָר אַ באַטײַט אָדער אַ געוויסע סומע באַטײַטן, נאָר אויך אַ געוויסן מיין. אַ שטייגער דאָס וואָרט ‚פֿרײַהייט‘ אינעם מויל פֿון אַ בורזשואַ מיינט פֿרײַהייט פֿאַר (פֿון) עקספּלואַטאַציע, און דאָס זעלבע וואָרט אינעם מויל פֿון אַן אַרבעטנדיקן מיינט גאָר עפּעס אַנדערש, קעגנזעצלעכס. און אַזוי איז עס מיט נאָך פֿיל אַנדערע ווערטער, באַזונדערש פֿונעם סאָציאַל־עקאָנאָמישן און פּאָליטישן לעקסיקאָן. און „טאַקע דערפֿאַר, זאָגט לאַפֿאַרג, וואָס איינס און דאָס זעלבע וואָרט באַדעקט קעגנזעצלעכע באַגריפֿן, האָט די בורזשואַזיע די דאָזיקע פֿאַרוואַנדלט אין אַ געצייַג פֿון אָפּנאַרערײַ און הערשאַפֿט.“

אָט פֿאַר וואָס די פֿירער פֿונעם אַרבעטער־קלאַס פֿלעגן שטענדיק אויפֿמערקזאַם מאַכן אויף דער דאָזיקער ספּעציפֿיק פֿון ווערטער. אַ שטייגער ווען מאַרקס און ענגעלס ווײַזן אָן אינעם „מאַניפֿעסט פֿון דער קאָמוניסטישער פּאַרטיי“, אַז דער פּראָלע־[131]טאַריאַט „זעלבסט איז נאָך נאַציאָנאַל“, גיבן זיי צו: „כאָטש גאָר ניט אין דעם זין, ווי דאָס מיינט די בורזשואַזיע“.[2] אָדער אַ שטייגער בײַ לענינען:

> בײַ אונדז מיט אונדזערע קעגנער איז דער גרונטיקער ווידערשפּרוך אינעם פֿאַרשטיין, וואָס איז אָרדענונג און וואָס איז געזעץ. ביז אַהער האָט מען געהאַלטן, אַז אָרדענונג און געזעץ איז דאָס, וואָס איז באַקוועם די פּריצים און טשינאָווניקעס, און מיר באַהויפּטן, אַז אָרדענונג און געזעץ איז דאָס, וואָס איז באַקוועם דער מערהייט פּויערטום.[3]

164 דער באַטײַט פֿון אַ וואָרט, די קאָנקרעטע, גוטע אָדער שלעכטע, אַסאָציאַציעס, צו וועלכע עס פֿירט, – דאָס אַלץ רופֿט געוויינטלעך אַרויס בײַ דער אָדער יענער סאָציאַלער גרופּע מענטשן אַ באַשטימטע עמאָציאָנעלע באַציִונג צום דאָזיקן וואָרט. די דאָזיקע באַציִונג קאָן זיך אויסדריקן אינעם טאָן, מיט וועלכן מע ברענגט דאָס אָדער יענץ וואָרט אַרויס, אין די עפּיטעטן (כאַראַקטעריסטיקעס), מיט וועלכע מע באַגלייט עס, אָדער אינעם פֿאַרלאַנג צו פּאָפּולאַריזירן אָדער צו בויקאָטירן דאָס דאָזיקע וואָרט.

אַ שטייגער: ווען מע האָט איין מאָל אין דער אָנוועזנהייט פֿון ניקאָלאַי דעם II פֿאַרפֿירט אַ שמועס וועגן אינטעליגענץ, האָט דער דאָזיקער גרויסער ‚קאָמפּעטענטש‘ צאָרנדיק אויסגעשריִען: „איך וועל באַפֿוילן דער וויסנשאַפֿט־אַקאַדעמיע אויסצומעקן דאָס דאָזיקע וואָרט פֿונעם רוסישן לעקסיקאָן (ווערטערבוך)“. ענלעכס זעען מיר אין בערגעלסאָנס „מידת־הדין“: דעם דאָקטער באַביצקי „האָט דאָס וואָרט ‚רעוואָלוציע‘ געשטאָכן אין די אויערן

[1] [2] „ווערטער – זאָגט דער אַמעריקאַנער לינגוויסט סעפּיר [Edward Sapir] – זײַנען ניט נאָר שליסלען; זיי קאָנען ווערן אויך קייטן.“
[2] [1] רוסישע אויסגאַבע פֿון 1938, ז׳ 108.
[3] [2] לענין, ב׳ XX, ז׳ 407 (רוסיש).

– עס איז אַ צו קנאַקנדיק וואָרט, אַ געפֿערלעכס“. אַזוי איז עס אויך ביַים צווייטן צד, ביַים קעגנזעצלעכן. אַ שטייגער אין דער ציַיט פֿון דער ערשטער פֿראַנצייזישער רעוואָלוציע האָט אַ פּאַריזער זשורנאַל געשריבן (יאַנוואַר 1790): „אַלע אונדזערע קעגנזיַיטיקע אויסדרוקן פֿון אַכטונג, פֿון טריַישאַפֿט, פֿון הכנעהדיקייט (אונטערטעניקייט) דאַרפֿן אַרויסגעשליַידערט ווערן פֿון אונדזער שפּראַך. דאָס אַלץ דערמאָנט צו פֿיל די אַלטע אָרדענונג.“[1] און אַזוי איז עס געווען אויך ערשט ניט לאַנג פֿאַר אונדזערע אויגן: צענדליקער און הונדערטער ווערטער פֿון דער פֿעאָדאַל־קאַפּיטאַליסטישער וועלט, וואָס האָבן צו פֿיל דערמאָנט די אַלטע אָרדענונג און האָבן געשטאָכן אין די אויערן פֿון די אַרבעטנדיקע מאַסן, זיַינען אויף מאָרגן נאָך אונדזער גרויסער אָקטיאַבער־רעוואָלוציע אַרויסגעשליַידערט געוואָרן פֿון אונדזער געברויך, און אויף זייער אָרט האָט מען גענומען ברויכן ניַיע ווערטער – ווערטער, וואָס האָבן „פֿאַראייניקט איַינגעשפּאַרטקייט מיט דרייסטקייט, טאַלאַנט מיט פֿליַיסיקייט, געזאַנג מיט אַרבעט, פּראַצע מיט קאַמף“ (ווס. איוואַנאָוו).

165 אויף אַזאַ אופֿן קאָן מען וועגן דעם לעבן פֿון ווערטער (לעקסיק) און זייערע באַטיַיטן (סעמאַנטיק) מאַכן פֿאָלגנדיקע אויספֿירן:

1. צווישן אַ וואָרט (אַ קלאַנגען־קאָמפּלעקס) און זיַין באַטיַיט איז געוויינטלעך פֿאַראַן אַ באַשטימטע פֿאַרבינדונג. די דאָזיקע פֿאַרבינדונג איז [132] געשיכטלעך, פֿאַרשטייט זיך, ניט קיין צופֿעליקע (מיר זיַינען נאָר מערסטנס ניט אין שטאַנד צו דערקלערן, פֿאַר וואָס באַטיַיט דאָס אָדער יענץ וואָרט אין דער אָדער יענער שפּראַך דווקא דאָס און ניט קיין אַנדער זאַך), דאָך ווערט די דאָזיקע פֿאַרבינדונג אָפֿט איבערגעריסן;

2. אין פֿאַרשיידענע ציַיטן, ביַי פֿאַרשיידענע סאָציאַלע גרופּעס איז די שפּראַך גאַנץ היפּש דיפֿערענצירט. די דאָזיקע דיפֿערענציאַציע דריקט זיך אויס אָט אין וואָס:

א. פֿאַרשיידענע גרופּעס מענטשן אָפּערירן אָפֿט מיט פֿאַרשיידענע באַגריפֿן (באַטיַיטן) און מיט פֿאַרשיידענע אויסדרוקן. פֿאַרגליַיכט אַ שטייגער וועלכע ניט איז טעקסטן פֿון סאָציאַל פֿאַרשיידענע געשטאַלטן, פֿון פֿאַרשיידענע ציַיטונגען (בורזשואַזע – פּראָלעטאַרישע; פֿאָרסאָוועטישע – סאָוועטישע) אאַ״וו;

ב. פֿאַרשיידענע גרופּעס ניצן אָפֿט פֿאַר איינע און די זעלבע דערשיַינונגען און באַגריפֿן פֿאַרשיידענע אויסדרוקן. אַ שטייגער די כינעזישע פּאַרטיזאַנער, וואָס קעמפֿן פֿאַר דער פֿריַיהייט און ווילשטאַנד פֿון זייער פֿאָלק, הייסן ביַי די יאַפּאַנישע אימפּעריאַליסטן און פֿאַשיסטן ניט אַנדערש ווי באַנדיטן;

ג. פֿאַרשיידענע גרופּעס ניצן אָפֿט פֿאַר פֿאַרשיידענע דערשיַינונגען און באַגריפֿן איינע און די זעלבע אויסדרוקן. אַ שטייגער אי דער בורזשואַ (און זיַינע אָנגעשטעלטע) אי דער באַוווּסטזיניקער אַרבעטער ניצן די ווערטער ,פֿריַיהייט, אָרדענונג, געזעץ, אָרנטלעכקייט, פֿאָלק׳, אָבער יעדער פֿון זיי לייגט אין די דאָזיקע ווערטער אַריַין גאָר אַ פֿאַרשיידענעם אינהאַלט;

[1] [3] פלעכאַנאָוו, „קונסט“, אַ זאַמלונג אַרטיקלען, 1922, ז׳ 121 (רוסיש).

ד. פֿאַרשיידענע גרופּעס אָפּערירן אָפֿט אי מיט די זעלבע באַגריפֿן אי מיט די זעלבע אויסדרוקן, אָבער מיט אַ פֿאַרשיידענער עמאָציאָנעלער באַציִונג. פֿאַרגלײַכט אַ שטייגער די באַציִונג, וואָס איז פֿאַראַן צו די ווערטער ‚קלאַסנקאַמף‘, ‚רעוואָלוציע‘, ‚באָלשעוויק‘, ‚ראַטנמאַכט‘, ‚סאָציאַליזם‘, בײַם פּראָגרעסיוון טייל פֿון דער אַרבעטנדיקער מענטשהייט מיט דער באַציִונג צו די דאָזיקע ווערטער בײַם רעגרעסיוון טייל.

3. אָט די דאָזיקע שפּראַכלעכע דיפֿערענציאַציע, וואָס איז געוויינטלעך אַ רעזולטאַט פֿון דער סאָציאַלער דיפֿערענציאַציע, איז איינער פֿון די וויכטיקסטע פֿאַקטאָרן, און אין באַשטימטע צײַטן דער וויכטיקסטער פֿאַקטאָר, אין דער אַנטוויקלונג פֿון דער שפּראַך – פֿון דער לעקסיק און סעמאַנטיק, באַזונדערש פֿון דעם טייל אירן, וואָס האָט צו טאָן מיט דער סאָציאַל־עקאָנאָמישער טעמאַטיק.

אָנמערקונג 1 די שפּראַכלעכע דיפֿערענציאַציע קאָן מען אַמבולטסטן זען בײַ פֿאַרשיידענע קלאַסן, אָבער גלײַכצײַטיק קאָן מען זי אָפֿט אויך באַמערקן בײַ פֿאַרשיידענע פּראָפֿעסיעס, צעכן, שיכטן, עלטערס, געשלעכטן א״אַ, וואָס געפֿינען זיך אָפֿט אין אַ פֿאַרשיידענעם סאָציאַל־עקאָנאָמישן אַרום (אין קראָם צי אין וואַרשטאַט; אויפֿן פֿעלד צי אין פֿאַבריק; אין דאָרף, אין שטעטל צי אין דער גרויסער שטאָט; אויסער דער היים צי מיט די קינדער און אין קיך אאַ״וו), וואָס האָבן געוויינטלעך צו טאָן מיט פֿאַרשיידענע דערשײַנונגען און באַגריפֿן און במילא מיט אַ פֿאַרשיידענער שפּראַך. [133]

אָנמערקונג 2 דאָ גייט די גאַנצע צײַט אַ רייד וועגן דער דיפֿערענציאַציע אין דער שפּראַך און ניט וועגן איר איינהייטלעכקייט, ווײַל וועגן דעם, אַז די שפּראַך איז אויך איינהייטלעך, אַז זי פֿאַרמאָגט אַ גרויסן פֿאָנד אַלגעמיינע ‚נייטראַלע‘ ווערטער, אין וועלכע די אָדער יענע געזעלשאַפֿט (פֿאָלק, פֿעלקערשאַפֿט, שבֿט אאַ״וו) לייגט געוויינטלעך אַרײַן איינע און די זעלבע באַטײַטן, – איז ניט נייטיק קיין סך צו ריידן, ווײַל דאָס איז דאָס סאַמע כאַראַקטעריסטישע פֿאַר דער שפּראַך, אָן דעם וואָלט זי ניט אויסגעפֿילט איר פֿונקציע – די פֿונקציע פֿון קאָמוניקאַציע, פֿון פֿאַרקער.

166 אָט דאָס אַלץ, ווי אויך דער פֿאַרלאַנג פֿון וועלן אויסמײַדן האָמאָנימיע, וואָס אין אַ ריי פֿאַלן איז זי זייער ניט באַקוועם, מוז, פֿאַרשטייט זיך, ווידער פֿירן צו וואָרטשאַפֿונג (זעט די קאַפּיטלען 16–19). מע הייבט אָן אַרײַנצוטראָגן אַ קלענערע אָדער אַ גרעסערע ענדערונג אינעם קלאַנגען־באַשטאַנד פֿונעם וואָרט. מע הייבט אָן צו דיפֿערענצירן ‚צוים‘ (פֿאַר אַ פֿערד) און ‚צאַם‘ (אַ פּאַרקאַן, אַ פּלאַנקען, אַ פּלויט); ‚הענגער‘ און ‚הענקער‘; ‚בוידעם‘ און ‚באָדן‘; ‚טײַטש‘ און ‚דײַטש‘; ‚הער‘ און ‚האַר‘ אאַ״וו; אָדער מע הייבט אָן צונויפֿצוזעצן (פֿאַרטאָפּלען), אַפֿיקסירן, איבעראַקצענטירן, אָפּהאַקן אאַ״וו; אָדער מע הייבט אָן אָנצוקומען צו פֿאַרשיידענע אַנטלײַונגען און באַטײַט־ענדערונגען. קורץ – מע מאַכט דורך די אַלע וועגן און פּראָצעסן פֿון וואָרטשאַפֿונג, וואָס וועגן זיי איז אין די לעצטע עטלעכע קאַפּיטלען געגאַנגען אַ רייד, – וועגן און פּראָצעסן, וואָס יעדער פֿון זיי איז געוויינטלעך אי אַ סיבה אי אַ רעזולטאַט פֿון די איבעריקע און וואָס אַלע אין איינעם שפּיגלען זיי דירעקט אָדער אומדירעקט אָפּ די שטענדיקע באַדערפֿעניש אין נײַע ווערטער און אין נײַע באַטײַטן.

20 סינאָנימיע

167 צו גלײַך מיט פּאָליסעמיע איז אין דער שפּראַך שטאַרק פֿאַרשפּרייט אַ צווייטע, קעגנזעצלעכע דערשײַנונג – סינאָנימיע[1] – ווען פֿאַר איין באַגריף זײַנען פֿאַראַן עטלעכע ווערטער. אַ שטייגער: אָוונטברויט – וועטשערע; דיל – פּאָדלאָגע – פּאָל; שירעם – זאָנטיק – פּאַראַסאָל;[2] הענקער – קאַט – תּלין א״אַ.

מיטן טערמין סינאָנים מיינט מען אָפֿט צווייערליי דערשײַנונגען: 1. דובלעטן – ווען עטלעכע ווערטער האָבן איינעם און דעם זעלבן באַטײַט און קאָנען אַבסאָלוט אין אַלע פֿאַלן קומען איינע אַנשטאָט די אַנדערע. אַ שטייגער: אָוונטברויט – וועטשערע; ענטל – קאַטשקע; דיל – פּאָדלאָגע – פּאָל א״אַ; 2. סינאָנימען – ווען עטלעכע ווערטער האָבן אַ קלייניקן אונטערשייד אינעם ראַ-[134]טײַט און ניט אין אַלע פֿאַלן קאָנען זיי קומען איינע אַנשטאָט די אַנדערע. אַ שטייגער: עק – סוף (אַ פֿערד אָן אַן עק, אָבער ניט אָן אַ סוף); אַרײַנפֿירן – אימפּאָרטירן (די ציג אין שטאַל אימפּאָרטירט מען נ״ט); נאָכמאַכן – קאָפּירן און פֿיל אַנדערע.

168 סינאָנימען און דובלעטן זײַנען אָפֿט אַ רעזולטאַט פֿון באַטײַט־ענדערונגען. אַ שטייגער: חכם – בהמה – נאַר; עס נעצט – עס ברענט; מסוכּן – שטאַרק – זייער (זעט ז׳ 142). אָבער נאָך אָפֿטער נעמען זיי זיך פֿון אַנטלײַונגען און שפּראַכמישונג בכלל: פֿון פֿאַרשיידענע שפּראַכלעכע קוועלן דרינגען אַרײַן פֿאַרשיידענע ווערטער מיט ענלעכע באַטײַטן. אַ שטייגער:

1. עק (גערמאַניש) – סוף (סעמיטיש)
2. ענטל (גערמאַניש) – קאַטשקע (סלאַוויש)
3. בדחן (סעמיטיש) – מאַרשאַלעק (סלאַוויש)[3]
4. הענקער (גערמאַניש) – תּלין (סעמיטיש) – קאַט (סלאַוויש)
5. אַרט (גערמאַניש) – מין (סעמיטיש) – סאָרט (פֿראַנצייזיש)
6. שירעם (גערמאַניש) – פּאַראַסאָל (איטאַליעניש) – זאָנטיק (סלאַוויש)[4]
7. וועג (גערמאַניש) – דרך (סעמיטיש) – שליאַך (סלאַוויש) – טראַקט (לאַטײַניש)[5]

אָנמערקונג אַ ריי דובלעטן און סינאָנימען זײַנען אין ייִדיש פֿאַראַן פֿונעם גרונטיקן

1 [1] פֿון די גריכישע ,סין׳ – מיט, צונויף, אין איינעם – און ,נים׳ (אָנאָמאַ) – נאָמען.

2 [2] אַ שטייגער בײַ שלום־עליכמען: דערפֿאַר זײַנען זיי... געגאַנגען מיט אימפּעט..., געטראָגן בײַכיקע טלית־ותּפֿילינס און זאָנטיקעס, משונה־מאָדנע גרויסע פּאַראַסאָלן ... עס געפֿינען זיך ייִדן אַזוינע, וואָס קאָנען זיך נישט צעשיידן מיטן שירעם סײַ זומער סײַ ווינטער.

3 [1] אַ שטייגער: מע שמייכלט פֿון אַ ביליקן בדחן און פֿון אַ הײַזער־גייערישן מאַרשאַלעק (ניס.).

4 [2] ,זאָנטיק׳ קומט אַרויס פֿון אַ האָלענדיש וואָרט זאָנדעק (זאָן, זון + דעק), וואָס האָט אין רוסיש באַקומען אַ רוסישע פֿאָרמע און איז אַלס אַזאַ אַרײַן אין ייִדיש.

5 [3] זעט ז׳ 133.

שפּראַכפֿאַנד אויך, און פֿיל פֿון זיי דובלירן שוין זייער לאַנג. אַ שטייגער: געפֿעס – געשיר, וועש – גרעט, ליפּן – לעפֿצן,[1] מער – מייַן,[2] ליב – האָלט[3] און נאָך פֿיל אַנדערע.

169 אַז מע האָט צו טאָן מיט סינאָנימען, דאַרף מען געדענקען די גרענעצן פֿון זייער געמיינזאַמקייט און פֿאַרשיידנקייט. וואָרן סינאָנימען קאָנען ווערן אויס [135] סינאָנימען, ווען זייערע באַטייַטן ווערן אַזוי ווייניק ענלעך, אַז עס בלייַבט צווישן זיי אַ גאַנץ קנאַפּע נאָענט־קייט. לאָמיר אַ שטייגער נעמען אַזעלכע רייען ווערטער:

אינעם ר ע כ ט ן קעסטעלע זייַנען די ערשטע ווערטער סינאָנימען צו ‚פֿאַרדאגהט‘. נאָר וואָס נידעריקער – אַלץ מער גייען די ווערטער אַריבער צום באַגריף ‚האָרעוואַניע‘. אינעם מ י ט ל ס ט ן קעסטעלע דערווייַטערן זיך די ווערטער אַלץ מער פֿונעם באַגריף ‚דאגה‘ און גייען אַריבער צום באַגריף ‚געדאַנק‘. און אינעם ל י נ ק ן קעסטעלע גייען די ווערטער אַלץ ווייַטער אַוועק פֿון ‚דאגה‘ און גייען אַריבער צו ‚טרויער‘.

דערפֿון איז געדרונגען, אַז אויב מיר זאָלן סינאָנימען אויסשטעלן אין אַ געוויסן סדר, קאָן טרעפֿן, אַז די נאָענטע ווערטער, די שכנים, זאָלן זייַן סינאָנימען און די ווייַטע ניט. אַ שטייגער:

ש ט י ל – רויִק – פֿאַמעלעך – לאַנגזאַם – ניט געאייַלט – געלאַסן – קאַלטבלוטיק – אָ ן ה אַ ר ץ.

אַלע ווערטער, וואָס זייַנען דאָ איינע לעבן די אַנדערע, זייַנען סינאָנימען. אָבער ‚שטיל‘ און ‚אָן האַרץ‘ זייַנען שוין ניט קיין סינאָנימען, ווייַל צווישן זיי איז זייער ווייניק ענלעכקייט

[1] [4] אַ שטייגער בליץ ברענגט ביידע ווערטער.

[2] [5] אַ שטייגער בייַ וויצנהויזענען: אונ׳ דיא קלוגהייט פון (שלמה) דיא וואר גרעשיר [איז געווען גרע־סער] מין אז אל דיא קלוגהייט פון דען קינדר פון (מזרח). אונ׳ מ ע ר אז אל דיא קלוגהייט פון (מצרים).

[4] [6] אַ שטייגער: 1. בייַ האָפּשטיינען: פֿון ביימער שמועסן מיר, פֿון זייער וווּנדערלעכן רויש, פֿון אַלץ, וואָס איך האָב ליב און ער האָט ה אָ ל ט; 2. בייַ שערטלען: איך האב ליב דיך – איטליכער ווערט (וועט) דאז ספר האבן ה ו ל ט.

בייַ שערטלען, באַזונדערש אינעם „באר משה“, זייַנען בכלל פֿאַראַן פֿיל דובלעטן און סינאָנימען. אַ שטייגער בייַם טייַטשן די העברעיִשע ווערטער ‚פּרי, יעופף, לוטש, מטמון, רב, אעשה‘ – ברענגט שערטל אַזעלכע פּאָרלעך: ‚ורוכט אודר אופּש [פֿרוכט אָדער אויפּס], ער זול וליהן אודר שוועבן, דער דאָ לייטרט אודר שערפיט, ביהעלטניש אודר ור בירגניס [פֿאַרבאָרגעניש], ויל אודר גינוק [פֿיל אָדער גענוג], איך וויל טון אודר איך וויל מאכין‘. און אַזוי איז עס בייַ נאָך פֿיל ווערטער. אַגבֿ, אַזאַ ‚אודר‘ (אָדער), און אַ מאָל – ‚י״א‘ (יש אומרים = אַנדערע זאָגן), איז ניט קיין זעלטענע דערשייַנונג אויך אין אַנדערע ווערטערביכער, און נאָך אין עלטערע פֿונעם „באר משה“.

דאָ: זיי האָבן שוין צו טאָן פֿאַקטיש מיט צוויי פֿאַרשיידענע טעמעס. און ניט נאָר פֿאַרשיידן קאָנען די באַטײַטן פֿון סינאָנימען ווערן, נאָר אַפֿילו קעגנזעצלעך. אַ שטייגער:

> דרשנט – דברט – פּלאַפּלט – מורמלט – וואָרקעט – שאָקלט מיט די ליפּן – רעדט אין זיך – לאָזט קיין וואָרט ניט אַרויס – נעמט אָן אַ מויל מיט וואַסער – שווײַגט.

אַלע ווערטער (אויסדרוקן), איינע לעבן די אַנדערע, זײַנען דאָ סינאָנימען. זיי זײַנען דאָ געגעבן אין אַזאַ אָרדענונג, אַז דאָס ,ריידן' ווערט אַלץ מער אָפּגעשוואַכט. באַקומט זיך, אַז דאָס דרשנען גייט אַריבער אין זײַן קעגנזאַץ – אין שווײַגן.

170 איינע און די זעלבע ווערטער (באַגריפֿן) קאָנען אין איין צײַט, בײַ איין גרופּע מענטשן, אין איין פֿאַל אויפֿגענומען ווערן אַלס סינאָנימען אָדער אַפֿילו אַלס דובלעטן און אין אַן אַנדער צײַט, בײַ אַן אַנדער גרופּע מענטשן, אין אַן אַנדער פֿאַל – שוין אַלס פֿאַרשיידן־באַטײַטיקע ווערטער אָדער אַפֿילו אַלס אַנטאָנימען (קעגנזעצלעכע ווערטער). אַ שטייגער ליפֿשיץ אין זײַן רוסיש־ייִדישן ווערטערבוך (1869, ז' 6) פֿאַרטײַטשט דאָס וואָרט ,בעזבאָזשניק' מיט אַזעלכע ,סינאָנימען': אַפּיקורס, הולטײַ, רשע; פֿאַר גאָנטשאַראָווס אָבלאָמאָוו זײַנען סינאָנימען אַר־[136]בעט (מי) און לאַנגווײַל.[1] אָבער פֿאַר אונדז זײַנען די דאָזיקע ווערטער זייער ווײַט פֿון סינאָנימען – פֿאַר אונדז זײַנען זיי גיכער אַנטאָנימען. אָדער אַ שטייגער: אין משך פֿון פֿיל יאָרן האָט מען מיט די ווערטער ,פּראָלעטאַריאַט' און ,אַרבעטער־קלאַס' אָפּערירט ווי מיט סינאָנימען, און אַלס אַזעלכע זײַנען די דאָזיקע ווערטער נאָך אויך איצט פֿאַר דער גאַנצער קאַפּיטאַליסטישער וועלט, אָבער פֿאַר אונדז, פֿאַר די אײַנוווינער פֿונעם ראַטנלאַנד, זײַנען זיי שוין ווערטער פֿון פֿאַרשיידענע באַגריפֿן (זעט דעם ח' סטאַלינס פֿאָרטראָג אויפֿן VIII ראַטן־צוזאַמענפֿאָר, II אָפּטייל. „פּראַגן פֿון לעניניזם", XI אויפֿלאַגע, ז"ז 510–511, רוסיש).

171 די צאָל סינאָנימען קאָן אין איין שפּראַך, בײַ איין גרופּע מענטשן, אין איין צײַט זײַן אַ גרעסערע פֿאַר איין באַגריף און אין אַ צווייטער שפּראַך, בײַ אַן אַנדער גרופּע מענטשן, אין אַן אַנדער צײַט – פֿאַר גאָר אַן אַנדער באַגריף. אַ שטייגער: די מאָנגאָלישע שפּראַך האָט צענדליקער ווערטער פֿאַר פֿערד, און די אַראַבישע – הונדערטער נעמען פֿאַר קעמלען; בײַ די לאָפּאַרן „זײַנען דאָ צוואַנציק ווערטער פֿאַר אײַז, עלף פֿאַר קעלט, איין און פֿערציק פֿאַר שניי אין אַלע זײַנע פֿאָרמעס, זעקס און צוואַנציק ווערבן אויף אויסצודריקן פֿראָסט און דאָס צעגיין פֿון שניי אאַ"וו."[2] אין פֿאַרגלײַך דערמיט זײַנען די מערבֿ־אייראָפּעיִשע אַנטוויקלטע שפּראַכן (פֿראַנצייזיש, איטאַליעניש, ענגליש, דײַטש...) זייער ,אָרעמע'. דערפֿאַר אָבער זײַנען אין די אייראָפּעיִשע שפּראַכן פֿאַראַן גרעסערע גרופּעס סינאָנימען פֿאַר אַזעלכע באַגריפֿן ווי רײַך (אָרעם), געזעלשאַפֿט, אָרגאַניזאַציע, פֿאַרדינסט, קאַמף א"אַ.

בכלל, וואָס מער דאָס אָדער יענץ געביט פֿונעם לעבן (און דענקען) איז פֿאַר דער אָדער יענער גרופּע מענטשן (פֿאָלק, קלאַס, שיכט, צעך אאַ"וו) וויכטיק, אַלץ גרעסער איז די צאָל ווערטער און זייערע סינאָנימען פֿאַרן דאָזיקן געביט.

1 [1] י.אַ. גאָנטשאַראָוו, „אָבלאָמאָוו", 1936, ז' 62 (רוסיש).
2 [2] לעווי־בריל [Lucien Lévy-Bruhl], „דאָס אורשפּרינגלעכע דענקען", 1930, ז' 114 (רוסיש).

172 סינאָנימען זײַנען פֿאַר אַ שפּראַך זייער ניצלעך (זעט ווײַטער). אָבער דובלעטן – אין אַ קלענערער מאָס. אָט פֿאַר וואָס פֿיל פֿון די דאָזיקע האַלטן זיך אָפּט ניט אײַן, און דער אָדער יענער דובלעט ווערט:

1. אַן אַרכאַיִזם – אַ פֿאַרעלטערט וואָרט – און פֿאַרשווינדט אָפּט מיט דער צײַט. אַ שטייגער: מונד (מויל),[1] לעפֿצן (ליפּן),[2] פֿאַראַסאָל,[2] דעפּעש,[3] גאַזעט,[3] שטאָט (אָרט);
2. אַ לאָקאַליזם – אַן אָרטיק (פּראָווינציעל) וואָרט. אַ שטייגער: טאַפּליע (שויב), בריק (דיל);
3. אַ פּראָפֿעסיאָנאַליזם – אַ וואָרט פֿון אַ געוויסער פּראָפֿעסיע, בראַנזשע, פֿאַך. אַ שטייגער: שטוילער (גנבֿ – בײַ קרעמער אין אַ ריי ערטער), כּתיבֿה (פֿאַספּאָרט – מערסטנס בײַ גנבֿים, ניט נאָר בײַ ייִדישע); [137]
4. אָפּטער פֿון אַלץ – אַ וואָרט מיט עפּעס אַ נײַעם ניואַנס. פֿאַרגלײַכט אַ שטייגער: הענט – ידים,[4] טויט – מאָרד,[5] הויט – פֿעל (זעט ז׳ 143) א״אַ.

173 בײַם אָפּקלײַבן פֿון אַ גרופּע סינאָנימען (און דובלעטן) פֿאַר דעם אָדער יענעם זאַץ אַזאַ אָדער אַן אַנדער וואָרט אָדער בײַם אָנווענדן אין איין זאַץ עטלעכע סינאָנימען מיט אַ מאָל רעכנט מען זיך געוויינטלעך דערמיט, וואָס מע וויל:

1. אָפּערירן מיט אַ טערמין – מיט אַ וואָרט פֿון אַ באַשטימטן פֿאַך, און בכלל מיט אַ גענוי וואָרט. אַ שטייגער ,אימפּאָרטירן׳ הייסט ניט סתּם ,אַרײַנפֿירן׳, נאָר אַרײַנפֿירן סחורה פֿון אויסלאַנד; ,אַנטאַגאָניזם׳ הייסט ניט בכלל ,קעגנזאַץ׳, נאָר פֿײַנטלעכער קעגנזאַץ;[6]

זעט אַ שטייגער אויך פֿונעם ווײַטערדיקן אויסצוג (פֿון דער אַרויסטרעטונג פֿון דער סאָוועטישער דעלעגאַציע אויף דער זשענעווער ,אַנטוואָפֿענונג׳־קאָנפֿערענץ דעם 12 אַפּריל 1932):

> ...לימיטירן (באַגרענעצן) די באַוואָפֿענונגען קאָן מען, סײַ ווען מע פֿאַרקירצט, סײַ ווען מע פֿאַרהיט דעם איצטיקן ניוואָ און אַפֿילו ווען מע העכערט אים, אָבער דאָס וואָרט ,פֿאַרקירצן׳ קאָן באַטײַטן נאָר איינס, דהײַנו: פֿאַרמינערן – אין פֿאַרגלײַך מיטן איצטיקן ניוואָ. צוליב די אַלע מאָטיוון לייגט די סאָוועטישע דעלעגאַציע פֿאָר איין מאָל פֿאַר אַלע מאָל מאַכן אַ סוף צו די צווייִדײַטיקייטן, וואָס דרינגען אַרויס בײַם גלײַכצײַטיקן באַניצן די טערמינען ,לימיטאַציע׳ און ,פֿאַרקירצונג׳. פֿאַרקירצן – הייסט אויך לימיטירן, אָבער לימיטירן הייסט ניט פֿאַרקירצן. אָט צוליב וואָס מיר לייגן פֿאָר אויף ווײַטער זיך צו באַניצן אויף דער קאָנפֿערענץ נאָר מיטן טערמין ,פֿאַרקירצונג׳ (צ.).

2. פּאָפּולאַריזירן אָדער פֿאַרטײַטשן דאָס אָדער יענץ וואָרט. אַ שטייגער בײַ שלום־עליכמען: ער אַנאַטאָמירט (צעשנײַדט) דעם גוף פֿון דעם מענטשן; אַלע ייִדן... ווערן

1 [3] שוין לאַנג פֿאַרשוווּנדן. אָבער אין טעקסטן פֿון סוף XVIII יאָרהונדערט איז נאָך דאָס דאָזיקע וואָרט פֿאַראַן. אַגבֿ, אַ ,קינד׳ פֿונעם דאָזיקן וואָרט איז נאָך אויך איצט פֿאַראַן – ,מינדלעך׳.

2 [4] ווערט שוין גאַנץ זעלטן געברויכט.

3 [5] ווערט געברויכט אַלץ זעלטענער און זעלטענער.

4 [1] אַ שטייגער: נאָר הענט האָט ער געהאַט אַ פּאָר – דאָס, וואָס מע רופֿט אָן ידים (שאָל.).

5 [2] ,מאָרד׳ האָט אין אַלטדײַטש באַטײַט אויך ,טויט׳ (גרעזעניוס, ז׳ 1020).

6 [3] אַ שטייגער בײַ לענינען: אַנטאַגאָניזם און קעגנזאַץ זײַנען גאָרניט איינס און דאָס זעלבע. דאָס ערשטע וועט פֿאַרשווינדן, דאָס צווייטע וועט בלײַבן בײַם סאָציאַליזם.

אײַנגעטיילט אין אַלערליי קאָרפּאָראַציעס (כּיתּות); ער האָט אַרויסגענומען פֿון יעדן בריוו דעם תּמצית (עסענץ).

3. פֿאַרשטאַרקן דעם אָדער יענעם באַגריף (וואָרט), ווי אויך וואָס גענויער, אַלזײַטיקער אים אַרומריידן. אַ שטייגער: (1) בײַ מענדעלען: נישט צו נעמען פֿאַר זייער מי, פֿאַר זייער פּראַצע אַפֿילו אַ צעבראָכענעם העלער; (2) בײַ שלום־עליכמען: די פּראָצענטניקעס עסן און טאָטשען דעם אָרעמאַן ווי די ווערעם; אין שטוב איז פֿינצטער, חושך; זיי דאַרף מען נעמען מיט יושר, מיט גערעכטיקייט; צי קאָכט ער נישט קיין ספּירט שטילערהייט, בשתּיקה; דאָס לעבן איז נאָר אַ מינוט, אַ רגע; (3) בײַ לענינען: קאָנסטיטוציאָנעלע אילוזיעס הייסט אַ פּאָליטישער פֿעלער, וועלכער באַשטייט דערין, וואָס מענטשן נעמען אָן ווי אַן עקסיסטירנדיקע, נאָרמאַלע, רעכטלעכע, אײַנגעאָרדנטע, גוזעצלעכע, קורץ ווי אַ ,קאָנסטיטוציאָנעלע׳ אַ געוויסע אָרדעוווג, הגם אין דער אמתן עקסיסטירט זי גאָר ניט.

ווען זייער נאָענטע סינאָנימען אָדער דובלעטן ווערן אין אַזעלכע פֿאַלן אָפֿט איינע לעבן די אַנדערע געברויכט, טרעפֿט, אַז סוף־כּל־סוף ווערן זיי צונויפֿגעזעצט. אַ שטייגער: טאַטע־פֿאָטער, בידנע־אָרעם, פּראָסט־פּשוט, חי־געלעבט, משונה־מאָדנע, מגושם־גראָב, אַ מיתה־[138]פֿאָהיבעל א״אַ.[1] דערבײַ ווערט דער פֿאַקט פֿון דער צונויפֿזעצונג אַפֿילו פֿאַרגעסן, און מע הערט אויף צו פֿילן אינעם צונויפֿזאַץ די באַזונדערע וואָרצלדיקע מאָרפֿעמעס. אַ שטייגער: פֿיסנאָהע (פֿיס און нога [noga] – פֿוס); קליידערטראַכט (,טראַכט׳ באַטײַט דאָס זעלבע, וואָס ,קליידער׳);[2] לײַבלעך (זעט ז׳ 110); פּיפּער־נאָטער (אי ,פּיפּער׳ אי ,נאָטער׳[3] באַטײַטן ,שלאַנג׳) און נאָך אַנדערע.

4. צוגעבן דעם זאַץ (די רייד) אַ טאָן פֿון אַרכאַיִשקייט, דיאַלעקטאַלקייט, סײַ טעריטאָריעלע און סײַ סאָציאַלע, אָדער, פֿאַרקערט, אַ טאָן פֿון ליטעראַרישקייט. אַ שטייגער: (1) וויל זי דעם פֿאָטער וועקן, לייגט אָבער די אַלטע אַ פֿינגער איבער די לעפֿצן (פּ.); (2) פֿון ביימער שמועסן מיר, פֿון זייער ווונדערלעכן רויש, פֿון אַלץ, וואָס איך האָב ליב און ער האָט האָלט (האָפּ.); (3) ער אַליין אָבער לאָזט זיך אויף דער וועלט צו פּראָצעסירן מיט יענעם פּריץ... און אויך צו האָבן דין־תּורות מיטן יִדן... (פּ.);[4] (4) אויב, זאָג איך, אַ חייט, אַ סנדלר, אָדער אַ מלמד, מעג ער, זאָג איך, זיצן דאָרט[5] (שאָל.); (5) „די יאַרמלקע״ איז אַ פֿרומע אַלטמאָדישע גאַזעט פֿאַר אָרטאָדאָקסן, און „דער קאַפּעליוש״ איז אַ מאָדערנע, ראַדיקאַלע צײַטונג פֿון די פֿאָרגעשריטענע עלעמענטן (שאָל.).

אָנמערקונג די ווערטער, וואָס מאַכן אַ זאַץ אַרכאַיִש, קאָנען לויט זייער אָפּשטאַם זײַן אי גערמאַניזמען, אי סלאַוויזמען, אי לאַטיניזמען אאַ״וו. אָבער באַזונדערש טוען עס אַ

1 [1] אַ שטייגער בײַ שלום־עליכמען: עס קומען מיר אַקעגן גלײַך פֿון וואַלד אַרויס צוויי משונה־מאָדנע נפֿשות; געווען איז ער... מיט מגושם־גראָבע הענט און מיט מגושם־גראָבע ליפּן; אַ פּגירה זאָל אויף אײַך קומען, כאָלערעס!... אַ מיתה־פֿאָהיבעל אויף אײַך...

2 [2] אַ שטייגער: דעם פּאַסטאָרס טראַכט איז אַזוי שיין (פּ.); ער מיינט, אַז דאָ האַנדלט זיך פֿון אַ ייִדישער טראַכט. ייִדן האָבן אין מיטל־עלטער קיין אייגענע קליידערטראַכט ניט געהאַט (נ. ש.).

3 [3] פֿון ,וויפּער׳ און ,נאַטער׳.

4 [4] זעט אויך אין פּרצעס „מוסר״.

5 [5] חייט – שנײַדער; סנדלר – שוסטער.

גאַנצע ריי העברעיִזמען. דעריבער איז טאַקע ניט פּאַסיק, ווען אין אַ מאָדערנער פּאָליטישער בראָשור, איבערגעזעצט פֿון רוסיש, טרעפֿט מען אַזעלכע ,מוסטערן׳: למען־האמת מוז איך מעלדן...; איך וועל דאָ ניט מאריך זײַן וועגן דעם באַטײַט פֿון טעאָריע; דערלויבט אַצינד אָפּצושטעלן זיך אויף די הוספֿות צו די טעזיסן א״אַ.

5. מאַכן דעם זאַץ צוגעגנגלעך פֿאַר אַ ברייטערן אָדער שמעלערן קרײַז צוהערער (אָדער לייענער). אַ שטייגער ווען מע ברענגט אין אַ זאַץ די ווערטער ,גנבֿ, פּאַספּאָרט, געלט, קעגנזאַץ, אָפּשײַ׳ (אָדער ,דרך־ארץ, רעספּעקט׳), וועט דער זאַץ דערגיין צו אַ ברייטערן קרײַז מענטשן, איידער אַז מע וועט ברענגען די ווערטער ,שטוילער, כּתיבֿה, מעות, אַנטאַגאָניזם, תּרבות׳ (אָדער ,פּיעטעט׳).

ניט שטענדיק האָט מען אין זינען אַ ברייטערן קרײַז צוהערער. אָפֿט, פֿאַרקערט, וויל מען דווקא, אַז וואָס ווייניקער ,זײַטיקע׳ מענטשן זאָלן דאָס געזאָגטע פֿאַרשטיין. דערום קומען אויף פֿאַרשיידענע פֿאַרשטעלטע שפּראַכן (זשאַרגאָנען, אַרגאָ): קינדערשפּראַכן, [139] פּראָפֿעסיאָנעלע שפּראַכן (קרעמערשע, קלעזמערשע, אַקטיאָרישע...) א״אַ. אַ שטייגער בײַ שלום־עליכמען: (1) דער חדר איז דעם אָדון טאַקע געפֿעלן. ער פֿרעגט, מה־יקר [מאַ יאָקאָר]. וויפֿל דברט מען אים?[1] (2) ווער איז די שעכטע, וואָס שטייט לעבן דער סמיסאַנקע? – פֿרעגט סטעמפּעניו אויף קלעזמער־לשון... – גיי נאָר און פּראָבע אויס מהטאַם, אָבער כודקע.[2]

אָנמערקונג כּדי צו מאַכן די שפּראַך פֿאַרשטעלט, קומט מען אָפֿט מאָל אָן ניט צו לעקסישע מיטלען, ניט צו סינאָנימיק, נאָר צו פֿאָנעטישע טראַנספֿאָרמאַציעס. אַ שטייגער: (1) קינדער־לשון: אונדזער הערשעלע פֿאַלט אויף אַ המצאה בײַ משה־יאָסיס אָנקומען, און נישט לאַנג געטראַכט, מאַכט ער צו אים אויף קונדס־לשון אַזוי: סויסע־סאָסי, משה־יאָסי, סו סילסט, דו ווילסט, סאַן סראַנק, זײַן קראַנק? (ממס.); (2) באַנדיטן־לשון: וואָס טיישט איר ווי די מיילענע לויגעמס? לאָז מען אים נידבן די טהען מיט די סיף![3] – רופֿט זיך אָן דער הייזעריקער אויף זייער פֿאַרשטעלטער שפּראַך... (שאָל.).

6. אויסמײַדן איבערחזרונגען און איינטאָניקייט בכלל. אַ שטייגער: די שטיפֿמאַמע, וועלכע האָט געהאַט געקוקט אויף דעם זעלבשטענדיקן שטיפֿזון מיט אַ געוויסער דאָזע פֿון רעספּעקט, האָט אַצינד מיט אַ מאָל פֿאַרלוירן דאָס גאַנצע ביסל דרך־ארץ פֿאַרן ,פּוסטעפּאַסניק׳ (שאָל.); רופֿט זיך אָן דער הייזעריקער אויף זייער פֿאַרשטעלטער שפּראַך און לאָזט אויס אויף אונדזער לשון: ווו זײַנען ערגעץ די שטריק? (שאָל.); נאָר דער נאָמען, וואָס אסתּר האָט זיך געקויפֿט בײַ איר אין שטאָט, איז נאָך גאָרנישט אַקעגן דעם שם, וואָס זי האָט געהאַט אין דער גאַנצער סבֿיבֿה פֿון מאַזעפּעווקע אַרום און אַרום (שאָל.).

אָנמערקונג אָפֿט מײַדט מען דווקא אויס אָנצווּווענדן סינאָנימען און מע חזרט איבער איינס און דאָס זעלבע וואָרט. דאָס ווערט געוויינטלעך געטאָן, ווען מע וויל דאָס

1 [1] דער אָדון – דער האַר, הער; מה־יקר – ווי טײַער, וואָס קאָסט; דברט – זאָגט.

2 [2] שעכטע – פֿרוי; סמיסאַנקע – כּלה; פּראָבע אויס – ווער געוויר; מהטאַם – ווער איז זי; כודקע – געשווינד [פֿאַלקאָוויטש שרײַבט „כודקע", כאָטש אין אַלע אויסגאַבעס פֿון „סטעמפּעניו", אויך אין דער מאָסקווער פֿון 1948, איז „כידקע". מעגלעך, אַז מיינענדיק אַז שלום־עליכם באַניצט דעם דיאַלעקטאַלן אַרויסרייד, ,רעקאָנסטרויִרט׳ פֿאַלקאָוויטש די כּלל־ייִדישע פֿאָרמע פֿונעם וואָרט וואָס שטאַמט פֿונעם אוקראַיִנישן וואָרט хутко [chutko]. אָנמ׳ פֿון רעד׳].

3 [3] וואָס שטייט איר ווי די ליימענע גולמס? לאָז מען אים בינדן די הענט מיט די פּיס!

דאָזיקע וואָרט אויסטיילן, ווען מע וויל גראָד אַ באַשטימטע אייניקייט. אַ שטייגער: (1) בײַ פּרצן (וועגן באָנטשע שווײַג): שטיל געבוירן, שטיל געלעבט, שטיל געשטאָרבן און נאָך שטילער באַגראָבן; (2) בײַ בערגעלסאָנען (וועגן פֿיליפּאָוון, פֿון „מידת־הדין“): אַקעגן אים אין קאַנצעלאַריע איז געזעסן אַ געוויינטלעך־וואָכעדיקער מענטש, מיט אַ געוויינט־לעך־וואָכעדיקן אויסזען און מיט געוויינטלעך־וואָכעדיקע פֿעטלעך־שוואַרצע שטיוול – שטיוול, וואָס פֿאַרשפּרייטן אַרום זיך דעם אייגענעם ריח, וואָס אַלע אַנדערע געוויינטלעכע פֿעט געשמירטע שטיוול...; (3) בײַ שלום־עליכמען: ...האָב איך געבראַכט אַ פֿאָטאָגראַ־פֿישן אַפּאַראַט און האָב אַראָפּגענומען אַ בילד פֿון די שטעקשיך, און איך שיק אים אַרויס דאָס בילד פֿון די שטעקשיך, ער זאָל זיך צוקוקן צו די שטעקשיך און זאָל מיר באַלד מודיע זײַן דורך אַ בריוול, אויב די שטעקשיך זײַנען זײַנע שטעקשיך.

7. אויסמײַדן גראָבע און אומאָנגענעמבאַרע ווערטער. אַ שטייגער: מע קאָן קיין דבֿר־אַחר ניט זײַן (דינ.); זײַט ניט אָט דאָס, וואָס סע קוויטשעט (שאָל.); איך ליג מיטן פּנים אַראָפּ און מיטן ווי־הייסט־עס אַרויף (ממס.). [140]

אַהער געהערט אויך דאָס וועלן אויסמײַדן ‚הייליקע‘ אָדער ‚שרעקלעכע‘ ווערטער. אַ שטייגער: אַנשטאָט ‚גאָט‘ זאָגט מען (פֿלעגט מען זאָגן) ‚אייבערשטער‘; אַנשטאָט ‚אַ שלעכט אויג‘ – ‚אַ גוט אויג‘ (זעט ז׳ 142); אַנשטאָט ‚געגנבֿעט‘ – ‚געלקחנט‘ א״אַ.[1]

און אַהער געהערט אויך דאָס וועלן אויסמײַדן ווערטער מיט פֿרעמדע, פֿײַנטלעכע אַסאָ־ציאַציעס. אַ שטייגער: ניט ‚אַסיפֿה‘, נאָר ‚פֿאַרזאַמלונג‘; ניט ‚חבֿרה‘, נאָר ‚געזעלשאַפֿט‘; ניט ‚דינסט‘, נאָר ‚הויז־אַרבעטערין‘ און פֿיל אַנדערע.

8. בײַם אָפּקלײַבן דאָס אָדער יענץ וואָרט רעכנט מען זיך אַ מאָל אויך מיט דער פֿאָנע־טישער זײַט פֿונעם וואָרט: מיט דער צאָל טראַפֿן און קלאַנגען, מיטן כאַראַקטער פֿון די קלאַנגען, מיטן אָרט פֿונעם אַקצענט א״אַ. איבער הויפּט – אין דיכטונג, ווו די אַלע מאָמענטן זײַנען באַזונדערש וויכטיק. פֿאַרגלײַכט אַ שטייגער פֿון דעם שטאַנדפּונקט די ווערטער ‚מי־אַרבעט – פּראַצע‘; ‚לץ – אַרלעקין – פּאַיאַץ‘; ‚שירעם – זאָנטיק – פּאַראַסאָל‘ אאַ״וו.

174 בײַם ברענגען אין איין ריי אַ גרופּע סינאָנימען שטעלט מען זיי געוויינטלעך אויס אין אַ געוויסער גראַדאַציע (בהדרגהדיקייט, אָנוווקס). אַ שטייגער בײַ שלום־עליכמען: (1) ביסט אַ נאַר! ביסט אַ שוטה! אַ פּרא־אָדם [פּעראָדאָם] ביסטו!; (2) און אַזוי ווערט ער דאָרט אַ היימישער, אַ בן־בית, אַן אייגענער; (3) ווער עס האָט פֿערד, טאַקע סוסים, און ווער עס האָט פּגירות, נבֿלות, פֿעל; (4) אויפֿן וועג ווערט ער געוווירר פֿון דעם טאַטן איינצלהייטן, אַז דער קאָלעקטאָר איז, אייגנטלעך, שוין לאַנג ניט מיט אַלעמען. נאָר די לעצטע צײַט איז ער שוין גאָר ערנסט קראַנק. וואָס ווײַטער ווערן די איינצלהייטן אַלץ טינקעלער און געדיכטער. עס לאָזט זיך אויס, אַז ער איז געפֿערלעך קראַנק. „אַ סבֿרא, אַז ער האַלט זייער שמאָל. דאָס הייסט, ער וויל זאָגן, אַז דער קאָלעקטאָר איז פֿאַרבײַ...“

[1] [1] אַ שטייגער: ...האָט ער (מאיר) ...געלערנט אים פֿאַרקנייטשן דאָס דאַוונען, טראָגן פֿון קלייט אונטער דער מאַמעס נאָז באָקסערן... מיט נאָך גוטע זאַכן – דאָס הייסט ניט חלילה געגנבֿט, נאָר געלקחנט; און דערפֿאַר שטראָפֿט מען ניט אויף יענער וועלט (שאָל.).

פֿון די פֿאָריקע ביישפּילן דאַרף מען אָבער ניט דרינגען, אַז אין אַלע פֿאַלן דאַרף מען ברענגען וואָס מער סינאָנימען און בכלל שיטן מיט רייד. ווי קאָמיש אַזאַ באַריידעוודיקייט איז – איז גוט באַוויזן פֿון זייער פֿיל שלום־עליכמס ווערק (און אַנדערע), ווו אַ ריי פּער־סאָנאַזשן זאָגן אָפּט: ‚אַ שטייגער כּדומה למשל׳ אָדער ‚די היסטאָריע פֿון דער געשיכטע איז אַזאַ מעשׂה׳ א״אַ.

175 דאָס אַלץ, וואָס איז אינעם דאָזיקן קאַפּיטל געזאָגט געוואָרן, האָט אַ שייַכות ניט נאָר צו איינצלנע ווערטער, נאָר אויך צו גאַנצע ווערטער־גרופּעס. אַ שטייגער אַנ־שטאָט אַ ‚ליגן׳ אָדער ‚ניט אמת׳ זאָגט מען אין אַ ריי פֿאַלן: עס הייבט זיך גאָר ניט אָן; ניט געשטויגן און ניט געפֿלויגן; אויפֿן הימל אַ יריד; עס איז געווען דרייַ וואָכן פֿאַר וואַרשע; עס איז געווען (וועט זייַן) חול־המועד־פּורים; עס איז לא דובים ולא יער׳[1] אאַ״וו. [141]

און דאָס אַלץ האָט אויך אַ שייַכות צו איינצלנע מאָרפֿעמעס. אַ שטייגער דעם באַ־גריף מערצאָל קאָן מען אין אַ ריי פֿאַלן אויסדריקן דורכן סופֿיקס ‚־ער׳ (קינדער), דורך די סופֿיקסן ‚־(ע)ן, (ע)ס, ־ות׳ (פּרויען, טישן, זייגערס, חובֿות), דורכן סופֿיקס ‚־ים׳ (פּויערים) און אַנדערע; דעם באַגריף נעגאַציע (אָפּלייקענונג, אָפּוועזנהייט) קאָן מען אַ מאָל אויס־דריקן דורכן סופֿיקס ‚־לאָז׳ (בלוטלאָז, היימלאָז) און אַ מאָל דורך די פּרעפֿיקסן ‚אומ־, אַ־׳ (אומחן, אַטעיִזם) און אַנדערע סינאָנימישע און דובלירנדיקע אַפֿיקסן, וואָס אויך זיי זייַנען אַ רעזולטאַט אָדער פֿון באַטייַט־ענדערונג אָדער נאָך אָפֿטער פֿון שפּראַכמישונג (זעט די צעטלען אַפֿיקסן אין די געהעריקע קאַפּיטלען און די אָנמערקונגען צו זיי).

דערבייַ טרעפֿט אָפּט, אַז אַ פּאָר דובלירנדיקע אַפֿיקסן זעצן זיך צו צו איינער און דער זעלבער וואָרצלדיקער מאָרפֿעמע. אַ שטייגער אין די ווערטער ‚מינוטקעלע,[2] נגידיתטע, בעל־תּשובֿהניק, בעל־פּחדן,[3] בעל־מטופּל׳ האָבן מיר אַזאַ דובלירונג פֿון אַפֿיקסן: 1. ־קע + ־(ע)לע; 2. ־ית + ־טע; 3. בעל־ + ־ניק; 4. בעל־ + ־ן; 5. בעל־ + מ־ (זעט ז״ז 98, 99).

אָנמערקונג עס איז, פֿאַרשטייט זיך, ניט קיין מוז, אַז די דאָזיקע ווערטער זאָלן דווקא קומען מיט דובלירנדיקע אַפֿיקסן – אָפּט איז בייַ זיי פֿאַראַן ניט מער ווי איינער פֿון די דאָזיקע דובלעטן. פֿאַרגלייַכט אַ שטייגער: 1. אַז זיי גייען, קאַטשען זיי זיך ווי אַ כּתרילעווקער נגידיתטע (שאָל.) – טעמע־ביילע די נגידית איז דווקא אַ ייִדענע אַ נידעריקע (שאָל.); 2. נאָר ווער עס האָט אַ מאָל געפּרוּווט זייַן אַ בעל־תּשובֿהניק – דער וועט מודע זייַן, אַז... אַ בעל־תּשובֿה איז אַ מענטש, וואָס... (שאָל.); 3. פּרנסה האָט ער געהאַט פֿון דער קרעטשמע בצימצום..., געווען אַ בעל־מטופּל מיט קינדער (שאָל.) – טבֿיה דער מילכיקער – אַ ייִד אַן אָרעמאַן, אַ מטופּל מיט קינדער... (שאָל.).

און אָפּט טרעפֿט (פּונקט ווי בייַ דובלירנדיקע ווערטער, זעט ז׳ 156), אַז איין אַפֿיקס הייבט אָן אַרויסצושטויסן אַ צווייטן דובלירנדיקן אַפֿיקס אָדער זיי הייבן אָן באַקומען אַ ניואַנס אינעם באַטייַט. אַ שטייגער די לעצטע פֿופֿציק־זעכציק יאָר האָט מען גענומען זייער

[1] [2] ניט קיין בער און ניט קיין וואַלד. אַנשטאָט ‚דובים׳ (בערן) זאָגט מען אָפּט אויך ‚דוב׳ אינעם באַטייַט פֿון ‚דעמב׳. דאָס איז אַזאַ מין פֿאָלקס־עטימאָלאָגיע.

[2] [1] אַ שטייגער: איך... פּרוּוו זיך דאָס אַרייַנלייגן אויף אַ מינוטקעלע צו זיך אין קעשענע (שאָל.).

[3] [2] אַ שטייגער: בטבֿע איז אונדזער בנימין... געווען אַ ווילדער בעל־פּחדן (ממס.).

שטאַרק אָנצווּווענדן דעם סופֿיקס ־ונג׳, אַפֿילו בײַ אַזעלכע ווערטער, וואָס ביז דאַן פֿלעגט מען זיי מערסטנס ברענגען מיטן סופֿיקס ־עכץ׳. דער דאָזיקער איז איצט דער עיקר פֿאַרבליבן בײַ ניט קיין גרויסער גרופּע ,וואָכעדיקע׳ ווערטער (שפּײַעכץ, טייגעכץ, שמירעכץ א״אַ). דאָס האָט געבראַכט דערצו, אַז דער סופֿיקס ־עכץ׳ האָט אין פֿאַרגלײַך מיטן סופֿיקס ־ונג׳ באַקומען אַ ניואַנס פֿון קליינלעכקייט, פֿון ביטול. פֿאַרגלײַכט אַ שטייגער: זיצונג – זיצעכץ; מיינונג – מיינעכץ; באַדינגונג – באַדינגעכץ.

אָנמערקונג בכלל אָבער זײַנען סובסטאַנטיוון מיט ־ונג׳ שוין אַ גאַנץ אַלטע דערשײַנונג. אַ שטייגער בײַ אַנשלען: פלנצונג, שמייכלונג, לערנונג, ברומונג, פעלשונג, שווייגונג, שעכטונג, בידעקונג, ביגערונג, איילונג, וארשונג [פֿאָרשונג], דר שרעקונג, פר מישונג, ור טומלונג, ור ווישטונג, ור וועכסלונג און פֿיל אַנדערע. [142]

21 וואָרטבילדונג און וואָרטקלאַסן

176 אין אַ שפּראַך, באַזונדערש אין אַן אַנטוויקלטער שפּראַך, זײַנען געוויינטלעך פֿאַראַן צענדליקער טויזנטער ווערטער. לויט דעם, וואָס די ווערטער באַטײַטן, וועלכע פֿונקציעס זיי פֿילן אויס אין זאַץ און מיט וועלכע ווערטער זיי באַהעפֿטן זיך, טיילט מען זיי אײַן, ווי דאָס איז שוין באַוויזן (ז׳ 36) אין זעלבשטענדיקע און אין באַהילפֿיקע און אין אַ גאַנצער ריי וואָרטקלאַסן (סובסטאַנטיוון, ווערבן, אַדיעקטיוון אאַ״וו).

די זעלבשטענדיקע ווערטער, און אַ מאָל אויך אייניקע באַהילפֿיקע, זײַנען אָדער גרונטיקע אָדער אויסגעבילדעטע. די גרונטיקע ווערטער – דאָס זײַנען איינציקע (ניט קיין צונויפֿגעזעצטע) וואָרצלען. די אויסגעבילדעטע – דאָס זײַנען אַזעלכע, וואָס מיט דער הילף פֿון אַפֿיקסן אָדער (און) מיט דער הילף פֿון אַנדערע וואָרטבילדנדיקע מיטלען (זעט ז״ז 117–119) זײַנען זיי געבילדעט פֿונעם זעלבן וואָרטקלאַס אָדער פֿון אַן אַנדערן. אַ שטייגער: [143]

		אויסגעבילדעטע פֿון				
וואָרטקלאַס	גרונטיקע	אַ סובסטאַנטיוו	אַ ווערב	אַן אַדיעקטיוו	אַ צאָלוואָרט	אַן אַדוועבר
סובסטאַנטיוו	ביין פֿויער	געביין פֿויערטום	געהאַלט זיצונג	אייגנטום קליינוואַרג	איינהייט צענדליק	ענגשאַפֿט שפּעטקייט
ווערב	האַלט לויף	באַלוין פּײַניק	באַהאַלט אַנטלויף	באַפֿרײַ דערלאַנג	צעצווייַ (זיך)	רייניק דערגאַנץ
אַדיעקטיוו	ווײַס(ע) פֿײַנ(ע)	זילבערנ(ע) מאָסקווער	אײַליק(ע) לעבהאַפֿט(ע)	ווײַסלעכ(ע) פֿײַנינק(ע)	צווייט(ע) דריט(ע)	הײַנטיק(ע) דורכויסיק(ע)
אַדוועבר	לאַנג הײַנט	בטבֿע שורותווײַז	אײַליק לעבהאַפֿט	אין גיכן יונגערהייט	איינזאַם אין צווייען	לאַנגזאַם פֿאַרנאַכטלעך

[142]

אָנמערקונג אויף וויפֿל אַן אַדיעקטיווישער אַדווערב האָט געוויינטלעך די זעלבע באַזע, וואָס אַן אַדיעקטיוו, קאָן מען די ווערטער, וואָס זײַנען געבילדעט פֿון אַזאַ אַדווערב, באַטראַכטן אויך אַלס אויסגעבילדעטע פֿון אַן אַדיעקטיוו. און אַזוי איז עס אין דער גרעס־טער מערהייט פֿאַלן אויך פֿאַרקערט: אַ וואָרט, וואָס איז געבילדעט פֿון אַן אַדיעקטיוו, האָט מערסטנס אויך די באַזע פֿון אַן אַדיעקטיווישן אַדווערב. אָבער אַ שטייגער אַזאַ וואָרט ווי ,יונגערהייט, קליינערהייט׳ אאַ״וו איז געבילדעט בלויז פֿון אַן אַדיעקטיוו (,יונגער, קליינער׳).

177 אויסער גרונטיקע און אויסגעבילדעטע ווערטער זײַנען נאָך פֿאַראַן פֿאַראיי־ניקטע ווערטער. די דאָזיקע באַשטייען מערסטנס: 1. פֿון אַ פּרעפּאָזיציע מיטן אַרטיקל ,דעם׳. אַ שטייגער: אינעם, אָנעם, פֿונעם, צום, אויפֿן (אין, אָן, פֿון, צו, אויף + דעם); 2. פֿונעם אַרטיקל ,דאָס׳ מיט אַ סובסטאַנטיוו. אַ שטייגער: ס׳פּנים, ס׳מויל, (דאָס פּנים, דאָס מויל); 3. פֿון אַ פּראָנאָם מיט אַ ווערב. אַ שטייגער: איכ׳ל (איך וועל), דו׳סט (דו וועסט), איר׳ט (איר וועט), מיר׳ן (מיר וועלן), כ׳גיי (איך גיי), מ׳רופֿט (מע רופֿט), ס׳רוישט (עס, סע רוישט) אאַ״וו.[1]

אין אייניקע ערטער פֿאַראייניקט מען אָפֿט אויך אַ ווערב אָדער פּרעפּאָזיציע מיטן פּראָנאָם ,אים׳ אָדער אַ ווערב[2] מיטן אַרטיקל ,דעם׳. מע האָט׳ן [האָט אים] דאַרט אָנגענומען (פּ.); שפּעטער האָבן שוער־און־שוויגער אויפֿ׳ן [אויף אים] אַ פּעולה געהאַט (פּ.); נעמט׳ן [נעמט דעם] בעכער אין דער רעכטער האַנט [פֿון אַ פּויליש פֿאָלקסליד].

178 ווען מע קלײַבט פֿונאַנדער אַן אויסגעבילדעט וואָרט, וואָס אַנטהאַלט אַ פּאָר אָדער עטלעכע מאָרפֿעמעס, קאָן מען ריידן וועגן פֿאַרשיידענע סטאַדיעס אין דער אויס־בילדונג פֿונעם וואָרט. אַ שטייגער דאָס וואָרט ,באַוועגלעכקייט׳ האָט דורכגעמאַכט אַזעל־כע סטאַדיעס: [144]

1. וועג – אַ סובסטאַנטיוו, אַ גרונטיקער, אַ וואָרצל;
2. באַוועג – אַ ווערב, געבילדעט פֿונעם סובסטאַנטיוו ,וועג׳;
3. באַוועגלעך – אַן אַדווערב (און אַדיעקטיוו), געבילדעט פֿונעם ווערב ,באַוועג׳;
4. באַוועגלעכקייט – אַ סובסטאַנטיוו, געבילדעט פֿונעם אַדווערב און אַדיעקטיוו ,באַ־וועגלעך׳.

אָט די דאָזיקע אַלע סטאַדיעס פֿונעם וואָרט ,באַוועגלעכקייט׳, וואָס יעדע פֿון זיי האָט זיך איר סטרוקטור און איר באַטײַט, – זיי אַלע ווירקן אויף דער סטרוקטוריש־באַטײַטלעכער אויספֿאָרמירונג פֿונעם דאָזיקן וואָרט. און אַזוי איז עס געוויינטלעך מיט אַלע אַנדערע ווערטער.

אָנמערקונג 1 עס טרעפֿט, אַז אַ פֿריִערדיקע סטאַדיע פֿון אַ וואָרט ווערט ניט גע־ברויכט אָדער אַז אַ וואָרט שפּרינגט אַריבער אַ סטאַדיע און מאַכט דורך אַ פּאָר סטאַדיעס מיט אַ מאָל. אַ שטייגער ,מינדלעך׳ (,מונד׳ ווערט איצט אין ייִדיש ניט געברויכט. זעט ז׳ 156) אָדער אַ שטייגער ,אומאויפֿהערלעך׳ (ס׳איז ניטאָ קיין ,אומאויפֿהער׳ און ניט קיין ,אויפֿהערלעך׳).

1 [1] אַ שטייגער: איכ׳ל אים אויסזעצן די ציין (בערג.); איר׳ט מיר האָבן צו געדענקען (בערג.).
2 [2] אויב דער ווערב ענדיקט זיך מיט אַ קאָנסאָנאַנט (אויסער אַ ,נ׳).

אָנמערקונג 2 אַ מאָל קאָן מען צווייפֿלען וועגן דעם געשיכטלעכן גאַנג פֿון דער אָדער יענער וואָרטבילדונג. מע קאָן אַ שטייגער שטרײַטן, צי איז דאָס וואָרט ,אומ־באַוועגלעכקייט׳ געבילדעט פֿון ,באַוועגלעכקייט׳ + פּרעפֿיקס ,אומ־׳ צי פֿון ,אומ־באַוועגלעך׳ + סופֿיקס ,־קייט׳. אָבער פֿאַר דער פּראַקטישער אַרבעט האָט געוויינטלעך דער דאָזיקער שטרײַט קיין אינטערעס ניט.

179 די פֿאַרשיידענע סטאַדיעס פֿון אַן אויסגעבילדעט וואָרט ווערן אָפֿטער פֿון אַלץ אויסגעפֿורעמט דורך פּרעפֿיקסן און סופֿיקסן. די דאָזיקע ווירקן אָבער מערסטנס גאַנץ פֿאַרשיידן אויפֿן באַטײַט פֿון אַ וואָרט און אויף זײַן אָנגעהעריקייט צו דעם אָדער צו יענעם קלאַס. אַ שטייגער:

ווען צו אַ וואָרט, וואָס באַטײַט אַ זאַך, אַ טוּונג, אַן אייגנשאַפֿט אאַ״וו, קומט צו אַ פּרעפֿיקס אָדער אַ צוגאָב, העריז דאָס דאָזיקע וואָרט געוויינטלעך ניט אויף צו באַטײַטן אַ זאַך, אַ טוּונג, אַן אייגנשאַפֿט אאַ״וו. דער פּרעפֿיקס אָדער דער צוגאָב ווירקן אויפֿן באַטײַט פֿונעם וואָרט הויפּטזאַכלעך אין דער ריכטונג פֿון צוגעבן אַזאַ אָדער אַן אַנדער אָנווײַז וועגן אָרט (רוים), ריכטונג, צײַט און וועזן (תּוך). אַ שטייגער:

1. האָלץ – געהילץ; ביין – געביין; גליק – אומגליק; חן – אומחן...;
2. גיין – צוגיין, אָפּגיין, אַרײַנגיין, אַרויסגיין, אַרויפֿגיין, אַראָפּגיין, דורכגיין, אַרומגיין, צוריקגיין, אויסגיין, צעגיין, דערגיין, פֿאַרגיין אאַ״וו.

אַנדערש איז אָבער, ווען צו אַ וואָרט קומט צו אַ סופֿיקס. אין אַזאַ פֿאַל קאָן אַ מאָל דאָס וואָרט באַקומען אַן ענדערונג אינעם באַטײַט בנוגע דער צאָל (טיש – טישן, זייגער – זייגערס), בנוגע דער גרייס (טיש – טישל – טישעלע), בנוגע דעם גראַד (הויך – הויכלעך, העכער, העכסט) און נאָך אַנדערע קלענערע און גרעסערע ענדערונגען. און אַ מאָל קאָן אַ סופֿיקס ווירקן אויפֿן באַטײַט פֿונעם וואָרט גאָר אַנדערש: באַקומענדיק אַזאַ אָדער אַן אַנדער סופֿיקס, קאָן אָפֿט אַ וואָרט פֿון איין וואָרטקלאַס אַריבער אין אַ צווייטן און אָנהייבן צו באַטײַטן עפּעס אַנדערש. אַ שטייגער: [145]

1. דער סופֿיקס ,־יר׳ מאַכט מערסטנס פֿון אַ סובסטאַנטיוו אַ ווערב, אַ שטייגער: רעמאָנט – רעמאָנטיר; קאָנטראָל – קאָנטראָליר; טעלעפֿאָן – טעלעפֿאָניר (אָבער: בריגאַדע – בריגאַדיר; קאָמאַנדע – קאָמאַנדיר א״אַ. זעט ז׳ 106).
2. דער סופֿיקס ,הייט׳ [הײַט] קאָן פֿון ווערטער, וואָס געהערן צו פֿאַרשיידענע וואָרטקלאַסן, מאַכן סובסטאַנטיוון. אַ שטייגער: מענטש – מענטשהייט; איין – איינהייט; פֿרײַ – פֿרײַהייט; באַרימט – באַרימטהייט; פֿאַרגאַנגען – פֿאַרגאַנגענהייט.
3. דער סופֿיקס ,־יק׳ קאָן אויפֿטאָן פֿאַרשיידנס: ער קאָן פֿון אַ סובסטאַנטיוו מאַכן אַ ווערב (פּײַן – פּײַניק); פֿון אַ ווערב – אַן אַדיעקטיוו און אַדיעקטיווישן אַדווערב (אײַל – אײַליק); פֿון אַן אַדיעקטיוו און אַדיעקטיווישן אַדווערב – אַ ווערב (ריין – רייניק); פֿון אַ ניט־אַדיעקטיווישן אַדווערב – אַן אַדיעקטיוו (דורכויס – דורכויסיק) און אַנדערע.

180 צווישן די סופֿיקסן זײַנען פֿאַראַן אַזעלכע, ווי דער סופֿיקס ,־הייט׳ אַ שטייגער, וואָס קאָנען צוקומען צו ווערטער פֿון פֿאַרשיידענע וואָרטקלאַסן, אָדער ווי דער סופֿיקס

,־יק׳, וואָס קאָנען אי צוקומען צו ווערטער פֿון פֿאַרשיידענע וואָרטקלאַסן אי פֿאַרוואַנדלען ווערטער אין פֿאַרשיידענע וואָרטקלאַסן; און עס זײַנען פֿאַראַן אַזעלכע סופֿיקסן, וואָס יעדער פֿון זיי האָט זיך געוויינטלעך זײַן אָפּטערע ,אויסדערווײלטע׳ וואָרטבאַזע, וואָס צו איר קלעפּט ער זיך צו, און זײַן ,אויסדערוויילטן׳ וואָרטקלאַס, אין וועלכן ער, דער דאָזיקער סופֿיקס, פֿירט אַרײַן די דורך אים געבילדעטע ווערטער. אַ שטייגער:

1. דער סופֿיקס ,־ונג׳ קומט צו צו דער באַזע פֿון אַ ווערב און מאַכט פֿונעם ווערב אַ סובסטאַנטיוו. אַ שטייגער: זיץ – זיצונג; דערצייל – דערציילונג; פֿאַרזאַמל – פֿאַרזאַמלונג;[1]

2. דער סופֿיקס ,־קייט׳ קומט כּמעט שטענדיק צו צו דער באַזע פֿון אַן אַדיעקטיוויש אַדווערב (און אַדיעקטיוו) און מאַכט דערפֿון אַ סובסטאַנטיוו. אַ שטייגער: שיין – שיינקייט; זויער – זויערקייט; געדיכט – געדיכטקייט;

ניט פֿון אַן אַדווערבישער באַזע זײַנען מיטן סופֿיקס ,־קייט׳ געבילדעט בלויז אייניקע: די סובסטאַנטיוון ,עזותקייט, רחמנותקייט׳, די ניט איבעריקס פֿאַרשפּרייטע סובסטאַנטיוון ,יוגנטקייט, יתומימקייט,[2] חבֿרקייט׳,[3] דער שוין וויניק באַוווּסטער סובסטאַנטיוו ,יונגפֿרויקייט׳[4] און נאָך אַ פּאָר (אַ שטייגער בײַ האָפּשטיינען: אומעטקייט, האַרנטקייט).

3. דער סופֿיקס ,־הייט׳ ([הייט], ניט [הײַט]) קומט אַלע מאָל צו צו אַן אַדיעקטיוו, וואָס איז מיט דער פֿלעקסיע ,־ער׳, און מאַכט דערפֿון אַן אַדווערב. אַ שטייגער: קליינער – קליינערהייט; אַלטער – אַלטערהייט; זיצנדיקער – זיצנדיקערהייט; ליגנדיקער – ליגנדיקערהייט.

אָט פֿאַר וואָס מע קאָן ריידן וועגן סובסטאַנטיווישע סופֿיקסן (סופֿיקסן, [146] וואָס בילדן סובסטאַנטיוון פֿון סובסטאַנטיוון גופֿא אָדער פֿון ניט קיין סובסטאַנטיוון), וועגן אַדיעקטיווישע סופֿיקסן אאַ״וו.

אָנמערקונג 1 פֿאַרוואַנדלען ווערטער פֿון איין קלאַס אין אַ צווייטן קאָן מען אויך דורך קלאַנגענבײַט. פֿאַרגלײַכט אַ שטייגער: הייס – היץ; קראַנק – קרענק. און דאָס קאָן מען טאָן אויך דורך אַ פּרעפֿיקס. אַ שטייגער מיטן פּרעפֿיקס ,גע־׳ קאָן מען פֿון אַ ווערב אין אַ ריי פֿאַלן מאַכן אַ סובסטאַנטיוו. אַ שטייגער: הער – אַ געהער; בעט – אַ געבעט. מיטן פּרעפֿיקס ,באַ־, דער־׳ און אַנדערע קאָן מען פֿון אַ סובסטאַנטיוו, אַדווערב און אַנדערע אָפֿט מאָל מאַכן אַ ווערב. אַ שטייגער: לוין – באַלוין, לאַנג – דערלאַנג, לענגער – פֿאַרלענגער אאַ״וו.

אָנמערקונג 2 ווען צו אַ וואָרט קומט צו אַ פּרעפּאָזיציע, אָדער אַן אַרטיקל, אָדער זיי ביידע צוזאַמען, ווערט דאָס דאָזיקע וואָרט זייער אָפֿט פֿאַרוואַנדלט אין אַן אַדווערב (זעט די בײַשפּילן אויף ז׳ 95).

[1] [1] דער סובסטאַנטיוו ,פֿעסטונג׳ איז אַ רעדוצירטע פֿאָרמע פֿון ,באַפֿעסטיקונג׳, און ,צײַטונג׳ איז אַ דײַטשע פֿאָלקס־עטימאָלאָגישע אויספֿורעמונג פֿון אַ סקאַנדינאַוויש וואָרט.

[2] [2] בײַ ליפֿשיצן: [осиротение [osirotenie, בעסער: פֿאַריתומטקייט.

[3] [3] אַ שטייגער: דאָס ערשטע האָט מיר ר׳ יויזל אַרויסגעשלאָגן פֿון קאָפּ דאָס חבֿרקייט מיט די אומות־העולם [אומעס האָוילאָם] (פּ.).

[4] [4] מיטן דאָזיקן וואָרט פֿלעגט מען אַ מאָל פֿאַרטײַטשן דאָס העברעיִשע וואָרט ,בתולים׳ (מיידלשאַפֿט, מיידלשטאַנד).

אָנמערקונג 3 די אָנגעהעריקייט פֿון אַ צונויפֿזאַץ צו דעם אָדער צו יענעם וואָרט־קלאַס ווערט געוויינטלעך באַשטימט דורכן לעצטן טייל – דורכן הויפּטטייל. אַ שטייגער: ,נאָזטיכל׳ און ,שרײַבטיש׳ זײַנען סובסטאַנטיוון; ,פֿעסטשטעלן׳ און ,גרינגשעצן׳ זײַנען ווערבן; און ,אימפּעטפֿול׳ און ,בלוטאָרעם׳ זײַנען אַדיעקטיוון אָדער אַדיעקטיווישע אַדווערבן. עס טרעפֿן אָבער אויסנאַמען אויך. אַ שטייגער: ,פֿאַך׳ און ,מאָל׳ זײַנען סובסטאַנטיוון, אָבער ,איינפֿאַך׳ און ,אָפּטמאָל׳ [אָפֿט מאָל] זײַנען אַדווערבן – דער ערשטער איז אַן אַדיעקטיווישער אַדווערב, און דער צווייטער איז אַ ניט־אַדיעקטיווישער. אָדער אַ שטייגער: ,קאָכן׳ איז אַ ווערב, אָבער ,פֿײַנקאָכן׳ (פּרעזשעניצע) איז אַ סובסטאַנטיוו.

181 פֿיל ווערטער, וואָס אָפֿט מאָל נעמט מען זיי אויף פֿאַר גרונטיקע, זײַנען אין דער אמתן אויסגעבילדעטע. אַ שטייגער: די ווערטער ,אינמיטנ [אין מיטן], אומעטום, דאָרטן, דערווײַל, אַליין, סײַוויסײַ [סײַ ווי סײַ]׳ זײַנען געבילדעט פֿון:

אין + מיט + ן[1]   דער (דאַר) + ווײַל[3]
אום + און(ד) + אום[2]   אַל + איין[4]
דאָרט + הין (אַהין)   עס + זײַ + ווי + עס + זײַ[5]

די ווערטער ,פֿרעס, בלײַב, הײַנט, אומעט, אָוונט, שווערד׳ זײַנען געבילדעט פֿון:

פֿאַר (פֿער) + עס   אום (און) + מוט[7]
באַ (בע, בי) + לײַב   אַב (טאָג) + ענד (סוף)
הײַ (האַ, הי) + טאָג[6]   שווער (זיך שווערן) + ד (סופֿיקס)[8] [147]

אַזוי איז עס אַ שטייגער אויך מיט די ווערטער ,מײַן, דײַן, זײַן׳, וואָס אויסערן וואָרצל איז בײַ זיי אויך פֿאַראַן אַ סופֿיקס ,־ן׳ – דער זעלבער סופֿיקס, וואָס בײַ די ווערטער ,זילבערן, קופּערן, וואָלן׳ און ענלעכע (זעט ז׳ 268); אַזוי איז עס אויך מיט די ווערטער: ,מאָגער, ביטער, טײַער, לויטער, מונטער׳ און אַנדערע, בײַ וועלכע דער ,־ער׳ איז אַ מאָל געווען אַ סופֿיקס, וואָס האָט זיך אָבער מיט דער צײַט אַזוי צונויפֿגעלעבט׳ מיטן וואָרצל, אַז איצט נעמען מיר אויף די ערשט אָנגעוויזענע ווערטער אַלס גרונטיקע, אָן סופֿיקסן. אַזוי איז עס אויך מיט די ווערטער ,גרוים, גרייט, גלײַך, גרינג, גלוסט׳ און אַנדערע,

1 [1] פֿאַרגלײַכט אַ שטייגער מיט ,אין מיט׳ אינעם ווײַטערדיקן פֿראַגמענט: און ערגעץ ווײַט אין מיט פֿון וועלט בײַם שטילן זוים שווײַגט אַ בוים (דאָב.).

2 [2] אין אַ ריי ערטער זאָגט מען נאָך אויך איצט און אַ לאַנגע צײַט האָט מען געשריבן אומעדום.

3 [3] דער זעלבער ,ווײַל׳, וואָס אין ,צײַטווײַליק, פֿאַרווײַלן זיך, אַ ווײַל(ע)׳...

4 [4] דער זעלבער ,אַל׳, וואָס אין ,אַלע, אַלפֿאַרבאַנדישע, אַלוועלטלעכע׳...

5 [5] אַ שטייגער בײַ מאַרקוזען (לייענט דעם ,יי׳ ווי [ײַ]): נאָר זיי עס ווי עס זיי, ווייל איך שוין האלט די פען אין דער האנט, וועל איך ווייטר שרייבן.

6 [6] פֿאַרגלײַכט אַ שטייגער מיט ,הי׳ (דאָ), ,היגע, הײַיאָר׳.

7 [7] אַ שטייגער: דען גנצן טאָג און מוט אונ׳ טרויאריקייט („מגילת ווינץ״, פֿראַנקפֿורטער אויסגאַבע, 1696).

8 [8] וועגן דער עטימאָלאָגיע פֿון ,אָוונט (אַבענד)׳ און ,שווערד׳ זעט: נ. יאַ. מאַר, ב׳ I, ז״ז 335, 332 (רוסיש). וועגן דעם סופֿיקס אין ,שווערד׳ זעט אין דער אָנמערקונג אויף ז׳ 108.

בײַ וועלכע דער „ג‘ אָנהייב וואָרט קומט אַרויס פֿונעם פּרעפֿיקס „גע־“, וואָס האָט מיט דער צײַט אין די דאָזיקע ווערטער אי באַטײַטלעך אי קלאַנגלעך פֿאַרלוירן דעם כאַראַקטער פֿון אַ באַזונדערער מאָר־פֿעמע און וואָס דעריבער נעמען מיר זיי, די דאָזיקע ווערטער, אויף אַלס גרונטיקע, אָן פּרעפֿיקסן. און אַזוי איז עס מיט נאָך טויזנטער ווערטער – סײַ אייגענע און סײַ אַנטליִענע.

182 אָרטאָעפּיש־אָרטאָגראַפֿישע אָנמערקונגען 1. די ווײַטערדיקע ווערטער דאַרפֿן זײַן מיט „ו‘, ווען זיי זײַנען סובסטאַנטיוון, און מיט „י‘, ווען זיי זײַנען ווערבן: בונד, גע־נוס, גוס (גאָס), גרוס, דונג, דרוק, ווונטש, וווּנק, זוד, זונג, טרונק, נוץ, פֿוטער, פֿלוס, קלונג, רום, שוץ, שלונג, שלוס, שפּור,[1] שפּרונג. אַ שטייגער: איך מאַך אַ בונד – איך בינד; איך הער (טו, גיב) אַ קלונג – איך קלינג. אָבער ווען די דאָזיקע קומען מיטן סופֿיקס „־ונג, ־ערײַ, ־(ע)ניש‘ און אַנדערע, וואָס קומען צו צו אַ ווערבאַלער באַזע, האָבן זיי אין וואָרצל אַ וואָקאַל „י‘. אַ שטייגער: קלינגערײַ, פֿיטערונג, ווינטשעניש.[2]

2. די ווערטער „בויגן, גלויבן, טויט, נויט, רויך‘ זײַנען סובסטאַנטיוון, אָבער „בייגן, גלייבן, טייט, נייט, רייכער‘ זײַנען ווערבן. אַ שטייגער: אַ בויגן פּאַפּיר – בייגן (פֿאַרבייגן, אויסבייגן) דאָס פּאַפּיר; מאַכן אַ טויט – איך טייט.[3] ווען די דאָזיקע זײַנען מיטן סופֿיקס „־ונג‘, ווי אויך דער סובסטאַנטיוו „בייג‘, זײַנען זיי מיט „יי‘. אַ שטייגער: בייגונג, גלייבונג, מאַכן אַ בייג. עס דאַרף אויך זײַן: פֿאַרבייגטקייט, פֿאַרגלייבטקייט. אָבער: פֿאַרבויגנקייט, אָנגעבויגנקייט (זעט די אָנמערקונגען 1, 2 און 4 אויף ז״ז 243, 244).

3. „ליידן‘ איז אַ סובסטאַנטיוו; „לײַדן‘ איז אַ ווערב. אַ שטייגער: אין ליידן און אין פֿריידן – זיי לײַדן פֿיל.

4. סובסטאַנטיוון – מיט „ו‘, אָבער אַדיעקטיוון און אַדווערבן – מיט „י‘:

אויסדרוק, אייגנטום (אייגנטימער)	אויסדריקלעך, אייגנטימלעך
אייפֿערזוכט, ברודער (מערצאָל – ברידער)	אייפֿערזיכטיק, ברידערלעך[4]
גרונט, הונט (מערצאָל – הינט)	גרינטלעך (גרונטיק), הינטיש [148]
נאַטור, הון (מערצאָל – הינער)	נאַטירלעך, הינערש
פּונקט, פֿוס (מערצאָל – פֿיס)	פּינקטלעך, (פֿיר)פֿיסיק
צוכט (ציכטלער), קו (מערצאָל – קי)	ציכטיק, קיִיִש[5]

1 [1] „שפּיר‘ האָט פֿריִער באַטײַט „פֿילן אַ שפּור‘, דערנאָך האָט עס גענומען באַטײַטן „פֿילן‘ בכלל (זעט ז‘ 143).

2 [2] אַ ווערב איז פֿאַראַן אי „דרוק‘ אי „דריק‘. אַ שטייגער: איך דרוק ביכער, פּלאַקאַטן; איך דריק די האַנט, דאָס קנעפּל. דעריבער איז פֿאַראַן אי דרוקערײַ (פֿאַר ביכער) אי דריקונג (אונטערדריקונג, אויס־דריקונג). „אויסדרוקן‘ איז אַ סובסטאַנטיוו (פֿײַנע אויסדרוקן); „אויסדריקן‘ איז אַ ווערב (פֿײַן אויסדריקן די געדאַנקען).

3 [3] „טויט‘ קאָן זײַן אויך אַן אַדיעקטיוו אָדער אַדווערב. אַ שטייגער: אַ טויט לײַב, ווערן טויט. אַ טויטער איז דער, וואָס איז טויט; אַ טייטער איז דער, וואָס מאַכט טויט. מיט „וי‘ זײַנען אויך די ווערטער „נויטווענדיק, נויטווענדיקייט‘, אָבער „נייטיק, נייטיקייט‘ זײַנען מיט „יי‘. ס׳איז פֿאַראַן אַ ווערב „רייכערן‘ און „רויכענען‘.

4 [4] „ברידערלעך‘ איז אויך אַ סובסטאַנטיוו – קליינע ברידער.

5 [1] אַ שטייגער: אַ בהמה... טוט דערבײַ אַ מאָל אַ סאָפּע אָדער אַ קיִיִשן זיפֿץ (ממס).

צוקונפֿט, קונסט (קינסטלער)	צוקינפֿטיק, קינסטלעך (קינסטלעריש)[1]
שווינדזוכט, געלזוכט	שווינדזיכטיק, געלזיכטיק

מיט ‚י‘ איז אויך דער אַדיעקטיוו און אַדווערב פֿונעם אין יידיש אָפּגעשטאָרבענעם סובסטאַנטיוו ‚מונד‘ (מויל) – מינדלעך, מינדלעכער.

5. ‚גרייס, הייך, קירץ, קרים[2] זײַנען סובסטאַנטיוון; ‚גרויס, הויך, קורץ, קרום‘ זײַנען אַדיעקטיוון אָדער אַדווערבן. אַ שטייגער: איך מעסט די גרייס פֿונעם דאָרף – אַ גרויס דאָרף – דאָס דאָרף איז גרויס.[3] אָבער סע דאַרף זײַן: ‚גרויסקייט, הויכקייט, קורצקייט, קרומקייט‘, ווײַל אַ סובסטאַנטיוו מיט ‚־קייט‘ ווערט כּמעט שטענדיק געבילדעט פֿון אַן אַדיעקטיוו און אַדווערב (זעט ז׳ 163).

6. בײַם ברענגען אַ סובסטאַנטיוו מיטן סופֿיקס ‚־קייט‘ דאַרף מען זיך גוט אַרומקוקן, ווי אַזוי דער דאָזיקער סובסטאַנטיוו איז געבילדעט. איז ער געבילדעט אויף דער באַזע פֿון אַן אַדווערב אַ פּאַרטיציפּ, דאַרף בײַ אים פֿאַרן סופֿיקס ‚־קייט‘ אומבאַדינגט זײַן אַ פּאַרטיציפּישער סופֿיקס ‚־ט‘ אָדער ‚־(ע)ן‘; איז ער געבילדעט פֿון סתּם אַן אַדווערב, האָט ער ניט פֿאַרן סופֿיקס ‚־קייט‘ קיין סופֿיקס ‚־ט‘ אָדער ‚־(ע)ן‘. אַ שטייגער:

פֿאַראָרעמטקייט (פֿאַראָרעמט + קייט)	אָרעמקייט (אָרעם + קייט)
אָפּגעשוואַכטקייט (אָפּגעשוואַכט + קייט)	שוואַכקייט (שוואַך + קייט)
אָנגעשטרענגטקייט (אָנגעשטרענגט + קייט)	שטרענגקייט (שטרענג + קייט)
פֿאַרבלענדטקייט (פֿאַרבלענדט + קייט)	בלינדקייט (בלינד + קייט)
פֿאַרפֿרעמדטקייט (פֿאַרפֿרעמדט + קייט)	פֿרעמדקייט (פֿרעמד + קייט)

אין די ווערטער רעכטס איז פֿאַראַן אַן אָנווײַז אויפֿן פּראָצעס, אויפֿן ווערן; אין די ווערטער לינקס איז אַזאַ אָנווײַז ניט פֿאַראַן.[4]

7. ‚טרוקן, קלוג, קורץ‘ זײַנען אַדיעקטיוון און אַדווערבן; ‚טריקן, קליג (זיך), קירץ‘ זײַנען ווערבן. אַ שטייגער: אַ טרוקן לײַב – דאָס לײַב איז טרוקן – איך טריקן דאָס לײַב (זעט ז׳ 282). [149]

1 [2] ‚קינסטלעך‘ באַטײַט ‚געמאַכט, געמלאָכהט‘; ‚קינסטלעריש‘ באַטײַט ‚גאָר פֿײַן, פֿון אַ קינסטלערס הענט‘. פֿונעם סובסטאַנטיוו ‚קונץ‘ (קינצלער) איז דער אַדיעקטיוו און אַדווערב – קונציק.

2 [3] סײַ פֿון אַ ליניע און סײַ פֿון אַ פּנים. אַ שטייגער: צי גיסטו מיט אַ שמייכעלע צי מיט אַ קרים, וואָס מאַכט עס אַ ייִדן אויס, אַבי גיב (ממס.).

3 [4] אַ סובסטאַנטיוו ‚הויך‘ איז אויך פֿאַראַן, אָבער מיט גאָר אַן אַנדער באַטײַט. אַ שטייגער: ער לאָזט קיין הויך (פֿאַרע) פֿון מויל ניט אַרויס.

4 [5] זעט אַ שטייגער בײַ מענדעלען: „פֿון פֿרעמדקייט צו פֿאַרפֿרעמדטקייט איז אַ גרויסער חילוק. חוץ דעם ביטערן טעם, וואָס פֿרעמד זײַן האָט אין זיך, האָט דאָס פֿרעמד ווערן נאָך אַ שאַרפֿערן טעם דערצו.“

IV וואָרטקלאַסן, פֿאָרמעס, פֿונקציעס און אָרטאָגראַפֿיע

I סובסטאַנטיוו

22 סובסטאַנטיוו און סובסטאַנטיווירונג

183 דער גרעסטער און וויכטיקסטער וואָרטקלאַס איז דער סובסטאַנטיוו – דער קלאַס ווערטער, וואָס באַטייַטן קאָנקרעטע אָדער אַבסטראַקטע זאַכן (סובסטאַנצן) אָדער אַזוינס, וואָס מע נעמט עס אויף ווי אַ זאַך, אומאָפּהענגיק דערפֿון, צי די דאָזיקע זאַך עקסיסטירט צי ניט. אַ שטייגער: טיש, מענטש, לופֿט, הימל, אַרייַנגאַנג, זויערקייט, פֿרייִלעכקייט, פֿאַרשטאַנד, נשמה, טייַוול אאַ״וו.

סובסטאַנטיוון זייַנען פֿאַראַן זייער פֿיל גרונטיקע (וואָרצלען), אָבער נאָך מער זייַנען פֿאַראַן אויסגעבילדעטע. אַ שטייגער ווען אַ וואָרט ענדיקט זיך מיט איינעם פֿון די ווייַטערדיקע סופֿיקסן:

־ונג (זיצונג)	־לינג (פֿרילינג)	־טום (הייליקטום)
־עכץ (טועכץ)	־הייט (איינהייט)	־שאַפֿט (ענגשאַפֿט)
־(ער)ייַ (שנייַדערייַ)	־קייט (גלייַכקייט)	־אַציע (אַגיטאַציע)
־(ע)ניש (וויסטעניש)	־וואַרג (קליינוואַרג)	־יטעט (נייטראַליטעט)

און מיט נאָך אַ גאַנצער ריי (זעט די סופֿיקסן־טאַבעלע אויף ז״ז 101–107), איז עס אומבאַדינגט אַ סובסטאַנטיוו, כאָטש דאָס דאָזיקע וואָרט אָן דעם סובסטאַנטיווישן סופֿיקס איז אָפֿט גאַנץ ווייַט פֿון אַ סובסטאַנטיוו.

184 אויסער גרונטיקע און אויסגעבילדעטע סובסטאַנטיוון זייַנען נאָך פֿאַראַן סובסטאַנטיווירונגען – ווערטער, וואָס בכלל זייַנען זיי ניט קיין סובסטאַנטיוון, נאָר זיי ווערן געברויכט אַלס סובסטאַנטיוון: זיי זייַנען אין זאַץ סוביעקטן אָדער אָביעקטן; זיי קומען אָדער קאָנען קומען מיט אַן אַרטיקל, מיט אַן אַדיעקטיוו אָדער מיט אַ צאָלוואָרט; זיי באַקומען אָדער קאָנען באַקומען אַ פֿאָרמע פֿון מערצאָל; זיי באַטייַטן עפּעס אַזוינס ווי אַ פֿאַרזאַכלעכונג און ווערן אויף אַזאַ אופֿן אויפֿגענומען אַלס סובסטאַנטיוון. אַלס סובסטאַנטיווירונגען קומען:

1. אַדיעקטיוון. אַ שטייגער: דער אַלטער איז געקומען; איך האָב באַגעגנט אַ בלינדן; דאָס אייבערשטע געפֿעלט מיר מער; איך דאַרף דיר עפּעס דערציילן אַ שיינס (שאָל.);

2. אינפֿיניטיוון. אַ שטייגער: דאָס שרייַבן האָט אים פֿאַרמאַטערט; ער וועט נאָכן (נאָך דעם) שרייַבן קאָנטראָלירן די אַרבעט; דאָס זינגען יאָסעלעס איז משונה־ווילד (שאָל.); [150]

3. צאָלווערטער. אַ שטייגער: די ערשטע צען וועלן באַלד קומען; די אייבערשטע פֿינף זײַנען לײַכטער;

4. אַדווערבן. אַ שטייגער: דער אַרום איז פּראַכטפֿול; דער אויסגעצויגענער אינ־דערפֿרי האָט אָנגעהויבן אויסזען אַנדערש ווי אַלע (בערג.); זײַט מיר געזונט און האָט אַ גוטן תּמיד (שאָל.);

5. אויסרופֿווערטער (אינטעריעקציעס). אַ שטייגער: פֿון אַלע ‚נוען' איז דאָס גע־וועז דער סאַמע בעסטער, סאַמע זיסטער ‚נו' (שאָל.); אַלטערס לעצטער ‚בע' איז געווען אַ ביטערער, מיט גרינע ווערעם (ממס.);

6. אַלערליי אַנדערע, ווי אויך גאַנצע ווערטער־גרופּעס, וואָס אָפּט אַנטהאַלטן זיי אַנדערש־שפּראַכיקע עלעמענטן (סלאַוויזמען, העברעיִזמען א״אַ). אַ שטייגער: ער איז הײַנט אַ גאַנצער יאַ־וזעבע־דאַם (שאָל.); מע קלעטערט אַרויף אין איין שמע־ישׂראל[1] אויפֿן העכסטן בוים (שאָל.); דער תּכשיט... איז גאָר סך־הכּל אַ דער־רוח־ווייסט־וואָס (שאָל.); ס'אַרט אײַך טאַקע לחלוטין נישט, וואָס אָט דער ‚איר זאָלט מיר מוחל ווײַן' קריכט צו אײַך אין שטוב? (בערג.).

185 די ווערטער, וואָס גייען אַרײַן אינעם קלאַס סובסטאַנטיוו, רופֿן אָן ביז גאָר פֿאַרשײַדענע זאַכן: לעבעדיקע און טויטע, קאָנקרעטע און אַבסטראַקטע; קעגנשטאַנדן און דערשײַנונגען, שטאָפֿן און פּראָצעסן אאַ״וו. דעריבער וואָלט מען די סובסטאַנטיוון געקאָנט אײַנטיילן אין זייער פֿיל פֿאַרשיידענע גרופּעס. אָבער אַזאַ אײַנטיילונג האָט פֿאַר דער שפּראַך־באַהערשונג אַ גאַנץ קנאַפּן אינטערעס. פּראַקטיש איז וויכטיק אויסצוטיילן פֿאָלגנדיקע גרופּעס סובסטאַנטיוון:

1. כּלל־נעמען (זעט ז' 140). אַ שטייגער: מענטש (פֿון אַלערליי שטאַמען און טיפּן), טיש (פֿון אַלערליי שטאָפֿן און פֿאָרמעס), טײַך, באַרג אאַ״וו;

2. אייגן־נעמען. אַ שטייגער: משה, רחל, אַבראַמאָוויטש, דניעפּער, וואָלגע, קאַז־בעק, מאָסקווע, לענינגראַד, רוסלאַנד אאַ״וו;

3. זאַמל־נעמען – נעמען פֿון קערפּערשאַפֿטן, קאָלעקטיוון, וואָס שליסן אין זיך אײַן אַ ריי מענטשן, חיות אאַ״וו. אַ שטייגער: חבֿרה, פֿאָלק, פּויערטום, גרופּע, מחנה, האָרדע, סטאַדע אאַ״וו;

4. שטאָפֿנעמען – נעמען פֿון אַלערליי מאַטעריאַלן, מינעראַלן, דאָס הייסט נעמען פֿון אַזעלכע קעגנשטאַנדן, וואָס סײַ דאָס גאַנצע און סײַ אַ טייל דערפֿון ווערט אָנגערופֿן מיטן זעלבן וואָרט. אַ שטייגער: לײַוונט, געוואַנט, ברויט, פֿלייש, וואַסער, אײַזן, קופּער, גאָלד, כלאָר אאַ״וו;

5. אַבסטראַקט־נעמען – נעמען פֿון באַגריפֿן, לערעס, ריכטונגען, צושטאַנדן און אַנדערע (ניט קיין קעגנשטאַנדן). אַ שטייגער: פֿאַרשטאַנד, קלוגשאַפֿט, דאַרוויניזם, מאַר־קסיזם, לעניניזם, אידעאַליזם, מאַטעריאַליזם, פֿרײַהייט, קאָמוניזם אאַ״וו.

186 אַ סובסטאַנטיוו קאָן אין זאַץ האָבן פֿאַרשיידענע פֿונקציעס:

1 [1] אין איין שמע־ישׂראל – זייער גיך, מיט איין אָטעם, אין איין אויגנבליק.

1. ער קאָן קומען אַלס אַ סוביעקט אָדער אָביעקט, דאָס הייסט ווײַזן אין [151] זאַץ דעם טוער אָדער דעם קעגנשטאַנד פֿון דער טוונג. אַ שטייגער: אַ דאָקטער איז געקומען; איך האָב גערופֿן אַ דאָקטער;

2. ער קאָן קומען מיט די הילפֿווערבן ,זײַן, ווערן, בלײַבן׳ און אַנדערע אַלס אַ פּרעדיקאַט, כּדי צו אידענטיפֿיצירן (ווײַזן די זעלביקייט פֿון) דעם סוביעקט מיט אַן אַנ־דער זאַך. אַ שטייגער: דער ברודער איז (ווערט) אַ דאָקטער; דער ברודער איז (בלײַבט) אַ פֿאָרזיצער;

3. ער קאָן קומען אין אַ ריי אַנדערע פֿאַלן, אויספֿילנדיק גאַנץ פֿאַרשיידענע פֿונקציעס. אַ שטייגער: דער דאָקטער מיט די גוטע לאַכנדיקע אויגן זעצט זיך אַוועק אויף אַ שטול (שאָל.).

,אידענטיפֿיצירן, אידענטישקייט׳ דאַרף מען ניט פֿאַרשטיין, אַז עס פֿאַלט אַבסאָלוט צונויף. אַזאַ זאַץ, וווּ דער סוביעקט פֿאַלט צונויף מיטן פּרעדיקאַט, איז געוויינטלעך ניט מער ווי פּלאַפּלערײַ – אַזאַ זאַץ זאָגט געוויינטלעך גאָרנישט. אַ שטייגער: אַ מענטש איז אַ מענטש, ערד איז ערד אאַ״וו. אידענטיש־קייט, זאָגט ענגעלס, אַנטהאַלט אין זיך אויך אַן אונטערשייד; אָט „דער פֿאַקט, אַז אידענטישקייט אַנטהאַלט אין זיך אַן אונטערשייד, איז אויסגעדריקט אין יעדן זאַץ, וווּ דער פּרעדיקאַט שיידט זיך אומפֿאַרמײַדלעך (נויטווענדיק) אונטער פֿונעם סוביעקט. אַ ליליע איז אַ געוויקס. אַ רויז איז רויט. דאָ איז אָדער אין סוביעקט אָדער אין פּרעדיקאַט פֿאַראַן (אַן אונטערשייד) עפּעס אַזוינס, וואָס ווערט ניט געדעקט פֿונעם פּרעדיקאַט אָדער סוביעקט״ (ענגעלס, „נאַטור־דיאַלעקטיק״, 1925, ז׳ 14, דײַטש – רוסיש).

אָנמערקונג עס זײַנען פֿאַראַן פֿאַלן, ווען אַזעלכע זאַצן ווי ,אַ מענטש איז אַ מענטש׳ זאָגן אויך עפּעס. דאָס איז דאַן, ווען אינעם סוביעקט ווערט אַרײַנגעלייגט אַ קאָנקרעטער, אַ ספּעציעלער באַטײַט און אינעם פּרעדיקאַט – אַן אַבסטראַקטער, אַן אַלגעמיינער באַטײַט. אַ שטייגער: קהל איז קהל, און אַ שטאָט איז אַ שטאָט (אַקס.); אַ ליטוואַק בלײַבט אַ ליטוואַק (שאָל.); וועלכער מענטש שטעלט זיך אַנידער קלערן, ווער ער איז? אַ מענטש איז אַ מענטש (פּ.).

אַ סובסטאַנטיוו אָדער אַ סובסטאַנטיווירונג איז אַ וואָרט, 1. וואָס באַטײַט אַ זאַך אָדער אַזוינס, וואָס מע נעמט עס אויף ווי אַ זאַך; 2. וואָס קומט אָדער קאָן קומען אַלס אַ סוביעקט (אָן אַ פֿלעקסיע) אָדער אָביעקט; 3. וואָס האָט אָדער קאָן האָבן בײַ זיך אַן אַדיעקטיוו, אַ צאָלוואָרט אָדער אַן אַרטיקל.

23 פּאַראַלעלע און צונויפֿגעזעצטע סובסטאַנטיוון

187 אָפֿט קומען אין אַ זאַץ פּאָרלעך סובסטאַנטיוון, וואָס רופֿן אָן ניט קיין פֿאַר־שיידענע זאַכן, נאָר איינע און די זעלבע. אַ שטייגער אינעם זאַץ ,די שטאָט מאָסקווע וואַקסט זייער גיך׳ – רופֿן אָן די סובסטאַנטיוון ,שטאָט׳ און ,מאָסקווע׳ איינעם און דעם זעלבן קעגנשטאַנד. אַזעלכע סובסטאַנטיוון הייסן פּאַראַלעלע.

ענלעך צו פּאַראַלעלע – פּאַראַלעלאַרטיק – זײַנען אויך אַזעלכע פּאָרלעך סובסטאַנטיוון

ווי פֿאָלגנדיקע: אַ גלאָז טיי, אַ טעלער קרויט, אַן עמער וואַסער, אַ פֿעסל הערינג, אַ קעלער עפּל, אַ קראָם פֿלייש. אָבער ,אַ קעלער מיט עפּל׳ אָדער ,אַ קראָם מיט (פֿון) פֿלייש׳ זײַנען ניט קיין פּאַראַלעלע (וועגן די דאָזיקע זעט ז׳ 197 און ווײַטער).

בײַ פּאַראַלעלע און פּאַראַלעלאַרטיקע סובסטאַנטיוון רופֿט געוויינטלעך איינער פֿון [152] זיי אָן אַ זאַך און דער אַנדערער (אין זאַץ איז ער אָפֿטער דער ערשטער) ווײַזט אַ פּאַרנעם פֿון דער זאַך (אַ פֿוד היי, אַ טוץ גלעזער), אַ פּראָפֿעסיע (יודל דער שרײַבער, משה דער שוסטער), אַן אַלגעמיינעם באַגריף (די שטאָט מאָסקווע, דער טײַך דניעפּער) און נאָך אַנדערע (די מומע רחל, דער ברודער שלמה אאַ״וו).

פּאַראַלעלע און פּאַראַלעלאַרטיקע סובסטאַנטיוון האָבן צווישן זיך ניט קיין פּרעפּאָזיציעס און פֿילן אויס אין זאַץ אַ פֿונקציע פֿון איין זאַצגליד – פֿון אַ סוביעקט, אָביעקט און אַנדערע. אָבער צוזאַמען דערמיט געפֿינען זיך די דאָזיקע פּאַראַלעלע סובסטאַנטיוון אין אַ קעגנזײַטיקער אַטריבוטיווער באַציִונג – יעדער איינער פֿון זיי ווערט באַשטימט דורכן אַנדערן. אַ שטייגער: משה דער אײַנבינדער איז געקומען, איך באַגעגן משהן דעם אײַנבינדער.

אָנמערקונג אַ פּאַראַלעלע גרופּע סובסטאַנטיוון קאָן אַ מאָל באַשטיין ניט דווקא פֿון צוויי סובסטאַנטיוון, נאָר פֿון מער. אַ שטייגער: דאָס האָט אַ קאָלאָסאַלע באַדײַטונג פֿאַר דער דערציִונג פֿון נײַע מיליאָנען קאַדרען קעמפֿער (צ.); צוזאַמען מיטן בריוו האָט ער בײַם דאָקטער אין שטוב אַראָפּגעוואָרפֿן פֿון זיך אַ פֿאָר פֿוד בלײַ (בערג.); מײַן ברודער אליהס חבֿר פּיניע איז אויך אַ קאָפּמענטש, אַזוי ווי זײַן טאַטע הערש־לייב דער מעכאַניק און אַזוי ווי זײַן פֿעטער שניאור דער זייגער־מאַכער (שאָל).

188 פּאַראַלעלע און פּאַראַלעלאַרטיקע סובסטאַנטיוון טאָרף מען ניט צונויפֿמישן מיט צונויפֿגעזעצטע סובסטאַנטיוון. אַ שטייגער:

פּאַראַלעל(אַרטיק)ע		**צונויפֿגעזעצטע**	
אַ זעקל מעל	אַרבעטער שרײַבער	אַ מעלזעקל	אַרבעטער־שרײַבער
אַ פֿעסל קרויט	קינדער דערציִער	אַ קרויטפֿעסל	קינדער־דערציִער
אַ ווינקל טיש	מאַסן אַרבעטער	אַ ווינקלטיש	מאַסן־אַרבעטער

דער אונטערשייד פֿון די דאָזיקע רעכטע און לינקע סובסטאַנטיוון באַשטייט אָט אין וואָס:

1. ,אַ זעקל מעל׳ באַטײַט אַ זעקל מיט מעל (אָדער די וואָג פֿון אַ זעקל מעל); ,אַ ווינקל טיש׳ איז אַ ווינקל פֿון אַ טיש; ,אַרבעטער שרײַבער׳ – דאָס זײַנען אַרבעטער, וואָס זײַנען איינצײַטיק שרײַבער; ,מאַסן אַרבעטער׳ – זייער פֿיל אַרבעטער. אָבער ,אַ מעלזעקל׳ באַטײַט בלויז אַ (געוויסן מין) זעקל; ,אַ ווינקלטיש׳ – איז אַ טיש, וואָס שטייט (דאַרף שטיין) אין אַ ווינקל; ,אַרבעטער־שרײַבער׳ זײַנען שרײַבער פֿונעם אַרבעטער־לעבן; און ,מאַסן־אַרבעטער׳ זײַנען אַרבעטער צווישן מאַסן (מיט מאַסן).

2. די פּאַראַלעל(אַרטיק)ע סובסטאַנטיוון רעדט מען געווייִנטלעך אַרויס מיט צוויי אַקצענטן; אָבער די צונויפֿגעזעצטע סובסטאַנטיוון (אויב זיי זײַנען נאָר ניט פֿונעם טיפּ ,גאָפּל־מעסער, טאַטע־מאַמע׳ און אייניקע אַנדערע. זעט ז׳ 87) רעדט מען אַרויס מיט איין אַקצענט – מיט איין הויפּטאַקצענט.

3. בײַ די פּאַראַלעל(אַרטיק)ע סובסטאַנטיוון קאָן אין מערצאָל געווייִנטלעך קומען יעדער איינער פֿון זיי. אַ שטייגער: אַ זעקל מעל – זעקלעך מעל; אַ קאָלווירט אַ מיליאָנער – קאָל־ווירטן מיליאָנערן. אָבער בײַ די צונויפֿגעזעצטע סובסטאַנטיוון [153] קומט אין מערצאָל גע־ווייִנטלעך נאָר דער לעצטער באַשטאַנדטייל – דער הויפּטטייל. אַ שטייגער: אַ מעלזעקל – מעלזעקלעך; אַ קאָלווירט־יום־טובֿ – קאָלווירט־יום־טובֿים.

4. בײַ די פּאַראַלעל(אַרטיק)ע סובסטאַנטיוון קאָן געווייִנטלעך קומען אַן אַדיעקטיוו צו יעדן פֿון זיי. אַ שטייגער: אַ גאַנץ זעקל ווײַס מעל; גרויסע מאַסן ייִדישע אַרבעטער. אָבער בײַ די צונויפֿגעזעצטע סובסטאַנטיוון קאָן קומען אַן אַדיעקטיוו, וואָס זאָל געהערן צום צונויפֿזאַץ אין גאַנצן, ניט צו יעדן באַשטאַנדטייל. אַ שטייגער: אַ גאַנץ מעלזעקל; גוטע מאַסן־אַרבעטער.

אָנמערקונג 1 עס זײַנען פֿאַראַן פּאַראַלעלע און צונויפֿגעזעצטע סובסטאַנטיוון, וואָס זיי באַטײַטן כּמעט איינס און דאָס זעלבע. פֿאַרגלײַכט אַ שטייגער: אַ גרופּע סטודענטן – אַ סטודענטן־גרופּע; אַ קרײַז ליטעראַטן – אַ ליטעראַטן־קרײַז.

אָנמערקונג 2 בײַ אַ ריי פּאַראַלעלע סובסטאַנטיוון – בײַ אַ כּלל־נאָמען מיט אַן אייגן־נאָמען – קומט אַן אַדיעקטיוו נאָר פֿאַרן ערשטן סובסטאַנטיוו (אָדער נאָכן צווייטן). דאָס הייסט, דער אַדיעקטיוו געהערט צו דער גאַנצער גרופּע פּאַראַלעלע סובסטאַנטיוון. אַ שטייגער: די גרויסע שטאָט מאָסקווע (די שטאָט מאָסקווע די גרויסע), דער געטרײַער ברודער אליה (דער ברודער אליה דער געטרײַער).

אָנמערקונג 3 בײַ אַ צונויפֿגעזעצטן סובסטאַנטיוו קאָן דער באַשטימטייל אַן און פֿאַר זיך זײַן: אַ סובסטאַנטיוו (גלאָזפּאַפּיר, וואַנטצײַטונג), אַ ווערב (שרײַבטיש, לייענזאַל), אַן אַדיעקטיוו (גוטער־ברודער, רויטאַרמייער), אַ צאָלוואָרט (דרײַפֿוס, פֿינפֿיאָר), אַן אַדווערב (ווידערקול, צווישנשיכט), אַן אויסרופֿוואָרט (ווייגעשריי, הוראַ־שטימונג) אאַ״וו.

אָנמערקונג 4 ווען מע זעצט איבער פֿון רוסיש פּאַראַלעלע סובסטאַנטיוון פֿונעם טיפּ город-сад, женщины-врачи[1], דאַרף מען זיי אין ייִדיש בכלל ברענגען אָן בינדצייכנס. וואָרן מיט בינדצייכנס וועלן זיי אין ייִדיש ווערן צונויפֿזאַצן, און דער באַטײַט פֿונעם צונויפֿזאַץ אין ייִדיש קאָן אַ מאָל ניט צונויפֿפֿאַלן מיטן באַטײַט פֿון די פּאַראַלעלע סובסטאַנטיוון אין רוסיש. פֿאַרגלײַכט אַ שטייגער ,שטאָט־גאָרטן׳ מיט город-сад און ,פֿרויען־דאָקטוירים׳ מיט женщины-врачи. אין ייִדיש דאַרפֿן די דאָזיקע ווערטער איבערגעזעצט ווערן ניט דורך צונויפֿזאַצן, נאָר דורך פּאַראַלעלע סובסטאַנטיוון – אַ שטאָט אַ גאָרטן, פֿרויען דאָקטוירים (דאָקטוירים פֿרויען).

1 [gorod-sad, ženščiny-vrači].

189 עס זײַנען פֿאַראַן פֿאַלן, ווען עס קומט אַ פּאָר סובסטאַנטיוון, וואָס עס איז שווער געגנוי צו באַשטימען די באַציִונג צווישן זיי – זיי זײַנען ניט צונויפֿגעזעצט און ניט פּאַראַלעל, און דאָך זעען זיי עפּעס אויס ווי צונויפֿגעזעצט אָדער פּאַראַלעלאַרטיק. אַ שטייגער:

1. געפֿירט האָט ער זיך מעשׂה־מענטש (שאָל.).
2. זיי האָבן פֿאַרלאָזן זייער געבורטשטאָט... און ריכטן אָפּ גלות־טעאַטער (שאָל.).
3. דערנאָך איז צווישן זיי פֿאָרגעקומען אַ מאָדנער געשפּרעך אויף אַ לשון־מימיק און לשון־זשעסטן, ווײַל קיין איינער פֿון זיי האָט קיין איין וואָרט ניט אַרויסגערעדט (ניס.). [154]

דאָס איז אַ קאָנסטרוקציע, וואָס איז אין ייִדיש געקומען פֿון העברעיִש (זי הייסט ‚סמיכות' – דערנעענטערונג, אָנשפּאַר; דער אינטערנאַציאָנאַלער טערמין פֿון דער דאָזיקער קאָנסטרוקציע איז ‚סטאַטוס קאָנסטרוקטוס'). די קאָנסטרוקציע באַשטייט געוויינטלעך פֿון אַ סובסטאַנטיוו אַ סעמיטיזם, וואָס ווערט באַשטימט דורכן פֿאָלגנדיקן סובסטאַנטיוו (ווי אַ סובאָרדינירקער צונויפֿזאַץ, נאָר אין אַ פֿאַרקערטן סדר, ד״ה ‚הויפּטטייל + באַשטימטייל'. פֿאַרגלײַכט אַ שטייגער: ‚לשון־מימיק' און ‚מימיק־לשון'). דערבײַ טרעפֿט, אַז דער ערשטער סובסטאַנטיוו, דער ‚הויפּטטייל', באַקומט אַ ספּעציעלע ‚סמיכות־פֿאָרמע'. אַ שטייגער:

בגדים [בגאָדים] – בגדי [ביגדיי]	צורה [צוראָ] – צורת [צוראַס]
בנים [באָנים] – בני [בניי]	תּורה [טוירא] – תּורת [טויראַס]
חכמים [כאַכאָמים] – חכמי [כאַכמיי]	חכמה [כאָכמאָ] – חכמת [כאָכמאַס][1]

אָנמערקונג די סמיכות־קאָנסטרוקציע קומט ניט נאָר בײַ אַ סובסטאַנטיוו מיט אַ סובסטאַנטיוו, נאָר אַ מאָל אויך בײַ אַ סובסטאַנטיוו מיט אַן אינפֿיניטיוו. פֿאַרגלײַכט אַ שטייגער:

1. אין דעם ענין ווינטשעניש האָבן זיי דערגרייכט אַזאַ הויכע מדרגה... (ממס.).
2. אין דעם ענין הווינטשעווען[2] בין איך, צווישן אונדז גערעדט, אַ קנאַפּער בריה (ממס.).

24 אַרטיקל

190 אין ייִדיש (ווי אין נאָך פֿיל שפּראַכן) קומען די סובסטאַנטיוון געוויינטלעך מיט אַרטיקלען – מיט די הילפֿווערטער ‚אַ(ן), דער, די, דאָס (דעם), קיין', וואָס באַטײַטן אומבאַשטימטקייט אָדער באַשטימטקייט און ווײַזן מערסטנס די צאָל און (אָדער) דעם מין פֿונעם סובסטאַנטיוו. פֿאַרגלײַכט אַ שטייגער: אַ מענטש – דער מענטש; די זאַך – קיין זאַך; דער שטיוול – די שטיוול; דער זון – די זון.

1 [1] אַ שטייגער בײַ שלום־עליכמען: און אויסגעקליידט איז מען געווען בגדי־מלכות (קייסערלעך); קומט, זאָג איך, ייִדן בני־רחמנים;... אין דער גרויסער ‚מלחמה', וואָס... צווישן די ‚חכמי־קיִעוו'; דו טיפּש איינער, בהמה בצורת־פֿערד; אַלץ, וואָס איך זאָג דיר, איז תּורת־אמת; על־פּי חכמת־הדאָקטאָריע קומט אַפֿילו אויס, אַז יעדער מענטש מוז האָבן אַ מאָגן.

2 [2] וועגן דעם ‚ה' זעט אויף ז״ז 93, 99–100.

דער אַרטיקל ‚אַ(ן)׳ הייסט אומבאַשטימיקער – ער קומט געוויינטלעך בײַ אַ וואָרט, וואָס רופֿט אָן עפּעס אומבאַשטימטס, אָדער בײַ אַ וואָרט, וואָס ביז איצט איז עס פֿאַר דעם צוהערער אָדער לייענער ניט געבראַכט געוואָרן. די אַרטיקלען ‚דער, די, דאָס (דעם)׳ הייסן באַשטימיקע – זיי קומען בײַ אַ וואָרט, וואָס רופֿט אָן עפּעס באַשטימטס אָדער וואָס פֿאַרן צוהערער אָדער לייענער איז עס שוין געבראַכט געוואָרן. דער אַרטיקל ‚קיין׳ הייסט נעגאַטיווער – ער קומט בײַ אַ נעגאַציע, בײַ אַ פֿאַרניינונג – אָדער בײַ אַ סובסטאַנטיוו אין איינצאָל (אַנשטאָט דעם אַרטיקל ‚אַ, אַן׳) אָדער אין מערצאָל. [155]

אַ שטייגער: פּעסי שטופּט דער מאַמען אַ טעפּל מיט סמעטענע. די מאַמע שטופּט דאָס טעפּל מיט בײדע הענט (שאָל.); וועט ער אָפּגעבן דעם בילעט, איז דאָך אַוודאי גוט, אלא ניט, וועל איך כאָטש האָבן אַן עדות... (שאָל.); וואָס טוט מען אָבער, אַז ער האָט אויך אַ בלאַט און האָט אויך געזען, אַז דער נומער האָט געוווּנען די פֿינף און זיבעציק טויזנט... (שאָל.); סטײַטש, סטײַטש, יעקבֿ־יאָסל שוטה, נעמסט און גיסט אַוועק אַ בילעט פֿון פֿינף און זיבעציק טויזנט אַ בירנבוימען, אַ ווילד פֿרעמדן, און נעמסט ניט אַרויס בײַ יענעם קיין צעטל, קיין אײַנגעטונקטע פּען! (שאָל.).

אָנמערקונג 1 דער אומבאַשטימיקער אַרטיקל און אויך דער באַשטימיקער האָבן אָפּט אַ פֿאַראַלגעמיינערנדיקן באַטײַט. אַ שטייגער: דער (אַ) מענטש גייט אויף צוויי פֿיס; דער (אַן) אָדלער איז אַ רויבפֿויגל.

אָנמערקונג 2 אין געוויסע פֿאַלן, ווי מיר וועלן שפּעטער קלאָר מאַכן, ווערן די אַרטיקלען ‚דער׳ און ‚דאָס׳ פֿאַרוואַנדלט אין ‚דעם׳. אַ שטייגער: דער ברודער, דאָס קינד – וועגן דעם ברודער, וועגן דעם קינד. און דער אַרטיקל ‚די׳ ווערט אָפּט פֿאַרוואַנדלט אין ‚דער׳. אַ שטייגער: די חבֿרטע – וועגן דער חבֿרטע (זעט ז׳ 191).

אָנמערקונג 3 דעם אַרטיקל ‚קיין׳ ברענגט מען אין פֿאַרשיידענע דיאַלעקטן אַרויס [קון, קין] אָדער [קיַין]. אינעם ליטעראַרישן ייִדיש איז אָנגענומען נאָר [קיין]. אַזוי דאַרף מען זאָגן און שרײַבן אויך די פּרעפּאָזיציע ‚קיין׳ (אין). אַ שטייגער: איך דאַרף פֿאָרן קיין (אין) קיִעוו, און קיין בילעט האָב איך ניט.

אָנמערקונג 4 די אַרטיקלען קאָנען זיך געפֿינען האַרט לעבן די סובסטאַנטיוון אָדער גאַנץ ווײַטלעך פֿון זיי, אָבער אין אַלע פֿאַלן געהערן זיי צו די סובסטאַנטיוון (אָדער סובסטאַנטיווירונגען). פֿאַרגלײַכט אַ שטייגער: די רעאָרגאַניזאַציע פֿון דער שול איז געווען נייטיק – די אין אָנהייב יאָר פֿאָרגעקומענע רעאָרגאַניזאַציע... איז געווען נייטיק.

191 דער אומבאַשטימיקער אַרטיקל נעמט זיך פֿונעם צאָלוואָרט ‚איין׳, וואָס איז פֿאַרוואַנדלט געוואָרן אין אַ הילפֿוואָרט און איז רעדוצירט (דערפֿירט) געוואָרן ביז ‚אַן׳ אָדער ‚אַ׳. פֿאַר אַ קאָנסאָנאַנט איז ער ‚אַ׳. אַ שטייגער: אַ מענטש, אַ גאַנדז, אַ הונט, אַ האַלדז א״אַ. אָבער פֿאַר אַ וואָקאַל (און דיפֿטאָנג) איז ער ‚אַן׳ – דאָ איז דער ‚ן׳ פֿונעם וואָרט ‚איין׳ אויפֿגעהיט געוואָרן, ווײַל מיטן דאָזיקן קלאַנג איז פֿאָנעטיש באַקוועמער. אַ שטייגער: אַן אַרבעטער, אַן אָפּרוהוויז, אַן עולם, אַן עצה, אַן אײַנפֿאַל אאַ״וו.

די באַשטימיקע און דער נעגאַטיווער אַרטיקלען נעמען זיך פֿון די פּראָנאָמען ‚דער, די, דאָס (דעם), קיין׳, וואָס זײַנען פֿאַרוואַנדלט געוואָרן אין הילפֿווערטער – זיי זײַנען אָן אַקצענטן און האָבן אַן

אָפּגעשוואַכטן באַטייַט. אָט פֿאַר וואָס איינע און די זעלבע ווערטער קאָנען אין איין פֿאַל זייַן פּראָנאָמען (זעלבשטענדיקע ווערטער) און אין אַ צווייטן פֿאַל אַרטיקלען (באַהילפֿיקע ווערטער). אַ שטייגער:

פּראָנאָמען	אַרטיקלען
1. דער נעמט גאָרנישט	1. דער חבֿר נעמט גאָרנישט
2. די וויל ער ניט נעמען	2. די שיך וויל ער ניט נעמען
3. דאָס וויל ער ניט נעמען	3. דאָס העמד וויל ער ניט נעמען
4. דעם וויל ער ניט נעמען	4. דעם זייגער וויל ער ניט נעמען
5. קיין זאַך וויל ער ניט נעמען	5. קיין ביכער וויל ער ניט נעמען [156]

ווען אָבער די ווערטער ,דער, די, דאָס, דעם' וועלן אין די לינקע זאַצן אַרויסגערעדט ווערן מיט אַן אַקצענט, וועלן זיי זייַן פּראָנאָמען. דאַן וועלן שוין די דאָזיקע זאַצן האָבן אַ ביסל אַן אַנדער באַטייַט.

192 די אַרטיקלען דאַרף מען בכלל שרייַבן *באַזונדער*, ניט געקוקט דערויף, וואָס מע רעדט זיי אַרויס צוזאַמען מיט די ווייַטערדיקע ווערטער. צווישן אַן אַרטיקל און דעם ווייַטערדיקן וואָרט קאָן מען כּמעט שטענדיק אַרייַנשטעלן אַן אַדיעקטיוו. אַ שטייגער:

1. אַן אַרבעטער לייענט אַ צייַטונג.
2. אַן אַלטער אַרבעטער לייענט אַ ייִדישע צייַטונג.

דעריבער איז אין אַלע פֿאַלן, ווען ,אַ, אַן' לאָזט זיך אָפּטיילן פֿונעם ווייַטערדיקן וואָרט אָדער ווען אַנשטאָט ,אַ, אַן' קאָן קומען אַן אַנדער אַרטיקל, דאַרף מען עס שרייַבן ניט אין איינעם, נאָר באַזונדער. ווען אָבער דער ,אַ' איז פּרעפֿיקסירט געוואָרן און לאָזט זיך ניט אָפּטיילן, שרייַבט מען אים אין איינעם מיטן ווייַטערדיקן וואָרט. פֿאַרגלייַכט אַ שטייגער:
ער האָט אַ היים – ער פֿאָרט אַהיים; עס האָט אַ פּנים – ער איז אפּאָנעמ [אַ פּנים] קראַנק.

בייַ די ווערטער ,אַ ביסל, אַ סך, אַ שיעור (אָן אַ שיעור), אַ ווײַלע' שרייַבט מען דעם ,אַ' באַזונדער. באַזונדער שרייַבט מען אויך די ווערטער ,דער דאָזיקער, די דאָזיקע...; דער זעלב(יק)ער, די זעלב(יק)ע...; דער יעניקער, די יעניקע...'

193 עס זייַנען פֿאַראַן סובסטאַנטיוון, וואָס מיט אַרטיקלען קומען זיי זייער זעלטן אָדער גאָר ניט. דאָס זייַנען אַמאָפּטסטן פֿאָלגנדיקע:

1. *ווענדונגען* – סייַ אייגן־נעמען און סייַ כּלל־נעמען. אַ שטייגער: פּיניע, דו לויפֿסט? ברכה, דו לויפֿסט? (שאָל.); קינדער! לאָמיר לויפֿן! (שאָל.); גיי, טאָכטער, גיב אים טיי (בערג.).

2. *אייגן־נעמען* פֿון לעבעדיקע וועזנס און אָפֿט אויך געאָגראַפֿישע נעמען. אַ שטייגער: משה איז געקומען; מאָסקווע איז גרויס; גרוזיע איז פּראַכטפֿול; (די) וואָלגע איז אַ שיינער טייַך.

אָנמערקונג אַן אייגן־נאָמען (ניט קיין ווענדונג) קומט אָבער מיט אַן אַרטיקל: (1) ווען ער איז מיט אַן *אַדיעקטיוו*. אַ שטייגער: דער טייַערער שלום־עליכם; די פּראַכטפֿולע מאָסקווע; (2) ווען ער ווערט געבראַכט אַלס אַ *כּלל־נאָמען*, אָדער אַלס אַ פֿאָרשטייער

פֿון אַ משפּחה (פֿאַמיליע), אָדער אַלס אַ מערצאָל, וואָס באַטײַט אַ משפּחה. אַ שטייגער: ער איז אַ מנחם־מענדל; איך בין אַ שאַפּיראָ, און די שאַפּיראָס ווייסן ניט פֿון קיין חכמות (שאָל.); (3) ווען מע דאַרף ווײַזן דעם מין פֿונעם אייגן־נאָמען. אַ שטייגער: די שלמה־דוד־קע קומט באַלד; (4) ווען מע וויל דעם אייגן־נאָמען מער אונטערשטרײַכן, מער אויס־טיילן. אַ שטייגער: דערווײַל איז איר טעכטערל, ראָזע, אויסגעוואַקסן, און איך בין געווען נאָך איר די כּפּרה. האָט זיך אונטערגעכאַפּט אַ בחורל שאַפּיראָ, אַ גוטער בוכהאַלטער און אַ שיינער שאָכשפּילער, און די ראָזע האָט זיך אין אים פֿאַרברענט... און איך האָב... מיך פֿאַרשטעלט פֿאַר אַ מחותּן און האָב געפּראַוועט אַ חתונה צווישן דער ראָזע מיט דעם שאַפּיראָ... (שאָל.). [157]

3. שטאָפֿנעמען – ווען עס רעדט זיך וועגן דעם שטאָף בכלל (אומבאַשטימט). אַ שטייגער: פֿלייש פֿאַרקויפֿט מען אין אַלע קראָמען; מע האָט געשטעלט ווײַן און לעקעך; לופֿט צו לופֿט איז ניט גלײַך (שאָל.); אפֿשר איז בײַ אײַך געווען, זאָג איך, נאַס האָלץ (שאָל.).

אָנמערקונג אַ שטאָפֿנאָמען קומט אָבער מיט אַן אַרטיקל: (1) מיט ,דער, די, דאָס (דעם)׳ – ווען עס רעדט זיך וועגן עפּעס באַשטימטס. אַ שטייגער: דאָס פֿלייש איז געזאַלצן, דער ווײַן איז זויער (ניט פֿלייש און ווײַן בכלל); (2) מיט ,אַ(ן)׳ – ווען עס רעדט זיך וועגן אַן איינצלנעם קעגנשטאַנד אָדער סאָרט פֿונעם שטאָף. פֿאַרגלײַכט אַ שטייגער: לײַוונט – אַ לײַוונט; אײַזן – אַן אײַזן; ווײַן – אַ ווײַן; (3) מיט ,קיין׳ – בײַ אַ נעגאַציע. אַ שטייגער: קיין פֿלייש עסט ער ניט; קיין ווײַן טרינקט ער ניט.

4. אַבסטראַקט־נעמען – ווען עס רעדט זיך וועגן דעם (אַבסטראַקטן) באַגריף בכלל. אַ שטייגער: נויט ברעכט אײַזן; אומגליק – זאָגט מען – בינדט צונויף (שאָל.); טאָג אַז זי פֿלעגט דערלעבן, איז זי געווען גליקלעך (שאָל.); איך אַליין ווייס אויך, וואָס קאַפּיטאַל באַטײַט, וואָס איז פּראָלעטאַריאַט, עקאָנאָמישער קאַמף וכדומה אַזעל־כע זאַכן (שאָל.). אָבער: ס׳איז דאָרט גרויס די נויט; עס האָט געטראָפֿן אַן אומגליק; דער טאָג איז אַ ליכטיקער; מיר לעבן אַ טאָג.

5. כּלל־נעמען – ווען זיי ווערן פֿאָרגעשטעלט אַלס אייגן־נעמען אָדער אַלס שטאָפֿ־נעמען. אַ שטייגער: טענצער איז געווען אַ מאָל גאָר פֿון די ,געהויבענע סוסים׳[1] (שאָל.); איך בין דאָך ניט בלומע־זלאַטע, וואָס האָט ליב עסן מאַן (שאָל.); אין בעט... איז פֿון טאָג צו טאָג געוואָרן ווייניקער טאַטע (בערג.).

אָנמערקונג 1 אַ כּלל־נאָמען איז אָפֿט מאָל אָן אַן אַרטיקל אויך אין פֿאָלגנדיקע פֿאַלן: (1) ווען ער קומט אַלס אַ קעפּל פֿון אַ בוך, צײַטונג, קאַפּיטל אאַ״וו. אַ שטייגער: „היים“, „גראַנגל“, „גראַמאַטיק“, „ייִדישע שפּראַך“; (2) ווען ער קומט מיט אַ הילפֿווערב אַלס אַ פּרע־דיקאַט, וואָס באַטײַט אַ ווערלכע ניט איז באַשעפֿטיקונג. אַ שטייגער: ער איז פֿאָרזיצער; מײַן טאַטע איז חזן שוין דרײַ און צוואַנציק יאָר (שאָל.); ער איז דאָרט קייסער (שאָל.); (3) ווען ער קומט אַלס אַ פּאַראַלעלער בײַ אַן אייגן־נאָמען. אַ שטייגער: ר׳ קלמן שדכן האָט זיך נישט געשעמט (שאָל.); דער רופֿא, יודל דאָקטער, אַ גרויסער מומחה אין

[1] [1] סוסים – פֿערד.

מאַזעפּעווקע, האָט געזאָגט ... (שאָל.); ביי ווען טרעפֿן זיך אַלע גליקן? ביי טבֿיה שלי־מזל (שאָל.); (4) ווען ער קומט אין אַ פֿאַרשטיינערטער גרופּע וו׳ערטער, אַ שטייגער: טאָג און נאַכט איז זי געווען אײַנגעשפּאַנט אין דער אַרבעט (שאָל.); פֿון צײַט צו צײַט לאָזט ער זיך זען; עס איז געלאָפֿן קינד־און־קייט.

אָנמערקונג 2 אַ סובסטאַנטיוו, וואָס איז בכלל מיט אַן אַרטיקל, קאָן, זײַענדיק מיט אַ פּרעפּאָזיציע, אַ מאָל קומען אָן אַן אַרטיקל, באַזונדערש, ווען די פּרעפּאָזיציע ענדיקט זיך מיט אַ ,ם׳ אָדער ,ן׳. אַ שטייגער: אַרום וואָקזאַל, לעבן בריק׳ (זעט אויך ז״ז 200–201). [158]

25 פֿאָרמעס פֿון פֿאַרקלענערונג, צערטלעכקייט און אַנדערע

194 פֿיל סובסטאַנטיוון האָבן פֿאָרמעס פֿון פֿאַרקלענערונג, צערטלעכקייט, פֿאַראַכטונג, פֿאַרגרעסערונג און אַנדערע. אַ שטייגער: שטיוול – שטיוועלעך, שטיוואַלעס; טאַטע – טאַטעניו, טאַטעשי, טאַטינקע; מיידל – מיידעלע, מויד (מאַד), מווידרע; ייִנגל – ייִנגעלע, יונג, יונגאַטש.

195 פֿאַרקלענערונג דריקט מען געוויינטלעך אויס מיט די סופֿיקסן ,־ל, ־עלע׳ (מיט אָדער אָן אַ קלאַנגענבייַט) און מיט די סופֿיקסן ,־קע, ־יק׳ און אַנדערע. אַ שטייגער: טישל, טישעלע; ווענטל, ווענטעלע; שמולקע, שמוליק; פֿרײַלין (פֿון ,פֿרוי׳), בנאָק (זונדל), מוטערכן א״אַ.

אַ מאָל טרעפֿט, אַז אַ סובסטאַנטיוו אַנטהאַלט אַ פּאָר פֿאַרקלענער־סופֿיקסן איינצײַטיק. אַ שטייגער: לאָפּעטקעלע (לאָפּעט(ע) + קע + (ע)לע), מינוטקעלע (מינוט + קע + (ע)לע).[1]

פֿון די ערשט אָנגעוויזענע פֿאַרקלענער־סופֿיקסן זײַנען ,־על, ־עלע׳ די פֿאַרשפּרייטסטע. די דאָזיקע צוויי סופֿיקסן שיידן זיך באַטײַטלעך אונטער איינער פֿונעם אַנדערן אינעם גראַד פֿאַרקלענערונג. פֿאַרגלײַכט אַ שטייגער: טיש – טישל – טישעלע; ווענט – ווענטל – ווענטעלע. אַ ריי סובסטאַנטיוון קאָנען האָבן די ביידע פֿאַרקלענערונגען. עס זײַנען אָבער פֿאַראַן אויך אַזעלכע סובסטאַנטיוון, וואָס האָבן נאָר איינע פֿון זיי – אָדער בלויז די ערשטע אָדער בלויז די צווייטע. אַ שטייגער: נפֿשל, שליסעלע (,נפֿשעלע׳ זאָגט מען ניט, און ,שליסל׳ איז ניט קיין פֿאַרקלענערונג).

אָנמערקונג ביי סובסטאַנטיוון מיט אַ ניט־טראַפֿיקן ,ן׳ צום סוף קומט פֿאַר די סופֿיקסן ,־ל, ־עלע׳ געוויינטלעך אַרײַן אַן אייפּאָנישער ,ד׳ (ז׳ 82). אַ שטייגער: ביין – ביינדל, ביינדעלע; צאָן – ציינדל, ציינדעלע. ביי סובסטאַנטיוון מיט אַ טראַפֿיקן ,ן׳ צום סוף קומט פֿאַר ,־ל, ־עלע׳ אַרײַן אַ ,ד׳ אָדער דער טראַפֿיקער ,ן׳ פֿאַלט אַרויס. אַ שטייגער: קאַסטן – קעסטל, קעסטעלע, קאַסטנדל. און ביי סובסטאַנטיוון מיט אַ ,ל׳ צום סוף קומט פֿאַר ,־ל, ־עלע׳ אַרײַן אַ ,כ׳. אַ שטייגער: מיל – מילכל, מילכעלע; שפּיל – שפּילכל, שפּילכעלע.

[1] [1] אַ שטייגער: זײַנען מיר... אַרויסגעגאַנגען אויף אַ מינוטקעלע שפּאַצירן (שאָל.).

דער ,כ׳ אין די ווערטער ,מילכל, שפּילכל׳ און ענלעכע איז אַ רעשטל פֿונעם פֿאַרקלענער־סופֿיקס ,כ(ע)ן׳, וועלכער איז מיט דער צײַט אַרויסגעשטויסן געוואָרן דורך די איבעריקע פֿאַרקלענער־סופֿיקסן, אָבער וואָס זײַנע שפּורן זײַנען נאָך פֿאַראַן אין אַ ריי דיאַלעקטן און אויך אין דער ליטעראַטור. אַ שטייגער: פֿאַטשיילכן (אַקס., ממס.), קולכן, מײַלכן, פֿעלכן (ממס.),[1] בעל־עגלהכן, שטימעכן, פּרימאַ־דאָנעכן (שאָל.)[2] א״אַ. איצט נעמען מיר דעם דאָזיקן ,כ׳ אויף אַלס אַן אייפּאָנישע דערשײַנונג.

196 צערטלעכקייט (פֿאַרצויגנקייט) דריקט מען געוויינטלעך אויס מיט די [159] פֿאַרקלענער־סופֿיקסן ,־ל, ־עלע, ־קע, ־יק׳[3] און מיט די סופֿיקסן ,־ינקע, ־יטשקע, ־עניו, ־(ע)שי, ־צע׳. אַ שטייגער: אַבֿרהמל, אַבֿרהמעלע, שוועסטערקע, ישׂראליק, טאַטינקע, באַ־לעבאָסטיטשקע, אַבֿרהמעניו, טאָכטערשי, סאָרצע, אַבֿרהמצע.[4]

197 פֿאַראַכטונג דריקט מען געוויינטלעך אויס מיט די פֿאַרקלענער־סופֿיקסן[5] און מיט די סופֿיקסן ,־אַטש, ־וק, ־(י)אַק, ־ניאַק׳ און אַנדערע. אַ שטייגער: מענטשל, ייִדעלע, ייִדליק,[6] חיימקע, יונגאַטש, שרײַבערוק, פּרומאַק, פּויליאַק, טרייפֿניאַק, שוואָגערעץ, ליג־נוטש, מוידורע און אַנדערע.

אָנמערקונג 1 אַלס אַ מיטל פֿון פֿאַראַכטונג אָדער אָפּשפּעטונג דינט אָפֿט מאָל אויך אַן אומגעוויינטלעכע פֿאָרמע (אַ שטייגער ,רעדעכץ׳ אַנשטאָט ,רעדע׳; ,בעל־מלאכהל׳ [באַל־מעלעכל] אַנ־שטאָט ,בעל־מלאָכה׳), ווי אויך די איבערחזרונג פֿונעם סובסטאַנטיוו מיט אַ ,ש(מ)׳ אַנשטאָט דעם ערשטן קלאַנג פֿונעם סובסטאַנטיוו. אַ שטייגער: געלט איז אַפֿילו בײַ איר אויך שמעלט (שאָל.). זעט אויך ז׳ 119.

אָנמערקונג 2 בײַ די עלטערע שרײַבער טרעפֿט מען נאָך אַנדערע פֿאַראַכט־סופֿיקסן. אַ שטייגער: בײַ אַקסענפֿעלדן: פּרצופֿעראָ (פֿאַרצוף, פּנים); בײַ מענדעלען: ווײַבעראָ, טאָכטערלאָ.

198 פֿאַרגרעסערונג דריקט מען געוויינטלעך אויס מיט אַ ריי פֿאַראַכט־סופֿיקסן (זעט די פֿריִערדיקע בײַשפּילן) און מיטן סופֿיקס ,־אַנעס׳. פֿאַרגרעסערונג (אָדער ריכ־טיקער: אַ העכערן גראַד פֿון דער סובסטאַנץ, פֿון דער זאַך) דריקט מען אָפֿט אויס מיט איבערחזרונג, מיט די פּרעפֿיקסן ,ב־, שב־ [שעבע, שעבי]׳ און אַנדערע. אַ שטייגער: ביידע יתומימלעך... טוען זיך אַ לאָז מיט קולי־קולות אַקעגן פּענעקן (בערג.); ער באַהאַלט זיך

[1] [2] אַ שטייגער: הערשעלע האָט געהאַט אַ שיין קוויטשיק קולכן (ממס.); הערשעלע... הערט מיט אַ האַלב אָפֿן מײַלכן (ממס.).

[2] [3] דעם דאָזיקן סופֿיקס האָט באַזונדערס ליב שלום־עליכמס מוראַוועטשיק פֿון די „בלאָנדזנדע שטערן“.

[3] [1] אַ שטייגער: איך גיי אויס, איך שטאַרב נאָך אַ לאָשיקל! און נישט נאָר קליינע לאָשיקלעך האָב איך ליב – אַלצדינג, וואָס איז קליין: קליינע הינטלעך, קליינע קעצלעך. איר ווייסט? אַפֿילו אוגערקעלעך קלייִנינקע, קאַרטאָפֿל יונגיטשקע, ציבעלקעלעך, קנעבעלעך – אַלץ, וואָס קליין, איז ליב (שאָל.).

[4] [2] אַ שטייגער: די מאַמע מײַנע פֿלעגט מיך רופֿן יצחק־אַבֿרהמצע, דער תּלמוד־תּורה־מלמד – איטשע־אַבֿרהמעלע, דער שנײַדער... איציק־אַבֿרהמל, דער שוסטער... האָט מיך גערופֿן איצוניאָ־אַבֿרהמוניאָ [!], און דער חזן – אַבֿרהמקע (ממס.).

[5] [3] אַ שטייגער: און טאָמער עפּעס ניט אַזוי, איז באַלד געפּאַטשט. אָט אַזאַ טבֿע האָט ער, דער דאָזיקער ייִד, די הענטעלעך זאָלן אים אָפּדאַרן (שאָל.); דאָס זאָלט איר האָבן אַ כּלל... און ווי באַלד נאָר פֿאַרצויגן: צירעלע, מירעלע, פּערעלע, שערעלע – איז אַ שלאַק, אַ צרה־שלא־תּבֿוא, אַ שלאַנג, אַ מאַן־פֿרעסע־רין (שאָל.).

[6] [4] אַ שטייגער: פֿון אַ פֿאַקטער, אַ לא־היה־פֿאָליער ייִדליק, איז ער אין איין יאָר געוואָרן אַ גאַנצער מענטש (אַקס.); דאָרט האָט זיך געשלעפּט פּאַמעלעך עפּעס אַ פֿורל, אַ ייִדליק איז דערויף געזעסן (ממס.).

בחדרי־חדרים [בעכאַדריי־כאַדאָרים]; קומט צו אַ שׂרפֿה, ווערט ער אַ גבֿר, אַ העלד, אַ גיבור־שבגיבורים (שאָל.); נאָר בײַ שלמה־דודן איז דאָס אַלץ אַ פּנים בלאָטע־שבבלאָטע [בלאָטע־שעביבלאָטע] (בערג.); דהײַנו, זאָג איך, וואָס ווערט אָנגערופֿן בײַ אײַך אַ חתן פֿון חתן־לאַנד, פּערווע־שבפּערווע? (שאָל.).

אָנמערקונג 1 אַ פֿאַרקלענער־פֿאָרמע ווערט אָפֿט מאָל אויפֿגענומען אַלס די געוויינטלעכע, און די געוויינטלעכע – אַלס אַ פֿאַרגרעסער־פֿאָרמע. אַ שטייגער: ביכל – בוך; היטל – הוט; ייִנגל – יונג; מיידל – מויד (מאַד).

אָנמערקונג 2 פֿאַרקלענערונג, צערטלעכקייט, פֿאַראַכטונג, פֿאַרגרעסערונג ווי אַלערליי אַנדערע קאָן מען אויסדריקן ניט נאָר מיט דער הילף פֿון סופֿיקסן, ניט [160] נאָר מיט דער הילף פֿון סטרוקטורישע (גראַמאַטישע) מיטלען בכלל, נאָר אויך מיט דער הילף פֿון לעקסישע מיטלען. אַ שטייגער:

1. האָט ער... דעם זון געזאָגט מוסר...: שקאָץ איינער! טובֿות ווילסטו טאָן? (ממס.).
2. נחמן דער סטאָליער איז געקומען מיט זײַנע צוויי בנים (שאָל.).
3. אַז איך זאָג אײַך ‚בנים', ניט ‚זין', איז די משמעות, אַז דאָס זײַנען דרײַ הויכע, געזונטע קלאַפּערס, מיט הויכע רגלים, מיט געזונטע ידים, וואָס קאָנען גוט אַרבעטן און גוט אַכלען... (שאָל.).

אָבער די דאָזיקע מיטלען זײַנען, פֿאַרשטייט זיך, ניט קיין ספּעציפֿיש סובסטאַנטיווישע – זיי קאָנען אָנגעווענדט ווערן בײַ אַלערליי וואָרטקלאַסן, ווי בכלל אין דער שפּראַך.

אָנמערקונג 3 אָפּהענגיק פֿונעם קאָנטעקסט און פֿונעם טאָן קאָן אַ פֿאַראַכט־ אָדער פֿאַרגרעסער־סופֿיקס, ווי אויך בכלל אַ פֿאַראַכט־ אָדער פֿאַרגרעסער־וואָרט, באַטײַטן צערטלעכקייט אָדער פֿאַרקלענערונג. און אויך פֿאַרקערט. אַ שטייגער: בײַ איר זײַנען שטיפֿערישע אויגאַנעס; אַך, יאָ, שמואל, שמואל... אַ צייטעלע, אַ? (בערג.);[1] דאָס וואָרט ‚שקאָץ', וואָס ער פֿלעגט עס זאָגן אַ מאָל מיט אַ שמייכעלע איינעם אַ יונגן־מאַן, האָט עס געהייסן בײַ אים אַ סימן פֿון ליבשאַפֿט, אַז ער האַלט פֿון יענעם זייער שטאַרק (ממס.).

26 צאָלפֿאָרמעס

199 די מערהייט סובסטאַנטיוון קאָנען קומען אין איינצאָל און אין מערצאָל. אַ שטייגער: אַ טיש – טישן; אַ פֿעלד – פֿעלדער; אַ הויז – הײַזער; אַ חובֿ – חובֿות; אַ חודש – חדשים.

איינצאָל באַטײַט געוויינטלעך איין קעגנשטאַנד, און מערצאָל – מער פֿון איינעם. עס טרעפֿט אָבער, אַז איינצאָל באַטײַט אויך פֿיל קעגנשטאַנדן. אַ שטייגער ‚אַ (דער) מענטש גייט אויף צוויי פֿיס' באַטײַט דאָס זעלבע, וואָס ‚מענטשן גייען אויף צוויי פֿיס'. ווי עס טרעפֿט אויך, אַז מע ברענגט אַ מערצאָל, כאָטש פּאַקטיש גייט אַ רייד וועגן אַן איינצאָל, ווי אַ שטייגער אין פֿאָלגנדיקן פֿראַגמענט שלום־עליכמס: דער מחותּן איז געווויר געוואָרן,

[1] [1] זעט אויך בײַשפּילן בײַם סופֿיקס ‚־עניו' אויף ז' 105.

אַז דער חתן (מייַן ברודער אליה) האָט ניט דעם זייגער... ער האָט אים פּאַרקויפֿט און דאָס געלט אויסגעגעבן אויף דאָקטוירים און רפֿואות. ער האָט געוואָלט ראַטעווען דעם טאַטן... דער מחותּן איז אָבער אַ פּראָסטער ייִד. ער פֿרעגט, וואָס געהער זיך אָן אַ פֿרעמדער טאַטע צו זייַן זייגער. ער איז ניט מחויבֿ, זאָגט ער, מיט זייַנע זייגערס אויסצוהאַלטן פֿרעמדע טאַטעס. פֿונעם זייַגער איז שוין בייַ אים געוואָרן ,זייגערס׳ און פֿונעם טאַטן – ,טאַטעס׳.

200 אייניקע סובסטאַנטיוון (אייגן־נעמען, שטאָפֿנעמען, אַ ריי סובסטאַנטיווירונגען און אַנדערע) קומען געוויינטלעך נאָר אין איינצאָל. אַ שטייגער: מאָסקווע, [161] וואָלגע, קאַזבעק, פּאַפּיר, געלט, ווייַן, גאָלד; דאָס שרייַבן, דאָס לייענען; שלעכטס, געזאַלצנס; מענטשהייט, פּראָלעטאַריאַט און אַנדערע. און אייניקע סובסטאַנטיוון (אייניקע אייגן־נעמען, אייניקע שטאָפֿנעמען, געפּאָרטע קעגנשטאַנדן און אַנדערע) קומען נאָר אין מערצאָל. אַ שטייגער: אַלפּן, דאַרדאַנעלן, הייוון, יסורים, עצמות,[1] עלטערן, זכרונות[2] און אַנדערע.

אָנמערקונג 1 אייניקע פֿון די סובסטאַנטיוון, וואָס קומען בכלל נאָר אין איינצאָל, קאָנען אַ מאָל קומען אויך אין מערצאָל, צו ווייַזן באַזונדערע קעגנשטאַנדן, סאָרטן א״אַ. אַ שטייגער: אַזעלכע געלטן האַלט איך נישט בייַ זיך אין דער היים (שאָל.); צו ערשט זייַנען געגאַנגען די פּאַפּירן פֿון אַהרן־ישׂראל יאָסיפּאָוויטש לעמבערגער (בערג.); אין זאַנגישע גאָלדן זיך טוקן פֿלעקן פֿון ציץ (האָפּ.).

אָנמערקונג 2 נאָך אַ צאָלוואָרט קומט אָפֿט אַ סובסטאַנטיוו אין איינצאָל, ווען אַפֿילו עס האַנדלט זיך וועגן אַ זאַך אין מערצאָל. דאָס קומט מערסטנס פֿאָר מיט אַ סובסטאַנטיוו, וואָס ווייַזט אַ מאָס, וואָג, שטח, דויער. אַ שטייגער: פֿינף מעטער, צען פּוד, עלף ווערסט, צוועלף קילאָמעטער, נייַן יאָר אאַ״וו. אָבער בכלל קאָנען די דאָזיקע סובסטאַנטיוון זייַן אויך אין מערצאָל. אַ שטייגער: מעטערס (וואָל), פּודן (ווייץ), ווערסטן, קילאָמעטערס, יאָרן.

אָנמערקונג 3 איינס און דאָס זעלבע וואָרט קאָן אין איין שפּראַך זייַן איינצאָל און אין אַ צווייטער שפּראַך מערצאָל. אַ שטייגער דאָס וואָרט ,פּנים׳ איז אין ייִדיש איינצאָל (אָן אַ סופֿיקס) און אין העברעיִש – מערצאָל (מיט אַ מערצאָליקן סופֿיקס ,־ים׳); דאָס וואָרט ,רעלס׳ איז אין ייִדיש איינצאָל און אין ענגליש – מערצאָל (מיט אַ מערצאָליקן סופֿיקס ,־ס׳).

201 סובסטאַנטיוון מערצאָל דאַרף מען ניט צונויפֿמישן מיט סובסטאַנטיוון זאַמל־נעמען. אַ שטייגער די ווערטער ,מחנה, פֿאָלק, עולם, מערהייט, פּויערטום׳ און אַנדערע זייַנען ניט קיין סובסטאַנטיוון מערצאָל, נאָר סובסטאַנטיוון זאַמל־נעמען איינצאָל. סובסטאַנטיוון מערצאָל קאָנען געוויינטלעך צעלייגט ווערן אויף סובסטאַנטיוון איינצאָל. אַ שטייגער: מענטשן – אַ מענטש, טישן – אַ טיש. אָבער סובסטאַנטיוון זאַמל־נעמען באַטייַטן אַ גרופּע, אַ קאָלעקטיוו קעגנשטאַנדן, מענטשן אָדער חיות, וואָס ווערט באַטראַכט אַלס איינס און וואָס קאָן אויף סובסטאַנטיוון איינצאָל ניט צעלייגט ווערן, ווייַל עס איז

[1] [1] אַ שטייגער: דערצייל שוין גיכער. צי ניט די עצמות (שאָל.). אַ וואָרט ,עצם׳ איז פֿאַראַן אין ייִדיש, אָבער שוין מיט גאָר אַן אַנדער באַטייַט. אַ שטייגער: ער איז אין עצם (אין תּוך) גערעכט. מע דאַרף צוטרעטן צום עצם.

[2] [2] אַ וואָרט ,זכּרון׳ איז פֿאַראַן, אָבער נאָר ווי אַן איינצאָל פֿון ,זכּרונס׳.

איינצאָל (אייניקע סובסטאַנטיוון זאַמל־נעמען קאָנען קומען אויך אין מערצאָל. אַ שטייגער: מחנה – מחנות, פֿאָלק – פֿעלקער, האָרדע – האָרדעס א״אַ).

סובסטאַנטיוון זאַמל־נעמען בילדעט מען אָפֿט מיטן פּרעפֿיקס ,גע־׳ אָדער מיט די סו־פֿיקסן ,־אַט, ־יאַט, ־הייט, ־ור, ־וואַרג, ־טום, ־יטעט, ־יע, ־ענץ, ־שאַפֿט׳. אַ שטייגער: געביין, געהילץ, דעקאַנאַט, פּראָלעטאַריאַט, מענטשהייט, קליענטור, יונגוואַרג, פּויערטום, נאַ־ציאָנאַליטעט, דעמאָקראַטיע, אינטעליגענץ, אָרעמשאַפֿט. [162]

אָנמערקונג 1 דער זאַמלונג־באַטײַט פֿונעם פּרעפֿיקס ,גע־׳ ווערט אין אַ ריי פֿאַלן פֿאַרטונקלט דורך אַנדערע באַטײַטן (זעט ז׳ 144). באַזונדערש אין די פֿאַלן, ווען דער ,גע־׳ איז בײַ אַ סובסטאַנטיוו, וואָס איז געבילדעט פֿון אַ ווערב, מיטן באַטײַט פֿון אַ לענגערן פּראָצעס, רעזולטאַט אָדער קעגנשטאַנד פֿון דער טווּנג. אַ שטייגער: געשריי, געפֿיל, געדאַנק, געזעץ, געטראַנק, געזעס אא״וו.

אָנמערקונג 2 אין אַלטייִדיש פֿלעגט מען, ווי עס שײַנט, דעם פּרעפֿיקס ,גע־׳ מיטן באַטײַט פֿון זאַמלונג אָנווענדן אין מער פֿאַלן ווי איצט. אַ שטייגער אַזעלכע סובסטאַנטיוון ווי ,געשטיין, געפֿייגל׳ טרעפֿט מען איצט ניט. אָבער אין אַלטייִדישע טעקסטן זײַנען זיי פֿאַראַן. למשל: הט ער גפונדן זעקש הונדרט אונ אכציג קופפרני קעסלין פול מיט גאלד אונ אליר לייא איידל גשטיין („מ.א.״); אונ׳ גי־פעגל זאל פליגן [זאָל פֿליִען] (בליץ).

202 סובסטאַנטיוון מערצאָל בילדעט מען אין ייִדיש פֿון סובסטאַנטיוון איינצאָל אויף איינעם פֿון די פֿאָלגנדיקע אופֿנים:

1. מע ברענגט דעם סובסטאַנטיוו ניט געענדערט, נאָר אָנעם אַרטיקל אָדער מיטן אַרטיקל ,די׳ (מערצאָל). אַ שטייגער: אַ בריוו – בריוו; אַן עפּל – עפּל; דאָס פֿערד – די פֿערד.

אָנמערקונג 1 די אָפּוועזנהייט פֿון אַן אַרטיקל בײַ אַ סובסטאַנטיוו מערצאָל איז בכלל אַ באַוויַיז פֿון אומבאַשטימטקייט.

אָנמערקונג 2 ,אַ(ן)׳ קאָן אַ מאָל קומען אויך בײַ אַ סובסטאַנטיוו מערצאָל. אַ שטייגער: איך וועל דאָרט פֿאַרברענגען אַ וואָכן צוויי, אַ חדשים דרײַ. אין אַזעלכע פֿאַלן מאַכט דער ,אַ(ן)׳ די אָנגערע־פֿענע צאָל פֿאַר ניט קיין פֿעסטער, פֿאַר אַ לערכדיקער (ניט צוויי וואָכן, נאָר אַ וואָכן צוויי).

2. עס קומט צו איינער פֿון די סופֿיקסן ,־ען, ־ס, ־ות, ־ער, ־ים, ־(ע)ך׳. אַ שטייגער: מענטש־ן; פֿרוי־ען; טאַטע־ס; חוב־ות; קינד־ער; פּויער־ים; ייִנגל־עך; ייִנגעלע־ך.

אָנמערקונג אַ סובסטאַנטיוו מיט אַ פֿאַרקלענער־,ל׳ באַקומט אין מערצאָל געוויינטלעך אַ סו־פֿיקס ,־ער׳. אויב דער ,ל׳ באַטײַט ניט קיין פֿאַרקלענערונג, באַקומט דער סובסטאַנטיוו אין מערצאָל אַ סופֿיקס ,־ען׳. אַ שטייגער: (1) טישל – טישלעך; בענקל – בענקלעך; (2) שיסל – שיסלען; קעסל – קעס־לען; אָבער: אייניקל (ניט קיין פֿאַרקלענערונג) – אייניקלעך.

3. עס קומט פֿאָר אַ קלאַנגענדערונג אינעם סובסטאַנטיוו. אַ שטייגער: קאָפּ – קעפּ; וואַנט – ווענט; ברודער – ברידער; מויז – מײַז; באַנק – בענק; פֿויגל – פֿייגל (פֿויגלען).

4. עס קומט צו אַ סופֿיקס און עס קומט אויך פֿאָר אַ קלאַנגענדערונג (מיט אָדער אָן אַן איבעראַקצענטירונג). אַ שטייגער: דאַך – דעכער; מויל – מײַלער; חודש – חדשים; נצחון – נצחונות.

אָנמערקונג 1 אַ מאָל בילדעט מען אַ סובסטאַנטיוו מערצאָל ניט פֿונעם זעלבן וואָרצל, וואָס דער סובסטאַנטיוו איינצאָל. אַ שטייגער: אָרעמאַן – אָרעמע־לייַט; יונגער־מאַן – יונגע־לייַט. (הגם ‚לייַט׳ קומט אָפּט מאָל אויך אין איינצאָל. אַ שטייגער: ער איז געוואָרן אַ לייַט, אויך מיר אַ לייַט).

אָנמערקונג 2 אין איין דיאַלעקט קאָן אַ מאָל אַ סובסטאַנטיוו מערצאָל געבילדעט ווערן אויף איין אופֿן און אין אַ צווייטן דיאַלעקט אויף אַן אַנדער אופֿן. אַ שטיי־[163]גער: צאָן – ציין, ציינער; שטוב – שטיבער, שטובן; האָן – הענער, האָנען;[1] שטאַל – שטאַלן, שטעלער; שלאַנג – שלאַנגען, שלענג.[2]

אָנמערקונג 3 אַ סובסטאַנטיוו אַ האָמאָנים קאָן אָפּט אין מערצאָל פֿאַר פֿאַר־שיידענע באַטייַטן פֿאַרשיידן געבילדעט ווערן. אַ שטייגער: סאָד [סאָד / סוד] – סעדער, סו־דות; הויז – הויזן (צום אָנטאָן), הייַזער; שטערן – שטערן (אין הימל), שטערנס (אויפֿן פּנים); זון – זין (קינדער), זונען (שייַנט ווי זיבן זונען) (זעט ז׳ 146).

אָנמערקונג 4 אייניקע פֿאַרקלענער־נעמען מערצאָל ווערן געבילדעט ניט פֿון דער פֿאַרקלענער־פֿאָרמע איינצאָל, נאָר פֿון דער געוויינטלעכער פֿאָרמע אין מערצאָל און מיטן סופֿיקס ‚־לעך׳. אַ שטייגער: קינדערלעך, ברידערלעך; בגדימלעך, יתומימלעך (און ניט ‚קינדלעך, ברודערלעך, בגדלעך, יתומלעך׳, ווי דאָס וואָלט בכלל געדאַרפֿט זייַן).

אָנמערקונג 5 ביי אַ סובסטאַנטיוו אַ צונויפֿזאַץ באַקומט אַ סימן פֿון מערצאָל גע־וויינטלעך נאָר דער הויפּטטייל. אַ שטייגער: ווינטמיל – ווינטמילן; וואַנטצייַטונג – וואַנט־צייַטונגען. ביי אייניקע צונויפֿזאַצן אָבער, מיט אַן אַדיעקטיווישן באַשטימטייל, באַקומט אַ סימן פֿון מערצאָל אויך דער באַשטימטייל. אַ שטייגער: גוטער־ברודער – גוטע־ברידער; אָרעמאַן – אָרעמע־לייַט.

אַ סימן פֿון מערצאָל באַקומט אָפּט מאָל אויך דער פּרעפֿיקס (דער העברעיִשער סובסטאַנטיוו ‚בעל־׳ (זעט ז׳ 98). אַ שטייגער: בעל־בטחון – בעלי־בטחונס.[3] אָבער בכלל ווערט דער דאָזיקער ‚י׳ [ע] אַלס אַ סימן פֿון מערצאָל בייַם ‚בעל־׳ אַלץ מער און מער אָפּגעשטאָרבן – ווערט אַרויסגעשטויסן דורכן מערצאָליקן סופֿיקס סוף וואָרט. אַ שטייגער: בעל־מלאָכות, בעל־גאווה(ניקע)ס, בעל־העזהניקעס און אַנדערע.

אָנמערקונג 6 ביי אייניקע פּאַראַלעלע סובסטאַנטיוון, ביי אַ נאָמען מיט אַ פֿאַמיליע, באַקומט אַ סימן פֿון מערצאָל נאָר דער לעצטער פּאַראַלעלער סובסטאַנטיוו. אַ שטייגער: פּיניע ליפּשיץ – די פּיניע ליפּשיצעס; בערל ראַבינאָוויטש – ביידע בערל ראַבינאָוויטשעס.

אָנמערקונג 7 ביי אייניקע סובסטאַנטיוון סעמיטיזמען קומט ניט דער סופֿיקס [־ים], נאָר [־אַיִם]. אַ שטייגער: ידים (הענט), רגלים (פֿיס), עינים (אויגן). דאָס איז אַ סופֿיקס, וואָס באַטייַט ‚צוויי

1 [1] אַ שטייגער: און אַזוי זייַנען מיר געבליבן שטיין... ווי די האָנען (שאָל.).

2 [2] אַ שטייגער: מיר קאָנען אַנטווייַנען און האָבן אַנטווינט די אייגענע שלאַנגען און פֿרעמדע שלענג (קוו.).

3 [3] אַ שטייגער: אַ גרויסער אבֿיון, נאָר אַ מוראדיקער בעל־בטחון (שאָל.); פֿריילעכע אבֿיונים, לוס־טיקע קבצנים, ווילדע בעלי־בטחונס (ממס.). דער ‚י׳ ([ע]) נאָך ‚בעל־׳ איז ניט דער גערמאַנישער מערצאָל ‚־ע׳, נאָר אַן [ע], וואָס איז געוואָרן פֿון דער סמיכות־ענדונג ‚יי׳ (זעט ז׳ 173) אָדער פֿון אַן אַנדער קלאַנג ווי אַ שטייגער אין די ווערטער ‚באַלעבאָס, בעל־עגלה, בעל־גוף׳.

מאָל׳ (דואַל, אַ פּאָר). מיט [אַים] ענדיקן זיך אויך אייניקע סובסטאַנטיוון, וואָס אין ייִדיש ווערן זיי אויפֿגענומען אַלס איינצאָל. אַ שטייגער: שמים (הימל), ירושלים. און בײַ אייניקע סובסטאַנטיוון (סעמיטיזמען און ניט־סעמיטיזמען) איז דער סופֿיקס אין מערצאָל [אָנים]: לץ – לצנים (לצים); נאַר – נאַראָנים, טײַוול – טײַוולאָנים (טײַוואָלים).

203 די ווײַטערדיקע סובסטאַנטיוון ווערן אין מערצאָל געבילדעט אַזוי:

1. וואָרעם – ווערעם; פֿאָדעם – פֿעדעם (־ער); פּנים – פּנימער; [164]

2. דאָקטער – דאָקטוירים; דאָקטאָר (וויסנשאַפֿטלעכער טיטל) – דאָקטאָרס (דאָקטאָרן); פֿאַקטאָר – פֿאַקטאָרס (פֿאַקטאָרן); פֿאַקטער (קאָמיסיאָנער, מעקלער) – פֿאַקטוירים; [1]

3. כּתבֿ – כּתבֿן (שריפֿטפֿאָרמעס), כּתבֿים (מאַנוסקריפּטן, ווערק); מאַסע – מאַסן (מענטשן), מאַסעס (געוויכטן); פּאַס – פּאַסן, פּעסער (פּאַספּאָרטן); פֿוס – פֿיס, פֿוסן (מאָס); קול[2] – קולות (געשרייען), קעלער (פֿאַרשיידענע שטימען);

4. אות – אותיות [אָס – אויסיעס]; אוצר – אוצרות [אויצער – אויצרעס]; בזיון – בזיונות [ביזויען –ביזיוינעס]; דור – דורות [דאָר – דוירעס]; היזק – היזקות [העזעק – העזייקעס]; חייל – חיילות [כאַיִל – כאַיאָלעס]; חלום – חלומות [כאָלעם – כאַלוימעס]; חסרון – חסרונות [כיסאָרן – כעסרוינעס]; חשבון – חשבונות [כעזשבן – כעזשבוינעס]; יסוד – יסודות [יעסאָד – יעסוידעס]; לשון – לשונות [לאָשן –לעשוינעס]; מזבח – מזבחות [מיזבייעך – מיזבייכעס]; משכּון – משכּונות [מאַשקן – מאַשקאָנעס]; משקה – משקאָות [מאַשקע – מאַשקאָעס]; נסיון – נסיונות [ניסויען – ניסיוינעס]; נפֿש (נפֿשה) – נפֿשות [נעפֿעש (נעפֿאַשע) –נעפֿאַשעס]; נצחון – נצחונות [ניצאָכן – ניצכוינעס]; ספֿק – ספֿקות [סאָפֿעק –ספֿייקעס]; עוף – עופֿות [אָף –אויפֿעס]; קרבן – קרבנות [קאָרבן – קאָרבאָנעס]; רוח – רוחות [רועך – רוכעס]; רעיון – רעיונות [ראַיען –ראַיוינעס];

5. אבֿיון – אבֿיונים [עוויען – עוויוינים]; אבֿר – אבֿרים [אייווער – אייוורים]; אופֿן – אופֿנים [אויפֿן – אויפֿאַנים]; בחור – בחורים [באָכער – באָכערים, איראָניש – באָכורים]; בעלן – בעלנים [באַלן – באַלאָנים]; גיבור – גיבורים [גיבער – גיבוירים]; גנבֿ – גנבֿים [גאַנעוו – גאַנאָווים]; דיין – דיינים [דייַען – דאַיאָנים]; דרך – דרכים [דערעך – דראָכים]; חולה – חלאָים [כוילע – כאַלאָיִם]; יורש – יורשים [יוירעש – יאָרשים]; יִישובֿ – יִישובֿים [יישעוו – ייִשווים]; יתום – יתומים [יאָסעם – יעסוימים]; כּלי – כּלים [קיילע – קיילים]; כּלל –כּללים [קלאַל – קלאָלים]; לימוד – לימודים [לימעד – לימודים]; לץ – לצים (לצנים) [לעץ – לייצים (לייצאָנים)]; מבֿין – מבֿינים [מייוון – מעווינים]; מחזור – מחזורים [מאַכזער – מאַכזוירים]; מיוחס – מיוחסים [מעיוכעס – מעיוכאָסים]; מלאך – מלאָכים [מאַלעך – מאַלאָכים]; מלבוש – מלבושים [מאַלבעש –מאַלבושים]; מלך – מלכים [מיילעך – מלאָכים]; נבֿיא – נבֿיאים [נאָווי – נעוויִים] ; נגיד – נגידים [נאָגעד – נעגידים]; ענין – ענינים [איניען –איניאָנים]; עסק – עסקים [אייסעק – אַסאָקים (אייסאָקים)]; פּירוש – פּירושים [פּיירעש – פּיירושים];[3] פּרוש – פּרושים [פּאָרעש – פּרושים];[4] פּריץ – פּריצים [פּאָרעץ – פּריצים]; צד – צדדים [צאַד – צדאָדים]; קונדס – קונדסים [קונ־

1 [1] אַ שטייגער: די פֿאַקטוירים אין די ייִדישע שטעט זײַנען שיכּורים (אַקס.); דאָס גאַנצע פּעקל סטראַפּטשעס, סעקרעטאַרן מיט זייערע פֿאַקטוירים (ממס.).

2 [2] אַלע ווײַטערדיקע ווערטער פֿון דער דאָזיקער גרופּע און פֿון די גרופּעס 4 און 5, אויסער די ווערטער ,קונדס׳ און ,קייסער׳, זײַנען סעמיטיזמען. פֿיל פֿון זיי באַגעגנט מען שוין נאָר אינעם אַלטשטייגערשן לשון.

3 [4] פּירוש – אַ טײַטש, אַ דערקלערונג, אַ קאָמענטאַר.

4 [3] פּרוש – אַן אָפּגעזונדערטער פֿון ,דער וועלט׳; אַזאַ, וואָס קוקט ווייניק אויף זיך, אַן אָפּגעלאָזענער, אַזאַ טיפּ בטלן; פּרושים – מערצאָל פֿון ,פּרוש׳; און אויך אַזאַ סעקטע בײַ ייִדן (מיט אַ צוויי טויזנט יאָר צוריק) – פֿאַריסייער.

דעס – קונדייסים]; קונה – קונים [קוינע – קוינים]; קיסר – קיסרים [קייסער – קייסאָרים]; קלעזמער – קלעז־מאָרים (קלעזמער);[1] קצבֿ – קצבֿים [קאַצעוו – קאַצאָווים]; רבֿ –רבנים [ראָוו – ראַבאָנים]; רשע – רשעים [ראָשע – רעשאָים]; שבֿט – שבֿטים [שייוועט – שוואָטים]; שוחט – שוחטים [שויכעט – שאָכטים]; שוטה – שו־טים [שויטע – שויטים]; שקר – שקרים [שעקער – שקאָרים]; שׂונא – שׂונאים [סוינע – סאָנים]; תּירוץ – תּירו־צים [טערעץ – טרוצים]; תּנאַי –תּנאָים [טנײַ – טנאָים]; תּענית – תּעניתים [טאָנעס – טאַנייסים].

204 די סובסטאַנטיוון ,בוך, בלום, ברוסט, גרוב, הוט, הון, הונט, טוך, יונג, נוס, פֿוס, פֿוקס, צונג, קו, קנופּ,[2] קרוג,[3] רוט, שוך, שטוב, שנור׳ – דאַרף מען זאָגן און שרײַבן מיט ,ו׳, ווען זיי באַטײַטן איינצאָל אָדער ווען זיי באַקומען אַ סופֿיקס [165] ,־(ע)ן׳ (מערצאָל), אָבער זיי דאַרפֿן זײַן מיט ,י׳, ווען זיי באַקומען אַ סופֿיקס ,־ער׳ (מערצאָל) אָדער ,־ל, ־עלע׳ (פֿאַרקלענערונג) אָדער ווען זיי באַטײַטן מערצאָל אָן אַ סופֿיקס. אַ שטייגער: בוך – ביכער, ביכל, ביכעלע; הוט – היט, היטל, היטעלע; גרוב – גריבער (גרובן), גריבל, גריבעלע. מע דאַרף זאָגן און שרײַבן: ברודער (איינצאָל) – ברידער (מערצאָל), ברודערל; ברונעם – ברו־נעמס, ברינעמער; זון (איינצאָל) – זין, זונען (מערצאָל), זונעלע, זינדל (זונדל); גוט, גיטער (מאַיאָנטקעס); רײַכטום – רײַכטימער; הייליקטום – הייליקטימער; אַלטערטום – אַל־טערטימער; אייגנטום – אייגנטימער (אייגנטום־באַזיצער); און אויך: בוים – ביימער,[4] ביימ(ד)ל,[5] ביימ(ד)עלע; אויג – אויגן, אייגל, אייגעלע; אויוון – אויוונס, אייוועלע; פֿויגל – פֿויגלען (פֿייגל), פֿייגעלע; ברויט – ברויטן,[6] ברייטל; הויף – הויפֿן (הייף), הייפֿל; אַ פֿלוי – פֿליי (מערצאָל); קנויט – קנייטל; שטויס – שטייסל.

27 מין און ווײַבלעכע פֿאָרמעס

205 סובסטאַנטיוון איינצאָל ווערן אין ייִדיש אײַנגעטיילט אין דרײַ מינים – אין ערשטן, צווייטן און דריטן (מענלעכן, ווײַבלעכן און זאַכלעכן). צום ערשטן מין געהערן די סובסטאַנטיוון, וואָס קומען, ווען מע רופֿט זיי אָן, מיטן אַרטיקל ,דער׳ (דער חבֿר, דער קאָמוניזם); צום צווייטן מין – די סובסטאַנטיוון מיטן אַרטיקל ,די׳ (די חבֿרטע, די קאָמונע); צום דריטן מין – מיטן אַרטיקל ,דאָס׳ (דאָס קינד, דאָס לעבן).

דעם מין פֿון אַ סובסטאַנטיוו אין אַ קאָנטעקסט קאָן מען געוויינטלעך באַשטימען לויטן אַרטיקל, לויטן אַדיעקטיוו און אָפֿט אויך לויט אייניקע פּראָנאָמען. אַ שטייגער:

1. דער מאַן	אַ גוטער מאַן	ער גייט	רוף אים;
2. די פֿרוי	אַ גוטע פֿרוי	זי גייט	רוף זי;
3. דאָס קינד	אַ גוט קינד	עס גייט	רוף עס.[7]

[1] [5] אַ שטייגער בײַ שלום־עליכמען: סטעמפּעניו קומט אַרויס פֿון קלעזמאָרים ...; שפּעטער קאָן פֿון זיי אַרויס לײַטישע קלעזמער. [2] [6] אַ קנופּ פֿון אַ שטריק, פֿון אַ פֿאָדעם. אָבער אַ קניפּ אין באַק. [3] [7] אַ קרוג וואַסער. אָבער: אַ מלחמה – אַ קריג. [4] [1] אָבער ניט ,בוימען׳. [5] [2] אָבער אייל, פֿעטס איז בוימל (בוים + אייל). [6] [3] אַ שטייגער: מיר זײַנען געגאַנגען און ברויטן געטראָגן און דערפֿער געברענט (פֿעפּ.). [7] [4] זעט ז׳ 194.

אָנמערקונג דער ליטוויש־ווײַסרוסישער דיאַלעקט, פּונקט ווי די ליטווישע, לעטישע, פֿראַנצייזישע, העברעיִשע און נאָך אַנדערע שפּראַכן, דיפֿערענצירט די סובסטאַנטיוון נאָר לויט צוויי מינים (דער טיש – דער טישל; די וואַנט – די ווענטל). אָבער די איבעריקע דיאַלעקטן, דאָס הייסט די גרעסטע מערהייט ייִדן, ווי אויך די ליטעראַרישע שפּראַך, דיפֿערענצירן די סובסטאַנטיוון איינצאָל לויט דרײַ מינים (דער טיש – דאָס טישל, די וואַנט – דאָס ווענטל).

206 סובסטאַנטיוון, וואָס באַטײַטן וועזנס פֿונעם ווײַבלעכן געשלעכט, ווערן אָפֿט געבילדעט פֿון סובסטאַנטיוון, וואָס באַטײַטן וועזנס פֿונעם מענלעכן געשלעכט. דאָס ווערט געוויינטלעך געטאָן מיט דער הילף פֿון די סופֿיקסן ־ין [ן], ־קע, ־טע, ־ה [ע], ־יכע, ־ניצע' [166]
(מערסטנס אַנשטאָט דעם סופֿיקס ־ניק') און די זעלטענערע סופֿיקסן ־ת [עס], ־עסע, ־יניע, ־טאָרין [טאָרן]'. אַ שטייגער: לערערין, שוסטערקע, פּויערטע, קרובֿה, וואָלפֿיכע, קעסטניצע, מיוחסת, פּאָעטעסע, קייסערינע, חבֿרטאָרין.[1]

דערבײַ קאָן איינער און דער זעלבער סובסטאַנטיוו אָפֿט קומען מיט פֿאַרשיידענע פֿון די דאָזיקע סופֿיקסן אָדער אָפֿט מאָל אַפֿילו אַנטהאַלטן אַ פּאָר אַזעלכע סופֿיקסן איינצײַטיק. אַ שטייגער: לערערין – לערערקע; קלעזמערין – קלעזמערקע – קלעזמערטע;[2] נגידה – נגידית –נגידיתטע;[3] שכנטע – שכנה.

אָנמערקונג סובסטאַנטיוון סעמיטיזמען, וואָס באַטײַטן וועזנס פֿונעם ווײַבלעכן געשלעכט, האָבן אויסערן סופֿיקס אָפֿט מאָל אויך אַ קלאַנגענבײַט – געוויינטלעך דעם זעלבן קלאַנגענבײַט, וואָס די דאָזיקע סעמיטיזמען האָבן אין מערצאָל. אַ שטייגער:

שכן [שאָכן]	זקן [זאָקן]	קרובֿ [קאָרעוו]	יתום [יאָסעם]	חכם [כאָכעם]	פּריץ [פּאָרעץ]
שכנה [שכיינע]	זקנה [סקיינע]	קרובֿה [קרויווע]	יתומה [יעסוימע]	חכמה [כאַכאָמע]	פּריצה [פּריצע] / פּריצטע
שכנים [שכיינים]	זקנים [סקיינים]	קרובֿים [קרויווים]	יתומים [יעסוימים]	חכמים [כאַכאָמים]	פּריצים [פּריצים]
שכנות [שכיינעס]	זקנות [סקיינעס]	קרובֿות [קרויוועס]	יתומות [יעסוימעס]	חכמות [כאַכאָמעס]	פּריצות [פּריצעס] / פּריצטעס

207 סובסטאַנטיוון, וואָס באַטײַטן וועזנס פֿונעם מענלעכן געשלעכט, געהערן געוויינטלעך צום ערשטן מין. אַ שטייגער: דער ברודער, דער חבֿר, דער אָקס. סובסטאַנטיוון, וואָס באַטײַטן וועזנס פֿונעם ווײַבלעכן געשלעכט, געהערן געוויינטלעך צום צווייטן מין. אַ שטייגער: די שוועסטער, די חבֿרטע, די קו. און דאָך דאַרף מען דעם באַגריף ,מין' ניט צונויפֿמישן מיטן באַגריף ,געשלעכט'. און אָט פֿאַר וואָס:

[1] [1] אַ שטייגער: זי איז ניט אַליין, זי איז מיט איר חבֿרטאָרין (שאָל.); איר איז פֿאַר אַלע אירע רײַכע חבֿרטאָרינס נישט אָנגעשטאַנען זיך צו פֿאַרליבן אין אַן אָרעמען בעטלער (דינ.).
[2] [2] אַ שטייגער: זיי זאָלן אים באַריידן... אים און דעם קלעזמער מיט דער קלעזמערין... (שאָל.); האָט מען, דאָס ערשטע מאָל דערהערנדיק זי שפּילן, באַלאַגערט די גאַס...: אַ ייִדענע אַ קלעזמערטע גאָר! (שאָל.).
[3] [3] אַ שטייגער: זי איז מײַלן אויסגעלאָפֿן פֿון איין נגידה צו דער צווייטער (דינ.). זעט ז' 111.

1. וועגן געשלעכט קאָן מען ריידן נאָר ביַי לעבעדיקע וועזנס (אַן ,ער׳, אַ ,זי׳), און די אָנגעהעריקייט צו אַזאַ אָדער צו אַן אַנדער מין איז אין אַ רייִ שפּראַכן פֿאַראַן ביַי אַלע סובסטאַנטיוון – ביַי די, וואָס באַצייכענען ניט קיין לעבעדיקע זאַכן אויך. אַ שטייגער: דער טיש, דער הימל; די וואַנט, די ערד; דאָס פֿענצטער, דאָס פֿעלד.

2. געשלעכטן זיַינען פֿאַראַן צוויי, מינים זיַינען פֿאַראַן אין אַ רייִ שפּראַכן דריַי, אין אַ רייִ שפּראַכן צוויי און אין פֿיל שפּראַכן איז בכלל ניטאָ קיין מין־אונטערשייד צווישן סובסטאַנטיוון, ווי אַ שטייגער אין ייִדיש ביַי סובסטאַנטיוון מערצאָל. די טישן, די ווענט; די גרויסע טישן, די גרויסע ווענט.

3. איינער און דער זעלבער קעגנשטאַנד קאָן אין פֿאַרשיידענע שפּראַכן (און אָפּט אַפֿילו אין פֿאַרשיידענע דיאַלעקטן פֿון איינער און דער זעלבער שפּראַך) אָנגערופֿן ווערן מיט סובסטאַנטיוון, וואָס געהערן צו פֿאַרשיידענע מינים. אַ שטייגער: דער קאָפּ – די קאָפּ; די נאָז – דער נאָז. [167]

4. סובסטאַנטיוון, וואָס רופֿן אָן קעגנשטאַנדן פֿון איין געשלעכט, קאָנען געהערן צו פֿאַרשיידענע מינים; און סובסטאַנטיוון, וואָס רופֿן אָן קעגנשטאַנדן פֿון פֿאַר־שיידענע געשלעכטן, קאָנען געהערן צו איין מין. אַ שטייגער: די פֿרוי – דאָס וויַיב; דאָס ייִנגל – דאָס מיידל.

208 די אָנגעהעריקייט פֿון דעם אָדער יענעם סובסטאַנטיוו צו דעם אָדער יענעם מין האָט (לויט מאַרס מיינונג) אין דער אוראַלטער געזעלשאַפֿט כאַראַקטעריזירט ניט די נאַטור פֿון די ווערטער גופֿא, נאָר די נאַטור פֿון דעם אָדער יענעם סאָציאַלן קאָלעקטיוו, וואָס צו אים האָט געהערט דער קעגנ־שטאַנד, וועלכער ווערט מיטן וואָרט באַצייכנט. אַ שטייגער דער אַרטיקל ,די׳, וואָס האָט אין אַ פֿריִער־דיקער סטאַדיע באַטיַיט בלויז אַ סימן פֿון מערצאָל, האָט שפּעטער גענומען באַטיַיטן אויך אַ סימן פֿון די קעגנשטאַנדן, וואָס געהערן צום מאַטריאַרכאַל אָרגאַניזירטן קאָלעקטיוו (פֿרויען־געזעלשאַפֿט).[1] דאָרט, ווו די געזעלשאַפֿט איז באַשטאַנען פֿון צוויי אַנטאַגאָניסטישע (קעגנזעצלעכע) גרופּעס (מע־נער, פֿרויען), האָבן די סובסטאַנטיוון געהערט צו צוויי מינים; און דאָרט, ווו זי איז באַשטאַנען פֿון דריַי גרופּעס (מענער, פֿרויען, קינדער), האָבן זיך אויסגעבילדעט דריַי מינים. און אין אַ רייִ שפּראַכן האָט זיך די דאָזיקע סאָציאַלע דיפֿערענציאַציע אין אַ ספּעציעלער מין־קאַטעגאָריע ניט אָפּגעשפּיגלט, אָדער די דאָזיקע אָפּשפּיגלונג איז פֿון אַ רייִ שפּראַכן שוין פֿאַרשוווּנדן.

אָנמערקונג אַ רייִ ווערטער, וואָס אין איין ציַיט האָבן זיי געהערט צו איין מין, האָבן אין אַ צווייטער ציַיט מחמת אַ רייִ ענדערונגען אינעם מענטשלעכן שאַפֿן און דענקען און מחמת דער ווירקונג פֿון אַנדערע שפּראַכן אָפּט גענומען געהערן צו אַ צווייטן מין. אַזאַ פּראָצעס קומט אויך איצט פֿאָר פֿאַר אונדזערע אויגן. זייער פֿיל סובסטאַנטיוון, וואָס נאָך גאָר ניט לאַנג האָט מען זיי אין ייִדיש מערסטנס געברויכט אַלס סובסטאַנטיוון פֿון דריטן מין, ווערן איצט אַלץ מער און מער געברויכט אַלס סובסטאַנטיוון פֿון ערשטן אָדער פֿון צווייטן מין (ביַישפּילן – אינעם וויַיטערדיקן מאַטעריאַל).

1 [1] אין דער אוראַלטער געזעלשאַפֿט איז אַ לאַנגע ציַיט געווען אַזוי: „דער מאַן האַלט מלחמה, גייט אויף יאַגד און פֿישפֿאַנג, שאַפֿט (באַקומט) רוישטאָף פֿאַר דערנערונג (עסן) און דאָס נייטיקע געציַיג דערצו. די פֿרוי באַזאָרגט דאָס הויז און די צוגרייטונג פֿון עסן און קליידונג, קאָכט, וועבט, נייט. יעדערער פֿון זיי ביידן איז אַ באַלעבאָס אין זיַין געביט: דער מאַן אין וואַלד, די פֿרוי אין הויז. יעדערער איז אַן אייגנטימער פֿון די געציַיג, וואָס ער האָט צוגעגרייט און וואָס ער ניצט: דער מאַן – פֿון געווער, פֿון יאַגד־ און פֿישפֿאַנג־געציַיג, די פֿרוי – פֿון שטובזאַכן. די הויזווירטשאַפֿט איז קאָמוניסטיש פֿאַר עטלעכע, אָפֿט פֿאַר פֿיל, משפּחות" (ענגעלס, **די אַנטשטייונג פֿון פֿאַמיליע, פֿון פּריוואַט־אייגנטום און פֿון מלוכה**, 1932, ז׳ 160, רוסיש).

209 בײַ פֿיל סובסטאַנטיוון איז דער מין וואַקלדיק. וואַקלדיק ניט נאָר אין פֿאַרשיידענע דיאַלעקטן, נאָר אָפֿט אויך אין איינעם און דעם זעלבן דיאַלעקט. און ניט נאָר אין דער גערעדטער שפּראַך, נאָר אויך אין דער געשריבענער, אין דער ליטעראַרישער.

אַ שטייגער אין האַרקאַוויס „ייִדיש־ענגליש־העברעיִשער ווערטערבוך“ (ניו־יאָרק, 1928) איז בײַם סובסטאַנטיוו ‚אויסריידעניש׳ אָנגעוויזן אי צווייטער אי דריטער מין. אין ליפֿשיצעס „רוסיש־ייִדישער ווערטערבוך“ (זשיטאָמיר, 1869) ווערן די ווײַטערדיקע סובסטאַנטיוון פֿאַררעכנט:

צום ערשטן און צווייטן מין	צום ערשטן און דריטן מין	צום צווייטן און דריטן מין
אומרו, אויפֿשריפֿט, אָפּשײַ, בריוו, גערשטן, ווערסט, זופּ (יויך), לאָמפּ, פֿיש, קאָנטאָר	אומגליק, געשריי, דור, האַנטעך, הקדש, ווינקל, מעסער, לאָך	אַש, בלאַט, געשטאַלט, וואַסער, זאַלץ, ליכט,[1] ליים, רחמנות, ראָד, שטיק

[168]

בײַ מענדעלען איז פֿאַראַן ‚די פּוס׳ און ‚דער פּוס׳.[2] בײַ שלום־עליכמען איז פֿאַראַן ‚דאָס געלעכטער׳ און ‚דער געלעכטער׳, ‚דער בוך׳ און ‚דאָס בוך׳, ‚די טיי׳ און ‚דער טיי׳. און אַזוי איז עס מיט נאָך פֿיל סובסטאַנטיוון.

די דאָזיקע וואַקלדיקייט פֿונעם מין בײַ פֿיל סובסטאַנטיוון איז אַ גאַנץ אַלטע דערשײַנונג (און זי איז פֿאַראַן אין אַנדערע שפּראַכן אויך). פֿאַרגלײַכט אַ שטייגער:

בליץ	**וויצנהויזן**
1. דאש שטים מיינש פריינד דאש קלאפפט.	1. דיא שטים פון מיינם פריינד דיא קלאפפט.
2. איך האב מיין העמד אויס גיצאגין. וויא זאָל איך אים ווידער אן ציהן.	2. איך האב מיין העמד אויש גיצאגן. וויא זאל איך עש ווידר אן קליידן.

210 בײַם באַשטימען דעם מין פֿון אַ סובסטאַנטיוו (אין אַן אייגענעם קאָנטעקסט) דאַרף מען האָבן אין זינען פֿאָלגנדיקע כּללים (סימנים):

צום ערשטן מין געהערן:

1. נעמען פֿון וועזנס פֿונעם מענלעכן געשלעכט – אַחוץ פֿאַרקלענערונגען מיט די סופֿיקסן ־ל, ־עלע׳. אַ שטייגער: דער ברודער, דער חבֿר, דער קרובֿ, דער זיידע, דער שׂררה אאַ״וו.

אָנמערקונג אָפֿט מאָל מיינט מען מיט אַזאַ סובסטאַנטיוו אי אַן ‚ער׳ אי אַ ‚זי׳. אַ שטייגער: דער מענטש (ניט דווקא אַ מאַנספּאַרשוין), דער הונט (אויך אַ צויג); דער לייב, דער וואָלף, דער בער, דער פֿוקס, דער האָז, דער אָדלער, דער ראָב, דער שוואַן א״אַ.

2. ווערבאַלע סובסטאַנטיוון אָן סופֿיקסן. אַ שטייגער: דער גאַנג, דער טרונק, דער אויסלייג, דער דורכקוק, דער אָנפֿאַל, דער אומקום אאַ״וו.

[1] [2] ליכט – [свеча [sveča]. [דאָס ליכט – דער היפּוך פֿון פֿינצטערניש, אָבער די סטעאַרינאָווע, וואַקסענע אאַ״וו ליכט. אָנמ׳ פֿון רעד׳].

[2] [1] אַ שטייגער בנימין און סענדערל גייען מיט „דער רעכטער פּוס“, און משה־יוסי (פֿון „ווינטשפֿינגערל“) „שטרעקט אויס דעם פּוס“.

3. סובסטאַנטיווירטע אַדווערבן. אַ שטייגער: דער אַרום, דער נעכטן, דער אינדערפֿרי, דער אויפֿדערנאַכט, דער אינדערוואָכן, דער צוקאָפּנס אאַ״וו.

4. סובסטאַנטיווירטע אויסרופֿווערטער. אַ שטייגער: דער הו־האַ, דער ,בע׳, דער ,עט׳, דער ,נו׳, דער ,אוי׳, דער ,סטײַטש׳ אאַ״וו.

5. סובסטאַנטיוון מיט די סופֿיקסן ,־אַזש, ־(י)אַט, ־אַטאָר, ־אַנט, ־אָר, ־ום, ־יוו, ־יזם, ־לינג, ־לער, ־ניק׳. אַ שטייגער: פֿילאָטאַזש, דיקטאַט,[1] סעקרעטאַריאַט, רעגיסטראַטאָר, פּראָיעקטאַנט, קאָמפּרעסאָר, מינימום,[2] מאַסיוו, קאָמוניזם, פֿרילינג, דיסקאָנטלער,[3] דעקאַדניק.[4]

צום צווייטן מין געהערן:

1. נעמען פֿון ווערזנס פֿונעם ווײַבלעכן געשלעכט – אַחוץ פֿאַרקלענערונגען מיט די סופֿיקסן ,־ל, ־עלע׳. אַ שטייגער: די שוועסטער, די חבֿרטע, די קרובֿה אאַ״וו. אָבער: דאָס ווײַב.

אָנמערקונג אָפֿט מאָל מיינט מען מיט אַזאַ סובסטאַנטיוו אי אַ ,זי׳ אי אַן ,ער׳. אַ שטייגער: די מויז, די גאַנדז, די טויב, די בין, די מילב, די גריל. [169]

2. סובסטאַנטיוון פֿון אַדיעקטיוון אָן אַפֿיקסן – סײַ געבילדעטע און סײַ גרונטיקע. אַ שטייגער: די גרעב, די גרייס, די לענג, די הייך, די היץ, די נעץ, די טיף, די שאַרף, די קרים (אין דער קרים) אאַ״וו. אָבער: דער קרים (דער בייג).[5]

3. סובסטאַנטיוון מיט די סופֿיקסן ,־(י)אַדע, ־(אַ)ציע, ־(אַר)ניע, ־הייט, ־ונג, ־ור, ־יטעט, ־יע, ־יק, ־ע, ־(ע)ניש, ־ענץ, ־(ער)ײַ, ־קייט, ־שאַפֿט׳. אַ שטייגער: בלאָקאַדע, ספּאַרטאַקיאַדע, אָפּעראַציע, ריידאַרניע, ציגעלניע, פֿרײַהייט, זיצונג, אַגענטור, נייטראַליטעט,[6] פּראָגרעסיע, סימבאָליק, ליבע, פֿינצטערניש, גערעטעניש, קאָנקורענץ, שנײַדערײַ, באַרבאַרײַ, שטרענגקייט, געטרײַשאַפֿט.

אָנמערקונג אַ ריי סובסטאַנטיוון מיט אייניקע פֿון די פֿאָריקע סופֿיקסן, אַ שטייגער מיט ,־(ע)ניש, ־קייט, ־שאַפֿט׳, קאָן מען אין אַ ריי דיאַלעקטן און אויך אין דער ליטעראַטור אָפֿט טרעפֿן אַלס סובסטאַנטיוון פֿון דריטן מין.

צום דריטן מין געהערן:

1. פֿאַרקלענערונגען מיטן סופֿיקס ,־ל, ־עלע׳, אומאָפּהענגיק פֿונעם געשלעכט. אַ שטייגער: דאָס ייִדל, דאָס בחורל, דאָס ייִנגל, דאָס שוועסטערל, דאָס מיידל,[7] דאָס לאָפּעטקעלע אאַ״וו.[8]

1 [2] אָבער: די ציטאַט.

2 [3] אָבער: דאָס פּובליקום.

3 אַ דיסקאָנטלער אין דער באַנק פֿאַרנעמט זיך מיט הלוואָות און קבלות.

4 פֿון ,דעקאַדע׳, צען טעג וואָס מע ווידמעט באַזונדערער געזעלשאַפֿטלעכער אַרבעט.

5 [1] אַ שטייגער: איטלעכער קרים אירער האָט אויסגעריסן בײַ יענעם אַ שטיק האַרץ (ממס.).

6 [2] אָבער: דער אוניווערסיטעט, דער אַווטאָריטעט.

7 [3] אַ שטייגער: דאָס ייִדל האָט זיך געגרונטעוועט אין דער שיסל מיט וואַרעניקעס (ממס.); האָט איר נישט געזען היינט בײַ אײַך דאָס קבצנסקער בחורל? (ממס.).

8 [4] אָבער ניט אַלע ווערטער, וואָס ענדיקן זיך מיט אַ ,ל׳, זײַנען אין אַ פֿאַרקלענער־פֿאָרמע.

2. סובסטאַנטיווירטע אינפֿיניטיוון. אַ שטייגער: דאָס שרײַבן, דאָס לייענען, דאָס לויפֿן, דאָס גלייבן, דאָס בייגן (אָבער אַ סובסטאַנטיוו איז ,דער גלויבן, ו׳ער בויגן׳).

3. סובסטאַנטיווירטע אַדיעקטיוון ניט קיין לעבעדיקע ווענס. אַ שטייגער: דאָס אייבערשטע, דאָס אונטערשטע, דאָס געדיכטע, דאָס גוטס, דאָס נײַס, דאָס געזאַלצנס.

4. סובסטאַנטיוון מיט די סופֿיקסן ,־וואַרג, ־טום, ־(ס)טל׳. אַ שטייגער: דאָס קליינוואַרג, דאָס רויוואַרג; דאָס פּויערטום, דאָס אייגנטום; דאָס צוואַנציקסטל, דאָס דריטל, דאָס פֿערטל.

אָנמערקונג אויך סובסטאַנטיוון מיטן סופֿיקס ,־עכץ׳ קומען אָפֿט אין אַ ריי דיאַלעקטן און אויך אין דער ליטעראַטור אַלס סובסטאַנטיוון פֿון דריטן מין (זעט אויך די פֿאָריקע אָנמערקונג).

5. סובסטאַנטיוון מיטן פּרעפֿיקס ,גע־׳ אָן סופֿיקסן. אַ שטייגער: דאָס געשריי, דאָס גע־פּילדער, דאָס געשלעג, דאָס געזאַנג, דאָס געפֿיל, דאָס געביין, אָבער: דער געדאַנק, די (דאָס) געפֿאַר.

211 די ווערטער, וואָס בײַ זיי קאָנען קיין אויסערלעכע סימנים ניט אָנגעוויזן ווערן, געהערן צו פֿאַרשיידענע מינים. אַ שטייגער די ווײַטערדיקע ווערטער געהערן:

1. צום ערשטן מין: דער בוימל, גראַד, דאַך, האַלדז, האָניק, העכט, ווײַן, וועג, טײַך, לעפֿל, נאָגל, עק, פֿוס, פֿיש, צוועק, קאָפּ, שרונט א״אַ; [170]

2. צום צווייטן מין: די אַקס, באַן, ביקס, בריל, בריק, דעק, זײַט, לעבער, נאָז, פּען, פֿלוים (פֿלאָם), צונג, שטוב, שיף, שייד, שלאַנג א״אַ;

3. צום דריטן מין: דאָס איי, אײַז, אָרט, בילד, בלוט, בעט, ברויט, גאָלד, געלט, געשעפֿט, גראָז, דאָרף, האַרץ, האָלץ, הויז (הײַזער), היי, העמד, וואַסער, וואָרט, ווערק, חייל, טייג, לאַנד, לײַב, לשון, מאכל, מזל, מויל, מיטל, מיסט, מעבל, פּאַפּיר, פּנים, פֿאָלק, פֿי, פֿלייש, פֿעלד, פֿענצטער, פֿערד, צעטל, קול, קינד, קלייד, רעכט און פֿיל אַנדערע.[1]

אָנמערקונג 1 דער מין פֿון אַ צונויפֿזאַץ ווערט געוויינטלעך באַשטימט לויטן הויפּט־טייל. אַ שטייגער: דער פֿאַבריק־זייגער – די זייגער־פֿאַבריק; דער צײַטונג־אַרבעטער – די אַרבעטער־צײַטונג. עס טרעפֿן אָבער אויך אויסנאַמען. אַ שטייגער: די היים – דער (די) קינדערהיים; די צײַט – דער (די) מאָלצײַט, דער (די) יאָרצײַט; דאָס קול – דער בת־קול; דאָס יאָר – דער (דאָס) שוואַרציאָר א״אַ.

אָנמערקונג 2 אַ סובסטאַנטיוו אַ האָמאָנים קאָן אָפֿט געהערן צו פֿאַרשיידענע מי־נים. אַ שטייגער: דער זון – די זון; די שנור – דער שנור (פֿאָדעם, בענדל); דער פּאָן – די פּאָן; די שײַן (ליכט) – דער שײַן (צײַגעניש); דער עלטער (ווי אַלט, возраст [vozrast]) – די עלטער (אַלטקייט, старость [starost'])[2] א״אַ. די סובסטאַנטיוון ,האַק, זעג, דרוק׳ געהערן צום ערשטן מין, ווען זיי באַטײַטן די טווּנג אָדער דעם רעזולטאַט פֿון דער טווּנג, און זיי געהערן צום צווייטן מין, ווען זיי באַטײַטן דאָס געצײַג (די האַק, די זעג) אָדער די

[1] [1] אַ שטייגער בײַ מענדעלען: דער טאַטע האָט געהאַלטן פֿאַרמאַכט דאָס מויל, אײַנגעוויקלט דעם האַלדז מיט אַ שטיקל פֿיי, ניט צו פֿאַרלירן חלילה דאָס קול; ער האָט אַראָפּגעלאָזט די נאָז; די אויגן האָבן אים געפֿלאַקערט, דאָס פּנים געפֿלאַמט.

[2] [2] ר׳ חיים האָט געהאַט אַ גליקלעכע עלטער (שאָל.).

אונטערנעמונג (די דרוקערײַ). מע דאַרף זאָגן ,דאָס אײַזן, דאָס גלאָז, דאָס ליכט׳, ווען עס רעדט זיך וועגן דעם שטאָף אָדער דער דערשײַנונג בכלל, און ,דער אײַזן, די גלאָז, די ליכט׳, ווען עס רעדט זיך וועגן אַן איינצלנעם קעגנשטאַנד (אַ שטעקן, אַ כּלי, אַ ליכט).

28 סובסטאַנטיוון אַלס סוביעקטן און אָביעקטן און זייערע פֿאָרמעס

212 סובסטאַנטיוון, ווי ס׳איז שוין געווען אָנגעוויזן, קומען מערסטנס אַלס סוביעקטן און אָביעקטן (און אַלס אייניקע אַנדערע זאַצגלידער). אָ ב י ע ק ט ן זײַנען פֿאַראַן צווייערליי: 1. ד י ר ע ק ט ע און 2. א ו מ ד י ר ע ק ט ע. אַ שטייגער:

1. די שוועסטער שיקט דעם ברודער אין שול.
2. די שוועסטער שיקט דעם ברודער אַ ביכל.

אינעם ע ר ש ט ן פֿאַל איז דער סובסטאַנטיוו ,דעם ברודער׳ אַ ד י ר ע ק ט ע ר אָ ב י ע ק ט – אַן אָביעקט, אויף וועלכן דעם סוביעקטס טוונג גייט ד י ר ע ק ט אַריבער; ער איז דער, וואָס ווערט ג ע ש י ק ט. אינעם צווייטן פֿאַל איז שוין דער סובסטאַנטיוו ,דעם ברודער׳ אַן א ו מ ד י ר ע ק ט ע ר אָביעקט. אַ ד י ר ע ק ט ע ר אָביעקט איז דאָ ,אַ ביכל׳; דאָ ווערט שוין געשיקט ניט ,דער ברודער׳, נאָר ,אַ ביכל׳. [171]

דער אונטערשייד פֿון די צווייערליי אָביעקטן באַשטייט אָט אין וואָס:

אַ ד י ר ע ק ט ע ר אָ ב י ע ק ט איז אַ וואָרט אָדער אַ גרופּע ווערטער,

1. וואָס ווײַזט אָן, אויף וועמען אָדער אויף וואָס גייט אַריבער די טוונג;
2. וואָס ווערט באַהערשט אָדער קאָן באַהערשט ווערן פֿון אַן אַקטיוון ווערב (זעט ז״ז 219–223);
3. וואָס ענטפֿערט אויף דער פֿראַגע ,וועמען, וואָס?׳;
4. וואָס קאָן קיין פּרעפּאָזיציע בײַ זיך ניט האָבן.

אַן א ו מ ד י ר ע ק ט ע ר אָ ב י ע ק ט איז אַ וואָרט אָדער אַ גרופּע ווערטער,

1. וואָס ווײַזט אָן, צו וועמען אָדער צו וואָס איז געווענדט די טוונג אָדער די זאַך;
2. וואָס ווערט באַהערשט אָדער קאָן באַהערשט ווערן פֿון אַלערליי ווערבן און אויך פֿון אַנדערע וואָרטקלאַסן;
3. וואָס ענטפֿערט אויף דער פֿראַגע ,וועמען, וואָס; מיט וועמען, מיט וואָס; צו וועמען, צו וואָס; פֿון וועמען, פֿון וואָס?׳ א״אַ;
4. וואָס קומט אָדער קאָן קומען מיט אַ פּרעפּאָזיציע.

אָ נ מ ע ר ק ו נ ג 1 מיטן טערמין ד י ר ע ק ט ע ר אָ ב י ע ק ט ווערט געוויינטלעך געמיינט סײַ אַזאַ קעגנשטאַנד, וואָס קומט ערשט אויף ווי אַ רעזולטאַט פֿון דער טוונג, סײַ אַזאַ, וואָס איז שוין געווען ביז דער טוונג און וואָס נעמט אויף זיך בלויז איבער די טוונג. אַ שטייגער: איך מאַך אַ טיש, איך זיי אוגערקעס, איך לייען אַ צײַטונג.

אָנמערקונג 2 עס זײַנען פֿאַראַן ווערבן, וואָס בײַ זיי קאָנען זײַן אי דירעקטע אי אומ־דירעקטע אָביעקטן. אַזעלכע ווערבן זײַנען די מערהייט און עס זײַנען פֿאַראַן ווערבן, וואָס קיין דירעקטע אָביעקטן קאָנען בײַ זיי ניט זײַן (זעט ז׳ 221).

אָנמערקונג 3 פּרעפּאָזיציעס קומען ניט נאָר בײַ אומדירעקטע אָביעקטן. אָפֿט קומען זיי אויך בײַ צײַט־באַשטימונגען, אָרט־באַשטימונגען און אַנדערע. אַ שטייגער: ער לייענט נאָך דער אַרבעט; ער לייענט אין צימער; ער לייענט מיט אינטערעס. אָבער סוביעקטן און דירעקטע אָביעקטן קומען ניט מיט קיין פּרעפּאָזיציעס.

213 ווען סובסטאַנטיוון אײנצאָל קומען אַלס סוביעקטן אָדער אַלס דירעקטע אָדער אומדירעקטע אָביעקטן, האָבן זיי פֿאַרשיידענע פֿאָרמעס פֿון בייגונג – די פֿאָרמעס נאָמינאַטיוו, אַקוזאַטיוו, דאַטיוו. אַ שטייגער:

1. עס לייענט דער טאַטע, די מאַמע (נאָמינאַטיוו);
2. איך רוף דעם טאַטן, די מאַמע (אַקוזאַטיוו);
3. איך גיי צו דעם טאַטן, צו דער מאַמען (דאַטיוו).

די פֿאָרמעס נאָמינאַטיוו, אַקוזאַטיוו, דאַטיוו, וואָס אַ סובסטאַנטיוו האָט (באַקומט), אויספֿילנדיק די אָדער יענע פֿונקציע אין זאַץ, – הייסן בייגפֿאָרמעס.

214 די בייגפֿאָרמע פֿון אַ סובסטאַנטיוו ווערט אויסגעדריקט:

1. אָדער דורכן סובסטאַנטיוו גופֿא – בײַ אייגן־נעמען פֿון לעבעדיקע וועזנס (נע־מען, פֿאַמיליעס). אַ שטייגער: בערל ליפֿשיץ לייענט – איך רוף בערלען (ליפֿשיצן); [172]
2. אָדער דורכן סובסטאַנטיוו און זײַן באַשטימיקן אַרטיקל – בײַ די ווערטער ,דער טאַטע, זיידע, ייִד, מענטש; מאַמע, מומע, באָבע׳.[1] אַ שטייגער: דער טאַטע (די מאַמע) לייענט – איך שפּאַציר מיט דעם טאַטן (מיט דער מאַמען);
3. אָדער בלויז דורכן באַשטימיקן אַרטיקל – בײַ אַלע אַנדערע סובסטאַנטיוון. אַ שטייגער: דער חבֿר (די חבֿרטע) לייענט – איך שפּאַציר מיט דעם חבֿר (מיט דער חבֿרטע).

215 די אַרטיקלען בײַ סובסטאַנטיוון אײנצאָל איז אין דער ליטעראַרישער שפּראַך אָנגענומען צו בייגן אויף אַזאַ אופֿן:

פֿונקציעס	I מין	II מין	III מין	בייגפֿאָרמעס
סוביעקט	דער מאַן	די פֿרוי	דאָס קינד	נאָמינאַטיוו
דירעקטער אָביעקט	דעם מאַן	די פֿרוי	דאָס קינד	אַקוזאַטיוו
אומדירעקטער אָביעקט	דעם מאַן	דער פֿרוי	דעם קינד	דאַטיוו

216 די סובסטאַנטיוון ,דער טאַטע, זיידע, ייִד, מענטש׳ און דער אַלטשטייגערשער סובסטאַנטיוו ,רבי׳ זײַנען אין אַקוזאַטיוו און דאַטיוו אַזוי: ,דעם טאַטן, זיידן, ייִדן, מענטשן,

1 [1] און בײַם אַלטשטייגערשן סובסטאַנטיוו ,דער רבי׳.

רבין׳. די סובסטאַנטיוון ,די מאַמע, מומע, באָבע׳ זײַנען אין דאַטיוו – ,דער מאַמען, מומען, באָבען׳.[1] אָבער אין אַקוזאַטיוו זײַנען זיי אַלץ איינס ווי אין נאָמינאַטיוו.

אָנמערקונג ווען די סובסטאַנטיוון ,טאַטע, זיידע, ייִד׳ אא״וו ווערן אָנגעווענדט אַלס שטאָפּנעמען, קומען זיי אָן אַן אַרטיקל און ווערן ניט געבויגן. אַ שטייגער: און ס׳האָט גע־שמעקט מיט באַלעבאָס, מיט טאַטע און מיט זיידע (מאַרק.).

217 אייגן־נעמען פֿון לעבעדיקע וועזנס (נעמען, פֿאַמיליעס) באַקומען אין אַקוזאַטיוו און דאַטיוו אַ פֿלעקסיע ־(ע)ן׳ און היטן אויף פֿאַרן ־(ע)ן׳ זייער ענדונג. אַ שטייגער: משה־ן, בערל־ען, גרינמאַנ־ען, פּינסקי־ן, וואַרשאַווסקי־ן.

אָנמערקונג 1 אייגן־נעמען, וואָס ענדיקן זיך מיט ,נג׳ (מערינג) אָדער מיט ,נק׳ (פֿונק), האָבן ניט קיין ,ע׳ פֿאַר דער פֿלעקסיע ,־ן׳. אַ שטייגער: מערינג – מערינגן, פֿונק – פֿונקן (אָבער פֿאַר אַ סופֿיקס ,־ן׳ אין מערצאָל איז בײַ סובסטאַנטיוון מיט ,־נג, ־נק׳ צום סוף אַלע מאָל פֿאַראַן אַן ,ע׳. אַ שטייגער: גרעזאַנג – גרעזאַנגען; געטראַנק – געטראַנקען, פֿונק – פֿונקען).

אָנמערקונג 2 די פֿלעקסיע ,־(ע)ן׳ טרעפֿט מען ניט נאָר בײַ אייגן־נעמען און בײַ די אַכט כּלל־נעמען ,טאַטע, זיידע׳ אא״וו, נאָר אַ מאָל אויך בײַם סובסטאַנטיוו ,האַרץ׳ [אין האַרצ(ן), צום האַרצ(ן)] א״אַ. און אויך בײַ אייניקע געוויזענע סובסטאַנטיוון און איצטיקע אַדווערבן. אַ שטייגער: פֿון דער ווײַטנ(ס), אין דער לופֿטן, אין דער אמתן און אַנדערע.

אין אַלטייִדישע טעקסטן טרעפֿט מען די פֿלעקסיע ,־ן׳ בײַ נאָך אַנדערע כּלל־נעמען – בײַ אַזעלכע, וואָס איצט קומען זיי ניט מיט איר. אַ שטייגער בײַ שערטלען: ער איז גיליייך [173] מיין ורײַנד צו איינים הירשן; אונ׳ שטים דער טורקיל טויבן איז ווארדן גיהערט אין אונזרם לנד.[2]

אָנמערקונג 3 ווען אַן אייגן־נאָמען ווערט אָנגעווענדט אַלס אַ כּלל־נאָמען, קומט ער אָן דער פֿלעקסיע ,־(ע)ן׳, אָבער מיט אַן אַרטיקל, וואָס ווערט געבויגן ווי בכלל אַן אַר־טיקל. פֿאַרגלײַכט אַ שטייגער: וואָס זאָגסטו אויף מנחם־מענדלען? (אַן אייגן־נאָמען); וואָס זאָגסטו אויפֿן (אויף דעם) מנחם־מענדל? (אַ כּלל־נאָמען). און פֿאַרקערט: ווען אַ כּלל־נאָמען ווערט אָנגעווענדט אַלס אַן אייגן־נאָמען, באַקומט ער די פֿלעקסיע ,־(ע)ן׳ און קומט אָן אַן אַרטיקל. אַ שטייגער: כּדי גאָטן זאָל זיך ניט פֿאַרוועלן אַוועקהרגענען נאָך עמעצן, מאַכט מען אים אַ חנדל און מע זאָגט צו אים: – ברוך דיין אמת (בערג.).

218 בײַ פֿאַראַלעלע סובסטאַנטיוון (זעט ז׳ 171) ווערט בכלל געבויגן דער לעצטער פֿון די פֿאַראַלעלע. אַ שטייגער בײַ שלום־עליכמען:

1. אַרנאָלד קומט אָפּט אַרײַן צו נחום ראַבינאָוויטשן;
2. די דאָזיקע מעשׂיות פֿלעגט לאהצע... לייענען... פֿאַר פּערעלע דער דאַמע.

ווען די פֿאַראַלעלע סובסטאַנטיוון באַשטייען פֿון אַ כּלל־נאָמען מיט אַן אייגן־נאָמען און דער כּלל־נאָמען איז מיט אַן אַרטיקל אָדער מיט אַ פּראָנאָם – ,מײַן, דײַן, זײַן, איר, אונדזער,

1 [2] אין אייניקע ערטער זאָגט מען אויך ,דער באָבן׳.

2 [1] בײַ וויצנהויזענען זײַנען די דאָזיקע זאַצן אין אַזאַ רעדאַקציע: מיין פריינד איז גלייך אז וויא איין הירש; אונ׳ דיא שטים פון דער טורטל טויב איז ווארדן גיהערט אין אונזרם לאנד.

אײַער, זייער׳, ווערט דער כּלל־נאָמען (דער אַרטיקל) געבויגן, אָבער דער אייגן־נאָמען ניט. אַ שטייגער: זי... רופֿט אָפּ מײַן ברודער אליה אויף אַ זײַט (שאָל.); פֿון דעמאָלט אָן האָט פֿענעק אָנגעהויבן גיין אַלע טאָג צו זײַן שוועסטער צירל (בערג.).

ווען די פּאַראַלעלע סובסטאַנטיוון באַשטייען פֿון כּלל־נעמען מיט אַרטיקלען, ווערן די אַרטיקלען מערסטנס געבויגן בײַ בײדע סובסטאַנטיוון. אַ שטייגער: ער האָט גערופֿן דעם שכן דעם בעקער.

219 פֿון די ערשט אָנגעוויזענע נאָרמעס ווערן אין די אָדער אין יענע דיאַלעקטן און אויך אין דער ליטעראַטור אָפֿט מאָל געמאַכט אָפּווײַכונגען. מע טרעפֿט אַ שטייגער ניט־געבויגן:

1. די סובסטאַנטיוון פֿונעם טיפּ ,טאַטע, זיידע, ייִד׳. אַ שטייגער: בײַ איטלעכן מענטש איז דאָס זײַניקע זייער טײַער (עט.); לײַכטער... וואָלט שוין געווען צו דערקענען א מענטש אין קול (פּ.); נעמט דעם ייִד... אין שטוב אַרײַן (פּ.); רחמנות האָב איך אויף דער מאַמע (שאָל.); אַזוי האָט אונדזער שכנה פּעסי אויסגערעדט מײַן מאַמע דאָס האַרץ (שאָל.); זי האָט טיף זיך אײַנגעוואָרצלט אין האַרץ (ממס.); אַ שטיין איז אַראָפּ פֿון האַרץ (פּ.).

2. אייגן־נעמען, באַזונדערש – ווייניקער היימישע. אַ שטייגער: אַרנאָלד קומט אָפֿט אַרײַן... פֿאַרברענגען, ריידן פֿונעם רמב״ם[1] און פֿונעם כּוזרי[2] און פֿון [174] ברוך שפּינאָזאַ און פֿון משה מענדעלסאָן (שאָל.); אַלס קינסטלער שטייט בײַ מיר טאָלסטאָי ניט נידעריקער פֿון שעקספּיר (שאָל.); אָנגעלייענט איז זאָלאָטושקין געווען ווי אַ פּויק. געקענט הײַנע אויף אויסנווייניק. נאָר ליב האָט ער געהאַט דיקענס און טעקערײ, סוויפֿט, סערוואַנטעס און אונדזער גאָגאָלן (שאָל.).

און אַ מאָל טרעפֿט מען ניט־געבויגן אַפֿילו גאַנץ היימישע אייגן־נעמען. אַ שטייגער: איך וועל מיך אַליין נעמען צו הינדע און זי ווידער אַ ביסל אויספֿאָרשן (עט.); ער איז אַ משמש בײַ ר׳ בנימין, וואָס ליגט איצט מיט זײַן כּבֿוד דאָ אין אַ ווינקל (ממס.); איר טאַטע, זאָגט זי, זאָל אַצינד אויפֿשטיין און געבן אַ קוק אויף זײַן חנה (שאָל.); און אַליין איז זי אַלץ באַשעפֿטיקט מיט גרייטן יוזי ספּיוואַק אין וועג אַרײַן (בערג.).

3. ניט־געבויגן טרעפֿט מען אַ מאָל אויך פּאַראַלעלע סובסטאַנטיוון פֿון אַן אייגן־נאָמען מיט אַ כּלל־נאָמען. אַ שטייגער: גדליה באַס... האָט שוין לאַנג נישט געהערט פֿון יאָסעלען אַזאַ מין זינגען ווי יענעם שבת־צו־נאַכטס בײַ פּערעלע די דאַמע (שאָל.); די דאָזיקע מעשׂיות וועגן הערשעלע דאָס ייִנגעלע... האָבן אים ניט געלאָזט צו רו (שאָל.).

אָדער אַ שטייגער פֿאַרקערט: מע טרעפֿט געבויגן אַ כּלל־נאָמען מיט אַן אייגן־נאָמען, וואָס זײַנען מיט אַ פּראָנאָם ,מײַן, דײַן, זײַן׳ אאַ״וו. אַ שטייגער: די מאַמע שיקט אָפּ מײַן ברודער אליהן צום קראַנקן (שאָל.); פֿון דאָרט לאָזט ער זיך אַוועק צו זײַן שוועסטער צירלען אַהיים (בערג.).

[1] [2] רמב״ם – אַ ראָשי־תּיבֿות פֿון ,רבנו משה בן־מימון׳ – אַ באַוווּסטער געלערנטער און אַווטאָר פֿון אַ רײ ייִדישע רעליגיעז־פֿילאָסאָפֿישע ווערק (געלעבט פֿון 1135 ביז 1204).

[2] [3] כּוזרי – אַ רעליגיעז־פֿילאָסאָפֿיש ווערק פֿונעם באַוווּסטן העברעיִשן פּאָעט יהודה הלווי (געלעבט פֿון 1080 אָדער פֿון 1086 ביז אַרום 1142).

אָבער בכלל זײַנען דאָס אַלץ אָפּווײַכונגען – מערסטנס האַלט מען זיך בײַ די פֿריִער אָנגעוויזענע נאָרמעס.

220 די פֿאָרמעס נאָמינאַטיוו, אַקוזאַטיוו, דאַטיוו זײַנען אויך פֿאַראַן בײַ אַ ריי סובסטאַנטיווישע פּראָנאָמען. פֿון די דאָזיקע איז באַזונדערש וויכטיק אויסצוטיילן פֿאָלגנדיקע:

פֿונקציעס	סובסטאַנטיווישע פּראָנאָמען						בייגפֿאָרמעס
סוביעקט	איך	דו	ער	זי	דאָס (עס)	אַלע	נאָמינאַטיוו
דירעקטער אָביעקט	מיך	דיך	אים	זי	דאָס (עס)	אַלע	אַקוזאַטיוו
אומדירעקטער אָביעקט	מיר	דיר	אים	איר	דעם (אים)	אַלעמען	דאַטיוו

אַ שטייגער: 1. אין אַקוזאַטיוו: (מע זעט) מיך, דיך, אים, זי, דאָס (עס), אַלעמען; (מע רופֿט) מיך, דיך, אים, זי, דאָס (עס), אַלעמען; 2. אין דאַטיוו: (מע גייט) צו מיר, צו דיר, צו אים, צו איר, צו דעם (אים), צו אַלעמען; (מע קויפֿט ביכער) מיר, דיר, אים, איר, דעם (אים), אַלעמען.

אָנמערקונג די פּראָנאָמען ,מיר' און ,איר' קומען אויך אין נאָמינאַטיוו – אין מערצאָל. אַ שטייגער: מיר גייען, איר גייט. ,מיר' (מערצאָל) איז אין אַקוזאַטיוו און דאַטיוו – ,אונדז'. אַ שטייגער: מע רופֿט אונדז, מע גייט צו אונדז. אין אַ ריי ערטער אָבער און אויך אין אייניקע ליטעראַרישע ווערק ברענגט מען אַ מאָל ,אונדז' אַנשטאָט ,מיר' אָדער מע ברענגט אין גאַנצן אַן איבעריקן ,אונדז'. אַ שטייגער בײַ עטינגערן: איר וועט מיט אײַער קלוגן שׂכל מער קענען פּועל זײַן ווי אונדז אַלע (ווי מיר אַלע); אונדז וועלן מיר דיר דאָ גאָרנישט טאָן (דאַרף זײַן: מיר וועלן דיר...).

221 ווען אַ פּראָנאָם קומט אָנצוּווײַזן אויף אַ זאַך, וואָס ווערט געוויינטלעך אָנגערופֿן מיט אַ סובסטאַנטיוו פֿון דריטן מין, איז ער בכלל – ,עס, דאָס' אָדער [175] ,דעם'. אַ שטייגער: חיה־טרײַנע... כאַפּט דאָס פּיצל הינטעלע און וואַרפֿט עס אַרויס (ממס.); גיי איך אַרויס אין שטאַל צום פֿערד, דעם געבן עסן, און טרעף דאָס שטיין אַריבערגעפֿוצעוועט[1] מיט איין פֿוס אויף יענער זײַט קלאָץ (שאָל.); דאָס קראַנקע ברודערל האָט גאָרנישט געדאַרפֿט, עס האָט געזופּט אַ מאָל אַ ביסל גריץ (פּ.); אַז דאָס מיידעלע גייט זיך, באַקומט דאָס אַ בײַכל און הינקט אונטער (בערג.).

ווען אָבער אַ פּראָנאָם קומט אָנצוּווײַזן אויף אַ סובסטאַנטיוו פֿון דריטן מין, וואָס מיינט אַ פּערזאָן – אַ מאַן אָדער אַ פֿרוי, טרעפֿט, אַז דער פּראָנאָם אַנטשפּרעכט ניט דעם מין פֿונעם סובסטאַנטיוו, נאָר דעם געשלעכט פֿון דער פּערזאָן. דאָס הייסט, דער פּראָנאָם ווײַזט דאָ אַרויס אַ טענדענץ פֿון דער שפּראַך צו וועלן פֿאַרניכטן דעם אײַנרײַס צווישן געשלעכט און מין. אַ שטייגער: נאָר בײַ אים איז דאָס ווײַב די בריה, מוז מען מיט איר שמועסן (פּערל); גאָר אַ זיס טעכטערל האָב איך, באָרוועס גייט זי נעבעך (פּ.); ווער קוקט זיך אַרום אין מאַזעפּעווקע אויף אַן אָרעם מיידל, וואָס אָט איז זי געווען גליקלעך ווי די

[1] אַריבערפֿוצעווען – איבערטרעטן.

גאַנצע וועלט (שאָל.); דאָס ייִדישע חדר־ייִנגל – דער האָט נעבעך דאָס גאַנצע יאָר געהאָרעוועט (שאָל.).

222 די בייגונג פֿון די פּראָנאָמען ,איך, דו, ער, זי׳ און אייניקע אַנדערע טיילט זיך שטאַרק אויס פֿון דער בייגונג, מיט וועלכער מיר האָבן געהאַט צו טאָן בײַ דער בייגונג פֿון סובסטאַנטיוון. „די אויס־בילדונג פֿון פּערזאָניקע פּראָנאָמען (ז׳ 289) – זאָגט דער לינגוויסט זשירמונסקי – און זייער בייגונג איז פֿולשטענדיק איזאָלירט פֿון אַנדערע נעמען (סובסטאַנטיוון) און ווײַזט אין זייערע פֿאָרמעס אַרויס שטריכן פֿון טיפֿער אוראַלט. די בייגונג ווערט כאַראַקטעריזירט דורך דער סופּלעטיווקייט:[1] איינצאָל און מערצאָל זײַנען געבילדעט פֿון פֿאַרשיידענע וואָרצלען (איך – מיר; דו – איר...); אין דער ערשטער פּערזאָן האָבן פֿאַרשיידענע וואָרצלען אויך די סוביעקט־ און אָביעקט־פֿאָרמעס (איך – מיך, מיר – אונדז). די ערשטע דערשײַנונג ווײַזט אויף דעם, אַז אינעם פּרימיטיוון דענקען ווערט דער קאָלעקטיוו לגבי דעם פֿון אים זיך אויסטיילנדיקן אינדיווידוּום ניט באַטראַכט אַלס אַ מענגע (מערצאָל) זעלבשטענדיקע אייגנטן. די צווייטע איז מסתּמא פֿאַרבונדן מיט דער שפּעטיקער אַנטוויקלונג פֿון דער נאָמינאַטיוו־פֿאָרמע זעלבסט, וואָס זי באַטײַט אַן אַקטיוון טרעגער (סוביעקט) פֿונעם טאַט.“[2]

29 סובסטאַנטיווישע בייגפֿאָרמעס און זייערע פֿונקציע

223 די פֿונקציעס סוביעקט, דירעקטער אָביעקט און אומדירעקטער אָביעקט און די פֿאָרמעס נאָמינאַטיוו, אַקוזאַטיוו און דאַטיוו פֿאַלן זייער אָפֿט צונויף. דאָך דאַרף מען זיי ניט צונויפֿמישן: זיי זײַנען ניט אידענטיש. די באַציִונגען צווישן די ערשט אָנגעוויזענע פֿונקציעס און פֿאָרמעס זײַנען אַזעלכע:

1. די פֿונקציע סוביעקט פֿאַלט אָפֿט צונויף מיט דער פֿאָרמע נאָמינאַטיוו. אַ שטייגער: דער פֿאָרזיצער איז געקומען. אָבער אַ נאָמינאַטיוו קאָן אויספֿילן אַנדערע פֿונקציעס אויך. ער קאָן אַ שטייגער (מיט אַ הילפֿווערב ,זײַן, ווערן, בלײַבן׳ [176] און אַנ־דערע) קומען אויך אַלס פּרעדיקאַט. אַ שטייגער: ליפֿשיץ איז (ווערט, בלײַבט) דער פֿאָרזיצער.

2. די פֿונקציע דירעקטער אָביעקט איז אַלע מאָל אין דער פֿאָרמע אַקוזאַטיוו. אַ שטייגער: ער לייענט דעם זשורנאַל, די צײַטונג, דאָס ביכל. אָבער אַן אַקוזאַטיוו קאָן קומען צו באַשטימען אַ צײַט אויך. אַ שטייגער: דעם חודש, די וואָך, דאָס יאָר האָט ער פֿיל געלייענט.

3. די פֿונקציע אומדירעקטער אָביעקט איז אַלע מאָל אין דער פֿאָרמע דאַטיוו. אַ שטייגער: ער לייענט אַ ביכל פֿאַר דעם ברודער (פֿאַר דער שוועסטער). אָבער ניט יעדער דאַטיוו איז אומבאַדינגט אַן אומדירעקטער אָביעקט. אַ דאַטיוו (מיט אַ פּרעפּאָזיציע) קאָן ווײַזן פֿיל אַנדערע פֿונקציעס אויך. אַ שטייגער:

[1] סופּלעטיווקייט הייסט אַזאַ דערשײַנונג ווי ,גוט – בעסער׳, ,בין – ביסט – איז – זײַנען׳, ,איך – מיך׳ און ענלעכע – אַזאַ דערשײַנונג, ווען אַ געוויסע סיסטעם ווערטער (פֿאָרמעס) מיט איינעם און דעם זעלבן גרונטבאַטײַט ווערט געבילדעט ניט פֿון איינעם און דעם זעלבן וואָרצל, נאָר פֿון פֿאַרשיידענע.

[2] וו.מ.זשירמונסקי, **געשיכטע פֿון דײַטש**, 1938, ז׳ 176 (רוסיש).

(1) ער לייענט נאָך דער אַרבעט (צײַט־באַשטימונג);
(2) ער לייענט אין (דער) ביבליאָטעק (אָרט־באַשטימונג);
(3) ער לייענט מיט אינטערעס (אופֿן־באַשטימונג);
(4) ער לייענט אַ ביכל פֿון (דער) פֿאַבריק (אַטריבוט);
(5) ער קאָן ניט לייענען מחמת אויפֿרעגונג (סיבה־באַשטימונג);
(6) ער איז געקומען נאָך אַ ביכל (צוועק־באַשטימונג).

224 כּדי די באַציִונג צווישן די סובסטאַנטיווישע בייגפֿאָרמעס און זייערע פֿונק־ציעס זאָל זײַן אַ ביסל אָנשוילעכער, וועלן מיר עס פֿאָרשטעלן ווי אַ גראַפֿיק. מיר וועלן ווערטיקאַל (פֿון אויבן אַראָפּ) געבן די בייגפֿאָרמעס פֿאַר יעדער פֿונקציע, און האָריזאָנ־טאַל – די אָפּטערע פֿונקציעס פֿון יעדער בייגפֿאָרמע.

פֿונקציעס / פֿאָרמעס	1 סוביעקט	2 פּרעדיקאַט	3 דירעקטער אָביעקט	4 אומדירעקטער אָביעקט	5 אַטריבוט	6 אָרט־באַשטימונג	7 צײַט־באַשטימונג	8 אופֿן־באַשטימונג	9 סיבה־באַשטימונג	10 צוועק־באַשטימונג
1. נאָמינאַטיוו	+	+[1]								
2. אַקוזאַטיוו			+				+			
3. דאַטיוו (מיט אַ פּרעפּאָזיציע)		+[2]		+	+	+	+	+	+	+

[177]

דאָ טרעפֿן מיר זיך ווידער מיט די צוויי סאַמע פֿאַרשפּרייטע קעגנזעצלעכע דערשײַנונגען אין דער שפּראַך – מיט פּאָליסעמיע און סינאָנימיע, – וועגן וועלכע עס איז גאַנץ גענוי אַרומגערעדט גע־וואָרן אין אַ ריי פֿריִערדיקע קאַפּיטלען (זעט ז״ז 139–161). אָבער דאָרט איז אַלץ געגאַנגען אַ רייד וועגן פּאָליסעמיע און סינאָנימיע אין לעקסיק, און דאָ האָבן מיר צו טאָן מיט פּאָליסעמיע און סינאָנימיע אין גראַמאַטיק – ווען אַ געוויסע סטרוקטור (אַ פֿאָרמע) האָט אַ גרעסערע צאָל פֿונקציעס מיט פֿאַרשיידענע באַטײַטן, אָדער, פֿאַרקערט, ווען אַ געוויסע פֿונקציע מיט אַ באַשטימטן באַטײַט קאָן אויס־געדריקט ווערן דורך אַ גרעסערער צאָל סטרוקטורן (פֿאָרמעס).

אָנמערקונג 1 אַ נאָמינאַטיוו קומט אויך אַלס ווענדונג. אַ שטייגער: טאַטע, ער רופֿט דיך צו זיך; יונגער־מאַן, וואָס שרײַט איר אַזוי?[3]

אָנמערקונג 2 אַן אַקוזאַטיוו קומט אָפֿט מאָל אויך צו ווײַזן אַ ,פֿאַרשטאַרקנדיקן אָביעקט׳ – אַן אָביעקט, וואָס איז מיטן פּרעדיקאַט פֿון איין וואָרצל אָדער פֿון סינאָנימישע וואָרצלען און וואָס קומט בלויז צו פֿאַרשטאַרקן די טוונג פֿונעם פּרעדיקאַט. אַ שטייגער: ער גייט אַ גאַנג, ער טאַנצט (גייט) אַ טאַנץ. און אַ מאָל קאָן נאָך אַן אַקוזאַטיוו (מיט אַ הילפֿוורב) קומען אין אייניקע אויסדרוקן צו ווײַזן אַ פּרעדיקאַט, ווי אַ שטייגער אינעם ווײַטערדיקן זאַץ שלום־עליכמס: די זעלבע מיינונג פֿון

[1] [1] קומט מערסטנס מיט די הילפֿווערבן ,זײַן, ווערן, בלײַבן׳ א״אַ (זעט ז׳ 251). [2] [2] געוויינטלעך מיט הילפֿווערבן. אַ שטייגער: ער איז פֿון אוראַל; ער איז פֿון שטיין; ער איז מיט פֿעדערן. [3] [1] אין אַזאַ פֿאַל קומט דער סובסטאַנטיוו דער נאָמינאַטיוו אָן אַן אַרטיקל (זעט ז׳ 175).

שטעלן אַ חופּה איז געווען אויך זייער דריטער קאָמפּאַניאָן (איצט וואָלט מען גיכער געזאָגט: בײַ דער זעלבער מיינונג).

אָנמערקונג 3 אַ דאַטיוו קאָן אַ מאָל זײַן אויך אַ סוביעקט. דאָס איז אין אַזאַ פֿאַל, ווען דער דאַטיוו איז דורך דער פּרעפּאָזיציע ,מיט׳ פֿאַרבונדן מיט אַ פֿריִערדיקן סוביעקט (אַ נאָמינאַטיוו) און דער פּרעדיקאַט ציט צו זיי ביידן. אַ שטייגער: דער טאַטע מיט דער מאַמען האָבן שטענדיק דערמאָנט די אַמאָליקע צײַטן מיט טרערן אין די אויגן (פּ.); שמואל וואָלציס מיט זײַן ווײַב זײַנען געווען מיד פֿון טאָג (בערג.).

אַז מע וויל, קאָן מען דעם צווייטן סוביעקט פֿון די דאָזיקע זאַצן געבן אין דער זעלבער פֿאָרמע, וואָס דער ערשטער סוביעקט; מע קאָן אַ שטייגער מאַכן ,דער טאַטע און די מאַמע האָבן...׳ דאַן וועלן ביידע סוביעקטן זײַן נאָמינאַטיוון. אָבער קיין מוז איז עס ניט. מע האָט רעכט צו זאָגן און צו שרײַבן סײַ ווי איצט און סײַ ווי פֿריִער.

אַ סוביעקט, וואָס איז אויסגעדריקט ניט דורך אַ נאָמינאַטיוו, נאָר דורך אַ דאַטיוו מיט אַ פּרעפּאָזיציע ,מיט׳, באַטײַט געוויינטלעך אַ ווייניקער זעלבשטענדיקן, אַ ווייניקער טעטיקן סוביעקט. פֿאַרגלײַכט אַ שטייגער:

1. די פֿרוי און דאָס קינד קריכן אַראָפּ פֿון וואָגן;
2. די פֿרוי מיטן קינד קריכן אַראָפּ פֿון וואָגן;
3. די פֿרוי מיטן קינד קריכט אַראָפּ פֿון וואָגן (בערג.).

און אַ מאָל טרעפֿט אויך, אַז עס קומט אַ נאָמינאַטיוו און אַ דאַטיוו מיט דער פּרעפּאָזיציע ,מיט׳ און דער טוער איז אויסגעדריקט ניט דורכן נאָמינאַטיוו, נאָר דורכן דאַטיוו. דאָס קומט געוויינטלעך פֿאָר אין די פֿאַלן, ווען אַנשטאָט דעם נאָמינאַטיוו און דאַטיוו מיט דער פּרעפּאָזיציע קאָנען קומען פּאַראַלעלאַרטיקע סובסטאַנטיוון (נאָמינאַטיוון). אַ שטייגער: 1. עס זיצן... אַ פֿולע בויד מיט ייִדן (שאָל.) (אַ פֿולע בויד ייִדן); 2. געהאָדוועט האָבן זיך בײַ אָט דעם פּאָקראַס אַ פֿולע שטוב מיט קינדער (בערג.) (אַ פֿולע שטוב קינדער). [178]

אָנמערקונג 4 די פֿילצאָליקע פֿונקציעס פֿונעם דאַטיוו – אויסער דער פֿונקציע פֿונעם אומדירעקטן אָביעקט – קאָן מען אויסדריקן אויך דורך אַדווערבן. אַ שטייגער: ער לייענט שפּעט, ער לייענט אויבן, ער לייענט אָנגעשטרענגט אאַ״וו.

אָנמערקונג 5 אַ דאַטיוו אין דער פֿונקציע פֿון אַן אומדירעקטן אָביעקט קאָן אין אַ ריי פֿאַלן קומען אָן אַ פּרעפּאָזיציע אויך. אַ שטייגער: איך קויף דעם ברודער (דער שוועסטער) אַ ביכל; איך דערלאַנג דעם חבֿר (דער חבֿרטע) די מעלדונג.

בײַ די עלטערע שרײַבער באַגעגנט מען אָפֿט אָן אַ פּרעפּאָזיציע אויך אַזוינס, וואָס איצט ברענגט מען עס נאָר מיט אַ פּרעפּאָזיציע. אַ שטייגער בײַ אַקסענפֿעלדן: „וועלן מיר פּטור ווערן אַזאַ הולטײַ.״ איצט וואָלט מען, נאַטירלעך, געזאָגט: ,וועלן מיר פּטור ווערן פֿון אַזאַ הולטײַ׳. אַזאַ פֿאַל, אַז נאָך ,פּטור ווערן׳ זאָל קומען אַ סובסטאַנטיוו אָן אַ פּרעפּאָזיציע, באַגעגנט מען אויך בײַ י. פּערלען, עטינגערן, מענדעלען, שלום־עליכמען, פּרצן און אַנדערע. און אָפֿט באַגעגנט מען בײַ די פֿריִערדיקע שרײַבער אַזאַ פֿאָרמע בײַ ,פּטור ווערן׳, וואָס איצט ווערט זי כמעט אין גאַנצן ניט געברויכט. אַ שטייגער: 1. מאָרגן – איבערמאָרגן ווערט מען גאָר זײַנער פּטור (ממס.) (פֿון אים פּטור); 2. מע קאָן גאָר ניט צוטראַכטן, ווי אַרום זייערער פּטור צו ווערן (שאָל.) (פֿון זיי פּטור צו ווערן).

225 אַ סובסטאַנטיוו נאָך אַ פּרעפּאָזיציע איז אַלע מאָל אַ דאַטיוו. אין אייניקע קאַנטן ברענגט מען אָבער נאָך אַ פּרעפּאָזיציע אָפּט אויך אַן אַקוזאַטיוו. אַ שטייגער בײַ פּרצן:

1. יחיאל־מיכל צאָלט וויייניק פֿאַר די קרעטשמע.
2. ...אַרײַנגעשטעקט די אויגן אין די פֿאָדלאָגע אַרײַן.

אַזעלכע פֿאַלן באַגעגנט מען זייער אָפּט כּמעט בײַ אַלע שרײַבער פֿונעם פּוילישן דיאַלעקט און אַ מאָל אויך בײַ אַנדערע. דאָס דאַרף מען אָבער אויסמײַדן. אינעם ליטעראַרישן ייִדיש איז אָנגענומען צו ברענגען אַ סובסטאַנטיוו נאָך אַ פּרעפּאָזיציע אַלע מאָל אין דאַטיוו. דער־יבער דאַרף דאָ זײַן: ,פֿאַר דער קרעטשמע, אין דער פֿאָדלאָגע אַרײַן׳.

אַן אַקוזאַטיוו נאָך אַ פּרעפּאָזיציע איז באַזונדערש אָפּט אינעם אַלטן ייִדיש. אַ שטייגער: זי הבן גיאיפנט אויף מיך איר מונד (על. ב.); ער שיקט ואר מיך דען ארון [אָרן] (שערטל); נוך דיר מיר וועלן לאפין אין די מדבר (שערטל); איך וויל איצונדרט אין דאש פעלד גין (וויצנה.); לאזין מיר אויז גין אין דאש פעלד (בליץ). זעט אויך די בײַשפּילן, וואָס קומען אינעם קאַפּיטל „ייִדישע גראַפֿיק און אָרטאָגראַפֿיע“.

אָנמערקונג הערט נאָך אַ פּרעפּאָזיציע קאָן אַ מאָל אויך זײַן אַן אַקוזאַטיוו. דאָס איז אין אַזאַ פֿאַל, ווען די פּרעפּאָזיציע געהערט צו אַן אינפֿיניטיוו, וואָס האָט בײַ זיך אַן אַקוזאַטיוו, וועלכן מע וויל מער באַטאָנען און מע ברענגט אים דעריבער ניט נאָך דעם אינפֿיניטיוו, נאָר פֿאַר, נאָך דער פּרעפּאָזיציע. אַ שטייגער: 1. דאָס אַלצדינג איז אָבער געווען ניט מער ווי אַ מיטל אויף די צײַט צו פֿאַרטרײַבן (שאָל.) (אויף צו פֿאַרטרײַבן די צײַט); 2. ער האָט זיך ניט געקאָנט אָפּהאַלטן פֿון דאָס געלט אַ כאַפּ צו טאָן (ניס.) (פֿון אַ כאַפּ צו טאָן דאָס געלט); 3. ער האָט מיך פֿאַר דער האַנט אויף מיך אַרויספֿירן אָנגענומען (ניס.) (אויף אַרויספֿירן מיך).[179]

226 ווען די בייגפֿאָרמע פֿון אַ סובסטאַנטיוו איז ניט גענוג בולט, קאָן מען זי דערקענען דורכן אָנווענדן איינס אָדער עטלעכע פֿון פֿאָלגנדיקע מיטלען:

1. באַשטימען די פֿונקציע פֿונעם סובסטאַנטיוו (סוביעקט, אָביעקט אאַ״וו);
2. פֿאַרבײַטן דעם סובסטאַנטיוו מיט אַזאַ, וואָס אין אַקוזאַטיוו און דאַטיוו באַקומט ער אַ פֿלעקסיע (טאַטע, בערל, רחל אאַ״וו);
3. ברענגען דעם סובסטאַנטיוו מיטן באַשטימיקן אַרטיקל אָדער קאָאָרדינירן (פֿאַר־בינדן) דעם סובסטאַנטיוו מיט אַ סובסטאַנטיוו פֿון אַן אַנדער מין (איינצאָל);
4. צושטעלן צום סובסטאַנטיוו אַן אַדיעקטיוו;
5. פֿאַרבײַטן דעם סובסטאַנטיוו אָדער קאָאָרדינירן (פֿאַרבינדן) אים מיט אַ פּראָנאָם ,איך, דו׳ (סוביעקט, נאָמינאַטיוו), ,מיך, דיך׳ (דירעקטער אָביעקט, אַקוזאַטיוו), ,מיר, דיר׳ (אומדירעקטער אָביעקט, דאַטיוו) (אויב דער פֿאַרבײַטער ווענדט די דאָזיקע פּראָנאָמען ריכטיק אָן).

אַ שטייגער אינעם זאַץ ,דער שכן איז אַ דאָקטער׳ – איז ,אַ דאָקטער׳ אַ נאָמינאַטיוו, ווײַל: (1) דאָס איז (מיטן הילפֿווערב ,איז׳) אַ פּרעדיקאַט; (2) אויב ברענגען אַנשטאָט ,דאָק־טער׳ דעם סובסטאַנטיוו ,טאַטע׳, וועט זײַן ,אַ טאַטע׳ און ניט ,אַ טאַטן׳; (3) מיטן באַשטימיקן

אַרטיקל וועט זײַן ‚דער דאָקטער’ און ניט ‚דעם דאָקטער’; (4) מיט אַן אַדיעקטיוו וועט אַ שטייגער זײַן ‚אַ גוטער דאָקטער’ און ניט ‚אַ גוטן דאָקטער’ (און אויב עס רעדט זיך וועגן אַ סובסטאַנטיוו פֿון צווייטן מין, וועט אַ שטייגער זײַן ‚אַ גוטע דאָקטערקע’ און ניט ‚אַ גוטער דאָקטערקע’); (5) און אויב פֿאַרבײַטן מיט איינעם פֿון די פֿריִער אָנגעוויזענע פּראָנאָמען, וועט זײַן: דער שכן איז (ניט) איך (און ניט ‚מיך’ אָדער ‚מיר’).

ענלעך דערצו איז אַ שטייגער אויך מיטן סובסטאַנטיוו ‚שוועסטער’ אינעם זאַץ ‚איך רוף די שוועסטער’. די ‚שוועסטער’ איז אַקוזאַטיוו, ווײַל: (1) דירעקטער אָביעקט; (2) איך רוף דעם טאַטן; (3) איך רוף די עלטערע שוועסטער; (4) איך רוף דיך.

227 דאָס אַלץ, וואָס איז ביז אַהער גערעדט געוואָרן, האָט אַ שײַכות צו אַ סובסטאַנטיוו נאָר אין איינצאָל. אין מערצאָל בייגט מען איצט ניט אין ייִדיש בכלל ניט די סובסטאַנטיוון גופֿא און ניט די אַרטיקלען. אַ שטייגער: די חבֿרים לייענען – איך רוף די חבֿרים – איך גיי צו די חבֿריה. אַ מאָל אָבער פֿלעגט מען די סובסטאַנטיוון און די אַרטיקלען בייגן אויך אין מערצאָל. שפּורן דערפֿון קאָן מען אָפֿט זען אין אַלטייִדישע טעקסטן. אַ שטייגער: ור וואגיל פון אויירן בערגן וו״א איין בוגיל (על. ב.);[1] ער לוגט פון דען וענשטרן (שערטל); ער קוקט פון דען פענשטירן (וויצנה.); מיר וועלן אויבר נעכטיגן אין דערפרין (שערטל); דא שפּראך יהודה צו זייני ברידרן (בליץ).[2]

אַגבֿ, מיט דער דאָזיקער פֿלעקסיע ‚־ן’ אין מערצאָל קומט נאָך אויך איצט אָפֿט דער סובסטאַנטיוו ‚לײַט’ און אייניקע סובסטאַנטיווישע פּראָנאָמען. אַ שטייגער, ער וויל זײַן צו (מיט) לײַטן גלײַך; ביידן האָט דאָס מויל זיך נישט צוגעמאַכט (ממס.). [180]

30 פּאָסעסיוו

228 אויסער די פֿאָרמעס נאָמינאַטיוו, אַקוזאַטיוו, דאַטיוו האָבן פֿיל סובסטאַנטיוון נאָך אַ פֿערטע פֿאָרמע – פּאָסעסיוו – אַ פֿאָרמע, וואָס טיילט זיך שטאַרק אויס פֿון די פֿאָריקע דרײַ. אַ פּאָסעסיוו האָט געווײנטלעך אַ פֿלעקסיע ‚־ס (־עס, ־נס)’, באַטײַט אָנגעהעריקייט און ענטפֿערט אויף דער פֿראַגע ‚וועמענס?’. אַ שטייגער: לענינס ווערק, ענגעלסעס אַרבעטן, דעם מענטשנס אידעאַל.

אָנמערקונג 1 אָנגעהעריקייט קאָן מען אויסדריקן אויך דורך די פּאָסעסיווישע פּראָנאָמען – דורך די ווערטער ‚מײַן, דײַן, זײַן, איר, אונדזער, אײַער, זייער’ (אין איינצאָל און מערצאָל) – דורך ווערטער, וואָס האָבן נאָר דעם באַטײַט פֿון פּאָסעסיוו, אָבער ניט זײַן פֿאָרמע. און אָנגעהעריקייט (אַטריבוטיווקייט) קאָן מען אָפֿט אויך אויסדריקן דורך אַ דאַטיוו מיט אַ פּרעפּאָזיציע ‚פֿון’. אַ שטייגער: ער האָט זיך געהאַט באַגעגנט אַ פּאָר מאָל אָדער מיט ראַפֿאַלעסקאָס פֿיס אָדער מיט די רגלים פֿון איזאַק שוואַלב (שאָל.); אין פּנים פֿון ר׳ אַבֿרהמען און פֿון הערשעלען איז געווען צו דערקענען, אַז ביידע קווענקלען זיך עפּעס אין האַרצן (ממס.).

[1] [1] בײַ וויצנהויזענען איז דער דאָזיקער זאַץ אַזוי: פאר וואגילט צו אייארם בערג [גלייך אז וויא] איין פוגיל.

[2] [2] בײַ וויצנהויזענען זײַנען די לעצטע צוויי זאַצן אַזוי: מיר וועלן אין דען דערפר אויבר נעכטיגן; אונ׳ (יהודה) שפּראך צו זייני ברידר.

אָנמערקונג 2 די קלאַנגען [ס] אָדער [(ע)נ], וואָס זײַנען פֿאַראַן בײַם סוף פֿון אַ רײ באַשטימטיילן פֿון צונויפֿזאַצן (פֿאָלקסליד, גענדזנשמאַלץ, זונענשטראַל), – דאָס זײַנען זייער אָפֿט רעשטן פֿון דער פּאָסעסיווישער און פֿון אַנדערע סובסטאַנטיווישע פֿלעקסיעס.

אָנמערקונג 3 אַ פּאָסעסיוו קאָן קומען אויך בײַ אַ צווייטן פּאָסעסיוו. אַ שטייגער: דער דאָזיקער פֿאַרשוין איז געווען ר׳ אײַזיק־דוד ר׳ יאָסעלעס שׂרה־זלאַטעס (ממס).

229 אַ פּאָסעסיוו ווערט געוויינטלעך געבילדעט פֿון אַ סובסטאַנטיוו, וואָס באַצייכנט אַ לעבעדיק וועזן. פֿון אַ סובסטאַנטיוו, וואָס באַצייכנט ניט קיין לעבעדיק וועזן, ווערט אַ פּאָסעסיוו געבילדעט אין די פֿאַלן, ווען מע וויל עס פֿאָרשטעלן ווי אַ לעבעדיקע זאַך, ווען מע וויל עס פּערסאָניפֿיצירן. אַ שטייגער: הערט זיך אײַן אינעם וואַלדס שטילן גע־רויש (בערג.); ווען מען קאָן נאָך זײַן אויף רוסלאַנדס פּלעצער ענג? (פֿעפֿ.).

צוליב דעם צוועק ברענגט מען אַ מאָל אין פּאָסעסיוו אַפֿילו אַן אַבסטראַקטן סובסטאַנטיוו. אַ שטייגער: האָפֿענונג און ווינטשעניש איז דער נויטס מלאָכה (ממס); זי [שיינדל די גרויסע] איז דער לײַטישקייטס אַדוואָקאַט (בערג.).

230 אַ פּאָסעסיוו איז בכלל ניט קיין סוביעקט און ניט קיין אָביעקט; ער קומט נאָר צו ווײַזן, ווען געהערט די אָדער יענע זאַך צי די אָדער יענע טוונג. אַ פּאָסעסיוו פֿילט אויס צוויי פֿונקציעס: אַ פֿונקציע פֿון אַ פּרעדיקאַט (מיט הילפֿווערבן) אָדער נאָך אָפֿטער – אַ פֿונקציע פֿון אַן אַטריבוט. אַ שטייגער: [181]

פּאָסעסיוו פּרעדיקאַט	פּאָסעסיוו אַטריבוט
1. דער זשורנאַל איז אַבראַמאָוויטשעס.	1. אַבראַמאָוויטשעס זשורנאַל ליגט אויפֿן טיש.
2. די אַרבעט איז דעם חבֿרס.	2. דעם חבֿרס אַרבעט געפֿעלט מיר.
3. דאָס זינגען איז דער חבֿרטעס.	3. איך הער דער חבֿרטעס זינגען.

אַ מאָל קאָן אַ פּאָסעסיוו קומען אויך אַלס אַן אָביעקט. דאָס איז אין אַזאַ פֿאַל, ווען ער קומט צווישן ,פֿון – וועגן׳ אָדער ,פֿאַר – וועגן׳. אַ שטייגער: ער האָט עס געקויפֿט פֿון (פֿאַר) די ברידערס וועגן, פֿון (פֿאַר) דעם טאַטנס וועגן.

231 אַ פּאָסעסיוו אַן אַטריבוט קומט געוויינטלעך פֿאַרן סובסטאַנטיוו, וועלכן עס כאַראַקטעריזירט. אַ שטייגער: הערשעלעס יוגנט, דעם שכנס טאַטע. נאָכן סוב־סטאַנטיוו קומט אַ פּאָסעסיוו אַן אַטריבוט אין פֿאָלגנדיקע פֿאַלן: 1. ווען ער ציט צו אַן אייגן־נאָמען. אַ שטייגער: בערל יאַנקלס, משה דעם שכנס; 2. ווען מע וויל דעם פּאָסעסיוו מער אויסטיילן (אַקצענטירן). אַ שטייגער: די אויגן הערשעלעס האָבן אַלץ געקוקט (ממס); די באַקאַנטשאַפֿט ר׳ אַבֿרהמס מיט אים האָט זיך אָנגעהויבן דורך אַ שידוך… (ממס).

ווען אַ פּאָסעסיוו אַן אַטריבוט (אָדער אַ פּאָסעסיווישער פּראָנאָם) קומט פֿאַר אַ סוב־סטאַנטיוו, וואָס איז מיט אַ באַשטימיקן אַרטיקל, ווערט דער אַרטיקל פֿאַרשפּאָרט. פֿאַרגלײַכט אַ שטייגער:

1. פּאָסעסיוו פֿריִער: דעם חבֿרס אַרבעט, זײַן אַרבעט;
2. פּאָסעסיוו שפּעטער: די אַרבעט דעם חבֿרס, די אַרבעט זײַנע.

אָבער בײַ אַ סובסטאַנטיוו מיט אַן אומבאַשטימיקן אַרטיקל ווערט דער אַרטיקל ניט פֿאַרשפּאָרט, ווען אַפֿילו דער פּאָסעסיוו איז פֿריִער. אַ שטייגער: דעם חבֿרס אַן אַרבעט, זײַנע אַן אַרבעט.

אָנמערקונג אַ פּאָסעסיוו קאָן זײַן אַ סובסטאַנטיוו איינצאָל און מערצאָל. אַ שטייגער: דעם חבֿרס אַרבעט – די חבֿרימס אַרבעט. דער (באַשטימיקער) אַרטיקל בײַ אַ פּאָסעסיוו איינצאָל קומט אין דאַטיוו. אַ שטייגער: דער חבֿרטעס אַרבעט, דעם מיידלס (דעם ווײַבס) אַרבעט.[1]

232 ווען צו ווײַזן אָנגעהעריקייט (פּאָסעסיוו) קומען פּאַראַלעלע סובסטאַנטיוון, באַקומט די פּאָסעסיווישע פֿלעקסיע בלויז דער לעצטער פּאראַלעלער סובסטאַנטיוו. אַ שטייגער: אונדזער שכנה פּעסיעס מײַז (שאָל.); שעפּסל דעם מלמדס ציג, זימל דעם שענ־קערס נײַ איידעמל, נח־אליה דעם וואַסער־פֿירערס לאָשיקל... (ממס.).

233 דעם פּאָסעסיוו פֿון די ווערטער ,דער טאַטע, דער זיידע, דער רבי, דער ייִד, דער מענטש׳ איז אין דער ליטעראַטור אָנגענומען צו ברענגען אַזוי, ווי עס רעדט זיי אַרויס די מערהייט ייִדיש־ריידער – מיט אַ ,נ׳ פֿאַרן ,ס׳: דעם טאַטנס, [182] דעם זיידנס, דעם רבינס, דעם ייִדנס, דעם מענטשנס (און ניט ,דעם ייִדס, דעם מענטשס׳).

234 ווען מע בילדעט אַ פּאָסעסיוו פֿון אַ נאָמען, וואָס ענדיקט זיך מיט ,י׳ (לונאַ־טשאַרסקי, סווירסקי), דאַרף די דאָזיקע ענדונג פֿאַרבלײַבן אויך פֿאַרן פּאָסעסיווישן ,ס׳. אַ שטייגער: לונאַטשאַרסקיס אַרבעט, סווירסקיס ווערק.

235 אַ סובסטאַנטיוו מיט אַ ,ז, דז, ש, זש, טש, ץ׳ צום סוף קומט אין פּאָסעסיוו געוויינט־לעך מיט דער פֿלעקסיע:

־עס

אויב דער לעצטער טראַף איז ניט קיין אַקצענטירטער. אַ שטייגער: בועזעס [בויאַזעס], מאַרקישעס, אַבראַמאָוויטשעס, פּרצעס..[2]

־ס

אויב דער לעצטער טראַף איז אַן אַקצענ־טירטער. אַ שטייגער: גוזס, גאַנדזס, פֿישס, סטראַזשס, טײַטשס, איליטשס, שאַצס...

און אַ סובסטאַנטיוו מיט אַ ,ס׳ צום סוף קומט אין פּאָסעסיוו געוויינטלעך:

מיט דער פֿלעקסיע ,־עס׳, אויב דער לעצטער טראַף איז ניט קיין אַקצענטיר־טער. אַ שטייגער: ענגעלסעס, מיכאָעל־סעס, פּינחסעס

אָן אַ פֿלעקסיע, אָבער מיט אַן אַפּאָסטראָף צום סוף, אויב דער לעצטער טראַף איז אַן אַקצענטירטער. אַ שטייגער: מאַרקס׳ „קאַפּיטאַל“; באַרביס׳ „אין פֿײַער“; דעם באַלעבאָס׳ זון...

1 [1] אַ שטייגער: לייזער־יאַנקל האָט געטאָן דעם ווײַבס רצון (ממס.).

2 [1] מע זאָגט אויך: פּרצס, דעם פּריצס, הורוויצס און נאָך איניקע.

236 דער פּאָסעסיוו פֿון די ווערטער ‚ווער, אַלע׳ איז ‚וועמענס, אַלעמענס׳ – מיט אַ ‚נ׳ פֿאַרן ‚ס׳. אַ שטייגער: קיינער ווייסט נישט, וועמענס מאָרגן עס איז (שאָל.); נאָר וועמענס באָבעס דאגה איז עס (דינ.); אַלעמענס אויגן קוקן אויפֿן גאַסט (שאָל.).

237 די צאָל בייגפֿאָרמעס, פֿלעקסיעס זײַנען ביי אַ סובסטאַנטיוו אַ מאָל געווען פֿיל מער ווי איצט. אָבער די לעצטע פּאָר טויזנט יאָר ווערן זיי אין די אַזוי גערופֿענע אינדאָ־אייראָפּעיִשע שפּראַכן אַלץ ווייניקער. דאָס שטאַמט דערפֿון, וואָס מחמת דעם אויפֿקום פֿון אַ ריי קאָמפּליצירטע פֿאַרהעלטענישן און באַציִונגען אינעם מענטשנס לעבן און דענקען נייטיקט זיך די שפּראַך (דער מענטש) אין מער פּאַסיקע און עלאַסטישערע אויסדרוק־מיטלען. אַלס אַזעלכע האָבן גענומען אָנגעווענדט ווערן די פּרעפּאָזיציעס – ווערטער, וואָס זײַנען געווען אַדווערבן אָדער סובסטאַנטיוון מיט אַ באַטײַט פֿון אָרט (ריכטונג), צײַט, סיבה, צוועק, מיטל און אַנדערע[1] און זײַנען מיט דער צײַט פֿאַרוואַנדלט געוואָרן אין הילפֿווערטער, כּדי צו באַהעפֿטן אַ סובסטאַנטיוו מיט אַ סובסטאַנטיוו אָדער אַ ווערב מיט אַ סובסטאַנטיוו אָדער מיט עפּעס אַנדערש. דאָס האָט געבראַכט דערצו, וואָס די סובסטאַנטיווישע בייגפֿאָרמעס און פֿלעקסיעס, ווי באַלד זיי האָבן אויפֿגעהערט אויסצופֿילן אַ געוויסע סעמאַנטישע (באַטײַטלעכע) פֿונקציע, האָבן זיי אָנגעהויבן פֿאַרלירן זייער ‚רעכט אויף עקסיסטענץ׳, און מע האָט זיי אָנגעהויבן אָנצווּווענדן אַלץ ווייניקער און ווייניקער.

אָט דער דאָזיקער פּראָצעס פֿון אויפֿהערן געברויכן די סובסטאַנטיווישע פֿלעקסיעס איז אָבער ניט אין אַלע שפּראַכן אַלץ איינס פֿאָרגעשטעלט. אָט פֿאַר וואָס עס זײַנען פֿאַראַן שפּראַכן, וואָס האָבן אַ קליינע צאָל בייגפֿאָרמעס (ייִדיש, ענגליש, דײַטש...), און שפּראַכן, וואָס האָבן אַ גרעסערע צאָל בייגפֿאָרמעס (רוסיש, אוקראַיִניש, ווײַסרוסיש, פּויליש, ליטוויש...), ווי עס [183] זײַנען פֿאַראַן שפּראַכן, ווו די צאָל בייגפֿאָרמעס איז גאָר אַ היפּשע, אַ שטייגער אָדוליש (11 בייגפֿאָרמעס),[2] לעזגיניש (16), קאָמי (17), אַגוליש (30)[3] און אַנדערע. דאָס הייסט, אַז אין די דאָזיקע שפּראַכן דריקט מען אויס אַ גאַנצע ריי פֿאַרהעלטענישן צווישן אַ פּאָר זאַכן אָדער צווישן אַ טוּונג מיט אַ זאַך ניט דורך פּרעפּאָזיציעס (אויף, אונטער, צו, פֿון, אין, קיין, מיט אאַ״וו), נאָר דורך ספּעציעלע פֿלעקסיעס – דורך מאָרפֿעמעס, וואָס האָבן אין גאַנצן פֿאַרלוירן יעטווידע זעלבשטענדיקייט און האָבן זיך צוגעקלעפּט צו די סובסטאַנטיוון (צום סוף).

דעם דאָזיקן פּראָצעס, וואָס די אַזוי גערופֿענע אינדאָ־אייראָפּעיִשע שפּראַכן מאַכן די לעצטע פּאָר טויזנט יאָר דורך, – אַ פּראָצעס פֿון פֿלעקסיע (פֿון סינטעז) צו הילפֿוואָרט (צו אַנאַליז) – קאָן מען נאָך אויך איצט באַמערקן: 1. אין דעם, וואָס אַ ריי ווערטער, וועלכע מע פֿלעגט בכלל ברענגען מיט פֿלעקסיעס, האָט מען די לעצטע יאָרהונדערטער אָדער צענדליקער יאָרן גענומען ברענגען אָן פֿלעקסיעס. אַ שטייגער: אַזוי איז ער, דאַכט זיך, נשקשה פֿון אַ מענטש, נאָר אַ ביסל אַ נודניק (שאָל.). (זעט אויך ז׳ 193); 2. אין דעם, וואָס אַ ריי ווערטער, וועלכע מע פֿלעגט בכלל ברענגען אָן פּרעפּאָזיציעס, האָט מען די לעצטע יאָרן גענומען ברענגען מיט פּרעפּאָזיציעס. אַ שטייגער מענדעלעס זאַץ „...און איז פּטור געוואָרן אַזאַ שווערן, ביטערן גלות״ – וואָלט מען איצט גיכער געבראַכט מיט אַ פּרעפּאָזיציע – ‚פֿון אַזאַ שווערן, ביטערן גלות׳. (זעט אויך ז׳ 197); 3. אין דעם, וואָס פּאַראַלעל מיט סינטעטישע פֿאָרמעס, מיט פֿלעקסיעס, הייבט מען אָן צו באַניצן אויך אַנאַליטישע פֿאָרמעס, אָן פֿלעקסיעס, אָבער מיט הילפֿווערטער. אַ שטייגער: י.ל. פּרצעס קליינע דערציילונגען – קליינע דערציילונגען פֿון

1 [2] זעט דאָס צעטל פּרעפּאָזיציעס אויף ז׳ 292.

2 [1] אָדולן (יוקאַגירן) – אַ קליינינקע פֿעלקערשאַפֿט אויפֿן צפֿון־מיזרח פֿון אַזיע. אָדוליש (יוקאַגיריש) געהערט צו דער פּאַלעאָ־אַזיאַטישער סיסטעם שפּראַכן.

3 [2] אַגולן – אַ דאַגעסטאַנישע פֿעלקערשאַפֿט.

י. ל. פּרץ (שאָל.); לכּבֿוד דעם זיידנס ליטעראַרישן יום־טובֿ – לכּבֿוד דעם ליטעראַרישן יום־טובֿ פֿונעם זיידן מוינדעלע מוכר־ספֿרים (שאָל.). זעט אויך אָנמערקונג 1 אויף ז׳ 199.

אָנמערקונג דאָס באַניצן פּאַראַלעל סינטעטישע און אַנאַליטישע פֿאָרמעס מיט אַן ענלעכן באַטײַט איז שוין אַ גאַנץ אַלטע דערשײַנונג. פֿאַרגלײַכט אַ שטייגער:

בליץ	וויצנהויזן
1. אונ׳ דש [דאָס] ליכט דר מאן ווערט זיין גלייך אליש [אַלס] דז ליכט דר זון.	1. אונ׳ דאש ליכט פון דער (לבנה) ווערט זיין אז דאש ליכט פון דער זון.
2. זייא דאש פאר קרימטינוס דאש מוילש פון דיר אב טאן.	2. טוא אב פון דיר דיא פאר קרימונג פון דעם מויל.
3. דא קאם ארויז רבקה דיא טאכטיר בתואל. דער איין זון פון מלכה וואר [איז געוועז] וועלכי נחורש אברהמש ברודירש ווײַב וואר.	3. אונ נון. (רבקה) דיא דא איז ווארן גיבארן צו (בתואל) דעם זון פון מלכה. דיא הויז פרויא פון נחור. דער ברודר פון (אברהם). גינג אויש.[1]

238 אויף אַזאַ אופֿן האָבן מיר זיך באַקענט מיטן סובסטאַנטיוו. מיר האָבן געזען, אַז עס זײַנען פֿאַראַן סובסטאַנטיוון און סובסטאַנטיווירונגען; אַז די סובסטאַנטיוון קאָנען זײַן גרונטיקע אָדער אויסגעבילדעטע; איינפֿאַכע אָדער צונויפֿגעזעצטע; איינציקע אָדער פּאַ־ ראַלעלע; אַז אַ סובסטאַנטיוו איז פֿון ערשטן, פֿון צווייטן אָדער פֿון דריטן מין; און אַז ער האָט אַ גאַנצע ריי פֿאָרמעס, וואָס מע קאָן זיי אײַנטיילן אין צוויי טיפּן: [184]

1. סינטאַקסישע (באַהעפֿט־פֿאָרמעס): נאָמינאַטיוו, אַקוזאַטיוו, דאַטיוו און פּאָסע־ סיוו – פֿאָרמעס, וואָס אַ סובסטאַנטיוו האָט מחמת דער אָדער יענער פֿונקציע זײַנער אין זאַץ;

2. ניט־סינטאַקסישע: איינצאָל און מערצאָל; פֿאַרקלענערונג, פֿאַרגרעסערונג און אַנדערע – פֿאָרמעס, וואָס אַ סובסטאַנטיוו האָט אומאָפּהענגיק פֿון זײַן פֿונקציע אין זאַץ.

II ווערב

31 ווערב און ווערבפֿאָרמעס

239 דער צווייטער גרויסער און זייער וויכטיקער וואָרטקלאַס איז דער ווערב – דער קלאַס ווערטער, וואָס באַטײַטן קאָנקרעטע אָדער אַבסטראַקטע טוּונגען אָדער אַזוינס, וואָס מע נעמט עס אויף ווי אַ טוּונג, אומאָפּהענגיק דערפֿון, צי מע טוט עפּעס אויף צי ניט. אַ שטייגער: זעגן, רײַסן, וואַרפֿן, דענקען, טראַכטן, ליגן, שלאָפֿן, חלומען, פֿוילן זיך, פֿאַנ־ טאַזירן אאַ״וו.

ווערבן זײַנען פֿאַראַן זייער פֿיל גרונטיקע, אָבער נאָך מער זײַנען זיי פֿאַראַן אויסגעבילדעטע. די אויסגעבילדעטע ווערבן האָבן געוויינטלעך:

[1] [3] זעט אויך בליצס און וויצנהויזנס בײַשפּילן אויף ז׳ 187.

1. אַ קלאַנגענבייַט. אַ שטייגער: קרענקען, קירצן (פֿון ,קראַנק, קורץ׳);

2. אַ סופֿיקס ,־יק, ־ער, ־ל, ־צ, ־קע, ־עווע, ־יר, ־יזיר, ־יפֿיציר׳. אַ שטייגער: רייניק, לופֿטער, קינדל, גרילץ, מעקע, בונטעווע, מאָטיוויר, טעלעפֿאָניזיר, קלאַסיפֿיציר;

3. אַ פּרעפֿיקס ,אַנט־, באַ־, גע־, דער־, פֿאַר־, צע־, דיס־, דע(ז)־, טראַנס־, עקס־, רע־׳. אַ שטייגער: אַנטלויפֿן, באַשרייַבן, געדענקען, דערציילן, פֿאַרשטיין, צעוואַרפֿן, דיסקוואַליפֿיצירן, דעמאָביליזירן, דעזאָרגאַניזירן, טראַנספֿאָרמירן, עקסקורסירן, רעאָרגאַניזירן;

4. אַ צוגאָב. זעט דאָס צעטל צוגאָבן און די בייַשפּילן אויף ז״ז 90–93.

5. אַ פּאַרטיקל ,זיך׳. דערבייַ זייַנען פֿאַראַן ווערבן, וואָס אָנעם ,זיך׳ קומען זיי ניט (אַלס ווערבן). אַ שטייגער: עקשנען זיך, קהלן זיך, סטאַרען זיך, ערגערן זיך, עקן זיך[1] א״אַ.

אָנמערקונג אַ ווערב קאָן אַ מאָל אויך זייַן אַ צונויפֿזאַץ. אַ שטייגער: פֿעסטשטעלן, גרינגשעצן, לאַנגווייַלן זיך.

240 אויסער די גרונטיקע און אויסגעבילדעטע ווערבן זייַנען נאָך פֿאַראַן ווערבאַליזירונגען – ווערטער, וואָס בכלל זייַנען זיי ניט קיין ווערבן, נאָר זיי ווערן געברויכט אַלס ווערבן: זיי פֿאַרנעמען אין זאַץ אַ ,שטעלע׳ פֿון אַ ווערב (זייַנען פּרעדיקאַטן), האָבן די סטרוקטור פֿון אַ ווערב, ציִען אָדער קאָנען ציִען אַן אַדווערב און באַטייַטן אַזוי ווי עפּעס אַ טוונג. אַ שטייגער ביי שלום־עליכמען: 1. פּלוצעם... עס פֿערדלט פֿון אַלע זייַטן; 2. חתנ־ווייַז האָט ביינוש געשמט פֿאַר אַ צאַצקע; 3. – ווו איז ערגעץ פֿישל מיט די עמערס?.. פֿישל! פֿישל!!!.. – וואָס פֿישלט איר? – רופֿט זיך אָן איינער, אַ פּנים פֿישל אַליין [185] טאַקע; 4. ער פֿאַרהאַקט אַזוי דעם קאָפּ מיט זייַן ,ברוך שאכלנו׳,[2] אַז דעם גאַנצן טאָג זונטיק שאכלנוט מיר אין די אויערן.

אָנמערקונג אַ ווערבאַליזירונג קאָן אַ מאָל באַקומען אויך אַ ווערבאַלן אַפֿיקס, אַ צוגאָב, אַ ,זיך׳. אַ שטייגער: פֿישל! פֿישל!!.. – זע נאָר, ווי זיי האָבן זיך דאָס אַ ביסל צעפֿישלט! (שאָל.).

241 ווייַטער זייַנען נאָך פֿאַראַן באַשרייַביקע (פּעריפֿראַסטישע) ווערבן – ווערבן, וואָס די טוונג ווערט ביי זיי אויסגעדריקט ניט דורך איין וואָרט, נאָר דורך אַ גרופּע ווערטער, וועלכע בילדן איין באַגריף. אַ שטייגער: מלחמה האַלטן, הנאה האָבן, מוחל זייַן, מכבד זייַן, מקבל־פּנים זייַן, נימאס ווערן, קומען צו גיין, ברענגען צו פֿירן, קאַליע מאַכן, זיך שלאָגן מיט דער דעה און אַנדערע.

242 אַ ווערב האָט געוויינטלעך אַ גאַנץ היפּשע סיסטעם פֿאָרמעס מיט אַ גאַנצער ריי באַטייַטן (קאַטעגאָריעס). אַ שטייגער:

1. איך נעם – מיר נעמען;
2. איך נעם – דו נעמסט – ער נעמט;
3. איך נעם – איך האָב גענומען – איך וועל נעמען;
4. איך נעם – איך וואָלט גענומען – איך זאָל נעמען;

[1] [1] אַ שטייגער: אויף יענער זייַט טונעיאַדעווקע עקט זיך די וועלט (ממס.).

[2] [1] ,ברוך שאכלנו׳ – געבענטשט (געלויבט) איז דער, וואָס מיר האָבן געגעסן (זייַנס). דער אָנהייב פֿון אַ תּפֿילה (פֿון ,בענטשן׳) נאָכן עסן (לויטן יידישן רעליגיעזן ריטואַל).

5. איך נעם – איך ווער (בין) גענומען;
6. איך נעם – איך האַלט אין נעמען – איך טו (גיב) אַ נעם.

פֿון די דאָזיקע בײַשפּילן זעען מיר, אַז בײַ אַ ווערב זײַנען געוויינטלעך פֿאַראַן:

1. פֿאָרמעס פֿון צאָל – זיי ווײַזן, צי די טווּנג ווערט געטאָן דורך איין טוער צי דורך עטלעכע (דורך אַ טוער אין איינצאָל אָדער אין מערצאָל);

2. פֿאָרמעס פֿון פּערזאָן – זיי ווײַזן צי די טווּנג ווערט געטאָן דורכן רייִדער זעלבסט, צי דורך דעם, צו וועמען מע רעדט, צי דורך עמעצן אַנדערש;

3. פֿאָרמעס פֿון צײַט – זיי ווײַזן, צי די טווּנג קומט פֿאָר אין קעגנוואַרט – איינצײַטיק מיטן רייִדן, צי אין פֿאַרגאַנגענהייט, צי אין צוקונפֿט;

4. פֿאָרמעס פֿון מאָדוס (פֿאַקטישקייט און ניט־פֿאַקטישקייט) – זיי ווײַזן, צי די טווּנג איז אַ פֿאַקטישע (זי קומט ווירקלעך פֿאָר), צי זי איז אַ באַדינגלעכע אָדער א געווּנטשענע;

5. פֿאָרמעס פֿון גענוס[1] (אַקטיווקייט און פּאַסיווקייט) – זיי ווײַזן, צי דער סוביעקט טוט אַליין עפּעס, צי מע טוט מיט אים עפּעס;

6. פֿאָרמעס פֿון אַספּעקט (דוויעריקייט) – זיי ווײַזן, צי די טווּנג געדויערט לענגער אָדער קירצער.

243 אַנאַליזירנדיק די סטרוקטורן פֿון די ערשט אָנגעוויזענע ווערבפֿאָרמעס, זעט מען, אַז אָפּהענגיק פֿון אַזאַ אָדער אַן אַנדער צאָל, פּערזאָן, צײַט אאַ״וו, ווערט דער ווערב גופֿא אַזוי אָדער אַנדערש געענדערט. אַ שטייגער: נעם – נעמסט – נעמט – נעמען – גענומען; צווייטנס, זעט מען דאָ, אַז דער ווערב קומט אָדער [186] אַליין אָדער מיט די אָדער יענע הילפֿ־ווערבן (‚האָב, וועל, וואָלט, ווער, בין‘ און אַנדערע). די דאָזיקע ווערבפֿאָרמעס הייסן אַזוי:

1. אַזאַ ווערבפֿאָרמע ווי ‚נעם, נעמסט, נעמט, נעמען‘ אָדער ‚האָב, האָסט, האָט, האָבן‘, וואָס האָט פֿאָרמעס פֿון צאָל און פּערזאָן (די פֿלעקסיעס ‚סט, ס, (ע)ן‘) און קומט צו ווײַזן קעגנוואַרט אָדער צו דינען אַלס אַ הילפֿווערב, הייסט פּערזאָניקער ווערב.

2. אַזאַ ווערבפֿאָרמע ווי ‚גענומען, געלייענט, פֿאַרשטאַנען‘, וואָס ענדערט זיך ניט לויט צאָל און פּערזאָן און קומט אָדער קאָן געוויינטלעך קומען מיט אַ הילפֿווערב ‚האָב, האָסט, האָט, האָבן‘ (אָדער ‚בין, ביסט, איז, זײַנען, זײַט‘) צו ווײַזן פֿאַרגאַנגענהייט, הייסט פּאַרטיציפּ. אַ פּאַרטיציפּ ענטפֿערט אויף דער פֿראַגע ‚וואָס געטאָן?‘.

3. אַזאַ ווערבפֿאָרמע ווי ‚נעמען, לייענען, פֿאַרשטיין‘, וואָס ענדערט זיך ניט לויט צאָל און פּערזאָן און קומט אָדער קאָן קומען מיט אַ הילפֿווערב ‚וועל, וועסט, וועט, וועלן‘ צו ווײַזן צוקונפֿט, הייסט אינפֿיניטיוו. אַן אינפֿיניטיוו ענטפֿערט אויף דער פֿראַגע ‚וואָס טאָן?‘.

244 דער פּערזאָניקער ווערב, פּאַרטיציפּ און אינפֿיניטיוו זײַנען ווערבפֿאָרמעס, וואָס מיט זייער הילף און מיט דער הילף פֿון אַ ריי הילפֿווערבן דריקט מען געוויינטלעך אויס די ווערבאַלע קאַטעגאָריעס – אַזאַ אָדער אַן אַנדער צאָל, פּערזאָן, צײַט, מאָדוס, גענוס און (טיילווײַז) אַספּעקט.

[1] [2] אַרויסברענגען מיטן אַקצענט אויפֿן ערשטן טראַף – גענוס.

אָנמערקונג 1 אַ ווערב, וואָס ווײַזט פּאַסיווקייט, באַשטייט פֿון אַ פּאַרטיציפּ מיט הילפֿווערבן ניט נאָר אין פֿאַרגאַנגענהייט, נאָר אויך אין אַנדערע צײַטן; אַ שטייגער: איך ווער גענומען, בין גענומען געוואָרן, פֿלעג גענומען ווערן, וועל גענומען ווערן.

אָנמערקונג 2 אַן אינפֿיניטיוו קאָן קומען ניט נאָר צו ווײַזן צוקונפֿט, נאָר אויך אין אַנדערע פֿאַלן. אַ שטייגער: איך פֿלעג נעמען, דאַרף נעמען, האָב אָנגעהויבן צו נעמען, האַלט אין נעמען.

אָנמערקונג 3 ווען מע דאַרף אָנרופֿן אַ ווערב ניט איז ווערב, ברענגט מען אים געוויינטלעך אין דער אינפֿיניטיווישער פֿאָרמע. מע זאָגט אַ שטייגער: דער ווערב „שרײַבן, לייענען, גיין, אַרײַנגיין, אַרויסגיין" אאַ״וו.

245 ווען דער ווערב איז מיט אַ פּרעפּיקס, איז דער פּרעפּיקס אין אַלע פֿאַלן פֿאַרן וואָרצל; ווען דער ווערב איז מיט אַ צוגאָב, איז דער צוגאָב בײַם פּערזאָניקן ווערב נאָכן וואָרצל און באַזונדער. אַ שטייגער:

פּרעפּיקס			צוגאָב		
באַנעמען	דערנעמען	צענעמען	אָפּנעמען	אויפֿנעמען	צונעמען
איך באַנעם	דערנעם	צענעם	איך נעם אָפּ	נעם אויף	נעם צו

דערבײַ קאָן דער צוגאָב זײַן ניט דווקא האַרט לעבן דעם פּערזאָניקן ווערב, נאָר אויך גאַנץ ווײַטלעך פֿון אים. אַ שטייגער: נאָר אין עק הינטערהויז שטעלט ער דעם דאָקטער אָפּ (בערג.); מע לאָזט דיך אַפֿילו צו דער שפּאַרונע ניט צו (גאָד.).

בײַ די עלטערע שרײַבער און אין דער דיכטונג בײַ די ייִנגערע שרײַבער טרעפֿט מען אַ מאָל דעם צוגאָב אויך בײַם פּערזאָניקן ווערב פֿאַרן וואָרצל. אַ שטייגער: מיר זאָלן הוליען, ווי אונדזערע לײַט אָנשטייט (פּערל); פֿון ליכטיקע, פֿון גרויסע וואַרשעווער וואָקזאַלן [187] אַוועקפֿאָרט איצט עז־ריאל (מאַרק.); פֿאַר אויפֿריכטיקן בונד, וואָס ענג צוזאַמענבינדט מאָצאַרטן מיט סאַליערי (האַל.).

ווען דער ווערב איז אי מיט אַ פּרעפּיקס אי מיט אַ צוגאָב, וועט דער צוגאָב בײַם פּערזאָ־ניקן ווערב זײַן פֿאַרן וואָרצל און אין איינעם אָדער נאָכן וואָרצל און באַזונדער, אָפּהענגיק דערפֿון, צי עס גייט פֿריִער דער פּרעפּיקס צי דער צוגאָב. אַ שטייגער: 1. באַאײַנפֿלוסן, באַאויפֿטראָגן – איך באַאײַנפֿלוס, באַאויפֿטראָג; 2. אויסדערציילן, אַרויסבאַקומען – איך דערצייל אויס, באַקום אַרויס.

אָנמערקונג 1 ווען דער ווערב איז אַ צונויפֿזאַץ (פֿון אַ פּאָר וואָרצלען), איז דער באַשטימטייל פֿונעם ווערב אַ מאָל נאָכן הויפּטטייל פֿונעם פּערזאָניקן ווערב און אַ מאָל פֿאַר. אַ שטייגער: פֿעסטשטעלן – איך שטעל פֿעסט; לאַנגווײַלן זיך – איך לאַנגווײַל זיך.

אָנמערקונג 2 דער צוגאָב קאָן אָפֿט מאָל קומען אָנעם גרונטווערב אויך. דאָס קומט באַזונדערש פֿאָר, ווען דער גרונטווערב איז „גיין, געגאַנגען, קומען, געקומען". אַ שטייגער: גלײַך ווי אַ שטיין איז אים פֿונעם האַרצן אַראָפּ (ממס.). עטלעכע און צוואַנציק יונגע־לײַט, וואָס דאַרפֿן אין גיכן אַרײַן אין אוניווערסיטעט (שאָל.).

246 אינעם גרעסטן טייל פֿאַלן אין זאַץ קומט דער ווערב אין ייִדיש מיט הילפֿווערבן – מיט ניט קיין זעלבשטענדיקע ווערטער, וואָס ווערן געבויגן ווי אַ ווערב בכלל, נאָר וואָס ווײַזן ניט קיין טוונג, נאָר אַזאַ אָדער אַן אַנדער צײַט, אַזאַ אָדער אַן אַנדער מאָדוס פֿונעם גרונטווערב און נאָך אַנדערע קאַטעגאָריעס. פֿאַרגלײַכט אַ שטייגער: איך פֿלעג נעמען, וועל נעמען; האָב גענומען, וואָלט גענומען; האָב גענומען, בין גענומען.

אָנמערקונג 1 אייניקע הילפֿווערבן קומען בלויז אַלס פּערזאָניקע, קיין אַנדערע ווערבפֿאָרמעס האָבן זיי ניט. אַ שטייגער „פֿלעג, פֿלעגסט...; וועל, וועסט...; וואָלט, וואָלטסט‘ און אַנדערע.

„וועלן‘ איז פֿאַראַן אויך אַ זעלבשטענדיקער ווערב – אַן אינפֿיניטיוו. אַ שטייגער: ער וועט (פֿלעגט) ניט וועלן גיין. אין אייניקע ערטער (פּוילן) איז פֿאַראַן אויך אַ זעלבשטענדיקער ווערב „פֿלעגן‘ – מיטן באַטײַט פֿון „גוט האָדעווען, גוט געבן עסן, פּילעווען‘. אַ שטייגער: ער האָט געהאַט נאָר איין אויפֿגאַבע אין זײַן לעבן: צו פֿלעגן זײַן קראַנק קינד. בײַ שרײַבער פֿון פּוילן קאָן מען אַ מאָל טרעפֿן דעם הילפֿווערב „פֿלעגן‘ ניט נאָר אַלס אַ פּערזאָניקן, נאָר אויך אַלס אינפֿיניטיוו און פּאַרטיציפּ. אַ שטייגער: פֿלעגן פֿלעגט זי האַלטן דעם קאָפּ אַראָפּ (פּ.); אַזוי, הייסט עס, האָט זי געפֿלעגט צו טענהן און אין זיך צו טראַכטן (אויז. וואַרש.).

אָנמערקונג 2 עס זײַנען פֿאַראַן שפּראַכן (רוסיש אַ שטייגער און אַנדערע), ווו אויף אויסצודריקן אַזאַ אָדער אַן אַנדער צײַט (און אַנדערע קאַטעגאָריעס) קומט מען אָפּט אָן ניט צו הילפֿווערבן און ניט צו הילפֿווערטער בכלל, נאָר צו פּרעפֿיקסן און סופֿיקסן אָדער צום קלאַנגענבײַט אינעם וואָרצל. אַ שטייגער:

Он записал, записывал, записан [1]

אָנמערקונג 3 בײַם אַנאַליזירן אַ זאַץ דאַרף מען צום ווערב פֿאַררעכענען אויך דעם הילפֿווערב. אַ שטייגער אינעם זאַץ „ער האָט געשריבן‘ איז דער ווערב ניט בלויז דער פּאַרטיציפּ „געשריבן‘, נאָר אויך דער פּערזאָניקער הילפֿווערב „האָט‘. און אַזוי איז אויך מיטן צוגאָב. סײַ ווען ער קומט בײַם אינפֿיניטיוו און פּאַרטיציפּ (אַלס וואָרטטייל פֿאַרן וואָרצל) און סײַ ווען ער קומט בײַם פּערזאָניקן ווערב (נאָכן [188] וואָרצל און באַזונדער), איז ער שטענדיק אַ טייל פֿונעם ווערב. אַ שטייגער אינעם זאַץ „ער הייבט אָן די אַרבעט‘ איז דער ווערב ניט בלויז „הייבן‘, נאָר אויך „אָן‘. וואָרן דאָ רעדט זיך ניט וועגן דעם, אַז „ער‘ (דער סוביעקט) „הייבט‘ „די אַרבעט‘ (דעם אָביעקט), נאָר אַז „ער הייבט אָן די אַרבעט‘. און דאָס איז, פֿאַרשטייט זיך, ניט איינס און דאָס זעלבע.

32 פֿאָרמעס פֿון צאָל, פּערזאָן און צײַט

247 פֿאָרמעס פֿון צאָל, פּערזאָן און צײַט האָט אַ ווערב אין ייִדיש מערסטנס אַזעלכע (זעט די טאַבעלע [אויף דער קומענדיקער זײַט]): [189]

1 on zapisal, zapisyval, zapisan [ער האָט אויפֿגעשריבן, האָט געשריבן, איז אײַנגעשריבן געוואָרן].

פֿאָרמעס פֿון צאָל, פּערזאָן און צײַט

צאָל	צײַט / פּערזאָן	קעגנוואַרט	פֿאַרגאַנגענהייט			צוקונפֿט	
			געוויינטלעכע	פֿילמאָליקע	פֿריִערדיקע	געוויינטלעכע	פֿריִערדיקע
איינצאָל	1. (איך)	נעם	האָב גענומען	פֿלעג נעמען	האָב געהאַט גענומען	וועל נעמען	וועל האָבן גענומען
	2. (דו)	נעמסט	האָסט גענומען	פֿלעגסט נעמען	האָסט געהאַט גענומען	וועסט נעמען	וועסט האָבן גענומען
	3. (ער, זי, עס, מע)	נעמט	האָט גענומען	פֿלעגט נעמען	האָט געהאַט גענומען	וועט נעמען	וועט האָבן גענומען
מערצאָל	1. (מיר)	נעמען	האָבן גענומען	פֿלעגן נעמען	האָבן געהאַט גענומען	וועלן נעמען	וועלן האָבן גענומען
	2. (איר)	נעמט	האָט גענומען	פֿלעגט נעמען	האָט געהאַט גענומען	וועט נעמען	וועט האָבן גענומען
	3. (זיי)	נעמען	האָבן גענומען	פֿלעגן נעמען	האָבן געהאַט גענומען	וועלן נעמען	וועלן האָבן גענומען

[188]

דאָ זעען מיר דרײַ פּערזאָן־פֿאָרמעס אין איינצאָל און אין מערצאָל און זעקס צײַט־פֿאָרמעס.

248 די ערשטע פּערזאָן ווײַזט אין איינצאָל אַ טוונג, וואָס עס טוט דער רײדער זעלבסט, און אין מערצאָל – אַ טוונג, וואָס דער רײדער טוט צוזאַמען מיט נאָך עמעצן. די צווייטע פּערזאָן אין איינצאָל אָדער אין מערצאָל ווײַזט אַ טוונג, וואָס עס טוט אָדער וואָס עס טוען דער אָדער די, צו וועמען מע ווענדט זיך. די דריטע פּערזאָן אין איינצאָל אָדער אין מערצאָל ווײַזט אַ טוונג, וואָס עס טוט אָדער וואָס עס טוען ניט דער רײדער זעלבסט און ניט דער, צו וועמען מע ווענדט זיך. דערבײַ זעען מיר, אַז אָפּהענגיק פֿון אַזאַ אָדער אַן אַנדער פּערזאָן און צאָל, האָט דער ווערב (אָדער דער הילפֿווערב) אַזאַ אָדער אַן אַנדער פֿלעקסיע: די צווייטע פּערזאָן איינצאָל – אַ פֿלעקסיע ,סט׳, די דריטע פּערזאָן איינצאָל – אַ פֿלעקסיע ,ט׳, די ערשטע און די דריטע פּערזאָן מערצאָל – אַ פֿלעקסיע ,(ע)ן׳, און די צווייטע פּערזאָן מערצאָל – אַ פֿלעקסיע ,ט׳. אָן אַ פֿלעקסיע איז בלויז די ערשטע פּערזאָן איינצאָל.

בײַ די צפֿון־אַמעריקאַנער אינדיאַנער איז אין דער שפּראַך פֿאַראַן נאָך אַ פֿערטע פּערזאָן – אַ דריטע פּערזאָן פֿון אַן אַנדער געזעלשאַפֿטלעכן קאָלעקטיוו.

אָנמערקונג 1 די צווייטע פּערזאָן, צו וועלכער מע ווענדט זיך מיט רייד, קאָן אַ מאָל מיינען ניט דווקא אַ צווייטע פּערזאָן, נאָר יעדן איינעם. אַ שטייגער: מיט שווינדל וועסטו קיין סך ניט אויפֿטאָן (= מיט שווינדל קאָן מען קיין סך ניט אויפֿטאָן). דערבײַ קאָן די צווייטע פּערזאָן אין אַזאַ פֿאַל מיינען אַפֿילו דעם רײדער זעלבסט. וואָרן ווען דער רײדער האָט מיט

זיך אַליין אַ וויכּוח, אַן אינטימען שמועס, רעדט ער אָפּט צו זיך ווי צו אַ צווייטער פּערזאָן. אַ שטייגער: און אינעווייניק ביַי זיך טראַכט איך מיר: „טבֿיה, דו לייַגסט! פֿאַרסטו אַוועק קיין ארץ־ישׂראל, איז עליו־השלום – אויס טבֿיה" (שאָל.).

וועגן אַזעלכע פֿאַלן זאָגט דער רוסישער לינגוויסט פּעשקאָווסקי אַזוי: „אַ מענטש וויל דערציילן עפּעס וועגן זיך, וועגן זייַן לעבן, עפּעס אינטימס, וואָס האָט אים טיף אָנגערירט, נאָר וואָס קאָן אין דער זעלבער צייַט זיך טרעפֿן מיט פֿיל אַנדערע. אין אַ געשפּרעך אונטער פֿיר אויגן [אין די אויגן] וואָלט ער געברויכט די ערשטע פּערזאָן, נאָר ריידן מיט אַ המון [מאַסע], מיט אַ לייענער וועגן זיך איז עפּעס ניט באַקוועם. איז אָט אין אַ פֿאָרמע פֿון אַ פֿאַראַלגעמיינערונג טראָגט ער אונטער דעם לייענער טיף אינטימע פֿאַקטן און מיט דער הילף פֿון דער צווייטער פּערזאָן ציט ער אַזוי ווי אַרייַן דעם לייענער אין זייַנע איבערלעבונגען, אַזוי אַז דעם לייענער דאַכט זיך, אַז אויך ער האָט צוזאַמען איבערגעלעבט דאָס זעלבע." [190]

אָנמערקונג 2 די דריטע פּערזאָן קאָן אַ מאָל מיינען ניט דווקא אַ דריטע פּערזאָן, נאָר אויך אַ צווייטע אָדער אַן ערשטע פּערזאָן. אַ שטייגער: „וואָס האָט, זאָג איך, אַזאַ בחור־רל, ווי דו, צו טאָן אין יעהופּעץ?" „אַזאַ בחורל, ווי איך, זאָגט ער, גיט אָפּ אַקזאַמענט" [עקזאַמען]. „אויף וואָס, זאָג איך, שטודירט אַזאַ בחורל, ווי דו?" „אַזאַ בחורל, ווי איך, זאָגט ער, ווייסט נאָך אַליין ניט, אויף וואָס ער שטודירט" (שאָל.).

אָנמערקונג 3 עס זייַנען פֿאַראַן ווערבן, וואָס קומען נאָר אין דריטער פּערזאָן איינצאָל, אָבער אויף קיין פּערזאָן ווייַזן זיי ניט אָן. אַ שטייגער: עס רעגנט, עס נעצט, עס דונערט, עס בליצט, עס טאָגט. ביַי אייניקע פֿון אַזעלכע ווערבן קאָן קומען אַ פּערזאָן, אָבער די פּערזאָן איז ניט קיין סוביעקט, נאָר אַן אָביעקט. אַ שטייגער: עס עקלט מיך, עס דאַכט זיך מיר, עס חלומט זיך מיר (דאָס זייַנען דער עיקר ווערבן, וואָס ווייַזן אויף אַ געוויסער נאַטור־דערשייַנונג אָדער אויף אַ געוויסן צושטאַנד פֿון אַ מענטש).

249 די צייַטפֿאָרמעס האָבן פֿאָלגנדיקע באַטייַטן און פֿאָלגנדיקע סטרוקטורן:

1. קעגנוואַרט – באַטייַט אַ טוונג, וואָס קומט געוויינטלעך פֿאָר אייַנצייַטיק מיט דער מיטטיילונג (מיטן דערציילן). קעגנוואַרט פֿון אַן אַקטיוון ווערב אָן אַ צוגאָב ווערט געוויינטלעך אויסגעפֿורעמט דורך אַ פּערזאָניקן ווערב – דורך אַ וואָרט, וואָס שטימט געוויינטלעך מיטן סוביעקט אין פּערזאָן און אין צאָל און האָט אַ געוויסע סיסטעם פֿלעקסיעס – די פֿלעקסיעס ,סט, ט, (ע)ן'.[1]

2. געוויינטלעכע פֿאַרגאַנגענהייט – באַטייַט אַ טוונג, וואָס איז פֿאָרגעקומען פֿאַר דער מיטטיילונג. געוויינטלעכע פֿאַרגאַנגענהייט פֿון אַן אַקטיוון ווערב ווערט געוויינטלעך אויסגעפֿורעמט דורך צוויי ווערטער – דורך אַ פּערזאָניקן הילפֿווערב ,האָב (האָסט, האָט, האָבן)' אָדער ,בין (ביסט, איז, זייַנען, זייַט)' און דורך אַ פּאַרטיציפּ, וואָס ווייַזט די טוונג.

3. פֿילמאָליקע פֿאַרגאַנגענהייט – באַטייַט אַ טוונג, וואָס איז פֿאָרגעקומען

[1] [1] וועגן די דאָזיקע פֿלעקסיעס ווערן אינעם קאַפּיטל „פּערזאָניקער ווערב" זייַן גענויערע דערקלערונגען.

מיט אַ ציַיט צוריק פֿאַר דער מיטטיילונג און פֿיל מאָל. פֿילמאָליקע פֿאַרגאַנגענהייט פֿון אַן אַקטיוון ווערב ווערט געוויינטלעך אויסגעפֿורעמט דורך צוויי ווערטער – דורך אַ פּערזאָניקן הילפֿווערב ,פֿלעג (פֿלעגסט, פֿלעגט, פֿלעגן)׳ און דורך אַן אינפֿיניטיוו, וואָס ווײַזט די טוּונג.

4. פֿריִערדיקע פֿאַרגאַנגענהייט – באַטײַט אַ טוּונג, וואָס איז פֿאָרגעקומען פֿריִער פֿון אַ צווייטער פֿאַרגאַנגענער טוּונג. פֿאַרגלײַכט אַ שטייגער:

ווען איך בין געקומען, האָט ער אײַנ־
געשפּאַנט דאָס פֿערד.

ווען איך בין געקומען, האָט ער געהאַט
אײַנגעשפּאַנט דאָס פֿערד.

סײַ רעכטס און סײַ לינקס רעדט זיך וועגן צוויי פֿאַרגאַנגענע טוּונגען. נאָר רעכטס זײַנען ביידע טוּונגען אין דער געוויינטלעכער פֿאַרגאַנגענהייט, און לינקס איז איינע אין דער געוויינטלעכער פֿאַרגאַנגענהייט און די צווייטע אין דער [191] פֿריִערדיקער פֿאַרגאַנגענהייט. דאָס הייסט, אַז לינקס איז דאָס אײַנשפּאַנען פֿאָרגעקומען פֿריִער פֿונעם קומען. פֿריִערדיקע פֿאַרגאַנגענהייט פֿון אַן אַקטיוון ווערב ווערט געוויינטלעך אויסגעפֿורעמט דורך דרײַ ווערטער: געוויינטלעך דורכן הילפֿווערב ,האָב׳ אין פֿאַרגאַנגענהייט (האָב געהאַט, האָסט געהאַט...) + אַ פּאַרטיציפּ, וואָס ווײַזט די טוּונג.[1]

5. צוקונפֿט – באַטײַט אַ טוּונג, וואָס וועט פֿאָרקומען נאָך דער מיטטיילונג. צוקונפֿט פֿון אַן אַקטיוון ווערב ווערט געוויינטלעך אויסגעפֿורעמט דורך צוויי ווערטער – דורך אַ פּערזאָניקן הילפֿווערב ,וועל (וועסט, וועט, וועלן)׳ און דורך אַן אינפֿיניטיוו, וואָס ווײַזט די טוּונג.

6. פֿריִערדיקע צוקונפֿט – באַטײַט אַ טוּונג, וואָס וועט פֿאָרקומען פֿריִער פֿון אַ צווייטער קומענדיקער טוּונג. פֿאַרגלײַכט אַ שטייגער:

ווען איך וועל קומען, וועט ער
אײַנשפּאַנען דאָס פֿערד.

ווען איך וועל קומען, וועט ער האָבן
אײַנגעשפּאַנט דאָס פֿערד.

סײַ רעכטס און סײַ לינקס רעדט זיך וועגן צוויי קומענדיקע טוּונגען. נאָר רעכטס זײַנען ביידע טוּונגען אין (דער געוויינטלעכער) צוקונפֿט, און לינקס איז איינע אין (דער געוויינטלעכער) צוקונפֿט און די צווייטע אין דער פֿריִערדיקער צוקונפֿט. דאָס הייסט, אַז לינקס וועט דאָס אײַנשפּאַנען פֿאָרקומען פֿריִער פֿונעם קומען. פֿריִערדיקע צוקונפֿט פֿון אַן אַקטיוון ווערב ווערט געוויינטלעך אויסגעפֿורעמט דורך דרײַ ווערטער: דורכן הילפֿ־

[1] [1] אַ שטייגער: די שטיפֿמאַמע, וועלכע האָט געהאַט געקוקט אויף דעם זעלבשטענדיקן שטיפֿזון מיט אַ געוויסער דאָזע פֿון רעספּעקט, האָט אַצינד מיט אַ מאָל פֿאַרלוירן דאָס גאַנצע ביסל דרך־ארץ פֿאַרן ,פּוסטעפּאַסניק׳ (שאָל.); אין שכנישן הויז האָט דאָס פֿאַרעקשנטע מיידל שוין געהאַט פֿאַרטשאַדעט דעם צעוואַרעמטן פֿרימאָרגן מיט די טענער פֿון איר געדרייטן עטיוד (בערג.); פּענעק האָט זיך וועגן דעם צו שפּעט דערמאָנט – ער האָט שוין געהאַט צוגעפֿירט נחמן דעם פֿאַרבער ביז צום ,הויז׳ (בערג.).

ווערב ,האָב׳ אין צוקונפֿט (וועל האָבן, וועסט האָבן...) + אַ פּאַרטיציפּ, וואָס ווײַזט די טווּנג.[1]

250 סכעמאַטיש קאָן מען די ערשט אָנגעוויזענע סטרוקטורן פֿון די צײַטפֿאָרמעס פֿון אַן אַקטיוון ווערב אַזוי פֿאָרשטעלן:

קעגנוואַרט	פֿאַרגאַנגענהייט			צוקונפֿט	
	געוויינטלעכע	פֿילמאָליקע	פֿריִערדיקע	געוויינטלעכע	פֿריִערדיקע
פּרזאָניקער ווערב (מיט אָדער אָן אַ צוגאָב)	האָב (בין)... + פּאַרטיציפּ	פֿלעג... + אינפֿיניטיוו	האָב... געהאַט + פּאַרטיציפּ	וועל... + אינפֿיניטיוו	וועל... האָבן + פּאַרטיציפּ

אָנמערקונג 1 אין דער געוויינטלעכער פֿאַרגאַנגענהייט קומט דער פּאַרטיציפּ בכלל מיטן פּערזאָניקן הילפֿווערב ,האָב, האָסט׳ אאַ״ו. מיטן [192] הילפֿווערב ,בין...׳ קומען געוויינטלעך די פּאַרטיציפּן פֿון פֿאָלגנדיקע ווערבן: בלײַבן, גיין, געלינגען, געראָטן, געשען, דערשײַנען, הענגען, וואַקסן, ווערן, זינקען, זיצן, זײַן, טרעטן, לויפֿן, ליגן, פֿאַלן, פֿאַרשווינדן, פֿאָרן, פֿליִען, פֿרירן, קומען, קריכן, רינען, שווימען, שטאַרבן, שטיין, שטײַגן, שלאָפֿן, שפּרינגען. אַזוי וועט עס אויך זײַן, ווען די דאָזיקע ווערבן וועלן זײַן מיט פּרעפֿיקסן אָדער צוגאָבן. ווען אָבער די דאָזיקע ווערבן וועלן בײַ זיך האָבן אַ דירעקטן אָביעקט, וועלן זיי שוין געוויינטלעך קומען ניט מיט ,בין׳, נאָר מיט ,האָבן׳. אַ שטייגער:

1. ער איז אָפּגעטראָטן פֿון מיר.
2. ער איז געהאַנגען אויף אַ האָר.
3. ער איז געקומען אָן מיר.

1. ער האָט מיר אָפּגעטראָטן דעם וועג (אַ פֿוס).
2. ער האָט געהאַנגען (געהענגט) דאָס בילד.
3. ער האָט מיר געקומט געלט.[2]

אין פֿיל ערטער און אויך אין דער ליטעראַטור ברענגט מען אַ ריי פֿון די דאָזיקע פּאַרטיציפּן אָפֿט ניט מיט ,בין׳, נאָר מיט ,האָב׳. אַ שטייגער: האָבן געזעסן (וויצנה.); האָבן, האָט געוואַקסן (ברעסל., ממס.); האָט געשלאָפֿן (ברעסל., עט., ממס., דינ.); האָט אָפּגעשפּרונגען (שאָל.); האָט אַרײַנגעטרעטן (שאָל.); האָט געהאַנגען (פּ., ניס.). און אַזוי איז עס נאָך בײַ אייניקע פּאַרטיציפּן און נאָך אַ ריי שרײַבער (אַן ענלעכע דערשײַנונג איז פֿאַראַן אויך אין אַ ריי דײַטשע דיאַלעקטן), אָבער עס מערקט זיך אַ טענדענץ צו ברענגען אויך די דאָזיקע פּאַרטיציפּן וואָס מער מיט ,בין׳.

[1] [2] אַ שטייגער: אַז איך וועל אײַך האָבן דערציילט די גאַנצע מעשׂה און אײַך וועט עפּעס זײַן קשה..., דעמאָלט וועט איר צו מיר האָבן טענות (שאָל.); אויב איך וועל מיך קאָנען אויסדרייען אַזוי פֿינף־זעקס מאָל דורכן טאָג, וועלן מיר האָבן פֿאַרדינט פֿונקט הונדערט רובל אַ חודש (שאָל.); אַז דער טאַטע וועט זיך אויפֿכאַפּן פֿון דרעמל, וועט יאַנקל מיט די פֿערד שוין זײַן צוריק פֿונעם וואַסער, שוין האָבן אײַנגעשפּאַנט דעם פֿאַעטאָן (בערג.).

[2] [1] אין אַ ריי געגנטן זאָגט מען אויך: ער איז מיר געקומען געלט.

אָנמערקונג 2 די פּאַרטיציפּן, וואָס קומען אין דער געוויינטלעכער פֿאַרגאַנגענ־הייט מיטן הילפֿווערב ‚בין, ביסט...‘, קומען אין דער פּריִערדיקער פֿאַרגאַנגענהייט מיט ‚בין געווען‘ אָדער מיט ‚בין געהאַט‘. אַ שטייגער: איך בין געווען (געהאַט) געבליבן, בין געווען (געהאַט) געלעגן, בין געווען (געהאַט) אַוועקגעפֿאָרן אאַ״וו.[1]

אָנמערקונג 3 די פּריִערדיקע פֿאַרגאַנגענהייט קאָן אַ מאָל באַטייַטן בכלל אַ לאַנגאָניקע טוּונג. אַ שטייגער: דער ווינטער האָט זיך שוין געהאַט געשטעלט; ער האָט מיר שוין איין מאָל געהאַט געזאָגט (עט.).

אָנמערקונג 4 די פּריִערדיקע צוקונפֿט אַנטהאַלט אַ מאָל אויך אַ באַהילפֿיקן פּאַרטיציפּ ‚געהאַט‘. אַ שטייגער: איך האָב מיר פֿאָרגעשטעלט, וואָס וועט זייַן למשל, אַז איך וועל אים שוין האָבן געהאַט איבערגעלייענט מייַן ווערק אין גאַנצן (שאָל.).

251 אָפֿט קאָן איין צייַטפֿאָרמע קומען אַנשטאָט אַ צווייטער, האָבן דעם באַטייַט פֿון אַ צווייטער. אַ שטייגער די פֿאָרמע קעגנוואַרט באַטייַט בכלל אַ טוּונג, וואָס קומט פֿאָר אייַנצייַטיק מיט דער מיטטיילונג, אָדער אָפֿט, אָדער שטענדיק. למשל: ער גייט אַהיים, ער גייט אויף דער אַרבעט צו פֿוס, אַ מענטש גייט אויף צוויי [193] פֿיס.[2] אין אַ ריי פֿאַלן אָבער קאָן די פֿאָרמע קעגנוואַרט באַטייַטן אויך אַ טוּונג, וואָס איז פֿאָרגעקומען פֿאַר דער מיטטיילונג, ווי אויך אַ טוּונג, וואָס וועט פֿאָרקומען נאָך דער מיטטיילונג. אַ שטייגער:

געווען איז דאָס... אין בויבעריק טאַקע.
פֿאָר איך מיר אַזוי מיט מייַן וועגעלע
איבער די דאַטשעס, שטעלט מיך
עמעצער אָפּ (שאָל.).

אין גיכן שיקט מען אים אַוועק (שאָל.);
עס איז בייַ אונדז געבליבן, אַז איך פֿאָר
זיך דורך קיין יעהופּעץ (שאָל.).

דאָ זייַנען רעכטס צוויי ווערבן געבראַכט אין קעגנוואַרט. כאָטש די טוּונגען, וואָס מע דערציילט וועגן זיי, זייַנען שוין פֿאָרגעקומען. אָבער כּדי צו מאַכן עס לעבעדיקער, בילדערישער, ברענגט דאָ טבֿיה דער מילכיקער (שלום־עליכמס) די געטאָנענע טוּונגען ניט אין פֿאַרגאַנגענהייט, נאָר אין קעגנוואַרט – אין דער פֿאָרמע, וואָס מיר זייַנען געוווינט אויפֿצונעמען איר אינהאַלט ווי אַ טוּונג, וואָס קומט איצט פֿאָר. ענלעך דערצו איז אויך לינקס: צווישן די דאָרטיקע דרייַ טוּונגען זייַנען פֿאַראַן צוויי, וואָס דאַרפֿן ערשט פֿאָרקומען. אָבער כּדי פֿאָרצושטעלן אַ צוקונפֿטיקע טוּונג אַלס אַ מער זיכערע, ברענגט מען זי אין דער קעגנוואַרט־פֿאָרמע.

און אַ מאָל טרעפֿט אויך פֿאַרקערט: מע ברענגט אַ טוּונג אין דער צוקונפֿט־פֿאָרמע, הגם פֿאַקטיש האָט מען אין זינען די קעגנוואַרט. אַ שטייגער טבֿיה דער מילכיקער זאָגט: ...נאָר בעטן וועל איך דיך, גאָלדע, זאָלסט זיך נישט שרעקן און נישט איבערקלערן חלילה גאָט ווייסט וואָס (שאָל.).

1 [2] מיט ‚בין (איז) געהאַט‘ טרעפֿט מען עס אי בייַ עלטערע שרייַבער אי בייַ מאָדערנע. אַ שטייגער בייַ פּערלען, אַקסענפֿעלדן, עטינגערן; בערגעלסאָנען, ניסתּרן און אַנדערע.

2 [1] אָפֿטקייט קאָנען אַ מאָל באַטייַטן אַנדערע צייַטפֿאָרמעס אויך. אַ שטייגער: ער וועט גיין אויף דער אַרבעט צו פֿוס.

252 די ערשט פֿונאַנדערגעקליבענע סטרוקטורן פֿון די צײַטפֿאָרמעס האָבן ניט שטענדיק געהאַט זייער איצטיקן באַטײַט. אַ שטייגער די סטרוקטור הילפֿווערב ,האָבן׳ + פּאַרטיציפּ האָט אַ מאָל באַטײַט ניט פֿאַרגאַנגענהייט, נאָר עפּעס אַנדערש. אין אַזאַ זאַץ ווי ,ער האָט די אַרבעט פֿאַרענדיקט׳ איז דאָס וואָרט ,האָט׳ אַ מאָל געווען ניט קיין הילפֿווערב, נאָר אַ זעלבשטענדיקער ווערב אין קעגנוואַרט; און דאָס וואָרט ,פֿאַרענדיקט׳ האָט באַטײַט דעם צושטאַנד פֿון ,דער אַרבעט׳. ,ער האָט די אַרבעט פֿאַרענדיקט׳ האָט באַטײַט לערך דאָס זעלבע, וואָס ,ער האָט די אַרבעט אַלס אַ פֿאַרענדיקטע׳. מיט דער צײַט האָט די פֿאָרמע ,האָבן׳ + פּאַרטיציפּ, וועלכע האָט באַטײַט אַ פֿאַרענדיקטע טוונג, וואָס איר רעזולטאַט איז נאָך פֿאַראַן אין קעגנוואַרט, גענומען באַטײַטן פֿאַרענדיקטקייט און פֿאַרגאַנגענהייט בכלל.

צו גלײַך מיט דער דאָזיקער פֿאַרגאַנגענהייט־פֿאָרמע – זי הייסט פּ ע ר פֿ ע ק ט – איז אָבער געווען, און אין דײַטש איז נאָך אויך איצט פֿאַראַן, אַן אַנדער פֿאַרגאַנגענהייט־פֿאָרמע – א י מ פּ ע ר פֿ ע ק ט – אַן ,אומפֿאַרענדיקטע׳ פֿאַרגאַנגענהייט, וואָס ווערט אויסגעפֿורעמט ניט דווקא מיט הילפֿווערטער, נאָר מיט אַ קלאַנגענבײַט אינעם וואָרצל פֿונעם ווערב. אַזעלכע אימפּערפֿעקט־פֿאָרמעס קאָן מען אָפֿט טרעפֿן אין פֿיל אַלטייִדישע ווערק. אַ שטייגער:

1. איך האב גקויפט איין פרידיג בשר פון חזן דא זאך איך היניין דא האב איך גיזעהן איין שייצליכי סירכא (רשל.).
2. האט מן גיזאגט וויא איין קריוואן [קאַראַוואַן] איז גיקומן אונ׳ קויפט פיל אייזן אויף... דא גינג איך צו דען קריוואן... („גל. א. י״).

דאָ זעען מיר צו גלײַך מיט די פּערפֿעקטן ,האב גקויפט, האב גיזעהן, האט גיזאגט, איז גיקומן׳ אויך די אימפּערפֿעקטן ,זאך׳ (פֿון ,זע(ה)׳) און ,גינג׳.

דעם אימפּערפֿעקט טרעפֿט מען באַזונדערש אָפֿט אין ביבל־איבערזעצונגען, ווו ער ווערט געווײנטלעך געבראַכט אַלס עקוויוואַלענט (אַנטשפּרעכער) פֿאַר די העברעיִשע ווערבפֿאָרמעס [194] אין צוקונפֿט (,עתיד׳) מיטן ,איבערקערנדיקן וואָוו׳ (,ו המהפך׳). אַ שטייגער: אונ׳ זיא נאמין דען ראק פון (יוסף).[1] אונ׳ זיא שעכטיטן איין ציגן בעקליין. אונ׳ טונקטן דען ראק איין אין דעם בלוט: אונ זיא שיקטן דען ראק פון פיל ארלייא פארבן. אונ׳ זיא בראכטן אין צו אירם פאטר. אונ׳ זיא זאגיטן דאש דאזיגי האבן מיר גיפונדן. דער קען דאך נון. אוב עש דיינש זונש ראק איז אודר ניט: אונ׳ ער דער קעניט זיא. אונ׳ ער שפראך. עש איז מיינש זונש ראק. איין ביז ווילד טיר האט אין אויף גיגעשין. גיוויש איז (יוסף) פארצוקט גיווארדן: אונ׳ (יעקב) צוריס זייני קליידן. אונ׳ ער טעט איינן זאק אן זייני לענדן אונ׳ ער טרויארט אויף זיינן זון פיל טעג: אונ׳ אל זייני זין אונ׳ אל זייני טעכטר שטונדן אויף. [אונ׳ גינגן צו אים] דאש זיא אין וואלטן טרישטן. אביר ער וואלט זיך [גאנץ און גאר. דארך אויש] ניט לאזן טרישטן. אונ׳ ער שפראך. נייארט איך ווערד נידירן טרויאריג. צו מיינם זון אין דיא גרוב (וויצנה.).[2]

מיט דער צײַט אָבער איז דער אימפּערפֿעקט אַרויסגעשטויסן געוואָרן פֿון דער לעבעדיקער שפּראַך און פֿון דער ליטעראַטור דורכן פּערפֿעקט – דורך אונדזער איצטיקער פֿאַרגאַנגענהייט־פֿאָרמע, וואָס האָט אַלץ מער און מער גענומען דובלירן דעם אימפּערפֿעקט און וואָס האָט אַלס אַן אַנאַליטישע פֿאָרמע (הילפֿווערב + פּאַרטיציפּ) משמעות געהאַט מער שאַנסן פֿאַר איר אַנטוויקלונג און אָנווענדונג איידער

1 [1] און זיי האָבן גענומען יוספֿס ראָק.

2 [2] פֿאַרגלײַכט אַ שטייגער מיטן העברעיִשן: ויקחו את כתנת יוסף וישחטו שעיר עזים ויטבלו את הכתנת בדם. וישלחו את כתנת הפסים ויביאו אל אביהם ויאמרו זאת מצאנו הכר נא הכתנת בנך היא אם לא. ויכירה ויאמר כתנת בני חיה רעה אכלתהו טרף טרף יוסף. ויקרע יעקב שמלותיו וישם שק במתניו ויתאבל על בנו ימים רבים. ויקמו כל בניו וכל בנותיו לנחמו וימאן להתנחם ויאמר כי ארד אל בני אבל שאלה.

דער סינטעטישער אימפּערפֿעקט. (דאָ זעען מיר אַגבֿ ווידער די באַשטעטיקונג פֿון דער באַהויפּטונג, אַז די שפּראַך מאַכט בכלל דורך אַ וועג פֿון סינטעז צו אַנאַליז. זעט ז׳ 202).

אָנמערקונג אין דער ליטעראַטור, באַזונדערש אין דער רעליגיעזער, האָט זיך דער אימפּערפֿעקט נאָך געהאַלטן אַ היפּשע צײַט, אָפֿט אַפֿילו ביזן סוף XIX יאָרהונדערט. אָבער סימנים פֿון זײַן אומקום האָבן זיך שוין אָנגעהויבן באַמערקן גאַנץ לאַנג, אַפֿילו אין דער קאַנאָניזירטער ליטעראַטור. אַ שטייגער וויצנהויזן, וואָס האָט צו דער לעבעדיקער, גערעדטער שפּראַך פֿון זײַן דור ייִדן זיך צו־געהערט, ווי עס שײַנט, אַ סך מער ווי פֿיל זײַנע צײַט־חבֿרים, מײַדט אין אַ ריי פֿאַלן שוין אויס דעם אימפּערפֿעקט, ניט געקוקט אויפֿן ליטעראַרישן קאַנאָן, אויף דער ליטעראַרישער נאָרמע פֿון יענער צײַט. דערבײַ טוט ער עס אַ סך דרייסטער איידער אַ שטייגער זײַן קאָלעגע בליץ. פֿאַרגלײַכט למשל:

בליץ	וויצנהויזן
1. איך שטונד אויף.	1. איך בין אויף גישטאנדן.
2. איך זוכטיט אים אביר איך פאנד אים ניט. איכ ריף אים אביר ער ענפריט מיר ניט.	2. איך האב אין גיזוכט אביר איך האב אין ניט גיפונדן. איך האָב אים גירופן אביר ער האט מיר ניט גיענטווארט.
3. דיא וועכטירש דיא אין דער שטאט אום גונגין זיא פאנדין מיך זיא שלוגין מיך זיא פאר וואונדטין מיך דיא וועכטירש אויף דיא מויארין נמין מיין צירונג פון מיר.	3. דיא וועכטר דיא אין דער שטאט הער אום גין דיא האבן מיך גיפונדן. זיא האבן מיך גישלאגן זיא האבן מיך פאר וואונט. דיא היטר פון דער מויער האבן מיינן שלייאר פון מיר גינומן.

אַגבֿ, דעם אימפּערפֿעקט, ווי נאָך אַ ריי אַנדערע דײַטשמערישע קאָנסטרוקציעס, שוין אין ייִדיש אָפּגעשטאָרבענע, האָבן געפּרוּווט אויפֿלעבן אונדזערע ערשטע רעוואָלוציאָנערע [195] דיכטער (ווינ־טשעווסקי, באָווּשאָווער, עדעלשטאַט), וואָס זײַנען בכלל שטאַרק באַווירקט געווען פֿון דער דײַטשער ליטעראַטור און שפּראַך. אַ שטייגער: אין דעם לאַנד דער פּיראַמידן וואַר אַ קיניג בייז און שלעכט, און עס וואַרן אַלע ייִדן זײַנע דינער, זײַנע קנעכט (עדעל.).

ענלעך דערצו איז אויך מיט צוקונפֿט. אויך צוקונפֿט האָט מען אַ מאָל אויסגעדריקט אַנדערש ווי איצט. אָפֿטלעך – דורך דער קעגנוואַרט־פֿאָרמע. אַ שטייגער:

1. ווער געב מיר ולויגיל אז איין טויב (על. ב.).
2. וואָס העלפט אונז. דז מיר אונזרן ברודיר דרשלאגין (בליץ).[1]

נאָך אָפֿטער פֿלעגט אָבער צוקונפֿט אויסגעדריקט ווערן דורך ,וויל, זאָל, מוז׳ + אינפֿיניטיוו. דאָס הייסט דורך אַ פֿאָרמע, וואָס האָט אויסגעדריקט ניט קיין אָביעקטיווע צוקונפֿט – ניט קיין צוקונפֿט, וואָס וועט פֿאַקטיש פֿאָרקומען, – נאָר אַ געוווּנטשענע אָדער נויטווענדיקע צוקונפֿט. אַ שטייגער:

1. ביז וויא לנג זול זיך דר היבן מיין ווינד אויף מיך (על. ב.).
2. פיל וואשיר [וואַסער] זעלטן דיא ליבשאפט ניט קענין אויש לעשין (וויצנה.).
3. נייג דיינן קרוג אונ׳ איך וויל טרינקן (וויצנה.).[2]

[1] [1] בײַ וויצנהויזענען זײַנען די דאָזיקע זאַצן אין אַזאַ רעדאַקציע: ווער וואָלט מיר געבן פליגל גלייך אז וויא איין טויב; וואש ווערדן מיר גיווינן דאש מיר אונזרן ברודר טוט [טויט] שלאָגן.

[2] [2] בײַ בליצן זײַנען די דאָזיקע זאַצן אין אַזאַ רעדאַקציע: וויא לאנג ווערדן מייני פיינדן איביר מיך ער הובין זיין; פיל וואשיר ווערין ניט קענין דיזי ליבשאפט אויש לעשין; נייגי דיינין קרוג אונ׳ לאז מיך טרינקן.

דערבײַ, זעען מיר, ווערן איינע און די זעלבע זאַצן בײַ פֿאַרשיידענע איבערזעצער אָפֿט געבראַכט מיט פֿאַרשיידענע ווערבפֿאָרמעס (און אַ מאָל מיט פֿאַרשיידענע ווערבן בכלל). אַ שטייגער:

1. איך וויל ליבן דיך (על. ב.).
2. אונ׳ מיר וואלן ווערן ביהאלפן (על. ב.).
3. זי מושן ווערן ביגריפן (על. ב.).

1. איך האב ליב דיך (שערטל).
2. אזא ווערדן מיר גיהאלפן ווערדן (וויצנה.).
3. זיא זעלן ביצוואונגן ווערדן (וויצנה.).

און אַזוי איז אָפֿטלעך אַפֿילו בײַ איינעם און דעם זעלבן אַוטאָר. אַ שטייגער דאָס העברעיִשע ,אמחה׳ [עמכע] ווערט אינעם „ספר של רבי אנשיל“ איבערגעזעצט „איך וויל אב מעקן“, און ,תמחה׳ [טימכע] ווערט שוין דאָרט איבערגעזעצט „דו זולט אב ווישין“. ,אפקד׳ [עפקויד] ווערט כּמעט אין אַלע העברעיִש־יִידישע גראַמאַטיקעס פֿון XVIII–XVI יאָרהונדערט פֿאַרטײַטשט ווי „איך וועל דענקן“ אָדער „איך וויל גידענקן“; און ,תפקד׳ ווערט מערסטנס פֿאַרטײַטשט „דו זולשט אדר דוא ווערשט דענקן (גידענקן)“ אָדער „זיא ווערט דענקן“. און אינעם „לוח הדקדוק“ פֿון 1598 (קראָקע) ווערט אַפֿילו פֿאָרמולירט: „אפקד איך וויל גידענקן איז איין עתיד“. („אפקד [עפֿקויד] – איך וויל געדענקען – איז צוקונפֿט“).

אָנמערקונג 1 אַז צוקונפֿט זאָל אויסגעדריקט ווערן דורך די אָדער יענע פֿאַרלאַנג־ און ווונטש־פֿאָרמעס (,וויל, זאָל׳ + אינפֿיניטיוו) איז ניט קיין ספּעציפֿיש יִדישע (גערמאַנישע) דערשײַנונג. דאָס איז אייגנטימלעך און איז געווען אייגנטימלעך נאָך אַנדערע שפּראַכן. זעט אַ שטייגער: זש. וואַנדריִעס, „שפּראַך“, 1937, ז׳ 147 (רוסיש).

אָנמערקונג 2 צו גלײַך מיט די ערשט אָנגעוויזענע צוקונפֿט־פֿאָרמעס טרעפֿט מען אָבער אין אַלטיִדישע טעקסטן שוין אויך אונדזער איצטיקע צוקונפֿט־פֿאָרמע. אַ שטייגער:

1. מיר ווע׳לין זוכן אין [אים] מיט דיר אונ׳ ווע׳לין דיר העלפן (שערטל).
2. ווידר קער. ווידר קער. דוא (שולמית)... אונ׳ מיר וועלין דיך אן זעהן (וויצנה.). [196]

דערבײַ אָפּערירן מיט דער דאָזיקער צוקונפֿט־פֿאָרמע אייניקע זעלטענער און אייניקע אָפֿטער. פֿאַרגלײַכט אַ שטייגער:

בליץ

1. לאזין מיר איבר נעכטיגין אין דיא דערפיר.
2. קומט לאסט אונז אין דען ישמעאלים פר קאפין.
3. וואו הין האט דיין פריינד דש אן גיזיכט גיוועגט אום דש מיר אינין מיט דיר זוכין.

וויצנהויזן

1. מיר וועלן אין דען דערפר אויבר נעכטיגן.
2. גיט אונ׳ מיר וועלן אין פארקויפן צו דען (ישמעאלים).
3. וואו האט זיך דיין פריינד הין גיקערט. אונ׳ מיר וועלן אין מיט דיר זוכן.

33 מאָדוסן (פֿאַקטישע און ניט קיין פֿאַקטישע טוונגען)

253 אַלע פֿריִער אָנגעוויזענע ווערבפֿאָרמעס – די צײַטפֿאָרמעס – ריידן וועגן אַ טוונג (האַנדלונג), וואָס ווערט פֿאַקטיש געטאָן, וואָס איז פֿאַקטיש געטאָן געוואָרן אָדער וואָס

וועט פֿאַקטיש געטאָן ווערן. עס טרעפֿן זיך אָבער אויך פֿאָרמעס, וואָס ריידן וועגן ניט קיין פֿאַקטישע טוונגען. אַ שטייגער:

פֿאַקטישע	ניט קיין פֿאַקטישע
1. בייַ מיר האָט ער געשריבן.	1. בייַ מיר וואָלט ער געשריבן.
2. בייַ מיר וועט ער שרייַבן.	2. בייַ מיר זאָל ער שרייַבן.

די פֿאָרמעס, וואָס אַ ווערב האָט צו ווייַזן אַ פֿאַקטישע אָדער ניט קיין פֿאַקטישע טוונג, הייסן מאָדוסן. די זעקס צייַטפֿאָרמעס פֿונעם ווערב (ז׳ 208) זייַנען איינצייַטיק דער־מיט אויך פֿאָרמעס פֿונעם פֿאַקטישן מאָדוס.

254 פֿאָרמעס פֿון ניט קיין פֿאַקטישע מאָדוסן זייַנען פֿאַראַן אַזעלכע:

צאָל	פּערזאָן	באַדינג־מאָדוס	באַדויער־מאָדוס	געמישטער מאָדוס	באַפֿעל־מאָדוס (אימפּעראַטיוו)		
איינצאָל	1	וואָלט גענומען (נעמען)	כּיי וואָלט (איך) גענומען (נעמען)	זאָל נעמען	לאָמיך נעמען	–	–
	2	וואָלטסט גענר־מען (נעמען)	כּיי וואָלטסט(ו) גענומען (נעמען)	זאָלסט נעמען	–	נעם	–
	3	וואָלט גענומען (נעמען)	כּיי וואָלט (ער) גענומען (נעמען)	זאָל נעמען	–	–	לאָז (ער) נעמען
מערצאָל	1	וואָלטן גענר־מען (נעמען)	כּיי וואָלטן (מיר) גענומען (נעמען)	זאָלן נעמען	לאָמיר נעמען	–	–
	2	וואָלט גענומען (נעמען)	כּיי וואָלט (איר) גענומען (נעמען)	זאָלט נעמען	–	נעמט	–
	3	וואָלטן גענר־מען (נעמען)	כּיי וואָלטן (זיי) גענומען (נעמען)	זאָלן נעמען	–	–	לאָזן (זיי) נעמען

1. באַדינג־מאָדוס[1] באַטייַט אַ טוונג, וואָס וואָלט פֿאָרגעקומען בייַ אַ געוויסן באַדינג. די סטרוקטור פֿונעם דאָזיקן מאָדוס איז: פּערזאָניקער הילפֿווערב ,וואָלט׳ + פּאַרטיציפּ אָדער אינפֿיניטיוו. [197]

בייַ אַ ריי עלטערע שרייַבער טרעפֿט מען אָפֿט דעם באַדינג־מאָדוס ניט מיטן הילפֿווערב ,וואָלט׳ נאָר מיטן הילפֿווערב ,העט׳. אַ שטייגער בייַ עטינגערן: מייַן דעה העט געווען, אַז איר זאָלט אייַך אַ ביסעלע מיט רעדלעכן צעשמועסן (עט.);[2] ווען עך [איר] העט נאָר געוואָלט, העט איר אים שוין לאַנג באַגראָבן (פּערל). און אַזוי איז עס נאָך אָפֿטער בייַ די אַלטיִדישע שרייַבער.

2. באַדויער־מאָדוס באַטייַט באַדויערונג און אַ ווונטש אויף צוריק. די סטרוקטור

[1] [1] אין אייניקע ביכער רופֿט מען אים ,השערה־מאָדוס׳.

[2] [1] בייַ עטינגערן איז אָבער דער באַדינג־מאָדוס אָפֿט אויך מיט ,וואָלט׳. אַ שטייגער אינעם זעלבן ווערק, פֿון וואַנען ס׳איז גענומען די פֿאָריקע ציטאַט, – אין „סערקעלע״ קאָן מען לייענען: אַז איך זאָל שוין געווען הייסן, וואָלט מיך סערקע תּיכּף געוועןגעפֿאָלגט?

פֿונעם דאָזיקן מאָדוס איז: הילפֿוואָרט ,כײַ׳ (אָדער נעכײַ, נעכײַ בי) + פּערזאָניקער הילפֿ־ווערב ,וואָלט׳ + פּאַרטיציפּ אָדער אינפֿיניטיוו. אַ שטייגער: נעכײַ וואָלט זי מיך כאָטש געכאַפּט אַליין, אָן עדות, וואָלט איך מיך געקאָנט אָפּבעטן בײַ איר (שאָל.).[1]

3. געמישטער מאָדוס באַטײַט אַ באַדינג, אַ פֿאַרלאַנג אָדער אַ באַפֿעל וועגן אַ טוּונג, ווי אויך אַ פֿאַרוווּנדערונג אָדער אַן אומזיכערקייט אין דער טוּונג פֿון דער מיט־טיילונג און אַנדערע. די סטרוקטור פֿונעם דאָזיקן מאָדוס איז: הילפֿווערב ,זאָל׳ + אינפֿיני־טיוו. אַ שטייגער: ווען דער פּיסק זאָל ליגן אין דער ערד, וואָלט דער קאָפּ געגאַנגען אין גאָלד (שאָל.); די מאַמע זאָל כאָטש אַזוי ניט שרײַען (שאָל.); זאָל איך שטאַרבן, אויב דו ווערסט זיך רירן פֿונעם אָרט (שאָל.); פֿאַר וואָס זאָל איך זי נישט קאָנען אויסמעקן? (שאָל.); אַזאַ בחורעץ זאָל אַזוי ווייניק לייענען; דער פֿאָרזיצער זאָל מאָרגן אָפּגעבן אַ באריכט (עס קאָן זײַן, אז דער פֿאָרזיצער וועט מאָרגן אָפּגעבן אַ באַריכט).

4. באַפֿעל־מאָדוס באַטײַט אַ פֿאַרלאַנג אָדער אַ באַפֿעל וועגן אַ טוּונג. ווען די טוּונג דאַרף טאָן אַן ערשטע פּערזאָן – דער ריידער זעלבסט אָדער אַ קאָלעקטיוו, וואָס דער ריידער שליסט זיך אײַן אין אים, – איז די סטרוקטור פֿונעם באַפֿעל־מאָדוס אַזאַ: ,לאָמיך׳ (איינצאָל) אָדער ,לאָמיר׳ (מערצאָל) + אינפֿיניטיוו;[2] ווען די טוּונג דאַרף טאָן אַ צווייטע פּער־זאָן, איז די סטרוקטור פֿונעם באַפֿעל־מאָדוס ענלעך צו דער ערשטער פּערזאָן איינצאָל אָדער צו דער צווייטער פּערזאָן מערצאָל פֿון קעגנוואַרט;[3] און ווען די טוּונג דאַרף טאָן אַ דריטע פּערזאָן, איז די סטרוקטור פֿונעם באַפֿעל־מאָדוס – פּערזאָניקער הילפֿווערב ,לאָז, לאָזן׳ + אינפֿיניטיוו.

,לאָז׳ איז פֿאַראַן אויך אַ זעלבשטענדיקער ווערב. אַ שטייגער: איך לאָז שרײַבן, איך האָב אים געלאָזט אין גאַס, איך וועל לאָזן די שטעלע... דאָ ווײַזט ,לאָז׳ אַ פֿאַקטישע טוּונג.

אָנמערקונג 1 פֿון ,וויסן׳ איז דער באַפֿעל־מאָדוס ,ווייס, ווייסט׳ און ניט ,וויסט׳ (ווי מע זאָגט אין אייניקע ערטער). פֿון ,גרינד, בילד׳ און ,מעלד׳ איז ,גרינדעט, בילדעט, מעל־דעט׳ – מיט אַן ,ע׳ צווישן ,ד, ט׳. פֿון ,ווענד׳ (זיך) קומט אי ,ווענדט׳ אי ,ווענדעט׳ (זיך). [198]

אָנמערקונג 2 בײַם באַפֿעל־מאָדוס צווייטע פּערזאָן (ווי אויך בײַם אינפֿיניטיוו און פּאַרטיציפּ) פֿון אַ ווערב מיט אַ צוגאָב קאָן דער צוגאָב אָפּט מאָל זײַן אָן דעם וואָרצלדיקן טייל וואָרט און קאָן דאַן אין מערצאָל קומען מיט דער פֿלעקסיע ,־ט׳. אַ שטייגער: אַוועקט, אַוועקט, פֿאַלשע געדאַנקען! (שאָל.) און אַ מאָל קומט די דאָזיקע פֿלעקסיע אַפֿילו בײַ ניט קיין ווערב און שאַפֿט אויף אַזאַ אופֿן אַ פֿיקטיוון (כּלומרשטן) באַפֿעל־מאָדוס. אַ שטייגער: אַהער צו גייט – גיכערט! (שאָל.)

1 [2] די סטרוקטור פֿונעם באַדויער־מאָדוס איז אויך ,כאַלט׳ (אָדער ,האַלט׳) + פּאַרטיציפּ אָדער אינפֿיני־טיוו. אַ שטייגער: כאַלט איך גענומען (נעמען), כאַלט איך געגעבן (געבן).

2 [3] ,לאָמיך׳ אָדער ,לאָמיר׳ קומט אַ מאָל אויך אָנעם אינפֿיניטיוו. אַ שטייגער: מאַמע! לאָמיך אַהיים, מאַמע! (פּ.)

3 [4] ניט ענלעך זײַנען בלויז די ווערטער ,בין – זײַ׳ (איך בין דאָ – זײַ דאָ).

אָנמערקונג 3 באַפֿעל־מאָדוס צווייטע פּערזאָן קאָן אַ מאָל זײַן געווענדט צו יעדן איינעם – אַפֿילו צום ריידער זעלבסט. אַ שטייגער: די וועלט אַרום און אַרום איז מחיה, גרויס, אָפֿן, כאַטש הייב זיך אויף און פֿלי, כאַטש צי זיך אויס און שווים (שאָל.).

אָנמערקונג 4 אַ פֿאַרלאַנג אָדער אַ באַפֿעל וועגן אַ טוּונג קאָן מען אויסדריקן אויך דורך אַן אינפֿיניטיוו. אַ שטייגער: ליקווידירן דעם דורכרײַס! העכערן די פּראָדוקטיווקייט אאַ״וו. ווי מע קאָן אַ פֿאַרלאַנג אָדער אַ באַפֿעל וועגן אַ טוּונג אויסדריקן מיט נאָך אַנדערע מיטלען, אין גאַנצן אָן אַ ווערב. אַ שטייגער: פֿעסטער די נײַע וועלט פֿון באַפֿרײַטער אַרבעט! שטאַרקער, העכער די פֿאָן פֿון קאָמאינטערן!

255 אָפֿט קאָן איין מאָדוס קומען אַנשטאָט אַ צווייטן, האָבן דעם באַטײַט פֿון אַ צווייטן. אַ שטייגער: די פֿאָרמע ‚וואָלט‘ + פּאַרטיציפּ אָדער אינפֿיניטיוו קאָן אַ מאָל צוליב העפֿלעכקייט (אָפּשײַ) אָנגעווענדט ווערן אויף אויסצודריקן אַ טוּונג, וואָס מע מיינט זי ניט אַלס אַ באַדינגלעכע, נאָר אַלס אַ באַפֿעלרישע אָדער אַלס אַ פֿאַקטישע. אַ שטייגער: אַנשטאָט ‚הערט מיך אויס ביזן סוף‘ אָדער ‚איך בעט אײַך אויסהערן מיך ביזן סוף‘ – קאָן מען צוליב העפֿלעכקייט זאָגן: ‚איך וואָלט אײַך געוואָלט בעטן אויסהערן מיך ביזן סוף‘. און פֿאַרקערט: כּדי פֿאָרצושטעלן אַ באַדינגלעכע טוּונג אַלס אַ מער לעבעדיקע, קאָן אַנשטאָט באַדינג־מאָדוס קומען פֿאַקטישער מאָדוס. אַ שטייגער: ווען איך בין זיכער, אַז די דײַטשישע אַרמיי וועט זײַן נייטראַל, וועק איך אויף די קריגס־געפֿאַנגענע און גיי מיט דיר אַרויס אין גאַס (דאַנ.). אַנשטאָט דעם באַפֿעל־מאָדוס אַ שטייגער ווערן גאַנץ אָפֿט אָנגעווענדט אַלע אַנדערע מאָדוסן, ווײַל דאָס גיט די מעגלעכקייט אויסצודריקן פֿאַרשיידענע ניואַנסן פֿון אַ העפֿלעכן אָדער הכנעהדיקן פֿאַרלאַנג אָדער באַפֿעל.[1]

בײַ די צפֿון־אַמעריקאַנער אינדיאַנער, בײַ די דאַקאָטן, אָפּערירן מיטן באַפֿעל־מאָדוס בלויז די מענער; די פֿרויען און קינדער ווענדן אָן נאָר אַ ‚ביטע־מאָדוס‘.

256 אייניקע פֿון די פֿאָריקע פֿאָרמעס קאָנען נאָך קומען אויך מיט אַ באַהילפֿיקן פּאַר־טיציפּ ‚געהאַט‘ אָדער ‚געווען‘ אָדער מיט אַ באַהילפֿיקן אינפֿיניטיוו ‚האָבן‘. אַ שטייגער:

1. פֿון דעם וואָלט ער געווען באַדאַרפֿט אָנהייבן (בערג.);
2. איר זאָלט געווען זען זײַן רציחהדיק פּנים (שאָל.);
3. דאָס איז בכלל געווען דאָס ערשטע מאָל אין פּענעקס לעבן, ווען אים זאָל האָבן עמעצער מוטערלעך געקושט (בערג.).

אַזעלכע ווערבפֿאָרמעס באַטײַטן: אינעם ערשטן פֿאַל – אַ פֿריִערדיקע באַדינגלעכע טוּונג; אינעם צווייטן פֿאַל – מערסטנס אויך אַ פֿריִערדיקע באַדינגלעכע [199] טוּונג; און אינעם דריטן פֿאַל – אָדער אַ פֿריִערדיקע געווּנטשענע טוּונג אָדער אַ פֿריִערדיקע אומזיכערע טוּונג.

1 [1] אַ שטייגער: נאָר ניט געהיצט זיך, טעוועל! (שאָל.)

אָנמערקונג אין אייניקע ערטער (ווײַסרוסלאַנד) פּלאָנטערט מען די הילפֿווערבן ,זאָל׳ און ,וואָלט׳ מיט די הילפֿווערבן ,האָב, בין, פּלעג׳ און ,וועל׳. דאָס דאַרף מען אומבאַ־דינגט אויסמײַדן, ווײַל די דאָזיקע הילפֿווערבן, ווי מיר האָבן ערשט געזען, טראָגן מיט זיך גאָר פֿאַרשיידענע באַטײַטן.

די קאַטעגאָריעס צאָל און פּערזאָן ווערן בײַם ווערב אויסגעדריקט דורך די פֿלעקסיעס פֿונעם פּערזאָניקן ווערב; די קאַטעגאָריעס צײַט און מאָדוס ווערן אויסגעדריקט אָדער דורך אַזאַ אָדער אַן אַנדער הילפֿווערב מיט דער אינפֿיניטיווישער אָדער פּאַרטיציפּישער פֿאָרמע פֿונעם גרונט־ווערב אָדער דורך דער אָנוועזנהייט פֿון אַ פּראָנאָם אַ סוביעקט. פֿאַרגלײַכט אַ שטייגער די ערשט אָנגערופֿענע פֿיר קאַטעגאָריעס אין די ווײַטערדיקע פֿאַלן: 1. איך האָב געשריבן – דו האָסט געשריבן – ער האָט געשריבן – מיר האָבן געשריבן...; 2. איך האָב געשריבן – איך פֿלעג שרײַבן – איך וועל שרײַבן...; 3. איך האָב געשריבן – איך וואָלט געשריבן (וואָלט שרײַבן) – איך זאָל שרײַבן...; 4. איך שרײַב – שרײַב! – איר שרײַבט – שרײַבט!

34 גענוסן (אַקטיווע, פּאַסיווע און רעפֿלעקסיווע ווערבן)

257 אַ ווערב האָט אויך פֿאָרמעס פֿון גענוסן – פֿאָרמעס, וואָס ווײַזן אַן אַקטיווע, אַ פּאַסיווע אָדער אַ רעפֿלעקסיווע (ווידערקעריקע) טווונג. אַ שטייגער:

אַקטיווע	פּאַסיווע	רעפֿלעקסיווע
איך וואַש	איך ווער געוואַשן	איך וואַש זיך
איך וואַרף	איך ווער געוואָרפֿן	איך וואַרף זיך
איך פֿאַרשרײַב	איך ווער פֿאַרשריבן	איך פֿאַרשרײַב זיך

258 אַן אַקטיווער ווערב ווײַזט געוויינטלעך אַ טווונג, וואָס עס טוט (אָדער קאָן טאָן) דער סוביעקט איבער עמעצן אָדער איבער עפּעס. אַן אַקטיווער ווערב אין קעגנוואַרט באַ־שטייט מערסטנס פֿונעם ווערב אַליין (מיט אָדער אָן אַ פּרעפֿיקס, מיט אָדער אָן אַ צוגאָב) אָן הילפֿווערטער. אַ שטייגער: ער נעמט, ער פֿאַרנעמט, ער נעמט אָן.

259 אַ פּאַסיווער ווערב ווײַזט געוויינטלעך אַ טווונג, וואָס עמעצער טוט איבערן סוביעקט. אַ פּאַסיווער ווערב אין קעגנוואַרט באַשטייט געוויינטלעך פֿון אַ פּערזאָניקן הילפֿ־ווערב ,ווער, ווערסט...׳ אָדער ,בין, ביסט...׳ + דעם זעלבשטענדיקן ווערב אין אַ פּאַרטי־ציפּ־פֿאָרמע. אַ שטייגער: ער ווערט (איז) גענומען, ער ווערט (איז) פֿאַרנומען, ער ווערט (איז) אָנגענומען.

אָנמערקונג 1 אַ פּאַסיווער ווערב קאָן זיך בייגן פּונקט ווי אַן אַקטיווער: ער קאָן האָבן פֿאָרמעס פֿון צאָל, פּערזאָן, צײַט און מאָדוס. דערבײַ ווערט דער פּאַרטיציפּ, וואָס דריקט אויס די טווונג, אין קיין פֿאַל ניט געענדערט. אַ שטייגער: איך ווער פֿאַרנומען, איך בין פֿאַרנומען געוואָרן, איך וועל פֿאַרנומען ווערן, איך וואָלט פֿאַרנומען געוואָרן – איך זאָל פֿאַרנומען ווערן אאַ״וו.

אָנמערקונג 2 אַ פּאַסיווער ווערב קומט מיטן הילפֿווערב ,ווערן׳, ווען מע וויל ווײַזן אַן אָנהייב פֿון אַ פּאַסיווער טווונג (אָדער צושטאַנד), און מיטן הילפֿ־[200]ווערב ,זײַן (בין)׳,

ווען מע וויל ווײַזן בכלל אַ פּאַסיווע טווּנג (אָדער צושטאַנד). פֿאַרגלײַכט אַ שטייגער: ער ווערט אַרײַנגעצויגן – ער איז אַרײַנגעצויגן; ער ווערט אָרגאַניזירט – ער איז אָרגאַניזירט.

260 אַ רעפֿלעקסיווער ווערב ווײַזט מערסטנס אַ טווּנג, וואָס דער סוביעקט טוט איבער זיך אַליין. אַ רעפֿלעקסיווער ווערב האָט אין אַלע מאָדוסן און צײַטן די זעלבע סטרוקטור, וואָס אַן אַקטיווער ווערב, נאָר דערצו נאָך אַ פּאַרטיקל ,זיך׳. אַ שטייגער: ער נעמט – ער נעמט זיך; ער פֿאַרנעמט – ער פֿאַרנעמט זיך; ער האָט גענומען – ער האָט זיך גענומען; ער וואָלט פֿאַרנומען – ער וואָלט זיך פֿאַרנומען.[1]

אָנמערקונג 1 אַ רעפֿלעקסיווער ווערב (אָדער ריכטיקער: אַ ווערב מיטן פּאַרטיקל ,זיך׳) ווײַזט ניט דווקא רעפֿלעקסיוויקייט – ניט דווקא אַ טווּנג, וואָס דער סוביעקט טוט איבער (מיט) זיך אַליין. אָפֿט קאָן אַזאַ ווערב ווײַזן אויך קעגנזײַטיקייט, געמיינזאַמקייט – אַ טווּנג, וואָס דער סוביעקט טוט צוזאַמען מיט אַ צווייטן אָדער צוזאַמען מיט אַנדערע (ער באַגעגנט זיך, ער קושט זיך); אָדער שטייענדיקייט, אינטראַנזיטיוויקייט – אַ טווּנג, וואָס איז ניט געווענדט צו קיינעם (ער עקשנט זיך, ער סטאַרעט זיך); אָדער סוביעקטלאָזיקייט – אַ טווּנג, וואָס קומט פֿאָר אַזוי ווי פֿון זיך זעלבסט, אָנעם ווילן. פֿאַרגלײַכט אַ שטייגער: ער חלומט – אים חלומט זיך; ער וויל אַהיים – אים ווילט זיך אַהיים.

אָנמערקונג 2 מיטן פּאַרטיקל ,זיך׳ קומט אָפֿט אויך אַן אַקטיווער ווערב. אין אַזאַ פֿאַל הייבט דער ווערב אָן צו באַטײַטן אַ געוויסע גיכקייט פֿון דער טווּנג. פֿאַרגלײַכט אַ שטייגער: ער בײַסט דעם עפּל – ער בײַסט זיך דעם עפּל; דאָס פֿאָרפֿאָלק לעבט גאַנץ צופֿרידן – דאָס פֿאָרפֿאָלק... לעבט זיך גאַנץ צופֿרידן (שאָל.).

אָנמערקונג 3 אין אַ זאַץ איז אָפֿט פֿאַראַן אַ וואָרט ,זיך׳, וואָס איז ניט קיין טייל פֿון אַ רעפֿלעקסיוון ווערב, ניט קיין פּאַרטיקל (הילפֿוואָרט), נאָר אַ זעלבשטענדיק וואָרט, וואָס ווײַזט געוויינטלעך אויף אַן אָביעקט. פֿאַרגלײַכט אַ שטייגער:

1. ער האָט זיך גענומען צו דער אַרבעט.
2. ער האָט זיך געקויפֿט לענינס ווערק.
3. ער האָט מיט זיך קיינעם ניט גענומען.

אַ פּאַרטיקל איז דאָ בלויז דער ערשטער ,זיך׳, די איבעריקע צוויי – ניט. די דאָזיקע צוויי זײַנען זעלבשטענדיקע ווערטער – אָביעקטן. דעם אונטערשייד פֿון די דרײַ ,זיך׳ זעט מען בולטער ווען מע זעצט די דאָזיקע זאַצן איבער אין אַ צווייטער שפּראַך, אין רוסיש אַ שטייגער (אמת, אַ מאָל קאָן מען צווייפֿלען, צי איז דער אָדער יענער ,זיך׳ אַ הילפֿוואָרט (אַ פּאַרטיקל) צי אַ זעלבשטענדיק וואָרט. אָבער פֿאַר דער פּראַקטישער אַרבעט איז עס ניט שטאַרק וויכטיק, וואָרן אין אַלע פֿאַלן שרײַבט מען דעם ,זיך׳ אַלץ איינס און אַלע מאָל באַזונדער).[201]

[1] [1] אַן אויסנאַם איז בלויז דער ווערב ,וויל׳ אין דריטער פּערזאָן איינצאָל קעגנוואַרט. אַלס אַן אַקטיווער קומט ער אָן אַ פֿלעקסיע, און אַלס אַ רעפֿלעקסיווער – מיט אַ פֿלעקסיע. אַ שטייגער: ער (עס) וויל אַהיים – אים (עס) ווילט זיך אַהיים.

אָנמערקונג 4 אין אַ ריי ערטער און אויך אין אַ ריי ליטעראַרישע ווערק קומט דער רעפֿלעקסיווער ‚זיך׳ נאָר בײַ דער דריטער פּערזאָן; בײַ דער ערשטער און צווייטער פּערזאָן איינצאָל קומט דאָרט אָפּט מאָל ניט ‚זיך׳, נאָר ‚מיך׳ אָדער ‚דיך׳. אַ שטייגער: איך באַוואַש מיך מיט טרערן (ממס.); איך וועל מיך צוזעצן אויף אַ ווײַלע (שאָל.); כאַפּ איך מיך אויף בײַ נאַכט (פּ.). אָבער דאָס ווערט אַלץ מער און מער אַ זעלטענערע דערשײַנונג. דער ‚זיך׳ שטויסט בײַם רעפֿלעקסיוון ווערב אַרויס דעם ‚מיך׳ און דעם ‚דיך׳.

261 די מערהייט ווערבן קאָנען געוויינטלעך קומען אי אַלס אַקטיווע, אי אַלס פּאַסיווע, אי אַלס רעפֿלעקסיווע. עס זײַנען אָבער פֿאַראַן אויך אַזעלכע ווערבן, וואָס קומען:

1. אָדער נאָר אַלס אַקטיווע. אַ שטייגער: ער לײַדט, ער צווייפֿלט...
2. אָדער נאָר אַלס רעפֿלעקסיווע. אַ שטייגער: ער עקשנט זיך, ער סטאַרעט זיך, ער ערגערט זיך, ער לאַנגווײַלט זיך, ער חנדלט זיך...
3. אָדער נאָר אַלס אַקטיווע און רעפֿלעקסיווע. אַ שטייגער: ער אינטערעסירט – ער אינטערעסירט זיך...

ווען אָבער אייניקע פֿון אַזעלכע ווערבן באַקומען פּרעפּיקסן אָדער צוגאָבן, קאָנען זיי שוין אָפּט אָנגעווענדט ווערן אי אַלס אַקטיווע, אי אַלס רעפֿלעקסיווע, אי אַלס פּאַסיווע. אַ שטייגער: ער פֿאַראינטערעסירט – ער פֿאַראינטערעסירט זיך – ער ווערט פֿאַראינטערעסירט.

262 אַקטיווע ווערבן זײַנען פֿאַראַן צווייערליי: איבערגייענדיקע (טראַנזיטיווע) און שטייענדיקע (אינטראַנזיטיווע). איבערגייענדיקע ווערבן זײַנען אַזעלכע, וואָס האָבן בײַ זיך אַ דירעקטן אָביעקט און קאָנען קומען אויך אין פּאַסיוון גענוס. אַ שטייגער: איך שטעל אַ פּוס – אַ פּוס ווערט געשטעלט; איך פֿאַרב די געבײַדע – די געבײַדע ווערט געפֿאַרבט. שטייענדיקע ווערבן זײַנען אַזעלכע, וואָס קאָנען ניט האָבן קיין דירעקטן אָביעקט (זיי קאָנען האָבן נאָר אַן אומדירעקטן אָביעקט) און קאָנען ניט קומען אַלס פּאַסיווע. אַ שטייגער: איך שטיי מיט דעם ברודער, איך קוק אויף דער געבײַדע.[1]

אַן איבערגייענדיקער ווערב קאָן קומען אויך אָן אַ דירעקטן אָביעקט. אין אַזאַ פֿאַל איז ער אַ פּאָטענציעל איבערגייענדיקער – ער איז ניט קיין איבערגייענדיקער, אָבער ער האָט די מעגלעכקייט צו ווערן אַן איבערגייענדיקער (ווי נאָר מע וועט צו אים צוגעבן אַ דירעקטן אָביעקט).

ווען אַ שטייענדיקער ווערב באַקומט אַ פּרעפּיקס אָדער אַ צוגאָב, ווערט ער אָפּט אַן איבערגייענדיקער און קאָן שוין דאַן קומען אויך אַלס אַ פּאַסיווער. אַ שטייגער: איך קוק – איך באַקוק, קוק אָן די געבײַדע – די געבײַדע ווערט באַקוקט, אָנגעקוקט (דורך מיר). און אייניקע ווערבן קאָנען זײַן אי שטייענדיקע אי איבערגייענדיקע, ניט באַקומענדיק קיין פּרעפּיקס אָדער צוגאָב, נאָר אַלס שטייענדיקע באַטײַטן זיי אָפּט מאָל ניט דאָס זעלבע, וואָס אַלס איבערגייענדיקע. פֿאַרגלײַכט אַ שטייגער: דאָס וואַסער זידט – ער זידט דאָס וואַסער; ער קומט מיר געלט – ער קומט באַלד. [202–203]

[1] [1] אָבער אַ ‚פֿאַרשטאַרקנדיקן אָביעקט׳ קאָן אַ מאָל האָבן אויך אַ שטייענדיקער ווערב (זעט ז׳ 196).

פֿאַקטישער מאָדוס

גענוס	צאָל	צײַט / פּערזאָן	קעגנוואַרט	פֿאַרגאַנגענהייט: געוויינטלעכע	פֿאַרגאַנגענהייט: פּלמאָליקע	פֿאַרגאַנגענהייט: פֿריִערדיקע	צוקונפֿט: געוויינטלעכע	צוקונפֿט: פֿריִערדיקע
אַקטיוו	אייִנצאָל	1. (איך)	נעם	האָב גענומען	פֿלעג נעמען	האָב געהאַט גענומען	וועל נעמען	וועל האָבן גענומען
		2. (דו)	נעמסט	האָסט גענומען	פֿלעגסט נעמען	האָסט געהאַט גענומען	וועסט נעמען	וועסט האָבן גענומען
		3. (ער, זי, עס, מע)	נעמט	האָט גענומען	פֿלעגט נעמען	האָט געהאַט גענומען	וועט נעמען	וועט האָבן גענומען
	מערצאָל	1. (מיר)	נעמען	האָבן גענומען	פֿלעגן נעמען	האָבן געהאַט גענומען	וועלן נעמען	וועלן האָבן גענומען
		2. (איר)	נעמט	האָט גענומען	פֿלעגט נעמען	האָט געהאַט גענומען	וועט נעמען	וועט האָבן גענומען
		3. (זיי)	נעמען	האָבן גענומען	פֿלעגן נעמען	האָבן געהאַט גענומען	וועלן נעמען	וועלן האָבן גענומען
פּאַסיוו	אייִנצאָל	1. (איך)	ווער גענומען	בין גענומען געוואָרן	פֿלעג גענומען ווערן	בין געווען גענומען געוואָרן[1]	וועל גענומען ווערן	ווערט ניט געברויכט
		2. (דו)	ווערסט גענומען	ביסט גענומען געוואָרן	פֿלעגסט גענומען ווערן	ביסט געווען גענומען געוואָרן	וועסט גענומען ווערן	
		3. (ער, זי, עס, מע)	ווערט גענומען	איז גענומען געוואָרן	פֿלעגט גענומען ווערן	איז געווען גענומען געוואָרן	וועט גענומען ווערן	
	מערצאָל	1. (מיר)	ווערן גענומען	זײַנען גענומען געוואָרן	פֿלעגן גענומען ווערן	זײַנען געווען גענומען געוואָרן	וועלן גענומען ווערן	
		2. (איר)	ווערט גענומען	זײַט גענומען געוואָרן	פֿלעגט גענומען ווערן	זײַט געווען גענומען געוואָרן	וועט גענומען ווערן	
		3. (זיי)	ווערן גענומען	זײַנען גענומען געוואָרן	פֿלעגן גענומען ווערן	זײַנען געווען גענומען געוואָרן	וועלן גענומען ווערן	

1 [1] אָדער: בין געהאַט גענומען געוואָרן.

ניט קיין פֿאַקטישע מאָדוסן

באַדינג־מאָדוס	באַדויער־מאָדוס	געמישטער מאָדוס	באַפֿעל־מאָדוס (אימפּעראַטיוו)			גענוס
			ערשטע פּערזאָן	צווייטע פּערזאָן	דריטע פּערזאָן	
וואָלט גענומען[2]	כײַ וואָלט (איך) גענומען[3]	זאָל נעמען	לאָמיך נעמען	–	–	אַקטיוו
וואָלטסט גענומען	כײַ וואָלטסט(ו) גענומען	זאָלסט נעמען	–	נעם	–	
וואָלט גענומען	כײַ וואָלט (ער) גענומען	זאָל נעמען	–	–	לאָז (ער) נעמען	
וואָלטן גענומען	כײַ וואָלטן (מיר) גענומען	זאָלן נעמען	לאָמיר נעמען	–	–	
וואָלט גענומען	כײַ וואָלט (איר) גענומען	זאָלט נעמען	–	נעמט	–	
וואָלטן גענומען	כײַ וואָלטן (זיי) גענומען	זאָלן נעמען	–	–	לאָזן (זיי) נעמען	
וואָלט גענומען געוואָרן[4]	כײַ וואָלט (איך) גענומען געוואָרן[5]	זאָל גענומען ווערן	לאָמיך גענומען ווערן	–	–	פּאַסיוו
וואָלטסט גענומען געוואָרן	כײַ וואָלטסט(ו) גענומען געוואָרן	זאָלסט גענומען ווערן	–	ווער גענומען[6]	–	
וואָלט גענומען געוואָרן	כײַ וואָלט (ער) גענומען געוואָרן	זאָל גענומען ווערן	–	–	לאָז (ער) גענומען ווערן	
וואָלטן גענומען געוואָרן	כײַ וואָלטן (מיר) גענומען געוואָרן	זאָלן גענומען ווערן	לאָמיר גענומען ווערן	–	–	
וואָלט גענומען געוואָרן	כײַ וואָלט (איר) גענומען געוואָרן	זאָלט גענומען ווערן	–	ווערט גענומען[6]	–	
וואָלטן גענומען געוואָרן	כײַ וואָלטן (זיי) גענומען געוואָרן	זאָלן גענומען ווערן	–	–	לאָזן (זיי) גענומען ווערן	

2 [2] אָדער: וואָלט נעמען.
3 [3] אָדער: כײַ וואָלט (איך) נעמען; כאַלט (איך) נעמען.
4 [4] אָדער: וואָלט גענומען ווערן.
5 [5] אָדער: כײַ וואָלט (איך) גענומען ווערן; כאַלט (איך) גענומען ווערן.
6 [6] ווערט געברויכט זעלטן.

אָנמערקונג אַ ייִדישן ווערב אין איין גענוס קאָן אַ מאָל אין אַ צווייטער שפּראַך אַנטשפּרעכן אַ ווערב אין אַן אַנדער גענוס. אַ שטייגער: ער צווייפֿלט – он сомневается; ער רעגיסטרירט זיך (אַליין), ער ווערט רעגיסטרירט (דורך אַ צווייטן) – он регистрируется[1]. דעריבער איז ווען מע זעצט איבער אַ רוסישן ווערב מיט ‎-ся דאַרף מען אים אין ייִדיש ניט שטענדיק איבערגעבן דווקא דורך אַ רעפֿלעקסיוו – אָפֿט וועט אים אין ייִדיש אַנטשפּרעכן אַן אַקטיוו אָדער אַ פּאַסיוו.

263 אין איי‌ניקע פֿאַלן קאָן מען פּאַסיוו און רעפֿלעקסיוו אָנווענדן אַלס סינאָנימישע פֿאָרמעס. אַ שטייגער:

1. די באַגעגעניש איז פֿאַרוואַנדלט געוואָרט אין אַ שׂימחה.
2. די באַגעגעניש האָט זיך פֿאַרוואַנדלט אין אַ שׂימחה.

אַזאַ סינאָנימישקייט איז פֿאַראַן אויך אין אַלטייִדישע טעקסטן. אַ שטייגער: זי איז ביהעפּט (שערטל) – זיא ביהעפּט זיך (על. ב.). בכלל אָבער באַטײַט פּאַסיוו און רעפֿלעקסיוו פֿאַרשיידנס, און מע דאַרף זיי, פֿאַרשטייט זיך, ניט מישן. מע דאַרף אַ שטייגער ניט זאָגן ,אויף דער פֿאַרזאַמלונג לאַדן זיך איי‌ַן אַלע מיטגלידער׳, ווי מע טוט עס אַ מאָל בײַ אונדז (אַזעלכע גרײַזן שטאַמען מערסטנס פֿון מעכאַניש איבערזעצן פֿון רוסיש, וווּ פּאַסיוו און רעפֿלעקסיוו ווערן אויסערלעך אָפֿט ניט דיפֿערענצירט).

35 אַספּעקטן (דויעריקע און מאָמענטאַלע טוונגען)

264 אויסער צאָלן, פּערזאָנען, צײַטן, מאָדוסן און גענוסן האָט דער גרעסטער טייל ווערבן נאָך אויך אַספּעקטן – פֿאָרמעס, וואָס דריקן אויס אַ לענגערן אָדער אַ קירצערן דויער פֿון דער טוונג. פֿאַרגלײַכט אַ שטייגער:

ער נעמט	ער האַלט אין נעמען	ער טוט (גיט) אַ נעם
ער קוקט	ער האַלט אין קוקן	ער טוט (גיט) אַ קוק
ער שרײַט	ער האַלט אין שרײַען	ער טוט (גיט) אַ געשריי

אין די ווערבן רעכטס איז ניט אונטערגעשטראָכן קיין מאָמענט פֿון דויעריקייט – דאָ רעדט זיך וועגן אַ טוונג סתּם. דאָס איז אַ נולאַספּעקט.[2] אָבער אין די איבעריקע ווערבן – אין מיטן און לינקס – איז דער מאָמענט פֿון דויעריקייט שוין פֿאַראַן. אין מיטן רעדט זיך אַלץ וועגן אַזעלכע טוונגען, וואָס קומען פֿאָר דויעריק; און לינקס, פֿאַרקערט, רעדט זיך וועגן אַזעלכע טוונגען, וואָס קומען פֿאָר אָפּגעכאַפּט, מאָמענטאַל.

אויף אַזאַ אופֿן זעען מיר, אַז אין ייִדיש זײַנען פֿאַראַן גאַנץ בולטע דרײַ פֿאָרמעס פֿון אַספּעקט: 1. נולאַספּעקט; 2. דויעריקער אַספּעקט; 3. מאָמענטאַלער (אָפּגעכאַפּטער) אַספּעקט.

1 on somnevaetsja, on registriruetsja. ביידע ווערבן ענדיקן זיך מיטן רעפֿלעקסיוון סופֿיקס [sja] ‎-ся.

2 [1] זעט די דערקלערונג פֿון נולפֿאָרמע (און פֿון נול בכלל) אויף ז׳ 232.

265 די סטרוקטור פֿון נ ו ל אַ ס פּ ע ק ט איז גאַנץ קלאָר – זי איז געווי פֿונאַנדערגעקליבן אין אַלע פֿריִערדיקע קאַפּיטלען; די סטרוקטור פֿונעם ד ו י ע ר י ק ן [205] אַספּעקט איז געוויינטלעך אַזאַ: הילפֿווערב „האַלטן׳ + פּרעפּאָזיציע „אין׳ + אַן אינפֿיניטיוו, וואָס ווײַזט די טווּנג; און די סטרוקטור פֿונעם מ אָ מ ע נ ט אַ ל ן אַספּעקט איז הילפֿווערב „טאָן׳ אָדער „געבן׳ + אומבאַשטימיקער אַרטיקל + אַ סובסטאַנטיוו, וואָס ווײַזט די טווּנג. דערבײַ קאָן דער דאָזיקער סובסטאַנטיוו יאָ אָדער ניט צונויפֿפֿאַלן מיט דער ווערבאַלער נולפֿאָרמע (ווערבאַלער באַזע). אַ שטייגער: איך טו (גיב) אַ נעם, איך טו (גיב) אַ קוק; איך טו (גיב) אַ ביס, איך טו (גיב) אַ געשריי.

די קאַטעגאָריע אַ ס פּ ע ק ט דאַרף מען ניט צונויפֿמישן מיט דער קאַטעגאָריע צ ײַ ט. די קאַטעגאָריע צײַט דריקט אויס די באַציִונג צווישן דער ט ו ו נ ג און דער צײַט פֿון דער מ י ט ט ײ ל ו נ ג וועגן איר – צי קומט די טווּנג פֿאָר פֿריִער אָדער שפּעטער פֿון דער מיטטיילונג צי איינצײַטיק מיט איר, אומאָפּהענגיק פֿון דער דויעריקייט פֿון דער טווּנג. און די קאַטעגאָריע אַספּעקט דריקט אויס די ד ו י ע ר י ק י י ט פֿון דער טווּנג, אומאָפּהענגיק פֿון איר באַציִונג צו דער צײַט פֿון דער מיטטיילונג. אָט פֿאַר וואָס אַ ווערב קאָן אויסדריקן אי צײַט אי אַספּעקט. אַ שטייגער:

	ער האַלט אין נעמען	ער טוט (גיט) אַ נעם
ער האָט גענומען	ער האָט געהאַלטן אין נעמען	ער האָט אַ נעם געטאָן (געגעבן)
ער פֿלעגט נעמען	ער פֿלעגט האַלטן אין נעמען	ער פֿלעגט אַ נעם טאָן (געבן)
ער האָט געהאַט גענומען	ער האָט געהאַלטן אין נעמען	ער האָט געהאַט אַ נעם געטאָן (געגעבן) אאַ״וו

אויסער דויעריקייט קאָן מען מיט אַ ווערב אויסדריקן אויך דעם אָנהייב פֿון אַ טווּנג, איר סוף (רעזולטאַט) און נאָך אַנדערע. אָט די אַלע מאָמענטן ווערן געוויינטלעך אויסגעדריקט דורך פּרעפֿיקסן און צוגאָבן (זעט די טאַבעלע פּרעפֿיקסן און צוגאָבן אויף די ז״ז 90–93). אָדער דורך אייניקע האַלבבאַהילפֿיקע ווערבן. פֿאַרגלײַכט אַ שטייגער: נעמען – אָננעמען – דערנעמען – צונעמען; פֿאַרבן – באַפֿאַרבן – דערפֿאַרבן – אויספֿאַרבן; רייכערן – פֿאַררייכערן – אָפּרייכערן – אָנרייכערן; נעמען שרײַבן, נעמען לייענען, נעמען גיין אאַ״וו.

אָ נ מ ע ר ק ו נ ג 1 אַ ייִדישן ווערב אין איין אַספּעקט קאָן אָפֿט מאָל אין אַ צווייטער שפּראַך אַנטשפּרעכן אַ ווערב אין אַן אַנדער אַספּעקט. אַ שטייגער: ער האָט פֿאַרקויפֿט (פֿלעגט פֿאַרקויפֿן) – он продал, продавал[1]; ער האָט געוואָרפֿן (אַ וואָרף געטאָן, אַ וואָרף געגעבן) – он бросал, бросил[2]; א״אַ.

אָ נ מ ע ר ק ו נ ג 2 ווען מע וויל די דויעריקייט פֿון דער טווּנג נאָך מער פֿאַרשטאַרקן, שטעלט מען אַרײַן אַ וואָרט „איין׳. אַ שטייגער: זי ה אַ ל ט א י ן א י י ן י אָ מ ע ר ן און אין איין ח ל ש ן בײַ מײַן ברודער אליה אויף די הענט (שאָל.); בוני די קעכין ה אָ ט ג ע ה אַ ל ט ן א י ן א י י ן ב ל אָ ז ן (בערג.).

1 רוסיש: on prodal (פֿולקומער אַספּעקט); on prodaval (ניט־פֿולקומער אַספּעקט).
2 רוסיש: on brosal (ניט־פֿולקומער אַספּעקט); on brosil (פֿולקומער אַספּעקט).

אָנמערקונג 3 אַ ווערב פֿון מאָמענטאַלן אַספּעקט קומט אויך אין פּאַסיוון גענוס. אַ שטייגער: ער ווערט אַ נעם געטאָן (געגעבן), אַ וואָרף געטאָן (געגעבן), אַ וואַש געטאָן (געגעבן) אאַ"וו.

אָנמערקונג 4 דער מאָמענטאַלער ווערב קומט אַ מאָל אויך מיטן הילפֿווערב ,כאַפּן׳. אַ שטייגער: דאָרט כאַפּט מען אַ מאָל פֿאַר נאַכט אַ דאַוון (ממס.); דערבײַ כאַפּט זי דערוויַיל אַ ווײַן און אַ וויש די אויגן (שאָל.); זײַנע אויגן כאַפּן אַ גנבֿישן קוק פֿון אונ־טערן שטערן (בערג.). [206]

אַ מאָל טרעפֿט מען דעם מאָמענטאַלן ווערב נאָך מיט אַ ,באַהילפֿיקן׳ סובסטאַנטיוו. אַ שטייגער: האָט ער... אים געגעבן אַ טו אַ ווײַז דאָס געמאָלעכץ גלײַך אין פּנים אַרײַן (שאָל.).

266 ווען אַ ווערב אין מאָמענטאַלן אַספּעקט אַנטהאַלט אַ פּרעפֿיקס, איז דער פּרע־פֿיקס, פֿאַרשטייט זיך, אין איינעם מיטן גרונטטייל פֿונעם ווערב – בײַם ווערבאַלן סובסטאַנ־טיוו. אַ שטייגער: איך זאָל תּיכּף אַ דערצייל טאָן (אָקס.); איבער דער גאַנצער שטאָט האָבן זיך אַ צעשפּרייט געגעבן פּלעצער (מאַרק.). ווען אָבער דער מאָמענטאַלער ווערב אַנטהאַלט אַ צוגאָב, קומט דער צוגאָב אין אַלע פֿאַלן (אין אַלע צײַטן, מאָדוסן, גענוסן) באַזונדער, נאָך דעם ווערבאַלן סובסטאַנטיוו. אַ שטייגער: דערנאָך גיט ער זיך פּלוצעם אַ שטעל אויף (ממס.); איך טו זיך אַ רײַס אויס (שאָל.); עס וועט זיך געבן אַ שאָט אויס פֿון אים עפּעס אַ געלע זאַך (שאָל.); האָט שיינדל די גרויסע געגעבן אַ רוק אָפּ פֿון זיך דעם שטול (בערג.); און דעמלט וועט ער געבן אַ קום אַרײַן צו זײַן מאַמע חנה־לאהן, אַ וואַרף אַראָפּ דאָס זעקל פֿון זיך און געבן איר אַ גיב אַוועק אַ גאַנץ פֿינפֿער־קערבל (ווײַס.).

דער גרונטטייל פֿון מאָמענטאַלן ווערב קומט אַ מאָל אויך אַלס אַ סובסטאַנטיוו. אַפֿילו ווען דער דאָזיקער טייל אַנטהאַלט אַ צוגאָב, אַ ,זיך׳. אַ שטייגער: און ראַפֿאַלעסקאָ האָט אים געהערט מיט דער גרעסטער שפּאַנונג, איבערגעריסן אים זעלטן מיט אַ כאַפּ אויף זיך פֿון אָרט אָדער מיט אַן אויסגעשריי (שאָל.).

267 ווען דער גרונטטייל פֿון אַ מאָמענטאַלן ווערב (דער ווערבאַלער סובסטאַנטיוו) איז אַזאַ, וואָס אַלס ווערב קומט ער מיט ,י׳ און אַלס אַ סובסטאַנטיוו מיט ,ו׳ (אַ שטייגער: טרינק – טרונק. זעט דאָס צעטל ווערטער אויף ז׳ 166), וועט ער קומען מיט ,ו׳, אויב דער מאָמענטאַלער ווערב איז אָן אַ צוגאָב, און מיט ,י׳, אויב דער ווערב איז מיט אַ צוגאָב. אַ שטייגער:

1. דער יונג טוט (גיט) אַ טרונק.	1. דער יונג טוט אַ טרינק אָפּ (שאָל.).
2. איך טו (גיב) אַ זונג גאַנץ שטאַרק.	2. איך האָב געגעבן אַ זינג אויס אויף אַ קול (שאָל.).
3. איך טו (גיב) אַ שפּרונג פֿון מײַן באַהעלטעניש.	3. איך טו אַ שפּרינג אַרויס פֿון מײַן באַהעלטעניש (שאָל.).

36 באַשרײַביקע (פּעריפֿראַסטישע) ווערבן

268 אינעם קאַפּיטל „ווערב און ווערבפֿאָרמעס“ (ז׳ 203) איז שוין געווען אָנגעוויזן, אַז עס זײַנען פֿאַראַן באַשרײַביקע (פּעריפֿראַסטישע) ווערבן – ווערבן, וואָס די טוּונג ווערט בײַ זיי אויסגעדריקט ניט דורך איין וואָרט, נאָר דורך אַ גרופּע ווערטער, וועלכע בילדן איין באַגריף. אַ שטייגער: ער גיט צו וויסן, ער ברענגט צו טראָגן, ער ווערט געוויר, ער האַלט מלחמה, ער מאַכט קאַליע אאַ״וו.

אַ באַשרײַביקער ווערב באַשטייט אַלע מאָל (אויך אַלס אַן אַקטיווער, אויך אין קעגנוואַרט און אויך אין נולאַספּעקט) פֿון אַ פּאָר אָדער פֿון עטלעכע ווערטער. איינס פֿון די דאָזיקע ווערטער איז אַ הילפֿווערב, וואָס בייגט זיך אין צאָל, [207] פּערזאָן, צײַט און מאָדוס; די איבעריקע ווערטער זײַנען אַ מאָל ווערבן (אינפֿיניטיוון, פּאַרטיציפּן) און א מאָל אַפֿילו ניט קיין ווערבן אויך. אַ שטייגער:

איך ברענג צו טראָגן – האָב געבראַכט צו טראָגן (האָב צו טראָגן געבראַכט) – פֿלעג ברענגען צו טראָגן – האָב געהאַט געבראַכט צו טראָגן – וועל ברענגען צו טראָגן – וועל האָבן געבראַכט צו טראָגן; וואָלט געבראַכט צו טראָגן – כּדי וואָלט איך געבראַכט צו טראָגן אאַ״וו.

איך גיב אַכטונג – האָב אַכטונג געגעבן (האָב געגעבן אַכטונג) – פֿלעג אַכטונג געבן – האָב געהאַט אַכטונג געגעבן – וועל אַכטונג געבן – וועל האָבן אַכטונג געגעבן; וואָלט אַכטונג געגעבן – כּדי וואָלט איך אַכטונג געגעבן – זאָל אַכטונג געבן אאַ״וו.

269 באַשרײַביקע ווערבן זײַנען פֿאַראַן אַזעלכע טיפּן:

1. הילפֿווערב ,קומען, ברענגען׳ אָדער ,געבן׳ + ,צו׳ + אינפֿיניטיוו. אַ שטייגער: קומען צו גיין, קומען צו לויפֿן, קומען צו פֿליִען; ברענגען צו טראָגן, ברענגען צו פֿירן, ברענגען צו שלעפּן; געבן צו וויסן, געבן צו פֿאַרשטיין, געבן צו דערקלערן א״אַ;

עס זײַנען פֿאַראַן יִישובֿים, ווּ מע ברענגט אייניקע פֿון די דאָזיקע ווערבן ניט מיטן ,צו׳ און אינפֿיני־טיוו, נאָר מיטן פּאַרטיציפּ. דער קורלענדער ייִד זאָגט אַ שטייגער ניט ,ער איז געקומען צו גיין, צו פֿאָרן׳ אד״גל, נאָר ,ער איז געקומען געגאַנגען, געפֿאָרן׳ אאַ״וו. אין אַלטייִדישע קוועלן טרעפֿט מען אָט די בײדע קאָנסטרוקציעס. פֿאַרגלײַכט אַ שטייגער: 1. אינעם קראָקער „מלכים־בוך“ (1583) – גר באלדא [גאָר באַלד] דער נאך קאם דיא קויניגין צו וארן [פֿאָרן]; 2. אינעם באַזעלער „שמואל־בוך“ (1612) – ווען מיין ויינד [פֿײַנד] קומט גיגאנגן; 3. אינעם פֿרײַבורגער „חיי עולם“ (1583) – קומט אין דיין הויז איין גאסט גיגאנגן גיטליך זאלסטו אים אנטפאנגן.

2. הילפֿווערב ,ווערן׳ + פּאַרטיציפּ. אַ שטייגער: אַנטשלאָפֿן ווערן, פֿאַרפֿאַלן ווערן, פֿאַרפֿראָרן (פֿאַרפֿרוירן) ווערן, צעגאַנגען ווערן, אײַנגעזונקען ווערן א״אַ;

אָנמערקונג דער דאָזיקער טיפּ ווערב שיידט זיך אונטער פֿון אַ פּאַסיוון ווערב אָט מיט וואָס: 1. פֿון אַ פּאַסיוון ווערב קאָן מען שטענדיק מאַכן אַן אַקטיוון. אַ שטייגער: פֿאַרשריבן ווערן – פֿאַרשרײַבן; אָנגענומען ווערן – אָננעמען אאַ״וו; 2. בײַ אַ פּאַסיוון ווערב קאָן שטענדיק זײַן אַ פֿאַקטישער טוער, אויסגעדריקט דורך אַ דאַטיוו מיט אַ פּרעפּאָזיציע ,פֿון׳ אָדער ,דורך׳ (זעט ז״ז 323, 324).

אַ שטייגער: די לידער ווערן פֿאַרשריבן דורך (פֿון) מיר; די רעזאָלוציע ווערט אָנגענומען דורך (פֿון) דער פֿאַרזאַמלונג אאַ״וו. אָבער פֿונעם דאָזיקן טיפּ באַשרײַביקן ווערב קאָן מען קיין אַקטיוו ניט מאַכן, און דער פֿאַקטישער טוער (אויב ער איז דאָ) איז אויסגעדריקט דורך אַ נאָמינאַטיוו (סוביעקט). אַ שטייגער: איך ווער אַנטשלאָפֿן, איך ווער פֿאַרפֿאַלן.

3. הילפֿווערב ,ווערן׳ אָדער ,זײַן׳ + סעמיטישער פּאַרטיציפּ. אַ שטייגער: נימאס ווערן, נעלם ווערן, ניצול ווערן, פּטור ווערן, מוסכּם ווערן, מקוים ווערן, נשתּומם ווערן א״אַ; מסכּים זײַן, מתּרה זײַן, מציל זײַן, מכבד זײַן, מקיים זײַן, מוחל זײַן, זוכה זײַן א״אַ;[1] [208]

4. הילפֿווערב ,זײַן׳ + סעמיטישער פּאַרטיציפּ + סעמיטישער סובסטאַנטיוו. אַ שטייגער: מקבל־פּנים זײַן, מכניס־אורח זײַן, מקצר־ימים זײַן, פּוגע־בכּבֿוד זײַן א״אַ;[2]

דער סעמיטישער פּאַרטיציפּ (טיפּ 3 און 4) פֿאַלט אין זײַן באַטײַט און פֿונקציע אָפֿט ניט צונויף מיטן ייִדישן (גערמאַנישן) פּאַרטיציפּ, ווי דער ייִדישער פּאַרטיציפּ פֿאַלט אַ שטייגער אין באַטײַט און פֿונקציע ניט צונויף מיטן רוסישן פּאַרטיציפּ (причастие [pričastie]). דער סעמיטישער פּאַרטיציפּ[3] קומט אָפֿט אויך אַלס אַ סובסטאַנטיוו. אַ שטייגער: אַ שומר (אַ היטער), אַ משגיח (אַן אויפֿזעער), אַ מבֿין (אַ ווייסער, אַ פֿאַרשטייער)[4] א״אַ. אָבער נאָך אָפֿטער קומט ער מיט די אָנגעוויזענע הילפֿווערבן און מיט נאָך אייניקע צו בילדן אַ גאַנצע ריי באַשרײַביקע ווערבן. דערבײַ זײַנען צווישן די דאָזיקע באַשרײַביקע ווערבן אָפֿט פֿאַראַן פּאָרלעך אַקטיווע און פּאַסיווע. אַ שטייגער:

מציל זײַן (ראַטעווען)	ניצול ווערן (געראַטעוועט ווערן)
מבֿייש זײַן (פֿאַרשעמען)	מבֿויש ווערן (פֿאַרשעמט ווערן)
מקיים זײַן (אויספֿילן, אויפֿטאָן)	מקוים ווערן (אויסגעפֿילט, אויפֿגעטאָן ווערן)

ווערבן פֿונעם טיפּ 3 און 4 זײַנען פֿאַראַן אין דער פֿאָלקסשפּראַך און אין דער ליטעראַטור זייער פֿיל. דאָס זײַנען באַזונדערש טיפּישע ייִדישע אויסבילדונגען – אַ קאָמבינאַציע פֿון אַ סעמיטישן פּאַרטיציפּ מיט אַ גערמאַנישן הילפֿווערב. דערבײַ ווערט די דאָזיקע קאָמבינאַציע אין ייִדיש אָנגעווענדט שוין זייער לאַנג. דאָס קאָן מען אַ שטייגער זען פֿון די מאַטעריאַלן, וואָס עס ברענגט אין זײַן ווערטער־ביכל קאַלענבערג (זעט ז׳ 26), דאָס וואַרפֿט זיך שוין שטאַרק אין די אויגן כּמעט אין אַלע אַלטייִדישע טעקסטן (זעט ז׳ 28) (אויפֿן דאָזיקן פֿאַקט פֿון דער ייִדישער וואָרטבילדונג האָט שוין געהאַט אויפֿמערקזאַם געמאַכט יאָהאַן בוקסטאָרף).

אָנמערקונג צווישן דעם סעמיטישן פּאַרטיציפּ און סעמיטישן סובסטאַנטיוו פֿונעם טיפּ 4 קאָנען קיינע ווערטער ניט אַרײַנקומען. דאָס איז, אייגנטלעך, אַזאַ מין אַרט צונויפֿזעצונג. אין שרײַבן ווערט עס אויסגעדריקט דורכן בינדצייכן.

1 [1] נעלם ווערן – ניט ווערן, פֿאַרשווינדן ווערן; מוסכּם ווערן – אָפּריידן, אָפּמאַכן, אײַנגיין אויף..., זײַן מיטשטימיק; נשתּומם ווערן – ווערן פֿאַרווונדערט, פֿאַרחידושט; מתּרה זײַן – וואָרענען; זוכה זײַן – זײַן ווערט, האָבן (באַקומען) דאָס רעכט, דעם כּבֿוד.

2 [1] מכניס־אורח זײַן – זײַן גאַסטפֿרײַנדלעך, גוט אויפֿנעמען געסט; מקצר־ימים זײַן – פֿאַרקירצן די יאָרן; פּוגע־בכּבֿוד זײַן – אָנרירן דעם כּבֿוד, באַליידיקן מיט עפּעס.

3 [2] ריכטיקער: די סעמיטישע פּאַרטיציפּן, ווײַל עס זײַנען פֿאַראַן עטלעכע פֿאָרמעס.

4 [3] דאָס וואָרט ,מייוונ׳ [מבֿין] דאַרף מען זאָגן און שרײַבן מיט ,יי׳ און ניט מיט ,וי׳ (ווי מע טוט אין אייניקע ערטער).

5. הילפֿווערב ,זייַן׳ + פֿאַרשיידענע (גערמאַנישע און סעמיטישע) פֿאָרמעס. אַ שטייגער: אויסן זייַן, געפֿעלן זייַן, אין שטאַנד זייַן, בכּוח זייַן, ביד זייַן, בדיל־הדל זייַן א״אַ;[1]

6. הילפֿווערב ,האָבן, מאַכן׳ אָדער ,טאָן׳ + סובסטאַנטיוו אָדער אַנדערע. אַ שטייגער: חרטה האָבן, הנאה האָבן, חשק האָבן, מורא האָבן, רחמנות האָבן, אַ קיום האָבן,[2] פֿייַנט האָבן, ליב האָבן א״אַ; חתונה מאַכן, פּליטה מאַכן, [209] פֿיס מאַכן, חרובֿ מאַכן, בטל מאַכן, אַ ויצעקו מאַכן, אַ ויבֿרח מאַכן א״אַ; תּשובֿה טאָן, תּפֿילה טאָן, אַ שידוך טאָן, אַ פּעולה טאָן, ווייַ טאָן[3] א״אַ;

אין אייניקע ערטער זאָגט מען ,זייַן טוטוויי׳ (,מיר איז טוטוויי׳ אָדער אַפֿילו ,מיר איז צוטוויי׳). דאָס דאַרף מען אויסמייַדן, ווי מע דאַרף אויך אויסמייַדן צו ברויכן אַזאַ קאָנסטרוקציע ווי פֿאָלגנדיקע: גוטע געזעלשאַפֿט קאָן פֿאַראַן זייַן ניט בלויז אין איין קרייַז; די סתּירה איז טאַקע פֿאַראַן געווען בייַ פּושקינען. דאָ איז אינעם ערשטן זאַץ אַבסאָלוט איבעריק (פֿאַרשווועריקט זייער) דאָס וואָרט ,פֿאַראַן׳ און אינעם צווייטן דאָס וואָרט ,פֿאַראַן׳ אָדער ,געווען׳.

7. פֿאַרשיידענע הילפֿווערבן + פֿאַרשיידענע. אַ שטייגער: מלחמה האַלטן, אַכטונג געבן, השגחה געבן, ליב באַקומען, ליב קריגן, בדיל־הדל ווערן, אויפֿהייבן אַ ויצעקו, פֿאַלן אויף אַן עצה, שלאָגן זיך מיט דער דעה און אַנדערע;

8. הילפֿווערב ,טאָן׳ + אינפֿיניטיוו. דער דאָזיקער טיפּ איז מערסטנס פֿאַרשפּרייט אין אַ ריי געגנטן פֿונעם פּוילישן דיאַלעקט. מע טרעפֿט אים אָבער בייַ שרייַבער פֿון אַנדערע דיאַלעקטן אויך – סייַ בייַ עלטערע און סייַ בייַ ייִנגערע. אַ שטייגער: ר׳ ליפּע טוט זיך... ניט זייער אייַלן (אַקס.); לייַט טוען זיך פֿרייען מיט אים (שאָל.); די גאַנצע וועלט טוט זיך דאָ וויגן (בערג.); מיר טוען אַלע מיטלען אָנווענדן, און ס׳העלפֿט נישט (ניס.); ווי טוט עס אין שטיל דאָרט דייַן האַרץ איצטער שלאָגן (האָפֿ.); זינגען לידער פּיאָנערן, און דער גאַנצער סטעפּ טוט הערן (האַל.). באַזונדערש איז דער דאָזיקער טיפּ פֿאַרשפּרייט אין פֿאָלקסלידער.

דער דאָזיקער טיפּ ווערב איז שוין אַ גאַנץ אַלטער. אַ שטייגער בייַ אַנשלען: טון שטעלן, טון שטרייַטין, טון ביגליקן א״אַ. ווי עס שייַנט אָבער, האָבן פֿונעם דאָזיקן טיפּ ווערב ניט אַלע אַלטייִדישע מחברים גלייַך געהאַלטן. אַ שטייגער שערטל האָט פֿון אים פֿיל מער געהאַלטן ווי זייַן פֿאָרגענגער אליהו בחור און זייַן נאָכגענגער וויצנהויזן. פֿאַרגלייַכט למשל:

אליהו בחור	שערטל	וויצנהויזן
1. אייל [אייַל]	טוא איילן	אייל
2. ציך אויז	טוא אויש ציהן	ציא אויש
3. עש ציטרט	עז טוט ציטרן	מיין הערץ ציטירט

1 [4] ביד זייַן – זייַן אין שטאַנד; זייַן בכּוח – האָבן די מעגלעכקייט; בדיל־הדל זייַן (ווערן) – זייַן (ווערן) זייער שטאַרק אָרעם, פֿאַראָרעמט.

2 [5] אַ קיום האָבן – זייַן, עקסיסטירן, האָבן אַן עקסיסטענץ, אַן אָנהאַלט, אַן אָנשפּאַר.

3 [1] אַ ויצעקו מאַכן (אויפֿהייבן) – מאַכן, אויפֿהייבן אַ טומל, אַ געשריי, אַלאַרמירן; אַ ויבֿרח מאַכן – מאַכן פּליטה, מאַכן פֿיס, אַנטלויפֿן; אַ פּעולה טאָן – אויפֿטאָן, באַווייַזן, האָבן דערפֿאָלג.

4. איר ור שעמט	זיא טון ור שעמן	איר פאר שעמט
5. זיא הבן דער שרעקט מיך	זי הוט טון דר שרעקין מיך	...האבן מיך דער שרעקט

אָנמערקונג אָפּט ברענגט שערטל דעם דאָזיקן טיפּ ווערב אין קעגנוואַרט אין די פֿאַלן, וווּ בײַ אליהו בחור איז סתּם אַ ווערב אין קעגנוואַרט און וווּ וויצנהויזן האָט דערנאָך אַנשטאָט דעם געבראַכט די פֿאָרמעס ,וויל, ווער(ד), זאָל (זעל)׳ + אינפֿיניטיוו – פֿאָרמעס, וואָס האָבן אויסגעדריקט אַ געווּנטשענע, נויטווענדיקע אָדער אָביעקטיווע צוקונפֿט (זעט ז׳ 214). אַ שטייגער:

אליהו בחור	שערטל	וויצנהויזן
1. איך ריד (רייד) אונ איך ברום	איך טוא קלאגן אונ׳ איך טוא ברומן	וויל איך ביטן אונ׳ איך ווערד ברומן [210]
2. דו אום רינגלשט אין [אים]	דו טושט רינגלן אין	דוא ווערשט אין... אום רינגלן
3. ווער ווייזט אונז גוטש	ווער טוט ווייזן אונז גוטש	ווער ווערט אונש וואש גוטש לאזן זעהן
4. זיא טרושטן מיך	זיא טון טרוישטן מיך	זיא זעלן מיך טרישטן

9. אין אַלטייִדישע טעקסטן טרעפֿט מען גאַנץ אָפֿט אויך אַזאַ טיפּ באַשרײַביקן ווערב: הילפֿווערב ,מאַכן׳ + אינפֿיניטיוו. אַ שטייגער: ער מכט הויארן (על. ב.); ער מכט קניאן (אַנשל, שערטל); אונ זי מכטן אויש ציהן (אַנשל); מאך איין שויטן [אײַנשיטן] אין מיך (אַנשל); ער מכט נידרן (שערטל); אונ׳ זיא מאכטן אויז ציהן (שערטל); ער מאכט דיזין [דיזן – דעם] פאר נידירין (בליץ); אונ ער מאכיט דיא קעמליך נידר קניהן (וויצנה.); ער מאַכט דיא לעפצן פון דען שלופנדיגן רידן (וויצנה.). אַגבֿ, דעם דאָזיקן טיפּ ווערב טרעפֿט מען אויך אין אונדזער איצטיקן ייִדיש. אַ שטייגער: פֿרומע מענטשן... ווילן אים... מאַכן דענקען דווקא אַזוי, ווי זיי (שאָל.); יענע הייליקע שטילקייט וואָס... מאַכט דעם אַרטיסט געוועלטיקן איבערן פּובליקום (שאָל.); דער טויט פֿון זײַן אומגליקלעכן פֿרײַנד האָט אים געמאַכט צו דענקען, אַז... (שאָל.).

אָנמערקונג 1 אַ ווערב פֿון דויעריקן און מאָמענטאַלן אַספּעקט און אויך אַ פּאַסיוו פֿון נולאַספּעקט (האַלטן אין נעמען, אַ נעם טאָן, אַ נעם געבן; גענומען ווערן) זײַנען לויט דער סטרוקטור אויך באַשרײַביקע ווערבן.

אָנמערקונג 2 באַשרײַביקע ווערבן קומען הויפּטזאַכלעך אַלס אַקטיווע און טיילווײַז אַלס רעפֿלעקסיווע. אַלס פּאַסיווע קומען זיי גאַנץ זעלטן.

270 איינער און דער זעלבער אינהאַלט קאָן אַ מאָל אויסגעדריקט ווערן דורך אַ באַשרײַביקן ווערב און דורך ניט קיין באַשרײַביקן. אַ שטייגער:

מכבד זײַן – טראַקטירן	מאַכן פּיס (פּליטה) – אַנטלויפֿן
מסביר זײַן – דערקלערן	מישבֿ זײַן זיך – באַקלערן, באַטראַכטן (זיך)[1]

[1] [1] אַ שטייגער: וועל איך דיך טראַקטירן מיט פּיש (ממס.); איך וועל עס אויך מסביר זײַן מיט אַ משל (פּ.); אַז דער עולם הייבט אָן לויפֿן, מאַך איך פּיס (פּ.); האָבן אונדזערע פּאַרשוינען זיך אַלץ מישבֿ געווען, ווי צו מאַכן פּליטה (ממס.).

און אַן ענלעכן אינהאַלט קאָן מען אָפֿט מאָל אויך אויסדריקן אָדער דורך אַ הילפֿ־ווערב מיט אַ סובסטאַנטיוו אָדער בלויז דורך אַ ווערב, וואָס איז געבילדעט פֿונעם דאָזיקן סובסטאַנטיוו אָדער וואָס איז ענלעך צום סובסטאַנטיוו. אַ שטייגער: מאַכן (אַ) רעמאָנט – רעמאָנטירן; פֿירן אַ פּראָטאָקאָל – פּראָטאָקאָלירן; פֿירן אַן אַרבעט – אַרבעטן. דער אונטערשייד פֿון אַזעלכע סינאָנימישע סטרוקטורן באַשטייט הויפּטזאַכלעך אָט אין וואָס: אַ הילפֿווערב + סובסטאַנטיוו באַטאָנט דער עיקר דעם רעזולטאַט פֿון דער טוונג (די סובסטאַנץ), דאַן ווען אַ ווערב רעדט וועגן דעם פּראָצעס פֿון דער טוונג. [211]

37 פּערזאָניקער ווערב

271 די ביז איצט פֿונאַנדערגעקליבענע ווערבאַלע קאַטעגאָריעס – צאָל, פּערזאָן, צייט, מאָדוס, גענוס און (טיילווייַז) אַספּעקט – ווערן, ווי ס׳איז שוין געווען אָנגעוויזן (ז׳ 205), מערסטנס אויסגעדריקט דורך די פֿאָרמעס פּערזאָניקער ווערב, אינפֿיניטיוו און פּאַרטיציפּ. איצט לאָמיר אַ ביסל גענויער, ווי דאָס איז געטאָן געוואָרן ביז אַהער, זיך באַקאָנען מיט די דאָזיקע ווערבאַלע פֿאָרמעס.

די קאַטעגאָריע קעגנוואַרט און די פֿאָרמע פּערזאָניקער ווערב פֿאַלן זייער אָפֿט צונויף. אַ שטייגער: (איך) נעם, באַנעם, דערנעם; (איך) שרייַב, באַשרייַב, פֿאַרשרייַב אאַ״וו. און דאָך דאַרף מען די דאָזיקע צוויי דערשייַנונגען ניט מישן. און אָט פֿאַר וואָס:

ערשטנס, קאָן קעגנוואַרט זייַן אויסגעדריקט ניט בלויז דורך אַ פּערזאָניקן ווערב – זייער אָפֿט אַנטהאַלט קעגנוואַרט אויסערן פּערזאָניקן ווערב נאָך ווערטער. אַ שטייגער: ווען דער ווערב איז מיט אַ צוגאָב (איך נעם צו, איך נעם אויף); אָדער ווען דער ווערב איז אַ פּאַסיווער אָדער אַ רעפֿלעקסיווער (איך ווער געוואַשן, איך וואַש זיך); אָדער ווען דער ווערב איז אַ באַשרייַביקער (איך קום צו גיין, איך האַלט זיך אַן עצה, איך שלאָג זיך מיט דער דעה א״אַ).

אַ פּאַסיווער אָדער רעפֿלעקסיווער ווערב קאָן, פֿאַרשטייט זיך, אויך זייַן מיט אַ צוגאָב, ווי עס קאָן אָפֿט זייַן מיט אַ צוגאָב און דערצו נאָך זייַן פּאַסיוו אָדער רעפֿלעקסיוו אויך אַ באַשרייַביקער ווערב (זעט די בייַשפּילן אין די פֿאָריקע קאַפּיטלען).

צווייטנס, באַטייַט אַ פּערזאָניקער ווערב אָפֿט ניט קעגנוואַרט אויך – זייער אָפֿט קומט ער אַלס אַ באַהילפֿיקער, און דאַן קאָן ער קומען צוזאַמען מיט אַן אינפֿיניטיוו, מיט אַ פּאַרטיציפּ אָדער מיט נאָך אַנדערע פֿאָרמעס (אַפֿילו ניט קיין ווערבאַלע), כּדי צו ווייַזן אַ שטייגער פֿאַרשיידענע צייַטן, פֿאַרשיידענע מאָדוסן און גענוסן. אַ שטייגער: איך האָב גענומען, פֿלעג נעמען, וועל נעמען, וואָלט גענומען (נעמען), זאָל נעמען, בין גענומען, ווער גענומען אאַ״וו.

272 דער פּערזאָניקער ווערב האָט, ווי ס׳איז שוין געווען אָנגעוויזן, אַ סטאַנדאַרטע סיסטעם פֿלעקסיעס. געוויינטלעך – אַזעלכע:

1. אין דער צווייטער פּערזאָן אײנצאָל – ־סט׳: (דו) שרײַבסט, לייענסט;
2. אין דער דריטער פּערזאָן אײנצאָל און אין דער צווייטער פּערזאָן מערצאָל – ־ט׳: (ער, זי, עס, מע, איר) שרײַבט, לייענט;
3. אין דער ערשטער און אין דער דריטער פּערזאָן מערצאָל – ־ן׳ אָדער ־ען׳: (מיר, זיי) שרײַבן, לייענען (אַ מאָל אויך ־נען׳. אַ שטייגער: חתמענען, גנבֿענען).

אין דער ערשטער פּערזאָן אײנצאָל איז ניטאָ קיין פֿלעקסיע. די אָפּהענגיקייט פֿונעם דאָזיקן פּערזאָניקן ווערב (זײַן אָפּהענגיקייט פֿונעם וואָרט ,איך׳) ווערט ניט אויסגעדריקט דורך אַ וועלכן ניט איז ווײַזער. דעריבער רופֿט מען טאַקע דעם פּערזאָניקן ווערב ערשטע פּערזאָן אײנצאָל – נולפֿאָרמע,[1] דאָס הייסט אַ פֿאָרמע, [212] וואָס האָט ניט קיין פֿלעקסיע, אָבער וואָס קאָן בכלל באַקומען פֿלעקסיעס (פֿונעם פּערזאָניקן ווערב). די דאָזיקע פֿאָרמע דערקענט מען געוויינטלעך לויט דעם, וואָס זי קומט בײַם סוביעקט ,איך׳. אָבער אַ סופֿיקס קאָן בײַ דער נולפֿאָרמע, פּונקט ווי בײַ אַלע אַנדערע ווערבפֿאָרמעס, גראָד זײַן. אַ שטייגער: איך רייניק, לופֿטער, רעמאָנטיר אאַ״וו.

273 דער פּערזאָניקער ווערב צווייטע פּערזאָן אײנצאָל (בײַם סוביעקט ,דו׳) קומט כּמעט שטענדיק מיט דער פֿלעקסיע ־סט׳. אַ שטייגער: דו שרײַבסט, הייצסט, פּוצסט, וואַשסט, ווינטשסט. אויב די נולפֿאָרמע פֿונעם פּערזאָניקן ווערב (בײַ ,איך׳) ענדיקט זיך מיט אַ ,ז׳ (ווײַז, בלאָז), קומט אַזאַ ווערב בלויז מיט דער פֿלעקסיע ־ט׳ אויך אין דער צווייטער פּערזאָן אײנצאָל. און לויט די געזעצן פֿון אַסימילאַציע רעדט זיך דער ,ז׳ אַרויס ווי אַ ,ס׳. אַ שטייגער: דו ווײַזט, דו בלאָזט [ווײַזסט, בלאָזסט].

ווען דער פּראָנאָם (סוביעקט) ,דו׳ קומט נאָכן פּערזאָניקן ווערב, פֿאַראייניקט מען זיי געוויינטלעך. מע רעדט זיי אַרויס און מע שרײַבט זיי אין איינעם, און דער ,ד׳ פֿון ,דו׳ פֿאַלט אַרויס, אַפֿילו ווען דער ,דו (טו)׳ ווערט אַקצענטירט. אַ שטייגער: ווען קומסטו (קומסט + דו) אַהער? וואָס רעדסטו (רעדסט + דו) אַזוי לאַנג?

די פֿלעקסיע פֿון דער צווייטער פּערזאָן אײנצאָל איז אַ מאָל (אין אַה״ד) געווען בלויז ־ס׳. דער ,ט׳, וואָס איז צו איר מיט דער צײַט צוגעקומען (אין דער צווייטער העלפֿט IX יאָרהונדערט), נעמט זיך טאַקע, ווי עס ווײַזט אויס, דערפֿון, וואָס דער ,דו׳ פֿלעגט אָפֿט געבראַכט ווערן נאָכן פּערזאָניקן ווערב און פֿאַראייניקט מיט אים[2] (פֿון ,ס + ד׳ ווערט פֿאָנעטיש אָדער [זד] אָדער [סט]. זעט אינעם קאַפּיטל „קלאַנגען־אַסימילאַציע״).

אָנמערקונג אין די ווערטער ,וואָלסט׳ [וואָלטסט] און ,טראַכסט׳ [טראַכטסט] פֿאַלט פֿאַר דער פֿלעקסיע ־סט׳ אַרויס דער וואָרצלדיקער ,ט׳. אָבער בײַ אַלע אַנדערע פּערזאָניקע ווערבן פֿאַלן פֿאַר דער דאָזיקער פֿלעקסיע קיינע קלאַנגען און אותיות ניט אַרויס. דעריבער דאַרף זײַן: דו רעדסט, באָדסט, בעטסט, אַרבעטסט אאַ״וו.

274 דער פּערזאָניקער ווערב דריטע פּערזאָן אײנצאָל (בײַם סוביעקט ,ער, זי, עס,

1 [1] ווי נול אין אַריפֿמעטיק, וואָס ווײַזט, אַז אין דעם געגעבענעם אָרט איז ניטאָ קיין ציפֿער.
2 [1] וו. מ. זשירמונסקי, **די געשיכטע פֿון דײַטש**, 1938, ז׳ 196 (רוסיש).

מע...׳) און צווייטע פּערזאָן מערצאָל (בײַם סוביעקט ‚איר׳) קומט מיט דער פֿלעקסיע ‚־ט׳. אַ שטייגער: ער (איר) שרײַבט, שמידט,[1] בינדט, צינדט, שנײַדט (ו׳ער ‚ד׳ ווערט אַסימילירט).

מע זאָגט און מע שרײַבט: ער (איר) גרינדעט, בילדעט, מעלדעט, דולדעט, ווענדט (און אויך ווענ־דעט). אָבער אויב די נולפֿאָרמע ענדיקט זיך מיט אַ דיפֿטאָנג, איז די פֿלעקסיע פֿון די דאָזיקע פּערזאָנען אַלע מאָל אַ ‚־ט׳ און ניט ‚־עט׳. דעריבער דאַרף זײַן ‚בויט, קײַט, לײַט׳ און ניט ‚בויעט, קײַעט, לײַעט׳, ווי מע זאָגט אין אייניקע ערטער.

די פּערזאָניקע ווערבן ‚דאַרף, וויל, זאָל, טאָר, טויג, מוז, מעג (מאָג), קאָן, קען, קער (געהערט)׳ – קומען אין דריטער פּערזאָן איינצאָל אָן אַ ‚ט׳.

אייניקע פֿון די דאָזיקע ווערבן קומען מיט אַ ‚ט׳ אין דער דריטער פּערזאָן איינצאָל, אויב זיי האָבן אַ פּרעפֿיקס. אַ שטייגער: ער קען – ער דערקענט. ער מאָג (מעג) – ער פֿאַרמאָגט. אָבער: ער דאַרף – ער באַדאַרף. דער ווערב ‚וויל׳ קומט מיט אַ ‚ט׳ אויך אָן אַ פּרעפֿיקס. דאָס איז דאַן, ווען ער קומט מיט ‚זיך׳. אַ שטייגער: אים ווילט זיך.

די פּערזאָניקע ווערבן ‚ברויך,[2] געהער, ווייס, פֿלעג׳ רעדט מען אין פֿיל פֿאַר־ [213] שיידענע קאַנטן אַרויס אין דריטער פּערזאָן איינצאָל – אָן אַ ‚ט׳. אָבער פֿיל ייִדן (און אפֿשר די מערהייט) ריידן זיי אַרויס מיט אַ ‚ט׳, ווי די גרעסטע מערהייט איבעריקע ווערבן. דע־ריבער איז כּדאַי, אַז אַלע זאָלן זיי אָנהייבן אַרויסברענגען מיט אַ ‚ט׳ און אויף אַזאַ אופֿן אײַנשטעלן אַן איינהייטלעכקייט – זאָגן און שרײַבן: ער (זי, עס, מע) ברויכט, געהערט, ווייסט, פֿלעגט.

אַזוי איז עס געוויינטלעך בײַ אַלע אונדזערע קלאַסיקער. אַפֿילו דער ‚ליטוואַק׳ מענדעלע האָט אין אַזעלכע פֿאַלן געוויינטלעך געשריבן ניט ‚ווייס׳, נאָר ‚ווייסט׳. אַ שטייגער: „ער זעט, הערט און ווייסט אַלצדינג. דו מיינסט, נאַרעלע, ער ווייסט נישט אונדזערע ביידנס צרות?“

275 אויב די פֿלעקסיע ‚־ט׳ אָדער ‚־סט׳ קומט צו צו אַ פּערזאָניקן ווערב, וואָס ענדיקט זיך מיט ‚ט, ס׳ אָדער ‚סט׳ (היט, עס, מעסט), שרײַבט מען עס אַזוי:

איך	היט	האַלט	עס	ווייס	הוסט	מעסט
דו	היטסט	האַלטסט	עסט	ווייסט	הוסט	מעסט
ער	היט	האַלט	עסט	ווייסט	הוסט	מעסט
איר	היט	האַלט	עסט	ווייסט	הוסט	מעסט

אינעם וואָרט ‚מעסט׳ איז אין דער אמתן פֿאַראַן אַ וואָרצל ‚מעס (מאָס)׳ און אַ פֿלעקסיע ‚־ט׳, אָבער דעם דאָזיקן ‚ט׳ האָט מען מיט דער צײַט, מסתּמא מחמת פֿאַלשער אַנאַלאָגיע (זעט ז׳ 135), גענומען אויפֿנעמען פֿאַר אַ וואָרצלדיקן און מע האָט אים גענומען ברענגען אויך אין דער נולפֿאָרמע.

1 [2] ער שמידט. אָבער: ער איז אַ שמיד, איך גיי צום שמיד.
2 [3] ברויך – דאַרף, ניצט. דעם דאָזיקן ווערב ניצט מען זעלטענער.

אין אַלטייִדישע טעקסטן האָט מען געשריבן ניט ,מעסטן׳, נאָר ,מעסן (מעשן...)׳. אַ שטייגער: און׳ זי זאלן מעסן (אַנשל); זאל איך מעסן (על. ב.); איך וויל מעשן (שערטל); וויל איך אויש מעסין (בליץ); וויל איך מעסין (וויצנה.).

276 דער פּערזאָניקער ווערב ערשטע און דריטע פּערזאָן מערצאָל קומט בכלל מיט דער פֿלעקסיע ,-ן׳. מיט דער פֿלעקסיע ,-ען׳ קומט ער דאַן, ווען אין דער נולפֿאָרמע ענדיקט ער זיך:

1. מיט אַן אַקצענטירטן וואָקאַל אָדער דיפֿטאָנג (טו – טוען; בוי – בויען);

ווען אָבער די נולפֿאָרמע ענדיקט זיך מיט אַן אומאַקצענטירטן וואָקאַל, איז די פֿלעקסיע אין אַזעלכע פֿאַלן בלויז ,-ן׳ אָדער ,-נען׳. אַ שטייגער: האָרעווע – האָרעווען; האָדעווע – האָדעווען; חתמע – חתמענען; גנבֿע – גנבֿענען.

2. מיט אַ ,מ׳ אָדער ,נ׳ (קום – קומען, מיין – מיינען);
3. מיט ,נג׳ אָדער ,נק׳ (ברענג – ברענגען; שענק – שענקען);
4. מיט אַ טראַפֿיקן ,ל׳ – מיט אַ ,ל׳, וואָס פֿאַר אים איז פֿאַראַן אַ קאָנסאָנאַנט (טומל – טומלען; האַנדל – האַנדלען).

אויב די נולפֿאָרמע פֿונעם פּערזאָניקן ווערב ענדיקט זיך מיט אַ טראַפֿיקן ,נ׳ – מיט אַ ,נ׳, וואָס פֿאַר אים איז פֿאַראַן אַ קאָנסאָנאַנט, וועט אַן ,ע׳ אַריינקומען אי פֿאַר דעם דאָזיקן ,נ׳ אי פֿאַר דער פֿלעקסיע ,-ן׳. אַ שטייגער: עפֿן – עפֿענען; רעכן – רעכענען. אָבער: לערן – לערנען (זעט ז׳ 77). [214]

277 די פּערזאָניקע ווערבן ,בין, גיב, האָב, רעד׳ און דער הילפֿווערב ,וועל׳ בייגן זיך אַזוי:

בין	גיב	האָב	רייד (רעד)	וועל
ביסט	גיסט	האָסט	רעדסט	וועסט
איז	גיט	האָט	רעדט	וועט
זייַנען (זענען)	גיבן	האָבן	ריידן (רעדן)	וועלן
זייַט (זענט)	גיט	האָט	רעדט	וועט
זייַנען (זענען)	גיבן[1]	האָבן	ריידן (רעדן)	וועלן

278 ווען דער פּערזאָניקער ווערב איז אַ באַהילפֿיקער, פֿאַראייניקט מען אים אָפֿט אין ריידן און אָפֿט מאָל (אין דער שטייגערשער שפּראַך) אויך אין שרייַבן מיטן סוביעקט – מיט די פּראָנאָמען ,איך, דו, מיר׳ און אַנדערע. אַ שטייגער: איכל [איכ׳ל] (איך + וועל), דוסט [דו׳סט] (דו + וועסט), מירן [מיר׳ן] (מיר + וועלן) א״אַ.[2] עס זייַנען אָבער פֿאַראַן פֿאַלן, ווען אַזאַ

[1] [1] אַ פּערזאָניקער ווערב איז ,גיבן׳, און אַן אינפֿיניטיוו איז ,געבן׳. אַ שטייגער: מיר גיבן – מיר וועלן געבן; מיר פֿלעגן געבן, מיר קאָנען געבן (זעט ז׳ 235).

[2] [2] אַ מאָל פֿאַראייניקט מען אַפֿילו נאָך מער ווערטער. אַ שטייגער ביי שלום־עליכמען: וואָסטו (וואָס + וועסט + דו) זאָגן, קטנתי?

פֿאַראייניקונג איז ניט געווווּנטשן. אַ שטייגער אינעם זאַץ ‚מירן באַקומען אַ בריוו׳ קאָן מען אויסערן קאָנטעקסט (און אַ מאָל אויך אינעם קאָנטעקסט) ניט וויסן, צי דאָס וואָרט ‚מירנ׳ באַטייַט אַ פֿאַראייניקונג פֿון ‚מיר האָבן׳ צי פֿון ‚מיר ווע לן׳. מע דאַרף אויך אויסמייַדן צו זאָגן ‚איכל׳ אַנשטאָט ‚איך האָב׳ ווי מע טוט אין אייניקע ערטער (איכל געזאָגט, איכל געווען).

279 אַ פּערזאָניקער ווערב איז אַלע מאָל אַ פּרעדיקאַט. און דאָס וואָרט, וואָס צו דעם ציט (געהערט) דער פּערזאָניקער ווערב, איז אַלע מאָל אַ סוביעקט. אַ שטייגער:

מאָרגן קומט ער; מיר פֿאָרן באַלד.

38 אינפֿיניטיוו (ווערבאַלער און סובסטאַנטיווירטער)

280 אַן אינפֿיניטיוו (זעט ז׳ 205) און די ערשטע און דריטע פּערזאָן מערצאָל פֿונעם פּערזאָניקן ווערב זייַנען געוויינטלעך ענלעך. דעריבער קאָן איינס און דאָס זעלבע וואָרט אין איין פֿאַל זייַן אַ פּערזאָניקער ווערב (קעגנוואַרט) און אין אַ צווייטן פֿאַל אַן אינפֿיניטיוו. אַ שטייגער: מיר זייען (‚זייען׳ – פּערזאָניקער ווערב); מיר פֿאָרן זייען (‚פֿאָרן׳ – פּערזאָניקער ווערב; ‚זייען׳ – אינפֿיניטיוו); מיר קאָנען פֿאָרן זייען (‚קאָנען׳ – פּערזאָניקער ווערב; ‚פֿאָרן, זייען׳ – אינפֿיניטיוו).

ניט ענלעך זייַנען בלויז פֿאָלגנדיקע: 1. ווערבן מיט צוגאָבן – בייַם אינפֿיניטיוו איז דער צוגאָב פֿאַר דעם וואָרצל און בייַם פּערזאָניקן ווערב נאָך און באַזונדער (זעט ז׳ 206); 2. פֿאָלגנדיקע נייַן ווערבן: [215]

פּערזאָניקע ווערבן	אינפֿיניטיוון
1. מיר/זיי גיבן	מיר/זיי וועלן (פֿלעגן) געבן
2. מיר/זיי ווייסן	מיר/זיי וועלן (פֿלעגן) וויסן
3. מיר/זיי ווילן	מיר/זיי וועלן (פֿלעגן) וועלן
4. מיר/זיי גייען	מיר/זיי וועלן (פֿלעגן) גיין
5. מיר/זיי שטייען	מיר/זיי וועלן (פֿלעגן) שטיין
6. מיר/זיי טוען	מיר/זיי וועלן (פֿלעגן) טאָן (טון)
7. מיר/זיי זעען	מיר/זיי וועלן (פֿלעגן) זען
8. מיר/זיי געשעען	מיר/זיי וועלן (פֿלעגן) געשען
9. מיר/זיי זייַנען (זענען)	מיר/זיי וועלן (פֿלעגן) זייַן

אַזוי וועט אויך זייַן, ווען די דאָזיקע נייַן פּערזאָניקע ווערבן און אינפֿיניטיוון וועלן קומען מיט פּרעפֿיקסן. אַ שטייגער:

פּערזאָניקע ווערבן

מיר (זיי) גיבן, פֿאַרגיבן, צעגיבן, דערגיבן... גייען, פֿאַרגייען, צעגייען, דערגייען... שטייען, פֿאַרשטייען, אַנטשטייען, באַשטייען...

אינפֿיניטיוון

מיר (זיי) וועלן געבן, פֿאַרגעבן, צעגעבן, דערגעבן... וועלן גיין, פֿאַרגיין, צעגיין, דערגיין... וועלן שטיין, פֿאַרשטיין, אַנטשטיין, באַשטיין...

אָנמערקונג ,דערוויסן׳ איז סײַ אַן אינפֿיניטיוו און סײַ אַ פּערזאָניקער ווערב.

281 אַן אינפֿיניטיוו קומט אין ייִדיש געוויינטלעך אין פֿאָלגנדיקע פֿאַלן:

1. בײַ אַ ריי הילפֿווערבן (מיט אָדער אָן אַ פּאַרטיקל ,צו׳), כּדי צו בילדן צוזאַמען מיט זיי אייניקע טיפּן באַשרײַביקע ווערבן. אַ שטייגער: קומען צו גיין, צו לויפֿן, צו פֿליִען; ברענגען צו טראָגן, צו פֿירן, צו שלעפּן; געבן צו וויסן, צו פֿאַרשטיין, צו דערקלערן; טאָן מעלדן, טאָן אײַלן, טאָן הערן אאַ״וו (זעט ז׳ 227).

2. בײַ די הילפֿווערבן ,פֿלעג, וועל, וואָלט, זאָל, לאָז׳ און בײַ די ווערטער ,לאָמיך, לאָמיר׳, כּדי אויסצופֿורעמען דעם פּרעדיקאַט אין אַזאַ אָדער אין אַן אַנדער מאָדוס אין אַזאַ אָדער אין אַן אַנדער צײַט. דאָס איז אַן אינפֿיניטיוו פֿון אַ בייגיקן ווערב (זעט די טאַבעלע ווערבפֿאָרמעס אויף ז״ז 222–223 און די אָנמערקונגען אויף ז׳ 250).

3. בײַ אייניקע האַלב זעלבשטענדיקע ווערבן (מעגן, קאָנען, טאָרן, דאַרפֿן, מוזן, וועלן (וויל), נעמען, גיין, פּרוּוון, אָנהייבן, קלײַבן זיך, מיִען זיך, סטאַרען זיך א״אַ), וואָס דריקן אויס די מעגלעכקייט, די נייטיקייט, נויטווענדיקייט אָדער דעם אָנהייב פֿון אַ טוּונג אין פֿאַרשיידענע מאָדוסן און צײַטן, – בײַ אָט די ווערבן קומט אָפּט אַן אינפֿיניטיוו, וואָס ווײַזט אַ גרונטטוּונג און העלפֿט אויסצופֿורעמען אַ מער קאָמפּליצירטן פּרעדיקאַט. אַ שטייגער: מיך דאַרף מען לאַנג ניט בעטן (שאָל.); מיר גייען עסן (שאָל.); מע וויל אַרײַנרוקן דעם יוון אַ מטבע (שאָל.).

4. בײַ פֿאַרשיידענע זעלבשטענדיקע ווערבן, כּדי צו ווײַזן דעם צוועק אָדער דעם אינהאַלט פֿון דער טוּונג. דאָס איז אַן אינפֿיניטיוו אַ צוועק־באַשטי־[216]מונג אָדער אַן אינהאַלט־באַשטימונג. אַ שטייגער: ער וועט קומען צו קאָנטראָלירן די אַרבעט; מיר זאָלן זיך מטריח זײַן קומען אַרויסטרײַבן די מײַז (שאָל.); צוגיין נאָענט האָט ער מורא געהאַט (שאָל.).

אָנמערקונג אַ מאָל קאָן מען צווייפֿלען, צי דער אינפֿיניטיוו איז אַ טייל פֿונעם פּרעדיקאַט (פֿאַל 3),[1] צי ער איז אַן אינהאַלט־באַשטימונג (פֿאַל 4). אָבער פֿאַרן פּראַקטישן שפּראַכגעברויך איז עס ניט שטאַרק וויכטיק, ווײַל סײַ אַזוי און סײַ אַזוי שרײַבט מען דעם אינפֿיניטיוו באַזונדער.

5. בײַ פֿאַרשיידענע ווערבן, וואָס האָבן אַ דירעקטן אָביעקט (אַן אַקוזאַטיוו), כּדי צו ווײַזן אַ טוּונג, וואָס עס טוט דער דאָזיקער אָביעקט. דאָס איז אַן אינפֿיניטיוו בײַ אַן אַקוזאַטיוו. אַ שטייגער: ער פֿאַרהערט מיך זינגען (שאָל.); פֿראַנטן האָב איך איצט

[1] [1] ווי אַ שטייגער דער לעצטער אינפֿיניטיוו אין דער ווײַטערדיקער פֿראַזע לענינס: דער פֿאָלקסלערער דאַרף בײַ אונדז זײַן אַוועקגעשטעלט אויף אַזאַ הייך, אויף וועלכער ער איז קיין מאָל ניט געשטאַנען און שטייט ניט און קאָן ניט שטיין אין דער בורזשואַזער געזעלשאַפֿט (וו. אי. לענין, ב׳ XXVII, ז׳ 389, רוסיש).

געזױגן אַרומשפּאַצירן אין די גאַסן (שאָל.); אַ פֿרעמדן אַרױפֿלײגן אױף מיר אַ האַנט װאָלט ער געװיס נישט געלאָזט (פּ.).

און אַ מאָל קומט אַזאַ אינפֿיניטיװ אױך בײַ אַ דאַטיװ – בײַ אַן אומדירעקטן אָביעקט. אַ שטײגער: זײ האָבן עס אַלײן מיט זײערע אױערן געהערט פֿון זײערע טאַטעס דערצײלן (ממס.).

6. בײַ פֿאַרשײדענע װערבן (פּרעדיקאַטן), כּדי איבערצוחזרן און דערמיט צו פֿאַרשטאַרקן די טוּונג, װאָס איז אױסגעדריקט אינעם פּרעדיקאַט. אין אַזאַ פֿאַל קומט דער פֿאַרשטאַרקנדיקער אינפֿיניטיװ פֿאַרן פּערזאָניקן װערב. אַ שטײגער: הײסן הײסט ער איציק, נאָר רופֿן רופֿט מען אים אַלטער (שאָל.); קײַען קײַט ער זײער גיך, רײדן רעדט ער גאַנץ פּאַמעלעך (בערג.).

אָנמערקונג 1 װען דער אינפֿיניטיװ ,זײַן׳ קומט אַלס אַ פֿאַרשטאַרקנדיקער בײַם פּערזאָניקן װערב ,איז׳, קאָן אַנשטאָט ,זײַן׳ װערן ,איזן׳. אַ שטײגער: זײַן װאָלט ער באַדאַרפֿט זײַן אַ סטודענט, נאָר איזן איז ער אַ דאַנטיסט (שאָל.); איזן ערגעץ אין דער הײם איז ער, נאָר ניט פֿאַר יענע, װאָס רופֿן אים (בערג.). און װען אַלס פֿאַרשטאַרקנדיקע קומען די אינפֿיניטיװן ,װעלן׳ און ,װיסן׳ און זײ געפֿינען זיך האַרט לעבן זײערע פּערזאָניקע װערבן, װערן זײ מערסטנס ,װילן׳ און ,װײסן׳. אַ שטײגער: װילן װיל זי זײער, פֿאַר װאָס זאָל זי נישט װעלן (שאָל.); װײסן װײסט ער אױף פֿריִער, אַז דאָס אײגענע קאָן זיך מיט אים טרעפֿן אױך דאָ (בערג.). אָבער: נאָר װיסן אַקוראַט, װוּ זײ זיצן און װי מע קומט צו זײ, – דאָס װײס איך נישט (ממס.).

אָנמערקונג 2 װען דער פֿאַרשטאַרקנדיקער אינפֿיניטיװ איז בײַ אַ װערב מיט ,זיך׳ און (אָדער) מיט אַ צוגאָב, קומט דער פֿאַרשטאַרקנדיקער װערב אָנעם ,זיך׳ און אָן אָדער מיט דעם צוגאָב. אַ שטײגער: הײבן הײבן זײ זיך אָן [די ייִדישע געשעפֿטן], דאַכט זיך, גאַנץ נישקשהדיק..., און אױסלאָזן לאָזן זײ זיך אױס, צום מײנסטן, מיט שלים־שלימזל (שאָל.).

אָנמערקונג 3 אַ מאָל טרעפֿט, אַז די טוּונג פֿונעם פּרעדיקאַט פֿאַרשטאַרקט מען מיט אַן אינפֿיניטיװ ניט פֿונעם זעלבן װערב, װאָס דער פּרעדיקאַט, נאָר פֿון אַן אַנדערן. אַ שטײגער: און דאַרפֿן מוז מען אָט װאָס. דאָס דאַרף מען, פֿאַרשטײט זיך, אױסמײַדן.

אָנמערקונג 4 דער פֿאַרשטאַרקנדיקער אינפֿיניטיװ װערט אין ייִדיש אָנגעװענדט שױן זײער לאַנג, אױך אין אַלטייִדיש. אַ שטײגער: הופאן איך הון גיהופט [האָפֿן האָב [217] איך געהאָפֿט] (על. ב.); קישטיגן [שטראָפֿן] ער הוט גיקישטיקט מיך (על. ב.); גידענקין ער װערט [װעט] גידענקין (שערטל); װינדן [פֿינדן – געפֿינען] דו װערשט װינדן (שערטל).

7. דער אינפֿיניטיװ קומט אָפֿט אױך אָן פּערזאָניקע װערבן און אָן סוביעקטן, כּדי אָנצוצײכענען...

7. דער אינפֿיניטיװ קומט אָפֿט אױך אָן פּערזאָניקע װערבן און אָן סוביעקטן, כּדי אָנצומערקן אַ טוּונג, װאָס עמעצער (אַן אומבאַשטימטער) דאַרף אָדער זאָל טאָן. דאָס איז אַ דירעקטיװישער אינפֿיניטיװ – ער קומט מערסטנס אין לאָזונגען, אין אינסטרוקציעס, אין דירעקטיװן. אַ שטײגער: רעאַליזירן די הלװאה מיט גיכע טעמפּן! שלאָגלעריש אױספֿילן דעם פּלאַן! װאָס גיכער אַנטװיקלען אונדזער אינדוסטריע.

8. בײַ פֿאַרשײדענע זאַצגלידער סובסטאַנטיװן, כּדי צו כאַראַקטעריזירן די דאָזיקע סובסטאַנטיװן. דאָס איז אַן אינפֿיניטיװ אַן אַטריבוט. דערבײַ קאָן דער דאָזיקער אינפֿיניטיװ דער אַטריבוט (װי יעדער אַנדער אינפֿיניטיװ) האָבן בײַ זיך אָביעקטן און אַנדערע

בײַגלידער. אַ שטייגער: וויי־וויי, וואָס ער האָט דאָרטן אויסגעלייענט! וויפֿל סגולות אויף צו מאַכן געלט דורך פֿאַרשיידענע רעצעפּטן! אַ רעצעפּט אויף צו פֿאַרדינען הונדערט רובל אַ חודש דורך מאַכן די בעסטע טינטן... (שאָל.).

9. אַלס אַ סובסטאַנטיווירונג. דאָס איז אַ סובסטאַנטיווירטער אינפֿיניטיוו. אין אַזאַ פֿאַל קומט ער אָדער קאָן קומען מיט די אַרטיקלען ,דאָס׳ אָדער ,דעם׳, איז אין זאַץ אַ סוביעקט אָדער אָביעקט און באַקומט אַלערליי אַנדערע אייגנשאַפֿטן פֿון אַ סובסטאַנטיוו, ניט פֿאַרלירנדיק זײַנע אינפֿיניטיווישע (ווערבאַלע) אייגנשאַפֿטן. אַ שטייגער: דאָס פֿאָרן פֿון יעהופּעץ קיין בויבעריק איז אַ קלייניקייט (שאָל.); ער איז מיט איר קומען צופֿרידן (בערג.); ס׳איז אָבער געווען אומזיסט דאָס פֿאַרשטעלן זיך מיטן באַהאַלטן זיך... (שאָל.); אַ באַזונדערער חן איז געווען אויסגעגאָסן... אויף זײַן יעדן ריר טאָן זיך אויף דער בינע (שאָל.); נאָר מיט דעם דאָקטערס ווײַז געבן זיך אין קאַבצאַנסק האָט... אַרויסגעשפּראָצט מיט אַ מאָל שלאַפֿקייטן אַלערליי (ממס.).

אָנמערקונג 1 אַלס אַ סוביעקט קומט אָפֿט אויך סתּם אַן אינפֿיניטיוו, ניט קיין סובסטאַנטיווירטער. אַ שטייגער: צוזאָגן איז קיין מלאָכה ניט (שאָל.); לאַכן איז געזונט (שאָל.); לעבן איז אַוודאי גלײַכער ווי שטאַרבן (שאָל.).

אָנמערקונג 2 אַן אינפֿיניטיוו אַן אינהאַלט־באַשטימונג (פֿאַל 4) קאָן אָפֿט מאָל באַקומען אַן אַרטיקל אָדער אַן אַנדער סובסטאַנטיוויר־מיטל (זעט ז׳ 168) און אַזוי אַרום פֿון אַן אינהאַלט־באַשטימונג ווערן אַן אָביעקט. פֿאַרגלײַכט אַ שטייגער: מײַן ברודער אליה האָט פֿײַנט דינגען זיך (שאָל.) – מײַן ברודער אליה האָט פֿײַנט דאָס דינגען זיך.

10. אין דער ליטעראַטור (הויפּטזאַכלעך בײַ מענדעלען און שלום־עליכמען) טרעפֿט מען אָפֿט מאָל אַן אינפֿיניטיוו אין נאָך אַ פֿאַל: ער קומט אָן פּערזאָניקע ווערבן און אָן סוביעקטן, נאָר אַלס אַ בײַזאַץ בײַ אַ הויפּטזאַץ און מיט די הילפֿווערטער ,ניט (נישט) צו׳, כּדי צו ווײַזן די נעגאַציע פֿון אַ טוונג, וואָס קומט פֿאָר אײנצײַטיק מיט דער טוונג אינעם הויפּטזאַץ. דאָס איז אַן אינפֿיניטיוו, וואָס איצט וואָלט מען אַנשטאָט אים און דעם ,צו׳ מערסטנס געבראַכט אַ גערונדיוו אָדער אַן אַנדער ווערבפֿאָרמע. אַ שטייגער: זי גלאָצט אויס אַ פּאָר גלעזערנע אויגן און קוקט, נישט צו ריידן אַ וואָרט (ממס.); קיין צײַט נישט צו האָבן וואַרטן אויף אַן ענטפֿער, בייגט זיך רייזע אײַן... צו זען... (ממס.); ענג איז [218] געווען אין קלײַזל, אַ שפּילקע־קעפּל אַהין ניט אַרײַנצוּוואַרפֿן (ממס.); מע גיט זיך אָפּ מזל־טובֿ און מע קוקט אויף יאָסעלען, קיין אויג נישט אַראָפּצולאָזן פֿון אים (שאָל.).

282 אַן אינפֿיניטיוו קומט אין אַ ריי פֿאַלן מיט אַ פּאַרטיקל ,צו׳. דער דאָזיקער ,צו׳ איז אָן אַן אַקצענט און ווערט געוויינטלעך געשריבן באַזונדער. אַ שטייגער: ער קומט באַלד צו גיין; ער הייבט ניט אָן צו פֿאַרשטיין אאַ״וו. דעם דאָזיקן פּאַרטיקל ,צו׳ דאַרף מען ניט צונויפֿמישן מיטן צוגאָב ,צו׳ (צוגיין אַהיים) און מיטן פּרעפֿיקס ,צע־׳ (צעגיין פֿון היץ). ווען דער אינפֿיניטיוו איז מיט אַ צוגאָב, קומט דער פּאַרטיקל ,צו׳ געוויינטלעך אַרײַן צווישן דעם צוגאָב און וואָרצל. אַ שטייגער: ער הייבט אָן אָפּצוגיין (צו אָפּגיין), אַרײַנצוגיין (צו אַרײַנגיין) אאַ״וו.

ריכטיקער: ניט דער פּאַרטיקל ,צו׳ קומט אַרײַן צווישן דעם צוגאָב און וואָרצל, נאָר דער צוגאָב, צוזעצנדיק זיך צום אינפֿיניטיוו, דערנעענטערט דעם פּאַרטיקל ,צו׳ צום אינפֿיניטיוו.

אָנמערקונג דער פּאַרטיקל ,צו׳ קאָן קומען אויך בײַ אַן אינפֿיניטיוו, וואָס האָט אַ צוגאָב ,צו׳. אַ שטייגער: ער האָט אָנגעהויבן צוצוגיין (צו צוגיין).

283 דער פּאַרטיקל ,צו׳ שטאַמט פֿון דער פּרעפּאָזיציע ,צו׳ און פֿלעגט לכתּחילה געברויכט ווערן בײַ אַן אינפֿיניטיוו מיטן באַטײַט פֿון אַ צוועק־באַשטימונג. דעריבער קאָן נאָך אויך איצט אַן אינפֿיניטיוו אָפֿט קומען אָן דעם ,צו׳ אָדער מיט אים, אָפּהענגיק פֿונעם אינפֿיניטיווס ראָלע אין זאַץ. פֿאַרגלײַכט אַ שטייגער: איך דאַרף בלאָזן פֿײַער – איך דאַרף... אַ קליינינק שפּענדעלע אַ ריינס צו בלאָזן פֿײַער (האָפּ.).

ווען צו ברענגען דעם פּאַרטיקל ,צו׳ פֿאַר ן אינפֿיניטיוו אָדער צווישן דעם צוגאָב און דעם וואָרצל פֿונעם אינפֿיניטיוו – דאָס איז ניט רעגלאַמענטירט. יעדער איינער טוט אין יעדן פֿאַל אַזוי, ווי עס זאָגט אים אונטער זײַן שפּראַך־חוש. אין דער ליטעראַטור באַגעגנט מען דעם דאָזיקן ,צו׳ אָפֿטער אינעם אינפֿיניטיוו גופֿא. ניט רעגלאַמענטירט איז אויך, ווען מוז אַזאַ ,צו׳ אומבאַדינגט זײַן און ווען קאָן מען אויסקומען אויך אָן אים. אַ שטייגער דער זאַץ ,אים האָט זיך פֿאַרוואָלט צו קוקן אויפֿן בילד׳ קאָן קומען אָנעם ,צו׳ אויך. בכלל איז צו באַמערקן, אַז אין פֿאַרגלײַך מיטן פֿריִערדיקן ייִדיש אָפּערירט מען איצט פֿיל זעלטענער מיטן דאָזיקן ,צו׳. דער גרעסטער טייל איצטיקע ייִדיש־ריידער (און אפֿשר אַלע) וואָלטן אַ שטייגער די ווײַטערדיקע זאַצן מסתּמא געבראַכט אָנעם ,צו׳: דורך דעם פֿלעג זיך די בלאָטע פֿון זיי אָפּצושאָקלען (דיק); רעדלעך אָבער פֿלעגט טאָג און נאַכט בײַ מיר צו זיצן (עט.); נפֿתּלקע פֿלעגט צו זײַן בײַם קאַפּיטאַן פֿון דער ראָטע (אַקס.).

אָט די דאָזיקע קאָנסטרוקציע (,פֿלעגט׳ + ,צו׳ + אינפֿיניטיוו) איז אָפֿט פֿאַראַן אויך אין אַלטייִדישע טעקסטן. אַ שטייגער בײַ שערטלען: ער פּפלעקט צו טון; אונ׳ זיא [זיי] פּפלעגן איין צו זאמילן; אונ׳ זיא פּפלעגן צו ווֶעלגרין [וועלגערן]; איין לנד דז דא פּפליגט צו ווקשן ורוכט. און אַזוי איז עס אָפֿט אויך בײַ בליצן, בײַ וויצנהויזענען און בײַ נאָך אַנדערע.

284 אַ סובסטאַנטיווירטער אינפֿיניטיוו (ווי אַן אינפֿיניטיוו בכלל) קאָן זײַן פֿון אַן אַק־טיוון, פּאַסיוון און רעפֿלעקסיוון ווערב אין פֿאַרשיידענע אַספּעקטן (זעט די בײַשפּילן בײַם אינפֿיניטיוו אַלס אַ סובסטאַנטיווירונג, ז״ז 237–238). אַ סובסטאַנטיווירטער אינפֿיניטיוו געהערט צום דריטן מין, און זײַנע אַרטיקלען נעמען אָן די בייגפֿאָרמעס (נאָמינאַטיוו, אַקוזאַטיוו און דאַטיוו), וואָס עס האָט בכלל אַ סובסטאַנטיוו פֿון דריטן מין. אַ שטייגער: דאָס קרימען זיך האָט שוין נישט געהאַט דעם טעם ווי פֿריִער (ממס.); צו וואָס טויג דיר נאָך דאָס שווערן זיך (שאָל.); אין שטוב האָט פֿריִער פֿון אַלעמען דערהערט דאָס קלינגען די [219] חזנטע לאה (שאָל.); מע האָט אין דעם שפּילן זיך פֿאַרלאַנגט אַלץ נאָכצוטאָן די גרויסע (ממס.).

אַ סובסטאַנטיווירטער אינפֿיניטיוו איז אי אַ סובסטאַנטיוו אי אַ ווערב. ווי אַ סוב־סטאַנטיוו קומט ער מיט אַן אַרטיקל, קאָן זײַן אַ סוביעקט אָדער אָביעקט, ווערט אַ ביסל פֿאַרזאַכלעכט אאַ״וו. ווי אַ ווערב קאָן ער (ווי בכלל אַ ווערב, אַן איבערגייענדיקער) באַהערשן אַ דירעקטן אָביעקט. אַ שטייגער:

דאָס אַראָפּנעמען די גרעטעניש האָט פֿאַראינטערעסירט...

ווען אָבער מיר װעלן אַנשטאָט אַ סובסטאַנטיווירטן אינפֿיניטיוו ברענגען סתּם אַ סובסטאַנטיוו, אַפֿילו אַזאַ, וואָס איז געבילדעט פֿון אַ ווערב, וועט שוין קיין דירעקטער אָביעקט – קיין אַקוזאַטיוו ניט קומען, וואָרן אַ סובסטאַנטיוו קאָן קיין דירעקטן אָביעקט ניט באַהערשן. דאָ וועט שוין מוזן קומען אַן אומדירעקטער אָביעקט (אָדער אַן אַטריבוט) – אַ דאַטיוו מיט אַ פּרעפּאָזיציע. אַ שטייגער:

דער אַראָפּנעם פֿון דער גערעטעניש האָט פֿאַראינטערעסירט...

דער אינפֿיניטיוו – דער ווערבאַלער און דער סובסטאַנטיווירטער – איז זייער אַ פֿאַרשפּרייטע דערשײַנונג סײַ אין דער פֿאָלקסשפּראַך און סײַ אין דער ליטעראַטור. אָט זײַנען אַ שטייגער עטלעכע בײַשפּילן, וואָס ווײַזן, ווי שטאַרק עס האָבן פֿונעם אינפֿיניטיוו געהאַלטן די קאָריפֿייען פֿונעם ייִדישן קינסטלערישן וואָרט – מענדעלע און שלום־עליכם: הערשעלע האָט פֿונעם ערשטן טאָג קומען קיין גלופּסק באַקומען אַ קאַטער (ממס.); מלכּה־טויבע האָט נאָך דעם צענטן מאָל געזעגענען זיך אויסגעשטרעקט די האַנט פֿונעם וואָגן (ממס.); אסתּר האָט דעמאָלט שוין מער ניט געקאָנט אין זינען האָבן דאָס לערנען און דאָס שרײַבן (שאָל.); נאָר דאָס שלאָגן זיך פֿון קינדווײַז אָן צו דער ליכטיקייט, דאָס רײַסן זיך צו דער וויסנשאַפֿט איז בײַ אים אַזוי גרויס, אַזוי שטאַרק, אַז עס האָט גובֿר געווען (שאָל.); דאָס זעלבע בייגן זיך, די זעלבע עטלעכע טריט צוריק, די זעלבע רעוועראַנסן, דאָס זעלבע רײַבן מיט די הענט (שאָל.).

285 אַן אינפֿיניטיוו, אַ סובסטאַנטיווירטער אינפֿיניטיוו אָדער אַ ווערבאַלער סובסטאַנטיוו (פֿונעם זעלבן ווערב) גיבן אָפּט צו דעם זאַץ אַן ענלעכן באַטײַט און קאָנען אָפּט קומען אין איינע און די זעלבע פֿאַלן. אַ שטייגער: מע האָט פֿאַרענדיקט אַראָפּנעמען די גערעטעניש, דאָס אַראָפּנעמען די גערעטעניש, דעם אַראָפּנעם פֿון דער גערעטעניש. דער אונטערשייד פֿון די דאָזיקע דרײַ סינאָנימישע פֿאָרמעס באַשטייט דער עיקר, אַזוי צו זאָגן, אינעם סכום ווערבאַלקייט, וואָס זיי דריקן אויס: דער סובסטאַנטיווירטער אינפֿיניטיוו אַנטהאַלט מער ווערבאַלקייט פֿונעם ווערבאַלן סובסטאַנטיוו און ווייניקער פֿונעם אינפֿיניטיוו.

אין די פֿאַלן, ווען פֿאַרן באַטײַט פֿונעם זאַץ איז כּמעט קיין חילוק ניט, וועלכע פֿון די דאָזיקע פֿאָרמעס צו ברענגען, איז גלײַכער צו אָפּערירן מיטן סובסטאַנטיווירטן אינפֿיניטיוו (אָדער בכלל מיטן אינפֿיניטיוו) איידער מיטן ווערבאַלן סובסטאַנטיוו, וואָרן אין פֿאַרגלײַך מיטן סובסטאַנטיוו פֿירט דער סובסטאַנטיווירטער אינפֿיניטיוו צו אַ קירצערער און אויסדריקלעכער סטרוקטור פֿונעם זאַץ. פֿאַרגלײַכט אַ שטייגער:

איינע פֿון די וויכטיקסטע אויפֿגאַבן אין דער צוגרייטונג צום ווינטער־פֿאַרזיי איז די צוגרייטונג פֿון דער זריעה (צ.).

איינע פֿון די וויכטיקסטע אויפֿגאַבן אין (אינעם, בײַם) צוגרייטן דעם ווינטער־פֿאַרזיי איז (דאָס) צוגרייטן די זריעה. [220]

מיטן אינפֿיניטיוו איז אָפּט אויך גלײַכער צו אָפּערירן בײַם איבערזעצן. באַזונדערש פֿון אַזאַ שפּראַך, ווי רוסיש אַ שטייגער, וואָס האָט ניט קיין סובסטאַנטיווירטן אינפֿיניטיוו און

אָפּעריִרט דער עיקר מיטן ווערבאַלן סובסטאַנטיוו. אַ שטייגער דעם חבֿר סטאַלינס זאַץ[1] Сменялась одна форма эксплуатации трудящихся другой формой эксплуата-ции[2] לווינט אין ייִדיש בעסער איבערזעצן:

ניט אַזוי:	נאָר אַזוי:
עס פֿלעגט פֿאַרביטן ווערן איין פֿאָרמע פֿון עקספּלואַטאַציע פֿון די אַרבעטנדיקע דורך אַ צווייטער פֿאָרמע פֿון עקספּלואַטאַציע.[3]	עס פֿלעגט פֿאַרביטן ווערן איין פֿאָרמע פֿון עקספּלואַטירן די אַרבעטנדיקע דורך אַ צווייטער פֿאָרמע פֿון עקספּלואַטירן (עקספּלואַטאַציע).

דאָס הייסט: ניט דורך אַ ווערבאַלן סובסטאַנטיוו, נאָר דורך אַן אינפֿיניטיוו, וועלכער איז דאָ און אין פֿיל ענלעכע פֿאַלן בעסער דערמיט, וואָס ער מאַכט בולטער די טוונג און אָנזעעוודיקער דעם אָביעקט.

ווען אָבער די טוונג אינטערעסירט דעם אַוטאָר ווייניקער, ווען ער וויל מער האָבן צו טאָן מיט אַ רעזולטאַט פֿון דער טוונג, מיט אַ סובסטאַנץ, דאַן איז שוין דווקא דער ווער־באַלער סובסטאַנטיוו מער צוגעפּאַסט. פֿאַרגלייַכט אַ שטייגער:

1. בייַ אַזוינע באַדינגונגען האָט גאָר קיין רייד ניט געקאָנט זייַן וועגן צוגרייטן די שילער צו די עקזאַמענעס.
2. בייַ אַזוינע באַדינגונגען האָט גאָר קיין רייד ניט געקאָנט זייַן וועגן דער צוגרייטונג פֿון די שילער צו די עקזאַמענעס.

39 פּאַרטיציפּ (ווערבאַלער און נאָמינאַלער)

286 אַ פּאַרטיציפּ שיידט זיך אונטער פֿונעם אינפֿיניטיוו און פֿונעם פּערזאָניקן ווערב מיט עטלעכע גאַנץ בולטע סימנים און אייגנשאַפֿטן. דאָס קאָן מען אַמבעסטן זען, בילדנדיק אינפֿיניטיוון און פּאַרטיציפּן פֿון איינע און די זעלבע ווערבן. אַ שטייגער:

אינפֿיניטיוו	פּאַרטיציפּ
1. ער וועט לייענען	1. ער האָט געלייענט
2. ער וועט שרייַבן	2. ער האָט געשריבן
3. ער וועט אַראָפּנעמען	3. ער האָט אַראָפּגענומען
4. ער וועט פֿאַרשרייַבן	4. ער האָט פֿאַרשריבן
5. ער וועט אָרגאַניזירן	5. ער האָט אָרגאַניזירט [221]

[1] [1] דאָ גייט אַ רייד וועגן דעם רעזולטאַט פֿון אַלע רעוואָלוציעס ביז דער גרויסער סאָציאַליסטישער אָקטיאַבער־רעוואָלוציע.

[2] smenjalas' odna forma [SUB NOM] ėkspluatacii [SUB GEN] trudjaščichsja [SUB GEN] drugoj formoj ėkspluatacii.

[3] [2] און אַוודאי און אַוודאי דאַרף מען עס ניט איבערזעצן: ,עס פֿלעגט זיך פֿאַרבייַטן' אָדער ,עס האָט זיך פֿאַרביטן'.

פֿאַרגלײַכנדיק די סטרוקטור פֿון די אינפֿיניטיוון מיט דער סטרוקטור פֿון די פּאַרטי־ציפּן, זעט מען:

1. דער אינפֿיניטיוו איז אַ וואָרט, וואָס קומט אָדער קאָן קומען מיטן הילפֿווערב ,וועל׳ צו ווײַזן צוקונפֿט; דער פּאַרטיציפּ איז אַ וואָרט, וואָס קומט אָדער קאָן קומען מיטן הילפֿ־ווערב ,האָבן׳ אָדער ,זײַן׳ צו ווײַזן די געוויינטלעכע פֿאַרגאַנגענהייט;

2. דער אינפֿיניטיוו ענטפֿערט אויף דער פֿראַגע ,וואָס טאָן?׳, דער פּאַרטיציפּ ענטפֿערט געוויינטלעך אויף דער פֿראַגע ,וואָס געטאָן?׳;

3. דער אינפֿיניטיוו קומט מיטן סופֿיקס ,־(ע)ן׳,[1] דער פּאַרטיציפּ קומט מיטן סופֿיקס ,־(ע)ן׳ אָדער ,־ט׳;

4. דער אינפֿיניטיוו האָט ניט קיין ספּעציעלן פּרעפֿיקס, דער פּאַרטיציפּ האָט זייער אָפֿט אַ ספּעציעלן פּרעפֿיקס ,גע־׳;

5. דער פּאַרטיציפּ שיידט זיך נאָך אָפֿט אונטער פֿונעם אינפֿיניטיוו (און פֿון אַנדערע ווערבפֿאָרמעס) מיט אַ קלאַנגענבײַט אינעם וואָרצל. אַ שטייגער: שרײַבן – געשריבן, זיצן – געזעסן, נעמען – גענומען.

אָנמערקונג עס זײַנען פֿאַראַן ווערבן, וואָס קומען מיטן פּרעפֿיקס ,גע־׳ ניט נאָר אין פּאַרטיציפּ, נאָר אויך אין אינפֿיניטיוו און אין אַנדערע פֿאַלן. דאָס זײַנען אָדער אַזעל־כע ווערבן ווי ,געווינען, געבוירן׳, וואָס אָנעם ,גע־׳ קומען זיי איצט ניט; אָדער אַזעלכע ווי ,געהערן, געדענקען׳, וואָס מיטן ,גע־׳ באַטײַטן זיי ניט דאָס זעלבע, וואָס אָן אים. פֿאַרגלײַכט אַ שטייגער: הערן – געהערן; דענקען – געדענקען.

287 בײַם פּאַרטיציפּ איז ניט פֿאַראַן קיין פּרעפֿיקס ,גע־׳ אין פֿאָלגנדיקע פֿאַלן:

1. ווען דער פּאַרטיציפּ ווערט געבילדעט פֿון אַ ווערב, וואָס האָט שוין אַ פּרעפֿיקס. אַ שטייגער: באַשרײַבן – באַשריבן; דערשרײַבן – דערשריבן; פֿאַרשרײַבן – פֿאַרשריבן;

2. ווען דער פּאַרטיציפּ ווערט געבילדעט פֿון אַ ווערב, וואָס האָט אַ סופֿיקס ,־יר, ־יזיר, ־יפֿיציר׳ און וואָס איז אָן אַ צוגאָב. אַ שטייגער: קאָנטראָלירן – קאָנטראָלירט; אָרגאַניזירן – אָרגאַניזירט; קלאַסיפֿיצירן – קלאַסיפֿיצירט. אין אַלע אַנדערע פֿאַלן איז בײַם פּאַרטיציפּ שטענדיק פֿאַראַן אַ פּרעפֿיקס ,גע־׳. אַ שטייגער: שרײַבן – געשריבן; אָפּשרײַבן – אָפּגע־שריבן; דורכקאָנטראָלירן – דורכגעקאָנטראָלירט.

אָנמערקונג 1 פֿון ,עסן׳ און ,צעעסן׳ איז דער פּאַרטיציפּ ,געגעסן׳ און ,צעגעסן׳. אָבער פֿון ,דערעסן׳ בלײַבט ,דערעסן׳. פֿון די ווערבן ,דענקען׳ און ,געדענקען׳ איז דער פּאַרטיציפּ – ,געדענקט׳.

אָנמערקונג 2 ווען דער פּאַרטיציפּ ווערט געבילדעט פֿון אַ ווערב, וואָס האָט אי אַ צוגאָב (פֿריִער) אי אַ פּרעפֿיקס, קומט ער אַ מאָל מיטן ,גע־׳. אַ שטייגער: אויסגעפֿאַרקויפֿט (בערג.); אויסגעדערציילט, אָפּגעבאַטראַכט (ניס.); אויסגעבאַהאַלטן (מאַרק.). אָבער נאָך אָפֿטער קומט אַזאַ פּאַרטיציפּ אָנעם ,גע־׳. אַ שטייגער: אַרויסדערטאַפּט, אַרויסבאַקומען,

[1] און ווען ניט ווען מיטן סופֿיקס ,־נען׳. אַ שטייגער: חתמענען, גנבֿענען א״אַ.

איבערדערציילט, אויסדערציילט (ממס.); אָנדערציילט, אויסדערציילט, אויסדערווײילט, אויספֿאַוקויפֿט (שאָל.); אויסבאַהאַלטן (בערג.). [222]

אָנמערקונג 3 די ווערבן ,שטודירן׳ און ,שפּאַצירן׳ קומען אין פּאַרטיציפּ אי מיטן ,גע־׳ אי אָן אים. כּדי אַרייַנצוטראָגן אַן אייַנהייטלעכקייט בייַם בילדן פּאַרטיציפּן פֿון ווערבן מיטן סופֿיקס ,־יר׳, איז גלייַכער צו ברענגען אויך די דאָזיקע אָנעם ,גע־׳. (אין ,שפּאַצירן׳ האָבן מיר אַ סופֿיקס ,־יר׳, וואָס איז שוין גאַנץ לאַנג אַרייַנגעוואַקסן אינעם וואָרצל ,שפּאַץ׳ [רוים].)

אין דיאַלעקטן און אויך אין דער פֿריִערדיקער ליטעראַטור קאָן מען טרעפֿן דעם פּרעפֿיקס ,גע־׳ אויך בייַ פּאַרטיציפּן מיטן סופֿיקס ,־יר׳. אַ שטייגער: געפֿיקסירט, געפֿונקציאָנירט, זיך געאינטערעסירט; בייַ שלום־עליכמען איז אַ שטייגער פֿאַראַן: געקאָפּירט, גערעקאָמענדירט, געפֿאָטאָגראַפֿירט א״אַ; אין די „תּקנות״ (סטאַטוט) פֿון דער אַמסטערדאַמער קהילה פֿון 1735 איז אַ שטייגער פֿאַראַן: גערעגולירט (דער פּרעפֿיקס איז דאָרט געשריבן אַ מאָל מיט ,י׳, אַ מאָל אין גאַנצן אָן אַ וואָקאַל), געטאַקסירט ווערן, געפּראָבירט זייַן, געטראַנספּאָרטירט ווערן, געפּובליצירט (אָפּגעלייענט) און אַנדערע.

288 דער פּרעפֿיקס ,גע־ (גי־)׳ האָט לכתּחילה געהאַט אַ גאַנץ רעאַלן באַטייַט – דעם זעלבן באַטייַט, וואָס ער האָט נאָך אָפּט אויך איצט בייַ אַ ריי סובסטאַנטיוון, – דעם באַטייַט פֿון ,זאַמלונג׳, פֿון ,מיט, צונויף׳ (זעט ז׳ 144). שפּעטער האָט ער גענומען פֿאַרלירן דעם דאָזיקן באַטייַט זייַנעם, האָט גענומען באַטייַטן פֿריִערדיקייט און האָט זיך געקאָנט געפֿינען בייַ אַלערליי ווערבפֿאָרמעס, ניט נאָר בייַם פּאַרטיציפּ (שפּורן דערפֿון האָבן מיר נאָך אויך איצט. אַ שטייגער: געדענקען, געהערן אאַ״וו). נאָך שפּעטער, אינעם פּעריאָד פֿון נייַ־הויכדייַטש, איז דער דאָזיקער פּרעפֿיקס שוין פֿאַרוואַנדלט געוואָרן אין אַן אויסשליסלעך פּאַרטיציפּישן פּרעפֿיקס. און איצט זייַנען מיר עדות פֿון אַ נייַעם פּראָצעס, ווען אַ גאַנצע ריי פּאַרטיציפּן אָן פּרעפֿיקסן (מיט סופֿיקס ,־יר, ־יזיר...׳) ווערן שוין געבראַכט אָנעם דאָזיקן ,גע־׳.

289 אַ קלאַנגענבייַט אינעם וואָרצל האָט דער פּאַרטיציפּ געוויינטלעך דאַן, ווען ער קומט מיטן סופֿיקס ,־(ע)ן׳. קומט ער מיטן סופֿיקס ,־ט׳, איז בייַ אים געוויינטלעך קיין קלאַנגענבייַט ניט פֿאַראַן. אָבער: וועלן – געוואָלט,[1] האָבן – געהאַט, ריידן – גערעדט,[2] ברענגען – געבראַכט,[3] וויסן – געוווּסט.

אָנמערקונג 1 ווערבן מיטן וואָקאַל ,י׳ אין וואָרצל האָבן אין פּאַרטיציפּ ,ו׳, אויב דער פּאַרטיציפּ קומט מיטן סופֿיקס ,־(ע)ן׳. אויב דער פּאַרטיציפּ קומט מיטן סופֿיקס ,־ט׳, בלייַבט דער וואָקאַל ,י׳ בכלל ניט געענדערט. אַ שטייגער:

פּאַרטיציפּ מיט ,־(ע)ן׳		פּאַרטיציפּ מיט ,־ט׳	
אינפֿיניטיוו	**פּאַרטיציפּ**	**אינפֿיניטיוו**	**פּאַרטיציפּ**
י	**ו**	**י**	**י**
ווינטשן	געוווּנטשן	שיקן	געשיקט
טרינקען	געטרונקען	וויגן	געוויגט

1 [1] אַ וואָרט ,געוועלט׳ איז אויך דאָ, נאָר מיט גאָר אַן אַנדער באַטייַט: געוועלט מילך (געקאָכט, געבריט).
2 [2] ס׳איז דאָ אַן אינפֿיניטיוו ,רעדן׳ אויך.

,געוועלט׳ אינעם באַטייַט פֿון ,געוואָלט׳ דאַרף מען ניט ניצן.

3 [3] ס׳איז דאָ אַ פּאַרטיציפּ ,געברענגט׳ אויך.

שפּרינגען	געשפּרונגען	בריִען	געבריט
אָפּדינגען	אָפּגעדונגען	שטימען	געשטימט
פֿאַרקלינגען	פֿאַרקלונגען	טריקענען	געטריקנט [223]

אָנמערקונג 2 אַ ריי פּאַרטיציפּן קאָנען קומען אי מיטן סופֿיקס ־(ע)ן׳ אי מיט ־ט׳. קומען זיי מיט ־ט׳, איז בײַ זיי בכלל קיין קלאַנגענבײַט ניטאָ. אַ שטייגער: שפּינען – געשפּונען, געשפּינט; הינקען – געהונקען, געהינקט; צווינגען – געצוואונגען, געצווינגט.

אָנמערקונג 3 בײַ ווערבן מיטן וואָקאַל ,ו׳ אין וואָרצל קומט אין פּאַרטיציפּ קיין קלאַנגענבײַט ניט פֿאָר. אַ שטייגער: רופֿן – גערופֿן, קומען – געקומען, טאָן (טון) – געטאָן (געטון).

אָנמערקונג 4 די ווערבן ,וויסן, ליגן, געבן (פּערזאָניקער ווערב – ,גיבן׳), נעמען, הייבן׳ און ,בייגן׳, סײַ מיט פּרעפֿיקסן און צוגאָבן און סײַ אָן, זײַנען אין פּאַרטיציפּ אַזוי:

געוווּסט	געלעגן	געגעבן	גענומען	געהויבן	געבויגן
באַוווּסט	אָפּגעלעגן	דערגעבן	צענומען	דערהויבן	פֿאַרבויגן
דערוווּסט	אויסגעלעגן	אויסגעגעבן	צוגענומען	אָנגעהויבן	אײַנגעבויגן[1]

דער ווערב ,קריגן׳ (אָן ,זיך׳) איז אין פּאַרטיציפּ ,געקראָגן׳ אָדער ,געקריגט׳.

דעם ווערב ,דערוויסן׳ דאַרף מען ניט פּלאָנטערן מיטן ווערב ,דערווישן׳ (טרעפֿן). פֿון ,דערווישן׳ איז דער פּאַרטיציפּ – ,דערווישט׳. אַ שטייגער: ווי איך בין אַהין געקומען, האָב איך זי דערווישט זייער קראַנק (פּערל).

אָנמערקונג 5 ווען אַ פּאַרטיציפּ ווערט געבילדעט פֿון אַ ווערב, וואָס זײַן נולפֿאָרמע ענדיקט זיך מיט אַ ,ט׳, קומט ניט קיין סופֿיקס ־ט׳ בײַם פּאַרטיציפּ. אַ שטייגער: היט – געהיט, טראַכט – געטראַכט. ווען אָבער אַ פּאַרטיציפּ ווערט געבילדעט פֿון אַ ווערב, וואָס זײַן נולפֿאָרמע ענדיקט זיך מיט אַ ,ד׳, קומט בײַם פּאַרטיציפּ דער סופֿיקס ־ט׳ און אין ריידן פֿאַרטויבט דער דאָזיקער סופֿיקס דעם הילכיקן וואָרצלדיקן ,ד׳. אַ שטייגער: שמיד – געשמידט, בלענד – געבלענדט, ווענד (זיך) – געווענדט (זיך).

דער פּאַרטיציפּ פֿון ,גרינדן׳ און ,בילדן׳ איז ,געגרינדעט׳, ,געבילדעט׳ – מיט אַן ,ע׳ צווישן ,ד, ט׳. אָבער אין ,געקײַט, געבויט׳ איז קיין ,ע׳ פֿאַרן ,ט׳ ניט פֿאַראַן.

290 אַ פּאַרטיציפּ קומט אין ייִדיש געוויינטלעך אין פֿאָלגנדיקע פֿאַלן:[2]

1. בײַם הילפֿווערב ,ווערן׳, כּדי צו בילדן צוזאַמען מיט אים אַ ריי באַשרײַביקע ווערבן. אַ שטייגער: אַנטשלאָפֿן ווערן, פֿאַרפֿראָרן (פֿאַרפֿרוירן) ווערן, אײַנגעזונקען ווערן אאַ״וו (זעט ז׳ 227);

[1] [1] אָדער: פֿאַרבייגט, אײַנגעבייגט.

[2] [2] דאָ וועט גיין אַ רייד בלויז וועגן דעם ייִדיש־גערמאַנישן פּאַרטיציפּ, וועגן דעם ייִדיש־סעמיטישן פּאַרטיציפּ זעט ז״ז 228, 229.

2. בײַ די הילפֿווערבן ,זײַן׳ אָדער ,ווערן׳, כּדי צו בילדן אַ פּאַסיוון ווערב אין אַלע מאָדוסן און צײַטן (זעט די טאַבעלע ווערבפֿאָרמעס אויף ז״ז 222–223);

3. בײַ די הילפֿווערבן ,האָבן, זײַן, וואָלט׳, כּדי אויסצופֿורעמען דעם פּרעדיקאַט אין אַזאַ אָדער אַן אַנדער מאָדוס און אין אַזאַ אָדער אין אַן אַנדער צײַט (זעט די ערשט אָנגערו־פֿענע טאַבעלע און די אָנמערקונג אויף ז״ז 218–219);

4. אָן פּערזאָניקע ווערבן און אָן סוביעקטן, כּדי צו ראַפּאָרטירן וועגן אַ טוּונג, וואָס עמעצער (אַן אומבאַשטימטער) האָט אָפּגעטאָן. אַ שטייגער: שלאָגלעריש אויסגעפֿילט דעם פּלאַן; דורכגעלייענט ביזן לעצטן בלעטל; אומזיסט איבערגעשראָקן (שאָל.); [224]

5. אָן פּערזאָניקע ווערבן און אָן סוביעקטן, נאָר אַלס אַ בײַזאַץ בײַ אַ הויפּטזאַץ, כּדי צו ווײַזן אַ טוּונג, וואָס קומט פֿאָר פֿריִער פֿון דער טוּונג אינעם הויפּטזאַץ. אַ שטייגער: צוגעפֿאָרן צום פֿעטער ניסלס שטוב, האָט דער בעל־עגלה זיך צעשפּיליעט (שאָל.); געקומען אַהיים, האָבן די קינדער געטראָפֿן די גאַנצע משפּחה (שאָל.);

6. בײַ פֿאַרשיידענע זאַצגלידער ווערבן, כּדי צו כאַראַקטעריזירן די דאָזיקע ווערבן. דאָס איז אַ פּאַרטיציפּ אַן אופֿן־באַשטימונג – ער איז אַ פּאַרטיציפּ לויט דער וואָרט־בילדונג, אָבער לויטן וואָרטקלאַס איז ער אַן אַדווערב. פֿאַרגלײַכט אַ שטייגער:

1. ער האָט אָנגעשטרענגט אַלע כּוחות.
2. ער האָט אָנגעבויגן דעם קאָפּ.

1. ער רעדט הײַנט זייער אָנגעשטרענגט.
2. ער איז געשטאַנען אָנגעבויגן.

7. אויסער דעם קומט נאָך אַ פּאַרטיציפּ בײַ פֿאַרשיידענע זאַצגלידער סובסטאַנטיוון, כּדי צו כאַראַקטעריזירן די דאָזיקע סובסטאַנטיוון. דאָס איז אַ פּאַרטיציפּ אַן אַטריבוט – ער איז אַ פּאַרטיציפּ לויט דער וואָרטבילדונג, אָבער לויטן וואָרטקלאַס איז ער אַן אַד־יעקטיוו. אַ שטייגער: בײַ אים איז אַן אָנגעשטרענגט פּנים; ער האָט געזען פֿאַר זיך אַן אָנגעבויגן קינד (זעט ז׳ 268);

8. ווען ניט ווען קומט אַ פּאַרטיציפּ אויך, כּדי איבערצוחזרן און דערמיט צו פֿאַר־שטאַרקן די טוּונג, וואָס איז אויסגעדריקט אינעם פּרעדיקאַט. אַ שטייגער: אָנגעהויבן האָט זיך עס אָנגעהויבן, ווײַ איז מיר, פֿון שמעון דעם סטאָליער (שאָל.).

אַזעלכע פֿאַרשטאַרקנדיקע פּאַרטיציפּן זײַנען היפּשלעך פֿאַרשפּרייט געווען אין אַלטײִדיש, אַ שטייגער בײַ שערטלען: גיזעהן מיר האבן גיזעהן; ור צוקט [פֿאַרצוקט] ער איז ווארדן ור צוקט; גישטולן איך בין ווארדן גישטולן; ביגיגנט איך בין ווארדן ביגיגנט. מיט דער צײַט אָבער איז דער דאָ־זיקער פּאַרטיציפּ אַלץ מער און מער אַרויסגעשטויסן געוואָרן דורכן פֿאַרשטאַרקנדיקן אינפֿיניטיוו.

פֿונעם פֿאַרשטאַרקנדיקן אינפֿיניטיוו און פֿאַרשטאַרקנדיקן פּאַרטיציפּ האָט מען, ווי עס שײַנט, ניט שטענדיק געהאַלטן. אַ שטייגער בליץ און וויצנהויזן מײַדן זיי אויס און קומען מערסטנס אָן צו אַנדערע מיטלען פֿון פֿאַרשטאַרקונג. פֿאַרגלײַכט אַ שטייגער:

1. הופאן איך הון גיהאפט (על. ב.).
2. קישטיגן ער הוט געקישטיקט מיך (על. ב.).

1. איך האב... גיהאפט (וויצנה.).
2. דער האט מיך זער געשטראפט (וויצנה.).

3. גידענקין ער וועט גידענקין (שערטל).
4. גיזעהן מיר האבן גיזעהן (שערטל).
5. ור צוקט ער איז ווארדן ור צוקט (שערטל).

3. גאט ווערט אייך גיוויש גידענקן (וויצנה.).
4. מיר האבן אייגנטליך גיזעהן (וויצנה.).
5. ער איז גיוויש פאר צוקט (וויצנה.).[1] [225]

אָנמערקונג 1 עס זײַנען פֿאַראַן פֿיל פּאַרטיציפּן, וואָס זײַ קומען אָדער נאָר אַלס די גרונטטיילן פֿון באַשרײַביקע ווערבן אָדער נאָך אָפֿטער בלויז אַלס אַדווערבן אָדער אַד־יעקטיוון. אַ שטייגער: באַגאַבט, באַהאַוונט, באַהאַרצט, באַוווּסט, באַווײַבט, באַחנט, באַ־טעמט, באַטריבט,[2] באַליבט, באַלײַבט, באַשיידן, געאָרעמט, געלינקט, געליימט, געשוואָלן, פֿאַרחלומט, פֿאַרעלטערט, פֿאַרחושט, פֿאַרהאַוועט און נאָך אַנדערע.

אָנמערקונג 2 אַ מאָל קאָן מען צווייפֿלען, צי דער פּאַרטיציפּ איז אַ טייל פֿונעם פּרעדיקאַט, צי ער איז אַ באַזונדערער זאַצגליד. אָבער פֿאַר דער פּראַקטישער שפּראַכאַר־בעט איז עס ניט שטאַרק וויכטיק, ווײַל סײַ אַזוי און סײַ אַזוי שרײַבט מען דעם פּאַרטיציפּ באַזונדער.

אָנמערקונג 3 ווען מע צווייפֿלט, צי דאַרף אין דעם אָדער אין יענעם פֿאַל זײַן אַ שטייגער ,פֿאַר־דינגען' (אַן אינפֿיניטיוו) צי ,פֿאַרדונגען' (אַ פּאַרטיציפּ), טוט מען אַזוי: מע שטעלט אַרײַן אין דעם געגעבענעם פֿאַל אַ וואָרט, וואָס זײַן אינפֿיניטיווישע אָדער פּאַרטיציפּישע פֿאָרמע איז גענוג בולט. אַ שטייגער:

1. די געבײַדע האָט מען אויסגעקאַלכט, פֿאַרדונגען… (פּאַרטיציפּ);
2. די געבײַדע ווערט אויסגעקאַלכט, פֿאַרדונגען (פּאַרטיציפּ);
3. די געבײַדע וועט מען דאַרפֿן אויסקאַלכן, פֿאַרדינגען (אינפֿיניטיוו).

דאָ זעען מיר בולט, ווען עס קומט אַן אינפֿיניטיוו און ווען אַ פּאַרטיציפּ. איז אין די אַלע פֿאַלן, ווען עס קומט אַ שטייגער ,אויסגעקאַלכט, אויסגעפּוצט' אָדער אַן אַנדער בולטער פּאַרטיציפּ, וועט אויך קומען ,פֿאַרדונגען, דערטרונקען, געפֿונען' און אַזוי ווײַטער; און אין די פֿאַלן, ווען עס קומט אַ שטייגער ,אויסקאַלכן, אויספּוצן' אָדער אַן אַנדער בולטער אינפֿיניטיוו, וועט אויך קומען ,פֿאַרדינגען, דער־טרינקען, געפֿינען' און אַזוי ווײַטער.

291 דער פּאַרטיציפּ איז לכתּחילה געווען אַ ווערבאַלער אַדיעקטיוו (אָדער אַדווערב). ווי יעדער אַדיעקטיוו און אַדווערב האָט ער געקאָנט און קאָן געוויינטלעך קומען מיט די הילפֿווערבן ,זײַן, ווערן' אָדער אַנדערע צו בילדן אַ נאָמינאַלן (ניט ווערבאַלן) פּרעדיקאַט. פֿאַרגלײַכט אַ שטייגער:

ער איז געליבט	ער איז געטריקנט	ער איז געענגט
ער איז ליב	ער איז טרוקן	ער איז ענג

און ווי יעדער אַדיעקטיוו אָדער אַדווערב האָט ער געקאָנט און קאָן געוויינטלעך קומען אַלס אַן אַט־ריבוט בײַ אַ סובסטאַנטיוו אָדער אַלס אַן אופֿן־באַשטימונג בײַ אַ ווערב (זעט די בײַשפּילן אויף

1 [1] און דאָס זעלבע בײַ בליצן: 1. איך האב… שטארק פאר הופט; 2. האט מיך וואול שטארק געשטראפט; 3. ווען אייך גאט גידענקין ווערט; 4. מיר זעהן מיט זעהינדיגי אויגן; 5. ער איז צו ריסן.

2 [1] אַ שטייגער: ער איז געזעסן ווי אַ נעבטיקער, באַטריבט און פֿאַראומערט (ממס.).

ז׳ 245 און דעם היסטאָרישן עקסקורס אויף ז׳ 213). דערפֿון שטאַמט די לײַכטקייט פֿון שאַפֿן פּאַרטי־ציפּישע אַדיעקטיוון און אַדווערבן ניט נאָר פֿון ווערבן, נאָר אַפֿילו פֿון אַזעלכע ווערטער, וואָס אַלס ווערבן קומען זיי ניט. אַ שטייגער: באַגאַבט, באַוווּסט, באַטאָגט,[1] באַפֿערדלט,[2] געליימט, פֿאַרקבצנט[3] און נאָך פֿיל אַנדערע (קיין ווערב ,באַגאַבן, באַוויסן, באַטאָגן, ליימען, פֿאַרקבצענען׳ איז ניט פֿאַראַן). דערפֿון שטאַמט אויך, וואָס אַ פּאַרטיציפּ פֿון אַן איבערגייענדיקן ווערב (ז׳ 221) קומט אין דער געוויינט־לעכער פֿאַרגאַנגענהייט מיטן הילפֿווערב ,האָב׳ און אַ פּאַרטיציפּ פֿון אַ שטייענדיקן ווערב – געוויינט־לעך מיטן הילפֿווערב ,בין׳ (זעט ז׳ 211). [226]

40 גערונדיוו (ווערבאַלער און נאָמינאַלער)

292 אויסערן פּערזאָניקן ווערב, אינפֿיניטיוו און פּאַרטיציפּ האָט אַ ווערב נאָך אַ פֿערטע פֿאָרמע – גערונדיוו. אַ גערונדיוו איז אַ ווערבפֿאָרמע, וועלכע האָט אַ סופֿיקס ־(ע)נדיק׳ און וועלכע קומט אָדער קאָן קומען צו ווײַזן אַ טוּונג אָדער אַ צושטאַנד, וואָס קומט געוויינט־לעך פֿאָר גלײַכצײַטיק מיט אַ צווייטער טוּונג – אַ גרונטטוּונג. אַ שטייגער: לערנענדיק זיך, האָט דער קאָמיוג געקעמפֿט; קעמפֿנדיק, האָט זיך דער קאָמיוג געלערנט.

אָנמערקונג 1 די מערהייט ווערבן קומען אין גערונדיוו מיטן סופֿיקס ,־נדיק׳. אַ שטייגער: זיצנדיק, לויפֿנדיק, שרײַבנדיק, בעטנדיק, קוקנדיק... מיטן סופֿיקס ,־ענדיק׳ קו־מען אין גערונדיוו בלויז די ווערבן, וואָס אַלס פּערזאָניקע האָבן זיי ניט די פֿלעקסיע ,־ן׳, נאָר ,־ען׳ (זעט ז׳ 234).

ווען דער פּערזאָניקער ווערב קומט מיט אַ פֿלעקסיע ,־נען׳, האָט דער גערונדיוו אַ סופֿיקס ,־נענ־דיק׳. אַ שטייגער: חתמע – חתמענען – חתמענענדיק; גנבֿע – גנבֿענען – גנבֿענענדיק.

אָנמערקונג 2 אין די פֿאַלן, ווען דער אינפֿיניטיוו און די ערשטע און דריטע פּערזאָן מערצאָל פֿונעם פּערזאָניקן ווערב פֿאַלן ניט צונויף (זעט ז׳ 235), האָט דער וואָרצל פֿון די דאָזיקע ווערבן בײַם גערונדיוו דעם זעלבן קלאַנגען־באַשטאַנד, וואָס דער אינ־פֿיניטיוו. אַ שטייגער:

פּערזאָניקער ווערב	אינפֿיניטיוו	גערונדיוו
מיר (זיי) ווייסן	מיר וועלן וויסן	וויסנדיק
מיר (זיי) גיבן	מיר וועלן געבן	געבנדיק
מיר (זיי) ווילן	מיר וועלן וועלן	וועלנדיק[4]

1 [2] אַ שטייגער: דאָרט קלײַבט זיי פֿונאַנדער כּסדר אַ באַזונדער קאָמיטעט פֿון שיינע באַטאָגטע [באַ־יאָרטע, עלטערע] ייִדן (ממס.).

2 [3] אַ שטייגער: דער צווייטער, אַ באַפֿערדלטער, אַ ייִד הייסט עס מיט אַ פֿערד און וועגעלע, איז געוועזן מיכל חנה־דאָבעס (ממס.).

3 [4] אַ שטייגער: ער וווינט הינטערן קאַטוילישן קלויסטער אין אַ פֿאַרקבצנט שטיבל (בערג.).

4 [1] אַ וואָרט ,ווילנדיק׳ איז אויך פֿאַראַן, אָבער ניט קיין גערונדיוו. ,ווילנדיק׳ איז געבילדעט פֿון אַ סובּ־סטאַנטיוו ,ווילן׳ + סופֿיקס ,־דיק׳, ווי ,ווינטערדיק, זומערדיק׳.

אָנמערקונג 3 פֿון די ווערבן ,זיַין׳ און ,טאָן׳ איז דער גערונדיוו – ,זיַיענדיק׳ און ,טרענדיק׳. ווען דער ווערב ,טאָן׳ קומט מיט אַ צוגאָב, קאָן דער וואָרצלדיקער וואָקאַל זיַין אי ,אָ׳ אי ,ו׳. אַ שטייגער: אויסטאָנדיק (אויסטוענדיק), אַריַינטאָנדיק (אַריַינטוענדיק)...

293 אַ גערונדיוו קאָן זיַין סיַי פֿון אַן אַקטיוון, סיַי פֿון אַ פּאַסיוון, סיַי פֿון אַ רעפֿלעקסיוון ווערב (ווי אויך פֿון אַ באַשריַיביקן). אַ שטייגער:

אַקטיוו	**פּאַסיוו**	**רעפֿלעקסיוו**
פֿאַרנעמענדיק	פֿאַרנומען ווערנדיק (זיַיענדיק)	פֿאַרנעמענדיק זיך
אַרויסשלעפּנדיק	אַרויסגעשלעפּט ווערנדיק (זיַיענדיק)[1]	אַרויסשלעפּנדיק זיך[2]

[227]

אָנמערקונג ביַי אַ גערונדיוו פֿון אַ רעפֿלעקסיוון ווערב שטעלט מען אין אייניקע ערטער אָפּט אַריַין דעם ,זיך׳ אינעם גערונדיווס סופֿיקס. מע זאָגט דאָרט אַ שטייגער: ,שטיצנזיכדיק, געפֿינענזיכדיק׳. דאָס דאַרף מען אויסמיַידן. דער ,זיך׳ דאַרף אַלע מאָל זיַין באַזונדער. מע דאַרף זאָגן און שריַיבן: שטיצנדיק זיך, געפֿינענדיק זיך.

294 אַ גערונדיוו קומט אין יִדיש געוויינטלעך אין פֿאָלגנדיקע פֿאַלן:

1. צו וויַיזן אַ טוונג פֿונעם סוביעקט (פֿונעם טוער), וועלכע קומט געוויינטלעך פֿאָר גליַיכציַיטיק מיט אַ צווייטער, מיט אַ גרונטטוונג. דאָס איז אַ גערונדיוו אַ ביַיזאַץ. אַ שטייגער: ליגנדיק פֿאַרטראָגן אַזוי אַ היפּשע ציַיט, הערט בנימין אַ קול פֿון גלעקלעך (ממס.); דערציילנדיק, האָט זי זיך און אים טיי אָנגעגאָסן (בערג.);

2. צו וויַיזן אַ טוונג, וואָס עמעצער (אַן אומבאַשטימטער) זאָל זי טאָן איינציַיטיק מיט אַ צווייטער, מיט אַ גרונטטוונג. דאָס איז אַ גערונדיוו אַ ביַיזאַץ ביַי אַן אינפֿיניטיוו. אַ שטייגער: שטודירנדיק דעם ניַיעם מאַטעריאַל, איבערחזרן דעם אַלטן; פֿונאַנדערקליַיבן אַלע אַרבעטן, ניט אָפּשטעלנדיק זיך אויף די וויי‌ניקער וויכטיקע קלייניקייטן (צ.);

3. צו וויַיזן אַ טוונג פֿונעם אָביעקט. דאָס איז אַ גערונדיוו ביַי אַן אַקוזאַטיוו (אַזאַ גערונדיוו קאָן פֿאַרביטן ווערן אויף אַן אינפֿיניטיוו. זעט פּונקט 5 אויף ז׳ 236). אַ שטייגער: ער קאָן מאַכן רעדנדיק אַ טויטן (שאָל.); זיי האָבן געטראָפֿן עפּעס אַ יונגן־מאַן טענהנדיק מיט דעם באַלעבאָס (ממס.);

4. צו כאַראַקטעריזירן אַ ווערב. דאָס איז אַ גערונדיוו אַן אופֿן־באַשטימונג – ער איז אַ גערונדיוו לויט דער וואָרטבילדונג, אָבער לויטן וואָרטקלאַס איז ער אַן אַדוועברב. אַ שטייגער: די שוואַרצע פֿעט געמאַכטע האַרמאַטן־פּיסקעס האָבן בלינד און וואַרטנדיק געקוקט צו די וועלדער אַרום מאָשנע (בערג.).

[1] [2] אָדער: (זיַיענדיק) ווערנדיק פֿאַרנומען; (זיַיענדיק) ווערנדיק אַרויסגעשלעפּט.

[2] [3] אָדער: זיך פֿאַרנעמענדיק, זיך אַרויסשלעפּנדיק.

5. אויסער דעם קומט נאָך אַ גערונדיוו צו כאַראַקטעריזירן אַ סובסטאַנטיוו. דאָס איז אַ גערונדיוו אַן אַטריבוט – ער איז אַ גערונדיוו לויט דער וואָרטבילדונג, אָבער לויטן וואָרטקלאַס איז ער אַן אַדיעקטיוו. אַ שטייגער: אַ פֿאַרבײַגייענדיק קינד האָט זיך אָפּגעשטעלט לייענען; זי האָט אַ שרײַענדיק מויל.

אָנמערקונג אַ גערונדיוו קאָן אויך אויסדריקן אַ פֿריִערדיקע טוונג – אַ טוּונג, וואָס קומט פֿאָר פֿריִער פֿון דער גרונטטוּונג. אין אַזאַ פֿאַל קומט די דאָזיקע פֿריִערדיקע טוּונג אויסגעדריקט דורכן גערונדיוו ‚האָבנדיק׳ + אַ פּאַרטיציפּ, וואָס ווײַזט די טוּונג. אַ שטייגער: איצט, האָבנדיק אָפּגעלאָפֿן נײַע עטלעכע קלאַפּטער, מוז פּענעק זיך אָפּשטעלן... (בערג.); נאָר טאָמער וועט מען מאַכן חיימען פֿאַר ‚אויס חיים׳, פֿאַר געשטאָרבן, ניט האָבנדיק געפֿרעגט בײַ אים, צי ער וויל עס, וועט עס לויט פּענעקס מיינונג זײַן: – אַן עוולה... גאָר־גאָר אַ גרויסע עוולה... (בערג.).

41 ווערב און פּרעדיקאַט

295 דער קלאַס ווערב, האָבן מיר געזען, האָט אַ שטאַרק צעצווײַגטע סיסטעם פֿאָרמעס, וואָס דריקן אויס אַ גאַנצע ריי קאַטעגאָריעס, ווי צאָל, פּערזאָן, צײַט, מאָדוס און אַנדערע. אָט די דאָזיקע אַלע פֿאָרמעס פֿאַראייניקט מען אין איין גרופּע – [228] מע רופֿט זיי בייגיקער ווערב (פֿיניטער ווערב). אַ בייגיקער ווערב, אויב קורץ פֿאָרמולירן, איז אַ ווערב אין וועלכן ניט איז מאָדוס און פּערזאָן – ער באַשטייט אָדער פֿון אַ פּערזאָניקן ווערב אַליין (מיט אָדער אָן אַ צוגאָב, מיט אָדער אָן אַ ‚זיך׳) אָדער פֿון אַ פּערזאָניקן ווערב מיט נאָך ווערטער: מיט אינפֿיניטיוון, פּאַרטיציפּן אָדער מיט סובסטאַנטיוון, אַדווערבן און אַנדערע (זעט די טאַבעלע ווערבפֿאָרמעס אויף ז״ז 222–223 און די בײַשפּילן אויף ז׳ 227).

אויסערן בייגיקן (פֿיניטן) ווערב זײַנען פֿאַראַן אומבייגיקע (אינפֿיניטע) ווערבן. דאָס זײַנען אינפֿיניטיוון און פּאַרטיציפּן, ווען זיי קומען אָן פּערזאָניקע ווערבן דער עיקר (זעט ז״ז 236–238 און 244–245) און געהערן ניט צו קיין מאָדוס, ווי אויך גערונדיוון.

296 אַ בייגיקן ווערב דאַרף מען ניט צונויפֿמישן מיט אַ פּערזאָניקן ווערב, כאָטש אָפּט פֿאַלן זיי צונויף. אַ שטייגער:

1. ער רעדט וועגן דעם פּלאַן.
2. ער פֿילט אויס דעם פּלאַן.
3. ער האָט אויסגעפֿילט דעם פּלאַן.
4. ער וועט אויספֿילן דעם פּלאַן.
5. אויספֿילן דעם פּלאַן צו דער צײַט.
6. אויסגעפֿילט דעם פּלאַן צו דער צײַט.

אינעם ערשטן זאַץ איז דער ווערב ‚רעדט׳ אי אַ בייגיקער אי אַ פּערזאָניקער. אינעם צווייטן, דריטן און פֿערטן זאַץ זײַנען די ווערבן ‚פֿילט אויס, האָט אויסגעפֿילט, וועט אויספֿילן׳ – בייגיקע, אָבער פּערזאָניקע ווערבן זײַנען דאָרט בלויז ‚פֿילט, האָט׳ און ‚וועט׳. און אינעם

פֿינפֿטן און זעקסטן זאַץ זײַנען די ווערבן ניט קיין בייגיקע און ניט קיין פערזאָניקע. קורץ קאָן מען די באַציִונגען צווישן די ערשט אָנגעוויזענע ווערבפֿאָרמעס אַזוי פֿאָרמולירן: 1. אַ פערזאָניקער ווערב איז אָדער אַ בייגיקער ווערב (ער שרײַבט) אָדער אַ טייל פֿון אַ בייגיקן ווערב (ער שרײַבט אויס, ער האָט געשריבן, ער וועט שרײַבן, ער וואָלט געשריבן אאַ״וו). 2. אַן אינפֿיניטיוו און פּאַרטיציפּ זײַנען אָדער טיילן פֿון בייגיקע ווערבן (ער וועט שרײַבן, ער זאָל שרײַבן, ער האָט געשריבן, ער וואָלט געשריבן), אָדער זיי זײַנען אומבייגיקע ווערבן (שרײַבן ביזן סוף, איך האָב אים געטראָפֿן שרײַבן אַ בריוו, געשריבן ביזן סוף). 3. אַ גערונדיוו איז שטענדיק אַן אומבייגיקער ווערב.

גראַפֿיש קאָן מען די ערשט אָנגעוויזענע באַציִונגען אַזוי פֿאָרשטעלן:

פערזאָניקער ווערב	=, <[1]	בייגיקער ווערב
אינפֿיניטיוו, פּאַרטיציפּ	<, ≠[2]	בייגיקער ווערב
גערונדיוו	≠	בייגיקער ווערב

אָנמערקונג 1 עס זײַנען פֿאַראַן ווערבן, וואָס האָבן ניט אַלע ווערבפֿאָרמעס. אַ שטייגער ס׳איז פֿאַראַן אַן אינפֿיניטיוו ‚רעגענען׳ און אַ בייגיקער [229] ווערב ‚רעגנט, האָט גערעגנט, וועט רעגענען, וואָלט גערעגנט׳ און אַנדערע; ס׳איז אָבער ניט פֿאַראַן קיין גערונדיוו ‚רעגענענדיק׳ און קיין בייגיקער ווערב ‚רעגן,[3] רעגנסט, האָסט גערעגנט, וועסט רעגענען, וואָלטסט רעגענען׳ און אַנדערע. אָבער אַזעלכע פֿאַלן זײַנען גאַנץ ווייניק. בכלל קאָן אַ ווערב האָבן אַלע פֿאָרמעס.

אָנמערקונג 2 די בייגיקע ווערבן און די אומבייגיקע ווערבן פֿאַראייניקט מען אין איין קלאַס ווערב, ווײַל: 1. זיי אַלע באַטײַטן אַ טוונג; 2. זיי אַלע קאָנען כאַראַקטעריזירט ווערן דורך אַן אַדווערב; 3. זיי אַלע, אויב זיי זײַנען נאָר ניט פֿון אַ שטייענדיקן ווערב, קאָנען בײַ זיך האָבן אַ דירעקטן אָביעקט, אַן אַקוזאַטיוו. אַ שטייגער: ער האָט גיך געלייענט די מעלדונג; געלייענט (לייענען) גיך די מעלדונג; לייענענדיק גיך די מעלדונג, האָט ער ניט אַלץ באַמערקט (אָבער אַ ווערבאַלער סובסטאַנטיוו פֿאַרמאָגט ניט די אַלע אייגנשאַפֿטן. זעט ז׳ 239).

אָנמערקונג 3 די קאַטעגאָריעס גענוס און אַספּעקט זײַנען פֿאַראַן סײַ בײַ בייגיקע און סײַ בײַ אומבייגיקע ווערבן. אַ שטייגער: וואַשן, געוואַשן, וואַשן ווערן, וואַשן זיך, אַ וואַש טאָן זיך. די קאַטעגאָריעס מאָדוס, צײַט, פּערזאָן און צאָל זײַנען פֿאַראַן בלויז בײַ בייגיקע ווערבן.

297 אַ בייגיקער ווערב איז אַלע מאָל אַ פּרעדיקאַט. אַן אינפֿיניטיוו און פּאַרטיציפּ קאָנען זײַן ניט קיין פּרעדיקאַטן אויך און קאָנען אַפֿילו זײַן ניט נאָר ווערבן, נאָר אויך עפּעס אַנדערש (זעט ז״ז 236–238 און 245). און אַ גערונדיוו, אויב אַפֿילו ער איז אַ ‚ריינער׳ ווערב, ניט קיין אַדווערב און ניט קיין אַדיעקטיוו (זעט ז׳ 248), איז ער אַלץ ניט קיין עכטער

1 [1] דער צייכן < באַטײַט ‚קלענער׳.

2 [2] דער צייכן ≠ באַטײַט ‚גלײַכט זיך ניט׳.

3 [1] אַ וואָרט ‚רעגן׳ איז פֿאַראַן, אָבער אַ סובסטאַנטיוו, ניט קיין ווערב.

פּרעדיקאַט, נאָר אַ דערגאַנצונגס־פּרעדיקאַט – ער ווײַזט דאָך מערסטנס אַ טוונג (אין אַ בײַזאַץ), וואָס איז געוויינטלעך אונטערגעוואָרפֿן דעם סוביעקטס גרונטטוונג.

סכעמאַטיש קאָן די באַציִונג צווישן ווערבן און פּרעדיקאַטן אַזוי פֿאָרגעשטעלט ווערן:

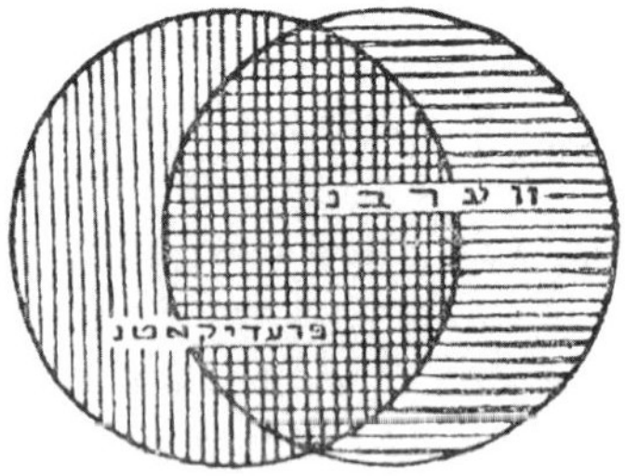

דאָס הייסט, עס איז דאָ אַ קרײַז ווערבן און אַ קרײַז פּרעדיקאַטן. דער גרעסטער טייל פֿון ביידע קרײַזן פֿאַלט צונויף. דאָס זײַנען ווערבן פּרעדיקאַטן. אַ שטייגער: בייגיקע ווערבן. אַ טייל פֿונעם קרײַז ווערבן געפֿינט זיך ניט אינעם קרײַז פּרעדיקאַטן – דאָס זײַנען ווערבן ניט קיין פּרעדיקאַטן. אַ שטייגער: אינפֿיניטיוון אַטריבוטן אָדער אַנדערע (זעט ז״ז 236–238); און אַ טייל פֿונעם קרײַז פּרעדיקאַטן געפֿינט זיך ניט אינעם קרײַז ווערבן. דאָס זײַנען פּרעדיקאַטן ניט קיין ווערבן. אַ שטייגער: פּרעדיקאַטן סובסטאַנטיוון (זעט ז׳ 195). [230]

אָבער די דאָזיקע סכעמע איז ניט גאָר גענוי. וואָרן פּרעדיקאַטן ניט קיין ווערבן קומען אין ייִדיש און אין נאָך פֿיל שפּראַכן געוויינטלעך מיט די הילפֿווערבן ,זײַן, ווערן, בלײַבן׳ און אַנדערע, וואָס זיי דריקן אויס אָדער בכלל עקסיסטענץ (זײַן), אָדער איר אָנהייב (ווערן), אָדער איר פֿאָרזעצונג (בלײַבן), אָדער עפּעס אַנדערש (הייסן) א״אַ און וואָס זיי בייגן זיך ווי אַלע אַנדערע ווערבן – אין צאָל, פּערזאָן, צײַט און מאָדוס. אַ שטייגער:

1. ער איז (ווערט, בלײַבט) יונג, אַ יונגער, אַ דירעקטאָר;
2. ער איז געווען (געוואָרן, געבליבן) יונג, אַ יונגער, אַ דירעקטאָר;
3. ער זאָל זײַן (ווערן, בלײַבן) יונג, אַ יונגער, אַ דירעקטאָר.

אָנמערקונג עס זײַנען פֿאַראַן שפּראַכן, ווו פּרעדיקאַטן ניט קיין ווערבן קומען אין קעגנוואַרט אָפּט אָן הילפֿווערבן אויך. אַ שטייגער אין רוסיש, он молод, он молодой, он директор[1]. אויך אין ייִדיש קומען אַ מאָל אין קעגנוואַרט פּרעדיקאַטן ניט קיין ווערבן אָן הילפֿווערבן. אַ שטייגער בײַ מענדעלען:

> דאָס פּנים [ר׳ אַבֿרהמס] לויטער, מיט אַ מיטעלער באָרד, ריין, ווײַס, ווי אויסגע־פֿאַלענער שניי, די גערדיכטע גרויע וואָנצעס ניט אָפּגעשאָטן מיט טאַבאַקע פֿון אַ מיתה־משונה־קאָליר, און אויף די ליפּן שטענדיק אַ גוט שמייכעלע.

1 on molod (ער [איז] יונג), on molodoj (ער [איז] אַ יונגער), on direktor (ער [איז] אַ דירעקטאָר).

דאָס זעלבע אַ שטייגער ביַי פּרצן:

די אויגן רויט, די ליפּן בלאָ,
קיין טראָפּן בלוט אין באַק נישטאָ,
דער שטערן בלאַס, באַדעקט מיט שווייס!
דער אָטעם אָפּגעהאַקט און הייס –
עס זיצן דריַי מיידלעך און נייען!

אַ מאָל, אין די אוראַלטע ציַיטן, איז אַ פּרעדיקאַט געווען נאָר אַ ווערב. שפּעטער אָבער, ווען דער מענטש האָט זיך מחמת און צוליב זיַין פּראַקטיק גענומען אינטערעסירן ניט נאָר מיט די טוונגען פֿון די אָדער יענע קעגנשטאַנדן (סוביעקטן), נאָר אויך מיט זייערע אייגנשאַפֿטן, צושטאַנדן און סימנים, האָבן גענומען אויפֿקומען אַזעלכע פּרעדיקאַטן ווי ,איז (אַ) טויט(ער), איז (אַ) געזונט(ער), איז (אַ) שווער(ער), איז (אַ) ביטער(ער), איז (אַ) הייס(ער)' און ענלעכע – פּרעדיקאַטן, וואָס וויַיזן דעם סוביעקטס אייגנשאַפֿט אָדער צושטאַנד. נאָך שפּעטער, ווען דער מענטש האָט אויפֿן סמך פֿון זיַין גרויסער דערפֿאַרונג אָנגעהויבן צו פֿאַראַלגעמיינערן דערשיַינונגען, האָט גענומען אויסטיילן און וויַיזן דאָס אַלגעמיינע, וואָס איז פֿאַראַן ביַי אַ ריי ספּעציעלע קעגנשטאַנדן און באַגריפֿן, און דאָס ספּעציעלע, וואָס איז פֿאַראַן ביַי דעם אָדער יענעם קעגנשטאַנד און באַגריף, – זיַינען אויפֿגעקומען אַזעלכע פּרעדיקאַטן ווי ,איז אַ מענטש, איז אַ הונט, איז אַ חיה, איז אַ געוויקס, איז אַ באַשעפֿעניש' און ענלעכע – פּרעדיקאַטן, וואָס אידענטיפֿיצירן איין זאַך מיט אַ צווייטער.[1] [231]

298 לויטן באַטיַיט און לויט דער סטרוקטור טיילט מען די פּרעדיקאַטן אויף צוויי גרונטטיפּן: אויף ווערבאַלע און נאָמינאַלע. אַ ווערבאַלער פּרעדיקאַט איז אַזאַ, וואָס קאָנסטאַטירט דעם סוביעקטס טוונג און איז אויסגעדריקט דורך אַ ווערב. אַ נאָמינאַלער פּרעדיקאַט איז אַזאַ, וואָס קאָנסטאַטירט דעם סוביעקטס צושטאַנד, אייגנשאַפֿט, אידענטישקייט אָדער עפּעס אַנדערש און איז אויסגעדריקט ניט דורך אַ (זעלבשטענדיקן) ווערב. (אַ פּרעדיקאַט אַ פּאַסיווער ווערב איז צווישן די דאָזיקע צוויי טיפּן – ער איז אי אַ ווערבאַלער אי אַ נאָמינאַלער.)

299 אַ פּרעדיקאַט באַשטייט מערסטנס פֿון אַ פּאָר אָדער פֿון עטלעכע ווערטער. פֿון איין וואָרט באַשטייט אַ פּרעדיקאַט נאָר דאַן, ווען ער איז אויסגעדריקט דורך אַ ווערב אין קעגנוואַרט (אָדער דורך אַ באַפֿעל־מאָדוס צווייטע פּערזאָן) און דער ווערב איז אַן אַקטיווער, ניט קיין דויעריקער, ניט קיין מאָמענטאַלער, ניט קיין באַשריַיביקער און אָן אַ צוגאָב. אַ שטייגער: שריַיב, לייענסט, דערציילט...

ווען אַ פּרעדיקאַט באַשטייט פֿון עטלעכע ווערטער (און דאָס טרעפֿט זייער אָפֿט), קאָנען זיי קומען אי נאָך אַנאַנד אי אָפּגערוקט איינס פֿונעם אַנדערן. אַ שטייגער:

1. די פֿאַבריק וועט אויספֿילן דעם פּלאַן צו דער ציַיט.

[1] [1] „...זאָגנדיק: איוואַן איז אַ מענטש, זשוטשקע איז אַ הונט, דאָס איז אַ בלאַט פֿון אַ בוים אאַ״וו, וואַרפֿן מיר אָפּ אַ ריי סימנים, אַלס צופֿעליקע, מיר טיילן אָפּ דאָס וועזנטלעכע פֿונעם דערשיַינענדיקן און שטעלן קעגן איינס דעם אַנדערן" („לענינשער זאַמלבוך", ב' XII, 2טע אויפֿלאַגע, ז' 325, רוסיש). זעט אויך די ציטאַט (ענגעלסעס) און די אָנמערקונג אויף ז' 170.

2. די פֿאַבריק וועט דעם פּלאַן אויספֿילן צו דער צײַט.
3. די פֿאַבריק וועט דעם פּלאַן צו דער צײַט אויספֿילן.

דעריבער איז אַלע מאָל, ווען מע וויל אין אַ זאַץ אָפּזוכן דעם פּרעדיקאַט, דאַרף מען דעם זאַץ אויפֿמערקזאַם דורכלייענען (אָדער אויסהערן) פֿון אָנהייב ביזן סוף, און די פּרעדיקאַט־טיילן, וואָס זײַנען אָפּט צעשאָטן צווישן אַנדערע זאַצגלידער, דאַרף מען צונויפֿנעמען אין איין גאַנצער ווערטער־גרופּע, – און דאָס וועט זײַן דער פּרעדיקאַט. אַ שטייגער:

> דער הימל האָט זיך שוין געהאַט מיט פֿײַכטע מוטנע כמאַרעס גאָר־גאָר נידעריק איבערן בײַנאַכטיקן סטעפּ אַראָפּגעלאָזט (נאָטע לוריע).

אינעם דאָזיקן זאַץ באַשטייט דער פּרעדיקאַט פֿון די ווערטער 'האָט זיך געהאַט אַראָפּגעלאָזט' – פֿון אַ ווערב אַ רעפֿלעקסיוו אין פֿאַקטישן מאָדוס, אין דער פֿריִערדיקער פֿאַרגאַנגענהייט, דריטער פּערזאָן איינצאָל.

300 דער פּרעדיקאַט שטימט געוויינטלעך מיטן סוביעקט אין צאָל און אין פּערזאָן. די דאָזיקע מיטשטימונג ווערט אויסגעדריקט דורכן פּערזאָניקן ווערב, און זי גיט אונדז אָפּט די מעגלעכקייט גיכער און גרינגער אָפּצוזוכן אי דעם סוביעקט אי דעם פּרעדיקאַט, אומאָפּהענגיק פֿון זייער אָרט אין זאַץ. אַ שטייגער:

1. די אַרבעטער שטיצן די פּאַרטיי.	1. די פּאַרטיי שטיצן די אַרבעטער.
2. די פּאַרטיי אָרגאַניזירט די אַרבעטער.	2. די אַרבעטער אָרגאַניזירט די פּאַרטיי.[1]

צוליב הכנעהדיקער (אונטערטעניקער) העפֿלעכקייט און אָפּשײַ פֿלעגט אַ פּרעדיקאַט אַ מאָל קומען אין מערצאָל בײַ אַ סוביעקט אין איינצאָל אָדער זיי ביידע פֿלעגן זײַן אין [232] מערצאָל, כאָטש פֿאַקטיש גייט אַ רייד וועגן איינצאָל. אַ שטייגער: 1. ר׳ גדליה זײַנען איצט אין אויסלאַנד (בערג.); 2. זיי זײַנען אַ ביסל צו אַ הייסע ייִדענע. זיי האָבן ניט פֿאַרשטאַנען, וואָס דער דירעקטאָר האָבן דאָ געזאָגט (שאָל.). אינעם סאָוועטישן ייִדיש איז די דאָזיקע דערשײַנונג אָפּגעשטאָרבן. זי איז נאָר פֿאַרבליבן אין דער פֿאָרמע פֿון 'אירצן' (בײַ דער צווייטער פּערזאָן, בײַם ברענגען אויך דעם סוביעקט דעם פּראָנאָם אין מערצאָל).

301 ווען אַלס אַ סוביעקט קומט אַ צונויפֿזאַץ, שטימט דער פּרעדיקאַט (דער פּערזאָניקער ווערב) מיטן הויפּטטייל פֿונעם צונויפֿזאַץ. אַ שטייגער: די אַרבעטער־צײַטונג איז שוין אַרויס פֿון דרוק; די צײַטונג־אַרבעטער זײַנען שוין געקומען. ווען דער סוביעקט איז אַ צונויפֿזאַץ פֿונעם טיפּ 'טאַטע־מאַמע, גאָפּל־מעסער', קאָן דער פּרעדיקאַט זײַן סײַ אין איינצאָל און סײַ אין מערצאָל (אָפּטער אין מערצאָל). אַ שטייגער: חתן־כּלה זיצן אויסגעפּוצט (שאָל.); טאַטע־מאַמע האָבן עס גאָר נישט געקאָנט פֿאַרשטיין (פּ.).

[1] [1] אָפּטער קומען די זאַצגלידער אין אַזאַ סדר ווי רעכטס, עס טרעפֿן אָבער פֿאַלן, ווי מיר וועלן שפּעטער זען, אַז ס׳איז בעסער צו זאָגן אַזוי ווי אין די לינקע זאַצן.

302 ווען אַלס אַ סוביעקט קומען פּאַראַלעלע סובסטאַנטיוון, קאָן דער פּרעדיקאַט שטימען אין צאָל מיט יעדן פֿון זיי. אַ שטייגער:

1. הינטער אים שטעלט זיך אָפּ די גאַנצע חבֿרה קבצנים (פּ.).
2. אַ שטוב אויגן האָט געפֿרעסן מאַרקאָן (אָר.).

1. גייען אַ שורה סאַרווערס מיט גרויסע טעלער פֿיש (פּ.).
2. אַ גאַנצע שטוב אויגן האָבן געזוכט מאַרקאָן (אָר.).

אין אַזעלכע פֿאַלן רעכנט מען זיך געוויינטלעך אָט מיט וואָס: דער פּרעדיקאַט שטימט מיט יענעם פֿון די פּאַראַלעלע סובסטאַנטיוון, וואָס אים וויל מען אַרויסשטעלן אַלס דעם הויפּט פֿונעם סוביעקט.

אַן אָריגינעלע מיטשטימונג פֿון פּרעדיקאַטן מיט אַ סוביעקט, וואָס באַשטייט פֿון פּאַראַלעלע סובסטאַנטיוון, איז פֿאַראַן בײַ מענדעלען:

בײַם עק פֿון אַ לאַנגן דעמבענעם טיש
זיצט אַ חבֿרה קלעזמער און סטראָיען, שטעלן אָן זייערע כּלים.

303 ווען אַלס אַ סוביעקט קומט אַ סובסטאַנטיוו אַ זאַמל־נאָמען, קאָן דער פּרע־דיקאַט זײַן סײַ אין איינצאָל און סײַ אין מערצאָל. אַ שטייגער: חבֿרה שטייט הינטער דער טיר (פּ.); חבֿרה האָבן אָנגעהויבן זינגען (דינ.); די גאַנצע חבֿרה שפּילן געשמאַק (שאָל.).

מע דאַרף אָבער אויסמײַדן אַזעלכע פֿאַלן פֿון מיטשטימונג ווי אַ שטייגער אין לינעצקיס זאַץ „גאַנץ פּוילן בענטשט זיך אין אים און ווינטשן זיך אַזוינע קינדער ווי ער“. דאָ ציִען בײדע פּרעדיקאַטן צו איינעם און דעם זעלבן סוביעקט „(גאַנץ) פּוילן“. דעריבער איז דאָ גלײַכער צו זאָגן און צו שרײַבן „בענטשט זיך“ און „ווינטשט זיך“ אָדער „בענטשן זיך“ און „ווינטשן זיך“.

304 ווען דער סוביעקט באַשטייט פֿון אַן ערשטער פּערזאָן צוזאַמען מיט אַ צווייטער, קומט דער פּרעדיקאַט אין מערצאָל און אין ערשטער (דריטער) פּערזאָן. אַ שטייגער: נאָר שטאַרבן האָט ער פּונקט אַזוי געוואָלט שטאַרבן, ווי איך מיט [233] אײַך ווילן שטאַרבן (שאָל.); עס איז נישט גרינג צו וויסן, ליבער פֿרײַנד, וואָס איך אָדער איר קלערן אין האַרצן (שאָל.). ווען אָבער דער סוביעקט איז אַן ערשטע פּערזאָן, וואָס ווערט קעגנגעשטעלט אַ דריטער, שטימט דער פּרעדיקאַט נאָר מיט דער דריטער פּערזאָן. אַ שטייגער: די גרויסע חכמה האָט געטאָן נישט איך, מענדעלע, נאָר מײַן פֿערדל (ממס.).

305 ווען אין אַ זאַץ איז צווישן דעם סוביעקט און פּרעדיקאַט פֿאַראַן אַ גרעסערע צאָל זאַצגלידער, מאַכט מען אָפֿט טעותן אין דער פּרעדיקאַטיווער מיטשטימונג, ווי אַ שטייגער אינעם זאַץ „אַזאַ צושטאַנד פֿון די קאָמיוגישע קעמערלעך גיבן די כּלי־קודש די מעגלעכקייט צו פֿירן זייער שעדלעכע אַרבעט“ (צ.). דאָ דאַרף, פֿאַרשטייט זיך, זײַן אַזוי: אַזאַ צושטאַנד פֿון די קאָמיוגישע קעמערלעך גיט די כּלי־קודש אא״וו. נאָך אָפֿטער איז מען ניט אויסגעהאַלטן מיט דער פּרעדיקאַטיווער מיטשטימונג, ווען דער פּרעדיקאַט קומט

פֿריִער פֿאַרן סוביעקט, ווי אַ שטייגער אינעם זאַץ ,עס קומט אָן פֿון אַלע קאַנטן בריוו׳.
די פּרעדיקאַטיווע מיטשטימונג דאַרף מען אויך אין אַזעלכע פֿאַלן אָפּהיטן און זאָגן אַזוי: עס קומען אָן פֿון אַלע קאַנטן בריוו.

III אַדיעקטיוו

42 אַדיעקטיוו און אַטריבוט

306 די ביז איצט פֿונאַנדערגעקליבענע צוויי וויכטיקסטע וואָרטקלאַסן – דער סובסטאַנטיוו און דער ווערב – קומען זייער אָפֿט מיט כאַראַקטעריזיר־ווערטער. דער סובסטאַנטיוו קומט געוויינטלעך מיט אַדיעקטיוון און מיט צאָלווערטער, און דער ווערב קומט געוויינטלעך מיט אַדווערבן. לאָמיר איצט גענויער פֿונאַנדערקלײַבן אָט די דאָזיקע כאַראַקטעריזיר־ווערטער, און אין דער ערשטער ריי דעם אַדיעקטיוו.

אַן אַדיעקטיוו באַטײַט עפּעס אַ סימן, ער קומט בײַ אַ סובסטאַנטיוו (און סובסטאַנטיווירונג) אָדער אַלס אַטריבוט אָדער אַלס פּרעדיקאַט (מיט הילפֿווערבן) און שטימט געוויינטלעך מיטן דאָזיקן סובסטאַנטיוו אין מין, צאָל און בייגפֿאָרמע. אַ שטייגער:

אַדיעקטיוו אַטריבוט	אַדיעקטיוו פּרעדיקאַט
1. דער אַלטער מאַן איז געקומען.	1. דער מאַן איז אַן אַלטער.
2. די נײַע אַרבעט געפֿעלט איר.	2. די אַרבעט איז אַ נײַע.
3. איך רוף דעם יונגן חבֿר.	3. דער חבֿר איז אַ יונגער.

אָנמערקונג אַן אַדיעקטיוו קאָן זײַן ניט דווקא בײַ אַ סובסטאַנטיוו, נאָר אויך בײַ אַ סובסטאַנטיוו מיט אַן אַדיעקטיוו. אַ שטייגער: די פֿראַנצייזישע קאָמוניסטישע פּאַרטיי; די גרויסע רעוואָלוציאָנערע באַוועגונג. אין אַזאַ פֿאַל געהערט דער אַדיעקטיוו געוויינטלעך צו דער גאַנצער גרופּע, וועלכע ער כאַראַקטעריזירט, – צום אַדיעקטיוו מיטן סובסטאַנטיוו. [234]

307 אָפֿט קומט אַן אַדיעקטיוו אָן אַ סובסטאַנטיוו און פֿאַרנעמט דעם דאָזיקנס ,שטעלע׳ אין זאַץ. אין אַזאַ פֿאַל ווערט ער אַ סובסטאַנטיווירטער אַדיעקטיוו – ער באַקומט סובסטאַנטיווישע אייגנשאַפֿטן און פֿונקציעס (זעט די בײַשפּילן אויף ז׳ 168).

אָנמערקונג סובסטאַנטיווירטע אַדיעקטיוון קאָנען אַ מאָל אַפֿילו פֿאַרלירן זייערע אַדיעקטיווישע אייגנשאַפֿטן, קאָנען אויפֿהערן צו באַטײַטן אַ סימן און נעמען פֿיגורירן אויסשליסלעך אַלס סובסטאַנטיוון. אַ שטייגער די אייגן־נעמען ,אַלטע, טויבע, שיינע, גוטע׳ און נאָך אַנדערע האָבן פֿון זייער אַמאָליקער אַדיעקטיווישקייט אויפֿגעהיט בלויז זייער סטרוקטור (אַלט + ע, טויב + ע) – אין אַלע איבעריקע הינזיכטן זײַנען זיי פֿולשטענדיקע סובסטאַנטיוון.[1]

[1] [1] דעריבער ווערטלט מען זיך: ניט אַלע גוטעס זײַנען גוטע.

אַן אַדיעקטיוו קומט אָפּט אָן אַ סובסטאַנטיוו – זאָגט פּעשקאָווסקי – געוויינטלעך דערפֿאַר, ווײַל דער סובסטאַנטיוו איז גוט באַוווּסט פֿונעם קאָנטעקסט אָדער ווײַל מע וויל אים ניט אָנרופֿן „כּדי ניט צו טראַכטן וועגן אַ וועלכן ניט איז באַזונדערן קעגנשטאַנד, נאָר וועגן אַלע קעגנשטאַנדן, וואָס האָבן דעם דאָזיקן סימן"... „וואָרן אויב דער קעגנשטאַנד איז אויף אַזוי פֿיל באַוווּסט, אַז איין ווונק איז שוין גענוג, אָדער אויב, פֿאַרקערט, ער איז ניט באַוווּסט, נאָר דער ריידער וויל אים גאָר ניט מאַכן פֿאַר באַוווּסט און וויל נאָר אַ ווונק טאָן אויף אים, – ווערט דער סובסטאַנטיוו פֿאַרפֿעלט." אַ שטייגער: אַ טויבער האָט געהערט, ווי אַ שטומער האָט דערציילט, אַז אַ בלינדער האָט אַליין געזען, ווי אַ קרומער איז געלאָפֿן...; אַליין זײַנען זיי געווען דאָ, און זייער קאָפּ איז געלעגן דאָרטן, צווישן די גרויסע, צווישן די געלערנטע, צווישן די גליקלעכע (שאָל.).

308 אָפּט קאָן מען איינעם און דעם זעלבן אָדער אַן ענלעכן אינהאַלט אויסדריקן אָדער דורך אַן אַדיעקטיוו מיט אַ סובסטאַנטיוו, אָדער דורך אַ סובסטאַנטיווירטן אַדיעקטיוו, אָדער בלויז דורך אַ סובסטאַנטיוו. אַ שטייגער: אַ רײַכער מאַן – אַ רײַכער – אַ גבֿיר (אַ נגיד, אַן עושר...). אין אַזעלכע פֿאַלן דאַרף מען געדענקען אָט וואָס: אַ סובסטאַנטיווירטער אַדיעקטיוו, וואָס אַנטהאַלט אין זיך אַ סימן אין איינעם מיט אַן אָנווײַז (ווונק) אויף אַ קעגנשטאַנד, באַטײַט מער קאָנקרעטקייט, אינדיווידועלקייט, לעבעדיקייט איידער אַן אַדיעקטיוו מיט אַ סובסטאַנטיוו; און ווייניקער איידער אַ סובסטאַנטיוו (וואָס איז אַ נאָמען פֿון אַ קעגנשטאַנד). פֿאַרגלײַכט אַ שטייגער: אַן אַלטער מאַן – אַן אַלטער – אַ זקן; אַ קלוגער מאַן – אַ קלוגער – אַ חכם; אַן אַרעסטירטער מאַן (מענטש) – אַן אַרעסטירטער – אַן אַרעסטאַנט.

אָנמערקונג די ווערטער ‚זקן, חכם' זײַנען, אייגנטלעך, סעמיטישע סובסטאַנטיווירטע אַדיעקטיוון, אָבער אין ייִדיש ווערן זיי און נאָך פֿיל ענלעכע אויפֿגענומען אַלס פֿולשטענדיקע סובסטאַנטיוון.

309 אַן אַדיעקטיוו און אַן אַטריבוט פֿאַלן זייער אָפּט צונויף, און דאָך דאַרף מען זיי ניט מישן:

אַן אַדיעקטיוו איז אַ וואָרטקלאַס (אַ פֿאָרמע), וואָס קומט אָדער קאָן קומען בײַ אַ סובסטאַנטיוו אַלס אַן אַטריבוט (אָדער אַלס אַ פּרעדיקאַט, מיט הילפֿווערבן) און שטימט געוויינטלעך מיטן סובסטאַנטיוו אין מין, צאָל און בייגפֿאָרמע. אַן אַדיעקטיוו ענטפֿערט אויף דער פֿראַגע ‚וועלכער, וועלכע, וועלכ(עס), וועלכן?'.

אַן אַטריבוט איז אַ זאַצגליד (אַ פֿונקציע), וואָס קומט בײַ אַ סובסטאַנטיוו אַלס אַ כאַראַקטעריסטיק און איז [235] אויסגעדריקט דורך אַן אַדיעקטיוו אָדער דורך אַ גאַנצער ריי אַנדערע פֿאָרמעס. אַן אַטריבוט ענטפֿערט אויף דער פֿראַגע ‚וועלכער, וועלכע, וועלכ(עס), וועלכן, וועמענס?'.

310 פֿאָרמעס, וואָס דריקן אויס אַן אַטריבוט (און בכלל אַ כאַראַקטעריסטיק), זײַנען אין ייִדיש (און אין נאָך פֿיל שפּראַכן) פֿאַראַן אַזעלכע:

1. אַדיעקטיוו — פֿאַרטייִשע באַשלוסן, אַ קאָלווירטישע צײַטונג;
2. סובסטאַנטיוו פּאָסעסיוו — דער פֿאַרטייס באַשלוסן, דעם קאָלווירטס אַ צײַטונג;

3. סובסטאַנטיוו דאַטיוו (מיט אַ פּרעפּאָזיציע) — באַשלוסן פֿון דער פּאַרטיי, אַ צייַטונג פֿון קאָלווירט;
4. פּאַראַלעלער סובסטאַנטיוו — באַשלוסן לאָזונגען, אַ צייַטונג אַ פֿירערין;[1]
5. באַשטימטייל פֿון צונויפֿזאַץ — פּאַרטיי־באַשלוסן, אַ קאָלווירט־צייַטונג;
6. אינפֿיניטיוו (מיט ,צו׳) — די באַשלוסן צו רעאַליזירן די הלוואה..., אַ קאָמיסיע צו באַאַרבעטן די רעזאָלוציע...

אויסער די דאָזיקע מיטלען קאָן מען אַ סובסטאַנטיוו אַ מאָל כאַראַקטעריזירן אויך דורך אַן אַדוועַרב. אַ שטייגער: בסוד האָט ער מיר באַוויזן אַ האַנט פֿול מיט בלויע צייכנס (שאָל.). און אָפֿט קאָן מען אַ סובסטאַנטיוו כאַראַקטעריזירן דורך אַ גאַנצן אַטריבוטיוון בייַזאַץ (זעט ז׳ 369). אַ שטייגער: אונדזער הערשעלע, וואָס האָט שוין געוווּסט נעבעך דעם טעם פֿון נויט ..., האָט זיך אָנגעכאַפּט אָן דעם ווינטשפֿינגערל... (ממס.).

אָנמערקונג אַטריבוטן קאָנען אין זאַץ זייַן גאַנץ פֿיל און בייַ פֿאַרשיידענע זאַצגלידער. דערבייַ קאָנען די זאַצגלידער ציִען צו זיך פֿאַרשיידענע אַטריבוטן, וואָס זיי גופֿא זאָלן בייַ זיך אויך האָבן אַטריבוטן. אַ שטייגער: די שנעלע טעמפּן פֿון דער סאָציאַליסטישער רעקאָנסטרוקציע פֿון אונדזער פֿאָלקסווירטשאַפֿט פֿאָדערן קאָלאָסאַלע קאַדרען באַוווּסטזיניקע פּראָלעטאַריער (צ.).

311 פֿון די פֿריִער אָנגעוויזענע כאַראַקטעריזיר־מיטלען איז די כאַראַקטעריסטיק אין אַ פֿאָרמע פֿון אַ באַשטימטייל פֿון צונויפֿזאַץ אַלע מאָל פֿאַרן כאַראַקטעריזירטן טייל און בילדעט מיט דעם דאָזיקן איין וואָרט. די אַטריבוטן אין אַ פֿאָרמע פֿון אַ דאַטיוו (מיט אַ פּרעפּאָזיציע) און אַן אינפֿיניטיוו זייַנען נאָכן כאַראַקטעריזירטן סובסטאַנטיוו. און די אַטריבוטן אין אַ פֿאָרמע פֿון אַן אַדיעקטיוו, [236] אַ פּאָסעסיוו און אַ פּאַראַלעלן סובסטאַנטיוו זייַנען אין אַ ריי פֿאַלן (אָפֿטער) פֿאַרן כאַראַקטעריזירטן סובסטאַנטיוו און אין אַ ריי פֿאַלן נאָך אים. אַ שטייגער: דער אַלטער משה – משה דער אַלטער; דעם שוסטערס טאָכטער – אסתּר דעם שוסטערס; דער דאָקטער באַביצקי – באַביצקי דער דאָקטער.

אָנמערקונג אַ מאָל קומט אויך אַן אַטריבוט אַ דאַטיוו (מיט אַ פּרעפּאָזיציע) ניט נאָכן כאַראַקטעריזירטן סובסטאַנטיוו, נאָר פֿאַר אים. אַ שטייגער: פֿון דער עלטערער כּיתּה דער מלמד – ער איז דער הויפּט־ראָש־ישיבֿה (ממס.); מיר האָפֿן, וואַרטן אויף דער רגע... ווי אַ פֿאַרליבטער הייס דערוואַרט פֿון דער באַגעגעניש די רגע (האָפּ.).

312 אין אַ ריי פֿאַלן קאָן די כאַראַקטעריסטיק בייַם סובסטאַנטיוו, דער אַטריבוט, אויסגעדריקט ווערן דורך אַן אַדיעקטיוו אָדער דורך אַן אַנדער כאַראַקטעריזיר־מיטל, און דער אינהאַלט איז איינער און דער זעלבער (אָדער כּמעט איינער און דער זעלבער). אַ שטייגער: דער ראַיאָנער צוזאַמענפֿאָר – דער ראַיאָן־צוזאַמענפֿאָר – דער צוזאַמענפֿאָר

[1] אַ פּאַראַלעלער סובסטאַנטיוו איז אַן אַטריבוט אין באַצוג צו זייַן צווייטן פּאַראַלעלן סובסטאַנטיוו, אָבער אין באַצוג צו אַלע אַנדערע זאַצגלידער זייַנען ביידע פּאַראַלעלע סובסטאַנטיוון איין זאַצגליד – אַ סוביעקט, אַן אָביעקט אָדער עפּעס אַנדערש.

פֿון ראַיאָן. עס זײַנען אָבער פֿאַראַן פֿאַלן, ווען פֿאַר דער כאַראַקטעריסטיק איז צוגעפּאַסט ניט איין מיטל, נאָר גראָד אַ צווייטס. פֿאַרגלײַכט אַ שטייגער:

1. דער דאָרפֿראַט איז שטאַרק פֿאַרנומען מיט אַרויסגעבן מילכיקע ספּראַווקעס.
2. ער האָט ערשט געענדיקט אַ הויכע שול.

1. דער דאָרפֿראַט איז שטאַרק פֿאַרנומען מיט אַרויסגעבן מילך־ספּראַווקעס.
2. ער האָט ערשט געענדיקט אַ הויכשול.

אין די געגעבענע פֿאַלן איז, פֿאַרשטייט זיך, ריכטיקער צו זאָגן אַזוי ווי אין די לינקע פֿאַלן (מיטן צונויפֿזאַץ) און ניט ווי אין די רעכטע.

313 צו אַ צונויפֿזאַץ (און צו פּאַראַלעלע סובסטאַנטיוון) איז אָפֿט מאָל אויך גלײַכער אָנצוקומען אין אַזעלכע פֿאַלן, ווען מע האָט אַ גאַנצע ריי זאַצגלידער מיט דער פּרעפּאָזיציע ,פֿון׳. פֿאַרגלײַכט אַ שטייגער:

דער פֿאָרזיצער פֿונעם צעקאַ [צענטראַלער קאָמיטעט] פֿונעם פֿאַראיין פֿון די אַרבע־טער פֿון די אײַזנבאַנען פֿון מיטל־אַזיע האָט דערציילט וועגן דעם קאָלאָסאַלן אויפֿשטײַג... (צ.)

דער פֿאָרזיצער פֿונעם צעקאַ פֿונעם פֿאַר־איין אײַזנבאַן־אַרבעטער פֿון מיטל־אַזיע האָט דערציילט וועגן דעם קאָלאָסאַלן אויפֿשטײַג...

און אַ מאָל, פֿאַרקערט, לוינט בײַם כאַראַקטעריזירן אַ סובסטאַנטיוו בעסער אָנצוקו־מען ניט צו קיין צונויפֿזאַץ, נאָר גראָד צו אַן אַדיעקטיוו אָדער צו אַן אַנדער אַטריבוטיווער פֿאָרמע. אַ שטייגער:

די לעמפּעלעך ווערן באַלויכטן נאָך הונדערטער טויזנטער פּויערשע און אַרבעטער־צימערן (צ.).

די לעמפּעלעך ווערן באַלויכטן נאָך הונדערטער טויזנטער פּויערשע און אַרבעטערשע צימערן.

צוליב סימעטריע (גלײַכזײַטיקייט) לוינט דאָ בעסער אויסצודריקן ביידע כאַראַקטע־ריסטיקעס ניט אַזוי ווי רעכטס, נאָר אַזוי ווי לינקס – מיט אַדיעקטיוון. אָדער אַז מע וויל דאָ דווקא אַ צונויפֿזאַץ, קאָן מען צוליב סימעטריע שאַפֿן אַ צווייענדיקן צונויפֿזאַץ: פּויערים־ און אַרבעטער־צימערן. [237]

אָבער ניט שטענדיק איז לײַכט אָפּצוהיטן די דאָזיקע סימעטריע. סע טרעפֿן פֿאַלן, ווען אַ סובסטאַנטיוו ציט צו זיך צוויי (עטלעכע) אַטריבוטן און איינער פֿון זיי קאָן גיכער קומען אין אַ פֿאָרמע פֿון אַן אַדיעקטיוו און דער צווייטער אין אַ פֿאָרמע פֿון אַ באַשטימטייל פֿון אַ צונויפֿזאַץ. אַ שטייגער אינעם זאַץ ,מע האָט פֿיל גערעדט וועגן דער קאָמונאַלער און וווינונגס־ווירטשאַפֿט׳ – איז גלײַכער צו לאָזן די אַסימעטריע (אומסימעטרישקייט), ווײַל זאָגן ,וועגן דער קאָמונע־ און וווינונגס־ווירטשאַפֿט׳ אָדער ,וועגן דער קאָמונאַלער און וווינונגלעכער (וווינלעכער?) ווירטשאַפֿט׳ – איז פֿאַר אונדז ניט גאָר נאַטירלעך.

אָנמערקונג 1 אַלס אַ באַשטימטייל פֿון אַ צונויפֿזאַץ ברענגט מען אָפֿט מאָל אַזאַ טייל, וואָס לויט דער פֿונקציע אין זאַץ איז ער מער אָביעקט ווי אַטריבוט. אַ שטייגער:

גאָלד־אַרויסבאַקום (אַרויסבאַקום פֿון גאָלד), ברויט־אַראָפּנעם (אַראָפּנעם פֿון ברויט) און ענלעכע. מע דאַרף עס אָבער אויסמייַדן אין אַזאַ פֿאַל, ווען אַזאַ צונויפֿזאַץ איז פֿילדייַטיק און מאַכט אומקלאָר דעם געדאַנק, ווי אַ שטייגער אינעם זאַץ ,ער האָט אין זייַנע ווערק זיך פֿאַרנומען מיט געזעלשאַפֿט־קריטיק׳. אויב ,געזעלשאַפֿט׳ דאַרף לויט דער פֿונקציע אין זאַץ זייַן אַן אָביעקט, ווי דאָס מיינט אַ שטייגער דער אַוטאָר פֿון דעם ערשט ציטירטן זאַץ, איז גלייַכער צו זאָגן אַזוי: ער האָט אין זייַנע ווערק זיך פֿאַרנומען מיטן קריטיקירן די געזעלשאַפֿט (אָדער: מיט קריטיק פֿון דער געזעלשאַפֿט).

אָנמערקונג 2 צווישן אַן אַדיעקטיוו און סובסטאַנטיוו דאַרף קיין בינדצייכן ניט זייַן, אָבער צווישן די טיילן פֿון אַ צונויפֿזאַץ, אויב מע שרייַבט אים ניט אין איינעם, דאַרף יאָ זייַן. אַ שטייגער: ראַיאָנער צוזאַמענפֿאָר – ראַיאָן־צוזאַמענפֿאָר; פּאַרטייִשע אָרגאַניזאַציעס – פּאַרטיי־אָרגאַניזאַציעס.

314 די פֿריִער אָנגעוויזענע כאַראַקטעריזיר־מיטלען זייַנען ניט אין אַלע שפּראַכן גלייַך פֿאַרגעשטעלט. אַ שטייגער אין אַ ריי פֿאַלן, ווען אין ייִדיש און אין נאָך פֿיל שפּראַכן כאַראַקטעריזירט מען איין סובסטאַנטיוו מיט דער הילף פֿון אַ צווייטן סובסטאַנטיוו, וואָס גייען זיך צונויף און בילדן אַ צונויפֿזאַץ, – קומט אין רוסיש און אין נאָך פֿיל שפּראַכן אין די זעלבע פֿאַלן אַן אַדיעקטיוו. אַ שטייגער: וואַסערמיל – водяная мельница; נאָזטיכל – носовой платок.[1]

און אויך אויפֿגעקומען זייַנען די פֿריִער אָנגעוויזענע פֿאַרשיידענע כאַראַקטעריזיר־מיטלען ניט אין דעם סדר, ווי זיי זייַנען דאָ געוויזן. אַ שטייגער דער אַדיעקטיוו, וואָס גייט דאָ אויפֿן ערשטן אָרט און וואָס פֿאַרנעמט איצט בכלל דעם אויבנאָן צווישן די אַטריבוט־פֿאָרמעס, איז גראָד פֿון די שפּעטער אויפֿגעקומענע כאַראַקטעריזיר־מיטלען.

אין אַ ריי שפּראַכן, וואָס געפֿינען זיך נאָך לעת־עתּה אויף אַ נידעריקער סטאַדיע פֿון אַנטוויקלונג, ווי אַ שטייגער אין די שפּראַכן פֿון די פֿילצאָליקע שבֿטים פֿון אויסטראַליע, זייַנען קיין אַדיעקטיוון נאָך ניט פֿאַראַן. וואָרן אַדיעקטיוון אַבסטראַהירן געוויינטלעך די אייגנשאַפֿטן און רייַסן זיי אָפּ פֿון די קעגנשטאַנדן, וואָס טראָגן די דאָזיקע אייגנשאַפֿטן.[2] און אַ ריי שבֿטים פֿון אויסטראַליע געפֿינען זיך נאָך דערווייַל אין אַ צושטאַנד פֿון קאָנקרעטערן דענקען. דעריבער זייַנען זיי אַ שטייגער ניט אין שטאַנד (ריכטיקער: ניט געוווינט) אַבסטראַקט אויסצודריקן אַזעלכע אייגנשאַפֿטן ווי אַ האַרטער, שטילער, הייסער, קאַלטער, לאַנגער, קורצער, קייַלעכדיקער און אַנדערע. אויף אויסצודריקן האַרטקייט זאָגן זיי – ,ווי אַ שטיין׳; אויף אַ קייַלעכדיקן קעגנשטאַנד זאָגן זיי – ,ווי די לבֿנה׳, ווי אַ קייַלעך׳; אויף אַ הייסער זאַך זאָגן זיי – ,ווי די זון׳. האַרטקייט, קייַלעכדיקייט, הייסקייט טיילן זיי נאָך ניט אָפּ פֿון אַ שטיין, פֿון אַ קייַלעך (אָדער לבֿנה), פֿון דער זון. [238]

בייַ די אייַנוווינער פֿון די ביסמאַרק־אינדזלען (צפֿון־אויסטראַליע) זייַנען אַ שטייגער ניט פֿאַראַן קיין ספּעציעלע ווערטער אויף צו באַצייכענען אַ קאָליר. אַ קאָליר ווייַזן זיי אויף אַזאַ אופֿן: זיי פֿאַרגלייַכן איין קעגנשטאַנד (סובסטאַנטיוו) מיט אַ צווייטן, וואָס ווערט גענומען אַלס אַ קאָליר־מוסטער. זיי זאָגן אַ שטייגער, אַז דער און דער קעגנשטאַנד האָט אַן אויסזען אָדער אַ קאָליר פֿון אַ ראָב. מיט דער צייַט ווערט אייַנגעשטעלט דער באַנוץ פֿון אַזאַ סובסטאַנטיוו אַלס אַן אויסדרוק פֿון אַ געוויסן אַטריבוט.[3]

1 vodjanaja mel’nica [ADJ + SUB], nosovoj platok [ADJ + SUB].

2 פֿ״גל אַ שטייגער בייַ פּאָטעבניאַ: Потебня А. А., *Из записок по русской грамматике*. Том III. Москва: Издательство «Просвещение» 1968, 60, 414.

3 [1] דאָס קאָן מען זען אויך אין די מער אַנטוויקלטע שפּראַכן. אַ שטייגער אין רוסיש. голубой [goluboj – בלוי] פֿון голубь [golub’] (אַ טויב); אין פֿיל שפּראַכן ,אָוואַל׳ פֿונעם לאַטייַנישן ,אָוווּם׳ (אַן איי) און אַנדערע.

אין אַ גרויסער מאָס האָבן מיר אַן ענלעכן אופֿן פֿון כאַראַקטעריזירן נאָך אויך איצט אין די גערמאַנישע שפּראַכן (דײַטש, ענגליש, ייִדיש און אַנדערע). דערפֿון נעמט זיך אין די דאָזיקע שפּראַכן די לײַכטקייט פֿון כאַראַקטעריזירן דורכן באַשטימטייל פֿון אַ צונויפֿזאַץ – דורך צונויפֿזעצן סובסטאַנטיוון, וואָס איינער פֿון זיי זאָל בנוגע צום צווייטן אויספֿילן אַ פֿונקציע פֿון אַן אַטריבוט (אַ ווינטמיל, אַ נאָזטיכל...). דעריבער האַלט דער אַקאַדעמיקער מאַר די סטרוקטור פֿון די גערמאַנישע שפּראַכן פֿאַר אַן אַרכאַיִשער (אוראַלטער).

43 אַדיעקטיווישע פֿאָרמעס (פֿלעקסיעס)

315 פּונקט ווי די אַרטיקלען בײַ סובסטאַנטיוון אין מערצאָל אַזוי האָבן אויך די אַדיעקטיוון אין מערצאָל כּמעט אַלע מאָל איין פֿאָרמע – אַ פֿלעקסיע ‚ע‘. אַ שטייגער: די נײַע סטודענטן (סטודענטקעס) וואַרטן; מיר באַגעגענען די נײַע סטודענטן (סטודענטקעס).

גאָר אַנדערש איז אָבער אין איינצאָל. אין איינצאָל האָט אַן אַדיעקטיוו געוויינטלעך אַזאַ סיסטעם פֿאָרמעס (פֿלעקסיעס):

פֿאָרמעס	ערשטער מין	צווייטער מין
1. נאָמינאַטיוו	דער רײַכער שטייגער	די רײַכע אָרדענונג
2. אַקוזאַטיוו	דעם רײַכן שטייגער	די רײַכע אָרדענונג
3. דאַטיוו	דעם רײַכן שטייגער	דער רײַכער אָרדענונג

אַזאַ סיסטעם פֿאָרמעס (פֿלעקסיעס) האָט אַן אַדיעקטיוו פֿון ערשטן און צווייטן מין, סײַ ווען ער קומט פֿאַרן סובסטאַנטיוו און סײַ ווען נאָך אים. למשל: דער רײַכער שטייגער – דער שטייגער דער רײַכער; די רײַכע אָרדענונג – די אָרדענונג די רײַכע. גאָר אַנדערש איז אָבער בײַם אַדיעקטיוו פֿון דריטן מין. דאָ שפּילט אַ ראָלע, ווי מיר וועלן באַלד זען, ניט נאָר דער סדר פֿון די ווערטער, נאָר אויך אַזאַ אָדער אַן אַנדער אַרטיקל. אַ שטייגער:

<table>
<tr><th rowspan="3">פֿאָרמעס</th><th colspan="3">דריטער מין</th></tr>
<tr><th rowspan="2">מיטן אַרטיקל ‚דאָס‘</th><th colspan="2">מיט די אַרטיקלען ‚אַ(ן), קיין‘</th></tr>
<tr><th>אַדיעקטיוו פֿאַרן סובסטאַנטיוו</th><th>אַדיעקטיוו נאָכן סובסטאַנטיוו</th></tr>
<tr><td>1. נאָמינאַטיוו</td><td>דאָס רײַכע לעבן</td><td>אַ רײַך לעבן</td><td>אַ לעבן אַ רײַכס</td></tr>
<tr><td>2. אַקוזאַטיוו</td><td>דאָס רײַכע לעבן</td><td>אַ רײַך לעבן</td><td>אַ לעבן אַ רײַכס</td></tr>
<tr><td>3. דאַטיוו</td><td>דעם רײַכן לעבן</td><td>אַ רײַך לעבן</td><td>אַ לעבן אַ רײַכס</td></tr>
</table>

[239]

אַ שטייגער בײַ מענדעלען: הערשעלע איז געווען אַ פֿאַרשײַט קינד, אַ לעבעדיקס, אַ רירנדיקס; ווען נישט דאָס עסן, וואָלט דאָס לעבן אין קאַבצאַנסק... געווען זייער אַ גליקלעכס; דאָס בייזע פֿינצטערע לעבן האָט אים אָפּגעשטעלט באַלד טאַקע בײַם צעפֿירן זיך די הענטלעך; ער איז קינדווײַז נאָך געוואָרן אַ קליין ייִדל:

דערשלאָגן, פֿאַרטראַכט, מיט אַ פֿאַרזאָרגט פּנים; עס שטייט מיר פֿאַר די אויגן זײַן בלייך, פֿינצטער פּנימל, ווי ער האָט זיך אַנטפּלעקט פֿלוצעם פֿון אַ קליין אַלקערל.

אָנמערקונג דאָס, וואָס אַן אַדיעקטיוו שטימט געוויינטלעך מיטן סובסטאַנטיוו אין מין, צאָל און בייגפֿאָרמע, גיט אָפֿט די מעגלעכקייט דורך דער בייגפֿאָרמע פֿונעם אַדיעקטיוו פֿעסטצושטעלן די בייגפֿאָרמע פֿונעם סובסטאַנטיוו. אַ שטייגער: ער איז אַ יונגער אַרבעטער (נאָמינאַטיוו); איך שיק אַן אײַנלאַדונג אַ יונגן אַרבעטער, אַ יונגער אַרבעטערין (דאַטיוו).

316 די ערשט אָנגעוויזענע פֿלעקסיעס – די דאָזיקע פֿאָרמעס פֿון מיטשטימונג – באַקומט דער גרעסטער טייל אַדיעקטיוון. עס זײַנען אָבער פֿאַראַן אויך אַזעלכע אַדיעקטיוון, וואָס האָבן ניט קיין פֿולע מיטשטימונג, אָדער אַפֿילו אַזעלכע, וואָס האָבן גאָר קיין מיטשטימונג ניט. דאָס זײַנען מערסטנס די אַדיעקטיוון, וואָס גיבן אַ געאָגראַפֿישע כאַראַקטעריסטיק (און אייניקע אַנדערע) און קומען ניט מיטן סופֿיקס ‚-יש‘, נאָר מיט די סופֿיקסן ‚-ער, -(י)אַנער, -(י)נער‘. אַ שטייגער:

1. דער (דעם) בערלינער (אַמעריקאַנער, איטאַליענער) קאַבינעט;
2. די (דער) בערלינער (אַמעריקאַנער, איטאַליענער) אָרגאַניזאַציע.

ווען אָבער אַזעלכע אַדיעקטיוון – דאָס זײַנען געוועזענע סובסטאַנטיוון, וועלכע מע האָט גענומען אָנווענדן אַלס אַדיעקטיוון, – קומען מיטן סופֿיקס ‚-יש‘, זײַנען זיי מיטשטימיקע און האָבן פֿלעקסיעס. אַ שטייגער: דער אַמעריקאַנישער קאַבינעט – דעם אַמעריקאַנישן קאַבינעט – די אַמעריקאַנישע אָרגאַניזאַציע אאַ״וו.

אָנמערקונג פֿון די סובסטאַנטיוון ‚סווערדלאָוו, קיראָוו‘ און ענלעכע איז דער אַדיעקטיוו – ‚סווערדלאָווער, קיראָווער‘ (אָדער ‚סווערדלאָווישער, קיראָווישער‘) אאַ״וו. אָבער פֿון ‚סווערדלאָווסק, קיראָווסק‘ און ענלעכע איז ‚סווערדלאָווסקער, קיראָווסקער‘ אאַ״וו.

ניט מיטשטימיק זײַנען אָפֿט מאָל אויך די אַדיעקטיוון ‚גאַנץ, גרויס, האַלב‘ און אייניקע אַנדערע. אַ שטייגער: געבן זאָל אים גאָט קרענק אויף אַ גאַנץ ווינטער (שאָל.); ס׳איז אים אַ גרויס וווּנדער (ממס.); איז זי אים אַרויסגעלאָפֿן אַקעגן מיט גרויס שׂימחה (פּ.); אַז סענדערל האָט אָפּגעזאָגט..., איז שוין געוואָרן רעכט טאָג (ממס.). אָבער בכלל קאָנען אויך די דאָזיקע אַדיעקטיוון קומען מיט פֿלעקסיעס, און אַפֿילו אין די ערשט געבראַכטע זאַצן. אַ שטייגער: אַ גאַנצן ווינטער, מיט אַ גרויסער שׂימחה, רעכטער טאָג.

317 בײַ אַ ריי אַדיעקטיוון איז די פֿלעקסיע אין אַקוזאַטיוו און דאַטיוו פֿון ערשטן מין און דאַטיוו פֿון דריטן מין ניט ‚-ן‘, נאָר:

1. ‚-ען‘ – בײַ אַדיעקטיוון, וואָס ענדיקן זיך מיט אַ ‚מ‘, וואָקאַל אָדער דיפֿטאָנג. אַ שטייגער: קרום, פֿרי, פֿרײַ – דעם קרומען, פֿריִען, פֿרײַען; [240]
2. ‚-עם‘ – בײַ די אַדיעקטיוון ‚נײַ, גענוי‘ און בײַ אַדיעקטיוון, וואָס ענדיקן זיך מיט אַ ‚ן‘. אַ שטייגער: דעם נײַעם, גענויעם [אויך גענוייען]; שיינעם, ריינעם.

אָנמערקונג ביַי אַדיעקטיוון, וואָס ענדיקן זיך מיט אַ טראַפֿיקן ,ן׳ אָדער ,ל׳, קומט געוויינטלעך פֿאַרן דאָזיקן טראַפֿיקן קלאַנג אַריַין אַן ,ע׳. אַ שטייגער: טרוקנ(ס) – טרוקע־נער, טרוקענע, טרוקענעם; איידל(ס) – איידעלער, איידעלע, איידעלן.[1]

318 צו אַדיעקטיוון, וואָס ענדיקן זיך מיט אַ ,ס׳, קומט די פֿלעקסיע ,־ס׳ ניט צו. אַ שטייגער: אַ וויַיס טיכל – אַ טיכל אַ וויַיס; אַ הייס גלעזל – אַ גלעזל אַ הייס. אָבער צו אַד־יעקטיוון, וואָס ענדיקן זיך מיט אַלערליי אַנדערע קלאַנגען, קומט די פֿלעקסיע ,־ס׳ צו. אַ שטייגער: אַ בייז הינטל – אַ הינטל אַ בייזס; אַ שוואַרץ טיכל – אַ טיכל אַ שוואַרצס; אַ פֿריש קיכל – אַ קיכל אַ פֿרישס אאַ״וו.

אין אייניקע אויסדרוקן קומט די פֿלעקסיע ,־ס׳ אויך ביַי אַן אַדיעקטיוו, וואָס איז פֿאַרן סובסטאַנ־טיוו. אַ שטייגער: היַינטיקס יאָר, איצטיקס מאָל.

אָנמערקונג אַן אַדיעקטיוו אַ פּרעדיקאַט ביַי אַ סובסטאַנטיוו (אַ סוביעקט) פֿון דריט־טן מין האָט די פֿלעקסיע ,־ס׳, אומאָפּהענגיק דערפֿון, צי דער אַדיעקטיוו דער פּרעדיקאַט איז נאָכן סובסטאַנטיוו צי פֿאַר. אַ שטייגער: דאָס לאַנד איז ביַי אונדז אַ ברייטס – אַ ברייטס איז ביַי אונדז דאָס לאַנד; דאָס לעבן איז דאָ אַ פֿרייליכס – אַ פֿרייליכס איז דאָ דאָס לעבן.

319 אַן אַדיעקטיוו ביַי אַ סובסטאַנטיוו אַ צונויפֿזאַץ שטימט אַלע מאָל (אין מין, צאָל און בייגפֿאָרמע) נאָר מיטן הויפּטטייל פֿונעם צונויפֿזאַץ. אַ שטייגער: אַ רעוואָלוציאָנערע אַרבעטער־צייַטונג; אַ רעוואָלוציאָנערער צייַטונג־אַרבעטער. ביַי אַ צונויפֿזאַץ פֿונעם טיפּ ,שער־און־אייַזן, גאָפּל־מעסער׳ קאָן דער אַדיעקטיוו (ווי אויך דער אַרטיקל) זייַן אין איינ־צאָל אָדער אין מערצאָל. אַ שטייגער: און בוזי הייבט זיך אויף מיט אירע שטילע טריט און טראָגט מיר צו אַ גאָפּל־מעסער – באַקאַנטע גאָפּל־מעסער (שאָל.).

320 ביַי פּאַראַלעלע סובסטאַנטיוון קאָן בכלל קומען אַן אַדיעקטיוו צו יעדן פֿון זיי. אַ שטייגער: אַ קריַיז ליטעראַטן – אַ נייַער קריַיז יונגע ליטעראַטן. עס זייַנען אָבער פֿאַראַן אויך אַזעלכע פּאַראַלעלע סובסטאַנטיוון, וואָס ביַי זיי קאָן קומען אַן אַדיעקטיוו נאָר פֿאַרן ערשטן סובסטאַנטיוו. אַ שטייגער: די גרויסע שטאָט מאָסקווע, דער טייַערער חבֿר פּי־ניע. אין אַזעלכע פֿאַלן געהערט די כאַראַקטעריסטיק צו דער גאַנצער גרופּע פּאַראַלעלע סובסטאַנטיוון.

321 אַן אַדיעקטיוו ביַי אַ פּאָסעסיוו איינצאָל איז אַלע מאָל אַ דאַטיוו. אַ שטייגער: ער איז דעם אַלטן מאַנס, דער אַלטער פֿרויס, דעם אַלטן מיידלס אַ ברודער. ווען דער אַדיעקטיוו געהערט צום פּאָסעסיוו, קומט ער פֿאַרן פּאָסעסיוו. ווען אָבער דער אַדיעק־טיוו געהערט צום סובסטאַנטיוו, וואָס ציט צו זיך דעם פּאָסעסיוו, קומט דער אַדיעקטיוו געוויינטלעך נאָכן פּאָסעסיוו, פֿאַרן כאַראַקטעריזירטן סובסטאַנטיוו. אַ שטייגער: [241]

[1] [1] זעט די פֿוסנאָטיץ 4 אויף ז׳ 77.

1. האָלצמאַן האָט... גענומען זיך אײַנקוקן... אין זײַן יונגן פֿרײַנדס פּנים (שאָל.).
2. ער האָט... אויפֿן פֿויער אָנגעוויזן... מיט אַ רציחהדיקן בליק, וואָס שטעכט דעם אויסגעמוסרטן פּויערס פּנים (בערג.).

1. אָט אַזוי האָט זיך אויסגעלאָזט הערשע־לעס יענער פֿרײלעכער טאָג (ממס.).
2. דעם פֿאָטערס ניכטערע אויגן האָבן נאָך אַלץ געקוקט אויפֿן אויסגעפּוצטן פֿאָליקן (בערג.).

322 ווען אַן אַדיעקטיוו ווערט סובסטאַנטיווירט, קאָן ער האָבן ניט נאָר די פֿאָרמעס נאָמינאַטיוו, אַקוזאַטיוו און דאַטיוו, נאָר אויך די פּאָסעסיווישע פֿאָרמע. אַ שטײגער: ער איז דעם אַלטנס (דער אַלטער) אַ ברודער. ווען אַן אַדיעקטיוו ווערט סובסטאַנטיווירט און ער באַטײַט ניט קיין לעבעדיקע זאַך, געהערט ער צום דריטן מין און ווערט אָפֿט ניט געבויגן. אַ שטײגער: דאָס אומרויִקע איז דאָרט איבערגעמישט מיט באַרויִקטע קולות (בערג.); האָט מײַן ברודער אליה... צוגעטראָגן דאָס אָנגעשריבענע... צו דער מאַמען (שאָל.); פֿאַר וועמען ס'איז אַן אַלטס, פֿאַר מיר איז דאָס אַ נײַס (שאָל.); דאָס בעסטע מילכיקס איז אַ שטיקל פֿלייש (שאָל.); אַרום איר עסט מען עפּעס זייער געשמאַקס (בערג.); ער איז רויט געוואָרן, ווי מע וואָלט אים בײַ עפּעס שלעכטס און סודותפֿולס אויפֿגעדעקט און געכאַפּט (ווינ.); ער וועט אונדז אַרויסטראָגן פֿון געקאָכטס און געבאַקנס (קיפּ.).

אַ סובסטאַנטיווירטער אַדיעקטיוו, וואָס באַטײַט ניט קיין לעבעדיקע זאַך (זעט ז' 255), קאָן קומען אָדער מיט דער פֿלעקסיע ־ע' אָדער מיט דער פֿלעקסיע ־ס'. אַ שטײגער: דאָס נײַע איז אים שטאַרק געפֿעלן – דאָס (די) נײַס איז (זײַנען) אים שטאַרק געפֿעלן; ער האָט ליב דאָס גוטע – ער האָט ליב (אַ, דאָס) גוטס. דער אונטערשייד פֿון די דאָזיקע סינאָני־מישע פֿאָרמעס באַשטייט אינעם סכום קאָנקרעטקייט, וואָס זיי דריקן אויס: אַ סובסטאַנ־טיווירטער אַדיעקטיוו מיט דער פֿלעקסיע ־ס' באַטײַט עפּעס מער קאָנקרעטס, מער קעגנ־שטאַנדלעכס, איידער אַזאַ אַדיעקטיוו מיט דער פֿלעקסיע ־ע'.

323 אין פֿיל ערטער און בײַ אַ ריי שרײַבער ווערן אָפֿט מאָל געמאַכט אייניקע אָפּווײַכונגען פֿון דער פֿריִער אָנגעוויזענער סיסטעם אַדיעקטיווישע פֿלעקסיעס, ווי עס זײַנען אויך פֿאַראַן פֿאַלן, ווען ס'איז נאָך ניט רעגלאַמענטירט (ניט פֿעסטגעשטעלט) די בייגונג פֿון דעם אָדער יענעם אַדיעקטיוו. אַ שטײגער:

1. אַדיעקטיוון בײַ סובסטאַנטיוון דאַטיוון פֿון צווייטן מין מיטן אומבאַשטימיקן אַרטיקל אָדער מיט אַ פּאָסעסיוו אָדער פּאָסעסיווישן פּראָנאָם (מײַן, דײַן...) ברענגט מען אָפֿט מאָל ניט מיט דער פֿלעקסיע ־ער', נאָר מיט דער פֿלעקסיע ־ע'. אַ שטײגער: מע האָט אים שוין געהאַלטן פֿאַר אַ קדוש און זײַן ווײַב פֿאַר אַ וויסטע עגונה (ממס.); איך דערמאָן מיך אָן דער מאַמעס זײַדענע געלע פֿאַטשיילע (שאָל.); איך שווער אײַך בײַ מײַן הייליקע נאמנות (שאָל.);[1] [242]

[1] [1] דאָס זעלבע איז אויך אין די ווײַטערדיקע בײַשפּילן: ...וואָלט איך אַ שידוך געטאָן מיט מײַן עלטערע טאָכטער (שאָל.); דער צווייטער האָט זיך... געשעמט מיט אַ געשוואָלענע באַק צו קומען (פּ.); צוזאַמען מיט קאָמוניסטישע ליטעראַטור, זאָגט מען, פּעקלסטו אַריבער סחורה... (בערג.); ער איז זייער ענלעך אויף אַ דערשלאָגענע ייִדענע (גאָד.); אפֿשר ווילט איר איבערפֿאָרן אין אַ נײַע דירה? (דאַנ.).

2. אַדיעקטיוון בײַ סובסטאַנטיוון דאַטיוון פֿון דריטן מין מיטן אומבאַשטימיקן אַרטיקל ברענגט מען אָפֿט מאָל אויך מיט אַ פֿלעקסיע (־ן, ־ען, ־עם׳). אַ שטייגער: מיר קעמפֿן פֿאַר אַ סאָציאַליסטישן לעבן. אָבער אָפֿטער ברענגט מען אַדיעקטיוון אין אַזעלכע פֿאַלן אָן אַ פֿלעקסיע (זעט די טאַבעלע אויף ז׳ 260).

3. אַדיעקטיוון בײַ סובסטאַנטיוון דאַטיוון פֿון דריטן מין נאָך אַ פּאָסעסיווישן פּראָנאָם (מײַן, דײַן...) אָדער נאָך אַ פּאָסעסיוו ברענגט מען אַ מאָל מיט אַ פֿלעקסיע (־ן, ־ען, ־עם׳). אַ שטייגער: האָט ער אין זײַן לאַנגן קאַפּאָטקעלע... אויסגעזען... ווי אַ קליין ייִדעלע (שאָל.); ער כאַפּט זיך אַרויף אויף זײַן קליינעם משוגעוואַטן פֿערדל (בערג.). אָבער נאָך אָפֿטער ברענגט מען די אַדיעקטיוון אין אַזעלכע פֿאַלן אָן אַ פֿלעקסיע. אַ שטייגער:

(1) אין זײַן קליין קינדעריש האַרץ האָט געברענט אַ פֿײַערל (שאָל.).
(2) די פֿענצטער האָבן געקלונגען פֿון זײַן שטאַרק הילכיק קול (שאָל.).
(3) אַ היפּשע סומע געלט האָט ער אָפּגעשריבן זײַן דריט ווײַב (שאָל.).
(4) ער דערמאָנט זיך אין זײַן געשטאָרבן ווײַב (פּ.).
(5) די פֿאַרזאַמלונג איז פֿאָרגעקומען אין אונדזער רויט ווינקל (צ.).

4. אַדיעקטיוון מיט אַן ,ע׳ צום סוף (דאָס זײַנען דער עיקר סלאַווישע אַדיעקטיוון אָדער אַדיעקטיוון מיט סלאַווישע סופֿיקסן. אַ שטייגער: כיטרע, מאָדנע, תּמעוואַטע, מאַסעווע) ברענגט מען אַ מאָל אָן פֿלעקסיעס. אַ שטייגער: פֿישקע... איז טאַקע פֿאַרליאַפּעט אין דעם האָרבאַטע מיידל (ממס.); פֿעדיאַ! מײַן קאַפּריזנע העלד! גיי ניט אַוועק (שאָל.).[1] אָבער נאָך אָפֿטער, באַזונדערש אין די לעצטע יאָרן, ברענגט מען די דאָזיקע און ענלעכע אַדיעקטיוון מיט פֿלעקסיעס. אַ שטייגער: ער איז אַ כיטרער יונג, אַ מאָדנער מענטש; ער האָט גערעדט מיטן תּמעוואַטן בחור.

און אָפֿט ברענגט מען אַזעלכע אַדיעקטיוון ווי ,קאַפּריזנע, נאַיִוונע׳ און אייניקע אַנדערע (אינטערנאַציאָנאַליזמען) – מיט פֿלעקסיעס און אָנעם סופֿיקס ,־נע׳. אַ שטייגער בײַ בערגעלסאָנען: און יעדער פֿון זיי... האָט ניט מער ווי געמאַכט אַן אײַנדרוק פֿון אַ קאַפּריזער בריאה. פֿאַרגלײַכט אויך אין פֿאַרשיידענע אויסגאַבעס פֿון שלום־עליכמס ווערק. אַ שטייגער אין „יאָסעלע סאָלאָוויי“:

(1) ערשטע אויסגאַבע – שמוליקס ערלעך, נאַיִוונע פּנים.
(2) ווײַטערדיקע אויסגאַבעס – שמוליקס ערלעך, נאַיִוו פּנים.

324 אַדיעקטיווישע פֿלעקסיעס זײַנען אויך פֿאַראַן בײַ אַ ריי פּראָנאָמען – סײַ בײַ אַדיעקטיווישע פּראָנאָמען און סײַ בײַ סובסטאַנטיווישע. אַ שטייגער: מײַנער – מײַנע – מײַנעם – מײַנס; קיינער – קיינע – קיינעם אאַ״וו.[2] בײַ אייניקע פּראָנאָמען זײַנען אָבער פֿאַראַן די אָדער יענע אָפּווײַכונגען פֿון דער אַדיעקטיווישער סיסטעם פֿלעקסיעס. אַ שטייגער:

[243]

[1] [1] דאָס זעלבע איז אויך אין די ווײַטערדיקע בײַשפּילן: דאָס זינגען לאָזט זיך אויס מיט אַ מינאָרנע טאָן (שאָל.); פֿון שמייכל... באַקומט זיך גאָר עפּעס אַ מאָדנע הוסטל און אַ מאָדנע ווונק (בערג.).
און אַ מאָל ברענגט מען אייניקע פֿון די דאָזיקע אַדיעקטיוון אָנעם ,ע׳. אַ שטייגער: פֿאַר אַ ליאַד הינטל האָט ער געציטערט... (ממס.); כאָטש בײַם זעלבן אַוועטאָר איז פֿאַראַן דער זעלבער אַדיעקטיוו מיטן ,ע׳. אַ שטייגער: אַ לערניִנגל בײַ אַ ליאַדע בעל־מלאָכה האָט באַדאַרפֿט יאָרן לאַנג אָוועקטראָגן פֿאַמויניצעס (ממס.).

[2] [2] אַזוי איז אויך, ווען די אַדיעקטיווישע פּראָנאָמען ווערן סובסטאַנטיווירט. אַ שטייגער: מײַנער האָט אײַנגעשפּאַנט דאָס פֿערד־און־וועגעלע (שאָל.); מײַנע האָבן דערהערט... און מאַרש אין וואָגן אַרײַן (שאָל.); וועלן דען אַזעלכע צוויי אירע ווי מיר זיך קענען שטעלן אים אַקעגן? (ממס.)

1. די פּראָנאָמען ‚יענער׳ און ‚וועלכער׳ זײַנען בײַ אַ סובסטאַנטיוו פֿון דריטן מין אין נאָמינאַטיוו און אַקוזאַטיוו – ‚יענץ, וועלכ(ס)׳ אָדער ‚וועלכעס׳. אַ שטייגער: יענץ קינד אַרבעט גוט; איך האָב יענץ קינד געזען; וועלכ(ס, עס) קינד אַרבעט גוט? וועלכ(ס, עס) קינד האָסטו געזען?

2. דער פּראָנאָם ‚יעדער׳ ווערט אין איינצאָל אין אַ טייל דיאַלעקטן געבויגן און אין אַ טייל ניט. אַפֿילו בײַ איינעם און דעם זעלבן שרײַבער טרעפֿט מען אָפֿט דעם דאָזיקן פּראָנאָם אַ מאָל אַלס אַ מיטשטימיקן און אַ מאָל אַלס ניט קיין מיטשטימיקן. אַ שטייגער בײַ פֿעפֿערן: זינגט אַרום מיר יעדע גאַס, יעדער בוים, יעדער ווינט, יעדער (יעדעס!) קינד פֿון מײַן געגנט.

אָנמערקונג ווען דער פּראָנאָם ‚יעדער׳ קומט אַלס סובסטאַנטיוו, ווערט אָפֿט מאָל ‚יעדערער׳. אַ שטייגער: פֿאַר דער מומע דאָבריש האָט יעדערער אָפּשײַ (שאָל.). אָבער נאָך אָפֿטער בלײַבט דער דאָזיקער פּראָנאָם אויך אין אַזאַ פֿאַל ‚יעדער׳. אַ שטייגער: יעדער האָט זיך זײַנע געשעפֿטן (שאָל.); יעדער וויל זי נעמען צו זיך, יעדער טענהט (פּ.); זינגען, האָט זיך אים געדאַכט, קאָן יעדער (דינ.).

3. דער פּראָנאָם ‚אַנדער׳ ווערט אין איינצאָל אין אַ טייל דיאַלעקטן געבראַכט מיט אַדיעקטיווישע פֿלעקסיעס און אין אַ טייל אָן. בײַ אייניקע שרײַבער טרעפֿט מען אים אָפֿט מיט פֿלעקסיעס, ווען ער איז בײַ אַ סובסטאַנטיוו מיט אַ באַשטימיקן אַרטיקל, און אָן פֿלעקסיעס, ווען ער איז מיטן אומבאַשטימיקן אַרטיקל. אַ שטייגער בײַ שלום־עליכמען:

מיט פֿלעקסיעס	אָן פֿלעקסיעס
1. איז זי שיין... די אַנדערע טאָכטער מײַנע.	1. דאָס איז אַן אַנדער זאַך.
2. אינעם[1] אַנדערן בריוו וועל איך דיר אַרויסשרײַבן אַלצדינג.	2. דײַן קינד רײַסט זיך אין אַן אַנדער וועלט.[2]

אָנמערקונג ווען דער פּראָנאָם ‚אַנדער׳ קומט אַלס סובסטאַנטיוו, איז ער מיט אַד־יעקטיווישע פֿלעקסיעס. אַ שטייגער: איינער אַ באַס און דער אַנדערער אַ שרײַער (שאָל.).

4. דער פּראָנאָם ‚באַזונדער׳ ווערט אין איינצאָל אין אַ טייל דיאַלעקטן געבראַכט מיט אַדיעקטיווישע פֿלעקסיעס און אין אַ טייל אָן. אין דער ליטעראַטור איז בולטער די טענדענץ צו ברענגען אים מיט פֿלעקסיעס. אַ שטייגער: אַ באַזונדערער חן איז געווען אויסגע־גאָסן... (שאָל.).

325 די פּאָסעסיווישע פּראָנאָמען (מײַן, דײַן...), ווען זיי קומען פֿאַר אַ סובסטאַנטיוו אָן אַן אַרטיקל, שטימען זיי מיטן דאָזיקן סובסטאַנטיוו נאָר אין צאָל. [244]

1 [1] אין + דעם.

2 [2] אַזוי איז עס אָפֿט אויך בײַ פֿיל אַנדערע שרײַבער. אַ שטייגער: אים ענטפֿערט אָפּ... אַן אַנדער מין פֿויגל (ממס.); ...מײַן מאַן אויף דעם אַנדערן פֿערד (ממס.); זי איז געזעסן מיט די שוועסטער אין דער אַנדערער לאָזשע (בערג.).

אַ שטייגער: מײַן חבֿר, מײַן חבֿרטע – מײַנע חבֿרים (חבֿרטעס).[1] ווען אָבער די פּאָסע־סיווישע פּראָנאָמען קומען פֿאַר אַ סובסטאַנטיוו מיט אַן (אומבאַשטימיקן) אַרטיקל אָדער ווען זיי קומען (צוליב באַטאָנונג) נאָכן סובסטאַנטיוו, שטימען זיי מיטן דאָזיקן סובסטאַנ־טיוו אויך אין מין און אין בייגפֿאָרמע. אַ שטייגער: מײַנער אַ חבֿר – מײַנע אַ חבֿרטע; מײַנעם אַ חבֿר – מײַנער אַ חבֿרטע; (אַ, דער) חבֿר מײַנער – (אַ, די) חבֿרטע מײַנע; אַ (דעם) חבֿר מײַנעם – אַ (דער) חבֿרטע מײַנער אאַ״וו.

אין אַלטיִידישע טעקסטן טרעפֿט מען אָפֿט די פּאָסעסיווישע פּראָנאָמען מיט פֿלעקסיעס פֿון מין און בייגפֿאָרמע אויך פֿאַר סובסטאַנטיוון אָן אַרטיקלען. אַ שטייגער: פון זיינר בדעקונג (אַנשל); פון זיינר היץ (אַנשל, על. ב.); אין זיינם הערצן (על. ב.); פון דיינר אן שרייאונג (על. ב.); מיט מיינם שטאב [שטעקל] (שערטל); פון מיינר מוטר (שערטל); צו מיינם זון (בליץ, וויצנה.); אונזרן ברודיר (בליץ); אפ זיינם שטול (וויצנה.). און אָפֿט טרעפֿט מען אין אַלטיִידיש די פּאָסעסיווישע פּראָנאָמען אַפֿילו מיט דער פּאָסעסיווישער פֿלעקסיע. אַ שטייגער:

1. זאל איך דען מיינש ברודערש היטר זיין... דיא שטים דיינש ברודרש בלוט שרייאט צו מיר (בליץ).
2. בין איך דען מיינש ברודערש היטר... דיא שטים פון דיינש ברודערש בלוט זיא שרייאט (וויצנה.).

גלײַכצײַטיק אָבער טרעפֿט מען אַ מאָל אין אַלטיִידישע טעקסטן די דאָזיקע פּראָנאָמען דווקא אָן פֿלעק־סיעס אַפֿילו בײַ סובסטאַנטיוון מערצאָל. אַ שטייגער: זיין קליידר (אַנשל); מיין בערג (אַנשל); הויט [היט]... דיין לעפצן (על. ב.); אך [אויך] האט דר מלך זיין קינדר צואה [צוואה] גיטאָן (,מס. ר. ב.׳); מיין ברידר אונ׳ גיזעלן (שערטל); זיין קינדר (שערטל).

אַ פּאָסעסיווישער פּראָנאָם בײַ אַ סובסטאַנטיוו פֿון דריטן מין האָט אַזאַ סיסטעם פֿלעקסיעס:

נאָמינאַטיוו	מײַן קינד	מײַנס אַ קינד[2]	(אַ, דאָס) קינד מײַנס [2]
אַקוזאַטיוו	מײַן קינד	מײַנס אַ קינד	(אַ, דאָס) קינד מײַנס
דאַטיוו	מײַן קינד	מײַנעם אַ קינד	(אַ, דעם) קינד מײַנעם

אַ שטייגער: עס וועט אים ניט אָנשטיין, זײַנס אַ קינד זאָל זיך שטעלן אין דער פֿרעמד (ממס.); דאָס מעגנדל זײַנס פֿלעגט מאָנען עסן (ממס.); דאָס פּנים אירס איז געל (פּ.); ער האָט זיך זײַנס אין זינען (שאָל.).

אָנמערקונג 1 די פּאָסעסיווישע פּראָנאָמען הענגען אָפּ אי פֿון די סובסטאַנטיוון, וואָס זיי כאַראַקטעריזירן, אי פֿון די סובסטאַנטיוון, אויף וועלכע זיי ווײַזן אָן. אַ שטייגער:

1 [1] בײַ ,טאַטע־מאַמע׳ און ענלעכע צונויפֿזאַצן קומט דער פּאָסעסיווישער פּראָנאָם געוויינטלעך אָן אַ מערצאָליקער פֿלעקסיע. אַ שטייגער: דײַן טאַטע־מאַמע זײַנען אָרעמע־לײַט (דינ.).

2 [2] אין אַ ריי ערטער זאָגט מען ,מײַנס, דײַנס׳ אאַ״וו אויך פֿאַר אַ סובסטאַנטיוו פֿון ערשטן אָדער צווייטן מין. אַ שטייגער: ביסט פֿאָרט געווען מײַנס אַ חבֿר (בערג.).

1. דער זאַוואָד האָט אויסגעפּילט זײַנ(ע) אויפֿגאַבע(ס).
2. די פֿאַבריק האָט אויסגעפּילט איר(ע) אויפֿגאַבע(ס).

אָנמערקונג 2 דער פּאָסעסיווישער פּראָנאָם ,זײַן׳ ווײַזט אָן סײַ אויף אַ סובסטאַנטיוו פֿון ערשטן מין און סײַ פֿון דריטן מין. אַ שטייגער: דער זאַוואָד (דאָס [245] שטעטל) האָט אויסגעפּילט זײַן פּלאַן. אָבער בײַ פּערזאָנען היט מען דאָס אָפּט ניט אָפּ אויך. אַ שטייגער: דאָס ייִנגל איז געקומען מיט זײַן ברודער; דאָס מיידל איז געקומען מיט איר ברודער (זעט ז״ז 193–194).

אָנמערקונג 3 בײַ די עלטערע שרײַבער טרעפֿט מען אַ פּאָסעסיווישן פּראָנאָם אָפֿט אין אַזאַ פֿאַל, ווו מע באַניצט איצט געוויינטלעך גאָר אַן אַנדער טיפּ פּראָנאָם – אַ פּערזאָניקן. אַ שטייגער: נאָך זייער שיין פֿון דער וועלט, אַז זי האָט זיך זײַנער דערמאָנט... צו שטעלן אים אַ מצבֿה (ממס.). איצט וואָלטן מיר דאָ אַנשטאָט ,זײַנער׳ געבראַכט דעם (פּערזאָניקן) פּראָנאָם ,אים׳ מיט אַ פּרעפּאָזיציע ,וועגן, אָן, אין׳ א״אַ.

44 אַדיעקטיווישע אויסבילדונג

326 אַדיעקטיוון (פּונקט ווי סובסטאַנטיוון, ווערבן און אַנדערע) זײַנען פֿאַראַן גרונטיקע און אויסגעבילדעטע. די אויסגעבילדעטע קומען געוויינטלעך מיט פֿאָלגנדיקע סופֿיקסן: ־אַבל, ־אַטע, ־אַל, ־אַנט, ־אַנער, ־אַר, ־באַר, ־האַפֿט, ־ווײַז, ־זאַם, ־יוו, ־יטשק (־טשיק), ־ינק, ־(י)עז, ־יק, ־יש, ־לאָז, ־לעך, ־נע, ־(ע)דיק, ־עוואַטע, ־עוודיק, ־עווע, ־על – ־יעל, ־(ע)ן – ־(ע)רן, ־(ע)נד, ־ענט, ־ער, ־ש׳ און אַנדערע.

אַ שטייגער:[1] קאָמפּאָרטאַבל, פּיסקאַטע, האָריזאָנטאַל, אינטערעסאַנט, אַמעריקאַנער, עלעמענטאַר, פֿרוכטבאַר, עקלהאַפֿט, ביסלעכווײַז,[2] לאַנגזאַם, אָביעקטיוו, יונגיטשק, יונגינק, טענדענציעז, נערוועז, זאַמדיק, מענטשיש, היימלאָז, שוואַרצלעך, גליקלעך, מאָדנע, לעבעדיק, זומערדיק, תּמעוואַטע, חנעוודיק, מאַסעווע, קולטורעל, פּראָווינציעל, לײַנען, זײַדן, הילצערן, שרײַענד, רירנד,[3] קאָמפּעטענט, קיִעווער, ייִנגלש אאַ״וו.

327 אַדיעקטיוון, וואָס ווערן געבילדעט גופֿא פֿון אַדיעקטיוון מיט דער הילף פֿון די סופֿיקסן ,־ינק, ־יטשק (־טשיק)׳ אָדער ,־לעך׳, דריקן געוויינטלעך אויס פֿאַרקלענערונג, צערטלעכקייט (אַ מאָל אויך פֿאַראַכטונג) אָדער אַן אָפּשוואַכונג אין דער קוואַליפֿיקאַציע. אַ שטייגער: שוואַרצינקע פּנימלעך, קלייניטשקע הענטעלעך, רויטלעכע ליפּן (ליפּעלעך).[4]

[1] [1] דער אַדיעקטיוו ווערט דאָ געגעבן אין דער נולפֿאָרמע (אָן פֿלעקסיעס). אייניקע פֿון די אָנגעוויזענע סופֿיקסן קומען בײַם בילדן ווערטער פֿון אַנדערע וואָרטקלאַסן אויך.

[2] [2] אַ שטייגער: אַ לאַנג לעבן אָן ברויט איז אַ ביסלעכווײַזער טויט (ממס.).

[3] [3] אַ שטייגער: האַרצרײַסנדע דראַמען און רירנדע טראַגעדיעס (שאָל.).

[4] [4] וועגן אַדיעקטיוון, וואָס ווערן געבילדעט גופֿא פֿון אַדיעקטיוון מיט דער הילף פֿון אַנדערע סופֿיקסן – צו ווײַזן אַ העכערן גראַד (גרעסערער, גרעסטער; שענערער, שענסטער) – וועט גערעדט ווערן אין די ווײַטערדיקע קאַפּיטלען.

אָנמערקונג ווען דער סופֿיקס ‚־לעך‘ (מיטן באַטייַט פֿון ‚אָפּשוואַכונג‘) קומט צו צו אַ וואָרט (געוויינטלעך צו אַן אַדיעקטיוו אָדער אַדוועריב), וואָס ענדיקט זיך מיט אַ ‚ל‘, קומט פֿאַרן ‚־לעך‘ אַרייַן אַ ‚ב‘. אַ שטייגער: פֿוילבלעך, העלבלעך, שמאָלבלעך, קילבלעך (קאַלטלעך) אאַ״וו.[1] ווען דער סופֿיקס ‚־לעך‘ (מיטן באַטייַט פֿון [246] ‚אויסזען‘) קומט צו צו אַ וואָרט (צו אַ סובסטאַנטיוו, ווערב, אַדיעקטיוו), וואָס ענדיקט זיך מיט אַ ‚ן‘, קומט פֿאַרן ‚־לעך‘ אָפּט אַרייַן אַ ‚ט‘. אַ שטייגער: נאָמענטלעך, ווענזנטלעך, עפּנטלעך, אייגנטלעך, אָר־דנטלעך, אָרנטלעך[2] אאַ״אַ (זעט ז׳ 82).

328 אַדיעקטיוון, וואָס ווערן געבילדעט פֿון סובסטאַנטיוון, וועלכע באַטייַטן שטאָפֿן, האָבן געוויינטלעך אַ סופֿיקס ‚־(ע)ן‘ אָדער ‚־ערן‘. אַ שטייגער:

אַ וואָלן טיכל — אַ לייַנען היטל — אַ הילצערן טעפּל
אַ וואָלענער מאַנטל — אַ לייַנענער פּידזשאַק — אַ הילצערנער טאָפּ[3]

אַזאַ סופֿיקס האָט אויך דער אַדיעקטיוו, וואָס איז געבילדעט פֿונעם וואָרט ‚משוגע‘. אַ שטייגער: אַליין ליגט ער... און שרייַט ווי אַ משוגען קעלבל (שאָל.).

אָנמערקונג עס זייַנען פֿאַראַן אויך אַזעלכע אַדיעקטיוון, וואָס זייַנען געבילדעט פֿון סובסטאַנטיוון בלויז דורך אַדיעקטיווישע פֿלעקסיעס. אַ שטייגער: ראַיאָנער (קאָמיטעט), ראַיאָנע (צייַטונג).

329 אַדיעקטיוון ווערן אָפּט געבילדעט פֿון ווערבן אָן דער הילף פֿון ספּעציעלע סופֿיקסן. דאָס קומט געוויינטלעך פֿאָר בייַם בילדן אַדיעקטיוון פֿון פּאַרטיציפּן און גערונדיוון. אַ שטייגער: עס האָט זיך אַ ווייַז געטאָן אַן אויסמישעניש פֿון אַלערליי צורות און געשטאַלטן: פֿאָנפֿעוואַטע, צוגעפּלעטשטע און געשוואָלענע נעז׳... אַ קאַשע פֿון אָפּגעריסענע, אָפּגעשליסענע און פֿון משוגע־ווילדע מאָדניצעס... צעהאַקטע יופּעס, נאַקעט לייַב, הוילע, פֿון צעפֿאַלענע שיך אַרויסקוקנדיקע פֿינגער... (ממס.).

אָנמערקונג די דאָזיקע אַדיעקטיוון, די ווערבאַלע, קאָנען, פֿאַרשטייט זיך, ווי אַלע אַנדערע אַדיעקטיוון, אויך סובסטאַנטיווירט ווערן. אַ שטייגער: גוואַלד, קבצנים! גוואַלד, בטלנים! גוואַלד, דערשלאָגענע, דערנידעריקטע, אויסגעפּאַטשטע, קראַנקע, צעבראָכענע, שטאַרקט זיך און שטייט אויף (ממס.).

פּאַרטיציפּישע און גערונדיווישע אַדיעקטיוון שיידן זיך אונטער איינער פֿונעם אַנדערן אי אין דער סטרוקטור אי אין דעם באַטייַט. אַ פּאַרטיציפּישער אַדיעקטיוו באַטייַט געוויינט־לעך פֿאַרגאַנגענהייט און פּאַסיווקייט (אָדער רעפֿלעקסיווקייט), אויב ער איז פֿון אַן איבערגייענדיקן ווערב, און פֿאַרגאַנגענהייט און אַקטיווקייט, אויב ער איז פֿון אַ שטייענדיקן ווערב. אַ שטייגער:

[1] [5] דער סופֿיקס ‚־לעך‘ קומט אַ מאָל צו אויך צו אַ פּאַרטיציפּישן אַדיעקטיוו אָדער אַדוועריב און אַ מאָל אויך צו אַ ניט־אַדיעקטיווישן אַדוועריב. אַ שטייגער: זי ווערט בלאַס, פֿאַרשעמטלעך (ניס.); דאָס פּנים – פֿריש, אויפֿגעלייגטלעך (ניס.); איך האָב אויסגעקליבן תּמיד אַ צייַט פֿאַרנאַכטלעך (שאָל.).

[2] [1] ‚אָרנטלעך‘ נעמט זיך פֿונעם וואָרט ‚אָרדנטלעך‘. איצט האָבן מיר די ביידע ווערטער מיט אַ גאַנץ היפּשן אונטערשייד אינעם באַטייַט.

[3] [2] און אַ מאָל אויך אַנדערע סופֿיקסן. אַ שטייגער: אַ דימענטיק מענטשל (ממס.).

1. די פֿאַרשריבענע אַרבעטער (די אַרבעטער, וואָס מע האָט פֿאַרשריבן; וואָס זײַנען פֿאַרשריבן געוואָרן; וואָס האָבן זיך פֿאַרשריבן).
2. די דורכגעקוקטע מאַטעריאַלן (די מאַטעריאַלן, וואָס מע האָט דורכגעקוקט; וואָס זײַנען דורכגעקוקט געוואָרן).

1. די אָנגעקומענע אַרבעטער (די אַרבעטער, וואָס זײַנען אָנגעקומען). [247]
2. די אויסגעבליבענע מאַטעריאַלן (די מאַטעריאַלן, וואָס זײַנען אויסגעבליבן).

אָבער אַ גערונדיווישער אַדיעקטיוו באַטײַט קעגנוואַרט און אַקטיווקייט. פֿאַרגלײַכט אַ שטייגער:

פֿאַרטיציפּישער אַדיעקטיוו	גערונדיווישער אַדיעקטיוו
די אָנגעקומענע שיף	די אָנקומענדיקע שיף
דער אַוועקגעגאַנגענער חבֿר	דער אַוועקגייענדיקער חבֿר
די עקספּלואַטירטע מאַסן	די עקספּלואַטירנדיקע מאַסן
די אונטערדריקטע נאַציעס	די אונטערדריקנדיקע נאַציעס[1]

אָנמערקונג אַ פּאַרטיציפּישער אַדיעקטיוו פֿון אַן איבערגייענדיקן ווערב באַטײַט אַ מאָל ניט פּאַסיווקייט, נאָר אַקטיווקייט. אַ שטייגער בײַ שלום־עליכמען: ער איז שוין אַ געגעסענער; אַ דאַנק, כ׳בין שוין אַ געטרונקענע; שוין אין דער פֿרי... איז אַליק דער מעכאַניק... אַן אויסגעטרונקענער און אַן איבערגעביסענער.

330 דער ווערב, וואָס פֿון אים ווערט געבילדעט אַ פּאַרטיציפּישער און גערונדיווישער אַדיעקטיוו, קאָן זײַן סײַ אַן אַקטיווער, סײַ אַ פּאַסיווער און סײַ אַ רעפֿלעקסיווער. אַ שטייגער:

פֿאָרמע און וואָרטקלאַס	אַקטיוו	פּאַסיוו	רעפֿלעקסיוו
פּאַרטיציפּ (ווערב)	אָפּגעשטויסן	אָפּגעשטויסן געוואָרן	זיך אָפּגעשטויסן
פּאַרטיציפּישער אַדיעקטיוו	אַן אָפּגעשטויסנ־ס, (אַן) אָפּגעשטויסענע (־ער, ־עם)	אַן אָפּגעשטויסן געוואָרנ־ס, (אַן) אָפּגעשטויסן געוואָרענע (־ער, ־עם)	אַ זיך אָפּגעשטויסנ־ס, אַ זיך אָפּגעשטויסענע, (־ער, ־עם)
גערונדיוו (ווערב)	אָפּשטויסנדיק	אָפּגעשטויסן ווערנדיק	זיך אָפּשטויסנדיק
גערונדיווישער אַדיעקטיוו	(אַן) אָפּשטויסנדיק־ס (־ע, ־ער, ־ן)	(אַן) אָפּגעשטויסן ווערנדיק־ס (־ע, ־ער, ־ן)	(אַ) זיך אָפּשטויסנדיק־ס (־ע, ־ער, ־ן)

[248]

[1] [1] אַ שטייגער בײַ לענינען: צי קאָן די דאָזיקע דערציִונג...* זײַן קאָנקרעט איינע און די זעלבע בײַ נאַציעס גרויסע און אונטערדריקנדיקע און בײַ נאַציעס קליינינקע, אונטערדריקטע? בײַ נאַציעס אַנעקסירנדיקע און בײַ נאַציעס אַנעקסירטע? ס׳איז קלאָר, אַז ניט (ב׳ XIX, ז׳ 261, רוסיש).

* דאָ גייט אַ רייד וועגן דערציִען די אַרבעטער אין גײַסט פֿון אינטערנאַציאָנאַליזם.

אַ שטייגער ביַי ניסתּרן: ...אַלע בײַזײַענדיקע, סײַ די בײַם טיש זיצנדיקע סײַ די אין קיך זיך געפֿינענדיקע און איבער דער שטובשוועל אַריבערקוקנדיקע, האָבן זיך שוין געזאָלט אַרומקוקן...; האָט דער זיך אײַנהערנדיקער... פֿאַרשווין גענומען סרוליס רייד פֿאַרנעמען; ער... טרעפֿט אָבער נישט דאָס ווײַב, נאָר אַ זיך אַרײַנגנבֿענענדיקן פֿרעמדן הונט.

אָנמערקונג 1 אַן אַדיעקטיוו, וואָס איז געבילדעט פֿון אַ פּאַסיוון ווערב אַ פּאַרטיציפּ, באַטײַט פּאַסיווקייט און פֿאַרגאַנגענהייט, אַן אַדיעקטיוו, וואָס איז געבילדעט פֿון אַ פּאַסיוון ווערב אַ גערונדיוו, באַטײַט פּאַסיווקייט און קעגנוואַרט. פֿאַרגלײַכט אַ שטייגער: די פֿאַרמאַטערט געוואָרענע צוהערער – די פֿאַרמאַטערט ווערנדיקע צוהערער.

אָנמערקונג 2 די אַדיעקטיוון ,געדונגענער, געוווּנענער, דערפֿונדענער, פֿאַרבונדענער,[1] צעבונדענער, געלונגענער׳ און נאָך פֿיל אַנדערע דאַרפֿן זײַן מיט ,ו׳ און ניט מיט ,י׳, ווײַל מע בילדעט זיי ניט פֿון קיין אינפֿיניטיוו, נאָר פֿון אַ פּאַרטיציפּ. און ווי עס איז שוין פֿעסטגעשטעלט געוואָרן אינעם קאַפּיטל „פּאַרטיציפּ״, קומען די דאָזיקע און ענלעכע ווערטער אַלס פּאַרטיציפּן מיט ,ו׳. מע דאַרף אויך זאָגן און שרײַבן ,דערהויבענער, אָנגעהויבענער... פֿאַרבויגענער, אָנגעבויגענער...׳ מיט ,וי׳ און ניט מיט ,יי׳. אָבער: פֿאַרבייגטער.

אָנמערקונג 3 אַדיעקטיוון, וואָס זײַנען געבילדעט פֿון פּאַרטיציפּן מיטן סופֿיקס ,־ט׳, דאַרפֿן אָפּהיטן דעם דאָזיקן פּאַרטיציפּישן סופֿיקס. אַ שטייגער: פֿאַרפֿרעמדטער, פֿאַרבלענדטער. אָבער אין די ווערטער ,פֿרעמדער, בלינדער׳ איז קיין סופֿיקס ,־ט׳ ניט פֿאַראַן. די דאָזיקע אַדיעקטיוון זײַנען, פֿאַרשטייט זיך, ניט פֿון קיין פּאַרטיציפּן.

אָנמערקונג 4 די אַדיעקטיוון פֿון די פּאַרטיציפּן ,געוועזן, געזען, געשען׳ זײַנען אַזוי: געוועזענער, געזעענער, געשעענער.

331 אַדיעקטיוון ווערן אָפּט מאָל געבילדעט פֿון אַ גרופּע ווערטער. אַזעלכע אַדיעקטיוון ווערן בכלל געשריבן אין איינעם. אַ שטייגער:

1. די לאַגע צווישן די פֿעלקער – די צווישנפֿעלקערלעכע לאַגע;
2. אַ לעבן פֿון אַזוי פֿיל יאָר – אַן אַזױפֿילאָריק לעבן;[2]
3. אַ בחור פֿון אַ קליין שטעטל – אַ קליינשטעטלדיקער בחור;
4. אַ וואָרט פֿון אַן אַנדער שפּראַך – אַן אַנדערשפּראַכיק וואָרט.

ווען אָבער די אַדיעקטיוון זײַנען געבילדעט פֿון אַ באַשרײַביקן (פּעריפֿראַסטישן) ווערב, היטן זיי אויף די באַזונדערע שרײַבונג. אַ שטייגער:

1. די לענדער, וואָס האַלטן מלחמה – די מלחמה האַלטנדיקע לענדער;
2. די מענטשן, וואָס גיבן אַכטונג – די אַכטונג געבנדיקע מענטשן;
3. די שכנים, וואָס האַלטן זיך אַן עצה – די זיך אַן עצה האַלטנדיקע שכנים.

[249]

[1] [1] אָבער: פֿאַרבינדעטער – פֿון אַ פּאַרטיציפּ ,פֿאַרבינדעט׳, וואָס ווערט אַלס אַ ווערבאַלער איצט אין ייִדיש ניט געברויכט.

[2] [2] אַ שטייגער: יודקע האָט זיך אין זײַן קורצן אַזױפֿילאָריקן לעבן שוין עטלעכע מאָל זעלטן אויסגעצייכנט (גאָד.).

IV צאָלוואָרט

45 צאָלוואָרט און אַדיעקטיוו

332 סובסטאַנטיוון האָבן אָפֿט בײַ זיך ניט נאָר אַדיעקטיוון. אָפֿט האָבן זיי אָדער קאָנען האָבן אויך *צאָלווערטער* – *ווערטער*, וואָס ווײַזן אַ *באַשטימטע צאָל זאַכן* און זײַנען ניט קיין סובסטאַנטיוון. אַ שטייגער: זיי האָבן פֿאַר *צוויי* שעה דורכגעלייענט *זיבעציק* זײַטלעך.

דער קלאַס *צאָלווערטער* נעמט אַרום אַ גאַנץ קליינע גרופּע ווערטער (איינס, צוויי... עלף, צוועלף... צוואַנציק, דרײַסיק... הונדערט, טויזנט...) אָבער מיט דער הילף פֿון דער דאָזיקער קליינער צאָל ווערטער קאָן מען אָנרופֿן זייער אַ גרויסע צאָל זאַכן, אָן אַ סוף.

אָנמערקונג די צאָלווערטער ‚הונדערט׳ און ‚טויזנט׳ קאָנען קומען אויך אין מערצאָל. פֿאַרגלײַכט אַ שטייגער: הונדערט מענטשן – הונדערטער מענטשן; טויזנט פֿונקטן – טויזנטער פֿונקטן.

ציילן האָט זיך דער מענטש אויסגעלערנט נאָך אין גאָר אוראַלטע צײַטן. לויט מאַרס מיינונג – נאָך ביזן אויפֿקום פֿון דער קלאַנגענשפּראַך, ווען דער הויפּטאָרגאַן פֿון רייד איז געווען די *האַנט*. דאָס ציילן פֿלעגט דאַן פֿאָרקומען מיט דער הילף פֿון די הענט און פֿינגער. מיט אַ גאַנצער האַנט (מיט דער דלאָניע) פֿלעגט מען אויסדריקן די צאָלן ‚איינס׳ און ‚צוויי׳ און מיט אַ האַנט פֿינגער פֿלעגט מען אויסדריקן די צאָלן ‚פֿינף׳ און ‚צען׳. די איבעריקע צאָלן פֿלעגט מען אויסדריקן אָדער דורך צונויפֿלייגן (1+5 אָדער 5+1=6; 1+2=3), אָדער דורך איבערחזרונג (2+2=4); אָדער דורך אַראָפּנעמען (2−10=8; 1−10=9). אָט די דאָזיקע סיסטעם פֿון ציילן איז געלייגט אין גרונט בײַם אויסבילדן צאָלווערטער אויך אין דער קלאַנגענשפּראַך.[1]

אין אַ ריי שפּראַכן פֿון די ווייניק אַנטוויקלטע פֿעלקער טראָגן נאָך עד־היום די ערשטע פֿינף ציפֿער די נעמען פֿון פֿינגער: אין די שפּראַכן פֿון צפֿון־אַזיאַטישע פֿעלקער – פֿון די לואָראַוועטלאַנען (טשוקטשעס), איטעלמענען (קאַמטשאַדאַלן), נימילאַנען (קאָריאַקן) און אַנדערע – רופֿט מען אָן מיט איינעם און דעם זעלבן וואָרט די צאָל *פֿינף* און אַ *האַנט*, די צאָל *צוואַנציק* און אַ *מענטשן*, און דעם באַגריף *ציילן* דריקט מען דאָרט אויס מיט אַ וואָרט, וואָס באַטײַט *פֿינגערן* (מאַכן מיט די פֿינגער).

אין זייער פֿיל שפּראַכן זײַנען ספּעציעלע ווערטער פֿאַראַן נאָר פֿאַר די צאָלן פֿון 1 ביז 10 (און פֿאַר אייניקע אַנדערע: הונדערט, טויזנט אאַ״וו). די ווערטער פֿאַר די איבעריקע צאָלן זײַנען מערסטנס געבילדעט ווי אַ קאָמבינאַציע פֿון די ערשטע צען. אַ שטייגער די צאָלווערטער ‚דרײַצן, פֿערצן, פֿופֿצן׳ אאַ״וו זײַנען צונויפֿגעזעצט פֿון ‚דרײַ + צען, פֿיר + צען׳ אאַ״וו. די צאָלווערטער ‚צוואַנציק, דרײַסיק, פֿערציק׳ זײַנען צונויפֿגעזעצט פֿון ‚צוויי, דרײַ, פֿיר׳ מיט די ווערטער ‚ציק, סיק׳, וואָס האָבן אַ מאָל באַטײַט *צען* און וואָס איצט קומען זיי שוין ניט אַלס זעלבשטענדיקע. די צאָלווערטער ‚עלף, צוועלף׳ זײַנען צונויפֿגעזעצט געוואָרן פֿון ‚איין׳ און ‚צוויי׳ מיט ‚ליף׳, וואָס האָט אַ מאָל באַטײַט ‚איבער׳ אָדער ‚בלײַבט׳, דאָס הייסט: *איבער צען*.[2] איצט, פֿאַרשטייט זיך, זײַנען די ווערטער ‚עלף, צוועלף, צוואַנציק, דרײַסיק׳ אאַ״וו שוין

1 [1] נ. יאַ. מאַר, ב׳ III, ז״ז 273–274 (רוסיש).

2 [2] זעט אַ שטייגער בײַ *וויצנהויזענען*: דיא זון. אונ׳ דיא (לבנה). אונ׳ *איילף* שטערן דיא נייגטן זיך צו מיר. אָדער נאָך בולטער בײַ *בליצן*: דיא זון. אונ׳ די מאניד. אונ׳ *אייליף* שטערנין. נייגיטן זיך פר מיר.

פֿאַרגעסענע צונויפֿזאַצן. מיר פֿילן שוין ניט אין זיי קיין צונויפֿזעצונג פֿון צוויי וואָרצלען, ווי מיר פֿילן עס ניט אינעם וואָרט ,צווייפֿל' [250] אַ שטייגער, וואָס איז אויך אויפֿגעקומען ווי אַ צונויפֿזאַץ – פֿון ,צוויי' און ,פֿעל' (זעט ז' 85).

333 צאָלווערטער געפֿינען זיך געוויינטלעך פֿאַר די סובסטאַנטיוון, צו וועלכע זיי געהערן. אַ שטייגער: צען קינדער, פֿופֿצן ביכער. ווען אָבער די צאָל איז ניט גאָר קיין פּינקטלעכע, נאָר אַ לערכדיקע, קומט אין אַזאַ פֿאַל דער סובסטאַנטיוו מיט אַ פֿאַרטיקל ,אַ' אָדער ,אַן' און די צאָלווערטער קאָנען דאַן קומען נאָכן סובסטאַנטיוו אויך. אַ שטייגער: אַ צען קינדער – אַ קינדער צען; אַ פֿופֿצן ביכער – אַ ביכער פֿופֿצן.

334 צאָלווערטער קומען אָפֿט צו ווײַזן אַ צאָל בכלל און ניט דווקא אַ צאָל פֿון באַשטימטע זאַכן. אין אַזעלכע פֿאַלן קאָנען די צאָלווערטער אויספֿילן פֿונקציעס פֿון פֿאַרשיידענע זאַצגלידער – זיי קאָנען זײַן סוביעקטן, פּרעדיקאַטן און אַנדערע. אַ שטייגער: פֿינף איז מער פֿון דרײַ; צוויי מאָל צוויי איז פֿיר.

335 צאָלווערטער קאָנען אויך סובסטאַנטיווירט ווערן, און דאַן קאָנען זיי ווי בכלל סובסטאַנטיוון קומען מיט אַרטיקלען און מיט אַדיעקטיוון. אַ שטייגער: די ערשטע דרײַ האָב איך ניט געוואָלט נעמען; די אייבערשטע פֿינף געפֿעלן מיר ניט.

אָנמערקונג מיט אַן אַדיעקטיוו קומט אָפֿט אויך אַ צאָלוואָרט, וואָס איז בײַ אַ סובסטאַנטיוו. אַ שטייגער: גאַנצע פֿיר יאָר האָט זיך צווישן זיי געצויגן דער היימישער קליין־שטעטלדיקער שידוך (בערג.). אין אַזאַ פֿאַל געהערט דער אַדיעקטיוו געוויינטלעך צו דער גאַנצער גרופּע, וועלכע ער כאַראַקטעריזירט, – צום צאָלוואָרט מיטן סובסטאַנטיוו.

336 אַ צאָל קאָנען אָפֿט מאָל ווײַזן אויך סובסטאַנטיוון גופֿא. אַ שטייגער: אַ פּאָר הענט, אַ צענדליק העפֿטן, אַ טוץ (12) נאָדלען, אַ שאָק (60) אייער,[1] אַ מאה (100) ניס. דעריבער דאַרף מען ניט אַלע ווערטער, וואָס ווײַזן אַ צאָל, פֿאַררעכענען פֿאַר צאָלווערטער. די ווערטער, וואָס ווײַזן אַ צאָל און האָבן סימנים און אייגנשאַפֿטן פֿון סובסטאַנטיוון, זײַנען סובסטאַנטיוון.

אָנמערקונג עס זײַנען פֿאַראַן סובסטאַנטיוון, וואָס זײַנען געבילדעט פֿון אינטערנאַציאָנאַלע (גריכישע, לאַטײַנישע) צאָלווערטער מיט אָדער אָן אינטערנאַציאָנאַלע סובסטאַנטיוון און וואָס באַטײַטן עפּעס אַזוינס, וואָס האָט אַ שײַכות צו אַ צאָל. אַ שטייגער: פּראָצענט (אויף הונדערט, אַ הונדערטל פֿון עפּעס אַ צאָל); צענטנער (הונדערט קילאָ); העקטאַר (הונדערט אַר);[2] העקטאָגראַם (הונדערט גראַם); קילאָגראַם (טויזנט גראַם) און אַ ריי אַנדערע.

337 עס זײַנען פֿאַראַן ווערטער, וואָס ווײַזן ניט די צאָל, ניט דעם סכום פֿון זאַכן, נאָר בײַם ציילן ווײַזן זיי דעם סדר פֿון זאַכן. דאָס זײַנען די ווערטער פֿונעם טיפּ ,דער ערשטער, דער צווייטער, דער דריטער, דער פֿערטער' אאַ"וו. די דאָזיקע ווערטער האָבן

[1] [1] דאָס וואָרט ,שאָק' ווערט אָפֿט באַניצט אויך אינעם באַטײַט פֿון זייער פֿיל. אַ שטייגער: מיר זײַנען זייער גוט באַקאַנט צווישן זיך שוין אַ שאָק מיט יאָרן (שאָל.).

[2] [2] צען טויזנט קוואַדראַט־מעטער.

אַלע אייגנשאַפֿטן און סימנים פֿון אַדיעקטיוון. אָבער ענטפֿערן ענטפֿערן זיי ניט נאָר אויף דער פֿראַגע ‚וועלכער, וועלכע…', נאָר אויך אויף דער פֿראַגע ‚דער וויפֿלטער, די וויפֿל־טע…'. דער דאָזיקער טיפּ אַדיעקטיוון (אָפֿט רופֿט [251] מען זיי ‚סדרדיקע צאָלווערטער') ווערן געבילדעט פֿון אַ צאָלוואָרט (מיט אָדער אָן אַ קלאַנגענבייַט) + אַ סופֿיקס ־(ס)ט' + אַן אַדיעקטיווישע פֿלעקסיע. אַ שטייגער:

1. ע ר ש ט ע ר   מ י ן: דער צווייטער טאָג, דעם צווייטן טאָג; דער צוואַנציקסטער טאָג, דעם צוואַנציקסטן טאָג;

2. צ וו י י ט ע ר   מ י ן: די צווייטע וואָך, נאָך דער צווייטער וואָך; די צוואַנציקסטע וואָך, נאָך דער צוואַנציקסטער וואָך;

3. ד ר י ט ע ר   מ י ן: אַ צווייט יאָר – דאָס צווייטע יאָר – אַ יאָר אַ צווייטס; אַ דריט יאָר – דאָס דריטע יאָר   אַ יאָר אַ דריטס…

אַ שטייגער: סערל, זייַן ד ר י ט ווייַב… האָט געהאַט… אַ ייִנגל (ממס.).

אָ נ מ ע ר ק ו נ ג אַלס אַדיעקטיוון ווערן אויך פֿאַררעכנט די ווערטער פֿונעם טיפּ ‚צווייערליי, דרייַערליי, פֿירערליי, אַלערליי' אאַ״וו – ווערטער, וואָס זייַנען געבילדעט פֿון אַ צאָלוואָרט (אָדער פֿון אַ פּראָנאָם) + סופֿיקס ‚־ערליי' (זעט וועגן דאָזיקן סופֿיקס אויף ז' 113).

338 אַדיעקטיווישע פֿלעקסיעס האָט אָפֿט אויך דאָס צאָלוואָרט ‚איין', ווען עס קומט אין אַזעלכע פֿאַלן ווי פֿאָלגנדיקע: 1. איינער (איינעם) אַ חבֿר; איינע (איינער) אַ חבֿרטע; איינס אַ קינד; 2. איינער (איינעם) פֿון די חבֿרים; איינע (איינער) פֿון די חבֿרטעס; איינס פֿון די קינדער.

אַ שטייגער: …אײַנגעהויקערטע שטיבלעך מיט צעבראָכענע דעכלעך, אָנגעזועצט גע־דיכט א י י נ ס לעבן דעם אַנדערן (ממס.); פֿון צען מײַלער גייען קולות, א י י נ ס העכער און שטאַרקער פֿון דעם אַנדערן (שאָל.); דער מאָסקווער ייִדישער טעאַטער איז א י י נ ע פֿון די אָנגעזעענסטע דערגרייכונגען פֿון דער סאָוועטישער ייִדישער קולטור, א י י נ ס פֿון אירע שטאַרקסטע דערציִונג־מיטלען (צ.);[1]

אָבער בייַ אַ סובסטאַנטיוו פֿון דריטן מין, וואָס מיינט אַ פּערזאָן, קאָן דאָס וואָרט ‚איין' אַ מאָל אַנטשפּרעכן ניט דעם מין פֿונעם סובסטאַנטיוו, נאָר דעם געשלעכט פֿון דער פּערזאָן (זעט ז' 194). אַ שטייגער: דאָס ווייַב פֿאַרשטעלט דעם מאַן מיט איר נאָמען… זלאַטע די צעלניקערין איז געווען א י י נ ע פֿון די דאָזיקע ווייַ ב ע ר (שאָל.).

339 די ווערטער פֿונעם טיפּ ‚איין־און־צוואַנציקסטער, צוויי־און־צוואַנציקסטער… איין־און־דרייַסיקסטער, צוויי־און־דרייַסיקסטער…' [איין און צוואַנציקסטער…] שרייַבט מען מיט ב י נ ד צ י י כ נ ס. מיט בינדצייכנס שרייַבט מען אויך אַ צאָלוואָרט, וואָס איז סובסטאַנטיווירט געוואָרן. אַ שטייגער: א פינף־און־צוואנציקער [אַ פֿינפֿאונצוואַנציקער], א פינף־הונדערטער, א

[1] [1] און אויך אַ שטייגער אין אַזעלכע פֿאַלן: נאָר דאָס א י י נ ע וועל איך אײַך נאָך בעטן (עט.); נאָך א י י נ ס האָב איך אײַך צו פֿרעגן (עט.).

זעקס־און־זעכציק (אַ קאָרטנשפּיל). אָבער בכלל אַ צאָלוואָרט שרײַבט מען אָן בינדצייכנס. אַ שטייגער: ,איינ און צוואנציק, צוויי און דרײַסיק, צוויי און דרײַסיק...איינ און צוואנציק...'[1]

אָנמערקונג 1 די ווערטער פֿונעם טיפּ ,דער ערשטער מײַ', ,דער אַכטער מאַרט' שרײַבט מען אָן בינדצייכנס. ווען אָבער די דאָזיקע קומען אַלס אַ באַשטימטייל פֿון אַ צו־נויפֿזאַץ, שרײַבט מען זיי מיט בינדצייכנס. אַ שטייגער: דער ערשטער־[252]מײַ־יום־טובֿ, די ערשטע־מײַ־דעמאָנסטראַציע (אָדער: די ערשטמײַיִקע דעמאָנסטראַציע), דער אַכטער־מאַרט־מיטינג אאַ״וו.

אָנמערקונג 2 מע דאַרף זאָגן און שרײַבן ,פֿערט, פֿערטע, פֿערטער...' מיט אַן ,ע' נאָכן ,פֿ' און מיט אַ ,ט' און ניט (ווי מע זאָגט אין אייניקע ערטער) ,פֿירטע' אָדער ,פֿערדע'. מע דאַרף אויך זאָגן און שרײַבן ,דרײַצנטער, פֿערצנטער, פֿופֿצנטער' אאַ״וו מיט אַ ,נ' נאָכן ,צ' און ניט (ווי מע זאָגט אין אייניקע ערטער) מיט אַן ,ע' (דרײַצעטער). און מע דאַרף אויך זאָגן און שרײַבן ,דריטאַלבן, פערטאַלבן, פינפטאַלבן' אאַ״וו [דריט האַלבן...] – אָן אַ ,ה', כאָטש דאָ איז פֿאַראַן אַ באַשטאַנדטייל ,האַלבן'. אָבער: אָנדערהאַלבן.

V אַדוועַרב

46 אַדיעקטיוו און אַדיעקטיווישער אַדוועַרב

340 ניט נאָר דער סובסטאַנטיוו – אויך דער ווערב קומט אָפֿט מיט כאַראַקטערי־זיר־ווערטער – מיט ווערטער, וואָס באַשטימען אַזוי אָדער אַנדערש די טווּנג און וואָס הייסן דעריבער אַדוועַרב (בײַ, צו אַ ווערב). אַ שטייגער: מיר אַרבעטן גוט, גיך, ענערגיש, פֿרייִלעך, אָנגעשטרענגט אאַ״וו.

איינס און דאָס זעלבע וואָרט קאָן זייער אָפֿט קומען אַלס אַ כאַראַקטעריסטיק בײַ אַ סובסטאַנטיוו און זײַן אַן אַדיעקטיוו אָדער אַלס אַ כאַראַקטעריסטיק בײַ אַ ווערב און זײַן אַן אַדיעקטיווישער אַדוועַרב.[2] אַ שטייגער:

1. אַדיעקטיוו: אַ פֿײַן לעבן, אַ פֿרייִלעך פֿאָלק.
2. אַדיעקטיווישער אַדוועַרב: עס לעבט זיך פֿײַן, עס אַרבעט זיך פֿרייִלעך.

אַן אַדיעקטיוו איז אַ פֿאָרמע וואָס באַטײַט געוויינטלעך אַן אייגנשאַפֿט; וואָס קומט אַלס אַ כאַראַקטעריסטיק בײַ אַ סובסטאַנטיוו (און סובסטאַנטיווירונג),

אַן אַדיעקטיווישער אַדוועַרב איז אַ פֿאָרמע, וואָס באַטײַט געוויינטלעך אַ צושטאַנד; וואָס קומט אַלס אַ כאַראַק־טעריסטיק בײַ אַ ווערב, האָט ניט קיין

[1] [2] אַ שטייגער: זיי וועלן מוחל זײַן באַצאָלן אַ פינפ־און־צוואנציקער [פֿינפֿאונצוואַנציקער], פינפ און צוואנציק קערבלעך (שאָל.).

[2] [1] אין אונדזער ביכל „ייִדיש" פֿון 1936 יאָר האָט עס געהייסן ,קוואַליפֿיציריקער אַדוועַרב'.

שטימט געווײנטלעך מיטן סובסטאַנטיוו אין מין, צאָל און בייגפֿאָרמע און ענטפֿערט אויף דער פֿראַגע ,וועלכער, וועלכע, וועלכ(עס), וועלכן?‘.

פֿאָרמע פֿון מיטשטימונג (האָט ניט קיין פֿלעקסיעס), איז ענלעך צו דער נולפֿאָרמע פֿונעם אַדיעקטיוו און ענטפֿערט מערסטנס אויף דער פֿראַגע ,ווי אַזוי?‘.

אָנמערקונג 1 דאָס אַלץ, וואָס איז געזאָגט געוואָרן וועגן דער אויסבילדונג פֿונעם אַדיעקטיוו (ז׳ 267), האָט פֿולשטענדיק אַ שייַכות אויך צו דער אויסבילדונג פֿונעם אַדיעקטיווישן אַדוועבר. עס זייַנען אָבער פֿאַראַן ווערטער, וואָס זיי קומען נאָר אַלס אַדיעקטיוו און אַלס אַדיעקטיווישע אַדווערבן ניט. דאָס זייַנען די אַדיעק-[253]טיוון, וואָס ווייַזן אַן אָרט־אָדער פערזאָן־אָפּשטאַם און קומען מיט די סופֿיקסן ,־ער, ־(י)אַנער, ־(י)נער‘ (קיִעווער, אַמעריקאַנער, איטאַליענער); וואָס ווייַזן אַ שטאָף־אָפּשטאַם און קומען מיטן סופֿיקס ,־(ע)ן, ־ערן‘ (זייַדן, לייַנען, גילדערן); וואָס ווייַזן פֿאַרקלענערונג, צערטלעכקייט אָדער פֿאַראַכטונג און קומען מיטן סופֿיקס ,־ינק‘ (געלינק, שוואַרצינק, גראָבינק) און אייניקע אַנדערע.

אָנמערקונג 2 דער אַדיעקטיווישער אַדוועבר קאָן, פֿאַרשטייט זיך, לויט דער סטרוקטור זייַן אויך אַ פּאַרטיציפּ אָדער גערונדיוו. אַ שטייגער אינעם זאַץ ,ער איז געגאַנגען פֿאַרזיכטיק, אָנגעבויגן און שווייַגנדיק‘ האָבן מיר דרייַ אַדווערבן, וואָס ווייַזן, ווי אַזוי ,ער איז געגאַנגען‘. דערבייַ איז איינער פֿון זיי אַ פּאַרטיציפּ (,אָנגעבויגן‘) און איינער אַ גערונדיוו (,שווייַגנדיק‘). זעט ז״ז 245 און 248.

אָנמערקונג 3 בייַ אַ סובסטאַנטיווירטן אינפֿיניטיוו, אויף וויפֿל ער פֿאַרמאָגט אייגנשאַפֿטן אי פֿון אַ סובסטאַנטיוו אי פֿון אַ ווערב, קאָן די כאַראַקטעריסטיק אָפֿט קומען סייַ אין אַ פֿאָרמע פֿון אַן אַדיעקטיוו סייַ אין אַ פֿאָרמע פֿון אַן אַדיעקטיווישן אַדוועבר. דערבייַ קאָן דער אַדוועבר זייַן אי פֿאַר דעם אינפֿיניטיוו אי נאָך אים. אַ שטייגער: פֿונעם לאַנגן וואַרטן (פֿון לאַנג וואַרטן, פֿון וואַרטן לאַנג) זייַנען די פֿערד מיד געוואָרן.

אָנמערקונג 4 בייַ אַ ווערב, וואָס אַנטהאַלט אַ סובסטאַנטיוו, אַ שטייגער בייַ אַ מאָמענטאַלן ווערב, ווי אויך בייַ אַ ריי אַנדערע באַשרייַביקע ווערבן (זעט ז״ז 224—231), קאָן די כאַראַקטעריסטיק אָפֿט קומען סייַ אין אַ פֿאָרמע פֿון אַן אַדיעקטיוו און געהערן בלויז צום סובסטאַנטיווישן טייל פֿונעם ווערב סייַ אין אַ פֿאָרמע פֿון אַן אַדיעקטיווישן אַדוועבר און געהערן צום ווערב אין גאַנצן. אַ שטייגער:

אַדיעקטיוו	אַדיעקטיווישער אַדוועבר
1. אַ בהמה... טוט דערבייַ אַ מאָל אַ סאָפּע אָדער אַ קיִיִשן זיפֿץ (ממס.).	1. אַ בהמה טוט דערבייַ אַ מאָל אַ סאָפּע אָדער קיִיִש אַ זיפֿץ.
2. דער בחור האָט אַ געשמאַקן שלונג געטאָן די שליים (שאָל.).	2. דער בחור האָט געשמאַק אַ שלונג געטאָן די שליים.
3. ברוך... טוט אַ צופֿרידענעם שמאָרע צום הימל (בערג.).	3. ברוך טוט צופֿרידן אַ שמאָרע צום הימל.

341 אַן אַדיעקטיווישער אַדוועדב פֿילט אויס די פֿונקציעס פֿון אַ פּרעדיקאַט, אופֿן־באַשטימונג, אָרט־באַשטימונג, צײַט־באַשטימונג, אַטריבוט און אַנדערע. אַ שטייגער: ער איז פֿריילעך, ער אַרבעט ענערגיש, ווײַט, שפּעט, ער טראָגט אַ פּאָרטפֿעל פֿול מיט ביכער.[1] אָבער ניט יעדער זאַצגליד, וואָס באַשטימט דעם אופֿן, דאָס אָרט אָדער די צײַט פֿון דער טווּנג, איז אומבאַדינגט אַן אַדיעקטיווישער אַדוועדב. די דאָ־[254]זיקע פֿונקציעס קאָנען אויסגעדריקט ווערן דורך אַנדערע פֿאָרמעס אויך, אַ שטייגער דורך אַ דאַטיוו מיט אַ פּרעפּאָזיציע. פֿאַרגלײַכט אַ שטייגער: ער אַרבעט ענערגיש – מיט ענערגיע; ווײַט – לעבן דער מיל; שפּעט – נאָך וואַרמעס.

342 אַן אַדיעקטיווישער אַדוועדב קומט געוויינטלעך בײַ פֿאָלגנדיקע ווערטער:

1. בײַ אַ ווערב: ער האָט גוט גערעדט; ער האָט שיין געשריבן;
2. בײַ אַן אַדיעקטיוו: ער האָט אָנגעטאָן גאַנץ וואַרעמע שיך; ער האָט געקוקט אויף דער שיין אויסגעפּוצטער געבײַדע;
3. בײַ אַן אַדוועדב: ער איז געווען אָנגעטאָן גאַנץ וואַרעם; די געבײַדע איז געווען שטאַרק שיין; דאָס זינגען יאָסעלעס איז משונה ווילד, מוראדיק זיס און שרעקלעך טרויעריק (שאָל.);
4. ווען ניט ווען – בײַ אַ סובסטאַנטיוו: אָפּגעפּאַרטיקט זיך פֿון דער אַרבעט מיט אַ זיפּץ טיף פֿונעם בויך... (ממס.); מע וויל רופֿן צו אים אַ דאָקטער, באַקומט ער אַ פּנים פֿול מיט ביטערקייט (בערג.).

אָנמערקונג 1 אַן אַדוועדב בײַ אַן אַדיעקטיוו דאַרף מען ניט צונויפֿמישן מיט אַ צונויפֿזעצונג (צווייענדיקן) אַדיעקטיוו. צווישן די באַשטאַנדטיילן פֿון אַ צונויפֿגעזעצטן (צווייענדיקן) אַדיעקטיוו קומט אַ בינדצייכן, צווישן אַן אַדוועדב און אַן אַדיעקטיוו – ניט. פֿאַרגלײַכט אַ שטייגער:

סאָציאַל־עקאָנאָמישע אינטערעסן	סאָציאַל אַנטוויקלטע שיכטן
פּאָליטיש־עקאָנאָמישע פּראָבלעמען	פּאָליטיש דערצויגענע מאַסן
קולטורעל־שטייגערישע געוווינהייטן	קולטורעל אײַנגעאָרדנטע אָוונטן

אָנמערקונג 2 איינס און דאָס זעלבע קאָן אַ מאָל קומען אי אַלס אַן אַדוועדב בײַ אַן אַדיעקטיוו אי אַלס אַ טייל פֿון אַ צונויפֿגעזעצטן אַדיעקטיוו, צוגעבנדיק דעם זאַץ דעם אָדער יענעם אינהאַלטלעכן ניואַנס. פֿאַרגלײַכט אַ שטייגער:

העל באַלויכטענע ווענט	העל־באַלויכטענע ווענט
אַ שיין געמאָלטע סטעליע	אַ שיין־געמאָלטע סטעליע

[1] [1] אַלס אַ פּרעדיקאַט קומט ער געוויינטלעך מיט אַ הילפֿווערב. דאָס איז איינער פֿון די פֿאַרשפּרייטסטע טיפּן פֿונעם נאָמינאַלן פּרעדיקאַט. אָבער אינעם זאַץ ,ער איז אַ פֿריילעכער׳ איז דאָס וואָרט ,פֿריילעכער׳ ניט קיין אַדוועדב, נאָר אַן אַדיעקטיוו.

343 דעם אַדיעקטיווישן אַדווערב אין אַ ייִדישן זאַץ קאָן אין אַ רוסישן זאַץ אַ מאָל אַנטשפּרעכן די ‚קורצע׳ (פּרעדיקאַטיווע) פֿאָרמע פֿונעם אַדיעקטיוו (краткая форма прилагательного [kratkaja forma prilagatel’nogo])[1] און אַ מאָל דער אַדווערב (наречие [narečie]). אַ שטייגער:

1. דער טיש איז הויך	Стол высок [stol vysok]
2. די וואַנט איז הויך	Стена высока [stena vysoka]
3. דאָס פֿענצטער איז הויך	Окно высоко [okno vysoko]
4. די טישן זײַנען הויך	Столы высоки [stoly vysoki]
5. ער איז הויך געפֿלויגן	Он высоко летал [on vysoko letal]

אין די ערשטע פֿיר רוסישע זאַצן זײַנען די אויסגעטיילטע ווערטער אַדיעקטיוון (краткая форма прилагательного): זיי קומען בײַ סובסטאַנטיוון און שטימען [255] מיט זיי אין מין און אין צאָל. אינעם פֿינפֿטן רוסישן זאַץ איז שוין דאָס אויסגעטיילטע וואָרט ניט קיין אַדיעקטיוו, נאָר אַן אַדווערב (наречие): עס קומט ווי אַ כאַראַקטעריסטיק ניט בײַ אַ סובסטאַנטיוו, נאָר בײַ אַ ווערב און האָט ניט קיין פֿאָרמעס פֿון מיטשטימונג. אָבער אין די ייִדישע זאַצן איז ‚הויך׳ דאָ כּסדר אַן אַדיעקטיווישער אַדווערב.[2]

344 מע דאַרף זאָגן און שרײַבן ‚בורזשואַז, בורזשואַזע, בורזשואַזער׳ אאַ״וו, ווען עס איז אַן אַדווערב אָדער אַן אַדיעקטיוו; און ‚בורזשואַזיע׳, ווען ס׳איז אַ סובסטאַנטיוו. אַ סובסטאַנטיווירטער אַדיעקטיוו איז ‚דאָס בורזשואַזע׳. אַ שטייגער: דאָס בורזשואַזע ענגלאַנד; די בורזשואַזיע פֿון ענגלאַנד; דאָס בורזשואַזע אין ענגלאַנד איז נאָך דערווײַל שטאַרק.

47 פֿאַרגלײַך־שטופֿעס (בײַם אַדיעקטיוו און אַדיעקטיווישן אַדווערב)

345 די מערהייט אַדיעקטיוון און אַדיעקטיווישע אַדווערבן האָבן ספּעציעלע פֿאָרמעס, וואָס ווײַזן פֿאַרשיידענע שטופֿעס (גראַדן) פֿון דער כאַראַקטעריסטיק. אַ שטייגער:

1. ער איז אַ ברייטער	1. ער (זי, עס) איז ברייט
2. ער איז אַ ברייטערער	2. ער (זי, עס) איז ברייטער
3. ער איז דער ברייטסטער	3. ער איז אַמברייטסטן (פֿאָרגעשטעלט)

רעכטס האָבן מיר דאָ דרײַ שטופֿעס פֿונעם אַדיעקטיוו און לינקס דרײַ שטופֿעס פֿונעם אַדיעקטיווישן אַדווערב. די דאָזיקע דרײַ שטופֿעס פֿונעם אַדיעקטיוו און אַדיעקטיווישן

[1] [1] עס הייסט אין רוסיש די קורצע (אָדער איינפֿאַכע) פֿאָרמע, ווײַל אין רוסיש איז (אויך ווי אין ייִדיש) פֿאַראַן די פֿולע (אָדער צונויפֿגעזעצטע) פֿאָרמע. אַ שטייגער: высокий, высокая, высокое [vysokij, vysokaja, vysokoe].

[2] זע וועגן דעם אינעם קאָמענטאַר צו § 310 אויף ז״ז 465–466.

אַדוועַרב הייסן אַזוי: 1 – גרונטשטופֿע (פּאָזיטיוו); 2 – פֿאַרגלײַכיקע שטופֿע (קאָמ־פּאַראַטיוו) – מער פֿון אַנדערע; 3 – איבערשטײַגיקע שטופֿע (סופּערלאַטיוו) – מער פֿון אַלעמען, מער פֿון אַלץ.

אָנמערקונג 1 די פֿאַרגלײַכיקע שטופֿע באַטײַט אַ מאָל ניט קיין פֿאַרגלײַך מיט עפּעס קאָנקרעטס, נאָר בכלל אַ העכערן גראַד (אַבסאָלוטער קאָמפּאַראַטיוו). אַ שטייגער: ער איז שוין אַן עלטערער מאַן; ער האָט העכערע בילדונג.

אָנמערקונג 2 עס זײַנען פֿאַראַן אַדיעקטיוון, וואָס האָבן ניט קיין פֿאַרגלײַך־שטר־פֿעס. דאָס זײַנען דער עיקר די, וואָס ווײַזן אַן אָרטאָפּשטאַם (מאָסקווער, אַמעריקאַנער), אַ שטאָפֿאָפּשטאַם (זײַדענער, קופּערנער) און אייניקע אַנדערע. קיין אַנטשפּרעכיקע אַדוועַרבן, ווי ס׳איז שוין געוועזן אָנגעוויזן, האָבן די דאָזיקע אַדיעקטיוון ניט.

אָנמערקונג 3 עס זײַנען פֿאַראַן אַדיעקטיוון און אַדוועַרבן, וואָס בילדן די סיסטעם פֿאַרגלײַך־שטופֿעס ניט פֿון איין וואָרצל, נאָר פֿון פֿאַרשיידענע. אַ שטייגער: גוט – בעסער; שלעכט – ערגער (שלעכטער); פֿיל – מער.

עס זײַנען פֿאַראַן ווערטער, וואָס זיי קומען נאָר אין אַ פֿאַרגלײַך־שטופֿע, אָן אַ גרונטשטופֿע. אַזאַ איז אַ שטייגער דאָס וואָרט ,בילכער׳. קיין וואָרט ,בילך׳, וואָס מע טרעפֿט עס [256] אין עלטערע טעקסטן,[1] מיטן באַטײַט פֿון ,באַרעכטיקט, יושרדיק, ווי עס דאַרף צו זײַן׳, – האָבן מיר איצט ניט. מיר האָבן נאָר אַ וואָרט ,ביליק׳, וואָס איז אַן איבערפֿורעמונג פֿונעם וואָרט ,בילך׳, מיט אַן ענדערונג אינעם באַטײַט, און וואָס האָט אַ פֿולע סיסטעם פֿאַרגלײַך־שטופֿעס.[2]

346 צוקוקנדיק זיך צו די דרײַ שטופֿעס פֿונעם אַדיעקטיוו און אַדיעקטיווישן אַדוועַרב און צו זייער סטרוקטור, קאָן מען זען:

1. דער אַדיעקטיוו און דער אַדיעקטיווישער אַדוועַרב האָבן איינע און די זעלבע וואָרט־באַזע (ברייט). די דאָזיקע באַזע איז געוויינטלעך די גרונטשטופֿע פֿונעם אַדוועַרב און די נולפֿאָרמע פֿונעם אַדיעקטיוו (דער אַדיעקטיוו אָן פֿלעקסיעס). אַ שטייגער: דאָס פֿעלד איז ברייט – אַ ברייט פֿעלד;

2. די גרונטשטופֿע פֿונעם אַדיעקטיוו ערשטן מין נאָמינאַטיוו קומט מיט אַ פֿלעקסיע ,־ער׳; די פֿאַרגלײַכיקע שטופֿע פֿונעם אַדוועַרב קומט מיט אַ סופֿיקס ,־ער׳ (ברייט־ער);

דער פֿאַרגלײַכיקער סופֿיקס ,־ער׳ איז אָפֿט מאָל פֿאַראַן אויך בײַ אייניקע טיילן פֿון אַ באַשרײַביקן ווערב. אַ שטייגער: זי האָט אים העלטער (ליבער) געהאַט פֿון אַלע קינדער; ער האָט זי אין דער רגע פֿײַנטער געהאַט פֿאַר אירע רייד אַלס דעם רבין פֿאַר זײַנע שמיץ (דינ.).

1 [1] אַ שטייגער בײַ שערטלען: דען וויין גרטין דען צו מיר דען איך האב פון מיינין אבות זעלט איך בילך האבן גיהיט דען האב איך ניט גיהיט [אַזוי ווערן אינעם „באר משה“ פֿאַרטײַטשט און אויסגעטײַטשט די ווערטער „כרמי שלי לא נטרתי“ [שיר־השירים א, ו].

2 [2] אַ מאָל טרעפֿט מען אויך ,ביליכער׳, אַ שטייגער בײַ פּרצן: שׂכר־לימוד איז ביליכער.

3. די פֿאַרגלײַכיקע שטופֿע פֿונעם אַדיעקטיוו ערשטן מין נאָמינאַטיוו קומט מיט אַ סופֿיקס ‚־ער׳ און מיט אַ פֿלעקסיע ‚־ער׳ (ברייט־ער־ער);

4. די איבערשטײַגיקע שטופֿע פֿונעם אַדיעקטיוו ערשטן מין נאָמינאַטיוו קומט מיט אַ סופֿיקס ‚־סט׳ און מיט אַ פֿלעקסיע ‚־ער׳ (ברייט־סט־ער);

די ווערטער ‚לעצטער, אונטערשטער, אייבערשטער, הינטערשטער, פֿאָדערשטער (פֿעדערשטער), ערשטער, מיטלסטער, אינעווייניקסטער׳ זײַנען געוועזענע איבערשטײַגיקע אַדיעקטיוון, מע זאָגט זיי און מע שרײַבט זיי אַזוי, ווי זיי זײַנען דאָ געגעבן.

5. די איבערשטײַגיקע שטופֿע פֿונעם אַדוועָרב קומט מיט אַ סופֿיקס ‚־סט׳, מיט אַ געוועזענער פֿלעקסיע ‚־ן׳ און מיט אַ פּרעפֿיקס (אַ געוועזענע פּרעפּאָזיציע מיט אַן אַרטיקל) ‚צום־׳ [צום] אָדער ‚אַמ־׳. אַ שטייגער: צומווייניקסטנ [צום ווייניקסטן], אַמווייניקסטן, אַמברייטסטן.

דער איבערשטײַגיקער סופֿיקס ‚־סט׳ קומט אַ מאָל אין איינעם מיטן פֿאַרגלײַכיקן סופֿיקס ‚־ער׳, אָדער ער קומט אַ מאָל צו צו ניט קיין אַדוועָרבישער באַזע אויך. אַ שטייגער: זאָלסט מיך שטראָפֿן ליבערסט מיטן טויט איידער מיט אַזאַ שטראָף (שאָל.); די שלאַכט־באַדינגונגען זײַנען דאָרט אוי־סערסט האַרבע (גאָד.); איז פֿונעם עקסטן פּוסטן קרעמל... אַרויסגעלאָפֿן אַ מיליציאָנער (בערג.).

אָנמערקונג 1 אַן איבערשטײַגיקער אַדוועָרב קאָן אַ מאָל זײַן אָנעם פּרעפֿיקס ‚צומ־׳ אָדער ‚אַמ־׳ און אָן אַ פֿלעקסיע אויך. אַ שטייגער: ער איז העכסט צופֿרידן; ער האָט גערופֿן די מעגלעכסט גרעסטע צאָל מענטשן. [257]

אָנמערקונג 2 אַן איבערשטײַגיקער אַדוועָרב (אַמברייטסטן, אַמגיכסטן, אַמפֿול־סטן, אַמפֿײַנסטן, אַמשענסטן) ווערט געניצט ווייניקער פֿון די ערשטע צוויי שטופֿעס און קומט פֿיל זעלטענער אַלס פּרעדיקאַט.

די סופֿיקסן פֿון די פֿאַרגלײַכיקע און איבערשטײַגיקע שטופֿעס האָבן, לויט מאַרס מיינונג, לכתּ־חילה אויסגעדריקט ניט די אָדער יענע העכערע שטופֿע פֿונעם באַגריף, וואָס ווערט אַרויסגעזאָגט דורכן אַדיעקטיוו און אַדוועָרב, נאָר די אָנגעהעריקייט צו דער אָדער יענער סאָציאַל הערשנדיקער גרופּע. די פֿאַרגלײַכיקע און איבערשטײַגיקע סופֿיקסן (אָדער ספּעציעלע ווערטער) – דאָס זײַנען לכתּ־חילה געווען נעמען פֿון די שיכטן (קלאַסן), וואָס האָבן סאָציאַל געהערשט. און אַ וואָרט, וואָס מע פֿלעגט אַרויסברענגען צוזאַמען מיט אַזאַ נאָמען, האָט שוין באַטײַט עפּעס בעסערס און העכערס.

347 די פֿאַרגלײַכיקע אָדער איבערשטײַגיקע שטופֿע קאָן מען אויך אויסדריקן דורכן וואָרט ‚מער׳ אָדער ‚סאַמע׳ + די גרונטשטופֿע. אַ שטייגער: אַנשטאָט ‚אַ גלײַכמעסיקערער, גלײַכמעסיקער׳ קאָן מען זאָגן ‚אַ מער גלײַכמעסיקער, מער גלײַכמעסיק׳.[1] און אַנשטאָט ‚דער גלײַכמעסיקסטער׳ קאָן מען זאָגן ‚דער סאַמע גלײַכמעסיקער׳. דאָס ווענדט מען באַזונדערש אָן בײַ אַזעלכע אַדיעקטיוון ווי ‚פּוסטער, ערנסטער, וויסטער, באַוווּסטער׳ און ענלעכע, כּדי

[1] [1] אַ שטייגער: זײַן פֿעסטע אויסגעקײַלעכטע ברוסט האָט זיך געהויבן קרעפֿטיקער און מער גלײַכמעסיק ווי בײַ אַלע אַרומיקע (בערג.).

אויסצומײַדן אַזעלכע פֿאָנעטיש שווערלעכע ווערטער ווי ‚דער פֿוסטסטער, ערנסטסטער, וויסטסטער‘ אאַ״וו. מע דאַרף אָבער אויסמײַדן צו ניצן דעם ‚מער‘ בײַם אַדיעקטיוו און אַדווערב, ווען זיי קומען מיטן סופֿיקס פֿון דער פֿאַרגלײַכיקער שטופֿע; מע דאַרף ניט זאָגן ‚אַ מער גלײַכמעסיקערער, מער גלײַכמעסיקער‘, ווי עס איז מערסטנס ניט נייטיק צו זאָגן ‚דער סאַמע גלײַכמעסיקסטער‘ אאַ״וו.

אָנמערקונג 1 אַ העכערן גראַד פֿונעם אַדיעקטיוו און אַדווערב קאָן מען אויך אויסדריקן, צוגעבנדיק צום אַדיעקטיוו און אַדווערב די ווערטער ‚זייער, שטאַרק, מסוכּן, רעכט, גוט‘ א״אַ. אַ שטייגער: פֿון דער גאַנצער זאַך איז אים עפּעס אי אַ ביסל מוראדיק אי זייער פֿריילעך (בערג.); ער איז איצט שטאַרק (מסוכּן) קראַנק; ער איז געווען רעכט שיכּור אאַ״וו. און אין אַ ריי פֿאַלן, אין אַ מער לײַכטן סטיל, קאָן מען אַ העכערן גראַד אויסדריקן, איבערחזרנדיק דעם אַדיעקטיוו אָדער אַדווערב, האָבנדיק צוגעגעבן צו אים דעם פּרעפֿיקס ‚שב־‘ [שעבע/שעבי]. אַ שטייגער: דאָס איז איינס פֿון זײַנע לעצטע בריוולעך, אויב ניט דאָס לעצטע־שבלעצטע (שאָל.); דאָ דאַרף מען שוין פּשוט זײַן גראָב־שבגראָב [שעבי־גראָב] אויף צו ענטפֿערן ‚ניין‘ (בערג.). אָבער דער פּרעפֿיקס ‚שב־‘, ווי אויך דאָס וואָרט ‚מער‘, און אַ מאָל אויך אַנדערע, קאָנען קומען צו ווײַזן אַ העכערן גראַד ניט נאָר פֿון אַן אַדיעקטיוו און אַדווערב, נאָר אויך פֿון אַ סובסטאַנטיוו. אַ שטייגער: ער איז, זאָג איך אײַך, אַן אַנטיק! אַן אַנטיק־שבאַנטיק (שאָל.); שמעון־דוד בעל־עגלה איז מער באַלעבאָס ווי בעל־עגלה (שאָל.).

אָנמערקונג 2 אין אַ מער לײַכטן סטיל קאָן מען אַ העכערן גראַד אויסדריקן בכלל דורך אַ סובסטאַנטיוו. בײַ שלום־עליכמען איז אַפֿילו פֿאַראַן אַ ספּעציעל צעטל פֿון אַזעלכע סובסטאַנטיוון, וואָס דריקן אויס אַ העכערן גראַד אין פֿאַרגלײַך מיט אַדווערבן (און אַדיעקטיוון). אָט זײַנען אייניקע פֿונעם דאָזיקן צעטל:[1] [258]

גרויס – גרעסער – אַ בוים
קלוג – קליגער – אַ ממזר
ברייט – ברייטער – אַ גאַס
האַרט – האַרטער – אַ ביין
שטאַרק – שטאַרקער – אַן אײַזן
קאַרג – קאַרגער – אַ חזיר
גוט – בעסער – אָן אַ גאַל
ווייך – ווייכער – אַ פּוטער

ווײַטער ברענגט שלום־עליכם „אַ ביסעלע לאַנגלעכע קאָמפּאַראַטיווס“. אַ שטייגער:
הונגעריק – הונגעריקער – אַ גאַנצן טאָג אין מויל ניט געהאַט;
דאָרשטיק – דאָרשטיקער – פֿאַלט מיטן פּנים צו דער ערד;
נאַקעט – נאַקעטער – ווי די מאַמע האָט אים געהאַט;
נאַריש – נאַרישער – כאָטש זאַלץ אים אין אוגערקעס, כאָטש מאַריניר אים אין קרויט!

348 די פֿאַרגלײַכיקע און איבערשטײַגיקע שטופֿעס פֿונעם אַדיעקטיוו האָבן די זעלבע פֿלעקסיעס, וואָס עס האָט די גרונטשטופֿע פֿונעם אַדיעקטיוו בכלל:

1 [2] פֿון „אונזער לשון“ אינעם „שלום־עליכם־בוך“.

פֿאַרגלײַך־שטופֿעס	מין / פֿאָרמעס	ערשטער מין	צווייטער מין	דריטער מין: מיטן אַרטיקל ,דאָס'	דריטער מין: מיט די אַרטיקלען ,אַ(ן), קיין' — אַדיעקטיוו פֿאַרן סובסטאַנטיוו	דריטער מין: מיט די אַרטיקלען ,אַ(ן), קיין' — אַדיעקטיוו נאָכן סובסטאַנטיוו
גרונט־שטופֿע	נאָמינאַטיוו אַקוזאַטיוו דאַטיוו	דער קליינער דעם קליינעם דעם קליינעם	די קליינע די קליינע דער קליינער	דאָס קליינע דאָס קליינע דעם קליינעם	אַ קליין אַ קליין אַ קליין	אַ קליינס אַ קליינס אַ קליינס
פֿאַרגלײַכיקע שטופֿע	נאָמינאַטיוו אַקוזאַטיוו דאַטיוו	דער קלענערער דעם קלענערן דעם קלענערן	די קלענערע די קלענערע דער קלענערער	דאָס קלענערע דאָס קלענערע דעם קלענערן	אַ קלענער[1] אַ קלענער אַ קלענער	אַ קלענערס[2] אַ קלענערס אַ קלענערס
איבערשטײַגיקע שטופֿע	נאָמינאַטיוו אַקוזאַטיוו דאַטיוו	דער קלענסטער דעם קלענסטן דעם קלענסטן	די קלענסטע די קלענסטע דער קלענסטער	דאָס קלענסטע דאָס קלענסטע דעם קלענסטן	אַ קל'ענסט[3] אַ קלענסט אַ קלענסט	וו'ערט ניט געברויכט

[259]

349 אַן אַדיעקטיוו אין דער פֿאַרגלײַכיקער און איבערשטײַגיקער שטופֿע קאָן, פֿאַר־שטייט זיך, סובסטאַנטיווירט ווערן פונקט אַזוי ווי אַן אַדיעקטיוו אין דער גרונטשטופֿע. אַ שטייגער: גרעסערס און בעסערס און ,תּכליתדיקער' דערפֿון איז אים נישט געקו־מען... אויף דעם מוח (ממס.); ער האָט זיך געקאָנט עפּעס פּראַקטישערס און בעסערס אויסקלײַבן אין לעבן (פּ.); מע האָט... צוגענומען בײַ אים סאַמע דאָס שענסטע און דאָס בעסטע... (שאָל.). און פונקט אַזוי ווי בכלל אַן אַדיעקטיוו קאָן מיט דער צײַט אין גאַנצן פֿאַרוואַנדלט ווערן אין אַ סובסטאַנטיוו און זאָל פֿון זײַן אַמאָליקער אַדיעקטיווישקייט אויפֿהיטן בלויז די סטרוקטור (זעט ז' 255), אַזוי קאָן עס אויך פֿאַסירן מיט אַ פֿאַרגלײַכיקן און איבערשטײַגיקן אַדיעקטיוו. אַזוי האָט עס אַ שטייגער פֿאַסירט מיטן ,פֿאַרגעסע־נעם' אַדיעקטיוו און איצטיקן סובסטאַנטיוו ,האַרבסט', וואָס איז געבילדעט פֿון ,האַרב (הערב)' + ,סט'.

350 אַן אַדיעקטיוו אין דער איבערשטײַגיקער שטופֿע בײַ אַ סובסטאַנטיוו מיטן אומבאַשטימיקן אַרטיקל ווערט בכלל געברויכט גאַנץ ווייניק. דאָס איז דערפֿאַר, ווײַל אַ סובסטאַנטיוו, וואָס האָט בײַ זיך אַן אַדיעקטיוו אין דער איבערשטײַגיקער שטופֿע, איז מען געוווינט אויפֿצונעמען אַלס אַ נאָמען פֿון אַ זאַך, וועלכע איז איינציק און וועלכע איז

1 [1] אַ שטייגער: ער האָט געמיינט, אַז... קיין זיסער, קיין בעסער לעבן ווי דאָ איז גאָר נישטאָ (ממס.); איך האָב שוין הײַנט... אַ ביסל אַלײַטישער געשעפּט אין האַנט (שאָל.); האָדלס עלטער ברודערל, צאַלעק, האָט זיך געפֿונען אין מיטן שטוב (בערג.).

2 [2] אַ שטייגער: לאָמיר בעסער ריידן פֿון עפּעס פֿרײלעכערס (שאָל.); און ניט בלויז בוימוואָל איז מײַן שטאָלץ, מײַן גלאַנץ – נאָר עפּעס שטאַרקערס איז פֿאַראַן בײַ מיר (פֿינ.).

3 [3] אַ שטייגער: פֿאַר אַ ,שומר' האָט מען אים דעמאָלט... משהס טאָכטערס עלטסט ייִנגעלע... גע־געבן (ניס.).

דעריבער באַשטימט. אַ שטייגער: דער ווערטפֿולסטער מאַטעריאַל, די ווערטפֿולסטע מאַטעריע, דאָס ווערטפֿולסטע ווערק. אָבער די לעצטע צײַט אַנטשטייט אַלץ מער אַ באַ־דערפֿעניש אין אַן איבערשטײַגיקן אַדיעקטיוו אויך בײַ אַ סובסטאַנטיוו מיטן אומבאַשטימיקן אַרטיקל. אַ שטייגער: אַ מינדסט לײדן זייערס האָט ווי מיט אַ מעסער דאָס האַרץ געשניטן (ממס.); איר האָט דאָ... אַ געטרײַע איבערגעגעבנסטע פֿרײַנדין (שאָל.); זי האָט נאָך אין איר לעבן מסתּם קיין מאָל צו קיינעם ניט געזאָגט: „ביסט אַ גרויסער קנאַ־קער׳, „אַ גרעסטער שרײַבער׳, „אַ גרעסטער קינסטלער׳ (בערג.); דאָך איז אים אָט דער געדאַנק, ווי אַ פֿרוכטבאַרסטער זוים, אויף זײַן באָדן געפֿאַלן (ניס.); איצט איז ער אַ חשובֿסטער און אָנגעזעענסטער מענטש אין לאַנד (מאַרק.).

נאָך מער איז די דאָזיקע דערשײַנונג פֿאָרגעשטעלט אין דער פּובליציסטישער שפּראַך – אין דער שפּראַך, וואָס שפּיגלט אַמגיכסטן און אַמשטאַרקסטן אָפּ אַלערליי נײַסן פֿון אונ־דזער לעבן און דענקען. אַ שטייגער: דער דאָזיקער אַרטיקל (סטאַלינס) איז אַ ווערט־פֿולסטער בײַטראָג אין דעם אוצר פֿון מאַרקסיזם־לעניניזם (צ.); ער (אָרדזשאָניקידזע) פֿאַרבלײַבט ווי אַ שענסטער און גרעסטער מוסטער פֿון אַ פּראָלעטאַרישן רעוואָלו־ציאָנער, אַ דערהויבנסטער מוסטער פֿון אַ באָלשעוויק, פֿון לענינס און סטאַלינס אַ בעסטער שילער און מיטקעמפֿער (צ.).

351 בײַ דער פֿאַרגלײַכיקער און איבערשטײַגיקער שטופֿע פֿונעם אַדיעקטיוו און אַדוועֿרב קומט אָפֿט פֿאָר אַ קלאַנגענבײַט אינעם וואָרצלדיקן טייל וואָרט. אַ שטייגער:

1. ער איז אַן אַלטער — ער איז אַלט
2. ער איז אַן עלטערער — ער איז עלטער
3. ער איז דער עלטסטער — ער פֿילט זיך אַמעלטסטן [260]

דער „ו׳ פֿון די ווערטער „געזונט, טונקל, טרוקן, יונג, פֿרום, קורץ, קלוג׳ ווערט אין דער פֿאַרגלײַכיקער און איבערשטײַגיקער שטופֿע פֿונעם אַדיעקטיוו און אַדוועֿרב פֿאַרוואַנדלט אין אַ „י׳. אַ שטייגער:

1. ער איז אַ געזונטער — ער איז געזונט
2. ער איז אַ געזינטערער — ער איז געזינטער
3. ער איז דער (אַ) געזינטסטער — ער פֿילט זיך אַמגעזינטסטן[1]

אָנמערקונג 1 מע דאַרף זאָגן און שרײַבן: געזונטערהייט, טרוקענערהייט, יונגערהייט אאַ״וו ניט מיט „י׳, נאָר מיט „ו׳, ווײַל אַ וואָרט מיטן סופֿיקס „־הייט׳ ([הייט], ניט [הײַט]) ווערט געבילדעט ניט פֿון דער פֿאַרגלײַכיקער שטופֿע, נאָר פֿון דער גרונט־שטופֿע. מע זאָגט ניט „קלענערהייט׳, נאָר „קליינערהייט׳, ניט „עלטערהייט׳, נאָר „אַלטער־הייט׳ (זעט ז׳ 108).

[1] [1] מיט „י׳ זײַנען אויך אַדוועֿרבן און אַדיעקטיוון, וואָס זײַנען געבילדעט פֿון די ווערבן „טריקן, קירץ,

אָנמערקונג 2 די ווערטער ,באַליבטסטער, באַרימטסטער, קוואַליפֿיצירטסטער׳ און אַנדערע מיט אַזאַ סטרוקטור דאַרפֿן זייַן מיט אַ ,ט׳ פֿאַו ן טופֿיקס ,־סט׳. דאָס זייַנען אַד־יעקטיוון, וואָס זייַנען געבילדעט פֿון פּאַרטיציפּן, דעריבער דאַרף בייַ זיי זייַן דער פּאַרטי־ציפּישער סופֿיקס ,־ט׳. אָבער ,ליבסטער, טיפֿסטער׳ און אַנדערע אַזוינע זייַנען, פֿאַרשטייט זיך, אָן אַ ,ט׳ פֿאַרן סופֿיקס.

אָנמערקונג 3 דער פּאַרטיציפּישער ,־ט׳ דאַרף אויך זייַן בייַ די ווערטער (די סוב־סטאַנטיוון) פֿונעם טיפּ ,פֿאַראָרעמטקייט, פֿאַרפֿרעמדטקייט׳ אאַ״וו (זעט ז׳ 167).

48 ניט־אַדיעקטיווישער אַדווערב

352 אַ ווערב קומט אָפּט ניט נאָר ווינז אַן אַדיעקטיווישן אַדווערב, נאָר אויך מיט אַ ניט־אַדיעקטיווישן אַדווערב. אַ שטייגער:

1. ער איז געקומען שפּעט	1. ער איז געקומען פֿאַר נאַכט
2. ער איז שטאַרק פֿאַרנומען	2. ער איז זייער פֿאַרנומען

די צוויי אויסגעטיילטע ווערטער רעכטס זייַנען אַדיעקטיווישע אַדווערבן. דאָס זייַנען ווערטער, וואָס זייַנען ענלעך צו דער נולפֿאָרמע פֿונעם אַדיעקטיוו; מע קאָן צו זיי צוגעבן אַן ,־ער׳, און עס וועט ווערן אָדער אַן אַדווערב פֿון דער פֿאַרגלייַכיקער שטופֿע אָדער אַן אַדיעקטיוו פֿונעם ערשטן מין נאָמינאַטיוו (שפּעטער, שטאַרקער). אָבער די צוויי אויסגעטיילטע ווערטער לינקס זייַנען ניט־אַדיעקטיווישע אַדווערבן: דאָס זייַנען אַד־ווערבן, וואָס זייַנען צו דער נולפֿאָרמע פֿונעם אַדיעקטיוו ניט ענלעך. [261]

אַ ניט־אַדיעקטיווישער אַדווערב איז אַ פֿאָרמע, וואָס קומט אָדער קאָן קומען בייַ אַ ווערב, פֿילט אין זאַץ געוויינטלעך אויס די פֿונקציע פֿון אָרט־באַשטימונג, צייַט־באַשטימונג, אופֿן־באַשטימונג, סיבה־באַשטימונג, צוועק־באַשטימונג און אַנדערע און איז ניט קיין סובסטאַנטיוו, ניט קיין אַדיעקטיווישער אַדווערב און ניט קיין אינפֿיניטיוו. אַ ניט־אַדיעקטיווישער אַדווערב קומט אָפּט אויך בייַ אַן אַדווערב, בייַ אַן אַד־יעקטיוו און אַפֿילו בייַ אַ סובסטאַנטיוו. אַ שטייגער: ער איז אַלע מאָל פֿריש; ער רעדט מיט די מיט אַ מאָל אָנגעפֿאָרענע דעלעגאַטן; די אַרבעט אין איינעם איז דורך זייער לעבעדיק.

די אַדיעקטיווישע און ניט־אַדיעקטיווישע אַדווערבן פֿאַראייניקט מען אין איין וואָרטקלאַס, ווייַל זיי האָבן פֿיל געמיינזאַמע אייגנשאַפֿטן. דער עיקר דאָס, וואָס זיי באַטייַטן אָפּט איינס און דאָס זעלבע (אופֿן, אָרט, צייַט א״אַ), וואָס זיי קומען אָדער קאָנען קומען בייַ אַ ווערב (דערפֿאַר רופֿט מען זיי אַדווערב) און וואָס זיי באַהעפֿטן זיך מיט אַנדערע ווערטער אין זאַץ אָן קיינע ספּעציעלע מיטלען – אָן

קליג זיך׳ (מיט סופֿיקסן אָדער צוגאָבן) אַ שטייגער: צעטריקנט, צעטריקנטע; פֿאַרטריקנט, פֿאַרטריקנטע; געקירצט, געקירצטע; פֿאַרקירצט, פֿאַרקירצטע אאַ״וו.

פֿלעקסיעס. דאָן ווען סובסטאַנטיוון, ווערבן און אַדיעקטיוון, ווען זיי באַהעפֿטן זיך איינע מיט די אַנדע־רע און באַשטימען איינע די אַנדערע, באַקומען זיי געוויינטלעך פֿלעקסיעס אָדער אַנדערע סימנים פֿון אָפּהענגיקייט, אַ שטייגער בייגונג פֿון אַרטיקלען, פּרעפּאָזיציעס.[1]

353 ניט־אַדיעקטיווישע אַדווערבן זײַנען פֿאַראַן **גרונטיקע** (ניט קיין סך) און **אויס־געבילדעטע** (פֿיל מער) – אויסגעבילדעט פֿון אַלערליי אַנדערע ווערטער אָדער גופֿא פֿון ניט־אַדיעקטיווישע אַדווערבן. אַ שטייגער:[2]

באמת, בשלום, בסוד
לסוף, להיפוך, למזל[3]
קליינערהייט, זיצנדיקערהייט
שורותווײַז, משוגענערווײַז
אַהיים, אַ שטייגער, דאָס רובֿ
פֿאַר נאַכט, בײַ טאָג, צו מאָל
צוקאָפּנס, פֿאַר צײַטנס, בײַ צײַטנס[4]
איבער אַ וואָך, מיט אַ מאָל, ווידער אַ מאָל
פֿאַר אַ יאָרן, אין דער וואָכן
פֿאַר אַכט טאָג, אין איין וועגס
איין מאָל, קיין מאָל, אָפֿט מאָל
אַלץ איינס, דאָס גלײַכן (דעס גלײַכן)
צו ערשט, צו לעצט
פֿון דאָס נײַ (פֿון ס׳נײַ), אויף דאָס נײַ (אויף ס׳נײַ), בײַ נײַס[5]
אין גיכן, אין גאַנצן, אין איינעם
רעכטס, לינקס, איבעריקס
העכסטנס, וויניקסטנס
ערשטנס, צווייטנס, דריטנס
אין צווייען, אין דרײַען, אין פֿיר(ע)ן
זאַלבעצווייט, זאַלבעדריט, זאַלבעפֿערט
אין מיטן דערינען, אויבן אויף, אַזוי אַרום
נאָר וואָס,[6] דערווידער[7] [262]

אָנמערקונג אַ ריי ניט־אַדיעקטיווישע אַדווערבן, וואָס איצט, דאַכט זיך אונדז, זײַנען זיי ניט קיין אויסגעבילדעטע, זײַנען אין דער אמתן אָדער פֿאַרגעסענע צונויפֿזאַצן אָדער וואָרצלען, וואָס זײַנען צונויפֿגעוואַקסן געוואָרן מיט אַפּיקסן און נאָך אַנדערע (זעט ז׳ 165).

354 ניט־אַדיעקטיווישע אַדווערבן ווערן אָפֿט מאָל סובסטאַנטיווירט – ווערן גע־ברויכט אַלס סוביעקטן, אָביעקטן און אַנדערע און באַקומען אַלערליי אַנדערע אייגנשאַפֿטן פֿון סובסטאַנטיוון. אַ שטייגער: מיר ביידע... האָבן זיך דעם זעלבן **אויפֿדערנאַכט** אַוועק־געזעצט און האָבן געמאַכט אַזאַ מין אָנשטעל (שאָל.); דער אויסגעצויגענער **אינדערפֿרי** האָט אָנגעהויבן אויסצוזען אַנדערש ווי אַלע (בערג.); אַ גרויסער עולם האָט ניט געזשאַלע־וועט די כּוחות אויף נאָכצוגיין אַ שווערן **צופֿוס** (בערג.).

אָנמערקונג דאָס אויסבילדן אַדווערבן פֿון סובסטאַנטיוון און פֿון אַנדערע קלאַסן

1 [1] מיט איניקע פּרעפּאָזיציעס קומען אַ מאָל אויך אַדווערבן. אַ שטייגער: מיר וועלן עס לאָזן אויף שפּעטער, אויף מאָרגן א״אַ.

2 דער אויסלייג פֿון די אַדווערבן איז געגעבן לויט די ייִוואָ־תּקנות.

3 [2] אַ שטייגער: ... דאָרט האָב איך **למזל** חתונה געהאַט... (ממס.)

4 [3] אַ שטייגער: אויף מאָרגן בין איך געקומען אין באָד **בײַ צײַטנס** (ממס.).

5 [4] אַ שטייגער: עס האָט זיך **בײַ נײַס** אָנגעכמאַרעט (בערג.).

6 [5] אַ שטייגער: דער בייגל איז געווען אַ פֿרישער, אַ וואַרעמער, **נאָר וואָס** פֿונעם אויוון (שאָל.).

7 [6] אָבער די סבֿיבֿה אין דעם מויערל אויפֿן הויף איז איר געווען **דערווידער** (ליפּ.).

אָדער דאָס סובסטאַנטיווירן אַדווערבן – איז אַ פּראָצעס, וואָס קומט כּסדר פֿאָר. אָט פֿאַר וואָס מע קאָן אַ מאָל צווייפֿלען – צי אַזעלכע ווערטער ווי ,אין דער היים, אין דער פֿינצטער׳ זײַנען סובסטאַנטיוון מיט אַרטיקלען און פּרעפּאָזיציעס צי אַדווערבן. כּדי אויסצומײַדן אָרטאָגראַפֿישע גרײַזן בײַם שרײַבן אַזעלכע צווייפֿלהאַפֿטע ווערטער, דאַרף מען דעם אויסלייג פֿון די דאָזיקע ווערטער אַ קוק טאָן אין אַ ווערטערבוך.

355 איינס און דאָס זעלבע וואָרט קאָן אין איין פֿאַל זײַן אַן אַדווערב, דאָס הייסט אַ זעלבשטענדיק וואָרט, און אין אַ צווייטן פֿאַל – אַ צוגאָב, דאָס הייסט אַזוינס, וואָס איז אויף דער גרענעץ פֿון אַ זעלבשטענדיק וואָרט און אַ וואָרטטייל. פֿאַרגלײַכט אַ שטייגער: ער האָט געקוקט אַרויף – ער גייט אַרויף (ער איז אַרויפֿגעגאַנגען).

און אַ מאָל טרעפֿט, אַז איינס און דאָס זעלבע וואָרט קאָן אין איינעם און דעם זעלבן זאַץ אַ מאָל קומען אַלס צוגאָב (אין איינעם מיזן ווערב – מיטן אינפֿיניטיוו, פּאַרטיציפּ אָדער גערונדיוו) און אַ מאָל אַלס אַדווערב (באַזונדער פֿונעם ווערב) – אַפֿילו ווען דער ווערב איז ניט קיין פּערזאָניקער, נאָר אַן אינפֿיניטיוו, פּאַרטיציפּ אָדער גערונדיוו. אַ שטייגער:

1. מיר וועלן אַנטקעגנגיין – מיר וועלן אַנטקעגן גיין;
2. מיר זײַנען פֿאַרבײַגעפֿאָרן – מיר זײַנען פֿאַרבײַ געפֿאָרן;
3. מיר האָבן צוריקגעשיקט – מיר האָבן צוריק געשיקט.

אין אַזעלכע פֿאַלן ווענדט זיך עס אינעם אַווטאָר: וויל ער, מע זאָל אי דעם אַדווערב אי דעם ווערב אויפֿנעמען זעלבשטענדיק, – ברענגט ער זיי אַרויס באַזונדער (רעדט זיי אַרויס מיט צוויי אַקצענטן און שרײַבט זיי באַזונדער); וויל ער, מע זאָל דעם אַדווערב און דעם ווערב אויפֿנעמען אַלס איין באַגריף – זעצט ער זיי צונויף און ברענגט זיי אַרויס אין איינעם (רעדט זיי אַרויס מיט איין אַקצענט און שרײַבט זיי אין איינעם).

356 די דאָזיקע און פֿיל אַנדערע ווערטער ווערן פֿון אַדווערבן, פֿון זעלבשטענדיקע ווערטער, אָפֿט פֿאַרוואַנדלט (אָדער זײַנען שוין אין גאַנצן פֿאַרוואַנדלט געוואָרן) אין [263] צוגאָבן, אין וואָרטטיילן (זעט די טאַבעלע צוגאָבן אויף ז״ז 90–93). וואָרן ווען אַ געוויסע באַשטימונג (אָרט, צײַט, אופֿן א״אַ) הייבט אָן געברויכט צו ווערן מיט דעם אָדער יענעם ווערב זייער אָפֿט (אַ שטייגער: אַרום + גיין; אַרויס + שרײַבן; פֿעסט + שטעלן), הייבן זיי אָן, דער ווערב און זײַן באַשטימונג, מיט דער צײַט צו באַקומען אַ נײַעם באַטײַטלעכן ניואַנס, און אַ מאָל גאָר אַ נײַעם באַטײַט, און ווערן סוף־כּל־סוף אויפֿגענומען אַלס איין גאַנצס (זעט די פֿריִערדיקע בײַשפּילן און אויך אויף ז״ז 294, 295). ווען די דאָזיקע באַשטימונג געפֿינט זיך לעבן אַן איינציקן ווערב, אַ שטייגער לעבן אַ פּערזאָניקן, איז זי ,באַוועגלעך׳ – זי לאָזט צווישן זיך און דעם פּערזאָניקן ווערב אַרײַנשטעלן נאָך ווערטער, דעריבער ווערט זי מיטן פּערזאָניקן ווערב ניט צונויפֿגעזעצט (אין שרײַבן – אַפֿילו ווען זי געפֿינט זיך האַרט לעבן דעם פּערזאָניקן ווערב). ווען אָבער די דאָזיקע באַשטימונג קומט בײַ אַ ווערב, וואָס באַשטייט פֿון אַ פּאָר און מער ווערטער (פֿון אַ פּערזאָניקן ווערב מיט אַן אינפֿיניטיוו אָדער מיט אַ פּאַרטיציפּ א״אַ) און וואָס האָט ליב אין אַזאַ פֿאַל זײַנע באַשטימונגען אַרײַנצונעמען צווישן זיך (זעט ז׳ 319), ווערט זי, די דאָזיקע באַשטימונג, סוף־כּל־סוף אין גאַנצן צונויפֿגעזעצט מיטן ווערב. אויף אַזאַ אופֿן זײַנען אויפֿגעקומען טויזנטער נײַע (נײַ־אויסגעבילדעטע) ווערבן.

357 ווען ווערטער, וואָס קאָנען זײַן אי צוגאָבן אי אַדווערבן, האָבן צווישן זיך אַ בינד־וואָרט ,און׳, שרײַבט מען זיי אויף אַזאַ אופֿן:

1. באַזונדער – ווען זיי זײַנען אַדווערבן. אַ שטייגער: עס לויפֿן די קורסן אויף און אָפּ משוגענערווײַז (שאָל.); צוגן נאָך צוגן אָפּ און אויף זײַנען זיך צונויפֿגעפֿאָרן און צעפֿאָרן זיך (קוש.); דערבײַ האָט ער גאַנץ לאַנגזאַם אַרויף און אַראָפּ געשאָקלט מיטן קאָפּ (פּ.);
2. מיט בינדצייכנס – ווען זיי זײַנען צוגאָבן. אַ שטייגער: אורחים זײַנען דאָ שוין גאָר אויפֿ־ און אָפּ־געפֿאָרן פֿון דער גאַנצער וועלט (פּערל); איך האָב אויפֿ־ און צו־געשלאָסן די טיר (פּ.).

אָנמערקונג אָפּט מאָל שרײַבט מען אויך אַזוי: אויף־און־אָפּגעפֿאָרן; אויף־און־צוגעשלאָסן.

358 מע דאַרף שרײַבן אין איינעם די ווערטער ,אינגאַנצן, אינגיכן, אינײנעם, אינקורצן, צומבעסטן, צומווייניקסטן, צומגיכסטן׳, ווען זיי זײַנען אַדווערבן; און באַזונדער (אין גאַנצן, אין גיכן אאַ״וו), ווען זיי זײַנען אין זאַץ אַדיעקטיוון מיט דער פּרעפּאָזיציע ,אין׳ אָדער ,צום׳. אַ שטייגער:

1. ער האָט אינגאַנצן [אין גאַנצן] ניט פֿאַרשטאַנען די לעקציע.
2. ער פֿילט זיך ניט צומבעסטן (אַמבעסטן) [צום בעסטן, אַמבעסטן].

1. ער האָט אין גאַנצן [אין גאַנצן] ראַיאָן אויסגעפֿאָרשט די לאַגע.
2. ער איז אַוועק צום בעסטן [צום בעסטן] כאַווער.

מע דאַרף שרײַבן ,אַהיים, אַמאָל, אַשטייגער, דעריקער [אַהיים, אַ מאָל, אַ שטייגער, דער עיקר]׳ ווען די ווערטער זײַנען אַדווערבן, און מע דאַרף שרײַבן ,אַ היים, אַ מאָל, אַ שטייגער, דער איקער [דער עיקר]׳ ווען זיי זײַנען אין זאַץ סובסטאַנטיוון. סובסטאַנטיוון קאָנען צו זיך ציִען אַדיעקטיוון אָדער אַן אַנדער אַרטיקל; אַדווערבן קאָנען צו זיך קיין אַדיעקטיוון ניט ציִען.

[264]

VI פּראָנאָם

49 פּראָנאָם און אַנדערע וואָרטקלאַסן

359 פּראָנאָמען ווײַזן געוויינטלעך אָן אויף עפּעס אָדער אויף עמעצן. אַ שטייגער די פּראָנאָמען ,איך, מיר׳ ווײַזן אָן אויפֿן ריידער זעלבסט; די פּראָנאָמען ,דו, איר׳ ווײַזן אָן אויף דעם, צו וועמען מע רעדט; די פּראָנאָמען ,ער, זי, עס, מע, עמעצער, יענער, זיי׳ ווײַזן אָן ניט אויפֿן ריידער און ניט אויף דעם, צו וועמען מע רעדט, נאָר אויף עמעצן אַנדערש; די

פּראָנאָמען ‚ווּ, דאָ, דאָרט, אומעטום, וווּהין, אַהין, אַהער, ערגעץ‘ ווײַזן אָן אויף עפּעס אַן אָרט אאַ״וו.

פּראָנאָמען שיידן זיך אונטער פֿון די ביז איצט פֿונאַנדערגעקליבענע פֿינף קלאַסן ווערטער – פֿונעם סובסטאַנטיוו, ווערב, אַדיעקטיוו, צאָלוואָרט און אַדווערב (אַדיעקטיווישן און ניט־אַדיעקטיווישן) – מיט זייער אַ וויכטיקן מאָמענט. אַלע ווערטער פֿון די פֿאָריקע פֿינף קלאַסן רופֿן אָן גענויינטלעך אַ זאַך, אַ טווּנג, אַ כאַראַקטעריסטיק (אייגנשאַפֿט), אַ צאָל, אַ צושטאַנד אָדער אַנדערע, אין דער צײַט, ווען פּראָנאָמען ווײַזן נאָר אָן אויף אַזוינס, וואָס קאָן געוויינטלעך אָנגערופֿן ווערן מיט אַ וואָרט פֿון די פֿאָריקע פֿינף קלאַסן. אָט פֿאַר וואָס די פּראָנאָמען קאָנען אָפֿט אין אַ זאַץ פֿאַרביטן ווערן מיט אַ סך אַנדערע ווערטער פֿון די אָדער יענע קלאַסן, אָדער, פֿאַרקערט, די פּראָנאָמען קאָנען פֿאַרבײַטן, פֿאַרטרעטן אַן אומגעהײַערע צאָל ווערטער פֿון די אָדער יענע קלאַסן. א שטייגער:

1. דער ברודער פֿאָרט פֿאַר נאַכט אין שטאָט.
2. ער פֿאָרט איצט אַהין.

די פּראָנאָמען ‚ער, אַהין‘ פֿאַרטרעטן דאָ די סובסטאַנטיוון ‚דער ברודער, (אין) שטאָט‘, און דער פּראָנאָם ‚איצט‘ פֿאַרטרעט דאָ דעם אַדווערב ‚פֿאַר נאַכט‘. און די זעלבע פּראָנעמען קאָנען פֿאַרטרעטן גאַנץ אַנדערע צענדליקער און הונדערטער סובסטאַנטיוון און אַדווערבן. אַ שטייגער:

1. דער פֿאָרזיצער פֿאָרט בײַ טאָג אין דאָרף.
2. ער פֿאָרט איצט אַהין.

דערפֿון, וואָס פּראָנאָמען ‚פֿאַרטרעטן‘ אָפֿט סובסטאַנטיוון, אַדווערבן און אַנדערע ווערטער, דאַרף מען אָבער ניט דרינגען, אַז אין יעדן קאָנקרעטן פֿאַל קאָן מען אָנווײַזן, וואָס פֿאַר אַ וואָרט האָט דער אָדער יענער פּראָנאָם פֿאַרטראָטן. אַ שטייגער אינעם זאַץ ‚ווער קלאַפּט?‘ קאָן מען ניט זאָגן, אַנשטאָט וואָס איז דאָ דער פּראָנאָם ‚ווער‘, וואָרן טאַקע דערפֿאַר, וואָס מע ווייסט ניט, ווער דער קלאַפּער איז, און מע וויל עס דערגיין, האָבן מיר דאָ אַ פּראָנאָם.

אַ פּראָנאָם איז אַ וואָרט, וואָס באַטײַט זייער אַ גרויסע פֿאַראַלגעמיינערונג און וואָס ווײַזט אָן אויף עפּעס אַזוינס, וואָס קאָן געוויינטלעך אָנגערופֿן ווערן מיט אַ וואָרט פֿון אַן אַנדער וואָרטקלאַס אָדער וואָס פֿאַרטרעט אַ וואָרט פֿון אַן אַנדער וואָרטקלאַס.

אָנמערקונג פּראָנאָמען קאָנען פֿאַרטרעטן ניט נאָר איינציקע ווערטער אָדער איינציקע זאַצגלידער, נאָר אַפֿילו גאַנצע ווערטער־גרופּעס (און אַ מאָל אַפֿילו [265] גאַנצע זאַצן). אַ שטייגער: כאַפּן מענטשן אין מיטן העלן טאָג און פֿאַרקויפֿן זיי ווי הינער אויפֿן מאַרק – דאָס מעג מען; און אַז זיי נעבעך ווילן ניצול ווערן – דאָס רופֿט מען אַן אַ שולד! (ממס.).

360 אַ וואָרט איז בכלל אַ פֿאַראַלגעמיינערונג.[1] דאָס וואָרט ,טיש׳ אַ שטייגער רופֿט אָן און קאָן אָנרופֿן אַבסאָלוט יעדן טיש, אומאָפּהענגיק דערפֿון, צי דער דאָזיקער איז פֿון האָלץ אָדער פֿון שטיין, צי ער איז אַ פֿירעקיקער אָדער אַ קײַלעכדיקער, צי אַ גרויסער אָדער אַ קליינער אאַ״וו.[2] און דאָך איז ,טיש׳ אין ייִדיש פֿאָרט אַן אָנרוף פֿון אַ גאַנץ באַשטימטן קעגנשטאַנד – פֿון אַ טיש און ניט פֿון קיין שטול, ניט פֿון קיין אַלמער, ניט פֿון קיין ביכל אאַ״וו. אָבער אַזאַ וואָרט ווי ,ער׳ אַ שטייגער – אַ פּראָנאָם – רופֿט ניט אָן, נאָר ווײַזט אָן און קאָן אָנווײַזן ניט נאָר אויף אַ טיש, נאָר אויך אויף אַ שטול, אויף אַ מענטשן, אויפֿן הימל, אויף אַן אידעאַל און נאָך און נאָך אויף צענדליקער טויזנטער אַלערליי קעגנשטאַנדן און באַגריפֿן. אָט פֿאַר וואָס אַ פּראָנאָם נייטיקט זיך פֿיל מער ווי אַלע אַנדערע ווערטער – אין אַ באַשטימטן קאָנטעקסט, אין באַשטימטע באַדינגונגען, כּדי צו באַקומען אַ קאָנקרעטן אינהאַלט.

361 פּראָנאָמען זײַנען פֿאַראַן ניט קיין סך (עפּעס מער פֿון הונדערט). דער גרעס־טער טייל פֿון זיי זײַנען גרונטיקע – קורצע און אָפֿט איינטראַפֿיקע וואָרצלדיקע ווער־טער. אַ שטייגער: איך, דו, ער, זי, דאָ, דאָרט, דאַן, דאָס, מע א״אַ. אייניקע פֿון זיי זײַנען אויסגעבילדעטע. אַ שטייגער: דערפֿאַר (דער, דאַר + פֿאַר), וויפֿל (ווי + פֿיל), גאָרנישט (גאָר + נישט) א״אַ.

אָנמערקונג אײנס און דאָס זעלבע וואָרט קאָן אין איין פֿאַל זײַן אַ פּראָנאָם, אַ זעלבשטענדיק וואָרט, און אין אַ צווייטן פֿאַל אַן אַרטיקל, אַ הילפֿוואָרט (זעט ז׳ 175). און טאַקע דערפֿאַר, ווײַל די פּראָנאָמען ,דער, די, דאָס (דעם)׳ האָבן גענומען קומען אַלס הילפֿווערטער (אַלס אַרטיקלען), זײַנען אַנטשטאַנען אַזעלכע פּראָנאָמען ווי ,דער דאָזיקער (דאָס + יק + ער), די דאָזיקע׳ און אַנדערע.

362 פּראָנאָמען זײַנען אַ מאָל אויך געווען סובסטאַנטיוון, וואָס האָבן (לויט דער מיינונג פֿונעם אַקאַ־דעמיקער מאַר) באַטײַט אַ טייל קערפּער – אַ קאָפּ, אַ נאָז, אַ ביין און בכלל אַ קערפּער.[3] דערבײַ האָבן די פּראָנאָמען, וואָס זײַנען אַנטשטאַנען אַ דאַנק דער ווײַטערדיקער אַנטוויקלונג פֿון דער געזעלשאַפֿטלע־כער אָרגאַניזאַציע, מיט זייער אויפֿקום אָנגעהויבן אַ נײַע סטרוקטורישע (מאָרפֿאָלאָגישע) ערע אין דער שפּראַך. ביזן אויפֿקום פֿון פּראָנאָמען זײַנען געווען בלויז סובסטאַנטיוון – איין קלאַס ווערטער, וואָס האָבן אָנגערופֿן זאַכן און וואָס האָבן, אָפּהענגיק פֿון זייער אָרט אין זאַץ, באַטײַט אַ סוביעקט אָדער

[1] [1] „יעדעס וואָרט (רייד) פֿאַראַלגעמיינערט שוין. די חושים (געפֿילן) ווײַזן די רעאַלקייט, דער גע־דאַנק און דאָס וואָרט – דאָס אַלגעמיינע...״ „אין דער שפּראַך איז פֿאַראַן נאָר דאָס אַלגעמיינע״ („לענינשער זאַמלבוך״, ב׳ XII, 2טע אויפֿלאַגע, ז״ז 210, 223, רוסיש).

[2] [2] דער דיכטער כאַשטשעוואַצקי דריקט עס אויס אויף אַזאַ אופֿן:

מיר זאָגן – אַ הויז,
און דער אויסזען פֿון אותיות,
דער קלאַנג פֿונעם וואָרט ניט אַנטפּלעקט,
נאָר פֿאַרדעקט,
צי מיר מיינען
אַ מעכטיק פֿילגאָרנדיק הויז עס
צי אַ שטיבל אַ ליימענס
אין שטעטלשן העק (**ראַפּאָרטן**, 1931, ז׳ 122).

[3] פֿ״גל Марр, Н[иколай] Я[ковлевич], *Избранные работы в 5 томах*. Т. 3. Москва, Ленинград: Государственное социально-экономическое издательство, 1934, 182–183.

אָביעקט. מיטן אויפֿקום פֿון פּראָנאָמען איז אַנטשטאַנען ניט נאָר אַ נײַער קלאַס ווער־[266]טער פּראָנאָמען, נאָר עס האָט זיך אויך אָנגעהויבן אויסבילדן אַ קלאַס ווערבן (פּרעדיקאַטן): אַ סובסטאַנטיוו מיט אַ פּראָנאָם לעבן אים האָט אין אַ ריי פֿאַלן אויפֿגעהערט צו באַטײַטן אַ זאַך און האָט אָנגעהויבן צו באַטײַטן אַ טוונג.[1]

363 פּראָנאָמען פֿילן אויס אין זאַץ פֿונקציעס פֿון פֿאַרשיידענע זאַצגלידער און קאָנען אָפֿט האָבן פֿאַרשיידענע פֿאָרמעס. דעריבער טיילט מען זיי אויף:

1. פּראָנאָמען סובסטאַנטיוון: איך, דו, ער, מיר, איר, זיי, ווער, עמעצער...;
2. פּראָנאָמען אַדיעקטיוון: וועלכער, וואָסערער, אַזוינער, פֿאָלגנדיקער...;
3. פּראָנאָמען צאָלווערטער: וויפֿל, אַזוי פֿיל, וויפֿל ניט איז...;
4. פּראָנאָמען אַדווערבן: אַ מאָל, איצט, דאַן, דאָ, דאָרט, ערגעץ...

אָנמערקונג 1 פּראָנאָמען אַדווערבן טיילן זיך אויס פֿון אַלערליי אַנדערע אַדווערבן פֿיל ווייניקער איידער די איבעריקע פּראָנאָמען פֿון די געהעריקע וואָרטקלאַסן. אָט פֿאַר וואָס אין פֿיל מער עלעמענטאַרע לערנביכער טיילט מען די פּראָנאָמען אַדווערבן אָפֿט ניט אויס פֿון אַדווערבן בכלל.

אָנמערקונג 2 אַ ריי פּראָנאָמען קאָנען לויט זייערע אייגנשאַפֿטן אָפֿט צוגערעכנט ווערן צו צוויי וואָרטקלאַסן אײנצײַטיק. אַ שטייגער דער פּראָנאָם ,ווייניק׳ ווײַזט אָן אויף עפּעס אַ צאָל, אָבער גלײַכצײַטיק האָט ער געמיינזאַמקייטן מיט אַדווערבן (ווייניק – ווייניקער – אַמווייניקסטן).

364 פּראָנאָמען קלאַסיפֿיצירט מען אָפֿט אויך לויט דעם, ווי אַזוי זיי ווײַזן אָן. פֿון דעם שטאַנדפּונקט טיילט מען די פּראָנאָמען געוויינטלעך אײַן אין אַזעלכע גרופּעס:

1. פּערזאָניקע: איך, מיר; דו, איר; ער, זי, עס, זיי;
2. פּאָסעסיווישע: מײַן, אונדזער; דײַן, אײַער; זײַן, איר, זייער;
3. רעפֿלעקסיווע: זיך;
4. אָנווײַזיקע: דער, יענער, אַזאַ, אַזעלכער, אַזוי פֿיל, אַזוי, דאָ, דאָרט, אַהין, אַהער, פֿון דאַנען, ביז דאַנען, איצט, דאַן, דעמאָלט, דעריבער, דערפֿאַר, דערצו...
5. פֿרעגיקע: ווער, וואָס, וועמענס, וועלכער, דער וויפֿלטער, וויפֿל, ווי אַזוי, ווי, ווּ, ווּהין, פֿון וואַנען, ביז וואַנען, ווען, צו וואָס, פֿאַר וואָס...
6. רעלאַטיוו־פּראָנאָמען אָדער בינדפּראָנאָמען – אַהער געהערן כּמעט אַלע פֿון דער גרופּע ,פֿרעגיקע׳, נאָר אָנגעווענדעטע אַלס בינדווערטער – צו פֿאַרבינדן אין איין פֿראַזע אַ פּאָר זאַצן (אַ בײַזאַץ מיט אַ הויפּטזאַץ).
7. באַשטימיקע: יעדער, אַנדער, דער זעלבער, דער גאַנצער, אומעטום, שטענדיק, אַלע מאָל, תּמיד...
8. אומבאַשטימטע: איינער, עמעצער, מע, עפּעס, אייניקע, עטלעכע, ווער ניט ווער, ווער ניט איז, וואָס ניט איז, וויפֿל ניט איז, ווּ ניט איז...

[1] פֿ״גל: דאָרטן, 116; דאָרטן, ב׳ 1, 296–297.

9. נעגאַטיווע: קיינער, קיין, גאָרנישט, קיין מאָל, ערגעץ ניט...

אָבער די דאָזיקע איַינטיילונג איז ניט איבעריקס קאָנסעקווענט. אַ שטייגער די פּאָ־סעסיווישע פּראָנאָמען זייַנען אין דער אמתן אויך פּערזאָניקע (,מיַין, אונדזער' – ערשטע פּערזאָן; ,דיַין, איַיער' – צווייטע פּערזאָן אאַ"וו); אַזאַ פּראָנאָם ווי ,עמעצנס' באַטיַיט ניט נאָר אומבאַשטימטקייט, נאָר אויך אָנגעהעריקייט (פּאָסעסיווישקייט). און אַזוי איז עס מיט נאָך פּיל אַנדערע פּראָנאָמען. [267]

365 פּראָנאָמען זייַנען אַ פֿאַרשפּרייטע דערשיַינונג אין דער שפּראַך און אַ גאַנץ באַקווע־מע – אָן זיי וואָלט אין פֿיל פֿאַלן געווען שווערער אויסצוקומען. דאָס קאָן מען זען, פֿאַר־גלייַכנדיק אַזעלכע צוויי טעקסטן:

מיט מער פּראָנאָמען

מיַין שוועגערין זאָגט אַליין אויף זיך, אַז זי איז אַ שוועבעלע. איר אַז עס קומט אָן די שלעכטע מינוט, וועט זי איַיך מאַכן מיט דער בלאָטע. אין אַ וויַילע אַרום ווערט זי ווייך, כאָטש לייגט זי צו צו אַ מכּה. מיט מיר וואָיעוועט זי פֿון דער ערשטער מינוט נאָך דער חתונה. זי ווייסט, אַז איך האָב זי נישט ליב. ערגער פֿון אַלצדינג איז ביַי איר, למאַי איך לאַך פֿון איר. עס וויַיזט זיך איר רק, אַז איך לאַך זי אויס. אַז איך קוק אויף איר, הייסט ביַי איר, אַז איך לאַך (שאָל.).

מיט ווייניקער פּראָנאָמען

מיַין שוועגערין זאָגט אַליין אויף מיַין שוועגערין, אַז מיַין שוועגערין איז אַ שווע־בעלע. מיַין שוועגערין אַז עס קומט אָן די שלעכטע מינוט, וועט מיַין שוועגערין איַיך מאַכן מיט דער בלאָטע. אין אַ וויַילע אַרום ווערט מיַין שוועגערין ווייך, כאָטש לייגט מיַין שוועגערין צו צו אַ מכּה. מיט מיר וואָיעוועט מיַין שוועגערין פֿון דער ערשטער מינוט נאָך דער חתונה. מיַין שוועגערין ווייסט, אַז איך האָב מיַין שווע־גערין נישט ליב. ערגער פֿון אַלצדינג איז ביַי מיַין שוועגערין, למאַי איך לאַך פֿון מיַין שוועגערין. עס וויַיזט זיך מיַין שוועגערין רק, אַז איך לאַך מיַין שוועגערין אויס. אַז איך קוק אויף מיַין שוועגערין, הייסט ביַי מיַין שוועגערין, אַז איך לאַך.

דאָ זעען מיר, ווי בעסער עס איז דער טעקסט רעכטס אין פֿאַרגליַיך מיטן טעקסט לינקס, כאָטש אויך אינעם לינקן זייַנען פֿאַראַן פּראָנאָמען (אויסקומען אין גאַנצן אָן פּראָנאָמען איז אָפּט אוממעגלעך אַפֿילו ביַי אַן עקספּערימענט).

אָבער פּראָנאָמען קאָנען אַ מאָל מאַכן אַ טעקסט פּילדיַיטיק – און דאָס איז שוין שלעכט. אַ שטייגער אינעם זאַץ ,די אימפּעריאַליסטן האָבן צונויפֿגעפֿירט אַרבעטער פֿון אַ סך נאַציעס צו שלאָגן זיך פֿאַר זייערע אינטערעסן' – קאָן דער פּראָנאָם ,זייערע' אָנווייַזן אויף דריַי פֿאַרשיידענע סובסטאַנטיוון: אויף ,נאַציעס, אַרבעטער, אימפּעריאַליסטן', און ס'פֿאַרשטייט זיך, אַז ס'איז אַ גרויסע נפֿקא־מינה, צי די אַרבעטער שלאָגן זיך פֿאַר זייערע אייגענע אינטערעסן, צי פֿאַר די אינטערעסן פֿון אַ סך נאַציעס, צי פֿאַר די אינטערעסן פֿון

די אימפּעריאַליסטן. אין אַזעלכע פֿאַלן דאַרף מען אויסמײַדן צו ניצן פּראָנאָמען, וואָס פֿאַרקריפּלען דעם געדאַנק.[1] [268]

פּראָנאָמען מײַדט מען אָפּט אויס אין נאָך אַנדערע פֿאַלן. אַ שטייגער: און בבֿא איז אַוועקגעפֿאָרן, און בבֿא האָט אויפֿן וואָלף אַוועקגעריטן, און בבֿא איז פֿון דער הויפּטשטאָט אַרויס, און בבֿא איז דאַן אויף יענער מדינה געקומען (ניס).

366 אַרטיקלען און פּרעפּאָזיציעס בײַ פּראָנאָמען שרײַבט מען בכלל באַזונדער. אַ שטייגער: דער דאָזיקער, דעם דאָזיקן; פֿאַר וואָס, פֿאַר וועמען אאַ״וו. ווען אָבער ,פֿאַר וואָס׳ ווערט אויפֿגענומען ניט אַלס אַ פּרעפּאָזיציע מיט אַ פּראָנאָם, נאָר אַלס אַן אַדווערב אַ פּראָנאָם, שרײַבט מען עס אין איינעם. אַ שטייגער:

1. פֿאַר וואָס זאָל איך אים פֿירן? – פֿאַרן צווייטן.
2. פֿאַרוואָס [פֿאַר וואָס] זאָל איך אים פֿירן? – ווײַל ער קאָן אַליין ניט גיין.

די פּראָנאָמען פֿונעם טיפּ ,דערבײַ, דערין, דערנאָך, דערפֿאַר, דערונטער, דערמיט, דער־צו׳ אאַ״וו[2] דאַרף מען שרײַבן אַזוי, ווי זיי זײַנען דאָ געגעבן.

די פּראָנאָמען מיט ,ניט־איז׳ אָדער מיט ,ניט־ווען׳ און אַנדערע פֿון דעם טיפּ שרײַבט מען מיט בינדצייכנס. אַ שטייגער:

ווו־ניט־איז [ווו ניט איז]	וואָס־ניט־איז [וואָס ניט איז]	ווו־ניט־ווו [ווו ניט ווו]	ווי־ניט־ווי [ווי ניט ווי]
ווער־ניט־איז [ווער ניט איז]	וויפֿל־ניט־איז [וויפֿל ניט איז]	ווער־ניט־ווער [ווער ניט ווער]	ווען־ניט־ווען [ווען ניט ווען]

די פּראָנאָמען פֿונעם טיפּ ,פֿונמײַנטוועגן, פֿונדײַנטוועגן, פֿונזײַנטוועגן, פֿונירטוועגן, פֿונונדזערטוועגן, פֿונדעסטוועגן׳ [פֿון מײַנט וועגן ...], וואָס זײַנען געבילדעט פֿון אַ פּראָנאָם מיט דער פּרעפּאָזיציע ,פֿון׳ און ,וועגן׳, שרײַבט מען אַזוי, ווי זיי זײַנען דאָ געגעבן. אָבער: פֿונעם טאַטנס וועגן, פֿון די ברידערס וועגן, פֿון די קינדערס וועגן אאַ״וו.

מע דאַרף שרײַבן אין איינעם: ,ביזוואַנען, דורכוואַנען, פֿונוואַנען, ביזדאַנען, דורכדאַנען, פֿונדאַנען׳ [ביז וואַנען...].

[1] [1] זעט אַ שטייגער אויך אינעם ווײַטערדיקן פֿראַגמענט:
אין אַפּטײַ האָט אַ רופֿא אויסגעזאָגט, אַז דער דאָקטער סמט, האָט מען אים אײַנגעזעצט אויף ברויט און וואַסער אויף דרײַ חדשים... איר מיינט דעם דאָקטער? חס־ושלום! דעם רופֿא! (פּ.)
לייענט אויך דורך אין שלום־עליכמס „טבֿיה דער מילכיקער“ (קאַפּיטל „הײַנטיקע קינדער“, פֿערטער אַבזאַץ) דעם שמועס צווישן טבֿיהן מיט לייזער־וואָלף דעם קצבֿ.

[2] [1] און אויך די זעלטענערע ,דערדורך, דערצווישן׳. אַ שטייגער: דערדורך וואַקסן דיא קינדער ערשט (מאַרקוזע); ס׳שטייט נישט דערצווישן אויף אַ בעל־עגלה (עלז.).

VII באַהילפֿיקע ווערטער און אויסרופֿוואָרט

50 פּרעפּאָזיציע

367 באַהילפֿיקע ווערטער, ווי ס'איז שוין געווען אָנגעוויזן, טיילט מען אין ייִדיש אײַן אין פֿינף גרופּעס: אַרטיקלען, הילפֿווערבן, פּרעפּאָזיציעס, בינדווערטער און פּאַרטיקלען. וועגן אַרטיקלען און הילפֿווערבן איז שוין געווען אַרומגערעדט געוואָרן אין די געהעריקע ערטער. איצט לאָמיר זיך אַ ביסל מער אָפּשטעלן אויף די איבעריקע דרײַ גרופּעס, און אין דער ערשטער ריי – אויף פּרעפּאָזיציעס.

368 פּרעפּאָזיציעס שפּילן זייער אַ וויכטיקע ראָלע אין דער שפּראַך, באַזונדערש אין אַזאַ שפּראַך ווי ייִדיש, וואָס האָט ווייניק בייגפֿאָרמעס און נאָך ווייניקער (סובסטאַנטיווישע) פֿלעקסיעס. אַ דאַנק די פּרעפּאָזיציעס האָבן מיר די מעגלעכקייט צו ווײַזן אַלערליי אָרט- און צײַט-באַציִונגען (אויף, אונטער, הינטער, לעבן, איבער, אַרום, פֿון, צו, קיין (אין), פֿאַר, נאָך, ערבֿ, בעת און אַנדערע), פֿאַרשיידענע [269] סיבה- און צוועק-באַציִונגען (מחמת, אַ דאַנק, צוליב און אַנדערע), ווי נאָך אַ גאַנצע ריי קאָמפּליצירטערע און אַבסטראַקטערע פֿאַרהעלטענישן (זעט ווײַטער).

369 פּרעפּאָזיציעס זײַנען פֿאַראַן אַזעלכע: אַ דאַנק, אום, אונטער, אויס, אויסער, איבער, אין, אין מיטן, אלפּי [על־פּי], אַנטקעגן (קעגן, אַקעגן, קעגן איבער), אפּ [אויף], אַראָפּ, אַרום, ארופּ [אַרויף], אַרויס, אָן, אַנשטאָט, בא [בײַ], ביז (ביזקן, ביזקל), בייס [בעת], בעשאס [בשעת], בענעגייע [בנוגע], בעראָש [בראָש], דורך, הינטער, וועגן, ווערדליק, זינט (זײַט, צײַט), טראָץ, כוצ (אכוצ) [חוץ, אַחוץ], לויט, לעבן (לעם), לעגאבע [לגבי], לעטויוועס [לטובֿת], לענג־אויס, לעקאָוועד [לכּבֿוד], לעשעמ (לעשיימ) [לשם], מאכמעס [מחמת], מיט, מיצאד [מצד], מיקויעב [מכּוח], נאָך, ערעוו [ערבֿ], פֿאַזע, פֿאַר, פֿאַרבײַ, פֿאָר, פֿאָרויס, פֿון, צו, צוליב, צווישן, קיין.

אַ שטייגער: סערקעלע איז אָבער אויך נישט פֿון די נאַראָנים, וואָס זײַנען צען אום אַ גראָשן (עט.); דאָרט, ווו עס האַנדלט זיך אום קאָנקורענץ, שווײַגט דער געזונטער פֿאַרשטאַנד (שאָל.); דאָס בוך לײַט ער נישט אויס דעם הויז אַרויס (פּערל); אָט פֿאַלט ער, און עס ווערט אויס אים אַ הויפֿן ביינער (ממס.); דער רוח האָט דאָס אויס אים גערעדט (ממס.); דער לערער מאַכט חוזק אַפֿילו אויס חלומות (פּ.); ווו ביסטו געווען אַזוי שפּעט? – טוט דער טאַטע אַ פֿרעג... אויס נײַגעריקייט (שאָל.); אַלצדינג גיט ער צו פֿאַרשטיין על־פּי דאָקטערײַ (שאָל., בערג.); אין פֿאַרגלײַך מיט גאָלדען האָט זי אַ פּנים געהאַט ווי אַ מאַלפּע אַקעגן אַ מענטש (ממס.); לאָזן זיי שווימען ווײַטער אַראָפּ וואַסער ערגעץ צו אַ זעגמיל (בערג.); די פֿערדלעך נעבעך שלעפּן דעם וואָגן אַרויף אַ באַרג גאָר אָן אַ חשק (שאָל.); און מיר זײַנען אַ בעלן געווען... גיין אַרויס דער שטאָט (שאָל.); ער האָט בנוגע אײַך גאָר נישט געזאָגט; בראָש דער דעמאָנסטראַציע זײַנען געגאַנגען די פּיאָנערן (צ.); זינט יענער געשיכטע האָט זיך די ,טערקיניע' נאָך מער צוגעלאָזט צו ביילען (ממס.); זײַט יענער צײַט האָב איך שוין דעם דאָקטער עטינגער מער ניט געזען (גאָטל.); און אויב די ליניע ווערט

צוריק אויפֿגעשטעלט ווערן, איז עס ניט אַ דאַנק די מיליטער־לײַט, נאָר ט ר אָ ץ זיי (גאָד.); ל ג ב י איַיך איז ער בילכער; הײַנט איז אַ יום־טובֿ ל ט וֹ ב ו ן די שפּאַנישע קינדער (צ.); וואָס ווײַטער ער פֿאָרט ל ע נ ג ־ א ו י ס דער גאַס, אַלץ מער קומען צו די געוויינען אין די אָרעמע הײַזער (בערג.); מ ח מ ת שרעק האָט ער זיך געלאָזט לויפֿן צוריק אָן אָטעם (ממס.); אַזאַ חתונה... איז שוין לאַנג ניט געווען בײַ אונדז אין שטאָט! וואָס איז די מעשׂה? נאָר מ צ ד רחמנות (שאָל.); לייזער־יאַנקל! למען־השם, פֿאַרגעס ניט מ כּ ו ח יענץ (ממס.); מע האָט פֿאַרקערעוועט פ אַ ז ע דעם פֿראָנט (גאָד.); ער שאַרט זיך פ אַ ז ע דער וואַנט (דאַנ.); ס׳אַ משל, זאָג איך, איך פֿאָר פֿון בויבעריק, און איר דאַרפֿט ק יי ן בויבעריק (שאָל.).

אַ היפּשער טייל פּרעפּאָזיציעס זײַנען סעמיטיזמען. דאָס זײַנען, ערשטנס, אייניקע צײַט־פּרעפּאָזיציעס, ווי ,בעת, בשעת, ערבֿ׳; צווייטנס, אַ גרעסערע גרופּע פּרעפּאָזיציעס, וואָס ווײַזן אַ ריי אַבסטראַקטערע פֿאַרהעלטענישן, ווי ,בנוגע, בראָש, (אַ)חוץ, לגבי, לטובֿת, לכּבֿוד, לשם, מחמת, מצד, מכּוח, על־פּי׳.

אָ נ מ ע ר ק ו נ ג 1 אַ ריי פּרעפּאָזיציעס (פּונקט ווי אַ ריי אַדווערבן און צוגאָבן) זײַנען אָפּט צונויפֿגעזעצט פֿון אַ פּאָר געוועזענע אָדער איצטיקע מאָרפֿעמעס. [270] אַ שטייגער: מצד (מן + צד), לכּבֿוד (ל + כּבֿוד), אַנשטאָט (אָן + שטאָט),[1] ביזקן, ביזקל (ביז + קען)[2] און אַנדערע.

אָ נ מ ע ר ק ו נ ג 2 אָפּט טרעפֿט, אַז איינע און די זעלבע פּרעפּאָזיציע ווײַזט גאַנץ פֿאַרשיידענע פֿאַרהעלטענישן. פֿאַרגלײַכט אַ שטייגער דעם באַטײַט פֿון דער פּרעפּאָזיציע ,נאָך׳ אין די ווײַטערדיקע זאַצן: ער וועט באַלד קומען נ אָ ך דעם ביכל; ער וועט דאָ זײַן נ אָ ך דער אַרבעט; מע האָט געקאָנט אַרויסזען נ אָ ך זײַן פּנים, אַז ער באַדאַרף זײַן אַן איידל קינד (שאָל.); פֿון דעמאָלט אָן האָט מרדכיס משפּחה גענומען פֿאָרן נ אָ ך לובלין... דער־נאָך נ אָ ך קאָצק.

370 אַ פּרעפּאָזיציע דאַרף מען ניט צונויפֿמישן מיט אַן אַדווערב, כאָטש איינס און דאָס זעלבע וואָרט קאָן אָפּט אין איין פֿאַל זײַן אַן אַדווערב און אין אַ צווייטן פֿאַל אַ פּרעפּאָזיציע. אַ שטייגער:

1. אַ ד ו ו ע ר ב: ער זיצט אַ נ ט ק ע ג ן, ער שטייט אין מ י ט ן;
2. פּ ר ע פּ אָ ז י צ י ע: ער זיצט אַ נ ט ק ע ג ן מיר, ער שטייט אין מ י ט ן שטוב.

אַ ן אַ ד ו ו ע ר ב איז אַ ז ע ל ב ש ט ע נ ד י ק וואָרט – ער ווערט אַרויסגערעדט מיט אַן אַקצענט, קאָן אַליין זײַן אַ זאַצגליד און ענטפֿערן אויף דער פֿראַגע ,ווו, ווּהין, ווען, ווי אַזוי, פֿאַר וואָס, נאָך וואָס, צוליב וואָס?׳ און אַנדערע (אַ גענויערע דעפֿיניציע פֿון אַדווערב זעט פֿריִער).

אַ פּ ר ע פּ אָ ז י צ י ע איז אַ ב אַ ה י ל פֿ י ק וואָרט – זי ווערט אַרויסגערעדט אָן אַן אַקצענט און איז ניט קיין זאַצגליד, נאָר אַ טייל פֿון אַ זאַצגליד. זי קומט אָדער קאָן קומען פֿאַר אַ סובסטאַנטיוו אַ דאַטיוו, כּדי צו ווײַזן אַזאַ אָדער אַן אַנדער פֿאַרהעלטעניש צווישן אַ פּאָר זאַכן, אַ טוונג מיט אַ זאַך א״אַ.

1 [1] ,שטאָט׳ באַטײַט אויך אַן אָרט (,שטאָט׳ און ,שטיי׳ זײַנען פֿון איין וואָרצל). אַ שטייגער: אין בית־המדרש האָט ער געהאַט אַ ש ט אָ ט אונטער דער בימה (ממס.); איטלעכן ווילט זיך האָבן אַ ש ט אָ ט אין מיזרח־וואַנט (שאָל.).

2 [2] די פּרעפּאָזיציע ,קען׳ (איצט איז זי ,קיין׳, אַ שטייגער: איך פֿאָר קיין קיִעוו) נעמט זיך פֿונעם מיטלדײַטשן וואָרט ,קיין׳ (קעגן).

אָנמערקונג 1 אַ פּרעפּאָזיציע קאָן אַ מאָל זײַן אַקצענטירט אויך. דאָס קומט געוויינטלעך פֿאָר אין אַזאַ פֿאַל, ווען אין זאַץ איז פֿאַראַן אַ קעגנשטעלונג אָדער אַן אויסרעכענונג פֿון אַ פּאָר פּרעפּאָזיציעס. אַ שטייגער: ס'אַ משל, זאָג איך, איך פֿאָר פֿון בויבעריק, און איר דאַרפֿט קיין בויבעריק (שאָל.); עס דרייען זיך אַרום אַלערליי פּאַסאַזשירן מיט און אָן האַנטגעפּעק (שאָל.).

אָנמערקונג 2 אַ ריי פּרעפּאָזיציעס (פֿון, ביז, אויף א״אַ) קומען אָפֿט אויך פֿאַר אַן אינפֿיניטיוו און פֿאַר אַן אַדוועրב. אַ שטייגער: געקומען זײַנען אין גיכן די טעג... פֿון צונויפֿקלײַבן די תּבֿואות (בערג.); פֿון קליין ביז גרויס האָבן אָט די קרובֿים שמוליקן ליב געהאַט (בערג.); די גאַנצע שטאָט זאָלט איר באַשרײַבן פֿון אויבן ביז אַראָפּ (שאָל.). און אָפֿט מאָל קומט אַ פּרעפּאָזיציע גופֿא בײַ אַ צווייטער פּרעפּאָזיציע (אַ צווייענדיקע פּרעפּאָזיציע). [271] אַ שטייגער: אים ענטפֿערט אָפּ פֿון צווישן ווייץ און קאָרן אַן אַנדער מין פֿויגל עפּעס (ממס.); מע באַגלייט זי ביז אַרויס דער שטאָט (שאָל.); ער האָט פֿון אונטערן שטערן צום ערשטן מאָל אויף זײַן שכן אַ קוק געגעבן (בערג.).

371 אַ פּרעפּאָזיציע געפֿינט זיך געוויינטלעך האַרט לעבן סובסטאַנטיוו פֿאַרן אַרטיקל. אַ שטייגער: ריידן וועגן דער טאָכטער האָט ער אַלץ ניט געוואָלט (בערג.). ווען אָבער פֿאַרן סובסטאַנטיוו געפֿינט זיך זײַנער אַן אַדיעקטיוו אָדער אַן אַנדער אַטריבוט (אָדער אַן אַטריבוטיווע גרופּע), קומט די פּרעפּאָזיציע פֿאַרן אַרטיקל און פֿאַרן אַטריבוט. אַ שטייגער: דענסטמאָל איז... מיט אַ האַלב משוגען, לאַנג נישט געגאָלט און לאַנג נישט געוואַשן פּנים געקומען דער אָרטיקער לערער פֿרידקין (בערג.).

372 די פּרעפּאָזיציעס, איידער זיי זײַנען געוואָרן פּרעפּאָזיציעס, האָבן זיי בכלל דורכגעמאַכט אַ סטאַדיע פֿון אַדווערבן (און נאָך פֿריִער – אַ סטאַדיע פֿון סובסטאַנטיוון).[1] דאָס הייסט, אַדווערבן – זעלבשטענדיקע ווערטער, וואָס פֿלעגן אין זאַץ געוויינטלעך קומען אַלס באַשטימונגען בײַ ווערבן און האָבן זיך געפֿונען אָדער האַרט לעבן די דאָזיקע ווערבן אָדער האַרט לעבן אַנדערע ווערטער אין זאַץ, לעבן סובסטאַנטיוון, – האָבן מיט דער צײַט זיך גענומען סעמאַנטיש (באַטײַטלעך) און אינטאָנאַציאָנעל דערנעענטערן צו די ווערבן און זײַנען פֿריִער אָדער שפּעטער געוואָרן צוגאָבן (זעט ז״ז 90–93, 285 און 295); אָדער די דאָזיקע אַדווערבן האָבן זיך גענומען סעמאַנטיש און אינטאָנאַציאָנעל דערנעענטערן צו זייערע שכנישע סובסטאַנטיוון, וואָס זײַנען אויך געווען מערסטנס אין דער ראָלע פֿון אָרט־ און צײַט־באַשטימונגען אָדער אַנדערע, און זײַנען אַזוי אַרום פֿון אַדווערבן סוף־כּל־סוף פֿאַרוואַנדלט געוואָרן אין הילפֿווערטער – אין פּאָסטפּאָזיציעס (נאָך די סובסטאַנטיוון) אָדער נאָך אָפֿטער אין פּרעפּאָזיציעס (פֿאַר די סובסטאַנטיוון). דעם דאָזיקן וועג פֿון אַן אַדווערב צו אַ

[1] [1] אָט פֿאַר וואָס דער גרעסטער טייל פּרעפּאָזיציעס, ווי אויך פֿיל צוגאָבן, האָבן אָפֿט די זעלבע באַטײַטן, וואָס דער גרעסטער טייל אַדווערבן: אָרט (ריכטונג), צײַט, סיבה, צוועק און אַנדערע. ווי מאַר ווײַזט אָן, זײַנען די פּרעפּאָזיציעס אַ מאָל געווען אַנאַטאָמישע טערמינען, נעמען פֿון קערפּערגלידער – זיי האָבן באַטײַט אַ פּנים, אַ שטערן, אַן אויג, אַ נאָז, אַ האַנט, אַ זײַט אאַ״וו. שפּעטער האָבן די דאָזיקע ווערטער גענומען באַטײַטן מער אַבסטראַקטע באַגריפֿן – געוויסע פֿאַרהעלטענישן, הויפּטזאַכלעך אַזעלכע, וואָס ווײַזן אָרט, ריכטונג, צײַט און אַנדערע. דערבײַ זײַנען זיי, קומענדיק פֿאַר אָדער נאָך סובסטאַנטיוון, פֿאַרוואַנדלט געוואָרן אין פּרעפּאָזיציעס אָדער פּאָסטפּאָזיציעס און האָבן גענומען באַטײַטן ,פֿאַר, פֿאָרויס, דורך' א״אַ (וועגן פּאָסטפּאָזיציעס זעט ווײַטער).

פּאָסטפּאָזיציע אָדער פּרעפּאָזיציע קאָן מען נאָך אויך איצט זען. פֿאַרגלײַכט אַ שטייגער דאָס אָרט, די ראָלע און דעם באַטײַט פֿון די אויסגעטיילטע ווערטער אין פֿאָלגנדיקע זאַצן:

1. איר גאָלדעניון אָפּגעבן פֿאַר אַ משרת איז איר נישט לכּבֿוד (ממס.).
2. איך מיין אַלץ נאָר דיר לטובֿה (עט.).
3. דו ביסט מחויבֿ מיר צוליב דעם אינטערעס צו פֿאַרשווײַגן (פּערל).

1. מע האָט עס געטאָן לכּבֿוד איר.
2. מע מאַכט אַן אָוונט לטובֿת די געליטענע.
3. דו וועסט צוליב מיר גיין אַ ביסל.

373 פּאָסטפּאָזיציעס קומען איצט אין ייִדיש געוויינטלעך נאָך אַ סובסטאַנטיוו, וואָס איז מיט אַ פּרעפּאָזיציע, כּדי צו פֿאַרשטאַרקן און קאָנקרעטיזירן זי. אַ שטייגער: ער איז געווען, נאָך זײַן השׂגה נאָך, זייער גערעכט (שאָל.); ערגעץ אין אַ וואָגן, פֿון אַ זאַק [272] אַרויס, גרילצט אַ געבונדענער חזיר (ממס.); פֿון מער זיכערקייט וועגן האָט ער פֿון שלמה־דודן זיך אָפּגערוקט (בערג.). אָבער בײַ עלטערע שרײַבער טרעפֿט מען אייניקע פּאָסטפּאָזיציעס אויך נאָך סובסטאַנטיוון, וואָס זײַנען אָן פּרעפּאָזיציעס. אַ שטייגער: מיכל גלייבט זיך גאָר ניט, אַז דאָס טוט מען ניט אַ חתונה וועגן (אַקס.). נאָך אָפֿטער איז עס, פֿאַרשטייט זיך, אין אַלטייִדישע טעקסטן. אַ שטייגער: איטליכר הט איין קלייד גטראגן זיין דינשט נאך („מ. א.“); מייני מיינונג נאך הב איך גאנץ וואול גיטאן („מ. א.“).

פּאָסטפּאָזיציעס גיבן אָפֿט אינהאַלטלעך גאָרנישט צו צום זאַץ. און אַ שטייגער אין אַ ריי ליט־וויש־ווײַסרוסישע געגנטן אָפּערירט מען מיט זיי פֿיל זעלטענער איידער אין די אוקראַיִנער און פּוילישע ייִשובֿים. עס זײַנען אָבער פֿאַראַן פֿאַלן, ווען אָן אַ פּאָסטפּאָזיציע וועט זיך דער אינהאַלט פֿונעם זאַץ אַ ביסל בײַטן. אַ שטייגער:

1. נאָר איין הענער איז געבליבן אָן אַ שום שפּײַז אין וועג אַרײַן (שאָל.);
2. און זלאַטע האָט אין וועג אַרײַן צונויפֿגעלייגט דאָס גרעט (מאַרק.);
3. ער האָט נאָך דעם אַן עפֿן געטאָן די טיר אין דער באַלויכטענער קיך אַרײַן (בערג.).

אויב מיר ווילן די דאָזיקע זאַצן ברענגען אָן דער פּאָסטפּאָזיציע ,אַרײַן‘, וועט שוין גיין אַ רייד ניט וועגן אַ ריכטונג (ווּהין), נאָר וועגן אַן אָרט (ווּו).

374 דאָס, וואָס איינע און די זעלבע ווערטער קאָנען אין איין פֿאַל זײַן אַדווערבן און אין אַ צווייטן פֿאַל פּרעפּאָזיציעס, פּאָסטפּאָזיציעס אָדער צוגאָבן, קאָן אַ מאָל ברענגען דערצו, אַז מע זאָל צווייפֿלען, וואָס שטעלט מיט זיך פֿאָר אַזאַ מין וואָרט אין דעם אָדער אין יענעם פֿאַל. אַ שטייגער:

1. ער... האָט מיך אויס דעם שלאָס אַרויס געשטופּט (פּ.);
2. איך... קען דעם גנבֿ נישט אין פּנים אַרײַן קוקן (עט.);
3. מע מעג גיין אָנקוקן אויף בילעטן, מיט וואָס פֿאַר אַ גיכקייט די קאַרטאָפֿל ווערן אָפּגע־שיילט, אין מויל אַרײַן געכאַפּט און אַראָפּגעשלונגען (ממס.);
4. גייט זי אַזוי מיט אַ שטיקל ברויט אין דער האַנט פֿון דאָרף אַרויס (פּ.);
5. איך וויל אײַך נישט פֿירן איבער פּלעצער, ווו קראַנקע מענטשן לויפֿן נאָך זייער אייגע־נעם שאָטן (פּ.).

אין די דאָזיקע זאַצן קאָן מען די ווערטער ,אַרויס, אַרײַן, נאָך‘ ציִען צו די אויסגעטיילטע סובסטאַנטיוון און האַלטן ,אַרויס, אַרײַן‘ פֿאַר פּאָסטפּאָזיציעס און דעם ,נאָך‘ פֿאַר אַ פּרעפּאָזיציע; און מע קאָן זיי ציִען צו די אויסגעטיילטע ווערבן און האַלטן זיי פֿאַר צוגאָבן. אָפּהענגיק פֿון דער אָדער יענער ציִונג

ווען דאָ די זאַצן באַקומען אַזאַ אָדער אַן אַנדער אינהאַלטלעכן ניואַנס. דאָ האָבן מיר צו טאָן מיט אַן איבערגאַנג־דערשיינונג – מיט אַ דערשיינונג, וואָס איז אויף דער גרענעץ פֿון אַ צוגאָב, פֿאָסטפֿאָזיציע און פּרעפּאָזיציע.

אָנמערקונג דאָס, וואָס ,אַריין׳ איז דאָ געשריבן באַזונדער, ניט אין איינעם מיטן אינפֿיניטיוו ,קוקן׳, מיטן פּאַרטיציפּ ,געכאַפּט׳, דאַרף, פֿאַרשטייט זיך, אויפֿן אַנאַליז ניט שטאַרק ווירקן. נאָך גאָר ניט לאַנג האָט מען צוגאָבן, אויך ביי אינפֿיניטיוון און פּאַרטיציפּן, און אַפֿילו פּרעפֿיקסן, אָפֿט געשריבן באַזונדער.

375 פּרעפּאָזיציעס פֿאַראייניקט מען אָפֿט אין ריידן און אין שרייבן מיטן אַרטיקל ,דעם׳. אַ שטייגער: אין דער אמתן האָט ער אַרויסבאַוויזן אַלץ, וואָס עס האָט זיך ביי אים אָנגעזאַמלט פֿאַר דער וואָך, פֿאַרן טיש, בײַם טיש און נאָכן טיש (שאָל.). דאָ באַשטייען די ווערטער ,פֿאַרן, בײַם, נאָכן׳ פֿון אַ פּרעפּאָזיציע ,פֿאַר, ביי, נאָך׳ מיטן אַרטיקל ,דעם׳. אָפֿט מאָל קומט אַזאַ פֿאַראייניקונג פֿאָר אויך צווישן אַ פּרעפּאָזיציע און דעם אַרטיקל ,דער׳. אַ שטייגער: זי זעט אים אויפֿן בינע (דינ.); עזרא האָט זיך אויפֿגעהויבן און איז אַרויס מיט זיין פֿאָטער אויפֿן גאַס (מאַרק.). אָבער בכלל מיידט מען אין דער ליטעראַטור אויס צו פֿאַראייניקן אַ פּרעפּאָזיציע מיטן אַרטיקל ,דער׳. [273]

מיטן אַרטיקל ,דעם׳ איז באַזונדערש כּדאַי צו פֿאַראייניקן אַ פּרעפּאָזיציע, ווען זי קאָן נאָך אויפֿגענומען ווערן ווי אַ צוגאָב און דערמיט מאַכן צווייטייַטיק דעם זאַץ, ווי אַ שטייגער אינעם פֿאַל ,ער קוקט דורך דעם אַפּאַראַט׳ (,דורך׳ קאָן זיין אַ צוגאָב און ציִען צו ,קוקט׳ אָדער זיין אַ פּרעפּאָזיציע און ציִען צו ,דעם אַפּאַראַט׳).[1] ווען אָבער מיר וועלן שרייבן ,דורכן אַפּאַראַט׳, וועלן מיר די ערשט אָנגעוויזענע צווייטייַטיקייט אויסמיידן.

אָבער בכלל ווערן אַזעלכע צווייטייַטיקייטן אויסגעמיטן מחמת דעם, וואָס ניט נאָר די ווערטער העלפֿן פֿאַרשטיין דעם גאַנצן זאַץ, נאָר אויך דער גאַנצער זאַץ העלפֿט בעסער צו באַנעמען דעם באַטייַט פֿון די ווערטער. און אַזוי ווי זאַצן קומען מערסטנס אין אַ קאָנקרעטן טעקסט, אין אַ באַשטימטער געדאַנקען־אַרומרינגלונג, איז דעריבער אָפֿט ניט שווער אויפֿצוכאַפּן דעם אמתן מיין אַפֿילו פֿון אַזאַ זאַץ, וואָס בכלל קאָן ער אַ מאָל זיין צווייטייַטיק.

376 **אָנמערקונגען** 1. די פּרעפּאָזיציע ,לעבן׳ איז אין אַ ריי ליטעראַרישע טעקסטן אָפֿט ניט מיט אַ ,ל׳ אָנהייב וואָרט, נאָר מיט אַ ,נ׳. אינעם סאָוועטישן ייִדיש איז אָנגענומען צו זאָגן און צו שרייבן ,לעבנ׳, ניט ,נעבנ׳. אַ שטייגער: ער שטייט לעבן מיר; ער וווינט לעבן דער פֿאַבריק.[2] (אַנשטאָט ,לעבנ׳ קומט אַ מאָל אויך ,לעמ׳.)

2. די פּרעפּאָזיציעס ,אונטער׳ און ,הינטער׳ האָבן כּמעט דעם זעלבן באַטייַט־אונטערשייד, וואָס די צוגאָבן ,אונטער׳ און ,הינטער׳. אַ שטייגער:

1 [1] פֿאַרשיידן פֿאַרשטיין דעם דאָזיקן זאַץ קאָן מען, נאַטירלעך, נאָר אין דער געשריבענער שפּראַך. אין דער גערעדטער שפּראַך האָבן מיר דעם אַקצענט און די אינטאָנאַציע – און די דאָזיקע זאָגן אָפֿט אונטער, ווי אַזוי מע זאָל פֿאַרשטיין דעם אָדער יענעם זאַץ.

2 [2] און אַזוי האָט מען עס שוין געשריבן גאַנץ לאַנג. אַ שטייגער ביי י. פּערלען (געשריבן מיט העכער הונדערט יאָר צוריק): ער האָט געוואָלט דעם בריוו מיטנעמען און האָט אים פֿאַרגעסן אויף דעם טישל לעבן בעט.

(1) אונטער דעם הימל
(2) אונטער אַ דאַך
(3) אונטער דער ערד

(1) הינטער אַ וואַנט
(2) הינטער אַ פֿאָרהאַנג
(3) הינטער די קוליסן

אָבער מע זאָגט און מע שרײַבט אָפֿט אויך ,אונטער דער שטאָט׳. ,אונטער׳ האָט אויך דעם באַטײַט פֿון ,פֿאַר, בײַ, צווישן, מיט׳. אַ שטייגער: זעלטן ווען זי קומט צו אונדז, סײַדן אונטער אַ יום־טובֿ (שאָל.); אָט דאָס קניפּל האָב איך אויספּייעט אָנזאַמלען אונטער מײַן ווײַב פֿאַר דער גאַנצער צײַט, וואָס איך האָב פֿאַר איר חתונה געהאַט (ממס.); אַפֿילו אונטער טויזנט ווײַבער האָט ער נישט געפֿונען אי איינע אַ רעכטע (ממס.); אונטער ייִדן איז שווער צו שפּילן אין זעקסאונזעכציק (שאָל.).

3. די פּרעפּאָזיציע ,באַ׳ [בײַ] רעדט מען אין פֿיל קאַנטן אַרויס ניט מיט אַ וואָקאַל ,אַ׳, נאָר מיט אַ דיפֿטאָנג ,ײַ׳. אינעם סאָוועטישן ייִדיש, ווי ס׳איז שוין געווען אָנגעוויזן, דאַרף מען די דאָזיקע פּרעפּאָזיציע זאָגן און שרײַבן ,בא׳. אַזוי דאַרף מען אויך זאָגן און שרײַבן די פּרעפּאָזיציע ,בא׳, ווען זי ווערט פּרעפֿיקסירט. אַ שטייגער: באַנאַכט, באַטאָג. ווען אָבער עס ווערט אַרויסגערעדט [בײַ] און עס ווערט [274] אַקצענטירט, דאַרף מען אַזוי אויך שרײַבן. אַ שטייגער: בײַזאַץ, בײַהוצאָות, בײַשטעטלדיקע, בײַגעבײַדע.

4. ווען די פּרעפּאָזיציעס ,אין, אָן, פֿון׳ קומען אין איינעם מיטן אַרטיקל, ווערן זיי: ,אי־נעם, אָנעם, פֿונעם׳ (אינעם זאַוואָד, אָנעם ברודער, פֿונעם זאַוואָד). ווען די פּרעפּאָזיציע ,בײַ׳ קומט אין איינעם מיטן אַרטיקל, ווערט עס ,בײַם׳ (בײַם ברודער).

5. ,אדאנק׳ [אַ דאַנק] שרײַבט מען צוזאַמען נאָר אין אַזאַ פֿאַל, ווען עס איז אַ פּרעפּאָזיציע. ווען ס׳איז אַ סובסטאַנטיוו, שרײַבט מען דעם ,אַ׳ באַזונדער. אַ שטייגער: אדאנק אײַער הילף האָט ער געמאַכט די אַרבעט; איך קום אײַך אַ דאַנק (אינעם צווייטן פֿאַל קאָן צווישן ,אַ׳ און ,דאַנק׳ אַרײַנקומען אַן אַדיעקטיוו, אָבער אינעם ערשטן פֿאַל – ניט).

377 פּרעפּאָזיציעס שרײַבט מען בכלל באַזונדער. צווישן פּרעפּאָזיציעס און די ווײַטערדיקע ווערטער קאָן מען געוויינטלעך אַרײַנשטעלן נאָך ווערטער (אַדיעקטיוון). אין איינעם מיט די ווײַטערדיקע ווערטער שרײַבט מען פּרעפּאָזיציעס געוויינטלעך דאַן, ווען זיי לאָזן זיך ניט אָפּטיילן, ווען זיי וואַקסן צו צו די ווערטער, צו וועלכע זיי געהערן און בילדן אַדווערבן. אַ שטייגער: מיר וועלן קומען אינייִנעם פאַרנאַכט (אין + איינעם; פֿאַר + נאַכט).

ווען אַ פּרעפּאָזיציע קומט פֿאַרן פּראָנאָם ,דעם׳, שרײַבט מען זי בכלל באַזונדער. אַ שטייגער: ער האָט פֿון דעם ניט געהערט; ער האָט צו דעם קיין שײַכות ניט; ער האָט זיך אין דעם ניט געמישט. אָבער: ער האָט נאָכדעם אַלץ פֿאַרשטאַנען.

די ווערטער ,דערפֿון, דערצו, דערין, דערמיט, דערבײַ, דעריבער, דערפֿאַר, דערויף, דער־ונטער׳ און אַנדערע פֿונעם דאָזיקן טיפּ שרײַבט מען אין איינעם. אָבער אין אַזעלכע פֿאַלן ווי אינעם זאַץ ,דער פֿון וואַרשע געקומענער לערער לאַכט אַפֿילו אין די פֿויסטן׳ (פּ.) – דאַרף מען, פֿאַרשטייט זיך, דעם ,דער׳ און ,פֿון׳ שרײַבן באַזונדער.

אָנמערקונג ביַי די ווערטער פֿונעם טיפּ ,דערפֿון, דערצו׳ ווערט די פּרעפּאָזיציע אין אייניקע געגנטן איבערגעחזרט, און מע זאָגט דאָרט ,פֿון דערפֿון, צו דערצו׳ אאַ״וו. דאָס דאַרף מען סיַי אין ריידן און סיַי אין שריַיבן בכלל אויסמיַידן.

51 בינדוואָרט

378 בינדווערטער – דאָס איז אויך זייער אַ פֿאַרשפּרייטע און וויכטיקע גרופּע הילפֿ־ווערטער. זיי קומען אָדער צו פֿאַרבינדן אַ פּאָר אָדער עטלעכע זאַצגלידער (ווערטער), וואָס פֿילן אין זאַץ אויס איינע און די זעלבע פֿונקציעס, אָדער צו פֿאַרבינדן אַ פּאָר אָדער עטלעכע זאַצן.

379 אַלס בינדווערטער קומען מערסטנס פֿאָלגנדיקע ווערטער:

1. ,אַבי, און, און אויך, אי – אי, איידער, אָבער, אָדער, אָדער – אָדער, דאָך, (ווי) אַזוי – אַזוי אויך, כאָטש, נאָר, ניט, ניט – און ניט, ניט – ניט, ניט נאָר, ניט בלויז – נאָר אויך, ניט בלויז – נאָר אַפֿילו, ניט וואָס – נאָר אַפֿילו, ניט נאָר – נאָר אויך, ניט נאָר – נאָר אַפֿילו, סיַי – און סיַי, סיַי – אַזוי אויך, סיַי – סיַי, צי, צי – צי׳; [275]

2. ,אַז, אַזוי (אַז), אַזש, אום (צו, כּדי), אויב, באַלד (ווי), ביז, ביז וואַנען, בייס [בעת], בע־שאס [בשעת], גליַיך (ווי), דערפֿאַר (וואָס), עלעהיי,[1] וואָס, ווו, וווהין, ווי (נאָר), ווי אַזוי, ווי באַלד, וויַיל, וואָרעמ [וואָרן], ווערדליק,[2] וועלכער (וועלכע...), ווען, זינט (זיַיט), טאָמער, מאכ־מעס [מחמת], סיַידן, פּונקט (ווי), פֿון וואַנען, ציַיט, קאָלזמאנ [כּל־זמן], קוים, קעדיי [כּדי]׳, ווי אויך די זעלטענערע ,אלקיינ [על־כּן], באשער (ביַישער) [באשר], ביכדיי [בכדי], בילטי [בילתּי], בעִימ [באם], העיויס [היות], ווערנד, לעמיַי [למאַי]׳ א״אַ.

אַ שטייגער: און מחמת בטבֿע איז ער נישט קיין קליינער ליגנער..., על־כּן [דעריבער] האַלט ער אין איין שווערן זיך (שאָל.); ער פֿאַרענטפֿערט זיך ,באשר[3] [וויַיל, אַז] ער האָט ניט געוווּסט (שאָל.); אַ ביסל ווערט דאָס געטאָן [דאָס שפּילן אין קאָרטן], בכדי די ציַיט צו פֿאַרטריַיבן... (שאָל.); ביַי אַ גלאָז ביר האָט אים ניסל שוואַלב איבערגעגעבן זיַין גלענצנ־דיקן פּלאַן..., בילתּי [נאָר, סיַידן] איין זאַך האַלט אים נאָך אָפּ (שאָל.); חתונה האָבן מוז מען, באם [אויב, ווי באַלד] מע וויל ווערן אַ מלמד (אַקס.); אים דאַרף מען ניט אַריַינלאָזן, היות [ווי באַלד, אַזוי ווי] ער האָט פֿאַרשפּעטיקט; ער... קוקט אויף איר אַנפֿאַס, ווערנד [דאַן ווען, בשעת] זי האַלט האַלב אויפֿגעמאַכט די אויגן (שאָל.); ער איז אָנגעפֿאַלן אויף זיַין שותּף..., למאַי [פֿאַר וואָס] ער האָט אים אַריַינגעפֿירט אין אַ בלאָטע (שאָל.).

380 אין דער גרופּע 1 זיַינען אָנגעוויזן די בינדווערטער, וואָס קומען צו פֿאַרבינדן אי זאַצגלידער אי זאַצן. אַ שטייגער:

1 [1] אַ שטייגער: לאָז זיך דיר דאַכטן, עלעהיי גזלנים האָבן דיך באַפֿאַלן אין מיטן וואַלד (שאָל.).

2 [2] אַ שטייגער: ווערדליק איַיך איז געווען אַ מאָל..., זענט איר דאָך איצט... אַ גבֿיר (שאָל.); ווערדליק ער האָט צוליב לאָזן אַ צעטעלע אַזש געעפֿנט דאָס שלעסל מיט אַ דראָטל, האָט ער אַ פּנים וויִיניק וואָס זיך געביטן (בערג.).

3 [3] מיטן אַקצענט אויפֿן ,באַ׳ [**באַשער**].

צווישן זאַצגלידער

שרײַב לאַנגזאַם, אַבי גוט.
ער שרײַבט און לייענט.
ער איז אַלט, אָבער ענערגיש.
איך וועל אָדער שרײַבן אָדער לייענען.

צווישן זאַצן

איך וועל לייענען, אַבי הער.
איך שרײַב, און ער לייענט.
ער איז מיד, אָבער ער וועט גיין.
אָדער איך וועל שרײַבן, אָדער איך וועל לייענען.

אין דער גרופּע 2 זײַנען אָנגעוויזן די בינדווערטער, וואָס קומען צו פֿאַרבינדן בלויז זאַצן – אַ הויפּטזאַץ מיט אַ בײַזאַץ (זעט ז״ז 361, 362). אַ שטייגער: איך האָב פֿײַנט, אַז מע קוקט אויף מיר (שאָל.); איך האָב געפּאַקט פּיניען, בעת ער איז געזעסן אויפֿן דעק (שאָל.); נאָך איר גייט נאָך די קעבין, וואָס מע רופֿט זי חנה (שאָל.); איך האָב עס ניט געזען, צײַט איך לעב.

אָנמערקונג צווישן סעמיטיזמען (און אַ מאָל אויך צווישן אַנדערע) קומט אָפֿט מאָל אַ בינדפּרעפֿיקס ,ו׳ [ווע / או] מיטן באַטײַט פֿון ,און׳ (זעט ז׳ 100). בײַם עלטערן דור טרעפֿט מען אויך אַ בינדוואָרט ,הן׳ מיטן באַטײַט פֿון ,סײַ׳. [276] אַ שטייגער: דאָך... זײַנען מיר פֿאָרט מבֿינים, שאַרפֿע מבֿינים הן אויף זינגען, הן אויף שפּילן, הן אויף אַלע אַנדערע זאַכן (שאָל.).

בינדווערטער האָבן זיך גענומען פֿון זעלבשטענדיקע ווערטער. דאָס קאָן מען נאָך אויך איצט זען סײַ פֿון אייניקע אַנטלײַונגען און סײַ פֿון אייניקע ווערטער פֿונעם גערמאַנישן פֿאָנד. אַ שטייגער דאָס בינדוואָרט ,בשעת׳ איז אין העברעיִש אַ סובסטאַנטיוו אין דער סמיכות־פֿאָרמע (זעט ז׳ 173) מיט אַ פּרעפֿיקסירטער פּרעפּאָזיציע (בשעת – ב׳שעת [ב׳שאַאָס] – אין דער שעה, אין דער צײַט); דאָס בינדוואָרט ,טאָמער׳ איז אין העברעיִש אַ ווערב אין צוקונפֿט מיט אַ פּרעפֿיקסירטן פּראָנאָם (תּאמר – [טוימאַר] אָדער [טאָמאַר] – דו וועסט זאָגן אָדער זי וועט זאָגן). דאָס בינדוואָרט ,סײַ׳ איז אַנטשטאַנען פֿון ,עס + זײַ׳. און אין אַלטיִדישע טעקסטן האָט מען טאַקע געשריבן ,עש זייא׳. אַ שטייגער: עש זייא צו מיר עש זייא צו דיר זאל עש ניט זיין (בליץ).[1] דאָס בינדוואָרט ,סײַדן׳ האָט זיך גענומען פֿון ,עס + זײַ + דען׳. און אַזוי איז עס מיט נאָך אַנדערע בינדווערטער.

381 בינדווערטער האָבן בכלל אַ ריי געמיינזאַמע שטריכן מיט פּרעפּאָזיציעס. אי די אי יענע זײַנען ניט קיין זעלבשטענדיקע, נאָר באַהילפֿיקע ווערטער; אי די אי יענע פֿילן אויס אַ פֿונקציע פֿון צונויפֿציִען, פֿון באַהעפֿטן די אָדער יענע זאַצגלידער. נאָך מער: עס זײַנען אַפֿילו פֿאַראַן אַזעלכע ווערטער, וואָס אין איין פֿאַל זײַנען זיי פּרעפּאָזיציעס און אין אַ צווייטן פֿאַל בינדווערטער. פֿאַרגלײַכט אַ שטייגער: 1. פּרעפּאָזיציעס: ער וועט אַרויסטרעטן ביז (בעת) דער באַגעגעניש; ער לויפֿט מחמת מורא; 2. בינדווערטער: ער וועט אַרויס־טרעטן, ביז (בעת) מיר וועלן זיך באַגעגענען; ער לויפֿט, מחמת ער האָט מורא.

און דאָך דאַרף מען די דאָזיקע צוויי טיפּן הילפֿווערטער ניט מישן:

[1] [1] בײַ וויצנהויזענען איז דער דאָזיקער זאַץ אין אַזאַ רעדאַקציע: אויך צו מיר אויך צו דיר זאל עש ניט זיין.

1. אַ פּרעפּאָזיציע באַהעפֿט אַ זאַצגליד מיט אַ זאַצגליד;
2. אַ פּרעפּאָזיציע באַהעפֿט זאַצגלידער, וואָס פֿילן אין זאַץ אויס פֿאַרשיידענע פֿונקציעס (אַ סוביעקט אָדער אַן אָביעקט מיט אַן אַטריבוט; אַ פּרעדיקאַט מיט אַן אומדירעקטן אָביעקט, מיט אַן אָרט־באַשטימונג אָדער מיט אַ וועלכער ניט איז אַנדערער);
3. אַ סובסטאַנטיוו נאָך אַ פּרעפּאָזיציע איז אַלע מאָל אַ דאַטיוו.

1. אַ בינדוואָרט באַהעפֿט אַ זאַצגליד מיט אַ זאַצגליד אָדער אַ זאַץ מיט אַ זאַץ (אָדער אַ זאַץ מיט אַ זאַצגליד);
2. אַ בינדוואָרט, אויב עס באַהעפֿט זאַצ־גלידער, באַהעפֿט עס אַזעלכע, וואָס פֿילן אין זאַץ אויס איינע און די זעלבע פֿונקציעס (אַ פּאָר אָדער עטלעכע סוביעקטן; אַ פּאָר אָדער עטלעכע פּרעדי־קאַטן; אַ פּאָר אָדער עטלעכע אָביעקטן און אַנדערע);
3. אַ סובסטאַנטיוו נאָך אַ בינדוואָרט קאָן זײַן אין אַלע בייגפֿאָרמעס.

3 די פּרעפּאָזיציע ‚מיט' האָט אָפּט מאָל אייניקע אייגנשאַפֿטן פֿון אַ בינדוואָרט (זעט די אָנמערקונג 3 אויף ז' 197). אָבער לויט אירע גרונט־אייגנשאַפֿטן איז זי פֿאָרט אַ פּרעפּאָזיציע און ניט קיין בינדוואָרט.

[277]

אָנמערקונג 1 די בינדווערטער ‚אָבער' און ‚אָדער' פֿלאָנטערט מען אין אייניקע קאַנטן. אַזאַ פֿלאָנטער דאַרף מען אומבאַדינגט אויסמײַדן, ווײַל די דאָזיקע בינדווערטער דריקן אויס פֿאַרשיידענע באַציִונגען: ‚אָבער' באַטײַט כּמעט דאָס זעלבע, וואָס ‚נאָר'; און ‚אָדער' באַטײַט כּמעט דאָס זעלבע, וואָס ‚צי'. פֿאַרגלײַכט אַ שטייגער: 1. אַן אייגענער ברודער, אָבער ניט קיין געטרײַער; אַ זומערדיקע נאַכט, אָבער אַ קאַלטע; שרײַב גיך, אָבער דײַטלעך; 2. אַ ברודער אָדער אַ שוועסטער; שרײַב אָדער לייען; גיך אָדער לאַנגזאַם; הײַנט אָדער מאָרגן.

אָנמערקונג 2 מע דאַרף אויך ניט פֿלאָנטערן די בינדווערטער (פּראָנאָמען) ‚ווו' און ‚ווי'. ‚ווו' באַטײַט אַן אָנווײַז אויף אַן אָרט; ‚ווי' באַטײַט אַן אָנווײַז אויף אַן אופֿן. ‚ווי' איז כּמעט דאָס זעלבע, וואָס ‚ווי אַזוי'. פֿאַרגלײַכט אַ שטייגער: איך ווייס ניט, ווו ער וווינט – איך ווייס ניט, ווי ער זעט אויס.

אָנמערקונג 3 די בינדווערטער ‚און' און ‚צי' דאַרף מען ניט צונויפֿמישן מיט די פּרעפּאָזיציעס ‚אָן, אין, צו'. פֿאַרגלײַכט אַ שטייגער: 1. איך און ער; זומער און ווינטער; איך צי ער; זומער צי ווינטער; 2. ער גייט אָן קאַלאָשן; אין אַ מאַנטל; צו מיר; זומער צו ווינטער איז ניט גלײַך.

52 פּאַרטיקל

382 דער טערמין ‚פּאַרטיקל' האָט אַ ברייטערן און אַ שמעלערן זין. אינעם ברייטערן זין מיינט מען אָפּט מיטן טערמין ‚פּאַרטיקל' דאָס זעלבע, וואָס מיטן טערמין הילפֿוואָרט בכלל. פֿון דעם שטאַנדפּונקט זײַנען אַרטיקלען, פּרעפּאָזיציעס, בינדווערטער און אַנדערע

הילפֿווערטער אויך פּאַרטיקלען. אינעם שמעלערן זין מיינט מען מיטן טערמין ,פּאַרטיקל׳ אַ ספּעציעלע גרופּע הילפֿווערטער. אינעם דאָזיקן קאַפּיטל וועט גיין אַ רייד אָט וועגן דער דאָזיקער ספּעציעלער גרופּע.

383 אַלס פּאַרטיקלען קומען מערסטנס פֿאָלגנדיקע ווערטער:

1. עס, איז;
2. זיך, כאַלט (האַלט), נעבייַ (כייַ), צו;
3. ציִ, שוין זשע (ניט שוין זשע), [ווי, סאַראַ, וואָס פֿאַר (אַ)], אַפֿילו, אַזש, גופֿא, דאָך, העט, טאַקע, זשע, יאָ, גראָד, דווקא, בלויז, נאָר, רק, סייַדן, שום, (אָ)קאָרשט, ניט, אַ, בייַ, אַרום, אַקעגן (אַנ(ט)קעגן), כּמעט, לערך, צי א״אַ.

384 אין דער גרופּע 1 זייַנען אָנגעוויזן די פּאַרטיקלען, וואָס פֿילן אויס בלויז אַ פֿונקציע פֿון רעגולירן דעם ווערטער־סדר. אַ שטייגער דער פּאַרטיקל ,עס׳ קומט געוויינטלעך אָנהייב זאַץ, פֿאַר אַ פּערזאָניקן ווערב, כּדי צו ווייַזן, אַז דער דאָזיקער זאַץ איז אַ זעלבשטענדיקער און איז מיט די פֿאָריקע זאַצן ניט געבונדן. אַ שטייגער: עס לויפֿן אָפּ אַזוי עטלעכע סטאַנציעס. אויף יעדער סטאַנציע ליידיקט אויס דער וואַגאָן אַ פּאָר פֿאַרשווינדלעך. עס ווערט אַלע מאָל גראַמער (שאָל.). דער פּאַרטיקל ,איז׳ קומט געוויינטלעך אין זאַץ אויפֿן אָרט פֿונעם פּערזאָניקן ווערב, ווען מע וויל דעם פּערזאָניקן ווערב אָפּרוקן אַ ביסל ווייַטער פֿון זייַן געוויינטלעך (נאַטיר־[278]לעך) אָרט.[1] אַ שטייגער: פֿון רעכטן אָנהייב מלחמה איז די סימפּאַטיעס צו כינע, וואָס ווערן אַרויסגעוויזן מצד די פֿעלקער פֿון פֿסס״ר און אַנדערע פֿרייַנדלעכע מלוכות, באַגייַסטערן די כינעזישע אַרמיי און דאָס כינעזישע פֿאָלק (צ.).

אין דער גרופּע 2 זייַנען אָנגעוויזן די פּאַרטיקלען, וואָס פֿילן אויס אַ געוויסע פֿונקציע פֿון וואָרטבילדונג – זיי העלפֿן אויסבילדן אָדער דעם רעפֿלעקסיוון גענוס (,זיך׳), אָדער דעם באַדויער־מאָדוס (נעבייַ, כייַ), אָדער אַ דיאַלעקטאַלן וואַריאַנט פֿונעם באַדויער־מאָדוס (כאַלט, האַלט), אָדער דאָס איז דער אינפֿיניטיווישער ,צו׳ (זעט ז״ז 216, 217–219, 223–238).

אין דער גרופּע 3 זייַנען אָנגעוויזן די פּאַרטיקלען, וואָס דריקן אויס אַזאַ אָדער אַן אַנדער באַציִונג פֿונעם ריידער צום אינהאַלט פֿונעם זאַץ. זיי קומען מערסטנס צו באַטייַטן:

1. פֿרעגיקייט: ציִ,[2] שוין זשע (ניט שוין זשע);
2. אויסרופֿיקייט: ווי,[3] סאַראַ, וואָס פֿאַר (אַ);
3. פֿאַרשטאַרקונג: אַפֿילו, אַזש, גופֿא, דאָך, העט, טאַקע, זשע, יאָ, צו;[4]
4. אויסטיילונג: בלויז, גראָד, דווקא, נאָר, רק, סייַדן, שום;[5]

[1] [1] געגנויער אינעם קאַפּיטל „דאָס אָרט פֿון דעם פּערזאָניקן ווערב און פֿון דער אַדיעקטיווישער גרופּע״.

[2] [2] אַ שטייגער: ציִ פֿאַרשטייט ער, וואָס מע רעדט צו אים.

[3] [3] אַ שטייגער: ווי שיין דער וואַלד איז!

[4] [4] אַ שטייגער: די מאַמע האָט אַזש אָנגעהויבן וויינען פֿאַר גלעכטער (שאָל.); מע האָט מיך אַוועקגעפֿירט העט ווייַט הינטער דעם שטאָט (אָקס.); ער פֿירט מיט אים אַ צו לאַנגן שמועס.

[5] [5] אַ שטייגער: ער האָט קיין שום באַגריף ניט וועגן דעם.

5. פֿאַמיליערקייט:[1] אָקאָרשט, קאָרשט;
6. נעגאַטיווקייט: ניט;
7. לערכדיקייט: אַ, בײַ, אַרום, אַקעגן, אַנ(ט)קעגן, כּמעט, לערך;[2]
8. אָדער עפּעס אַנדערש: צו, ווי.[3]

אַלזאָ, אַ פּאַרטיקל איז אַ הילפֿוואָרט, וואָס גיט צו דעם זאַץ אָדער דעם אָדער יענעם טייל פֿונעם זאַץ אַזאַ אָדער אַן אַנדער ניואַנס (שאַטירונג, באַטײַט) אָדער וואָס פֿילט אין זאַץ אויס אַ פֿונקציע פֿון רעגולירן דעם ווערטער־סדר.

אָנמערקונג 1 ‚נאָר׳ (ווי אויך ‚צי׳, ווי׳ און אַנדערע) קאָן זײַן אַ פּאַרטיקל אָדער אַ בינדוואָרט. אַ בינדוואָרט איז אַזאַ ‚נאָר׳, וואָס באַטײַט אַ קעגנשטעלונג (אָבער); אַ פּאַרטיקל איז אַזאַ ‚נאָר׳, וואָס באַטײַט אַ באַגרענעצונג, אַן אויסטיילונג (בלויז). אַ שטייגער: 1. בינדוואָרט: ער אַרבעט גוט, נאָר ניט גענוג איבערגעגעבן; איך וועל ריידן הויך, נאָר ניט לאַנג; 2. פּאַר־[279]טיקל: ער אַרבעט גוט נאָר די ערשטע עטלעכע שעה; איך וועל ריידן הויך נאָר אויף דער סצענע.

אָנמערקונג 2 ‚עס׳ קאָן זײַן אַ פּאַרטיקל אָדער אַ פּראָנאָם (דער פּאַרטיקל ‚עס׳ שטאַמט טאַקע פֿונעם פּראָנאָם ‚עס׳). דער פּראָנאָם ‚עס׳ איז אַ זאַצגליד – אַ סוביעקט אָדער אָביעקט – און וועט בײַם איבערשטעלן די ווערטער אין זאַץ ניט אַרויספֿאַלן; דער פּאַרטיקל ‚עס׳ איז ניט קיין זאַצגליד (איז אַ ‚פּוסטער׳, באַטײַט גאָרנישט) און וועט בײַם איבערשטעלן די ווערטער אַרויספֿאַלן. פֿאַרגלײַכט אַ שטייגער: 1. פּראָנאָם: איך טרײַב דאָס פֿערד, נאָר עס גייט ניט; איך שיק עס דיר – דיר שיק איך עס – שיק איך עס דיר; 2. פּאַרטיקל: עס זיצט תּמיד לעבן מיר די מאַמע (שאָל.) – די מאַמע זיצט תּמיד לעבן מיר – לעבן מיר זיצט תּמיד די מאַמע.

אָנמערקונג 3 אַ מאָל קאָן טרעפֿן, אַז עס זאָל זײַן ניט גרינג צו באַשטימען דעם כאַראַקטער פֿון דעם אָדער יענעם פּאַרטיקל אָדער פֿון בכלל אַ הילפֿוואָרט. דאָס איז דערפֿאַר, ווי ס׳איז שוין געוועזן אָנגעוויזן, וואָס דער איבערגאַנג פֿון איין טיפּ וואָרט אין אַ צווייטן איז אָפֿט אַ לאַנגדויעריקער פּראָצעס.

53 אויסרופֿוואָרט (אינטעריעקציע)

385 אויסרופֿווערטער (אינטעריעקציעס) טיילן זיך אויס, ווי דאָס איז שוין געוועזן אָנגעוויזן, פֿון די ביז איצט פֿונאַנדערגעקליבענע ווערטער – סײַ פֿון די זעלבשטענדיקע און סײַ פֿון די באַהילפֿיקע – מיט צוויי וויכטיקע מאָמענטן:

[1] [6] פֿאַמיליער – זײַן אין באַצוג צו אַ צווייטן אָן צערעמאָניעס, צו וואָכעדיק, אָן אַ געהעריקן רעספּעקט (אָפּשײַ).

[2] [7] אַ שטייגער: אַ צוויי וואָכן; בײַ צוויי קילאָ; אַרום אַ מאה; אַקעגן (אַנטקעגן) אַנדערהאַלבן חדשים; דאָס ווײַסע טיכל איז אָנגערוקט ביז כּמעט איבער די אויגן (שאָל.).

[3] [8] אַ שטייגער: מע האָט באַקומען צו פֿינף קילאָ; צו פֿענעקן האָבן ווי אַ וווּנק געגעבן די אַרומיקע ווענט (בערג.); אין פֿאַרטריקנטן האַלדז האָט זיך ווי געשטעלט עפּעס אַ ביינדל (בערג.).

1. אויסרופֿווערטער דריקן ניט אויס קיין באַשטימטע פֿאָרשטעלונג וועגן עפּעס אַ זאַך, אַ טוונג, אַן אייגנשאַפֿט, אַ צאָל אאַ״וו – זיי דריקן אויס אַ געוויסן אוממיטלבאַרן געפֿיל־צושטאַנד (פֿונעם ריידער): אומגעריכטקייט, אומצופֿרידנקייט, פֿרייד, פֿאַרגע־ניגן אָדער אַנדערע אוממיטלבאַרע געפֿילן;[1]

2. זיי באַהעפֿטן זיך געוויינטלעך ניט מיט די אַרומיקע ווערטער – זיי בילדן אַ באַזונ־דערן זאַץ, אַ באַזונדערע ,אַרויסזאָגונג׳. אַ שטייגער: האַ, ער איז דאָ! (ממס.); סטײַטש, וואָס האָט איר געשוויגן ביז אַהער? (שאָל.)

386 אַלס אויסרופֿווערטער קומען מערסטנס פֿאָלגנדיקע: אַ, אַ־אַ, אַהאַ, או, [280]
אוּוואַ, אוך, אוי, אַזאַס,[2] איי, אײַ, אײַ־אײַ־אײַ, אַך, אַנו, אָ, אָהאָ, אָוואַ, אָך, באַ, באַך, באַסטאַ, בוך, בע, גוואַלד, האַ, האָ, האָדיע, הוראַ, היי, הײַדאַ, הע־הע, העט, וואָסי, טבע, טסס, טע, טפֿו, טראַך, כוויי, כע, מנע, מע, נו, סוזײַנוש, ע, עהע, עט, עבעבע, פֿע, שא... ווי אויך אַלער־ליי קלאַנגען־קאָמפּלעקסן, וואָס זײַנען געווענדט צו חיות און עופֿות. אַ שטייגער: אַפּשיק (צו אַ קאַץ), אַקיש (צו אַן עוף), טפּרר (צו אַ פֿערד) און אַנדערע.

387 אויסרופֿווערטער שטאַמען אָפֿט מאָל פֿון זעלבשטענדיקע ווערטער – פֿון ווערטער, וואָס פֿלעגן זייער אָפֿט געברויכט ווערן אין אַ געוויסן עמאָציאָנעלן (געפֿיל־) צו־שטאַנד, וואָס האָבן מיט דער צײַט גענומען פֿאַרלירן זייער רעאַלן באַטײַט און במילא זייער קלאַנגלעכע דײַטלעכקייט און זײַנען אויף אַזאַ אופֿן סוף־כּל־סוף פֿאַרוואַנדלט געוואָרן אין אויסרופֿווערטער. פֿאַרגלײַכט אַ שטייגער: איך ווייס – כ׳ווייס – כוויי; וואָס איז – וואָסי; וואָס איז (די, דער) טײַטש – וואָס טײַטש[3] – סטײַטש.

388 אויסרופֿווערטער ווערן אַ מאָל אָנגעווענדט אַלס זאַצגלידער. אין אַזאַ פֿאַל באַהעפֿטן זיי זיך, פֿאַרשטייט זיך, מיט אַנדערע ווערטער אין זאַץ. אַ שטייגער: אַ מאָל איז געווען טע־טע־טע! און הײַנט – עט ... (ממס.); איר שנור, זאָגט זי, איז אַפֿילו ניט קיין אײַ־אײַ־אײַ (שאָל.); אויף צײַטיקע [עפּל] דאַרף מען וואַרטן ביז העט־העט (שאָל.). און אַ מאָל טרעפֿט אַפֿילו, אַז אויסרופֿווערטער פֿאַרנעמען אַן אָרט פֿון אַ הויפּטזאַץ. אַ שטייגער: ווען קאַסרילעווקע, צו איר חכמה און צו איר פּראָגרעס, האָט נאָך די מטבע אויך – טע־טע־טע! (שאָל.). אָבער אין אַלע אַזעלכע פֿאַלן זײַנען די אויסרופֿווערטער פֿאָרט ניט דאָס, וואָס אַלע אַנדערע ווערטער פֿון דער שפּראַך – קיין באַשטימטע פֿאָרשטעלונג וועגן אַזאַ אָדער אַן אַנדער זאַך, האַנדלונג, באַגריף רופֿן זיי פֿאָרט ניט אַרויס.

1 [1] זעט אַ שטייגער וועגן איינס אַזאַ אויסרופֿוואָרט בײַ מענדעלען: „,בע׳ איז בײַ אונדז ייִדן אַ טײַער וואָרט, וואָס האָט זייער פֿיל טײַטשן און איז אַ תּירוץ אויף אַלע קשיות. ,בע׳ קען מען געברויכן אַלע צײַט אין אַ שמועס, און עס זאָל תּמיד פּאַסן. אַ ייִד קען מיט ,בע׳ זיך תּמיד אויסדרייען, ווען ער איז נעבעך אין דער קלעם און שטייט שמאָל. מיט ,בע׳ סילוקט אַ שווינדלער, אַן אָנזעצער, אַז די בעלי־חובֿות טרעטן צו מיט שטאַרקע טענות. ,בע׳ שטייט אַ ייִדן בײַ אין דער נויט, ווען עס באַווײַזט זיך, אַז ער איז נעבעך אַ ליגנער. מיט ,בע׳ קען מען אָפּענטפֿערן יענעם, וואָס דולט אָן אַ קאָפּ צוויי שעה, נישט צו הערן, נישט צו פֿאַרשטיין אַפֿילו איין וואָרט פֿונעם גאַנצן שמועס. מיט ,בע׳ קומט אָפּ אַ שיינער, צעבראָכענער ייִד, ווען ער דערלאַנגט שטילערהייט אַ ביס... הכּלל, ,בע׳ האָט אַלערליי טעמים, משונה ווילדע פּירושים... דאָס ייִדישע קעפּל שטויסט זיך תּמיד אָן, וווהין דאָס וואָרט ,בע׳ צילט, און פֿאַרשטייט דעם רעכטן פּשט דערפֿון, ווי עס פּאַסט צום ענין" (**פֿישקע דער קרומער**).

2 [1] אַ שטייגער: מיט די אויגן נאַ, זע, קוק..., נאָר מיט די הענט – אַזאַס! (שאָל.)

3 [2] אַ שטייגער: וואָס טײַטש? ווי אַזוי האָבן מיר געקענט בלײַבן... (עט.).

„אויסרופֿווערטער – זאָגט דער אַמעריקאַנער לינגוויסט סעפּיר – געהערן צו די אַמווייניקסטן וויכטיקע רייד־עלעמענטן.״ זיי האָבן אין זיך עטוואָס ענלעכס צו אינסטינקטיווע אויסגעשרייען. אָבער אויפֿנעמען זיי פֿאַר אַ דערשײַנונג פֿון דער אינסטינקטיווער טעטיקייט וואָלט געווען פֿאַלש.

נאָך מער פֿאַלש וואָלט געווען צו האַלטן – כאָטש אייניקע האַלטן אַזוי, – אַז די שפּראַך האָט זיך אַנטוויקלט פֿון אויסרופֿווערטער און פֿון קלאַנג־נאָכמאַכונגען. „אַלע פּרווון – זאָגט סעפּיר – צו דערקלערן אויף אַזאַ אופֿן די אַנטשטייונג פֿון רייד האָבן זיך אַרויסגעוויזן פֿאַר פֿרוכטלאָז. עס זײַנען ניט פֿאַראַן קיינע פּאָזיטיווע, היסטאָרישע אָדער אַנדערע, באַווײַזן, וואָס זאָלן אונדז קאָנען איבערצײַגן דערין, אַז די גאַנצע מאַסע רייד־עלעמענטן און רייד־פּראָצעסן איז אַנטשטאַנען פֿון אויסרופֿווערטער. אויסרופֿווערטער בילדן זייער ניט קיין גרויסן און פֿונקציאָנעל ניט קיין באַדײַטנדיקן טייל פֿון דער שפּראַכלעקסיק; אין קיין עפּאָכע און אין קיין קאָנקרעטער שפּראַך, וועגן וועלכע מיר האָבן ידיעות, זעען מיר ניט קיין וויפֿל ניט איז אָנזעעוודיקע טענדענץ צו פֿאַרוואַנדלען די אויסרופֿווערטער אין אַ גרונטגעוועב פֿון דער שפּראַך.״[1] [281]

[1] [3] ע.סעפּיר, **שפּראַך**, 1934, ז׳ 7 (רוסיש).

V זאַצסטרוקטור, פֿראַזע־סטרוקטור און פּונקטואַציע

I זאַצסטרוקטור

54 זאַצגלידער און וואָרטקלאַסן (פֿונקציעס און פֿאָרמעס)

389 אונדזער רייד באַשטייט בכלל פֿון אַ ריי קלענערע און גרעסערע טיילן. וועגן אייניקע אַזעלכע טיילן, ווי די סעמאַנטישע מאָרפֿעמע און וואָרט אָדער ווי די פֿאָנעטישע קלאַנג, טראַף און טאַקט, איז שוין גענוי געוועז אַרומגערעדט אין די ערשטע קאַפּיטלען פֿונעם דאָזיקן בוך (זעט די קאַפּיטלען 5, 10, 11). איצט לאָמיר זיך אַ ביסל ברייטער אָפּשטעלן אויף אייניקע גרעסערע טיילן פֿון אונדזער רייד – אויף זאַצגליד און דערנאָך אויף זאַץ.

אַ זאַצגליד איז, ווי מיר ווייסן, אַ וואָרט אָדער ניט קיין גרויסע גרופּע ווערטער, וואָס ענטפֿערט אויף אַ וועלכער ניט איז פֿראַגע – אויף דער פֿראַגע 'ווער (וואָס) טוט, וואָס טוט מען, מיט וועמען אָדער מיט וואָס, ווו, ווען, ווי אַזוי, פֿאַר וואָס, צוליב וואָס?' און אַנדערע. אַ שטייגער:

1. אַרנאָלד איז געזעסן מיט זײַן ברודער בנימין־קלמן אויף די פּידוואָרקעס אונטער איין דאַך ימים־ושנים ברוגזע (שאָל.).
2. דער מחבר פֿון די דאָזיקע זכרונות האָט זי שוין געהאַט אַ מאָל באַשריבן טאַקע אונטער דעם דאָזיקן נאָמען אין אַן אַנדער אָרט (שאָל.).

ווען אַ זאַצגליד באַשטייט ניט פֿון איין וואָרט, נאָר פֿון צוויי און מער, איז איינס פֿון די ווערטער געוויינטלעך אַ זעלבשטענדיקס – אַ סובסטאַנטיוו, אַ ווערב, אַן אַדיעקטיוו און אַזוי ווײַטער – און די איבעריקע זײַנען באַהילפֿיקע – אַרטיקלען, פּרעפּאָזיציעס, הילפֿווערבן אָדער עפּעס אַנדערש.

אָנמערקונג 1 ווען אַ זאַצגליד ווערט אויסגעדריקט דורך פּאַראַלעלע סובסטאַנטיוון – דורך צוויי אָדער דורך מער, – אַנטהאַלט ער שוין, פֿאַרשטייט זיך, צוויי אָדער מער זעלבשטענדיקע ווערטער. דערבײַ קאָן אַזאַ זאַצגליד, נאַטירלעך, אויך האָבן באַהילפֿיקע ווערטער (זעט אַ שטייגער די פֿאָריקע בײַשפּילן).

אָנמערקונג 2 אָפּט מאָל באַשטייט אַ זאַצגליד פֿון איין וואָרט, וואָס איז גלײַכצײַטיק איין מאָרפֿעמע, וועלכע דריקט אויס אַ געוויסן פֿאַרענדיקטן געדאַנק – אַ זאַץ. אַ שטייגער: קאַלט. הייס. זומער. וואַסער! אאַ״וו. אָבער מערסטנס אַנטהאַלט אַ וואָרט מער ווי איין מאָרפֿעמע, אַ זאַצגליד באַשטייט געוויינטלעך פֿון אַ פּאָר און מער ווערטער, און אין אַ זאַץ איז געוויינטלעך פֿאַראַן אַ גרעסערע צאָל זאַצגלידער, וואָס מאַכן די אַרויסזאָגונגען גענויער, פֿולער, אַלזײַטיקער.

390 זאַצגלידער, וואָס פֿון זיי אָדער פֿון אַ טייל פֿון זיי באַשטייט אַ זאַץ און וואָס ווערן געוויינטלעך אויסגעדריקט דורך די פֿריִער פֿונאַנדערגעקליבענע וואָרטקלאַסן און פֿאָרמעס, זײַנען אַמאָפֿטסטן פֿאַראַן אַזעלכע: [285–282]

	זאַצגליד	ענטפֿערט אויף דער פֿראַגע	ווײַזט אין זאַץ	ווערט אויסגעדריקט דורך די וואָרטקלאַסן און פֿאָרמעס
1	סוביעקט	ווער, וואָס?	דעם טוער, דעם הויפּטצענטער פֿון דער רייד	דורך אַ סובסטאַנטיוו אַ נאָמינאַטיוו, אַן אינפֿיניטיוו, אַ צאָלוואָרט, אַן אַדווערב,[1] און אַלערליי סובסטאַנטיווירונגען
2	פּרעדיקאַט	וואָס טוט דער סוביעקט? ווי אַזוי, אַ וועלכער, וואָס, וועמענס, וויפֿל איז דער סוביעקט?	אַ קאָנסטאַטאַציע פֿונעם סוביעקטס טוונג, צושטאַנד, אייגנשאַפֿט, אידענטישקייט, אָנגעהעריקייט	דורך אַלע וואָרטקלאַסן און פֿאָרמעס – אויסער אַן אַקוזאַטיוו – דורך אַ בייגיקן ווערב (אין אַלע אַספּעקטן, גענוסן, מאָדוסן, צײַטן, צאָלן און פּערזאָנען); אַן אינפֿיניטיוו, אַ פּאַרטיציפּ אָדער אַ גערונדיוו; אַ סובסטאַנטיוו אַ נאָמינאַטיוו,[2] אַ דאַטיוו,[3] אָדער אַ פּאָסעסיוו; אַן אַדיעקטיוו; אַן אַדווערב; אַ צאָלוואָרט; אַן אויסרופֿוואָרט
3	דירעקטער אָביעקט	וועמען, וואָס?	אויף וועמען אָדער אויף וואָס גייט אַריבער די טוונג. ער איז דער אָדער דאָס, וואָס ווערט געטאָן	דורך אַ סובסטאַנטיוו אַן אַקוזאַטיוו; אַ צאָלוואָרט און אַלערליי סובסטאַנטיווירונגען
4	אומדירעקטער אָביעקט	וועמען? צו, פֿאַר, מיט, פֿון... וועמען?; צו, פֿאַר, מיט, פֿון... וואָס?	צו וועמען אָדער צו וואָס איז געווענדט די טוונג	דורך אַ סובסטאַנטיוו אַ דאַטיוו (מיט אָדער אָן אַ פּרעפּאָזיציע); אַ צאָלוואָרט און אַלערליי סובסטאַנטיווירונגען
5	אַטריבוט	וועלכ־ער, ־ע, ־(ע)ס, ־ן? וויפֿלט־ער, ־ע, ־(ע)ס, ־ן? וועמענס?	אַ כאַראַקטעריסטיק פֿון עפּעס אַ סובסטאַנץ (אַ זאַך)	דורך אַן אַדיעקטיוו; אַ סובסטאַנטיוו אַ פּאָסעסיוו, אַ דאַטיוו,[3] אַ פּאַראַלעלן סובסטאַנטיוו (אין פֿאַרשיידענע בייגפֿאָרמעס), אַ באַשטימטייל פֿון אַ צונויפֿזאַץ; אַן אינפֿיניטיוו; אַן אַדווערב; אַן אַטריבוטיוון בײַזאַץ
6	צאָל־באַשטימונג	וויפֿל?	די צאָל זאַכן	דורך אַ צאָלוואָרט
7	אָרט־באַשטימונג	ווו, וווהין, פֿון וואַנען, ביז וואַנען?	דאָס אָרט פֿון דער טוונג	דורך אַ סובסטאַנטיוו אַ דאַטיוו[3] אָדער דורך אַן אַדווערב

1 [1] מיטן טערמין אַדווערב מיינט מען דאָ אי אַן אַדיעקטיווישן אי אַ ניט־אַדיעקטיווישן אַדווערב.

2 [2] מיט אַ הילפֿווערב „זײַן, ווערן, בלײַבן‘ אָדער אַנדערע. די דאָזיקע אָנמערקונג איז שייך אויך צו אַלע ווײַטערדיקע פֿאָרמעס פֿונעם פּרעדיקאַט.

3 [3] מיט אַ פּרעפּאָזיציע.

איז אָפּהענגיק	בײַשפּילן
איז פֿון קיין וואָרט אין זאַץ ניט אָפּהענגיק	דער חבֿר לייענט; זי שרײַבט; לאַכן איז געזונט; פֿינף איז מער פֿון דרײַ; אָרעם איז ניט קיין שאַנד; אין איינעם איז ניט אַליין; דער אַלטער ליגט; דאָס לויפֿן האָט אים פֿאַרמאַטערט; דער אַרום איז פֿײַן; זײַן ,בע׳ געפֿעלט מיר ניט.
פֿונעם סוביעקט (אויב דער דאָזיקער איז אין זאַץ פֿאַראַן)	I ווערבאַלע: 1. בייגיקע – זעט די טאַבעלע ווערבפֿאָרמעס און גיט צו נאָך אַ פּאָר הונדערט פֿאָרמעס: פֿון אַ רעפֿלעקסיוון ווערב, פֿון דויעריקן און מאָמענטאַלן אַספּעקט (אין אַלע גענוסן, מאָדוסן, צײַטן, צאָלן און פּערזאָנען) און פֿון אַלערליי אַנדערע באַשרײַביקע ווערבן; 2. אומבייגיקע – ליקווידירן דעם דורכרײַס; אויסגעפֿילט דעם פּלאַן; לייענענדיק, האָט ער געשמייכלט; II נאָמינאַלע: ער איז (ווערט) אַ מענטש; ער איז פֿון האָלץ; איז משחס, איז אַ יונגער, איז געזונט, איז אַליין; דרײַ און צוויי איז פֿינף; ער איז אַלץ; ער איז פּע.
פֿון אַן איבערגייענדיקן ווערב. דערבײַ קאָן דער ווערב זײַן ניט נאָר אַ פּרעדיקאַט	איך רוף משהן; מע רופֿט מיך; מע נעמט אַראָפּ די גערעטעניש; מיר פֿאָרן אַראָפּנעמען די גערעטעניש; מע דאַרף צולייגן נאָך פֿינף; איך רוף דעם אַלטן; איך פֿאַרענדיק דאָס שרײַבן; ער לאָזט אַרויס אַ ,בע׳.
פֿון אַ וועלכן ניט איז ווערב אָדער פֿון אַ ווערבאַלן סובסטאַנטיוו	איך שיק משהן אַ ביכל; איך גיי צו דיר; ער דערציילט פֿון דער גערעטעניש; דער אַראָפּנעם פֿון דער גערעטעניש הייבט זיך אָן; מע דאַרף פֿון פֿינף אַראָפּנעמען דרײַ; איך גיי צום אַלטן; ער רעדט אַלץ וועגן זײַן זינגען.
פֿון אַ סובסטאַנטיוו. דערבײַ קאָן דער סובסטאַנטיוו זײַן אין פֿאַרשיידענע פֿונקציעס	אַ גוטער חבֿר איז געקומען; ער איז אַן איבערגעגעבענער טוער; ער באַקומט די איבערגייענדיקע פֿאָן; ער איז דער ערשטער פֿליִער; אַזעלכע אַרבעטער קאָנען פֿיל אויפֿטאָן; שלמהס ביכל איז אויפֿן טיש; דאָס ביכל פֿון ביבליאָטעק איז דאָ; חיים דער בריגאַדיר פֿאָרט אַוועק; ער וועט זײַן אויפֿן פּאַרטיי־צוזאַמענפֿאָר; דאָס רעכט צו פֿליִען באַקומט מען ניט גרינג; ער האָט געבראַכט אַ פֿאָרטפֿעל פֿול מיט ביכער; די אַרבעט אין איינעם איז אים געפֿעלן; איך לייען די צײַטונג, וואָס דו האָסט געבראַכט.
פֿון אַ סובסטאַנטיוו	פֿינף מענטשן זײַנען געקומען; זיי וועלן מאַכן צען קלאַפּטער; מיר וועלן אויך מאַכן אַזוי פֿיל; גיב איך וויפֿל ניט איז.
מערסטנס פֿון אַ ווערב	ער וווינט אין מאָסקווע; ער פֿאָרט קיין קיִעוו; ער גייט פֿון וואַלד; ער זיצט ווײַט, אויבן, דאָרט.

8	**צײַט־באַשטימונג**	ווען, פֿון ווען אָן, ביז ווען אָן?	די צײַט פֿון דער טוונג	דורך אַ סובסטאַנטיוו אַן אַקוזאַטיוו, אַ דאַ־טיוו,[1] אָדער דורך אַן אַדווערב
9	**אופֿן־באַשטימונג**	ווי אַזוי?	דעם אופֿן פֿון דער טוונג	דורך אַ סובסטאַנטיוו אַ דאַטיוו[1] אָדער דורך אַן אַדווערב
10	**סיבה־באַשטימונג**	פֿאַר וואָס, איבער וואָס?	די סיבה פֿון דער טוונג	דורך אַ סובסטאַנטיוו אַ דאַטיוו[1] אָדער דורך אַ ניט־אַדיעקטיווישן אַדווערב
11	**צוועק־באַשטימונג**	צוליב וואָס, נאָך וואָס?	דעם צוועק פֿון דער טוונג	דורך אַ סובסטאַנטיוו אַ דאַטיוו,[1] דורך אַן אינפֿיניטיוו אָדער דורך אַ ניט־אַדיעק־טיווישן אַדווערב
12	**אינהאַלט־באַשטימונג**	וואָס טאָן?	דעם אינהאַלט פֿון דער טוונג	דורך אַן אינפֿיניטיוו

1 [1] מיט אַ פּרעפּאָזיציע.

מערסטנס פֿון אַ ווערב	ער פֿאָרט דעם חודש, די וואָך, דאָס יאָר; ער קומט נאָך דער אַרבעט; ער לייענט שפּעט, פֿאַר נאכט, איצט; ער וועט זײַן ביז מאָרגן.
מערסטנס פֿון אַ ווערב	ער אַרבעט מיט ענערגיע, אָן טומל; ער אַרבעט ענערגיש, אָנגע־שטרענגט, שטייענדיק; ער אַרבעט אַליין, אויבן אויף (ניט טיף), אַזוי.
מערסטנס פֿון אַ ווערב	ער האָט פֿון שרעק ניט געקאָנט ריידן; מע האָט מחמת דעם טומל אים ניט געהערט; ער האָט דעריבער (דערפֿאַר) געמאַכט מיט די הענט.
מערסטנס פֿון אַ ווערב	ער איז געקומען נאָך אַ בילעט; ער האָט אים אויסגעפּוצט צוליב דעם יום־טובֿ; ער איז געקומען צו קאָנטראָלירן די אַרבעט; ער האָט מיך דערויף (דערצו) געשיקט.
מערסטנס פֿון אַ ווערב	ער האָט מורא צו גיין צו אים; ער האָט שטאַרק חשק זיך נעמען פֿאַר דער אַרבעט. [286]

אָנמערקונג 1 דאָס, וואָס אַ וואָרט אַן און פֿאַר זיך רופֿט אָן אַן אָרט אָדער אַ צײַט, דאַרף מען ניט צונויפֿמישן מיט דער פֿונקציע אָרט און צײַט אין זאַץ. אַ שטייגער דאָס וואָרט ,מאָסקווע׳ איז אַן אָנרוף פֿון אַן אָרט, אָבער אין זאַץ קאָן עס אויספֿילן אַ פֿונקציע ניט נאָר פֿון אַן אָרט־באַשטימונג, נאָר אויך פֿון אַ סוביעקט, אָביעקט און אַנדערע. אַ שטייגער:

1. מיר פֿאָרן קיין מאָסקווע (,קיין מאָסקווע׳ – אָרט־באַשטימונג);
2. מאָסקווע וואַקסט זייער גיך (,מאָסקווע׳ – סוביעקט);
3. מיר ווילן אַרומקוקן מאָסקווע (,מאָסקווע׳ – דירעקטער אָביעקט);
4. מיר ווילן דערציילן וועגן מאָסקווע (,וועגן מאָסקווע׳ – אומדירעקטער אָביעקט).

אָנמערקונג 2 אַן אַטריבוט קאָן אייניצײַטיק אויספֿילן אויך אַ פֿונקציע פֿון אַן אופֿן־באַשטימונג. אַ שטייגער אינעם זאַץ ,דער חבֿר איז געקומען אַ צופֿרידענער׳ איז ,אַ צופֿרידענער׳ אי אַן אַטריבוט בײַם סוביעקט ,דער חבֿר׳ (ער ווײַזט, וועלכער חבֿר) אי אַן אופֿן־באַשטימונג בײַם פּרעדיקאַט ,איז געקומען׳ (ער ווײַזט, ווי אַזוי געקומען).

אָנמערקונג 3 ווען אַ פּרעדיקאַט איז אויסגעדריקט דורך אַ הילפֿווערב מיט אַ פּאַסיוו אָדער אַדיעקטיוו און אייניקע אַנדערע, אַנטהאַלט ער אין זיך אויך אַ געוויסע אַטריבוטיווקייט (עפּעס אַ סימן), אָבער ער איז פֿאָרט אַ פּרעדיקאַט. דער אונטערשייד צווישן אַטריבוט און (אַטריבוטיוון) פּרעדיקאַט באַשטייט אָט אין וואָס: אַן אַטריבוט איז אַ זאַצגליד, וואָס גיט אָן געוויינטלעך בכלל אַ סימן, און ניט דווקא פֿון אַ סוביעקט, נאָר אויך פֿון אַן אָביעקט און פֿון נאָך אַלערליי אַנדערע זאַצגלידער סובסטאַנטיוון. אָבער אַן אַטריבוטיווער פּרעדיקאַט איז אַ זאַצגליד, וואָס ווײַזט אַ סימן נאָר פֿון אַ סוביעקט, און ניט בכלל אַ סימן, נאָר געוויינטלעך אַזאַ, וואָס ווערט באַגרענעצט אין צײַט. אָט פֿאַר וואָס אַן אַטריבוטיווער פּרעדיקאַט קומט געוויינטלעך אָדער קאָן קומען, ווי בכלל אַ נאָמינאַלער פּרעדיקאַט, מיט אַ הילפֿווערב אין אַזאַ אָדער אַנדער מאָדוס, אין אַזאַ אָדער אַנדער צײַט. פֿאַרגלײַכט אַ שטייגער: 1. אַ שווערער שטיין ליגט; 2. דער שטיין איז (געווען) אַ שווערער (אַ סוביעקט, וואָס איז מיט אַן אַטריבוטיוון פּרעדיקאַט, קאָן, פֿאַרשטייט זיך, ווי יעדער אַנדער סוביעקט און סובסטאַנטיוו בכלל, האָבן בײַ זיך אויך אַן אַטריבוט אָדער אַטריבוטן. אַ שטייגער: דער שוואַרצער שטיין לעבן וואַנט איז אַ שווערער).

אָנמערקונג 4 אַ מאָל קאָן זײַן שווערלעך גענוי צו זאָגן, וואָס פֿאַר אַ פֿונקציע עס פֿילט אויס דער אָדער יענער זאַצגליד. אַ שטייגער אינעם זאַץ ,עס זײַנען געקומען די אַרבע־טער פֿון פֿאַבריק׳ – קאָן דער זאַצגליד ,פֿון פֿאַבריק׳ באַטײַטן: 1. אָדער אַן אָרט (פֿון וואַנען געקומען); 2. אָדער אַן אַטריבוט (וועלכע אַרבעטער). אָבער אַזעלכע פֿאַלן זײַנען גאַנץ זעלטן. געוויינטלעך איז ניט שווער צו באַשטימען די פֿונקציעס פֿון די זאַצגלידער.

391 דער סוביעקט און דער פּרעדיקאַט הייסן הויפּטגלידער. אַלע איבעריקע זאַצ־גלידער הייסן בײַגלידער.

אָנמערקונג דער סוביעקט און דער פּרעדיקאַט הייסן הויפּטגלידער ניט (בלויז) דערפֿאַר, וואָס זיי זײַנען אָפֿט די וויכטיקסטע טיילן פֿון אַן אַרויסזאָגונג. [287] אָפֿט איז פֿאַר

אַן אַרויסזאָגונג דער אָדער יענער בייַגליד ניט ווייניקער וויכטיק, און אַ מאָל אַפֿילו וויכטי־קער, פֿון אַ הויפּטגליד, זיי הייסן הויפּטגלידער דערפֿאַר, וואָס זיי זייַנען די צענטרען, אַרום וועלכע עס גרופּירן זיך אַלע איבעריקע גלידער אין זאַץ.

די בייַגלידער קאָנען זיך גרופּירן אַלע אַרום די הויפּטגלידער דירעקט, אָדער אַ טייל בייַגלידער קאָנען זיך גרופּירן אַרום אַנדערע בייַגלידער, וואָס ציִען זיך צו דעם אָדער צו יענעם הויפּטגליד. אַ שטייגער:

ברודער → לייענט
↑ ↑ ↑
מייַן פֿאַר נאַכט צייַטונגען

ברודער → לייענט
↑ ↑ ↑
חבֿרס פֿאַרנאַכט צייַטונגען
↑ ↑ ↑
מייַן יעדן מאָסקווער

אַ זאַץ קאָן אָפּט באַשטיין בלויז פֿון הויפּטגלידער, אָן בייַגלידער, אָדער אַפֿילו בלויז פֿון איין הויפּטגליד, אָדער אַפֿילו בלויז פֿון איין בייַגליד. אַ שטייגער: מיר גייען. אַ שׂרפֿה. עס ברענט. דעם מאַנטל! אָבער אַזעלכע זאַצן זייַנען גאַנץ זעלטן. מערסטנס אַנטהאַלט אַ זאַץ ביידע הויפּטגלידער און אַ גאַנצע ריי בייַגלידער.

392 אַ זאַץ, וואָס איז מיט בייַגלידער, הייסט פֿאַרברייטערטער. אַ זאַץ, וואָס איז אָן בייַגלידער, הייסט אומפֿאַרברייטערטער. אַ זאַץ, וואָס האָט ביידע הויפּטגלידער – אי אַ סוביעקט אי אַ פּרעדיקאַט, – הייסט צווייגלידיקער. אַ זאַץ, וואָס האָט בלויז איין הויפּטגליד, איין הויפּטצענטער, אַ מאָל אַפֿילו בלויז אַ בייַגליד, – הייסט איינגלידיקער.

ניט שטענדיק האָט אַ זאַץ געהאַט אַזעלכע זאַצגלידער און בכלל אַזאַ גלידערונג, ווי ס׳איז פֿריִער געווען אָנגעוויזן. אין די גאָר אוראַלטע צייַטן פֿלעגט דער מענטש אין זייַן דענקען ניט אָפּטיילן די טוּונג פֿונעם טוער און פֿונעם קעגנשטאַנד פֿון דער טוּונג. דאָס אַלץ פֿלעגט אַרויסגעזאָגט ווערן דורך אַ געהעריקן האַנטסיגנאַל (זשעסט). ווען דער מענטש האָט אין זייַן באַוווּסטזייַן געגומען דעם טוער אָפּטיילן פֿון דער טוּונג, האָט ער די טוּונג נאָך אַלץ פֿאָרגעזעצט באַצייכענען מיט דער האַנט, און פֿאַרן טוער האָט ער גענומען שאַפֿן די אָדער יענע קלאַנגען־צייכנס.[1] אָט די דאָזיקע קלאַנגען־צייכנס זייַנען איינצייַטיק געווען אי ווערטער אי זאַצן. שפּעטער, מחמת דער ווייַטערדיקער געזעלשאַפֿטלע־כער אַנטוויקלונג, איז אַנטשטאַנען אַ באַדערפֿעניש אין די קלאַנגען־צייכנס אויך פֿאַר דער טוּונג און פֿאַרן קעגנשטאַנד פֿון דער טוּונג. אַזוי זייַנען אויפֿגעקומען די זאַצגלידער סוביעקט (טוער), פּרע־דיקאַט (טוּונג), אָביעקט (קעגנשטאַנד פֿון דער טוּונג). נאָך שפּעטער, ווען די געזעלשאַפֿט איז אין איר אַנטוויקלונג אַוועק נאָך ווייַטער, ווען פֿאַרן מענטשן איז געוואָרן שטאַרק וויכטיק דאָס אָרט פֿון דער טוּונג, איר צייַט און נאָך אַ ריי אַנדערע מאָמענטן, האָבן די אַלע קאַטעגאָריעס ביסלעכווייַז גע־נומען אויפֿקומען אינעם מענטשנס דענקען און רייד. אויף אַזאַ אופֿן זייַנען מיט דער צייַט אַנטשטאַנען די אַלע פֿריִער אויסגערעכנטע זאַצגלידער, וואָרטקלאַסן און פֿאָרמעס.

393 כּדי די באַציִונג צווישן די זאַצגלידער און וואָרטקלאַסן, צווישן די פֿונקציעס און פֿאָרמעס זאָל זייַן אָנשוילעך, וועלן מיר עס פּרוּוון פֿאָרשטעלן ווי אַ גראַפֿיק. מיר וועלן ווערטיקאַל (פֿון אויבן אַראָפּ) געבן די פֿאָרמעס פֿון יעדער פֿונקציע און האָריזאָנ־טאַל – די פֿונקציעס פֿון יעדער פֿאָרמע. [289–288]

1 [1] נ. יאַ. מאַר, ב׳ III, ז׳ 116 (רוסיש).

			ווערטקלאַסן און פֿאָרמעס	1 סוביעקט	2 פּרעדיקאַט	3 דירעקטער אָביעקט	4 אומדירעקטער אָביעקט	5 אַטריבוט	6 צאָל־באַשטימונג
I	סובסטאַנטיוו	1	נאָמינאַטיוו	+	+[1]				
		2	אַקוזאַטיוו			+			
		3	דאַטיוו[3]		+[1]		+[2]	+	
		4	פּאָסעסיוו		+[1]			+	
II	ווערב	5	בייגיקער ווערב[4]		+				
		6	אינפֿיניטיוו[5]	+	+			+	
		7	פּאַרטיציפּ		+			+[6]	
		8	גערונדיוו		+[8]			+[9]	
III	אַדיעקטיוו	9	אַדיעקטיוו		+[1]			+	
IV	צאָלוואָרט	10	צאָלוואָרט	+	+[1]	+	+		+
V	אַדווערב	11	אַדיעקטיווישער	+	+[1]			+	
		12	ניט־אַדיעקטיווישער	+	+[1]			+	
VI	פּראָנאָם		האָט פֿאַרשיידענע פֿאָרמעס	קרייצט זיך איבער מיט די איבעריקע					

1 [1] מיט אַ הילפֿווערב ‚זײַן, ווערן, בלײַבן׳ אָדער אַנדערע.
2 [2] מיט אַ פּרעפּאָזיציע.
3 [3] מיט אָדער אָן אַ פּרעפּאָזיציע.
4 [4] אַ ווערב אין אַ וועלכן ניט איז מאָדוס און פּערזאָן. זעט ז״ז 222–223, 249.
5 [5] ניט קיין סובסטאַנטיווירטער.
6 [6] אַ פּאַרטיציפּ לויט דער סטרוקטור, אָבער לויטן וואָרטקלאַס אַן אַדיעקטיוו.
7 [7] אַ פּאַרטיציפּ לויט דער סטרוקטור, אָבער לויטן וואָרטקלאַס אַן אַדווערב.
8 [8] געוויינטלעך אין אַ גערונדיווישן בײַזאַץ, אַלס אַ בײַפּרעדיקאַט בײַ אַ הויפּטפּרעדיקאַט.
9 [9] אַ גערונדיוו לויט דער סטרוקטור, אָבער לויטן וואָרטקלאַס אַן אַדיעקטיוו.
10 [10] אַ גערונדיוו לויט דער סטרוקטור, אָבער לויטן וואָרטקלאַס אַן אַדווערב.

7 אַרט־באַשטימונג	8 צײַט־באַשטימונג	9 אופֿן־באַשטימונג	10 אופֿן־באַשטימונג	11 סיבה־באַשטימונג	12 אינהאַלט־באַשטימונג	אָנמערקונגען
	+					סובסטאַנטיוון און אַלערליי סובסטאַנטיווירונגען.
+	+	+	+	+		נאָך פֿונקציעס פֿונעם נאָמינאַטיוו און אַקוזאַטיוו זעט אינעם קאַפּיטל „סובסטאַנטיווישע בייגפֿאָרמעס...“
		+[7]				נאָך פֿונקציעס פֿונעם אינפֿיניטיוו זעט אינעם קאַפּיטל „אינפֿיניטיוו“.
		+[10]		+	+	
						אין אַלע דריי שטופֿעס
+	+	+				
+	+	+	+	+		אין אַלע דריי שטופֿעס

וואָרטקלאַסן און פֿילט אויס פֿאַרשיידענע פֿונקציעס, אָפּהענגיק פֿון זײַנע פֿאָרמעס. [290]

אָנמערקונג 1 די וואָרטקלאַסן און די פֿאָרמעס פֿילן אויס זייערע פֿונקציעס ניט אין איינער און דער זעלבער פּראָפּאָרץ. אַ שטייגער אַ סובסטאַנטיוו אַן אַקוזאַטיוו אין דער פֿונקציע פֿון אַ דירעקטן אָביעקט איז אַ פֿיל אָפֿטערע דערשײַנונג איידער אַן אַקוזאַטיוו אין דער פֿונקציע פֿון אַ צײַט־באַשטימונג. אָדער אַ שטייגער דער אַדיעקטיווישער אַדווערב – אין דער פֿונקציע פֿון אַן אופֿן־באַשטימונג קאָן מען אים טרעפֿן אויף יעדן טריט און שריט, אָבער אין דער פֿונקציע פֿון אַן אָרט־באַשטימונג אָדער פֿון אַ צײַט־באַשטימונג – שוין פֿיל זעלטענער.

אָנמערקונג 2 די דאָ אָנגעוויזענע וואָרטקלאַסן און זייערע פֿאָרמעס זײַנען ניט אַבסאָלוט אָפּגעגרענעצט איינע פֿון די אַנדערע. עס זײַנען צווישן זיי פֿאַראַן איבערגאַנג־דערשײַנונגען, ווי דער סובסטאַנטיווירטער אינפֿיניטיוו אַ שטייגער, וואָס איז אי אַ ווערב אי אַ סובסטאַנטיוו, אָדער ווי דער סובסטאַנטיווירטער אַדיעקטיוו, וואָס איז אי אַן אַדיעקטיוו אי אַ סובסטאַנטיוו. ווײַטער זײַנען פֿאַראַן אַזעלכע דערשײַנונגען, ווי דער פּאַרטיציפּ און גערונדיוו אַ שטייגער, וואָס קאָנען קומען סײַ אַלס ווערבן, סײַ אַלס אַדווערבן, סײַ אַלס אַדיעקטיוון, אָפּהיטנדיק דערבײַ זייער פּאַרטיציפּישע אָדער גע־רונדיווישע ,נאַטור׳.

אָנמערקונג 3 די באַהילפֿיקע ווערטער זײַנען אין דער טאַבעלע ניט אָנגעוויזן, ווײַל זיי פֿילן ניט אויס קיין פֿונקציעס פֿון זאַצגלידער. די באַהילפֿיקע ווערטער קומען דער עיקר צו ווײַזן (אומ)באַשטימטקייט אָדער נעגאַציע, אָדער צו באַהעפֿטן איין זאַצגליד (אָדער זאַץ) מיט אַ צווייטן, אָדער צוצוגעבן אַזאַ אָדער אַן אַנדער ניואַנס דעם זאַץ אָדער אַ טייל פֿונעם זאַץ, און זיי פֿילן אין תּוך אויס כּמעט די זעלבע פֿונקציעס, וואָס אַפֿיקסן און פֿלעקסיעס.

אָנמערקונג 4 דאָ זײַנען אויך ניט אָנגעוויזן די אויסרופֿווערטער, ווײַל די דאָ־זיקע, ווי ס׳איז באַוווּסט, באַהעפֿטן זיך געוויינטלעך ניט מיט קיינע ווערטער אין זאַץ – זיי זײַנען ניט קיין זאַצגלידער – און בילדן אין דער אמתן אַליין פֿאַר זיך זאַצן.

אָנמערקונג 5 אויסער די דאָ אָנגעוויזענע וואָרטקלאַסן און פֿאָרמעס זײַנען פֿאַראַן נאָך אַ ריי ניט קיין גרויסע גרופּעס און איינצלנע ווערטער, וואָס געהערן ניט צו די דאָ אָנ־געוויזענע. אַ שטייגער די ווערטער ,יאָ, ניין׳ און אַנדערע.

„קלאַסיפֿיצירן די ריידטיילן [וואָרטקלאַסן] איז אויף אַזוי פֿיל שווער, – זאָגט דער פֿראַנצייזישער לינגוויסט וואַנדריִעס, – אַז ביז איצט האָט נאָך קיינער קיין באַפֿרידיקנדיקע קלאַסיפֿיקאַציע פֿון זיי ניט באַשאַפֿן.“ דאָס איז דערפֿאַר, וואָס „די גראַמאַטיק פֿון יעטווידער שפּראַך איז אין יעטווידן מאָמענט פֿון איר [דער שפּראַכס] געשיכטע אַ רעזולטאַט פֿון פֿילצאָליקע פּראָצעסן, וואָס ווירקן אומאָפּהענגיק איינע פֿון די אַנדערע אויף די פֿאַרשיידענע טיילן פֿון דער גראַמאַטישער סיסטעם.“[1] אָט פֿאַר וואָס עס איז גערעכט פּעשקאָווסקי, ווען ער זאָגט, אַז „ווער עס וואָלט געוואָלט ברענגען אַלע פֿאַקטן פֿון דער שפּראַך אין אַ סיסטעם, וואָלט אומפֿאַרמײַדלעך זיך געמוזט אָפּזאָגן פֿון דער סיסטעם גופֿא.“ [291]

1 [1] זש. וואַנדריִעס, **שפּראַך**, 1937, ז״ז 107 און 114 (רוסיש).

55 לאָגישער אַקצענט און ווערטער־סדר

394 אין אַ זאַץ, ווי ס׳איז שוין געווען אָנגעוויזן, איז געוויינטלעך פֿאַראַן אַ לאָגישער אַקצענט – אַן אַקצענט, וואָס פֿאַלט אויף דעם וואָרט, וואָס מע וויל אין זאַץ מער אונטערשטרײַכן, און וואָס דערמיט גיט מען צו דעם אינהאַלט פֿונעם זאַץ אַזאַ אָדער אַן אַנדער ניואַנס.

דער לאָגישער אַקצענט איז אָבער אָפֿט ניט קיין גענוגנדיק מיטל אויף צו באַטאָנען דאָס וויכטיקסטע און אויף צוצוגעבן דעם אינהאַלט פֿון אַ זאַץ אַזאַ אָדער אַנדער ניואַנס. דערײַבער קומט אויס אָפֿט אָנצוקומען צו אַן אַנדער מיטל – צו אַ ספּעציעלן ווערטער־סדר, וואָס זאָל דעם צוהערער און באַזונדערש דעם לייענער אונטערזאָגן, וועלכן זאַצגליד אָדער וועלכע זאַצגלידער וויל דער רייִדער אָדער דער שרײַבער מער אַקצענטירן. פֿאַרגלייכט אַ שטייגער:

1. די היים איז שלמהלען אומהיימלעך, דאָס שטעטל איז אים נישט צום האַרצן.
2. איך בין יונג, איך האָב כּוח, איך באַגער לערנען, איך שרײַב ספֿרים, איך מאַך אַ מאָל שירים.
3. איך קאָן ניט יענעם דאָס מויל פֿאַרשטעלן.
4. זי איז ניט מחויבֿ ברעכן זיך די צונג צוליב די דײַטשן.
5. איך האָב קיין צונג נישט אין מויל מיך צו פֿאַרטיידיקן.

1. אומהיימלעך איז שלמהלען די היים, נישט צום האַרצן איז אים דאָס שטעטל (ממס.).
2. יונג בין איך, כּוח האָב איך, לערנען באַגער איך, ספֿרים שרײַב איך, שירים אַ מאָל מאַך איך (ממס.).
3. יענעם דאָס מויל פֿאַרשטעלן קאָן איך ניט (שאָל.).
4. ברעכן זיך די צונג צוליב די דײַטשן איז זי ניט מחויבֿ (שאָל.).
5. מיך צו פֿאַרטיידיקן האָב איך קיין צונג נישט אין מויל (פּ.).

בײַם געוויינטלעכן לייענען די דאָזיקע זאַצן אַקצענטירן מיר אין יעדן פֿון זיי ניט איינע און די זעלבע ווערטער, ווײַל די דאָזיקע זײַנען דאָ אויסגעשטעלט ניט אין איינעם און דעם זעלבן סדר.

395 ווען מע שטעלט זיך ניט קיין אויפֿגאַבע צו אַקצענטירן די אָדער יענע ווערטער, איז דער סדר פֿון די זאַצגלידער אין אַ דערציילערישן זאַץ געוויינטלעך אַזאַ: אויפֿן ערשטן אָרט גייט דער סוביעקט צוזאַמען מיט די ווערטער, וואָס געהערן צו אים; נאָך דעם גייט דער פּרעדיקאַט – אַלע זײַנע טיילן אָדער בלויז אַ טייל פֿון אים; דערנאָך קומט אַזאַ אָדער אַן אַנדער בײַגליד. אַזוי איז עס געוויינטלעך. און ווײַל אַזאַ ווערטער־סדר איז געוויינטלעך, הייסט עס, אַז קיינע באַזונדערע אַקצענטירונגען זײַנען בײַ אַזאַ ווערטער־סדר ניט פֿאַראַן. אויב אָבער מע וויל די אויפֿמערקזאַמקייט פֿונעם צוהערער און באַזונדערש פֿונעם לייענער צוציִען צו דעם אָדער יענעם זאַצגליד, דאַרף מען אַזאַ זאַצגליד געבן ניט אויף זײַן געוויינטלעך אָרט, נאָר צום אָנהייב אָדער צום סוף זאַץ. אַ שטייגער: [292]

1. אַ כּוסע, זאָג איך, האָבן מיר מיט לייזער־וואָלפֿן געמאַכט, און צו גלעזלעך פּונש האָבן מיר מיט לייזער־וואָלפֿן גענומען, נאָר בײַ די געדאַנקען, זאָג איך, בין איך נאָך (שאָל.).
2. זאַט דאַרף זײַן דער מענטש, און ליכטיק דאַרף אים זײַן... און פֿרײַ מוז ער זײַן (פּ.).

אָנמערקונג ניט אויף זייערע געוויינטלעכע ערטער קומען די ווערטער אין אַ זאַץ אָפֿט אויך צוליבן גראַם און דער עיקר צוליבן ריטעם – צוליב אַ געוויסער אָרגאַניזאַציע פֿון טאַקטן אין פֿערז, צוליב אַ באַשטימטן רעגלמעסיקן בײַט פֿון אַקצענטירטע און אומאַקצענטירטע טראַפֿן און ווערטער און צוליב נאָך אַ ריי אַנדערע מאָטיוון. אַ שטייגער בײַ מאַרקישן:

אין הימלען אין די הויכע די פֿאָן די רויטע שײַנט,
מיר יאָגן זיך אויף פֿערד אַהין – ווו ס׳זעט זיך אָן דער פֿײַנט!

ווען מאַרקיש וואָלט דאָ געשריבן: ,די רויטע פֿאָן שײַנט אין די הויכע הימלען׳, וואָלטן מיר דאָ ניט געהאַט ניט קיין גראַם (,שײַנט – פֿײַנט׳) און ניט קיין ריטעם. און אָן דעם – איבער הויפּט אָן ריטעם – וואָלטן די דאָזיקע שורות געוואָרן שוין ניט קיין פּאָעטישע.

396 בײַם אויסשטעלן די זאַצגלידער אין אַזאַ אָדער אין אַן אַנדער סדר קומט געוויינטלעך אויס האָבן צו טאָן ניט מיט איינציקע ווערטער, נאָר מיט ווערטער־גרופּעס. אַ שטייגער:

1. מײַן עלטערער ברודער לייענט מיט אינטערעס אַ פֿרישע צײַטונג.
2. מיט אינטערעס לייענט מײַן עלטערער ברודער אַ פֿרישע צײַטונג.
3. אַ פֿרישע צײַטונג לייענט מײַן עלטערער ברודער מיט אינטערעס.
4. עס לייענט מײַן עלטערער ברודער אַ פֿרישע צײַטונג מיט אינטערעס.
5. עס לייענט אַ פֿרישע צײַטונג מיט אינטערעס מײַן עלטערער ברודער.

דאָ זעען מיר, אַז אין אַלע פֿינף קאָמבינאַציעס האָבן מיר צו טאָן מיט פֿיר גרופּעס ווערטער, וואָס לאָזן זיך איבערשטעלן, אָבער נאָר גרופּעסווײַז. און אויב מיר וועלן פֿון די פֿאָריקע פֿיר גרופּעס ווערטער מאַכן נאָך פֿאַרשיידענע קאָמבינאַציעס (און דאָס איז מעגלעך, פּרוווט), וועט אונדז אַלץ אויסקומען האָבן צו טאָן מיט די דאָזיקע פֿיר גרופּעס. און אַזוי איז עס שטענדיק: אַ סובסטאַנטיוו מיט זײַנע אַטריבוטן בילדן אַלע מאָל אַ גרופּע.

אָנמערקונג די ווערטער אין אַ גרופּע גופֿא קאָן מען אָפֿט איבערשטעלן. מע קאָן אַ שטייגער זאָגן ניט ,מײַן עלטערער ברודער׳, נאָר ,מײַן ברודער דער עלטערער׳, ניט ,אַ פֿרישע צײַטונג׳, נאָר ,אַ צײַטונג אַ פֿרישע׳, אָבער אויסמישן די ווערטער פֿון איין גרופּע מיט די ווערטער פֿון אַ צווייטער און אין גאַנצן ניט ענדערן דערבײַ דעם אינהאַלט – דאָס לאָזט זיך ניט.

397 לויט דער גרייס קאָנען די ווערטער־גרופּעס זײַן פֿאַרשיידן. אַ גרופּע קאָן אַ מאָל באַשטיין פֿון אַ סך ווערטער און אַ מאָל בלויז פֿון איין וואָרט – פֿון אַ פּערזאָניקן ווערב אַ שטייגער (אַפֿילו פֿון אַ באַהילפֿיקן) אָדער בלויז פֿון אַ צוגאָב. אַ שטייגער: [293]

1. די פּראָבלעם פֿון ספּעציאַליזירן אונדזערע געגנטן לויט די לאַנדווירטשאַפֿטלעכע קולטורן און צווייַגן איז אויף דער קאָנפֿערענץ ברייט באַהאַנדלט געוואָרן (צ.).
2. נאָר אין עק הינטערהויז שטעלט ער דעם דאָקטער אָפּ (בערג.).

אינעם ערשטן זאַץ האָבן מיר אַ פּערזאָניקן הילפֿווערב ,איז׳, וואָס לאָזט זיך, ווי מיר זעען דאָ, גאַנץ פֿרייַ אָפּטיילן פֿון די איבעריקע ווערטער פֿונעם פּרעדיקאַט (,באַהאַנדלט געוואָרן׳); און אינעם צווייטן זאַץ האָבן מיר אַ צוגאָב ,אָפּ׳, וואָס לאָזט זיך פֿרייַ אָפּטיילן פֿון זייַן ווערב (,שטעלט׳) און קאָן זיך געפֿינען גאַנץ ווייַט פֿון אים. און אין דער זעלבער צייַט האָבן מיר אינעם ערשטן זאַץ אַ גאַנץ גרויסע גרופּע ווערטער – דעם סוביעקט מיט זייַנע זאַצגלידער (ביזן ,איז׳), וואָס ווו מע זאָל זיי ניט שטעלן – פֿון אָנהייב זאַץ, אין מיטן אָדער צום סוף, – אַלץ איינס וועלן זיי מוזן קומען אין איינעם (קאָנטראָלירט עס). און אַזוי איז עס שטענדיק: דער סוביעקט מיט זייַנע זאַצגלידער בילדן אַלע מאָל איין גרופּע.

56 דאָס אָרט פֿון דעם פּערזאָניקן ווערב און פֿון דער אַדיעקטיווישער גרופּע

398 די מערהייט ווערטער־גרופּעס לאָזן זיך געוויינטלעך פֿרייַ שטעלן אין פֿאַרשיידענע ערטער פֿונעם זאַץ. שווערער איז מיטן פּערזאָניקן ווערב. דער פּערזאָניקער ווערב קומט אין ייִדיש געוויינטלעך אויפֿן צווייטן אָרט אין זאַץ, אומאָפּהענגיק דערפֿון, צי פֿאַר אים גייט אַ סוביעקט, אַן אָביעקט אָדער אַן אַנדער זאַצגליד. דאָס קאָן מען זען אין אַלע פֿריערדיקע בייַשפּילן. אָבער זאָגן אַ שטייגער ,מייַן עלטערער ברודער מיט אינטערעס לייענט אַ פֿרישע צייַטונג׳ – דאָס טאָר מען ניט אין ייִדיש.

399 אויב צוליב די אָדער יענע מאָמענטן וויל מען אַ מאָל דעם פּערזאָניקן ווערב שטעלן ניט אויפֿן צווייטן אָרט, נאָר ווייַטער, קאָן מען עס טאָן, אָבער דאַן דאַרף מען אויפֿן צווייטן אָרט אַוועקשטעלן אַ פּאַרטיקל (אַ ,פּוסטן׳) ,איז׳. אַ שטייגער:

> אין אַלע קאָלווירטן פֿון אונדזער ראַיאָן איז פֿאַרן רעכטצייַטיקן אַראָפּנעמען די גערעטעניש פֿירט זיך אַ גרויסע צוגרייט־אַרבעט (צ.).

כּדי מער צו באַטאָנען די אָרט־באַשטימונג מיט אירע בייַגלידער (אין אַלע קאָלווירטן פֿון אונדזער ראַיאָן) און די סוביעקט־גרופּע (אַ גרויסע צוגרייט־אַרבעט), האָט מען זיי דאָ געשטעלט ניט אויף זייערע געוויינטלעכע ערטער. אויסער דעם האָט מען דאָ ניט געוואָלט שטאַרק אָפּרוקן דעם פּרעדיקאַט (דעם ווערב ,פֿירט זיך׳) פֿונעם סוביעקט און מע האָט זיי געבראַכט ביידע צום סוף, דערפֿאַר האָט מען דאָ אויפֿן צווייטן אָרט, נאָך דער ווערטער־גרופּע ,אין אַלע קאָלווירטן פֿון אונדזער ראַיאָן׳, געמוזט שטעלן אַ פּאַרטיקל ,איז׳ – אַזאַ ,איז׳, וואָס פֿילט אויס די פֿונקציעס פֿון פֿאַרבייַטן אַ פּערזאָניקן ווערב און וואָס קומט צו בינדן איין זאַצטייל מיטן צווייטן אָדער אַ מאָל איין זאַץ מיטן פֿאָריקן.

מע דאַרף אָבער אויסמייַדן צו ברענגען אַזאַ ,איז׳ אין אַזעלכע פֿאַלן: ,וועגן מענדעלע מוכר־ספֿרים איז ברענגט ער צווישן אַנדערע מאַטעריאַלן דאָס פֿאָרוואָרט צו „מסעות

בנימין השלישי״. דאָ איז, פֿאַרשטייט זיך, דער ,איז׳ [294] אין גאַנצן איבעריק, ווײַל אויפֿן צווייטן אָרט איז דאָ אַלץ איינס פֿאַראַן אַ פּערזאָניקער ווערב (,ברענגט׳).

400 דער פּערזאָניקער ווערב קאָן זיך אָפּט געפֿינען אויך אָנהייב זאַץ. דאָס איז אין אַזאַ פֿאַל, ווען דער זאַץ איז פֿאַרבונדן מיט אַ פֿאָריקן זאַץ. אַ שטייגער:

> וואָס טוט מען דאָ? טראַכט איך מיר, ס׳איז שלעכט: זאָל איך זאָגן אַ קערבל, איז אַן עבֿירה, טאָמער קאָן איך נעמען צוויי. זאָל איך זאָגן צוויי, האָב איך מורא, טאָמער קוקן זיי מיך אָן ווי אַ משוגענעם (שאָל.).

אויב אָבער דער זאַץ איז אַ זעלבשטענדיקער – ער איז מיט די פֿאָריקע זאַצן ניט געבונדן – און מע וויל אים צוליב די אָדער יענע טעמים ניט אָנהייבן מיטן סוביעקט אָדער מיט אַ בײַגליד, דאַרף מען פֿון אָנהייב זאַץ, פֿאַרן פּערזאָניקן ווערב, ברענגען אַ פּאַרטיקל ,עס׳ אָדער ,סע, ס״. אַ שטייגער: עס צעשפּילן זיך אין מיר פֿאַר גרויס פֿאַרדראָס די געבליטן. עס רײַסן זיך מיר אויף דער צונג טיף פֿונעם האַרץ ווערטער. רעדן ווילט זיך מיר (ממס.).

אָבער ניט יעדער ,עס (סע)׳ איז אַ פּאַרטיקל. ,עס׳ איז אָפּט אַ פּראָנאָם – אַ סוביעקט אָדער אָביעקט. אַ שטייגער: ער האָט שוין אַ היפּש בערדל. סע וואַקסט בײַ אים מיט רוחות. ער ציפּעט דאָס, און סע וואַקסט. מאָדנע וואַקסט דאָס בערדל. אויפֿן האַלדז גאָר האָט זיך עס בײַ אים צעוואַקסן (שאָל.).

401 אַזוי האַלט עס מיטן אָרט פֿונעם פּערזאָניקן ווערב. וואָס איז שייך די איבעריקע טיילן פֿונעם פּרעדיקאַט (אַ פּרעדיקאַט באַשטייט דאָך מערסטנס ניט בלויז פֿון אַ פּערזאָניקן ווערב), קאָנען זיי קומען אין פֿאַרשיידענע ערטער פֿונעם זאַץ – פֿון אָנהייב, אין מיטן אָדער צום סוף – אָפּהענגיק דערפֿון, צי זיי ווערן אַקצענטירט צי ניט און צי עס ווערן אַקצענטירט נאָך אַנדערע ווערטער אינעם זאַץ. אַ שטייגער:

1. אַרויסגעשלאָגן פֿון מײַן זיסער באַרוישונג האָט מיך אַ שאָרך פֿון טריט (ממס.).
2. אָפּגעהאַנדלט די קאַנאַפּע מיטן בעטל האָט חנה די ייִדענע (שאָל.).
3. אין געזעלשאַפֿט פֿון באַקאַנטע, פֿון פֿריִערדיקע חבֿרים האָט שלמהלע זיך געפֿילט נישט פֿרײַ (ממס.).
4. גיטעלען האָט ער שוין אין משך פֿון טאָג עטלעכע מאָל וועגן אָט דעם נײַעם גליקלעכן געשעפֿט דערציילט (בערג.).
5. הרגענען האָט מען זיי נישט געוואָלט, קיין בעטגעוואַנט האָט מען בײַ זיי נישט צוגענומען (שאָל.).

אָנמערקונג 1 ווען אַ פּרעדיקאַט באַשטייט פֿון אַ פּערזאָניקן ווערב מיט אַ צוגאָב און מע וויל דעם פּרעדיקאַט אַקצענטירן, קאָן מען דעם פּערזאָניקן ווערב ברענגען אויף זײַן געוויינטלעך אָרט, אָבער דעם צוגאָב – שטעלן צום סוף. אַ שטייגער: אוממעגלעך איז געוועגן צו טרעפֿן, פֿאַר וואָס ער נעמט די דרײַ טויזנט רובל בײַם גראַף נישט אָפּ (בערג.).

אָנמערקונג 2 ווען אַ פּרעדיקאַט ווערט ניט איבעריקס אַקצענטירט און ער באַשטייט פֿון אַ פּאָר ווערטער און מער און ציט צו זיך אַ ריי בײַגלידער, נעמט [295] ער

גערווײַנטלעך אייניקע בײַגלידער אַרײַן צווישן זיך (ווי אויך דעם סוביעקט, אויב דער דאָזיקער איז ניט פֿון אָנהייב זאַץ). אַ שטייגער:

1. דער מאַן האָט אויף איר געקוקט מיט רחמנות (ממס.).
2. ציפּע־סאָסיע האָט באַלד באַקומען אַן אָרט (ממס.).
3. צווישן זיך פֿלעגן די קינדער שטילערהייט אָפּטאָן מעשׂים (ממס.).

באַזונדערש קומט עס פֿאָר (און אַזוי דאַרף עס טאַקע זײַן), ווען די בײַגלידער זײַנען דאַטיוון מיט פּרעפּאָזיציעס, פֿאַרשיידענע לויט דער פֿונקציע. אַ שטייגער עס איז גלײַכער צו זאָגן:

ניט אַזוי

וואָס פֿאַר אַן אָפּשפּיגלונג האָבן באַקומען אָט די אַלע ענדערונגען אינעם לעבן פֿון פֿסס״ר אין די ווערק פֿון אונדזערע שרײַבער (צ.).

נאָר אַזוי

וואָס פֿאַר אַן אָפּשפּיגלונג האָבן אָט די אַלע ענדערונגען אינעם לעבן פֿון פֿסס״ר באַקומען אין די ווערק פֿון אונדזערע שרײַבער.

402 אַן אַדיעקטיוו אַן אַטריבוט קומט אין ייִדיש געווײַנטלעך פֿאַרן סובסטאַנטיוו, וועלכן ער כאַראַקטעריזירט, אָבער נאָכן אַרטיקל. צוליב באַטאָנונג (אַקצענטירונג) קאָן דער אַדיעקטיוו קומען אויך נאָכן סובסטאַנטיוו. אין אַזעלכע פֿאַלן איז געווײַנטלעך פֿאַראַן אַן אַרטיקל אָדער אַ פּאָסעסיווישער פּראָנאָם אי פֿאַרן סובסטאַנטיוו אי פֿאַרן אַדיעקטיוו. פֿאַרגלײַכט אַ שטייגער: די היימישע שטאָט, מײַן היימישע שטאָט – די שטאָט די היימישע, מײַן שטאָט מײַן היימישע.

אָנמערקונג אַן אַדיעקטיוו קאָן זיך אַ מאָל געפֿינען אויך אָפּגערוקט פֿונעם סובסטאַנטיוו, וועלכן ער כאַראַקטעריזירט. דאָס איז אין אַזאַ פֿאַל, ווען דער אַדיעקטיוו פֿילט אויס איינצײַטיק אַ פֿונקציע פֿון אַן אַטריבוט און אופֿן־באַשטימונג (זעט ז׳ 310).

403 ווען אַן אַדיעקטיוו בײַ אַ סובסטאַנטיוו קומט מיט בײַגלידער, דאַרפֿן די דאָזיקע זיך געווײַנטלעך געפֿינען ניט צווישן דעם אַדיעקטיוו און סובסטאַנטיוו, נאָר פֿאַרן אַדיעקטיוו. אַ שטייגער:

ריכטיק

1. מײַן פֿערדל... עסט... פֿון אַן אויסגעשפּרייטן לאַנטעך, וואָס איז צוגעבונדן... צו ביידע אויפֿגעשטעלטע אין דער הייך האָלאָבליעס (ממס.).
2. האָט ער געלאָזט די קינדער פֿרײַ נעמען די פּאַפּירענע, מיט שמאַלץ באַשמירטע לאַמטערנעס (שאָל.).
3. די לאָנקע איז פֿאַרוואַלגערט מיט פֿרישע פֿון דער וואָך אָנגעהאַקטע שפּענער (בערג.).

ניט ריכטיק

1. מײַן פֿערדל... עסט... פֿון אַן אויסגעשפּרייטן לאַנטעך, וואָס איז צוגעבונדן... צו ביידע אויפֿגעשטעלטע אין דער הייך האָלאָבליעס.
2. האָט ער געלאָזט די קינדער פֿרײַ נעמען די פּאַפּירענע, באַשמירטע מיט שמאַלץ לאַמטערנעס.
3. די לאָנקע איז פֿאַרוואַלגערט מיט פֿרישע אָנגעהאַקטע פֿון דער וואָך שפּענער. [296]

אַ מאָל טרעפֿט אָבער, אַז עס איז גלײַכער, די אַדיעקטיווישע גרופּע (די גרופּע ווערטער, וואָס געהערט צום אַדיעקטיוו) זאָל זיך געפֿינען ניט פֿאַרן אַדיעקטיוו, ווי אין די פֿריִערדיקע בײַשפּילן רעכטס (און ניט צווישן אַדיעקטיוו און דעם כאַראַקטעריזירטן סובסטאַנטיוו, ווי אין די פֿריִערדיקע בײַשפּילן לינקס), נאָר נאָכן כאַראַקטעריזירטן סובסטאַנטיוו. באַזונדערש קומט אַזוי אויס צו טאָן, ווען דער אַדיעקטיוו איז אַן איבערשטײַגיקער. אַ שטייגער:

ער האָט אַ רייע יאָרן געאַרבעט אויף דעם סאַמע גרעסטן זאַוואָד אין דער וועלט (צ.).

זאָגן ‚ער האָט אַ רייע יאָרן געאַרבעט אויף דעם סאַמע גרעסטן אין דער וועלט זאַוואָד' אָדער ‚...אויף דעם אין דער וועלט סאַמע גרעסטן זאַוואָד' – דאָס דאַרף מען ניט.

און אַ מאָל טרעפֿט, אַז עס איז גלײַכער צו ברענגען נאָכן כאַראַקטעריזירטן סובסטאַנטיוו ניט נאָר די אַדיעקטיווישע גרופּע, נאָר אויך דעם אַדיעקטיוו גופֿא; אָדער דעם אינהאַלט פֿון דער אַדיעקטיווישער גרופּע אויסדריקן מיט גאָר אַן אַנדער סטרוקטור. אַ שטייגער עס איז גלײַכער צו זאָגן: ‚אין אַ רייע שטעט וועלן זײַן אויסשטעלונגען באַדײַטנדיקע לויט די מאַטעריאַלן און דער צאָל עקספּאָנאַטן' – איידער צו זאָגן:

1. אין אַ רייע שטעט וועלן זײַן לויט די מאַטעריאַלן און דער צאָל עקספּאָנאַטן באַדײַטנדיקע אויסשטעלונגען;
2. אין אַ רייע שטעט וועלן זײַן באַדײַטנדיקע לויט די מאַטעריאַלן און דער צאָל עקספּאָנאַטן אויסשטעלונגען;
3. אין אַ רייע שטעט וועלן זײַן באַדײַטנדיקע אויסשטעלונגען לויט די מאַטעריאַלן און דער צאָל עקספּאָנאַטן.

ווי עס איז אַ שטייגער אויך גלײַכער צו זאָגן: ‚ער באַרירט אַ פּראָבלעם אַ צו שווערע (וואָס איז צו שווער) פֿאַר די אויפֿנעם־פֿעיִקייטן פֿון די שילער'[1] – איידער צו זאָגן:

1. ער באַרירט פֿאַר די אויפֿנעם־פֿעיִקייטן פֿון די שילער אַ צו שווערע פּראָבלעם;
2. ער באַרירט אַ צו שווערע פֿאַר די אויפֿנעם־פֿעיִקייטן פֿון די שילער פּראָבלעם;
3. ער באַרירט אַ צו שווערע פּראָבלעם פֿאַר די אויפֿנעם־פֿעיִקייטן פֿון די שילער.

בכלל, אין אַלע אַזעלכע פֿאַלן, ווי אין אַלע אַנדערע פֿאַלן, דאַרף מען ברענגען די ווערטער אין אַזאַ סטרוקטור און אין אַזאַ סדר, אַז דער לייענער (דער צוהערער) זאָל דאַרפֿן אויסברענגען וואָס ווייניקער צײַט און אָנשטרענגונג אויף צו פֿאַרשטיין, וואָס מע זאָגט צו אים.

57 ווערטער־סדר און צווייִדײַטיקייטן

404 בײַם אויסשטעלן די ווערטער אין אַזאַ אָדער אין אַן אַנדער סדר דאַרף מען זען אויסמײַדן אומקלאָרקייטן, צווייִדײַטיקייטן. אַזעלכע אומקלאָר־[297]קייטן אָדער צוויי־

1 [1] וועגן דער דאָזיקער סטרוקטור וועט זײַן גענוי גערעדט אינעם קאַפּיטל „אַטריבוטיווער בײַזאַץ".

דײַטיקייטן קאָנען זיך אָפּט באַקומען מחמת דעם, וואָס איינס און דאָס זעלבע וואָרט קאָן אין איין פֿאַל זײַן אַ פּרעפּאָזיציע און אין אַ צווייטן פֿאַל אַ צוגאָב; אין איין פֿאַל אַ סוביעקט און אין אַ צווייטן אַן אָביעקט אאַ"וו. אַ שטייגער אינעם זאַץ ,אויפֿן פֿראָנט וואַקסן צו די פּיס צו די שטיוול׳ – קאָן מען יעדן פֿון די דאָזיקע ,צו׳ אָננעמען פֿאַר אַ פּרעפּאָזיציע אָדער פֿאַר אַ צוגאָב. אַ שטייגער:

1. אויפֿן פֿראָנט וואַקסן צו די פּיס צו די שטיוול.

2. אויפֿן פֿראָנט וואַקסן צו די פּיס צו די שטיוול.

און אין אָננעמען דאָ פֿאַר אַ פּרעפּאָזיציע אָדער פֿאַר אַ צוגאָב דעם אָדער יענעם ,צו׳ – ווענדט זיך, ווער איז דער סוביעקט פֿונעם דאָזיקן זאַץ – ווער איז דער (אָדער דאָס), וואָס וואַקסט צו.

אָנמערקונג אָפּטער וועט, פֿאַרשטייט זיך, זײַן פֿאַרקערט: אָננעמען דאָס אָדער יענץ וואָרט פֿאַר אַ פּרעפּאָזיציע אָדער פֿאַר אַ צוגאָב – וועט זיך אין אַזעלכע פֿאַלן ווענדן אין דעם, וואָס פֿאַר אַ וואָרט וועט אינעם זאַץ אָנגענומען ווערן אַלס דער סוביעקט.

אַן אינטערעסאַנטן בײַשפּיל צו דער דאָזיקער טעמע האָבן מיר בײַ שלום־עליכמען:

> אַ גדלן [אַ גרויסהאַלטער] האָט אָבער פֿײַנט די וועלט, דאָס הייסט, ניט ער האָט פֿײַנט די וועלט, נאָר די וועלט אים.

ווײַל שלום־עליכם האָט (מסתּמא) צוליב שפּאַס געבראַכט אַ ,שלעכטן׳ ווערטער־סדר, האָט ער ספּעציעל געמוזט אויסטײַטשן דעם אינהאַלט.

405 גערווײנטלעך דערקענען מיר דעם סוביעקט און אָביעקט אומאָפּהענגיק פֿון זייער אָרט אין זאַץ. דאָס קומט פֿאַר מחמת פֿאָלגנדיקע טעמים:

1. מחמת דער לאָגיק. אַ שטייגער אין אַזאַ זאַץ ווי ,אַ צײַטונג לייענט די שוועסטער׳ – נעמען מיר אויף ,אַ צײַטונג׳ פֿאַרן אָביעקט און ,די שוועסטער׳ פֿאַרן סוביעקט, כאָטש זיי שטייען ניט אויף זייערע געווייטלעכע ערטער;

2. מחמת דער מיטשטימונג פֿונעם פּרעדיקאַט מיטן סוביעקט. אַ שטייגער סײַ אינעם זאַץ ,די פּאַרטיי פֿירט פֿאָרויס די אַרבעטער׳ און סײַ אינעם זאַץ ,די אַרבעטער פֿירט פֿאָרויס די פּאַרטיי׳ – איז ,די פּאַרטיי׳ דער סוביעקט און ,די אַרבעטער׳ דער אָביעקט;

3. מחמת דער בייגפֿאָרמע. אַ שטייגער:

> וואָס גיכער די באַן שטופּט דעם רויך [אַ]רויס,
> אַלץ גיכער שטופּט זי דער רויך פֿאָרויס,
> און וואָס גיכער דער רויך שטופּט די באַן פֿאָרויס,
> אַלץ גיכער שטופּט זי אים אַרויס (מ.־ל. ה.).

עס טרעפֿן אָבער פֿאַלן, ווען איינס און דאָס זעלבע וואָרט זאָל אין איינעם און דעם זעלבן זאַץ אויפֿגענומען ווערן פֿאַר אַ סוביעקט (פֿאַר אַ נאָמינאַטיוו) אָדער פֿאַר אַן אָביעקט (פֿאַר אַן אַקוזאַטיוו) און ניט די לאָגיק, ניט די מיטשטימונג און ניט די בייגפֿאָרמע זאָלן אונדז ניט קאָנען העלפֿן געפֿינען דעם סוביעקט און [298] אָביעקט, כּדי ריכטיק צו פֿאַרשטיין דעם זאַץ. אַ שטייגער: די אַרבעטער האָבן אַנטוואָפֿנט די סאָלדאַטן. אָט אין אַזעלכע פֿאַלן שפּילט אַ באַזונדערע ראָלע דער ווערטער־סדר: דער סובסטאַנטיוו, וואָס גייט אויפֿן ערשטן אָרט, דער וועט געווייִנטלעך אויפֿגענומען ווערן פֿאַרן סוביעקט. אַ שטייגער: די אַרבעטער האָבן אַנטוואָפֿנט די סאָלדאַטן – די סאָלדאַטן האָבן אַנטוואָפֿנט די אַרבעטער.[1]

אָנמערקונג אין שפּראַכן מיט ווייניקער פֿלעקסיעס איז דער ווערטער־סדר בכלל מער סטאַביל איידער אין שפּראַכן מיט מער פֿלעקסיעס. פֿאַרגלייַכט אַ שטייגער די מעג־לעכקייט פֿון איבערשטעלן די ווערטער אינעם ייִדישן זאַץ ,די סאָלדאַטן האָבן אַנטוואָפֿנט די אַרבעטער׳ און אינעם רוסישן זאַץ Солдаты разоружили рабочих.[2]

406 ווען מע וויל אין אַזאַ פֿאַל (ווי דער ערשט פֿונאַנדערגעקליבענער) אַקצענטירן דעם סוביעקט אָדער אָביעקט, דאַרף מען, כּדי אויסצומייַדן אומקלאָרקייטן, צווייַדייַטיקייטן, ניט ענדערן בלויז דעם ווערטער־סדר, נאָר אויך ענדערן דעם ווערטער־באַשטאַנד, די סטרוקטור פֿונעם זאַץ. אַ שטייגער:

1. די אַרבעטער האָבן צוגענומען בייַ די סאָלדאַטן דאָס געווער.
2. די אַרבעטער האָבן בייַ די סאָלדאַטן צוגענומען דאָס געווער.
3. בייַ די סאָלדאַטן האָבן די אַרבעטער צוגענומען דאָס געווער.
4. בייַ די סאָלדאַטן האָבן דאָס געווער צוגענומען די אַרבעטער.
5. דאָס געווער האָבן בייַ די סאָלדאַטן צוגענומען די אַרבעטער.

אין די אַלע זאַצן (און עס זייַנען מעגלעך נאָך זייער פֿיל קאָמבינאַציעס) איז דער סוביעקט – ,די אַרבעטער׳; און אין יעדן פֿון זיי זייַנען אַקצענטירט פֿאַרשיידענע זאַצגלידער.

די מעגלעכקייט צו מאַנעווורירן מיט די ווערטער פֿון די פֿאָריקע זאַצן האָבן מיר באַ־קומען מחמת דעם, וואָס מיר האָבן אָפּעררירט מיט פֿאַרשיידענע סינאָנימישע ווערטער און סטרוקטורן: אַנשטאָט ,האָבן אַנטוואָפֿנט׳ האָבן מיר געמאַכט ,האָבן צוגענומען דאָס געווער בייַ׳ (מאַכט קלאָר די פֿאַרשיידנקייט פֿון די דאָזיקע צוויי סטרוקטורן). עס טרעפֿט אָבער, אַז צוליב די אָדער יענע סיבות ווילט זיך ניט אַזוי שטאַרק ענדערן דעם פּרעדיקאַט, ווי מיר האָבן עס דאָ געטאָן, דאַן קאָן מען אין געוויסע פֿאַלן אָנקומען צו אַן אַנדער מיטל, וואָס וועגן דעם וועט גיין אַ רייד אינעם ווייַטערדיקן קאַפּיטל.

1 [1] אַ מאָל העלפֿט אין אַזעלכע פֿאַלן דער קאָנטעקסט צו געפֿינען דעם סוביעקט – אָבער ניט שטענדיק.

2 [soldaty razoružili rabočich]. די ענדונג (rabočich) ich ווייַזט איינדייַטיק אַז ס׳איז אַן אַקוזאַטיוו.

58 אַקטיווע און פּאַסיווע זאַצן

407 זאַצן זײַנען פֿאַראַן אַקטיווע און פּאַסיווע. פֿאַרגלײַכט אַ שטייגער:

1. אַקטיוו: דער פּאָרזיצער שליסט די פֿאַרזאַמלונג;
2. פּאַסיוו: די פֿאַרזאַמלונג ווערט געשלאָסן דורכן (פֿונעם) פּאָרזיצער.

דער אונטערשייד צווישן די דאָזיקע צוויי טיפּן סטרוקטורן באַשטייט אָט אין וואָס: [299]

1. דער סוביעקט – אין אַקטיוון זאַץ איז ער אַ נאָמינאַטיוו און אַ פּאַקטישער טוער; און אין פּאַסיוון – אַ נאָמינאַטיוו און אַ פּאַקטישער אָביעקט (ער ווערט געטאָן);
2. דער פּרעדיקאַט – אין אַקטיוון זאַץ איז ער אַן אַקטיווער ווערב און קאָן (אויב נאָר ער איז ניט קיין שטייענדיקער) באַהערשן אַ דירעקטן אָביעקט; און אין פּאַסיוון – אַ פּאַסיווער ווערב און קאָן קיין דירעקטן אָביעקט ניט באהערשן;
3. דער דירעקטער אָביעקט – אין אַקטיוון זאַץ איז ער אַן אַקוזאַטיוו און אַ פּאַקטישער אָביעקט; און אין פּאַסיוון זאַץ איז ער ניטאָ;
4. דער פּאַקטישער טוער – אין אַקטיוון זאַץ פֿאַלט ער צונויף מיטן סוביעקט; אין פּאַסיוון זאַץ, אויב נאָר ער איז דאָ, איז ער אויסגעדריקט דורך אַ זאַצגליד אַ דאַטיוו, וואָס קומט מיט דער פּרעפּאָזיציע ,דורך׳ אָדער ,פֿון׳ און ענטפֿערט אויף דער פֿראַגע ,דורך (פֿון) וועמען, דורך (פֿון) וואָס?׳.

סכעמאַטיש קאָן מען עס אַזוי פֿאָרשטעלן (אויבן – אַקטיוו; אונטן – פּאַסיוו):

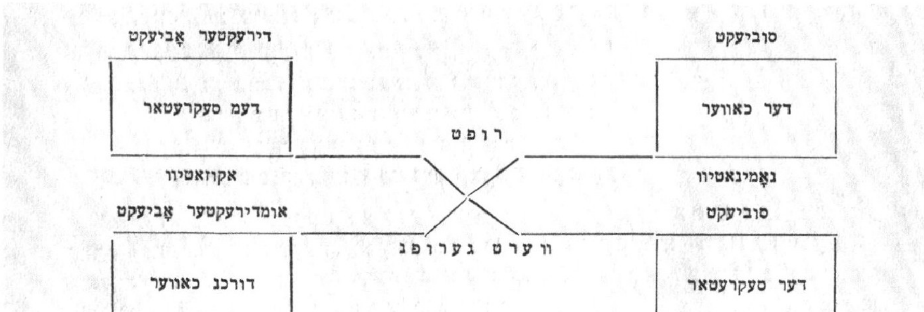

408 אָנמערקונגען 1. אין אַ זאַץ קאָן אַ מאָל בײַ איינעם און דעם זעלבן סוביעקט זײַן אי אַן אַקטיווער אי אַ פּאַסיווער ווערב. אַ שטייגער: די קליינע קינדער פֿאַרברענגען די צײַט און ווערן דערצויגן אינעם זאַוואָדישן קינדער־גאָרטן (צ.). אין אַזאַ פֿאַל איז דער סוביעקט (דער נאָמינאַטיוו) אַ פּאַקטישער טוער פֿון איין טווונג (,פֿאַרברענגען׳) און אַ פּאַקטישער אָביעקט פֿון דער צווייטער (,ווערן דערצויגן׳).

2. אויך אין אַ פּאַסיוון זאַץ קאָן אָפּט זײַן אַ דירעקטער אָביעקט, אָבער אַזאַ, וואָס ווערט באַהערשט ניט פֿונעם פּרעדיקאַט, נאָר פֿון אַן אַנדער זאַצגליד. אַ שטייגער: עס

איז אָנגענומען געוואָרן אַ רעזאָלוציע צו רעאַליזירן די הלוואה; דאָס רעאַליזירן די הלוואה איז פֿאַרענדיקט.

3. דער דירעקטער אָביעקט (אַקוזאַטיוו) פֿון אַן אַקטיוון זאַץ ווערט אין אַ פּאַסיוון אַ סוביעקט (נאָמינאַטיוו); אָבער אַן אומדירעקטער אָביעקט (דאַטיוו) פֿון אַן אַקטיוון זאַץ בלײַבט אויך אין פּאַסיוון אַן אומדירעקטער אָביעקט. אַ שטייגער: דער חבֿר רופֿט דעם סעקרעטאַר צום פֿאָרזיצער – דער סעקרעטאַר ווערט דורכן חבֿר גערופֿן צום פֿאָרזיצער. [300]

4. נאָכן ווערב „העלפֿן“ קומט אַן אָביעקט אַלע מאָל אין דאַטיוו און ניט אין אַקוזאַטיוו, כאָטש עס איז פֿאַראַן אַ ווערב „געהאָלפֿן ווערן“. אַ שטייגער: דער ברודער העלפֿט דער שוועסטער – די שוועסטער ווערט געהאָלפֿן פֿון (דורך) דעם ברודער.

5. דער פֿאַקטישער טוער אין אַ פּאַסיוון זאַץ (דער דאַטיוו) קאָן קומען מיט דער פּרעפּאָזיציע „דורך“ אָדער „פֿון“; אָבער מיט דער פּרעפּאָזיציע „מיט“ קומט ער ניט. אַ שטייגער: זאָגן אין ייִדיש „די פֿאַרזאַמלונג ווערט פֿאַרמאַכט מיטן פֿאָרזיצער“ – איז ניט ריכטיק.

6. ווען צו ברענגען דעם פֿאַקטישן טוער אין אַ פּאַסיוון זאַץ מיט „דורך“ און ווען מיט „פֿון“ – איז ניט רעגלאַמענטירט. עס זײַנען אָבער פֿאַראַן פֿאַלן, ווען עס מוז זײַן נאָר „דורך“ און ניט „פֿון“. אַ שטייגער בײַם איבערזעצן אין ייִדיש דעם זאַץ Львов освобождён Красной армией[1] קאָן, פֿאַרשטייט זיך, קיין „פֿון“ פֿאַר קיין פֿאַל ניט פּאַסן. און עס זײַנען פֿאַראַן פֿאַלן, ווען אי „פֿון“ אי „דורך“ פּאַסן ניט און מע מוז אָנקומען צו אַן אַנדער קאָנסטרוקציע, אָפֿטער פֿון אַלץ – צו דער אַקטיווער. פֿאַרגלײַכט אַ שטייגער:

1. די ביכער זײַנען געשיקט געוואָרן פֿון מאָסקווע;
2. די ביכער זײַנען געשיקט געוואָרן דורך מאָסקווע;
3. די ביכער האָט געשיקט מאָסקווע;
4. די ביכער האָט מען געשיקט פֿון מאָסקווע.

409 אין דער מערהייט פֿאַלן אָפּערירט מען מיט דער אַקטיווער סטרוקטור – מיט דער סטרוקטור, ווו דער סוביעקט און דער פֿאַקטישער טוער פֿאַלן צונויף. עס טרעפֿט אָבער, אַז עס איז גראָד גלײַכער אָנצווווענדן די פּאַסיווע סטרוקטור. דאָס איז מערסטנס אין פֿאָלגנדיקע פֿאַלן:

1. ווען מע וויל מער אונטערשטרײַכן דעם פֿאַקטישן דירעקטן אָביעקט. אין דער פּאַסיווער סטרוקטור איז דער פֿאַקטישער דירעקטער אָביעקט אין דער פֿונקציע פֿון אַ סוביעקט, און דערמיט ווערט ער מער באַטאָנט איידער אין דער אַקטיווער סטרוקטור. פֿאַרגלײַכט אַ שטייגער:

1 [l'vov osvoboždёn krasnoj armiej] – לוואָוו איז באַפֿרײַט געוואָרן דורך דער רויטער אַרמיי.

אַקטיוו	פּאַסיוו
1. טאָמער האָט עמעצן חלילה צעביסן אַ משוגענער הונט.	1. טאָמער איז עמעצער חלילה צעביסן געוואָרן פֿון אַ משוגענעם הונט (שאָל.).
2. זײַנע ווערטער האָט ווידער קיינער ניט געהערט.	2. זײַנע ווערטער זײַנען ווידער פֿון קיינעם ניט געהערט געוואָרן (בערג.).

2. ווען מע קאָן ניט אָדער מע וויל ניט ווײַזן דעם פּ אַ ק ט י ש ן טוער און מען איז פֿאַר־אינטערעסירט אויסצוטיילן דעם פּאַקטישן אָביעקט (און די טוונגען). אַ שטייגער: אין יע־נעם פֿרימאָרגן איז געפּײַערט געוואָרן אַ יום־טובֿ אין זײַן האַרצן (שאָל.); געמישפּט און אויסגעלייזט מוז ווערן די וועלט; פֿון דער מענטשלעכער [301] טראַגעדיע מוז באַפֿרײַט ווע־רן די וועלט (פּ.); זיי (די קינדערלעך) זאָלן פֿון אונדז נישט אַוועקגענומען ווערן און נישט פֿאַרוואָרפֿן ווערן ווײַט (ממס.).

3. ווען מע דאַרף אויסמײַדן צווייִדײַטיקייטן און בכלל אומקלאָרקייטן. באַזונדערש, ווען די סוביעקטן און אָביעקטן שיידן זיך אויסערלעך ניט אונטער (זעט דעם סוף פֿון פֿאָ־ריקן קאַפּיטל). פֿאַרגלײַכט אַ שטייגער:

אַקטיוו	פּאַסיוו
1. די ליסטע פֿון ליטעראַטן... דאַרף פֿעסט־שטעלן אַ ליטעראַרישע קאָמיסיע.	1. די ליסטע פֿון ליטעראַטן... דאַרף פֿעסט־געשטעלט ווערן דורך אַ ליטעראַרישער קאָמיסיע (פּ.).
2. די דאָזיקע געשיכטע זאָל דערציילן גאַנץ באַזונדער און באַשרײַבן אײַער פּענדל.	2. די דאָזיקע געשיכטע זאָל דערציילט ווערן גאַנץ באַזונדער און באַשריבן ווערן דורך אײַער פּענדל (שאָל.).

59 באַהעפֿט און באַהעפֿטטיפּן

410 די גלידער אין אַ זאַץ קומען געוויינטלעך אויף אַ געוויסן אופֿן פֿאַרבונדן איינער מיטן אַנדערן. אַ שטייגער אינעם זאַץ „הערשעלעס יוגנט איז פֿאַרגאַנגען געשווינד" (ממס.) – האָבן מיר אַזעלכע פֿאַרבינדונגען (באַהעפֿטן): 1. צווישן ‚הערשעלעס' און ‚יוגנט'; 2. צווישן ‚יוגנט' און ‚איז פֿאַרגאַנגען'; 3. צווישן ‚איז פֿאַרגאַנגען' און ‚געשווינד'. אָבער צווישן ‚הער־שעלעס' און ‚איז פֿאַרגאַנגען' אָדער צווישן ‚יוגנט' און ‚געשווינד' איז קיין אוממיטלבאַרע פֿאַרבינדונג ניט פֿאַראַן.

די פֿאַרבינדונג צווישן זאַצגלידער ווערט אָנגערופֿן ב אַ ה ע פֿ ט. אַ באַהעפֿט נעמט אַרום אַ פּאָר אָדער עטלעכע זאַצגלידער – אַ פּאָר אָדער עטלעכע זעלבשטענדיקע ווער־טער מיט זייערע באַהילפֿיקע.

411 לויט דעם, ווי אַזוי די זאַצגלידער באַהעפֿטן זיך, טיילט מען די באַהעפֿטן אײַן אין ד ר ײַ ט י פּ ן: 1. סובאָרדינירונג; 2. קאָאָרדינירונג; 3. פּאַראַלעליזם.

412 סובאָרדינירונג (אונטערוואַרפֿונג) איז אַ באַהעפֿט פֿון אַ פּאָר זאַצגלידער, וואָס פֿילן אויס אין זאַץ פֿאַרשיידענע פֿונקציעס און וואָס איינער פֿון זיי ווערט באַשטימט דורכן צווייטן. אַ שטייגער אין יעדן באַהעפֿט פֿונעם ערשט פֿונאַנדערגעקליבענעם זאַץ (‚הערשעלעס יוגנט...‘) ווערט איין זאַצגליד באַשטימט דורך אַ צווייטן: ‚יוגנט‘ ווערט באַשטימט דורך ‚הערשעלעס‘, ווי אויך דורך ‚איז פֿאַרגאַנגען‘; און ‚איז פֿאַרגאַנגען‘ ווערט באַשטימט דורך ‚געשווינד‘.

ביי אַ באַהעפֿט מיט סובאָרדינירונג איז איינער פֿון די זאַצגלידער אַ סובאָרדינירטער (אונטערגעוואָרפֿענער) און דער צווייטער איז אַ סובאָרדיניריקער (אונטערוואַרפֿנדיקער). סובאָרדינירט איז דער זאַצגליד, וואָס באַשטימט אַ צווייטן, און סובאָרדיניריק איז דער, וואָס ווערט באַשטימט דורך אַ צווייטן. דערביי קאָן אַ סובאָרדינירטער זאַצגליד אין באַצוג צו אַ צווייטן זאַצגליד זיין אַ סובאָרדיניריקער. אַ שטייגער אינעם פֿאָריקן מוסטערזאַץ איז דער פּרעדיקאַט ‚איז [302] פֿאַרגאַנגען‘ סובאָרדינירט צום סוביעקט און איז סובאָרדיניריק לגבי דער אופֿן־באַשטימונג. אָבער דער סוביעקט איז אַלע מאָל בלויז סובאָרדיניריק און קיין מאָל ניט סובאָרדינירט. דער סוביעקט – דאָס איז אַ זאַצגליד, וואָס אַלע אַנדערע זאַצגלידער קומען דירעקט אָדער אומדירעקט אים צו באַשטימען.

דער סובאָרדינירטער זאַצגליד הענגט אָפּט אָפּ פֿונעם סובאָרדיניריקן – אין פּערזאָן און אין צאָל (אויב ס׳איז אַ פּרעדיקאַט און אַ סוביעקט), אין מין, צאָל און בייגפֿאָרמע (אויב ס׳איז אַן אַדיעקטיוו און אַ סובסטאַנטיוו) אָדער בלויז אין בייגפֿאָרמע (אויב ס׳איז אַ סובסטאַנטיוו און אַ ווערב אָדער אַ סובסטאַנטיוו און אַ סובסטאַנטיוו). אַ שטייגער:

1. ער לייענט די נעכטיקע רעזאָלוציע וועגן דער קלובאַרבעט.

2. מיר לייענער דעם היינטיקן באַשלוס וועגן דעם טראַנספּאָרט.

אָט די דאָזיקע אָפּהענגיקייט ווערט געוויינטלעך אויסגעדריקט דורך פֿלעקסיעס – דורך ספּעציעלע וויזערס פֿון סובאָרדינירטקייט, וואָס קומען אין ייִדיש אין פֿאָלגנדיקע פֿאַלן:

1. ביי סובסטאַנטיוון – ביי אַקוזאַטיוון, דאַטיוון[1] און פּאָסעסיוון – די פֿלעקסיעס ־(ע)ן, ־(ע)ס. אַ שטייגער: איך רוף לייזערן, בערלען; איך גיי צו לייזערן, צו בערלען; איך נעם לענינס, ענגעלסעס ווערק; איך לייען אינעם ברודערס צימער.

2. ביי פּערזאָניקע ווערבן – די פֿלעקסיעס ־סט, ־ט, ־(ע)ן. אַ שטייגער: (דו) שרייבסט, (ער, זי, עס; איר) שרייבט, (מיר, זיי) שרייבן; (דו) לייענסט, (ער, זי, עס; איר) לייענט, (מיר, זיי) לייענען.[2]

3. ביי אַדיעקטיוון – די פֿלעקסיעס ־ער; ־ע; ־(ע)ן, ־(ע)ם; ־ס. אַ שטייגער: אַ ליכטיקער, אַ פֿרייער, אַ שיינער טאָג; אַ ליכטיקע, אַ פֿרייע, אַ שיינע וואָך; פֿאַר אַ ליכטיקער, אַ פֿרייער, אַ שיינער וואָך; אַ ליכטיקן, אַ פֿרייען, אַ שיינעם טאָג; אַ יאָר אַ ליכטיקס, אַ פֿרייס, אַ שיינס.[3]

1 [1] ביי אייגן־נעמען פֿון לעבעדיקע וועזנס און ביי אייניקע אַנדערע.

2 [2] ביי אייניקע ווערבן איז ניט ־(ע)ן, נאָר ־נען. אַ שטייגער: חתמענען, גנבֿענען א״אַ.

3 [3] די דאָזיקע פֿלעקסיעס זיינען אויך פֿאַראַן ביים צאָלוואָרט ‚איין‘ (איינער, איינע, איינעם, איינס). אויך

אָנמערקונג ביַי אַ פּערזאָניקן ווערב, וואָס קומט ביַי ‚איך’ אָדער אין באַפֿעל־מאָדוס צווייטע פּערזאָן איינצאָל (שריַיב, לייען), און ביַי אַן אַ״יעקטיוו, וואָס קומט פֿאַר אַ סובסטאַנטיוו פֿון דריטן מין מיטן אַרטיקל ‚אַ(ן), קיין’ (אַ שיין לעבן, אַן אַלט פֿאָלק), – ביַי זיי איז קיין פֿלעקסיע ניטאָ. זייער אָפּהענגיקייט פֿון אַנדערע ווערטער ווערט ניט אויסגעדריקט דורך אַ ספּעציעלער פֿלעקסיע. דעריבער רופֿט מען די דאָזיקע פֿאָרמע פֿונעם פּערזאָניקן ווערב און אַדיעקטיוו – נולפֿאָרמע – אַ פֿאָרמע, וואָס האָט ניט קיין פֿלעקסיע, אָבער וואָס קאָן בכלל באַקומען אָדער פֿלעקסיעס פֿונעם פּער־זאָניקן ווערב אָדער פֿלעקסיעס פֿונעם אַדיעקטיוו. [303]

413 קאָאָרדינירונג (בינדונג, גליַיכאַרטיקייט) איז אַ באַהעפֿט פֿון אַ פּאָר אָדער עטלעכע זאַצגלידער, וואָס פֿילן אויס אין זאַץ איינע און די זעלבע פֿונקציעס און וואָס קיין איינער פֿון זיי ווערט ניט באַשטימט דורכן צווייטן, נאָר זיי (קאָנען) באַשטימען אַ דריטן, אָדער זיי ווערן באַשטימט אָדער קאָנען באַשטימט ווערן דורך אַ דריטן. אַ שטייגער אינעם זאַץ ‚די פּאַרטיי אָרגאַניזירט דעם אַרבעטער און קאָלווירטניק צום קאַמף פֿאַר סאָ־ציאַליזם’ – האָבן מיר צווישן אַנדערע באַהעפֿטן אַ באַהעפֿט ‚דעם אַרבעטער און קאָל־ווירטניק’. דער דאָזיקער באַהעפֿט באַשטייט פֿון צוויי זאַצגלידער (מיט אַ בינדוואָרט ‚און’ צווישן זיי), וואָס פֿילן אויס איינע און די זעלבע פֿונקציעס – פֿונקציעס פֿון דירעקטע אָב־יעקטן – און וואָס קיין איינער פֿון זיי ווערט ניט באַשטימט דורך אַ צווייטן, נאָר זיי ביידע באַשטימען אַ דריטן זאַצגליד (דעם פּרעדיקאַט).

אָנמערקונג 1 קאָאָרדינירונג קאָן זיַין ניט נאָר צווישן זעלבשטענדיקע ווערטער, נאָר אויך צווישן באַהילפֿיקע. אַ שטייגער: ער קוקט דורך און אונטער דיברילן.

אָנמערקונג 2 איינע און די זעלבע ווערטער קאָנען אין איין פֿאַל זיַין קאָאָרדינירט (גליַיכאַרטיק) און אין אַ צווייטן פֿאַל סובאָרדינירט (ניט גליַיכאַרטיק). אַ שטייגער:

1. איך האָב דאָרט געטראָפֿן אַ סך באַקאַנטע, פֿריַינד און חבֿרים.
2. איך האָב דאָרט געטראָפֿן אַ סך באַקאַנטע פֿריַינד און חבֿרים.

אינעם ערשטן זאַץ האָבן מיר דריַי קאָאָרדינירטע (גליַיכאַרטיקע) זאַצגלי־דער – דריַי דירעקטע אָביעקטן: אַ סובסטאַנטיווירטן אַדיעקטיוו ‚באַקאַנטע’ און צוויי סובסטאַנטיוון ‚פֿריַינד’ און ‚חבֿרים’. אינעם צווייטן זאַץ האָבן מיר שוין בלויז צוויי דירעק־טע אָביעקטן. וואָרן דאָ איז שוין דאָס וואָרט ‚באַקאַנטע’ ניט סובסטאַנטיווירט. דאָ איז עס אַן ‚עכטער’ (אַ ‚ריינער’) אַדיעקטיוו, וואָס קומט אַלס אַן אַטריבוט ביַים דירעקטן אָביעקט ‚פֿריַינד’.

414 פּאַראַלעליזם (קעגנזיַיטיקייט) איז אַ באַהעפֿט פֿון אַ פּאָר זעלבשטענדיקע ווער־טער, וואָס פֿילן אויס אין זאַץ איין פֿונקציע און וואָס ווערן קעגנזיַיטיק באַשטימט – ביידע ווערן זיי באַשטימט איינס דורכן אַנדערן. אַ שטייגער אינעם זאַץ ‚אַרבעטער שלאָג־לער פֿאָרן העלפֿן די קאָלווירטן אַראָפּנעמען די גערעטעניש’ – האָבן מיר צווישן אַנדערע באַהעפֿטן אַ באַהעפֿט ‚אַרבעטער שלאָגלער’. דער דאָזיקער באַהעפֿט באַשטייט פֿון צוויי

אַ ריי פּראָנאָמען קומען מיט סובסטאַנטיווישע אָדער מיט אַדיעקטיווישע פֿלעקסיעס. אַ שטייגער: עמעצער, עמעצן, עמעצנס; קיינער, קיינע, קיינעם, קיינעמס; מיַינער, מיַינע, מיַינעם, מיַינס.

ווערטער, וואָס פֿילן אויס איין פֿונקציע – אַ פֿונקציע פֿון אַ סוביעקט – און וואָס ביידע ווערן זיי באַשטימט איינס דורכן אַנדערן (וואָס פֿאַר אַ[ן] אַרבעטער? אַרבעטער שלאָגלער. וואָס פֿאַר אַ שלאָגלער? אַרבעטער שלאָגלער).

415 גראַפֿיש קאָן מען די ערשט אָנגעוויזענע דריי באַהעפֿטטיפּן אַזוי פֿאָרשטעלן:

1. סובאָרדינירונג – דורך אָדער ;
2. קאָאָרדינירונג – דורך ;
3. פּאַראַלעליזם – דורך (זעט די ווײַטערדיקע בײַשפּילן). [304]

אָנמערקונג 1 קאָאָרדינירטע (גלײַכאַרטיקע) אָדער פּאַראַלעלע זאַצגלידער קאָנען אין באַצוג צו אַנדערע זאַצגלידער זײַן סובאָרדינירט אָדער סובאָרדיניריק. אַ שטייגער:

1. מיר קויפֿן און לייענען צײַטונגען.

2. מיר באַגעגענען אַרבעטער שלאָגלער פֿון ראַיאָן.

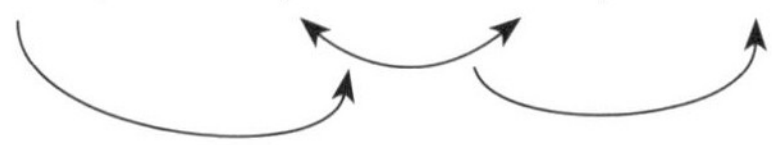

אָנמערקונג 2 סובאָרדינירונג אָדער פּאַראַלעליזם קומט פֿאָר בלויז צווישן אַ פּאָר זעלבשטענדיקע ווערטער (מיט זייערע באַהילפֿיקע) אָדער צווישן אַ וואָרט מיט אַ גרופּע ווערטער. קאָאָרדינירונג קאָן זײַן צווישן אַ סך, ניט נאָר צווישן צוויי ווערטער.

416 אָפֿטער קומט אָבער פֿאָר, אַז אַ זאַצגליד באַשטימט ניט אַ צווייטן זאַצגליד, נאָר אַ גאַנצן באַהעפֿט אָדער אַפֿילו אַ גאַנצע גרופּע באַהעפֿטן (ווי מיר האָבן עס טאַקע אין דער אמתן געהאַט אויך אין די פֿאָריקע בײַשפּילן). אַ שטייגער אין מענדעלעס זאַץ „הערשעלעס יוגנט איז פֿאַרגאַנגען געשווינד" – איז די סיסטעם באַשטימונגען אַ ביסל אַ קאָמפּליצירטערע, איידער עס איז געווען אָנגעוויזן פֿריִער. אַ שטייגער דער פּרעדיקאַט באַשטימט דאָרט אין דער אמתן ניט בלויז דעם סוביעקט אַליין, נאָר דעם סוביעקט מיטן אַטריבוט. אָט פֿאַר וואָס די באַציִונגען צווישן די זאַצגלידער אינעם ערשט אָנגעוויזענעם זאַץ דאַרפֿן גראַפֿיש אין דער אמתן זײַן אַזוי פֿאָרגעשטעלט:

הערשעלעס יוגנט איז פֿאַרגאַנגען געשווינד.

אָדער נאָך גענויער אַזוי:

הערשעלעס יוגנט איז פֿאַרגאַנגען געשווינד.

דאָס הייסט: דער פּרעדיקאַט־טייל פֿונעם זאַץ – דער פּרעדיקאַט מיט זײַנע זאַצגלידער – באַשטימט דעם סוביעקטטייל – דעם סוביעקט מיט זײַנע זאַצגלידער.

אַ שטייגער אויב מיר ווילן גראַפּיש פֿאָרשטעלן דעם זאַץ ,די שנעלע טעמפּן פֿון דער סאָציאַליס־טישער...׳, וואָס אויף ז׳ 257, וועלן מיר באַקומען לערך אַזאַ בילד:

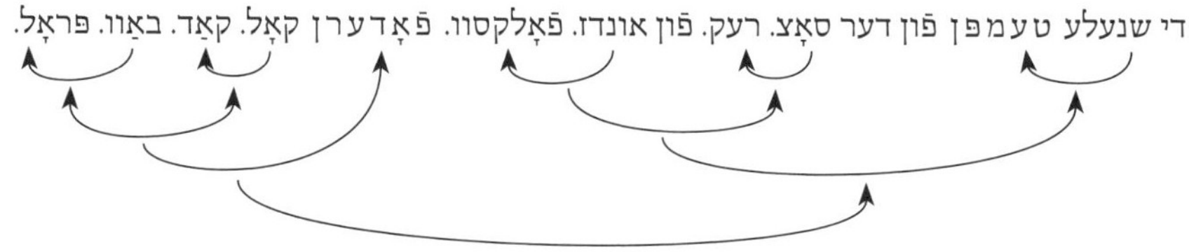

[305]

אָט די פֿאַרשיידענע טיפּן באַהעפֿטן, וואָס זײַנען פֿאַראַן אין אַ זאַץ, און בכלל דאָס באַהעפֿטן זיך פֿון די זאַצגלידער – דאָס שאַפֿט אַ געוויסע באַטײַטלעך־סטרוקטורישע קייטלונג פֿון ווערטער און באַהעפֿונגען. אָט די דאָזיקע קייטלונג בילדעט אַ זאַץ.

II זאַצסטרוקטור און פּונקטואַציע

60 גלײַכאַרטיקע (קאָאָרדינירטע) זאַצגלידער

417 גלײַכאַרטיקע זאַצגלידער ברענגען מיר אין ריידן אַרויס מיט אַ ספּעציעלער אינטאָנאַציע פֿון בינדן (קאָאָרדינירן) און אָפֿט מיט ספּעציעלע בינדווערטער. דאָס אָפֿטסטע בינדוואָרט צווישן גלײַכאַרטיקע זאַצגלידער איז דער ,און׳ (אָדער אַן אַנדער בינדוואָרט פֿון דער ערשטער גרופּע בינדווערטער (זעט ז׳ 298). אַ שטייגער:

1. איך וועל זײַן אין קלוב, אין פֿאַבקאָם (פֿאַבריק־קאָמיטעט).
2. איך וועל זײַן אין קלוב און אין פֿאַבקאָם.
3. איך וועל זײַן אין קלוב און אויך אין פֿאַבקאָם.
4. איך וועל זײַן אין קלוב סײַ אין פֿאַבקאָם.
5. איך וועל זײַן אין קלוב אָדער אין פֿאַבקאָם.
6. איך וועל זײַן ניט אין קלוב, נאָר אין פֿאַבקאָם.
7. איך וועל זײַן אין קלוב, ניט אין פֿאַבקאָם.

אָט פֿאַר וואָס מע קאָן פֿאָרמולירן: גלײַכאַרטיקע (קאָאָרדינירטע) זאַצגלידער זײַנען די, וואָס צווישן זיי איז פֿאַראַן אָדער עס קאָן בכלל זײַן אַ בינדוואָרט ,און׳.

418 גלײַכאַרטיקע זאַצגלידער זײַנען געוויינטלעך פֿון איין פֿאָרמע – עטלעכע נאָמי־נאַטיוון אָדער עטלעכע אַקוזאַטיוון, עטלעכע פּערזאָניקע ווערבן אָדער עטלעכע אינפֿיני־טיוון אאַ״וו. עס טרעפֿט אָבער אויך, אַז גלײַכאַרטיקע זאַצגלידער האָבן פֿאַרשיידענע פֿאָרמעס. אַ שטייגער אינעם זאַץ „דער הימל איז בלוי, לויטער, אָן אַ פּיצל וואָלקן״ (ממס.) – האָבן מיר דרײַ גלײַכאַרטיקע זאַצגלידער: צוויי פֿון זיי זײַנען אַדיעקטיווישע אַדווערבן

(בלוי, לויטער), און איינער איז אַ גרופּע פּאַראַלעלע סובסטאַנטיוון מיט אַ פּרעפּאָזיציע (אָן אַ פּיצל וואָלקן).

און אין אַ זאַץ זײַנען אָפֿט מאָל פֿאַראַן עטלעכע ווערטער פֿון איין פֿאָרמע און זיי זײַנען ניט גלײַכאַרטיק. אַ שטייגער אינעם זאַץ ‚די פֿראַנצייזישע קאָמוניסטישע פּאַרטיי איז טעטיק’ – האָבן מיר צוויי אַדיעקטיוון ‚פֿראַנצייזישע’ און ‚קאָמוניסטישע’, אָבער זיי זײַנען דאָ ניט קיין גלײַכאַרטיקע – קיין ‚און’ קאָן צווישן זיי ניט אַרײַנקומען. דאָס איז דערפֿאַר, וואָס דער אַדיעקטיוו ‚קאָמוניסטישע’ ציט צום סובסטאַנטיוו ‚פּאַרטיי’ און דער אַדיעקטיוו ‚פֿראַנצייזישע’ ציט צו דער גרופּע ‚קאָמוניסטישע פּאַרטיי’ – פֿראַנצייזישע קאָמוניסטישע פּאַרטיי. [306]

אָנמערקונג אין אַלע פֿאַלן, ווען מע צווייפֿלט, צי זײַנען די אָדער יענע זאַצגלידער גלײַכאַרטיק צי ניט, קאָן מען אָנקומען צום ‚און’; די זאַצגלידער, וואָס אין דעם אָדער אין יענעם קאָנקרעטן פֿאַל לאָזן זיי זיך פֿאַרבינדן דורכן ‚און’, די זײַנען גלײַכאַרטיק; די זאַצגלידער, וואָס לאָזן צווישן זיך קיין ‚און’ ניט אַרײַן, די זײַנען ניט גלײַכאַרטיק.

419 אַלס גלײַכאַרטיקע ברענגט מען אָפֿט מאָל סובסטאַנטיווירטע אינפֿיניטיוון און ווערבאַלע סובסטאַנטיוון, ווי אַ שטייגער אינעם זאַץ: ‚דאָס האָט געשאַפֿן דעם באַזיס פֿאַר דעם אַרויסשפּראָצן, אַנטוויקלונג און אויפֿבליִען פֿון אונדזער ליטעראַטור’. אָבער צוליב סימעטריע דאַרף מען עס בעסער אויסמײַדן. מע דאַרף, ווו עס לאָזט זיך נאָר, ברענגען עס אין איין פֿאָרמע: אָדער אַלס סובסטאַנטיווירטע אינפֿיניטיוון אָדער אַלס ווערבאַלע סובסטאַנטיוון. אַלס סובסטאַנטיווירטע אינפֿיניטיוון לוינט עס צו ברענגען מערסטנס אין אַזאַ פֿאַל, ווען די אינפֿיניטיוון וועלן זײַן איבערגייענדיקע, וועלן (קאָנען) באַהערשן אַ דירעקטן אָביעקט, אַן אַקוזאַטיוו (און דאָס איז פֿון אַ ריי שטאַנדפּונקטן באַקוועמער). ווען אָבער די אינפֿיניטיוון, וואָס וועלן זיך באַקומען, וועלן טיילווײַז זײַן איבערגייענדיקע און טיילווײַז שטייענדיקע, ווי אַ שטייגער די אינפֿיניטיוון ‚אַרויסשפּראָצן, אַנטוויקלען’ און ‚אויפֿבליִען’, וואָס פֿאָדערן פֿאַרשיידענע בייגפֿאָרמעס (אַקוזאַטיוו און דאַטיוו), – וועט אין אַזאַ פֿאַל בײַם ברענגען זיי אַלס גלײַכאַרטיקע בעסער לוינען צו בילדן פֿון זיי ווערבאַלע סובסטאַנטיוון (פֿאַר דער אַרויסשפּראָצונג, אַנטוויקלונג און אויפֿבליִונג). אָדער אַלן פֿאַלס אַזוי: פֿאַר דעם אַרויסשפּראָצן, דער אַנטוויקלונג און אויפֿבליִונג (און דעם אויפֿבליִ).

420 גלײַכאַרטיק קאָנען אָפֿט זײַן ניט נאָר איינצלנע זאַצגלידער, נאָר אויך גאַנצע ווערטער־גרופּעס, גאַנצע זאַצטיילן. אַ שטייגער:

> לוִיס קערט זיך אום צוריק אין צימער, רײַט ווי פֿריִער אויפֿן ווינער שטול לעבן דער אָנגעהייצטער הרובע, קוקט פֿון איבערן שטול און פֿון איבערן ברענענדיקן לאָמפּ צו די אָנגעפֿרוירענע שויבן, שפּיצט אָן די אויערן און בלײַבט אַזוי מיט אַ פֿאַרשטאָרבן האַרץ אין דערוואַרטעניש (בערג.).

דאָ האָבן מיר פֿינף גלייַכאַרטיקע פּרעדיקאַטן, וואָס יעדער פֿון זיי האָט בייַ זיך בייַגלידער. אויף אַזאַ אופֿן באַקומען זיך דאָ פֿינף גלייַכאַרטיקע זאַצטיילן (וואָס אַלע קומען זיי דאָ צו באַשטימען דעם סוביעקט).

גלייַכאַרטיקע זאַצטיילן קאָנען אָפֿט גופֿא אין זיך אַנטהאַלטן גלייַכאַרטיקע זאַצ־גלידער. אַ שטייגער אינעם זאַץ, ער האָט געקויפֿט אַ פּען, טינט און פּאַפּיר און זיך געזעצט שרייַבן אַן אַרטיקל אין וואַנטצייַטונג' – האָבן מיר צוויי גלייַכאַרטיקע זאַצטיילן – צוויי פּרעדיקאַטן מיט זייערע בייַגלידער. דערבייַ אַנטהאַלט דער ערשטער גלייַכאַרטיקער זאַצטייל גופֿא אין זיך דרייַ גלייַכאַרטיקע זאַצגלידער – דרייַ דירעקטע אָביעקטן.

אָנמערקונג כּדי זיך גיכער און בעסער צו אָריענטירן אין אַ זאַץ, וואָס אַנטהאַלט גלייַכאַרטיקע זאַצטיילן מיט גלייַכאַרטיקע זאַצגלידער, לוינט אָפֿט פֿריִער צו געפֿינען די גלייַכאַרטיקע זאַצטיילן און דערנאָך די גלייַכאַרטיקע זאַצגלידער. [307]

421 ווען אַ זאַץ אַנטהאַלט גלייַכאַרטיקע זאַצגלידער, קומען זיי אין אַ באַשטימטער קאָנסעקווענטקייט (אויסגעהאַלטנקייט): מע שטעלט זיי אויס לויט דער געשיכטלעכער (כראָנאָלאָגישער) אַנטוויקלונג, לויט דער לאָגישער אָפּהענגיקייט און קאָנסעקווענט־קייט אָדער לויט אַ געוויסער גראַדאַציע (אָנוווּקס) אאַ"וו. אַ שטייגער:

1. מאַרקס, ענגעלס, לענין, סטאַלין זייַנען די גרעסטע פֿירער פֿונעם אַרבעטער־קלאַס (צ.).
2. דער ציל פֿונעם ערשטן עטאַפּ פֿון אונדזער רעוואָלוציע (1903 – פֿעווראַל 1917) איז באַשטאַנען אין אַראָפּוואַרפֿן דעם צאַריזם און אין ליקווידירן אין גאַנצן די רעשטן מיטל־עלטער (צ.).
3. דעם פֿאָרשלאָג האָט מען אויפֿגענומען מיט פֿרייד, מיט באַגייַסטערונג (צ.).
4. דער הימל איז בלוי, לויטער, אָן אַ פּיצל וואָלקן (ממס.).
5. דער היפּשער עולם אַרום דער פֿאַרמאַכטער קאַרעטע האָט זיך געגעבן אַ רוק אָפּ, זיך געטאָן אַ מיש אויס... (בערג.).

422 ווען אין אַ זאַץ זייַנען פֿאַראַן גלייַכאַרטיקע סוביעקטן אין איינצאָל און דער סדר פֿון די ווערטער איז אַזאַ, אַז פֿריִער גייט דער פּרעדיקאַט און די סוביעקטן דערנאָך, קאָן דער פּרעדיקאַט זייַן סייַ אין איינצאָל און סייַ אין מערצאָל. אַ שטייגער:

1. עס ווערט אַ טומל, אַ רעש, אַ מהומה (שאָל.).
2. עס קומען צו פֿאָרן דער טאַטע, דער פֿעטער פּיניע און די איבעריקע משפּחה (שאָל.).

אָנמערקונג 1 אַ פּרעדיקאַט אין איינצאָל קאָן אַ מאָל קומען בייַ גלייַכאַרטיקע סוביעקטן אויך אין אַזאַ פֿאַל, ווען די סוביעקטן גייען אין זאַץ פֿריִער. דאָס קומט מער־סטנס פֿאָר, ווען די סוביעקטן האָבן בייַ זיך די בינדווערטער ,אי – אי' אָדער ,סייַ – סייַ'. אַ שטייגער: אי (סייַ) די אינדוסטריע אי (סייַ) די לאַנדווירטשאַפֿט שטייַגט אין ראַטן־פֿאַרבאַנד מיט גיגאַנטישע טעמפּן (צ.).

אָנמערקונג 2 אין אַלע אַזעלכע פֿאַלן, ווען אין זאַץ זײַנען פֿאַראַן גלײַכאַרטיקע סוביעקטן און דער פּרעדיקאַט איז אין איינצאָל, ווערן די סוביעקטן (און זייערע טווונגען) פֿאָרגעשטעלט אַלס מער איזאָלירטע, ווי ווען דער פּרעדיקאַט איז אין מערצאָל. פֿאַרגלײַכט אַ שטייגער:

געזעסן איז אין קיך שמואל וואָלציס, זײַן ווײַב און נאָך איינער אַ קויטיקלעכער און שלעפּערדיקער יונגער־מאַן.

געזעסן זײַנען אין קיך שמואל וואָלציס, זײַן ווײַב און נאָך איינער אַ קויטיקלעכער און שלעפּערדיקער יונגער־מאַן (בערג.).

423 ווען אַ זאַץ אַנטהאַלט גלײַכאַרטיקע סוביעקטן אָדער גלײַכאַרטיקע פּרעדיקאַטן, וואָס קומען מיט אַ גרעסערער גרופּע בײַגלידער, מאַכט מען אַ מאָל טעותן אין דער פּרעדיקאַטיווער מיטשטימונג. אַ שטייגער: די סיסטעמאַטישע און עקשנותדיקע אַרבעט פֿון דער קאָמוניסטישער פּאַרטיי צו באַלשעוויזירן די ייִדישע אַרבעטער־מאַסן און דער קאַמף קעגן די רעשטלעך בונדישער, נאַציאָנאַליסטי-[308]שער, קליינבירגערלעכער אידעאָלאָגיע האָט געגעבן גרויסע רעזולטאַטן (צ.). דאָ דאַרף, פֿאַרשטייט זיך, זײַן ניט ,האָט געגעבן', נאָר ,האָבן געגעבן'.

ווען אַ זאַץ אַנטהאַלט גלײַכאַרטיקע אָביעקטן, וואָס אַ טייל פֿון זיי איז אין איינצאָל און אַ טייל אין מערצאָל און האָבן בײַ זיך גרעסערע גרופּעס בײַגלידער, מאַכט מען אַ מאָל טעותן אין דער בייגפֿאָרמע פֿון די אָביעקטן – אַנשטאָט אַקוזאַטיוו (אָדער דאַטיוו) ברענגט מען נאָמינאַטיוו. אַ שטייגער: אין די ראַיאָנען וואָלט מען געדאַרפֿט באַטאָנען דעם וווּקס פֿונעם געגעבענעם ראַיאָן, די זיגזאַגן אינעם וווּקס, דער קאַמף פֿאַר קאָלעקטיוויזאַציע און זײַנע גרויסע דערגרייכונגען בײַ אַזאַ עלעמענט ווי איבערוואַנדערער, דער פּראָצעס פֿון זייער פֿאַרוואַנדלט ווערן אין קאָלווירטניקעס (צ.). דאָ דאַרף, פֿאַרשטייט זיך, זײַן ניט ,דער קאַמף' און ניט ,דער פּראָצעס', נאָר ,דעם קאַמף' און ,דעם פּראָצעס'.

61 פֿונקטואַציע בײַ גלײַכאַרטיקע זאַצגלידער

424 צווישן גלײַכאַרטיקע (קאָאָרדינירטע) זאַצגלידער אָדער זאַצטיילן שטעלט מען בכלל קאָמעס. אַ שטייגער:

1. דער הימל איז בלוי, לויטער, אָן אַ פּיצל וואָלקן (ממס.).
2. ניט ער, ניט קיינער האָט זיך געקאָנט דערויף ריכטן (שאָל.).
3. דער פֿויגל איז געווען נאַטירלעך, ווי לעבעדיק (שאָל.).
4. ער איז געקומען אָרעמלעך־ליידיק, נאָר גרייט צו אַלערליי פֿרייד (בערג.).
5. מײַן ברודער אליה איז אַ געטרײַער ברודער, אָבער נישט קיין גוטער רבי (שאָל.).

אָנמערקונג 1 דער דאָזיקער כּלל איז שייך אויך צו אַ קאָמפּליצירטן צונויפֿזאַץ, וואָס האָט עטלעכע באַשטימטיילן בײַ איין הויפּטטייל. אַ שטייגער: אַרבעטער־, פּויערים־ און רויטאַרמייער־ראַט.

אָנמערקונג 2 ווען איינס און דאָס זעלבע וואָרט ווערט איבערגעחזרט און צווישן די איבערגעחזרטע ווערטער איז פֿאַראַן אַן אינטאָנאַציע פֿון אַ קאָמע, שטעלט מען צווישן זיי אַ קאָמע. אַ שטייגער: גיכער, גיכער, סענדערל! (ממס.). ווען אָבער די איבער־געחזרטע ווערטער ווערן אויפֿגענומען אַלס אַ צונויפֿזאַץ, קומט צווישן זיי ניט קיין קאָמע, נאָר אַ בינדצייכן. אַ שטייגער: סענדער האָט גיך־גיך געענדיקט מיטן אָנבײַסן (שאָל.); און עס ציט מיך אַרויף־אַרויף, אין דער טיפֿער־טיפֿער יאַרמלקע אַרײַן (שאָל.).

אָנמערקונג 3 צווישן די גלײַכאַרטיקע טיילן אין די אויסדרוקן ,ניט טויט, ניט לע־בעדיק; ניט געשטויגן, ניט געפֿלויגן; דור־אויס, דור־אײַן; באַרג־ארויף, באַרג־אַראָפּ׳ און ענלעכע – קומט בכלל אַ קאָמע. ווען אָבער צווישן די גלײַכאַרטיקע טיילן ווערט געמאַכט אַ לענגערע פּויזע, קומט צווישן זיי אַ טירע.

425 צווישן גלײַכאַרטיקע זאַצגלידער אָדער זאַצטיילן ווערט די קאָמע פֿאַרפֿעלט אין פֿאָלגנדיקע פֿאַלן: [309]

1. צווישן צוויי גלײַכאַרטיקע זאַצגלידער, וואָס קומען מיט די בינדווערטער ,און, אָדער, צי, איידער׳ אָדער מיט די פּאָרלעך בינדווערטער ,אָדער – אָדער, צי– צי, סײַ – סײַ, אי – אי׳. אַ שטייגער:

(1) איך הייב אויף דעם קאָפּ און דערזע די מאַמע מיטן געלן פֿרעמדן מלבוש און מיט דער זײַדענער פֿאַטשיילע (שאָל.).

(2) און פֿלענער און האָפֿענונגען בויען זיך און וועבן זיך בײַ אים אין קאָפּ און טראָגן אים אַוועק אין דער צוקונפֿט (דינ.).

(3) די קאַסרילעווקער רעדאַקטאָרן האָבן פֿײַנט בלאָזן פֿון זיך קעגן די לעזער אָדער מאַכן פֿון זיך אַ גאַנצן צימעס (שאָל.).

(4) עס איז גרינגער אויפֿצוהייבן אַ שיכּור איידער אַ קבצן (שאָל.).

(5) איידער אַ קבצן איז שוין גלײַכער אַ נגיד (שאָל.).

(6) יעדער ייִד איז מחויבֿ אָדער געבן מעות־חיטים אָדער נעמען מעות־חיטים (שאָל.).

(7) בײַ אַ שטאַרבן איז אַוודאי אַ חילוק צי מיט אַ בענקל צי אָן אַ בענקל (פּ.).

(8) מנשה דער רופֿא טראָגט סײַ ווינטער סײַ זומער אַ הענגקאָלנער (שאָל.).

(9) דאָס האַרץ האָט אי גליק אי ווייטיק געפֿילט (דינ.).

אָנמערקונג ווען די בינדווערטער ,און, אָדער, צי, סײַ, אי׳ חזרן זיך איבער צווישן מער ווי צוויי גלײַכאַרטיקע זאַצגלידער, קומען צווישן די דאָזיקע זאַצגלידער קאָמעס. אַ שטייגער:

(1) בוזי איז הויך, און שלאַנק, און רייַף, און מלא־חן (שאָל.).
(2) אַהין טרעט אַריַין אָדער אַ קלעזמער, אָדער אַ בעל־מלאָכה, אָדער אַ הפֿקר־יונג... (שאָל.)
(3) איר וועט זען פֿאַר זיך אין איין צייַט אי אַ טיפֿן דענקער, אי אַ מאָדנעם קינסט־לער, אי אַ קינד פֿון דער נאַטור (שאָל.).

ווען אָבער מער ווי צוויי גלייַכאַרטיקע זאַצגלידער ווערן אַרויסגערעדט ,אין איין אָטעם׳, אָן אַן אינטאָנאַציע פֿון איבעררעכענען, קומען זיי אָן קאָמעס, ווען אַפֿילו זיי זענען קאָאָרדינירט דורך ,און׳ (אָדער דורך אַן אַנדער בינדוואָרט). אַ שטייגער:

(1) ...פֿון וואַנען זשע נעמען זיך דאָרטן שלעפּערס און גראַפֿן און בעטלערס און שׂררות? (שאָל.).
(2) ... פּיניע האָט זיך אָנגעצונדן און צעפֿלאַקערט זיך און גענומען רעדן און קייַען און שפּייַען און שיטן מיט פֿייַערדיקע ווערטער... (שאָל.)

2. צווישן גלייַכאַרטיקע זאַצגלידער, וואָס קומען מיט פֿאַרשיידענע בינדווערטער. אַ שטייגער:

(1) צופֿוסן איז געשטאַנען אָנגעשטעלט קערבלעך מיט יונגע קנאָבל אי ציבעלעס און שאַר־ירקות (ממס.).
(2) אָפּזאָגנדיק אָדער אָפּשרייַענדיק אי אָפּווייַנענדיק דאָס ,דאָברי דיען׳, איז בן־ימין געבליבן אָן לשון (ממס.).

3. פֿאַרן וואָרט ,פּלוס׳. אַ שטייגער: שלאָגלערייַ פּלוס סאָצגעוועט פּלוס טעכמיני־מום[1] האָבן געהאָלפֿן הייבן די פּראָדוקטיוויקייט. [310]

אָנמערקונג 1 ווען אַ ריי זאַצגלידער אָדער זאַצטיילן זייַנען פֿאַראייניקט דורך ,מיט׳, קומען צווישן זיי קאָמעס נאָר דאַן, ווען פֿאַרן ,מיט׳ קאָן זייַן דער ,און׳. אַ שטייגער:

מיט קאָמעס	אָן קאָמעס
אַזוי איז געווען אויך מיט די ספֿרים, מיט די צוויי געגילטע בעבערלעך, מיט איר זייַדן מלבוש און אַלע איבעריקע זאַכן (שאָל.).	ווו וועט די מאַמע פֿאַרשליסן דאָס ברויט מיט דער חלה מיט די טעלער מיט די בלייַענע לעפֿל און גאָפּלען? (שאָל.)

אָנמערקונג 2 ווען עס זייַנען קאָאָרדינירט זאַצטיילן, וואָס אַנטהאַלטן גלייַכאַרטיקע זאַצגלידער, קומען צווישן די זאַצטיילן קאָמעס אין די זעלבע פֿאַלן ווי צווישן גלייַכאַרטיקע זאַצגלידער בכלל. אַ שטייגער:

(1) אין דער קאָנפֿערענץ האָבן זיך באַטייליקט קאָמוניסטן און אומפּאַרטייִישע, מענער און פֿרויען, יידן און רוסן.
(2) אין דער קאָנפֿערענץ האָבן זיך באַטייליקט אי קאָמוניסטן אי אומפּאַרטייִישע, אי מענער אי פֿרויען, אי יידן אי רוסן.

1 סאָצגעוועט – סאָציאַליסטישער געוועט; טעכמינימום – טעכנישער מינימום.

אַזוי איז אויך, ווען די זאַצגלידער זײַנען קאָאָרדינירט דורכן אַרכאַישערן (פֿאַרעלטערטן) בינדוואָרט 'הן'. אַ שטייגער: ווען מיר זאָלן שמועסן הן על־פּי יושר והן על־פּי מענטשלעכקייט, הן על־פּי דין און אַפֿילו על־פּי ווייס איך וואָס, איז קיין עוולה ניט, מע זאָל דערבײַ עפּעס פֿאַרדינען (שאָל.).

426 ווען גלײַכאַרטיקע זאַצטיילן אַנטהאַלטן זאַצגלידער, וואָס האָבן צווישן זיך קאָמעס, שטעלט מען צווישן די זאַצטיילן פּונקט־קאָמעס. אַ שטייגער:

> אינעם מיטינג באַטייליקן זיך קאָמוניסטן, קאָמיוגיסטן[1] און אומפּאַרטייִישע; אַרבע־טער, בעל־מלאָכות און אָנגעשטעלטע; ייִדן, אוקראַיִנער און ווײַסרוסן.

אָנמערקונג אַ פּונקט־קאָמע קומט אין אַזעלכע פֿאַלן צווישן זאַצטיילן אָפּט אויך דאַן, ווען בלויז איינער פֿון זיי אַנטהאַלט זאַצגלידער מיט קאָמעס. אַ שטייגער: אינעם מי־טינג באַטייליקן זיך קאָמוניסטן און אומפּאַרטייִשע; אַרבעטער, בעל־מלאָכות און אָנגע־שטעלטע; ייִדן און אוקראַיִנער.

62 פּאַראַלגעמיינער־ווערטער בײַ גלײַכאַרטיקע זאַצגלידער

427 פֿאַר אָדער נאָך גלײַכאַרטיקע זאַצגלידער קומט אָפּט מאָל אַ פּאַראַלגעמיי־נער־וואָרט – אַ וואָרט, וואָס פֿאַראַלגעמיינערט די גלײַכאַרטיקע זאַצגלידער און פֿילט אויס אין זאַץ די זעלבע פֿונקציע, וואָס די גלײַכאַרטיקע. אַ שטייגער (קוקט זיך צו צום סדר פֿון די ווערטער אין די ווײַטערדיקע בײַשפּילן רעכטס און לינקס און הערט זיך צו צו אײַער אינטאָנאַציע בײַם אַרויסברענגען זיי): [311]

דאָס פּאַראַלגעמיינער־וואָרט פֿאַר די גלײַכאַרטיקע	דאָס פּאַראַלגעמיינער־וואָרט נאָך די גלײַכאַרטיקע
1. איצט זײַנען בײדע געבליבן צופֿרידן: שמואל וואָלציס און דער טויב־שטומער (בערג.).	1. שמואל וואָלציס און דער טויב־שטומער – בײדע זײַנען איצט געבליבן צופֿרידן.
2. קײנער האָט ניט די זכיה צו זײַן דערבײַ: נישט איך, נישט די מאַמע, נישט מײַן שוועגערין ברכה.	2. נישט איך, נישט די מאַמע, נישט מײַן שוועגערין ברכה – קײנער האָט נישט די זכיה צו זײַן דערבײַ (שאָל.).

428 ווען דאָס פּאַראַלגעמיינער־וואָרט קומט פֿאַר די גלײַכאַרטיקע זאַצגלידער (ווי אין די בײַשפּילן רעכטס), שטעלט מען פֿאַר זיי אַ צווייפּונקט (:). ווען דאָס פּאַראַל־געמיינער־וואָרט קומט נאָך די גלײַכאַרטיקע זאַצגלידער (ווי אין די בײַשפּילן לינקס), שטעלט מען נאָך זיי אַ טירע (–).

אָנמערקונג 1 ווען קיין פּאַראַלגעמיינער־וואָרט איז בײַ אַ גרעסערער גרופּע גלײַכאַרטיקע זאַצגלידער ניט פֿאַראַן, נאָר פֿאַר אָדער נאָך זיי איז פֿאַראַן אַן אינטאָנאַציע,

[1] קאָמיוגיסט – אַ מיטגליד פֿון דער אָרגאַניזאַציע פֿון קאָמוניסטישער יוגנט.

וואָס בײַ אַ פּאַראַלגעמיינער־וואָרט, דאַרף מען אויך שטעלן אַ צווייפּונקט אָדער אַ טירע. דער צווייפּונקט גרייט צו דעם לייענער צו אַ ווײַטערדיקער אויסרעכענונג פֿון גלײַכאַרטיקע זאַצגלידער, און די טירע זאָגט אָן דעם לייענער, אַז די אויסרעכענונג פֿון די גלײַכאַרטיקע זאַצגלידער איז געענדיקט. אַ שטייגער:

אַ צווייפּונקט

אַז די אַרבעטנדיקע מאַסן שטיצן אונטער אַקטיוו די פּאָליטיק פֿון פֿונאַנדערגעוויקלטן סאָציאַליסטישן אָנגריף..., באַווײַזן מיט דער גאַנצער קלאָרקייט: דער שטורמישער וווּקס פֿון דער אַקטיווקייט בײַ די אַרבעטער־מאַסן, דער ברייט פֿונאַנדערגעוויקלטער סאָציאַליסטישער געוועט, די אַנטוויקלונג פֿון דער פּראָלעטאַרישער זעלבסטקריטיק.

אַ טירע

דער שטורמישער וווּקס פֿון דער אַקטיווקייט בײַ די אַרבעטער־מאַסן, דער ברייט פֿונאַנ־דערגעוויקלטער סאָציאַליסטישער געוועט, די אַנטוויקלונג פֿון דער פּראָלעטאַרישער זעלבסטקריטיק – באַווײַזן מיט דער גאַנצער קלאָרקייט, אַז די אַרבעטנדיקע מאַסן שטיצן אונטער אַקטיוו די פּאָליטיק פֿון פֿונאַנדערגע־וויקלטן סאָציאַליסטישן אָנגריף... (צ.)

אָנמערקונג 2 אַנשטאָט דעם צווייפּונקט קאָן פֿאַר גלײַכאַרטיקע זאַצגלידער קו־מען אַ טירע. אַ שטייגער:

1. נאָר אַלץ איז בשותּפֿות – די פֿרייד און די נויט (פּ.).
2. און ביידע זײַנען איצט בײַ האַלבער נאַכט געווען אויסגעשלאָפֿן און ניכטער – דער דאָקטער און דער ווינט (בערג.).

אָנמערקונג 3 ווען גלײַכאַרטיקע זאַצגלידער האָבן פֿאַר זיך אַ פּאַראַלגע־מיינער־וואָרט און נאָך זיי גייט דער פּרעדיקאַט, קומט פֿאַר זיי אַ צווייפּונקט אָדער אַ טירע און נאָך זיי אַ טירע. אַ שטייגער: [312]

1. דער גלענצנדיקער דרײַלינג: מענדעלע, שלום־עליכם, פּרץ – האָט אויפֿגעהויבן די ייִדישע ליטעראַטור אויף אַ הויכער מדרגה.
2. יונגע חבֿרה – טראַקטאָריסטן, קאָמונאַרן, מעכאַניקער, קורסאַנטן – קערן זיך אום פֿון דער טאָגאַרבעט... (בערג.)

429 אַלס גלײַכאַרטיקע זאַצגלידער קאָנען געווײנטלעך קומען ווערטער, וואָס דריקן אויס נאָר אַלגעמיינע אָדער נאָר ספּעציעלע באַגריפֿן. מע קאָן אַ שטייגער זאָגן ,ער האָט געקויפֿט ברויט און פֿלייש׳, ,עפּל און באַרן׳ אָדער ,ביכער און צײַטונגען׳. אָבער מע קאָן ניט זאָגן ,ער האָט געקויפֿט פּראָדוקטן און ברויט׳, ,פֿרוכט און עפּל׳ אָדער ,ביכער און ראָמאַנען׳.

אָנמערקונג באַגריפֿן, וואָס זײַנען אין איין פֿאַל אַלגעמיינע, קאָנען אין אַ צווייטן פֿאַל זײַן ספּעציעלע. אַ שטייגער:

1. פּראָדוקטן: פֿרוכט, פֿלייש, פֿיש אאַ״וו.
2. פֿרוכט: עפּל, באַרן, פֿלוימען, קאַרשן אאַ״וו.
3. עפּל: אַנטאָנאָווקע, ציגײַנער, שאַפֿראַן, ראַנעט אאַ״וו.

דאָס הייסט: לגבי פּראָדוקטן איז פֿרוכט אַ ספּעציעלער באַגריף, אָבער לגבי עפּל איז עס אַן אַלגעמיינער באַגריף; פּונקט אַזוי ווי עפּל איז אַ ספּעציעלער באַגריף לגבי פֿרוכט און אַן אַלגעמיינער לגבי אַ געוויסן סאָרט עפּל – לגבי אַנטאָנאָווקע, ציגײַנער און אַנדערע.

63 פּאַראַלעליזם

430 איינע און די זעלבע ווערטער קאָנען אין איין פֿאַל זײַן פּאַראַלעל און אין אַ צווייטן ניט. אַ שטייגער:

1. איר, מירלען, האָט זיך דאַן ניט געוואָלט גיין.
2. איר מירלען האָט זיך דאַן ניט געוואָלט גיין.

אינעם ערשטן זאַץ איז ,איר, מירלען׳ אַ פּאַראַלעליזם און אין צווייטן – ניט. אינעם ערשטן זאַץ האָבן מיר צוויי דאַטיוון (פֿון אַ פּראָנאָם און אַ סובסטאַנטיוו), וואָס ביידע ווײַזן זיי אויף איינער און דער זעלבער פּערזאָן – אויף איינעם און דעם זעלבן אומדירעקטן אָביעקט. און אינעם צווייטן זאַץ האָבן מיר אַ דאַטיוו (אַן אומדירעקטן אָביעקט) ,מירלען׳, וואָס ווײַזט, ווע מען ,האָט זיך ניט געוואָלט גיין׳, און אַ פּאָסעסיוויש פּראָנאָם (אַן אַטריבוט) ,איר׳, וואָס ווײַזט, וועמענס איז די דאָזיקע מירל.

איינע און די זעלבע ווערטער קאָנען אין איין פֿאַל זײַן פּאַראַלעל און אין אַ צווייטן גלײַכאַרטיק. אַ שטייגער:

1. מער ווי אַלע ריידן וועגן דעם פּענעקס עלטערע שוועסטער צירל, חיימס ווײַב, און גאָר די עלטערע שוועסטער לאה (בערג.).
2. מער ווי אַלע ריידן וועגן דעם פּענעקס עלטערע שוועסטער צירל, חיימס ווײַב און גאָר די עלטערע שוועסטער לאה. [313]

אינעם ערשטן פֿאַל ,ריידן וועגן דעם׳ צוויי פּערזאָנען: צירל (זי איז חיימס ווײַב) און לאה. אינעם צווייטן פֿאַל ,ריידן וועגן דעם׳ דרײַ פּערזאָנען: צירל, חיימס ווײַב און לאה.

431 פּאַראַלעליזמען (פּאַראַלעלע זאַצגלידער) זײַנען פֿאַראַן צווייערליי: געבונדענע און פֿרײַע. אַ שטייגער:

1. דער דאָקטער באַביצקי האָט זיך געהאַט אַ געטרײַען קנעכט (בערג.).
2. ער, דער דאָקטער, איז אַרויף אויף עפּעס אַ מאָדנער פֿור (בערג.).

אינעם ערשטן זאַץ איז דער פּאַראַלעליזם אַ געבונדענער, אינעם צווייטן איז ער אַ פֿרײַער.

די דאָזיקע צוויי טיפּן פּאַראַלעליזמען קאָן מען אונטערשיידן לויט פֿאָלגנדיקע סימנים:

1. דער געבונדענער פּאַראַלעליזם ווערט געוויינטלעך אַרויסגערעדט אָן אַ ספּעציעלן אָפּשטעל צווישן זײַנע טיילן; דער פֿרײַער פּאַראַלעליזם האָט געוויינטלעך צווישן זײַנע טיילן אַ ספּעציפֿישע אינטאָנאַציע – אַן אינטאָנאַציע פֿון איבערחזרן, פֿון קאָנקרעטיזירן.

2. די טיילן פֿונעם געבונדענעם פּאַראַלעליזם קומען איינע לעבן די אַנדערע; די טיילן פֿונעם פֿרײַען פּאַראַלעליזם קאָנען געוויינטלעך קומען אי איינע לעבן די אַנדערע אי איינע אָפּגערוקט פֿון די אַנדערע. אַ שטייגער:

(1) ער, דער דאָקטער, איז אַרויף אויף עפּעס אַ מאָדנער פֿור (בערג.).
(2) ער איז אַרויף, דער דאָקטער, אויף עפּעס אַ מאָדנער פֿור.
(3) ער איז אַרויף אויף עפּעס אַ מאָדנער פֿור, דער דאָקטער.

3. בײַ אַ פֿרײַען פּאַראַלעלן זאַצגליד קאָן מען געוויינטלעך צוגעבן די ווערטער „דאָס הייסט". אַ שטייגער: ער, דאָס הייסט דער דאָקטער, איז אַרויף...

אָנמערקונג 1 די טיילן פֿון אַ פֿרײַען פּאַראַלעליזם קאָנען קומען אָפּגערוקט נאָר דאַן, ווען דער פּאַראַלעליזם באַשטייט פֿון אַ פּראָנאָם מיט אַ סובסטאַנטיוו. אַ שטייגער: ער, דער דאָקטער; זי, מירעלע; זיי, די חבֿרים...

אָנמערקונג 2 איינע און די זעלבע ווערטער קאָנען אין איין פֿאַל זײַן געבונדענע פּאַראַלעליזמען און אין אַ צווייטן פֿאַל – פֿרײַע. אַ שטייגער:

1. זײַנע חבֿרים בערל און שלמה זײַנען דאָ ערשט געווען.
2. זײַנע חבֿרים, בערל און שלמה, זײַנען דאָ ערשט געווען.

אָנמערקונג 3 אַ פּאַראַלעלער זאַצגליד קאָן (ווי יעדער אַנדער זאַצגליד) ציִען צו זיך אַטריבוטן און אַלערליי אַנדערע זאַצגלידער. אַ שטייגער: מײַן איידעם, אַ יונגער געניטער דאָקטער, איז גערופֿן געוואָרן צו דינסט אין מיליטער (ממס.); דער פֿורמאַן, אַ געל־בערדל־דיקער יונגער־מאַן אין אַ גרויסן מאַנטל, האָט געמוזט אַראָפּקריכן פֿון פֿאַטאָן.

אָנמערקונג 4 דאָס אָנווענדן פֿרײַע פּאַראַלעליזמען איז אַ גאַנץ אַלטע דערשײַנונג. באַ־זונדערש אָפֿט איז זי פֿאַרגעשטעלט אין די עלטערע ביבל־איבערזעצונגען, ווו מע פֿלעגט זיך באַמיִען וואָס גענויער איבערצוזעצן פֿון העברעיִש, אָפּהיטנדיק ווי ווײַט מעגלעך אַפֿילו [314] די העברעיִשע סטרוקטורן און דעם העברעיִשן ווערטער־סדר. אַ שטייגער: זיא זולן ווערן ור שעמט אונ׳ ווערן דר שרוקן זיר [זייער] אל מייני ווײַנד (על. ב.); מיר וועלן זעהן אויב ער בליט דער וויין שטאק (שערטל); פר דיר ווערדין זיא זיך בוקן. דיא קינדר דיינש פאטירש (בליץ).[1]

[1] [1] בכלל אָבער קומט בליץ צום פֿרײַען פּאַראַלעליזם אָן פֿיל זעלטענער איידער זײַנע פֿאָרגענגער. נאָך זעלטענער קומט דערצו אָן וויצנהויזן. אַ שטייגער די פֿאָריקע דרײַ זאַצן זײַנען בײַ אים אין אַזאַ רעדאַקציע: אל מייני פיינד ווערדן פאר שעמט אונ׳ זער דער שראקן ווערדן; מיר וועלן זעהן אויב דער וויין שטאק האט גיבליהט; דיינש פאטירש קינדר זעלן זיך צו דיר נייגן.

432 פֿאַראַלעלע זאַצגלידער ווערן מערסטנס אויסגעדריקט דורך סובסטאַנטיוון און סובסטאַנטיווישע פּראָנאָמען און פֿאַלן אָפּט צונויף אין מין און צאָל און שטימען אָפּט אין בייגפֿאָרמע. אַ שטייגער:

1. חנה די ייִדענע האָט אָפּגעקויפֿט דאָס בעטל; זי, מירל, האָט עס פֿאַרשטאַנען.
2. ער איז אַוועק צו בערל דעם שנײַדער; אים, מענדעלען, איז עס ניט געפֿעלן.

און אַ מאָל קאָן די צונויפֿפֿאַלונג (אין מין און צאָל) אָדער די מיטשטימונג (אין בייגפֿאָרמע) בײַ פֿאַראַלעלע זאַצגלידער ניט פֿאָרקומען אויך. אַ שטייגער: אָט דעם סענדערל די ייִדענע האָט אונדזער בנימין אויסגעקליבן (ממס.). באַזונדערש טרעפֿט עס, ווען דער פֿאַ־ראַלעלער זאַצגליד איז אַ פֿרײַער. אַ שטייגער:

1. וואָס ווערסטו דאָ ו״צן און לײַדן גלות נעבעך פֿון דײַן פּלוניתטע די רשעטע (ממס.).
2. זײַנע צוויי ברידערלעך, דער צווילינג, ליגן ביידע טויט קראַנקע נעבעך (דינ.).
3. עטלעכע מענטשן, דער אַקטיוו, האָבן זיך אַרויסגעשאָטן אויף דער גאַס (נאָטע ל.).[1]

אָנמערקונג בײַ אַ פֿרײַען פּאַראַלעלן סובסטאַנטיוו קאָן אַ מאָל זײַן אַן אומבאַ־שטימיקער אַרטיקל, ווען אַפֿילו בײַם גרונטיקן סובסטאַנטיוו איז דער אַרטיקל אַ באַשטימיקער. אַ שטייגער: דער שוואַרצער דאָקטער נעמט אַרויס דעם זייגער, אַ גרויסן גאָלדענעם זייגער (שאָל.); קוים אויפֿגעריסן פֿון שלאָף דעם קבֿרות־מאַן – אַ געלן בייזן ייִדן (בערג.).

433 פּאַראַלעליזם איז בכלל זייער אַ נייטיקע און באַקוועמע דערשײַנונג. זי אַנטהאַלט אין זיך אָפּט אי עלעמענטן פֿון אַטריבוט אי עלעמענטן פֿון פּרעדיקאַט און איז סטרוקטוריש זייער געפּרעסט (זעט די פֿריִערדיקע בײַשפּילן). מע דאַרף אָבער אויסמײַדן צו ברענגען פּאַראַלעלע זאַצגלידער, ווען זיי זײַנען ניט באַרעכטיקט. אַזעל־[315]כע אומבאַרעכטיקטע פּאַראַלעליזמען, ווי אויך אַנדערע סטרוקטורן, וואָס שטאַמען פֿון ‚נײַן מאָס רייד׳, קאָן מען אָפּט הערן פֿון שלום־עליכמס אַ ריי פּערסאָנאַזשן. אַ שטייגער:

> ... איז געקומען צו גיין אַ מענטש פֿון גראַנדהאָטעל זאָגן, מע זאָל אײַך זאָגן, אַז דער פּריץ, דער גראַף הייסט עס, איז געקומען צו פֿאָרן, אין גראַנדהאָטעל הייסט עס, און ער רופֿט אײַך, דער פּריץ, דער גראַף הייסט עס, איר זאָלט באַלד קומען צו גיין אַהין צו, אין גראַנדהאָטעל הייסט עס.

434 פֿרײַע פּאַראַלעלע זאַצגלידער, סײַ בשכנות און סײַ אָפּגערוקט, ווערן צוזאַמען מיט זייערע בײַגלידער אויסגעטיילט מיט קאָמעס. אַ שטייגער:

1 [2] זעט אויך אין די ווײַטערדיקע בײַשפּילן: זיי, דאָס פּאָרפֿאָלק, האָבן צווישן זיך קיין סך נישט גע־רעדט (שאָל.); און אַלע, די גאַנצע וועלט, זײַנען מיט אַ מאָל געוואָרן מײַנע בעסטע גוטע־פֿרײַנד (שאָל.).

1. זי איז שוין פֿול, מײַן ברוסט, מיט פֿאַרגעפֿילן הייסע (האָפּ.).
2. איר, דער אַקושערקע, גייען זיי טאַקע באמת אָפּ, אָט די בריוו זײַנע (בערג.).
3. נאָר דאָרט, בײַ רב גדליהן אין קאַבינעט, איז מיט אים עפּעס געשען (בערג.).
4. אַן אַרבעטער, בערל, האָט זיך שטאַרק צעקריגט מיטן באַלעבאָס, חיים.
5. צוויי פּיצלעך, ווערעם, זײַנען געבליבן מיט איר (אָר.).

אָנמערקונג אין אייניקע פֿון די דאָזיקע בײַשפּילן קאָנען די פּאַראַלעלע זאַצגלידער קומען אָן קאָמעס אויך. אָבער דאַן וועלן זיי שוין זײַן ניט קיין פֿרײַע, נאָר געבונדענע פּאַראַ־לעליזמען. אַ שטייגער:

1. אַן (דער) אַרבעטער בערל האָט זיך שטאַרק צעקריגט מיטן באַלעבאָס חיים.
2. צוויי פּיצלעך ווערעם זײַנען געבליבן מיט איר.

435 אַ פּאַראַלעלן זאַצגליד טיילט מען אויס מיט קאָמעס אויך דאַן, ווען ער קומט מיט די ווערטער ,דאָס (עס) הייסט, אַ שטייגער, למשל, צום בײַשפּיל, אַפֿילו, איבער הויפּט, אָדער׳ און אייניקע אַנדערע. אַ שטייגער:

1. זײַנען זיי געגאַנגען, מאיר און שניאור הייסט עס, אָן אַ נשמה (שאָל.).
2. אייניקע אונדזערע שכנים, אַ שטייגער משה דער שוסטער און בערל דער אײַנבינדער, זײַנען שוין געקומען זיך געזעגענען.
3. און אַלע, די שוואַכסטע אַפֿילו, וועלן גליקלעך זײַן (פּ.).
4. פֿון איצט אָן וועט די מאַפּע, אָדער די לאַנדקאַרטע, באַקומען גאָר אַן אַנדער פּנים (ממס.).
5. בײַ לייבל ראַפּאַלעסקאָן איז האָצמאַך, אָדער האָלצמאַן, אַ גאָט (שאָל.).

אָנמערקונג אַ זאַצגליד מיט ,אָדער׳ טיילט מען אויס מיט קאָמעס נאָר דאַן, ווען ער איז אַ פּאַראַלעלער, ווען אַנשטאָט ,אָדער׳ קאָן קומען ,דאָס הייסט׳. ווען אָבער דער זאַצגליד איז אַ גלײַכאַרטיקער, טיילט מען אים מיט קיין קאָמעס ניט אויס. אַ שטייגער:
[316]

פּאַראַלעל

1. שלום־עליכם, אָדער שלום ראַבינאָ־וויטש, איז דער פּאָפּולערסטער יידישער שרײַבער.
2. לינגוויסטיק, אָדער שפּראַכוויסנשאַפֿט, איז שוין אַ גאַנץ אַלטע וויסנשאַפֿט.

גלײַכאַרטיק

1. אויפֿן אָוונט האָט געזאָלט אַרויסטרעטן שלום־עליכם אָדער מענדעלע מוכר־ספֿרים.
2. זיי וועלן זיך פֿאַרנעמען מיט לינגוויסטיק אָדער מיט פּאָליט־עקאָנאָמיע.

436 ווען פּאַראַלעלע זאַצגלידער זײַנען דאָ עטלעכע און צווישן זיי זײַנען פֿאַראַן קאָ־מעס (אָדער איין קאָמע), טיילט מען זיי מערסטנס אויס מיט טירעען. אַ שטייגער:

1. טבֿיה דער מילכיקער – אַ ייִד אַן אָרעמאַן, אַ מטופּל מיט קינדער – איז פּלוצעם מיט אַ מאָל באַגליקט געוואָרן ווען אַ משונה־ווילדן פֿאַל (שאָל.).[1]
2. ער מיט זײַן באַבען – אַ מאָגערע ביז גאָר, אַ גרויסע צלמניצע – האָבן געלעבט אין פֿאָרשטאָט פֿון דער גרויסער שטאָט לעבן די שאַכטעס (בערג.).

אָנמערקונג ווען פּאַראַלעלע זאַצגלידער קומען אַרײַן צווישן גלײַכאַרטיקע זאַצ־גלידער, וואָס זײַנען אָן בינדווערטער, טיילט מען זיי אויס מיט טירעען אָדער מיט אַ טירע און אַ קאָמע. אַ שטייגער: אויף דער זיצונג זײַנען בײַגעווען דער חבֿר מיכאָעלס – דער קינסטלערישער אָנפֿירער פֿונעם טעאַטער, דער חבֿר זוסקין און פֿאָרשטייער פֿון דער די־רעקציע און אָרטקאָם.[2]

ווען דאָ זאָל נאָכן וואָרט ,מיכאָעלס׳ זײַן ניט קיין טירע, נאָר אַ קאָמע, וואָלט מען פֿון דער פֿראַזע ניט געוווּסט, אַז ,דער חבֿר מיכאָעלס׳ און ,דער קינסטלערישער אָנפֿירער פֿונעם טעאַטער׳ זײַנען פּאַ־ראַלעלע זאַצגלידער, און מע וואָלט זיי אָנגענומען פֿאַר גלײַכאַרטיקע (און דאַן וואָלט עס באַטײַט, אַז דאָס זײַנען צוויי מענטשן, ניט איינער).

437 ווען פּאַראַלעלע זאַצגלידער ווערן אַרויסגערעדט ווי עפּעס אַ באַמערקונג, ווערן זיי אײַנגעקלאַמערט. אַ שטייגער:

1. נעמט דאָס מיידל (פֿרײַלין זײַטשיק) און עפֿנט אויף דאָס קאָנווערטל (שאָל.).
2. דער יוון האַלט מיך פֿאַר אַ האַנט און וויל אונדז אָפּפֿירן (מיך מיטן געטראַנק) גלײַך אין פּאָליציע אַרײַן (שאָל.).

64 באַמערקוואָרט און באַמערקזאַץ

438 אין אַ זאַץ קומט אָפֿט מאָל אַ באַמערקונג, וואָס דער רעדער (אָדער דער שרײַבער) מאַכט וועגן זײַן אייגענער אַרויסזאָגונג. אַ שטייגער:

1. ער איז הײַנט אַ פּנים זייער פֿאַרנומען.
2. ער איז הײַנט אַוודאי זייער פֿאַרנומען.
3. ער איז הײַנט ליידער זייער פֿאַרנומען. [317]

אַזעלכע ווערטער ווי ,אַ פּנים, אַוודאי, ליידער׳ און ענלעכע, וואָס קומען אויסצודריקן השׂ־ערה, זיכערקייט, צווייפֿל, באַדויערונג, צופֿרידנקייט אָדער אַ ריי אַנדערע באַציִונגען פֿונעם ריידער צו זײַן אייגענער מיטטיילונג, – הייסן באַמערקווערטער.

439 די באַמערקונג, וואָס דער ריידער מאַכט וועגן זײַן אייגענער אַרויסזאָגונג, קאָן אָפֿט מאָל באַשטיין ניט בלויז פֿון איין וואָרט, נאָר פֿון אַ גרופּע ווערטער, וואָס זאָל

[1] [1] אינעם דאָזיקן בײַשפּיל, ווי אויך אין אייניקע ווײַטערדיקע, איז די פּונקטואַציע אונדזערע (ע. פֿ.).

[2] אָרטקאָם – אָרטיקער קאָמיטעט.

אַנטהאַלטן אַ פּרעדיקאַט און אַנדערע זאַצגלידער. אַ שטייגער אינעם זאַץ ,ער איז היינט, ווייזט מיר אויס, זייער פּאַרנומען׳ – האָבן מיר אַ מיטטיילונג ,ער איז היינט זייער פּאַר־נומען׳ און אַ באַמערקונג ,ווייזט מיר אויס׳. דערביי אַנטהאַלט די דאָזיקע באַמערקונג אַ פּרעדיקאַט ,ווייזט אויס׳ און אַן אומדירעקטן אָביעקט ,מיר׳. אין אַזעלכע פּאַלן בילדעט די באַמערקונג אַ באַמערקזאַץ.

אָנמערקונג באַמערקווערטער נעמען זיך געוויינטלעך פּון באַמערקזאַצן. דאָס זיינען אין תּוך ווערטער, וואָס מאַכן דורך אַ וועג פּון אַ זאַץ צו אַ פּאַרטיקל. דאָס קאָן מען אַ שטייגער זען פּון פּאָלגנדיקע ביישפּילן:

1. עס האָט אַ פּנים, ער מוז זיין אַ שטיקל בעל־מקובל (פּערל);
2. אָן מעשׂיות, ווי עס האָט אַ פּנים, קאָן די שטאָט ניט זיין (אַקס.); דער עושר, האָט אַ פּנים, צאָלט גאָרנישט (י.־ב. ל.);
3. אַ פּנים, איך בין גוט געשלאָפֿן (שאָל.);
4. אַנשטאָט דער דייזשע מיט וואַסער האָב איך אַ פּנים געטראָפֿן צו דער באַליע (שאָל.).

ביי אַ ריי באַמערקווערטער און באַמערקזאַצן איז אָפֿט ניט גרינג צו דערזען זייער לכתּחילהדיקע זאַצסטרוקטור. דאָס איז דערפֿאַר, וואָס באַמערקונגען ווערן געוויינטלעך אַרויסגערעדט ווי אַ בייזאַץ, אָן דער געהעריקער אויסדריקלעכקייט, און דאָס פֿירט מערסטנס צו קלאַנגלעכער רעדוצירונג און צו צונויפּפּרעסונג (קאָנטראַקציע) פֿון ווערטער. פֿאַרגלייַכט אַ שטייגער דאָס איצטיקע ,מישטיינס געזאָגט׳ מיטן לכתּחילהדיקן ,דעם שטיין זיי עס געזאָגט׳ (אָדער: ,אום שטיינס...׳).

440 איינע און די זעלבע ווערטער קאָנען אין איין פּאַל זיין באַמערקווערטער (אָדער באַמערקזאַצן) און אין אַ צווייטן פּאַל ניט. אַ שטייגער:

1. ער, זעט אויס, איז היינט פּאַרנומען.
2. ער אַליין קאָן, נאַטירלעך, ניט מאַכן.
3. ער איז, צום גליק, ניט געווען דערביי.

1. ער זעט אויס זייער פּאַרנומען.
2. ער האַלט זיך די גאַנצע צייט זייער נאַטירלעך.
3. ער האָט זיך שוין דערשלאָגן צום גליק.

רעכטס זיינען די אויסגעטיילטע ווערטער – באַמערקווערטער. לינקס – ניט. לינקס זיינען זיי אָרגאַנישע זאַצגלידער: אינעם ערשטן פּאַל – אַ פּרעדיקאַט, אינעם צווייטן פּאַל – אַן אופֿן־באַשטימונג, אינעם דריטן פּאַל – אַן אומדירעקטער אָביעקט. [318]

441 באַמערקווערטער קאָנען זיך געפֿינען אָנהייב זאַץ, אין מיטן אָדער צום סוף. זיי קומען געוויינטלעך לעבן די זאַצגלידער, וואָס צו זיי געהערט די באַמערקונג. אַ שטייגער:

1. אַ פּנים, ער איז היינט זייער פּאַרנומען.
2. ער אַ פּנים איז היינט זייער פּאַרנומען.
3. ער איז אַ פּנים היינט זייער פּאַרנומען.

4. ער איז היינט אַ פּנים זייער פֿאַרנומען.
5. ער איז היינט זייער פֿאַרנומען אַ פּנים.

אָבער שפּאַלטן מיט באַמערקווערטער אַ ווערטער־גרופּע (אַ סובסטאַנטיוו מיט זײַנע אַטריבוטן אַ שטייגער אָדער אַ סוביעקט־גרופּע) – דאָס דאַרף מען ניט טאָן. מע דאַרף אַ שטייגער ניט זאָגן ,אַ שווערע, דאַכט מיר, רגע איז דורכגעלאָפֿן׳ – נאָר אַזוי: ,דאַכט מיר, אַ שווערע רגע איז דורכגעלאָפֿן׳ אָדער ,אַ שווערע רגע, דאַכט מיר, איז דורכגעלאָפֿן׳.

442 באַמערקווערטער (און באַמערקזאַצן) קומען געוויינטלעך אין אַזעלכע פֿאַלן:

1. צו ווײַזן דעם ריידערס באַציִונג צו זײַן אייגענער אַרויסזאָגונג (זעט די פּריִערדיקע בײַשפּילן);
2. צו ווײַזן, ווער איז דער אַוטאָר פֿון דער אַרויסזאָגונג. אַ שטייגער: „וואָס האָט, זאָג איך, אַזאַ בחורל ווי דו צו טאָן אין יעהופּעץ?“ „אַזאַ בחורל ווי איך, זאָגט ער, גיט אָפּ אַקזאַמענט“[1] (שאָל.);
3. צו ווײַזן די פֿאַרבינדונג צווישן די איצטיקע אַרויסזאָגונגען מיט די פֿאָריקע. אַ שטייגער: בקיצור, איך האָב בײַ אים געפּועלט (שאָל.); דערפֿון איז אַלזאָ געדרונגען, אַז ער איז געוועזן גערעכט.

אָנמערקונג אַ מאָל טרעפֿט, אַז מע ניצט איבעריקע באַמערקווערטער. אַ שטייגער טבֿיה דער מילכיקער (שלום־עליכמס) פֿרעגט: „פֿון וואָס למשל לעבסטו אַ שטייגער?“ פֿאַרשטייט זיך, אַז איינס פֿון די דאָזיקע באַמערקווערטער איז אין גאַנצן איבעריק, וואָרן ,למשל׳ און ,אַ שטייגער׳ באַטײַטן איינס און דאָס זעלבע (שלום־עליכם טוט עס, פֿאַרשטייט זיך, בכּיוון כּדי אונטערצושטרײַכן טבֿיהס באַריידעוודיקייט).[2]

443 אַלס באַמערקווערטער (און באַמערקזאַצן) קומען אַמאָפּטסטן פֿאָלגנדיקע ווערטער און ווערטער־גרופּעס: אייגנטלעב, אזוי צו זאָגנ, אלנפאלס (יעדנפאלס), אפּאָנעמ [אַ פּנים], אוואדע [אַוודאי], אדעראבע [אַדרבה], אגעוו [אַגבֿ], אשטייגער, אָן סאָפעק [אָן ספֿק], אָנ צווייפל, ביטע, ביכלאל [בכלל], בעקיצער [בקיצור], געוויס, געווײנטלעב, דאכט זיכ (דוכט זיכ), דער איקער [דער עיקר], (ה)אקלאל [אַ כּלל], הייסט עס, ווי געזאָגט, ווידער, ווײַזט אויס, זיכער, זעט אויס, כאָלילע [חלילה], כלעבנ, ליידער, לעמאָשל [למשל], מאשמאָעס [משמעות], מיסטאָמע [מסתּמא] (מינהסטאמ [מן־הסתּם]), מעגלעכ, מעכ(ע)טייסע (מאכטייסע) [מהיכא־תּיתי], מעכילע (בימכילע) [מחילה (במחילה)], משטיינס־געזאָגט [מישטיינס געזאָגט] , נאטירלעכ, נאָרמאל, נישקאָשע [נישקשה], נעבעכ, [319] עמעס [אמת], עפשער [אפֿשר], פארקערט, פארשטייט זיכ, פונדעסטוועגנ, צומ באַדויערנ, צומ בײַשפּיל, צומ גליק, קומט אויס, קוידעמקאָל [קודם־כּל], קלאָר, קלוימערשט [כּלומרשט], קאָנ זײַנ (קענ זײַנ), קענאָהוג [כּנהוג],[3] קענטיק, שײַנט.

1 [1] עקזאַמען.

2 [2] מיט איבעריקע באַמערקווערטער איז אויך אַ שטייגער פֿול האַצמאַכס רייד אין שלום־עליכמס „די בלאָנדזנדע שטערן“, די רייד פֿון אַ ריי פּערסאָנאַזשן אין אַקסענפֿעלדס „שטערנטיכל“, אין עטינגערס „סער־קעלע“ און אַנדערע.

3 [1] נאָך דער סעודה קלײַבט מען זיך, כּנהוג... אויף דער אַכאָטע (שאָל.).

אויסער די דאָזיקע זײַנען פֿאַראַן נאָך באַמערקווערטער און באַמערקזאַצן, וואָס מע טרעפֿט דער עיקר אינעם פֿאָרסאָוועטישן און אינעם בורזשואַז־אויסלענדישן ייִדיש, – באַמערקווערטער און באַמערקזאַצן, וואָס דריקן אויס שאָוויניסטישע אָדער רעליגיעזע באַגריפֿן און באַציִונגען און וואָס דאַרפֿן בכלל אינעם סאָוועטישן ייִדיש ניט געברויכט ווערן. ווי אַ שטייגער ,להבֿדיל (המבֿדיל), שׂונא־ציון, מעשׂה־שׂטן, עליו־השלום, אָן עין־הרע, דאַנקען גאָט, אם־ירצה־השם, למען־השם, זאָל געזונט זײַן, ניט פֿאַר קיין ייִדן (מענטשן) געדאַכט׳ און אַנדערע. אַ שטייגער: און אין דער היים, ניט הײַנט געדאַכט, ניט פֿאַר אײַך געדאַכט, ניט פֿאַר קיין שום מענטשן געדאַכט, ליגט אַ קראַנק ווײַב מיט קליינע קינדער (שאָל.).

איניקע פֿון די דאָזיקע באַמערקווערטער ווערן אַ מאָל געברויכט אויך אינעם סאָוועטישן ייִדיש. דער עיקר – צוליב סטיליזאַציע אָדער צוליב אַ קאָמישן עפֿעקט. מיט אַזאַ צוועק פֿלעגן אייניקע פֿון די דאָזיקע באַמערקווערטער געברויכט ווערן אָפֿט אויך אינעם פֿאָרסאָוועטישן ייִדיש. אַ שטייגער: איר זאָלט אָנקוקן בײַ איר אַ קאַץ... ניאַוּוקען ניאַוּוקעט זי שטילערהייט, מיט אַ געוויין, ווי להבֿדיל אַ מענטש (שאָל.); אַ מאכל און להבֿדיל אַ מענטש האָבן כּמעט איין גליק: איינעם – געפֿעלט, דעם אַנדערן – ניט (שאָל.).

444 באַמערקווערטער קאָנען לויט זייער סטרוקטור און אָפּשטאַם זײַן פֿון פֿאַרשיידענע וואָרטקלאַסן און פֿאָרמעס. זיי קאָנען זײַן:

1. סובסטאַנטיוון – דאַטיוון (מיט פּרעפּאָזיציעס) אָדער נאָמינאַטיוון. אַ שטייגער:

(1) זיי האָבן, צום באַדויערן, ניט געקאָנט קומען צו דער צײַט.
(2) דער באַשלוס וועט, אָן ספֿק, מאָביליזירן די גאַנצע געגנט.
(3) אַ ייִדענע, מחילה, בלײַבט טאָקע אַ ייִדענע (ממס.).
(4) בוני האָט, אַ סבֿרא, צוליב אים אָנגעהויבן פֿאַרקאָכן די גאַנצע חתונה (בערג.).

2. ווערבן – בייגיקע און אומבייגיקע. אַ שטייגער:

(1) נעמט אַ בעזעם מיט אַ ראַשקע און לויפֿט, זײַט מוחל, אין מרחץ אַרײַן (ממס.).
(2) נאָר יאַנקל, שײַנט, האָט עס בכלל איבער געוויסע טעמים פֿײַנט צו הערן (בערג.).
(3) די ערד, האָט זיך געדאַכט, איז וואַרעם (בערג.).
(4) דאָס זעלבע... קאָנט איר הערן, ווי געזאָגט, פֿון יעדן איינציקן פֿון אונדזער ענגן קרײַז (שאָל.).

3. אַדיעקטיווישע אַדווערבן. אַ שטייגער:

(1) זיי זײַנען שוין, מעגלעך, געקומען פֿון דער אַרבעט.
(2) די רעזאָלוציע האָט, קענטיק, אויף זיי געמאַכט אַן אײַנדרוק. [320]
(3) מײַן ברודער אליה איז, פֿאַרקערט, געוואָרן רויט ווי פֿײַער (שאָל.).
(4) דער קאָלעקטאָר איז, אייגנטלעך, שוין לאַנג ניט מיט אַלעמען (שאָל.).

4. ניט־אַדיעקטיווישע אַדווערבן. אַ שטייגער:

(1) דו מוזסט שוין אַ פּנים זײַן דאָ (ממס.).
(2) מיר וועלן כלעבן גאָרנישט פֿאַרזאַמען (ממס.).
(3) אפֿשר איז דאָס חלילה אַ גזלן (שאָל.).
(4) די קינדערלעך... קוקן אַרויס נעבעך אויפֿן טאַטן (שאָל.).

445 באַמערקווערטער, וואָס זײַנען לויט דער סטרוקטור סובסטאַנטיוון, ווערבן און אַדיעקטיווישע אַדווערבן, ווערן צוזאַמען מיט זייערע בײַגלידער אויסגעטיילט מיט קאָמעס (זעט די פֿריערדיקע בײַשפּילן).

באַמערקווערטער ניט־אַדיעקטיווישע אַדווערבן טיילט מען אויס נאָר דאַן, ווען זיי ווערן אַרויסגעבראַכט אָפּגעזונדערט (מיט אַ פּויזע). אַ שטייגער:

אָן קאָמעס	מיט קאָמעס
1. דו מוזסט שוין אַ פּנים זײַן דאָ (ממס.).	1. אַ פּנים, זי האָט זייער אַ האַרטן שלאָף (ממס.).
2. וועסט נישקשה קיין חרטה ניט האָבן.	2. האָרעווע... קנעל אַ ביסל צו, נישקשה (ממס.).

אָנמערקונג אַ באַמערקוואָרט, וואָס ציט צו זיך נאָך ווערטער, ווערט אין אַלע פֿאַלן אויסגעטיילט מיט קאָמעס.

446 אין אַ זאַץ טרעפֿן אַ מאָל ווערטער, וואָס זײַנען ענלעך צו באַמערקווערטער און וואָס קומען צו ווײַזן דעם סדר פֿון גאַנצע אָדער פֿון טיילן אַרויסזאָגונגען. דאָס זײַנען די ווערטער פֿונעם טיפּ ,ערשטנס, צווייטנס, דריטנס׳ אאַ״וו. די דאָזיקע ווערטער ווערן אויסגעטיילט מיט קאָמעס. אַ שטייגער:

1. אין בריוול איז געשטאַנען, אַז מע שיקט נאָך די קינדער, ערשטנס, אַ פֿור, צווייטנס, דרײַ פּאָר שטיוועלעך און, דריטנס, עסנוואַרג (שאָל.).[1]
2. מײַן ברודער אליה האָט זיך אָפּגעשטעלט אויפֿן לעצטן רעצעפּט, ערשטנס, ווײַל דורך אים קאָן מען פֿאַרדינען נאָך מער פֿון הונדערט רובל אַ חודש, אַזוי שטייט בפֿירוש געשריבן אין בוך. צווייטנס, מ׳דאַרף זיך ניט פּאַטשקען מיט טינט און מיט שוואַקס (שאָל.).

אַזוי איז אויך, ווען עס קומען די אַרכאַיִשערע (פֿאַרעלטערטע) ,ראשית, שנית (והש־נית)׳ און ענלעכע. אַ שטייגער: איך אַליין האָב פֿאַרן טויט כּלל קיין מורא נישט, וואָרן, ערשטנס, האָב איך שוין אַריבערגעשפּאַנט שישים,[2] והשנית, בין איך אַזאַ מענטש, וואָס קאַטאָרע לעבן און שטאַרבן איז בײַ אים גלאַט אַלץ איין יום־טובֿ (שאָל.). [321]

[1] [1] דאָ קאָן די קאָמע זײַן אָדער פֿאַר ,און׳ אָדער פֿאַר ,דריטנס׳.
[2] [2] שישים – זעכציק (יאָר).

אָנמערקונג אויב די ווערטער ,ערשטנס, צווייטנס׳ אאַ״וו זײַנען פֿון אָנהייב זאַץ און ווערן אַרויסגערעדט מיט אַן אינטאָנאַציע פֿון אַ צווייפּונקט, קומט נאָך זיי ניט קיין קאָמע, נאָר אַ צווייפּונקט.

65 ווענדונג

447 אין אַ זאַץ קומט אָפֿט אַ וואָרט אָדער אַ גרופּע ווערטער, וואָס רופֿט אָן דעם (אָדער דאָס), צו וועמען מע ווענדט זיך. אַ שטייגער:

1. גערדענק, יאָסעלע, וואָס איך זאָג דיר אָן (דינ.).
2. קום, ליבער, לאָמיר גיין אין פֿעלד אַרויס (שאָל.).
3. עס גייט, טײַגע, צו דיר איצט יונג ווערן אַ פֿאָלק (מאַרק.).

אַזעלכע ווערטער ווי ,יאָסעלע, ליבער׳ און ,טײַגע׳ אין די דאָזיקע זאַצן – ווערטער, וועלכע רופֿן אָן די פּערזאָן אָדער די זאַך, וואָס צו זיי איז די רייד געווענדט, – הייסן ווענדונגען.

448 אַ ווענדונג איז אַלע מאָל אַ נאָמינאַטיוו און קומט אָן אַן אַרטיקל. אַ שטייגער: שלמה, דו דאַרפֿסט שרײַבן; חבֿר, הייבט אָן צו לייענען.

ביי די עלטערע שרייבער טרעפֿט מען אָפֿט אַ וואָרט ,רבותים׳ אָדער ,רבותי׳ (מײַנע הערן), וואָס קומט נאָר אַלס אַ ווענדונג. אַ שטייגער: ווייט איר, רבותים, מיינען... (אַקס.); רבותי, איך זאָג אײַך דעם אמת (אַקס.).

אַ ווענדונג קאָן באַשטיין פֿון איין וואָרט, אָדער זי קאָן האָבן בײַגלידער. אַ שטייגער: קום נאָר, בחור, אין שטוב אַרײַן (פּ.); ביסט ליב מיר, מײַן לאַנד, ווי אַ מאַמע (ראָס.); פּראָלעטאַריער פֿון אַלע לענדער, פֿאַראייניקט זיך!

449 איינע און די זעלבע ווערטער קאָנען אין איין פֿאַל זײַן אַ ווענדונג און אין אַ צווייטן ניט. אַ שטייגער:

1. שלמה, וואָס האָסטו זיך צעשריִען?	1. וווּהין גייסטו, משה?
2. וואָס האָט זיך שלמה צעשריִען?	2. וווּהין גייט משה?

אין דער ערשטער שורה זײַנען די אויסגעטיילטע ווערטער – ווענדונגען; אין דער צווייטער שורה זײַנען זיי ניט קיין ווענדונגען, נאָר אָרגאַנישע זאַצגלידער (אין דעם פֿאַל – סוביעקטן).

אָנמערקונג די ווערטער ,דו׳ און ,איר׳ זײַנען ווענדונגען נאָר דאַן, ווען מען אַקצענטירט זיי שטאַרקער און ווען נאָך זיי מאַכט מען אַ פּויזע (אַן איבעררײַס). אַ שטייגער:

ווענדונג	ניט קיין ווענדונג
1. דו, קום נאָר אַהער!	1. דו זאָלסט קומען אַהער!
2. היי, איר, דערלאַנגט דעם האַמער!	2. איר דערלאַנגט דעם האַמער צי ניין?!

450 אַ ווענדונג איז ניט געבונדן ניט מיט קיין באַשטימטן זאַצגליד און ניט מיט קיין באַשטימט אָרט אין זאַץ. זי קאָן זיך געפֿינען פֿון אָנהייב זאַץ, אין מיטן אָדער צום סוף. אַ שטייגער:

1. חבֿרים, זייַט שטיל!
2. זייַט, חבֿרים, שטיל!
3. זייַט שטיל, חבֿרים!

דאָך קאָן מען אָנווייַזן געוויסע פֿאַלן, ווען אַ ווענדונג פּאַסט צו איין אָרט אין זאַץ מער איידער צו אַ צווייט אָרט. אַ שטייגער:

1. אין מאָסקווע עקסיסטירן פֿאָלגנדיקע, חבֿרים, הויכשולן.
2. אין מאָסקווע, חבֿרים, עקסיסטירן פֿאָלגנדיקע הויכשולן.
3. חבֿרים, אין מאָסקווע עקסיסטירן פֿאָלגנדיקע הויכשולן.
4. אין מאָסקווע עקסיסטירן פֿאָלגנדיקע הויכשולן, חבֿרים.

קלאָר, אַז אינעם צווייטן, דריטן און פֿערטן זאַץ איז די ווענדונג מער אויף אַן אָרט איידער אינעם ערשטן זאַץ, ווו זי איז אַרייַנגעקומען צווישן אַ סובסטאַנטיוו מיט זייַנעם אַן אַדיעקטיוו. דערפֿון איז צו זען, אַז אַ ווענדונג קאָן זיך געפֿינען פֿאַר, נאָך און צווישן אַלערליי ווערטער־גרופּעס, אָבער שפּאַלטן אַ ווערטער־גרופּע – דאָס טאָר זי ניט.

451 אַ ווענדונג צוזאַמען מיט אירע בייַגלידער טיילט מען אויס מיט קאָמעס. ווען אַ ווענדונג געפֿינט זיך פֿאַרן זאַץ און ווערט אַרויסגערעדט מיט אַ שטאַרקערן טאָן, קומט נאָך איר אַן אויסרוף־צייכן. אַ שטייגער:

1. שטאָט! דו האָסט מיך געפֿאַנגען! (האָפּ.)
2. ייִנגעלע! וואָס איז דאָס בייַ דיר פֿאַר אַ געטראַנק? (שאָל.)

ווען אַ ווענדונג געפֿינט זיך סוף זאַץ, קומט פֿאַר איר אַ קאָמע און נאָך איר אַזאַ צייכן, וואָס עס פֿאָדערט דער זאַץ אין גאַנצן – אַ פּונקט, אַ פֿרעגצייכן אָדער אַן אויסרוף־צייכן. אַ שטייגער:

1. איך צעשרייַב זיך מיט דיר אויף פּאַפּיר, קאַנאַריק (מאַרק.).
2. סט׳אפֿשר צושטיין פֿאַר אַ שותּף צום געשעפֿט, קאַנאַריק? (מאַרק.)
3. נאָר מיט איין תּנאַי, קאַנאַריק! (מאַרק.)

66 אויסרופֿוואָרט און אַנדערע

452 אויסרופֿווערטער – ווערטער, וואָס דריקן אויס דעם ריידערס אַזאַ אָדער אַן אַנדער אוממיטלבאַר געפֿיל, – זייַנען געוויינטלעך ניט געבונדן מיט די אַרומיקע זאַצגלידער און ווערן אַרויסגעבראַכט אָפּגעזונדערט.

אַן אויסרופֿוואָרט טיילט מען אָפּ מיט אַ קאָמע. אַן אויסרופֿוואָרט, וואָס ווערט אַרויס־געבראַכט מיט אַ העכערן טאָן, טיילט מען אָפּ מיט אַן אויסרוף־צייכן. אַ שטייגער: [323]

1. האַ, ער איז דאָ! (ממס.)
2. סטייַטש, וואָס האָט איר געשוויגן ביז אַהער? (שאָל.)
3. אַהאַ! עס האָט זיי גענומען (שאָל.).

453 מיט אַ קאָמע אָדער מיט אַן אויסרוף־צייכן טיילט מען אויך אויס קלאַנג־נאָכמאַכונגען פֿון געלעכטער, הוסט, געוויין און אַנדערע. אַ שטייגער: כאַ־כאַ־כאַ! אָט לויף איך אַוודאי! קכע־קכע! ווי דער הוסט מאַטערט מיך.

454 מיט אַ קאָמע אָדער מיט אַן אויסרוף־צייכן טיילט מען אויך אויס די ווערטער ,יאָ׳ און ,ניין׳. אַ שטייגער: יאָ! איך וועל זיך אָנזען אַ וועלט (שאָל.); ניין, ער וועט עס פֿאַרן מויל ניט ברענגען (פּ.).

אָנמערקונג 1 ,יאָ׳ און ,ניין׳ זייַנען, פֿאַרשטייט זיך, ניט קיין אויסרופֿווערטער: זיי דריקן אויס ניט דעם ריידערס עפּעס אַ געפֿיל, נאָר זייַנעם אַ געדאַנק – אַ געדאַנק פֿון אָנערקענונג, פֿון אייַנשטימיקייט אָדער פֿון דערווידערונג, פֿון אָפּלייקענונג. דאָס זייַנען ווערטער זאַצן.

אָנמערקונג 2 דאָס וואָרט ,יאָ׳ אין מיטן זאַץ, ווען עס קומט צו פֿאַרשטאַרקן דעם פּרעדיקאַט, טיילט מען מיט קיין קאָמעס ניט אויס. אַ שטייגער: ער האָט דווקא יאָ געוואָלט גיין; ער איז יאָ אַ היגער און נישט קיין היגער (שאָל.).

* * *

455 אָט די טיפֿן ווערטער און ווערטער־גרופּעס, וואָס מיר האָבן באַטראַכט אין די לעצטע עטלעכע לימודים – באַמערקווערטער, ווענדונגען, אויסרופֿווערטער און טיילווייַז אויך פֿרייַע פּאַראַלעליזמען, – געפֿינען זיך סטרוקטוריש אויסער דעם זאַץ, אויסער דער באַטייַטלעך־סטרוקטורישער קייטלונג פֿון ווערטער און באַהעפֿטן, וועגן וועלכער עס איז גערעדט געוואָרן פֿריִער. באַמערקווערטער, ווענדונגען, אויסרופֿווערטער און טיילווייַז אויך פֿרייַע פּאַראַלעליזמען, אויב זיי באַשטייען ניט פֿון איין וואָרט, שאַפֿן זיי אַליין פֿאַר זיך אַ באַשטימטע באַהעפֿטן־קייטלונג, וואָס ווערט אָנגעשלאָסן אָדער אייַנגעשלאָסן אין דער גרונטיקער באַהעפֿטן־קייטלונג – אין דעם גרונטזאַץ. אָט די דאָזיקע לאַגע פֿון באַמערקווערטער, ווענדונגען און די איבעריקע דריקט מען געוויינטלעך אויס אין רעדן מיט אַ ספּעציפֿישער אינטאָנאַציע פֿון אָפּזונדערונג און אין שרייַבן – מיט די אָדער יענע אָפּשטעל־צייכנס.

III אײנפֿאַכע און צונויפֿגעזעצטע פֿראַזע און פֿונקטואַציע

67 זאַץ און פֿראַזע

456 אָפֿט טרעפֿט, אַז אַ זאַץ, ווי גרויס ער זאָל ניט זײַן, איז ניט גענוג אויף אויסצודריקן דעם נייטיקן געדאַנק און מע מוז אָנקומען צו אַ פּאָר אָדער צו עטלעכע זאַצן, וואָס זאָלן צונויפֿגעזעצטערהייט זײַן אין שטאַנד אויסצודריקן דאָס, וואָס מע וויל זאָגן. אַ שטייגער: [324]

אונדזער פֿאַבריק וועט אויספֿילן אַלע אירע פֿאַרפֿליכטונגען, אויב מע וועט זי בײַ צײַטנס באַזאָרגן מיט די נייטיקע מאַשינעס און רויוואַרג (צ.).

די דאָזיקע אַרויסזאָגונג באַשטייט פֿון צוויי זאַצן – פֿון צוויי ווערטער־קייטלונגען, וואָס האָבן זיך צונויפֿגעזעצט און וואָס יעדער פֿון זיי האָט זײַנע הויפּטגלידער און בײַגלידער. דאָ האָבן מיר:

1. אַ סוביעקט ,(אונדזער) פֿאַבריק׳, וואָס ציט צו זיך דעם פּרעדיקאַט ,וועט אויספֿילן׳, וועלכער גרופּירט אַרום זיך די זאַצגלידער ביזן וואָרט ,אויב׳;

2. אַ סוביעקט ,מע׳, וואָס ציט צו זיך דעם פּרעדיקאַט ,וועט באַזאָרגן׳, וועלכער גרופּירט אַרום זיך אַלע איבעריקע זאַצגלידער.

אָבער די דאָזיקע צוויי זאַצן קומען ניט איזאָלירט איינע פֿון די אַנדערע (ווי די זאַצן, וואָס מיר האָבן ביז איצט שטודירט). זיי קומען געבונדן צווישן זיך, ערשטנס, דורך אַ ספּעציעלער אינטאָנאַציע, וואָס זאָגט, אַז די אַרויסזאָגונג האָט זיך בײַם וואָרט ,פֿאַרפֿליכטונגען׳ נאָך ניט געענדיקט; און, צווייטנס, דורך אַ בינדוואָרט ,אויב׳, וואָס ווײַזט די באַציִונגען צווישן די דאָזיקע צוויי ווערטער־קייטלונגען.

אויף אַזאַ אופֿן זעען מיר, אַז עס זײַנען פֿאַראַן צווייערלײ אַרויסזאָגונגען: 1. אַזעלכע, וואָס דריקן אויס אַ פֿאַרענדיקטן געדאַנק און באַשטייען פֿון איין זאַץ; 2. אַזעלכע, וואָס דריקן אויס אַ פֿאַרענדיקטן געדאַנק און באַשטייען פֿון אַ פּאָר אָדער מער זאַצן.

אַן אַרויסזאָגונג פֿונעם ערשטן טיפּ הייסט אײנפֿאַכע פֿראַזע; אַן אַרויסזאָגונג פֿונעם צווייטן טיפּ הייסט צונויפֿגעזעצטע פֿראַזע.[1]

גראַפֿיש קאָן מען די באַציִונג צווישן זאַץ און פֿראַזע אַזוי פֿאָרשטעלן:

זאַץ ≤ פֿראַזע

דאָס הייסט: זאַץ איז דאָס זעלבע, וואָס פֿראַזע, אָדער קלענער פֿון פֿראַזע.

457 אַ צונויפֿגעזעצטע פֿראַזע דאַרף מען ניט צונויפֿמישן מיט קיין אײנפֿאַכער, וואָס אַנטהאַלט גלײַכאַרטיקע סוביעקטן אָדער גלײַכאַרטיקע פּרעדיקאַטן. אַ שטייגער:

1 [1] אין אייניקע ביכער רופֿט מען עס ,אײנפֿאַכער זאַץ׳ און ,צונויפֿגעזעצטער זאַץ׳.

1. משה שרײַבט און לייענט (גלײַכאַרטיקע פּרעדיקאַטן);
2. משה און בערל שרײַבן (גלײַכאַרטיקע סוביעקטן);
3. משה און בערל שרײַבן און לייענען (גל. סוביעקטן און גל. פּרעדיקאַטן);
4. משה שרײַבט, און בערל לייענט (צוויי גלײַכאַרטיקע זאַצן). [325]

ווען אין אַן איינפֿאַכער פֿראַזע זײַנען פֿאַראַן גלײַכאַרטיקע פּרעדיקאַטן, וואָס געהערן צו איינעם און דעם זעלבן סוביעקט, און מע וויל יעדן פֿון די דאָזיקע פּרעדיקאַטן מאַכן מער זעלבשטענדיק, קאָן מען אַזאַ פֿראַזע לײַכט פֿאַרוואַנדלען אין אַ צונויפֿגעזעצטער, אָנרופֿנדיק נאָך אַ מאָל דעם סוביעקט מיטן זעלבן סובסטאַנטיוו אָדער מיט אַ פּראָנאָם. אַ שטייגער:

איינפֿאַכע פֿראַזעס

1. דער ברודער באַגעגנט זיי און פֿרעגט בײַ זיי אַלץ אויס.
2. איך פּאַק אויס אַלע ביכער און קוק זיי גלײַך דורך.

צונויפֿגעזעצטע פֿראַזעס

1. דער ברודער באַגעגנט זיי, און ער פֿרעגט בײַ זיי אַלץ אויס.
2. איך פּאַק אויס אַלע ביכער, און איך קוק זיי גלײַך דורך.

אין אַן איינפֿאַכער פֿראַזע, אַפֿילו ווען זי אַנטהאַלט גלײַכאַרטיקע זאַצגלידער, גרופּירן זיך די ווערטער אַרום די פּרעדיקאַטן אָדער סוביעקטן און די פּרעדיקאַטן געהערן צו איינעם און דעם זעלבן סוביעקט (אָדער סוביעקטן). אַ שטייגער: די דערגרייכונגען בײַ אונדז אין לאַנד וועלן אַרויסרופֿן אין די הערצער פֿון די פּראָלעטאַריער און אַרבעטנדיקע פֿון דער גאַנצער וועלט אַ געפֿיל פֿון שטאָלץ און פֿאַרווונדערונג אויף די דערגרייכונגען פֿונעם סאָציאַליזם אין פֿסס"ר און וועלן זיי באַגײַסטערן אויף נײַע העלדנטאַטן אינעם קאַמף פֿאַר סאָציאַליזם (צ.).

גאָר אַנדערש איז אָבער אין אַ צונויפֿגעזעצטער פֿראַזע. אין אַ צונויפֿגעזעצטער פֿראַזע האָבן מיר אַזאַ צאָל ווערטער־קייטלונגען, וויפֿל מיר האָבן דאָרט איינפֿאַכע זאַצן. אַ שטייגער אין דער פֿאָריקער צונויפֿגעזעצטער פֿראַזע ,אונדזער פֿאַבריק וועט אויספֿילן...' (ז' 349) האָבן מיר צוויי באַזונדערע ווערטער־קייטלונגען, וואָס יעדע פֿון זיי האָט אַ באַזונדערן סוביעקט, אַ באַזונדערן פּרעדיקאַט מיט אַ גאַנצער ריי בײַגלידער. און אויב מיר באַטראַכטן די דאָזיקע צוויי באַזונדערע ווערטער־קייטלונגען פֿאַר טיילן פֿון איין אַרויסזאָגונג, פֿון איין פֿראַזע, איז עס דערפֿאַר, וואָס געדאַנקלעך און אינטאָנאַציאָנעל זײַנען זיי געבונדן.

458 פּונקט אַזוי ווי זאַצן בכלל קאָנען באַשטיין פֿון איין וואָרט און פֿון פֿיל, אַזוי קאָ־נען אויך די זאַצן אין אַ צונויפֿגעזעצטער פֿראַזע זײַן פֿון אַ גאַנץ פֿאַרשיידענער גרייס. אַ שטייגער:

> מע דאַרף, אַז דאָס גאַנצע סאָוועטישע פֿאָלק זאָל דעם אָנקומענדיקן יאָרטאָג פֿון דער גרויסער פּראָלעטאַרישער רעוואָלוציע באַגעגענען מיט קאָלאָסאַלע נצחונות אויף אַלע פֿראָנטן פֿון אונדזער אינדוסטריע און לאַנדווירטשאַפֿט און אין אַלע געביטן פֿון אונדזער לעבן און קולטור (צ.).

דאָ באַשטייט דער ערשטער זאַץ פֿון צוויי ווערטער – פֿון אַ סוביעקט ,מע׳ מיט אַ פּרע־דיקאַט ,דאַרף׳, און דער צווייטער זאַץ באַשטייט פֿון עטלעכע צענדליק ווערטער.

אָפֿט מאָל קאָן מען אַן ענלעכן אינהאַלט אויסדריקן אי מיט אַן איינפֿאַכער אי מיט אַ צונויפֿגעזעצטער פֿראַזע. פֿאַרגלײַכט אַ שטייגער: [326]

איינפֿאַכע פֿראַזעס

1. פֿאַר אײַער גאַנץ לעבן האָט איר נאָך אַזאַ גאָרטן ניט געזען.
2. לווי בחור איז אין דער היים נישט געווען בשעת ביילעס אַרײַנטרעטן צו אים אין הויז (ממס.).

צונויפֿגעזעצטע פֿראַזעס

1. זינט איר לעבט, האָט איר נאָך אַזאַ גאָרטן ניט געזען (שאָל.).
2. לווי בחור איז אין דער היים נישט געווען, בשעת ביילע איז אַרײַנגעטראָטן צו אים אין הויז.

אין דער ערשטער פֿראַזע רעכטס איז ,פֿאַר אײַער גאַנץ לעבן׳ אַ דאַטיוו מיט אַ פּרעפּאָזיציע מיט אַטריבוטן און איז אַ בײַגליד; אין דער ערשטער פֿראַזע לינקס איז ,זינט איר לעבט׳ (וואָס באַטײַט כּמעט דאָס זעלבע, וואָס ,פֿאַר אײַער גאַנץ לעבן׳) ניט קיין בײַגליד, נאָר אַ זאַץ מיט אַ סוביעקט ,איר׳, מיט אַ פּרעדיקאַט ,לעבט׳ און אַ בינדוואָרט ,זינט׳. און אַזוי איז עס לערך אויך מיט דער צווייטער פֿראַזע רעכטס און לינקס.

459 צווישן די זאַצן אין אַ צונויפֿגעזעצטער פֿראַזע שטעלט מען אַ קאָמע (און אַ מאָל – אַן אַנדער צייכן. זעט ווײַטער). אַ שטייגער:

1. איך לאַך, און ווערעם עסן מיך (שאָל.).
2. אָדער איך כאַפּ פֿיש, אָדער איך באָד מיך (שאָל.).
3. עס שטייען נאָך צוויי ייִדן און וואַרטן, איך זאָל זיי שוין אָנגיסן (שאָל.).
4. לעבן די קלעזמער שטייט אויף אַ בענקל עפּעס אַ מין פֿאַרשוין, וואָס קוים רעדט ער אויס אַ וואָרט, שטיקט מען זיך פֿון געלעכטער (ממס.).
5. אין יענעם מאָמענט האָט אינעם שטאַרק צעעפֿנטן און אין זוניקן חלל פֿון פֿרימאָרגן עפּעס אַ יונגע קראָ פֿון אַ הויכן בוים אַ קראַקע געטאָן, און משה האָט זיך פֿון פֿאַר־טראַכטקייט און פֿון אומגעריכטקייט אויף צוריק אַ דריי אויס געגעבן (ניס.).

68 עליפּסישע (אומפֿולע) זאַצן

460 אָפֿט מאָל ברענגט מען אָדער מע טרעפֿט זאַצן, בייַ וועלכע עס איז פֿאַרפֿעלט דער פּרעדיקאַט אָדער אַן אַנדער זאַצגליד. אַ שטייגער אין דער פּראָזע ‚אַרבעט גיט ברויט, פֿוילקייט – נויט׳ – האָבן מיר: 1. אַ זאַץ, וואָס אַנטהאַלט אַ סוביעקט, אַ פּרעדיקאַט און אַ דירעקטן אָביעקט; 2. אַ זאַץ, וואָס אַנטהאַלט בלויז אַ סוביעקט און אַ דירעקטן אָביעקט; קיין פּרעדיקאַט איז אינעם צווייטן זאַץ ניט פֿאַראַן – ער איז פֿאַרפֿעלט.

אַ זאַץ, ווו עס איז פֿאַרפֿעלט דער פּרעדיקאַט אָדער ווו עס פֿילט זיך, אַז עס איז פֿאַר־פֿעלט אַן אַנדער זאַצגליד, הייסט עליפּסישער (אומפֿולער).[1]

461 עליפּסישע זאַצן זייַנען באַזונדערש פֿאַרגעשטעלט אין אַ געשפּרעך. אין אַ גע־שפּרעך, וואָס קומט געוויינטלעך פֿאָר אין אַ קאָנקרעטער אַרומרינגלונג, וועגן באַשטימטע זאַכן, וועגן וועלכע מיר ריידן ניט נאָר מיטן מויל (ניט נאָר מיט דער [327] קלאַנגענשפּראַך), נאָר אָפֿט אויך מיט די הענט, מיט דער מימיק (מיט דער זשעסטנשפּראַך), און וואָס אַ גרויסער טייל פֿון יעדנס רייד באַשטייט גאַנץ אָפֿט פֿון פֿרעגן און ענטפֿערן אָדער פֿון דער־ווידערן אויף דעם צווייטנס רייד, – אין אַזאַ געשפּרעך איז אָפֿט גרינג אויסצוקומען מיט פֿאָרמעל ניט דערערדטע זאַצן. אַ שטייגער:

– דו אַרבעטסט אַליין צי בייַ יענעם?
– איצט אַרבעט איך נאָך בייַ יענעם.
– בייַ וועמען?
– בייַ חנא דעם שוסטער.
– ביסט נאָך אַ בחור?
– אַ בחור.
– וועמען האָסטו – אַ טאַטן, אַ מאַמען, אַ שוועסטער, אַ ברודער?
– קיינעם ניט, קיינעם ניט (שאָל.).

און אַזוי איז עס ניט נאָר אין אַ געשפּרעך מיט אַ צווייטן, נאָר אויך אין אַ געשפּרעך מיט זיך אַליין אָדער בייַם דערציילן וועלכע ניט איז איבערלעבונגען. אין אַזאַ פֿאַל שפּיגלט די רייד שטאַרק אָפּ דעם מענטשנס שפּרונגאַרטיקן געדאַנקען־גאַנג, וואָס איז געוויינטלעך פֿול מיט דערינערונגען, מיט אַסאָציאַציעס, און איז דעריבער היפּש עליפּסיש. אַ שטייגער:

1. נאָכן עסן האָבן מיר זיך גענומען צום צעגיסן די טינט אין פֿלעשער. פֿלעשער האָט מייַן ברודער אליה צונויפֿגעבראַכט פֿון דער גאַנצער וועלט. אַלערליי פֿלעשער און פֿלעשלעך. גרויסע און קליינע. פֿלעשער פֿון ביר, פֿלעשער פֿון וויַין, פֿלעשער פֿון קוואַס, פֿלעשער פֿון בראָנפֿן. און גלאַט פֿלעשער (שאָל.).

1 [1] פֿונעם וואָרט ‚עליפּס׳ (פֿאַרפֿעלונג).

2. ,פּרינץ אַלבערט׳[1] איז גענוג גרויס. און שיין. שטיינערנע טרעפּ. מעשענע פּאַרענ־טשעס. שטאָל און אײַזן, ווו מע טוט זיך אַ ריר. הײַנט ,מענטשן׳. איך מיין די באַדי־נער... הײַנט מאַטראָסן – אַזוי ווי די רוחות. לויפֿן אַרום הין און הער (שאָל.).

אָנמערקונג דאָס אָפּערירן מיט עליפּסישע זאַצן (און מיט פּראָנאָמען נאָך דערצו) קאָן אָבער אַ מאָל מאַכן די רייד ניט גענוג קלאָר, ווי אַ שטייגער אין פֿאָלגנדיקן אויסצוג פֿון שלום־עליכמס „אַ וויגרישנע בילעט“:

...דאָרט, אויף יענער זײַט טיר, איז פֿאָרגעקומען צווישן מאַן און ווײַב שטילערהייט, אונטער פֿיר אויגן, אַזאַ מין געשפּרעך:

זי: ער ווייסט שוין?
ער: ווער?
זי: דער שלימזל.
ער: וואָסער שלימזל?
זי: דער שמשׂ.
ער: פֿון וואָס?
זי: פֿונעם זון. [328]
ער: פֿון וואָסער זון?
זי: פֿון בנימינען.
ער: אַז וואָס?
זי: די גאַנצע שטאָט האָט צו טאָן!
ער: מיט וועמען?
זי: מיט זײַן זון.
ער: מיט וועמענס זון?
זי: מיטן שמשׂעס זון.
ער: אַז וואָס?
זי: טפֿו זאָלסטו ווערן!...

462 אַלס אַן עליפּסישער קומט אין אַ צונויפֿגעזעצטער פּראַזע אַמאָפֿטסטן אַזאַ זאַץ, ווו עס וואָלט געדאַרפֿט זײַן דער זעלבער פּרעדיקאַט (אָדער אַ טייל פֿונעם זעלבן פּרעדי־קאַט), וואָס עס אַנטהאַלט דער פֿאָריקער זאַץ. אַ שטייגער:

1. איך הייס בערל קאָלבאַס, זי – מרים־דוואָשע (פּ.).
2. קרעמער האָבן איבערגעלאָזט זייערע קראָמען, בעל־מלאָכות – זייערע וואַרשטאַ־טן, מלמדים – זייערע חדרים, און מען איז געגאַנגען קוקן (שאָל.).

און אַ מאָל קאָן אין אַ צונויפֿגעזעצטער פּראַזע זײַן עליפּסיש ניט נאָר דער צווייטער זאַץ, נאָר אויך דער ערשטער. אַ שטייגער בײַ מאַרקישן:

פֿאָרנט – פֿעלדער און הימלען, הינטן – פֿעלדער און הימלען.

[1] אַ נאָמען פֿון אַ שיף.

דאָ איז אין ביידע זאַצן פֿאַרפֿעלט דער פּרעדיקאַט. דעריבער איז טאַקע שווערער גענוי צו זאָגן, וואָס פֿאַר אַ פּרעדיקאַט איז דאָ פֿאַרפֿעלט. ס׳קאָן זײַן, אַז דאָ איז פֿאַרפֿעלט ,ציִען זיך, ליגן, זעען זיך, זײַנען אויסגעשפּרייט׳ און נאָך ענלעכע. אָבער אַז דאָ זײַנען פֿאַרפֿעלט פּרעדיקאַטן – דאָס פֿילן מיר.

אויפֿן אָרט פֿונעם פֿאַרפֿעלטן פּרעדיקאַט אָדער פֿאַרפֿעלטן הילפֿווערב קומט אין אַן עליפּסישן זאַץ אַ *טירע*.

אָנמערקונג ווען אין איין ריי מיט עליפּסישע זאַצן קומט אַ פֿולער זאַץ, וואָס איז קעגנגעשטעלט די עליפּסישע, טרעפֿט, אַז צוליב סימעטריע אָדער צוליב אַן אַנדער טעם זאָל מען דאַרפֿן שטעלן אַ טירע אויך אינעם פֿולן זאַץ. אַ שטייגער: אַן אָרעמאַן טוט איבער אַ העמד איין מאָל אין חודש, אַ באַלעבאָס – איין מאָל אין וואָך, אַ גבֿיר – אַלע טאָג, ראָט־שילד – אַלע שעה, און דער קייסער – האַלט אין איין אָנטאָן און אויסטאָן די העמדער (עלז.).

463 אַלס אַן עליפּסישער (מיט אַ פֿאַרפֿעלטן פּרעדיקאַט אָדער מיט אַ פֿאַרפֿעלטן הילפֿווערב) קאָן קומען אַ זאַץ ניט נאָר פֿון אַ צונויפֿגעזעצטער פּראָזע, נאָר אויך פֿון אַן איינפֿאַכער. אַ שטייגער:

1. דער וועג – אַ פֿאַרטאָגיק ניט־דערשלאָפֿענער, אַ פֿינף־שעהיקער (בערג.).
2. קאַדיסאָנס פּנים נאָכן לייענען – פֿול מיט קאָנפֿוז (בערג.).

דאָ איז געוויס פֿאַרפֿעלט דער פּערזאָניקער הילפֿווערב ,איז׳. בערגעלסאָן האָט אַ פּנים דאָ בעסער געוואָלט האָבן אַ פּויזע. דעריבער האָט ער דאָ פֿאַרפֿעלט דעם ,איז׳ און געשטעלט אַ *טירע* – אַ צייכן, וואָס בכלל דריקט ער אויס און פֿאָדערט אַ לענגערע פּויזע. [329]

אויב אָבער עס איז אין אַ זאַץ פֿאַרפֿעלט אַן ,איז׳ און מע רעדט עס אַרויס אָן אַ פּויזע, דאַן קומט אַזאַ זאַץ אָן אַ טירע. אַ שטייגער: אַ פֿאַרגעניגן צו שמעקן די זיסע ריחות פֿון אַלע זײַטן (ממס.); אַ טײַערע מציאה אין אַמעריקע זיך אויסלערנען שרײַבן (שאָל.).[1]

דעם ,איז׳, ווי אויך אַנדערע פּערזאָניקע ווערבן און פּרעדיקאַטן בכלל, פֿאַרפֿעלט מען אָפֿט אין קעפּלעך פֿון צײַטונגען, אין אַפֿישן, אין לאָזונגען. אַ שטייגער:

1. דער פֿרילינג־פֿאַרזיי – די וויכטיקסטע טאָגפֿראַגע (צ.).
2. די מאַכט – די ראַטן, די ערד – די פּויערים, שלום – די פֿעלקער, ברויט – די הונגעריקע (צ.).

בכלל אָבער דאַרף מען זײַן געהיט מיט אָפּשפּאָרן די הילפֿווערבן, ווײַל אָפֿט קאָן עס מאַכן אומקלאָר אָדער פֿאַלש אַ זאַץ. איבער הויפּט, ווען דער פּרעדיקאַט איז אַ פּאַרטיציפּ, וואָס קאָן אויפֿגענומען ווערן אַלס אַ פּערזאָניקער ווערב. אַ שטייגער: אַ פֿאַרברעכער פֿאַרמישפּט צום טויט (צ.).

אָנמערקונג אויב עס ווילט זיך שוין יאָ דורכלאָזן דעם הילפֿווערב בײַ אַזאַ פּאַר־טיציפּ, וואָס קאָן אויפֿגענומען ווערן אַלס אַ פּערזאָניקער ווערב, דאַרף מען אַנשטאָט דעם הילפֿווערב שטעלן אַ טירע. אַ שטייגער: פּענעק – באַזאָרגט מיט אַרבעט (בערג.).

1 [1] זעט אויך מענדעלעס און פּרצעס בײַשפּילן אויף ז״ז 251 – 252.

464 ווען עס קומט אויס איבערצוזעצן אין ייִדיש אַן עליפּסישן זאַץ פֿון רוסיש, אוק־ראַיִניש, ווײַסרוסיש, פּויליש אָדער פֿון אַנדערע שפּראַכן, וווּ די סובסטאַנטיוון האָבן אַ פֿאַרצווײַגטע סיסטעם בייגפֿאָרמעס (פֿלעקסיעס), טרעפֿט אָפֿט אַז מע דאַרף דעם זאַץ אין ייִדיש מאַכן פֿאַר ניט קיין עליפּסישן. אַ שטייגער:

1. Физкультура в школе – на должной высоте. [fizkul'tura (NOM) v škole – na dolžnoj vysote (PRÄP)].
2. Физкультуру в школе – на должную высоту. [fizkul'turu (AKK) v škole – na dolžnuju vysotu (AKK)].

אין רוסיש איז דער אונטערשייד צווישן די דאָזיקע זאַצן קלאָר אויך ביי אַן עליפּסישער סטרוקטור. אָבער אין ייִדיש, וווּ די צאָל בייגפֿאָרמעס איז זייער אַ קנאַפּע, וועט זיך בײַם איבערזעצן די צוויי זאַצן קיין אונטערשייד ניט באַקומען – ביידע זאַצן וועלן זײַן אַזוי:

די פֿיזקולטור אין שול – אויף דער געהעריקער הייך.

אָבער אויב מע וויל איבערגעבן גענוי דעם אינהאַלט פֿון די פֿאָריקע זאַצן (און דערצו דאַרף מען אַלע מאָל שטרעבן בײַ אַן איבערזעצונג), דאַרף מען בײַם איבערזעצן דעם ערשטן זאַץ אײַנשליסן אַ פּערזאָניקן ווערב 'איז' און בײַם צווייטן זאַץ – אַן אינפֿיניטיוו 'אַוועקשטעלן' (אָדער אַן ענלעכן). דאָס הייסט: מאַכן די זאַצן אין ייִדיש פֿאַר ניט קיין עליפּסישע.

69 זאַצטיפּן (לויט דעם אינהאַלט און לויט דער פֿאָרמע)

465 די זאַצן פֿון אַן אײנפֿאַכער אָדער פֿון אַ צונויפֿגעזעצטער פּראָזע קאָן מען באַ־טראַכטן לויט דעם אינהאַלט און לויט דער פֿאָרמע. [330]

לויטן אינהאַלט זײַנען מערסטנס פֿאַראַן אַזעלכע טיפּן זאַצן (זיי קאָנען זײַן סײַ פֿולע און סײַ עליפּסישע):

1. **דערציילערישע**[1] ער רוט; אונדזער בריגאַדע האָט גוט געאַרבעט; חיים איז אַ גוטער בריגאַדיר; עס איז געווען פֿריילעך; געענדיקט די אַרבעט; גייענדיק אין גאַס;[2] דעם מאַנטל;[3] נאָך דער אַרבעט; דעם ברודערס; צוויי און צוואַנציק; גאַנץ פֿײַן; קעגן.[4]
2. **פֿרעגיקע** וואָס טוט ער? ווי אַזוי האָט געאַרבעט אײַער בריגאַדע? וווּ איז געווען פֿריילעך? פֿאַרמאַכן דאָס פֿענצטער? געענדיקט די אַרבעט? גייענדיק אין גאַס? אַן אַלטער מענטש? דעם מאַנטל? נאָך דער אַרבעט? דעם ברודערס? צוויי און צוואַנציק? ווי אַזוי? פֿאַר צי קעגן?

1 [1] דערציילערישע אָדער ענטפֿעריקע. אַלס ענטפֿעריקע זײַנען זיי געוויינטלעך עליפּסישע.
2 [2] אַ שטייגער: – ווען האָסטו אים געזען? – גייענדיק אין גאַס.
3 [3] אַ שטייגער: – וואָס האָט ער געבעטן? – דעם מאַנטל.
4 [4] אַ שטייגער: ער איז געווען פֿאַר דער רעזאָלוציע צי קעגן? – קעגן.

3. **סטימוליריקע** איר זאָלט אַרבעטן נאָך בעסער; גיט מיר אַ ביכל; ליקווידירן דעם דורכרײַס! דעם מאַנטל![1] צום טײַך! דעם ברודערס! צוויי און צוואַנציק! העבער די פֿאָן פֿון קאָמאינטערן! אַרויף! קעגן!

4. **אָנרופֿיקע** קלוב; טעקסטיל־פֿאַבריק; מאָסקווער מלוכישער ייִדישער טעאַטער; אַן אַלשטאָטישע פֿאַרזאַמלונג פֿון די אַקטיוויסטן פֿון דער וואַל־קאַמפּאַניע; „מאָטל פּייסע דעם חזנס ייִנגל“; „פֿישקע דער קרומער“; „פֿאָלקסטימלעכע געשיכטן“; „נאָך אַלעמען“.

5. **באַמערקזאַצן** ער איז, דאַכט זיך, גערעכט;[2] אײַער פֿערדל – מאַכן זיי צו מיר – איז אין שטאַל; גיט מיר, זײַט מוחל, דאָס ביכל; ער איז, אַזוי צו זאָגן, אַן אונדזעריקער; די אַרבעט, ווי געזאָגט, איז אים געפֿעלן; זי איז, אַ סבֿרא, שוין געקומען; זיי זײַנען, צום באַדויערן, אַוועקגעפֿאָרן; דאָס איז אים, נאַטירלעך, ניט צום האַרצן.

6. **ווענדונגען** גיי, משה, אַהיים; וואָס רעכנסטו, טבֿיה, טאָן? מע רופֿט אײַך, חבֿר; שטאָט! דו האָסט מיך געפֿאַנגען; פּראָלעטאַריער פֿון אַלע לענדער, פֿאַראייניקט זיך!

7. **עקספּרעסיווע** אוי! ער גייט! פֿע, מעגסט זיך שעמען; נו, וואָס שטייט איר? כאַ־כאַ־כאַ! אַ שיינער גזלן!

אָנמערקונג אַ פֿרעגיקער זאַץ קאָן אַ מאָל זײַן פֿרעגיק בלויז לויטן טאָן און (אָדער) לויט דער אָנווזנהייט פֿון אַ פֿרעגיקן פּראָנאָם, אָבער לויטן אינהאַלט זאָל עס זײַן אַ דערציילערישער אָדער אַ סטימוליריקער זאַץ. אַ שטייגער: וואָס האָב איך [331] געקאָנט אַנדערש טאָן? (דאָס הייסט: איך האָב אַנדערש ניט געקאָנט טאָן); וואָס שרײַט איר אַזוי? (דאָס הייסט: הערט אויף צו שרײַען!).

466 אַ פֿרעגיקן זאַץ רעדט מען אַ מאָל אַרויס אי מיט אַ טאָן פֿון פֿרעגן אי מיט אַ טאָן פֿון אויסרופֿן (מיט עקספּרעסיע). אין אַזאַ פֿאַל שטעלט מען בײַם זאַץ אַ פֿרעגצייכן צוזאַמען מיט אַן אויסרוף־צייכן. אַ שטייגער: פֿון וואַנען האָבן זיך צו מיר גענומען אַזעלכע רוצחים קינדער?! (שאָל.)

אַ סטימוליריקן זאַץ – אַ זאַץ, וואָס פֿאַרלאַנגט עפּעס, וואָס סטימולירט, באַוועגט צו עפּעס, – רעדט מען אָפּט אַרויס מיט אַ גאַנץ רויִקן טאָן. אין אַזאַ פֿאַל באַצייכנט מען דעם זאַץ מיט אַ ,קאַלטן׳ פּונקט. ווען אָבער מע ברענגט דעם סטימוליריקן זאַץ אַרויס מיט אַ העכערן, אויפֿגערעגטן טאָן, באַצייכנט מען אים מיט אַן אויסרוף־צייכן. אַ שטייגער: וואַרפֿט אַראָפּ דעם קאַפּיטאַליסטישן רעזשים! קעמפֿט פֿאַר דער אַלוועלטלעכער רעוואָלוציע!

מיט אַ העכערן, אויפֿגערעגטן טאָן רעדט מען אַ מאָל אַרויס אויך דערציילערישע, אָנרופֿיקע און אַנדערע טיפּן זאַצן. אין אַזאַ פֿאַל באַצייכנט מען אויך זיי מיט אַן אויסרוף־צייכן.

1 [5] דאָ איז אָנגערופֿן בלויז דער אָביעקט (אַקוזאַטיוו) – דאָס איבעריקע ווערט געוויינטלעך געזאָגט מיט דער האַנט אָדער מיט דער מימיק פֿון פּנים.

2 [6] די געהעריקע טיפּן זאַצן זײַנען דאָ און ווײַטער אויסגעטיילט.

אַ שטייגער: פֿאָרן מיט דער באַן איז אַ גן־עדן! (שאָל.); מיר פֿאָרן דאָך אויך קיין אַמעריקע! (שאָל.); אַ דימענט פֿון אַ קאַפּיטאַן! איך האָב אים ליב סכּנות! (שאָל.)

ווען די פֿאַרשיידענע טיפּן זאַצן ווערן אין מיטן איבערגעריסן, באַצייכנט מען די איבער־געריסנקייט מיט אַ ד ר ײַ ־ פּ ו נ ק ט. אַ שטייגער: עס איז מיר געקומען אויפֿן געדאַנק, פֿאַר־שטייט איר, טאַקע די אייגענע האָדל, בשעת זי איז נאָך געווען אַ ברעקל... אַ קינד הייסט דאָס... זי געהאַלטן אויף די הענט... אויף די הענט געהאַלטן... האָט קיין פּאַראיבל נישט, פּאַני, וואָס איך האָב מיך... מעשׂה־ייִדענע... איר זאָלט וויסן, הערט איר, וואָס דאָס איז פֿאַר אַ האָדל דאָס איז!... (שאָל.)

אָ נ מ ע ר ק ו נ ג   אין איין פּראַזע, באַזונדערש אין אַ צונויפֿגעזעצטער, קאָנען, פֿאַרשטייט זיך, זײַן זאַצן פֿון פֿאַרשיידענע טיפּן. אַ שטייגער:

> האָב צײַט, זאָג איך, גאָלדע, דו ווערסט אַלץ וויסן, דו צעבלאָז נאָר, זאָג איך, דעם סאַ־מאָוואַר, און נאָך דעם וועלן מיר זיך אַרומזעצן אַרום טיש... (שאָל.)

אין דער דאָזיקער (צונויפֿגעזעצטער) פּראַזע האָבן מיר אַזעלכע זאַצן:

1. אַ סטימולירי‌קן זאַץ: האָב צײַט;
2. אַ באַמערקזאַץ: זאָג איך;
3. אַ ווענדונג: גאָלדע;
4. אַ דערציילערישן זאַץ: דו ווערסט אַלץ וויסן;
5. אַ סטימולירי‌קן זאַץ: דו צעבלאָז נאָר דעם סאַמאָוואַר;
6. אַ באַמערקזאַץ: זאָג איך;
7. אַ דערציילערישן זאַץ: און נאָך דעם וועלן מיר זיך אַרומזעצן אַרום טיש...

467 לויט דער פֿ אָ ר מ ע (לויט דער סטרוקטור) זײַנען מערסטנס פֿאַראַן אַזעלכע טיפּן זאַצן: [332]

I צווייגלידיקע זאַצן מיט צוויי צענטערן: מיט אַ סוביעקט[1] און אַ פּרעדיקאַט.[1] אַ שטייגער: ער שרײַבט; אונדזער בריגאַדע האָט גוט געאַרבעט; ווי אַזוי האָט געאַרבעט אײַער בריגאַדע? איר זאָלט מאָרגן אַרבעטן נאָך בעסער! אײַער פֿערדל – מאַכן זיי צו מיר – איז אין שטאַל.

II איינגלידיקע זאַצן מיט איין צענטער:[1] מיט אַ פּרעדיקאַט אַליין, מיט אַ סוביעקט אַליין,[1] אָדער מיט אַ בײַגליד אַלס אַ צענטער. צווישן די איינגלי־דיקע זאַצן זײַנען די אָפּטערע טיפּן פֿאָלגנדיקע:

1. **סוביעקטלאָזע** עס בליצט; עס דונערט אַ גאַנצן טאָג; אים האָט געשטאָכן אין זײַט.[2]
2. **אימפּעראַטיווישע** יאָגט אָן; זעצט זיך שרײַבן; אָרדנט איַין אַ פֿריילעכן יום־טובֿ.

[1] [1] מיט אָדער אָן בײַגלידער. [2] [2] די ווערטער ,אַ גאַנצן טאָג׳, ,אים׳ און ,אין זײַט׳ זײַנען, פֿאַרשטייט זיך, ניט קיין סוביעקטן. ,אַ גאַנצן טאָג׳ איז אַ צײַט־באַשטימונג (מיט אַן אַטריבוט בײַ איר), ,אים׳ איז אַן אָביעקט, און ,אין זײַט׳ איז אַן אָרט־באַשטימונג.

3. **אינפֿיניטיווישע** אָניאָגן; פֿאַרמאַכן דאָס פֿענצטער? איינאָרדענען אַ פֿריילעכן יום־טובֿ.

4. **פּאַרטיציפּישע** אָנגעיאָגט; געענדיקט די אַרבעט? איינגעאָרדנט אַ פֿריילעכן יום־טובֿ.

5. **גערונדיווישע** אָניאָגנדיק; זיך זעצנדיק שרײַבן; איינאָרדענענדיק אַ פֿריילעכן יום־טובֿ.

6. **נאָמינאַטיווישע** משה; פֿעוורואַל; אַ צימער; „פֿישקע דער קרומער“; „מאָטל פּייסע דעם חזנס ייִנגל“; „פֿאָלקסטימלעכע געשיכטן“.

7. **אַקוזאַטיווישע** דעם מאַנטל! דעם עלטערן ברודער; דעם פֿאָריקן טאָג און די פֿאָריקע נאַכט.

8. **דאַטיווישע**[1] צום ברודער; נאָך דער אַרבעט; מיט אַ פֿערד; „אַרום וואָקזאַל“; „בײַם דניעפּער“.

9. **פּאָסעסיווישע** דעם פֿאָרזיצערס; ענגעלסעס; דעם עלטערן ברודערס.

10. **צאָלווערטער** צוויי; דרײַ; פֿינף און צוואַנציק; זיבן הונדערט.

11. **אַדווערבישע** אויבן; באַלד; אַליין; דערפֿאַר; קלאָר; העכער די פֿאָן!

12. **אויסרופֿווערטער** אוי! אַך! נו! עט! באַץ! הײַדאַ! הוראַ!

13. **פּרעפּאָזיציאָנעלע** פֿאַר? קעגן? קעגן.

468 וואָס שטעלט מיט זיך פֿאָר אַ צווייגלידיקער זאַץ – דאָס איז גאַנץ גענוי אַרומגערעדט געוואָרן אין די פֿאָריקע קאַפּיטלען. דאָס איז דער פֿאַרשפּרייטסטער טיפּ, באַזונדערש אין דער שריפֿטשפּראַך. איצט לאָמיר זיך אַ ביסל אָפּשטעלן אויף די זעלטענערע טיפּן – אויף די איינגלידיקע.

1. אין אַ סוביעקטלאָזן זאַץ איז דער צענטער אַ ווערבאַלער אָדער אַ נאָמינאַלער פּרעדיקאַט אין דריטער פּערזאָן איינצאָל. אַ שטייגער: [333]

(1) אין וואַלד רוישט.	(1) אין וואַלד איז טומלדיק.
(2) עס שטעבט אין קאָפּ.	(2) עס איז קאַלט אין קאָפּ.
(3) עס האָט שטאַרק גערעגנט.	(3) עס איז געווען שטאַרק נאַס.

אַ סוביעקטלאָזער זאַץ קומט מערסטנס דאַן, ווען מע דאַרף אויסדריקן אַ געוויסע נאַטור־דערשײַנונג אָדער אַ מענטשלעכן צושטאַנד און עס איז אוממעגלעך אָנצורופֿן אָדער מע וויל ניט אָנרופֿן דעם טוער פֿון דער טוונג (דאָס הייסט אָבער ניט, אַז עס איז ניטאָ קיין טוער אין דער ווירקלעכקייט אויך. קוים איז פֿאַראַן אַ טוונג, איז, פֿאַרשטייט זיך, פֿאַראַן דער טוער פֿון דער טוונג, אָבער אינעם זאַץ, אין דער אַרויסזאָגונג, איז קיין טוער ניטאָ).

אויך אַ ריי זאַצן פֿון די ווײַטערדיקע זײַנען אָן סוביעקטן, אָבער אין דער גראַמאַטישער ליטעראַטור

[1] [3] מיט פּרעפּאָזיציעס.

האָט זיך שוין איינגעשטעלט אַ טראַדיציע צו באַצייכענען מיטן טערמין סוביעקטלאָזע זאַצן ניט אַלע זאַצן, וואָס זיינען אָן אַ סוביעקט, נאָר בלויז די, ביי וועלכע דער פּרעדיקאַט איז אַ בייגיקער ווערב אין דריטער פּערזאָן.

2. אין אַן אימפּעראַטיווישן זאַץ איז דער צענטער אַ ווערב פֿון צווייטער פּערזאָן באַפֿעל־מאָדוס. אַזאַ זאַץ קומט מערסטנס דאַן, ווען מע ווענדט זיך מיט אַ געוויסן פֿאַרלאַנג אָדער באַפֿעל (אָדער מיט אַ ווונטש, ביטע אאַ״וו) דירעקט צו אַ געוויסן טוער.

3. אין אַן אינפֿיניטיווישן זאַץ איז דער צענטער אַ ווערב אַן אינפֿיניטיוו אָן הילפֿווערבן. אַזאַ זאַץ קומט אָפֿט אין קעפּלעך פֿון צייטונגען, אין לאָזונגען, אין רעזאָלוציעס און בכלל דאַן, ווען מע ווענדט זיך מיט אַ געוויסער דירעקטיוו צו פֿיל (אָפֿט אומבאַשטימטע) אַדרעסאַטן.

4. אין אַ פּאַרטיציפּישן זאַץ איז דער צענטער אַ ווערב אַ פּאַרטיציפּ אָן הילפֿווערבן. אַזאַ זאַץ קומט אָפֿט אין קעפּלעך פֿון צייטונגען, אין ראַפּאָרטן, אין טעלעגראַמעס און בכלל דאַן, ווען ניט דער טוער אינטערעסירט דעם דערציילער און דעם צוהערער (דעם לייענער), נאָר די אָפּגעטאָנענע אַרבעט (דער פֿאַקט פֿון אָפּטאָן די אַרבעט).

5. אין אַ גערונדיווישן זאַץ איז דער צענטער אַ ווערב אַ גערונדיוו. אַזאַ זאַץ קומט געוויינטלעך אין אַן ענטפֿער וועגן אַ טוונג, וואָס קומט כּמעט שטענדיק פֿאָר איינצייטיק מיט אַ צווייטער טוונג, מיט אַ גרונטיקער.

6. אין אַ נאָמינאַטיווישן זאַץ איז דער צענטער אַ סובסטאַנטיוו (אַ סובסטאַנטיווירונג) אַ נאָמינאַטיוו. אַזאַ זאַץ קומט מערסטנס אויף שילדן, אין קעפּלעך פֿון צייטונגען, פֿון אַרטיקלען, אין נעמען פֿון ביכער, פֿון זשורנאַלן, אין רעמאַרקעס פֿון דראַמעס און בכלל דאַן, ווען מע וויל בלויז אָנרופֿן עפּעס אַ זאַך (אַ סובסטאַנץ), ניט דערציילנדיק גאָרנישט וועגן איר טוונג און צושטאַנד.

7. אין אַן אַקוזאַטיווישן זאַץ איז דער צענטער אַ סובסטאַנטיוו (אַ סובסטאַנטיווירונג) אַן אַקוזאַטיוו. אַזאַ זאַץ קומט געוויינטלעך אָדער אַלס אַן ענטפֿער אָדער אַלס אַ פֿראַגע וועגן דער צייט אָדער אָביעקט פֿון עפּעס אַ טוונג אָדער אַלס אַ פֿאַרלאַנג וועגן דעם.

8. אין אַ דאַטיווישן זאַץ איז דער צענטער אַ סובסטאַנטיוו (אַ סובסטאַנטיווירונג) אַ דאַטיוו מיט אַ פּרעפּאָזיציע. אַזאַ זאַץ קומט מערסטנס אָדער אַלס אַן ענטפֿער אָדער אַלס אַ פֿראַגע וועגן דעם אָביעקט, אָרט, צייט, אופֿן, סיבה, [334] צוועק אָדער עפּעס אַנדערש פֿון עפּעס אַ טוונג, אָדער אַלס אַ פֿאַרלאַנג וועגן דעם, אָדער אַלס אַן אָנרוף פֿון אַ ביכל, צייטונג, זשורנאַל, אַרטיקל אאַ״וו.

9. אין אַ פּאָסעסיווישן זאַץ איז דער צענטער אַ סובסטאַנטיוו (אַ סובסטאַנטיווירונג) אַ פּאָסעסיוו. אַזאַ זאַץ קומט געוויינטלעך אַלס אַן ענטפֿער, אַלס אַ פֿראַגע, אָדער אַלס אַ פֿאַרלאַנג און ווייזט אָן דעם אייגנטימער פֿון עפּעס אַ זאַך אָדער פֿון עפּעס אַ טוונג.

10. אין אַ זאַץ אַ צאָלוואָרט איז דער צענטער אַ צאָלוואָרט (אָדער צאָלווערטער). אַזאַ זאַץ קומט געוויינטלעך אַלס אַן ענטפֿער, אַלס אַ פֿראַגע אָדער אַלס אַ פֿאַרלאַנג און ווייזט אָן די צאָל פֿון עפּעס אַ זאַך.

11. אין אַן אַדוועררבישן זאַץ איז דער צענטער אַן אַדווערב – אַן אַדיעקטיווישער אָדער ניט־אַדיעקטיווישער. אַזאַ זאַץ קומט געוויינטלעך אַלס אַן ענטפֿער, פֿראַגע אָדער פֿאַרלאַנג און ווײַזט אָן דאָס אָרט, די צײַט, דעם אופֿן, די סיבה, דעם צוועק אאַ״וו פֿון עפּעס אַ טווּנג.

12. אין אַ זאַץ אַן אויסרופֿוואָרט איז דער צענטער (און דער זאַץ אין גאַנצן) אַן אויסרופֿוואָרט. אַזאַ זאַץ קומט, ווי בכלל אַן אויסרופֿוואָרט, אויסצודריקן דעם ריידערס אַן עקספּרעסיע, עפּעס אַן אוממיטלבאַר געפֿיל.

13. אין אַ פּרעפּאָזיציאָנעלן זאַץ איז דער צענטער (און מערסטנס דער זאַץ אין גאַנצן) אַ פּרעפּאָזיציע. אַזאַ זאַץ קומט געוויינטלעך אַלס אַן ענטפֿער אָדער אַלס אַ פֿראַגע און ווײַזט אָן אַזאַ אָדער אַן אַנדער פֿאַרהעלטעניש צווישן עפּעס אַ טווּנג מיט אַ זאַך אָדער צווישן אַ פּאָר זאַכן א״אַ.

469 כּדי די באַציִונג צווישן די טיפּן זאַצן לויט דעם אינהאַלט און לויט דער פֿאָרמע זאָ[ל] זײַן אָנשוילעכער, וועלן מיר עס פּרווון פֿאָרשטעלן ווי אַ גראַפֿיק.

נומ׳	**זאַצטיפּן** לויטן אינהאַלט לויט דער פֿאָרמע (סטרוקטור)		1 דערציילערישע	2 פֿרעגיקע	3 סטימולירדיקע	4 אַנרופֿיקע	5 באַמערקיקזאַץ	6 ווענדונגען	7 עקספּרעסיווע
1	צווייגלידיקע		+	+	+		+		
2	איינגלידיקע	סוביעקטלאָזע	+	+			+		
3		אימפּעראַטיווישע			+		+		
4		אינפֿיניטיווישע		+	+		+		
5		פּאַרטיציפּישע	+	+			+		
6		גערונדיווישע	+	+					
7		נאָמינאַטיווישע		+		+	+	+	
8		אַקוזאַטיווישע	+	+	+				
9		דאַטיווישע	+	+	+	+	+		
10		פּאָסעסיווישע	+	+	+				
11		צאָלווערטער	+	+	+				
12		אַדווערבישע	+	+	+		+		
13		אויסרופֿווערטער							+
14		פּרעפּאָזיציאָנעלע	+	+	+				

[335]

470 אָנמערקונגען 1. אַ ריי פֿון די ערשט אָנגעוויזענע זאַצן (גערונדיווישע, אַקוזאַטיווישע, פּאָסעסיווישע, צאָלווערטער, פּרעפּאָזיציאָנעלע) קומען נאָר אין (אַלס) אַן ענטפֿער אָדער אין אַנדערע פֿאַלן פֿון עליפּסישער (אומפֿולער) רייד. די איבעריקע זאַצן קאָנען

קומען סײַ אַלס עליפּסישע און סײַ אַלס פֿולע, פֿאַרענדיקטע. אָט פֿאַר וואָס מע דאַרף די אַלע טיפּן זאַצן (סײַ לויט דעם אינהאַלט און סײַ לויט דער פֿאָרמע) ניט מישן מיט עליפּ־סישע. אין אַן עליפּסישן זאַץ פֿילט זיך, אַז דער אָדער יענער זאַצגליד איז פֿאַרפֿעלט און קאָן געוויינטלעך אויפֿגעשטעלט ווערן פֿונעם קאָנטעקסט – פֿון דעם געגעבענעם זאַץ אָדער פֿון די אַרומיקע – אָדער פֿון די אַרומיקע אומשטענדן. אָבער אין אַן אָנרופֿיקן זאַץ אַ שטייגער אָדער אין אַ סוביעקטלאָזן, אויב זיי זײַנען ניט קיין עליפּסישע, איז געוויינטלעך גאָרניט פֿאַרפֿעלט, נאָר דער זאַץ באַשטייט ניט פֿון צוויי צענטרען (ווי מערסטנס אַ זאַץ) – ניט פֿון אַ סוביעקט מיט אַ פּרעדיקאַט, נאָר פֿון איין צענטער.

2. איינעם און דעם זעלבן אָדער אַן ענלעכן אינהאַלט קאָן מען אַ מאָל אויסדריקן אי מיט אַ סוביעקטיקן אי מיט אַ סוביעקטלאָזן זאַץ. פֿאַרגלײַכט אַ שטייגער: אים טוט ווייַ דער קאָפּ – אים טוט ווייַ אין קאָפּ.

3. די זאַצן פֿונעם טיפּ ‚עס דונערט, עס רעגנט, עס שטעכט‘ און ענלעכע באַטראַכטן מיר איצט אַלס סוביעקטלאָזע. אָבער געשיכטלעך איז דאָ פֿאַראַן אַ סוביעקט – ‚עס‘. ‚עס דונערט‘ האָט פֿאַרן אוראַלטן מענטשן באַטײַט, אַז דער גײַסט, דער גאָט, וואָס מאַכט די וועטערן, – דונערט. און אָט דעם דאָזיקן טוער, אָט דעם דאָזיקן סוביעקט, האָט דער אוראַלטער מענטש אויסגעדריקט דורך אַ פּראָנאָם פֿון דריטער פּערזאָן, ווי דער ‚עס‘, וואָס איז מיט דער צײַט געוואָרן אינהאַלטלאָז און איז פֿאַרוואַנדלט געוואָרן אין אַ פּאַרטיקל.

4. אָפֿט ניצט מען זאַצן מיט סוביעקטן (פּראָנאָמען), וואָס זײַנען אומבאַשטימט, אָבער דאָס הייסט ניט, אַז אַזעלכע זאַצן זײַנען סוביעקטלאָזע. אַ שטייגער: עמעצער קוקט אין פֿענצטער; מע קלאַפּט אין טיר. אין די דאָזיקע זאַצן איז דאָ אַ סוביעקט. אינעם ערשטן זאַץ איז דער סוביעקט – ‚עמעצער‘; ער איז דאָס דער ‚קוקער‘. אינעם צווייטן זאַץ איז דער קלאַפּער – ‚מע‘. דעריבער דאַרף מען זאַצן, וואָס אַנטהאַלטן אומבאַשטימטע סוב־יעקטן, ניט צונויפֿמישן מיט זאַצן, וואָס קומען גאָר אָן סוביעקטן (ווען אין אַ זאַץ איז דאָ אַ פּראָנאָם ‚מע(ן)‘ – ער שטאַמט פֿונעם סובסטאַנטיוו ‚מאַן‘ – איז ער אַלע מאָל אַ סוביעקט).

5. אַ זאַץ מיט אַ פּרעדיקאַט אין דער פֿאָרמע פֿון צווייטער פּערזאָן באַפֿעל־מאָדוס (אימפּעראַטיוו) קאָן אַ מאָל אַנטהאַלטן אַ סוביעקט אויך. די אָנוועזנהייט פֿונעם סוביעקט בײַ אַזאַ פּרעדיקאַט טראָגט אינעם באַפֿעל אַרײַן אַ טאָן פֿון פֿאַרווייכערונג. אַ שטייגער: דו צעבלאָז נאָר, זאָג איך, דעם סאַמאָוואַר (שאָל.). ווען אָבער אַזאַ ‚דו‘ אָדער ‚איר‘ ווערט אַרויסגערעדט ווי אַ ווענדונג, איז עס, פֿאַרשטייט זיך, ניט קיין סוביעקט, און מע דאַרף עס אָפּטיילן מיט אַ קאָמע (אָדער מיט אַן אויסרוף־צייכן). אַ שטייגער: גיי הײַנט ניט אין ערגעץ, דו! די וועלט דאַרף זיך הײַנט איבערקערן (מאַרק.).

6. דער פּרעדיקאַט פֿון אַן אימפּעראַטיווישן זאַץ קאָן אָפֿט מיינען ניט דווקא אַ צווייטע פּערזאָן, נאָר יעדן איינעם, אַפֿילו דעם ריידער זעלבסט (זעט ז׳ 218).

7. ווען דער ווערב איז אין פּאַרטיציפּישן זאַץ מיט אַ סופֿיקס ‚־ט‘ און אָנעם פּרעפֿיקס ‚גע־‘, קאָן עס אַ מאָל זײַן צווייִדײַטיק. אַ שטייגער אין ‚ליקווידירט דעם [336] דורכרײַס‘ קאָן מען דעם ‚ליקווידירט‘ אויפֿנעמען אי פֿאַר אַ באַפֿעל־מאָדוס אי פֿאַר אַ פּאַרטיציפּ.

דעריבער איז אין אַזעלכע פֿאַלן ביי אַ ראַפּאָרט אָפֿט בעסער צו שרייבן דעם זאַץ מיט אַ פּערזאָניקן ווערב און מיט אַ ,מע׳ אָדער ,עס׳. אַ שטייגער: (1) מע האָט ליקווידירט; (2) עס איז ליקווידירט...

471 ווען אַ סוביעקטלאָזער זאַץ אָדער אַן אַנדער איינגלידיקער זאַץ קומט אין אַ צונויפֿ־געזעצטער פּראַזע, ווערט ער פּונקט ווי אַלע אַנדערע זאַצן אויסגעטיילט מיט קאָמעס (אָדער מיט אַנדערע צייכנס). וואָרן אַ סוביעקטלאָזער זאַץ איז אויך אַ זאַץ – זיין פּרעדיקאַט גע־הערט ניט צום סוביעקט פֿון די איבעריקע זאַצן. אַ שטייגער: ווען ער האָט זיך אויפֿגעכאַפּט, איז שוין אין דרויסן דורכויס טונקל און קיל געווען און אין די הייזער פֿון דאָרף זיינען שוין דאָ און דאָרט מיט אַ ציטער די ערשטע נאַכטפֿייערלעך געבוירן (בערג.).[1]

ווען צוויי זאַצן מיטן סוביעקט ,מע, מען׳ אָדער ווען צוויי איינגלידיקע זאַצן פֿון איינעם און דעם זעלבן טיפּ האָבן צווישן זיך אַ בינדוואָרט ,און, אָדער, איידער, צי׳, ווערן זיי מיט קיין קאָמעס ניט פֿונאַנדערגעטיילט. אַ שטייגער: דערנאָך איז מען געקומען און מע האָט זיך אַוועקגעזעצט (שאָל.); רוף מיך נאָר און גיב מיר לעקעך (שאָל.); קורץ געטראַכט און גוט געמאַכט (שאָל.); אַ סך זמירות און ווינציק לאָקשן (שאָל.); ניט אויסצושפּייען און ניט אַראָפּצושלינגען.

70 הויפּטזאַץ און ביזאַץ

472 די זאַצן אין אַ צונויפֿגעזעצטער פּראַזע, פּונקט ווי די זאַצגלידער אין אַ זאַץ, זיינען צווישן זיך פֿאַרבונדן דורך קאָאָרדינירונג אָדער דורך סובאָרדינירונג.

ביי קאָאָרדינירונג זיינען די זאַצן גלייכאַרטיקע – איינע די צווייטע באַשטימען זיי ניט און קאָנען אָפֿט ניט געענדערטערהייט קומען אַלס באַזונדערע פּראַזעס אויך. און אויב זיי ווערן געבראַכט אין איין פּראַזע, איז עס כּדי צו ווייזן, אַז די אָדער יענע דערשיינונ־גען (געשעענישן) קומען פֿאָר איינציטיק אָדער איינע נאָך די אַנדערע, אָדער כּדי צו ווייזן אַ קעגנשטעלונג פֿון דערשיינונגען, אָדער כּדי צו ווייזן אַ ריי שילדערונגען אָדער באַלויכטונגען פֿון איינער און דער זעלבער דערשיינונג אאַ״וו. אַ שטייגער: 1. די ציגיינער שווערן זיך, יידן פּאַטשן איבער די הענט, פּריצים קנאַקן מיט די בייטשן, און פֿערדלעך לויפֿן אַהין און אַהער (שאָל.); 2. איך שוויג, און ער קאָכט זיך. ער קאָכט זיך, און איך שוויג (שאָל.); 3. דעקן דעק איך מיך איין, אָבער שלאָפֿן שלאָף איך ניט (שאָל.); 4. אָדער איך כאַפּ פֿיש, אָדער איך באָד מיך (שאָל.); 5. די זון בראָט, סמאַליעט, עס ווייעט נישט קיין ווינטעלע, מע פֿילט נישט קיין לופֿטעלע (ממס.).

ביי סובאָרדינירונג זיינען די זאַצן אומגלייכאַרטיקע – איין זאַץ ווערט דער־גאַנצט, באַשטימט דורכן צווייטן. אין אַזאַ פֿאַל קומען די זאַצן צונויפֿגעזעצט אין איין פּראַ־זע, כּדי צו ווייזן, אַז די אָדער יענע דערשיינונגען (געשעענישן) קומען פֿאָר אין אַזאַ אָדער אַנדער צייט, אָרט, ביי אַזאַ אָדער אַנדער באַדינג, צוליב [337] אַזאַ אָדער אַנדער סיבה, צוועק

[1] [1] וועגן דער פּונקטואַציע פֿון אַזאַ מין פּראַזע זעט ז׳ 387.

אאַ״וו. אַ שטייגער: 1. מײַן ברודער אליהו לאָזט קיינעם נישט צו, בשעת ער מאַכט אים (שאָל.); 2. פֿון זינט דער טאַטע איז געשטאָרבן, האָט ער אָנגעהויבן רייכערן (שאָל.); 3. אַז איך עס, מאַך איך מיט די ליפּן (שאָל.); 4. איצט וועט ער מיך ניט אָנרירן, ווײַל איך בין אַ יתום (שאָל.); 5. בכדי ס׳זאָל ניט זײַן קיין שאָדן, דערגיס איך דעם קרוג מיט וואַסער (שאָל.).

אָנמערקונג סײַ בײַ קאָאָרדינירונג און סײַ בײַ סובאָרדינירונג זײַנען די זאַצן צווישן זיך פֿאַרבונדן אָדער בלויז דורך אַזאַ אָדער אַן אַנדער אינטאָנאַציע (און אין שריפֿט – דורך די אָדער יענע אָפּשטעל־צייכנס) אָדער דורך אינטאָנאַציע און די אָדער יענע בינד־ווערטער. אַ שטייגער:

גלײַכאַרטיקע זאַצן	אומגלײַכאַרטיקע זאַצן
איך שווײַג, ער רעדט.	איך שווײַג, רעדט ער.
איך שווײַג, און ער רעדט.	איך שווײַג, ווײַל ער רעדט.
איך שווײַג, אָבער ער רעדט.	איך שווײַג, ווען ער רעדט.

473 בײַ סובאָרדינירונג איז איינער פֿון די זאַצן אַ בײַזאַץ און דער צווייטער איז אַ הויפּטזאַץ. אַ בײַזאַץ איז דער סובאָרדינירטער (אונטערגעוואָרפֿענער) זאַץ – דער, וואָס באַשטימט אַ צווייטן זאַץ אָדער אַ טייל פֿון אַ צווייטן זאַץ. און אַ הויפּטזאַץ איז דער סובאָרדינירי קער (אונטערוואַרפֿנדיקער) זאַץ – דער, וואָס ער אָדער אַ טייל פֿון אים ווערט באַשטימט דורכן בײַזאַץ (זעט די פֿאָריקע און ווײַטערדיקע בײַשפּילן).

אָנמערקונג דער בײַזאַץ קאָן גאַנץ אָפֿט באַשטיין פֿון אַ סך אַ גרעסערער צאָל ווערטער און קאָן פֿאַר דער אַרויסזאָגונג זײַן פֿיל וויכטיקער איידער דער הויפּטזאַץ. פֿאַרגלײַכט אַ שטייגער די זאַצן אין דער צײַטונג־פּראָזע אויף ז׳ 351, וווּ דער הויפּטזאַץ באַ־שטייט בלויז פֿון די ווערטער ,מע דאַרף׳ און דער בײַזאַץ – פֿון עטלעכע צענדליק ווערטער.

474 אין אַ צונויפֿגעזעצטער פּראָזע זײַנען אָפֿט פֿאַראַן עטלעכע הויפּטזאַצן און עט־לעכע בײַזאַצן. אין אַזאַ פֿאַל קאָן די באַציִונג צווישן די הויפּטזאַצן און בײַזאַצן זײַן אַ פֿאַר־שיידענע: די בײַזאַצן קאָנען אַלע זײַן סובאָרדינירט דירעקט צו אַ הויפּטזאַץ – צו דעם אָדער יענעם פֿון זיי אָדער צו אַלע; אָדער אַ טייל בײַזאַצן זאָל זײַן סובאָרדינירט צו אַ הויפּטזאַץ, און אַן אַנדער טייל – צו אַ בײַזאַץ. אַ שטייגער:

1. ער שווערט, אַז ס׳האָט אים גאָר ניט ווי געטאָן, נאָר בלוט איז געגאַנגען אַ סך (שאָל.).
2. דערציילן מיר אונדזער נס..., ווי אַזוי מיר האָבן געגנבֿעט די גרענעץ, ווי אַזוי די אַגענטן האָבן אונדז באַפֿאַלן, ווי אַזוי מיר האָבן זיך באַקענט מיט אַ ייִדענע, ווי אַזוי די ייִדענע האָט בײַ אונדז אויסגענאַרט די זאַכן... (שאָל.).
3. מיר ווערן געוווירר, אַז ביידע אַגענטן האָבן זיך באַרימט, אַז מע וועט אונדז מסרן, אַז מיר ווילן גנבֿענען די גרענעץ (שאָל.).
4. מאַזעפּעווקע מיט אירע בלאָטיקע, פֿינצטערע געסלעך... האָט אויסגעזען בײַ [338] אים אין די אויגן טאַקע גאָר ווי אַ גן־עדן, וווּ אַלצדינג בליט און שײַנט, וווּ אַלצדינג לעבט און פֿרייט זיך, און ער איז גרייט אַרומנעמען און אויסקושן יעדן באַזונדער (שאָל.).

5. זײַנע געדאַנקען האָבן אים אַזוי געטראָגן, עס איז אים געווען אַזוי גרינג אויף דער נשמה, אַז עס האָט זיך אים אויסגעוויזן, ער האָט פֿליגל (שאָל.).
6. אויפֿן וועג זאָגט איר מײַן ברודער אליה מוסר, למאַי זי האָט געוויינט די גאַנצע צײַט, און ער דערמאָנט איר, וויפֿל מאָל ער האָט איר געזאָגט, זי זאָל נישט וויינען (שאָל.).

גראַפֿיש קאָן מען די באַציִונג צווישן די הויפּטזאַצן און בײַזאַצן אין די פֿאָריקע פֿראַזעס אַזוי ווײַזן (□ – הויפּטזאַץ; ▲ – בײַזאַץ):

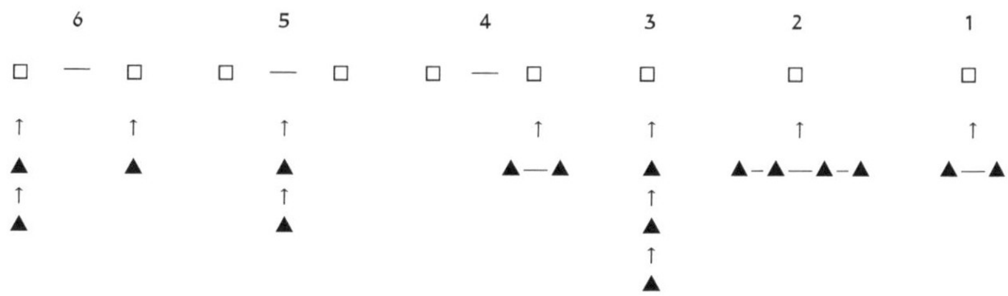

אָנמערקונג אַ זאַץ, וואָס איז סובאָרדינירט צו איין זאַץ און סובאָרדינירט צו זיך אַן אַנדער זאַץ, איז אַ בײַזאַץ לגבי דעם סובאָרדינירנדיקן, לגבי דעם הויפּטזאַץ, און איז אַ הויפּטזאַץ לגבי דעם סובאָרדינירטן, לגבי דעם צווייטן בײַזאַץ, ווי אַ שטייגער אין די פֿראַזעס 3, 5 און 6 פֿון די פֿאָריקע.

475 אַ בײַזאַץ האָט געוויינטלעך די סטרוקטור פֿון אַ זאַץ און די פֿונקציע פֿון אַ זאַצגליד. פֿאַרגלײַכט אַ שטייגער:

1. ער לייענט צײַטונגען נאָך דער אַרבעט.
2. ער לייענט צײַטונגען, ווען ער קומט פֿון דער אַרבעט.

אינעם ערשטן פֿאַל האָבן מיר אַן אַרויסזאָגונג, וואָס איז אויסגעדריקט דורך אַן איינפֿאַכער פֿראַזע – דורך אַ זאַץ, וועלכער אַנטהאַלט אַ סוביעקט, אַ פּרעדיקאַט, אַ דירעקטן אָביעקט און אַ צײַט־באַשטימונג. אינעם צווייטן פֿאַל האָבן מיר אַן אַרויסזאָגונג, וואָס איז אויסגעדריקט דורך אַ צונויפֿגעזעצטער פֿראַזע – דורך צוויי זאַצן: איינער פֿון זיי אַנטהאַלט אַ סוביעקט, פּרעדיקאַט און דירעקטן אָביעקט; און דער צווייטער אַנטהאַלט אַ בינדוואָרט (‚ווען׳), אַ סוביעקט, פּרעדיקאַט און אָרט־באַשטימונג. דערבײַ זעען מיר דאָ אינעם צווייטן פֿאַל, אַז דער צווייטער זאַץ פֿילט אויס בנוגע דעם ערשטן זאַץ אַ פֿונקציע פֿון אַ בײַגליד – פֿון אַ צײַט־באַשטימונג; דער גאַנצער צווייטער זאַץ, דער בײַזאַץ, ווײַזט, ווען קומט פֿאָר די טוונג, וועגן וועלכער עס רעדט זיך אינעם ערשטן זאַץ – אינעם הויפּטזאַץ.

און אַ מאָל קאָן אַ בײַזאַץ אויספֿילן לגבי דעם הויפּטזאַץ ניט נאָר אַ פֿונקציע פֿון אַ בײַגליד, נאָר אויך אַ פֿונקציע פֿון אַ הויפּטגליד – פֿון אַ סוביעקט. [339] אַ שטייגער: ווער עס האָט ניט פֿאַרענדיקט די אַרבעט, זאָל בלײַבן אין שול. דאָ האָבן מיר אַ בײַזאַץ (‚ווער עס האָט ניט פֿאַרענדיקט די אַרבעט׳), וואָס לגבי דעם הויפּטזאַץ פֿילט ער אויס אַ פֿונקציע פֿון אַ סוביעקט.

אָנמערקונג אַ הויפּטזאַץ קאָן ביַי זיך האָבן ביַיזאַצן מיט פֿאַרשיידענע פֿונקציעס. אָבער ניט יעדע ווערטער־גרופּע, וואָס וויַיזט אַ סיבה, אַ צוועק, אַ באַדינג און אַנדערע מאָמענטן, איז אַ ביַיזאַץ. די דאָזיקע פֿונקציעס פֿילן אויס ניט נאָר ביַיזאַצן, נאָר אויך זאַצגלידער פֿון אַן איינפֿאַכן זאַץ. דעריבער דאַרף מען ניט יעדע ווערטער־גרופּע מיט אַזאַ פֿונקציע אויסטיילן מיט קאָמעס. אַ שטייגער:

1. ער שריַיבט, ווען ער האָט ציַיט.
2. ער שריַיבט יעדן פֿאַרנאַכט.

אינעם ערשטן פֿאַל איז פֿאַראַן אַ קאָמע, אינעם צווייטן – ניט.

476 אויסער די ערשט באַהאַנדלטע צוויי אופֿנים פֿון פֿאַרבינדן זאַצן אין אַ צונויפֿגעזעצטער פֿראַזע – אויסער קאָאָרדינירונג און סובאָרדינירונג – זיַינען פֿאַראַן נאָך צוויי:

1. איַינשליסונג – ווען אין אַ זאַץ, אין אַ גוּ'ונטואַץ, ווערט איַינגעשלאָסן אַ באַמערקזאַץ, אַ ווענדונג אָדער עפּעס אַנדערש. אַ שטייגער: ער האָט זיך, פֿאַרשטייט איר מיך, געגרייט צו אַן אַנדער נסיעה (שאָל.); וואָס דאַרפֿן מיר, מאַכט ער, פֿעפֿערל הייסט דאָס, שדכנים? (שאָל.);
2. פּאַראַלעליזם – ווען אַ זאַץ איז געבונדן מיט אַ צווייטן דורך ,דאָס הייסט׳. אַ שטייגער: ער איז געווען אַ בריה אויף אַלץ, דאָס הייסט, ער האָט געקאָנט פֿאַרריכטן אַ זייגער, אַ פּאָר קאַלאָשן און וואָס איר ווילט.

477 די נייטיקייט צונויפֿצופֿוזעצן (צו באַהעפֿטן) אַ פּאָר אָדער עטלעכע זאַצן אין איין פֿראַזע איז ביַים מענטשן אַנטשטאַנען ערשט אויף אַ גאַנץ הויכער סטאַדיע פֿון זיַין געזעלשאַפֿטלעכער אַנטוויקלונג – דאַן, ווען ער האָט אָנגעהויבן אַלזיַיטיקער אויפֿצודעקן די פֿאַרבינדונג, אָפּהענגיקייט, קעגנזיַיטיקייט פֿון דערשיַינונגען. לכתּחילה איז אויפֿגעקומען די צונויפֿזעצונג פֿון גליַיכאַרטיקע זאַצן (קאָאָרדינירונג). שפּעטער אָבער, ווען דעם מענטשנס דערפֿאַרונג איז געוואָרן נאָך העכער, ווען ער האָט אָנגעהויבן טיפֿער פֿאַרשטיין די פּראָצעסן פֿון דער ווירקלעכקייט און האָט זיך אויסגעלערנט אויפֿצודעקן פֿאַרשיידענע באַציִונגען פֿון באַדינג, סיבה, רעזולטאַט, צוועק און אַנדערע, האָט זיך גענומען אַלץ מער און מער אַנטוויקלען די צונויפֿזעצונג פֿון אומגליַיכאַרטיקע זאַצן (סובאָרדינירונג).

71 ביַיזאַצטיפּן

478 כּדי דאָס געזאָגטע אין אַ זאַץ (אין אַ הויפּטזאַץ) זאָל זיַין קאָנקרעטער, פֿולער, אַלזיַיטיקער, קומען אָפּט ביַי אַ זאַץ (ביַי אַ הויפּטזאַץ) איינער אָדער עטלעכע פֿון פֿאָלגנדיקע ביַיזאַצטיפּן (אין די קלאַמערן איז דאָ געגעבן דער הויפּטזאַץ):

1. סוביעקט־ביַיזאַץ (זאָל לייענען), ווער סע וויל.
2. אָביעקט־ביַיזאַץ (ער לייענט), וואָס מע גיט אים.
3. אָרטביַיזאַץ (ער לייענט), ווו מע הייסט אים. [340]

4. צײַטבײַזאַץ (ער לייענט), ווען סע ווילט זיך אים.
5. אופֿן־בײַזאַץ (ער לייענט), ווי מע הייסט אים.
6. צוועקבײַזאַץ (ער לייענט), כּדי צו וויסן נײַס.
7. סיבה־בײַזאַץ (ער לייענט), ווײַל ער איז נײַגעריק.
8. באַדינג־בײַזאַץ (ער לייענט), אויב מע שטערט ניט.
9. רעזולטאַט־בײַזאַץ (ער לייענט אַזוי), אַז מע ווערט פֿאַרכאַפּט.
10. פֿאַרגלײַך־בײַזאַץ (ער לייענט), פּונקט ווי ער פֿאַרשטייט ניט.
11. נאָכגעביקער בײַזאַץ (ער לייענט), כאָטש קיינער הערט אים ניט.
12. אַטריבוטיווער בײַזאַץ (ער לייענט דאָס ביכל), וואָס דו האָסט געשיקט.

אָנמערקונג 1 דעם באַדינג־בײַזאַץ דאַרף מען ניט צונויפֿמישן מיטן באַדינג־מאָדוס (פֿונעם ווערב). אַ שטייגער אין מענדעלעס פֿראַזע „לאָז ער זאָגן, אויב עס לייגט זיך אים דאָס מויל" – איז פֿאַראַן אַ באַדינג־בײַזאַץ, אָבער דער ווערב אינעם דאָזיקן בײַזאַץ איז גראָד ניט אינעם באַדינג־מאָדוס, נאָר אינעם פֿאַקטישן. און אַ שטייגער אין אַזאַ פֿראַזע ווי ,אָן דיר וואָלט איך דעם וועג ניט געפֿונען' – איז פֿאַראַן אַ באַדינג־מאָדוס, אָבער קיין באַדינג־בײַזאַץ האָבן מיר דאָ ניט (ס'איז אַן איינפֿאַכע פֿראַזע).

אָנמערקונג 2 אַ בײַזאַץ, וואָס ווײַזט אַ צוועק און קומט מיטן בינדוואָרט ,כּדי, אום' (אום כּדי), האָט אָפֿט אַן אינפֿיניטיוו און איז אָן אַ סוביעקט. אַ שטייגער:

1. כּדי צו הייבן די פּראָדוקציע, דאַרף מען בעסער אַרבעטן.
2. מיר שטרענגען זיך אָן, כּדי צו דערגרייכן נאָך גרעסערע רעזולטאַטן.

אַזאַ סטרוקטור האָט אַ צוועקבײַזאַץ געוויינטלעך דאַן, ווען דער סוביעקט פֿונעם הויפּט־זאַץ איז אויך דער טוער פֿון דער טוונג פֿונעם בײַזאַץ.

אָנמערקונג 3 אַנשטאָט ,סוביעקט־בײַזאַץ, אָביעקט־בײַזאַץ, אָרטבײַזאַץ' אאַ"וו קאָן מען אויך זאָגן ,סוביעקטזאַץ, אָביעקטזאַץ, אָרטזאַץ' אאַ"וו.

479 די בײַזאַצן זײַנען פֿאַרבונדן מיט די הויפּטזאַצן מערסטנס דורך בינדווערטער אָדער דורך בינדפּראָנאָמען – דורך פּראָנאָמען, וואָס זײַנען אי בינדווערטער אי זאַצגלי־דער (אין די בײַזאַצן). אַ שטייגער:

1. אָט שטייט דער גרויסער בנימין, וואָס ער איז ווי די זון אַרויס פֿון זײַן געצעלט (ממס.).
2. אָט שטייט דער גרויסער בנימין, וועלכער איז ווי די זון אַרויס פֿון זײַן געצעלט.

אינעם ערשטן פֿאַל איז דער בײַזאַץ פֿאַרבונדן דורך אַ בינדוואָרט ,וואָס', און אינעם צווייטן פֿאַל – דורך אַ בינדפּראָנאָם ,וועלכער' – דורך אַ פּראָנאָם, וואָס איז דאָ אי אַ בינדוואָרט אי אַ סוביעקט אינעם בײַזאַץ (וועלכער – וואָס ער).[1] [341]

1 [1] זעט ז' 289.

480 די אָפּטערע בינדווערטער און בינדפּראָנאָמען, מיט וועלכע די בייַזאַצן קומען, זייַנען פֿאָלגנדיקע:

	בייַזאַצטיפּ	**ענטפֿערט אויף דער פֿראַגע**	**קומט (קאָן קומען) מיט די בינדווערטער און בינדפּראָנאָמען**
.1	סוביעקט־בייַזאַץ	ווער, וואָס?	אַז, ווער, וואָס
.2	אָביעקט־בייַזאַץ	וואָס, וועמען? אויף וואָס? מיט וואָס? א״אַ	אַז, וואָס, וווּ, וווּהין, ווי, ווי אַזוי, וועמען, ווען...
.3	אָרטבייַזאַץ	וווּ, וווּהין, פֿון וואַנען, ביז וואַנען?	ביז, וווּ, וווּהין, פֿון וואַנען
.4	צייַטבייַזאַץ	ווען, ווי לאַנג, פֿון ווען אָן, ביז ווען?	אַז, איידער, ביז, ביז וואַנען, בעת, בשעת, באַלד ווי, ווי לאַנג, ווי נאָר, אַזוי ווי, גלייַך ווי, נאָך דעם ווי, ווען, זינט, צייַט, כּל־זמן
.5	אופֿן־בייַזאַץ	ווי אַזוי?	ווי, ווי אַזוי
.6	צוועקבייַזאַץ	צו וואָט, צו׳ליב וואָס?	אַז, אום (צו), אום כּדי (זו), כּדי (צו)
.7	סיבה־בייַזאַץ	פֿאַר וואָס, איבער וואָס?	אַזוי ווי, אַ דאַנק דעם וואָס, איבער דעם וואָס, דערפֿאַר וואָס, דערפֿאַר ווייַל, וואָרן, ווייַל, טאָמער, מחמת, סייַדן
.8	באַדינג־בייַזאַץ	אויב וואָס?	אויב, אַז, ווי באַלד, ווען, טאָמער
.9	רעזולטאַט־בייַזאַץ	אַז וואָס?	אַז, אַזוי אַז
.10	פֿאַרגלייַך־בייַזאַץ	ווי וואָס, ווי ווער, ווי אַזוי?	אַזוי, ווי, אַזוי ווי, גלייַך, גלייַך ווי, פּונקט, פּונקט ווי, עלעהיי[1]
.11	נאָכגעביקער בייַזאַץ	כאָטש וואָס?	הגם, כאָטש
.12	אַטריבוטיווער בייַזאַץ	וועלכער (וועלכע...)?	וואָס, וועלכער (וועלכע, וועלכן...), ווער (וועמען...), וווּ, וווּהין, ווען א״אַ

אָנמערקונג 1 איינע און די זעלבע בינדווערטער קאָנען קומען, ווי מיר האָבן ערשט געזען, בייַ פֿאַרשיידענע טיפּן בייַזאַצן. דאָס סאַמע אָפּטע בינדוואָרט בייַ סובאָרדינירונג איז ,אַז׳ (ווי בייַ קאָאָרדינירונג – ,און׳).

אָנמערקונג 2 עס זייַנען פֿאַראַן ווערטער, וואָס קאָנען קומען אי אַלס בינדווערטער (צו סובאָרדינירן אַ בייַזאַץ צו אַ הויפּטזאַץ) אי אַלס פּרעפּאָזיציעס (צו סובאָרדינירן אַ זאַצגליד צו אַ זאַצגליד). אַ שטייגער:

1. איך האָב געוואַרט, ביז דו וועסט קומען.
2. איך בין געווען, בעת (בשעת) עס האָט געברענט.

1. איך האָב געוואַרט ביז דייַן קומען.
2. איך בין געווען בעת (בשעת) דער שׂרפֿה (בעתן ברענען).

[1] [1] אַ שטייגער: מע קוקט ניט צו אים אַפֿילו בייַם עסן, עלעהיי צום טיש האָט זיך צוגעזעצט עפּעס אומגעבעטנס און ברודיקס (בערג.).

רעכטס זײַנען די ווערטער ,ביז, בעת (בשעת)׳ בינדווערטער, וואָס קומען דאָ אויף דער גרענעץ צווישן זאַצן; דערפֿאַר איז פֿאַר זיי פֿאַראַן אַ קאָמע. לינקס זײַנען שוין די ווערטער ,ביז, בעת (בשעת)׳ פּרעפּאָזיציעס, וואָס קומען [342] דאָ (ווי מערסטנס פּרעפּאָזיציעס) פֿאַר דאַטיוון; דערפֿאַר איז פֿאַר זיי קיין קאָמע ניטאָ.

אָנמערקונג 3 אין אַ ריי פֿאַלן ברענגט מען די ווערטער ,בשעת, בעת׳ און אייניקע אַנדערע נאָר צוזאַמען מיט ,ווען, אַז׳ און אַנדערע בינדווערטער. באַזונדערש קאָן מען עס טרעפֿן בײַ די עלטערע שרײַבער. אַ שטייגער: בשעת ווען חיים־יונה וויטלס האָט זיך מתוודה געווען..., איז אַרײַנגעקומען דער ,אַלטער׳ (פּ.); דו קענסט דיר משער זײַן, ווי די הויט האָט אויף מיר געציטערט, בשעת אַז איך האָב דײַן בריוול געלייענט (פּערל).

אָנמערקונג 4 בײַ די ייִדן פֿונעם פּוילישן דיאַלעקט קומט אָפֿט אַלס אַ בינדוואָרט דאָס וואָרט ,דאָס׳. נאָך אָפֿטער טרעפֿט מען עס אין פֿאַרשיידענע אַלטייִדישע טעקסטן, דערבײַ אין אַזעלכע פֿאַלן, ווו איצט וואָלטן מיר געבראַכט אַן ,אַז, כּדי׳ און אייניקע אַנדערע. אַ שטייגער: בין איך מיט אים גיגנגין צום טירקישן דיין [דײַען] אונ׳ האָב לאזן איין איין בוך איין שרייבן דאז איך מיט אים פאר [פֿאָר] (,גל. א.י.׳); און די אנדרי יונג פרויא גינג נאך איר אונ׳ היבט די... קליידר אויף דש זיא ניט זאלן אן רירן אן דר ערד דש זי ניט זאלן בשמירט ווערן (,מ.א.׳).

481 בינדווערטער מיט אַ מער אַבסטראַקטן באַטײַט (סיבה, צוועק, באַדינג...) האָבן זיך אַנטוויקלט פֿון בינדווערטער און פֿון אַנדערע ווערטער מיט אַ מער קאָנקרעטן באַטײַט (אָרט, צײַט). און אַזוי האָבן זיך אויך אַנטוויקלט די בײַזאַצן – די אַבסטראַקטערע האָבן זיך גענומען פֿון קאָנקרעטערע. אָט דעם דורכגעמאַכטן וועג פֿון די בינדווערטער (און פֿון די בײַזאַצן) קאָן מען אַ שטייגער אילוסטרירן מיטן וואָרט ,ווײַל׳, וואָס געפֿינט זיך נאָך עד־היום אי אין אַ סטאַדיע פֿון אַ סובסטאַנטיוו, וואָס ווײַזט צײַט; אי אין אַ סטאַדיע פֿון אַ בינדוואָרט, וואָס ווײַזט אַ סיבה. אַ שטייגער:

1. אַ גאַסט קומט אויף אַ ווײַל און זעט אויף אַ מײַל;
2. ער וועט זי האָבן צו געדענקען, ווײַל [כּל־זמן] ער וועט לעבן (שאָל.);
3. איך וועל עס באַטראַכטן, ווײַל עס איז זייער אַ וויכטיקער ענין.

אָדער מע קאָן עס אילוסטרירן מיטן וואָרט ,ווען׳, וואָס געפֿינט זיך נאָך עד־היום אי אין אַ סטאַדיע פֿון אַ פּראָנאָם אַן אַדווערב, וואָס ווײַזט צײַט; אי אין אַ סטאַדיע פֿון אַ בינדוואָרט, וואָס ווײַזט צײַט; אי אין אַ סטאַדיע פֿון אַ בינדוואָרט, וואָס ווײַזט אַ באַדינג. אַ שטייגער:

1. ווען וועלן מיר אָנהייבן די אַרבעט?
2. ווען איך האָב געענדיקט, איז שוין געווען שטאַרק פֿינצטער;
3. ווען איך האָב געלט, קויף איך אײַך פֿון מײַן קעשענע אַ בילעט (בערג.).

און אַזוי איז עס מיט נאָך פֿיל בינדווערטער און בײַזאַצן (דעריבער קאָן מען טאַקע אַ מאָל צווייפֿלען וועגן דעם טיפּ פֿונעם בײַזאַץ אין דעם אָדער אין יענעם פֿאַל, ווי אַ שטייגער אין מענדעלעס פֿראַזע „אַז מע האָט ברויט, וויל מען קוילעטש“).

אָנמערקונג דאָס, וואָס פֿיל בײַזאַץ־בינדווערטער (סובאָרדיניר־בינדווערטער) קומען נאָך עד־היום אַלס זעלבשטענדיקע ווערטער, איז טאַקע אויך אַ באַווײַז, אַז אין פֿאַרגלײַך מיט קאָאָרדינירונג פֿון זאַצן איז סובאָרדינירונג געשיכטלעך אַ שפּעטערדיקע דערשײַנונג.

72 אַטריבוטיווער בייַזאַץ

482 דער אַטריבוטיווער בייַזאַץ שיידט זיך אונטער פֿון אַלע איבעריקע בייַזאַצן מיט אַ גאַנץ וועזנטלעכן מאָמענט. אַלע איבעריקע בייַזאַצן קומען געוויינטלעך צו קאָנקרעטיזירן דעם גאַנצן הויפּטזאַץ (אָדער דעם פּרעדיקאַט פֿונעם הויפּט־[343]זאַץ), דאַן ווען דער אַטריבוטיווער בייַזאַץ קומט געוויינטלעך צו כאַראַקטעריזירן בלויז אַ זאַצגליד פֿונעם הויפּטזאַץ – אַ סובסטאַנטיוו אָדער אַ סובסטאַנטיווירונג. פֿאַרגלייַכט אַ שטייגער:

1. דער בחור איז געבליבן שטיין אויף די טרעפּ, ווייַל ער האָט ניט געוווּסט דעם וועג.
2. ער וועט באַשטימט דערגרייכן אַלץ, אויב ער וועט זיך נאָר באַמיִען.

1. דער בחור איז געבליבן שטיין אויף די טרעפּ, וואָס פֿירן פֿון וואָקזאַל אין שטאָט אַרייַן.
2. ער וועט באַשטימט דערגרייכן אַלץ, וואָס זייַן האַרץ ווינטשט און באַגערט.

אָנמערקונג 1 איינער און דער זעלבער בייַזאַץ קאָן אין איין פֿאַל זייַן אַן אַטריבוטיווער און אין אַ צווייטן פֿאַל ניט. פֿאַרגלייַכט אַ שטייגער:

1. איך נעם דיך מיט אין דער שטאָט, וווּהין (אין וועלכער) איך פֿאָר.
2. איך נעם דיך מיט, וווּהין איך פֿאָר.

אינעם ערשטן פֿאַל איז דער בייַזאַץ אַן אַטריבוטיווער; ער כאַראַקטעריזירט אַ זאַצגליד פֿונעם הויפּטזאַץ (דעם סובסטאַנטיוו ,שטאָט׳); ער ענטפֿערט אויף דער פֿראַגע ,אין וועלכער שטאָט?׳. אינעם צווייטן פֿאַל איז שוין דער בייַזאַץ ניט קיין אַטריבוטיווער, נאָר אַן אָרטבייַזאַץ: ער געהערט צום גאַנצן הויפּטזאַץ און ענטפֿערט אויף דער פֿראַגע ,וווּהין?׳.

אָנמערקונג 2 אין רוסיש און אין אייניקע אַנדערע שפּראַכן קומט אָפֿט מאָל אויס צו טרעפֿן אויך אַזאַ אַטריבוטיוון בייַזאַץ – דאָס איז אַ נייַערער טיפּ אַטריבוטיווער בייַזאַץ, – וואָס באַשטימט ניט קיין זאַצגליד פֿונעם הויפּטזאַץ, נאָר דעם הויפּטזאַץ אין גאַנצן. אַ שטייגער: В тылу поднял восстание партизанский отряд, что крайне дезорганизовало наступление белых[1]. ווען עס קומט אויס איבערצוזעצן אַזאַ בייַזאַץ אין ייִדיש, דאַרף מען אים ברענגען ניט מיט ,וואָס׳ בלויז, נאָר מיט ,וואָס דאָס (עס)׳; אָדער אַנשטאָט ,וואָס דאָס׳ (אַנשטאָט סובאָרדינירונג) געבן ,און דאָס׳ (קאָאָרדינירונג). אַ שטייגער: אין הינטערלאַנד האָט אויפֿגעהויבן אַן אויפֿשטאַנד אַ פּאַרטיזאַנישער אָטריאַד, וואָס דאָס (און דאָס) האָט ביז גאָר דעזאָרגאַניזירט דעם אָנגריף פֿון די ווייַסע.

483 דער סובסטאַנטיוו (אָדער די סובסטאַנטיווירונג), וואָס ציט צו זיך אַן אַטריבוטיוון בייַזאַץ, קאָן אינעם זאַץ אויספֿילן פֿאַרשיידענע פֿונקציעס – ער קאָן זייַן אַ סוביעקט, אַן

1 [v tylu podnjal vosstanie partizanskij otrjad, čto krajne dezorganizovalo nastuplenie belych] ווערטלעך: אין הינטערלאַנד האָט אויפֿגעהויבן אַן אויפֿשטאַנד אַ פּאַרטיזאַנישער אָטריאַד, וואָס האָט ביז גאָר דעזאָרגאַניזירט דעם אָנגריף פֿון די ווייַסע.

אָביעקט, אָדער אַן אַנדער זאַצגליד, אָדער ער קאָן זײַן סתּם אַ סובסטאַנטיוו, וואָס בילדעט (אַליין אָדער מיט בײַגלידער) אַן אָנרופֿיקן זאַץ. אַ שטייגער:

1. אַ מענטש, וואָס זיצט אָפּ אַזוי פֿיל יאָרן אויף אַ קײַלעכיק לעדערן זעסל און קלאַפּט מיטן האַמער אין דער פֿינצטער, קאָן נישט זײַן קיין אָפּטימיסט (שאָל.);
2. מיט זייערע ברייטע פֿאָלעס, וואָס האָבן געשווּעבט אויפֿן ווינט, האָבן זיי זיך געמעגט גלײַכן צו אַ שיף, וואָס גייט געשווינד אויף אירע אויסגעשפּרייטע זעגלען (ממס.);

[344]
3. דאָס ווינטשפֿינגערל, וואָס מיט דעם קען איטלעכער מענטש דערגרייכן אַלץ, וואָס זײַן האַרץ ווינטשט און באַגערט, און קען דורך דעם ניצלעך זײַן זיך און דער וועלט (ממס.).

484 דער סובסטאַנטיוו, וואָס ציט צו זיך אַן אַטריבוטיוון בײַזאַץ, ווערט אָפּט מאָל איבערגעחזרט. דאָס ווערט געוויינטלעך געטאָן, כּדי מער צו באַטאָנען דעם סובסטאַנטיוו און כּדי מער אויסצוטיילן דעם הויפּטזאַץ אין גאַנצן. פֿאַרגלײַכט אַ שטייגער:

עס האָט זיך אים געדאַכט, אַז ער איז אַ גרויסער, אַ גאַנצער מענטש, וואָס האָט שוין פֿאַרזוכט גענוג צרות אין זײַן לעבן.	עס האָט זיך אים געדאַכט, אַז ער איז אַ גרויסער, אַ גאַנצער מענטש, אַ מענטש, וואָס האָט שוין פֿאַרזוכט גענוג צרות אין זײַן לעבן (שאָל.).

נאָך אָפֿטער ווערט אַזאַ איבערחזרונג געמאַכט, ווען צווישן דעם סובאָרדיניריקן סוב־סטאַנטיוו און דעם בײַזאַץ זײַנען פֿאַראַן נאָך סובסטאַנטיוון, וואָס פֿאַלן אין מין, אין צאָל צונויף מיטן סובאָרדיניריקן סובסטאַנטיוו, אָדער ווען דער סובסטאַנטיוו ציט צו זיך עטלע־כע אַטריבוטיווע בײַזאַצן. אַ שטייגער:

1. דאָס ווינטשעניש אין קאַבצאַנסק איז געווען איינע פֿון די גאַנץ געוויינטלעכע באַ־שעפֿטיקונגען צו אונטערהאַלטן זיך און פֿאַרברענגען דערמיט אַ ביסל די צײַט – אַ באַשעפֿטיקונג, וואָס איז געקומען פֿונעם שטענדיקן לײַדן, מאַנגל אין די גײַסטיקע באַדערפֿענישן און פֿונעם לײדיק זיצן אָן פּרנסה (ממס.).
2. און עס האָט זיך אויפֿגעכאַפּט אין איר ,די מאַמע׳, די מאַמע, וואָס איז באַשאַפֿן גע־וואָרן ,אויף באַשיצן און באַשירעמען איר קינד, ווי דאָס שוואַרצאַפּל פֿונעם אויג׳, די מאַמע, וואָס האָט קוים דערלעבט זי צו זען אויף די פֿיס, די מאַמע, וואָס ציטערט איבער איר... (שאָל.).

485 אַטריבוטיווע בײַזאַצן קומען מיט פֿאַרשיידענע בינדווערטער. די אָפֿטערע בינד־ווערטער זײַנען ,וואָס׳ און ,וועלכער׳ (וועלכע, וועלכן...).

אין אַלטייִדישע טעקסטן טרעפֿט מען אַטריבוטיווע בײַזאַצן אָפֿט געבונדן דורך די פּראָנאָמען ,דער, די, דאָס׳. אַ שטייגער: ער איז אז איין חתן דער דאָ גיט [גייט] אויז פון זיינר חופּה (על. ב.); די

מעשים די דו הושט גיהט אן דיר אין דיינר יוגנט (שערטל); אונ׳ דיין גיבירט דאז דו טושט גיווינין (שערטל); ער פאלט אין דיא גרוב דיא ער גימאכט האט (וויצנה.); צו דער יונק פרויא דאש איך ווערד זאגן… נייג דיינן קרוג אונ׳ איך וויל טרינקן (וויצנה.). די דאָזיקע פּראָנאָמען אַלס בינדווערטער ביַי אַטריבוטיווע ביַיזאַצן טרעפֿט מען אויך ביַי מענדעלען, אָבער ביַי אים ווערן זיי שוין געבראַכט צוליב סטיליזיר־צוועקן. אַ שטייגער אינעם „ווינטשפֿינגערל“: „לכּבֿוד דעם הייליקן באַשעפֿער, דער דאָ לעבט אייביק, ולכּבֿוד זיַין ליב פֿאָלק ישׂראל האָב איך אָנגעטאָן די שפּאַקולן און דורכגעקוקט די אַריַינגעשיקטע כּתבֿים.“

אָנמערקונג אין אַלטיידישע טעקסטן זיַינען ביַי אַטריבוטיווע ביַיזאַצן אָבער אָפֿט מאָל אויך פֿאַראַן די בינדווערטער ,וואָס׳ און ,וועלכער׳. אַ שטייגער: דא זאגט דיא פרויא וועלכי דז איר זון לעבינדיג וואר (בליץ); ווען נון איין יונק פרויא קומט צו וועלכר איך ווער זאגין נייגי דיינין קרוג… (בליץ). [345]

486 ווען אַן אַטריבוטיווער ביַיזאַץ קומט מיטן בינדפּראָנאָם ,וועלכער׳, שטימט דער דאָזיקער בינדפּראָנאָם אין צאָל און אין מין מיטן סובסטאַנטיוו, וואָס ציט צו זיך דעם ביַיזאַץ. אַ שטייגער:

1. ער נעמט דעם זשורנאַל, וועלכער ליגט אויפֿן טיש.
2. ער נעמט די ציַיטונג, וועלכע ליגט אויפֿן טיש.
3. ער נעמט דאָס ביכל, וועלכ(ע)ס ליגט אויפֿן טיש.
4. ער נעמט די ביכלעך, וועלכע ליגן אויפֿן טיש.

אָבער די בייגפֿאָרמע פֿונעם דאָזיקן בינדפּראָנאָם איז שוין אָפּהענגיק ניט פֿונעם סובסטאַנטיוו, וואָס אויף אים וויַיזט דער דאָזיקער בינדפּראָנאָם, נאָר פֿונעם דאָזיקנס ראָלע אין ביַיזאַץ: איז דער בינדפּראָנאָם אַ סוביעקט, איז ער אַ נאָמינאַטיוו; איז ער אַ דירעקטער אָביעקט, איז ער אַן אַקוזאַטיוו; און אַזוי וויַיטער. אַ שטייגער:

1. ער נעמט דעם זשורנאַל, וועלכער ליגט אויפֿן טיש;
2. ער נעמט דעם זשורנאַל, וועלכן איך האָב געלאָזט אויפֿן טיש.

אָנמערקונג 1 אָבער די בייגפֿאָרמע פֿונעם סובסטאַנטיוו, וואָס ציט צו זיך דעם ביַיזאַץ, הענגט, פֿאַרשטייט זיך, אָפּ פֿונעם סובסטאַנטיווס ראָלע אין הויפּטזאַץ. דעריבער איז גריַיזיק אַזאַ זאַץ ווי ,דעם ראַיאָן, וועלכן זיי האָבן באַטראַכט, איז איינער פֿון די אינטערעסאַנטסטע׳ (צ.). דאָ דאַרף, נאַטירלעך, זיַין: דער ראַיאָן…

אָנמערקונג 2 ווען דער בינדפּראָנאָם איז אין ביַיזאַץ אַ סוביעקט, גייט נאָך אים גליַיך דער פּערזאָניקער ווערב. ווען דער בינדפּראָנאָם איז ניט קיין סוביעקט, גייט נאָך אים דער פֿאַראַנענער סוביעקט אָדער אַ פֿאַרטיקל ,עס׳. אַ שטייגער:

1. די פֿאַבריק, וועלכע (וואָס) געפֿינט זיך דאָ ניט וויַיט, איז זייער אַ שיינע;
2. די פֿאַבריק, וועלכע (וואָס) די דעלעגאַציע האָט באַזוכט, איז זייער אַ שיינע;
3. די פֿאַבריק, וועלכע (וואָס) עס האָט באַזוכט די דעלעגאַציע, איז זייער אַ שיינע.

אָנמערקונג 3 דער פֿאַרטיקל ,עס׳ קומט אָפֿט אויך צווישן דעם סוביעקט (פּראָ־נאָם) און פּערזאָניקן ווערב, כּדי צו ווײַזן, אַז דאָס איז ניט קיין זעלבשטענדיקער זאַץ, נאָר אַ בײַזאַץ. פֿאַרגלײַכט אַ שטייגער:

1. ווער האָט געענדיקט די אַרבעט?
2. ווער עס האָט געענדיקט די אַרבעט, זאָל גיין.

אָנמערקונג 4 אַן אַטריבוטיווער בײַזאַץ קאָן פֿונקט ווי אַ ריי אַנדערע בײַזאַצן זיך אָנהייבן ניט מיט קיין בינדוואָרט אָדער בינדפּראָנאָם אויך. ער קאָן זיך [346] אָפֿט אָנהייבן מיט אַ פּרעפּאָזיציע, וואָס זאָל געהערן צום בינדפּראָנאָם אָדער צו אַן אַנדער זאַצגליד. אַ שטייגער:

1. די דאָזיקע קאָמפּאַניע האָט זיך געהאַלטן, אַרויסבאַווײַזנדיק אַ מאָל עפּעס אַזעלכע מאָדנע׳ גענג, פֿאַר וועלכע מע האָט אויף זיי אין שטעטל געקוקט קרום (ממס.);
2. די געבײַדע, אין די טיפֿענישן פֿון וועלכער עס ליגן די ביכער, איז זייער אַ פֿײַכטע (צ.).

אין אַזעלכע פֿאַלן קומט די קאָמע, פֿאַרשטייט זיך, ניט פֿאַרן בינדפּראָנאָם, נאָר ווי געוויינט־לעך – אויף דער גרענעץ צווישן די זאַצן.

487 איינער און דער זעלבער אַטריבוטיווער בײַזאַץ קאָן אָפֿט מאָל קומען מיטן בינד־פּראָנאָם ,וועלכער׳ (וועלכע, וועלכן...) אָדער מיט ,ווער׳ (וועמען, וועמענס), אָדער מיט ,וואָס׳ און מיטן אַנטשפּרעכיקן פּראָנאָם. אַ שטייגער:

1. דער דאָזיקער פֿאַרשוין איז מײַן איידעם, וועלכן איך האָב צוגעזאָגט קעסט (ממס.).
2. דער דאָזיקער פֿאַרשוין איז מײַן איידעם, וועמען איך האָב צוגעזאָגט קעסט.
3. דער דאָזיקער פֿאַרשוין איז מײַן איידעם, וואָס אים האָב איך צוגעזאָגט קעסט (אָדער: ...מײַן איידעם, וואָס איך האָב אים צוגעזאָגט קעסט).

אָבער בײַם בינדפּראָנאָם ,וועלכער׳ דאַרף קיין אַנטשפּרעכיקער פּראָנאָם ניט זײַן. דערי־בער זײַנען גרײַזיק אַזעלכע זאַצן ווי ,איך האָב גענומען דעם זשורנאַל, וועלכער ער אין געלעגן אויפֿן טיש; איך האָב גענומען די צײַטונג, וועלכע זי איז געלעגן אויפֿן טיש׳.

אַזעלכע גרײַזיקע זאַצן טרעפֿט מען אַ מאָל אויך אין דער קינסטלערישער ליטעראַטור, אַ שטייגער בײַ ח׳ הורוויצן, בײַ מענדעלען, בײַ שלום־עליכמען (אין די ערשטע יאָרן פֿון זײַן שאַפֿן) א״אַ. אַ שטייגער: איזאַק איז נאָר וואָס געקומען צו מיר און וויל מיך באַקאַנט מאַכן מיט אַ נײַעם אורח, וועלכער ער איז ערשט נעכטן אָנגעקומען אַהער (שאַל.).

488 אין אַ פּראַזע, ווי ס׳איז שוין געוווען אָנגעוויזן, קאָנען אַ מאָל עטלעכע בײַזאַצן כאַראַקטעריזירן איינעם און דעם זעלבן זאַצגליד פֿונעם הויפּטזאַץ אָדער זיי קאָנען כאַ־ראַקטעריזירן פֿאַרשיידענע זאַצגלידער און פֿון פֿאַרשיידענע זאַצן. אַ שטייגער:

> דער פֿאָרטרעגער האָט אָנגעוויזן אַ ריי שרײַבער, וואָס גיבן אין זייערע ווערק פֿיל אינטערעסאַנטע געשטאַלטן, וואָס מאָביליזירן דעם לייענער צו אַן אַקטיווער שעפֿע־רישער אַרבעט.

אין אַזאַ פֿאַל קאָן אַ מאָל די פֿראַזע ווערן אומקלאָר, ווי דאָ אַ שטייגער. די דאָזיקע פֿראַזע קאָן מען טײַטשן אויף צוויי אופֿנים:

1. אַז די בײַזאַצן זײַנען גלײַכאַרטיקע, דאָס הייסט, אַז ביידע בײַזאַצן ציִען צו „שרײַבער" – „שרײַבער, וואָס גיבן אין זייערע ווערק..." און „וואָס מאָביליזירן..." [347]
2. אַז די בײַזאַצן זײַנען ניט קיין גלײַכאַרטיקע, דאָס הייסט, אַז צו „שרײַבער" ציט בלויז דער ערשטער בײַזאַץ – דער צווייטער בײַזאַץ ציט שוין צו „געשטאַלטן".

כּדי אויסצומײַדן אַזאַ צווייִדײַטיקייט און אומקלאָרקייט, דאַרף מען אין אַזעלכע פֿאַלן טאָן אָט וואָס: אין אַזאַ פֿאַל, ווי אין ערשטן, ווען מע האָט גלײַכאַרטיקע בײַזאַצן, דאַרף מען זיי פֿאַרבינדן דורך „און"; און אין אַזאַ פֿאַל ווי אין צווייטן, ווען מע האָט אַ בײַזאַץ צו אַ בײַזאַץ, דאַרף מען איינעם פֿאַרבינדן דורך „וואָס" און דעם צווייטן דורך „וועלכער" (וועלכע). אַ שטייגער:

1. דער פֿאָרטרעגער האָט אָנגעוויזן אַ ריי שרײַבער, וואָס גיבן אין זייערע ווערק פֿיל אינטערעסאַנטע געשטאַלטן און וואָס מאָביליזירן דעם לייענער...[1]
2. דער פֿאָרטרעגער האָט אָנגעוויזן אַ ריי שרײַבער, וואָס גיבן אין זייערע ווערק פֿיל אינטערעסאַנטע געשטאַלטן, וועלכע מאָביליזירן דעם לייענער...

489 דער פּרעדיקאַט (דער פּערזאָניקער ווערב) פֿון אַן אַטריבוטיוון בײַזאַץ שטימט אין צאָל מיטן זאַצגליד, וואָס ציט צו זיך דעם בײַזאַץ. אַ שטייגער:

1. ער נעמט דעם זשורנאַל, וואָס ליגט אויפֿן טיש.
2. ער נעמט די זשורנאַלן, וואָס ליגן אויפֿן טיש.

אָבער דער פּרעדיקאַט פֿונעם הויפּטזאַץ שטימט, פֿאַרשטייט זיך, מיטן סוביעקט פֿונעם הויפּטזאַץ. דעריבער איז גרײַזיק אַזאַ זאַץ ווי „די באַשלוסן, וואָס דער צוזאַמענפֿאָר וועט אָננעמען, וועט נאָך מער מאָביליזירן די באַפֿעלקערונג פֿון ראַיאָן" (צ.). דאָ דאַרף, נאַטיר־לעך, זײַן: וועלן מאָביליזירן.

אָנמערקונג ווען דער זאַצגליד, וואָס ציט צו זיך דעם אַטריבוטיוון בײַזאַץ, איז אַ זאַמל־נאָמען, טרעפֿט מען אַ מאָל דעם פּרעדיקאַט פֿונעם בײַזאַץ אין מערצאָל, כאָטש דער זאַמל־נאָמען איז אין איינצאָל. אַ שטייגער: אין שטעטל בײַ זיי איז דאָ אַ קאָמפּאַניע, וואָס פֿאַרקויפֿן כּלומרשט שיפֿסקאַרטן פֿון ליבאַווע קיין אַמעריקע (שאָל.). אַזאַ „מיטשטי־מונג" טרעפֿט מען אַ מאָל אויך בײַ ניט קיין זאַמל־נעמען – ווען דאָס ווערט געטאָן (פֿלעגט

[1] [1] אָדער אַזוי: דער פֿאָרטרעגער האָט אָנגעוויזן אַ ריי שרײַבער, וואָס גיבן אין זייערע ווערק פֿיל אינטע־רעסאַנטע געשטאַלטן און מאָביליזירן דעם לייענער...

געטאָן ווערן) צוליב הכנעהדיקער אונטערטעניקייט. אַ שטייגער: סעמיאָן מאַקאַראָוויטש איז אַ מענטש, וואָס האָבן ליב אַליין גראָב צו פֿאַרדינען און עס אַרט זיי ניט, אַז יענער פֿאַרדינט אויך (שאָל.).

490 אַן אַטריבוטיווער בײַזאַץ מיט ,וואָס׳ קאָן אָפֿט קומען אָן אַ פּרעדיקאַט. אַזאַ בײַזאַץ ווערט אויך אויסגעטיילט מיט קאָמעס. אַ שטייגער: ער נייט געוויס ניט ערגער פֿון די שוסטערס, וואָס אין די גרויסע שטעט (בערג.); אין לעצטן טונקעלן קאָרידאָר, וואָס פֿאַר דער קאַנצעלאַריע, האָט מען זיי פֿאַרהאַלטן (בערג.).

491 אַן אַטריבוט קאָן, פֿאַרשטייט זיך, זײַן אויסגעדריקט ניט דווקא דורך אַן אַטריבוטיוון בײַזאַץ. אָפֿט קאָן ער זײַן אויסגעדריקט, און אין אַ ריי פֿאַלן דאַרף ער זײַן אויסגעדריקט, ניט דורך אַ בײַזאַץ, נאָר דורך אַ זאַצגליד – דורך אַן אַד־[348]יעקטיוו אָדער דורך אַ וועלכער ניט איז אַנדער אַטריבוט־פֿאָרמע. פֿאַרגלײַכט אַ שטייגער:

ער האָט דערציילט וועגן דער מלחמה, וואָס איז ניט לאַנג פֿאָרגעקומען.	ער האָט דערציילט וועגן דער ניט לאַנג פֿאָרגעקומענער מלחמה.

ווען אָבער אַ סובסטאַנטיוו ציט צו זיך אַן אַטריבוט אַן אַדיעקטיוו, וואָס האָט בײַ זיך אַ גרעסערע גרופּע בײַגלידער, קאָן אַ מאָל בעסער לויִנען דעם אינהאַלט פֿון אַזאַ אַטריבוט אויסצודריקן דורך אַן אַטריבוטיוון בײַזאַץ. זעט ז׳ 320.

אָנמערקונג אַן אַטריבוט, וואָס איז אין איין שפּראַך אויסגעדריקט דורך איין מיטל, קאָן אין אַ צווייטער שפּראַך אַ מאָל אויסגעדריקט ווערן דורך אַ צווייט מיטל. אַ שטייגער לעינינס זאַץ Буржуазия ведет себя как обнаглевший и потерявший голову хищник[1] קאָן מען אין ייִדיש איבערזעצן אַזוי: 1. די בורזשואַזיע פֿירט זיך ווי אַ רויבער, וואָס איז פֿרעך געוואָרן און האָט פֿאַרלוירן דעם קאָפּ; 2. די בורזשואַזיע פֿירט זיך ווי אַ פֿרעך געוואָרענער רויבער, וואָס האָט פֿאַרלוירן דעם קאָפּ.

דאָס אָנווענדן פֿאַרשיידענע אַטריבוט־פֿאָרמעס אַלס סינאָנימישע איז שוין אַ גאַנץ אַלטע דערשײַנונג. פֿאַרגלײַכט אַ שטייגער:

1. איין לנד דז דא פפליגט צו ווקשן ורוכט (שערטל).	דאש פרוכט באר לאנד (בליץ).	איין פרוכטבאר לאנד (וויצנה.).
2. זי הבן גיאיפנט אויף מיך איר מונד אז איין ליבא [לייב] דער דא ור צוקט אונ׳ שרייט (על.ב.).	זיא האבין איר מויל קעגין מיר אויף גשפּארט (גלייך) איין פאר צוק האפטיגיר אונ׳ ברילינדי־גר ליב (בליץ).	זיא האבן אירן מונט קיגן מיך אויף גישפּערט [גלייך אז וויא] איין ברוילנדיגר ליב דער דא פאר צוקט (וויצנה.).

[1] אין רוסיש זענען ביידע [buržuazija vedët sebja kak obnaglevšij i poterjavšij golovu chiščnik] אַטריבוטן אויסגעדריקט דורך פּאַרטיציפּן.

73 קורצע בײַזאַצן (גערונדיװישער, פּאַרטיציפּישער א״אַ)

492 בײַזאַצן זײַנען פֿאַראַן פֿולע – װי די ביז איצט פֿונאַנדערגעקליבענע – און קורצע. קורצע בײַזאַצן זײַנען מערסטנס גערונדיװישע און פּאַרטיציפּישע – זאַצן, װוּ דער גערונדיװ אָדער דער פּאַרטיציפּ דריקן אָפּט אויס כּמעט דאָס זעלבע, װאָס אינעם פֿולן בײַזאַץ װערט עס אויסגעדריקט דורך אַ בינדװאָרט מיט דעם סוביעקט און פּרעדיקאַט. פֿאַרגלײַכט אַ שטייגער:

1. פֿולער בײַזאַץ: אַז ער איז צוגעפֿאָרן, האָט ער אַלץ דערציילט;
2. גערונדיװישער בײַזאַץ: צופֿאָרנדיק, האָט ער אַלץ דערציילט;
3. פּאַרטיציפּישער בײַזאַץ: צוגעפֿאָרן, האָט ער אַלץ דערציילט.

493 דער חילוק צװישן אַ פֿולן רײַזאַץ און אַ קורצן איז אין אַ רײ פֿאַלן בלויז אַן אויסער־לעכער, אַ סטרוקטורישער. עס זײַנען אָבער פֿאַראַן פֿאַלן, װען אַ קורצער בײַזאַץ – איבער הויפּט אַ גערונדיװישער – שיידט זיך אונטער אויך אינהאַלטלעך, װען ער זאָגט פּיל מער פֿון אַ פֿולן בײַזאַץ. אַ שטייגער: [349]

1. קעמפֿנדיק פֿאַר זיך, קעמפֿט דער אַרבעטער־קלאַס פֿאַר אַלע אונטערגעדריקטע (צ.).
2. עס װערט אים גרינגער אויפֿן האַרצן, מיינענדיק, אַז ער האַלט שוין מיט דעם תּל־מיד זײַנעם אויף אַ שטיקל דרך (ממס.).

אויב מיר װעלן דאָ אַנשטאָט דעם גערונדיװ ברענגען אַ פֿולן בײַזאַץ (אַ בינדװאָרט מיט אַ סוביעקט און פּרעדיקאַט), װעט דער אינהאַלט פֿון די דאָזיקע פֿראַזעס אַ ביסל לײַדן. װאָרן קיין איינס פֿון די פֿאַראַנענע בינדװערטער – ניט ,אַז׳, ניט ,װען׳, ניט ,אויב׳, ניט ,װײַל׳ אאַ״װ – קאָן ניט אויסדריקן דעם דאָזיקן אינהאַלט.[1]

אָנמערקונג דעם גערונדיװישן בײַזאַץ האָט באַזונדערש געהאַט קולטיװירט מענדעלע מוכר־ספֿרים. אַ שטייגער: „אַ ייִדענע, אַ ברייטבײַכיקע, אַ לאַנגנעזיקע, מיט אַ מויל אויף שרויפֿן, שטופּט זיך אין טיר אַרײַן, שטופּנדיק פֿאָרויס פּעקלעך מיט בעבעכעס, און באַלד בײַם אַרײַנשטופּן זיך דערמיט פֿאַלט זי דערויף אַנידער, אויסציִענדיק זיך, װי גרויס זי איז, סאָפּעט, מאַכט מיט די זײַטן, טאַקע גאָר װי אַ געפּענטעטער אינדיק אויפֿן מאַרק, פֿאַר פּסח, װי באַלד מע בינדט אים אָפּ די פֿיסלעך, אַרײַניאָגנדיק אים אין שטוב, ציט ער זיך אויס, ליגנדיק אויף דער ערד מיט אויסגעשפּרייטע פֿליגל, אַ פֿאַרריסן קעפּל און אַן אָפֿן פּיסקל, און פֿאָכט מיטן נעזל, אומקוקנדיק זיך אין אַלע זײַטן.״

494 דער פּאַרטיציפּישער בײַזאַץ װערט געברויכט ניט אין אַלע דיאַלעקטן, אָבער אין דער ליטעראַטור איז ער היפּש פֿאַרשפּרייט. אַ שטייגער:

[1] [1] אין דער שפּראַך איז שטענדיק אַזוי: װען איין סטרוקטור װערט אָנגעװענדט אַנשטאָט אַ צװייטער, איז עס ניט בלויז דערפֿאַר, װײַל זי שיידט זיך פֿון דער צװייטער אונטער פֿאָנעטיש, נאָר מערסטנס אויך דערפֿאַר, װײַל זי טראָגט מיט זיך אַ װעלכן ניט איז גרעסערן אָדער קלענערן סעמאַנטישן אָדער סטיליס־טישן אונטערשייד.

1. אָפּגעפּאַרטיקט זיך פֿון דער אַרבעט מיט אַ זיפֿץ טיף פֿונעם בויך, שטעלט ער אויס אַ פּאָר גלעזערנע אויגן און קוקט אויפֿן עולם (ממס.).
2. אָנגעוואָרעמט דאָס פּנים מיט די הענט, קנייטשט ער שטאַרק אײַן דעם שטערן (פּ.).
3. אויסגעבעט אויף דער ערד, האָבן מיר זיך אויסגעצויגן ביידע, איך און מײַן ברודער אליה, ווי די גראַפֿן (שאָל.).
4. אַוועקגעלייגט זיך אין די קליידער, ווען אין דרויסן האָט אָנגעהויבן ווערן טונקל, האָט ער געקאָנט אַרײַנשלאָפֿן טיף אין אָוונט (בערג.).

באַזונדערש האָט דעם פּאַרטיציפּישן בײַזאַץ און דעם פּאַרטיציפּ בכלל קולטיווירט שלום־עליכם, דער עיקר אינעם מער רײַפֿן פּעריאָד פֿון זײַן שאַפֿן. פֿאַרגלײַכט אַ שטייגער די ווײַטערדיקע אויסצוגן פֿון שלום־עליכמס „סטעמפּעניו“ – אינעם ערשטן וואַריאַנט (פֿון 1888 יאָר) און אינעם צווייטן וואַריאַנט (פֿון 1903 יאָר און ווײַטער):

פֿון 1888

דער נאַכט־משורר, דער פֿאַרשפּעטיקטער סאָלאָוויי אינעם מאָנאַסטירסקי גאָרטן, דערהערנדיק אַזאַ מין מוזיק, האָט זיך אויך געפּרוּווט פֿאַרקאַטשען אויפֿן העלדזל, באַווײַזן זײַנע שטיקלעך, ווי זײַן שטייגער איז... דער האָן, דער שרײַער, דערהערנדיק דאָס שפּילן פֿון די קלעזמער און מיינענדיק, אַז ס׳איז שוין טאָג, איז אַראָפּ פֿון דער סידעלע... האָט געזאָגט דעם פּסוק, אויסלאָזנדיק דעם געוויינטלעכן קוקוריקו... אַפֿילו די הינט..., וואָס האָבן, דערהערנדיק די ייִדישע קלעזמער אין מיטן נאַכט, אָנגעהויבן... צו בילן און צו ווויען, זײַנען אויך אַנטשוויגן געוואָרן, זוכנדיק זיך אַן אָרט, וווּ צו לייגן זיך אָפּרוען... אויך די קו... האָט אויפֿגעהערט צו מעלה־גירהן, האָט אויפֿגעשטעלט די אויערן, אַרויסלאָזנדיק פֿונעם בויך אַ טיפֿן קרעכץ... און דעם שכנס צוויי ציגן האָבן זיך... אויפֿגעהויבן פֿון דער ערד, זיך געביטן מיט די ערטער, באַווײַזנדיק זיך דערווײַל איינס דאָס אַנדערע, אַז זיי האָבן הערנער...

אין דער זעלבער צײַט איז אויך אונדזער ערלעכע רחלע געשטאַנען בײַם פֿענצטער... זי קוקט אין בלאָען הימל אַרײַן און דערמאָנט זיך אָן יענער זומערנאַכט, ווען זי פֿלעג מיידלווײַז זיצן אין דער היים..., שפּילנדיק בשעת־מעשׂה אין צייכנס (מיילעשקעס) און זינגענדיק דאָס באַקאַנטע לידל...

פֿון 1903

דער נאַכט־משורר, דער פֿאַרשפּעטיקטער סאָלאָוויי אינעם מאָנאַסטירסקן גאָרטן, דערהערט אַזאַ מין מוזיק, האָט זיך געפּרובירט פֿאַרקאַטשען אויפֿן העלדזל, באַווײַזן זײַנע שטיקלעך, ווי זײַן שטייגער איז... דער האָן, דער שרײַער, [350] דערהערט דאָס שפּילן פֿון די קלעזמער און גערעכנט, אַז ס׳איז שוין טאָג, איז אַראָפּ פֿון דער סידעלע... האָט געזאָגט דעם פּסוק, אויסגעלאָזט דעם געוויינטלעכן ,קוקוריקו׳... אַפֿילו די הינט..., דערהערט די ייִדישע קלעזמער אין מיטן נאַכט, האָבן אָנגעהויבן... צו בילן און צו ווויען און זײַנען אויך אַנטשוויגן געוואָרן, געזוכט זיך אַן אָרט וווּ צו לייגן זיך אָפּרוען... אויך די קו... האָט אויפֿגעהערט צו מעלה־גירהן, האָט אויפֿגעשטעלט די אויערן, אַרויסגעלאָזט פֿונעם בויך אַ טיפֿן קרעכץ... און דעם שכנס צוויי ציגן האָבן זיך... אויפֿגעהויבן פֿון דער ערד, זיך געביטן מיט די ערטער, באַווײַזן דערווײַל איינס דאָס אַנדערע, אַז זיי האָבן הערנער...

אין דער זעלבער צײַט איז אויך אונדזער ערלעכע רחלע געשטאַנען בײַם פֿענצטער... זי קוקט אין בלאָען הימל אַרײַן און דערמאָנט זיך אָן יענע זומערנעכט, ווען זי פֿלעג מיידלווײַז זיצן אין דער היים..., געשפּילט בשעת־מעשׂה אין צייכנס (מיילעשקעס) און געזונגען דאָס באַקאַנטע לידל...

און אַזוי האָט שלום־עליכם געהאַנדלט מיטן גערונדיוו און פּאַרטיציפּ אין נאָך זייער פֿיל פֿאַלן.

אָנמערקונג אין אייניקע פֿאַלן האָט שלום־עליכם אַ גערונדיווישן בײַזאַץ פֿאַרביטן אויף אַ פּולן בײַזאַץ, אַ שטייגער אַנשטאָט „באַגעגענענדיק זיך פּלוצעם מיט רחלען...“ האָט שלום־עליכם אין „סטעמפּעניו“ פֿון 1903 געמאַכט אַזוי: „אַז ער האָט זיך באַגעגנט פּלוצעם מיט רחלען...“

495 דער אונטערשייד צווישן אַ גערונדיווישן בײַזאַץ און אַ פּאַרטיציפּישן באַשטייט אָט אין וואָס: אַ *גערונדיוו* באַטײַט געוויינטלעך אַ טווּנג, וועלכע קומט פֿאָר *איינצײַטיק* מיט דער טווּנג פֿונעם גרונטווערב, וואָס צו אים איז דער גערונדיוו אונטערגעוואָרפֿן; אַ *פּאַרטיציפּ* באַטײַט אַ טווּנג, וועלכע קומט פֿאָר *פֿאַר* דער טווּנג פֿונעם גרונטווערב – פֿאַר דער טווּנג פֿונעם הויפּטזאַץ. פֿאַרגלײַכט אַ שטייגער:

צופֿאָרנדיק צום פֿעטער ניסלס שטוב, האָט דער בעל־עגלה זיך צעשפּיליעט.

צוגעפֿאָרן צום פֿעטער ניסלס שטוב, האָט דער בעל־עגלה זיך צעשפּיליעט (שאָל.).

לויט דעם זאַץ רעכטס, האָט זיך דער בעל־עגלה צעשפּיליעט, ווען (בעת) ער איז צוגעפֿאָרן; לויט דעם זאַץ לינקס האָט ער זיך צעשפּיליעט נאָך דעם, ווי ער איז צוגעפֿאָרן.

אָנמערקונג 1 די איינצײַטיקייט פֿון אַ פּאָר טווּנגען קאָן מען, פֿאַרשטייט זיך, אויסדריקן ניט בלויז דורך אַ גערונדיוו און אַ גרונטווערב. אין אַ רײי פֿאַלן קאָן [351] מען עס טאָן דורך אַ פּשוטער קאָאָרדינירונג פֿון אַ פּאָר ווערבן. פֿאַרגלײַכט אַ שטייגער די ווײַטערדיקע אויסצוגן פֿון „סטעמפּעניו“:

פֿון 1888

1. – זע נאָר, ווי מע שפּאַרט זיך! – שרײַט יעדער באַזונדער, *שפּאַרנדיק* זיך אַרויס צום אויבנאָן...
2. דאָך הערט זי ניט אויף צו פּאָראַדקעווען, *טרײַבנדיק* דעם אַהער און דעם אַהין, און שרײַט מיט די לעצטע כּוחות...
3. מיט די רייד האָט ער אַרומגענומען אַרום און אַרום, ווי אַ גוטער מזיק, *קוקנדיק* גלײַך אין די אויגן אַרײַן.
4. אויף אַזאַ אופֿן האָבן זיך געווינטשע־וועט די ווײַבער, *אויסווישנדיק* זיך די פֿאַרשוואָלענע רויטע אויגן און *אויסשנײַצנדיק* זיך דאָס איבעריקע ביסל נאָז...

פֿון 1903

1. – זע נאָר, ווי מע שפּאַרט זיך! – שרײַט יעדער באַזונדער און *שפּאַרט* זיך אַרויס צום אויבנאָן...
2. דאָך הערט זי ניט אויף צו פּאָראַדקעווען, *טרײַבט* דעם אַהער און דעם אַהין, און שרײַט מיט די לעצטע כּוחות...
3. מיט די רייד האָט ער אַרומגענומען אַרום און אַרום, ווי אַ גוטער מזיק, *געקוקט* גלײַך אין די אויגן אַרײַן.
4. אויף אַזאַ אופֿן האָבן זיך געווינטשע־וועט די ווײַבער, *אויסגעווישן* זיך די פֿאַרשוואָלענע רויטע אויגן און *אויסגעשנײַצט* זיך דאָס איבעריקע ביסל נאָז...

אָנמערקונג 2 פֿון די פֿאָריקע בײַשפּילן דאַרף מען אָבער ניט דרינגען, אַז שלום־עליכם האָט אין זײַן מער רײַפֿן פּעריאָד בכלל אויסגעמיטן גערונדיוון. ניין, אין זייער פֿיל פֿאַלן האָט ער גערונדיוון געניצט און זיי געלאָזט אויך אין די ווײַטערדיקע וואַריאַנטן. אינעם זעלבן „סטעמפּעניו“, סײַ פֿון 1888 און סײַ פֿון די שפּעטערדיקע יאָרן, ווי אויך אין אַלע אַנדערע ווערק שלום־עליכמס, זײַנען גערונדיווישע בײַזאַצן און בכלל גערונדיוון פֿאַראַן גאַנץ היפּש. אַ שטייגער:

1. ...ער וואַרפֿט זיך איבער מיט איר מיט אַ פּאָר ווערטער, צושמייכלענדיק און קריַיזלענדיק זיך זיַינע שיינע לאַנגע האָר;
2. יעדער פֿאַרטראַכט זיך, לאָזט אַראָפּ די נאָז, און ריַיבנדיק מיטן פֿינגער אין טעלער אָדער קנעטנדיק קיַיקעלעך פֿון דער פֿרישער חלה, פֿאַרטיפֿט זיך יעדער אין זיַינע געדאַנקען...

496 אַ גערונדיוו און אַ פּאַרטיציפּ פֿון אַ קורצן בייַזאַץ זיַינען געוויינטלעך אונטער־געוואָרפֿן דעם סוביעקט און דעם פּרעדיקאַט פֿונעם הויפּטזאַץ. דאָס הייסט, דער טוער פֿון דער טוונג אינעם הויפּטזאַץ איז געוויינטלעך אויך דער טוער פֿון דער טוונג, וועלכע איז אויסגעדריקט אינעם גערונדיוו אָדער אינעם פּאַרטיציפּ. אָט פֿאַר וואָס מע קאָן לייַכט ברענגען אַ קורצן בייַזאַץ אַנשטאָט דעם פֿולן אין אַזאַ פֿראַזע ווי ,בשעת איך בין געזעסן אין צימער, האָב איך אַלץ געהערט׳; און מע קאָן פֿאַר קיין פֿאַל ניט ברענגען קיין קורצן בייַזאַץ אַנשטאָט דעם פֿולן אין אַזאַ פֿראַזע ווי ,בשעת איך בין געזעסן אין צימער, האָט ער אַלץ געהערט׳. [352]

אָנמערקונג די לעצטע צייַט האָט מען גענומען ברענגען גערונדיווישע און פּאַרטיציפּישע בייַזאַצן אויך ביַי זאַצן אָן סוביעקטן – ביַי אינפֿיניטיווישע, אימפּעראַטיווישע א״אַ. אַ שטייגער:

1. איבערחזרן דעם געדאַנק, אילוסטרירנדיק אים מיט בייַשפּילן (צ.).
2. געענדיקט די אַרבעט, נעם זיך פֿאַר אַ נייַער (צ.).

אָפֿט מאָל טרעפֿט, אַז אַ גערונדיוו אָדער אַ פּאַרטיציפּ וויַיזט אָן אויף אַ טוונג, וואָס עס טוט ניט דער סוביעקט, נאָר אַן אַנדער זאַצגליד. אַ שטייגער:

פֿאָרנדיק אַזוי, פֿליט מיר דורך אין קאָפּ גאָר אַ נייַע מחשבֿה.

דאָ ווייַזט דער גערונדיוו אַ טוונג, וואָס עס טוט, פֿאַרשטייט זיך, ניט דער סוביעקט פֿונעם הויפּטזאַץ – ניט די ,מחשבֿה׳, נאָר דער אומדירעקטער אָביעקט – ,מיר׳. אָבער אַזעלכע פֿאַלן, ווי דאָ, אַז דער גערונדיוו זאָל געהערן ניט צום סוביעקט, נאָר צו אַן אַנדער זאַצגליד, קומען פֿאָר גאַנץ זעלטן, און מע דאַרף אַזעלכע סטרוקטורן ניט איבעריקס קולטיווירן. און אויב די לעצטע מוסטער־פֿראַזע אָדער אַן ענלעכע קאָן נאָך ווי ניט איז דערלאָזט ווערן, וויַיל זי פֿירט ניט צו קיין צווייַדייַטיקייטן, דאַרף מען אָבער אומבאַדינגט אויסמייַדן אַזעלכע סטרוקטורן, אַזעלכע פֿראַזעס ווי:

פֿאַרבייַגייענדיק דעם מאַוואָליי, האָט אונדז באַגריסט דער ח׳ וואָראָשילאָוו (צ.).

– אַ סטרוקטור, ווו דער גערונדיוו ,פֿאַרבייַגייענדיק׳ האָט (לויטן מיין פֿונעם אַוטאָר פֿון דער דאָזיקער פֿראַזע) געזאָלט געהערן צום דירעקטן אָביעקט – צו ,אונדז׳. די דאָזיקע סטרוק־טור איז שלעכט דערמיט, וואָס אַ גערונדיוו, ווי ס׳איז שוין געזאָגט געוואָרן, געהערט גע־וויינטלעך צום סוביעקט און ניט צו קיין אַנדער זאַצגליד, דעריבער וועט אַ לייענער (אָדער אַ צוהערער) די לעצטע פֿראַזע פֿאַרשטיין גאָר אַנדערש, ווי עס האָט געוואָלט איר אַווטאָר. אָט פֿאַר וואָס מע דאַרף זיַין זייער פֿאָרזיכטיק מיטן אָנווענדן דעם גערונדיוו, און

אויב מע וויל זאָגן דאָס, וואָס עס האָט געמיינט צו זאָגן דער אַוטאָר פֿון דער פֿאָריקער מוסטער־פֿראַזע, דאַרף מען עס זאָגן אַזוי: פֿאַרבײַגייענדיק דעם מאַוזאָליי, זײַנען מיר באַגריסט געוואָרן פֿונעם ח׳ וואָראָשילאָוו. אָדער מע דאַרף אין אַזאַ פֿאַל בכלל אויסמײַדן די גערונדיווישע סטרוקטור.

אָנמערקונג אָבער אין אַזעלכע פֿאַלן ווי אין די ווײַטערדיקע קאָן דער גערונדיוו יאָ אָנגעווענדט ווערן:

1. ...זיי האָבן געטראָפֿן עפּעס אַ יונגן־מאַן טענהנדיק מיטן באַלעבאָס (ממס.).
2. און אַז איך עפֿן דערנאָך די אויגן, זע איך מיך ליגנדיק אין בעט... (ממס.)

דאָס זײַנען פֿאַלן, ווען דער גערונדיוו ציט צו אַן אָביעקט און קאָן פֿאַרביטן ווערן אויף אַן אינפֿיניטיוו.[1]

בײַ שלום־עליכמען טרעפֿן מיר טאַקע אָפֿט מאָל אַן אינפֿיניטיוו אַנשטאָט אַזאַ גערונדיוו. אַ שטייגער אין „סטעמפעניו“: [353]

פֿון 1888

מיר האָבן איבערגעלאָזט רחלען בשעת דעם „שלייער־וואַרמעס“ שטייענדיק בײַ דער טיר און קוקנדיק אויפֿן גרויסן מאַרקפּלאַץ פֿון דער שטאָט מאַזעפּעווקע.

פֿון 1903

מיר האָבן איבערגעלאָזט רחלען בשעת דעם „שלייער־וואַרמעס“ שטיין בײַ דער טיר און קוקן אויפֿן גרויסן מאַרקפּלאַץ פֿון דער שטאָט מאַזעפּעווקע...

אַ מאָל טרעפֿט אויך, אַז מע ברענגט אַ גערונדיוו אָדער אַ פּאַרטיציפּ אין אַזאַ פֿאַל, ווען עס האָט בכלל ניט געדאַרפֿט זײַן קיין קורצער בײַזאַץ, ווען עס האָט געדאַרפֿט זײַן אַ פֿולער בײַזאַץ – אַ בינדוואָרט, אַ סוביעקט מיט אַ פּרעדיקאַט. אַ שטייגער: זײַענדיק פֿון דער נאַטור אַ גריך, איז זײַן צימער פֿול מיט פּלאַסטישער קונסט. אין דער דאָזיקער פֿראַזע איז דער גערונדיוו, פֿאַרשטייט זיך, ניט פּאַסיק; דאָ דאַרף זײַן אַזוי: ווײַל ער איז פֿון דער נאַטור אַ גריך, איז זײַן צימער פֿול מיט פּלאַסטישער קונסט.

אַזעלכע פֿאַלן, מיט אַ גערונדיוו אָדער מיט אַ פּאַרטיציפּ אַנשטאָט אַ פֿולן בײַזאַץ אָדער אַנשטאָט אַן אַנדער קאָנסטרוקציע, טרעפֿט מען אָפֿט מאָל אויך בײַ אונדזערע וואָרטמײַסטערס, אַפֿילו בײַ די קלאַסיקער. אַ שטייגער:

1. קוקנדיק אויף אים, איז איטלעכן פֿונעם הויזגעזינד פֿאַרשטערט געוואָרן דאָס לעבן (ממס.).
2. אָנרירנדיק די ערשטע קראָקווע, איז אײַנגעפֿאַלן דער גאַנצער דאַך (שאָל.).
3. אויסגעהערט נחס פֿאָרשלאָג וועגן אויסקלײַבן אַ פּרעזידענט, איז אַרויס אַ שטיקל סיכּסוך (שאָל.).

און דאָך, ניט געקוקט אויפֿן גרויסן אויטאָריטעט פֿון די ערשט ציטירטע אַוטאָרן, דאַרף מען אַזעלכע סטרוקטורן ניט קולטיווירן.

[1] [1] וועגן דער פּונקטואַציע פֿון אַזעלכע גערונדיוון זעט אינעם קאַפּיטל „פּונקטואַציע צווישן זאַצן און זאַצטיילן“.

497 אַ פּאַרטיציפּ אַ בײַזאַץ דאַרף מען ניט צונויפֿמישן מיט אַ פּאַרטיציפּ, וואָס איז אַ טייל פֿונעם פּרעדיקאַט. פֿאַרגלײַכט אַ שטייגער:

1. אָפּגעהאַנדלט די קאַנאַפּע מיטן בעטל האָט חנה די ייִדענע (שאָל.);
2. אָפּגעהאַנדלט די קאַנאַפּע מיטן בעטל, האָט חנה די ייִדענע אונדז פֿאַררופֿן צו זיך.

אינעם ערשטן פֿאַל בילדעט ניט דער פּאַרטיציפּ ,אָפּגעהאַנדלט׳ קיין בײַזאַץ – ער איז אַ טייל פֿונעם פּרעדיקאַט (,האָט אָפּגעהאַנדלט׳); אינעם צווייטן פֿאַל בילדעט ער צוזאַמען מיט די בײַגלידער ,די קאַנאַפּע מיטן בעטל׳ אַ בײַזאַץ.

אַ פּאַרטיציפּ אַ בײַזאַץ קאָן מען דערקענען לויט פֿאָלגנדיקע סימנים:

1. ער קאָן געוויינטלעך פֿאַרביטן ווערן אויף אַ פֿולן בײַזאַץ;
2. ער קומט אָן פּערזאָניקע הילפֿווערבן;
3. ער ווערט צוזאַמען מיט זײַנע בײַגלידער אַרויסגערעדט מיט אַ ספּעציעלער אינטאָנאַציע פֿון אָפּזונדערונג.

אָנמערקונג אַ פּאַרטיציפּ קאָן אַ מאָל זײַן ניט קיין טייל פֿונעם פּרעדיקאַט און דאָך זײַן ניט אָפּגעזונדערט. דאָס איז דאַן, ווען דער פּאַרטיציפּ איז אַן אַדווערב אַ בײַגליד. אַ שטייגער:

> ביז די אויגן זײַנען צוגעוווינט געוואָרן צו דער באַלײַכטונג פֿונעם שאַכטיאָר־לעמפּל, האָט אַבֿרהם זייער געהיט די פֿיס געשטעלט (אַלב.). [354]

דאָ איז ,געהיט׳ אַ פּאַרטיציפּ, וואָס דינט פֿאַר אַן אַדווערב און וואָס קאָן זייער לײַכט פֿאַרביטן ווערן אויף אַן אַנדער אַדווערב, ניט קיין פּאַרטיציפּ (אַ שטייגער: פֿאָרזיכטיק, פּאַמעלעך...).

498 אַ פּאַרטיציפּ אַ בײַזאַץ ציט געוויינטלעך צו אַ ווערב, באַטײַט אַ צײַט, אַ באַדינג, אַן אופֿן אָדער עפּעס אַנדערש און געפֿינט זיך פֿאַרן ווערב. אַזעלכע זײַנען די פּאַרטיציפּן אין די פֿאָריקע בײַשפּילן. ער קאָן אָבער ציִען אויך צו אַ סובסטאַנטיוו, באַטײַטן אַ כאַראַקטעריסטיק און זיך געפֿינען נאָכן דאָזיקן סובסטאַנטיוו. אַ שטייגער: דאָס ביכל האָט אַ מאָטאָ,[1] גענומען פֿון לערמאָנטאָווס אַ ליד.

אָנמערקונג 1 אין אַזעלכע פֿאַלן קאָן מען צום פּאַרטיציפּ (ריכטיקער: צום פּאַרטיציפּישן אַדווערב) צוגעבן די ווערטער ,וואָס איז׳, און עס ווערט זיך באַקומען אַ פֿולשטענדיקער אַטריבוטיווער בײַזאַץ.

אָנמערקונג 2 די פֿריִערדיקע מוסטער־פֿראַזע באַטײַט, אַז דאָס ביכל האָט אַ מאָטאָ, וואָס איז גענומען פֿון לערמאָנטאָווס אַ ליד. די דאָזיקע פֿראַזע קאָן קומען אָן דער קאָמע אויך, אָבער דאַן וועט זי שוין באַטײַטן עפּעס אַנדערש – זי וועט באַטײַטן, אַז דאָס ביכל האָט גענומען אַ מאָטאָ פֿון... דאַן וועט ,גענומען׳ זײַן ניט קיין אָפּגעזונדערטער פּאַרטיציפּ, נאָר אַ טייל פֿונעם פּרעדיקאַט.

[1] [1] מאָטאָ – אַ קליין לידל אָדער אַ זאַץ, וואָס געפֿינט זיך נאָכן טיטל אין אַ ביכל און בכלל אין אַ טעקסט און וואָס דריקט אויס די גרונטאידעע, די הויפּט־כּוונה פֿונעם דאָזיקן טעקסט.

אָנמערקונג 3 אַ מאָל קאָן זיך מאַכן, אַז אַ פּאַרטיציפּ זאָל אין איינעם און דעם זעלבן זאַץ קאָנען אויפֿגענומען ווערן אי אַלס אַ פּאַרטיציפּ אַ ווערב אי אַלס אַ פּאַרטיציפּ אַן אַד־ווערב. אַ שטייגער די פֿראַזע, מע האָט אים אַוועקגעלייגט אויף אַ סאָפֿקעלע, פֿאַרשפּרייט מיט רויטן׳ – קאָן מען פֿאַרשטיין אויף צוויי אופֿנים:

1. ...אַוועקגעלייגט אויף אַ סאָפֿקעלע, וואָס איז פֿאַרשפּרייט מיט רויטן;
2. ...אַוועקגעלייגט אויף אַ סאָפֿקעלע און פֿאַרשפּרייט מיט רויטן.

אין אַזאַ פֿאַל דאַרף מען, פֿאַרשטייט זיך, ווי אין אַלע אַנדערע פֿאַלן, שרײַבן אַזוי, אַז קיין צווייִדײַטיקייט זאָל זיך ניט באַקומען.

499 בײַ מענדעלען און בײַ שלום־עליכמען טרעפֿט מען אָפֿטלעך אַלס אַ קורצן בײַזאַץ אויך אַן אינפֿיניטיוו מיט אַ ,ני(ש)ט צו׳ (מיט בײַגלידער). אַ שטייגער:

1. ...זי מוז מיט אים גיין, נישט צו רעדן קיין וואָרט (ממס.);
2. בנימין הערט אַלצדינג געדולדיק אויס, נישט איבערצושלאָגן די רייד (ממס.);
3. ער קאָן... דערציילן אײַך אַ מאָדנע מעשׂה, אָן אַן אָנהייב און אָן אַ סוף, און שטעלט אַוועק דערבײַ אַן ערנסט פּנים, קיין שמייכל אַפֿילו נישט צו טאָן... (שאָל.).

דעם דאָזיקן טיפּ בײַזאַצן (ווי אויך דעם פּאַרטיציפּישן) האָט שלום־עליכם אין אַ ריי פֿאַלן געהאַלטן אַפֿילו פֿאַר פּאַסיקער פֿונעם גערונדיווישן בײַזאַץ. אַ שטייגער: אַנשטאָט דעם גערונדיווישן בײַזאַץ אין דער פֿראַזע „און מיט דער אַנדערער האַנט גלעט זי זיך איר [355] ווײַסן האַלדז, גאָר נישט באַמערקנדיק, ווי אַ פּאָר שוואַרצע ברענענדיקע אויגן קוקן אויף איר די גאַנצע צײַט“ – האָט שלום־עליכם אין „סטעמפּעניו“ פֿון 1903 געבראַכט אַן אינפֿיניטיווישן בײַזאַץ „גאָר נישט צו באַמערקן“.

74 זאַצן־סדר

500 די זאַצן אין אַ צונויפֿגעזעצטער פֿראַזע קאָנען מערסטנס קומען אין אַ פֿאַרשיידענעם סדר: פֿריִער דער בײַזאַץ און דערנאָך דער הויפּטזאַץ אָדער פֿאַרקערט. אַ שטייגער:

1. ווי מע שלאָגט אַ קאַץ, קאָן איך ניט זען.	1. איך קאָן ניט זען, ווי מע שלאָגט אַ קאַץ (שאָל.).
2. אַז איר וועט זײַן מיט אַכצן קעפּ, וועט איר אויך ניט טרעפֿן (שאָל.).	2. איר וועט אויך ניט טרעפֿן, אַז איר וועט זײַן מיט אַכצן קעפּ.
3. בכדי איך זאָל ניט אויסשיסן, האַלט איך מיך צו בײַ דער נאָז (שאָל.).	3. איך האַלט מיך צו בײַ דער נאָז, בכדי איך זאָל ניט אויסשיסן.

רעכטס קומען פֿריִער די בײַזאַצן, לינקס – די הויפּטזאַצן. סײַ רעכטס און סײַ לינקס זײַנען שטאַרקער באַטאָנט די זאַצן, וואָס קומען צום סוף. און אַזוי איז עס כּמעט שטענדיק: דעם זאַץ, וואָס מע וויל מער באַטאָנען, ברענגט מען ניט פֿון אָנהייב פֿראַזע, נאָר צום סוף.

501 אַ מאָל איז נייטיק שטאַרקער צו באַטאָנען אַ געוויסן זאַצגליד פֿון אַ בײַזאַץ, וואָס געפֿינט זיך פֿאַרן הויפּטזאַץ. אין אַזעלכע פֿאַלן קאָן מען דעם דאָזיקן זאַצגליד אָפּט אַרויס־

ציִען פֿאַרן גאַנצן בײַזאַץ, ברענגענדיק אין בײַזאַץ אויפֿן אָרט פֿונעם אַרויסגעצויגענעם זאַצגליד אַן אַנטשפּרעכיקן פּראָנאָם. פֿאַרגלײַכט אַ שטייגער:

ניט אַרויסגעצויגן	אַרויסגעצויגן
1. אַז שמוליק האָט דאָס דערהערט, איז ער בײַ זיך שטאַרק אַראָפּגעפֿאַלן;	1. שמוליק, אַז ער האָט דאָס דערהערט, איז ער בײַ זיך שטאַרק אַראָפּגעפֿאַלן (שאָל.);
2. ווען מע פֿרעגט פּענעקן אַ דעה, וואָלט ער מיט פֿאַרגעניגן געזאָגט;	2. פּענעק, ווען מע פֿרעגט אים אַ דעה, וואָלט ער מיט פֿאַרגעניגן געזאָגט (בערג.);
3. וואָס מער מיכאל לעווינס פּנים ווערט טויט, אַלץ מער היצן זיך זײַנע אויגן.	3. מיכאל לעווין – וואָס מער זײַן פּנים ווערט טויט, אַלץ מער היצן זיך זײַנע אויגן (בערג.).

אַן אַרויסגעצויגענער זאַצגליד ווערט אָפּגעטיילט מיט אַ קאָמע. האָט ער נאָך זיך אַ לענגערע פּויזע, ווערט ער אָפּגעטיילט מיט אַ טירע. ווען אָבער די ווערטער אין בײַזאַץ זײַנען צוליב באַטאָנונג אויסגעשטעלט אַזוי, אַז פֿון אָנהייב, פֿאַרן בינד־[356]וואָרט, גייט אַ בײַגליד און קיין אַנטשפּרעכיקער פּראָנאָם איז אינעם בײַזאַץ ניטאָ, דאַרף מען דעם בײַגליד מיט קיין קאָמע ניט אָפּטיילן. פֿאַרגלײַכט אַ שטייגער:

1. אַז מען איז דענסטמאָל צום פֿאָטער אַרײַנגעקומען, האָט מען אים געטראָפֿן, ווי ער ליגט אין בעט מיט זייער אַ בלאַס פּנים.	1. צום פֿאָטער אַז מען איז דענסטמאָל אַרײַנגעקומען, האָט מען אים געטראָפֿן, ווי ער ליגט אין בעט מיט זייער אַ בלאַס פּנים (בערג.).
2. אַז ער טוט אַ קוק אויף עמעצן אָט מיט דעם קליינעם אייגל, ווערט יענעם פֿאַרקילט אינעווייניק.	2. אָט מיט דעם קליינעם אייגל אַז ער טוט אַ קוק אויף עמעצן, ווערט יענעם פֿאַרקילט אינעווייניק (שאָל.).
3. ווען ער טוט נאָר אַ שלעפּ אַרויס פֿון דאָרטן איין פּאַפּירל אַ רויטינקס – איז ער דאָך שוין אַ געהאָלפֿענער.	3. איין פּאַפּירל אַ רויטינקס ווען ער טוט נאָר אַ שלעפּ אַרויס פֿון דאָרטן – איז ער דאָך שוין אַ געהאָלפֿענער (שאָל.).

502 ווען אַ בײַזאַץ געפֿינט זיך פֿאַרן הויפּטזאַץ, קומט אויפֿן ערשטן אָרט אין הויפּטזאַץ געוויינטלעך ניט דער סוביעקט, נאָר דער פּרעדיקאַט אָדער אַ טייל פֿונעם פּרעדיקאַט – דער פּערזאָניקער ווערב. זעט די פֿריִערדיקע בײַשפּילן רעכטס.

אָנמערקונג 1 עס זײַנען פֿאַראַן שפּראַכן, ווי רוסיש אַ שטייגער, ווו דער הויפּטזאַץ הייבט זיך געוויינטלעך אָן מיטן סוביעקט אויך דאַן, ווען דער בײַזאַץ גייט פֿריִער. אַ שטייגער:

Если мы хотим поднять успеваемость учеников, мы должны поднять прежде всего квалификацию учителей.[1]

1 [esli my chotim podnjat’ uspevaemost’ učenikov, *my* dolžny podnjat’ prežde vsego kvalifika-

ווען מיר ווילן די דאָזיקע פֿראַזע (און אַן ענלעכע) איבערזעצן אין ייִדיש, ווילן מיר דעם הויפּטזאַץ דאַרפֿן אָנהייבן ניט מיטן סוביעקט (,מיר׳), נאָר מיטן פּערזאָניקן ווערב (,דאַרפֿן׳).

אָנמערקונג 2 אויפֿן ערשטן אָרט פֿונעם הויפּטזאַץ קאָן אָפֿט זײַן אַ בינדוואָרט, דאַן וועט דער פּערזאָניקער ווערב זײַן נאָכן בינדוואָרט. אַ שטייגער: ווײַל מיר זײַנען געקומען די ערשטע, דעריבער האָבן מיר אַלץ אויפֿגעטאָן.

אַ מאָל טרעפֿט אָבער, אַז מחמת די אָדער יענע טעמים וויל מען דעם הויפּטזאַץ, וואָס גייט נאָך אַ בײַזאַץ, אָנהייבן ניט מיטן פּרעדיקאַט, נאָר מיט אַן אַנדער זאַצגליד. אין אַזאַ פֿאַל דאַרף מען פֿאַרן דאָזיקן זאַצגליד אַרײַנשטעלן אַ פּאַרטיקל ,איז׳. אַ שטייגער:

1. אַז די חבֿרים זײַנע קומען צו אים, איז דאָס ווײַב זײַנס טראָגט זיי אונטער גלעזער טיי און באַדינט זיי (ממס.).
2. אויב אַ גביר מוז אויך שטאַרבן, איז וואָס קומט אַרויס, אַז ער איז געווען אַ גבֿיר (בערג.).

503 פֿיל בײַזאַצן קאָנען אין אַ צונויפֿגעזעצטער פֿראַזע זײַן ניט דווקא פֿאַר אָדער נאָך דעם הויפּטזאַץ. זיי קאָנען קומען, ווי מיר האָבן עס שוין געזען, [357] אין מיטן דעם הויפּטזאַץ אויך. אַ שטייגער: דאָס גאַנצע לאַנד, וווּהין איך גיי און קאָן אײַך מיטנעמען, איז איין גאָרטן (פּ.).

אָנמערקונג אין מיטן אַ הויפּטזאַץ (און אין מיטן אַ זאַץ בכלל) קאָן אָפֿט אַרײַנקומען אויך אַ באַמערקזאַץ און אַנדערע זאַצן.

בײַם אַרײַנשטעלן אין מיטן הויפּטזאַץ אַן אַטריבוטיוון בײַזאַץ דאַרף מען דעם בײַזאַץ שטעלן וואָס נעענטער צו זײַן סובאָרדינירן זאַצגליד. מע דאַרף אַ שטייגער שרײַבן:

ניט אַזוי:	נאָר אַזוי:
ער איז די גאַנצע צײַט געזעסן, ווען דאָס געשפּרעך איז אָנגעגאַנגען וועגן אים, ווי אויף שפּילקעס.	ער איז די גאַנצע צײַט, ווען דאָס געשפּרעך איז אָנגעגאַנגען וועגן אים, געזעסן ווי אויף שפּילקעס.

(אָדער אַזוי: די גאַנצע צײַט, ווען דאָס געשפּרעך איז אָנגעגאַנגען וועגן אים, איז ער געזעסן ווי אויף שפּילקעס.)

504 אַ בײַזאַץ קאָן אָפֿט אַרײַנקומען צווישן גלײַכאַרטיקע זאַצגלידער פֿון אַ צווייטן זאַץ. אַ שטייגער:

> זיי האָבן אים געוויזן, ווי מע דאַרף זיך באַגיין מיט אַ שליטן, און האָבן דערבײַ שטאַרק געלאַכט.

ciju učitelej] אויב מיר ווילן פֿאַרבעסערן די צייכנס פֿון די שילערס, דאַרפֿן מיר קודם־כּל פֿאַרבעסערן די קוואַליפֿיקאַציע פֿון די לערערס. דער סוביעקט פֿונעם הויפּטזאַץ (my – מיר) שטייט אויפֿן ערשטן אָרט.

דאָ האָבן מיר אַ בייזאַץ, וואָס איז אַרייַנגעקומען צווישן די פּרעדיקאַטן פֿונעם הויפּטזאַץ ,זיי האָבן אים געוויזן און האָבן דערבײַ שטאַרק געלאַכט׳, און כאָטש נאָכן בייזאַץ גייט ניט קיין זאַץ, נאָר בלויז אַ טייל פֿון אַ זאַץ, דאַרף האָבן מיר דאָ פֿאַרן ,און׳ (וואָס פֿאַרבינדט די צוויי פּרעדיקאַטן פֿונעם הויפּטזאַץ) אַ קאָמע, ווײַל אַ בייזאַץ ווערט בכלל אויסגעטיילט מיט קאָמעס.

בײַם אַרײַנשטעלן אַ בייזאַץ צווישן גלײַכאַרטיקע זאַצגלידער פֿון אַ צווייטן זאַץ דאַרף מען זײַן זייער פּינקטלעך מיט דער פּונקטואַציע, ווײַל דער אָדער יענער אופֿן פֿון פּונקטויִרן קאָן אין אַזעלכע פֿאַלן צוגעבן דער פֿראַזע אַזאַ אָדער אַן אַנדער אינהאַלט. פֿאַרגלײַכט אַ שטייגער (לייגט אַכט אויף דער פּונקטואַציע):

1. זיי האָבן צעהרגעט צוויי קצבֿים שות־פֿים, וואָס זײַנען פּלוצעם איבערגעגאַנ־גען אויף אלישעס צד און האָבן מיט אַ מאָל אויפֿגעהערט צו קוילען.
2. ער האָט זיך געפֿרייט, קוקנדיק אויף הערשעלען, וואָס איז אים געגאַנגען בײַ דער זײַט און געטריבן מיט אים אַלץ קאַטאָוועס.

1. זיי האָבן צעהרגעט צוויי קצבֿים שות־פֿים, וואָס זײַנען פּלוצעם איבערגעגאַנ־גען אויף אלישעס צד, און האָבן מיט אַ מאָל אויפֿגעהערט צו קוילען (בערג.).
2. ער האָט זיך געפֿרייט, קוקנדיק אויף הערשעלען, וואָס איז אים געגאַנגען בײַ דער זײַט, און געטריבן מיט אים אַלץ קאַטאָוועס (ממס.).

רעכטס זײַנען די לעצטע פּרעדיקאַטן מיט זייערע בײַגלידער קאָאָרדינירט מיט די פּרעדי־קאַטן פֿון די בייזאַצן, לינקס זײַנען זיי קאָאָרדינירט מיט די פּרעדיקאַטן פֿון די הויפּטזאַצן. אין דער גערעדטער שפּראַך הענגען די פֿאַרשיידענע אינהאַלטן פֿון [358] די דאָזיקע רעכטע און לינקע פֿראַזעס אָפּ פֿון דער אינטאָנאַציע און פֿון באַשטימטע באַדינגונגען, אָבער אין דער געשריבענער שפּראַך ווענדט זיך עס שוין מערסטנס אין דער קאָמע.

אָנמערקונג אַז מע האָט צו טאָן מיט אַזעלכע סטרוקטורן ווי די פֿריִער אָנגעוויזע־נע, איז אַ מאָל אפֿשר גלײַכער אין אַזעלכע פֿאַלן ווי רעכטס איבערצוחזרן דאָס בינדוואָרט (דעם בינדפּראָנאָם) און אין אַזעלכע פֿאַלן ווי לינקס נאָכן בייזאַץ איבערצוחזרן מיט אַ פּראָ־נאָם דעם סוביעקט. אַ שטייגער:

זיי האָבן צעהרגעט צוויי קצבֿים שותּפֿים, וואָס זײַנען פּלוצעם איבערגעגאַנגען אויף אלישעס צד און וואָס האָבן מיט אַ מאָל אויפֿגעהערט צו קוילען.

זיי האָבן צעהרגעט צוויי קצבֿים שותּפֿים, וואָס זײַנען פּלוצעם איבערגעגאַנגען אויף אלישעס צד, און זיי האָבן מיט אַ מאָל אויפֿגעהערט צו קוילען.

505 ווען אַ הויפּטזאַץ ווערט פֿונאַנדערגעריסן דורך עטלעכע בייזאַצן, טרעפֿט, אַז נאָך די בייזאַצן חזרט מען איבער אַ וואָרט אָדער ווערטער פֿונעם הויפּטזאַץ, וועלכע די בייזאַצן האָבן אָפּגעשפּאָלטן. אַ שטייגער:

> ג אַ נ ץ פֿ ר י, בײַ אַ פֿראָסט, וואָס לייגט זיך מיט ווײַסער פֿרישקייט אויף געשלאָסענע טירן, בײַ אַ דאַמף, וואָס שלאָגט פֿון נאָזלעכער און פֿון מײַלער, און בײַ אַ לעמפּל, וואָס צאַנקט נאָך פֿון בײַ נאַכט ערגעץ ווו אין אַ ווינקל ווי בײַם צוקאָפּנס פֿון אַ קראַנקן, – ג אַ נ ץ פֿ ר י האָט דעם דאָקטער אָפּגעשטעלט אין מאַרק דער דאַנטיסט גאַלאַגאַנער (בערג.).

אָבער צו אַזאַ קאָנסטרוקציע ווי אין דער פֿאָריקער פֿראַזע דאַרף מען ניט שטענדיק אָנקומען. אַזאַ קאָנסטרוקציע איז גוט דאַן, ווען מע וויל, שפּאָרנדיק ווערטער, אויסדריקן עפּעס קאָמפּליצירטס. וואָרן אויסדריקן דעם גאַנצן אינהאַלט, וואָס איז אַ שטייגער דאָ אין דער לעצטער פֿראַזע, ניט אויף דעם אופֿן, ווי דאָס איז געגעבן, נאָר אויף אַן אַנדער אופֿן, – וואָלט געפֿאָדערט אַ סך מער ווערטער, און עס וואָלט זיך ערשט ניט באַקומען גראָד דאָס זעלבע, וואָס דאָ.

ווען אין אַ פֿראַזע זײַנען פֿאַראַן עטלעכע בײַזאַצן, קומען זיי אין אַ באַשטימטער קאָנסעקווענטקייט (אויסגעהאַלטנקייט). אַ שטייגער בײַ סטאַלינען:

> מחמת וואָס שטיצט אונדז אונטער דער אינטערנאַציאָנאַלער פּראָלעטאַריאַט, מיט וואָס האָבן מיר פֿאַרדינט אַזאַ אונטערשטיצונג? דערמיט, וואָס מיר האָבן די ערשטע זיך געוואָרפֿן אין שלאַכט קעגן קאַפּיטאַליזם, וואָס מיר האָבן די ערשטע אײַנגעשטעלט אַן אַרבעטער־מאַכט, וואָס מיר האָבן די ערשטע אָנגעהויבן בויען סאָציאַליזם.

די לעצטע דרײַ זאַצן (בײַזאַצן), וואָס ווײַזן אָן אַ ס י ב ה פֿאַר די פֿריִערדיקע זאַצן – פֿאַר די ר ע ז ו ל ט אַ ט ־ ז אַ צ ן, קומען דאָ אין אַ היסטאָרישער אויסגעהאַלטנקייט: 1. דאָס וואַרפֿן זיך קעגן קאַפּיטאַליזם; 2. דאָס אײַנשטעלן אַן אַרבעטער־מאַכט; 3. דאָס אָנהייבן בויען סאָציאַליזם. און אויב מיר׳ן איצט ווען די פֿאָריקע זאַצן איבערשטעלן אַזוי, אַז די ר ע ז ו ל ט אַ ט ־ ז אַ צ ן זאָלן קומען נאָך די ס י ב ה ־ [359] ז אַ צ ן, וועלן מיר אַלץ איינס מוזן אויפֿהיטן די דאָזיקע אויסגעהאַלטנקייט, ווײַל כּדי צו בויען סאָציאַליזם, דאַרף מען פֿריִער אײַנשטעלן אַן אַרבעטער־מאַכט; און כּדי צו האָבן אַן אַרבעטער־מאַכט, דאַרף מען פֿריִער זיך וואַרפֿן אין שלאַכט קעגן קאַפּיטאַליזם.

506 ווען אין אַ פֿראַזע זײַנען פֿאַראַן זאַצן (אָדער זאַצגלידער), וואָס זײַנען סינאָנימיש, קומען זיי אין אַן אָ נ וו אַ ק ס נ ד י ק ע ר ריי. אַ שטייגער:

1. ער וויל, ער גייט אויס, ער חלשט, איך זאָל מיך צעלאַכן (שאָל.).
2. פֿון דעסטוועגן האָט ער געוווּסט, אַז איך בענק נאָך אים, אַז איך גאַר נאָך אים, אַז איך גיי נאָך אים אויס.

507 פֿאַראייניקן זאַצן אין איין פֿראַזע אָדער ברענגען זיי אַלס באַזונדערע פֿראַזעס איז בכלל ניט קיין שווערע זאַך. דאָס איז דערפֿאַר, ווײַל דער מאַטעריאַל זאָגט כּמעט אַלע מאָל אונטער, ווו עס ענדיקט זיך איין אַרויסזאָגונג, איין פֿראַזע – אָפּט מיט מאָטיוון, סיבות, באַדינגונגען אאַ״וו – און ווו עס הייבט זיך אָן אַ צווייטע. אַ שטייגער:

מײַן ברודער אליה איז אויסער זיך. ער זאָל זיך ניט שעמען פֿאַר דער מאַמען, וואָלט ער אָט דעם חתן קאָפּל פֿריִער דורכגעפּאַטשט און נאָך דעם אַרויסגעוואָרפֿן פֿון שטוב. ער האַלט זיך אײַן און גיסט אים אָן פֿאַר אַ קאָפּעקע טינט. עס גייט ניט אַוועק קיין פֿערטל שעה, קומט אַרײַן אַ מיידל. דאָס מיידל קען איך ניט. זי קאַלופּעט מיטן פֿינגער די נאָז און רעדט צו מײַן מאַמען (שאָל.).

אַז די אַקטיאָרן פֿון ביידע טרופּעס זײַנען אַרײַנגעקומען אין קאַפֿע „מאָנאָפּאָל׳, זײַנען זיי אַרײַן מיט אַזאַ רעש און אויסגעזעצט זיך אַרום די טישן מיט אַזאַ ברייטקייט, גלײַך ווי זיי וואָלטן זיך געקליבן אויסטרינקען און אויפֿעסן אַלצדינג, וואָס אין דעם הויז געפֿינט זיך. באַלד זײַנען אויסגעוואַקסן ווי פֿון אונטער דער ערד צוויי קעלנערס אין קורצע פֿראַקן מיט לאַנגע עכט סעמיטישע נעזער און האָבן אַוועקגעשטעלט זיך פֿון ביידע זײַטן בײַ די אַרײַנגעקומענע געסט … (שאָל.)

רעכטס „פֿאָדערט׳ דער מאַטעריאַל, מע זאָל אים אײַנטיילן אין זעקס פּראַזעס; לינקס „פֿאָדערט׳ ער, מע זאָל אים אײַנטיילן ניט מער ווי אין צוויי פּראַזעס.

אַ מאָל טרעפֿט, אַז איינעם און דעם זעלבן טעקסט קאָן מען אײַנטיילן אין אַ גרעסערער אָדער אין אַ קלענערער צאָל פּראַזעס. אַ שטייגער (לייגט אַכט אויף דער פּונקטואַציע):

> פֿיליפּ איז איצט געגאַנגען אין קלוב אַרײַן מיט אַ געמיש אין קאָפּ. זײַן רעדע אויף דער פֿײַערלעכער עפֿענונג פֿונעם אָוונט איז בײַ אים שוין גרייט אויסגעאַרבעט פֿון עטלעכע טעג. ווען ער איז הײַנט אויף דער נאַכט אַרויס אין דרויסן און דערזען פֿאַר זיך אַזוי פֿיל ליכט, אַזוי פֿיל בליאַסק, אַזאַ באַוועגונג און אַזאַ רויִקייט, איז ער עטוואָס צעמישט געוואָרן. (,) אָבער אין אַ ווײַלע אַרום האָט זיך אין קאָפּ אַלץ אויסגעלײַטערט, און ער איז געוואָרן נאָך מער [360] פֿול מיט אימפּעט אַרויסצוטרעטן הײַנט פֿאַר דער שאַכטיאָרישער מאַסע (אַלב.).

דעם אינהאַלט פֿונעם דאָזיקן טעקסט קאָן מען אײַנטיילן אָדער אין פֿיר פּראַזעס (שטעלן פֿאַר „אָבער׳ אַ פּונקט) אָדער אין דרײַ (שטעלן פֿאַר „אָבער׳ אַ קאָמע). אין אַזעלכע פֿאַלן ווענדט זיך עס אין דעם ריידער און שרײַבער אַליין: דאָס, וואָס ער האַלט פֿאַר פֿאַרענדיקט, יענץ אינטאָנירט ער ווי איין פּראַזע און באַצייכנט מיט דעם אָדער יענעם פּראַזע־צייכן – מיט אַ פּונקט, פֿרעגצייכן, אויסרוף־צייכן אָדער אַ מאָל מיט אַ דרײַפּונקט. דערבײַ דאַרף מען זיך רעכענען אָט מיט וואָס: ווען אַ זאַץ קומט אין אַ באַזונדערער פּראַזע, איז ער וואָגיקער, איידער ער קומט צוזאַמען מיט נאָך זאַצן אין איין פּראַזע.

אָט פֿאַר וואָס עס טרעפֿט, אַז ניט נאָר זאַצן, נאָר אַפֿילו זאַצטיילן, איינציקע זאַצגלידער טיילט מען אַ מאָל אויס אין באַזונדערע פּראַזעס, אויב מע וויל די דאָזיקע זאַצטיילן מאַכן מער וואָגיק, מער באַטאָנט. אַ שטייגער בײַ מאַרקישן:

1. ס׳האָט זיך געזיפֿט אַ שניי. אַ גרינגער העל בלווילעכער שניי.
2. טישן זײַנען שוין געווען גרייט. מיט פֿיש, מיט פֿלייש, מיט ווײַן און מיט בראָנפֿן.

אָבער אַזעלכע פֿאַלן זײַנען בכלל גאַנץ זעלטן. געוויינטלעך גייען און דאַרפֿן גיין די

זאַצגלידער אין איין זאַץ, ווי עס גייען און דאַרפֿן גיין אין איינעם די זאַצן, וואָס זײַנען לויט דער טעמע, לויט דער האַנדלונג געבונדן און וואָס אַלע אין איינעם בילדן זיי איין פֿאַרענדיקטע אָרגאַניזירטע אַרויסזאָגונג – איין פּראַזע. וואָרן „אַ פּראַזע – זאָגט מ. גאָרקי אין איינער אַ רעצענזיע – דאַרף בכלל זײַן פּליסיק, שפּאָרעוודיק געבויט פֿון פּשוטע ווערטער, צוגעפּײַלטע איינס צום אַנדערן אַזוי ענג, אַז איטלעכס זאָל דעם לייענער געבן אַ קלאָרע פֿאָרשטעלונג וועגן דעם, וואָס עס קומט פֿאָר, וועגן דער בהדרגהדיקייט און אומפֿאַרמײַדלעכקייט פֿונעם געשילדערטן פּראָצעס".

75 פּונקטואַציע צווישן זאַצן און זאַצטיילן

508 צווישן זאַצן, סײַ ווען זיי זײַנען אָן בינדווערטער און סײַ מיט, קומט בכלל אַ קאָמע. אַ שטייגער:

1. צו יִידישע מײַלער אַז מע כאַפּט זיך אַרײַן, נאַרט מען זיך ניט (שאָל.).
2. דערזעט אַ יוון, אַז מע קלײַבט זיך, גייט ער צו און פֿרעגט, וואָס איז דאָ (שאָל.).
3. ער גלעט זיך מיט דער האַנט דאָס ריינע נאָך ניט באַוואַקסענע פּנים, גלײַך ווי ער וואָלט שוין געהאַט אַ באָרד, און רעדט ווי אַ גרויסער (שאָל.).
4. דו האָסט זיך אַוועקגעלאָזט קיין אָדעס, און מיך האָסטו פֿאַרגעסן (שאָל.).
5. דאָס האָט אים געקאָסט געזונט, און איז פֿאַר שרעק נעבעך פֿון פּנים אַראָפּ (ממס.).
6. דאָס לעבן איז מיר נישט ניחא געווען, און האָב מיר געווונטשן דעם טויט (ממס.).

[361]

7. וואָס בײַם ניכטערן אויף דער לונג, איז בײַם שיכּורן אויף דער צונג (שאָל.).
8. ער ציפּעט דאָס, און סע וואַקסט (שאָל.).
9. אַבי ער האָט דאָס בוך, איז אים גוט (שאָל.).
10. זינגען, האָט זיך אים געדאַכט, קאָן יעדער (דינ.).

509 דער פֿאָריקער כּלל איז שייך אויך צו פֿאָלגנדיקע פֿאַלן:

1. צו אַן אַטריבוטיוון בײַזאַץ מיט ‚וואָס' אָן אַ פּרעדיקאַט. אַ שטייגער:

(1) אַלע דרײַ זײַנען זיי אומעטיק געזעסן לעבן מירלען אויף דער סאָפֿקע, וואָס לעבן דער ניט געהייצטער הרובע (בערג.).

(2) נאָר די צוויי פּאָר פּלייצעס, וואָס פֿאַר זײַנע אויגן, זײַנען געבליבן האַרט און קאַלט (בערג.).

2. צו אַן אינפֿיניטיווישן בײַזאַץ מיט ‚כּדי' אָדער ‚אום' (אום צו, אום כּדי). אַ שטייגער:

(1) כּדי צו הייבן נאָך העכער די פּראָדוקציע, דאַרף מען נאָך בעסער אַרבעטן (צ.).
(2) די אַנטדעקונג איז אַ וויכטיק מיטל, אום צו באַקומען גוטע און גיכע רעזולטאַטן (צ.).

אָנמערקונג אָבער צו אַן אינפֿיניטיוו מיט אַ פּרעפּאָזיציע (צוליב, פֿאַר...) איז דער דאָזיקער כּלל ניט שייך. אַ שטייגער:

(1) צוליב הייבן נאָך העכער די פּראָדוקציע דאַרף מען נאָך בעסער אַרבעטן.
(2) די אַנטדעקונג איז אַ וויכטיק מיטל פֿאַר באַקומען גוטע און גיכע רעזולטאַטן.

3. צו אַן אינפֿיניטיווישן בייזאַץ מיט ,ני(ש)ט צו׳, ווען דער אינפֿיניטיוו מיטן ,צו׳ איז אַזאַ, וואָס קאָן פֿאַרביטן ווערן אויף אַ גערונדיוו. אַ שטייגער:

(1) זי מוז מיט אים גיין, נישט צו ריידן קיין וואָרט (ממס.).
(2) אַפֿילו אַ הון... לייגט זיך און קוואָקעט, נישט צו פֿרעגן קיין קשיות (ממס.).
(3) בנימין הערט אַלצדינג געדולדיק אויס, נישט איבערצושלאָגן די רייד (ממס.).
(4) מיר לאָזן זיך גיין, ווהין די אויגן קוקן, איינער מיט דעם אַנדערן נישט צו ריידן קיין וואָרט, ביידע פֿאַרטראַכט (ממס.).
(5) ער האָט זיך אַנטשלאָסן אויסגיסן דאָס האַרץ אויף פּאַפּיר אין דער פֿאָרעם פֿון אַ בריוו, אַליין ניט צו וויסן צוליב ווען און צוליב וואָס (שאָל.).

4. צו אַ וואָרט אָדער אַ ווערטער־גרופּע, וואָס איז פֿאַרבונדן מיט אַ זאַץ, אָבער געהערט ניט צו אים. אַ שטייגער:

(1) און בכלל, וואָס וועט זי מיט אים טאָן אַלע אירע יאָרן (בערג.).
(2) אַ גליק, וואָס אונדזער ברכה האָט אַ טבֿע פֿון חלשן (שאָל.).
(3) אָט די דירה קאָן שטיין בלי־גוזמא אַ יאָר הונדערט, אויב נישט מער (שאָל.).

5. צו אַ וואָרט אָדער אַ ווערטער־גרופּע, וואָס איז איינגעשלאָסן אין אַ זאַץ דורך ,און׳. אַ שטייגער: [362]

(1) דער איבערוואַנדרערער פֿאָדערט, און מיט רעכט, אַ בעסערע באַציִונג (צ.).
(2) ער... בינדט מיר צוזאַמען ביידע גראָבע פֿינגער, און אַזוי שטייף, אַז עס האָט מיך אָנגעכאַפּט בייַם האַרץ (פּ.).
(3) ס׳קאָן ניט איבערגיין... אַ שׂימחה אָדער אַן אומגליק בייַם פֿאָלק, וואָס דעם שרייַבער זאָל עס ניט אָנרירן, און טאַקע גוט אָנרירן, ביזן ביין אַרייַן (שאָל.).
(4) ווי אַ שנור, און איינציקע שנור, און אַ געראָטענע שנור, האָבן זי אַלע גיך ליב געקריגן (שאָל.).

510 צווישן זאַצן ווערט די קאָמע פֿאַרפֿעלט אין פֿאָלגנדיקע פֿאַלן:

1. ווען צוויי זאַצן מיטן סוביעקט ,מע(ן)׳ אָדער צוויי איינגלידיקע זאַצן פֿון איינעם און דעם זעלבן טיפּ (סוביעקטלאָזע, אימפּעראַטיווישע, אינפֿיניטיווישע, פּאַרטיציפּישע אאַ״וו) האָבן צווישן זיך אַ בינדוואָרט ,און, אָדער, איידער, צי׳. אַ שטייגער:

(1) מע טוט אויס דאָס העמד און מע פֿאַרקניפּט דעם אַרבל (שאָל.).
(2) האָסט געהערט קלינגען און קאָנסט ניט נאָכזינגען (שאָל.).[1]
(3) עס פֿאַרדריסט מיך און עס ברענט מיך... (שאָל.).
(4) רוף מיך נאַר און גיב מיר לעקעך (שאָל.).
(5) קורץ געטראַכט און גוט געמאַכט (שאָל.).

2. ווען צוויי זאַצן (בײַזאַצן אָדער הויפּטזאַצן) האָבן צווישן זיך אַ בינדוואָרט, און, אָדער, איידער, צי׳ און זײַנען סובאָרדינירט צו אַ דריטן זאַץ (אַ הויפּטזאַץ) אָדער סובאָרדינירן צו זיך אַ דריטן זאַץ (אַ בײַזאַץ). אַ שטייגער:

(1) טיי טרינקט, ווער עס וויל און ווער עס וויל ניט (שאָל.).
(2) נאָר אַליין ווייסט ער ניט, אַז ער טוט עס און צוליב וואָס ער טוט עס (בערג.).
(3) אונדזערע פֿאַרשווינען האָבן זיך אַ לאָז געטאָן..., גלײַך ווי זיי וואָלטן זיך אָפּגע־ריסן פֿון אַ קייט אָדער גלײַך ווי איינער וואָלט זיי פֿון הינטן געטריבן מיט אַ בײַטש (ממס.).
(4) און אַנדערע ווײנען דערפֿאַר, ווײַל זיי דערמאָנען זיך, אַז דער טאַטע אָדער די מאַמע איז געשטאָרבן אָדער אַ קינד ליגט אין דער היים טויט קראַנק און ס׳איז ניטאָ מיט וואָס צו ראַטעווען (שאָל.).
(5) ער ווייסט און אַלע ווייסן, אַז איך און יחזקאל זײַנען מיר פֿרײַ פֿינף אויף זעקס טעג אין וואָך (פּ.).
(6) און אַז ס׳איז מיר געוואָרן איבלדיק אויפֿן האַרצן פֿון דער שטאָט מיט איר גע־טומל און נאַרישקייטן און מײַן בענקשאַפֿט צום דאָרף איז שוין געווען נישט אויסצוהאַלטן, בין איך מיר אַרויסגעגאַנגען שפּאַצירן אין פֿעלד אַרײַן און מײַנע פֿיס האָבן מיך שוין אַליין געפֿירט צום הויז פֿון מײַן באַקאַנטן (ממס.). [363]

אָנמערקונג ווען אָבער צוויי בײַזאַצן זײַנען סובאָרדינירט צו פֿאַרשיידענע הויפּט־זאַצן, קומט צווישן די דאָזיקע בײַזאַצן אַ קאָמע (אָדער אַן אַנדער צייכן), אויב אַפֿילו דער צווייטער פֿון זיי הייבט זיך אָן מיט אַ קאָאָרדינירִיק בינדוואָרט (און, אָדער...). אַ שטייגער:

(1) געווײנטלעך עסט מען זומער אין שטעטל וועטשערע בײַ דער שײַן פֿון דער לבֿנה, אויב זי איז דאָ, און אויב ניט – בײַ אַ חלבֿדיק גראָשן ליכטל (ממס.).
(2) – ר׳ מענדעלע איז מײַנער אַ קרובֿ – זאָגט חיה־טרײַנע מיט גדלות, שמעלצנדיק זיך פֿאַר פֿרייד, און אָנווײַזנדיק מיר אויפֿן יונג[ן]־מאַנטשיק, מאַכט זי... (ממס.).

3. ווען אַ בײַזאַץ איז געבונדן מיט אַ בײַגליד פֿונעם הויפּטזאַץ דורך אַ בינדוואָרט, און, אָדער, איידער, צי׳. אַ שטייגער:

(1) באַלד בײַם קומען איז לייזער־יאַנקל אַלץ געשטאַנען און זיך געראַטן מיט דעם

[1] [1] אָבער: ,דו האָסט געהערט קלינגען, און דו קאָנסט ניט נאָכזינגען׳ – איז מיט אַ קאָמע.

ווײַב וועגן זייערע זאַכן און אויב אַצינד איז ניט שפּעטלעך אַ גיי [צו] טאָן צו באַקאַנטע (ממס.).

(2) און אַ מאָל איז עס אויך אַ שטאַל פֿאַר דער בהמה בשעת די גרויסע פֿרעסט אָדער ווען זי איז קעלביק (ממס.).

(3) איבער הויפּט איז די זשעסטנשפּראַך געווען ניט באַקוועם אין דער פֿינצטער אָדער ווען (און בכלל ווען) די רעדנדיקע האָבן ניט געקאָנט זען איינער דעם אַנדערן.

אָנמערקונג ווען אַ בײַגליד איז געבונדן מיט אַ בײַזאַץ, איז צווישן זיי קיין קאָמע ניט פֿאַראַן, אָבער צווישן בײַזאַץ און הויפּטזאַץ, אויב זיי גרענעצן זיך, איז זי יאָ פֿאַראַן. אַ שטייגער:

(1) שטיל און ניט אומקוקנדיק זיך צו אים, האָט זי עס געענטפֿערט (בערג.).

(2) אין הסכּם מיט די אינטערעסן פֿון די אַרבעטנדיקע און כּדי צו אַנטוויקלען די אָרגאַניזאַציאָנעלע זעלבסט־טעטיקייט און פּאָליטישע אַקטיווקייט פֿון די פֿאָלקסמאַסן, ווערט די בירגער פֿון פֿסס״ר געזיכערט דאָס רעכט... (קאָנסטי־טוציע פֿון פֿסס״ר).

4. ווען צוויי זאַצן זײַנען פֿאַרבונדן דורך ,און, אָדער, איידער, צי׳ און האָבן אַ גע־מיינזאַמען טייל – אַ טייל, וואָס געהערט צו ביידע זאַצן און וואָס געפֿינט זיך צום אָנהייב פֿונעם ערשטן זאַץ אָדער צום סוף פֿונעם צווייטן. אַ שטייגער:

(1) דורך אַ ברייט גרויס פֿענצטער האָט פֿון לינקס צום לעצטן מאָל אַ בלענד געטאָן דער טונקעלער דרויסן און פֿון רעכטס האָט זיך געלאָזט הערן אַ געמורמל פֿון רעדעוודיקע מײַלער (בערג.).

(2) דאָס פּנים האָט אים געשײַנט און זײַנע אויגן האָבן געפֿלאַקערט פֿאַר גרויס פֿרייד (ממס.).

5. ווען אַ זאַצגליד (אָדער אַ גרופּע זאַצגלידער) איז גלײַכצײַטיק אַ סוף פֿון איין זאַץ און אַן אָנהייב פֿון אַ צווייטן. אַ שטייגער: [364]

(1) איך בין שוין הײַנט אַ טינטן־מאַכער בין איך (שאָל.).

(2) ער האָט דיך גאָר אין אַזאַ צײַט געלאָזט אַליין האָט ער דיך גאָר געלאָזט (בערג.).

(3) מע האָט זיך צעטיילט אויף קאָלאָניעס האָט מען זיך צעטיילט (אָר.).

(4) מע דאַרף אים פֿאַרטרײַבן ווי אַ משוגענעם הונט דאַרף מען אים פֿאַרטרײַבן (ע. ג.).

אָנמערקונג אַזוי איז אויך, ווען איינס און דאָס זעלבע וואָרט איז אַן אָביעקט פֿון איין פּרעדי־קאַט און גלײַכצײַטיק אַ סוביעקט אָדער אָביעקט פֿון אַ צווייטן פּרעדיקאַט. אַ שטייגער:

(1) איר ווילט דאָך מסתּמא אַ יויך זאָל זײַן פֿון עוף (שאָל.).

(2) אַז מע פּאַלמעסט אַ גלופּסקער ייִדן, געפֿינט מען דאָס רובֿ בײַ אים אין לײַב שטעקט אַ דישל (ממס.).

(3) באַגעגן איך דעם שרײַבער כ ו ו ע ד ק ע שטייט אין דרויסן מיט מײַן חווה (שאָל.).
(4) איך דערמאָן מיך אַ מעשׂה פֿון אַ בעל־עגלה, וואָס איז אַ מאָל געפֿאָרן אין וואַלד איינער אַליין און דערזען אויפֿן שליאַך ליגט אַ ז ע ק ל ה אָ ב ע ר (שאָל.).[1]

6. ווען אַ הויפּטזאַץ ווערט אַרײַנגעשטעלט אין אַ בײַזאַץ און די גרענעץ צווישן דער ערשטער העלפֿט בײַזאַץ מיטן הויפּטזאַץ איז פֿאַרווישט. אַ שטייגער:

(1) אָן זיי איז אַ שטאַרקער ספֿק, אויב מאַזעפּעווקע וואָלט געהאַט אַ קיום (שאָל.).
(2) פֿאַר אַזאַ זאַך איז אַ געזעץ, אַז מע דאַרף באַשטראָפֿן.[2]

7. ווען אַ בײַזאַץ ווערט אַרײַנגעשטעלט אין אַ הויפּטזאַץ און די ערשטע העלפֿט הויפּטזאַץ ציט ניט נאָר צום הויפּטזאַץ, נאָר אויך צום בײַזאַץ. אַ שטייגער:

(1) צרות אויב דו ווילסט, קאָן איך דיר געבן (שאָל.).
(2) אַ שטיקל ברויט מיט אַ קוליש אַבי ס׳איז נאָר ו אָ, אי׳ו ווייער אַ גוטער מיטיק (ממס.).
(3) מיט אים אַז מע גייט אָדער אַז מע פֿאָרט, איז ניט אומעטיק (שאָל.).
(4) אַן עוף אַ געקוילעטס פֿונעם שוחט אַז מע האָט געבראַכט, האָט ער נישט געקאָנט צוזען (שאָל.).
(5) אַ מעסער אין האַרצן ווען עמעצער זעצט מיר אַרײַן, וואָלט מיר געווען אַ סך מער ניחא ווי די דאָזיקע ווערטער (שאָל.).

8. ווען אַ בײַזאַץ האָט פֿאַרהיט בלויז אויסערלעכע סימנים פֿון אַ בײַזאַץ און קומט בײַ אַ הויפּט־זאַץ אַלס אַ פֿראַזעאָלאָגישער אויסדרוק. אַ שטייגער:

(1) ס׳איז געווען ה י מ ל ע פֿ ן ז י ך (שאָל.).
(2) יענע נאַכט האָבן מיר איבערגעהאַנדלט מ י ט ו ו אָ ס א י ר ו ו י ל ט (שאָל.).
(3) זיי וועלן זיך דאָ ווייל טאָן און לעבן א ו י ף ו ו אָ ס ד י ו ו ע ל ט ש ט י י ט (ממס.).
(4) צו זיבן יאָר האָט ער אַליין געמאַכט אַ פֿידל פֿון ברעטלעך און כ׳ ו ו י י ס ד אָ ר ט נ אָ ך פֿ ו ן ו ו אָ ס (מאַרק.).
(5) ער האָט געקאָנט אַ כליופּע טאָן מיט טרערן פֿ ו ן אַ ו ו י י ס א י ך ו ו אָ ס פֿ אַ ר אַ ק ל י י נ י ק י י ט (גאָד.).
(6) ער וועט אים אַרויספֿירן ווער ווייסט אויף וואָסערע ד ר כ י ם (שאָל.). [365]

9. ווען אַ גרופּע ווערטער האָט די סטרוקטור פֿון אַ זאַץ און ווערט אין אַ צווייטן זאַץ אַרײַנגעשטעלט אַלס אַ סובסטאַנטיוו (סובסטאַנטיווירונג). אַ שטייגער:

ס׳אַרט אײַך לחלוטין נישט, וואָס אָט דער ,איר זאָלט מיר מוחל זײַן׳ קריכט צו אײַך אין שטוב? (בערג.)

511 ווען אַ זאַץ קומט אַרײַן אין מיטן אַ צווייטן זאַץ און עס באַקומען זיך דעריבער

1 [1] אין די לעצטע דרײַ בײַשפּילן קאָנען אַנשטאָט די פּערזאָניקע ווערבן ,שטעקט, שטייט, ליגט׳ קומען אינפֿיניטיוון ,שטעקן, שטיין, ליגן׳ (אינפֿיניטיוון, וואָס וועלן ווײַזן אַ טוּונג פֿון אַן אָביעקט). דאַן וועט מען אין די דאָזיקע זאַצן פֿון אַלע שטאַנדפּונקטן ניט דאַרפֿן קיין קאָמע.

2 [2] פֿאָרמעל זײַנען דאָ די הויפּטזאַצן ,איז אַ שטאַרקער ספֿק׳ און ,איז אַ געזעץ׳.

צווייטע בינדווערטער איינס לעבן אַנדערן, דאַרף מען צווישן אַזעלכע בינדווערטער קיין קאָמע ניט האָבן. אַ שטייגער:

1. ער האָט אַ פּראָשעק אַזעלכן, וואָס אַז די מייַז דערשמעקן אים, צעלויפֿן זיי זיך (שאָל.).
2. די מאַמע הערט אים אויס, און אַז ער גייט אַוועק, באַהאַלט זי דאָס פּנים אין פֿאַר־טעך (שאָל.).
3. גאָט, האָט ער שוין געזען, טוט אָפּט אָפּ אַזעלכע ,זאַכעלעך׳, וואָס ווען אַ מענטש טוט זיי, וואָלט ער געוווען דער ערגסטער אין דער וועלט (בערג.).

אָנמערקונג 1 עס זייַנען פֿאַראַן פֿאַלן, ווען אַ קאָמע קומט אי פֿאַר אי נאָך אַ בינד־וואָרט. אַ שטייגער:

1. דאָס ערשטע מאָל אויף מייַן לעבן טרעפֿט זיך מיר, אַז, איך בעט איבער אייַער כּבֿוד, נקבֿות זאָלן גאָר אָפּגעבן שלום (שאָל.).
2. די פּראָפּאַראיינען פֿירן ניט קיין אַנטירעליגיעזע אַרבעט, ווייַל, זאָגן זיי, קיינער גלייבט שוין איצט ניט אין גאָט (צ.).

אָנמערקונג 2 ווען אין אַ צונויפֿגעזעצטער פֿראַזע קומען די פּראָנאָמען ,דער, יע־נער, דערפֿאַר, דערמיט, דאַן, דענסטמאָל, תּמיד, דאָרט, אַזוי׳ און אַנדערע צוזאַמען מיט די בינדווערטער ,וואָס, אַז, ווען׳ און אַנדערע, שטעלט מען אין אַזעלכע פֿאַלן צווישן די פּראָ־נאָמען און בינדווערטער אַ קאָמע נאָר דאַן, ווען מע מאַכט צווישן זיי אַ פּויזע. אַ שטייגער:

1. דערפֿאַר, וואָס איך האָב פֿאַרקויפֿט ניט אַזאַ גוטן קוואַס, האָב איך געמיינט, אַז מע וועט מיך קעפּן (שאָל.).
2. טיף אין זאַל האָט עמעצער אָנגערופֿן גאַנץ הויך דעם דאָקטערס נאָמען דענסטמאָל, ווען הינטער די בעל־עגלישע פּלייצעס האָט דאָס זיצנדיקע ווייַבל שוין ווידער געהאַט אויסגעפּלאַצט מיט אַ ווילדן קוויטש (בערג.).[1]

512 צווישן גלייַכאַרטיקע זאַצן (הויפּטזאַצן, בייַזאַצן), וואָס זייער אינערלעכע פֿאַרבינדונג איז אַ שוואַכלעכע, קומט אָפּט ניט קיין קאָמע, נאָר אַ פּונקט־קאָמע – אַ צייכן, וואָס דריקן אויס און פֿאָדערט אַ לענגערן איבעררייַס ווי בייַ אַ קאָמע און אַ קירצערן ווי בייַ אַ פּונקט. איבער הויפּט קומט עס פֿאָר, ווען עס ווערן קאָאָרדינירט פֿראַזעטיילן, וואָס אַנטהאַלטן קאָמעס. אַ שטייגער: [366]

1. דאָס אויג זעט, נאָר איך קוק נישט; דאָס אויער פֿאַרנעמט, איך הער מיך נישט צו (פּ.).
2. וואָס מע גיט איר, עסט זי; וואָס און ווען מע דערלאַנגט איר, טרינקט זי; און וואָס פֿאַר אַ קלייד מע וויל, טוט זי אָן (פּ.).

[1] [1] ווען דער אַווטאָר וויל, קאָן ער אין אַזאַ פֿאַל ווי אין לעצטן שטעלן די קאָמע ניט נאָך ,דענסטמאָל׳, נאָר פֿאַר; און אין אַזאַ פֿאַל ווי אין ערשטן אין גאַנצן אַראָפּנעמען די קאָמע נאָך ,דערפֿאַר׳, ווי אַ שטייגער אין פֿאָלגנדיקן בייַשפּיל: אין שטוב איז געוווען שטיל און קיל, דערפֿאַר וואָס מע האָט אַ גאַנצן טאָג די פֿענצ־טער געהאַלטן אָפֿן (בערג.).

3. נאָר איך פֿיל, איר הענטל ציטערט; און איך הער, איר הערצל קלאַפּט; און איך זע, אי״ע אויגן אין דער פֿינצטער גלאַנצן (שאָל.).
4. אָט האָסטו דיר אַ געשעפֿט! פֿריִער האָט ער געזאָגט, אַז אויף טינט גייט ביַי אים אַוועק אַ פֿאַרמעגן; איצט קויפֿט ער אַ פֿלאַש טינט, וועט ער האָבן און האָבן! (שאָל.)
5. ער האָט ניט אויסגעגליַיכט די איַינגעהויקערטע אַקסלען; ער האָט זיך קיין ריר ניט געגעבן... (בערג.)

אָנמערקונג אָפּט מאָל קומט אַ פּונקט־קאָמע ניט נאָר צווישן זאַצן, נאָר אויך צווישן גליַיכאַרטיקע זאַצטיילן, ווען אייניקע פֿון זיי אַנטהאַלטן גליַיכאַרטיקע אָדער פּאַראַלעלע זאַצגלידער מיט קאָמעס. אַ שטייגער:

> די בורזשואַזיע מיט די פּריצים; דער פּראָלעטאַריאַט; די קליין־בורזשואַזיע, די קליינע באַלעבאַטימלעך, אין דער ערשטער ריי דאָס פויערטום – אָט דאָס זיַינען די דריַי גרונט־,כּוחות׳, אויף וועלכע עס צעטיילט זיך רוסלאַנד (לענין).

513 צווישן זאַצן אין אַ צונויפֿגעזעצטער פּראַזע קומט אָפּט ניט קיין קאָמע, נאָר אַ צוויי־פּונקט. דאָס קומט געוויינטלעך פֿאָר אין אַזאַ פֿאַל, ווען צווישן די זאַצן איז ניטאָ קיין בינדוואָרט און דער צווייטער זאַץ דערקלערט, טיַיטשט אויס דעם פֿאָריקן. אַ שטייגער:

1. טיף אין זיך האָט ער שוין סיַי ווי סיַי געהאַט באַשלאָסן: ער וועט מיט פֿאַרקלעמטע ציין אַ נעם טאָן דער בלאָנדעס ביידע שווערע פּעק און וועט זיי אַרויסמאָרדעווען אין דרויסן (בערג.).
2. דעם אויסגעדרעמלטן דאָקטער האָט זיך געדאַכט: זיי זיַינען אַלע נאָר וואָס אַריַינגעלאָפֿן פֿון דרויסן (בערג.).
3. בונעם דעם רויטנס פֿאַרפֿריִעטע אייגעלעך... האָבן זיך מיט אָט די אומגעלומפּער־טע פֿינגער ווי באַראָטן: ער האָט מיט אַ מאָל באַקומען מורא זיַינע יאָרן אַרויסצוזאָגן (בערג.).

אָנמערקונג 1 עס טרעפֿט, אַז דער דערקלערנדיקער זאַץ הייבט זיך אָן מיט אַ בינד־וואָרט און פֿאַרן בינדוואָרט איז פֿאַראַן אַ צוויי־פּונקט אויך. דאָס קומט פֿאָר אין אַזאַ פֿאַל, ווען דאָס בינדוואָרט פֿאַרבינדט דעם צווייטן זאַץ ניט מיטן ערשטן, נאָר מיטן דריטן. אַ שטייגער:

1. ער זעט: כאָטש יאַנקל איז שוין אפֿשר גאָר ניט הונגעריק, דאָך לעקט ער די פֿינגער מיט קוויקעניש (בערג.).
2. שמואל וואָלציס האָט פֿון תּמיד אָן געהאַט זיַין אייגענע געניטקייט: אַז מע טוט עפּעס פֿאַר עמעצן אומזיסט, האָט מען פֿיל מער קאָפּ־דרייעניש, איידער אַז מע טוט עפּעס צוליב פּרנסה (בערג.). [367]

אָנמערקונג 2 ווען אַ דערקלערנדיקער זאַץ ווערט אַרויסגערעדט מיט אַ טאָן פֿון פֿרעגן, קומט פֿאַר אים אַלע מאָל אַ צווייפּונקט (און נאָך אים – סוף פֿראַזע – אַ פֿרעגצייכן). ווען דער דערקלערנדיקער זאַץ ווערט אַרויסגערעדט ניט מיט קיין טאָן פֿון פֿרעגן, קומט פֿאַר אים אַ קאָמע (און נאָך אים אַ פּונקט אָדער אַן אויסרוף־צייכן). אַ שטייגער:

1. דער עיקר פֿראַגע איז געווען: צוליב וועמען האָט עס יוזי געטאָן? (בערג.)
2. דער עיקר פֿראַגע איז געווען, צוליב וועמען האָט עס יוזי געטאָן.

ווען די פֿרעגיקייט האָט אַ שײַכות צו דער גאַנצער פֿראַזע (אויך צום הויפּטזאַץ), קומט סוף פֿראַזע אַ פֿרעגצייכן און צווישן דעם הויפּטזאַץ און בײַזאַץ אַ קאָמע. אַ שטייגער:

1. איך ווייס, וואָס וועט זײַן פֿון מיר? אפֿשר ווייסט איר, וואָס וועט זײַן פֿון מיר? (שאָל.).
2. איר האָט שוין געזען, אַז פֿון וואַרעמען זיך בײַ דער הרובע זאָל עמעצער פֿאַרדינען געלט? (בערג.)

514 אָפֿט מאָל קומט אַ צווייפּונקט ניט נאָר פֿאַר אַ דערקלערנדיקן זאַץ, נאָר אויך פֿאַר אַ דערקלערנדיקער ווערטער־גרופּע אָדער וואָרט, אויב פֿאַר אַזאַ גרופּע אָדער וואָרט איז פֿאַראַן די ספּעציפֿישע אינטאָנאַציע פֿון אַ צווייפּונקט. אַ שטייגער:

1. פֿאַר איין זאַך נאָר האָב איך אים פֿײַנט געהאַט: פֿאַר זײַן פֿאַרפֿאַלן ווערן (שאָל.).
2. ער איז אַרײַן צו זיך אין הינטערהויז, פֿאַרריגלט אויף גיך די טיר און האָט זיך אײַנגעהערט: שטיל (בערג.).
3. דאָס ערשטע, וואָס האָט דאָרט דעם דאָקטער אין בלאַסער חשכות באַוווּנדערט, איז געווען: אַ שטאַרק גרילצנדיק געשריי פֿון ראָבן (בערג.).

אָנמערקונג די פֿראַזעס 2, 3 קאָנען זײַן אָן אַ צווייפּונקט אויך. דאַן וועלן זיי זיך אָבער לייענען אַ ביסל אַנדערש און וועלן באַטײַטן ניט דאָס, וואָס איצט. באַזונדערש – די פֿראַזע 2.

515 ווען צווישן זאַצן אין אַ צונויפֿגעזעצטער פֿראַזע איז פֿאַראַן אַ לענגערער איבעררײַס, שטעלט מען געוויינטלעך צווישן זיי אויפֿן אָרט פֿון דער קאָמע און אַ מאָל אויך אויפֿן אָרט פֿונעם צווייפּונקט – אַ טירע. דאָס קומט געוויינטלעך פֿאַר פֿאַר אַזאַ זאַץ, וואָס איז שאַרף קעגנגעשטעלט דעם פֿאָריקן; וואָס ווײַזט עפּעס אַ רעזולטאַט פֿונעם פֿאָריקן; אָדער וואָס פֿאַראייניקט גרעדאַנקלעך אייניקע זאַצן. אַ שטייגער:

1. דער עולם לאַכט – און איך וויין (שאָל.).
2. זי וויל לאַכן, שטיפֿן, קושן זיך – זאָל זי (פּ.).
3. ווּ ערגעץ אַ שלאַק, אַ צרה, אַן אָנשיקעניש – מיך אויסמײַדן טאָר עס נישט (שאָל.).
4. האָט ער אַ פּאָר ידים – מעגן זיי אים אָפּדאַרן (שאָל.).
5. אַ ביסל און אַ ביסל – ווערט אַ פֿולע שיסל (ממס.). [368]

6. איין־און־איינציק שטיקל סאַשאַ – און אַזוי פֿיל צרות! (שאָל.)
7. פֿון וואַנען האָט זיך דערוווּסט מײַן ברודער אליה, אַז איך כאַפּ פֿיש – ווייס איך ניט (שאָל.).
8. אַז פּענעק איז פֿרײַ, איז ער פֿול מיט בענקשאַפֿט – אַזאַ טבֿע האָט ער (בערג.).
9. טיף אין פֿראָסטיקן נעפּל קלאַפּן אַלע ווײַלע די הילצערנע פּאַנטאָפֿל – דאָס לויפֿן ווײַבער פֿון אַרעסטירטע בעל־עגלות איינע צו די אַנדערע אויף די הינטערטירן (בערג.).
10. אַלצדינג הייסט בײַ זיי אַ שייגעץ! אָנהענגען דער קאַץ אַ פּאַפּיר אויפֿן עק, זי זאָל זיך דרייען – הייסט בײַ זיי אַ שייגעץ. קלאַפּן מיט אַ שטעקל איבער די גראַטעס פֿון גלחס הויף, אַלע הינט זאָלן זיך צונויפֿלויפֿן – הייסט בײַ זיי אַ שייגעץ (שאָל.).

אָנמערקונג ווען די טירע באַגעגנט זיך מיט אַ צווייטער קאָמע, וואָס בײַם סוף פֿון אַ בײַזאַץ אָדער פֿון פּאַראַלעליזם, ווערט די קאָמע ניט פֿאַרשפּאָרט. דערבײַ קומט זי פֿאַר דער טירע. אַ שטייגער:

1. קיין ייִדישער אַרבעטער־קלאַס איז נאָך דעמאָלט נישט געווען, און אויב ער האָט זיך שוין געשפּונען און געוועבט אין שאָטן פֿון דער פֿינצטערער און נאַסער קעלער־שטוב, – צום וואָרט איז ער נאָך נישט געקומען, פֿון קיין אַרבעטער־וועלט־אָנשויונג איז נאָך נישט געווען צו רעדן (פּ.).
2. און איך שווער איר טאַקע בײַ אָט דעם טײַכל, וואָס לויפֿט דאָרט באַרג־אַראָפּ, און טאַקע בײַ דעם וועלדל, וואָס גרינט אָט דאָ ניט ווײַט, און בײַם דאָזיקן בלויען הימל־דעק, וואָס איבער אונדזער קאָפּ, און בײַ דער גינגאָלדענער זון, וואָס פֿינקלט אָפּ אין אירע אויגן, און בײַ דעם אַלעם, וואָס שיין און ריין און הייליק איז, – אַז איך בין געקומען אָבער נאָר צוליב איר, נאָר צוליב איר, נאָר צוליב איר (שאָל.).
3. ווי נאָר זי איז מיט אירע און מיט אירע עלטערנס פּעקלעך אַרײַנגעקומען אינעם „איבערוואַנדערער־פּונקט' – אַ גרויסער הילצערנער באַראַק, – איז זי אין ענגשאַפֿט און אין טומל שטיין געבליבן (בערג.).

516 אָפֿט מאָל קומט אַ **טירע** ניט נאָר צווישן זאַצן, נאָר אויך צווישן זאַצטיילן, ווו עס איז פֿאַראַן אַ לענגערער איבעררײַס, וועלכן עס איז כּדאַי צו באַצייכענען. אַ שטייגער:

1. דעריבער הייסן אַלע קאַבצאַנסקער ייִדן – מיוחסים (ממס.).
2. דער נעכטיקער טאָג איז דעם הײַנטיקנס – מלמד (פּ.).
3. צו איר אַז מע פֿאַלט אַרײַן, איז דאָס בעסטע – שווײַגן (שאָל.).
4. מיר פֿאָרן און פֿאָרן – און שטייען אויף איין אָרט (שאָל.).
5. מיט ציטעריקע פֿינגער האָט דער דאָקטער אָנגעטאָן זײַן מאַנטל – פּאַמעלעך און אויפֿגערעגט (בערג.).

517 אַ טירע קומט אויך אויפֿן אָרט פֿונעם פֿאַרפֿעלטן פּרעדיקאַט אָדער פֿאַרפֿעלטן הילפֿווערב (אין אַן עליפּסישן זאַץ). אַ שטייגער: [369]

1. איך הייס בערל קאָלבאַס, זי – מרים־דוואָשע (פּ.).
2. זײַן בין איך אַ קירזשנער, נאָר דער עיקר – אַ שטרײַמל־מאַכער (פּ.).
3. פֿאָרנט – פֿעלדער און הימלען, הינטן – פֿעלדער און הימלען (מאַרק.).
4. די ייִדענע – אָנגעלאָדן פֿון אויבן ביז אַראָפּ מיט קוישלעך און מיט פּעקלעך (שאָל.).
5. פּענעק – באַזאָרגט מיט אַרבעט (בערג.).

אָנמערקונג אויב אָבער עס איז אין אַ זאַץ פֿאַרפֿעלט אַן ,איז' און מע רעדט עס אַרויס אָן אַ פּויזע, דאַן קומט אַזאַ זאַץ אָן אַ טירע. אַ שטייגער: אַ טײַערע מציאה אין אַמע־ריקע זיך אויסלערנען שרײַבן (שאָל.).

518 אַ טירע קומט אויך צווישן ווערטער, וואָס בײַ זיי זײַנען פֿאַרפֿעלט פּרעפּאָזיציעס אָדער בינדווערטער און וואָס באַצייכענען צווישנפּונקטן, צווישנצײַטן, אַ לערכדיקע צאָל אָדער אַ פּאָר אָנטייל־נעמער פֿון איין אַקציע. אַ שטייגער:

1. די יאָרן 1907–1903 איז ער געווען אין דער אַרמיי (צ.).
2. דער וועג מאָסקווע–ביראָבידזשאַן איז פּראַכטפֿול (צ.).
3. עס פֿעלט מיר אַ גלעזלעך צוועלף–דרײַצן געטראַנק (שאָל.).
4. די פּאַרטיע קאַפּאַבלאַנקאַ–באָטוויניק האָט שטאַרק פֿאַראינטערעסירט אַלע בײַ־וועזנדע (צ.).

אָנמערקונג אין אַזאַ פֿאַל ווי אין דריטן, ווען די ווערטער, וואָס באַצייכענען אַ לערכ־דיקע צאָל, וועלן אַרויסגערעדט ווערן ווי אַ צונויפֿזאַץ, דאַרף אַנשטאָט דער טירע קומען אַ בינדצייכן.

519 אַ גערונדיוו אַ בײַזאַץ צוזאַמען מיט זײַנע בײַגלידער טיילט מען אויס מיט קאָ־מעס. אַ שטייגער:

1. דערציילנדיק, האָט זי זיך און אים טיי אָנגעגאָסן (בערג.).
2. האָט מען, דאָס ערשטע מאָל דערהערנדיק זי שפּילן, באַלאַגערט די גאַסן (שאָל.).
3. איך בין געווען שטאַרקער פֿון אײַזן, אַז איך... בין נישט צעזעצט און צעשפּרונגען געוואָרן, ליגנדיק אונטער דער קאָלדרע, פֿאַר געלעכטער (שאָל.).
4. יאָסעלע האָט צעלאָזט דעם האַלדז פֿרײַ אויף אַלע זײַטן, מאַכנדיק דערבײַ משו־נה־ווילדע וואַריאַציעס, דרייענדיק און בײַטנדיק, פּלאָנטערנדיק און פֿלעכטנדיק אַרויף און אַראָפּ, אין דער לענג און אין דער ברייט, דערלאַנגענדיק די העכסטע און די דינסטע אָקטאַווע מיט גענוג קונצן דערבײַ (שאָל.).
5. די ווײַבער האָבן, שנײַדנדיק די מאַראַנצן, זיך די פֿינגער אָפּגעשניטן, קוקנדיק אויף זײַן שיינקייט (ממס.).

אָנמערקונג 1 אַזוי איז אויך, ווען דער גערונדיוו ווערט געברויכט אין די פֿאַלן, וואָס איצט וואָלט מען אין זיי די גערונדיווישע קאָנסטרוקציע אויסגעמיטן. אַ שטייגער:

1. נימאס ווערנדיק מיר די גאַנצע מעשׂה, בלײַבט בײַ מיר עוקר צו זײַן (ממס.).
2. אַרײַנקומענדיק אין פּיעווקער קרעטשמע, איז בנימינס ערשטע זאַך געווען זיך אַ וואָרף טאָן... (ממס.) [370]
3. אַ נישט באַקאַנט זיס געפֿיל האָט די מוטער באַהערשט, קוקנדיק אויף איר ליב קינד (דינ.).

אָדער אַ שטייגער:

1. איך דערלאַנג מײַן פֿערדל, בשעת צוקומענדיק צו מיר, אַ קליין זעצעלע איבער דער מאָר־דע מיט אַ שמייכל... (ממס.)
2. עפּעס איז געווען, ווי זאָל איך אײַך זאָגן, אַ געשמאַקער שמאַרץ ווי פֿון אַ בלאָטער, בשעת קראַצנדיק אים אַ מאָל אויף מײַן לײַב (ממס.).
3. ...אונטערכאַפּן זיך הינטער אַ וואָגן, בשעת פֿאָרנדיק געשווינד – דערצו איז ער געווען איין בריה טאַקע (ממס.).

אָנמערקונג 2 ווען אַ גערונדיווישער בײַזאַץ איז צווישן זאַצן און פֿאַר אים איז פֿאַראַן אַ קאָאָרדינירדיק בינדוואָרט (,און, אָדער׳ אאַ״וו), קומט די קאָמע פֿאַרן דאָזיקן בינד־וואָרט. אַ שטייגער:

1. קודם־כּל האָט ער זיך דערפֿרעגט צו דער שול, און אַרײַנקומענדיק אַהין דאָס ערש־טע מאָל, האָט ער זיך פֿאַרגעשטעלט... (שאָל.).
2. זי איז צוגעגאַנגען, און צובײַסנדיק די אונטערשטע ליפּ, האָט זי אים באַלד גענומען שנעלן אין נאָז (בערג.).

ווען אָבער דער גערונדיווישער בײַזאַץ איז צווישן זאַצגלידער פֿון אַ הויפּטזאַץ און פֿאַר אים איז פֿאַראַן אַ בינדוואָרט, וואָס קאָאָרדינירט די פֿונאַנדערגעריסענע טיילן פֿונעם הויפּטזאַץ, קומט די קאָמע נאָכן דאָזיקן בינדוואָרט. אַ שטייגער:

1. פּלוצעם האָט זי זיך אָפּגעשטעלט און, נישט אויפֿהייבנדיק דעם אַראָפּגעלאָזטן קאָפּ, געפֿרעגט (בערג.).
2. איר ברודער איז געלעגן ברייט אויסגעצויגן אין זײַן צימער אויף דער קאַנאַפּע... און, אויפֿן בויך אַ ביכל האַלטנדיק, גערייכערט אַ ציגאַרעטל (ווינ.).

520 אַ גערונדיוו (און גערונדיווישער בײַזאַץ) ווערט מיט קיין קאָמעס ניט אויסגע־טיילט אין פֿאָלגנדיקע פֿאַלן:

1. ווען דער גערונדיוו איז אַן אַדווערב (אַ בײַגליד) און אויף אים איז ניט חל אַ וועלכער ניט איז כּלל, וואָס פֿאָדערט קאָמעס. אַ שטייגער:

(1) שעפּטל האָט פֿריִער זיך געמאַכט ניט הערנדיק (נאָטע ל.).
(2) די שוואַרצע פֿעט־געמאַכטע האַרמאַטן־פּיסקעס האָבן בלינד און וואַרטנדיק גע־קוקט צו די וועלדער אַרום מאָשנע (בערג.).

אָנמערקונג אַזעלכע און ענלעכע גערונדיוון ווײַזן, ווי אַזוי איז די טווּנג, וואָס איז אויסגעדריקט אינעם פּרעדיקאַט. זיי האָבן ניט קיין באַטײַט פֿון אַ בינדוואָרט, אַ סוביעקט מיט אַ פּרעדיקאַט, נאָר אַ באַטײַט פֿון אַ געוויסער כאַראַקטעריסטיק פֿון די פּרעדיקאַטן די ווערבן.

2. ווען דער גערונדיוו ווײַזט אַ טווּנג פֿון אַ דירעקטן אָביעקט און (אָדער) קאָן פֿאַרביטן ווערן אויף אַן אינפֿיניטיוו. אַ שטייגער:

(1) זי האָט אים אַליין געזען עסנדיק (דינ.).
(2) זיי האָבן געטראָפֿן עפּעס אַ יונגן־מאַן טענהנדיק מיט דעם באַלעבאָס (ממס.). [371]
(3) ...האָט ער זיך געפֿונען ליגנדיק אין וואָגן אויף אַ גרויסן זאַק... (ממס.).
(4) שפּעטער האָט זי אויך געהערט דערציילנדיק פֿון זײַן זינגען (דינ.).

3. ווען דער גערונדיוו (גערונדיווישער בײַזאַץ) איז געבונדן מיט אַ בײַגליד פֿונעם הויפּטזאַץ דורך אַ בינדוואָרט ,און, אָדער׳ אאַ״וו. אַ שטייגער:

(1) און אָסיפּ האָט מיט אַ פֿאַרריסענעם קאָפּ און סקריפּענדיק מיט די שטיוול אַוועק־געשפּאַנט ווײַטער (שאָל.).
(2) מיסטער קלאַמער האָט אים אויסגעהערט, ווי זײַן שטייגער איז, מיט צוגעמאַכטע אויגן און גלעטנדיק מיט פֿיר פֿינגער זײַן הערצל־באָרד (שאָל.).
(3) נאָך אַזאַ שווערן גאַנג אין רעגן, אין שניי און טאַפּנדיק אין דער פֿינצטער אַ טיר, בין איך אַרײַנגעגאַנגען מיט דעם אייבערשטנס הילף מיט גרויס אָפּשײַ אין אַ הויז (ממס.).[1]

521 אַ פּאַרטיציפּ אַ בײַזאַץ צוזאַמען מיט זײַנע בײַגלידער טיילט מען אויס מיט קאָ־מעס. אַ שטייגער:

1. געקומען אַהיים, האָבן די קינדער געטראָפֿן די גאַנצע משפּחה (שאָל.).
2. גאַנץ פֿײַן געוואַשן זיך, זעצן מיר זיך צום טיש (שאָל.).
3. די הינט..., דערהערט די ייִדישע קלעזמער אין מיטן נאַכט, האָבן אָנגעהויבן לכתּ־חילה, ווי זייער מינהג איז, צו בילן און וואָיען (שאָל.).

אָנמערקונג אַזוי איז אויך, ווען דער פּאַרטיציפּ (פּאַרטיציפּישער אַדווערב) איז אַזאַ, וואָס מע קאָן צו אים צוגעבן די ווערטער ,וואָס איז, וואָס זײַנען׳ אָדער ,וואָס האָט, וואָס האָבן׳ און עס וועט זיך באַקומען אַ פֿולשטענדיקער אַטריבוטיווער בײַזאַץ. אַ שטייגער:

1. די וואַנטצײַטונגען דאַרפֿן אַרויסלאָזן ספּעציעלע נומערן, געווידמעט דער דאָזיקער קאַמפּאַניע (צ.).
2. עס קומט אַרויס אַ ווײַבל, אָנגעטאָן ווי אַ פּריצה (שאָל.).
3. זי... טראָגט צוויי צעפּלעך, צונויפֿגעבונדן פֿון אונטן מיט אַ סטענגעלע (שאָל.).
4. אַ ברייט פֿעלד, ערשט ניט לאַנג פֿון שניי און אײַז זיך באַפֿרײַט, דעקט זיך אויף פֿאַר זײַנע אויגן (דינ.).

[1] [1] זעט אויך דעם פּונקט 3 און די אָנמערקונג צו אים אויף ז׳ 388.

522 אַ פּאַרטיציפּ (און פּאַרטיציפּישער בייַזאַץ) ווערט מיט קיין קאָמעס ניט אויסגע־טיילט אין פֿאָלגנדיקע פֿאַלן:

1. ווען דער פּאַרטיציפּ איז אַן אַדווערב (אַ בייַגליד). אַ שטייגער:

(1) ...האָט אַבֿרהם זייער געהיט די פּיס געשטעלט (אַלב.).
(2) דער עולם אויפֿן פֿאַרשנייטן פּלאַץ האָט בייז און פֿאַרשטיקט געברומט (דאַנ.).
(3) ...בנימין האָט... נאָך אַלץ געהאַלטן אַרומגענומען דאָס קעלבל מיטביידע הענט זייער פֿאַרדולט און צעמישט (ממס.). [372]

אָנמערקונג אַ פּאַרטיציפּ אַן אַדווערב ציט צו זיך זייער זעלטן אַנדערע זאַצגלידער. און אויב שוין יאָ, ווערט ער אַלץ איינס אַרויסגערעדט אָן דער ספּעציפֿישער אינטאָנאַציע פֿון אָפּזונדערונג, וואָס איז געוויינטלעך פֿאַראַן בייַ אַ פּאַרטיציפּ אַ בייַזאַץ. אַ שטייגער:

(1) ער זעט זיך אַרומגערינגלט מיט זייַנע חבֿרים (שאָל.).
(2) שיינדל די גרויסע דערפֿילט זיך פּלוצלינג געטראָפֿן טיף איןביין (בערג.).

2. ווען דער פּאַרטיציפּ איז געבונדן מיט אַ גערונדיוו דורך ,און׳. אַ שטייגער:

(1) אַרייַנקומענדיק אין הקדש, האָב איך געטראָפֿן מייַן ווייַב זיצנדיק מיט דעם ממזר און זיך עפּעס געשושקעט (ממס.).
(2) אַ דאָנערשטיק פֿאַר נאַכט איין מאָל, אייַנהייצנדיק אין אַלע אויוונס און זיך שטאַרק אָנגעמאָרדעוועט פֿון דער אַרבעט, לייג איך מיך מיט דער חבֿרה אין באָד אויף די בענק... (ממס.).
(3) אונטערדריקט פֿון פֿרעמדע און קיינעם נישט האָבנדיק הינטער זיך, מוז אויך דער קאָנסערוואַטיווער ייִד פֿאַרלאַנגען פּאָליטישע פֿרייַהייט (פּ.).

אָנמערקונג אין דער פֿראַזע 1 איז דער פּאַרטיציפּ געבונדן מיט אַ גערונדיוו, וואָס קאָן פֿאַרבי־טן ווערן אויף אַן אינפֿיניטיוו, דעריבער איז דער דאָזיקער גערונדיוו (מיט זייַנע ווייַטערדיקע ווערטער) ניט אָפּגעטיילט מיט קאָמעס.

523 אַן אַדווערב־גרופּע, אַ סובסטאַנטיוו־גרופּע און אַנדערע, ווו מע קאָן צוגעבן ,זייַענדיק, ווערנדיק׳ אָדער ,האָבנדיק׳, טיילט מען אויס מיט קאָמעס. אַ שטייגער:

1. די דאָזיקע צוויי, פֿאַרשיידן אין יאָרן, זייַנען געווען עפּעס ווי איינס אין זייערע געפֿילן (ממס.).
2. עס קומען מיר אַקעגן גלייַך פֿון וואַלד אַרויס צוויי משונה־מאָדנע נפֿשות, פֿאַרשטעלט און אָנגעטאָן נישט ווי געוויינטלעך (שאָל.).
3. אַן אויסגעשלאָפֿענער און רויִקער, האָט ער זיך גענומען אַרומוואַשן, אָנגע־טאָן אַ ווייַסן קראַגן און ווייַסע מאַנזשעטן, אָפּגעטרונקען פּאַמעלעך טיי און געהייסן די פֿור שפּאַנען (בערג.).[1]

[1] [1] אָבער: „אַ רויִקער און שטיל־וואַרטנדיקער איז ער אַלע טאָג געגאַנגען...״ (בערג.) – איז אָן אַ קאָמע (זעט ז׳ 310).

4. דיביימער הייבן פּאַמעלעך אָן זיך צו שאָקלען, איינער צום אַנדערן איַינגע־בויגן דעם קאָפּ, און פֿירן צווישן זיך אַ שמועס אויף זייער לשון (ממס.).
5. איך קאָן אים אַריבערגיין צו פֿוס פֿון ברעג צו ברעג, נישט אויסגעטאָן די הויזן (שאָל.).
6. ביַים טיש, אַראָפּגעוואָרפֿן דעם פֿראַק און פֿאַרקאַטשעט די אַרבל, זיצט הערץ און שרייַבט אַ בריוו (שאָל.).

524 מיט קאָמעס טיילט מען אויך אויס פֿאַרשיידענע צוגאָב־זאַצגלידער און בכלל אַ וואָרט אָדער אַ גרופּע, וואָס מע רעדט אַרויס אָפּגעזונדערט. אַ שטייגער: [373]

1. ער פֿאָרט הייַנט אַוועק, קיין קיִעוו (צ.).
2. דאָס פֿלעשל גליטשט זיך פֿון די הענט אַרויס, צוריק אין זיַין רו אַריַין (ממס.).
3. אין אַ וואָך אַרום איז אַ סלאָוועשנער געקומען, פֿון די אַוועקגעגאַנגענע (אָר.).
4. ער האָט ליב געהאַט זינגען ייִדישע לידער, אייגענע (שאָל.).
5. דער אָנהייב, דער ערגסטער אָנהייב, איז בעסער פֿונעם שענסטן סוף (שאָל.).

אָנמערקונג 1 צוגאָב־זאַצגלידער דערקענט מען אָן דער אינטאָנאַציע פֿון אָפּזונדערונג און אָן דעם, וויפֿל זאַכן מען איז אויסן צו דערציילן. ווייל מען זאָגן איין זאַך, ברענגט מען אַ שטייגער אַרויס די ווערטער ,ער פֿאָרט הייַנט אַוועק קיין קיִעוו׳ אָן אַן אָפּזונדערונג־אינטאָנאַציע; ווייל מען זאָגן צוויי זאַכן, ברענגט מען דעם זאַצגליד ,קיין קיִעוו׳ ווי אַ צוגאָב, ווי אַ דערגאַנצונג, מיט אַן אָפּזונדערונג־אינטאָנאַציע. און אַזוי איז עס אויך מיט די איבעריקע פֿראַזעס.

אָנמערקונג 2 צוגאָב־זאַצגלידער קאָנען קומען אויך אַלס באַזונדערע פֿראַזעס. אין אַזאַ פֿאַל טיילט מען זיי, נאַטירלעך, אויס מיט פּונקטן. אַ שטייגער:

1. איך פֿאָר. קיין שעברעשין. לערנען ביַי ר׳ פּנחסלען (פּ.).
2. איך האָב געלאַכט. ניט פֿון דער געשיכטע (גאָד.).
3. פֿרוי בערמאַן האָט אַלץ אָפּגעווישט. אַלץ אָפּגעמעקט (מאַרק.).

אָנמערקונג 3 אַזעלכע פֿאַלן ווי די ערשט אָנגעוויזענע קומען אָבער פֿאָר בכלל גאַנץ זעלטן. געוויינטלעך קומען אַלערליי זאַצגלידער אַלס טיילן פֿון איין ווערטער־קייט־לונג, פֿון איין זאַץ, און די פּויזעס, וואָס זייַנען אָפּט פֿאַראַן צווישן אַ סוביעקט (סוביעקט־גרופּע) און אַ פּרעדיקאַט און צווישן אַ פּרעדיקאַט און זייַנע פֿאַרשיידענע ביַיגלידער, ווערן בכלל מיט קיין קאָמעס ניט באַצייכנט. אַ שטייגער: דער מחבר פֿון די דאָזיקע באַשרייַבונגען האָט אויף זיַין ערשטן אַרויספֿאָר אין דער גרויסער הייליקער שטאָט קיִעוו געהאַט די ערע און דאָס פֿאַרגעניגן צו ליגן מיט נאָך אַ פּאָר ייִדן ביַי ר׳ אַלטער קאַניעווער אויף דער סטאַנ־ציע אויף אַ בוידעם און כאַפּן אַ ציטער (שאָל.).

אָנמערקונג 4 אַ פֿאַרשטאַרקנדיקער אינפֿיניטיוו ווערט געוויינטלעך אַרויסגע־רעדט אָפּגעזונדערט, אָבער מיט קיין קאָמעס ווערט ער ניט אָפּגעטיילט. אַ שטייגער:

1. און ע‏סן עסן געגעסן אַלצדינג (שאָל.).
2. הייסן הייסט ער איציק, נאָר רופֿן רופֿט מען אים אַלטער (שאָל.).

525 אַן אָפּגעזונדערטע ווערטער־גרופּע אין מיטן הויפּטזאַץ, וועלכע אַנטהאַלט זאַצ־גלידער, וואָס צווישן זיי זײַנען פֿאַראַן קאָמעס, – איז גלײַכער אויסצוטיילן מיט טירעען. אַ שטייגער:

1. אויף אַן אַרײַנגעטראָגן בעט – פֿול מיט ווייכע איבערבעטן, געשטיקטע ציכן, פֿריש באַצויגענע אַטלעסענע קאָלדרעס – בעט מען אויס יונתנען אין מיטן גרויסן זאַל (בערג.). [374]
2. בירעבידזשאַנער הימלען – אויסגעמאָלקן, אויסגעליידיקט פֿון נאָך לאַנגע רעגנס – האָבן צעלייגט זייערע העלע בלויקייטן טריקענען אויף הייסער ליכטיקער זון (בערג.).
3. אין דרויסן – אָפּגעטיילט פֿונעם עולם, וואָס וויל זען שאַוועלן, ווען ער וועט זיך אַרײַנזעצן אין קאַרעטע, – איז אין אַ שוואַרצן צילינדער, אין אַ שוואַרצן מאַנטל מיט אַ ברייטן הענגקאָלנער ביינערדיק־האַרט געשטאַנען חיים־יואל הייסמאַן (בערג.).

526 אַ זאַצגליד מיט ,אַלס׳ אָדער מיט ,ווי׳ טיילט מען מיט קיין קאָמעס ניט אויס. סײַדן עס איז אויף אים חל איינער פֿון די כּללים, וואָס פֿאָדערן קאָמעס. אַ שטייגער:

1. ער איז אַרויסגעטראָטן אַלס (ווי) אַ פֿאָרשטייער פֿון ראַיאָן.
2. ער איז שטאַרק ווי אַ לעמפּערט און גרינג ווי אַן אָדלער צו טאָן דעם רצון פֿון אונ־דזער פֿאָטער (ממס.).
3. פּרץ איז געווען צײַטנווײַז קאַלט ווי אײַז, שטרענג ווי אַ רבי און שנײַדיק ווי אַ מע־סער (שאָל.).
4. קיין נאָמען קלינגט ניט אַזוי שיין ווי דער נאָמען ,מאַמע׳. קיין וואָרט רעדט ניט אַזוי צום האַרצן ווי דאָס וואָרט ,היים׳ (שאָל.).
5. עס האָבן זיך געגאָסן די געדאַנקען ווי פֿון אַ פֿאַס, עס האָט געשפּרודלט די פֿאַנטאַ־זיע ווי אַ פֿאָנטאַן (שאָל.).
6. ער באַקומט אין מײַנע אויגן טויזנט מאָל מער חן ווי פֿריִער (שאָל.).

אָדער אַ שטייגער:

1. ווי אַ יאָר האָט זיך געצויגן יעדע שעה, ווי אַן אייביקייט האָט אויסגעזען דער טאָג (שאָל.).
2. שדכנים לויפֿן ווי די פֿאַרסמטע אויסזוכן פֿאַר אים אַ שידוך (ממס.).
3. ער... האָט ווי אַ באַשעפֿטיקטער וואָרטסמאַן אַרויסגעשלעפּט פֿון בוזעם די צוגעזאָג־טע ווײַסע חלה (בערג.).

אָבער:

1. דער פֿויגל איז געווען נאַטירלעך, ווי לעבעדיק (שאָל.).
2. איצט זייַנען בייַ מיר די אויגן לויטער, ווי קרישטאָל (שאָל.).
3. די זון איז געשטאַנען בייַם עק הימל, גרויס, רויט, ווי אַ פֿייַער (ממס.).
4. ער געפֿינט אַן אויסרייד אויף אַרויסצודרייען זיך, אָבער קונציק, ווי אַ מזיק (שאָל.).
5. עס ווערט פֿינצטער־חושך און שטאַרק קאַלט, ווי אין אַ קעלער, ווי אין אַ קבֿר (שאָל.).
6. שטיל האָבן גערוישט די ביימער, ווי פֿאַר אַ רעגן (אָר.).
7. פֿאָרן אין באַן איז גאָר ניט אַזוי אומעטיק, ווי אַנדערע מיינען (שאָל.).

527 אַן אַרויסגעצויגענעם זאַצגליד טיילט מען בכלל אָפּ מיט אַ קאָמע. האָט ער נאָך זיך אַ לענגערע פּויזע, טיילט מען אים אָפּ מיט אַ טירע. אַ שטייגער: [375]

1. איך, אַז איך זאָג געלט, איז געלט (שאָל.).
2. גרויסע קינדער, אַז זיי צעשפּילן זיך, פֿליִען זיי אין הימל אַרייַן (ממס.).
3. מיכאל לעווין – וואָס מער זייַן פּנים ווערט טויט, אַלץ מער היצן זיך זייַנע אויגן (בערג.).

528 אַ סובסטאַנטיוו[1] אָדער אַן אינפֿיניטיוו[1], וואָס ווערט איבערגעחזרט דורך אַ פּראָנאָם, וועלכער ווייַזט אויפֿן דאָזיקן סובסטאַנטיוו אָדער אינפֿיניטיוו, ווערט אָפּגעטיילט מיט אַ טירע. אַ שטייגער:

1. דער קאָפּ – ער ברענט, די שלייף – זי האַקט (פּ.).
2. דער פֿעטער ניסל – יענער איז גאָר אַנטרונען געוואָרן (שאָל.).
3. נאָר פּילפּאָווס עקשנות – זי האָט ניט קיין ברעג (בערג.).
4. און מייַן טאַטע – קוים וואָס ער גייט מיר נאָך (שאָל.).
5. די לעצטע טעג פֿון זומער – ווי שיין זיי זייַנען (שאָל.).
6. דאָס קול – דאָ הערט עס אויף, דאָ לאָזט זיך עס ווידער הערן (ממס.).
7. דאָס קערבל דאָרט אין בערלין – אָדער עס הייבט זיך, אָדער עס פֿאַלט (שאָל.).
8. שלאָגן צוועקעס אין די ווענט – דאָס איז מייַן לעבן (שאָל.).

אַזעלכע קאָנסטרוקציעס זייַנען שוין היפּש פֿאַרשפּרייט געווען אין אַלטיִדיש. אַ שטייגער: מיין הערץ עש ציטערט אין צווישן מיר (על. ב.); דיין רוט אונ׳ דיין שטאב זיא טרושטן מיך (על. ב.); אונ׳ זיין רעכטן הנט דיא טעט האלזין מיך (שערטל); דיא שטים פון דיינש ברודרש בלוט זיא שרייאט (וויצנה.).

אָדער אַ שטייגער:

1. עס האָט געבלאָזן אַ שטאַרקער בייַנאַכטיקער ווינט און אים אונטערגעשטופּט

[1] [1] מיט אָדער אָן בייַגלידער.

איינעם אַליין צו די עקסטע גרענעץ־דערפֿלעך – אַהין, פֿון וואַנען פֿיליפּאָוו באַקומט די אומרויִקע ראַפּאָרטס... (בערג.).

2. עטלעכע טראָגן אַ שווערן קאַסטן, און איינעם איז אויסגעפֿאַלן צו טראָגן בײַם שווערסטן און שאַרפֿסטן ווינקל – דאָרט, ווו מע צעשנײַדט זיך די פֿינגער (בערג.).

אָנמערקונג 1 אַזוי איז אויך, ווען עס ווערט בכלל איבערגעחזרט אַ וואָרט און צווישן די איבערגעחזרטע ווערטער איז פֿאַראַן אַן אינטאָנאַציע פֿון אַ טירע. אַ שטייגער:

1. ער – ער איז שטענדיק גערעכט.
2. און דער קאָפּ – דער קאָפּ ווערט מיר שיִער ניט צעשפּרונגען (שאָל.).

אָדער אַ שטייגער:

1. יאַן קאַלינאַ... האָט זיך ווי געשפּיגלט אין זײַנע נײַע פֿעטע שטיוול און אין זײַנע צוגעפּוצטע בגדים – בגדים פֿון אַ צופֿרידענעם בעל־גוף... (בערג.) [376]
2. זי האָט מיט דערשראָקענע אויגן געקוקט אין זײַן פּנים – אַ פּנים פֿון אַן אייביקן שׂונא... (בערג.).
3. נאָר מאַרפֿושעס אויגן זײַנען געווען גלעזערנע – אויגן, וואָס לאָזן ניט, מע זאָל אין זיי אַרײַנקוקן (בערג.).[1]
4. ער האָט אָנגעטאָן איין קורץ רעקל אויפֿן אַנדערן און האָט אין פֿאַרלויף פֿון עטלעכע טעג אָפּט אַרומגעשפּאַנט איבער גאָליכאָווקע – אַרומגעשפּאַנט, ווי נאָר דערפֿאַר, כּדי צו דערווײַזן... (בערג.).

אָנמערקונג 2 אַ טירע קומט אויך צווישן אַ סובסטאַנטיוו אָדער אַ פּראָנאָם און אַ גרופּע ווערטער, וועלכע דריקט אויס פֿיגוראַל, באַשרײַבריש דעם זעלבן באַגריף, וואָס דער סובסטאַנטיוו אָדער דער פּראָנאָם. אַ שטייגער:

1. פֿיליפּאָוו האָט זיך דאָרט אָנגעבייזערט אויף אַ גרופּע ווײַבער – מאַמעס און פֿרויען פֿון אַרעסטירטע... (בערג.).
2. זײַן האַלדז־און־נאַקן איז געווען רויט – אַ פֿעסטער האַלדז־און־נאַקן פֿון אַן עלטערן קרעפּטיקן ייִדן (בערג.).
3. איצט געפֿינט זיך בײַ קוזקאָן אין דער האַלבער כאַטע נאָך איינער – דער עלטערער פֿון די ברידער פּאָקראַס (בערג.).
4. זאָל לעבן, וואַקסן און זיך קרעפּטיקן די סטאַכאַנאָווישע באַוועגונג – איינער פֿון די סאַמע מערקווירדיקע סך־הכּלען פֿונעם צווייטן פֿינפֿיאָר! (צ.)

529 ווערטער, סײַ איינציקע און סײַ גרופּעס, וואָס קומען אַרײַן אין אַ זאַץ צו

1 [1] אַ מאָל קומט אין אַזעלכע פֿאַלן צווישן די איבערגעחזרטע ווערטער אַ קאָמע. זעט אַ שטייגער די בײַשפּילן אויף ז׳ 370. בכלל אָבער איז אין אַזעלכע פֿאַלן גלײַכער צו ברענגען אַ טירע.

דערקלערן, צו פֿאַרטײַטשן עפּעס, אָדער עפּעס אָפּצופֿרעגן, אָדער אָנצוווײַזן אויפֿן אַוטאָר אאַ״וו און וואָס זײַנען שוואַך פֿאַרבונדן מיט די איבעריקע ווערטער אין זאַץ (זײַנען ענלעך צו באַמערקוורטער און באַמערקזאַצן), – טיילט מען אויס מיט טירעען אָדער מיט קלאַמערן. אַ שטייגער:

1. פֿון גאַזעטן – דאָס ווייסן אַלע – האַלט מען דאָרט ווייניק (שאָל.).
2. איין מאָל – דאָס איז געווען צוריק מיט אָנדערטהאַלבן יאָר – האָט זי פּלוצעם אין מיטן סעזאָן פֿאַרלאָזט אירע ניט דערענדיקטע קורסן (בערג.).
3. נאָר פֿאַר נאַכט – אין גאַס האָט אָנגעהויבן טונקל ווערן – האָט די בלאָנדע זיך אומגעקערט ניט אַליין (בערג.).
4. דער קלענערער פֿון אַלע איז אין מײַנע יאָרן (ניין, דאָס צענטע) (שאָל.).
5. האָב איך געגעבן אַ נעם אַרויס מײַנע מליצהדיקע קוילן מיט מײַנע העברעיִשע פֿײַלן, אײַנגעטונקען (אין גיפֿט? חלילה!) אין טינט און – הײַדאַ מיט אַ ,מאמר׳ קעגן דעם לעווינסקין פֿון גאָרנאָסטײַעווקע (שאָל.). [377]

אָנמערקונג אײַנגעקלאַמערט קאָן אַ מאָל קומען אַ גאַנצע פֿראַזע אויך. אַ שטייגער: יושר? אָט איז יושר! (זי ווײַזט איר אָן אויפֿן אויוון.) גאָט? אָט איז גאָט! (זי טוט זיך אַ פּאַטש איבער דער קעשענע.) (שאָל.) זעט אויך דעם בײַשפּיל 5 פֿריִער.

76 דירעקטע און אומדירעקטע רייד

530 ווען מע ברענגט עמעצנס רייד, קאָן מען זיי ברענגען אויף צוויי אופֿנים: 1. דירעקט – איבערזאָגן זיי וואָרט אין וואָרט, ווי יענער האָט זיי אַרויסגעזאָגט; 2. אומדירעקט – איבערזאָגן יענעמס רייד אין דער פֿאָרמע פֿון אַ בײַזאַץ. פֿאַרגלײַכט אַ שטייגער:

דער ברודער מאַכט צו מיר: – גיי אומישנע שטעל זיך אַוועק בײַ דער טיר און הער זיך צו.	דער ברודער מאַכט צו מיר, איך זאָל גיין אומישנע זיך אַוועקשטעלן בײַ דער טיר און זיך צוהערן.

דירעקטע רייד קומען אין דער ליטעראַטור געוויינטלעך אין צוויי פֿאַלן:

1. אין אַ רעדע – באַריכט, פֿאָרטראָג, באַגריסונג און אַנדערע;
2. אין דער קינסטלערישער ליטעראַטור, ווו מע ווײַזט אָפּ די אָדער יענע טיפּן, געשטאַלטן מיט זייער אופֿן, מיט זייער פֿאָרמע פֿון ריידן. אַ שטייגער:

די פֿרעמדע פֿרוי האָט געפֿרעגט:
– אָנבאָטן אים... האָט מען געפּרוווט?
שמואל וואָלציס האָט זיך ניט אומגעקוקט. ער האָט זיך אַ בייזער געגעבן:
– ווער־ען?

די פֿרוי האָט געזאָגט:
– דעם נײַעם נאַטשאַלניק.
שמואל וואָלציס איז געבליבן קאַלט ווי דער אַש, וואָס ער שאַרט אַרײַן אין די עמער.
ער האָט געענטפֿערט אויף פּטור צו ווערן:
– אַז מע ווייסט דען, ווער ער איז? (בערג.)

ווען מע ברענגט עמעצנס רייד אומדירעקט, גיט מען זיי איבער אין אַ פֿאָרמע פֿון אַ בײַזאַץ; ווען מע ברענגט עמעצנס רייד דירעקט, גיט מען זיי איבער צוזאַמען מיט אייגענע (מיטן אַווטאָרס) רייד, וואָס ווײַזן, וועמענס זײַנען די דירעקטע רייד, מע ברענגט עס אָן בינדווערטער און מיט אַ ספּעציעלער אינטאָנאַציע.

531 דירעקטע רייד און דעם אַווטאָרס רייד קומען איינע פֿאַר די אַנדערע אָדער איינע אין מיטן די אנדערע. א שטייגער:

1. ער מאַכט צו מיר: „גיי אומישנע שטעל זיך אַוועק בײַ דער טיר און הער זיך צו.“
2. „גיי אומישנע שטעל זיך אַוועק בײַ דער טיר און הער זיך צו“ – מאַכט ער צו מיר.
3. „גיי אומישנע שטעל זיך אַוועק בײַ דער טיר – מאַכט ער צו מיר – און הער זיך צו.“

[378]

4. אַז דאָס פֿעסל איז געוואָרן אָנגעפֿילט העכער האַלב, האָט מײַן ברודער אליה אַ זאָג געטאָן: „גענוג!“ און האָט זיך גענומען צום בוך (שאָל.).

אינעם ערשטן פֿאַל גייען פֿריִער דעם אַווטאָרס רייד און דערנאָך די דירעקטע; אינעם צווייטן פֿאַל איז פֿאַרקערט: פֿריִער די דירעקטע און דערנאָך דעם אַווטאָרס; אינעם דריטן פֿאַל זײַנען דעם אַווטאָרס רייד אין מיטן די דירעקטע; און אינעם פֿערטן פֿאַל זײַנען די דירעקטע אין מיטן דעם אַווטאָרס.

532 די פּונקטואַציע פֿון דירעקטע רייד און דעם אַווטאָרס איז געוויינטלעך אַזוי, ווי זי איז אין די פֿאָריקע בײַשפּילן. דאָס הייסט: די דירעקטע רייד ווערן אײַנגעפֿיסלט (האָבן פֿאַר און נאָך זיך פֿיסלעך „ “); און דעם אַווטאָרס רייד – קומען זיי פֿאַר די דירעקטע (ערשטער פֿאַל), האָבן זיי נאָך זיך אַ צווייפּונקט; קומען זיי נאָך די דירעקטע (צווייטער פֿאַל), האָבן זיי פֿאַר זיך אַ טירע; קומען זיי אין מיטן די דירעקטע (דריטער פֿאַל), האָבן זיי אי פֿאַר אי נאָך זיך אַ טירע.

ווען דעם אַווטאָרס רייד קומען אין מיטן די דירעקטע, דאַרף מען זיך האַלטן בײַ פֿאָלגנדיקע כּללים פֿון פּונקטואַציע:

1. קומען דעם אַווטאָרס רייד אַרײַן אין אַזאַ אָרט, ווו עס דאַרף זײַן אַ פֿרעגצייכן אָדער אויסרופֿצייכן, דאַרף מען דעם דאָזיקן צייכן שטעלן; פֿאַרן אַווטאָרס רייד דאַרף זײַן אַ טירע, נאָך זיי – אַ פּונקט און אַ טירע. אַ שטייגער:

(1) – וואָס איז דען? – פֿרעגט די מאַמע. – האָסט געקריגן אַ שטעלע? (שאָל.).
(2) – ווײ איז מיר! – זאָגט די מאַמע און ברעכט די הענט. – ווו איז אַהינגעקומען זײַן געלט? (שאָל.).

2. קומען דעם אַוטאָרס רייד אַרײַן אין אַזאַ אָרט, ווו עס דאַרף זײַן אַ קאָמע (אָדער אַ טירע), דאַרף מען דעם אַוטאָרס רייד אויסטיילן מיט קאָמעס און טירעען. אַ שטייגער:

(1) – ניין, – צעברענט זי זיך אָקערשט בײַ נײַס, – פֿאַר וואָס אויפֿהערן? (בערג.)
(2) – לאָזט מיך קאָרשט אויף איין נאַכט, – זאָגט צו אים מײַן ברודער אליה, – וועל איך אײַך אַרויסטרײַבן אַלע שטשערעס! (שאָל.)

ווען אָבער דעם אַוטאָרס רייד קומען אין מיטן די דירעקטע, ווו קיין קאָמע דאַרף ניט זײַן, ווערן דעם אַוטאָרס רייד אויסגעטיילט בלויז מיט טירעען. אַ שטייגער:

(1) – בײַ מײַן ווײַב – זאָגט ער – וועט עס שטאַרק אָנגעלייגט זײַן (ממס).
(2) – און פֿון דאָרטן – שלאָגט מיך איבער בוזי – גייסטו צו פֿוס זיבן מײַל... (שאָל.)

אָנמערקונג 1 ווען דעם אַוטאָרס רייד זײַנען זייער קורץ און זיי קומען אין מיטן די דירעקטע, קאָנען זיי אויסגעטיילט ווערן ניט מיט טירעען, נאָר מיט קאָמעס. באַזונדערש טוט מען אַזוי, ווען דעם אַוטאָרס רייד קומען אַלס אַ באַמערקאַץ. אַ שטייגער:

1. ווי אַזוי זאָל איך ניט וויינען, זאָגט זי, אַז עס וויינט זיך? אַז דאָס האַרץ איז פֿול, זאָגט זי, גייען די אויגן אַריבער (שאָל.). [379]
2. האָב צײַט, זאָג איך, גאָלדע, דו וועסט אַלץ וויסן, דו צעבלאָז נאָר, זאָג איך, דעם סאַמאָוואַר, און נאָך דעם וועלן מיר זיך אַרומזעצן אַרום טיש, זאָג איך, טרינקען צו גלעזלעך טיי, ווי עס קער צו זײַן (שאָל.).

אָנמערקונג 2 ווען די דירעקטע רייד געפֿינען זיך אין מיטן אַוטאָרס רייד ניט אין איין אַבזאַץ, נאָר הייבן אָן מיט זיך אַ נײַעם אַבזאַץ, ווערן זיי אויסגעטיילט ניט מיט פּיס־לעך, נאָר מיט טירעען. אַ שטייגער:

ערגער פֿון אַלץ איז מיר געווען דער מאַמעס טרערן. זי האָט ניט אויפֿגעהערט צו קלאָגן, און צו יאָמערן, און צו באַוויינען מיך:
– וויי איז מיר! ווינד איז מיר! צו וואָס איך האָב מיך דערלעבט! איך האָב געמיינט, אַז מײַן יתום גייט אין שול אַרײַן זאָגן קדיש נאָכן טאַטן, צום סוף ליגט ער גאָר אויף אַ בוידעם, אַ דונער איז מיר, און רײַסט עפּל פֿון אַ פֿרעמדן גאָרטן!..
– איך פֿרעג דיך נאָר, וואָס וועט פֿון דיר זײַן? – פֿרעגט מיך די מאַמע מיט טרערן, ווען מיר זײַנען שוין געווען אין דער היים, און שטעלט מיר צו אַ בענקעלע פֿאַר מײַן ברודער אליה (שאָל.).

533 ווען מע ברענגט דירעקטע רייד אָן דעם אַוטאָרס, נאָר מע רופֿט דעם אַוטאָר אָן, שטעלט מען נאָכן אָנווײַז אויפֿן אַוטאָר אַ צווייפּונקט. און אויב די דירעקטע רייד און דער אָנווײַז אויפֿן אַוטאָר זײַנען ניט אין איין שורה (ניט אין איין אַבזאַץ), קומט פֿאַר די דירעקטע רייד אַ טירע. אַ שטייגער:

1. דערזעט מײַן ברודער אליה, און עס קומט פֿאָר צווישן זיי אַ מאָדנער שמועס. איך גיב
אײַך איבער דאָ דעם שמועס וואָרט בײַ וואָרט:
אליה: וואָס האָט איר זיך אַזוי דערשראָקן?
אײַנבינדער: וואָס איז בײַ דיר אין די פֿלעשער?
אליה: וואָס זאָל זײַן? ווײַן!
אײַנבינדער: וואָסער ווײַן? ס׳איז דאָך טינט!
אליה: הײַנט וואָס זשע פֿרעגט איר?
אײַנבינדער: וואָס וועסטו טאָן מיט אַזוי פֿיל טינט?
אליה: טרינקען.
אײַנבינדער: ניין, איך מיין אָן קאַטאָוועס. וועסט פֿאַרקויפֿן לאַחדים אויך?
אליה: וואָס בין איך, אַ משוגענער? אַז פֿאַרקויפֿן, וועל איך פֿאַרקויפֿן צען פֿלעשער, צוואַנציק פֿלעשער, פֿופֿציק פֿלעשער. דאָס ווערט אָנגערופֿן ‚הורט׳. איר ווייסט, וואָס הייסט ‚הורט׳? (שאָל.)

2. דער שמועס צווישן פּענעקן און יאַנקלען טאַקע דאָרט אין הויף:
פּענעק:
– פֿאָרסט אַליין?
יאַנקל:
– און אַז אַליין?
פּענעק: [380]
– ניט מיט משה דעם קאַסיר?
יאַנקל:
– און אַז ניט מיט משה דעם קאַסיר?
שלעכט. יאַנקל דער פֿורמאַן, אַז מע האָט אים אָנגעזאָגט, ער זאָל ניט אויסזאָגן, וווּהין ער פֿאָרט, וועט ער ניט אויסזאָגן (בערג.).

אָנמערקונג ווען מע ברענגט אַ דיאַלאָג (אַ געשפּרעך) אָן אַן אָנווייז אויף אַן אַווטאָר (אויף אַ פּערסאָנאַזש), איז אָנגענומען צו שטעלן פֿאַר יעדנס דירעקטע רייד אַ טירע. אַ שטייגער:

מײַן ברודער אליה גייט צו צו מיר און פֿרעגט מיך שטיל:
– נו?
– וואָס נו?
– וואָס האָבן זיי געזאָגט?
– ווער?
– די מענטשן, וואָס זײַנען געגאַנגען פֿאַרבײַ.
– זיי האָבן געזאָגט, אַז ס׳איז שיין אָנגעשריבן.
– און מער גאָרניט?
– מער גאָרניט (שאָל.).

534 דירעקטע רייד, וואָס ווערן אײַנגעשלאָסן אין אַנדערע דירעקטע רייד, ווערן שטענדיק אײַנגעפֿיסלט, סײַ ווען זיי זײַנען אין איין אַבזאַץ, סײַ ווען זיי זײַנען פֿון אַ נײַעם אַבזאַץ. אַ שטייגער:

1. ער האָט געפֿרעגט:
– אַז מע האָט אײַך אומגעקערט פֿון דער גרענעץ, האָב איך זיך בײַ אײַך נישט געבעטן:
„געפֿינט אײַך אַן אַנדער סטאַנציע – איך בין אײַך מוחל די פֿאַרדינסטן“? (בערג.)[1]
2. די אַקושערקע שאַץ וואַרפֿט וועגן איר באַקאַנטן אין דער שטילקייט:
– האָט ער נאָך פֿאַר צוויי יאָרן פֿון זיך אַליין חוזק געמאַכט און איר געזאָגט:
„שרײַבן בײַ טאָג איז אים שוין אַ בזיון פֿאַר זיך אַליין און פֿאַרן גאַנצן שטעטל ייִדן, וועלכע באַדאַרפֿן עס נישט. טוט ער עס שוין נאָר בײַ נאַכט, ווען מענטשן שלאָפֿן“ (בערג.).

אָנמערקונג מיט פֿיסלעך באַצייכנט מען בכלל אַ ציטאַט. אַ שטייגער:

1. זײַן תּירוץ „וואָס ווייס איך, שמואל וואָלציס, אַז אַ מענטש בין איך אַ פּשוטער“ איז שוין מער קיין תּירוץ ניט (בערג.). [381]
2. ער שטעלט מיך אָפּ און מאַכט צו מיר מיטן אייגל – הער נאָר, דו, דו פֿאָרסט קיין אַמעריקע?
– יאָ, איך פֿאָר קיין אַמעריקע.
– וואָס וועסטו דאָרט טאָן? גיין איבער די הײַזער?
זײַן גליק, וואָס מײַן ברודער אליה איז דערבײַ נישטאָ. ער וואָלט אים געגעבן אַ „גיין איבער די הײַזער“! (שאָל.)

535 מיט פֿיסלעך באַצייכנט מען אויך אַ נאָמען פֿון אַ בוך, זשורנאַל, צײַטונג, אַרטי־קל; און אויך אַ נאָמען פֿון אַ האָטעל, שיף, קאָלווירט און אַ ריי אַנדערע נעמען, וואָס זײַנען מערסטנס ניט קיין אייגנטלעכע, נאָר אַריבערגעטראָגענע. און מיט פֿיסלעך באַצייכנט מען אויך אַ וואָרט אָדער אַ גרופּע, וואָס מע ברענגט אַרויס איראָניש, מיט אַ פֿאַרקערטן מיין. אַ שטייגער:

1. פּענעקס „ברידערן זיך“ מיטן קאַמאַשן־מאַכער האָט, אין פֿלוג, געזאָלט לוינען פֿאַר ביידע צדדים... (בערג.)
2. האָב איך געשלאָגן כּפּרות מיט מײַן „שטעלע“ און בין אַוועק (שאָל.).
3. ווער עס פֿאָרט אויפֿן „יריד“ און ווער עס פֿאָרט פֿונעם „יריד“ (שאָל.).
4. ...ס׳איז נאָר געווען אַ ווונדער, פֿון וואַנען נעמען זיך צו אונדזער אַזוי גערופֿענער „אָרעמער שפּראַך“ אַזוי פֿיל פֿײַנע קײַלעכיקע פּערלדיקע ווערטער (שאָל.).
5. ...האָט ער [שלום] זיך באַקענט מיטן גאַנצן בינטל מוזיקאַנטן... און אַפֿילו מיט זייער שפּראַך, „קלעזמער־לשון“, וועלכעס ער האָט דערנאָכדעם, שוין אַלס שלום־עליכם, טײַלווײַז אויסגעניצט אין זײַנע ווערק: „אויפֿן פֿידל“, „סטעמפּע־ניו“, „בלאָנדזנדע שטערן“ און אַנדערע (שאָל.).

1 [1] דער פֿרעגצייכן קומט דאָ נאָך די פֿיסלעך, ווײַל ער געהערט דאָ ניט צו די ציטירטע דירעקטע רייד, נאָר צו די גאַנצע. די טירע, וואָס איז דאָ נאָך ,סטאַנציע׳, איז אַזאַ, וואָס קומט צווישן זאַצן אַנשטאָט אַ קאָמע (כּדי צו מאַכן לענגער דעם איבעררײַס צווישן די דאָזיקע זאַצן).

וואַלענטינאַ פּעדטשענקאָ

קאָמענטאַרן

פֿאַרן אָנהייבן

די וויַיטערדיקע קאָמענטאַרן זייַנען צונויפֿגעשטעלט געוואָרן מיט דער כּוונה אַריַינצושטעלן פֿאַלקאָוויטשעס גראַמאַטיק אין אַ ברייטערן היסטאָרישן און וויסנשאַפֿטלעכן קאָנטעקסט. די מקורים, וואָס ווערן דאָ ציטירט, און די דערמאָנטע לינגוויסטישע פֿאַקטן זייַנען מיַין סוב־יעקטיווער אויסקליַיב און שטעלן פֿאָר נאָר דעם שפּיץ פֿונעם איַיזבאַרג פֿון דער ייִדישער שפּראַך־וויסנשאַפֿט.

אינעם אויסלייג פֿון די קאָמענטאַרן ווערן אָפּגעהיט די אָרטאָגראַפֿישע כּללים פֿונעם איינהייטלעכן ייִדישן אויסלייג פֿון ייִוואָ, אָבער עטלעכע טערמינען, ווי „סינטאַקסישער“, „עליפּ־סישער“, טראָגן אין זיך סימנים פֿון אַ סאָוועטישער השפּעה. אין די ציטאַטן און ביבליאָגראַפֿישע רעפֿערענצן היט איך אָפּ דעם אָריגינעלן אויסלייג.

איך באַדאַנק מיַינע קאָלעגעס פֿאַרן אַרומרעדן פֿאַסטקעדיקע פֿאַלן און פֿאַרן איבערלייענען די קאָמענטאַרן. איך טראָג דאָס אַחריות פֿאַר אַלע טעותן און אומפּינקטלעכקייטן וואָס האָבן זיך אַריַינגעגליטשט דערין.

*

פֿאַלקאָוויטשעס גראַמאַטיק „ייִדיש. פֿאָנעטיק, גראפיק, לעקסיק און גראמאטיק“ (מאָס־קווע: דער עמעס, 1940) איז איינע פֿון די וויכטיקסטע אַקאַדעמישע באַשריַיבונגען פֿון דער ייִדישער שפּראַך, וואָס האָט פֿאַרסך־הכּלט די ייִדישע סאָוועטישע לינגוויסטישע פֿאָרשונג פֿון די 1920–1930ער יאָרן. אַחוץ דעם טעאָרעטישן אויפֿטו האָט פֿאַלקאָוויטשעס גראַמאַטיק אַ בולטע פּראַקטיש־פּעדאַגאָגישע ווערט צוליבן קלאָרן בהדרגהדיקן אופֿן פֿאָרצושטעלן דעם שפּראַך־מאַטעריאַל. די וויַיטערדיקע קאָמענטאַרן צו דער אויסגאַבע זייַנען צונויפֿגעשטעלט געוואָרן מיט צוויי הויפּט־כּוונות: פֿון איין זיַיט, שטעלן זיי אַריַין פֿאַלקאָוויטשעס גראַמאַטישע באַשריַיבונג אינעם ברייטערן קאָנטעקסט פֿון דער ייִדישער פֿאָרשערישער אַרבעט, מיטן טראָפּ אויף דער סאָוועטישער שפּראַך־וויסנשאַפֿטלעכער שול און, פֿון דער אַנדערער זיַיט, וויַיזן זיי אָן אויף אַנדערע אויסגאַבעס וועגן ייִדישער גראַמאַטיק וואָס קענען באַריַיכערן פֿאַלקאָוויטשעס מאַטעריאַל, פֿאָרלייגן אַנדערע אינטערפּרעטאַציעס אָדער אַן אַנדער טעאָרעטישן צוגאַנג.

די קאָמענטאַרן צו פֿאַלקאָוויטשעס גראַמאַטיש ווערק באַזירן זיך, קודם־כּל, אויפֿן פֿאַרגליַיך מיט דריַי אַנדערע גראַמאַטיקעס פֿון דער ייִדישער שפּראַך:

קאלמאנאוויטש ז., **ייִדישע גראמאטיק. קאָנספּעקט פון לעקציעס געלייענט פאר מינסקער לערער**, מארט 1921, מינסק: מלוכע־פארלאג פֿון ווייסרוסלאנד, 1921; וויַיטער פֿאַרקירצט ווי **יגק״ל**.

זאַרעצקי א., **ייִדישע גראַמאַטיק**. ניי־איבערגעאַרבעטע אויסגאַבע, ווילנע: ווילנער פארלאג פון ב. קלעצקין, 1929; וויַיטער פֿאַרקירצט ווי **י״ג**. ביַים אָפּשיק אויף דער ערשטער

אויסגאַבע: זאַרעצקי א., **פּראַקטישע ייִדישע גראַמאַטיק**, מאָסקווע: פאַרלאַג „שול און בוך“, 1927; ווײַטער פֿאַרקירצט ווי **פּי״**ג.

מאַרק י., **גראַמאַטיק פֿון דער ייִדישער כּלל־שפּראַך**, ניו־יאָרק: אַלוועלטלעכער ייִדישער קולטור־קאָנגרעס, 1978; ווײַטער פֿאַרקירצט ווי **גי״כּ**.

קלמנאָוויטש באַזירט זײַן גראַמאַטיק אויפֿן מאַטעריאַל פֿון דער ייִדישער ליטעראַטור, גערעדטער שפּראַך און, דער עיקר, אויף ייִדישן פֿאָלקלאָר. זײַן טעאָרעטיש גערעם איז דער פֿאַרגלײַכנדיק־היסטאָרישער מעטאָד אין שפּראַך־וויסנשאַפֿט, בפֿרט אין תּחום פֿון אינדאָ־אייראָפּעיִשע שפּראַכן (**יגק״ל**, 7–8), אָבער אין דער פּראַקטישער באַשרײַבונג פֿונעם שפּראַך־מאַטעריאַל דאָמינירט בײַ קלמנאָוויטשן דער פֿאָרמאַליסטישער סינכראָנישער צוגאַנג, אַזוי אַז די סאָוועטישע לינגוויסטן האָבן אים אַפֿילו באַשולדיקט אין איבעריקן פֿאָרמאַליזם.[1] די גראַמאַטיק דעקט גוט דאָס געביט פֿון פֿאָנעטיק, ווייניקער – פֿון מאָרפֿאָלאָגיע און גיט נישט קיין אינפֿאָרמאַציע וועגן סינטאַקס.

זאַרעצקי שעפּט זײַן מאַטעריאַל „פון דער לעבעדיקער און ליטעראַרישער שפּראַך“ און באַשרײַבט אים מיט די מיטלען פֿון די מערבֿ־אייראָפּעיִשע גראַמאַטיקער און פֿון „דער רוסישער פֿאָרמאַלער ריכטונג (בולאַכאָווסקי, דורנאָוואָ, פּעשקאָווסקי א״אַ)“ (**י״ג**, 3). לויט דעם סאָוועטישן לינגוויסט בעזנאָסיק, פֿאָלגט זאַרעצקי נאָך פּעטערסאָנס פֿאָרמאַליזם אין דער אינטערפּרעטאַציע פֿון פֿאָרטונאַטאָוון און דע־סאָסירן. אָבער זײַן פֿאָרמאַליזם איז ראַדיקאַלער ווי פּעשקאָווסקיס צוגאַנג: אַזוי ווי די פֿאָרמע דאָמינירט איבערן אינהאַלט, שענקט דער מחבר מער אויפֿמערקזאַמקייט דער מאָרפֿאָלאָגיע און ווייניקער דעם סינטאַקס.[2] פֿאַר זאַרעצקין איז די פֿאָרמע „אַ צווייזײַטיקע דערשײַנונג: פֿאָרמאַלער סימן (קלאַנג) פּלוס פֿאָרמאַלער באַטײַט“ (**י״ג**, 3–6). אין הסכּם מיטן סינכראָנישן צוגאַנג באַשרײַבט די גראַמאַטיק פּרטימדיק די ייִדישע מאָרפֿאָלאָגיע און סינטאַקס, פֿאַר פֿאָנעטיק רעקאָמענדירט זאַרעצקי זיך צו ווענדן צו ז. רייזענס גראַמאַטיק.[3]

מאַרק האָט אַ סינכראָנישן פּרעסקריפּטיוון צוגאַנג: אין זײַן אַרײַנפֿיר דערקלערט ער די באַגריפֿן פֿון כּלל־שפּראַך (**גי״כּ**, 8–12) און פֿון „היינטצײַטיקייט“ (**גי״כּ**, 12). די גראַמאַטיק ווערט פֿאָרגעשטעלט ווי אַ רעזולטאַט פֿון אַ 50־יעריקער פֿאָרשאַרבעט, טיילווײַז פּובליקירט אינעם ניו־יאָרקער זשורנאַל „ייִדישע שפּראַך“, פֿון וועלכן מאַרק איז געווען דער רעדאַקטאָר. צווישן זײַנע מקורים דערמאָנט מאַרק אויך אַ ריי ווערק פֿון פֿריִערדיקע, אויך סאָוועטישע, שפּראַך־וויסנשאַפֿטלער.[4]

אַלע דערמאָנטע גראַמאַטיקעס האָבן אויך אַ פּראַקטיש־פּעדאַגאָגישע כּוונה און ווערן פֿאָרגעשטעלט דעם לייענער ווי לערנביכער.

1 בעזנאָסיק, ק., 1932: ייִדיש־גראמאטישע ארבעט פארן סאָוועטישן פּעריִאָד (איבערזיכט). אין: **צום 15־טן יאָרטאָג אָקטיאבער־רעוואָליוציע. ליטעראריש־לינגוויסטישער זאמלבוך**. מינסק: 76–112, דאָ: 80–82.

2 דאָרטן, 82–101.

3 רייזען, זלמן, 1920: **גראַמאַטיק פון דער יידישער שפּראַך**. ווילנע: ש. שרעבערק.

4 למשל: וויינגער, מ[רדכי], 1913: **יודישער סינטאקסיס**. וואַרשע; **פּי״**ג; שטיף, נ[חום], 1930: **ייִדישע סטיליסטיק**. מאָסקווע, כאַרקאָוו, מינסק: צענטראַלער פאַרלאַג פאר די פעלקער פונ פ.ס.ר.ר.; פאַלקאָוויטש, ע. [אליה], 1940: ייִדיש: **פֿאָנעטיק, גראפיק, לעקסיק אונ גראמאטיק**. מאָסקווע: מעלוכע־פאַרלאַג דער עמעס.

I אַרייַנפֿיר

1 ייִדיש און זייַנע שטאַם־עלעמענטן

2–1 די באַשרייַבונגען פֿון ייִדיש, וואָס גייען נאָך דעם פֿאַרגלייַכיקן צוגאַנג, קלייַבן אויס געוויינטלעך צווישן צוויי פֿאַראַדיגמעס און שטעלן פֿאָר דעם ייִדישן מאַטעריאַל אין קאָנטעקסט אָדער פֿון אַנדערע גערמאַנישע און, ברייטער, אינדאָ־אייראָפּעיִשע שפּראַכן, אָדער פֿון אַנדערע לשונות בייַ ייִדן. לויט קלמנאָוויטשן, פֿאַרנעמט זיך די אינדאָ־אייראָפּעיִסטיק מיט „פֿאַרגלייכן מיט קרויווישע דיאַלעקטן, אויספֿאָרשן די פֿיזיאָלאָגישע און פֿיזישע פּראָצעסן ביים אויסבילדן פֿאָרשטעלונגען, בילדער, קאָמפּלעקסן, באַגריפֿן און אורטיילן" (**יגק"ל**, 8).

ז. רייזען שטעלט אַרייַן די ייִדישע שפּראַך נאָר אינעם קאָנטעקסט פֿון אַנדערע סעמיטישע און נישט אינדאָ־אייראָפּעיִשע שפּראַכן.[5]

זאַרעצקי (**י"ג**) און מאַרק (**גי"ב**) פֿאַרגלייַכן נישט ייִדיש מיט אַנדערע שפּראַכן צוליב פֿאַרשיידענע סיבות. זאַרעצקי, ווי אַן אָנהענגער פֿון פֿאָרמאַליזם און סטרוקטוראַליזם, אינטערעסירט זיך מיט דער אוניווערסאַלער שפּראַכסיסטעם. מאַרק, ווי אַ ייִדישיסט, האָט אונטערגעשטראָכן די אייגנאַרטיקייט פֿון ייִדיש אָן פֿאַרגלייַך מיט אַנדערע שפּראַכן.[6]

5–3 פֿאַלקאָוויטש קאָמבינירט דאָ די דערגרייכונגען פֿון דער אינדאָ־אייראָפּעיִשער שפּראַך־וויסנשאַפֿט מיט די אידעען פֿון נ. מאַרס יאַפֿעטיטישער טעאָריע. ווען די אינדאָ־אייראָפּעיִסטיק איז אָפּגעוואָרפֿן געוואָרן פֿון דער אָפֿיציעלער סאָוועטישער שפּראַך־וויסנשאַפֿט צוליב איר ‚בורזשואַזן' כאַראַקטער, האָט דער אַקאַדעמיקער ניקאָלײַ מאַר אויסגעאַרבעט די „נייַע שפּראַכלערע", אָדער די יאַפֿעטיטישע טעאָריע, וואָס האָט מאָדעליזירט די שפּראַך־אַנטוויקלונג לויט סאָציאַליסטישע פֿאָרשטעלונגען פֿון סאָציאַל־עקאָנאָמישער עוואָלוציע פֿון דער געזעלשאַפֿט און געלייגט אַכט אויף דער קלאַסן־טבֿע פֿון דער שפּראַך. די יאַפֿעטיטישע טעאָריע שטעלט צונויף אַ היעראַרכיע פֿון שפּראַכן: וואָס קאָמפּליצירטער די מאָרפֿאָלאָגיע פֿון דער שפּראַך, אַלץ העכער איז זי אין איר עוואָלוציע. צו פֿאַראייניקן אינדאָ־אייראָפּעיִסטיק און יאַפֿעטידאָלאָגיע אין איין קלאַסיפֿיקאַציע, ווי דאָס האָט נאָך געטאָן מאַר אַליין, האָט נישט קיין טעאָרעטישן זין, ווייַל די טעאָריעס באַניצן פֿאַרשיידענע קריטעריעס אין זייער שפּראַך־אַנאַליז. כאָטש פֿאַלקאָוויטש האָט זיך אַוודאי אָפּגעגעבן אַ חשבון דערפֿון, האָט ער מן־הסתּם געוואָלט לשם פֿאָרזיכטיקייט דערמאָנען אין זייַן גראַמאַטיק אַלע אַקטועלע לינגוויסטישע צוגאַנגען פֿון דער צייַט.

מאַרס לערע האָט זיך באַוויזן נאָך פֿאַר דער אָקטאָבער־רעוואָלוציע פֿון 1917, און זי האָט באַהערשט די סאָוועטישע אַקאַדעמישע קרייַזן אין די 1930ער יאָרן, ווען דער אַקאַדעמיקער

[5] רייזען 1920 (ווי ה' 3): 10–12.

[6] זע, למשל, מאַרקס קריטיק איבער יאָפֿעס אַרטיקל: מאַרק, יודל, 1953: קענען מיר זיך צונויפֿריידן? (אַן ענטפֿער יודאַ אַ. יאָפֿען). אין: **י"ש** XIII (1): 12–15, דאָ: 13.

די אָפּט דערמאָנטע אויסגאַבעס ווערן ווייַטער פֿאַרקירצט ווי: **ייִדישע שפּראַך** (נ"י) – **י"ש**; **די ייִדישע שפּראַך** (קיִעוו) – **די"ש**; **אפּנ שפּראַכפּראָנט** (קיִעוו) – **א"ש**.

מאַר איז אַרײַן אין דער קאָמוניסטישער פּאַרטיי. די טעאָריע האָט בײַם אָנהייב גוט געפּאַסט צו אַנאַליזירן די געשיכטע פֿון דער ייִדישער שפּראַך צוליב איר געמישטן כאַראַקטער, ווײַל די יאַפֿעטידאָלאָגיע זעט די הויפּט־סיבה פֿון שפּראַך־אַנטוויקלונג אין „שרפּאַכן־צונויפֿקום" אָדער „מישונג" אָדער „קרייצונג" פֿון שפּראַכן צווישן זיך. אין 1930 האָט בן־ציון גראַנדע, אַ ספּעציאַליסט פֿון אַראַבישע דיאַלעקטן, געהאַלטן דעם רעפֿעראַט „אַ פּרווו פֿון אַ יאַפֿעטידאָלאָגישן צוגאַנג צו דער געשיכטע פֿון ייִדיש" אין דער מאָסקווער קאָמוניסטישער אַקאַדעמיע (סובסעקציע פֿון מאַטעריאַליסטישער לינגוויסטיק).[7]

די סאָוועטישע ייִדישע לינגוויסטן באַטייליקן זיך אין אַלגעמיינע שפּראַך־וויסנשאַפֿטלעכע דיסקוסיעס פֿון זייער צײַט. אין 1930 פּובליקירט זאַרעצקי אַן אַרטיקל וועגן צוויי רוסישע רעפֿעראַטן, געלייענט אינעם אינסטיטוט פֿאַר שפּראַך און ליטעראַטור בײַ דער מאָסקווער קאָמוניסטישער אַקאַדעמיע.[8] ביידע רעדנער, געאָרגי דאַנילאָוו און טימאָפֿיי לאָמטיאָוו, באַרימטע קריטיקער פֿון דער יאַפֿעטישער טעאָריע, טאַדלען די אינדאָ־אייראָפּעיִשע און יאַפֿעטיטישע שפּראַך־טעאָריעס ווי נישט־מאַרקסיסטישע און צו פֿאָרמעלע. אַ נײַע שפּראַך־וויסנשאַפֿטלעכע באַוועגונג ווערט געגרינדעט – דער שפּראַכפֿראָנט. נאָך ברענענדיקע דיסקוסיעס האָבן די סאָוועטישע ייִדישע לינגוויסטן אונטערגעשטיצט די אידעען פֿונעם שפּראַכפֿראָנט און דעם קריטישן צוגאַנג צו מאַרס טעאָריע אין אַלגעמיין.[9] מע האָט פֿאַרביטן דעם נאָמען פֿונעם סאָוועטישן שפּראַך־וויסנשאַפֿטלעכן הויפּטזשורנאַל פֿון „די ייִדישע שפּראַך" אויף „אפֿן שפּראַכפֿראָנט". זײַן ערשטער נומער הייבט זיך אָן מיט אַן איבערזעצונג פֿון לאָמטיאָווס רעפֿעראַט וועגן די הויפּטפּרינציפּן פֿון שפּראַכפֿראָנט.[10]

להיפּוך צו מאַרס טעאָריע, וואָס האָט זיך אַ סך אָפּגעגעבן אין דער צײַט מיט פֿאָנעטיק, באַשליסן איצט די סאָוועטישע ייִדישע פֿאָרשער צו אַרבעטן מער איבער ווערטער־סדר און לעקסיק. זע ווײַטערדיקע מעלדונגען פֿון זאַרעצקין וועגן דער אַרבעט פֿון דער אַקאַדעמישער באַוועגונג „שפּראַכפֿראָנט"[11], קריטיק פֿון יאַפֿעטידאָלאָגיע און אינדאָ־אייראָפּעיִסטיק.[12]

נאָך דער ליקווידאַציע פֿון דער רוסישער באַוועגונג קעגן יאַפֿעטידאָלאָגיע אין 1932 איז מאַרס טעאָריע צוריק פּאָפּולער געוואָרן צווישן די סאָוועטישע ייִדישע לינגוויסטן. מרדכי (מאַרק) גיטליץ איז געבליבן געטרײַ מאַרס לערע און האָט אָנגעשריבן זײַן דיסערטאַציע „די פּראָבלעם פֿון

[7] זע דעם סך־הכּל פֿונעם רעפֿעראַט: א. ז. [זאַרעצקי, אײַזיק], 1930: די יאפעטישע לינגוויסטיק אינ ייִדיש. אינ: **די"ש** 2–3: שפּ׳ 71–76.

[8] א. ז. [זאַרעצקי, אײַזיק], 1930: שפּראכפראָנט (א בריוו פונ מאָסקווע). אינ: **די"ש** 4–5: שפּ׳ 75–86.

[9] א. ז. [זאַרעצקי, אײַזיק], 1930: רעזאָליוציעס, אָנגענומענ אפ דער ערשטער אלפארב. ייִדישער שפּראכ־קאָנפערענצ אינ קיִעוו (8–13 פעווראל 1931 יאָר). אינ: **די"ש** 6: שפּ׳ 15–24.

[10] לאָמטיאָוו, ב., 1931: צו דער קריטיק פֿונעמ אינדאָ־אייראָפּעיִזמ אונ יאפעטידאָלאָגיזמ (קאָרעפעראט אפ דער לינגוויסטישער דיסקוסיע אינ קאָמאקאדעמיע). אינ: **א"ש** 1–2: שפּ׳ 1–32. דער איניציאַל איז אפֿשר טעותדיק, לאָמטיאָוו האָט געהייסן טימאָפֿיי.

[11] [זאַרעצקי, אײַזיק], 1932: אפנ שפּראכפראָנט (א בריוו פונ מאָסקווע). אינ: **א"ש** 1: שפּ׳ 39–44.

[12] דאָבינ, ש[מעון], 1932: וועגנ פּראָפעסאָר פּאָליוואנאָווס לינגוויסטיק. אינ: **א"ש** 2–3: שפּ׳ 63–94; ספּיוואק, ע.[אליה], 1932: וועגנ דעמ קאמפ אפנ לינגוויסטישנ פראָנט. אינ: **א"ש** 5–6: שפּ׳ 5–28; ספּיוואק, ע.[אליה], 1934: מארקס אונ ענגעלס וועגנ שפּראכ אונ שפּראכוויסנ, אינ: **א"ש** 1: שפּ׳ 3–16.

סלאַווישן שיכט אין דער ייִדישער שפּראַך״ (1935) מיטן אַקאַדעמיקער מאַר פֿאַר אַ בעל־יועץ, בײַם לענינגראַדער אינסטיטוט פֿאַר שפּראַך און דענקען פֿון דער וויסנשאַפֿטלעכער אַקאַדע־מיע פֿון ראַטן־פֿאַרבאַנד.[13] זע דעם אַלגעמיינעם אַרײַנפֿיר אין יאַפֿעטידאָלאָגיע,[14] אידעאָלאָגישן סך־הכּל פֿון דער לינגוויסטישער אַרבעט אַרום ייִדיש אין ראַטן־פֿאַרבאַנד,[15] אַן איבערזיכט,[16] און יודל מאַרקס דערקלערונג פֿון דער יאַפֿעטיטישער טעאָריע, געשריבן נאָך מאַרס טויט.[17]

6–9 קלמנאָוויטשעס גראַמאַטיק הייבט זיך אָן מיט אַ קורצער נאָטיץ וועגן דער געשיכ־טע פֿון דער ייִדישער שפּראַך, איר מיטל־הויכדײַטשישן אָפּשטאַם, איר באַציִונג צו העברעיִש, איר ספּעציפֿיק ווי אַ מישספּראַך (**יגק״ל**, 3–5) און וועגן דער פֿריִערדיקער פֿאָרשונג פֿון ייִדיש (**יגק״ל**, 6).

די סאָוועטישע שול לייגט דעם טראָפּ אויף קאָנטאַקטן מיט סלאַווישע שפּראַכן אין דער ייִדישער געשיכטע.[18]

צו דער געשיכטע פֿון דער ייִדישער שפּראַך זע בײַ ז. רייזענען[19] און אין דעם צוגאָב 1.

10 צו דער טעאָריע פון שמעלצשפּראַך זע בײַ ווײַנרײַכן.[20]

11 צו פֿאַרשיידן־שפּראַכיקע לעקסישע קאָמפּאָנענטן פֿון ייִדיש זע קאָמענטאַרן צום אונ־טערקאַפּיטל 17.

צו ביבל־איבערזעצונגען זע דעם צוגאָב 2.

2 דיאַלעקט און ליטעראַרישע שפּראַך

12 די סאָוועטישע פֿאָרשונג וועגן ייִדישע דיאַלעקטן הייבט זיך אָן אַרום 1925, בפֿרט פֿון מרדכי ווײַנגער.[21]

13 די טעזיסן פֿון דער דיסערטאַציע זײַנען צוטריטלעך בײַ דער רוסישער נאַציאָנאַלער ביבליאָטעק אין פּעטערבורג.

14 גיטליץ, מ[רדכי], 1934: דער פֿאָרשערישער וועג פֿון נ. יאַ. מאַר (פון א גרעסערער אַרבעט). אין: **א״ש** 2: שפּ׳ 99–144.

15 האָלמשטאָק, כ.[חיים], 1932: פופצן יאָר אָקטיאַבער־רעוואָליוציע און דער ייִדישער שפּראַך־פראָנט (אייניקע סאַכאַקלען). אין: **צום 15־טן יאָרטאָג אָקטיאַבער־רעוואָליוציע. ליטעראַריש־לינגוויסטישער זאַמלבוך**. מינסק: 45–75.

16 בעזנאָסיק 1932 (ווי ה׳ 1).

17 מאַרק, יודל, 1935: די שפּראַך־טעאָריע פֿון אַקאַדעמיקער נ. מאַר. אין: **ייִוואָ־בלעטער** (ווילנע) 8: 97–106; מאַרק, יודל 1935: מאַרקסיסטישע אָדער מאַריסטישע לינגוויסטיק. אין: דאָרטן, 202–222.

18 גיטליץ, מ[רדכי], 1937: צו דער פראַגע וועגן די אַנטוויקלונגס־וועגן פון ייִדיש (געשיכטלעכע באַאָבאַכטונגען). אין: **שטערן** (מינסק): 84–102.

19 רייזען 1920 (ווי ה׳ 3): 12–24.

20 ווײַנרײַך, מאַקס, 1931: וואָס וואָלט ייִדיש געווען אָן העברעיִש?. אין: **צוקונפֿט** (נ״י) 36: 194–205; ווײַנרײַך, מאַקס, 1973: **געשיכטע פֿון דער ייִדישער שפּראַך: באַגריפֿן, פֿאַקטן, מעטאָדן**. ניו־יאָרק: ייִדישער וויסנשאַפֿטלעכער אינסטיטוט – ייִוואָ, ב׳ 1: 79.

21 ווײַנגער, מ[רדכי], 1925: **פֿאָרשט ייִדישע דיאַלעקטן. פּראָגראַם פֿאַרן מאַטעריאַלקלײַבער**. מינסק; ווײַנגער, מ[רדכי], 1926: וועגן ייִדישע דיאַלעקטן. אין: **צײַטשריפֿט** (מינסק) 1: 181–208; ווײַנגער, מ[רדכי], 1928: לינגוויסטישע קאַרטאָגראַפֿיע און דער ייִדישער שפּראַכאַטלאַס. אין: **צײַטשריפֿט** (מינסק) 1: 653–676; ווײַנגער, מ[רדכי], 1929: **ייִדישע דיאַלעקטאָלאָגיע**. מינסק: ווײַסרוסישער מעלוכע־פֿאַרלאַג; ווײַנגער, מ[רדכי], 1929: וועגן ייִדישע דיאַלעקטן. אין: **צײַטשריפֿט** (מינסק) 2–3: 613–652.

שטיף קריטיקירט וויינגערס מעטאָד פֿאַר זײַן פֿאַרבינדונג מיט דער אינדאָ־אייראָפּעיִשער טעאָריע[22] און לייגט פֿאָר אַ סאָציאַלע ריכטונג אין דער דיאַלעקטאָלאָגישער פֿאָרשונג.[23] זאַרעצ־קי שטעלט צונויף אַ ביבליאָגראַפֿיע פֿון וויינגערס אַרבעטן.[24]

נאָך וויינגערס טויט האָטווילענקין אין 1930 אײַנגעזאַמלט די מאַטעריאַלן אין אַ דיאַלעקטאָלאָגישן אַטלאַס,[25] וואָס איז באַקאַנט געוואָרן מחוצן ראַטן־פֿאַרבאַנד.[26]

שקליאַר מאַכט אַ פֿאַרגלײַכיקן אַנאַליז פֿון ייִדישער דיאַלעקטאָלאָגישער אַרבעט: ער האַלט אַז, בשעת די מערבֿ־אייראָפּעיִשע און אַמעריקאַנער דיאַלעקטאָלאָגן פֿאַרנעמען זיך מיט זאַמלען טשיקאַווע אייגנטימלעכקייטן פֿון דער שפּראַך, פֿירן די סאָוועטישע לינגוויסטן דורך אַ סיס־טעמאַטישערע דיאַלעקטאָלאָגישע פֿאָרשונג, נאָכפֿאָלגנדיק אינדאָ־אייראָפּעיִסטישע פּרינציפּן. פֿאָרט קריטיקירט ער די לעצטע פֿאַרן איבעריקן פֿאָרמאַליזם.[27]

צו ייִדישע דיאַלעקטן זע דעם צוגאָב 3.

מאַטעריאַלן מיט דיאַלעקטאַלער ייִדישער לעקסיק זײַנען פּובליקירט געוואָרן אין פֿילצאָ־ליקע ווערטערביכער און בראָשורן, אויך אין דער רובריק „פֿון פֿאָלקס מויל“ (די ייִדישע שפּראַך, קיִעוו) און אין איינצלנע אַרטיקלען אין וויסנשאַפֿטלעכע ייִדישע זשורנאַלן.

13 זע וועגן ייִדישע דיאַלעקטן און זייערע פֿאָנעטישע חילוקים אין: **יגק״ל**, 5.

זאַרעצקי גיט עטלעכע דיאַלעקטאַלע מאַטעריאַלן פֿון זײַן געגנט – פּינסק (**י״ג**, 6).

וועגן דיאַלעקטאַלער פֿאָנעטיק זע די קאָמענטאַרן צום אונטערקאַפּיטל 5.

14 די סאָוועטישע שול פֿאָרמולירט די שפּראַכנאָרמע, פֿאַרגלײַכנדיק פֿאַרשיידענע שפּראַכשיכטן: די גערעדטע שפּראַך מיט דער שפּראַך פֿון פֿאָלקלאָר,[28] פֿון ליטעראַטור.[29] גלײַכצײַטיק דאַרף מען אײַנשליסן די באַטראַכטונגען אין אַ טעאָרעטיש גערעם: דער רעצענ־זענט פֿון פֿאַלקאָוויטשעס „גראַמאַטיק פֿאַר דערוואַקסענע“ לייגט פֿאָר צו דערקלערן אינעם

[22] שטיף, נ[חום], 1929: מ. וויינגערס דיאַלעקטאָלאָגישע אַרבעטן. אין: **די״ש** 1: שפּ׳ 11–36; 2: שפּ׳ 1–22.

[23] שטיפ, נ[חום], 1929: די דיאַלעקטאָלאָגישע עקספּעדיציִע פון [!] דער קאַטעדרע פאר ייִדישער קולטור (א קאפּיטל צו דער ווירקונג פונ דער סאָציאַלער סוויווע אף דער שפּראַכ). אין: **די״ש** 6: שפּ׳ 1–26.

[24] זארעצקי, א[ײַזיק], 1929: די ביבליאָגראַפיע פון כ׳ מ. וויינגערס אַרבעטן. אין: **די״ש** 1: שפּ׳ 35–37.

[25] ווילענקין, ל[ייזער], 1931: **ייִדישער שפּראַכאַטלעס פון סאָוועטנפאַרבאַנד, אפן גרונט פון די דיאַלעקטאָלאָגישע מאַטעריאַלן וואָס זײַנען צונויפגעזאַמלט געוואָרן דורך דער שפּראַכקאָמיסיע פון ייִדישן סעקטער פון דער ווײַסרוסישער אַקאַדעמיע אונטער מ. וויינגערס אָנפירונג.** מינסק: ווײַסרוסישע וויסנשאַפט־אַקאַדעמיע, ייִדישער סעקטער.

[26] ווײַנרײַך, מאַקס, 1932: לייזער ווילענקין. ייִדישער שפּראַכאַטלעס פֿון סאָוויעטפֿאַרבאַנד. אין: **ייִוואָ־בלעטער** (ווילנע) 4: 168–179; זשירמונסקי, וויקטאָר, 1942: דער ייִדישער שפּראַכאַטלאַס פֿון סאָוועטן־פֿאַרבאַנד. אין: **ייִוואָ־בלעטער** (ווילנע) 19: 243–249, מיט דער רוסישער ווערסיע: Жирмунский, Виктор М., 1940: О некоторых вопросах еврейской диалектографии. // *Язык и мышление*, 9: 135 — 145.

[27] שקליאַר, ה[ירש], 1932: די ייִדישע דיאַלעקטאָלאָגישע פאָרשונג אין סאָוועטן־פאַרבאַנד. אין: **צום 15־טן יאָרטאָג אָקטיאַבער־רעוואָליוציע. ליטעראַריש־לינגוויסטישער זאַמלבוך**. מינסק: 141–163.

[28] טשערניאַק, י[וסף], 1929: די שפּראַך פונעם ייִדישן פאָלקס־ליד אין פאַרגלײַך מיט דער גערעדטער שפּראַך (מאַטעריאַלן). אין: **די״ש** 2: שפּ׳ 29–36.

[29] קאַגאַנאָוויטש, נ., 1930: ,פאָלקס׳־שפּראַכ און ליטעראַרישע שפּראַכ. אין: **די״ש** 2–3: שפּ׳ 39–48; 4–5, 1930: שפּ׳ 67–74.

אַרײַנפֿיר, פֿאַר וואָס מע דאַרף אַן אינטערדיאַלעקטישע שריפֿט. לויט אים, דאַרף מען צו ערשט באַשטימען און אַרײַנפֿירן די באַגריפֿן פֿון ליטעראַטור־ און פֿאָלק־שפּראַך און דורך זיי שוין – די אידעע פֿון דער שפּראַכנאָרמע.[30] זאַרעצקי פֿאָרשט סטיליסטיק אין דער ייִדישער ליטעראַטור און לייגט פֿאָר אופֿנים ווי זיך צו באַגיין מיט רוסיזמען.[31] זע אַ דיסקוסיע וועגן אַרײַנמישן אין ייִדיש פֿרעמדע עלעמענטן.[32]

מאַרק שטעלט אַנטקעגן די כּלל־שפּראַך און די רעגיאָנאַלע דיאַלעקטן און בויט אַ קורצע געשיכטע פֿון שפּראַך־סטאַנדאַרדיזאַציע (**גי"כ**, 8 – 12).

15 זע אַ טעאָרעטישע דיסקוסיע וועגן דער באַציִונג צווישן אויסלייג און רייד אין: **י"ג**, 306 – 308. ווײַנגער האַלט אַז דער אויסלייג דאַרף זיך צופּאַסן צו דער נאָרמאַטיווער אויס־שפּראַך.[33] צווײַג באַמערקט, אַז אַ מין בשותּפֿותדיקע מינדלעכע נאָרמאַטיווע שפּראַך פֿאָר־מירט זיך אין די סאָוועטישע געבילדעטע קרײַזן.[34] ער שטעלט צונויף מאַטעריאַלן פֿאַרן לימוד פֿון אָרטאָעפּיע אין שול. זײַנע רעקאָמענדאַציעס רירן אָן דיאַלעקטאַלע וואַריאַנטן, אַלגעמיינע פֿאָנעטישע טענדענצן פֿון דער גערעדטער שפּראַך (למשל, נישט ,לעפּול', נאָר ,לעפֿל') און וואַריאַציעס אין טראָפּ. שרײַבנדיק וועגן פּראַקטישע ענינים פֿון לערנען ייִדיש אין שול, לייגט וואָלאָדאַרסקי פֿאָר צו פֿאַרריכטן בײַ קינדער נאָר אַ בולטן דיאַלעקטאַלן אַרויסרייד ווי ,מעך' אַנשטאָט ,מיך', ,שויען' אַנשטאָט ,שוין', ,מאָמע' אַנשטאָט ,מאַמע'.[35] זאַרעצקי באַשרײַבט אַ פֿריִערדיקע דיסקוסיע וועגן דער ייִדישער אָרטאָעפּיע און לייגט פֿאָר אַ צווישנדיקן וועג וואָס דערלויבט צו באַניצן ווערטער מיט פֿאַרשיידענע פֿאָנעטישע וואַריאַנטן, ווי ,לעבן – לעם', ,עלעף – עלף', ,ריידן – רעדן'.[36]

אין דער נישט־סאָוועטישער לינגוויסטיק פּרוּווט מען באַשטימען אויף וואָס פֿאַר אַ דיאַלעקט זאָל דער כּלל־אַרויסרייד זיך באַזירן. פּרילוצקי לייגט פֿאָר צו נעמען ווי אַ יסוד פֿון דער מינדלעכער שפּראַך דעם וואָלינער דיאַלעקט.[37]

מ. ווײַנרײַך אַרבעט אויס דעם יסוד פֿון ייִוואָ־אַרויסרייד.[38] ש. בירנבוים אַנאַליזירט דאָס

30 מײַדאַנסקי, מ[שה], 1929: רעצענזיע: ע. פֿאַלקאָוויטש. גראַמאַטיק פֿאַר דערוואַקסענע, צענטראַלער פעלקער־פאַרלאַג פון פ.ס.ר.ר. 1929, 104 ז., פּ. 70 ק. אין: **די"ש** 1: שפּ' 59 – 64.

31 זארעצקי, א[ײַזיק], 1930: פּראָבלעמען פונ ייִדישער לינגוואָטעכניק. אין: **די"ש** 1: שפּ' 1 – 11.

32 צווייַג, אַ.ר. [ראָזענצווייַג, אייַזיק], 1930: לינגוואָטעכנישער ,עקיזמ'. אין: **די"ש** 2 – 3: שפּ' 49 – 51.

33 וויינגער, מ[רדכי], 1912: די יודישע אָרטאָגראַפּיע און איהר היסטאָרישע ענטוויקלונג. אין: **לעבן און וויסענשאַפט** (ווילנע) 5 – 6: 64 – 67; וויינגער, מ[רדכי], 1926: וועגן דעם יידישן אַלעפֿבייז, אויסלייג און שפּראַכגעברויך. אין: **שטערן** (מינסק) 2 – 3: 56 – 61, דאָ: 56.

34 צווייַג, א.ר. [ראָזענצווייַג, אייַזיק], 1929: מאטעריאלן פאר א סיסטעם ייִדישע אָרטאָעפּיִע. אין: **די"ש** 2: שפּ' 21 – 28.

35 וואָלאָדארסקי, כ.[חיים], 1928: שפּראך און דיאלעקט (עטלעכע ווערטער וועגן אָרטאָעפּיע). אין: **די"ש** 6: שפּ' 35 – 36.

36 זארעצקי, א[ײַזיק], 1929: וועגן ייִדישער אָרטאָעפּיִע. אין: **די"ש** 3: שפּ' 1 – 8; 4 – 5: שפּ' 21 – 32.

37 פּרילוצקי, נח, 1927: די ייִדישע בינעשפּראַך. אין: **ייִדיש טעאַטער**, בוך II: 129 – 144. זע אויך אַ סאָוועטישן קאָמענטאַר דערויף: ספּיוואק ע.[אליה], 1932: וועגנ דער אָרטאָגראפישער באראטונג אינ אויסלאנד. אין: **א"ש** 2 – 3: שפּ' 99 – 108, דאָ: שפּ' 104.

38 ווײַנרײַך, מאַקס, 1934: אויסשפּראַך. אין: **אַלגעמיינע ענציקלאָפּעדיע** 1. פּאַריז: דובנאָוו־פֿאָנד: 281 – 282.

שײַכות צווישן אויסלייג און אָרטאָעפּיע.[39] אין דעם ניו־יאָרקער זשורנאַל „ייִדישע שפּראַך" קומט מען צום אויספֿיר, אַז דער כּללישער אַרויסרייד און אָרטאָעפּישע כּללים מעגן זיך באַזירן אויפֿן ליטווישן דיאַלעקט. בירנבוים לייגט פֿאָר אײַנצופֿירן אַן אינטערדיאַלעקטאַלן אויסלייג און צוגעבן מער נקודות.[40] לויט ראָבאַקן, איז דער פֿאָרלייג נישט פּראַקטיש, ווײַל דער ליטווישער דיאַלעקט איז שוין אָנגענומען געוואָרן ווי דער נאָרמאַטיווער.[41] מאַרק באַשולדיקט ראָבאַקן אין ליטווישן לאָקאַל־פּאַטריאָטיזם.[42] נאָך אַ לאַנגער דיסקוסיע[43] איז דער כּלל־אַרויסרייד געבליבן מערסטנס בײַם ליטווישן יסוד (**גי״כ**, 17–18).[44]

או. ווײַנרײַך ווײַזט, אַז די כּלל־אָרטאָגראַפֿיע איז נישט פּאַסיק צום פּאָדאָליער דיאַלעקט.[45] וועגן דעם כּללישן אַרויסרייד און קריטיק קעגן דיאַלעקטאַלע דרומדיקע פּרטים זע אויך: **גי״כ**, 15–31, 38–40, למשל, וועגן דעם אומבאַדינגטן אַרויסרעדן דעם קאָנסאָנאַנט ,ה׳ (**גי״כ**, 19).

זע אויך וועגן אָרטאָעפּישע באַזונדערקייטן אין דער אַמעריקאַנער לינגוויסטיק.[46]

16–17 אין דער סאָוועטישער ייִדישער שפּראַך־וויסנשאַפֿט האָט מען שטודירט די שפּראַך פֿון סאָציאַלע שיכטן, אויך לויט מאַטעריאַלן פֿון דער ליטעראַטור. זאַרעצקי לייגט פֿאָר אַ פּראָגראַם צו פֿאָרשן סאָציאַלע דיאַלעקטן.[47] שטיף ברענגט אַ פּרטימדיקע לעקסיש־סעמאַנטישע קלאַסיפֿיקאַציע פֿון העברעיִשע אַנטלײַונגען, אויך לויט זייערע סטיליסטישע באַזונדערקייטן.[48] מע פֿירט אַן אַלגעמיינע דיסקוסיע וועגן סטיליסטיק אין שול־אויסבילדונג.[49]

39 בירנבוים, שלמה, 1929: טראַנסקריפּציעס פון יידיש. אין: **פֿילאָלאָגישע שריפֿטן פֿון ייִוואָ** 3, ווילנע: קלעצקין: שפּ׳ 485–496; בירנבוים, שלמה, 1938: שותּפֿותדיק שרײַב־לשון און שותּפֿותדיקע הבֿרה. אין: **ייִדיש פֿאַר אַלע** (ווילנע) 9: 245–246.

40 בירנבוים, שלמה, 1944: אינטערדיאַלעקטיש. אין: **י״ש** IV (3–6): 104–109.

41 ראָבאַק, אַבֿרהם אַ., 1945: נאָך אַ מאָל וועגן גראַמאַטישן מין און וועגן אַנדערע ענינים. אין: **י״ש** V (3): 70–74, דאָ: 74.

42 מאַרק, יודל, 1945: באַמערקונגען פֿון דעם רעדאַקטאָר צו אַ. אַ. ראָבאַקס אַרטיקל. אין: **י״ש** V (3): 75–78.

43 ראָבאַק, אַבֿרהם אַ., 1946: וועגן ד״ר ש. בירנבוימס טראַנסקריפּציע. אין: **י״ש** VI (3–6): 113–118; י[ודל] מ[אַרק], 1946: צוויי פּראָיעקטן. אין: דאָרטן, 118–123; בירנבוים, שלמה, 1947: אַן ענטפֿער מכּוח מײַנע טראַנסקריפּציעס. אין: **י״ש** VII: 29–36; י[ודל] מ[אַרק], 1948: אַ פּאָר קורצע הערות צו ש. בירנבוימס נאָטיצן. אין: **י״ש** VIII (1–2): 16; ראָבאַק, אַבֿרהם אַ., 1949: אַ פּאָר ווערטער וועגן טראַנסקריפּציע און דיאַלעקטן. אין: **י״ש** IX: 52–55; מאַרק, יודל, 1951: וועגן אַ כּללישן אַרויסרייד. אין: **י״ש** XI: 1–26.

44 קאַץ, הירשע־דוד, 1994: נײַע גילגולים פֿון אַלטע מחלוקתן: די ליטווישע נאָרמע און די סיכסוכים וואָס אַרום איר. אין: **ייִוואָ־בלעטער** (נ״י), נײַע סעריע 2: 205–257.

45 ווײַנרײַך, אוריאל, 1951: צו דער פֿראַגע וועגן אַ נאָרמירטער אויסשפּראַך. אין: **י״ש** XI: 26–30.

46 מאַרק 1951 (ווי ה׳ 43); ווײַנרײַך, (ווי ה׳ 45); גינינגער, חיים, 1951: צו דער אַקסיאָמאַטיק פֿון ייִדישן אויסלייג. אין: דאָרטן, 30–39.

47 זארעצקי, א[ײַזיק], 1931: דערלערנט די סאָציִאלע דיפערענציִאציע אינ ייִדיש (פּראָגראמ פאר אק־טיוויסטנ). אין: **א״ש** 1–2: שפּ׳ 69–80.

48 שטיפּ, נ[חום], 1929: די סאָציִאלע דיפערענציִאציִע אינ ייִדיש. די העבּרעיִשע עלעמענטנ אינ דער שפּראכ. אין: **די״ש** 4–5: שפּ׳ 1–22; שטיפּ, נ[חום], 1930: שפּראכקולטור. אין: דאָרטן 4–5: 5–16.

49 שטיפּ, נ[חום], 1930: שפּראכקולטור (געדאנקענ, וואָס אונ וויאזוי דארפ מענ לערנענ פונ מוטער־שפּראכ אינ דער ארבּעטשול, אינ צווייטנ קאָנצענטער). אין: **די״ש** 2–3: שפּ׳ 1–33; דאָבּינ, ש[מעון], 1930: גראמאטיק אונ סטיליסטיק אינ דער ארבּעטשול. אין: **די״ש** 4–5: שפּ׳ 29–42; פאלקאָוויטש, ע.[אליה], 1930: שפּראכקולטור אונ גראמאטישע קולטור. דאָרטן, 41–50; שטיפּ, נ[חום], 1930: שפּראכקולטור אונ גראמא־טישע קולטור (אנ ענטפער מײַנע אָפּאָנענטנ). דאָרטן, 51–68.

3 רייד־גלידערונג און שפּראַך־וויסנשאַפֿט

18 זאַרעצקי קאָנצענטרירט זיך אין זײַן גראַמאַטיק אויף מאָרפֿאָלאָגיע און ווערטער־סדר און רעדט ווייניק וועגן פֿאָנעטיק (**י״ג**, 6–7). פֿאַר פֿאָנעטישער באַשרײַבונג פֿון ייִדיש, שיקט ער אָפּ צו ז. רייזענס גראַמאַטיק.[50]

זאַרעצקי טיילט מיט פֿאַלקאָוויטשן די פֿאָרמאַליסטישע פֿאָרשטעלונג, אַז רייד באַשטייען פֿון „שטיקער" צווישן צוויי קאָמע־אינטאָנאַציעס (**י״ג**, 283–285). אַ שטיק באַשטייט פֿון „טאַקטן", טאַקטן – פֿון טראַפֿן, און טראַפֿן – פֿון קלאַנגען. זאַרעצקי באַשרײַבט די גלידערונג (**י״ג**, 12–18), די בייגפֿאָרמעס פֿון וואָרט (**י״ג**, 18–27), אַ גראַמאַטישע קלאַסיפֿיקאַציע פֿון ווערטער (**י״ג**, 27–40) און זייערע באַהעפֿטן (**י״ג**, 45).

קלמנאָוויטש נעמט „פֿאַר אַ שפּראַך־אײנהייט אַ זאַץ – די פֿאַרבינדונג פֿון פֿאָרשטעלונגען", צעגלידערט דעם זאַץ אויף ווערטער און אַנאַליזירט „די וועגן און אויפֿנים, ווי אַזוי די איינציקע ווערטער ווערן פֿאַרבונדן צו זאַצן" (**ייגק״ל**, 8–9). זײַן אַרבעט אַנטהאַלט אַן „אַנאַליז פֿונם וואָרט אויף קלאַנגען און די באַטראַכטונג און אויספֿאָרשונג פֿון די פּסיכאָ־פֿיזיאָלאָגישע פּראָצעסן, וואָס קומען פֿאַר בײַם פֿאַקטישן צונויפֿגיסן די קלאַנגען צו ווערטער און צו זאַצן". די גראַמאַטיק אַנאַליזירט נאָר פֿאָנעטיק און מאָרפֿאָלאָגיע. קלמנאָוויטש באַניצט אין אַלגעמיין די לאַטײַנישע טערמינאָלאָגיע און אַ מאָל „ווייניגער אָנגענומענע יידישע פֿאַך־אויסדרוקן" (**ייגק״ל**, 9–10).

19–26 מאַרק טיילט אויס ווי אַ הויפּט־כאַראַקטעריסטיק פֿון דער ייִדישער שפּראַך איר „אַנאַליטישן שפּראַכבוי", אָבער איז מודה, אַז אין איר וואָרטשאַפֿונג הערשט די סינטעטישע מאָרפֿאָלאָגיע (**גי״ב**, 6–8). דער אַנאַליטישער כאַראַקטער פֿון ייִדיש שטויסט אים צו „בכלל אָפּווישן יעדער גרענעץ צווישן מאָרפֿאָלאָגיע און סינטאַקס" בײַם באַשרײַבן די שפּראַך, אָבער אין דער אמתן רעדט ער כּמעט נאָר וועגן מאָרפֿאָלאָגיע און ווייניק וועגן דעם ווערטער־סדר. מאַרק באַזירט זײַן גראַמאַטיק אויף די טערמינען ‚מאָרפֿעם', ‚פֿראַזע', ‚זאַצגלידער' וכדומה (**גי״ב**, 13–14).

זאַרעצקי האָט אויסגעאַרבעט אַ ייִדישע לינגוויסטישע טערמינאָלאָגיע, מיט אַ ווערטער־ביכל פֿון טערמינען און זייער רוסישער איבערזעצונג.[51] ער האָט פֿאָרגעשטעלט די אַלגעמיינע טעאָרעטישע לינגוויסטיק ווי אַ וויסנשאַפֿטלעכע דיסציפּלין מיט גוט אָפּגעגרענעצטע תּחומים (פֿאָנעטיק, מאָרפֿאָלאָגיע, סינטאַקס, לעקסיק), מיט פֿאָרשונג פֿון דיאַכראָנישער שפּראַך־אַנט־וויקלונג און סאָציאַלע דיאַלעקטן.[52]

וועגן וואָרטקלאַסן, זייערע פֿאָרמעס און פֿונקציעס, זע אויך די קאָמענטאַרן צום קאַפּיטל IV.

50 רייזען 1920 (ווי ה׳ 3).

51 זארעצקי, א[ײַזיק], 1938: יידישע לינגוויסטישע טערמינאָלאָגיע. אין: ווינער, מ[איר] און א[ײַזיק] זארעצ־קי (רעד׳): **פראגן פון יידישער שפּראַב**. מאָסקווע: פארלאג עמעס: 5–70.

52 זארעצקי, א[ײַזיק], 1929: צו מעטאָדאָלאָגיע פון גראמאטיק. אין: **וויסנשאפטלעכע יאָרביכער 1**. מאָסק־ווע: 227–237; זארעצקי, א[ײַזיק], 1935: ווי דארף געבויט זײַנ א יידישע גראמאטיק. אין: **אפן וויסנשאפטלעכנ פראָנט** (קיִעוו) 7–8: 106–128.

II פֿאָנעטיק און גראַפֿיק

4 שפּראַכקלאַנגען און רייד־אַפּאַראַט

30–27 קלמנאָוויטש (יגק״ל, 15–13) און רייזען[53] גיבן אַן ענלעכע פֿיזיאָלאָגישע באַשרײַבונג פֿונעם רייד־אַפּאַראַט.

5 קלאַנגען־קלאַסיפֿיקאַציע

32–31 קלמנאָוויטש (**יגק״ל**, 16–23) און רייזען[54] גיבן ענלעכע קלאַנגען־קלאַסיפֿיקאַציעס. צו דער יִידישער היסטאָרישער און דיאַלעקטאַלער פֿאָנעטיק זע דעם צוגאָב 4.

ראָבאַק שרײַבט וועגן די פֿאָנעטישע בײַטונגען אין אַנגליציזמען אין יִידיש, מיט קריטישע באַמערקונגען.[55]

33 זאַרעצקי רעדט קורץ וועגן יִידישן וואָקאַליזם (**י״ג**, 289). אויפֿן געביט פֿון פֿאָנעטיק האָט מען געפֿאָרשט וואָקאַלן און באַטאָנונג פֿון העברעיִשע ווערטער;[56] וואָקאַלן און דיפֿטאָנגען אין יִידישע דיאַלעקטן;[57] פֿאַנאָלאָגישע פּראָצעסן אין יִידישן וואָקאַליזם;[58] די סלאַווישע השפּעה אויפֿן יִידישן וואָקאַליזם, באַזונדערש דאָס דאָמינירן פֿונעם וואָקאַל [אַ], דעם געדיכטן [ן] און דעם בײַט פֿון די וואָקאַלן [אָ] אויף [ו] און [אַ] אויף [אָ].[59] מע האָט פֿאַרגליכן דעם יִדישן און דעם דײַטשישן וואָקאַליזם[60] און אַנאַליזירט דיאַכראָניש דעם קלאַנג [ו].[61]

38–34 זע אַ טאַבעלע מיט קאָנסאָנאַנטן אין: **י״ג**, 288 און פּרטימדיקער וועגן יִידישן קאָנסאָנאַנטיזם.[62]

הילכיקע קאָנסאָנאַנטן ווערן פֿאַרדומפּט בײַם סוף פֿון וואָרט אין יִידיש,[63] אָבער מאַרק פֿאָדערט זיי נישט צו פֿאַרדומפּן (**גי״כ**, 21).

[53] רייזען 1920 (ווי ה׳ 3): 37–40.

[54] דאָרטן, 40–41.

[55] ראָבאַק, אַבֿרהם אַ., 1960: אַסימיליאַציע און דיסימיליאַציע אין יִידיש. אין: **י״ש** XX (1): 1–9; בירנבוים, יעקבֿ, 1960: עטלעכע באַמערקונגען צום אַרטיקל „אַסימיליאַציע און דיסימיליאַציע אין יִידיש". אין: **י״ש** XX (3): 90–92.

[56] רייזען 1920 (ווי ה׳ 3): 41–43, 51–85.

[57] פּרילוצקי, נח, 1921: דיאַלעקטאָלאָגישע פּאַראַלעלן און באַמערקונגען. וואַרשע: נײַער פֿערלאַג; פּרילוצקי, נח, 1920: **צום יִדישן וואָקאַליזם: עטיודן**. וואַרשע.

[58] Weinreich, Uriel, 1958: A Retrograde Sound Shift in the Guise of a Survival: An Aspect of Yiddish Vowel Development. In: Diego Catalan, ed., *«Estructuralismo e historia», miscélanea homenaje a André Martinet*: 2: 221–267.

[59] שולמאַנ, מ[ויני], 1938: סלאַווישע ווירקונגען אין דער פֿאָנעטיק פֿונ דער יִדישער שפּראַך. אין: **א״ש** 2: 131–171.

[60] בירנבוים, שלמה, 1953: פֿון דײַטשמעריזם ביז דער הייל אין דער מדבר יהודה. אין: **י״ש** XIII (4): 109–120.

[61] בירנבוים, שלמה, 1934: די היסטאָריע פֿון די אַלטע u–קלאַנגען אין יִידיש. אין: **ייִוואָ־בלעטער** (ווילנע) 6: 25–60.

[62] פּרילוצקי, נח, 1917: **דער יִדישער קאָנסאָנאַנטיזם** (אין צוויי בענדער). וואַרשע: נײַער פֿערלאַג; רייזען 1920 (ווי ה׳ 3): 43–47, 86–101.

[63] Sadock, Jerrold M., 1973: Word-final Devoicing in the Development of Yiddish. In: Braj B.

זע וועגן האַרטע און ווייכע קאָנסאָנאַנטן אין: **גי״כ**, 23 – 24, און אַ פֿאָנאָלאָגישע באַשרייַבונג פֿון פּאַלאַטאַליזירטן [ל];[64] וועגן דער סלאַווישער השפּעה אויפֿן ייִדישן קאָנסאָנאַנטיזם, בפֿרט וועגן אַפֿריקאַטן, האַרטן [ל], האַרטן [ר] אין ווייַסרוסישן דיאַלעקט, דעם בייַט פֿון שיפּענדיקע און סווישטשענדיקע קאָנסאָנאַנטן [ס] – [ש], [ז] – [זש], [צ] – [טש].[65]

6 קלאַנגען־אַסימילאַציע

39 – 42 זע וועגן אַסימיליאַציע פֿון קאָנסאָנאַנטן אין: **יגק״ל**, 27 – 30, אויך אַ טאַבעלע פֿון מעגלעכע אַסימילאַציעס אין: **י״ג**, 293 – 299. זע פּרטימדיקער דעריבער אין דער מערבֿדיקער לינגוויסטיק.[66]

אַלעף כּץ, רעדנדיק וועגן פּראָגרעסיווער אַסימילאַציע פֿון [נ] נאָך די צוויי־ליפּנדיקע [ב] און [פּ], לייגט פֿאָר צו שרייַבן די קלאַנגען־קאָמריואַציעס פֿאָנעטיש,[67] אָבער די רעדאַקציע פֿון „ייִדישע שפּראַך״ קריטיקירט דעם פֿאָרלייג, פֿאַררופֿנדיק זיך אויף קלמנאָוויטשן וואָס קריטיקירט דעם ריין פֿאָנעטישן אָרטאָגראַפֿישן פּרינציפּ.[68] זע אויך בייַשפּילן פֿון דעם טיפּ אַסימילאַציע אין: **גי״כ**, 21 – 22.

זאַרעצקי ברענגט בייַשפּילן פֿון פֿאַרשיידענע טיפּן צונויפֿגאָסן און אַסימילאַציעס פֿון קאָנסאָנאַנטן[69] און שיידט אונטער צוויי טיפּן אַסימיליאַציע: „אַלגעמיין־ייִדישע״ – ,אויזגיסן' אַנשטאָט ,אויסגיסן'; „פּראָווינציִאַליזמענ״ – ,איי מינוט' אַנשטאָט ,איין מינוט'.[70] פֿ״גל מיט: **גי״כ**, 45.

פֿ״גל וואַריאַנטן ,פֿעלז'/,פֿעלדז', ,ערנצט'/,ערנסט' בייַ ראָבאַקן,[71] אין: **גי״כ**, 31, און סאָוועטישע וואַריאַנטן: ,פֿעלדז', ,ערנסט'.[72]

Kachru, Robert B. Lees, Yakov Malkiel, Angelina Pietrangeli, and Sol Saporta, eds., *Issues in linguistics. Papers in honor of Henry and Renée Kahane*. Urbana: University of Illinois Press: 790 – 797; King, Robert D., 1980: The History of Final Devoicing in Yiddish. In: Herzog, Marvin I., Barbara Kirshenblatt-Gimblett, Dan Miron, Ruth Wisse, eds., *The Field of Yiddish: Studies in Yiddish Language, Folklore and Literature*. Fourth Collection. The Hague: Institute for the Study of Human Issues: 371 – 430.

64 Jacobs, Neil G., 1996: Toward a Phonological Description of l-palatalization in Central Yiddish. In: Rosina Lippi-Green and Joseph Salmons, eds., *Recent Advances in Germanic linguistics*. Amsterdam: John Benjamins.

65 שולמאַנ 1938 (ווי ה' 59).

66 רייזען 1920 (ווי ה' 3): 47 – 50, 86 – 91; גוטמאַן, טעאָדאָר, 1928: די קאָנסאָנאַנטן־אַסימיליאַציע אין זאַץ. אין: **פֿילאָלאָגישע שריפֿטן פֿון ייִוואָ** (ווילנע) 2: שפּ' 107 – 110.

67 כּץ, אַלעף, 1946: דער טראַפּיקער ,מ' נאָך ,ב' און ,פּ'. אין: **י״ש** VI (1 – 2): 36 – 38.

68 קלמנאָוויטש, זעליג, 1930: צי איז מיגלעך אַ פֿאָנעטישער אויסלייג פֿאַר דער ייִדישער ליטעראַרישער שפּראַך. אין: **דער איינהייטלעכער ייִדישער אויסלייג. מאַטעריאַלן און פּראָיעקטן צו דער אָרטאָגראַפֿישער קאָנפֿערענץ פֿון ייִוואָ, ערשטע זאַמלונג**. ווילנע: 3 – 17.

69 זארעצקי, א[ייַזיק], 1928: פּראגעס פון יידישן אויסלייג. אין: **די״ש** 1 – 2: שפּ' 1 – 24, דאָ: שפּ' 11 – 12.

70 זארעצקי, א[ייַזיק], 1929: וועגנ ייִדישער אָרטאָעפּיִע (סאָפּ). אין: **די״ש** 4 – 5: שפּ' 21 – 32, דאָ: שפּ' 31.

71 ראָבאַק, אַבֿרהם אַ., 1959: הערות צו דער אַנקעטע פֿון ווערטערבוך. אין: **י״ש** XIX (1): 16 – 21, דאָ: 19.

72 זארעצקי, א[ייַזיק], 1929: פונ דער צענטראלער אָרטאָגראפישער קאָמיסיִע. אין: **די״ש** 4 – 5: שפּ' 55 – 58, דאָ: שפּ' 58.

7 געשיכטע פֿון שריפֿט

43–49 מיט דער געשיכטע פֿון דעם ייִדישן שריפֿט און אויסלייג האָבן זיך אָפּגעגעבן סאָוועטישע[73] און נישט־סאָוועטישע לינגוויסטן.[74]

כאָטש די אָרטאָגראַפֿישע רעפֿאָרמען זײַנען אינספּירירט געוואָרן אין אַ גרויסער מאָס פֿון בער באָראָכאָוון,[75] האָט זיך די לינגוויסטישע אַרבעט אָנגעהויבן נאָך פֿריִער: י. יאָפֿע האָט פֿאָרגעלייגט מבֿטל צו זײַן דעם ,עין׳ פֿאַר טראַפֿיקע קאָנסאָנאַנטן.[76] זינט 1917 זײַנען געווען אין אַמעריקע פּרוּוון צו רעגולירן די אָרטאָגראַפֿיע, דער עיקר דורך באַמיִונגען בײַ די רעדאַקטאָרן פֿון די גרויסע טאָגצײַטונגען.[77]

8 ייִדישע גראַפֿיק און אָרטאָגראַפֿיע

50 זע וועגן דעם ייִדישן אַלף־בית און דער געשיכטע פֿון דער ייִדישער אָרטאָגראַפֿיע בײַ רייזענען.[78]

אין דער סאָוועטישער שפּראַך־וויסנשאַפֿט האָט מען באַשטימט דעם סדר פֿון ייִדישן אַלף־בית אין 1929, אײַנשליסנדיק דיפֿטאָנגען און דיגראַפֿן. דעמאָלט אַנטוויקלט זיך אויך אַ דיסקוסיע וועגן אָרטאָגראַפֿיע[79] און מע לייגט פֿאָר אָפּצושאַפֿן די סוף־אותיות,[80] כאָטש די אידעע פּטור צו ווערן פֿון די סוף־אותיות באַווײַזט זיך פֿריִער.[81] ווײַנרײַך רופֿט די סאָוועטישע רעפֿאָרעם „גזר־דין אויף שלאָס־אותיות“.[82]

אָנהייב 1952 האָט דער „פֿאָרווערטס“ אָנגעהויבן אַ דיסקוסיע וועגן דער געשיכטע פֿונעם ייִדישן אויסלייג. זע וועגן ערשטע אָרטאָגראַפֿישע כּללים און דער אַנטוויקלונג פֿונעם אויסלייג בײַ מ. ווײַנרײַכן.[83]

73 שטיף, נ[חום], 1928: צו דער היסטאָרישער אנטוויקלונג פון יידישן אויסלייג. אין: **די״ש** 1–2: שפּ׳ 33–60; וויינגער, 1912 (ווי ה׳ 33): 64–67; וויינגער 1926 (ווי ה׳ 33): 56.

74 רייזען 1920 (ווי ה׳ 3): 102–104; מאַרק, יודל, 1952: די געשיכטע פֿון ייִדישן אויסלייג גאָר בקיצור. אין: **י״ש** XII (1): 23–29; בירנבוים 1953 (ווי ה׳ 60): 115–120;
Timm, Erika, Eleazar Birnbaum, David Birnbaum, eds., 2011: *Solomon A. Birnbaum: A Lifetime of Achievement: A Collection of His Papers. I. Linguistics*. Berlin: de Gruyter.

75 באָראָכאָוו, בער, 1913: די אויפגאַבן פון דער ייִדישער פֿילאָלאָגיע. אין: באָראָכאָוו, בער און שמואל ניגער (רעד׳): **דער פנקס**. ווילנע: קלעצקין: 1–21.

76 יאַפפע, יודא א., 1909: די קלאנגען פון אידיש און דער אידישער אלף־בית. אין: **דאָס נײַע לעבען** (נ״י), אויגוסט 1909: 529–532, 701–704.

77 לעווין, יעקבֿ, 1952: צו דער געשיכטע פֿון די פּרוּוון צו רעגולירן דעם ייִדישן אויסלייג אין אַמעריקע. אין: **י״ש** XII (2): 48–50.

78 רייזען 1920 (ווי ה׳ 3): 104–125.

79 זארעצקי 1929 (ווי ה׳ 72), דאָ: שפּ׳ 55–58.

80 ליטוואַקאָוו, מ[שה] און א[ײַזיק] זאַרעצקי, 1929: באַשלוּסן פון דער צענטראַלער אָרטאָגראַפישער קאָמיסיִע (דעם 21 יאַנוואַר 1929) (אַפּן סמאַך פון די באַשלוסן פוּן דער אָרטאָגראַפישער קאָנפערענץ). אין: **די״ש** 1: שפּ׳ 57–60.

81 ועינגער [!], מ[רדכי], 1913: **מאַינ אַלעףבעיז** [!]. וארשע: נאיער ףארלאג.

82 ווײַנרײַך, מאַקס, 1930: פּראָיעקט פון אַן איינהייטלעכן יידישן אויסלייג. אין: **דער איינהייטלעכער יידישער אויסלייג. מאַטעריאַלן און פּראָיעקטן צו דער אָרטאָגראַפֿישער קאָנפֿערענץ פֿון ייִוואָ, ערשטע זאַמלונג**. ווילנע: 20–65, דאָ: 30–31.

83 וויינרייך, מאַקס, 1923: **שטאַפּלען: פיר עטיודן צו דער יידישער שפּראַכוויסנשאַפט און ליטעראַטור־געשיכטע**. בערלין: וואָסטאָק: 139–59.

51 זע, למשל, באַשרײַבונגען פֿון דער טראַדיציאָנעלער ייִדישער אָרטאָגראַפֿיע[84] און דעם „אַלף־בית פון ארטאדאקסישן אויסלייג“.[85]

52 נאָך אַ לאַנגער דיסקוסיע האָט מען באַשלאָסן צו שרײַבן אין כּלל־ייִדיש ,שיעור׳ מיטן באַטײַט ,גרענעץ, מאָס׳ , ,שיר׳ מיטן באַטײַט ,ליד׳ און ,שיִער ניט׳ מיטן באַטײַט ,כּמעט נישט׳.[86]

53–57 זע וועגן דעם כּלל־אויסלייג אין אַלגעמיין אין: **גי״כ**, 32–47, בפֿרט וועגן דעם אַלף־בית אין: **גי״כ**, 33–34; 37–38, און אַ קורצע נאָטיץ וועגן דער געשיכטע פֿונעם ייִדישן אויסלייג אין: **גי״כ**, 34–37.

ווי באַוווּסט, איז די אָרטאָגראַפֿישע איניציאַטיוו אונטערגענומען געוואָרן כּמעט גלײַכצײַטיק פֿון שפּראַך־וויסנשאַפֿטלער פֿון ייִוואָ און פֿון סאָוועטישע לינגוויסטן. זע וועגן די פּרינציפּן פֿון דער ייִדישער אָרטאָגראַפֿיע אין די פֿריִע 1920ער[87] און נאָך פּרטים וועגן דער רעפֿאָרעם פֿונעם מאָדערנעם אויסלייג אין אַלגעמיין.[88]

איינער פֿון די אָנפֿירערס פֿון דער סאָוועטישער אָרטאָגראַפֿישער רעפֿאָרעם, מ. וויינגער, האָט אין די יונגע יאָרן פּרעזענטירט זײַנע ראַדיקאַלע אָרטאָגראַפֿישע אידעען אין צוויי בראָשורן.[89]

דער פּראַקטישער גאַנג פֿון דער סאָוועטישער רעפֿאָרעם שפּיגלט זיך אָפּ אין פֿאַרשיידענע רשימות אָרטאָגראַפֿישע כּללים.[90] די פּובליקאַציע פֿון אַ גרינטלעכן באַנד מיט אָרטאָגראַפֿישע רעקאָמענדאַציעס[91] האָט געלאָזט אין גאַנג אַ דיסקוסיע, וואָס איז אויך פֿאַרצייכנט געוואָרן דורך די לינגוויסטן פֿון ייִוואָ.[92]

אין 1928 האָט זאַרעצקי געטענהט, אַז די אָרטאָגראַפֿיע איז „צופֿיל געפּינטלט און געפּאַסיקט“, און פֿאָרגעלייגט צו פֿאַרמינערן די צאָל נקודות אין דער ייִדישער שריפֿט און זיך

[84] קרינסקי, מאַגנוס, 1916: **די יידישע אָרטאָגראַפֿיע**. וואַרשע.

[85] בירנבוים, שלמה, 1931: **גאולה פון לשון**. לאָדזש: פֿאַרלאַג „בית־יעקב“, 13–14.

[86] עס זײַנען דאָ צוויי אָרטאָגראַפֿישע וואַריאַנטן פֿון ,שיר׳/,שיִער׳. מע געפֿינט ,שיר׳ בײַ שאַפֿירן מיט דעם רעדאַקטאָרס פֿאַרריכטונג אויף ,שיִער׳: שאַפּיר, משה מ., 1942: עטלעכע קאָנווענציאָנעלע גרײַזן. אין: **י״ש** II (6): 187. אין די אויסגאַבעס פֿון ייִוואָ, שרײַבט מען ,שיעור׳ מיטן באַטײַט ,גרענעץ, מאָס׳ , ,שיר׳ מיטן באַטײַט ,ליד׳ און ,שיִער ניט׳ מיטן באַטײַט ,כּמעט נישט׳: [אַנאָנים], 1947: שאלות און תּשובֿות. אין: **י״ש** VII: 95; [אַנאָנים], 1959: שאלות און תּשובֿות. אין: **י״ש** XIX (1): 31–32, דאָ: 32. זע אויך בײַשפּילן פֿון אַלטייִדיש אין: ריבקינד, יצחק, 1959: נאָטיצן. אין: **י״ש** XIX (2): 64–66, דאָ: 66; סדן, דב, 1971: **חן־גריבעלעך: צו דער ביאָגראַפּיע פון וואָרט און ווערטל**. ב׳ 1. בוענאָס־אײַרעס: אַלוועלטלעכער יידישער קולטור־קאָנגרעס, 121–128.

[87] רייזען 1920 (ווי ה׳ 3), דאָ: 129–155.

[88] דאָרטן, 125–129; מאַרק 1952 (ווי ה׳ 74), דאָ: 27–29.

[89] ועינגער [!], מ[רדכי], 1913: **מאַין אַלעפֿבעיז** [!]. וארשע: נאיער ּפֿארלאג; ועינגער, מ[רדכי], 1913: **מאַין אָיסלעיגונג** [!]. וארשע: נאיער ּפֿארלאג.

[90] זאַרעצקי, א[ײַזיק], 1921: **קלאָלים פון דעם יידישן אויסלייג**. אָדעס; וויינגער 1926 (ווי ה׳ 33); זע זאַרעצקיס קריטיק און זײַן אייגענעם צוגאָב: זאַרעצקי, א[ײַזיק], 1926: וועגן ייִדישער שריפֿט אונ גראַמאַטיק. אין: **שטערן** (מינסק) 5–6: 66–68, און וויינגערס פּרטימדיקן ענטפֿער: וויינגער, מ[רדכי], 1926: אַן ענטפֿער אַף כ׳ זאַרעצקיס דערווידערונגען [!]. דאָרטן, 68–71.

[91] זארעצקי, א[ײַזיק] און מ[רדכי] וויינגער, 1928: **ייִדישע אָרטאָגראפיע: פּראָיעקטן און מאטעריאלן צום 2 אלפארבאנדישן ייִדישן קולטור־צוזאמענפאָר**. קיעוו: קאָאָפּעראַטיווער פֿאַרלאַג קולטור־ליגע.

[92] שלאָסבערג, ב[ער], 1930: דער יידישער אויסלייג אין ראַטנפאַרבאַנד. אין: **דער איינהייטלעכער ייִדישער אויסלייג. מאַטעריאַלן און פּראָיעקטן צו דער אָרטאָגראַפֿישער קאָנפֿערענץ פֿון ייִוואָ, ערשטע זאַמלונג**. ווילנע: 72–84.

אָפּצוזאָגן פֿון אַ פּאָר נישט־פּראַקטישע נײַע אײַנפֿירונגען ווי ,יִ׳ און ,וּ׳ פֿאַר וואָקאַלן (,לִיד׳, ,קוּם׳) און ,אַ׳ פֿאַרן קלאַנג [אַ].[93] קופּערשמיד האָט אײַנגעשטימט מיט זאַרעצקין, מיטטיילנדיק אַז שילער פּלאָנטערן מיט די נקודות צוליב די פֿאָנעטישע חילוקים צווישן נאָרמאַטיוון יִדיש און די דיאַלעקטן. ער בעט די אָרטאָגראַפֿישע קאָמיסיע צו לאָזן נאָר אַ מינימום נקודות און מאַכן אַנדערע ברירהדיק.[94] גלײַכצײַטיק מיט דער פּראַקטישער טעטיקייט האָט זיך אָנגעהויבן אַ דיס־קוסיע אַרום דער פּעדאַגאָגישער און סאָציאַלער ווירקונג פֿון דער רעפֿאָרעם.[95]

ווײַנגערס און זאַרעצקיס אָרטאָגראַפֿישע כּללים זײַנען אויפֿגענומען געוואָרן מיט ווייניקע קאָרעקטורן דורך דער סאָוועטישער אָרטאָגראַפֿישער קאָמיסיע.[96] די כּללים זעען אויס ענלעך אויף די אָרטאָגראַפֿישע טאַבעלעס פֿון דער צענטראַלער יִדישער שול־אָרגאַניזאַציע אין דער פּוילישער רעפּובליק,[97] וואָס באַזירן זיך אויף ז. רייזענס אָרטאָגראַפֿישן פּראָיעקט.[98]

נאָך אַ ריי מאָדיפֿיקאַציעס זײַנען ווײַנגערס און זאַרעצקיס אָרטאָגראַפֿישע כּללים אַרויסגעגעבן געוואָרן אין אַ נײַער בראָשור „די סאָוועטישע יִדישע אָרטאָגראַפֿיע" (1932),[99] וואָס האָט אַנולירט די פֿריִערדיקע פֿון 1928. אין דעם אַרײַנפֿיר דערציילט זאַרעצקי די געשיכטע פֿון דער אָרטאָגראַפֿישער רעפֿאָרעם אין ראַטן־פֿאַרבאַנד.[100]

זע וועגן דעם מאָרפֿאָלאָגיזם אין יִדישן אויסלייג בײַ זאַרעצקין[101] און אין: **גי"כ**, 40–42.

די אָרטאָגראַפֿישע און אָרטאָעפּישע פֿאָרשונגען בײַ סאָוועטישע לינגוויסטן און אין יִוואָ זײַנען געקומען צו אַ ריי ענלעכע אויספֿירן. די סאָוועטישע אָרטאָגראַפֿישע קאָמיסיע האָט רע־קאָמענדירט צו שרײַבן ,אף׳ ווי אַ פּרעפּאָזיציע און ,אוף׳ ווי אַ פּרעפֿיקס אַנשטאָט ,אויף׳ און ,באַ׳ אַנשטאָט ,בײַ׳.[102] ווײַנרײַך האָט אויך געשטיצט דעם אויסלייג ,אף׳/,אפֿן׳ און ,באַ׳/,באַם׳, וואָס איז אַפֿילו אַרײַן אינעם זשורנאַל „יִדישע פֿילאָלאָגיע" (1924), פֿון וועלכן ווײַנרײַך איז געווען איינער פֿון די רעדאַקטאָרן.[103] יאָפֿע און ראָבאַק רעקאָמענדירן אויך אָט דעם אויסלייג.[104] לעווין

[93] זאַרעצקי א[ײַזיק], 1928: א וויכטיקער כיסאָרן פון דער נייער אָרטאָגראַפיע. אין: **די"ש** 3: שפּ׳ 19–22.

[94] קופּערשמיד, ש[לום], 1928: די נעקודעס אינעם נייעם אויסלייג (פון דער פּראַקטיק אין בעלאָצער־קאָוער שולן). אין: **די"ש** 4–5: שפּ׳ 35–36.

[95] ספּיוואק, א[ליה], 1928: אייניקע באַמערקונגען צו דער אויסלייג־רעפאָרם. אין: **די"ש** 1–2: שפּ׳ 25–28; סלוּצקי, ב[ער], 1928: צו דער אויסלייג־פראגע (א פּאָר פראקטישע באמערקונגען). דאָרטן, 28–32.

[96] ליטוואַקאָוו און זאַרעצקי 1929 (ווי ה׳ 80).

[97] די אָרטאָגראַפיע־קאָמיסיע פון דער צ.י.ש.אָ. אין פּוילן, „די רעפאָרם פון דער יידישער ארטאגראפיע". אין: **שול און לעבן** (וואַרשע) 7, 1921: 17–22.

[98] רייזען, זלמן, 1933: נחום שטיפס לעצטע אַרבעט. אין: **ייִוואָ־בלעטער** (ווילנע) 5: 383–400, דאָ: 385.

[99] **די סאָוועטישע יִדישע אָרטאָגראַפיע (קלאָלים פונעם נײַעם יִדישן אויסלייג)**. כאַרקאָוו, קיעוו: מעלו־כע־פארלאג פאר די נאציאָנאלע מינדערהייטן פונ אוס"רר, 1932, 3–6.

[100] לויצקער, כ.[חיים] און ר[אובֿן] לערנער, 1932: די אלפארבאנדישע אָרטאָגראפישע בּאראטונג אינ קיִעוו (דעמ 21–24 נאָיאבער 1931). אין: **א"ש** 1: שפּ׳ 45–50.

[101] זארעצקי 1928 (ווי ה׳ 69): שפּ׳ 1–24.

[102] ליטוואַקאָוו און זאַרעצקי 1929 (ווי ה׳ 80).

[103] ווײַנרײַך 1930 (ווי ה׳ 82): 39.

[104] יאָפֿע, יודאַ אַ., 1950: לאָמיר אַנאַליזירן, ניט סתּם דעבאַטירן (צום אַנאַליז פֿון עטלעכע אויסלייג־תּקנות). אין: **י"ש** X (2): 49–59, דאָ: 59; ראָבאַק 1959 (ווי ה׳ 71).

און מאַרק עצהן צו ניצן די זעלביקע וואַריאַנטן אין אַרויסרייד, אויך ,קין׳ אַנשטאָט ,קיין׳.[105] די סאָוועטישע אָרטאָגראַפֿיע רעקאָמענדירט צו שרײַבן ,קיין׳.[106] זע דעם כּללישן אויסלייג פֿון די דערמאָנטע ווערטער אין: **גי״כ**, 18–19.

זינט 1928 פּובליקירט דער ייִוואָ עטלעכע אויסגאַבעס מיט אָרטאָגראַפֿישע כּללים.[107] ספּיוואַק האָט שאַרף קריטיקירט די ווערסיע פֿון 1930.[108]

נאָך דער מלחמה, אין דעם ניו־יאָרקער זשורנאַל „ייִדישע שפּראַך״, האָט דער ייִוואָ פֿאַר־בעטן די לייענער דורכצופֿירן אַ דיסקוסיע וועגן די אויסלייג־תּקנות.[109] מאַרק און יאָפֿע האָבן צוגעשיקט זייערע קריטישע קאָמענטאַרן,[110] וואָס ווײַנרײַך האָט זיי קאַטעגאָריש אָפּגעוואָרפֿן.[111] דעמאָלט האָט יאָפֿע אים דערמאָנט, אַז נישט געקוקט אויף דער פֿאָדערונג פֿון דער פֿאַרוואַל־טונג פֿון ייִוואָ צו באַנײַען די תּקנות, האָט ווײַנרײַך זיי איבערגעדרוקט אָן שינויים.[112] ערשט אין 1961 האָבן ווײַנרײַך און שעכטער אַרויסגעגעבן אַן אָרטאָגראַפֿיש ווערטערבוך לויט די כּללים פֿון ייִוואָ.[113]

זע אַ טייל פֿון דער דיסקוסיע וועגן שרײַבן אַדווערבן צוזאַמען אָדער באַזונדער אין די קאָ־מענטאַרן צו §§ 357–358.

מאַרק און ווײַנרײַך זײַנען זיך מודה, אַז זיי האָבן ווייניק אַרײַנגעקוקט אין די סאָוועטישע אַרבעטן.[114]

לויט רייזענען זײַנען דער סאָוועטישער און דער ייִוואָ־אויסלייג נישט אַזוי אַנדערש; דעם פֿאָנעטישן אויסלייג פֿון העברעיִזמען און די פֿעלנדיקע סוף־אותיות דאַרף מען נישט האַלטן פֿאַר קיין וויכטיקן חילוק צווישן ביידע סיסטעמען.[115]

[105] לעווין, יעקבֿ, 1942: וועגן דער אויסשפּראַך פֿון עטלעכע ווערטער. אין: **י״ש** II (6): 182–183; מאַרק 1951 (ווי ה׳ 43): 16–17.

[106] זארעצקי 1929 (ווי ה׳ 72): 58.

[107] **כּללים פֿון ייִדישן אויסלייג**. ריגע: ייִדישע בילדונג־פֿאַרוואַלטונג בײַם בילדונג־מיניסטעריום, 1928 (קור־צע נאָטיצן מיט אַן אָרטאָגראַפֿיש ווערטערביכל); **דער איינהייטלעכער ייִדישער אויסלייג. מאַטעריאַלן און פּראָיעקטן צו דער אָרטאָגראַפֿישער קאָנפֿערענץ פֿון ייִוואָ, ערשטע זאַמלונג**. ווילנע, 1930; **אויסלייג־תּקנות פֿון ייִדיש**. ווילנע: ייִוואָ, 1935; **תּקנות פֿון ייִדישן אויסלייג**. ווילנע: ייִוואָ, 1937.

[108] ספּיוואַק 1932 (ווי ה׳ 37).

[109] דיסקוסיע וועגן אויסלייג־תּקנות. אין: **י״ש** VI (3–6), 1946: 140.

[110] מאַרק, יודל, 1947: הערות צו די „תּקנות פֿון ייִדישן אויסלייג״. אין: **י״ש** VII: 1–29; יאָפֿע, יודאַ אַ., 1948: אַנאַליז פֿון עטלעכע אויסלייג־תּקנות פֿון ייִוואָ. אין: **י״ש** VIII: 33–61.

[111] ווײַנרײַך, מאַקס, 1949: תּקנות פֿון ייִדישן אויסלייג. אין: **י״ש** IX: 1–21, מיטן רעדאַקטאָרס ענטפֿער [מאַרק, יודל]: דאָרטן, 21–22.

[112] יאָפֿע 1950 (ווי ה׳ 104).

[113] שעכטער, מרדכי און מאַקס ווײַנרײַך, 1961: **ייִדישער אָרטאָגראַפֿישער וועגווײַזער**. ניו־יאָרק: קאָמיסיע דורכצופֿירן דעם איינהייטלעכן ייִדישן אויסלייג.

[114] מאַרק, יודל, 1930: וועגן אַ סיסטעם אָפּשטעלצייכנס. אין: **דער איינהייטלעכער ייִדישער אויסלייג. מאַטעריאַלן און פּראָיעקטן צו דער אָרטאָגראַפֿישער קאָנפֿערענץ פֿון ייִוואָ, ערשטע זאַמלונג**. ווילנע: 88–117, זע בפֿרט דעם צושריפֿט: 117; ווײַנרײַך, מאַקס, 1959: דער איינהייטלעכער אויסלייג, זײַן געשיכטע און ווערדע (דער שטומער אַלף נעבעך און די ריידעוודיקע פּראָבלעמען הינטער אים). אין: **י״ש** XIX (2): 33–64, דאָ: 36.

[115] רייזען 1933 (ווי ה׳ 98): 383–400.

אין דעם בוך רעדט פֿאַלקאָוויטש שוין נישט וועגן לאַטיניזאַציע פֿון ייִדיש, אָבער אין די 1930ער יאָרן האָט ער זיך באַטייליקט אין דער דיסקוסיע וועגן דעם.[116]

די מאָדערנע דיסקוסיעס וועגן לאַטיניזאַציע פֿון דער ייִדישער שפּראַך האָבן זיך אָנגעהויבן מיט נתן בירנבוים.[117] מע האָט געשטיצט זײַן פּראָיעקט און אַרויסגעגעבן בראָשורן אויף לאַטיניזירטן ייִדיש.[118] גלײַכצײַטיק האָט די לאַטיניזאַציע אַרויסגערופֿן אַ שטאַרקע קריטיק.[119]

אין 1930 איז זאַרעצקי אַרויסגעטראָטן מיט דער איניציאַטיוו צו לאַטיניזירן ייִדיש. צווישן די אַרגומענטן האָט מען דערמאָנט, אַז עס וועט פֿאַרגרינגערן דאָס אויסלערנען ייִדיש, אַדאַפּטירן אינטערנאַציאָנאַליזמען, אַרויסגעבן ביכער מיט אילוסטראַציעס, עס וועט מאַכן די ייִדישע שפּראַך צוטריטלעכער פֿאַר נישט־ייִדן, אָפּהאַקן דאָס שײַכות מיט העברעיִש און העלפֿן דער ייִדישער קולטור „זיך אָנשליסן אָן דער גרויסער קולטור־רעוואָלוציע".[120]

אויך שטיף און ספּיוואַק האָבן אַגיטירט פֿאַר דער לאַטיניזאַציע.[121] זע מ. ווײַנרײַכס דיסקרסיע מכוח אַנדערע וואַריאַנטן לאַטיניזאַציע.[122]

פֿאַראַן נאָך פֿאָרשונגען וועגן לאַטיניזאַציע פֿון ייִדיש און דעם ייִדישן אויסלייג אין אַלגעמיין.[123]

58 פֿאַראַן פֿאָרשונגען אין אַלגעמיין וועגן דער סאָוועטישער נאַטוראַליזאַציע פֿון סעמיטיזמען.[124]

די אידעע אויסצולייגן סעמיטיזמען פֿאָנעטיש טרעפֿט זיך שוין בײַ מ. ווײַנגער.[125] אין נישט־סאָוועטישע קרײַזן האָט מען אָפּט אַרומגערעדט די נאַטוראַליזאַציע פֿון סעמיטיזמען: אין 1921, אויפֿן ערשטן שול־צוזאַמענפֿאָר אין פּוילן, האָט אַזאַ פֿאָרלייג געקראָגן נאָר איין שטים, אָבער אויפֿן פּרעסע־צוזאַמענפֿאָר אין ווילנע אין 1927, נאָך מ. ווײַנרײַכס רעפֿעראַט וועגן דער ייִדישער אָרטאָגראַפֿיע, האָט מען שוין פֿאָרגעלייגט אַ „רעזאָלוציע וועגן נאַטוראַליזירן די העברעיִשע

[116] זע אויך אין זײַן קאָרעספּאָנדענץ מיט שטיפֿן: 24.04.1930 (NLI, ARC. 4* 2001/31).

[117] Birnbaum, Nathan, 1902: Hebraeisch und Juedisch. In: *Ost und West* 2: 457–464.

[118] Dr X ∵ [זאַמענהאָף, לידוויג], 1909 : וועגען א יודישער גראַמאַטיק און רעפֿאָרם אין דער יודישער שפּראַך. אין: **לעבען און וויסענשאפט** (ווילנע) 1, 50–56; *Ynser srift* (ניו־יאָרק, 1912), *Unhoib* (ווין, 1923), *Progres* (וואַרשע, 1923).

[119] קעניג, לעאָ, 1926: סענטימענטן און לאָגיק (אַ וואָרט צו דער פֿראַגע וועגן רעפֿאָרמירן דעם ייִדישן אלף־בית). אין: **ליטעראַרישע בלעטער** (וואַרשע) 133: 765–767.

[120] זאַרעצקי, א[ײַזיק], 1930: פֿון דער צענטראַלער אָרטאָגראַפֿישער קאָמיסיע. אין: **די"ש** 2–3: שפּ׳ 85–90.

[121] שטיף, נ[חום] און ע.[אליה] ספּיוואַק, 1932: וועגן לאַטיניזאַציע. אין: **א"ש** 2–3: שפּ׳ 93–100.

[122] ווײַנרײַך, מאַקס, 1934: ייִדיש מיט לאַטײַנישע אותיות. אין: **ייִוואָ־בלעטער** (ווילנע) 7: 268–271.

[123] Nedava, Joseph, 1985: Projects for the Latinization of the Hebrew Script. In: *Hebrew Studies* 26: 137—146. Gold, David L., 2015: Successes and Failures in the Standardization and Implementation of Yiddish Spelling and Romanization In: Joshua A. Fishman, ed., *Advances in the Creation and Revision of Writing Systems. Contribution to the Sociology of Language* 8. The Hague, Paris: Mouton: 307–369.

[124] Peltz, Rakhmiel, 1985: The Dehebraization Controversy in Soviet Yiddish Language Planning: Standard or Symbol? In: Joshua A. Fishman, ed., *Readings in the Sociology of Jewish Languages*, Leiden: Brill: 125–150.

[125] ווײַנגער[!], מ[רדכי], 1913: **מאַין אָיסלעיגונג[!]**. וואַרשע: נאַיער פֿאַרלאַג: 15–19.

װוערטער, וואָס גייען אַריין אין דער ייִדישער שפּראַך״. זי האָט געקראָגן 13 שטימען פֿאַר און 16 קעגן. פֿאַרן פֿאָרלייג האָבן דעמאָלט געשטימט ז. רייזען, מ. ווײַנרײַך, ש. באַסטאָמסקי, פּ. קאַפּלאַן, נ. מײַזיל.[126] ווײַנרײַך אָנערקענט די פּעדאַגאָגישע ווערט פֿון דער נאַטוראַליזאַציע פֿון סעמיטיזמען, אָבער רעדנדיק וועגן אָרטאָגראַפֿישער אינערציע פֿון דער שפּראַך שטרײַכט ער אונטער די וויכטיקייט פֿונעם קאָנסערוואַטיוון אויסלייג פֿאַרן אָפּהיטן די שפּראַך־געשיכטע.[127]

אין ראַטן־פֿאַרבאַנד האָט מען אויסגעאַרבעט כּללים פֿאַרן פֿאָנעטישן אויסלייג פֿון סעמיטיזמען[128] און סלאַוויזמען.[129]

אָן אַ שיעור ייִדישיסטן זײַנען שפּעטער אויפֿגעטראָטן קעגן דעם ,נאַטוראַליזירטן׳ אויסלייג פֿון סעמיטיזמען און קעגן אָפּשאַפֿן די סוף־אותיות. אָבער זייערע אַרגומענטן האָבן אָפֿט מאָל אַן עקסטראַלינגוויסטישן כאַראַקטער: זיי זעען אין אויסלייג אַ מיטל אָפּצוהיטן די ייִדישע קולטור. גלײַכצײַטיק מיטן סאָוועטישן אויסלייג, האָבן עקסיסטירט די אַלטע[130] און די כּללישע אָרטאָגראַפֿיע פֿון סעמיטיזמען: **גי״כ**, 42–44. זע וועגן דעם אַרויסרייד פֿון סעמיטיזמען בײַ ז. רייזענען[131] און אין: **גי״כ**, 25–28.

אין פֿאַרגלײַך מיט די אַמעריקאַנער ייִדישע אויסגאַבעס פֿון די 1930ער יאָרן, איז די אָרטאָגראַפֿיע פֿון די סאָוועטישע ביכער געווען אויסגעהאַלטענער, ווײַל דער דרוק איז געווען צענטראַליזירט, ווי עס ווײַזן, למשל, די נאָטיצן פֿון אַ דרוק־קאָרעקטאָר וואָס פֿאַרצייכנט די הויפּטפּונקטן פֿון זײַן אָרטאָגראַפֿישער און גראַמאַטישער קאָרעקטור.[132]

9 די באַצייכענונג פֿון די קלאַנגען

59 די סאָוועטישע אָרטאָגראַפֿיע האָט אין 1928 מבֿטל געווען דעם שטומען אַלף אין מיטן וואָרט, זע, למשל, קופּערשמידס קריטיק פֿונעם זשורנאַל „שטערן״.[133]

אין זײַן אָרטאָגראַפֿישן פּראָיעקט באַשרײַבט מאַרק דעם שטומען אַלף אויף דער גרענעץ פֿון מאָרפֿעמען:[134]

1. אָנהייב וואָרט (פֿ״גל כּלל־ייִדיש הײַנט);
2. אָנהייב טראַף אין מיטן וואָרט: ,שנייאיק׳, ,אייראָפּעאיש׳, ,טריאומף׳;
3. אָנהייב טראַף נאָך פּרעפֿיקסן אָדער קאָנווערבן: ,פֿאַראייניקן׳, ,אונטעראײַלן׳, ,געאיבלט׳ (פֿ״גל כּלל־ייִדיש הײַנט);

126 זאָל עס פארצייכנט ווערן! אין: **ליטעראַרישע בלעטער** (וואַרשע) 25, 24.06.1927: 485. די נײַעס איז איבערגעדרוקט געוואָרן אין דער סאָוועטישער פּרעסע: גורשטיין, א[הרן], 1927: אַפּן וועג צום נייעם אויסלייג. אין: **די״ש** 5–6: שפּ׳ 84.

127 ווײַנרײַך 1930 (ווי ה׳ 82): 36–38.

128 זארעצקי 1928 (ווי ה׳ 69), דאָ: שפּ׳ 13–24.

129 ליטוואַקאָוו און זאַרעצקי 1929 (ווי ה׳ 80): שפּ׳ 59.

130 רייזען 1920 (ווי ה׳ 3): 155–159.

131 דאָרטן, 155–160.

132 ווײַסמאַנ ב[רוך], 1932, אינ דער לאבאָראטאָריע פונעמ בוכ. אין: **א״ש** 1: שפּ׳ 35–40, דאָ: שפּ׳ 35–36.

133 קופּערשמיד, ש[לום], 1930: דער נײַער אויסלייג אין „שטערן״. אין: **די״ש** 4–5: שפּ׳ 93–96.

134 מאַרק, יודל, 1959: אין פֿאַרטיידיקונג פֿון דעם שטומען אַלף. אין: **י״ש** XIX (1): 1–16, 31.

4. אָנהייב טראַף אין מיטן אַ צונויפֿהעפֿט: ,האַלבאינדזל׳, ,באַקאויוון׳, ,נאַכטאומעט׳;

5. אָנהייב טראַף אין מיטן וואָרט מיט צוויי קלאַנגען [י] אין אַ ריי: ,גליאיק׳, ,אַסאָציאירן׳ (פֿ״גל דאָ ביַי פֿאַלקאָוויטשן אין אונטערקאַפּיטל 9, §61);

6. אין זעלטענע פֿאַלן ווּ די מאָרפֿאָלאָגישע גרענעץ איז נישט קלאָר.[135]

זע אַ פֿאַרקירצטע ווערסיע דערפֿון אין: **גי״ב**, 3 – 5.

לויט מאַרקן, האָט מען צו ערשט אין ייִוואָ אָפּגעהיט דעם אַלף אין די ערשטע פֿינף פּונקטן, אָבער וויַיטער האָט מען אָפּגעמעקט געוויסע כּללים פֿון די תּקנות 1930 צוליב דער השפּעה פֿון דער סאָוועטישער אָרטאָגראַפֿיע. וויַינרײַך, באַליידיקט דורכן פֿאַרגלײַך מיט די סאָוועטישע לינגוויסטן, דערציילט זיַין ווערסיע פֿון דער געשיכטע פֿונעם ייִדישן אויסלייג.[136] אין 1959 האָט מאַרק דורכגעפֿירט אַן אַנקעטע ביַי די לייענער פֿון זשורנאַל „ייִדישע שפּראַך״ און זיי האָבן אויסגעקליבן פֿאָרמעס מיטן שטומען אַלף אין מיטן (למשל: דער וואַריאַנט ,רואיק׳ באַקומט 115 אונטערשטיצער, און ,רוִיק׳ – 55).[137] אינספּירירט פֿון אָט דער אַנקעטע, האָט מאַרק אָנגעשריבן אַ קורצע געשיכטע פֿון שטומען אַלף.[138]

מע געפֿינט שוין נישט דעם שטומען אַלף אין מיטן וואָרט אין די 1920ער, למשל, אין די אָרטאָגראַפֿישע טאַבעלעס,[139] וואָס באַזירן זיך אויף ז. רייזענס אָרטאָגראַפֿישן פּראָיעקט,[140] אויך נישט ביַי פּרילוצקין.[141] זאַרעצקי טרעט אַרויס קעגן דעם שטומען אַלף אויף דער גרענעץ פֿון מאָרפֿעמען: „וואָס מיר דאַרפֿן אָפּלערנען פֿון דעם פּוילישן ייִדישן אויסלייג איז די באַזיַיטיקונג פֿונעם שטומען ,א׳ וואָרט-אין״.[142]

ראָבאַק שטיצט אונטער דאָס צוריקברענגען דעם שטומען אַלף און רעקאָמענדירט צו מאַכן אַ חילוק צווישן ,אידיש׳ – אַן אַלגעמיינעם טערמין װעגן ייִדן ווי אַ פֿאָלק – און ,ייִדיש׳ – פֿאַר מאַמע-לשון.[143]

די פּראָבלעם פֿונעם שטומען אַלף איז אַ סך דיסקוטירט געוואָרן אין שייַכות מיטן אַדאַפּטירן פֿרעמדע ווערטער אין ייִדיש. די סאָוועטישע כּללים פֿאַרן אַרויסרייד און אויסלייג פֿון רוסישע אַנטלייַונגען, אויך אינטערנאַציאָנאַליזמען, האָבן זיך געביטן. זאַרעצקי האָט צו ערשט געוואָרנט קעגן דעם נישט-ריכטיקן אַרויסרייד ,אַודיטאָריע׳ אַנשטאָט ,אוידיטאָריע׳,[144] ווי ער האָט בכלל פֿאַרווערט די רוסישע פֿאָנעטיק ביַי אינטערנאַציאָנאַלע ווערטער: ניט ,יעוראָפּע׳, נאָר ,אייראָפּע׳. אַ מאָל דערלויבט ער אָבער וואַריאַנטן, ווי מיט ,קאָנפֿערענציע׳/,קאָנפֿערענץ׳.[145]

135 דאָרטן, 5.

136 וויַינרײַך 1959 (ווי ה׳ 114).

137 מאַרק 1959 (ווי ה׳ 134), דאָ: 14 – 15.

138 דאָרטן, 9 – 11.

139 די אָרטאָגראַפֿיע-קאָמיסיע פון דער צ. י. ש. אָ. אין פּוילן, „די רעפאָרם פון דער יידישער אָרטאגראַפיע״. אין: **שול און לעבן** (וואַרשע) 7, 1921: 17 – 22.

140 רייזען 1933 (ווי ה׳ 98): 385.

141 פּרילוצקי 1917 (ווי ה׳ 62).

142 זאַרעצקי, א[ייַזיק], 1923: **ייִדיש**. כאַרקאָוו: 27; ציטירט נאָך: וויַינרײַך 1959 (ווי ה׳ 114): 36.

143 ראָבאַק 1959 (ווי ה׳ 71).

144 זארעצקי 1929 (ווי ה׳ 70): שפּ׳ 32.

145 דאָרטן.

קאַזאַקעוויטש ברענגט אויך די בײַשפּילן ,אויטאָמאָביל׳ און ,אויגוסט׳, נישט ,אַווטאָמאָביל׳ און ,אַווגוסט׳.[146] אָבער די סאָוועטישע תּקנות פֿון 1929 האָבן שוין רעקאָמענדירט שרײַבן אין אינטערנאַציאָנאַלע ווערטער ,אַו׳ אָדער ,אַוו׳, ווי אינעם אַרויסרייד (פֿ״גל דאָ בײַ פֿאַלקאָוויטשן: ,אאודיטאָריע׳).[147] איין אַרגומענט פֿאַר דער לאַטיניזאַציע פֿון ייִדיש איז געווען די שוועריקייט איבערצוגעבן דעם דיפֿטאָנג [אַו] מיט ייִדישע אותיות ווי אין ,אַודיטאָריע׳.[148]

אינעם ניו־יאָרקער זשורנאַל „ייִדישע שפּראַך“ דיסקוטירט מען אויך די אָרטאָגראַפֿישע אַדאַפּטאַציע פֿון פֿרעמדע ווערטער, למשל, אין שפּאַנישע אַנטלײַונגען מיטן דיפֿטאָנג [וע] אין אַרגענטינער ייִדיש: ,קווענטע׳, ,קווענטעניק׳.[149]

60 זע וועגן פֿאַרשיידענע אופֿנים איבערצוגעבן דעם קלאַנג [אָ] בײַ ש. בירנבוימען.[150]

61–62 זע וועגן אַרויסרעדן וואָקאַלן און דיפֿטאָנגען אין: **גי״כ**, 18–19 און **י״ג**, 300–301.

די סאָוועטישע לינגוויסטן האָבן אויסגעאַרבעט אַ דיפֿערענצירטע סיסטעם כּללים צו באַצייכענען פּאַלאַטאַליזאַציע אין אינטערנאַציאָנאַלע ווערטער: מע שטעלט אַ יוד פֿאַר אַלע וואָקאַלן, אַחוץ ,ע׳, למשל: ,רעוואָליוציע׳ – אין איינהייטלעכן ייִדישן אויסלייג פֿון ייִוואָ: ,רע־וואָלוציע׳, אָבער ,לענינגראַד׳.[151] זע וועגן אינטערנאַציאָנאַליזמען אין אַלגעמיין אין: **גי״כ**, 44–46.

63–65 נישט געקוקט אויפֿן אַרויסרייד [איינק]/[איינג] אין דעם גרעסטן טייל ייִדישע דיאַלעקטן (לויט וויינגערן) קלײַבן אי סאָוועטישע, אי ייִוואָ־לינגוויסטן אויס די אָרטאָגראַפֿישע וואַריאַנטן ,ענק׳ און ,ענג׳.[152]

66–70 יאָפֿע פֿאַרגלײַכט די אַפֿריקאַטן [צ] און [טש] אין ייִדישע דיאַלעקטן.[153]

זע אַ קוואַנטיטאַטיווע פֿאָרשונג וועגן אָפּטע אותיות־ און קלאַנגען־קאָמבינאַציעס אין ייִדיש, מיט סטאַטיסטישע טאַבעלעס.[154]

10 טראַף. אַקצענט

71 זע וועגן טראַף און אַקצענט בײַ רייזענען[155] און אין: **יגק״ל**, 24–25, 26. זע אויך וועגן אַקצענטן אין ייִדיש בײַ או. ווײַנרײַכן.[156]

146 קאַזאַקעוויטש, ה[ענעך], 1927: צי דאַרף מען שרייבן ,אַוו׳ אָדער ,אוי׳. אין: **די״ש** 1: שפּ׳ 48.

147 ליטוואַקאָוו און זאַרעצקי 1929 (ווי ה׳ 80): 57–58.

148 זארעצקי 1930 (ווי ה׳ 120).

149 זאַקין, מ[אָטל], 1948: באַמערקונגען און פֿאָרשלאָגן בנוגע אויסלייג. אין: **י״ש** VIII (1–2): 23–25; מיט אַ צושריפֿט פֿון דער רעדאַקציע.

150 בירנבוים, שלמה, 1931: קָמץ = O. אין: **ייִוואָ בלעטער** (ווילנע) 1: 147–149.

151 ליטוואַקאָוו און זאַרעצקי 1929 (ווי ה׳ 80): 57.

152 וויינגער, מ[רדכי], 1927: אויסלייג. ענג אָדער איינג, ענק אָדער איינק (מיט אַ צושריפֿט פֿון דער רעדאַק־ציע). אין: **די״ש** 5–6: שפּ׳ 81–84.

153 יאָפֿע, יודאַ .אַ., 1961: די קלאַנגען c [צ] און č [טש] אין ייִדיש. אין: **י״ש** XXI (1): 1–9.

154 שאצקי, נ[תן], 1933: וועגן לאָגאָטיפּן און אָפטע קלאנגען־קאָמבינאציעס אין דער ייִדישער שפּראך. אין: **לינגוויסטישע זאמלונג** (מינסק) 1: 81–93.

155 רייזען 1920 (ווי ה׳ 3): 50–51.

156 Weinreich, Uriel, 1954: Stress and Word Structure in Yiddish. In: Uriel Weinreich, ed., *The Field of Yiddish. Studies in Yiddish Language, Folklore, and Literature. First Collection*. New York: Linguistic Circle of New York: 1–27.

73–72 זע וועגן טראַפּיקע קאָנסאָנאַנטן אין: **גי״כ**, 19–20, וועגן מאָרפֿאָלאָגישע פֿונקציעס פֿון טראַפּיקע קאָנסאָנאַנטן אין: **י״ג**, 290–293, און בײַ דשייקאָבס.[157]

אַלעף כּץ קריטיקירט זינגער פֿון ייִדישע לידער וואָס גיבן צו דעם וואָקאַל [ע] בײַ וואָקאַליזירטע קאָנסאָנאַנטן.[158]

74 זע אַ רשימה מיט נישט־אַקצענטירטע פּרעפֿיקסן און סופֿיקסן אין: **י״ג**, 301–304.

זאַרעצקי קריטיקירט דעם רוסישן אַרויסרייד פֿון צונויפֿגעשטעלטע סובסטאַנטיוון, אַ שטייגער, מיט צוויי אַקצענטן אַנשטאָט איין אַקצענט אויפֿן ערשטן טייל: ,קלאַ'סנקאַ'מף׳, ,בי'ל־דונג־קאָמיסאַריאַ'ט׳ , אָדער מיטן קוועטש אויף אַ פֿאַלשן אָרט ווי ,בערגעלסאָ'ן׳ אַנשטאָט ,בע'רגעלסאָן׳ און ,האָפּשטיי'ן׳ אַנשטאָט ,האָ'פּשטיין׳.[159]

ראָבאַק קאָנסטאַטירט אַן ענדערונג פֿון אַקצענט אין אַמעריקאַנער ייִדיש.[160] גרין באַשרײַבט אַקצענט־וואַריאַציעס אין ווערטער פֿון סלאַווישן אָפּשטאַם.[161]

75 זע וועגן דעם לאָגישן אַקצענט און עמפֿאַז אין: **י״ג**, 275–276, 286–288.

76 זע וועגן ריטעם פֿון דער ייִדישער פּראָזע בײַ קאַזדאַנען.[162]

III וואָרטסטרוקטור, וואָרטשאַפֿונג און אָרטאָגראַפֿיע

11 מאָרפֿעמע. וואָרצל און אַפֿיקסן

81–77 פֿאַלקאָוויטש גיט דאָ אַן אויסשעפּנדיקן אַרײַנפֿיר אין מאָרפֿאָלאָגישע באַגריפֿן און אַן אוניקאַלן איבערבליק איבער דער ייִדישער וואָרטשאַפֿונג.

82 זע וועגן ־ענק/־ענג אין קאָמענטאַרן צו §§ 63–65.

מאַרק פֿאָדערט מע זאָל אַרויסרעדן דעם קאָנסאָנאַנט ,ה׳ אין: **גי״כ**, 19.

אין איינהייטלעכן ייִדישן אויסלייג פֿון ייִוואָ שרײַבט מען טאָפּעלע קאָנסאָנאַנטן אויף דער גרענעץ פֿון פּרעפֿיקס/צוגאָב און ווערבאַלן וואָרצל.[163] זע אויך: **גי״כ**, 40.

157 Jacobs, Neil G., 1995: Diminutive Formation in Yiddish: A Syllable-Based Account. In: Irmengard Rauch and Gerald Carr, eds., *Insights in Germanic Linguistics*: Berlin: Mouton de Gruyter: 169–184.

158 כּץ 1946 (ווי ה׳ 67).

159 זאַרעצקי 1929 (ווי ה׳ 70): 32.

160 ראָבאַק 1960 (ווי ה׳ 55): 5.

161 Green, Eugene 1969: On Accentual Variants in the Slavic Component of Yiddish. In: Herzog, Marvin I., Wita Ravid and Uriel Weinreich (eds.), *The Field of Yiddish. Studies in Language, Folklore and Literature*. Third collection. London, The Hague, Paris: Mouton & Co: 216–239.

162 קאַזדאַן, ח[יים] ש., 1955: ריטעם אין ייִדישער פּראָזע. אין: **י״ש** XV (2): 33–48.

163 **אויסלייג־תּקנות פֿון ייִדיש**. ווילנע: ייִוואָ, 1935: 12; זע אויך ווײַנגער 1926 (ווי ה׳ 33): 59; זאַרעצקי 1926 (ווי ה׳ 90): 67; ווײַנגער 1926 (ווי ה׳ 90): 70; ליטוואַקאָוו און זארעצקי 1929 (ווי ה׳ 80): שפּ׳ 59.

12 צונויפֿזאַץ און אַברעוויאַציע

83–88 סאָוועטישע לינגוויסטן אַרבעטן אויס אַ פּרטימדיקע קלאַסיפֿיקאַציע פֿון צונויפֿגעזעצטע סובסטאַנטיוון, לויט די טיפּן פֿון זייערע טיילן און לויט דעם פֿאַרבינדקלאַנג (ווי ־ס־, ־נ־ און אַנדערע). זאַרעצקי רופֿט טייל מאָל דעם פֿאַרבינדקלאַנג „צווישנשטעל" און באַמערקט די נטיה אין דער ליטעראַטור „אָפּצוּוואַרפֿן די צווישנשטעלן (אַחוץ ־נ, וואָס איז בכּלל ווייניק פאַרשפּרייט) [...] נישט ‚טאַגעס־אָרדנונג', נאָר ‚טאָג־אָרדענונג'" (**י"ג**, 78–83, דאָ: 78). מאַרק שטרייַכט אונטער די איבעריקייט פֿון פֿאַרבינדקלאַנגען דאָרטן ווּ זיי פֿאַרגרינגערן נישט דאָס אַרויסרעדן. ער ווייַזט בפֿירושע טענדענצן אין באַנוצן ווי באַשטימטיילן ‚לעבנס־', ‚פֿאָלקס־',[164] ‚אַרבעט־' אָדער ‚טאָג־' (ער גיט אויך זאַרעצקיס בייַשפּיל ‚טאָג־אָרדענונג') אין: **גי"כּ**, 209.

מאַרק רעדט אַרום דעם פֿענאָמען פֿון אַ ‚צוויי־שמעלץ', ווּ עס „איז פֿאַראַן אַ שינוי אין איינעם פֿון די טיילן אָדער איינער פֿון די טיילן ווערט אַרויסגערעדט ניט גענוג קלאָר, ניט גאַנצערהייט", מיט בייַשפּילן: ‚אָרעמאַן', ‚האַנטעך', ‚בראָנפֿן'.[165] מאַרק טענהט אַז אַ צונויפֿהעפֿט קען באַשטיין נאָר פֿון צוויי טיילן: „אויב מע ניצט אַ צונויפֿהעפֿט פֿון דרייַ אָדער מער טיילן, איז עס אַ חטא קעגן ייִדיש" און ער גיט בייַשפּילן פֿון דעם סאָוועטישן צונויפֿהעפֿט־שטייגער („פּאַרטיי־צוזאַמענפֿאָר־באַשלוסן") אָדער אַמעריקאַנישן („אַרבעטער־רינג־לערערקורסן"). אָבער אַן אויסדרוק אָדער אַ פֿראַזע, אויב דאָס איז נאָר אַ באַטייַטיקער איינס אין דער שפּראַך, קען יאָ דינען ווי אַ באַשטימטייל: ‚איבער־און־צוליב־פּלאָנטער', ‚קוצו־של־יוד־קריגערייַ', ‚ואָהבֿת־לרעך־כּמוך־מאָראַל', ‚מיתה־משונה־קאָליר' (**גי"כּ**, 207).

89 פֿאַלקאָוויטש רעכנט צו צו דער רשימה צונויפֿזאַצן די סטרוקטורן, וואָס מע האַלט הייַנט פֿאַר פֿאַרטאָפּלונגען ווי ‚גיך־גיך' אָדער ‚וויי־וויי'.

זאַרעצקי רעדט אַרום די סאָוועטישע „קאָמבינירטע אַברעוויאַציעס", ווי, למשל, ‚קאָמפּאַרטיי' (קאָמוניסטישע פּאַרטיי), ‚פּאָלקאָמבילד' (פֿאָלקס־קאָמיסאַריאַט פֿאַר בילדונג) אָדער ‚אַרבקאָר' (אַרבעטער־קאָרעספּאָנדענט), און זייער אַדאַפּטאַציע אין ייִדיש (למשל, אין מערצאָל – ‚אַרבקאָרן') אין: **י"ג**, 82–83.

90 אַמעריקאַנער לינגוויסטן זאַמלען העברעיִשע אַברעוויאַציעס מיט אָפּשיקן צו אַנדערע זאַמלונגען[166] און פֿאַרקירצונגען פֿון געאָגראַפֿישע נעמען.[167]

91 זע די אָרטאָגראַפֿישע כּללים וועגן שרייַבן צונויפֿהעפֿטן אין תקנות 1935[168] און אין: **גי"כּ**, 206–211.

164 זע אויך דעם באַשלוס פֿון סאָוועטישע לינגוויסטן אַרויסצוּוואַרפֿן דעם פֿאַרבינדקלאַנג ־ס־ און אַ רשימה אויסנאַמען: די שפּראַכ־באַראַטונג אינ כאַרקאָוו. אין: **די"ש** 4–5, 1930: שפּ' 85–90, דאָ: שפּ' 88.

165 מאַרק, יודל, 1941: פֿאָלק(ס)ליד, לעבנ(ס)פֿרייד, צייַטונג(ס)מענטש. וועגן דעם סמך אין די צונויפֿהעפֿטן. אין: **י"ש** I (2): 47–56, דאָ: 47.

166 ריבקינד, יצחק, 1960: ראָשי־תּיבֿות (פֿון מייַן ווערטערביכל). אין: **י"ש** XX (1): 16–22.

167 בערנשטיין, מרדכי וו., 1960: געאָגראַפֿישע ראָשי־תּיבֿות. אין: **י"ש** XX (2): 56–59.

168 **אויסלייג־תּקנות פֿון ייִדיש**. ווילנע: ייִוואָ, 1935: 23–26.

13 פּרעפֿיקס און צוגאָב. פּרעפֿיקסירונג

92–95 קלמנאָוויטש דערמאָנט נאָר זעקס פּרעפֿיקסן (**יגק״ל**, 49). מאַרק אַנאַליזירט זייער באַטײַט און פּראָדוקטיוויטעט (**גי״ב**, 298–301). זאַרעצקי פֿאַרברייטערט די קאַטעגאָריע מיט פֿרעמדע און צונויפֿגעשטעלטע פּרעפֿיקסן ווי פֿאַלקאָוויטש (**י״ג**, 113–115).

זאַרעצקי באַמערקט די נײַע נטיות צו קאַלקירן די רוסישע וואָרטבילדונג בײַם פֿאַרבינדן פּרעפֿיקסן מיט ווערבאַלע וואָרצלען, ווי אין ‚צעשיסן‘ אַנשטאָט ‚דערשיסן‘ (**י״ג**, 115). דער פּרעפֿיקס ‚אַנט־‘ „ווערט אַמאָל באַניצט אין נעאָלאָגיזמען מיטן באַטייט פֿון קעגנזאַץ: אַנטווערטן („עמעס״)“ (**י״ג**, 113).

זאַרעצקי טרעט אַנטקעגן דער טענדענץ צו פֿאַרבײַטן כּסדר דעם פּרעפֿיקס ‚ער־‘ אויף ‚דער־‘ און שיידט פֿונאַנדער אין באַטײַט די ווערבן ווי ‚ערציִען‘ (געבן אַ דערציִונג), ‚דערציִען‘ (ציִען ביזן ציל, **י״ג**, 113–114). רייזען וואָרנט פֿאַר דער מעכאַנישער אָנווענדונג פֿונעם פּרעפֿיקס ‚דער־‘ אומעטום, ווו דער דײַטשישער עקוויוואַלענט האָט דעם פּרעפֿיקס ‚ער־‘. ער ברענגט רשימות מיט ווערבן, וואָס שיידן זיך אונטער דורכן פּרעפֿיקס און האָבן פֿאַרשיידענע באַטײַטן. אַ מאָל גיט ער רוסישע עקוויוואַלענטן מיטן פּרעפֿיקס до [דאָ].[169]

אין זעלטענע פֿאַלן טרעפֿט, אַז מע קען שאַפֿן נײַע ווערבן דורך אָפּוואַרפֿן דעם פּרעפֿיקס, ווי ‚באַשולדיקן‘ – ‚שולדיקן‘ (**י״ג**, 114).

96–100 לויט קלמנאָוויטשן זײַנען די צוגאָבן פּרעפֿיקסן, „וואָס האָבן זייער זעלבשטענדיקן אינהאַלט און ווערן אויך געברויכט אָפּגעטיילט פֿונם ווערב“ (**יגק״ל**, 49). דער טערמין (ווערבאַלער) צוגאָב איז, ווײַזט אויס, אײַנגעפֿירט געוואָרן דורך זאַרעצקין, וואָס שיידט אונטער די אַקצענטירטע צוגאָבן און נישט־אַקצענטירטע פּרעפֿיקסן (**י״ג**, 113). ער גיט אַ רשימה צוגאָבן מיט זייערע דיאַלעקטאַלע וואַריאַנטן און שטעלט זיך אָפּ באַזונדער אויף ווערבן, אין וועלכע דער צוגאָב פֿירט זיך ווי אַ פּרעפֿיקס, ווי ‚אָנבאַלאַנגען‘ – ‚איך אָנבאַלאַנג‘, ‚אָנ(ד)ערקענען‘ – ‚איך אָנ(ד)ערקען‘, באַמערקנדיק אַז „בײַ די ווערבאַלע צוגאָבן ‚אונטער‘, ‚איבער‘, איז שוין די פֿאַרייִדישונג פֿון קינסטלעכע דײַטשמערישע פֿאָרמעס אַוועק ווײַטער“ (**י״ג**, 115–116). זע אַ רשימה נײַ־געפֿורעמטע ווערבן אין: **י״ג**, 116.

מאַרק באַשרײַבט דעם באַטײַט, די דיאַלעקטאַלע וואַריאַנטן און די וואָרטשאַפֿונגס־מעגלעכקייטן פֿון צוגאָבן אין: **גי״ב**, 301–311.

סאָוועטישע לינגוויסטן האָבן געפּרוּווט רעגלאַמענטירן דעם באַנוץ פֿון פּאָרלעך צוגאָבן ‚אויס־‘/‚אַרויס־‘, ‚אײַנ־‘/‚אַרײַנ־‘.[170] זיי האָבן געפֿאָדערט צוזאַמענשרײַבן ווערבן מיט צוגאָבן, אויב זיי קומען מיט ‚צו‘.[171]

דער צוגאָב ‚אויס‘ און זײַן מעגלעכער באַנוץ אין נעאָלאָגיזמען, למשל, ‚אויסיִידישן‘, האָט אַרויסגערופֿן אַ וויכּוח בײַ אַמעריקאַנער ייִדישיסטן.[172]

169 רייזען, זלמן, 1931: וועגן פּרעפֿיקס **דער־** אין ייִדיש. אין: **ייִוואָ־בלעטער** (ווילנע) 1: 91–93; רייזען, זלמן, 1938: דער פֿירטראַף ‚דער‘. אין: **ייִדיש פֿאַר אַלע** (ווילנע) 1: 22–24.

170 די שפּראַכ־באַראַטונג אינ כאַרקאָוו 1930. אינ: **די״ש** 6: שפּ' 43–46, דאָ: שפּ' 44–45.

171 די שפּראַכ־באַראַטונג אינ כאַרקאָוו 1930. אינ: **די״ש** 4–5: שפּ' 85–90, דאָ: שפּ' 87.

172 בירנבוים, י[עקבֿ], גאָלאָמב אַ[בֿרהם], מאַרק, יודל, 1955: אַ קאָרעספּאָנדענץ וועגן באַטײַט פֿון קאָנווערב

זע וועגן דעם פּרעפֿיקס אָנ־ אין אַמעריקאַנער ייִדיש אין די קאָמענטאַרן צו § 331.

פֿון די פּרעפֿיקסן בײַ אַדווערבן דערמאָנט מאַרק: אַ־ (‚אַהיים‘, ‚אַוווייניק‘), ב־, ל־, מ־, כּ־, שב־ אין העברעיִש־שטאַמיקע ווערטער, אָבער אויך אין איינצלנע ווערטער פֿון אַנדערע אָפּשטאַמען: ‚בגוואַלד‘, ‚בקאָמפּאַניע‘, ‚לפֿאַרדינסט‘, ‚להיץ און לקעלט‘, ‚מברייַנע לטרייַנע‘, ‚מגראָשן‘, ‚כּבאַצאָלט‘, ‚כּניט־געוווּסט‘, ‚פֿייַן־שבפֿייַן‘ און אַנדערע (**גי״כ**, 354–355).

14 סופֿיקס

זע די רשימות מיט סופֿיקסן וואָס פֿורעמען ווערטער פֿון פֿאַרשיידענע וואָרטקלאַסן:

פֿאַר סובסטאַנטיוון – אין: **י״ג**, 48–59.

פֿאַר ווערבן – אין: **י״ג**, 112; **גי״כ**, 318–325.

פֿאַר אַדיעקטיוון – אין: **יגק״ל**, 41 (אַנטהאַלט אויך פּרעפֿיקסן);[173] אַ טאַבעלע מיט בייַשפּילן און סעמאַנטישע דערקלערונגען אין: **י״ג**, 100–106.

אין זייַן גרינטלעכער אַרבעט וועגן אַנטליִענע עלעמענטן פֿון סלאַווישער מאָרפֿאָלאָגיע אין ייִדיש באַמערקט גיטליץ, אַז די סלאַווישע סופֿיקסן קאָנקורירן נישט מיט די גערמאַנישע און פֿאַרבינדן זיך נישט מיט די זעלביקע ווערצלען. למשל, די סופֿיקסן ‚־ניק‘ און ‚־ער‘ זייַנען ענלעך סעמאַנטיש, אָבער האָבן פֿאַרשיידענע דיסטריבוציעס.[174]

מאַרק צעטיילט די אַדיעקטיווישע סופֿיקסן אויף די סאַמע אָפּטע ‚־יק‘ און ‚־דיק‘ און ווייניקער פּראָדוקטיווע (**גי״כ**, 223–231). דער סופֿיקס ‚־יק‘ קומט אין אַלגעמיין אין אַדיעקטיוון און צונויפֿהעפֿטן, ווו דאָס יסוד־וואָרט איז איינטראַפּיק אָדער דער אַקצענט פֿאַלט אויפֿן לעצטן טראַף, אָדער ווען דער שטאַם־סובסטאַנטיוו פֿאַרענדיקט זיך אויף אַ נישט־אַקצענטירטן ־ע ווי ‚כוואַליע‘ – אַנשטאָט ‚כוואַליעדיק‘. לויט מאַרקן, האָבן זיך פֿון די 1920–1930ער יאָרן אָנגעשאַפֿן אַ סך אַדיעקטיוון־נעאָלאָגיזמען פֿון ווערבן, ווי ‚בייַסיק‘, ‚שווימיק‘ (**גי״כ**, 223–225).

פּרטימדיק אַנאַליזירן מאַרק און זאַרעצקי צוויי ענלעכע סופֿיקסן, ‚־עדיק‘ און ‚־עוודיק‘, וואָס קומען פֿון גערונדיוו און שיידן זיך קלאָר אונטער פֿון אים אין באַטייַט, ווי ‚שטייענדיק‘ – ‚שטייעדיק‘ (**גי״כ**, 227–228); דעם סופֿיקס ‚־לעך‘, וואָס בילדט אַדיעקטיוון פֿון ווערבן, ווי ‚דערטרעגלעך‘, אין: **גי״כ**, 226–227; דעם סופֿיקס ‚־באַר‘[175] און די אַדיעקטיווישע פֿאַרקלענערונג־סופֿיקסן אין: **י״ג**, 99, **גי״כ**, 229.

פֿון פֿאָנעטישע פּראָצעסן אין ייִדישע אַדיעקטיווישע סופֿיקסן האָט מען אַנאַליזירט דעם טראַפּיקן נון (**גי״כ**, 226); די מעגלעכע פֿאַרוואַנדלונג פֿונעם סופֿיקס ‚־לעך‘ אין ‚־בלעך‘ (‚גרינבלעך‘) אָדער אין ־כלעך (‚קילכלעך‘) (**י״ג**, 99).

‚אויס‘. אין: **י״ש** XV (3): 85–89; פּופּקאָ, בתיה, 1956: אַ וואָרט אין וויכּוח וועגן קאָנווערב ‚אויס‘. אין: **י״ש** XVI (1): 28–31; יאָפֿע, יודאַ אַ., 1958: וועגן ווערבן מיט ‚אויס‘. אין: **י״ש** XVIII (1): 20–22.

173 זע אויך רייזען, זלמן, 1929: אַ ביסל וועגן דער בילדונג פון בייוורטער. אין: **פֿילאָליגישע שריפֿטן פֿון ייִוואָ** (ווילנע) 3: 589–598.

174 גיטליץ, מ[רדכי], 1938: צוויי טענדענצן אינ דער וואָרטבילדונג פונ ייִדיש. אינ: ווינער, מ[איר] און אַ[ייַזיק] זאַרעצקי (רעד׳): **פראגנ פונ ייִדישער שפּראַכ**. מאָסקווע: פאַרלאַג עמעס: 87–121, דאָ: 97.

175 זע אויך: שטיף, נ[חום], 1928: באַר (צו דער יידישער וואָרט־בילדונג). אין: **די״ש** 3: שפּ׳ 1–14; שטיף, נ[חום], 1928: צוגאָבן צו די ‚באַר‘־בילדונגען. אין: **די״ש** 4–5: שפּ׳ 71–73.

צווישן סופֿיקסן וואָס פֿורעמען אַדווערבן, ברענגט מאַרק: ־ערהייט׳, ־ווײַז׳ (אויף פֿאַר אַדיעקטיוון), ־ס׳/ ־נס׳, וואָס שטאַמען פֿון אַלטע בייגפֿאַלן (,צומאָרגנס׳, ,פֿאַרטאָגס׳), ־ן׳, וואָס שטאַמט פֿונעם אַלטן ווײַבלעכן דאַטיוו (,אויף־אַן־אמתן׳, ,צו־כּלומרשטן׳) (**גי״כּ**, 350–353).

סאָוועטישע ייִדישע לינגוויסטן האָבן אויסגעפֿאָרשט די סטיליסטישע אייגנשאַפֿטן פֿון עט־לעכע סופֿיקסן אין מענדעלעס ווערק.[176]

15 סופֿיקס און פֿלעקסיע | 16 וואָרטבילדונג (קלאַנגענבײַט, אַפֿיקסאַציע א״אַ)

פֿאַלקאָוויטש ברענגט דאָ אַן אוניקאַלן גרינטלעכן אַנאַליז פֿון דער ייִדישער מאָרפֿאָלאָגיע. אַנדערע גראַמאַטיקער רירן אָן בלויז איינציקע טעמעס. זע, למשל, וועגן וואָרטבילדונג פֿון סובסטאַנטיוון דורך קלאַנגענבײַט: **י״ג**, 60–62.

17 אַנטלייַונג (אַנדערשפּראַכיקע עלעמענטן)

124–126 זאַרעצקי שטעלט פֿאָר נאָר אַן עקסטרעמען פֿאַל פֿון שפּראַכקאָנטאַקטן – דעם שפּראַכן־איבערגאַנג צווישן ייִדיש און לשון־קודש אין טבֿיה דעם מילכיקערס רייד (**י״ג**, 279–282). פֿאַלקאָוויטש אַנאַליזירט ענלעכע העברעיִשע אויסדרוקן דאָ אין §139 און קאָמענטירט באַזונדער טבֿיהס פּסוקים.[177]

ווי פֿאַלקאָוויטש, שטרײַכט ספּיוואַק אונטער, אַז די קאָנטאַקטן צווישן שפּראַכן זײַנען אַ געוויינטלעכע סיבה פֿון שפּראַך־אַנטוויקלונג. אַנאַליזירנדיק די שפּראַך פֿון „קול־מבֿשׂר“ און פֿון מענדעלען, ווײַזט ספּיוואַק, ווי דער שרײַבער האָט אין שפּעטערע נוסחאָות פֿון זײַנע ווערק פֿאַרביטן בולטע סלאַוויזמען אָדער סעמיטיזמען אויף גערמאַנישע ייִדישע ווערטער. די רעוואָלוציע האָט געבראַכט אין ייִדיש נײַע לעקסישע שטראָמען, און ספּיוואַק גיט עצות ווי אַזוי צו פֿאַראיינהייטלעכן דעם ווערטער־אוצר דורך אויסאַרבעטן שיטות פֿון מאָרפֿאָלאָגישער אַדאַפּטאַציע פֿון פֿרעמדע ווערטער, בפֿרט אינטערנאַציאָנאַליזמען. סײַ ספּיוואַק סײַ פֿאַלקאָוויטש רעדן וועגן לעקסישע אַנטלייַונגען און מאָרפֿאָלאָגישע אָדער סינטאַקסישע קאַלקעס.[178]

127 העברעיִזמען און אַראַמעיִזמען געהערן צו די סאַמע אויסגעפֿאָרשטע לעקסישע שיכטן אין דער ייִדישער שפּראַך. רעדנדיק וועגן דער באַציִונג פֿון דער סאָוועטישער לינגוויסטיק צו העברעיִזמען, דאַרף מען נישט צונויפֿמישן דעם פּראָיעקט צו נאַטוראַליזירן דעם אויסלייג פֿון העברעיִזמען און דעם פֿאָרלייג צו פֿאַרמינערן אין צאָל די סעמיטישע לעקסיק אין דער ייִדישער שפּראַך. דער הויפּט־אידעאָלאָג פֿונעם צווייטן פּראָיעקט סוף 1920ער יאָרן איז געווען נחום שטיף.[179] צעטיילנדיק די ווערטער פֿון העברעיִשן אָפּשטאַם לויט זייער סעמאַנטיק, קומט ער

[176] אויסלענדער, נ[חום], 1927: באַמערקונגען וועגן מענדעלעס סטיל (וועגן בילדערישן אויסדרוק בײַ מענדעלען). אין: **די״ש** 7: שפּ׳ 3–16.

[177] פֿאַלקאָוויטש, ע.[אליה], 1956: טביהס פּסוקים. אין: **ייִדישע שריפֿטן** (וואַרשע) 10 (114): 2, 11 (115): 3, 12 (116): 3; 1957: דאָרטן, 1: 3.

[178] ספּיוואק, ע.[אליה], 1937: צו דער פּראָבלעמ פונ לעקסישער פאריינהײַטלעכונג אונ רעגולירונג אינעמ ליטעראַרישנ יידיש. אין: **א״ש** 1: 3–46.

[179] שטיפּ 1929 (ווי ה׳ 48).

צום אויספֿיר, אַז די העברעיִשע לעקסיק איז פֿאַרבונדן מיט דער אַרכאַיִשער און רעליגיעזער קולטור. זע אויך וועגן אַן אַרכאַיִשער נטיה בײַ העברעיִשע אַנטלײַונגען דאָ בײַ פֿאַלקאָוויטשן (20, שפּ׳ 173). זאַרעצקי האָט אויך אַגיטירט פֿאַר „דעהעברעיִזאַציע“.[180]

ספּיוואַק רעדט אַרום שטיפּס טעזיסן און ברענגט אין אַ פֿאַרגלײַכיקער טאַבעלע די צאָל פֿאַרשיידענע לעקסישע קאָמפּאָנענטן אין דער צײַטונג „עמעס“ אין 1921 און 1931 און ווײַזט, אַז דער באַנוץ פֿון העברעיִזמען אין דער תּקופֿה פֿאַלט און דער פֿון אינטערנאַציאָנאַליזמען שטײַגט הויך, וואָס איז, לויט אים, אַ נאַטירלעכער פּראָצעס פֿון קולטורעלער עמאַנציפּאַציע. ער טענהט, אַז דער העברעיִשער עלעמענט פֿון דער ייִדישער שפּראַך איז פֿאַרבונדן נישט נאָר מיט רעליגיע, נאָר אויך מיט „עפֿנטלעך־רעכטלעכע“ און „פֿינאַנציִעל־הענדלערישע“ באַגריפֿן (‚פּסק׳, ‚חזקה׳, ‚חשבון׳), מיט „קלאַסן־אָנגעהעריקייט“ (‚גבֿיר׳, ‚שׂררה׳) און מיט „באַשעפֿטיקונג“ (‚בעל־מלאָכה׳, ‚מוכר׳).[181]

פֿאַר ספּיוואַקן זײַנען די העברעיִזמען אַ וויכטיקער טייל פֿון דער שפּראַך, ווײַל זיי באַרײַכערן די סינאָנימישע גענויקייט און קענען נישט פֿאַרטראָטן ווערן מיט אַנדערע לעקסישע מיטלען. ער דערמאָנט סעמאַנטישע בײַטונגען וואָס עטלעכע העברעיִזמען מאַכן דורך אינעם סאָוועטישן ייִדיש, ווי ‚חבֿר׳, ‚יום־טובֿ׳ (‚אָקטיאַבער־יאָנטעוו׳), ‚ירושה׳ (‚ליטעראַרישע ירושה׳)[182] און ברענגט העברעיִש־אָפּשטאַמיקע אַדמיניסטראַטיווע טערמינאָלאָגיע.[183]

די לינגוויסטן פֿון ייִוואָ באַפֿאַלן שטיפֿן און די סאָוועטישע גראַמאַטיקער בכלל מיט שטאַרקער קריטיק.[184] לויט פּרילוצקין, איז נאָך צו פֿרי אין 1938 צו רעדן וועגן אָפּשטאַרבן פֿון העברעיִשן עלעמענט אין סאָוועטישן ייִדיש: „מיר דאָ, לייענענדיק פֿון צײַט צו צײַט די ייִדישע בלעטער פֿון יענער זײַט גרענעץ, האָבן געהאַט דעם פֿעסטן אײַנדרוק, אַז אין זייער זשורנאַליסטישן לשון – דערהויפּט אין דער פּובליציסטיק – באַניצט מען העברעיִשע עלעמענטן נישט בלויז נישט ווינציקער, ווי אין אונדזער פּרעסע (דער וואַרשעווער, דער ווילנער), נאָר אַמאָל אפֿשר אויך מער. אונדז האָט זיך דעמאָלט גערדאַכט, אַז אפֿשר איז דער נאַטוראַליזירטער אויסלייג דער סטימול: קוים איז אָפּגעפֿאַלן די מורא, אַז דער פֿאָלקסמענטש וועט נישט פֿאַרשטיין דאָס אָדער יענץ וואָרט איבערן ספּעציפֿישן גראַפֿישן לבֿוש, איז מען געוואָרן פֿרײַער און דרייסטער אינעם געברויך פֿון די העברעיִזמען“.[185] לויט פּרילוצקין איז די „דעהעברעיִזאַציע“ מער אַן ענין פֿון פּאָ־

180 זע דעם קאַפּיטל „שטערט ניט דער דעהעבֿרעיִזאַציע פֿונ ייִדיש“ אין: זארעצקי, א[ײַזיק], 1931: **פּאַר א פּראָלעטאַרישער שפּראַכ**. כאַרקאָוו, קיִעוו: צענטרפארלאַג, 21–78.

181 ספּיוואַק, ע.[אליה], 1934: וועגנ דעהעבֿרעיִזאציע אונ וועגנ דעמ העבֿרייִשנ „עלעמענט“ אין ייִדיש (צומ כ׳ שטיפּס שטעלנ די פּראגע). אין: **א״ש** 2: 3–22.

182 ספּיוואַק 1937 (ווי ה׳ 178): 39–41.

183 ספּיוואַק, ע.[אליה], 1939: רעכטלעכ־אדמיניסטראַטיווע לעקסיק. אין: **א״ש** 3: 3–20, דאָ: 6–7.

184 קלמנאָוויטש, זעליק, 1931: פּערספּעקטיוועז פאַר ייִדיש אין ראַטנפאַרבאַנד. אין: **ליטעראַרישע בלעטער** (וואַרשע) 3: 40–41; 4: 61–62; 5: 78–80; 6: 100–102; 8: 139–141; לעשצינסקי, יעקב, 1931: ווילדע קאָנקורענץ פּון די אידישע טעלער־לעקער אין מאָסקווע. אין: **פֿאָרווערטס** (נ״י), 8 מאַרץ 1931: 9; ווײַנרײַך 1931 (ווי ה׳ 20). זע שטיפּס ענטפֿער אויף דער קריטיק: שטיפּ, נ[חומ], 1931: רעוואָליוציע אונ רעאקציע אינ דער שפּראכ. אין: **א״ש** 1–2: שפּ׳ 33–54; שטיפּ, נ[חומ], 1932: רעוואָליוציע אונ רעאקציע אינ דער שפּראכ. אין: **א״ש** 1: שפּ׳ 11–22.

185 פּרילוצקי, נ[ח], 1938: צום וויכּוח וועגן די העברעיִזמען. אין: **ייִדיש פֿאַר אַלע** (ווילנע) 3: 65–75, דאָ: 66.

ליטיק ווי פֿון וויסנשאַפֿט. ער ברענגט פֿילצאָליקע העברעיִזמען אין די אַרטיקלען פֿון סאָוועטישע לינגוויסטן (שטיף, סלוצקי, דאָבין). אַנאַליזירנדיק די העברעיִזמען אין די סאָוועטישע מקורים, באַווײַזט פּרילוצקי, אַז די העברעיִשע לעקסיק האָט דאָרטן אַ ברייטערע סעמאַנטישע פּאַליטרע ווי סתּם אַרכאַיִזמען.

אינעם ניו־יאָרקער זשורנאַל „ייִדישע שפּראַך" רעדט מען אַרום נײַע אַנטלײַונגען פֿון העב־רעיִש אין ארץ־ישׂראלדיקן ייִדיש.[186]

128 די סאָוועטישע שול האָט געפֿאָרשט, ווי מענדעלע האָט געביטן די העברעיִש־שטאַ־מיקע לעקסיק אויף גערמאַנישע ווערטער אָדער גרינגערע העברעיִזמען אין דרײַ אויסגאַבעס פֿונעם ראָמאַן „די קליאַטשע" – 1873, 1888, 1913.[187]

129 די פֿאָרשונג פֿון סלאַווישע עלעמענטן אין ייִדיש האָט באַאַרבעט די ווײַטערדיקע טעמעס:

1. קלאַסיפֿיקאַציע פֿון סלאַוויזמען לויט זייער אָפּשטאַם און זייער דיאַלעקט, זע צוגאָב 5.
2. אַקטועלע קאָנטאַקטן פֿון ייִדיש מיט רוסיש, אוקראַיִניש און ווײַסרוסיש; די טעמע איז געוואָרן בפֿרט אַנטוויקלט דורך סאָוועטישע לינגוויסטן.

אין דער באַשרײַבונג פֿון די שפּראַכן אין ראַטן־פֿאַרבאַנד האָבן זיך די לינגוויסטן כּסדר אָריענטירט אויפֿן רוסישן מאָדעל. אין דער רוסישער שפּראַך פֿון אָנהייב פֿון דער סאָוועטישער תּקופֿה קומען פֿאָר וויכטיקע בײַטונגען: דער סאָציאַליסטישער קאָנטעקסט און די מאָדערני־זאַציע בכלל ברענגען נײַע לעקסישע שיכטן. אָפּגעבנדיק זיך אַ חשבון, אַז געוויסע שפּראַכפּראָ־צעסן קומען פֿאָר נישט נאָר אין רוסיש, נאָר פּאַראַלעל אויך אין אַנדערע לשונות פֿון דער געגנט, פּובליקירט די רעדאַקציע פֿון „די ייִדישע שפּראַך" אַן אַרטיקל וועגן פֿאַרגרעבונג אין רוסיש און פּראָדוקטיווע פּוריסטישע טענדענצן אין דער שפּראַך־פּאָליטיק.[188] זאַרעצקי ענטפֿערט אין נאָמען פֿון דער רעדאַקציע, אַז „פּוריזם איז נאָר איינע פֿון די מעגלעכע ריכטונגען אין שפּראַך־פּאָליטיק, און ניט די בעסטע".[189] לויט ספּיוואַקן, שאַפֿן זיך אין ייִדיש אין דער סאָוועטישער תּקופֿה פֿיל קאַלקעס פֿון רוסיש, און אַנטלײַונגען קומען אויך פֿאָר[190] (פֿ״גל דאָ §144). אין „די ייִדישע שפּראַך" (קיִעוו) רעדט מען נישט ווייניק אַרום נײַע רוסיזמען און אופֿנים ווי זיי צו פֿאַר־טרעטן מיט ייִדישע ווערטער.[191] ספּיוואַק אַנאַליזירט די אַדמיניסטראַטיווע טערמינאָלאָגיע אונטער דער השפּעה פֿון רוסיש.[192] עס דערשײַנען גרינטלעכע אַרבעטן וועגן סלאַוויזמען פֿון פֿאַרשיידענעם אָפּשטאַם, וועגן זייער סעמאַנטישער קלאַסיפֿיקאַציע, זייערע פֿונקציעס און וועגן

[186] רובין, ישׂראל, 1945: נײַע העברעיִשע ווערטער אין ארץ־ישׂראלדיקן ייִדיש. אין: **י״ש** V (1): 21–22.

[187] קוויטני, י[הודה], 1928: העברעיִזמען בא מענדעלען. אין: **די״ש** 3: שפּ׳ 21–26.

[188] קאַצנעלסאָן, ש[למה], 1929: וועגן פֿאַרגרעבונג און פֿאַרקריפּלונג פון דער רוסישער שפּראַך. אין: **די״ש** 2: שפּ׳ 35–42. זע אין אַלגעמיין וועגן רוסיפֿיקאַציע און דער רוסישער שפּראַך בײַ ייִדן אין: Estraikh, Gennady, 2008: From Yiddish to Russian: A Story of Linguistic and Cultural Appropriation. In: *Studia Hebraica* 8: 62–71.

[189] זאַרעצקי, א[ײַזיק], 1929: פון דער רעדאַקציע. אין: **די״ש** 2: שפּ׳ 42.

[190] ספּיוואַק 1937 (ווי ה׳ 178): 35–37.

[191] לעווינ, ה., 1930: וועגנ אייניקע רוסיזמענ אינ דער ייִדישער צײַטונג־שפּראַכ. אין: **די״ש** 1: שפּ׳ 48.

[192] ספּיוואַק 1939 (ווי ה׳ 183): 5–6.

דער געאָגראַפֿישער און סאָציאַלער דיפֿערענציאַציע.[193] שטיף ברענגט פּאַראַלעלע ייִדישע און סלאַווישע קאָנסטרוקציעס און בײַשפּילן פֿון וואָרטשאַפֿונג אויפֿן סלאַווישן אופֿן.[194]

פֿון ייִדיש־ווײַסרוסישע קאָנטאַקטן האָט מען אַנאַליזירט:

1. דעם בשותּפֿותדיקן ווערטער־אוצר אין ייִדיש און ווײַסרוסיש, סלאַוויזמען אין ייִדיש און ייִדישע ווערטער אין ווײַסרוסיש;[195]
2. די ווײַסרוסישע השפּעה אין דער ייִדישער לעקסישער סעמאַנטיק.[196]

130 מענדעלע האָט כּסדר פֿאַרמינערט די צאָל סלאַוויש־שטאַמיקע ווערטער אין די דרײַ אויסגאַבעס פֿונעם ראָמאַן „די קליאַטשע“ – 1873, 1888, 1913.[197] פּ״גל מיט דעם ענלעכן אַנאַליז פֿון צאָל סלאַוויזמען אין שלום־עליכמס „סטעמפּעניו“ – 1888, 1903.[198] די סאָוועטישע ייִדי־שע ליטעראַטור איז פֿאַרפֿלייצט מיט סלאַוויזמען, לעקסישע און גראַמאַטישע אַנטלײַונגען און קאַלקעס פֿון רוסיש, ווי ,אויבערשאַכטע־געבײַדע' надшахтное здание – אַ בנין איבער אַ שאַכטע. די סאָוועטישע לינגוויסטן האָבן פּרטימדיק געפֿאָרשט אָט די לעקסישע דערשײַנונג.[199]

131–132 פֿון אַלטע אַנטלײַונגען זײַנען גוט אויסגעפֿאָרשט די ראָמאַניזמען.[200]

די אַמעריקאַנער ייִדישיסטן שטעלן זיך די פֿראַגע, צי מע מעג דערלאָזן אין ייִדיש נײַע ענג־לישע אַנטלײַונגען. יאָפֿע באַשרײַבט די ענגלישע השפּעה אין ייִדיש אין פֿאָנעטיק, זאַצבוי און לעקסיק.[201] ווײַנרײַך דערלויבט צו באַניצן אַנגליציזמען נאָר אויב זיי באַצייכענען פֿרעמדע באַ־גריפֿן, און וואָרנט קעגן ווערטער מיט אַן ענלעכן אַרויסרייד, אָבער פֿאַרשיידענער סעמאַנטיק (,רעאַליזירן' מיינט נישט realize).[202] נישט געקוקט אויף אַלגעמיינע פּוריסטישע טענדענצן דערלויבט דער ניו־יאָרקער זשורנאַל „ייִדישע שפּראַך“ אַ באַרעכטיקטן באַנוץ פֿון אַזעלכע ווער־טער ווי ,הײַסקול'.[203]

[193] שולמאַנ, מ[ויני], 1939: סלאוויזמענ אינ דער לעקסיק פונ ייִדיש. אין: **א״ש** 3: 71–109.

[194] שטיף, נ[חום], 1932: אפ דער שוועל פונעמ 19־טנ יאָרהונדערט II. די סלאוויזמענ פונ ייִדיש. אין: **א״ש** 5–6: שפּ' 27–66.

[195] שולמאַן, מ[ויני], 1927: וועגן די אַלגעמיינע עלעמענטן אין דער ווייסרוסישער און ייִדישער שפּראַך. אין: **שטערן** (מינסק) 4: 44–51.

[196] שקליאַר, ה[ערשל], 1933: ייִדיש־ווײַסרוסישע שפּראַכלעכע פּאַראַלעלן. אין: **לינגוויסטישע זאַמלונג** (מינסק) 1: 65–80.

[197] קוויטני, י[הודה], 1927: סלאוויזמען בא מענדעלען. אין: **די״ש** 7: שפּ' 53–60.

[198] אויסלענדער, נ[חום], 1927: וואָרט־ און פאָרם־ענדערונג אין די וואַריאַנטן פון שאָלעם־אַלייכעמס „סטעמפּעניו“. אין: **די״ש** 2: שפּ' 1–10, דאָ: שפּ' 6–7.

[199] לויצקער, כ.[חיים], 1932: וועגנ דעמ סלאווישנ עלעמענט בא די ייִנגערע סאָוועטישע פּראָזאיִקער. אין: **א״ש** 5–6: שפּ' 65–90, דאָ: שפּ' 84.

[200] Weinreich, Max, 1956: The Jewish Languages of Romance Stock and their Relation to Earliest Yiddish. In: *Romance Philology* 9: 403–428; Beider, Alexander, 2014: Romance Elements in Yiddish. In: *Revue des Études Juives* 173 (1–2): 41–96.

[201] יאָפֿע, יודאַ אַ., 1936: ייִדיש אין אַמעריקע. אין: **ייִוואָ בלעטער** (ווילנע) 10: 127–145.

[202] ווײַנרײַך, מאַקס, 1941: וועגן ענגלישע עלעמענטן אין אונדזער קולטורשפּראַך. אין: **י״ש** I (2): 33–47, דאָ: 43.

[203] וו. [ווײַנרײַך, מאַקס], 1941: פֿאַר וואָס עפּעס הײַסקול אין ייִדיש? אין: **י״ש** I (3): 85. זע נאָך בײַשפּילן פֿון אַנגליציזמען: מאַרק, יודל, 1938: ייִדישע אַנגליציזמען. אַ פּאָר באַמערקונגען. אין: **יאָרבוך פֿון אַמאָפּטייל** 1: 296–321; Neumann, Joshua H., 1938: Notes on American Yiddish. In: *The Journal of English and Germanic Philology* 37 (3): 403–421.

די סאָוועטישע ייִדישע לינגוויסטיק האָט זיך נישט אָפּגעגעבן מיט דער פּראָבלעם פֿון דײַטשמעריזמען, קעגן וועלכע עס זײַנען אַרויסגעטראָטן די לינגוויסטן פֿון ייִוואָ.[204] אָט די טענדענץ קומט שוין פֿון פֿריִערדיקע פּרוּוון אָפּצוגרענעצן ייִדיש פֿון דײַטש, אָבער עס איז שווער צו באַשטימען קלאָרע קריטעריעס דערצו.[205] ווײַנרײַך קריטיקירט אַהרן צייטלינען פֿאַרן באַניצן אַזעלכע ווערטער ווי ,פֿאַרריקט׳ אָדער ,אַלזאָ׳ און פֿאָרמולירט אַן אייגענע דעפֿיניציע פֿון ,דײַטשמעריזם׳,[206] וואָס איז קריטיקירט געוואָרן דורך פּרילוצקין. פּרילוצקי וואָרנט ווײַנרײַכן, אַז ער ווערט פֿאַרפֿירט דורך זײַן סוביעקטיוון שפּראַכגעפֿיל און שאַצט אָפּ אומפֿאָרזיכטיקערהייט די פּאָפּולערקייט פֿון געוויסע ווערטער אָן אמתער סטאַטיסטישער אינפֿאָרמאַציע. אַ סך פֿון די לעקסעמען, וואָס ווײַנרײַך טאַדלט, באַניצט פּרילוצקי, ווי ער שרײַבט אַליין, אין זײַנע רייד: ,פֿאַרווענדן׳ מיטן באַטײַט פֿון ,באַניצן׳, ,שטעטס׳, ,פֿעליק׳, ,נאַכער׳. פּרילוצקי ווײַזט אָן, אַז די ווויסנשאַפֿטלעכע פּראָבלעם איז גרעסער ווי סתּם פּטור צו ווערן פֿון דײַטשמעריזמען, ווײַל אָט דער לעקסישער שיכט גייט אַרײַן אין ברייטערע קאַטעגאָריעס פֿון דיאַלעקטאַלן אָדער אַרכאַיִשן ווערטער־אוצר. פּ״גל זײַן דעפֿיניציע: „דײַטשמעריש ... זענען יענע עלעמענטן, וואָס ס׳לאָזט זיך וועגן זיי פֿעסטשטעלן מיט באַשטימטקייט, אַז זיי זענען אַרײַנגעדרונגען צו אונדז פֿון אָנהייב 19טן יאָרהונדערט אָן, אָדער דרינגען ווײַטער אַרײַן – אין קאָרעקטן געשטאַלט צי אין פֿאַרקריפּלטן – פֿון דער נײַהויכדײַטשער שריפֿטשפּראַך“.[207]

קלמנאָוויטש רעקאָמענדירט אויסצומײַדן דײַטשמעריזמען בכלל אָדער זיי פֿאַרייִדישן. ער באַמערקט, אַז ווען ייִדישע פּאָעטן אַנטלײַען דײַטשישע פּאָעטישע ווערטער, בלײַבן זיי אָן דעם ליטעראַרישן קאָנטעקסט „אַ טרוקענער שטעקן, וואָס דערוועקט ניט קיין אַסאָציאַציעס“.[208]

נישט געקוקט אויף דער שטרענגער פּאָזיציע פֿון זײַנע רעדאַקטאָרן קעגן דײַטשמעריזמען, האָט דער ניו־יאָרקער זשורנאַל „ייִדישע שפּראַך“ אַ מאָל געגעבן דאָס וואָרט שטיצער פֿון דײַטשמעריזמען.[209] אָבער אינעם מערסטן טייל אַרטיקלען און אין דעם רעדאַקטאָרס ענטפֿער צו די לייענער געפֿינט מען אומצאָליקע קריטיקן קעגן דער דײַטשמערישער לעקסיק. זע, למשל, מ. שעכטערס אַנאַליז פֿון ש. בירנבוימס אַרבעט וועגן שפּראַך־נאָרמאַליזאַציע, וואָס הייבט זיך אָן מיט אַ קאַטעגאָרישן: „אַלע ייִדישע פֿילאָלאָגן זענען קעגן דײַטשמעריש“.[210] אין דער אַל־

[204] הײַנטצוטאָגיקע לינגוויסטן האָבן אויך געפֿאָרשט די טעמע פֿון דײַטשמעריזמען: Krogh, Steffen, 2012: Daytshmerish toyg nit! Germanismen im Ostjiddischen von 1800 bis heute. In: Bauschmid, Suse, Steffen Krogh, Simon Neuberg, Claude D. Conter, Germaine Goetzinger, Peter Gilles, Stefan Kiedroń, Amand Berteloot, Anikó Daróczi, Jerzy Koch, eds., *Vielheit und Einheit der Germanistik weltweit*. Bd. 3: Frankfurt a. M.: Peter Lang: 27–31; Beider, Alexander, 2014: Unity of the German Component of Yiddish: Myth or Reality? In: *International Journal of the Sociology of Language* 226: 101–136.

[205] זע, למשל: ניגער, שמואל, 1912: דייטשמעריש. אין: **לעבען און וויסענשאפט** (ווילנע) 11–12: 49–55.

[206] ווײַנרײַך, מאַקס, 1938: דײַטשמעריש טויג ניט. אין: **ייִדיש פֿאַר אַלע** (ווילנע) 4: 97–106, דאָ: 98.

[207] פּרילוצקי, נח, 1938: מעטאָדאָלאָגישע באַמערקונגען צום פּראָבלעם דײַטשמעריש. אין: **ייִדיש פֿאַר אַלע** (ווילנע) 8: 201–209.

[208] קלמנאָוויטש, זעליק, 1938: דער שורש פֿון דײַטשמעריש. אין: **ייִדיש פֿאַר אַלע** (ווילנע) 8: 209–216.

[209] גאָלדסטיק, א[יסידאָר], 1946: דײַטשמעריש קען צו נוץ קומען. אין: **י״ש** IV (1–2): 15–21; מיטן רעדאַקטאָרס ענטפֿער.

[210] שעכטער, מרדכי, 1962: ד״ר שלמה בירנבוים – דער שפּראַך־נאָרמירער. אין: **י״ש** XXII (2): 33–44.

טער דיסקוסיע צווישן מ. ווײַנרײַכן, פּרילוצקין און קלמנאָוויטשן שטעלט זיך מאַרק אויף דער זײַט פֿונעם ערשטן און ברענגט אין זײַן אַרטיקל אַן אויסשעפּיק „ווערטערביכל פֿון שעדלעכע דײַטשמעריזמען“.[211] ער צעטיילט אַנדערע דײַטשמעריזמען אויף „כּלומרשטע“ (דיאַלעקטאַלע ווערטער), „ספֿקדיקע“ און „בפֿירושע“, וואָס מע קען באַניצן, אויב עס פֿעלט אַ ייִדיש וואָרט, און גיט צו בײַשפּילן.[212]

133–136 ספּיוואַק פּאַראײַניקט לאַטײַניש, גריכיש, איטאַליעניש און ענגליש אַנטלײַונגען אין דער גרופּע אינטערנאַציאָנאַליזמען. ער עצהט צו פֿאַרטרעטן אינטערנאַציאָנאַליזמען מיט ייִדישע ווערטער, אויב מעגלעך: ‚אַנאָנימיקע‘ אויף ‚אָנפּערזאָניקייט‘, ‚אינדיווידואַל‘ אויף ‚איינצל־פּויער‘, און אויך באַניצן ייִדישע אַנשטאָט רוסישע פֿאָרמעס פֿון ווערטער.[213] פֿ״גל מ. ווײַנרײַכס רעקאָמענדאַציע צו פֿאַרייִדישן אינטערנאַציאָנאַליזמען אין אַמעריקע.[214]

פּרילוצקי וואָרנט קעגן איבערכאַפּן די מאָס אין באַניצן אינטערנאַציאָנאַליזמען און קעגן זיי אַרויסרעדן מיטן אַקצענט פֿונעם ערשטן מקור, אויב זיי זײַנען געקומען אין ייִדיש דורך אַנדערע לשונות ווי פּויליש אָדער רוסיש.[215]

ספּיוואַק דיסקוטירט אינטערנאַציאָנאַליזמען אין דער אַדמיניסטראַטיווער טערמינאָלאָגיע.[216]

143 זאַרעצקי פֿאַרווערט נישט קיין פֿאָנעטישע דובלעטן פֿון אינטערנאַציאָנאַליזמען, ווי ‚קאָנפֿערענציע‘/‚קאָנפֿערענץ‘.[217]

144–146 דער בײַט אין דער לעקסישער סעמאַנטיק אין ייִדיש איז פֿאָרגעקומען צוליב שפּראַכקאָנטאַקטן, דורך וואָרטשאַפֿונג און צונויפֿשטעלן אַנטליִענע וואָרצלען מיט ייִדישע סופֿיקסן.[218] אַ גרינטלעכע דיאַכראָנישע באַשרײַבונג פֿון סעמאַנטישע פּראָצעסן אין ייִדיש האָט צונויפֿגעשטעלט עריקאַ טים.[219]

פֿון די סעמאַנטישע קאַלקעס און די בײַם פֿורעמען ווערטער, האָבן די סאָוועטישע ייִדישע לינגוויסטן געפֿאָרשט די ווײַסרוסישע.[220]

211 מאַרק, יודל, 1963: וועגן שעדלעכע און ניצלעכע דײַטשמעריזמען. אין: **י״ש** XXIII (3): 65–87.

212 מאַרק, יודל, 1964: כּלומרשטע, ספֿקדיקע און ניצלעכע דײַטשמעריזמען. אין: **י״ש** XXIV (1): 1–19.

213 ספּיוואַק 1937 (ווי ה׳ 178): 37–39.

214 ווײַנרײַך, מאַקס, 1941: וועגן ענגלישע עלעמענטן אין אונדזער קולטורשפּראַך. אין: **י״ש** I (2): 33–47; ווײַנרײַך, מאַקס, 1941: האַרבע עבֿרי. אין: **י״ש** I (4): 97–108.

215 פּרילוצקי, נח, 1938: אינטערנאַציאָנאַליזמען. אין: **ייִדיש פֿאַר אַלע** (ווילנע) 5: 140–129.

216 ספּיוואַק 1939 (ווי ה׳ 183): 7–9.

217 זארעצקי 1929 (ווי ה׳ 70): שפּ׳ 32.

218 Birnbaum, Solomon, 1979: *Yiddish. A Survey and a Grammar*. Manchester: Manchester University Press, 66, 83, 86.

219 Timm, Erika, 2005: *Historische jiddische Semantik. Die Bibelübersetzungssprache als Faktor der Auseinanderentwicklung des jiddischen und des deutschen Wortschatzes*. Tübingen: Max Niemeyer Verlag.

220 שקליאר 1933 (ווי ה׳ 196).

18 באַטייַט־ענדערונג

להיפּוך צו אַנדערע ייִדישע פֿאָרשער, וואָס זיי באַטראַכטן סעמאַנטיק בלויז אינעווייניק אינעם גראַמאַטישן אָדער לעקסישן אַנאַליז, שטעלט פֿאַלקאָוויטש צונויף אַן אוניקאַלע סיסטע־מאַטישע באַשרייַבונג פֿון דער ייִדישער סעמאַנטיק. אין זייַן טעאָרעטיש גערעם פֿאָלגט ער נאָך די פֿונקציאָנעלע סעמאַנטיק פֿון דער רוסישער סאָוועטישער שפּראַך־וויסנשאַפֿטלעכער שול און דעם סינכראָנישן צוגאַנג.

19 באַטייַט־ענדערונג און פּאָליסעמיע

164–155 פֿאַלקאָוויטשעס קאַפּיטל וועגן פּאָליסעמיע און האָמאָנימען באַזירט זיך מס־תּמא אויף די אַרבעטן פֿון גיטליצן, וואָס איז געווען אַן אָנהענגער פֿון מאַרס יאַפֿעטידאָלאָגיע.[221]

אין זייַן אַרטיקל מיט בייַשפּילן פֿון האָמאָנימיע צווישן דעם דייַטשישן און העברעיִשן קאָמ־פּאָנענט אין ייִדיש טענהט שעכטער, אַז מע טאָר נישט פֿאַרווערן באַניצן האָמאָנימען, ווייַל זיי האָבן אַ סטיליסטישע פֿונקציע אין דער שפּראַך.[222]

166–165 זע נאָך פּרטים וועגן סאָציאַלער דיפֿערענציאַציע אין ייִדיש אין די קאָמענטאַרן צו §§16–17.

20 סינאָנימיע

174–167 אין דעם קאַפּיטל באַניצט פֿאַלקאָוויטש זייַנע מאַטעריאַלן וועגן סינאָנימען בייַ שלום־עליכמען און סינאָנימיע צווישן פֿאַרשיידענע לעקסישע קאָמפּאָנענטן, ווו ער אַנאַליזירט דעם סטיליסטישן בייַטעם פֿון סינאָנימען.[223] פּרילוצקי ווייַזט די וויכטיקייט פֿון העברעיִשע סי־נאָנימען ווי אַ סטיליסטיש מיטל.[224]

זע קורץ וועגן סינאָנימען אין: **י״ג**, 11.

שעכטער טרעט אַרויס קעגן פּאָרלעך ווערטער, טייל פֿון זיי „אויסגעטראַכטע“, וואָס שרייַבער באַניצן ווי סינאָנימען, למשל: ‚אייַנפֿירונג‘ און ‚פֿירעכץ‘.[225] דער רעדאַקטאָר י. מאַרק טענהט, אַז מיט די ציטירטע ווערטער־פּאָרלעך ברענגען די שרייַבער אַרויס עכטע באַטייַט־ניואַנסן. מאַרק איז פּאָזיטיוו געשטימט לגבי נעאָלאָגיזמען. אַחוץ ליטעראַרישע נעאָלאָגיזמען דערמאָנט ער ווערבן מיטן פּראָדוקטיוון סופֿיקס ‎־קען‘: ‚האַקען‘, ‚וואָסקען‘ (איבערפֿרעגן אַ סך מאָל). ער שטעלט זיך אָפּ אויף נעאָלאָגיזמען וואָס אַ פּאָעט קען שאַפֿן לויטן מוסטער, למשל, פֿון דימינור־טיוון און קלאַנגשפּילן אין קינדער־לשון, ווי גלאַטשטיינס ‚שאַזשעשי‘, ‚שטילעניו‘, ‚געזען – גע־זאָן‘, ‚ווינע, בערלינע‘. אַזעלכע נעאָלאָגיזמען רופֿט מאַרק אָן „עפּעמעריזמען“.[226]

[221] גילטליץ, מ[רדכי], 1934: די האָמאָנימענ אינ שייַנ פונ יאפעטידאָלאָגיע. אינ: **א״ש** 1: שפּ׳ 43–52.

[222] שעכטער, מ[רדכי], 1963: פֿאַרשמט, פֿאַרשעמט און האָמאָנימאָפֿאָביע (אַן ענטפֿער אויף אַ בריוו אין רעדאַקציע). אין: **י״ש** XXIII (1): 21–26.

[223] פאלקאָוויטש, ע.[אליה], 1930: א קאפּיטל סעמאנטיק אונ סטיליסטיק אינ שולנ פאר דערוואקסענע. אין: **ראטנבילדונג. פעדאגאָגישער כוידעש־זשורנאל אָרגאנ פונ פאָלקאָמבילד או.ס.ר.ר.** (קיִעוו) 4: 28–43, דאָ: 35–41.

[224] פּרילוצקי 1938 (ווי ה׳ 185): 71–73.

[225] שעכטער, מ[רדכי], 1954: וועגן איבעריקע סינאָנימען. אין: **י״ש** XIV (2): 42–46.

[226] מאַרק, יודל, 1952: וועגן נעאָלאָגיזמען. אין: **י״ש** XII (2): 33–42.

אין די 1920–1930ער יאָרן האָט די ייִדישע שפּראַך איבערגעלעבט אַ תּקופֿה פֿון טערמי־נאָלאָגישער שעפֿערישקייט. לכל־הפּחות דרײַ קאָמיסיעס האָבן געאַרבעט אויף רשימות מיט וויסנשאַפֿטלעכע טערמינען, פֿאַכווערטער, איבערזעצונגען פֿון פֿרעמדע באַגריפֿן: די טער־מינאָלאָגישע קאָמיסיע פֿון ייִוואָ, די קאָמיסיעס פֿונעם ייִדישן סעקטאָר בײַם אינסטיטוט פֿאַר ווײַסרוסישער קולטור אין מינסק און פֿון דעם אינסטיטוט פֿאַר ייִדישער פּראָלעטאַרישער קול־טור אין קיִעוו. מע האָט געזאַמלט רשימות, פֿונאַנדערגעשיקט אַנקעטעס, און זיי אַרויסגעגעבן אין בראָשורן, לערנביכער און זשורנאַלן: „די נײַע שול" (ווילנע), „ידיעות פֿון ייִדישן וויסנשאַפֿט־לעכן אינסטיטוט" (ווילנע), „די ייִדישע שפּראַך" (קיִעוו), „אפֿנ שפּראכפֿראָנט" (קיִעוו), „ייִדיש פֿאַר אַלע" (ווילנע); שפּעטער אויך אין „ייִדישע שפּראַך" (ניו־יאָרק). מע האָט אויסגעאַרבעט אין ראַטן־פֿאַרבאַנד אַן אוניפֿיצירטע יורידישע און אַדמיניסטראַטיווע טערמינאָלאָגיע, געפֿאָרשט איר סאָציאַלע **דיפֿערענציאַציע** און וואָרטשאַפֿונג.[227]

וועגן דער אַרבעט פֿון דער ווילנער טערמינאָלאָגישער קאָמיסיע דערציילט מאַרק און ער שטעלט צונויף אַ ביבליאָגראַפֿיע פֿון טערמינאָלאָגישע אַרטיקלען אינעם ניו־יאָרקער זשורנאַל „ייִדישע שפּראַך".[228] וועגן דער טערמינאָלאָגישער אַרבעט פֿון ייִוואָ זאָגט עדות ל. כהן.[229]

175 גראַמאַטישע סעמאַנטיק איז געווען אַ וויכטיקער טייל פֿון דער רוסישער סאָוועטישער שפּראַכפֿאָרשונג. שוין זאַרעצקי צעטיילט סעמאַנטיק אויף לעקסישער און גראַמאַטישער (**י״ג**, 45–47). פֿאַלקאָוויטש באַניצט נישט דעם באַגריף, נאָר באַשרײַבט די דערשײַנונג.

מאַרק און שעכטער פֿאַרמישן ביידע טיפּן סעמאַנטיק. זע, למשל, או. ווײַנרײַכס קריטיק פֿון שעכטערס אַרבעט וועגן אַספּעקטועלע קאָנסטרוקציעס.[230]

21 וואָרטבילדונג און וואָרטקלאַסן

זע וואָרטקלאַסן־קלאַסיפֿיקאַציע אין: **יגק״ל**, 31–33. די סאָוועטישע ייִדישע לינגוויסטן ווערן אינספּירירט אין זייער וואָרטקלאַסן־קלאַסיפֿיקאַציע פֿון פּעשקאָווסקיס צוגאַנג.[231]

רייזען גיט אַ טעאָרעטישן אַרײַנפֿיר אין דער ייִדישער וואָרט־פֿורעמונג און אַנאַליזירט פֿאַרשיידענע אופֿנים פֿון וואָרטשאַפֿונג לויט וואָרטקלאַסן.[232]

227 זע, למשל: פּעקאַר, י., 1931: די ארבעט פונ דער יורידישער טערמינאָלאָגישער קאָמיסיע בא דער פּי־לאָלאָגישער סעקציע פונעמ אינסטיטוט פאר ייִדישער קולטור (קיִעוו). אין: **א״ש** 1–2: שפּ׳ 87–94; ספּיוואק 1939 (ווי ה׳ 183). זע אויך אַ נײַע פֿאָרשונג: Niedhammer, Martina, 2022: Die Macht der Wörter? Die Standardisierung des Jiddischen und des Belarusischen in den 1920er und 1930er Jahren. In: Reichert, Carmen, Bettina Bannasch, Alfred Wildfeuer, Hg., *Zukunft der Sprache – Zukunft der Nation? Verhandlungen des Jiddischen und Jüdischen im Kontext der Czernowitzer Sprachkonferenz*. Berlin: De Gruyter: 74–86.

228 מאַרק, יודל, 1952: וועגן שאַפֿן ריכטיקע נעאָלאָגיזמען. אין: **י״ש** XII (3): 65–83.

229 כהן, לייבל, 1972: ייִדישע טערמינאָלאָגישע קאָמיסיעס – אַן איבערבליק. אין: **י״ש** XXXI: 35–42; XXXII: 1–8; כהן, לייבל, 1980: דער טערמינאָלאָגישער אויפֿטו פֿון ייִוואָ. אין: **ייִוואָ־בלעטער** (נ״י) 46: 229–241.

230 ווײַנרײַך, אוריאל, 1952: צוריק צו אַספּעקטן. אין: **י״ש** XII (4): 97–103.

231 שאַפּיראָ, משה, 1937: פּעשקאָווסקיס גראמאטישע סיסטעמ אונ דער פֿאָרמאליזמ אינ דער ייִדישער גראַמאַטיק (קריטיש־געשיכטלעכער איבערבליק). אין: **א״ש** 1, 150–185; דאָ: 168–176.

232 רייזען, זלמן, 1928: אַ ביסל מאַטעריאַל צו דער וואָרטבילדונג אין ייִדיש. אין: **פֿילאָלאָגישע שריפֿטן פֿון ייִוואָ** (ווילנע) 2: שפּ׳ 453–466; רייזען 1929 (ווי ה׳ 173).

IV וואָרטקלאַסן, פֿאָרמעס, פֿונקציעס און אָרטאָגראַפֿיע

I סובסטאַנטיוו

22 סובסטאַנטיוו און סובסטאַנטיווירונג

183 זײַן דעפֿיניציע פֿון דעם באַגריף ,סובסטאַנטיוו׳ באַזירט פֿאַלקאָוויטש אויף סעמאַנ־טיק, נישט נעמענדיק אין אַכט קיין פֿאָרמעלע קריטעריעס, אָבער סוף 1920ער יאָרן האָט דער פֿאָרמאַליסטישער צוגאַנג אַרויסגערופֿן אַ גאַנצע דיסקוסיע וועגן דעם פֿאָרמעלן טרעגער פֿון סובסטאַנטיווישקייט אין ייִדיש.[233] אין גערעם פֿון פעשקאָווסקיס לינגוויסטישער טעאָריע, לייגט צווייַג פֿאָר צו רעכענען דעם אַרטיקל פֿאַרן פֿאָרמעלן טרעגער פֿון סובסטאַנטיווישקייט, אונטערשטרייַכנדיק זייַן ראָלע אין פּראָצעס פֿון סובסטאַנטיווירונג. אין זייַן ענטפֿער גיט זאַ־רעצקי קעגנבײַשפּילן פֿון סובסטאַנטיווירונג אָן אַן אַרטיקל, למשל, ,מייַן לעבן׳, ,גיכער לויפֿן׳ (פֿאַר ליטוויש ייִדיש), אויך פֿון סובסטאַנטיוון אָן אַן אַרטיקל (פּערזאָן־נעמען) און אַדיעקטיוון, באַניצטע מיט אַרטיקלען, וואָס ווערן נישט סובסטאַנטיווירט ווי, למשל, ,אַ ווראָם איז אַ קלוגער׳ („קלוגער – אדיעקטיוו צו אווראָם")[234]. זאַרעצקי פֿאָרמולירט זייַן אייגענע דעפֿיניציע פֿון דעם סובסטאַנטיוו ווי „אַ וואָרט, צו וועלכן ס׳איז באהעפט אָדער קען זיין באהעפט אן אדיעקטיוו".[235] לויט אים, שטאַמט די דעפֿיניציע פֿונעם רוסישן לינגוויסט פֿאָרטונאַטאָוו. אויפֿן סמך פֿון דער דעפֿיניציע טענהט זאַרעצקי, אַז „יעדעס וואָרט אָדער יעדע ווערטערגרופּע קען סובסטאַנטיווירט ווערן, באַקומענדיק אַן אַרטיקל אָדער אַן אַנדער אַדיעקטיוו, אָדער אַ סובסטאַנטיווישע מערצאָל־פֿאָרמע, צי בכּלל אַ וועלכן ס׳איז סימן, אַפילו בלויזע אַסאָציאַציע, פון אַ סובסטאַנטיוו" (**י״ג**, 84). זאַרעצקי באַגרענעצט די דערשייַנונג: נישט רעכענענדיק אינפֿיניטיוון מיט אַדווערבן פֿאַר קיין סובסטאַנטיווירונגען, שיידט ער אונטער די באַנוצן: ,אָפּט לאַכן איז געזונט׳ – נישט קיין סובסטאַנטיווירונג צוליב דעם אַדווערב, און ,אָפּטער לאַכן איז געזונט׳ (פֿאַר ליטוויש ייִדיש) – אַ סובסטאַנטיווירונג, ווייַל דאָס וואָרט ווערט באַניצט צוזאַמען מיט אַן אַדיעקטיוו (דאָרטן). זאַרעצקי דערמאָנט מער סובסטאַנטיווירטע פּראָנאָמען ווי פֿאַלקאָוויטש: „מייַן ,איך׳ איז מיר טייַער", „דער גרויסער ,מיר׳" און אינוואַריאַנטן: „דאָרטנס און דאָען" (**י״ג**, 84).

קאַגאַראָוו שיידט אונטער באַשטענדיקע (סעמאַנטישע) און צופֿעליקע (סינטאַקסישע) סובסטאַנטיווירונג.[236]

מאַרק ברענגט אַן אַלגעמיינע רעפֿלעקסיע וועגן דער טבֿע פֿון סובסטאַנטיוון (**גי״ב**, 117) און ווייניקע בײַשפּילן פֿון סובסטאַנטיווירונג (**גי״ב**, 118).

233 צווייַג, א.ר. [ראָזנצווייַג, אייַזיק], 1927: וועגן דעם פֿאָרמעלן טרעגער פון סובסטאַנטיווישקייט. אין: **די״ש** 3–4: שפּ׳ 43–46.

234 זאַרעצקי, א[ייַזיק], 1927: אן ענטפער כ׳ א.ר. צווייַגן. אין: דאָרטן שפּ׳ 45–48, דאָ: שפּ׳ 46.

235 דאָרטן, שפּ׳ 45.

236 קאַגאַראָוו, יעווגעני, 1929: אייניקע אַכטגעבונגען אויפֿן געביט פון ייִדישן סינטאַקסיס. אין: **פֿילאָלאָגישע שריפֿטן פֿון ייִוואָ** (ווילנע) 3: שפּ׳ 467–472, דאָ: שפּ׳ 472.

זע די דעבאַטעס וועגן דער סטיליסטישער קוואַליטעט פֿון ווערבאַלע סובסטאַנטיוון: שטיפֿס קאַטעגאָרישן אַרויסטרעט קעגן זיי,[237] ספּיוואַקס פּאָזיציע[238] און ראָזנפֿעלדס קאָנטראַרגו־מענטן.[239]

פֿאַרגלײַכנדיק קאָנסטרוקציעס מיט סובסטאַנטיוון און ווערבן פֿון דעם סטיליסטישן קוק־ווינקל, מיינט שטיף, אַז סובסטאַנטיוון מאַכן אומקלאָרער דעם באַטײַט פֿון דעם זאַץ וואָס שייך דער צײַט פֿון דער האַנדלונג און איר פֿאַרענדיקטקייט און לאָדן איבער זײַן סינטאַקס מיט אי־בעריקע סובסטאַנטיוון און קאָנסטרוקציעס מיט דער פּרעפּאָזיציע ,פֿון׳. למשל: ,פֿיל ערנסטער איז די פֿראַגע וועגן קאַמף קעגן באַניצן זיך מיט געדונגענע אַרבעטער׳ – ,פֿיל ערנסטער איז די פֿראַגע, צי זאָל (דאַרף) מען קעמפֿן קעגן באַניצן זיך מיט געדונגענע אַרבעטער׳.[240]

184 זאַרעצקי שענקט מער אויפֿמערק ווי פֿאַלקאָוויטש דער וואָרטשאַפֿונג פֿון סובסטאַנ־טיוון און שטעלט צונויף אַ גאַנצע רשימה חיוז וואָרט־פֿורעמענדיקע סופֿיקסן, טיפּן וואָרט־פֿאַר־רעמונג פֿון סובסטאַנטיוון און מעגלעכע דעריוואַטן (**י״ג**, 48–59).

מאַרק צעטיילט די גאַנצע גרופּע סובסטאַנטיוון אויף ,ערשטיקע׳ און ,צווייטיקע׳, אָבער פֿאָלגט אין אַלגעמיין נאָך זאַרעצקיס קלאַסיפֿיקאַציע. די פֿאַרקלענער־פֿאָרמעס ווערן פֿאָרגע־שטעלט ווי ערשטיקע סובסטאַנטיוון, ווײַל זייער אַפֿיקסאַציע בײַט נישט דעם אַלגעמיינעם באַטײַט פֿונעם סובסטאַנטיוו. לויט מאַרקן, געהערן צו דער גרופּע פֿון די צווייטיקע סובסטאַנ־טיוון אויך אַזעלכע וואָס ווערן געפֿורעמט אָן אַפֿיקסן, פֿון ווערבן אָדער אַדיעקטיוון, ווי ,דער לויף׳ אָדער ,די טיף׳. ער איז זיך מודה אָבער, אַז אַ מאָל איז נישט קלאָר צי דער סובסטאַנטיוו שטאַמט פֿון ווערב צי פֿאַרקערט, דערבײַ שטרײַכט ער אונטער אַז אין דער אוראַלטער תּקופֿה פֿון שפּראַך־אַנטוויקלונג האָט די צעטיילונג אויף סובסטאַנטיוון און ווערבן בכלל נישט עקסיס־טירט (**גי״ב**, 189).

זע נאָך בײַשפּילן פֿון סובסטאַנטיווירונג אין: **י״ג**, 83.

185–186 פֿאַלקאָוויטש גיט דרײַ קריטעריעס פֿון סובסטאַנטיוון־קלאַסיפֿיקאַציע: וואָרט־בילדונג (§§183–184), סעמאַנטיק (§185) און סינטאַקס (§186), בשעת זאַרעצקי מישט צונויף סעמאַנטישע און מאָרפֿאָלאָגישע כאַראַקטעריסטיקעס און וואָרטשאַפֿונג (**י״ג**, 48–84).

פֿאַלקאָוויטשעס סעמאַנטישע קלאַסיפֿיקאַציע פֿון סובסטאַנטיוון איז זייער ענלעך אויף קלמנאָוויטשעס (**יגק״ל**, 34).

237 שטיף, נ[חום], 1930: ווערבאַלע זאכווערטער און צײַטווערטער. אין: **ייִדישע סטיליסטיק**. מאָסקווע, כאַרקאָוו, מינסק: צענטראַלער פארלאג פאר די פעלקער פונ פ.ס.ר.ר, 93–122.

238 ספּיוואק, ע.[אליה], 1931: **שפּראַכ־קולטור (טעאָריע אונ פּראַקטיק)**. כארקאָוו, קיִעוו: צענטרפארלאג אלוקראיִנישע אָפּטיילונג, 172–174.

239 ראָזנפֿעלד, משה נ., 1938: ווערב אָדער סובסטאנטיוו (סטיליסטישע אָפּהאנדלונג וועגנ דער ראָליע אונ פונקציע פונ ווערבאלנ סובסטאנטיוו אינ דער שפּראכ). אין: ווינער, מ[איר] און א[יַיזיק] זארעצקי (רעד׳): **פּראגנ פונ ייִדישער שפּראכ**. מאָסקווע: פארלאג עמעס, 188–211.

240 שטיף, נ[חום], 1927: זאכווערטער אנשטאט צייטווערטער (פון דער סעריע „די פּאַפּירענע שפּראַך״). אין: **די״ש** 5–6: שפּ׳ 47–62; 7: שפּ׳ 59–74.

23 פֿאַראַלעלע און צונויפֿגעזעצטע סובסטאַנטיוון

187–189 פֿאַלקאָוויטש באַשרײַבט צוזאַמען די סינטאַקסישע דערשײַנונג פֿון פֿאַראַלעלן באַנוץ פֿון סובסטאַנטיוון (‚די שטאָט מאָסקווע', ‚זעקל מעל') און די פֿורעמונג־פּראָבלעם פֿון צונויפֿגעזעצטע ווערטער (‚מעלזעקל'). דאָס איז באַרעכטיקט פֿונעם פּעדאַגאָגישן קוקווינקל, אָבער פֿאַרמישט די יוצרות פֿאַר אַ טעאָרעטישער שפּראַך־באַשרײַבונג. די מערסטע גראַמאַטי־קעס באַשרײַבן די דערשײַנונג פֿון פּאַראַלעלע סובסטאַנטיוון אין דעם סינטאַקסישן אָפּטייל, גע־ווידמעט אַטריבוטיווע פֿראַזעס. דערבײַ ווערט קוים דערמאָנט דווקא דער ערשטער טיפּ ווי ‚די שטאָט מאָסקווע'. מאַרק דעקלאַרירט אַז „בײַ אַן אַטריבוטיווער פֿראַזע איז לחלוטין אוממעגלעך אַז אַ סובסטאַנטיוו זאָל קומען נאָך אַ סובסטאַנטיוו", חוץ אין דעם פֿאַל פֿון קוואַנטיטאַטיוון ווי ‚אַ שטיק לעקעך', ‚אַ שנירל קרעלן' (**גי"כ**, 86), וואָס צווישןביידע טיילן פֿון דעם אויסדרוק עקסיסטירט אַ לאָגישע סעמאַנטישע פֿאַרבינדונג פֿון כּמות (קוואַנטום) (**גי"כ**, 180–184). חוץ דעם, זײַנען, לויט מאַרקן, פֿאַראַן קוואַנטיטאַטיוון מיט מעטאָנימישער אָדער היפּערבאָלישער פֿאַרבינדונג צווישן די טיילן ווי ‚אַ לאַבירינט טעאָריעס', ‚אַ לווזשע רכילות'. ער באַשרײַבט ווי צו יעדן איינעם פֿון די גלידער פֿון קוואַנטיטאַטיוו קען צוקומען אַן אַדיעקטיוו און ברענגט בײַשפּילן פֿון קאָמפּליצירטערע אַדיעקטיווישע אויסדרוקן: ‚אַ ביז גאָר חניפֿותדיקער שלל קאָמפּלימענטן', ‚דער גרויסער חלק לאַנגע ייִדישע נעזער' (**גי"כ**, 182). מאַרקס פּרוּוון אונטערצושיידן די קוואַנ־טיטאַטיוון פֿון אַנדערע ענלעכע אויסדרוקן לויט זייער סעמאַנטיק באַזירן זיך נישט אַלע מאָל אויף קיין קלאָרע קריטעריעס: למשל, ער האַלט נישט דעם אויסדרוק ‚דאָס פּינטעלע ייִד' פֿאַר קיין קוואַנטיטאַטיוו (**גי"כ**, 184).

פֿאַלקאָוויטשעס טערמינאָלאָגיע האָט אַ געוויסע קרובֿישאַפֿט מיט קלמנאָוויטשעס און זאַרעצקיס גראַמאַטיקעס, כאָטש ער באַרײַכערט דעם מאַטעריאַל און פֿאַרברייטערט דעם טעאָ־רעטישן אַנאַליז (**יגק"ל**, 34–35, **י"ג**, 76–83).

אין דער רשימה צונויפֿגעזעצטע ווערטער שליסן די סאָוועטישע לינגוויסטן אײַן אַזעל־כע פֿאָרמעס ווי ‚טאַטע־מאַמע', ‚גאָפּל־מעסער'. זאַרעצקי רופֿט זיי אָן ‚קאָאָרדיניר־צונויפֿזאַץ' (**י"ג**, 80). מאַרק האַלט נישט אַזעלכע קאָנסטרוקציעס פֿאַר קיין צונויפֿהעפֿטן צוליב די צוויי גלײַכע אַקצענטן, אָבער דערקלערט נישט זייערע ווײַטערדיקע באַזונדערקייטן (**גי"כ**, 207). אין אַלגעמיין שענקט מאַרק מער אויפֿמערק די פּראָסאָדישע וואַריאַנטן פֿון צונויפֿהעפֿטן, בשעת זאַרעצקי און, ווייניקער, פֿאַלקאָוויטש, אינטערעסירן זיך מער אין זייער פֿורעמונג.

24 אַרטיקל

190–191 אין **יגק"ל** פֿעלן אינפֿאָרמאַציעס וועגן אַרטיקלען.

זאַרעצקי רעכנט צו דעם באַשטימטן און דעם אומבאַשטימטן אַרטיקל צו פֿאַרשיידענע וואָרטקלאַסן און שיידט אונטער דעם „באַהילפֿיקן אַדיעקטיוו ‚דער, די, דאָס, דעם'" און „אַ באַ־הילפֿיקן אינוואַריאַנט ‚אַ (אַן)'", דערמיט שטרײַכט ער אונטער די ענלעכקייט פֿונעם אַרטיקל מיטן אַדיעקטיוו (**י"ג**, 85). זאַרעצקי פֿאַרלאָזט זיך אין זײַן קלאַסיפֿיקאַציע מער אויף פֿאָרמעלע קריטעריעס (מין, צאָל און בייגפֿאַלן פֿונעם באַשטימיקן אַרטיקל), ווי אויף דער סעמאַנטישער

נאָענטקייט צווישן ביידע מינים אַרטיקלען, וואָס באַטײַטן „(אומ)באַוווּסטקײַט“. כאָטש זאַרעצקי איז געוויינטלעך אַ געטרײַער אָנהענגער פֿון פּעשקאָווסקיס גראַמאַטיק, טרעט ער אָפּ, אין דעם פּרט, פֿון זײַן פּרינציפּ פֿון „גראַמאַטיש־באַטײַטלעכע קאַטעגאָריעס“.[241]

לויט זאַרעצקין, „באַטײַט [דער אַרטיקל] נאָר אַ געוויסע באַציִונג צווישן דעם געגנשטאַנד מיטן רעדער אָדער מיטן צוהערער“. ער גיט פּרטימדיקע כּללים פֿון זײַן באַנוץ (**י״ג**, 86–90).

קאַגאַראָוו אַנאַליזירט דעם באַנוץ פֿון באַשטימטן און אומבאַשטימטן אַרטיקל.[242]

מאַרק באַטראַכט דעם אַרטיקל ווי „אַ מין אָרגאַניש בײַוואָרט פֿון סובסטאַנטיוו“ און טיילט אויס דרײַ טיפּן אַרטיקלען: באַשטימטער, אומבאַשטימטער און נעגאַטיווער. ער רעדט אַרום די פֿאָרמעס און די סעמאַנטיק פֿון די אַרטיקלען, אָפּשטעלנדיק זיך אויף באַזונדערע פֿאַלן ווו מע דאַרף אין ייִדיש נישט קיין אַרטיקל – צב״ש, בײַ די ווערטער ‚ייִדן‘ און ‚גאָט‘ (**גי״כ**, 118–121).

מאַרק און זאַרעצקי באַניצן ביידע דעם טערמין ‚נעגאַטיווער אַרטיקל‘. אין דער מאָדערנער שפּראַך־וויסנשאַפֿט איז דער אָ טערמין ניט אָנגענומען, ווײַל דער אַרטיקל ווײַזט אויף אומ־/באַשטימטקייט און קען נישט זײַן נעגאַטיוו. זאַרעצקי דערקלערט די באַזונדערקייטן פֿון זײַן באַנוץ, בפֿרט מיט צאָלווערטער: „כ׳האָב נישט קיין דרײַסיק קאָפּיקעס“ און ווי אַ סובסטאַנטיווירונגס־מיטל: „נישטאָ נישט קיין אַהין, נישט קיין צוריק“ (ש״ע) (**י״ג**, 90–91). ער מאַכט אַן אָריגינעלן אויספֿיר אַז אַזעלכע ווערטער ווי ‚רב‘, ‚חבֿר‘, ‚דאָקטאָר‘ „זענען אויפֿן וועג צו ווערן אַרטיקלען“, ווײַל זיי האָבן אַ פֿעיִקייט צו סובסטאַנטיווירן, אַפֿילו צו געבן דעם כאַראַקטער פֿון אַ פּערזאָן־נאָמען, און ער גיט אַ בײַשפּיל פֿון שלום־עליכמען: „רב זײַט־זשע־מוחל“ (**י״ג**, 91).

192 זע וועגן צוזאַמענשרײַבן דעם פּרעפֿיקס אַ־ אין די קאָמענטאַרן צו §§ 353–354.

193 ראָדאַק גיט אַכט אויף די פֿאַלן ווו מע טאָר נישט באַניצן קיין אַרטיקל און פֿאַרריכט אַפֿילו איבעריקע אַרטיקלען בײַ „שיינשרײַבער“ ווי מענדעלע מוכר־ספֿרים און עוזר וואַרשאַווסקי. כאָטש אַ מאָל פֿעלט בײַ ראָדאַקן דער אַנאַליטישער אויספֿיר, גיט ער אַן אינטערעסאַנטן אַנאַליז פֿון דער שפּראַך פֿון דער ייִדישער פּרעסע, וואָס ווײַזט, למשל, די נטיה נישט צו באַניצן דעם באַשטימטן אַרטיקל מיט די פּרעפּאָזיציעס ‚אין‘, ‚פֿון‘ און ‚וועגן‘.[243]

25 פֿאָרמעס פֿון פֿאַרקלענערונג, צערטלעכקייט און אַנדערע

194–198 זאַרעצקי באַשרײַבט פֿאַרקלענערונג־, פֿאַראַכט־ און צערטל־נעמען אין אַלגעמיינעם קאַפּיטל וועגן דער פֿורעמונג פֿון סובסטאַנטיוון, מיט באַזונדערער אַכט אויף:

1. די סובסטאַנטיוון מיטן אַקצענט נישט אויפֿן לעצטן טראַף. זאַרעצקי רעדט אַרום באַזונדערש די וואָס פֿאַרענדיקן זיך מיט ־ן און פֿאַרבײַטן ־ן אויף ־ל אין ביידע פֿאַרקלענערונגען, ווי ‚גאָרטן – גערטל – גערטעלע‘ אָדער בלויז אין דער צווייטער, ווי ‚ניגון – ניגונדל – ניגעלע‘;

2. די פֿאַלן ווען די פֿאַרקלענער־פֿאָרמע געפֿינט זיך סעמאַנטיש ווײַט פֿונעם גרונט־סובסטאַנטיוו, ווי ‚באַנק‘ – ‚בענקל‘, ‚דעק‘ – ‚דעקל‘, ‚האַנט‘ – ‚הענטל‘, ‚טוך‘ – ‚טיכל‘, ‚פּוס‘ – ‚פּיסל‘, ‚קייט‘ – ‚קייטל‘;

241 שאַפּיראָ 1937 (ווי ה׳ 231): 166.
242 קאַגאַראָוו 1929 (ווי ה׳ 236): שפּ׳ 468.
243 ראָדאַק, י[עקבֿ], 1929: דער, די, דאָס. אין: **די״ש** 6: שפּ׳ 27–32.

3. צוויי בײַשפּילן פֿון ,איראָניע־פֿאָרמעס׳ ווי ,מאַנעשיש (מאַן), מעצאָצע (מציאה)׳ און די פֿאַראַכט־פֿאָרמעס (**י״ג**, 61–64).

זאַרעצקי און מאַרק ברענגען סובסטאַנטיוון וואָס בילדן נישט די ערשטע פֿאַרקלענער־פֿאָרמע מיטן סופֿיקס ,־ל׳, צוליב אַ ,־ל׳/,־ע׳ וואָרט־אויס, ווי ,מאַנטל, שׂכל, באָבע, שטימע׳ (**גי״כ**, 185). מאַרק באַמערקט אַ חילוק אין באַטײַט פֿון פֿאַרקלענער־פֿאָרמעס לויטן וואָקאַל אינעם וואָרצל: ,וואַסערל׳ – קליינער שטראָם און ,ווע‎סערל׳ – רפֿואה אין אַ פֿלעשל; ,מאַנטעלע׳ – פֿון אַ קינד און ,מענטעלע׳ – פֿון אַ ספֿר־תּורה און אַנדערע (**גי״כ**, 187).

ווי אַנדערע לינגוויסטן בײַם ייִוואָ, רופֿט מאַרק אָן די ערשטע מדרגה פֿון פֿאַרקלענערונג ,דימינוטיוו׳ און די צווייטע מדרגה – ,אימינוטיוו׳. לויט אים, איז דער באַנוץ פֿון פֿאַרקלענער־פֿאָרמעס כאַראַקטעריסטיש פֿאַרן ,פֿאָלקישן׳ רעדן (**גי״כ**, 184–187).

195 קלמנאָוויטש גיט אַ קורצע רשימה פֿון צערטלעכקייט־סופֿיקסן און באַמערקט באַזונדערש אַז ,־שי׳ געהערט צום פּוילישן דיאַלעקט און ,־כן׳ און ,־ניו׳ – צו דעם וואָלינער (**יגק״ל**, 37).

לאַנדוי באַשרײַבט דימינוטיוון אין אַלטע און דיאַלעקטישע ייִדישע טעקסטן און פֿאַרגלײַכט זיי מיט דײַטשישע פֿאַרקלענער־פֿאָרמעס.[244]

196–198 זע וועגן פֿאַרגרעסערונג־פֿאָרמעס בײַ שאַפּירן[245] מיט ראָבאַקס צוגאָב: ,ליפּ׳ – ,לופּ׳, ,שטיק׳ – ,שטוקע׳, ,באַרילאָ׳, ,שטיקײַלאָ׳.[246]

26 צאָלפֿאָרמעס

199–204 קלמנאָוויטש דערמאָנט נאָר די מאָרפֿאָלאָגישע מערצאָל (**יגק״ל**, 39–40).

זאַרעצקי באַשרײַבט נײַן טיפּן מערצאָל־פֿאָרמעס (**י״ג**, 64–76). אַ מאָל גיט ער צו באַזונדערקייטן פֿונעם סאָוועטישן באַנוץ, ווי די מערצאָל „שטערנס״ פֿון קעפּל פֿון דער צײַטונג „שטערן״, כאָטש דאָס וואָרט באַצייכנט אַ קאָסמישן קערפּער, נישט קיין טייל פּנים (**י״ג**, 73).

מאַרק שטרײַכט אונטער אַ באַזונדערע קוואַליטעט פֿון דעם אומבאַשטימטן אַרטיקל (**פֿ״גל י״ג**, 86–90) ווען ער ווערט גענוצט פֿאַר דער צאָלפֿאָרמע מיט אַ סובסטאַנטיוו אין מערצאָל, צו ווײַזן אַן אַנערכדיקע קוואַנטיטעט, ווי ,אַ צוויי מנינים פֿאַרבעטענע געסט׳ (**גי״כ**, 121).

זע די רשימות מערצאָל־פֿאָרמעס אין: **גי״כ**, 160–171, אַרײַנגערעכנט פּאַראַלעלע פֿאָרמעס: **גי״כ**, 170–171.[247]

די גראַמאַטיקעס באַשרײַבן פֿאַרשיידענע באַזונדערע פֿאַלן צאָלפֿאָרמעס: „סובסטאַנטיוון דעפעקטיווע לגבי מערצאָל״ (**י״ג**, 73), איינצאָל אַנשטאָט מערצאָל און פֿאַרקערט (**גי״כ**,

244 לאַנדוי, אַלפֿרעד, 1937: דער דימינוטיוו אין גאַליציש ייִדיש. אין: **ייִוואָ־בלעטער** (ווילנע) 11: 154–172; מיט מ. וו. [מאַקס ווײַנרײַכס] אַרײַנפֿיר; Landau, Alfred 1895: Das Deminutivum der galizisch-jüdischen Mundart: ein Capitel aus der jüdisch-deutschen Grammatik. In: *Deutsche Mundarten* 1: 46–58.

245 שאַפּיר, משה מ., 1944: עטלעכע פֿאַרגרעסער־פֿאָרמעס אין ייִדיש. אין: **י״ש** IV (3–6): 126–127.

246 ראָבאַק 1945 (ווי ה׳ 41): 74.

247 מאַרק, יודל, 1954: מערצאָל פֿון זאַכווערטער. אין: **י״ש** XIV (2): 33–42; XIV (3): 80–92; XIV (4): 120–126; 1955: XV (1): 5–11; XV (2): 58–63; XV (3): 65–79; XV (4): 110–118.

171 – 173), העפֿלעכקייט־מערצאָל, „אַווטאָרשע מערצאָל“, „פֿאַרבֿרייטערדיקע מערצאָל“,[248] „מאַיעסטעטע מערצאָל“ (י״ג, 73 – 76).

נאָך אַ פּרטימדיקער באַשרייַבונג פֿון ייִדישע לשון־רבים־סופֿיקסן, אויך העברעיִש־שטאַמיקע, קומט ז. רייזען צום אויספֿיר, אַז זיי שיידן זיך אונטער פֿון דער גערמאַנישער סיסטעם מערצאָל־מאָרפֿעמעס.[249]

ווײַנרײַך באַשרײַבט די פֿאַרשיידענע מערצאָל־פֿאָרמעס פֿונעם סובסטאַנטיוו ,נאָז׳ איבער די ייִדישע דיאַלעקטן (מיט אַ מאַפּע).[250]

27 מין און ווײַבלעכע פֿאָרמעס

205 – 206 זע וועגן ווײַבלעכע סובסטאַנטיוון אין: **גי״כ**, 192 – 194, **י״ג**, 60 – 61.

אין סאָוועטישן ייִדיש און אין כּלל־ייִדיש דאַרף מען ארויסרעדן נישט [ין], נאָר [ן] (**גי״כ**, 193).[251] לויט דער סאָוועטישער שול, דאַרף מען אויך שרײַבן דעם ווײַבלעכן סופֿיקס מיט ־ין׳ ווי ,־ן׳: ,לערערן׳, ,שנײַדערן׳.[252]

207 – 208 לויט זאַרעצקין, האָט נישט דער סובסטאַנטיוו קיין פֿאָרמעלן ווײַזער פֿון מין, כאָטש געוויסע סופֿיקסן באַשטימען יאָ דעם גראַמאַטישן מין פֿון סובסטאַנטיוו. מערצאָל־סופֿיקסן, כאָטש לויט זיי קען מען אַ מאָל טרעפֿן דעם מין פֿון אַ סובסטאַנטיוו, האָבן קודם־כּל אַ זין פֿון לשון־רבים און לאָזן זיך נישט אינטערפּרעטירן ווי אַ פֿאָרמעלער ווײַזער פֿונעם מין. דערפֿאַר טענהט דער פֿאָרמאַליסט זאַרעצקי, אַז דער „מין פון סובסטאַנטיוו איז עפּעס אַזוינס, וואָס געפינט זיך נישט אינעם סובסטאַנטיוו גופא, נאָר אין יענעם אַדיעקטיוו, וואָס באַהעפט זיך מיט אים“ (**י״ג**, 92) און קיין „אַנטשפּרעכונג צווישן גראַמאַטישן מין און ביאָלאָגישן געשלעכט“ עקסיסטירט נישט (**י״ג**, 93). ער שטעלט צונויף אַ קלאַסיפֿיקאַציע פֿון מין אין ליטעראַרישן ייִדיש אויפֿן סמך פֿון פֿאָנעטישע, גראַמאַטישע און סעמאַנטישע קריטעריעס (**י״ג**, 94 – 96). לויט ענלעכע קריטעריעס, טיילט מאַרק אויס 20 גרופּעס פֿון ייִדישע סובסטאַנטיוון, וואָס האָבן אַ פֿאָרמעלן ווײַזער פֿון זייער גראַמאַטישן מין (**גי״כ**, 121 – 126), און שטעלט צונויף אַ ווערטערביכל מיט סובסטאַנטיוון וואָס גייען נישט אַרײַן אין די פֿאָרגעלייגטע גרופּעס (**גי״כ**, 127 – 160).

209 – 211 אַ ריי סאָוועטישע לינגוויסטן, צווישן זיי פֿאַלקאָוויטש, זאַרעצקי און שאַפּיראָ, פֿאַררעכענען דעם מין צווישן די סאַמע אומאײַנהײַטלעכע גראַמאַטישע דערשײַנונגען אין די ייִדישע דיאַלעקטן. זאַרעצקי באַווײַזט די שוועריקייט פֿון נאָרמאַטיוויזאַציע פֿון מין אויף זשיטלאָווסקיס קאַריקאַטורישן בײַשפּיל: „איך גיי אַרויס אַ קוק טון, ווו איז דער פערדעלע, ערשט נישטאָ דאָס פערדעלע! אַנטלאָפן די פערדעלע!“ (**י״ג**, 93). אין פֿאַרשיידענע ערטער און תּקופֿות

248 מאַרק, יודל, 1953: די כּמות־פֿאַרבינדונג צווישן צוויי זאַכווערטער. אין: **י״ש** XIII (1): 1 – 5.

249 רייזען, זלמן, 1926: די דעקלינאַציע פון דעם שם־עצם אין יידיש. אַ קאַפּיטל יידישע גראַמאַטיק. אין: **פֿילאָלאָגישע שריפֿטן פֿון ייִוואָ** (ווילנע) 1 (לאַנדוי־בוך): שפּ׳ 387 – 412, דאָ: שפּ׳ 394 – 412.

250 ווײַנרײַך, אוריאל, 1960: **נאָזן, נעזער, נעז**: אַ קאַפּיטל גראַמאַטישע געאָגראַפּיע. אין: **י״ש** XX (3): 81 – 90.

251 וויינגער, מ[רדכי], 1927: אויסלייג. אַ פילפלדיקער איינפאַל. אין: **די״ש** 1: שפּ׳ 47.

252 ליטוואַקאָוו און זארעצקי 1929 (ווי ה׳ 80): שפּ׳ 57 – 58.

האָט מען פֿאָרגעלייגט צו נאָרמאַטיוויזירן דעם מין,[253] לויטן מיזרח־גאַליצישן דיאַלעקט[254] און לויטן ליטווישן צי פּויליש.[255] אין ראַטן־פֿאַרבאַנד און אין ייִוואָ האָט מען געפּירט דיאַלעקטאַלע פֿאָרשונגען פֿונעם מין.[256]

אויך סאָוועטישע קאָרעקטאָרן האָבן זיך אָפּגעגעבן מיט דער פּראָבלעם פֿון מין און פֿאַר־ראָכטן „דער אויטאָריטעט' אויף „די אויטאָריטעט', „די פּראָבלעם' אויף „דער פּראָבלעם'.[257]

צווישן אַלע דיאַלעקטן האָט מען צום מערסטן געשריבן וועגן מין אין ליטווישן דיאַלעקט,[258] ווייניקער אין בעסאַראַבער ייִדיש.[259] גרינטלעכע פֿאָרשונגען נעמען אַרײַן דעם אַנאַליז פֿון מין און בייגפֿאַל אין ייִדיש.[260]

28 סובסטאַנטיוון אַלס סוביעקטן און אָביעקטן און זייערע פֿאָרמעס

212–215 רייזען באַשרײַבט די רעדוקציע אין ייִדישע בייגפֿאַלן מיטן אויספֿיר: „די בייגפֿאַלן ווערן דערקענט ניט נאָך זייערע ענדונגען, וועלכע זיי האָבן ניט..., און אויך ניט לויט דעם אַר־טיקל וואָס פֿאַר זיי, נאָר לויט זייער צוזאַמענהאַנג מיט די אַנדערע ווערטער אין זאַץ, דאָס הייסט סינטאַקטיש; די בייגפֿאַלן אין ייִדיש געהערן מער צו דעם סינטאַקסיס, ווי צו דער פֿלעקסיע".[261] סאָוועטישע לינגוויסטן האָבן אויסגעאַרבעט אַ רשימה פּרעפּאָזיציעס און ווערבן וואָס פֿאָדערן דעם דאַטיוו;[262] פֿ"גל מיט די סינטאַקסישע פֿונקציעס פֿון די בייגפֿאַלן און ענלעכע רשימות אין: **גי"כ**, 174–177.

[253] מאַרק, יודל, 1943: דער גראַמאַטישער מין פֿון זאַכווערטער. אין: **י"ש** III (4–6): 97–136.

[254] ווילער, יעקבֿ, 1926: דער גראַמאַטישער מין פֿון די הויפּטווערטער אין מיזרח־גאַליציש ייִדיש. אין: **פֿילאָלאָגישע שריפֿטן פֿון ייִוואָ** (ווילנע) 1 (לאַנדוי־בוך): שפּ' 249–264.

[255] שאַפּיראָ, מ[שה], 1939: דער גראַמאַטישער מינ אינ ייִדיש. אין: **א"ש** 3: 111–165.

[256] לויצקער, כ.[חיים], 1929: אַנקעטעס וועגן מין פֿון סובסטאַנטיוו. אין: **די"ש** 1: שפּ' 55–58; שאַפּיראָ 1939 (ווי ה' 255).

[257] ווײַסמאַן 1932 (ווי ה' 132): 36.

[258] רייזען, זלמן, 1924: גראַמאַטישער מין אין ייִדיש. אין: **ייִדישע פֿילאָלאָגיע** (וואַרשע), ב' I, 1: 11–22, 2–3: 180–192, 4–6: 303–322; ראָבאַק, אַבֿרהם אַ., 1944: פֿאַר וואָס האָבן נישט די ליטווישע ייִדן דעם נייטראַלן מין. אין: **י"ש** IV (3–6): 80–82; מאַרק, יודל, 1944: די ליטווישע ייִדן און דער נייטראַלער מין. אין: דאָרטן, 83–94; ראָבאַק 1945 (ווי ה' 41); מאַרק, יודל, 1945: ראָבאַקס אַרטיקל. אין: י"ש V (3): 75–78; שאלות און תּשובֿות. אין: **י"ש** XXV (1), 1945: 63–64; מאַרק, יודל, 1951: אונדזער ליטווישער ייִדיש. אין: סודאַרסקי, מענדל (רעד'): **ליטע**. ניו־יאָרק: קולטור־געזעלשאַפֿט פֿון ליטווישע ייִדן, 429–472. Jacobs, Neil G., 1990: Northeastern Yiddish Gender-Switch: Abstracting Dialect Features Regionally. In: *Diachronica* 7: 69–100.

[259] ווײַנבערג, מאַקס, 1944: דער גראַמאַטישער מין לויטן בעסאַראַבער נוסח. אין: **י"ש** IV (2): 55–57.

[260] Weinreich, Uriel, 1961: *The Seven Genders of Yiddish. Unpublished paper read before the annual meeting of the Linguistic Society of America*. Chicago; Wolf, Meyer 1969: The Geography of Yiddish Case and Gender Variation. In: Herzog Marvin I., Ravid Wita and Uriel Weinreich, eds., *The Field of Yiddish. Studies in Language, Folklore and Literature*, Third Collection. London, The Hague, Paris : Mouton & Co, 102–215.

[261] רייזען 1926 (ווי ה' 249), שפּ' 390.

[262] טשערניאַק, י[וסף], 1930: אַ צעטל צײַטווערטער און פּרעפּאָזיציעס, נאָך וועלכע איך האָב געהערט דאַטיוו אָדער אַקוזאַטיוו. אין: **די"ש** 1: שפּ' 33–38, דאָ: שפּ' 35.

216–218 רייזען באַמערקט אַז שפּורן פֿון דער שוואַכער בייגונג לויטן דײַטשישן טיפּ זײַנען געבליבן אין ייִדיש נאָר בײַ צוויי סובסטאַנטיוון פֿון דײַטשישן אָפּשטאַם (‚ייִד׳, ‚מענטש׳), אַנדערע קומען פֿון העברעיִש אָדער פֿון סלאַווישע לשונות (זע זײַן טאַבעלע מיט דעקלינאַציע). בײַם וואָרט ‚מענטש׳ האָט דער געניטיוו (פּאָסעסיוו) געקראָגן צוויי פֿלעקסיעס, לויטן שוואַכן דײַטשישן טיפּ און לויטן שטאַרקן: ‚מענטש־נ־ס׳. אינעם ליטווישן דיאַלעקט געהערן צו דער קאַטעגאָריע אויך די סובסטאַנטיוון ‚טײַטש׳ און ‚נאַר׳, אַ מאָל היט אויף שפּורן פֿון אַ שוואַכער דעקלינאַציע אויך דער סובסטאַנטיוו פֿון נייטראַלן מין ‚האַרץ׳ – ‚האַרצן׳.[263] פֿ״גל: **גי״כ**, 177. רייזען אינטערפּרעטירט די ענדונגען אין פֿאַרגליווערטע אַדווערביאַלע פֿאָרמעס, למשל ‚אינדערוואָכן׳, ווי בייגפֿאַל־ענדונגען, ווײַל דער סובסטאַנטיוו ‚וואָך׳ האָט זיך געבויגן אין מיטל־הויכדײַטש לויט דעם שוואַכן טיפּ. אַנדערע ענלעכע דערשײַנונגען ווי ‚אינדערלופֿטן׳ אָדער ‚פֿאַראיאָרן׳ האָבן זיך געקענט אַנטוויקלען דורך אַנאַלאָגיע.

זאַרעצקי שרײַבט וועגן וואַקלענישן אין דער דעקלינאַציע פֿון סובסטאַנטיוון ווי ‚טאַטע׳, ‚מענטש׳ און פֿון אייגן־נעמען. לויט אים, האָבן די סובסטאַנטיוון אין די טעקסטן פֿון די סטיליסטיש נידעריקערע שפּראַכשיכטן אַ נטיה צו ווערן דעקלינירט. פֿון דער אַנדערער זײַט, ווערן די פּערזאָן־נעמען דעקלינירט אָפֿטער ווען זיי שטייען אַליין און זײַנען נישט קיין טייל פֿון אַ נאָמינאַלער גרופּע. פֿונעם פֿאָנעטישן קוקווינקל ווערן אָפֿטער דעקלינירט משפּחה־נעמען מיט אַ וואָקאַל וואָרט־אויס.[264]

219 רייזען פֿאָרשט די פֿאָנעטישע באַזונדערקייטן בײַ דער בייגונג פֿון אייגן־נעמען;[265] פֿ״גל: **גי״כ**, 178.

220–222 זע וועגן דער בייגונג פֿון פּערזאָניקע פּראָנאָמען אין: **י״ג**, 159, **גי״כ**, 240. פּרילוצקי פֿאָרשט דעם דיאַלעקטאַלן וואַריאַנט פֿון ‚אים׳ – ‚נים׳[266] און די פּאָזיציע פֿון פּראָנאָם לגבי דעם הויפּטוואָרב: „כ׳האָב זאָגאַל (=זאָגאַר) געזאָגט נים, יאַך האָב באַצאָלט נים…״ (וואַרשע); „זיי שיקן אַרײַן ברויט נים (אָכאָטע בײַ וואַרשע)״.[267]

קלמנאָוויטש (**יגק״ל**, 44) דערמאָנט אויך די פּוילישע און גאַליצישע פֿאָרמעס פֿון פּראָנאָמען פֿון דער צווייטער פּערזאָן מערצאָל: ‚עץ׳ (נאָמינאַטיוו), ‚ענק׳ (דאַטיוו און אַקוזאַטיוו). פֿ״גל **גי״כ**, 241.

זע וועגן פּראָנאָמען ווי דירעקטע און אומדירעקטע אָביעקטן אין: **גי״כ**, 241. זע אויך אַ ברייטערע דיסקוסיע וועגן דיאַלעקטאַלער וואַריאַציע אין דער בייגונג פֿון פּראָנאָמען אין §§ 223–226.

פּרילוצקי באַמערקט די פֿאַרטאָפּלונג פֿון פּערזאָניקע פּראָנאָמען אין דאַטיוו און אין אַקוזאַטיוו בײַ פּערזאָניקע ווערבן אין דער איצטיקער און פֿאַרגאַנגענער צײַט: „מע האָט מיר [motmo,

263 רייזען 1926 (ווי ה׳ 249), דאָ: שפּ׳ 391.

264 זארעצקי, א[ײַזיק], 1938: וועגנ דעקלינאציע פונ סובסטאנטיוונ אינ ייִדיש. אין: **א״ש** 2: 97–103.

265 רייזען 1926 (ווי ה׳ 249), דאָ: שפּ׳ 392.

266 פּרילוצקי, נח, 1938: האָט זיך געמאַכט זיך, מע האָט מיך געזוכט מיך. אין: **ייִדיש פֿאַר אַלע** (ווילנע) 9: 247–255, דאָ: 254.

267 דאָרטן, 255.

[mopmo] ניש(ט) געגעבן קיין גראָשן מיר (וואַרשע)״, „פֿרעגט מען מיך [məx] נאָך אַ מאָל מיך [məx] (ריקע)״. ער גיט צו בײַשפּילן מיט פֿאַרטאָפּלטע ,אים׳ (דאַטיוו און אַקוזאַטיוו), ,איר׳ (דאַטיוו און אַקוזאַטיוו!), ,עס׳. ער שפּאַרט אָן זײַן אַנאַליז אויף בײַשפּילן פֿון מענדעלע מוכר־ספֿ־רימס „פֿישקע דער קרומער״ און דיאַלעקטאַלע מינדלעכע מאַטעריאַלן.[268]

זע וועגן דעם העפֿלעכן באַנוץ פֿון ,איר׳ אין: **גי״כ**, 241.

מאַרק באַטראַכט דעם פּראָנאָם ,מען׳/,מע׳ אין דער רשימה פֿון פּערזאָניקע פּראָנאָמען און רעקאָמענדירט צו באַניצן דעם צווייטן וואַריאַנט ווען דער פּראָנאָם שטייט פֿאַרן ווערב (**גי״כ**, 239–240).

29 סובסטאַנטיווישע בייגפֿאָרמעס און זייערע פֿונקציעס

223–226 מאַרק שטעלט פֿאָר צוזאַמען די פֿאָרמעלע בייגונג פֿון סובסטאַנטיוון און דעם סעמאַנטישן אינהאַלט פֿון די בייגפֿאַל־פֿאָרמעס אין: **גי״כ** 173–178. די סאָוועטישע לינגוויסטן האָבן זיך אויך אָפּגעגעבן מיט סינטאַקסישע פֿונקציעס פֿון בייגפֿאַלן[269] און באַזונדער פֿון נאָמינאַטיוו (**י״ג**, 213–216).

מאַרק גיט אַ פּרטימדיקן אַנאַליז פֿון די דיאַלעקטאַלע וואַריאַציעס אין דער בייגונג פֿון סובסטאַנטיוון און פּערזאָניקע פּראָנאָמען.[270] ער ווײַזט אָן אויף צוויי נטיות צו פֿאַראיינפֿאַכן די ייִדישע בייגפֿאַל־סיסטעם. צוליב פֿאָנעטישער רעדוקציע פֿאַרשווינדט אַ מאָל דער חילוק צווישן דאַטיוו און אַקוזאַטיוו אין די באַשטימטע אַרטיקלען און אַדיעקטיוון בײַ סובסטאַנטיוון פֿון ווײַבלעכן מין („זענען זיי געפֿאָרן אין די גרויסע שטאָט אַרײַן...״, וואַרשעווער געגנט). אין אַנדערע דיאַלעקטן האָט מען אַ טענדענץ צו באַניצן דעם פּראָנאָמינאַלן דאַטיוו אומעטום, אַפֿילו פֿאַרן דירעקטן אָביעקט: „איך האָב דיר פֿײַנט״, „איך זע דער מאַמען״ (ביאַליסטאָקער און גראָדנער געגנטן).

די אויסגלײַכונג פֿון דאַטיוו און אַקוזאַטיוו איז שוין געפֿאָרשט געוואָרן דורך סאָוועטישע לינגוויסטן, למשל, פֿון וויינגערן.[271] טשערניאַק דערקלערט אַז, כאָטש דער באַנוץ פֿון די בייגפֿאַלן אין דער מערבֿ־געגנט פֿון ראַטן־פֿאַרבאַנד איז בכלל אין הסכּם מיט דער ליטעראַרישער נאָרמע, הערט מען אויך נישט־נאָרמאַטיווע שפּראַך־באַזונדערקייטן בײַ פֿאַרשיידענע סאָציאַלע שיכטן. בײַ מענטשן פֿון פֿאַרשיידענער דערציִונג און פֿאַרשיידענעם עלטער, אין פֿאָלקלאָר און אין בריוו, קען מען אָבסערווירן וואַקלענישן אינעם באַנוץ פֿון אַקוזאַטיוו און דאַטיוו, בפֿרט בײַ אַרטיקלען און פּראָנאָמען פֿון ווײַבלעכן מין: ,לעבן זי׳, ,בײַ די באָבען׳ און אויך ,ער האָט מיר געראַטעוועט׳, ,רופֿן דער מאַמען׳. טשערניאַק באַמערקט דעם פּלאָנטער אַפֿילו בײַ דעם זעלביקן רעדער, און בפֿרט בײַ ייִנגערע.[272] זע נאָך בײַשפּילן פֿון ייִדישן פֿאָלקלאָר מיט פּראָנאָמינאַלע בייגפֿאָרמעס

268 דאָרטן, 247–255.

269 קאַגאַראָוו, יעווגעני, 1928: צו דעם געברויך פֿון די בייגפֿאַלן אין ייִדיש. אין: **פֿילאָלאָגישע שריפֿטן פֿון ייִוואָ** (ווילנע) 2: שפּ׳ 187–198.

270 מאַרק, יודל, 1938א: אַ פּאָר גאָר וויכטיקע ספֿקות פֿון אונדזער איצטיקער כּלל־שפּראַך. אין: **ייִדיש פֿאַר אַלע** (ווילנע) 9: 233–244, דאָ: 238; 1938ב: דאָרטן, 10: 265–272; 1939: דאָרטן, 3 (13): 80–86; מאַרק, יודל, 1941: מיר אָדער מיך? איר אָדער זי?. אין: **י״ש** I (5): 129–147.

271 וויינגער 1926 (ווי ה׳ 21).

272 טשערניאַק 1930 (ווי ה׳ 262).

ביי מאַרקן.[273] לויט אים, קען דער מיש־מאַש זײַן אַ רעזולטאַט פֿון פֿאַרשיידענע דערשײַנונגען: 1. אַ השפּעה מצד דער ליטעראַרישער שפּראַך; 2. איבערגעבליבענע אַרכאַיִזמען; 3. אויסמישונג פֿון דער באַפֿעלקערונג און שפּראַך־קאָנטאַקטן.

מאַרק פֿאַרסך־הכּלט אַז ס׳רובֿ ייִדיש־רעדערס באַגייען זיך נאָר מיט צוויי פֿאַרשיידענע בייגפֿאָרמעס פֿון סובסטאַנטיוון און פּראָנאָמען וואָס ער רופֿט נאָמינאַטיוו און אָביעקטיוו.[274] ווײַזט אויס אַז מאַרק אַנטלײַט דעם טערמין פֿון זאַרעצקיס „אָביעקט בויגפֿאַל" (פֿ"גל מאַרק[275] און י"ג, 160 – 161). זאַרעצקי רעדט אַרום די פֿראַגע צי מע דאַרף פֿאָלגן דעם ליטווישן דיאַלעקט און אָפּרוימען דעם אַקוזאַטיוו פֿון דער כּלל־שפּראַך. מאַרק חזרט איבער זײַנע באַטראַכטונגען און טעאָרעטישע פֿראַגעס, צושטימענדיק, אַז מע טאָר נישט מוותּר זײַן אויפֿן פּראָנאָמינאַלן אַקוזאַטיוו. נישט געקוקט אויף זייערע ענלעכע אויספֿירן, שיידן זיך זאַרעצקיס און מאַרקס אַר־טיקלען אונטער אין זייער אַרגומענטאַציע. זאַרעצקי באַזירט זיך אויף דער סאָוועטישער לינג־וויסטישער טעאָריע פֿון שפּראַך־אַנטוויקלונג און היעראַרכיע פֿון שפּראַך־עלעמענטן. ער טע־נהט, אַז נישט געקוקט אויף דער אַלגעמיינער טענדענץ צו אָפּטימיזירן און צו פֿאַרפּשוטען דעם שפּראַך־מאַטעריאַל, איז „נישט יעדע פֿאַרשווינדונג פֿון פֿאָרמעס... פּראָגרעסיוו" און, כאָטש דער ליטווישער דיאַלעקט איז „פּראָגרעסיווער" צוליב דעם אַז ער האָט נישט קיין נייטראַלן מין, איז דאָס פֿאַרלירן דעם אַקוזאַטיוו זײַן גרויסער חסרון. מאַרק נעמט איבער די אידעע פֿון „נאַטיר־לעכן וועג פֿון שפּראַכלעכן פּראָגרעס וואָס באַשטייט אין באַפֿרײַען זיך פֿון איבעריקע גראַמאַ־טישע קאַטעגאָריעס און פֿאָרמעס".[276] אָבער אַנאַליזירנדיק אַ גרויסן דיאַלעקטאַלן מאַטעריאַל, קומט מאַרק צום אויספֿיר אַז דערווײַל דאַרף מען בויען די כּלל־שפּראַך נאָר אויף אַלגעמיין פֿאַרשפּרייטע לינגוויסטישע דערשײַנונגען און נישט אויף ענגע דיאַלעקטאַלע וואַריאַנטן. אין 1941 קלינגט מאַרקס טענה קעגן „שפּראַך־אָפּטימיזאַציע" שוין קאַטעגאָריש: „מיר זײַנען ניט קיין דיקטאַטאָרס איבער דער ייִדישער שפּראַך".[277]

שטולמאַן שטרײַכט אונטער דאָס פּראַקטישע באַדערפֿעניש אויסצולערנען ייִדישע סאָוועטישע, בפֿרט רײַסישע, קינדער, וואָס רעדן דעם ליטווישן דיאַלעקט, דעם חילוק צווישן אַקוזאַטיוו און דאַטיוו פֿון וויַיבלעכע סובסטאַנטיוון און פּראָנאָמען.[278]

30 פּאָסעסיוו

זע אַן אַלגעמיינע באַשרײַבונג פֿון פּאָסעסיוו אין: **י"ג**, 168 – 172[279] און **גי"ב**, 178 – 180; רייזען האָט געפֿאָרשט דעם פּאָסעסיוו פֿון פּערזאָנען־נעמען.[280]

273 מאַרק 1938א: 242 – 243; 1938ב: 265.
274 מאַרק 1938א: 238.
275 מאַרק 1938א: 236 – 238; 1941: 131.
276 מאַרק 1938א: 236.
277 מאַרק 1941, 131.
278 שטולמאַנ, אי., 1931: אקאדעמיזמ פונעמ ערגסטנ סאָרט. אין: **א"ש** 1 – 2 (26 – 27): שפּ׳ 79 – 88; דאָ: שפּ׳ 84.
279 זע אויך: זארעצקי, א[ייזיק], 1935: וועגנ סינטאקס פונ סאָוועטישנ יידיש. אין: **א"ש** 3 – 4: 170 – 190; דאָ: 183 – 186.
280 רייזען 1926 (ווי ה׳ 249), שפּ׳ 393.

לערנער אַנאַליזירט פּאַסעסיווע קאָנסטרוקציעס אָן דעקלינירטע טיילן און מיט פּאַסעסיווע פּראָנאָמען פֿאַרן סובסטאַנטיוו („מיט רבי יוסף הלוי זײַן פֿרומע, קלוגע און שיינע טאָכטער“) אין אַ דיאַכראָנישער און טיפּאָלאָגישער פערספּעקטיוו מיט בײַשפּילן פֿון דאָקומענטן פֿונעם 17טן ביזן 19טן יאָרהונדערט און אַ פערזענלעכן בריוואויסטויש.[281]

II ווערב

31 ווערב און ווערבפֿאָרמעס

239 קלמנאָוויטש שטיצט זײַן דעפֿיניציע אויפֿן פֿאַקט אַז „די כאַראַקטעריסטישע בויג־פֿאָרם פֿאַרן ווערב איז די צייט“ און פֿירט אײַן דעם טערמין ‚צײַטוואָרט‘ (**יגק״ל**, 49). ער ברענגט אַ פּרטימדיקערע באַשרײַבונג פֿון ווערבן־פֿורעמונג, לויט זייער אָפּשטאַם – גערמאַנישן, סלאַווישן אָדער העברעיִשן, און טיילט אָפּ אין אַ באַזונדערן קלאַס די פּעריפֿראַסטישע קאָנסטרוקציעס מיט ‚זײַן‘ און ‚ווערן‘ (**יגק״ל**, 45–47). מאַרק לייגט פֿאָר אַן אַנדער טערמין פֿאַרן ווערב – צײַטוואָרט, דערקלערנדיק אַז צווישן די יסודותדיקע באַגריפֿן פֿון אונדזער וועלט – אָרט און צײַט, בינדן זיך די סובסטאַנטיוון מיט אָרט און די ווערבן – מיט צײַט (**גי״כ**, 269).

זאַרעצקי פֿאַרברייטערט די קלאַסיפֿיקאַציע, צוגעבנדיק דעם מקור פֿון דעריוואַציע (ווערב אָדער נישט־ווערב). אַ מאָל קאָמענטירט ער די סעמאַנטיק פֿון די וואָרט־פֿורעמענדיקע סופֿיקסן, למשל, וועגן דעם סופֿיקס ‚־עווע‘: „דער סופֿיקס האָט אַמאָל דעם ניואַנס פון ביטול“ (**י״ג**, 112). ער שטעלט זיך אָפּ אויף פּאַראַלעלע פֿאָרמעס ווי ‚פּאַקן – פּאַקעווען‘, ‚שוינען – שאַנעווען‘ און נעאָלאָגיזמען ווי ‚זכרונעווען‘, ‚טינקעווען‘, ‚דאַטשעווען‘. ווי קלמנאָוויטש (**יגק״ל**, 48) און מאַרק (**גי״כ**, 325), שטעלט זאַרעצקי באַזונדער די ווערבן מיטן באַטײַט פֿון קלאַנג־נאָכמאַכונג און דעם סופֿיקס ‚־ק‘ (‚־קע‘): ‚אויקען‘, ‚באָמקען‘ אאַז״וו (**י״ג**, 112).

מאַרק אַנאַליזירט טיפּן פֿון ווערב־פֿורעמונג (**גי״כ**, 318–325), אָפּשטעלנדיק זיך בפֿרט אויף די פּאַרטיציפּן פֿון ווערבן מיטן סופֿיקס ‚־ירן‘, וואָס ווערן באַניצט מיטן פּרעפֿיקס ‚גע־‘, בפֿרט ווען זיי קומען זעלבסטשטענדיק: „געשטאָלצירט מיט די קינדער, האָט ער ניט געזשאַלעוועט אויף זייער שטודירן“ (**גי״כ**, 323). ווערבן מיטן סופֿיקס ‚־ירן‘ קענען קומען אין ייִדישע דיאַלעקטן נישט נאָר פֿון דײַטש, נאָר אויך פֿון סלאַווישע שפּראַכן ווי ‚אַרעשטירן‘ אָדער ‚רעשטירן‘, ‚פּאַטיגירן‘ (דורך פּויליש).[282]

אַנאַליזירנדיק ווערבן מיטן סופֿיקס ‚־ען‘/‚־ענען‘ דערמאָנט פֿײַנבערג, אַז אין ליטווישן דיאַלעקט ווערט באַניצט אַ לענגערער וואַריאַנט פֿון דעם סופֿיקס: ‚קאָרמענען‘ אַנשטאָט ‚קאָרמען‘.[283]

281 לערנער, ר[אובֿן], 1937: דער גענעזיס פונעם געניטיוו־פּאָסעסיוו (שפּראַך־געשיכטלעכער עטיוד). אין: **א״ש** 1: 126–149 דאָ: 131.

282 פּרילוצקי, נח, 1934: צײַטווערטער מיטן סופֿיקס ir אין די ייִדישע מונדאַרטן. אין: **ייִוואָ־בלעטער** (ווילנע) 6: 117–137.

283 פֿײַנבערג, ל., הרבֿ, 1945: אַ כאַראַקטעריסטישער שטריך פֿון דעם ליטווישן דיאַלעקט. אין: **י״ש** V (4–6): 150–152.

זע מאָרפֿאָלאָגישע און סעמאַנטישע באַזונדערקייטן פֿון ,זיך׳ און זײַן ראָל ווי אַ ווערבאַלי־זיר־מיטל אין: **י״ג**, 116–117.

240 זע נאָך בײַשפּילן פֿון ווערבאַליזירונג אין: **י״ג**, 114–115.

241–246 קלמנאָוויטש נעמט אַרײַן אין דער גרופּע פֿון באַשרײַביקע ווערבן נאָר די, וואָס מיטן העלפֿווערב ,זײַן׳ אָדער ,ווערן׳ (**יגק״ל**, 48–49). זאַרעצקי רעכנט אַרײַן אין דער קאַטעגאָריע פֿון באַשרײַביקע ווערבן גופֿא אויך אַספּעקטועלע קאָנסטרוקציעס (**י״ג**, 117–121). זע די קאָמענטאַרן צום אונטערקאַפּיטל 35.

זאַרעצקי ברענגט עטלעכע בײַשפּילן ווו דער צווייטער קאָמפּאָנענט איז פֿון גערמאַנישן אָפּשטאַם (**י״ג**, 117–118). לויט מאַרקס דעפֿיניציע, באַשטייט אַ פּעריפֿראַסטישער ווערב „פֿון אַ הילפֿסווערב און פֿון אַ וואָרט אָדער אַן אויסדרוק וואָס שטאַמט (כּמעט שטענדיק) פֿון לשון־קודש״ (**גי״כּ**, 311–315; **דאָ**: 311).

32 פּאָרמעס פֿון צאָל, פּערזאָן און צײַט

247–248 פֿאַלקאָוויטש באַטראַכט באַזונדער ווערבן אין אינדיקאַטיוו און אַנדערע מאָדוסן, אונטער דער השפּעה פֿון דער שיטה, וואָס איז פֿאַרשפּרייט אין דער רוסישער לינגוויסטיק, בשעת אַנדערע גראַמאַטיקער אַנאַליזירן זיי צוזאַמען (**יגק״ל**, 51 און **י״ג**, 121–131). מאַרק בויט זײַן קלאַסיפֿיקאַציע אויף דער קריטעריע פֿון צײַט און טיילט אַלע ווערבן אויף ,הילפֿסווערבן׳, ,מאָדאַלע ווערבן׳ (וואָס דאָס פֿאַלט זיך טיילווײַז צונויף מיט דער קאַטעגאָריע „ווערבן מיט נישט פֿולער אַרויסזאָגונג״ אין: **י״ג**, 150), ,דריטפּערזאָניקע ווערבן׳ און אַנדערע. די איבעריקע ווערבן טיילט ער אויף צוויי קאָניוגאַציעס: אָפּהענגיק פֿון דער ענדונג בײַ דער דריטער פּערזאָן לשון־יחיד – ־ט אָדער ־עט וואָס קומט געווייִנטלעך אין די ווערבן פֿון סלאַווישן און אַ מאָל פֿון העברעיִשן אָפּשטאַם. אַחוץ טראַנזיטיווע און אומטראַנזיטיווע ווערבן טיילט מאַרק אָפּ אין אַ באַזונדערער קאַטעגאָריע דעם „אַקוזאַטיווישן ווערב,... וואָס האָט נאָך זיך אַן אַקוזאַטיוו, אָבער די טוּאונג גייט ניט אַריבער אויף עפּעס אָדער אויף עמעצן אַזוי דירעקט ווי בײַ אַ טראַנזיטיוון ווערב און קיין פֿולע פּאַסיווע קאָנסטרוקציע ווערט ניט געניצט מיט אָט אַזאַ ווערב״ ווי ,שלאָפֿן אַ זיסן שלאָף׳ (**גי״כּ**, 270–273; **דאָ**: 273). זע אויך דאָ 224ב.

פֿון מאָדאַלע ווערבן האָט מען שטודירט דעם אונטערשייד צווישן ,זאָלן׳ און ,לאָזן׳[284] און, אין דער הײַנטיקער פֿאָרשונג, די גרופּע אין אַלגעמיין.[285]

249–250 אין זײַן באַשרײַבונג פֿון פֿורעמונג פֿון דער איצטיקער צײַט רעכנט מאַרק אַרײַן נישט־רעגולערע ווערבן, ווערבן מיט קאָנווערבן און אַזעלכע פֿאַרקירצונגען פֿון פּראָנאָמען ווי ,ס׳רעגנט׳ (**גי״כּ**, 274–277).

284 פּרילוצקי, נח, 1938: זאָלן און לאָזן. אין: **יִדיש פֿאַר אַלע** (ווילנע) 3: 77–79.

285 Hansen, Björn and Sandra Birzer, 2012: The Yiddish Modal System between Germanic and Slavonic. A Case Study on the Limits of Contact-Induced Grammaticalization. In: Wiemer, Björn, Bernhard Wälchli, and Björn Hansen, eds., *Grammatical Replication and Borrowability in Language Contact*. Berlin, Boston: De Gruyter, 427–464.

זע וועגן דעם באַנוץ פֿון די העלפֿווערבן ,האָבן' און ,זײַן' אין די פֿאָרמעס פֿון פֿאַרגאַנגענער צײַט אין: **י"ג**, 123 – 124.[286] צווישן די גרענעצפֿאַלן ברענגט זאַרעצקי זײַנעם אַ ,פּראָווינציאַליזם': ,איך קום אים געלט', ,איך האָב אים געקומט געלט'. ער און מאַרק באַמערקן אַ שטאַרקע נטיה אַריבערצוגיין אויף פֿאָרמעס מיטן העלפֿווערב ,האָבן' אין די ייִדישע דיאַלעקטן (**גי"כ**, 277; **י"ג**, 124). זע אַ רשימה ווערבן וואָס בילדן דעם עבֿר מיטן העלפֿווערב ,זײַן' און אַמביוואַלענטע ווערבן אין: **גי"כ**, 277 – 281.

251 זע וועגן דער סעמאַנטיק פֿון דער איצטיקער צײַט אין: **י"ג**, 122 – 123 און **גי"כ**, 276 – 277.

252 צווישן די צײַטפֿאָרמעס דערמאָנט קלמנאָוויטש אַ פּאָר עלטערע באַנוצן פֿונעם דײַטשישן אימפּערפֿעקט ווי ,זאַך', ,געשאַך' (**יגק"ל**, 51).

33 מאָדוסן (פֿאַקטישע און ניט קיין פֿאַקטישע טוונגען)

253 – 256 זע אַ טעאָרעטישע דעפֿיניציע פֿון צײַט און מאָדוס אין: **י"ג**, 131.

קלמנאָוויטש באַשרײַבט קאָנדיציאָנאַל און באַפֿעל-מאָדוס, קאָנסטאַטירנדיק די פֿאַרשווינדונג פֿון ,סובּיעקטיוו' (קאָניונקטיוו) אין ייִדיש (**יגק"ל**, 51 – 52).

זאַרעצקי ברענגט פֿאַרשיידענע מאָדוס-פֿאָרמעס אין זײַן רשימה פֿון מעגלעכע ווערבפֿאָרמעס (**י"ג**, 121 – 122). ער אַנאַליזירט די זעלביקע מאָדוסן ווי פֿאַלקאָוויטש, צוגעבנדיק די פֿאָרמעס מיטן העלפֿווערב ,זאָלן' אין דער פֿאַרגאַנגענער צײַט + אינפֿיניטיוו, וואָס קענען האָבן דעם באַטײַט פֿון באַפֿעל-מאָדוס און פֿון צוקונפֿט אין דער פֿאַרגאַנגענהייט, למשל, „האָסט געזאָלט אָנשרייבן" (**י"ג**, 131). אַחוץ דעם קאָנדיציאָנאַל טיילט זאַרעצקי אויס אין ,השערה-מאָדוס' נאָך דרײַ באַטײַטן: העפֿלעכע ווענדונג, עצה און ווונטש (**י"ג**, 128).

מאַרק פֿאַרברייטערט די רשימה פֿון מעגלעכע באַטײַטן פֿונעם קאָנדיציאָנאַל: „פּאַרוואונדערונג, באַדויערונג, היפּאָטעז, חובֿ, חרטה, אָנזאָג און אַנדערע" (**גי"כ**, 291), אָבער לייגט נישט פֿאָר קיין פֿאָרמעלע דיפֿערענציאַציע. ער נעמט אויף קאָמפּליצירטע פֿאָרמעס פֿון קאָנדיציאָנאַל (,זאָלסטו געווען האָבן (האָבן געהאַט) געקויפֿט') ווי וואַריאַציעס פֿון ווערבאַלע צײַטפֿאָרמעס און רעקאָמענדירט זיי אויסצומײַדן (**גי"כ**, 291).

34 גענוסן (אַקטיווע, פּאַסיווע און רעפֿלעקסיווע ווערבן)

257 – 259 קלמנאָוויטש דערמאָנט נאָר די פּאַסיווע קאָנסטרוקציעס מיטן העלפֿווערב ,ווערן' (**יגק"ל**, 52).

אין גערעם פֿון זײַן פֿאָרמעלן צוגאַנג ברענגט זאַרעצקי (ווי פֿאַלקאָוויטש)ביידע מעגלעכע פּאַסיווע קאָנסטרוקציעס (מיט די העלפֿווערבן ,ווערן' און ,זײַן') און באַשרײַבט זייערע סעמאַנטישע און גראַמאַטישע חילוקים (**י"ג**, 127).

[286] זע אויך: קופּערשמיד, ש[לום], 1938: ,האָב' אונ ,בינ'. אין: ווינער, מ[איר] און א[ײַזיק] זארעצקי (רעד'): **פראגנ פונ ייִדישער שפראכ**. מאָסקווע: פארלאג עמעס: 223 – 232, מיט אַ פֿאָרבאַמערקונג פֿון דער רעדאַקציע: 223 – 225; דונסקי, שמשון, 1946: כּללים וועגן די הילפֿסווערבן **האָבן** און **זײַן** אין דער פֿאַרגאַנגענער צײַט. אין: **י"ש** VI (3 – 6): 131 – 133.

זאַרעצקי באַגרענעצט די צאָל ווערבן וואָס קענען בויען פּאַסיווע קאָנסטרוקציעס, פֿאַרווערנדיק דעם פּאַסיוו פֿון „שטייענדיקע און ניט־אייגנטלעך איבערגייענדיקע“ ווערבן ווי ‚גיין‘, ‚קוקן‘, ‚שלאָפֿן‘ (**פּי״ג**, 83). פֿון דער אַנדערער זײַט, באַמערקט ער אַ נײַע נטיה צו פֿאַרברייטערן די פּראָדוקטיווקייט פֿון פּאַסיווע קאָנסטרוקציעס אויף פּעריפֿראַסטישע ווערבן ווי ‚גובֿר זײַן – גובֿר ווערן‘: „עס מוז לעסאָף גיוווער ווערן דער קינסטלערישער אסקעטיזם“ (**פּי״ג**, 83).

מאַרק ברענגט פּאַסיווע קאָנסטרוקציעס פֿון טראַנזיטיווע ווערבן מיטן העלפֿווערב ‚ווערן‘. ער דערמאָנט אַ פּאַסיווע קאָנסטרוקציע פֿון אינטראַנזיטיווע ווערבן אין אומפּערזענלעכן באַנוץ, למשל, „דאָ ווערט געכראָפּעט גאַנץ געשמאַק“ און אינטערפּרעטירט זי ווי „אַ מין פֿאַרגרעסער־פֿאָרעם פֿונעם ווערב,... אַ מעגלעכקייט אויסצודריקן אַ קנייטש אין באַטײַט, אַ פֿאַרשטאַרקונג פֿון ווערב“ (**גי״כ**, 284–288, דאָ: 287). ווײַטער ברענגט ער אַ רשימה מיט פֿאָרמעלע פּאַסיווע קאָנסטרוקציעס מיט אַקטיוון באטייט, ווי ‚צעפּלאַצט ווערן‘ (**גי״כ**, 288).

מאַרק גיט אויך אַן עצה אויסצומײַדן פּאַסיווע קאָנסטרוקציעס, ווײַל זיי טרעפֿן זיך זעלטענער אין „געוויינטלעכן רעדן“, און זיי צו בײַטן, בײַם איבערזעצן, אויף אַקטיווע, ווען מעגלעך. ער גיט בײַשפּילן ווען די פּאַסיווע קאָנסטרוקציע איז ממש נייטיק (**גי״כ**, 286).

אין ראַטן־פֿאַרבאַנד האָט מען אַרומגערעדט די פּאַסיווע קאָנסטרוקציעס און זייערע אידעאָלאָגישע חסרונות.[287] אין זײַנע פֿריִערדיקע אַרבעטן איז פֿאַלקאָוויטש, אײַנשטימענדיק מיט נ. שטיפֿן, אַרויסגעטראָטן קעגן דעם אָפֿטן באַנוץ פֿון פּאַסיווע קאָנסטרוקציעס.[288]

לויט פֿאַלקאָוויטשן, מעג מען ניצן דעם פּאַסיוו 1. „ווען מ׳וויל פֿאַרשווײַגן דעם לאָגישן סובֿיעקט, אָדער ווען קיין לאָגישער סובֿיעקט איז ניט מעגלעך“; 2. „ווען מ׳וויל שטאַרקער באַטאָנען, אַרויסרוקן דעם לאָגישן אָבֿיעקט“.[289] פּאַסיווע קאָנסטרוקציעס, לויט פֿאַלקאָוויטשן, קענען זײַן אַ סטיליסטיש מיטל אין דער ליטעראַטור אויף אויסצודריקן פּאַסיווקייט, למשל, אין אָפּאַטאָשוס ווערק. אין זײַנע נאָך־מלחמהדיקע אַרטיקלען שטרײַכט פֿאַלקאָוויטש נאָך אַ מאָל אונטער די נידעריקע אָפֿטקייט פֿון פּאַסיווע קאָנסטרוקציעס אין דער ליטעראַטור און אין דער פּרעסע אין אַלגעמיין.[290]

260–263 זע אַ קורצן סינטאַקסישן אַנאַליז פֿון ווערבן מיט ‚זיך‘, בפֿרט פֿון רעפֿלעקסיווע, און וועגן ‚זיך‘ ווי אַ ווערבאַליזיר־מיטל אין: **י״ג**, 116–117.

מאַרק טענהט אַז דער פּראָנאָם ‚זיך‘ ווערט באַטאָנט, להיפּוך צו זײַן רעפֿלעקסיוון האָמאָנים. פֿונעם סעמאַנטישן קוקווינקל ווי פֿונעם סינטאַקסישן, טיילט מאַרק אָפּ: 1. קעגנזײַטיקע (רעציפּראָקאַלע) ווערבן, ווען „אַ גרופּע... איז פֿאַרנומען מיט דער טואונג“ ווי ‚זיך ראַנגלען‘.

287 Nath, Holger, 2009: The Passive in Soviet Yiddish. In: *Groninger Arbeiten zur germanistischen Linguistik* 49: 182–199.

288 שטיף, נ[חום], 1927: די פּאַסיווע קאָנסטרוקציע. אין: **די״ש** 2: שפּ׳ 9–30; 3–4: שפּ׳ 11–44; און פֿאַלקאָוויטשעס ענטפֿער, וווּ ער פֿאַרטיידיקט דעם באַנוץ פֿון די האַלב־פּאַסיווע קאָנסטרוקציעס (וואָס רופֿט נישט אָן דעם סוביעקט) מיט ‚ווערן‘ און ‚זײַן‘: פֿאַלקאָוויטש, ע.[אליה], 1928: צי דאַרף מען דעם פּאַסיוו? אין: **די״ש** 6: שפּ׳ 21–26. זע ווײַטער וועגן די דעבאַטעס אַרום דער סטיליסטיק פֿון פּאַסיוו אין זײַן בריוו־אויסטויש מיט שטיפֿן: 12.12.1928 (NLI, ARC. 4* 2001/31).

289 פֿאַלקאָוויטש, דאָרטן, שפּ׳ 23–24.

290 אין זײַנע איבערזיכטן פֿון 1966 און 1984: 700 (זע אין דער ביבליאָגראַפֿיע ז׳ 514).

2. נייטראַלע זיך־ווערבן, וואָס ווערן באַניצט נאָר מיט ‚זיך‘ ווי ‚זיך מרחם זײַן‘. 3. ווערבן מיט אַ פֿיגוראַטיוון ‚זיך‘ וואָס קריגן אַנדערע סעמאַנטישע ניואַנסן אין פֿאַרגלײַך מיט זייער אַקטיוון וואַריאַנט ווי ‚קלײַבן – קלײַבן זיך‘; 4. ווערבן מיטן „פֿונזיכדיקן זיך“ וואָס זייער „טואונג... איז דורכגעפֿירט אָן אַ באַזונדערער אָנשטרענגונג“ ווי ‚ייִדיש רעדט זיך‘. מאַרק שטעלט אַרײַן אין דער גרופּע אויך אַזעלכע בײַשפּילן ווי „קויף איך זיך אַ פֿאַרביק טיכעלע“, כאָטש אין דעם פֿאַל איז אַ ספֿק אויב ‚זיך‘ איז אַ טייל פֿונעם ווערב גופֿא (**גי״ב**, 315 – 318).

מאַרק טענהט אַז די ‚זיך‘־פֿאָרמעס קענען פֿאַרבײַטן דעם פּאַסיוו (**גי״ב**, 318). לויט אים, איז די דיאַלעקטאַלע געבויגענע פֿאָרמע פֿון ‚זיך‘ פֿאַראײנפֿאַכט געוואָרן במשך דער סטאַנדאַרדיזאַציע (**גי״ב**, 316).

35 אַספּעקטן (דויעריקע און מאָמענטאַלע טוונגען)

264 – 267 לויט שעכטערס אַנאַליז פֿון דער אַלגעמיינער גראַמאַטיקאַלישער סעמאַנטיק פֿון דער שפּראַך־קאַטעגאָריע, ווײַזט דער אַספּעקט אויפֿן „פֿאַרנעם פֿון דער טוונג, אויף דער אינטענסיווקייט צי שפּילעוודיקייט פֿון דעם אופֿן טון, אויף דער געדויערדיקייט, פֿאַרענדיקטקייט, גיכקייט, פּלוצעמדיקייט אא״וו פֿון דער טוונג“.[291] לויט אים, קען דער אַספּעקט זיך אויסדריקן אויך דורך „אײַנגעשטעלטע גראַמאַטישע פֿורעמס“: העלפֿווערטער, נאָמינאַלע ווערבפֿאָרמעס, פּרעפֿיקסן, סופֿיקסן.[292]

שעכטער שאַפֿט אין זײַן דיסערטאַציע אַ קאָנקורירנדיקן טערמין פֿאַר ‚אַספּעקט‘ – דער ‚טושטייגער‘.[293] או. ווײַנרײַך קריטיקירט דעם טערמין און שעכטערס אויסקלײַב פֿון אַספּעקטער־עלע קאָנסטרוקציעס.[294]

אונטער דער השפּעה פֿון סלאַווישע שפּראַכן האָט ייִדיש אַנטוויקלט נײַע פֿאָרמעלע מיטלען אויסצודריקן אַספּעקטועלע ניואַנסן. די דאָזיקע שפּעטערע שפּראַך־אינאָוואַציע האָט אַרויסגערופֿן אַ סך דיסקוסיעס אין דער ייִדישער לינגוויסטיק און די רשימות אַספּעקטועלע קאָנסטרוקציעס וואַרייִרן שטאַרק בײַ פֿאַרשיידענע מחברים. בײַם אַנאַליזירן דעם ייִדישן אַספּעקט זײַנען פֿאַראַן צוויי וויכטיקסטע פֿראַגעס:

1. מיט וועלכע פֿאָרמעלע מיטלען ווערט אויסגעדריקט דער אַספּעקטועלער באַטײַט: מיט סינטעטישע ווערבפֿאָרמעס (מיט פּרעפֿיקסן און סופֿיקסן) אָדער מיט אַנאַליטישע קאָנסטרוקציעס (העלפֿווערב + אינוואַריאַנט)?

2. וועלכע אַנאַליטישע קאָנסטרוקציעס זײַנען שוין גראַמאַטיקאַליזירט געוואָרן, קענען באַניצט ווערן מיט דעם גרעסטן טייל ייִדישע ווערבן און האָבן אַ קלאָרן אַספּעקטועלן באַטײַט און וועלכע בלײַבן נאָך וויניק פּראָדוקטיווע לעקסיקאַליזירטע אידיאָמאַטישע אויסדרוקן?

פֿאַלקאָוויטש אַנאַליזירט נישט קיין סינטעטישע פֿאָרמעס, און עס עקסיסטירן נאָר געציילטע

[291] שעכטער, מרדכי, 1952: די טושטייגערס אין דער ייִדישער שפּראַך. אין: **י״ש** XII (1): 11 – 17, דאָ: 11 – 12
[292] דאָרטן, 13 – 14.
[293] Schaechter, Mordkhe, 1951: *Aktionen im Jiddischen. Ein sprachwissenschaftlicher Beitrag zur Bedeutungslehre des Verbums*. Dissertation Universität Wien; שעכטער 1952, (ווי ה׳ 291): 11.
[294] ווײַנרײַך, אוריאל, 1952: צוריק צו אַספּעקטן. אין: **י״ש** XII (4): 97 – 103.

פֿריִערדיקע אַרבעטן וועגן דעם.[295] אַ גרינטלעכע פֿאָרשונג פֿון סינטעטישע אַספּעקטועלע פֿאָר־מעס איז דורכגעפֿירט געוואָרן שפּעטער.[296]

די סאָוועטישע ייִדישע לינגוויסטיק טיילט אויס, אין אַלגעמיין, ווייניקער אַנאַליטישע אַס־פּעקטועלע קאָנסטרוקציעס, מן־הסתם, אונטער דער השפּעה פֿון דער רוסישער לינגוויסטיק, וואָס פֿלעג באַטראַכטן בלויז סינטעטישע פֿאָרמעס אין דער קאַטעגאָריע אַספּעקט. אין דער גער־מאַניסטישער שפּראַך־וויסנשאַפֿט האָט מען זיך מער אָפּגעגעבן מיט די אַנאַליטישע ווערבאַלע צײַט־ און אַספּעקט־קאָנסטרוקציעס, דערפֿאַר האָט אויך די מערבֿ־אייראָפּעיִשע און אַמערי־קאַנער ייִדישע לינגוויסטיק געקענט אויסטיילן אין ייִדיש אַ גרופּע אַנאַליטישע פֿאָרמעס מיט אַן אַספּעקטועלן באַטײַט. די סאָוועטישע לינגוויסטן אַנאַליזירן אַזעלכע קאָנסטרוקציעס ווי אַ לעקסיקאַלישע דערשײַנונג און רעכענען זיי אַרײַן אין דער קאַטעגאָריע פֿון פּעריפֿראַסטישע ווערבן. נישט געקוקט אויף די טערמינאָלאָגישע חילוקים ברענגען מיר דאָ צונויף פֿאָרש־רעזול־טאַטן פֿון ביידע שולן, ווײַל זיי באַשרײַבן דעם זעלביקן שפּראַך־מאַטעריאַל.

אונטער אַנאַליטישע קאָנסטרוקציעס מיט אַן אַספּעקט־סעמאַנטיק באַטראַכט פֿאַלקאָוויטש נאָר די צוויי סאַמע בולטע און פּראָדוקטיווע – דעם דויעריקן און דעם מאָמענטאַלן אַספּעקט. זע נאָך פּרטים וועגן אַנאַליטישע אַספּעקטועלע קאָנסטרוקציעס בײַ בירנבוימען.[297] שעכטער באַ־טראַכט זיבעצן אַנאַליטישע פֿאָרמעס מיט אַן אַספּעקטועלן באַטײַט.[298] צום דויעריקן אַספּעקט רעכנט ער צו די פֿאָרמעס:

1. 'האַלטן' + 'אין' + אינפֿיניטיוו, „אינגאַנגיקער טושטייגער“.[299] או. ווײַנרײַך טענהט אַז די פֿאָרמע קען נישט האָבן דעם באַטײַט פֿון דער פֿאַרענדיקטער טוּונג, ווײַל די ייִדישע פֿאַרגאַנ־גענע צײַט האָט שוין דעם באַטײַט פֿון פּערפֿעקטיוו, בשעת די קאָנסטרוקציע מיט 'האַלטן אין' ווײַזט אַז די טוּונג איז נאָך נישט פֿאַרענדיקט, זי „צעציט... דעם באַטײַט פֿון אַ פּערפֿעקטיוון ווערב“, בפֿרט אין דער פֿאַרגאַנגענער צײַט. לויט ווײַנרײַכן, קען די קאָנסטרוקציע אַ מאָל העלפֿן אונטערצושיידן צווישן דער פֿאַקטישער און אַלעמאָליקער איצטיקער צײַט.[300]

295 לאַנדוי, אַלפֿרעד, 1928: די סלאַווישע עלעמענטן און השפּעות אין ייִדיש. אין: **פֿילאָלאָגישע שריפֿטן פֿון ייִוואָ** (ווילנע) 2: שפּ׳ 199–214; יאָפֿע, יודאַ אַ., 1927–1928: דער סלאַווישער עלעמענט אין ייִדיש. אין: **דער פּנקס** [פֿון אַמאָפּטייל פֿון ייִוואָ] (נ״י) 1–2: 235–256, 296–312.

296 Weinreich, Uriel, 1955: Yiddish Blends with a Slavic Element. In: *Word: Journal of the International Linguistic Association* 11: 603–610; Wexler, Paul, 1964: Slavic Influence in the Grammatical Function of Three Yiddish Verbal Prefixes. In: *Linguistics* 7: 83–93; Lockwood-Baviskar, Vera, 1974: The Position of Aspect in Yiddish, Working Papers. In: *Yiddish and East European Jewish Studies* 1. New York: Columbia University; Talmy, Leonard, 1982: Borrowing Semantic Space: Yiddish Verb Prefixes between Germanic and Slavic. In: *Proceedings of the Eighth Annual Meeting of the Berkeley Linguistics Society*: 231–250; Aronson, Howard I. 1985: Aspect in Yiddish. In: *General Linguistics* 25: 171–188; Szulmajster-Celnikier, A., 1986: Un phénomène de fusion linguistique: l'aspect en yidich. In: *La linguistique* 22: 93–107; Шишигин, Кирилл и Наталья Лебедева 2015: Славянские языки как фактор гибридизации идиша. // *Русин* 41 (3): 210 – 225.

297 Birnbaum Salomo A., 1979: *Yiddish: A Survey and a Grammar*. Manchester: Manchester University Press.

298 שעכטער (ווי ה׳ 291) 1952: 14–15; Schaechter 1951 (ווי ה׳ 293).

299 שעכטער 1952: 14.

300 ווײַנרײַך 1952 (ווי ה׳ 294): 101–103.

מאַרק קלאַסיפֿיצירט די פֿאָרמע ווי אַספּעקט פֿון געדויערדיקייט, וואָס איז מעגלעך מיט ווערבן פֿון פּראָצעס און צושטאַנד, מיט פּאַסיווע קאָנסטרוקציעס און באַשרײַביקע ווערבן (**גי״ב**, 295).

2. ,האַלטן׳ + ,אין׳ + ,איין׳ + אינפֿיניטיוו, „עקסטענסיווער טושטייגער״.[301] מאַרק רופֿט אָן די פֿאָרמע דער אַספּעקט פֿון אויסשליסלעכקייט, אַ וואַריאַנט פֿון טיפּ 1, דער אויסדרוק האָט אָפֿטערס אין זיך אַן עלעמענט פֿון גוזמא (**גי״ב**, 296).

3. פֿיניטיווע פֿאָרמע + ,איין שטיק׳, אַ רומעניש־ייִדישער עקוויוואַלענט פֿונעם טיפּ 2, למשל: „זינט זי איז געקומען קיין ווין גייט זי אין די טעאַטערס איין שטיק״.[302] לויט ווײַנרײַכן, איז די פֿאָרמע נישט קיין גראַמאַטישע, נאָר אַ לעקסיקאַלישע דערשײַנונג.[303]

4. ,האַלטן׳ + ,בײַ׳ (,בײַם׳) + אינפֿיניטיוו, „פֿאָרויסגאַנגיקער טושטייגער״.[304] לויט מאַרקן איז עס נישט קיין באַזונדערע אַספּעקט־פֿאָרמע, נאָר אַ לעקסיקאַליזירטע קאָנסטרוקציע (**גי״ב**, 298).

דער מאָמענטאַלער אַספּעקט איז איינע פֿון די סאַמע אויסגעפֿאָרשטע טעמעס אין דער ייִדישער גראַמאַטיק. זאַרעצקי באַשרײַבט אים ווי אַ קאָנסטרוקציע פֿון ,אַ׳ + ווערבאַלן סובסטאַנטיוו + ,טון׳/,געבן׳, וואָס „באַטײַט איינמאָליקייט, קורצקייט, אָפּגעכאַפּטקייט (אַנטשפּרעכיק מיט די רוסישע однократные глаголы [איינמאָליקע ווערבן])״ (**י״ג**, 119).

דעם מאָמענטאַלן אַספּעקט האָט שעכטער געווידמעט אַ באַזונדער אַרטיקל.[305] לויט אים, קען די „שטאַם־קאָנסטרוקציע״ האָבן פֿינף העלפֿווערבן: ,מאַכן׳, ,דערלאַנגען׳, ,כאַפּן׳, ,געבן׳, ,טון (טאָן)׳. ,מאַכן׳ קאָמבינירט זיך מיט פֿיר אינוואַריאַנטן: ,אַ טראָט׳, ,אַ שפּאַן׳, ,אַ שטאָך׳, ,אַ שטראָך׳. דער ווערב ,דערלאַנגען׳ איז פֿאַרשפּרייט אין שטאַם־קאָנסטרוקציעס אין ליטוויש ייִדיש. ,כאַפּן׳ ווערט באַניצט מיט ווערבן וואָס באַצייכענען „אַ ווערבאַלפֿאַקט פֿון פּאַסיוון פֿיזישן קאָנטאַקט״ אָדער האָבן „אַ בײַבאַטײַט פֿון הנאה״.[306] ,געבן׳ און ,טאָן׳ זײַנען גלײַכווערטיקע, אָבער דער ערשטער איז מער פֿאַרשפּרייט אין פּוילן און דער צווייטער אין אוקראַיִנע. אין ליטעראַרישע טעקסטן ווערן בולט סטיליסטישע חילוקים צווישן מחברים. די סטאַטיסטיק פֿון די צוויי ווערבן אין ליטעראַרישע ווערק ווײַזט, אַז בײַ איין מחבר דאָמינירט אָפֿט איין ווערב אויף אַ בולטן אופֿן.[307]

דער אומבאַשטימטער אַרטיקל קען פֿאַרביטן ווערן אויף ,קיין׳, ווען דער זאַץ איז נעגאַטיוו, אָדער אין זעלטענע פֿאַלן אויף ,יענעם׳. די אינוואַריאַנטן (ווערבאַלע סובסטאַנטיוון) האָבן עטלעכע מעגלעכע פֿאָרמעס. שטאַם־קאָנסטרוקציעס ווערן נישט באַניצט מיט קיין סטאַטישע, פּעריפֿראַסטישע ווערבן, מיט ווערבן פֿון לענגערער געדויערנדיקער טוונג.[308]

301 שעכטער 1952, (ווי ה׳ 291): 14–15.

302 דאָרטן, 15.

303 ווײַנרײַך 1952 (ווי ה׳ 294): 99.

304 שעכטער, (ווי ה׳ 291) 1952: 14.

305 שעכטער, מרדכי 1952: די שטאַם־קאָנסטרוקציע. אין: **י״ש** XII (3): 83–89.

306 דאָרטן, 85.

307 דאָרטן, 84–86.

308 דאָרטן, 87–89.

מאַרק רופֿט די קאָנסטרוקציע דער „אַספּעקט פֿון מיטאַמאָליקייט“. להיפּוך צו פֿאַלקאָוויטשן, טאָלערירט מאַרק ביידע וואַריאַנטן פֿונעם ווערבאַלן שטאַם פֿאַר ווערבן מיט אַ וואָקאַלן־בײַט, ווי ‚שפּרינג׳/‚שפּרונג׳, ‚שטאָך׳/‚שטעך׳. זע די פֿולע רשימות פֿון די צוויי טיפּן ווערבן אין: **גי״כ**, 294. די קאָנסטרוקציע מיטן העלפֿווערב ‚געבן׳ ווערט פֿאָרגעשטעלט ווי אַן איבערגאַנג צווישן דעם אידיאָמאַטישן אויסדרוק און דער אַספּעקטועלער קאָנסטרוקציע: ‚געבן אַ געשריי׳ גייט נישט נאָך דעם כּלל פֿון וואָרט־פֿורעמונג פֿאַרן מאָמענטאַלן אַספּעקט און דאַרף אַנאַליזירט ווערן ווי אַן אידיאָם. אויך קאָמבינאַציעס מיט די העלפֿווערבן ‚דערלאַנגען׳, ‚כאַפּן׳, ‚מאַכן׳ געהערן צו די אידיאָמאַטישע אויסדרוקן. פּאַסיוו איז, לויט מאַרקן, נישט מעגלעך. דער ווערבאַלער שטאַם קען האָבן אַ פֿאָרמע פֿון דימינוטיוו (**גי״כ**, 295).

מע האָט אויך באַשריבן סינטאַקסישע פֿונקציעס פֿונעם מאָמענטאַלן אַספּעקט.[309]

אַנדערע קאָנסטרוקציעס, וואָס שעכטער טיילט אויס, האָבן אַ ספֿקותדיקן סטאַטוס אין דער ייִדישער גראַמאַטיק. ער האַלט למשל די אָנהייביקע קאָנסטרוקציע (זיך) נעמען׳/‚זיך נעמען צו׳ + אינפֿיניטיוו אָדער ‚אָנהייבן׳ + אינפֿיניטיוו) פֿאַר אַן אַספּעקטועלער – „אַ בהדרגהדיק־אָנהייביקן און אַ הנהגה־אָנהייביקן טושטייגער“.[310] מאַרק רופֿט עס אָן „אַספּעקט פֿון אָנהייביקייט“ אין: **גי״כ**, 296. ווײַנרײַך ווײַזט אויף דער פֿאָרמעלער באַגרענעצונג צו ניצן דעם רעפֿלעקסיוון טיפּ פֿון דער קאָנסטרוקציע אין אומפּערזענלעכע זאַצן.[311]

די ווײַטערדיקע אויסדרוקן רעכנט מען הײַנט צו טאָג צו די צײַטפֿאָרמעס:

1. ‚פֿלעגן (צו)׳ + אינפֿיניטיוו, „טושטייגער פֿון פֿילמאָליקייט“,[312] אָדער דער אַספּעקט פֿון פֿילמאָליקייט (**גי״כ**, 292). דאָס איז אַ פּראָדוקטיווע פֿאָרמע, וואָס קען קאָמבינירט ווערן מיט פֿאַרשיידענע צײַטפֿאָרמעס פֿונעם ווערב, אַרײַנגערעכנט די לאַנג־פֿאַרגאַנגענע צײַט און פּאַסיווע קאָנסטרוקציעס. מע קען זי פֿאַרבײַטן אָדער ניצן באַנאַנד מיט אַנדערע צײַטפֿאָרמעס. אין פּוילישן דיאַלעקט קומט דער פּאַרטיקל ‚צו׳ אַרײַן אין דער קאָנסטרוקציע, און זי ווערט באַניצט אויך אין דער פֿאַרגאַנגענער צײַט (‚איך האָב געפֿלעגט צו...׳, **גי״כ**, 292).

2. ‚האָב געוועסט׳/‚האָב געווען׳ + פּאַרטיציפּ, „באַצייכנט אַ געוועזענעם, ניט־פֿאַרענדיקטן ווערבאַלפֿאַקט“ און ווערט באַניצט אין דעם דיאַלעקט פֿון רײַסן.[313] זאַרעצקי האַלט, אַז די קאָנסטרוקציע עקסיסטירט בלויז אין זײַן דיאַלעקט און ווערט געבויט מיט ‚האָב געוועסט׳/‚האָב געווען׳ + אינפֿיניטיוו: „זי באַטייט אַ פֿאַרגאַנגענע טוונג, וואָס איז נישט פֿאַרענדיקט געוואָרן“ (י״ג, 127). די פֿאָרמע איז אַ בולטע השפּעה פֿונעם רוסישן אַזוי גערופֿענעם אַנטירעזולטאַטיוו מיטן גראַמאַטיקאַליזירטן פּאַרטיציפּ פֿון דער פֿאַרגאַנגענער צײַט פֿונעם רוסישן ווערב ‚זײַן׳

309 Birnbaum, Salomo A., 1919: *Praktische Grammatik der jiddischen Sprache für den Selbstunterricht*. Wien, Leipzig: A. Hartleben's Verlag: 55–56; Taube, Moshe, 1987: The Development of Aspectual Auxiliaries in Yiddish. In: *Word: Journal of the International Linguistic Association* .38: 13–25

310 שעכטער 1952 (ווי ה׳ 291): 15.

311 ווײַנרײַך 1952 (ווי ה׳ 294): 103.

312 שעכטער 1952 (ווי ה׳ 291): 17.

313 דאָרטן.

(נייטראַלער מין): „איך האָב פֿאַרלוירן פון אויג די אָפּדאַכלאָזע עטלעכע קינדער, נאָך וועלכע איך האָב זיך געוועון געלאָזט גיין (לייוו.)“ (**י״ג**, 127).

3. „פּערפֿעקטיווער טושטייגער“, פֿריִערדיקע פֿאַרגאַנגענהייט און פֿריִערדיקע צוקונפֿט.[314]

נאָך צוויי פֿון די פֿאָרמעס וואָס שעכטער דערמאָנט עקסיסטירן ווי גראַמאַטיקאַליזירטע קאָנסטרוקציעס פֿון צײַט (געוויינטלעך צוקונפֿט) אין אַנדערע שפּראַכן, אָבער זײַנען ווייניקער פּראָדוקטיוו אין ייִדיש:

1. ,צוטרעטן צו׳/,גיין׳ + אינפֿיניטיוו, מיטן טײַטש „צוטרעטן צו דער טוונג“.[315] מאַרק וואַרפֿט אָפּ די קאָנסטרוקציעס מיטן העלפֿווערב ,גיין׳ + אינפֿיניטיוו, וואָס זענען אַזוי פֿאַרשפּרייט אין אַמעריקע, ווײַל ער זעט דערין אַן ענגלישע השפּעה (**גי״כ**, 298). לויט ווײַנרײַכן, האָבן די קאָנ־סטרוקציעס מיט די העלפֿווערבן ,צוטרעטן׳ און ,גיין׳ פֿאַרשיידענע באַטײַטן און די פֿאָרמע מיט ,גיין׳ האָט אַ ברייטערן באַנוץ.[316]

2. ווערבן מיט דער סעמאַנטיק פֿון מעטאַפֿאָרישער באַוועגונג + סובסטאַנטיוון אָדער נאָ־מינאַלע ווערבפֿאָרמעס, וואָס שעכטער רעכנט זיי צו צום „אָנהייביקן טושטייגער“: „בין איך אין גרויס עצבֿות אַרײַנגעקומען (י. פּערלס ייִדישע כּתבֿים)“.[317] די פֿאָרמע איז נישט קיין גראַמאַטי־שע, נאָר אַ לעקסיקאַלישע דערשײַנונג.[318]

חוץ דעם, באַטראַכט שעכטער ווײַטערדיקע פֿאָרמעס ווי פּאָטענציעלע אַספּעקטועלע קאָנסטרוקציעס:[319]

1. ,זיך לאָזן׳ + באַוועגונג־ווערב, „אָנהייביקער טושטייגער“.

2. ,זיך שטעלן׳/,זיך אַוועקשטעלן׳/,זיך זעצן׳/,זיך וואַרפֿן׳ + אינפֿיניטיוו, „אָנהייביקער טושטייגער“.

3. ,אָנפֿאַלן׳/,אָנכאַפּן׳/,דערגרייכן׳ + „אַ נאָמינאַלער אַרומגעשריבענער ווערבאַלפֿאַקט“, „אָנהייביקער טושטייגער“: „האָט מיך אָנגעכאַפּט אַ ציטערניש (יוסף פּערל)“.[320]

4. ,בלײַבן׳/,בלײַבן שטיין׳ + אַדיעקטיוו, „אָנהייביקער טושטייגער“: „די אַקושערקע איז נישט פֿאַרווונדערט און נישט דערשטוינט געבליבן (בערגעלסאָן)“.[321]

5. „פֿאַרשיידענע קאָנסטרוקציעס מיטן העלפֿווערב ,ווערן׳“ אין זייערע מעגלעכע קאָמבי־נאַציעס מיט סובסטאַנטיוון, אַדיעקטיוון און אַדיעקטיוויזירטע פּאַרטיציפּן.

6. ניט־רעפֿלעקסיווער ווערב + ,מיר׳, „שפּילעוודיקער טושטייגער“: „שפּרײַז איך מיר אין געסעלע“.[322]

[314] דאָרטן.
[315] דאָרטן, 16.
[316] ווײַנרײַך 1952 (ווי ה׳ 294): 99.
[317] שעכטער 1952 (ווי ה׳ 291): 16.
[318] ווײַנרײַך 1952 (ווי ה׳ 294): 99.
[319] שעכטער 1952 (ווי ה ׳ 291): 16–17.
[320] דאָרטן, 16.
[321] דאָרטן.
[322] שעכטער 1952 (ווי ה׳ 305) : 84.

או. וויַינרײַך קריטיקירט דעם געמישטן כאַראַקטער פֿון שעכטערס אויסקלײַב פֿון אַספּעקטועלע קאָנסטרוקציעס, ווײַל, פֿון איין זײַט, פֿאַרמישט ער לעקסישע קריטעריעס מיט גראַמאַטישע און ברענגט לעקסישע אידיאָמען צוזאַמען מיט גראַמאַטישע קאָנסטרוקציעס און, פֿון דער אַנדערער זײַט, איז זײַן רעפּערטואַר פֿאָרמעס נישט אויסגעהאַלטן סעמאַנטיש און אַנטהאַלט פֿאָרמעס נישט נאָר מיט אַספּעקטועלער סעמאַנטיק, אָבער אויך מיט אַ באַטײַט פֿון צײַט, מאָדוס אָדער גענוס.[323]

ווי די סאָוועטישע לינגוויסטן, רעכנט מאַרק נישט אַרײַן אין זײַן אַספּעקטאָלאָגישן אַנאַליז די ווירקונג פֿון פּרעפֿיקסן און קאָנווערבן אויף דער ווערבאַלער סעמאַנטיק. לויט אים, דאַרף מען אונטערשיידן צווישן אַספּעקטועלע קאָנסטרוקציעס און אידיאָמאַטישע אויסדרוקן. ער דערמאָנט עטלעכע פֿאָרמעס פֿון שעכטערס רשימה און גיט צו נאָך צוויי אַספּעקטועלע קאָנסטרוקציעס:

1. דער אַספּעקט פֿון באַשטענדיקייט: ,טאָן׳ + אינפֿיניטיוו. ער שטאַמט פֿון דער פֿאָלקישער פּאָעזיע און ווערט זעלטענער באַניצט אין טאָג־טעגלעכן לעבן ווי אין דער ליטעראַטור. הגם מאַרק מיינט, אַז די קאָנסטרוקציע געהערט צום „פּרימיטיוון״ סטיל און האָט אַ מאָל אַן איראָנישן בײַטעם, האַלט ער זי בכלל פֿאַר דערלאָזלעך אין כּלל־ייִדיש. זע אויך **י״ג**, 120 און דאָ 269ב.

2. דער אַספּעקט פֿון פֿאַרענדיקטקייט: ,קומען׳ + ,צו׳ + אינפֿיניטיוו. פֿ״גל **י״ג** 119–120.

די ווייניקער פּראָדוקטיווע פֿאָרמעס ווערן אַנאַליזירט ווי לעקסיקאַלישע צונויפֿבינדונגען: די ווערבן ,גרייטן זיך׳, ,קלײַבן זיך׳, ,אָנהייבן׳, ,געבן (צו וויסן)׳, ,ברענגען׳ + ,צו׳ און אַנדערע + אינפֿיניטיוו (**גי״כ**, 291–298).

זאַרעצקי האָט נישט קיין באַזונדערן קאַפּיטל מיטן אַספּעקטאָלאָגישן אַנאַליז פֿונעם ייִדישן ווערב און שטעלט אַרײַן די אַספּעקטועלע קאָנסטרוקציעס צווישן פּעריפֿראַסטישע ווערבן. זײַן קלאַסיפֿיקאַציע ווערט פֿאָרגעשטעלט אינעם קומעדיקן אונטערקאַפּיטל.

36 באַשרײַביקע (פּעריפֿראַסטישע) ווערבן

268–270 קורץ וועגן דער פֿאַרגאַנגענער צײַט פֿון פּעריפֿראַסטישע ווערבן אין: **יגק״ל**, 55–56.

לויט זאַרעצקין, זײַנען די פּעריפֿראַסטישע ווערבן ענלעך, פֿונעם מאָרפֿאָלאָגישן קוקווינקל, צו פּאַסיווע קאָנסטרוקציעס (**י״ג**, 121). די ווײַטערדיקע פּעריפֿראַסטישע פֿאָרמעס ווערן פֿאָרגעשטעלט אין **י״ג**, 117–121:

1. אינוואַריאַנט + ,זײַן׳, מיט העברעיִשע אָדער גערמאַנישע אינוואַריאַנטן, אַ מאָל אויך מיטן פּאַרטיקל ,זיך׳. די פֿאָרמע פֿאַרבינדט אַ מאָל לאַנגע גרופּעס העברעיִשע ווערטער, וואָס ווערן אינטערפּרעטירט ווי איין וואָרט אין ייִדיש: „זיי האָבן מיר משלם רעה תּחת טובה געווען״ (**י״ג**, 118).

2. אינוואַריאַנט + ,ווערן׳, מיט אַ העברעיִשן אָדער גערמאַנישן אינוואַריאַנט. זאַרעצקי רעכנט אַרײַן אין דער קאַטעגאָריע אויך אַזעלכע קאָנסטרוקציעס ווי ,אַנטלאָפֿן ווערן׳. די ווערבן זײַנען געווייינטלעך אינטראַנזיטיוו און האָבן אָפֿט מאָל אַ פּאַסיוון באַטײַט.

[323] וויַינרײַך 1952 (ווי ה׳ 294).

3. ,קומען צו׳ + אינפֿיניטיוו, וואָס ווײַזט אויפֿן אופֿן פֿון באַוועגונג.

4. ,טאָן׳ + אינפֿיניטיוו, אַן אַרכאַישער טיפּ אָן שום באַזונדערער סעמאַנטיק, וואָס האָט אַ מאָל אַן איראָנישן ביישעם. פֿ״גל **גי״ב**, 293.

5. פֿאַרשיידענע טיפּן וואָס גייען נישט אַרײַן אין די פֿריערדיקע קאַטעגאָריעס (לעקסיקאַליזירטע קאָנסטרוקציעס): ,באַקומען׳ (,ליב באַקומען׳), ,געבן׳ (,אַכטונג געבן׳), ,האָבן׳ (,אין זינען האָבן׳), ,האַלטן׳ (,מלחמה האַלטן׳), ,טאָן׳ (,תּשובה טאָן׳), ,מאַכן׳ (,בטל מאַכן׳), ,קריגן׳ (,פּײַנט קריגן׳) און ,שטעלן׳ (,בדלות שטעלן׳).

קאָנסטרוקציעס ווי „,האַלטן׳ + (אין איין) + אינפֿיניטיוו״ טיילט זאַרעצקי נישט אָפּ אין קיין באַזונדערן קלאַס און רופֿט זיי סתּם „ווערטער־גרופּירונגען״ (**י״ג**, 120).

מאַרק שטעלט פֿאַר אַלע מעגלעכע צײַט־ און אַספּעקט־פֿאָרמעס פֿון פֿעריפֿראַסטישע ווערבן, אַרײַנגערעכנט קאָמבינירטע אַנאַליטישע פֿאָרמעס פֿון אַספּעקטן פֿון פֿילמאָליקייט, באַשטענדיקייט, געדויערדיקייט און אָנהייביקייט. ער ברענגט די ווײַטערדיקע טיפּן באַשרײַביקע ווערבן: 1. מיטן העלפֿווערב ,זײַן׳; 2. מיטן העלפֿווערב ,ווערן׳; 3. מיטן העלפֿווערב ,האָבן׳; 4. מיטן העלפֿווערב ,טאָן׳; 5. מיט פֿאַרשיידענע העלפֿווערבן, ווי ,מאַכן׳, ,גיין׳, ,האַלטן׳, ,פֿראַוון׳, ,באַקומען׳, ,קריגן׳ און אַנדערע ווייניקער פּראָדוקטיווע. אַ קליינער טייל ווערבן פֿונעם ערשטן טיפּ קענען בײַטן דעם העלפֿווערב אויף ,ווערן׳ און קריגן אַ נײַעם סעמאַנטישן ניואַנס ווי ,איך ווער מסכּים׳ (**גי״ב**, 311–315).

37 פּערזאָניקער ווערב

271–276 זע די טאַבעלעס מיט די ענדונגען פֿון דער איצטיקער צײַט אין: **יגק״ל**, 49–50 און **גי״ב**, 273–277. מאַרק דערקלערט די פֿאָנעטישע כּללים צו קאָמבינירן וואָרצלען מיט ענדונגען. זע די גאַנצע סכעמע פֿון דער ייִדישער קאָניוגאַציע אין: **י״ג**, 138–139; די קאָניוגאַציע לויט פּערזאָן אין דער איצטיקער צײַט פֿאַר איינפֿאַכע, מאָדאַלע און אומרעגלמעסיקע ווערבן, לויט מיטשטימונג אין פּערזאָן און צאָל אין: **י״ג**, 152–154.

277–279 מאַרק שטעלט זיך אָפּ אויף באַזונדערקייטן אין דער קאָניוגאַציע פֿון ווערבן מיטן וואָקאַל [ע] פֿאַר דער ענדונג פֿון דער דריטער פּערזאָן איינצאָל און רעקאָמענדירט אַרויסצובערענגען „עס ווייט אַ ווינט׳, נישט: „עס ווייעט אַ ווינט״ (**גי״ב**, 275).

זע וועגן פֿאַרקירצונגען פֿון פּערזענלעכע פֿאָרמעס און פּראָנאָמען אין: **גי״ב**, 275–276 און **י״ג**, 153. זאַרעצקי גיט צו צו דער רשימה אויך: ,ער׳ט׳ (ער וועט אָדער ער האָט), ,איר׳ט׳ (איר וועט אָדער איר האָט), ,זיי עלן׳ (זיי וועלן) (**י״ג**, 153), ,כ׳אָלט׳ (איך וואָלט, **י״ג**, 129), ,כּײַוואָלסטו׳ (נעבײַ וואָלטסטו, **י״ג**, 129).

38 אינפֿיניטיוו (ווערבאַלער און סובסטאַנטיווירטער)

280–282 פֿאַלקאָוויטשעס אַנאַליז פֿון אינפֿיניטיוון גייט נאָך, ווײַזט אויס, זאַרעצקין (**י״ג**, 184–185) און שענקט מער אויפֿמערק די סינטאַקסישע פֿונקציעס פֿון אינפֿיניטיוון, בשעת

נישט־סאָוועטישע קלאַסיפֿיקאַציעס פֿון ייִדישע ווערבן באַזירן זיך געוויינטלעך אויף מאָרפֿאָ־פֿאָנאָלאָגישע כאַראַקטעריסטיקעס אָדער פֿון ווערבאַלע אינפֿיניטיוון אָדער פֿון פּאַרטיציפּן.

זאַרעצקי באַשרײַבט דעם אינפֿיניטיוו אויך פֿונעם מאָרפֿאָלאָגישן קוקווינקל, צעטיילנדיק די גאַנצע סיסטעם ייִדישע ווערבן לויט זייערע אינפֿיניטיוון: מיט וואָקאַליזירטן ־ן, מיט ־ע (‚הוליען‘), מיט ־עוו (‚באַלעוועוען‘) און מיט ־ק (‚אויקען‘). עטלעכע ווערבן מיט ־ע באַקומען אַ פֿאַרלענגערונג אין אינפֿיניטיוו ווי ‚קאָרמען – קאָרמענען‘ אָדער ‚גנבֿען – גנבֿענען‘ (**י״ג**, 137).

מאַרק באַשרײַבט אַנאַליטישע ווערבאַלע פֿאָרמעס מיטן אינפֿיניטיוו און סובסטאַנטיווירטן אינפֿיניטיוו. צווישן די קריטעריעס אויף אונטערצושיידן סובסטאַנטיוון פֿון אינפֿיניטיוון ברענגט ער, למשל, אַז דער אינפֿיניטיוו קען נישט שאַפֿן קיין מערצאָל און אַז „עס איז פֿאַראַן אַ קלאָרער סעמאַנטישער גרענעץ צווישן אינפֿיניטיוו און סובסטאַנטיוו“ (**גי״כ**, 327). אינפֿיניטיוון זײַנען פֿאַרבונדן מיטן פּראָצעס פֿון טאָן, בשעת ווערבאַלע סובסטאַנטיוון ווייזן אויפֿן פֿאַקט פֿון דער טווּנג אָדער אויף איר רעזולטאַט. ווי פֿאַלקאָוויטש, באַשרײַבט מאַרק די סינטאַקסישע פֿונקציעס פֿון אינפֿיניטיוו (**גי״כ**, 327–328).

זע וועגן אויסגעטיילטן אָדער טאַווטאָלאָגישן אינפֿיניטיוו אין: **גי״כ**, 333–334 און **י״ג**, 185–186.[324]

283 זע אַ פּרטימדיקן אַנאַליז פֿונעם באַניצן דעם פּאַרטיקל ‚צו‘ מיטן אינפֿיניטיוו אין: **גי״כ**, 329–333. פֿ״גל מיט געלבמאַנס רשימה[325] פֿון פֿאַלן ווּו מע דאַרף באַניצן דעם פּאַרטיקל ‚צו‘:

1. דער צוועק־אינפֿיניטיוו, אויך זײַן וואַריאַנט מיט ‚אויף צו‘;
2. ‚צו‘ פֿון מעגלעכקייט/אוממעגלעכקייט: „פֿון אונדז איז מיט דער האַנט צו דערלאַנגען (קיפּניס)“.
3. ‚צו‘ וואָס „ווײַזט די ארט באַוועגונג“, ווו ‚קומען‘ ווערט אינטערפּרעטירט ווי אַ פּוסט וואָרט אָן לעקסישער סעמאַנטיק: ‚קומען צו שרײַבן‘. געלבמאַן ברענגט פּעריפֿראַסטישע ווערבן ווי ‚קומען צו פֿאָרן‘ און אויך קאָמפּליצירטערע בײַשפּילן ווי „און נאָכ קום איכ דיר, מאמע טײַערע, צו שרײַבֿנ (פּ. מארקיש)“. ער פֿירט אויס, אַז ‚צו‘ ווערט אָפֿט באַניצט אין בויען פּעריפֿראַסטישע קאָנסטרוקציעס ווי ‚האָבן צו טאָן‘.
4. „אומפונקציאָנעלער ‚צו‘“ בײַ פּעריפֿראַסטישע ווערבן: „איכ בינ זויכע דיכ צו זעענ (נ. בראַצלעווער)“, נאָך ווערבן מיט ‚זיך‘: „מיר גרייטנ זיכ צו פײַערנ“. לויט געלבמאַנען איז די אַלגעמיינע פֿונקציע פֿונעם פּאַרטיקל ‚צו‘ אָפּצוהיטן „די ווערבאַלישקייט פֿונ אינפֿיניטיוו; ער לאָזט ניט דעם אינפֿיניטיוו אָפּנ זיכ צו סובסטאַנטיווירנ“.[326] מיט בײַשפּילן פֿון דער ייִדישער קלאַסישער ליטעראַטור ווײַזט ער, אַז ייִדיש האַלט בײַם פּטור ווערן פֿונעם אומפֿונקציאָנעלן ‚צו‘.
5. אין זאַצן אָן אַ סוביעקט, וואָס האָבן אַ סובסטאַנטיוו אָדער אַן אַדיעקטיוו אינעם פּרעדיקאַט: „גוט איז צו האָפּנ“.

[324] זע אויך: מאַרק, יודל, 1946: דאָס אָרט פֿון בייגיקן ווערב אין דעם זאַץ. אין: **י״ש** VI (1–2): 1–15, דאָ: 8–9.

[325] געלבמאַן, אל[עקסאַנדער], 1929: צו באמ אינפינִיטיוו. אין: **די״ש** 4–5: שפּ׳ 33–44.

[326] דאָרטן, שפּ׳ 40.

6. נאָכן ווערב ,וויסן׳, מיט פֿאַרשיידענע באַטייַטן: „מע ווייסט ניט ווען צו מישפּטן (אָפּאַטאָשו)״.

39 פּאַרטיציפּ (ווערבאַלער און נאָמינאַלער)

286–291 זע די קלאַסיפֿיקאַציע פֿונעם ייִדישן ווערב לויט דעם וואָקאַל אין פּאַרטיציפּ II און אין אינפֿיניטיוו אין: **יגק״ל**, 53–56.

זאַרעצקי באַשרייַבט ווי מע פֿורעמט דעם פּאַרטיציפּ אין באַזונדערע פֿאַלן: פּרעפֿיקס ,גע־׳ אין שייַכות מיט אַנדערע פּרעפֿיקסן, מיטן סופֿיקס ,־ירן׳ און מיט קאָנווערבן (**י״ג**, 132–137). „ווייניק פֿאַרייִדישטע סלאַוויזמען״ (**י״ג**, 132, 133) באַקומען נישט דעם פּרעפֿיקס ,גע־׳: „גוליאַ־יעט״, אָבער דער קאָנווערב סטימולירט די פֿאַרייִדישונג: „זיך אָנגעגוליאַיעט״. ער שטעלט צונויף גרופּעס ווערבן וואָס פֿורעמען זייער פּאַרטיציפּ מיט ־ט, ־ן אָדער ־ען און אַ רשימה ווערבן מיט צוויי וואַריאַנטן פֿאַרן פּאַרטיציפּ (,באָרגן – געבאָרגן/געבאָרגט׳, ,שייַנען – געשינען/געשייַנט׳).

זאַרעצקי טיילט אומרעגולערע ווערבן אויף זעקס קלאַסן לויט זייערע פּאַרטיציפּן: 1. אָן אי־נעווייניקסטער בייגונג ווי ,האַלטן – געהאַלטן׳; 2. פּאַרטיציפּן מיט ־אָ־ ווי ,ברעכן – געבראָכן׳; 3. פּאַרטיציפּן מיט ־ו־ ווי ,ווינקען – געוווּנקען׳; 4. פּאַרטיציפּן מיט ־י־ ווי ,רייַטן – געריטן׳; 5. פּאַר־טיציפּן מיט ־וי־ ווי ,באַפֿעלן – באַפֿוילן׳; 6. פֿאַרשיידענע (**י״ג**, 134–135). מאַרק צעטיילט די פּאַרטיציפּן אויף צוויי קאַטעגאָריעס: שטאַרקע (בערך 250 ווערבן) און שוואַכע (**גי״כ**, 340). ענלעך צו זאַרעצקין בויט ער אַ קלאַסיפֿיקאַציע פֿון די שטאַרקע פּאַרטיציפּן לויטן וואָקאַל אין זייער וואָרצל.

לויט זאַרעצקין, קען אַ פּאַרטיציפּ האָבן דעם באַטייַט פֿון באַפֿעל־מאָדוס: ,נישט געוויינט!׳ (**י״ג**, 136). זע וועגן דעם עליפּטישן באַנוץ פֿון פּאַרטיציפּ אין: **גי״כ**, 343.

מאַרק טיילט פֿונאַנדער ווערבאַלע און אַדיעקטיווישע פּאַרטיציפּן: דער ערשטער באַטייליקט זיך אין פֿורעמען צייַט־, מאָדוס־ און גענוס־פֿאָרמעס און דער צווייטער קען דערפֿילן די פֿונקציעס פֿון אַן אַדיעקטיוו און האָבן אַ לאַנגע און אַ קורצע פֿאָרמע. אַ פּאַרטיציפּ קען זייַן אַ מקור פֿון דעריוואַציע פֿאַר סובסטאַנטיוון (מיט די סופֿיקסן ־קייט און ־ס) און פֿאַר אַדווערבן (מיטן סופֿיקס ־ערהייט) (**גי״כ**, 338–344).

מאַרק פֿאַרוווערט נישט בפֿירוש, אַז די „פּאַרטיציפּיאַלע פֿראַזע״ און דער הויפּטזאַץ זאָלן האָבן פֿאַרשיידענע סוביעקטן, כאָטש אין זייַנע בייַשפּילן איז דער סוביעקט פֿונעם הויפּטזאַץ און פֿון דער פּאַרטיציפּיאַלער פֿראַזע תּמיד דער זעלביקער (**גי״כ**, 343–344). דאָס איז די נאָרמע אין דער הייַנטיקער רוסישער שפּראַך, נישט געקוקט אויף די פֿאַרשפּרייטע טעותן אין דער גערעדטער שפּראַך, און איז, ווי ס׳ווייַזט אויס, געוואָרן נאָרמאַטיוו אין סטאַנדאַרדיזירטן ייִדיש. פֿאַל־קאָוויטש, להיפּוך צו מאַרקן, פֿאָרמולירט דעם דאָזיקן כּלל זייער שטרענג, אָבער צווישן זייַנע בייַשפּילן טרעפֿט זיך אַ זאַץ פֿון שלום־עליכמען, וווּ די צוויי טיילן פֿון דער פֿראַזע זייַנען נישט קאָאָרדינירט און האָבן פֿאַרשיידענע סוביעקטן (§290).

זע וועגן אַדיעקטיוויזירטע פּאַרטיציפּן אין: **גי״כ**, 342.

דער פּאַרטיציפּ ווייַזט אויף דער פֿריִערדיקייט פֿון דער טוונג און קען קאָמבינירט ווערן מיט כּלערליי צייַטן און מאָדוסן, אויך מיט דער צוקונפֿט (**גי״כ**, 343).

40 גערונדיוו (ווערבאַלער און נאָמינאַלער)

294–292 אין דעם סוף פֿון די 1920ער יאָרן האָבן די סאָוועטישע ייִדישע שפּראַך־וויסנ־שאַפֿטלער געביטן דעם טערמין ‚גערונדיום‘ (**פֿי״ג, י״ג**) אויף ‚גערונדיוו‘ (שוין ביַי פֿאַלקאָוויטשן אין „ייִדיש פֿאַר דערוואַקסענע“, 1930).

זע וועגן גערונדיוו, מיט וואַריאַנטן פֿון ווערבן ווי ‚וועלנדיק/ווילנדיק‘ און ‚זייַענדיק/זענענ־דיק‘ און וועגן פֿאַרגלייַכגראַדן פֿון גערונדיוון אין: **גי״כ**, 334–338.

זאַרעצקי דערמאָנט נישט דעם גערונדיוו אין זייַן סכעמע פֿון דער ייִדישער קאָניוגאַציע און דערקלערט די פֿורעמונג פֿון גערונדיוו אין קאַפּיטל וועגן אַדיעקטיוון (**י״ג**, 98, 104–105). ער טאַדלט די פֿאָרמע פֿון גערונדיוו מיטן סופֿיקס ־נד ווי נישט קיין „ייִדישלעכ[ע]“ (**י״ג**, 105), חוץ אין עטלעכע פֿאַלן מיט אַ סעמאַנטישן חילוק צווישן די פֿאָרמעס ווי ‚רייצנדיק‘ און ‚רייצנד‘, ‚גלאַנצנדיק‘ און ‚גלעווצנד‘ (**י״ג**, 98). זע וועגן ביידע פֿאָרמעס פֿון גערונדיוו ביי פּרילוצקין.[327]

41 ווערב און פּרעדיקאַט

296–295 מאַרק פֿאַראייניקט אינפֿיניטיוו, פּאַרטיציפּ און גערונדיוו אין איין גרויסער קאַטעגאָריע פֿון ווערבידן (**גי״כ**, 338–344).

זאַרעצקי ברענגט דעפֿיניציעס פֿאַר ‚פּרעדיקאַט‘ און ‚סוביעקט‘ (**י״ג**, 149), רעדט אַרום דעם אָרט פֿון פּרעדיקאַט אין זאַץ און דערקלערט דעם פּרינציפּ פֿון אַנאַליזירן סינטאַקסישע גרופּעס אַנשטאָט איינצלנע ווערטער.[328]

299–297 מאַרק דערמאָנט נאָמינאַלע זאַצן (‚אַ געטומל. געשרייען. שטופּעניש.‘), אָבער וואַקלט זיך צי מע דאַרף זיי אינטערפּרעטירן ווי סוביעקטן אָדער ווי פּרעדיקאַטן (**גי״כ**, 59). מע האָט באַזונדערש געפֿאָרשט פּרעדיקאַטן מיט „ווערבן מיט נישט פולער אַרויסזאָגונג“ (‚זייַן‘, ‚ווערן‘ און מאָדאַלע ווערבן) (**י״ג**, 150) און פּרעדיקאַטן, אויסגעדריקטע דורך קאָמבינאַציעס פֿון ווערבן מיט אַדיעקטיוון.[329]

305–300 די טעמע פֿון מיטשטימונג אין צאָל צווישן פּרעדיקאַט און סוביעקט האָט מען אַ סך אַרומגערעדט אין דער סאָוועטישער ייִדישער לינגוויסטיק. פֿאַלקאָוויטש האָט אַפֿי־לו געבעטן נ. שטיפֿן צו שרייַבן אַן אַרטיקל וועגן דעם.[330] צו ערשט האָט זאַרעצקי געהאַלטן פֿאַר אַ גרייַז אַזעלכע זאַצן ווי ‚דאָס איז געווען גוטע מאָמענטן‘, נאָך דעם זיך מישבֿ געווען.[331] די דיסקוסיע האָט ממשיך געווען צוויַיג, וואָס האָט געבראַכט פּילצאָליקע ביישפּילן פֿון דער

[327] פּרילוצקי, נח, 1909: מאַטעֶריִאַלֶען פאַר יודִישֶער גראַמאַטִיק און אָרטאָגראַפִיֶע (נאָטִיצֶען). אין: **לעבען און וויסענשאַפֿט** (ווילנע) 5: 61–68.

[328] זאַרעצקי, א[ייַזיק], 1927: צו שאָלעם־אַלייכעמס ווערטער סיידער (אָרט פון פּרעזאָנוואָרט אין זאַץ). אין: **די״ש** 1: שפּ׳ 5–10, דאָ: שפּ׳ 5.

[329] ווייַנרייַך, אוריאל, 1968: ‚זייַן קראַנק‘ – ‚זייַן אַ קראַנקער‘: צום סינטאַקס פֿון ייִדישן אַדיעקטיוו. אין: **י״ש** XXVIII (1): 1–11.

[330] נ. שטיף שרייַבט דערפֿון אין זייַן בריוו צו פֿאַלקאָוויטשן פֿונעם 26סטן נאָוועמבער 1928 (*NLI ARC. 4 2001/31).

[331] זאַרעצקי, א[ייַזיק], 1927: **גרייַזן און ספּייקעס: קאַפּיטלען סטיליסטישע גראַמאַטיק**. קולטור־ליגע: קי־עוו, דאָ: 60–61.

אומשטימונג אין צאָל צווישן סובּיעקט און פּרעדיקאַט, גענומענע פֿון פֿאָלקלאָר, פֿון דער פּרעסע, דער אומגאַנגשפּראַך אין רײַסן, פֿון ר׳ נחמן בראַצלעווערס מעשׂיות, פֿון קלאַסישע און מאָדערנע מחברים (וויניקער בײַ די שרײַבער פֿונעם פּוילישן דיאַלעקט – פּרץ, ווײַסענבערג, אַש). צווײַג וואַרפֿט אָפּ די השערה אַז די דערשײַנונג איז אַ רוסיציזם אין ייִדיש. ער פֿאַרסך־הכּלט אַז די אומשטימונג אין צאָל צווישן סובּיעקט און פּרעדיקאַט קען מען טרעפֿן נאָך די ווײַטערדיקע קאָנסטרוקציעס: 1. ‚איז דאָ׳/‚איז פֿאַראַן׳; 2. ‚איז געווען׳; 3. ‚איז קיין׳; 4. ‚איז׳ + פּאַרטיציפּ, בפֿרט פֿון שטייענדיקע ווערבן און אין פּאַסיווע קאָנסטרוקציעס; 5. ‚איז׳ + אַדווערב (קורצע פֿאָרמע פֿון אַדיעקטיוו, לויט דער הײַנט אָנגענומענער טערמינאָלאָגיע); 6. ‚איז׳ אין דער איצטיקער צײַט; 7. בײַ אַ סובסטאַנטיוו אין אַקוזאַטיוו ווי ‚עס איז שוין די צרות נישט צו דערטראָגן׳. אַחוץ דעם ווערב ‚זײַן׳ איז די אומשטימונג מעגלעך מיט די ווערבן ‚זאָל׳, ‚וועט׳ און ‚ווערט׳ און אין געוויסע פֿאַלן אויך מיט אַנדערע ווערבן. לויט צווײַגן, איז די אומשטימונג אין צאָל נישט מעגלעך בײַ אַ סובּיעקט אַ פּראָנאָם, אומאָפּהענגיק פֿון דער פּאָזיציע פֿון סובּיעקט.[332]

זע ווײַטער וועגן מיטשטימונג אין פּערזאָן און צאָל צווישן סובּיעקט און פּרעדיקאַט און וועגן פּרעדיקאַטן אין מערצאָל בײַ זאַמל־נעמען אין איינצאָל אין: **י״ג**, 154–155 און **גי״כּ**, 58.[333]

אונטערן פּסעוודאָנים ט. ר״ס דערציילט מאַרק אַז מע האָט כּסדר פֿאַרראָכטן זײַן זאַץ ‚עס פֿעלט אויס לערערס׳ אויף ‚עס פֿעלן אויס לערערס׳, כאָטש, לויט זײַן שפּראַך־חוש און דער פֿאָרמעלער גראַמאַטיק, איז דער זאַץ אַ ריכטיקער.[334]

זאַרעצקי טיילט אויס צוויי הויפּטטיפּן „סובּיעקטלאָזיקע״ זאַצן (**י״ג**, 155–156): מיט אַ מעגלעכן סובּיעקט וואָס ווערט נישט באַניצט אין זאַץ אָדער אָן אַ סובּיעקט בכלל. צו דער ערשטער גרופּע געהערן עליפּטישע זאַצן ווי ‚זעסט?׳. מיטן צווייטן טיפּ קומט דער פּרעדיקאַט שטענדיק אין דער דריטער פּערזאָן: 1. מיט אַ לאָגישן סובּיעקט אין דאַטיוו אָדער אַקוזאַטיוו פֿאַר די ווערבן וואָס קענען אויך האָבן אַן אמתן סובּיעקט (‚מיר שטעכט אין זײַט׳); 2. מיטן צוגאָב ‚זיך׳, פֿאַר די ווערבן וואָס האָבן אַ סובּיעקט אויב מע באַניצט זיי אָן ‚זיך׳ (‚מיר שלאָפֿט זיך נישט׳); 3. „איינפּערזאָניקע״ ווערבן, וואָס זײַנען דעפֿעקטיווע לגבי פּערזאָן־ און צאָל־פֿאָרמעס (‚עס רעגנט׳) (**י״ג**, 155–158). זע וועגן אומפּערזענלעכע זאַצן און דעם פֿיקטיוון סובּיעקט ‚עס׳ אין: **גי״כּ**, 59, 374–375; וועגן עליפּטישע זאַצן אין: **גי״כּ**, 59. זאַרעצקי שטעלט אַ טעאָרעטישע פֿראַגע צי מע מעג אינטערפּרעטירן די צונויפֿגעשמאָלצענע פֿאָרמע פֿונעם אינווערטירטן ווערב אין ערשטער אָדער צווייטער פּערזאָן און דעם פּראָנאָם ‚איך׳ אָדער ‚דו׳ (‚מאַכסטו׳) ווי איין וואָרט. אין זײַן דיאַלעקט קען מען חוץ דער פֿאָנעטישער איינהייט פֿון דער פֿאָרמע אויך באַטראַכטן אַ ווײַטערדיקע פּראָסאָדישע אַנטוויקלונג: דער קוועטש פֿאַלט אויפֿן לעצטן טראַף אויף אַ רעדוצירטן וואָקאַל, לויט אַ סעמאַנטישן ניואַנס, למשל [וואָס מאַ׳כסטע? – גאָצודײַנקען, אונוואָס מאַכסטע׳?] (**י״ג**, 157).

[332] צווײַג, א. ר. [ראָזענצווײַג, אײַזיק], 1928: צי קאָן מען דערלאָזן די צעשטערטע מיטשטימונג צווישן סובּיעקט און פּרעדיקאַט? אין: **די״ש** 4–5: שפּ׳ 31–34.

[333] זע אויך מאַרק, יודל, 1949: אומשטימונג אין צאָל צווישן סובּיעקט און פּרעדיקאַט. אין: **י״ש** IX: 22–34.

[334] ר״ס, ט. [מאַרק, יודל], 1945: עס פֿעלט אויס לערערס און עס פֿעלן אויס לערעס. אין: **י״ש** V (4–6): 152–154.

זאַרעצקי לייגט פֿאָר צו בײַטן דעם טערמין „פֿיקטיוווער סוביעקט“ אויף „פֿיקטיווע סינטאַג־מע׳, וואָס דאַרף מאַכן, אַז דער פּערזאָנוואָרט [ווערב] זאָל נישט שטיין אויפֿן ערשטן אָרט“ (**י״ג**, 236). זאַרעצקי אַנאַליזירט די דערשײַנונג בײַ שלום־עליכמען.[335]

מאַרק ברענגט אַ פֿאַרסך־הכּלונג וועגן דעם פֿיקטיוון ,עס׳.[336]

III אַדיעקטיוו

42 אַדיעקטיוו און אַטריבוט

306 זאַרעצקי דעפֿינירט דעם אַדיעקטיוו: „אַן אַדיעקטיוו (אַ באַטייטיקער) באַצייכנט אַ סימן, אָפּגעטראָגן צו אַ זאַך (צוגעשריבן צו אַ זאַך, אַ סימן מיט אַן אָנווייז אויף זיין געהעריקייט צו אַ זאַך)“ (**י״ג**, 172).

אין זײַן גראַמאַטיק זאָגט זיך מאַרק אָפּ פֿון אַלטערנאַטיווע פֿריִער פֿאָרגעלייגטע טערמינען פֿאַר דער קאַטעגאָריע אַדיעקטיוו („אייגנשאַפֿט־וואָרט“ און „בײַוואָרט“, וואָס ער האָט אַליין באַניצט פֿריִער[337]). לויט אים, ווײַזט אַ גרויסער טייל אַדיעקטיוון אויף אַן אייגנשאַפֿט, אַנדערע קענען האָבן אַ באַטײַט פֿון אַ סימן (,דער ווײַסער שניי׳), פֿון מאַטעריאַל (,אַ זײַדענער טלית׳), פֿון אָרט (,ירושלימער אַלטשטאָט׳), פֿון צײַט (,דער נעכטיקער טאָג׳), פֿון אַ גרופּע (,ייִדישע פּירונ־גען׳), פֿונעם אָפּשטאַם פֿון אַ לאַנד (,אַמעריקאַנער עולה׳), פֿון דער „פּאָזיציע אין אַ ריי“ (,דער ערשטער אַפּליקאַנט׳) און אַנדערע (**גי״כּ**, 212). זאַרעצקי טיילט אויס דעם „סובּיעקטיוון“ אַדיעק־טיוו, וואָס דריקט אויס דעם רעדערס (עמאָציאָנעלע) באַציִונג צום אָביעקט, ווי „ער פֿאַרמאָגט אַ גאַנצן מיליאָן!“, ווו דער אַדיעקטיוו ,גאַנצער׳ באַטײַט נישט קיין קאָנקרעטע סומע געלט, נאָר דריקט אויס די איבערראַשונג פֿונעם רעדער (**י״ג**, 172).

307–309 זע וועגן סובסטאַנטיווירונג און אַדווערביאַליזירונג פֿון אַדיעקטיוון אין: **גי״כּ**, 213. מאַרק פֿירט אַרײַן דעם באַגריף „אַדיעקטיווירונג“ פֿאַר די פֿאַלן, ווען אַ סובסטאַנטיוו ווערט, לויט מאַרקן, מגולגל אין אַן אַדיעקטיוו, אויב ער ווערט באַניצט ווי אַ טייל פֿון אַ נאָמינאַלן פּרע־דיקאַט, למשל: ,איז ער אַ בהמה!׳. אַנדערע פֿאָרשער נעמען נישט איבער דעם באַגריף. זע אַן אַנאַליז פֿון דער אמתער אַדיעקטיווירונג אין בײַשפּילן ווי ,אויטאָריטעט – אַן אויטאָריטעטע מיינונג׳, ,פּלוצלינגע יאָרן׳ אין: **י״ג**, 110–111.

310 די אַמעריקאַנער און מערבֿ־אייראָפּעיִשע לינגוויסטיק אינטערפּרעטירט ביידע, קור־צע און לאַנגע, פֿאָרמעס ווי אַדיעקטיוון (נישט אַדווערבן): קלמנאָוויטש צעטיילט די סינטאַקסי־שע פֿונקציעס פֿון אַדיעקטיוו אויף פּרעדיקאַטיוו (קורצע פֿאָרמעס אָן אַן אַרטיקל אָדער לאַנגע מיט אַן אַרטיקל) און אַטריבוטיוו (לאַנגע פֿאָרמעס) (**יגק״ל**, 41).

[335] זאַרעצקי 1927 (ווי ה׳ 328), דאָ: שפּ׳ 9.

[336] מאַרק 1946 (ווי ה׳ 324), דאָ: 6–7.

[337] מאַרק, יודל, 1938: אַ פּאָר גאָר וויכטיקע ספֿקות פֿון אונדזער איצטיקער כּלל־שפּראַך. אין: **ייִדיש פֿאַר אַלע** (ווילנע) 9: 233–244.

די סאָוועטישע ייִדישע לינגוויסטיק, נאָכפֿאָלגנדיק זאַרעצקין, מאַכט דעם אונטערשייד צווישן אַדיעקטיוון און אַדווערבן לויט זייער פֿאָרמע: די קורצע פֿאָרמעס פֿון אַדיעקטיוו ווערן אָנגערופֿן אַדווערבן (**י״ג**, 179–180). זאַרעצקי דערקלערט, אַז עס איז אָנגענומען, רעדנדיק וועגן אַדיעקטיוון, זיי אָנצורופֿן מיט דער אַדווערב־פֿאָרמע, למשל ,דער אַדיעקטיוו ג ר ו י ס ׳ (**י״ג**, 98). גיבנדיק בײַשפּילן פֿון פּרעדיקאַטיוון באַנוץ (,ער איז געזונט׳), זאָגט ער בפּירוש: „מע דאַרף עס נישט האַלטן (ווי אין רוסיש) פֿאַר אַן אַדיעקטיוו“ (**י״ג**, 204).

אין זײַן שפּעטערער אַרבעט ווײַזט זאַרעצקי, אַז עס איז נישט כּדאַי צו צעטיילן אַדיעקטיוון און אַדווערבן אין באַזונדערע וואָרטקלאַסן, ווײַל „דער כילעק צווישנ אדיעקטיוו אונ אדווערב איז נאָר א כילעק אינ סינטאקסישע פאָרמעס“ און ווײַל ביידע קלאַסן זײַנען זייער נאָענט אין זייער וואָרט־פֿורעמונג.[338] אַנשטאָט דעם, לייגט ער פֿאָר אונטערצושיידן „אדנאָמינאלן“ און „אדווערבאלן“ באַנוץ: ,אַ גוטע אַרבעט׳/,ער אַרבעט גוט׳ און ,זײַן איצטיקע אַרבעט׳/,ער אַרבעט איצט׳.[339] אַנאַליזירנדיק די סינטאַקסישע פֿונקציעס פֿון אַדיעקטיוו, באַמערקט פֿאַלקאָוויטש, אַז אַ סובסטאַנטיוו קען אויך כאַראַקטעריזירט ווערן דורך אַן אַדווערב און ברענגט דעם בײַשפּיל: „בסוד האָט ער מיר באַוויזן אַ האַנט פֿול מיט בלויע צייכנס“ (ש״ע) (310ב).

311–314 מײַדאַנסקי, נאָכפֿאָלגנדיק אַ רוסישן שפּראַך־וויסנשאַפֿטלעכן אַנאַליז, טענהט אַז מע שיידט אונטער (1) גלײַכאַרטיקע און (2) ניט־גלײַכאַרטיקע אַטריבוטן, אויסגעדריקטע דורך אַדיעקטיוון: 1. „און וואָס זעט מען דאָרט? אַ וואַנט. אַ הויכע, אַ ברייטע, אַ גרויע, אַ נאַסע וואַנט“ (שלום־עליכם, „דרײַ קעפּלעך“); 2. „אַ הויכע שטיינערנע סטאַטוע שטייט בײַם אַרײַנגאַנג אין פּאַרק“. לויט מײַדאַנסקין, געהערט דער ,מער־דערווײַטערטער׳ נישט־גלײַכאַרטיקער אַדיעקטיוו נישט בלויז צום סובסטאַנטיוו, נאָר צו דעם גאַנצן צונויפֿהעפֿט פֿונעם סובסטאַנטיוו מיט די ,פּריִער שטייענדיקע אדיעקטיוונ׳: אין דעם בײַשפּיל 2 דערקלערט דער אַדיעקטיוו ,הויכע׳ דעם באַגריף ,שטיינערנע סטאַטוע׳, דערפֿאַר שטעלט מען נישט קיין קאָמע צווישן ביידע אַדיעקטיוון.[340] אין דעם ערשטן פֿאַל פֿאַרקערט: די לאָגיק פֿון איבעררעכענונג און סינטאַגמאַטישע באַציִונגען הערשט אַנשטאָט דער לאָגיק פֿון היעראַרכישע באַציִונגען. מײַדאַנסקי פֿירט אויך אַרײַן דעם באַגריף „פּאראלעלע אדיעקטיווג־אטריבוטנ“, למשל, „עס איז אופגעקומענ א נײַער, א סאָוועטישער האנדל, א האנדל אָנ ספּעקוליאנטנ, א האנדל אָנ קאפּיטאליסטנ“.[341] דער אַטריבוט ,סאָוועטישער׳ ווײַזט מיט וואָס דער האַנדל איז נײַ, ד״ה דער צווייטער אַדיעקטיוו דערגאַנצט דעם ערשטן. די פּאַראַלעלע אַדיעקטיוון דאַרף מען אין אַלגעמיין אָפּזונדערן מיט אַ קאָמע און מיט דער אינטאָנאַציע, כאָטש עס טרעפֿן זיך אויך נישט אָפּגעזונדערטע בײַשפּילן.[342] מײַדאַנסקי דערקלערט דעם סטיליסטישן באַנוץ פֿון פֿאַרשיידענע טיפּן אַדיעקטיווישע אַטריבוטן און פּונקטואַציע.[343]

338 זארעצקי 1935 (ווי ה׳ 279): 186.

339 זארעצקי, א[ײַזיק], 1937: שטריכנ פונ ייִדישנ זאצבוי. אין: **א״ש** 1: שפּ׳ 47–65, דאָ: שפּ׳ 61.

340 מײַדאנסקי, מ[שה], 1937: אטריבוטנ־אדיעקטיוונ בא איינ סובסטאנטיוו. אין: **א״ש** 1: שפּ׳ 107–125; דאָ: שפּ׳ 115.

341 דאָרטן, שפּ׳ 114.

342 דאָרטן, שפּ׳ 107–125.

343 דאָרטן, שפּ׳ 116–121.

שטיף ברענגט דעם באַנוץ פֿון דער פּרעפּאָזיציע ,פֿון׳ מיט אַ סובסטאַנטיוו אין אַן אַטריבוטיווער פֿונקציע ווי אַן אַלטערנאַטיוו צום אַדיעקטיוו.[344] ער רעקאָמענדירט צו פֿאַרבײַטן די ,פֿון׳־קאָנסטרוקציעס ווו מעגלעך אויף אַדיעקטיוון, למשל, „די כארקאָווער קאָמאנדעס פייערלעשער“ אַנשטאָט „די פייערלעשער־קאָמאנדעס פון כאַרקאָוו“, „די יאהודימשע פסיכאָלאָגיע“ אַנשטאָט „די פסיכאָלאָגיע פון די יאהודים“.[345] רעזניק, האַלטנדיק שטיפֿס פּאָזיציע פֿאַר צו עקסטרעם, ברענגט קעגנבײַשפּילן מיט דער ,פֿון׳־קאָנסטרוקציע בײַ יִדישע שרײַבער און אין דער אַלטיִדישער ליטעראַטור. ער באַמערקט, אַז דער צונויפֿהעפֿט פֿון צוויי סובסטאַנטיוון קען האָבן אַן אַנדער באַטײַט ווי די קאָנסטרוקציע מיט ,פֿון׳: פֿ״גל ,ייִד פֿון מאַרק׳ און ,מאַרקייִד׳. אין דער קאָנסטרוקציע מיטן אַדיעקטיוו ווערט באַטאָנט דער אַטריבוט און אין דער אַלטערנאַטיווער ווערסיע מיט ,פֿון׳ ווערט אונטערגעשטראָכן דער הויפּט־סובסטאַנטיוו.[346] שטיף ענטפֿערט, אַז אין ליטעראַרישע טעקסטן קען דער אויסקלײַב פֿון קאָנסטרוקציע מאָטיווירט ווערן מיט כּלערליי טעמים: אינטאָנאַציע, מעטאַפֿאָריק, ריטמישע סטרוקטור פֿונעם זאַץ – און עצהט פֿאָרט אויסצומײַדן ,פֿון׳ אינ דער פּרעסע.[347] זאַרעצקי ווײַזט אויף דער מעגלעכער צווייטײַטשיקייט פֿון קאָנסטרוקציעס מיט ,פֿון׳ (**י״ג**, 231). די שפּראַך־קאָמיסיע האָט באַשלאָסן אין 1930 „ארויסוואַרפנ דעמ ,פונ׳ אין גענ[יטיוו]־פּאָס[עסיוו], ווענ עס האנדלט זיכ וועגנ לעבעדיקע פּערזאָנען, אויסער די פאלנ, ווענ דער ,פונ׳ איז נויטיק צוליב באזונדערער אונטערשטרייַכונג“ אָדער צוליב פֿאַרטיטיוו, פֿאַרבײַטן דעם ,פֿון׳ כּדי אויסצומײַדן צווייטײַטשיקייט און איבערחזרונגען בײַ עטלעכע ,פֿון׳ אין אַ ריי.[348]

צייטלין פֿאַרטיידיקט אַטריבוטיווע קאָנסטרוקציעס מיט ,פֿון׳ צוליב ריטמישע סיבות.[349]

זע וועגן אַדיעקטיוון אין אַלגעמיין אין: **גי״כ**, 212–217.[350]

43 אַדיעקטיווישע פֿאָרמעס (פֿלעקסיעס)

315 פֿ״גל די טאַבעלעס מיט דעקלינאַציע פֿון אַדיעקטיוון אין: **י״ג**, 173, **גי״כ**, 216, **יגק״ל**, 42, אויך אַ פּרטימדיקע פּעדאַגאָגישע באַשרײַבונג פֿון אַלע ענדונגען אין: **גי״כ**, 217–218.

קלמנאָוויטש באַמערקט אַז אַ מאָל באַניצט מען אויך אַדיעקטיוון פֿון נייטראַלן מין אָן אַן ענדונג מיטן באַשטימטן אַרטיקל ווי ,דאָס הייליק וואָרט׳ (**יגק״ל**, 42). בײַ זאַרעצקין טרעפֿט זיך אויך ,אַ גוטעס קינד׳ און ,גוטעס קינד׳, מיט אַ קאָמענטאַר „זעלטן“. לויט אים, קומט די ענדונג ־ס (אַנשטאָט ־עס) מערסטנס בײַ איינטראַפּיקע אַדיעקטיוון און בײַ אַדיעקטיוון מיטן סופֿיקן ־יק, ־לעך (**י״ג**, 173).

מאַרק ברענגט אַנדערע בײַשפּילן מיט נישט־דעקלינירטע אַדיעקטיוון פֿון נייטראַלן מין

344 שטיף, נ[חום] 1927: „פֿון“. אין: **די״ש** 1: שפּ׳ 11–28, דאָ: שפּ׳ 13.

345 דאָרטן, שפּ׳ 19–20.

346 רעזניק, ל[יפּע], 1927: וועגן דער פּרעפּאָזיציע ,פֿון׳. אין: **די״ש** 5–6: שפּ׳ 1–12.

347 שטיף, נ[חום], 1927: דער ,פֿון׳, נעבעך. אין: **די״ש** 5–6: שפּ׳ 13–40, דאָ: שפּ׳ 15–16.

348 די שפּראַכ־באַראַטונג אינ כארקאָוו. אין: **די״ש** 4–5, 1930: שפּ׳ 85–90, דאָ: שפּ׳ 86–87.

349 צייטלין, אַהרן, 1938: באַמערקונגען וועגן ריטעם און זאַצבוי. אין: **ייִדיש פֿאַר אַלע** (ווילנע) 5: 140–142.

350 דאָס קאַפּיטל חזרט איבער מאַרקס אַרטיקל: מאַרק, יודל, 1968: דער אַדיעקטיוו. אין: **י״ש** XXVIII (3): 65–87.

אין דאַטיוו: ,לעבן מײַן צעריסן בײַדל׳, ,אויף זײַן פֿינסטער מזל׳, אויך אין אַקוזאַטיוו: ,דאָס פֿײַן ווײַבעלע׳.[351]

זע בײַשפּילן פֿון נישט־דעקלינירטע אַדיעקטיוון אין: **י״ג**, 174–175: 1. דעריוואַטן פֿון געאָ־גראַפֿישע נעמען; 2. ,וואָס פֿאַר אַ׳, ,סאַראַ׳ און ,קיין׳; 3. צאָלווערטער ווי ,צוויי׳, ,דריַי׳, וואָס זאַרעצקי רעכנט דאָ צו צו די אַדיעקטיוון; ,גאַנץ׳, ,האַלב׳, ,אַנדער׳ בײַ געאָגראַפֿישע נעמען און ,גרויס׳ בײַ אַבסטראַקטע נעמען אָן אַן אַרטיקל ווי ,גאַנץ מאָסקווע׳, ,האַלב כאַרקאָוו׳, ,מיט גרויס פֿרייד׳. פֿ״גל: **גי״ב**, 222.

זאַרעצקי באַמערקט אַ וואַקלעניש אין דער בייגונג פֿון געאָגראַפֿישע אַדיעקטיוון, למשל: „דער אָנפֿירער פֿון דעם רוסלענדן פּראָלעטאַריאַט" (**י״ג**, 175).

זע וועגן נישט־דעקלינירטע אַדיעקטיוון פֿון סלאַווישן אָפּשטאַם אין: **י״ג**, 175–176. אַזעל־כע אַדיעקטיוון ווי ,מאָדנע׳ ווערן אין זאַרעצקיס דיאַלעקט דעקלינירט. לויט זאַרעצקין, ווערן סובסטאַנטיווירטע אַדיעקטיוון פֿון נייטראַלן מין אין די מערסטע פֿאַלן נישט דעקלינירט: ,איינס אַקעגן דאָס אַנדערע׳, מיט אַ פֿאַר אויסנאַמען ווי ,צום גוטן׳, ,צום בייזן׳ און ווען זיי שטייען אָן אַן אַרטיקל: ,אויף ווייכן׳, ,אויף אַלעם גרייטן׳ (**י״ג**, 160).

321–316 זאַרעצקי באַמערקט אַ נטיה בײַ אַדיעקטיוון פֿון ווײַבלעכן מין צו שאַפֿן דעם דאַטיוו אייגצאָל מיט דער ענדונג ־ע: „מיט אַ נשמה אַ גאַנצע (ש״ע)", און בײַ אַדיעקטיוון פֿון נייטראַלן מין אין דאַטיוו – די ענדונג ־עס אָדער ־ע מיטן באַשטימטן אַרטיקל: „ער מוז יעדעס מיידל געפֿעלן (אָפּ.)", „געוועקט, גערופֿן און גערופֿן פֿון דאָס שיינע בילדערישע וואָרט (דאָבר.)" (**י״ג**, 174). אינעם לעצטן בײַשפּיל זעט מען די נטיה נישט צו בייגן דעם באַשטימטן אַרטיקל.

זאַרעצקי פֿאַרצייכנט געבייגטע פֿאָרמעס ווי, למשל „אין מינסקן בונדישן קלוב" (**י״ג**, 114).

אינעם ליטווישן דיאַלעקט קומען אַדיעקטיוון בײַ שטאָפֿנעמען אין מערצאָל, למשל: „ריינע וואַסער", „מיט פֿרישע מילך" (**י״ג**, 177).[352]

רעדנדיק וועגן קאָאָרדינירונג צווישן סובסטאַנטיוון אָדער פּערזענלעכע פּראָנאָמען און אַד־יעקטיוון, באַמערקט זאַרעצקי די דערשײַנונג פֿון טאָפּעלער ציִונג ווען דער אַדיעקטיוו שטימט מיטן סובסטאַנטיוו/פּראָנאָם אין צאָל און אין מין, אָבער נישט אין בייגפֿאַל, למשל: „כ׳האַלט זי פֿאַר אַ שיינער" (**י״ג**, 178).

322 מאַרק ברענגט בײַשפּילן פֿון סובסטאַנטיווירטע אַדיעקטיוון פֿונעם נייטראַלן מין מיטן סופֿיקס ־ס אין שפּריכווערטער (**גי״ב**, 219).

324–323 קלמנאָוויטש שיידט אונטער אַדיעקטיווישע פּאָסעסיווע פּראָנאָמען ווען זיי קומען נאָכן סובסטאַנטיוו (,מײַנער׳, ,מײַנס׳) און סובסטאַנטיווישע – ווען זיי קומען פֿאַר אים (,מײַן׳, ,אײַער׳). צו דעם אַדיעקטיווישן טיפּ רעכנט ער צו נאָך „דער מייניגער", „דער אונזערי־גער" (**יגק״ל**, 44). נישט געקוקט אויף אַ געוויסער ענלעכקייט, האָבן פֿאַלקאָוויטשעס טערמינען – „אַדיעקטיווישע" (דעמאָנסטראַטיווע און פּאָסעסיווע) קעגן „סובסטאַנטיווישע" פּראָנאָמען

[351] מאַרק, יודל, 1939: אַ פּאָר גאָר וויכטיקע ספֿקות פֿון אונדזער איצטיקער כּלל־שפּראַך (המשך). אין: **ייִדיש פֿאַר אַלע** (ווילנע) 3: 80–86, דאָ: 81–82.

[352] שאַפּירא, 1939 (ווי ה׳ 255): 131.

– נישט דעם זעלביקן באַטײַט ווי קלמנאָוויטשעס. זע וועגן פֿאַלקאָוויטשעס טערמינאָלאָגיע אין די קאָמענטאַרן צום אונטערקאַפּיטל 4ל.

נח פּרילוצקי ברענגט בײַשפּילן פֿון באַניצן די אַדיעקטיווישע פּראָנאָמען אין דער קאָנסטרוק־ציע „באַשטימטער אַרטיקל + סובסטאַנטיוו + פּאָסעסיווער אַדיעקטיוו" אין ייִדישע דיאַלעקטן (‚דער ברודער מײַנער'). לויט אים, עקסיסטירט אויך אין מיטל־ייִדישן דיאַלעקט די פֿיקסירטע פֿאָרמע מיט דער ענדונג ־ס פֿאַר אַלע בייגפֿאַלן פֿון אַלע מינים: „דאָס איז אַ טאָכטער מײַנס" (וואַרשע). אין דער אַלטייִדישער ליטעראַטור און אין ייִדישן פֿאָלקלאָר טרעפֿט מען אויך די ניט־געבייגטע פֿאָרמע פֿונעם פּאָסעסיוון פּראָנאָם נאָך סובסטאַנטיוו, למשל, אין דער גלית־הפּלישתּי־שפּיל: „אַריַין, אַריַין, אַריַין, קעניג שאול מיט זײַנע יעדנערעלן, דו מײַן!"[353] פּרילוצקי שטרײַכט אונטער, אַז מע שטעלט דעם טראָפּ אויפֿן הויפּטוואָרט (סובסטאַנטיוו) אַנשטאָט אויפֿן פּראָנאָם. זי ווערט אָפֿט באַניצט אין וואָקאַטיוו.[354]

זאַרעצקי רופֿט אָן בײדע גרופּעס פּאָסעסיווע פּראָנאָמען, נאָך און פֿאַר די סובסטאַנטיוו – „אַדיעקטיוון" (**י״ג**, 176). קלמנאָוויטש, מאַרק און ס׳רובֿ אַנדערע פֿאָרשער אַנאַליזירן צוזאַמען די קורצע און לאַנגע פֿאָרמעס פֿון די פּאָסעסיווע און דעמאָנסטראַטיווע פּראָנאָמען (**יגק״ל**, 44; **גי״כ**, 242). מאַרק שליסט זיי אײַן אינעם קאַפּיטל וועגן פּראָנאָמען, אין די אָפּטיילן „פּאָסעסיווע פּראָנאָמען" (**גי״כ**, 242 – 243) און „פֿאַרשיידענע פּראָנאָמען" (**גי״כ**, 245 – 248).

325 קלמנאָוויטש און מאַרק ברענגען די פֿאַרגליווערטע פֿאָרמע פֿון אַמאָליקן פּראָנאָמי־נאַלן געניטיוו: ‚פּטור ווערן מײַנער' (**יגק״ל**, 44).[355]

44 אַדיעקטיווישע אויסבילדונג

326 זאַרעצקי שיידט אונטער „אייגנטלעכע אַדיעקטיוון און אַדיעקטיווירונגען", לויט זייער פֿורעמונג. די ערשטע צעטיילט ער אויף „איינפֿאַכע און צונויפגעזעצטע", צווישן די איינפֿאַכע געפֿינען זיך „וואָרצלדיקע און מיט אַפּיקסן" (**י״ג**, 98).

זע אַ רשימה אַדיעקטיווישע סופֿיקסן אין: **יגק״ל**, 41, און אַ טאַבעלע מיט בײַשפּילן און סע־מאַנטישע דערקלערונגען אין: **י״ג**, 100 – 106. זע אויך די קאָמענטאַרן צום אונטערקאַפּיטל 14.

327 לויט זאַרעצקין, פֿאַרוואַנדלט זיך דער סופֿיקס ‚־לעך' אַ מאָל אין ‚־בלעך' (‚גרינ־בלעך') אָדער אין ‚־כלעך' (‚קילכלעך') צוליב פֿאָנעטישע סיבות (**י״ג**, 99). דער סופֿיקס ‚־לעך' העלפֿט בויען אַדיעקטיוון פֿון ווערבן, למשל, ‚דערטרעגלעך' (**גי״כ**, 226 – 227).

זע וועגן פֿאַרקלענער־סופֿיקסן בײַ אַדיעקטיוון אין: **י״ג**, 99 און **גי״כ**, 229.

328 זע בײַ מאַרקן (**גי״כ**, 226) וועגן דעם טראַפֿיקן נון ווי אַן אַדיעקטיווישן סופֿיקס.

329 – 330 זע בײַ מאַרקן (**גי״כ**, 227 – 228) וועגן די סופֿיקסן ‚־עדיק' און ‚־עוודיק', וואָס שטאַמען פֿון גערונדיוו, און זייער סעמאַנטיש אַנדערש פֿון אים, פֿ״גל ‚שטייענדיק' – ‚שטייעדיק'.

זע וועגן אַדיעקטיווישע סופֿיקסן אין אונטערקאַפּיטל 14, 101§.

353 פּרילוצקי, נח, 1938: דער ברודער מײַנער. אין: **ייִדיש פֿאַר אַלע** (ווילנע) 10: 274 – 280, דאָ: 279.

354 דאָרטן, 274 – 280.

355 י.מ. [מאַרק, יודל], 1941: די פּערזענלעכע פּראָנאָמען האָבן ניט קיין געניטיוו. אין: **י״ש** I (6): 181 – 182.

331 צווישן די צונויפֿגעזעצטע אַדיעקטיוון שיידט זאַרעצקי אונטער: 1. געבויטע אויפֿן יסוד פֿון אַ צונויפֿגעזעצט וואָרט ווי ,גוט־ברודעריש׳; 2. צונויפֿגעזעצטע פֿון אַ קורצער און אַ לאַנגער פֿאָרמע פֿון אַדיעקטיוו ווי ,שוואַרץ־חנעוודיק׳; 3. אַזעלכע ווו די צונויפֿזעצונג און די אַדיעקטיווירונג קומען פֿאָר גלײַכצײַטיק ווי ,נישט־רוסיש־שפּראַכיקער׳ (**י״ג**, 109–110).

מאַרק טיילט אויס צוויי גרויסע טיפּן נישט־סופֿיקסאַלע פֿורעמונג בײַ אַדיעקטיוון: מיט פּרעפֿיקסן און דורך אַדיעקטיווישע צונויפֿהעפֿטן. ער אַנאַליזירט צוזאַמען דעם פּרעפֿיקס ,אָנ־׳ אין ,אָנזאָרגיק׳, ,אָנמדינהש׳ – פּאָפּולער אין אַמעריקע פֿון די 1920–1930ער יאָרן – און דעם אין ראַטן־פֿאַרבאַנד פֿאַרשפּרייטן פּרעפֿיקס ,אָנ־׳ אין ,אָנאָטעמדיק׳ וואָס, לויט מאַרקן, איז ער באַאײַנפֿלוסט פֿונעם סלאַווישן פּרעפֿיקס без [בעז] (**גי״ב**, 231).

באַשרײַבנדיק די צונויפֿהעפֿטן, גייט מאַרק אין אַלגעמיין נאָך זאַרעצקיס קלאַסיפֿיקאַציע, אָבער שטעלט זיך אָפּ אויף די מער פֿאַרשפּרייטע פֿאָרמעס מיט פֿול־, גרויס־, גלײַכ־ און אַנדערע. זײַנע כּללים פֿון פֿורעמונג און אויסלייג פֿאַר אַדיעקטיווישע צונויפֿהעפֿטן פֿאַלן זיך צונויף מיט די סובסטאַנטיווישע (**גי״ב**, 232–233).

IV צאָלוואָרט

45 צאָלוואָרט און אַדיעקטיוו

332–336 זאַרעצקי ווידמעט נישט די צאָלווערטער קיין באַזונדערן קאַפּיטל. בײַ אים בלײַבט די קאַטעגאָריע מטושטש: אַחוץ קאַרדינאַלע און סדרדיקע צאָלווערטער, שליסט ער אַרײַן אויך די אַזוי גערופֿענע „פֿאַרטרעט־ווערטער“ וואָס קענען פֿאַרטרעטן צאָלווערטער: וויפֿל, אַזוי פֿיל, אין גאַנצן, אַלע,ביידע, קיין איינער נישט, אייניקע, עטלעכע, מערערע, פֿיל, ווייניק (**י״ג**, 145–147). מאַרק באַשטימט נישט דאָס צאָלוואָרט ווי אַ באַזונדערן וואָרטקלאַס. אויב ער ווערט באַניצט אָן אַ סובסטאַנטיוו, באַזונדער, ווערט דאָס צאָלוואָרט אינטערפּרעטירט ווי אַ סובסטאַנטיוו. אויב עס קומט פֿאַרן סובסטאַנטיוו פֿאַרוואַנדלט עס זיך אין אַן אַדיעקטיוו (**גי״ב**, 234).

זע וועגן דער קאָנסטרוקציע „צאָלוואָרט + סובסטאַנטיוו אין איינצאָל“ (,צוועלף רובל׳) אין: **גי״ב**, 235. אויב דער סובסטאַנטיוו ענדיקט זיך מיט ־ע, ווערט ער באַניצט אין מערצאָל: ,דרײַ קאָפּיקעס׳.

337 זאַרעצקי האַלט אַז סדרדיקע צאָלווערטער זײַנען אַדיעקטיוון[356] און אַנאַליזירט זייער פֿורעמונג צוזאַמען (**י״ג**, 102).

זע וועגן סדרדיקע צאָלווערטער, אויך קאָמפּליצירטע (ווי ,צוויי טויזנט פֿינף הונדערט זעקס־און־זיבעציקסטער׳) אין: **גי״ב**, 235.

[356] זארעצקי, א[ײַזיק], 1938: גראמאטישע קלאסנ. אין: ווינער, מ[איר] און א[ײַזיק] זארעצקי (רעד׳): **פּראגנ פונ ייִדישער שפּראכ**. מאָסקווע: פארלאג עמעס: 156–187, דאָ: 169.

זע וועגן בראָכצאָלן אין: **גי"כ**, 235–236, וועגן קאָלעקטיווע צאָלווערטער ווי ,דרײַערלײ׳ און וועגן אַדווערביאַלע צאָלווערטער ווי ,זאַלבעפֿערט׳, ,ערשטנס׳ אין: **גי"כ**, 236–237.

338 זע בײַ מאַרקן וועגן דעם צאָלוואָרט ,איינס׳ (**גי"כ**, 237–238).

339 זאַרעצקי דערמאָנט אַז די צאָלווערטער מיטן סופֿיקס ־סט קענען אין טייל דיאַלעקטן האָבן אַ וואַריאַנט מיט ־ט: ,צוואָנציק(ס)טער׳, ,צוויי־און־צוואָנציק(ס)טער׳ און אַפֿילו ,צוואָנציק צווייטער׳ (**י"ג**, 104–105).

V אַדווערב

46 אַדיעקטיוו און אַדיעקטיווישער אַדווערב

340 מאַרק שיקט אָפּ צו דער דעפֿיניציע פֿונעם ערשטן באַנד פֿון „גרויסן ווערטערבוך פֿון דער ייִדישער שפּראַך": אַן אַדווערב איז אַן „אומשטאַנדוואָרט ... וואָס ציט זיך צום ווערב אָדער צום אַדיעקטיוו אָדער צו אַן אַנדער אַדווערב; פֿירט אויס לגבי דעם ווערב די זעלביקע פֿונקציע וואָס דער אַדיעקטיוו לגבי דעם סובסטאַנטיוו".[357] ער דערקלערט דעם אונטערשייד צווישן דעם סאָוועטישן און אַמעריקאַנישן צוגאַנג צום אָפּטיילן אַדיעקטיוון פֿון אַדווערבן.[358] זע אויך די קאָ־מענטאַרן צו § 310.

מאַרק גיט צו ערשט אַ סעמאַנטישע קלאַסיפֿיקאַציע פֿון אַדווערבן: פֿון אָרט, צײַט, שטייגער, סיבה, ציל, תּנאַי, הנחה, מדרגה. פֿונעם פֿאָרמעלן קוקווינקל שיידט ער אונטער „סינטאַקטישע" אַדווערבן, וואָס פֿאַלן זיך צונויף מיט דער קורצער פֿאָרמע פֿון אַדיעקטיוו, און „עכטע" אַדווערבן („ניט־אַדיעקטיווישע" אין פֿאַלקאָוויטשעס טערמינאָלאָגיע, זע ווײַטער §§ 352–358) (**גי"כ**, 345).

מאַרק דערקלערט דעם חילוק צווישן סינטאַקסישע אַדווערבן און קורצע פֿאָרמעס פֿון אַדיעקטיוון (**גי"כ**, 347). זע אויך דעם פֿאַרגלײַך צווישן אַדיעקטיוון און אַדווערבן אין זייער ציִונג צו ווערבן, סובסטאַנטיוון און סובסטאַנטיווירטע אינפֿיניטיוון אין: **י"ג**, 179–180.

מאַרק באַשרײַבט די צאָלרײַכע פֿאַרגליווערטע פֿאָרמעס פֿון דער עלטערער שפּראַך־אַנט־וויקלונג, וואָס זײַנען אָפּגעהיט געוואָרן אינעם וואָרטקלאַס פֿון אַדווערבן (**גי"כ**, 345).

צווישן אַדיעקטיוון וואָס בילדן נישט קיין אַדווערבן, ברענגט זאַרעצקי דעם בײַשפּיל: ,הײַנטיקער׳ (**י"ג**, 183–184).

זע וועגן אַדווערבן, דעריווירטע פֿון פּאַרטיציפּן און גערונדיוון אין: **י"ג**, 181 און **גי"כ**, 348–349.

341–344 זאַרעצקי אַנאַליזירט די ציִונג פֿון אַדווערב צום ווערב און צום אַדיעקטיוו, און אויך די טאָפּעלע ציִונג מיט אַ פּאָליסעמיע פֿון וואָרטקלאַסן: „זיי אָטעמען ביידע אָפּ, מיד פֿון לאַנגן קריכן אונטער דר׳ערד (לייוו[יק])". דער אַדווערב ,מיד׳ קען אָפּהענגען פֿון סוביעקט (,זיי

357 מאַרק, יודל, 1962: וועגן מינים אַדווערבן. אין: **י"ש** XXII (1): 1–18, דאָ: 1.

358 דאָרטן, 2; דער אַרטיקל ווערט איבערגעחזרט אין: **גי"כ**, 345–370.

[זײַנען] מיד׳) אָדער פֿון פּרעדיקאַט (,אָטעמען מיד׳). דער גערונדיוו האָט אַ מאָל אַ טאָפּעלע ציִונג, ער ווערט אָפֿט מאָל אָפּגעזונדערט פֿון דער הויפּט־סינטאַגמע (**י״ג**, 181–182). שאַפּיראָ ברענגט בײַשפּילן פֿון טאָפּעלער ציִונג בײַ שלום־עליכמען.[359]

47 פֿאַרגלײַך־שטופֿעס (בײַם אַדיעקטיוו און אַדיעקטיווישן אַדווערב)

345 זע וועגן פֿאַרגלײַך־שטופֿעס פֿון אַדיעקטיוון און אַדווערבן אין: **י״ג**, 99, 107–108 און **גי״ב**, 219–223. זאַרעצקי ברענגט בײַשפּילן פֿון נײַע אַדיעקטיוון, וואָס זענען מסוגל צו שאַפֿן פֿאַרגלײַכיקע פֿאָרמעס: „עלעקטרע רינט פֿון דאָרטן ווו ס׳איז עלעקטרישער, ווו דער פּאָטענציאַל איז העכער״ (**י״ג**, 107). מאַרק פּאַראַפֿראַזירט זאַרעצקיס בײַשפּיל און ברייטערט אויס די נטיה צו אַנדערע גרופּעס אַדיעקטיוון – דעריוואַטן פֿון שטאָפֿנעמען און נעמען פֿון לענדער. אַזעלכע נײַע פֿאָרמעס האָבן אַ מאָל אַ ספּעציפֿישן באַטײַט, אָפֿט – שפּאַסיק (,מער אַמעריקאַנער׳) (**גי״ב**, 219–220).

מאַרק און זאַרעצקי דערמאָנען אַדיעקטיוון אָן יסוד־פֿאָרמע: ,קעקער (חשובֿער)׳ (**גי״ב**, 220), ,בילכער׳ (**י״ג**, 107).

זאַרעצקי באַשרײַבט פֿאַרגלײַכיקע פֿאָרמעס, ווי ,אַן עלטערער מענטש׳, וואָס האָבן פֿאַרלוירן זייער ספּעציפֿישן באַטײַט (**י״ג**, 107). זע דעם זעלביקן בײַשפּיל און זײַן אינטערפּרעטאַציע אין: **גי״ב**, 222–223.

346 קלמנאָוויטש ברענגט סופּערלאַטיוון פֿון אַדווערבן וואָס זײַנען קורצע פֿאָרמעס פֿון אַדיעקטיוון: ,אויסווייניגסט׳, ,אינעווייניגסט׳, ,מיטלסט׳, ,אונטערשט׳, ,אויבערשט׳, ,הינטערשט׳, ,פֿאָדערשט׳ און אַ נעאָלאָגיזם ,עקסט׳ (לויט קאַלמנאָוויטשן, אַן איבערזעצונג פֿונעם העברעיִשן ,החיצון׳) אין: **יגק״ל**, 43. לויט זאַרעצקין, האָט דער סופּערלאַטיוו ,מינדסטער׳ נישט קיין גרונטפֿאָרמע (קיין קורצע פֿאָרמע) (**י״ג**, 108).

אין די אויסלייג־כּללים פֿון ייִוואָ ווערט בלויז ,אַמ־׳ אַנאַליזירט ווי אַ פּרעפֿיקס פֿון סופּערלאַטיוו; ,צום׳ ווערט באַטראַכט ווי אַ פּרעפּאָזיציע און שרײַבט זיך באַזונדער: ,צום ווייניקסטן׳. מאַרק און פּרילוצקי האַלטן דעם פּרעפֿיקס אַמ־ פֿאַר אַ דײַטשמערישן און עצהן אים אויסצומײַדן (**גי״ב**, 355).[360]

347 זאַרעצקי רעקאָמענדירט נישט צו באַהעפֿטן דעם אַדווערב ,מער׳ מיט פֿאַרגלײַכיקע אַדיעקטיוון (**י״ג**, 194).

זע וועגן די פּרעפּאָזיציעס און קאָניונקציעס וואָס קומען נאָך פֿאַרגלײַכיקע פֿאָרמעס: ,פֿאַר׳, ,פֿון׳, ,איידער׳, ,ווי׳, ,ווידער׳, ,אַלס׳ (דײַטשמעריש) אין: **י״ג**, 107–108 און **גי״ב**, 222.

זאַרעצקי פֿאָרשט אַנאַליטישע איבערשטײַגיקע פֿאָרמעס מיט ,סאַמע׳, ,אַל־׳, ,אַלער־׳: ,אַלערהעכסטער׳ (**י״ג**, 108). פֿ״גל **גי״ב**, 220.

359 שאפּירא, משה, 1939: באַזונדערקײַטן פֿונעם זאַצבוי אין דער ייִדישער פֿאָלק־שפּראַך לויט דער שפּראַך פֿון שאָלעם־אַלייכעמס פּערסאָנאַזשן. אין: **א״ש** 4: 127–148, דאָ: 140–141.

360 פּרילוצקי, נח, 1938: צום, אַם, אום, אין. אין: **ייִדיש פֿאַר אַלע** (ווילנע) 3: 94–95.

348–349 זע וועגן אַדווערבן אין דער ראָלע פֿון סובסטאַנטיוון אין: **י״ג**, 182–183.

350–351 זע וועגן פֿאַרגלײַכיקע פֿאָרמעס מיט קלאַנגענבײַט אין: **י״ג**, 107; וועגן סופּערלעטיווע פֿאַרגלײַכיקע פֿאָרמעס און פֿאָרמעס מיט קלאַנגענבײַט אין: **יגק״ל**, 42–43 און **גי״כ**, 221–222.

48 ניט־אַדיעקטיווישער אַדווערב

352 פּרילוצקי שטעלט צונויף אַ רשימה פֿון אַלע ייִדישע אַדווערבן מיטן באַטײַט ,איצט׳, אַרײַנגערעכנט בײַשפּילן פֿון אַלטייִדישע טעקסטן.[361]

לויט מאַרקן, קענען די ,עכטע׳ אַדווערבן נישט שפּילן די ראָלע פֿון אַדיעקטיוון, כאָטש פֿון עטלעכע קען מען בילדן אַדיעקטיווישע פֿאָרמעס מיט סופֿיקסן: ,דאָ׳ – ,דאָיִק׳. ער האַלט, אַז דאָס איז א פּראָדוקטיווער טיפּ צו שאַפֿן אדיעקטיוון, מיט פֿרישע בײַשפּילן ווי ,ממשדיק׳ און ,דערנאָכיק׳. מאַרק באַשרײַבט אַ נײַע טענדענץ, ווען אַדווערבן פֿאַרוואַנדלען זיך אין אַדיעקטיוו אָן אַ סופיקס – ,באָרוועסע פיס׳, ,פּריִע שעהען׳, אָבער דערין זײַנען דאָ דיאַלעקטאַלע חילוקים: למשל, ,שפּאָר׳ ווערט אַן אַדיעקטיוו בלויז אינעם פּוילישן דיאַלעקט (,אַ שפּאָרע חכמה׳, **גי״כ**, 350).

מאַרק רעקאָמענדירט אַרײַנצונעמען אין דער כּלל־שפּראַך אַלע דיאַלעקטאַלע וואַריאַנטן: דעמאָלט/יעמאָלט (ליטוויש)/דענסטמאָל/דענצמאָל/דעמאָלסט, אומעדום/אומעטום, פּלוצלינג/ פּלוצלונג/פּלוצעם/פּלוצלעם, נישט צו פֿאַרגעסן זעלטענע פֿאָרמעס: אַצונדערט, באַנײַס, אַנוסטן, אַנומלט (**גי״כ**, 345–350).

אַ טייל פֿון די דערמאָנטע אַדווערבן האַלט פֿאַלקאָוויטש, ווי אויך זאַרעצקי, פֿאַר פּראָנאָמען: ,ווּ, דאָ, דאָרט, אומעטום, ווּהין, אַהער, אַהין, ערגעץ׳. אין דעם פֿאָלגן זיי, ווײַזט אויס, נאָך פּעשקאָווסקין וואָס ברענגט די זעלביקע בײַשפּילן פֿון „אַדווערביאַלע פּראָנאָמען" אויף רוסיש.[362] פֿאַר דער גרופּע אַדווערבן פֿירט מאַרק אַרײַן דעם טערמין „פּראָאַדווערבן" (אויפֿן מוסטער פֿונעם טערמין „פּראָנאָמען") און רופֿט זיי אויך „פּאַרטרעטוווערטער". אָט דער קאָנצעפּט איז אַנטליִען געוואָרן פֿון זאַרעצקין און, דורך אים, פֿון דער רוסישער לינגוויסטיק ווּ ער ווערט באַניצט דער עיקר פֿאַר פּראָנאָמען (**גי״כ**, 346–347). זע ווײַטער וועגן דעם אין די קאָמענטאַרן צו §§ 359–362.

זאַרעצקי באַניצט דעם טערמין „אַדווערב" נאָר פֿאַר אַדיעקטיווישע אַדווערבן (קורצע פֿאָרמעס פֿון אַדיעקטיוון), די ניט־אַדיעקטיווישע אַדווערבן רעכנט ער אַרײַן אין דער קאַטעגאָריע „אינוואַריאַנטן". צו אינוואַריאַנטן געהערן אויך די באַטײַטיקע טיילן פֿון פּעריפֿראַסטישע ווערבן און ווערבאַלע צוגאָבן. אינוואַריאַנטן קענען זיך באַהעפֿטן מיט ווערבן און מיט סובסטאַנטיוון: ,אַ שמועס שטילערהייט׳, מיט אַדיעקטיוון: ,זייער אַ שטאַרקער׳ (**י״ג**, 193).

361 פּרילוצקי, נח, 1926: יחוס־בריוו פון אַ משפּחה. יידישע צייט־אומשטאַנדווערטער מיט דער טייטש ,איצט׳. אין: **פֿילאָלאָגישע שריפֿטן פֿון ייִוואָ** (ווילנע) 1 (לאַנדוי־בוך): שפּ׳ 345–377.

362 Пешковский, А. М. 1928: *Русский синтаксис в научном освещении*. Москва, Ленинград: Государственное издательство, 179.

באַשרײַבנדיק די סעמאַנטיק פֿון אינוואַריאַנטן, ברענגט זאַרעצקי געווײנטלעכע אַד־ווערביאַלע באַטײַטן ווי אָרט, צײַט אד"גל, אָבער אויך דעם סוביעקטיוון באַטײַט, וואָס ווערט צעטיילט אויף דרײַ טיפּן: 1. די „וואָס דריקן אויס די גראַד פֿונעם רעדערס זיכֿערקייט": ‚אַ פּנים', ‚דאַכט זיך', ‚כּלומרשט'; 2. „וואָס דריקן־אויס די אָדער יענע עמאָציאָנאַלע באַציִונג צו דער זאַך אָדער פֿאַקט, וועגן וועלכֿע מע רעדט": ‚אָן עין־הרע', ‚להבֿדיל', ‚נעבעך'; 3. „וואָס באַצייכענען דעם אופֿן פֿון רעדן": ‚הקיצור', ‚הייסט עס'. סוביעקטיווע אינוואַריאַנטן רופֿט זאַרעצקי אויך „באַמערק־ווערטער" און ווײַזט אויף אַ פֿאַראַלעלער דערשײַנונג פֿון דער רוסישער גראַמאַטיק вводные слова (**י"ג**, 193–196).

353–354 צווישן סופֿיקסן וואָס פֿורעמען אַדווערבן ברענגט מאַרק: ־ערהייט, ־ווײַז (אויך פֿאַר אַדיעקטיוון), ־ס, ־נס אָדער ־ן פֿון אַלטע בייגפֿאַלן (‚צומאָרגנס', ‚פֿאַרטאָגס', ‚צו־כּלומר־שטן') און באַזונדערס ־ן פֿון אַלטן ווײַבלעכן דאַטיוו אין ‚אויף־אַן־אמתן' (**גי"כּ**, 350–353). פֿון פּרעפֿיקסן דערמאָנט ער: אַ־ (‚אַהיים', ‚אַוויניק'), ב־, ל־, מ־, כּ־ און שבּ־ אין העברעיִש־שטאַמי־קע ווערטער, אָבער אויך אין איינצלנע ווערטער פֿון אַן אַנדער אָפּשטאַם: ‚בגוואַלד', ‚בקאָמפּאַ־ניע', ‚לפֿאַרדינסט', ‚להיץ און לקעלט', ‚מברייַנע לטרייַנע', ‚מגראָשן', ‚כּבאַצאָלט', ‚כּניט־גע־ווּסט', ‚פֿיַין־שבפֿיַין' און אַנדערע (**גי"כּ**, 354–355).

זע אויך וועגן העברעיִש־שטאַמיקע אַדווערבן וואָס זײַנען צונויפֿגעשטעלט פֿון מער ווי איין טייל.[363]

355–356 זאַרעצקי באַמערקט די צווייטײַטשיקייט וואָס באַווײַזט זיך אַ מאָל צווישן ווער־באַלן צוגאָב און אַדווערב: ‚ער קוקט אַ ר אָ פּ – ער האָט אַראָפּגעקוקט' (צוגאָב) און ‚ער קוקט אַראָפּ – ער האָט געקוקט אַראָפּ' (אַדווערב). זי קען געלייזט ווערן מיט דער אינטאָנאַציע און אַ מאָל מיטן ווערטער־סדר (**י"ג**, 194).

357–358 די פֿראַגע צי מע דאַרף שרײַבן אַדווערבן באַזונדער אָדער אין איינעם איז איינע פֿון די פּאָפּולערסטע אין די אַרבעטן וועגן דעם ייִדישן אויסלייג. אויף די זײַטן פֿונעם ניו־יאָרקער זשורנאַל „ייִדישע שפּראַך" צעוויקלט זיך אַ דיסקוסיע צווישן יאָפֿען, מאַרקן און מ. ווײַנרײַכן.[364] די דיסקוסיע איז אַרויסגערופֿן געוואָרן פֿון דער רעדאַקציע „ייִדישע שפּראַך" אַליין, וואָס האָט געבעטן צוצושיקן קאָמענטאַרן צו די אָרטאָגראַפֿישע כּללים פֿון ייִוואָ. יאָפֿע הייבט אָן מיטן קריטיקירן דרײַ נוסחאָות פֿון ווײַנרײַכס אויסלייג־תּקנות (1930, 1935, 1937),[365] וואָס יעדע ווערסיע איז מבֿטל די אויספֿירן פֿון דער פֿריִערדיקער. יאָפֿע נעמט פֿאַר אַן אילוסטראַציע „די אָנגעוויטיקטע, פֿון אַלעמען אויסגעלאַכטע ‚פֿון דעסט וועגנס'" און אַנדערע אַדווערבן (זע די דעבאַטעס וועגן דעם אויסלייג פֿון ‚פֿון דעסט וועגן').[366] מיר שטעלן צונויף אַ רשימה בײַשפּילן און דערקלערונגען, וואָס יאָפֿע קריטיקירט:

[363] בערגער, יקותיאל, 1966: מילא, במילא, ממילא, בכן, לכן. אין: **י"ש** XXVI (2): 56–57; מאַרק, מענדל, 1967: מילא, במילא, ממילא, בכן, לכן. אין: **י"ש** XXVII (1): 22–23.

[364] יאָפֿע 1948 (ווי ה' 110), זע בפֿרט: 33, 50–61; מאַרק 1947 (ווי ה' 110); ווײַנרײַך 1949 (ווי ה' 111).

[365] ווײַנרײַך 1930 (ווי ה' 82): 20–65; **אויסלייג־תּקנות פֿון ייִדיש**. ווילנע: ייִוואָ, 1935 און **תּקנות פֿון ייִדישן אויסלייג**. ווילנע: ייִוואָ, 1937.

[366] זאַקין, מ[אָטל], 1946: אַ פּעקל שאלות פֿון אַרגענטינע. אין: **י"ש** VI (1–2): 38–39, דאָ: 39; י. מ. [מאַרק,

תּקנות	אַדווערבן	מאָטיוואַציע פֿונעם אָרטאָגראַפֿישן באַשלוס
1930	בייַנאַנד, פֿונדערווייַטנס, פֿונדעסטוועגן	„וואָרעם עס זייַנען ניטאָ אַזוינע ווערטער בייַ אונדז ווי: נאַנד, ווייַטנס אאַז"וו" (1930: 64)
1935	מיטאַנאַנד, פֿונדעסטוועגן, צוקאָפּנס	„אויב דער ניט־פּרעפּאָזיציאָנעלער עלעמענט באַגעגנט זיך ניט פֿאַר זיך, שרייַבט מען די פּרעפּאָזיציע אין איינעם מיטן צווייטן טייל פֿאַרבינדונג" (1935: 22)
1937	צוקאָפּנס, פֿון דער ווייַטנס, פֿון דעסט וועגן	ווי אין נוסח 1935

יאָפֿע טענהט אַז אין נוסח 1937 ברענגט מען דעם זעלביקן כּלל, בייַטנדיק די בייַשפּילן. ער לייגט פֿאָר אַן אַנדער סיסטעם פֿון שרייַבן אַדווערבן צוזאַמען אָדער באַזונדער, וואָס ער ווענדט אָן אויך אין זייַן אַרטיקל.[367] יאָפֿע עצהט אונטערצושיידן אַדווערבן פֿון פּרעפּאָזיציאָנעלע סוב־סטאַנטיווישע גרופּעס מיט אָרטאָגראַפֿישע מיטלען (אַזוי אויך בייַ פֿאַלקאָוויטשן אין זייַן בייַשפּיל מיט ,פֿאַרוואָס׳ – ,פֿאַר וואָס׳).[368] ער קריטיקירט דעם כּלל (§ 133 פֿון די תּקנות) צו שרייַבן כּסדר באַזונדער די אַדווערבן וואָס זייַנען געפֿורעמט פֿון פּרעפּאָזיציעס מיט סובסטאַנטיוון.

יאָפֿעס אָרטאָגראַפֿישער פֿאָרלייג איז, ווייַזט אויס, אינספּירירט פֿון אַנדערע אָרטאָגראַפֿישע טראַדיציעס (רוסישע, פֿראַנצייזישע),[369] וואָס האָבן אַ קאָמפּליצירטע סיסטעם פֿון אַדווערבן און שיידן אונטער די אָרטאָגראַפֿיע פֿון אַדווערבן גופֿא און האָמאָנימישע פּרעפּאָזיציאָנעלע גרו־פּעס. ווייַנרייַך טרעט אַרויס קעגן דעם פּרינציפּ, דערקלערנדיק, אַז אָט דער אויסלייג ווערט נישט געשטיצט דורך דער אינטאָנאַציע, פֿאָדערט צו פֿיל אַרייַנגיין אין די פּרטים פֿון קאָנקרעטע ווערטער־באַנוצן און איז גורם צו לאַנגע טיפּאָגראַפֿישע איינסן און פּאַסטקעדיקע פֿאַלן וואָס פֿאָדערן פֿונעם רעדער אַ גראַמאַטישן אַנאַליז ווי ,פֿאַרוואָס׳ – ,פֿאַר וואָס׳.[370]

מאַרק לייגט פֿאָר זייַן אַלטערנאַטיווע סיסטעם.[371]

אַ וויכטיקע באַזונדערקייט פֿון מאַרקס אָרטאָגראַפֿישן צוגאַנג (1947) איז דער פֿאָרלייג אַרייַנצופֿירן אַ מקף אין אַדווערבן וואָס שטאַמען פֿון פּרעפּאָזיציאָנעלע גרופּעס, למשל: ,אין־דער־וואָכן׳, אָבער זייַנע בייַשפּילן זייַנען פֿראַגמענטאַריש און אינטויִטיוו. ווייַנרייַך איז ווייניקער שטרענג מיט מאַרקס „גראַמאַטיש־פֿילאָסאָפֿישער שיטה", ווי מיט יאָפֿען, כאָטש ער

יודל], 1946: אַ טוץ קורצע ענטפֿערס. אין: י"ש VI (1–2): 40–43, דאָ: 40; מיט אַ צושריפֿט פֿון מ. ווייַנרייַך: 43–44 און דעם רעדאַקטאָרס הערה וואָס פּרוּווט צו פֿאַרווייכערן ווייַנרייַכס ענטפֿער: 44–45. זע אויך מ. ווייַנרייַכס ענטפֿער וועגן דער אָרטאָגראַפֿיע פֿון ,פֿון דעסט וועגנס׳ אין 1949 (ווי ה׳ 111): 18–19, און יאָפֿע 1950 (ווי ה׳ 104).

367 זע זייַן וואָרענונג אין: יאָפֿע 1948 (ווי ה׳ 110): 50.

368 יאָפֿע 1948: 51–61.

369 pourquoi vs pour quoi ,потому vs по тому.

370 ווייַנרייַך 1949 (ווי ה׳ 111): 13.

371 מאַרק 1947 (ווי ה׳ 110).

באַמערקט אַז מאַרק בײַט אָפּט זײַן אויסלייג.[372] אין זײַן אַרטיקל (1938), למשל, שרײַבט מאַרק דעם ערשטן טיפּ אַדווערבן באַזונדער: ‚פֿון דער ווײַטנס׳.[373] מאַרק באַווײַזט נישט צו שאַפֿן קיין פֿולע לאָגישע אָרטאָגראַפֿיע־סיסטעם. זע ווײַנרײַכס מאָטיוואַציע פֿאַר אַ באַזונדערן אויסלייג אין ‚פֿון דער ווײַטנס׳.[374]

זע נאָך פּרטים וועגן דער אָרטאָגראַפֿיע פֿון איינצלנע אַדווערבן בײַ מאַרקן.[375] אין זײַן אַרטיקל (1962) האַלט זיך מאַרק צום טייל בײַ יאָפּעס אָרטאָגראַפֿישע פּרינציפּן און שרײַבט צוזאַמען: ‚אינייגעם׳, ‚פֿאַראַכטאָגן׳, ‚אַמאָל׳.[376] מאַרק מיינט אַז די אינטאָנאַציע איז איינע פֿון די הויפּט־קריטעריעס בײַם באַשליסן צי מע זאָל שרײַבן אַדווערבן צוזאַמען, באַזונדער אָדער מיט אַ מקף (גי״כ, 355–357) און ברענגט רשימות אַדווערבן, לויט זײַן אָרטאָגראַפֿיע (גי״כ, 355–370).

די סאָוועטישע שול שרײַבט צונויפֿגעשטעלטע אַדווערבן צוזאַמען – זע, למשל, דעם באַשלוס צו שרײַבן ‚אַמבעסטן, צומבעסטן׳.[377]

טיפּ פֿון אַדווערב	תקנות 1937	יאָפּע (1948) אַדווערב	יאָפּע (1948) אַנדערע וואָרטקלאַסן	מאַרק (1947) אַדווערב	מאַרק (1947) אַנדערע וואָרטקלאַסן
פּרעפּאָזיציע + אינוואַריאַנט וואָס באַגעגנט זיך אַליין אין אַבי וועלכער פֿאָרמע	פֿאַר וואָס אין גאַנצן אין איינעם אין מיטן אין דער לופֿטן פֿונדעסטוועגן	פֿאַרוואָס אינגאַנצן אינייעם אינמיטן אינדערלופֿטן פֿונדעסטוועגן	פֿאַר וואָס אין גאַנצן אין איינעם (פֿאַל) (שטייט) אין מיטן אין דער לופֿט/אין די לופֿטן	צוּוואָס אינגאַנצן אינייעם אין מיטן אין־דער־לופֿטן פֿונדעסטוועגן פֿון מיינט וועגן	צו וואָס אין גאַנצן אין איינעם (דער) אינדער־לופֿטן
אַרטיקל + סובסטאַנטיוו		אַמאָל	אַ מאָל (נאָך אַ מאָל)	אַמאָל	אַ מאָל
אַנדערע		פֿאַרצווייוואָכן		סײַוויסײַ אַהינצוצו	

372 ווײַנרײַך, דאָרטן, 13–16.
373 מאַרק 1938 (ווי ה׳ 337): 239.
374 ווײַנרײַך, דאָרטן, 19–21.
375 מאַרק 1947: 28–29 (ווי ה׳ 110).
376 מאַרק 1962 (ווי ה׳ 357).
377 ליטוואַקאָוו און זאַרעצקי 1929 (ווי ה׳ 80): שפּ׳ 57.

VI פּראָנאָם

49 פּראָנאָם און אַנדערע וואָרטקלאַסן

362–359 נאָכפֿאָלגנדיק זאַרעצקין, האָט די סאָוועטישע ייִדישע לינגוויסטיק צוגערעכנט דעם וואָרטקלאַס פּראָנאָם צו די אַזוי גערופֿענע „פּאַרטרעט־ווערטער״: „אַחוצן דירעקטן אָנרוף פֿון אַ זאַך, אַ טווּנג, סימן, קומט נאָך פֿאָר אַ פֿאַרטרעטונג (רעפּרעזענטירונג), ד. ה. אַ באַנוץ פֿון אַזאַ וואָרט, וואָס ווײַזט נאָר, אַז ס׳רעדט זיך וועגן אַ זאַך, אָדער טווּנג, אָדער סימן. ס׳ווײַזט אויך, צי ס׳רעדט זיך וועגן אַ באַשטימטער זאַך, אומבאַוווּסטער זאַך, אָנגעוויזענער זאַך אאַז״וו, אָבער באַשטימט נישט קאָנקרעט די זאַך, טווּנג, סימן. די ווערטער, וואָס דינען צו פֿאַרטרעטונג, הייסן געוויינטלעך פּראָנאָמען. מע קען זיי רופֿן גענויער פֿאַרטרעט־ווערטער (רעפּרעזענטיר־ווערטער)״ (**י״ג**, 141)[378]. פֿאַלקאָוויטש גיט אַ שפּראַך־וויסנשאַפֿטלעכן אַנאַליז פֿון דעם ענין. זאַרעצקי שטרײַכט באַזונדערש אונטער דעם חילוק צווישן דער סעמאַנטישער און פֿאָרמעלער קלאַסיפֿיקאַציע פֿון פּראָנאָמען.[379]

זאַרעצקי אַנטלײַט דעם קאָנצעפּט ,פֿאַרטרעטווערטער׳ בײַ דער רוסישער לינגוויסטיק, און, ווײַזט אויס, בפֿרט בײַ דער אַזוי גערופֿענער ,פֿונקציאָנאַלער גראַמאַטיק׳, וואָס איז אַנטוויקלט געוואָרן דורך די רוסישע שפּראַך־וויסנשאַפֿטלער אַ. מ. פּעשקאָווסקי און אַ.אַ. פּאָטעבניאַ. אין אָט דער רוסישער לינגוויסטישער טעאָריע האָבן די פּראָנאָמען נישט קיין סטאַטוס פֿון אַ זעלבסט־שטענדיקן וואָרטקלאַס:[380] זיי פֿאַרטרעטן די הויפּט־וואָרטקלאַסן. דערפֿאַר האָט מען זיי אָנגערופֿן אין דער רוסישער וויסנשאַפֿט פֿון דער תּקופֿה און אויך בײַ די סאָוועטישע ייִדישע לינגוויסטן ,סובסטאַנטיווישע פּראָנאָמען׳ (= ,פּראָנאָמען סובסטאַנטיוון׳ בײַ פֿאַלקאָוויטשן), ,אַדיעקטיווישע פּראָנאָמען׳ (=,פּראָנאָמען אַדיעקטיוון׳) און ,אַדווערביאַלע פּראָנאָמען׳[381] (= ,פּראָנאָמען אַדווערבן׳). דער טערמין ,פּראָנאָם׳ ווערט אָפֿט באַניצט ווי אַ סינאָנים צו ,פֿאַרטרעטוואָרט׳. זע די רשימות פֿאַרטרעטווערטער אין: **י״ג**, 141–147.

בײַם אָנהייב פֿון זײַן קאַפּיטל וועגן פּראָנאָם פּרוּווט מאַרק אויך אַרײַנצופֿירן דעם קאָנצעפּט פֿון פֿאַרטרעטונג, וואָס ער באָרגט פֿון דער סאָוועטישער שפּראַך־וויסנשאַפֿטלעכער שול. ער דעפֿינירט די פּראָנאָמען ווי „ווערטער וואָס פֿאַרבײַטן, פֿאַרטרעטן, קומען אַנשטאָט אַ נאָמען פֿון אַ זאַך אָדער פֿון אַן אייגנשאַפֿט״, אָבער זײַן קלאַסיפֿיקאַציע באַזירט זיך בלויז אויפֿן סעמאַנטישן פּרינציפּ, נישט נאָכפֿאָלגנדיק דעם ווײַטערדיקן פֿאָרמעלן אַרגומענט, אַז פּראָנאָמען נעמען איבער סינטאַקסישע פֿונקציעס פֿון אַנדערע ווערטער (נישט בלײַבנדיק בײַ דער לעקסישער סעמאַנטיק) (**גי״ב**, 239, זע ווײַטער § 364).

363 שוין אין זאַרעצקיס קאָנצעפּציע פֿאַרברייטערט זיך דער באַגריף פֿון פֿאַרטרעטווערטער און פֿאַרשיידענע וואָרטקלאַסן קומען אַרײַן, אַזעלכע ווי: פּראָנאָמען, אַדיעקטיוון, אַדווערבן,

378 זע אויך מאַרק 1962 (ווי ה׳ 357), דאָ: 6–7.
379 זאַרעצקי 1938 (ווי ה׳ 356), דאָ: 173–185.
380 Пешковский 1928 (ווי ה׳ 362).
381 אין דער רוסישער טערמינאָלאָגיע: субстантивные местоимения, адъективные местоимения.

צאָלווערטער, גרופּעס סובסטאַנטיוון מיט פּרעפּאָזיציעס, אינוואַריאַנטן און אַפּילו דער ווערב ,דאָסן׳. זאַרעצקי רעכנט צו געוויסע ווערטער צו צוויי פֿאַרשיידענע וואָרטקלאַסן גלײַכצײַטיק: די קורצע פֿאָרמעס פֿון פּאָסעסיווע פּראָנאָמען ווערן באַטראַכט ווי פּראָנאָמען און די לאַנגע – ווי אַדיעקטיוון (**י״ג**, 141 – 148), זע וועגן זיי אין די קאָמענטאַרן צום אונטערקאַפּיטל 42).

364 פֿאַלקאָוויטש האָט איבערגעאַרבעט די רוסישע קלאַסיפֿיקאַציע פֿון פּעשקאָווסקין פֿאַר פּראָנאָמען[382] און די ייִדישע פֿון זאַרעצקין – פֿאַר פֿאַרטרעטווערטער (**י״ג**, 144 – 147). אין זײַן סינטעז האָט פֿאַלקאָוויטש אָפּגעטיילט פּערזאָניקע פּראָנאָמען אין אַ באַזונדערער קאַטעגאָריע, פֿאַראייניקט אַלע פֿרעגיקע ווערטער אין איין גרופּע, אָרגאַניזירט האָמאָנימישע רעלאַטיוו־פּראָנאָמען אין אַ באַזונדערער גרופּע און געשטעלט צאָלווערטער אין פֿאַרשיידענע, סעמאַנטיש פּאַסיקע גרופּעס.

זאַרעצקי ברענגט אַ ניואַנסירטערע קלאַסיפֿיקאַציע פֿון אָנווײַזיקע פֿאַרטרעטווערטער: „נאָענטע״ (פּערזאָניקע און פּאָסעסיווע פּראָנאָמען פֿון דער דריטער פּערזאָן, צונויפֿגעשטעלטע אַדווערבן ווי ,דערבײַ׳; ,דער דאָזיקער׳, ,אַזאַ׳, ,אַזעלכער׳), „נעענטער־אָנווײַזיקע״ (,אָט־ער׳), „ווײַטע״ (,יענער׳), „אונטערשיידיקע״ (,דער זעלביקער׳) (**י״ג**, 144 – 145). ער פֿירט אַרײַן די קאַטעגאָריע „אויסשעפּיקע״ פֿאַרטרעטווערטער מיט „אינדיווידואַליזיריקע״ (,יעדערער׳, ,איטלעכער׳, ,דער ערשטער בעסטער׳), „גענעראַליזיריקע״ (,אַלע׳, ,כּלערליי׳, ,דער לעצטער׳) און „פֿאַרניינִיקע״ (= „נעגאַטיווע״ אין פֿאַלקאָוויטשעס טערמינאָלאָגיע) (**י״ג**, 146).

קלמנאָוויטש פֿאָלגט נאָך די טראַדיציע אין אַנאַליזירן ייִדישע פּראָנאָמען, וואָס שטאַמט פֿון די קלאַסישע לימודים (**יגק״ל**, 44 – 46). ער צעטיילט זיי אויף ,פּערסאָנאַלע׳ (אַרײַנגערעכנט דעם רעפֿלעקסיוון ,זיך׳, פֿ״גל **גי״ב**, 239 – 242), פּאָסעסיווע (פֿ״גל **גי״ב**, 242 – 243), דעמאָנסטראַטיווע (פֿ״גל **גי״ב**, 243 – 244), אידענטיטעטס־אָנווײַזער (,אַזעלכער׳, ,אַזוינער׳, אין ליטע – ,אַזעטיגער׳), באַשטימענדיקע (,איטלעכער׳, ,יעטווידער׳ (אָן בייגונג), אין פּוילן – ,איעדער׳, ,דער אַנדערער׳ און ,אַנדער׳, ,אַלע׳, ,עטלעכע׳), אומבאַשטימטע (,איינער׳, ,עמעצער׳, ,אַבי ווער׳), פֿאַרניינענדיקע (,קיין׳, ,קיין שום׳, ,קיינער׳), רעלאַטיווע (,וואָס׳) און פֿרעגפּראָנאָמען (,ווער׳, ,וועלכער׳, ,וואָס פֿאַר אַ׳, אין פּוילן – ,סאַרינער׳). פֿ״גל וועגן אַלע פּראָנאָמען אין: **גי״ב**, 244 – 249. לויט מאַרקן, טאָר מען נישט פֿלאָנטערן די פּראָנאָמען ,אַנדערס׳, ,באַזונדערס׳ און די אַדווערבן ,אַנדערש׳, ,באַזונדערש׳ (**גי״ב**, 247 – 248).

ווײַטער ווערן פֿאַרסך־הכּלט דיסקוסיעס וועגן פֿאַרשיידענע פּראָנאָמען.

אָליצקי לייגט פֿאָר צו שרײַבן די פֿולע ווערסיע פֿונעם אומפּערזענלעכן פּראָנאָם ,מען/מע׳ פֿאַר די ווערבן מיט אַ וואָקאַל וואָרט־אײַן, ווי ,מען אַרבעט׳. ער גיט אַ פֿאָנעטישע מאָטיוואַציע: די שפּראַך מײַדט אויס צוויי וואָקאַלן אויף דער גרענעץ פֿון מאָרפֿעמען, למשל, מיטן אומבאַשטימטן אַרטיקל ,אַן׳: ,אַן עפּל׳.[383]

טייל לייענער האָבן אין דער רובריק „מע שרײַבט אונדז״ פֿון דער ניו־יאָרקער „ייִדישער שפּראַך״ קריטיקירט אַנדערע מחברים, אַז זיי באַניצן דאָס וואָרט ,א י נ י ק ע׳ ווי אַ פּראָנאָם,

382 דאָרטן, 182 – 183.

383 אָליצקי, לייב, 1938: מען אַרבעט? מע אַרבעט? מ׳אַרבעט?. אין: **ייִדיש פֿאַר אַלע** (ווילנע) 1: 24 – 25.

וואָס דאַרף זײַן פֿאַרוועט אין דער כּלל־שפּראַך.[384] ב. פּופּקאָ ווײַזט אין איר ענטפֿער אויף סע־מאַנטישן בײַטעם פֿונעם פּראָנאָם ,אייניקע', וואָס קען נישט תּמיד פֿאַרביטן ווערן אויפֿן פּראָנאָם ,עטלעכע', למשל, אין זאַץ: „אין אייניקע לאַגערן קאָסט דאָס אויפֿהאַלטן אַ פּליט מער ווי אין אַנדערע". לויט דער רעדאַקציע, עקסיסטירט דאָס וואָרט ,אייניקע' אין ייִדיש נאָר ווי אַ מערצאָל פֿונעם אַדיעקטיוו וואָס ווײַזט „אויף דער אייגנשאַפֿט פֿון האָבן די זעלביקע מיינונג" (,מיר זײַנען אייניק') און רעקאָמענדירט צו פֿאַרבײַטן אים אינעם בײַשפּיל אויף ,טייל': ,אין טייל לאַגערן'.[385]

‚אַנדער': לויט דער כּלל־טראַדיציע, האָט דער פּראָנאָם ,אַנדער' צוויי פֿאָרמעס: 1. פֿאַר אַ סובסטאַנטיוו מיטן אומבאַשטימטן אַרטיקל בייגט ער זיך נישט; 2. אין אַנדערע פֿאַלן בייגט ער זיך ווי אַן אַדיעקטיוו.[386] פֿ"גל דאָ: § 324.

‚וואָס': בלומענטאַל באַשרײַבט אַ באַזונדערן אופֿן צו באַניצן דעם רעלאַטיוון פּראָנאָם ,וואָס' מיט אַ רעדופּליקאַציע דורך אַן אנדער פּערזאָניקן פּראָנאָם ביי מענדעלע מוכר־ספֿרים.[387] ער זעט אַנאַלאָגיעס מיט אַ פּאַראַלעלער דערשײַנונג אין דער אוקראַיִנישער, ווײַסרוסישער און דיאַלעקטאַלער רוסישער שפּראַך און ברענגט בײַשפּילן פֿון זײַן באַנוץ אין נאָמינאַטיוו און אַנדערע בייגפֿאַלן: „אַ מענטש, וואָס מען נעמט אים אַרויס פֿון כּלל מענטשן". זע אויך אַ בײַשפּיל מיט אַן אַדווערב: „אַ זילבערן טאָוול, וואָס די אויפֿשריפֿט דערויף איז אים געווען שווער צו לייענען".[388] אין זײַן צושריפֿט טרעט מאַרק אַרויס אַנטקעגן אָט דער דערקלערונג און עצהט שטענדיק צו ערשט זוכן פּאַראַלעלן אין העברעיִשן ווערטער־סדר און ערשט נאָך דעם אין שכנותדיקע שפּראַכן. ער דערמאָנט, אַז מע פֿלעג כּסדר פֿאַרטײַטשן דעם העברעיִשן ,אשר' מיט ,וואָס'. אַנשטאָט אַ רוסישער השפּעה דערזעט מאַרק דאָ אַן אַלגעמיינע נטיה פֿון דער גערעדטער שפּראַך צו פֿאַרבײַטן די סובאָרדינאַטיווע זאַצן דורך קאָאָרדינאַטיווע.[389] מאַרק שטעלט די פֿראַגע צי ,וואָס' אין דעם פֿאַל איז אַ בינדוואָרט אָדער פּראָנאָם. זאַרעצקי האַלט ,וואָס' אין אַזעלכע פֿאַלן פֿאַר אַ בינדוואָרט, זע זײַנע בײַשפּילן פֿון פּראָנאָמינאַלער פֿאַרטאָפּלונג (י"ג, 253).

בלומענטאַל ווײַזט דעם חילוק אין סינטאַקס פֿון בײַזאַצן מיט ,וואָס' און ,וועלכער': אין די בײַזאַצן מיט ,וואָס' קען אַראָפּפֿאַלן דער ווערב, למשל: „און די וואָס פֿון אַ גוטן זאַוואָד הייסן איידל־ אָדער וויל־געבוירענע".[390] בלומענטאַל לייגט פֿאָר צו באַטראַכטן דעם בײַזאַץ ווי אַ פֿאַרברייטערטן אַטריבוט. אין אונטערשייד צו ,וועלכער', קען ,וואָס' זײַן צווייטײַטשיק, נישט האָבנדיק קיין סימנים פֿון מין, צאָל און בייגפֿאַל. זע וועגן ,וואָס' ווי אַ בינדוואָרט אין

384 [אַנאָנים], 1944: מע שרײַבט אונדז. אין: י"ש IV (3–6): 139.

385 פּופּקאָ, בתיה, 1948: אַ פֿאַרטיידיקונג פֿון וואָרט ,אייניקע'. אין: י"ש VIII (1–2): 25–26, מיטן ענטפֿער פֿון דער רעדאַקציע.

386 ר־ס ט., 1949: דער פּראָנאָם ,אַנדער'. אין: י"ש IX: 50–52. הינטערן פּסעוודאָנים באַהאַלט זיך יודל מאַרק.

387 בלומענטאַל, נחמן, 1948: עטלעכע באַמערקונגען וועגן פּראָנאָם ,וואָס' בײַ מענדעלען. אין: י"ש VIII (1–2): 17–20, מיט אַ צושריפֿט פֿון י. מאַרק.

388 דאָרטן, 17.

389 לויט אונדזער מיינונג, בײַט נישט די רעדופּליקאַציע פֿון ,וואָס' מיט אַ פּערזאָניקן פּראָנאָם די סובאָרדינאַטיווע טבֿע פֿון דעם גאַנצן זאַץ.

390 דאָרטן, 18.

אונטערקאַפּיטל 51; ווי אַ פּאַרטיקל אין אונטערקאַפּיטל 52. מאַרק רעקאָמענדירט אויסצוקלײַבן ווו נאָר מעגלעך דאָס בינדוואָרט ‚וואָס׳ אַנשטאָט ‚וועלכער׳.[391] זע די זעלביקע רעקאָמענדאַציע פֿון דער סאָוועטישער שפּראַך־קאָמיסיע אין 1930.[392] מאַרק, אונטערן פּעדער־נאָמען מ. רעכטמאַן, באַווײַזט, אַז דער פּראָנאָם ‚וואָס׳ ווערט באַניצט עפּטער דורך מענדעלען און בערגעלסאָנען.[393]

זאַרעצקי דערמאָנט אַז אינעם גאַליציאַנער דיאַלעקט עקסיסטירט אַ חילוק אין אַרויסרעדן דעם פֿרעג־פּראָנאָמען ‚וואָס׳ – ‚וווּס׳ (מיט אַ לאַנגן [וּ]) און דעם בינדוואָרט – ‚ווּס׳ (מיט אַ קורצן [ו]).[394]

‚וועלכעס׳: פּרילוצקי אַנאַליזירט דעם באַנוץ פֿונעם פּראָנאָם ‚וועלכעס׳: 1. אויפֿן אָרט פֿונעם בינדוואָרט ‚און׳: „מײַן פֿאָטער, פֿאַרשטייט איר מיך, איז געשטאָרבן, וועלכעס ר׳האָט איבערגעלאָזט אַ ירושה“ (גרויס־ביאַלע 1913); 2. אויפֿן אָרט פֿונעם בינדוואָרט ‚אַז׳: „ער האָט ניש(ט) געזאָגט, וועלעכעס ער איז אָרעם“ (וואַרשע); 3. אויפֿן אָרט פֿונעם בינדוואָרט ‚הגם׳, ‚כאָטש׳: „מ׳האָט אײַנגעצאָלט געלטער, וועלכעס מ׳האָט ניש(ט)“; 4. אויפֿן אָרט פֿונעם בינדוואָרט ‚ווײַל׳: „מיר זענען נישט געקומען, וועלעכעס ס׳איז געווען אַ סיבה...“ (וואָרקע); 5. אויפֿן אָרט פֿונעם בינדוואָרט ‚זיסט׳: „דאָס האָט אַ סך שאָדן געבראַכט דעם פֿאַריין, וועלעכעס מיר וואָלטן שוין געווען אַ סך אויפֿגעטאָן ביז יעצט“ (וואַרשע); 6. אויפֿן אָרט פֿונעם בינדוואָרט ‚אַזוי אַז׳: „די שול איז שוין אַלט העכער ווי הונדערט יאָר, וועלכעס קיינער געדענקט ניש(ט), ווען זי איז געבויט געוואָרן“ (קוויוו); 7. אויפֿן אָרט פֿונעם אַדווערב ‚בלויז׳: „ער איז נאָך נישט געווען אין קיין איין שטאָט, נאָר וועלכעס בײַ מיר אין שטוב“ (ריכוואָל); 8. אויפֿן אָרט פֿון ‚דהײַנו׳: „מײַנס אַ ברודער איז זייער אַ קראַנקער, וועלכעס ער איז אַ פּאַראַליזירטער“ (וואַרשע); 9. מיט אַ פּערזענלעכן פּראָנאָם: „כ׳האָב איין זון, וועלעכעס ער האָט געדינט אין סלוזשבע [=אין מיליטער]“ (וואַרשע); 10. אויפֿן אָרט פֿון ‚וואָס׳.[395]

‚יעדער׳: יאָפֿע אַנאַליזירט די לאַנגע און קורצע פֿאָרמעס פֿונעם פּראָנאָם ‚יעדער/יעדערער׳.[396]

365–366 זאַרעצקי באַשרײַבט די דערשײַנונג פֿון דעפּראָנאָמיזירונג, ווען אַ פּראָנאָם פֿאַרלירט זײַן פֿאַרטרעט־פֿונקציע און קריגט אַ פֿולע לעקסישע סעמאַנטיק: אין ‚אַן ער, אַ זי׳ ווען מע רעדט וועגן אַ זכר אָדער אַ נקבֿה, אָדער אין ‚די וועלט – יענע וועלט׳ (**י״ג**, 148).

זע וועגן גרענעצפֿאַלן צווישן פּראָנאָמען און אַדווערבן (‚אַ סך׳, וואָס קען אויך אין זעלטענע פֿאַלן זיך בייגן ווי ‚אַסכן׳ אין דאַטיוו: „ס׳איז גוט מיט אַסכן אין פּײַן זײַן פֿאַראייניקט“ (ה. לייוויק), צווישן פּראָנאָמען און אַדיעקטיוון (‚באַזונדער׳, ‚געוויסער׳) אין: **גי״כ**, 249–250.

391 מאַרק, יודל, 1942: דער אַטריבוטיווער בײַזאַץ. אין: **י״ש** II (5): 130–141, דאָ: 141.
392 די שפּראַך־באַראַטונג אין כאַרקאָוו. אין: **די״ש** 4–5, 1930: שפּ׳ 85–90; דאָ: שפּ׳ 87.
393 רעכטמאַן, מ. [מאַרק, יודל], 1945: אַטריבוטיווע בײַזאַצן בײַ דוד בערגעלסאָנען. אין: **י״ש** V (3): 90–92; V (4–6): 146–150.
394 זאַרעצקי, א[ײַזיק], 1938: אַטריבוטיווער בײַזאַץ (אַ קאַפּיטל סינטאַקס). אין: ווינער, מ[איר] און א[ײַזיק] זאַרעצקי (רעד׳): **פֿראַגן פֿון ייִדישער שפּראַך**. מאָסקווע: פֿאַרלאַג עמעס: 233–256, דאָ: 234.
395 פּרילוצקי, נח, 1938: דאָס אוניווערסאַלע ‚וועלכעס׳. אין: **ייִדיש פֿאַר אַלע** (ווילנע) 5: 148–150.
396 יאָפֿע, יודאַ אַ., 1939: אַ פּאָר שאלות־ותּשובֿות. אין: **ייִדיש פֿאַר אַלע** (ווילנע) 1: 23–25.

זע וועגן דעם אויסלייג פֿון פֿראַנאָמען/סובסטאַנטיוון מיט פּרעפּאָזיציעס אויפֿן בײַשפּיל פֿון ,פֿאַר וואָס׳ אין: **גי״כ**, 250. זע אויך קאָמענטאַרן צו §§ 357–358.

VII באַהילפֿיקע ווערטער און אויסרופֿוואָרט

50 פּרעפּאָזיציע

367–368 פֿ״גל מיט פּרעפּאָזיציעס אין: **י״ג**, 196–203 און **גי״כ**, 252–268. זאַרעצקי האַלט אַז דער גרונטבאַטײַט פֿון פּרעפּאָזיציעס איז דער אָרטבאַטײַט (**י״ג**, 200–201).

369 פֿ״גל די רשימה פּרעפּאָזיציעס אין: **י״ג**, 196.

370 מאַרק רעגיסטרירט אַ בײַשפּיל ווען די פּרעפּאָזיציע ,אויס׳ ווערט אַן אַדוועֶרב: „אויס כּלה, ווידער אַ מויד״.[397]

זע וועגן צונויפֿבינדונגען פֿון צוויי פּרעפּאָזיציעס „ער קריכט פֿון אונטערן טיש״ אין **י״ג**, 197 און **גי״כ**, 252.

לויט זאַרעצקין, באַניצט מען די צונויפֿגעשטעלטע פּרעפּאָזיציעס ,פֿון ... וועגן׳, ,פֿאַר ... וועגן׳ מיטן פּאַסעסיוו: ,פֿון די קליינע קינדערס וועגן׳ (**י״ג**, 197). פֿון דער קאַטעגאָריע דערמאָנט רייזען אויך די פּרעפּאָזיציע ,צוליב ... וועגן׳.[398]

371–373 פֿ״גל מיטן אונטערשייד צווישן בינדווערטער און פּרעפּאָזיציעס אין: **י״ג**, 198–199.

374 פֿ״גל מיטן אונטערשייד צווישן צוגאָבן און פּרעפּאָזיציעס אין: **י״ג**, 198.

375 זאַרעצקי גיט רשימות מיט פּרעפּאָזיציעס וואָס שמעלצן זיך צונויף מיטן אַרטיקל, למשל, ,אַנשטאָט – אַנשטאָטן׳, ,חוץ – חוצן׳ און באַמערקט, אַז בײַ געוויסע ווײַבלעכע סובּ־סטאַנטיוון מעג מען אויך באַניצן צונויפֿגעשמעלצטע פֿאָרמעס: ,מיטן האַנט = מיט דער האַנט׳ (**י״ג**, 199–200). אין זאַרעצקיס דיאַלעקט און אין עטלעכע אַנדערע קאָמבינירט מען זעלטן דעם באַשטימטן אַרטיקל ,דעם׳ מיט די פּרעפּאָזיציעס ,אין׳, ,אַרום׳, ,פֿון׳ און אַנדערע. די סאָוועטישע שפּראַך־קאָמיסיע (1930) רעקאָמענדירט צונויפֿצושמעלצן פּרעפּאָזיציעס מיט אַרטיקלען.[399]

376 אין דער רובריק וועגן גראַמאַטישע אינאָוואַציעס אין קיִעווער „די ייִדישע שפּראַך״, פֿאַרגלײַכט שטיף פּרעפּאָזיציעס אין דער סאָוועטישער פּרעסע און אין דער פֿריִערדיקער ליטעראַטור.[400]

אין ניו־יאָרקער „ייִדישע שפּראַך״ שרײַבט מאַרק אַ סעריע אַרטיקלען וועגן ייִדישע פּרעפּאָזיציעס.

397 מאַרק, יודל, 1944: די פּרעפּאָזיציע ,אויס׳. אין: **י״ש** IV (1): 28–29.

398 רייזען 1926 (ווי ה׳ 249), דאָ: שפּ׳ 389.

399 די שפּראַך־באַראַטונג אין כאַרקאָוו. אין: **די״ש** 4–5, 1930: שפּ׳ 85–90, דאָ: שפּ׳ 87.

400 שטיף, נ[חום], 1928: נײַע און אַלטע ווערטער און אויסדריקן: צוליב, אַדאַנק, איבער, מאַכמעס, פֿון וועגן, דורך. אין: **די״ש** 3: שפּ׳ 25–30.

,אויס׳: מאַרק ברענגט די ווײַטערדיקע באַטײַטן פֿון דער פּרעפּאָזיציע ,אויס׳:

– אָרטבאַטײַט: „האָלץ־געהובלעכץ איז געפֿלויגן אויס זײַן הובל“ (אַש);

– אָביעקט־באַטײַט: „דאָס העמד איז אויס ריינעם זײַד“;

– סיבה־באַטײַט: „זײַן האַרץ איז אײַנגעשנורט געוואָרן אויס רחמנות“ (אַש).

לויט מאַרקן, באַניצט מען די פּרעפּאָזיציע געגנוג אָפֿט אינעם פּוילישן דיאַלעקט און קיין מאָל נישט אינעם ליטווישן ווו מע פֿאַרבײַט זי אויף דער פּרעפּאָזיציע ,פֿון׳.[401]

,אויף׳: מאַרק ברענגט די ווײַטערדיקע באַטײַטן פֿון דער פּרעפּאָזיציע ,אויף׳:

– אָרטבאַטײַט;

– צײַטבאַטײַט: „אַוועקגיין אויף צוויי שעה“;

– צילבאַטײַט: „אַ קוגעלע אויף שבת“;

– מדרגה־באַטײַט: „פֿײַנט האָבן אויף טויט“;

– בנוגע־באַטײַט: „וואָס זאָגסטו אויף אים?“.

מאַרק ברענגט אויך ווערבן און אַדיעקטיוון וואָס פֿאָדערן די פּרעפּאָזיציע ,אויף׳, למשל: ,זיך באַקלאָגן אויף׳, ,קראַנק אויף טיפֿוס׳.[402] פֿ״גל **גי״ב**, 255–256. זאַרעצקי ברענגט נאָך באַטײַטן: סינאָנים צו דער פּרעפּאָזיציע ,וועגן׳ („וואָס זאָגסטו אויף אים?“); צײַטבאַטײַט („אַ פֿערטל אויף דרײַ“) (**י״ג**, 201).

,אונטער׳: מאַרק ברענגט די ווײַטערדיקע באַטײַטן פֿון דער פּרעפּאָזיציע ,אונטער׳: אָרטבאַטײַט, כּמות־באַטײַט („זי איז אַוודאי אונטער צוואַנציק“ = נישט מער ווי צוואַנציק[403]), ראַנגבאַטײַט („אַלע שדים זײַנען אונטער זייער האַר, דעם אַשמדאַי“), אויסקלײַב־באַטײַט („אונטער אַלע כּלות איז זי די שענסטע“), צײַטבאַטײַט („אונטער אַ פֿאַרפּסח איז אַראָפּגעקומען אין שטעטל אַ נײַער פֿאַרשוין“), עלטער־באַטײַט („די עלטערע מיידל, אונטער ברוכקען“ = ייִנגער פֿון).[404]

ראָבאַק דערמאָנט אַז זײַנע ליטווישע עלטערן פֿלעגן זאָגן „אונטער די אויגן“ אַנשטאָט „הינטער די אויגן“.[405] אין זײַן צושריפֿט באַמערקט מאַרק, אַז אויך רײַסישע ייִדן פֿאַרפּלאָנטערן ,הינטער׳ און ,אונטער׳, כאָטש זיי רעדן אַרויס ,ה׳ וואָרט־אײַן און אין אינטערוואָקאַלער פּאָזיציע. מאַרק שליסט נישט אַרײַן דעם באַטײַט פֿון ,נאָענט, נישט ווײַט׳, האַלטנדיק, אַז אין בײַשפּילן ווי „אונטער דעם וועלדל“ אָדער „איצטער שטיי איך אונטער אײַער טיר“ (ביאַליק) דאַרף מען ניצן די פּרעפּאָזיציע ,הינטער׳.[406] לויט ראָבאַקן, איז די פּרעפּאָזיציע ,אונטער׳ מיט די נעמען פֿון שטעט נישט קיין טעות און מיינט לאַוו־דווקא, אַז די שטאָט געפֿינט זיך אומבאַדינגט אויפֿן באַרג, דאָס איז אַ כּסדרדיקער מעטאַפֿאָרישער באַנוץ פֿון דער פּרעפּאָזיציע.[407]

401 מאַרק, יודל, 1944: די פּרעפּאָזיציע ,אויס׳. אין: **י״ש** IV (1): 28–29.

402 מאַרק, יודל, 1943: די פּרעפּאָזיציע ,אויף׳. אין: **י״ש** III (1–2): 53–55.

403 דאָ שרײַבט י. מאַרק על־פּי טעות: „ניט ווייניקער ווי“.

404 מאַרק, יודל, 1943: די פּרעפּאָזיציע ,אונטער׳. אין: **י״ש** III (3): 86–88.

405 ראָבאַק, אַבֿרהם א., 1944: נאָטיצן צו אַ נומער „ייִדישע שפּראַך“. אין: **י״ש** IV (1): 22–25, מיט אַ צושריפֿט פֿון י. מאַרקן: 25.

406 מאַרק 1943 (ווי ה׳ 404): 88.

407 ראָבאַק 1944 (ווי ה׳ 405), דאָ: 23–24.

אין בייַשפּיל ,אונטערן וואָרט גראַמאַטיק פֿאַרשטייט מען די לערע פֿון שפּראַכפֿאָרמעס׳ זעט זאַרעצקי אַ פֿרעמדע קאַלקע. ער עצהט צו פֿאַרבייַטן די פּרעפּאָזיציע אויף ,מיט׳ און דעם ווערב אויף ,מיינט׳, דער זאַץ זאָל קלינגען „ייִדישלעכער“ (**י“ג**, 201).[408]

,איבער׳: מאַרק ברענגט די ווייַטערדיקע באַטייַטן פֿון דער פּרעפּאָזיציע ,איבער׳:

– אָרטבאַטייַט: מיט דעם באַטייַט ,העכער ווי׳ („איז געפֿלויגן די פֿאַווע איבער אַלע לענדער“), ,לענג אויס׳ („זי לאָזט איבער אַ שוואַרצן צייכן איבערן גאַנצן פּנים“) אָדער ,אַנטקעגן׳ („ער וווינט דאָ גלייַך איבערן וועג“);

– כּמות־באַטייַט: „זי איז אַוודאי איבער צוואַנציק׳ = מער ווי צוואַנציק;

– ראַנגבאַטייַט: „דער אַשמדאַי איז דער האַר איבער אַלע שדים“;

– סיבה־באַטייַט: „איבער אַן איי איז אַ גאַנצע שטאָט חרובֿ געוואָרן“;

– צייַטבאַטייַט: ,איבער נאַכט גראָ געוואָרן“;

– אָביעקט־באַטייַט: „איבער וועמען זיי שרייַבן דאָס, די צייַטונגען!“

אין פּוילישן דיאַלעקט באַניצט מען די פּרעפּאָזיציע ,איבער׳ מיטן אויסדרוק ,רחמנות קריגן׳: „ער האָט רחמנות געקריגן איבער אים“.[409]

זע נאָך בייַשפּילן אין: **י“ג**, 201: „איך זיץ איבער אַ בוך, זאָגט אַ גנבֿ, וואָס איז פֿאַרזעצט פֿאַר גנבֿנען אַ בוך“.

,אין׳: מאַרק ברענגט די ווייַטערדיקע באַטייַטן פֿון דער פּרעפּאָזיציע ,אין׳:

– אָרטבאַטייַט: סטאַביל אָרט: „געלעבט אין פֿינצטערן וואַלד׳; ריכטונג: „קום אין וואַלד“, אויך ,אין... אַרייַן׳, אָפֿט אין די דרומדיקע דיאַלעקטן: „קום אין וואַלד אַרייַן“;

– צייַטבאַטייַט: „דאָס טרעפֿט זיך איינמאָל אין אַ יובֿל“;

– שטייגער־באַטייַט: „זיי רעדן אַרויס ווערטער אין אייַלעניש“.

– אָביעקט־באַטייַט: „איך וועל נעמען נקמה אין אים“.

מאַרק שטרייַכט אונטער דעם חילוק צווישן דעם פּרעפּאָזיציאָנעלן און נישט־פּרעפּאָזיציאָנעלן באַנוץ אין די זאַצן: „שבת אַרבעט ער׳ און ,אום שבת אַרבעט ער“. דער ערשטער זאַץ איז נייטראַל, בעת דער צווייטער באַטאָנט דעם פֿאַקט פֿון מחלל־שבת זייַן. מע טאָר נישט באַניצן אין דעם פֿאַל די פּרעפּאָזיציע ,אין׳, אָבער מיט אַן אומבאַשטימטן אַרטיקל איז עס מעגלעך: „אין אַ שבת נאָכן עסן איז דאָס געווען“. אין פּוילישן און אוקראַיִנישן דיאַלעקט טרעפֿט זיך די פּרעפּאָזיציע ,אין׳ אויך נאָך די ווערבן ,זיך דערמאָנען׳ און ,פֿאַרגעסן׳ ווו ליטווישע ייִדן באַניצן די פּרעפּאָזיציע ,אָן׳.[410] פֿ“גל **גי“כ**, 255. זע נאָך בייַשפּילן בייַ זאַרעצקין, אויך אַ וויץ מיט אַ פּאָליסעמישן ,אין׳: „אין דער הייליקער גמרא געפֿינט מען אַלץ, אפֿילו אַ דאַרע וואַנץ (בערנשטיין)“ (**י“ג**, 201).

,אָן׳: זאַרעצקי ברענגט צוויי פּרעפּאָזיציעס ,אָן׳ מיט די באַטייַטן: אַנטאָנים צו דער פּרעפּאָזיציע ,מיט׳; אָרטבאַטייַט (,שטיין אָן אַ זייַט׳) (**י“ג**, 201).

408 דאָ פּרוּווט זאַרעצקי, ווייַזט אויס, אויסצומייַדן די השפּעה פֿון רוסיש.

409 מאַרק, יודל, 1943: די פּרעפּאָזיציע ,איבער׳. אין: **י“ש** III (4–6): 149–150.

410 מאַרק, יודל, 1944: די פּרעפּאָזיציע ,אין׳. אין: **י“ש** IV (3–6): 129–135.

‚בײַ׳: מאַרק ברענגט די ווײַטערדיקע באַטײַטן פֿון דער פּרעפּאָזיציע ‚בײַ׳:

– אָרטבאַטײַט, צײַטבאַטײַט: „זאָלסט ניט לייענען בײַם עסן“;

– תּנאַי־באַטײַט: „בײַ אַ בריה אַ ווײַב, האָט דער מאַן אַ שיינע באָרד“;

– אָביעקט־באַטײַט: „בײַ אַ נאַר זײַנען די הענט און די צונג איבעריק“;[411]

– פּאָסעסיוו־באַטײַט: „בײַ מנשה דעם רופֿא אין גאָרטן“.[412] פּ״גל **גי״כ**, 257–258.

‚ביז׳: מאַרק ברענגט די ווײַטערדיקע באַטײַטן פֿון דער פּרעפּאָזיציע ‚ביז׳:

– אָרטבאַטײַט, צײַטבאַטײַט: „ער האָט געאַרבעט ביז שפּעט אין דער נאַכט אַרײַן׳;

– מדרגה־באַטײַט: „מיר האָבן געלאַכט ביז טרערן“.

ער באַשרײַבט אויך די פּרעפּאָזיציעס ‚ביסקל׳, ‚ביסקן׳ וואָס זײַנען אַ צונויפֿשמעלץ פֿון ‚ביז׳ + ‚קעגן׳ אָדער + ‚קיין׳: „ביסקן אָוונט׳, „איך האָב אים צוגעפֿירט ביסקן שטוב“.[413]

‚מיט׳: זע בײַשפּילן אין **י״ג**, 201–202, וואָס ווײַזן פּאָליסעמיע: „מיט וואָס האַנדלט ער? – ער האַנדלט מיטן טאַטן“, פּ״גל **גי״כ**, 258.

‚פֿאַר׳: זע בײַשפּילן אין **י״ג**, 202, וואָס ווײַזן פּאָליסעמיע אין שריפֿט: „אַ חזן עסט פֿאַרן דאַוונען (פֿאַר דעם געלט, וואָס ער נעמט פֿאַרן דאַוונען)“, פּ״גל **גי״כ**, 256–257.

‚פֿון׳: זע בײַשפּילן אין **י״ג**, 202–203 און **גי״כ**, 251–254. שטיף ברענגט די ווײַטערדיקע באַטײַטן פֿון דער פּרעפּאָזיציע ‚פֿון׳: רוים און באַוועגונג; צײַט; אַטריבוט; פּאַרטיטיוו („איין פֿון אַלע“); מיט געוויסע ווערבן ווי ‚טראַכטן פֿון עפּעס׳; סיבה.[414] פּ״גל וועגן דער סעמאַנטיק פֿון דער פּרעפּאָזיציע אין **גי״כ**, 251–254. רייזען דערקלערט די גראַמאַטישע סעמאַנטיק פֿון די ‚פֿון׳־קאָנסטרוקציעס מיט דער הילף פֿון סינטאַקסישע פּרינציפּן פֿון דער קלאַסישער (לאַטײַנישער) גראַמאַטיק.[415]

שטיף גיט עצות ווי אויסצומײַדן קאָנסטרוקציעס מיט ‚פֿון׳ מיט דער הילף פֿון אַדיעק־טיוון, צונויפֿגעזעצטע סובסטאַנטיוון און פּרעפּאָזיציעס.[416] רעזניק ברענגט קעגן־בײַשפּילן פֿון דער ייִדישער ליטעראַטור, באַווײַזנדיק אַז מע קען נישט פֿאַרווערן צו באַניצן ‚פֿון׳ אין די פֿאַלן, וואָס שטיף ברענגט.[417] זע ווײַטערדיקע אַרגומענטן בײַ שטיפֿן[418] און אַ דיסקוסיע וועגן ‚פֿון׳ אין אַטריבוטיווע קאָנסטרוקציעס אין די קאָמענטאַרן צו §§ 311–314.

‚צו׳: זע אין **גי״כ**, 259.

זע וועגן אַנדערע פּרעפּאָזיציעס אין **גי״כ**, 259–268.

377 זע וועגן דעם אויסלייג פֿון אַדווערבן, געפֿורעמטע פֿון אַ סובסטאַנטיוו און אַ פּרעפּאָ־זיציע, אין די קאָמענטאַרן צו §§ 357–358.

411 לויט אונדזער מיינונג קען מען דאָ נישט זען דעם באַטײַט פֿון אָביעקט, נאָר פֿון פּאָסעסיוו.

412 מאַרק, יודל, 1945: די פּרעפּאָזיציע ‚בײַ׳. אין: **י״ש** V (1): 26–28.

413 מאַרק, יודל, 1945: די פּרעפּאָזיציע ‚ביז׳. אין: **י״ש** V (4–6): 154–155.

414 שטיף 1927 (ווי ה׳ 344).

415 רייזען 1926 (ווי ה׳ 249), דאָ: שפּ׳ 389.

416 שטיף 1927 (ווי ה׳ 344): 16–21.

417 רעזניק 1927 (ווי ה׳ 346).

418 שטיף 1927 (ווי ה׳ 347); שטיפּ 1930 (ווי ה׳ 4): 10–34.

51 בינדוואָרט

378 – 381 פ״גל מיט בינדווערטער אין: **גי״ב**, 89 – 107.

זאַרעצקי פֿאַרנעמט זיך מיט בינדווערטער אין דעם אָפּטייל געווידמעט דעם ווערטער־סדר, און רעדט נישט באַזונדער וועגן זייער מאָרפֿאָלאָגיע (**י״ג**, 261 – 262). ער אַנאַליזירט פּרטימדיק דאָס קאָאָרדינירנדיקע בינדוואָרט ,און׳ וואָס דער ניסתּר ניצט ווי אַ סטיליסטיש מיטל.[419]

מאַרק טיילט אויס די ווײַטערדיקע פֿונקציעס פֿונעם בינדוואָרט ,און׳: פֿאַרבינדט צוויי גלײַכע ווערטער; פֿאַרבינדט זאַצן אין עפּישן סטיל; פֿאַרבינדט קאָמפּאָנענטן פֿון צאָלווערטער; דינט ווי אַ בינדוואָרט אין פֿאָלקסווערטער („אָך און וויי״); פֿאַרבינדט איבערגעחזרטע ווערטער („איר האָט גערעדט זייער און זייער גוט״); קומט פֿאַר בײַם „אָנהייב דערציילזאַץ בײַ אַ התפּעלות־דיקן איבערגעבן עפּעס״ („און אַ קול האָט ער געהאַט!״) אאַז״וו (**גי״ב**, 90 – 93).

זע נאָך פּרטים וועגן קאָאָרדינירנדיקע, אויסקלײַבערישע און אַלטערנאַטיווע, אָפּזונדערנ־דיקע, אָפּשיידנדיקע און דיסיונקטיווע, פֿאַרגלײַכיקע בינדווערטער, סיבה־, ציל־, תּנאַי־ און הנחה־בינדווערטער, צײַט־בינדווערטער, סך־הכּלדיקע און קאָנקלוזיווע בינדווערטער אין: **גי״ב**, 100 – 107.

זאַרעצקי ברענגט בײַשפּילן מיט די ווײַטערדיקע קאָאָרדינירונג־בינדווערטער: און, אַזוי, וואָרעם, נאָר; רעדט אַרום אויך אַנדערע בינדווערטער און זאַצן אָן בינדווערטער (**י״ג**, 261 – 263).

פֿון די סובאָרדינירונג־בינדווערטער ברענגט זאַרעצקי בײַשפּילן פֿון די ווײַטערדיקע: אויב, אַז, איידער, בשעת, הגם, היות, וואָס (עס דינט ווי אַ סובאָרדיניר־מיטל פֿון אַ בײַזאַץ אין שײַכות מיט אַ סובסטאַנטיוו), ווי, ווײַל, ווען, זינט, זינט, צײַט, כאָטש, מחמת, צי, כּל־זמן, קאַם, קוים, כּדי. אַ מאָל דינען אויך פֿרעגיקע פּראָנאָמען ווי בינדווערטער: וואָס, וווּ, ווּהין, ווי (אַזוי), וויפֿל, וועלכער׳ (,וואָסער׳ אָדער ,וואָס׳ + פּראָנאָם (,וואָס ער׳, ,וואָס מיט אים׳) איז „ייִדישלעכער״, לויט זאַרעצקיס מיינונג), ווען, ווער (וועמען, וועמעס), פֿאַר וואָס (**י״ג**, 247 – 251).

שטיף פֿירט דורך אַ פֿאָרשונג וועגן דעם בינדוואָרט ,ווען – דען׳ אין אַלטייִדישע טעקסטן.[420]

מאַרק אַנאַליזירט דאָס בינדוואָרט ,אַז׳ אין אָביעקטזאַצן, סוביעקטיווישע, פּרעדיקאַטיווע, אַטריבוטיווע און קאָמפּאַראַטיווע בײַזאַצן („איך בין ערלעכער אַז זי״). דאָס בינדוואָרט קען קר־מען אין צײַט־, ציל־, תּנאַי־ און מדרגה־זאַצן. מאַרק דערמאָנט אויך זײַן באַנוץ אין אומאָפּהענ־גיקע אויסרופֿזאַצן ווי „אַז לאַנג לעבן זאָלט איר!״ (**גי״ב**, 93 – 95). פֿון דיאַלעקטיזמען ווערט דער־מאָנט דער גראָדנער וואַריאַנט פֿונעם בינדוואָרט ,קוים׳ – ,קאַם׳.[421]

זע מ. ווײַנרײַך און רייזען וועגן דעם דײַטשמערישן ,אַלס׳ און פֿאָרגעלייגטע אַלטערנאַטיוון אים צו פֿאַרבײַטן.[422]

זע אויך וועגן בינדווערטער וואָס זײַנען צונויפֿגעשטעלט פֿון מער ווי איין קאָמפּאָנענט.[423]

419 זאַרעצקי, א[ײַזיק], 1928: ניסתּרס ,און׳ (גראַמאַטישע פֿאָרשונג). אין: **שריפֿטן** (קיִעוו) 1: 130 – 147.

420 שטיף, נ[חום], 1926: ווען – דען (בינדווערטער אין דער ייִדישער שפּראַך דאָס XV, XVI יאָרהונדערט). אין: **פֿילאָלאָגישע שריפֿטן פֿון ייִוואָ** (ווילנע) 1 (לאַנדוי־בוך): 95 – 128.

421 זע אויך: שמיגלעסקין, נח, 1938: פֿאַרשיידענע נאָטיצן און באַמערקונגען. אין: **ייִדיש פֿאַר אַלע** (ווילנע) 9: 260.

422 ווײַנרײַך, מאַקס און זלמן רייזען, 1938: ווען זאָל מען ניצן ,אַלס׳. אין: **ייִדיש פֿאַר אַלע** (ווילנע) 1: 21 – 22.

423 בערגער 1966: (ווי ה׳ 363); מאַרק 1967: (ווי ה׳ 363).

52 פּאַרטיקל

382 – 385 זאַרעצקי שאַפֿט אַ גרויסע קאַטעגאָריע פּאַרטיקלען, אַרײַנגערעכנט אויך די פּאַרטיקלען 'זיך' און 'אָט' (**י״ג**, 244 – 245). די ייִדיש־סאָוועטישע שול באַזירט זיך אין דעם פּרט אויף דער רוסישער גראַמאַטיק.

זע די כּללים צו באַניצן דעם פּאַרטיקל 'צו' מיט אינפֿיניטיוון אין: **גי״כ**, 329 – 333.[424]

53 אויסרופֿוואָרט (אינטעריעקציע)

385 – 388 זאַרעצקי באַשרײַבט אינטעריעקציעס אינעם קאַפּיטל וועגן אינוואַריאַנטן (**י״ג**, 195).

מאַרק פֿאַראייניקט ווערטער ווי 'יאָ', 'ניין', 'אפֿשר', 'מן־הסתּם', 'גוואַלד!', 'עך' און אַלע אויסרופֿווערטער אין איין וואָרטקלאַס פֿון זאַצווערטער (**גי״כ**, 59 – 60).[425] פֿאַלקאָוויטש טיילט אָפּ עטלעכע פֿון זיי אין דער קאַטעגאָריע באַמערקווערטער (דאָ, § 438).

V זאַצסטרוקטור, פֿראַזע־סטרוקטור און פּונקטואַציע

I זאַצסטרוקטור

54 זאַצגלידער און וואָרטקלאַסן (פֿונקציעס און פֿאָרמעס)

389 צו די פֿריִע פֿאָרשער פֿון ייִדישן ווערטער־סדר געהערט מ. ווײַנגער.[426]

זאַרעצקי שטעלט פֿאָר די דיסציפּלין פֿון סינטאַקס אויפֿן ייִדישן מאַטעריאַל און פֿירט אַרײַן סינטאַקסישע באַגריפֿן און טערמינען.[427] קאַגאַראָוו טרעט אַרויס אַנטקעגן דער פֿאַרשפּרייטער מיינונג, אַז דער ייִדישער ווערטער־סדר האָט זיך דערוווּקסן פֿון דײַטשיש אונטער אַ שטאַרקער השפּעה פֿון די סלאַווישע שפּראַכן און פֿון העברעיִש, און האַלט, אַז דער ייִדישער ווערטער־סדר האָט אַ גערמאַנישן יסוד. אין מיטל־הויכדײַטש און אין הײַנטיקן גערעדטן דײַטש טרעפֿן זיך, לויט אים, די זעלביקע דערשײַנונגען ווי אין ייִדיש: דער פּרעדיקאַט ווערט נישט אָוועקגערוקט אויפֿן סוף פֿון זאַץ; אין דרום־דײַטשישע דיאַלעקטן טרעפֿט זיך די טאָפּעלע פֿאַרניינונג; מע מעג אויך דורכלאָזן דעם סוביעקט, בפֿרט אין ווענדונגען („ווערסט זײַן אַ מלמד״), און ווערבן, בפֿרט העלפֿווערבן; אַ מאָל ווערט דורכגעלאָזט דער פּאַרטיקל 'צו' פֿאַרן אינפֿיניטיוו. אַ ריי דערשײַנונגען, וואָס מע באַטראַכט געוויינטלעך ווי העברעיִש־שטאַמיקע סינטאַקסישע קאָנסטרוקציעס קומען פֿאָר אויך אין דײַטשישע דיאַלעקטן: דער טאַווטאָלאָגישער אינפֿיניטיוו;

[424] זע אויך מאַרק, יודל, 1950: וועגן דעם פּאַרטיקל 'צו' פֿאַרן אינפֿיניטיוו. אין: **י״ש** X (2): 35 – 49; מ[אַרק] י[ודל], 1951: מילואים צום קאַפּיטל וועגן פּאַרטיקל 'צו' פֿאַרן אינפֿיניטיוו. אין: **י״ש** XI (2): 56 – 57.

[425] מאַרק, יודל, 1948: וואָרטקלאַסן אין דער גראַמאַטיק פֿון ייִדיש. אין: **י״ש** VIII (1 – 2): 1 – 11, דאָ: 11.

[426] ווײַנגער 1913 (ווי ה׳ 4).

[427] זארעצקי 1935 (ווי ה׳ 279).

פּאָסעסיווע פּראָנאָמען נאָך סובסטאַנטיוון; פֿאַרשווינדונג פֿון אימפּערפֿעקט. דער באַנוץ פֿרנעם רעלאַטיוון פּראָנאָם ,וואָס׳ קען האָבן זײַן אָפּשטאַם אינעם העברעיִשן ,אשר׳. פֿאַר אנותע סלאַוויזמען האַלט קאַגאַראָוו נאָר: דעם באַנוץ פֿון דער פּרעפּאָזיציע ,פֿון׳ מיט פֿאַרגלײַכיקע אַדיעקטיוון („איך ווייס דאָס בעסער פֿון דיר״), באַנוצן דעם רעפֿלעקסיוון פּראָנאָמען ,זיך׳ פֿאַר אַלע פּערזאָנען אָן דעקלינאַציע (,איך האָב זיך פֿאַרקילט׳), דעם באַנוץ פֿונעם ,געניטיוו׳ בײַ אַ נעגאַציע, לויט דעם סלאַווישן מאָדעל („נישטאָ אים״).[428]

זאַרעצקי גיט אַ רשימה באַהילפֿיקע ווערטער, וואָס נעמט אַרײַן, אין הסכּם מיט דער סאָוועטישער שיטה, העלפֿווערבן און אַרטיקלען (**י״ג**, 203 – 204).

זע וועגן נאָמינאַלע פּרעדיקאַטן אין: **גי״כ**, 59.

390 זע וועגן דער טאָפּעלער ציִונג אין די קאָמענטאַרן צו §§ 341 – 344.

391 – 392 זאַרעצקי באַדינט זיך מיטן באַגריף ,,סינטאַקסישע גרופּעס״: די גרופּע פֿון סוביעקט און פֿון פּערזאָנוואָרט (אַ מאָל סתּם אַ העלפֿווערב) (**י״ג**, 230 – 231). דער פּרעדיקאַט האָט סובאָרדינירטע זאַצגלידער, וואָס קענען פֿורעמען אַ סינטאַקסישע גרופּע.

זע וועגן צוויי־גלידערדיקע, אויסגעברייטערטע און צונויפֿגעצויגענע זאַצן אין: **גי״כ**, 62 – 63.

393 די פּראָבלעם פֿון איינצלוואָרט פֿון טעאָרעטישן און פּראַקטישן קוקווינקל האָט אַרויסגערופֿן אַ גרויסע דיסקוסיע אין דער סאָוועטישער ייִדישער און אויך רוסישער לינגוויסטיק אין די 1920 – 1930ער יאָרן.[429] די ייִדיש־פֿאָרשער זײַנען, אַ פּנים, געווען אונטער דער השפּעה פֿון דער רוסישער לינגוויסטיק און בפֿרט פֿון אַ. מ. פּעשקאָווסקין. זאַרעצקי אַדאַפּטירט פּעשקאָווסקיס אינטערפּרעטאַציע פֿונעם באַגריף ,וואָרט׳[430] און אַנאַליזירט דעם ייִדישן ווערטער־סדר אין זײַן טעאָרעטישן גערעם (**י״ג**, 230).

זאַרעצקי אַנאַליזירט די ווירקונג פֿון פּעשקאָווסקיס גראַמאַטיק אויף די סאָוועטישע ייִדישע לינגוויסטישע פֿאָרשונגען[431] און באַשרײַבט גרינטלעך די וואָרטקלאַסן, דערקלערנדיק טעאָרעטיש זייער גלידערונג פֿון לעקסישן, סינטאַקסישן און מאָרפֿאָלאָגישן קוקווינקל.[432]

זע וועגן די פֿונקציעס פֿון וואָרטקלאַסן אין: **גי״כ**, 49 – 52.[433] בשעת די סאָוועטישע לינגוויסטישע שול שטעלט פֿאָר דעם קאַפּיטל וועגן סינטאַקסישע פֿונקציעס פֿון וואָרטקלאַסן ווי אַ וויכטיקן טעאָרעטישן אויפֿטו בײַם אַנאַליזירן דעם ייִדישן שפּראַך־מאַטעריאַל, שטרײַכט מאַרק אונטער מערער דעם פּראַקטישן זין. זײַן כּוונה בײַם באַשרײַבן וואָרטקלאַסן באַשטייט

428 קאַגאַראָוו, יעווגעני, 1926: די גרונד־סטיכיע פון יידישן סינטאַקסיס. אין: **פֿילאָלאָגישע שריפֿטן פֿון ייִוואָ** (ווילנע) 1 (לאַנדוי־בוך): 425 – 428.

429 גוראלניק, נ[חום], 1938: דער באגריפ איינצל־וואָרט אינ שײַנ פונ דער נײַער לערע וועגנ שפּראַכ. אין: ווינער, מ[איר] און א[ײַזיק] זארעצקי (רעד׳): **פראגנ פונ ייִדישער שפּראַכ**. מאָסקווע: פארלאג עמעס: 143 – 155; מיט אַ נאָטיץ פֿון רעדאַקציע.

430 Пешковский, Александр М., 1925: Понятие отдельного слова. // *Методика родного языка, лингвистика, стилистика, поэтика. Сборник статей.* Ленинград – Москва .Государственное .издательство, 122 – 140

431 למשל, שאפּיראָ 1937 (ווי ה׳ 231): 167.

432 זארעצקי 1938 (ווי ה׳ 356).

433 זע אויך מאַרק 1948 (ווי ה׳ 425).

אין באַרעכטיקן זײַן אייגענעם באַנעם פֿון אויסלייג: „דער גרונטיקסטער יסוד פֿון מאָדערנעם אויסלייג באַשטייט אין שרײַבן אָפּגעזונדערט יעדער וואָרט און ניט צערײַסן איין וואָרט אויף צוויי אָדער מער טיילן". מאַרק ווײַזט פֿאַרשיידענע אופֿנים אויסצודריקן דעם סוביעקט (**גי"ב**, 74–75), דעם פּרעדיקאַט (**גי"ב**, 75–78), דעם אָביעקט (**גי"ב**, 78–79), דעם אַטריבוט (**גי"ב**, 84–87), די אָרט־, צײַט־, סיבה־, ציל־, שטייגער־, תּנאַי־, הנחה־ און מדרגה־באַשטימונג (**גי"ב**, 80–84). ער רעדט אַרום דעם אָרט פֿון סוביעקט אין זאַץ (**גי"ב**, 385–387), אָביעקט (**גי"ב**, 387–388), אַדווערביאַלער באַשטימונג (**גי"ב**, 388–390) און אַטריבוט (**גי"ב**, 390–393).[434]

55 לאָגישער אַקצענט און ווערטער־סדר

394–395 זע וועגן ווערטער־סדר אין סינטאַקסישע גרופּעס אין: **י"ג**, 231–234 און וועגן דעם סדר פֿון די גרופּעס אין זאַץ אין: **י"ג**, 234–245. זע וועגן דעם אונטערשייד צווישן זאַצגלי־דער און זאַצגרופּעס, אויך אַ סכעמאַטיזאַציע פֿון אַן איינפֿאַכן זאַץ אין: **גי"ב**, 60–61.

396–397 זע אין אַלגעמיין וועגן דעם ווערטער־סדר און דעם ריטעם פֿון דער פּראָזע אין: **גי"ב**, 371.

זע וועגן דעם אָרט פֿון נעגאַציע אין: **גי"ב**, 393–394 און **י"ג**, 243–244. לויט זאַרעצקין, גע־פֿינט מען אַ מאָל בײַ די שרײַבער פֿון פּוילישן דיאַלעקט אַן אומגעוויינטלעכע פּאָזיציע פֿון נעגאַ־ציע: „קיינער האָט נישט פֿאַר דעם קיין שלעכט וואָרט געזאָגט" (פּרץ), וואָס זאַרעצקי פֿאַרריכט אויף: „קיינער האָט פֿאַר דעם קיין שלעכט וואָרט נישט געזאָגט". לויט מאַרקן, קען די נעגאַציע אין רײַסישע און אַ טייל אוקראַיִנישע דיאַלעקטן שטיין פֿאַרן ווערב אין באַפֿעל־מאָדוס: „ניט גיי!" און „גיי ניט!". לויט זאַרעצקין, זײַנען ביידע פֿאָרמעס גלײַכע, אָן דיאַלעקטאַלער ספּעציפֿיק.

לויט פּרילוצקין, האָט מען אין די ייִדישע דיאַלעקטן פֿון מיטל־אייראָפּע אַ נטיה צו שטעלן דעם פּערזאָניקן ווערב ווײַט פֿונעם אינפֿיניטן ווערב.[435]

זע וועגן דעם לאָגישן אַקצענט פֿון דער פּראָזע, פֿאַרשטאַרקווערטער און עמפֿאַז אין: **י"ג**, 275–276. די טעמע ווערט דורכגעאַרבעט אין שפּעטערע פֿאָרשונגען.[436]

56 דאָס אָרט פֿון דעם פּערזאָניקן ווערב און פֿון דער אַדיעקטיווישער גרופּע

398 זע וועגן דעם בייגיקן ווערב אויפֿן צווייטן אָרט אין זאַץ, אין פּראַגעס, אין אַטריבוטיווע בײַזאַצן, אין הויפּטזאַצן נאָך דעם בײַזאַץ אין: **גי"ב**, 373–374; **י"ג**, 234–235.

434 זע וועגן דעם סינטאַקס פֿון זאַצגלידער אויך אין מאַרקס אַרטיקל: מאַרק, יודל, 1946: דער ווערטער־סדר אין פּשוטן זאַץ. אין: **י"ש** VI (3–6): 84–105.

435 פּרילוצקי 1938 (ווי ה' 266), דאָ: 255.

436 Waletzky, Joshua, 1980: Topicalization in Yiddish. In: Herzog Marvin I., Barbara Kirshenblatt-Gimblett, Dan Miron, and Ruth Wisse, eds., *The Field of Yiddish: Studies in Yiddish Language, Folklore and Literature. Fourth Collection*. Philadelphia: Institute for the Study of Human Issues, 237–316. זע וועגן פֿאָרמעלע מיטלען אויסצודריקן דעם לאָגישן אַקצענט: Taube, Moshe, 2007: How Imperfect Can a Cleft Sentence Be? Focusing dos- and es-Sentences in Yiddish. In: Bar, Tali, and Eran Cohen, eds., *Studies in Semitic and General Linguistics in Honour of Gideon Goldenberg*. Münster: Ugarit Verlag, 345–377.

399 מאַרק דערקלערט, אַז מע באַניצט דעם פּיקטיוון פּרעדיקאַט ,איז׳ צוליב דעם, אַז „דער זאַץ מיט ,איז׳ באַקומט זיך פולער, עמפּאַטישער, מיט אַ פּאַו אַלעליסטישער ריטמיק" (**גי"כ**, 374). לויט אים, מעג מען באַניצן דעם אָ ,איז׳ אין דער געשריבענער שפּראַך.[437]

זאַרעצקי דערקלערט פֿונעם סינטאַקסישן קוקווינקל, אַז מע שטעלט אַרײַן דעם „ריין (,פּיקטיוון׳) פֿאָרמאַלן" ,איז׳, ווען עס איז אומבאַקוועם צו שטעלן דעם פּערזאָניקן ווערב אויפֿן צווייטן אָרט. ער ברענגט בײַשפּילן פֿון דער ליטעראַטור און פּרעסע, אויך אַ זאַץ פֿון פּרצן ווו דער מחבר באַגייט זיך אָן ,איז׳ (**י"ג**, 238–239). זאַרעצקי אַנאַליזירט די „קאָניונקטיווע (בינדוואָרטלעכע) פונקציע" פֿון ,איז׳ אויפֿן ערשטן אָרט אין זאַץ און ציטירט זשיטלאָווסקיס אַן איבערזעצונג פֿון הײַנריך הײַנע און דעם איבערזעצערס רעפֿלעקסיע דערויף: „מיט פֿרישערע לופֿט, מיט מוזיק און מיט טענץ איז – קאָן מען זיי מאַכן געזינטער" (**י"ג**, 239).[438]

400 סײַ זאַרעצקי סײַ מאַרק האָבן זיך פֿאַרנומען מיטן ווערבאַלן ווערטער־סדר. מארק שטיצט זיך אויף אַ ברייטן מאַטעריאַל,[439] אָבער די אַרבעט איז, אַ פּנים, געשריבן געוואָרן אונטער דער השפּעה פֿון זאַרעצקיס רעזולטאַטן. זאַרעצקי שטודירט דעם ווערבאַלן סינטאַקס בײַ צוויי קלאַסישע יידישע שרײַבער, מענדעלע מוכר־ספֿרים און שלום־עליכם, אין הויפּטזאַצן און בײַזאַצן.[440] דער אַרטיקל וועגן שלום־עליכמס שפּראַך פֿאַרסך־הכּלט דעם גראַמאַטישן מאַטעריאַל, בשעת דער קאָמענטאַר וועגן מענדעלעס ווערטער־סדר איז מער ניואַנסירט. זאַרעצקי ברענגט סטאַטיסטיקעס פֿון ביידע מחברים, ווען זיי שטעלן דעם פּערזאָניקן ווערב אויפֿן ערשטן, צווייטן אָדער דריטן אָרט אין הויפּטזאַץ און אין אַ בײַזאַץ:[441]

	1טער אָרט		2טער אָרט		3טער אָרט	
	הויפּטזאַץ	בײַזאַץ	הויפּטזאַץ	בײַזאַץ	הויפּטזאַץ	בײַזאַץ
שלום־עליכם	21%	12%	78%	88%	1%	0%
מענדעלע	17%	15%	81%	84%	2%	1%

437 מאַרק 1946 (ווי ה׳ 324): 7–8.

438 מאַרק חזרט איבער דעם ציטאַט אין 1946: 8 און אין: **גי"כ**, 376. דאָ, ווי אויך אין עטלעכע אַנדערע ערטער, דערמאָנט מאַרק נישט זאַרעצקיס גראַמאַטיק, פֿון וועלכער ער נעמט אָפֿט מאָל טערמינען, בײַשפּילן און גאַנצע פֿראַגמענטן פֿונעם אַנאַליז. אָבער אַ פּאָר שורות ווײַטער ברענגט מאַרק (1946: 8) צוויי בײַשפּילן מיט אַ פּיקטיוון ,איז׳ פֿון **פּי"ג**, 157, אָנווײַזנדיק דעם מקור. ער אינטערפּרעטירט דאָס ברענגען אַזעלכע בײַשפּילן ווי זאַרעצקי וואָלט באַרעכטיקט דאָס באַניצן דאָ די קאָנסטרוקציע מיטן פּיקטיוון ,איז׳. מע דאַרף אָבער באַמערקן, אַז זאַרעצקי אַליין שרײַבט איבער די בײַשפּילן, ווײַזנדיק ווי אויסצומײַדן דעם פּיקטיוון ,איז׳, און מאַרק לייגט פֿאָר די זעלביקע פֿאַרריכטונג, אָבער דאָס מאָל נישט דערמאָנענדיק זאַרעצקין. מע דאַרף אויך האָבן אין זינען, אַז בײַם שרײַבן זײַן גראַמאַטיק, איז זאַרעצקי מער געווען גענייגט צו פּיקסירן די אַקטועלע פֿענאָמענען פֿון שפּראַך איידער צו באַגרענעצן די שפּראַך־אַנטוויקלונג, דערפֿאַר ברענגט ער בײַשפּילן פֿון דער סאָוועטישער ייִדישער פּרעסע.

439 מאַרק 1946 (ווי ה׳ 324).

440 זארעצקי 1927א (ווי ה׳ 328); זאַרעצקי, א[ײַזיק], 1927א: צו מענדעלעס ווערטערסיידער (דאָס אָרט פון פערזאָנוואָרט אין זאַץ). אין: **די"ש** 7: שפּ׳ 19–26.

441 זאַרעצקי 1927ב (ווי ה׳ 440): שפּ׳ 20–22.

האַלטנדיק דעם צווייטן אָרט ווי אַ נאָרמאַטיווע פּאָזיציע פֿונעם פּערזאָניקן ווערב אי אין היפּאָטאַץ אי אין בייזאַץ, דערקלערט זאַרעצקי צוויי אַנדערע באַנוצן. מאַרק שטעלט זיך מער אָפּ אויף ביישפּילן פֿון זאַצן מיט ווערבן אויף דער צווייטער פּאָזיציע.[442]

דער פּערזאָניקער ווערב פֿאַרנעמט דעם ערשטן אָרט אין זאַץ:

1. ווען ער שטייט אין אַ באַפֿעל־פֿאָרמע, אויך מיטן העלפֿווערב ,זאָלן׳: „זאָל יעדערער זאָגן זיין משפּט״;

2. ווען ער ווערט באַניצט ביים ציטירן. זע אין: גי״כ, 374: „,דו האָסט שוין אַלץ איינגעפּאַקט?׳ – האָט ער זי געפֿרעגט״;

3. „אין אַ באַמערקזאַץ, וואָס איז געשטעלט אינמיטן אָדער נאָך אַן אַנדער זאַץ״: „בין איך דאָך, הייסט דאָס, אַ גנבֿ״;

4. ווען דער ווערב ווייזט אויף אַ פֿאַרבינדונג מיטן פֿריערדיקן זאַץ. מאַרק באַשטימט דעם טיפּ ווי „ביי אַ לעבעדיקן דערציילן״ און ברענגט דעם ביישפּיל: „קומען מיר אַריין צו אים, און ער ליגט נאָך אין בעט״ (**גי״כ**, 377 – 378);

5. (זעלטענער) אין פֿרעגזאַצן. אין דער „יידישער גראַמאַטיק״ טרעט זאַרעצקי אַרויס אַנט־קעגן דעם כּלל צו שטעלן אומבאַדינגט דעם ווערב אויפֿן ערשטן אָרט אין פֿרעגזאַצן (**י״ג**, 236). זע וועגן דעם ווערב אויפֿן ערשטן אָרט אין פֿרעגזאַצן און אויסרופֿזאַצן אין: **גי״כ**, 378.

זע ביישפּילן פֿונעם ווערב אויפֿן ערשטן אָרט: **י״ג**, 235 – 236.

נאָכפֿאָלגנדיק געטריי זאַרעצקיס אַנאַליז, גיט מאַרק צו נאָך צוויי פֿאַלן: דער ווערב שטייט אויפֿן ערשטן אָרט ביי עליפּטישע קאָנסטרוקציעס אָן בינדוואָרט אין תּנאַי־זאַץ („וועל איך אים זען, וועל איך אים זאָגן״: **גי״כ**, 378) און ביים קאָנדיציאָנאַל (**גי״כ**, 379). זע אויך אין מאַרקס פֿריערדיקער אַרבעט.[443]

זאַרעצקי גיט אַ רשימה פֿאַלן ווען דער ווערב קען שטיין אויפֿן דריטן אָרט אָדער ווייטער אין זאַץ (**י״ג**, 236 – 237):

1. אויב אַ גערונדיוו קומט נאָכן סוביעקט: „דער אַלטער, דערזעענדיק וואָלפֿן, האָט זיך עטוואָס פֿאַרלאָרן (אָפּ.)״;

2. אויב נאָכן סוביעקט קומט אַ פֿאַרגלייך: „די נאַכט, ווי אַ כּישוף־מאַכערין, לאָזט זיך פּאַ־מעלעך אַראָפּ (אָפּ.)״;

3. אין אויסרופֿזאַצן: „סאַראַ קלוגע זי איז!״;

4. אויב אַ פֿראַגע האָט צוויי פֿרעגווערטער אָדער דאָס פֿרעגוואָרט שטייט נישט אויפֿן ערשטן אָרט: „ווער וווּהין גייט?״

5. ביי אַן איבערפֿרעגונג: „פֿון וואַנען קומט אַ ייִד? – האָט חיים אים שלום געגעבן. – פֿון וואַנען איך קום? (אָפּ.)״;

6. צוליב ריטמישע סיבות: „שטאַרק גיין אַהין וויל איך נישט (ש״ע)״;

7. אין פּערזן: „אויף אַ בוים אין גרינעם וואַלד אַ וווּנדערלעכער פֿויגל שאַלט (פּר.)״.

442 מאַרק 1946 (ווי ה׳ 324): 4 – 6.

443 דאָרטן, 9 – 12.

מאַרק חזרט איבער זאַרעצקיס פֿונקטן 3–7, אַ מאָל ברענגענדיק די זעלביקע בײַשפּילן (גי״כ, 379–380). ער גיט נאָך צו דעם פֿאַל ווען מע וויל עמפֿאַטיש אונטערשטרײַכן אַ וואָרט אין אַ פֿראַגע און מע שטעלט אים אויפֿן ערשטן אָרט, פֿאַרן פֿרעגוואָרט: „נעכטן – ווו ביסטו געווען?“ (ענלעך צום פֿונקט 4, אָבער מיט אַן אַנדער דערקלערונג).[444]

זאַרעצקי דערקלערט אַז דער ווערב פֿאַרנעמט דעם דריטן אָרט אינעם זאַץ „קוים ער עטעמט (פֿר.)“ צוליב דעם פֿאַרשוווּנדן ווערן פֿונעם בינדוואָרט: „קוים וואָס ער עטעמט“ (**י״ג**, 240).

זאַרעצקי גיט אויך בײַשפּילן פֿון גרײַזן אין ווערטער־סדר, ווען דער ווערב שטייט נישט אויפֿן צווייטן אָרט. ער דערקלערט זיי אַליין ווי אַ מעגלעכע ווירקונג פֿון רוסיש (**י״ג**, 237–238).

401 זע וועגן דעם ווערטער־סדר פֿון צונויפֿגעשטעלטן פּרעדיקאַט אין: **גי״כ**, 385. דער נאָמינאַלער טייל פֿון פּרעדיקאַט קומט כּסדר נאָך דעם הויפּטווערב פֿונעם זאַץ, למשל, „ר׳ חיים איז נעבעך געוואָרן אַ גרויסער אָרעמאַן“ אָדער, ואָבֿן הויפּטווערב, „ר׳ חיים איז נעבעך אַ גרויסער אָרעמאַן געוואָרן“ (**גי״כ**, 385). זע אויך: **י״ג**, 242–243.

לויט מאַרקן, פֿאַרנעמט דער פּראָנאָם ,זיך׳ אַן אָרט צווישן דעם העלפֿווערב און די אַנדערע קאָמפּאָנענטן פֿון דער ווערבאַלער פֿאָרמע, וואָס נענטער צום באַטײַטיקן טייל פֿון דער פֿאָרמע (**גי״כ**, 382). בעסער צו שטעלן ,זיך׳ פֿאַרן אינפֿיניטיוו אָדער פּאַרטיציפּ אין קאָמפּליצירטע פֿאָרמעס, קיין מאָל נישט בײַם סוף פֿונעם זאַץ, חוץ אין סובסטאַנטיווירטע אינפֿיניטיוון ווי ,דאָס טרעפֿן זיך׳ (**גי״כ**, 383).

אין פֿאַל פֿון אַן עמפֿאַטישער באַטאָנונג מעג מען שטעלן דעם אינפֿיניטיוו אָדער פּאַרטיציפּ פֿון דער קאָמפּליצירטער פֿאָרמע אויפֿן ערשטן אָרט אין זאַץ ווי „ש ר ײַ ב ן וועלן מיר שפּעטער“. אַזוי האָט שלום־עליכם, כּדי צו מאַכן לעבעדיקער זײַן סטיל, געביטן דעם ווערטער־סדר אין שפּעטערע רעדאַקציעס פֿון זײַנע פֿריִערדיקע דערציילונגען (**גי״כ**, 383–384). דער אינפֿיניטיוו אָדער דער פּאַרטיציפּ קען זיך געפֿינען ווײַט פֿונעם העלפֿווערב בײַם סוף פֿון זאַץ ווען דער אַלגעמיינער סטיל איז אַ פֿײַערלעכער אָדער אין (דערציילערישער) פּאָעזיע, דערפֿאַר קען עס אויך קלינגען לעכערלעך, אויב מע באַניצט זיך דערמיט אָן אַ סטיליסטישער באַרעכטיקונג (**גי״כ**, 383).

402–403 זע וועגן דעם מעגלעכן ווערטער־סדר אין דער פּשוטער אַטריבוטיווער קאָנסטרוקציע אין: **י״ג**, 231–232. לויט זאַרעצקין, קומט אַ מאָל דער אַדווערב צווישן דעם אַרטיקל און דעם אַדיעקטיוו: „אַ גאַנץ קלוגער“, אָדער פֿאַרן אַרטיקל: „גאָר אַ ווײַטער׳ (**י״ג**, 232).

אַנאַליזירנדיק דעם ווערטער־סדר פֿון דער קאָמפּליצירטער אַטריבוטיווער קאָנסטרוקציע, מאַכט רעזניק קלאָר דעם ווידערשפּרוך וואָס האָט עקסיסטירט צווישן די לינגוויסטישע כּללים און דעם ווירקלעכן באַנוץ. ער אַנאַליזירט אַדיעקטיווישע גרופּעס וואָס קומען: 1. פֿאַרן סובסטאַנטיוו, 2. נאָכן סובסטאַנטיוו און 3. פֿון ביידע זײַטן („די מידע פּיס פֿון אַרומגיין זוכן אַ ,דזשאַב׳ („שטערן“)“). די ערשטע גרופּע צעטיילט מען אין צוויי טיפּן: „דײַטשישער טיפּ“ – ווען די ווערטער פֿאַרבונדענע מיטן אַדיעקטיוו שטייען פֿאַר אים און „רוסישער טיפּ“, ווען זיי

[444] דאָרטן, 12–15.

שטייען נאָכן אַדיעקטיוו, למשל: „אַזוי אַנטלויפֿט אין טיפֿן וואַלד אַ ביז צום טויט דערשראָקענע לעבעדיקע באַשעפֿעניש (גאָדינער)“ און „אין סדר פֿון אַן עפּיזאָדישער פֿאַר אים עקסקורסיע (ליטוואַקאָוו)“.[445] דער רוסישער טיפּ ווערט אָפּגעוואָרפֿן דורך ס׳רובֿ ייִדישע גראַמאַטיקער.[446] רעזניק ווענדט איין קעגן אָלגינען אַז די ייִדישע קלאַסישע ליטעראַטור באַניצט קאָנסטרוקציעס פֿונעם רוסישן טיפּ און ברענגט בײַשפּילן פֿון מענדעלע מוכר־ספֿרים.[447] ער טענהט, אַז ספּיוואַק, אַרויסטרעטנדיק קעגן דעם רוסישן טיפּ אַטריבוטיווער קאָנסטרוקציע,[448] מאַכט אַליין דעם זעל־ביקן טעות.[449] רעזניק קריטיקירט אין אַלגעמיין דעם ייִדישיסטישן פּוריסטישן צוגאַנג, באַמער־קנדיק אַז דער רוסישער טיפּ טרעפֿט זיך מער אין מינדלעכע רייד און קלינגט נאַטירלעכער אין דער ייִדישער שפּראַך.[450]

זע וועגן מעגלעכן ווערטער־סדר פֿון דער אַטריבוטיווער קאָנסטרוקציע מיט אַ צאָלנאָמען: ‚פֿינף ביכער‘, אָבער אויך ‚די ביכער די פֿינף‘ און ‚ביכער פֿינף‘; ‚אַ פֿינף ביכער‘ און ‚אַ ביכער פֿינף‘; ‚דרײַ גאַנצע קליידער‘ און ‚גאַנצע דרײַ קליידער‘ (**י״ג**, 233).

זע וועגן דעם ווערטער־סדר מיט פּאָסעסיוון: ‚דעם סוחרס זון‘ און ‚דער זון דעם סוחרס‘ (**י״ג**, 234).

57 ווערטער־סדר און צווײדײַטיקייטן

404 סינטאַקסישע האָמאָנימיע איז איינע פֿון די וויכטיקסטע טעמעס, וואָס עס האָט באַאַרבעט צום ערשטן מאָל דער רוסישער לינגוויסט אַ. מ. פּעשקאָווסקי, וועמענס סינטאַק־סישע לערע האָט שטאַרק באַאײַנפֿלוסט די סאָוועטישע ייִדישע שפּראַך־וויסנשאַפֿט און בפֿרט פֿאַלקאָוויטשן.

405–406 מאַרק פֿירט אַרײַן דעם באַגריף אַגלוטינאַציע אין זײַן אייגענעם אויסטײַטש כּדי צו באַשרײַבן ייִדישע ווערבפֿאָרמעס מיט פּרעפֿיקסן און קאָנווערבן. ער מעסט אַגלוטינאַציע לויט דער דיסטאַנץ צווישן ווערב און קאָנווערב: „איך קום באַלד אַרײַן צו דיר אין שטוב“ איז ווייניקער אַגלוטינירט ווי „איך קום באַלד צו דיר אין שטוב אַרײַן“ (**גי״כ**, 381–382). לויט אים, העכערט זיך אין די טאָג־טעגלעכע רייד די מדרגה פֿון אַגלוטינאַציע, ווײַל דער גיכערער טעמפּאָ פֿון רעדן פֿאָדערט אַ גרעסערע צעטיילונג פֿון דער ווערבפֿאָרמע און אַ לענגערע דיסטאַנץ צווישן אירע קאָמפּאָנענטן. גלײַכצײַטיק דאַרף מען זײַן געוואָרנט פֿאַר אַ מעגלעכער צווייטײַטשיקייט פֿונעם זאַץ ווען מע בײַט דעם ווערטער־סדר, למשל: „מע פֿירט מיך אַרײַן אין באָד“ און „מע

[445] רעזניק, ל[יפּע], 1934: די אַדיעקטיווישע גרופּע אינ ייִדיש. אין: **א״ש** 1: 27–42.

[446] אָלגין, מ[שה], 1915: ווי דאַרף מען ניט שרײַבן ייִדיש. אין: **די ייִדישע וועלט** (ווילנע) 1: 43–53; קאַלמאַ־נאָוויטש, זעליג, 1925: נײַ ייִדיש. אין: **ליטעראַרישע בלעטער** (וואַרשע) 68: 41–42; **י״ג**, 232–233; זאַרעצקי 1927 (ווי ה׳ 279), דאָ: 82; פֿאַלקאָוויטש 1930 (ווי ה׳ 49), דאָ: שפּ׳ 46.

[447] רעזניק 1934: 29.

[448] ספּיוואַק 1931 (ווי ה׳ 238): 182.

[449] רעזניק 1934: 30.

[450] דאָרטן, 31–33.

פֿירט מיך אין באָד אַרײַן". דער צווייטער זאַץ האָט גיכער דעם זין פֿונעם אידיאָמאַטישן אויס־דרוק מיטן טײַטש ,אָפּנאַרן'.

זע וועגן מעגלעכער צווייטײַטשיקייט אין זאַצן מיט נעגאַציע: „איך גיי נישט אַהין", ווו די נעגאַציע קען זיך באַציִען צום ווערב אָדער צום אַדווערב, אין: **י"ג**, 244.

58 אַקטיווע און פּאַסיווע זאַצן

407–409 זע וועגן פּאַסיווע קאָנסטרוקציעס אין די קאָמענטאַרן צו §§ 257–259.

59 באַהעפֿט און באַהעפֿטיפֿן

410–411 די לערע וועגן סינטאַקס אין דער סאָוועטישער ייִדישער שפּראַך־וויסנשאַפֿט איז אינספּירירט געוואָרן פֿון דער סאָוועטישער רוסישער לינגוויסטיק. אַ. מ. פּעשקאָווסקי האָט, וועלנדיק בײַטן די פֿריִערדיקע פֿאָרשטעלונג פֿון דער סינטאַקסישער זאַצסטרוקטור ווי אַ היע־ראַרכיע פֿון זאַצגלידער, צעטיילט די זאַצגלידער אויף דרײַ קאַטעגאָריעס: קאָאָרדינירטע, סובֿ־אָרדינירטע און צוגערוקטע (פּאַראַלעלע, אין פֿאַלקאָוויטשעס טערמינאָלאָגיע). זע וועגן אַדאַפּ־טאַציע פֿון רוסישע טערמינען און זאַרעצקיס ערשטע פּרוּוון צו בויען אַ סינטאַקסישע סכעמע פֿונעם ייִדישן זאַץ אין: **י"ג**, 217–229.

412–416 זאַרעצקי, וואָס רעדט וועגן דרײַ טיפּן באַהעפֿטן, גיט צו אין זײַן קלאַסיפֿיקאַ־ציע פֿון זאַצגלידער נאָך צוויי טיפּן באַציִען: „אַדנאָמינאַלע", ווען דאָס וואָרט באַציט זיך צו אַ סובסטאַנטיוו, און „אַדווערבאַלע", ווען דאָס וואָרט באַציט זיך צו אַ ווערב.[451] לויט דעם פּרינציפּ, שיידט ער אונטער אַדיעקטיוון פֿון אַדווערבן (זע בײַשפּילן אין די קאָמענטאַרן צו § 310) און פֿאָרמולירט דעם אונטערשייד צווישן ווערב און סובסטאַנטיוו אין זייער פֿאָרמעלער באַציִונג צו אַנדערע וואָרטקלאַסן:

אַדוועבאַלער טיפּ	אַדנאָמינאַלער טיפּ
אַדווערב: ,ער אַרבעט גוט'/,ער אַרבעט איצט'	אַדיעקטיוו: ,אַ גוטע אַרבעט'/,זײַן איצטיקע אַר־בעט', ,זײַן אַרבעט איצט'
אַקוזאַטיוו: ,באַפּוצן דעם קלוב'	פּרעפּאָזיטיוו מיט ,פֿון': ,די באַפּוצונג פֿונעם קלוב'
פּרעפּאָזיטיוו: ,שפּאַצירן אין פֿעלד'	אַדיעקטיוו אָדער באַשטימטייל: ,אַ שפּאַציר אין פֿעלד'/,אַ פֿעלדישער שפּאַציר'/,אַ פֿעלד־שפּאַ־ציר'

זאַרעצקי באַניצט אַ מאַטעמאַטישע מעטאָדאָלאָגיע אין גראַמאַטיק.[452]

451 זארעצקי 1937 (ווי ה' 279): 56–62.

452 זאַרעצקי, א[ייִזיק], 1929: גראַמאַטישע באַהעפֿטונגען. אין: **פֿילאָלאָגישע שריפֿטן פֿון ייִוואָ** (ווילנע) 3: 185–210; זארעצקי 1929 (ווי ה' 52).

II. זאַצסטרוקטור און פּונקטואַציע

60 גלײַכאַרטיקע (קאָאָרדינירטע) זאַצגלידער

417–423 דעם טערמין ‚גלײַכאַרטיקע זאַצגלידער‘ און דעם מעטאָד איבערצופּרוּוון צי די זאַצגלידער זײַנען גלײַכאַרטיקע לויט צי ס׳איז מעגלעך אָדער נישט אַרײַנצושטעלן צווישן זיי דאָס בינדוואָרט ‚און‘, האָט זאַרעצקי, ווײַזט אויס, אַנטליִען בײַ דער רוסישער שפּראַך־וויסנשאַפֿט (**י״ג**, 207–213). זע אויך די קריטיק פֿון דעם מעטאָד.[453] זאַרעצקי ברענגט בײַשפּילן פֿון פֿאַרשיידענע וואָרטקלאַסן, אַרײַנגערעכנט צוויי גלײַכאַרטיקע ווערבן, וואָס קענען, אין די אַנאַליטישע פֿאָרמעס, זיך ציִען צו איין און דעם זעלביקן באַהילפֿיקן ווערב (**י״ג**, 208–210).

זאַרעצקי באַשרײַבט סינטאַקסישע קאָאָרדינירונג, סטיליסטישע באַגרענעצונגען פֿונעם קאָאָרדינירן פֿאַרשיידענע וואָרטקלאַסן און סימעטריע בײַם קאָאָרדינירן.[454] ער אַנאַליזירט קאָאָרדינירטע סינטאַגמעס מיטן בינדוואָרט ‚און‘ אין דעם ניסתּרס סטיל און ברענגט אַ סטאַטיסטיק פֿון סימעטרישער און נישט־סימעטרישער, פּערספּעקטיווישער און נישט־פּערספּעקטיווישער קאָאָרדינירונג פֿון פֿאַרשיידענע שפּראַך־איינסן. איינער פֿון זאַרעצקיס אויספֿירן איז אַ השערה, אַז דער העבֿרעיִשער ווערטער־סדר האָט געקענט באַאײַנפֿלוסן דעם ניסתּרס סינטאַקס, בפֿרט דעם ‚און‘ בײַם אָנהייב פֿון זאַץ.[455] זע וועגן דער סעמאַנטיק פֿונעם בינדוואָרט ‚און‘ מיט גלײַכאַרטיקע סינטאַגמעס און וועגן אַנדערע בינדווערטער אין: **י״ג**, 210–212.

61 פּונקטואַציע בײַ גלײַכאַרטיקע זאַצגלידער

424–426 זע וועגן קאָמעס בײַ קאָאָרדינירונג אין: **י״ג**, 209.

זאַרעצקי ווײַזט, ווי קאָמעס העלפֿן אויסמײַדן צווייטײַטשיקייט בײַ קאָאָרדינירונג.[456]

לויט מאַרקן, דאַרף מען שטעלן אַ קאָמע בײַ קאָאָרדינירטע זאַצטיילן און בײַזאַצן, אָבער נישט בײַ איבערגעחזרטע בינדווערטער ווי ‚און... און‘, ‚אי... אי‘ און מע טאָר נישט אָפּזונדערן סובאָרדינירטע בײַזאַצן און פֿאַרגלײַכיקע באַשטימונגען.[457] לעווין, וואָס האַלט אַז מאַרקס סיסטעם איז צו קאָמפּליצירט, לייגט פֿאָר „פּשוטערע“[458] פּונקטואַציע־כּללים, וואָס ער באַזירט זיי אויף דער רוסישער סיסטעם: 1. „ווען אין זאַץ זײַנען פֿאַראַן צוויי אָדער מער זאַצטיילן פֿון דעם זעלבן מין, ווערן זיי אָפּגעטיילט איינער פֿונעם אַנדערן מיט אַ קאָמע“, אָבער נישט אויב צווישן זיי שטייט דאָס בינדוואָרט ‚און‘ – „דער מלאך שטייט צו באַשיצן די הויכע, די שטאַרקע, די הייליקע ווענט“ (פּרוג); 2. „איין זאַץ פֿון דעם אַנדערן ווערט אָפּגעטיילט ווייניקסטנס מיט אַ קאָמע“ פֿאַר קאָאָרדינירטע, סובאָרדינירטע און אומאָפּהענגיקע זאַצן, פֿאַר גערונדיוון און פּאַרטיציפּן – „עס

[453] מײַדאַנסקי מ[שה], 1937: אטריבוטיוון־אדיעקטיוון בא איינ סובסטאנטיוו. אין: **א״ש** 1: 107–125.
[454] זאַרעצקי, א[ײַזיק], 1927: קאָאָרדינירונג (אַ קאַפּיטל סטיליסטישע גראַמאַטיק). אין: **די״ש** 3–4: שפּ׳ 1–12.
[455] זאַרעצקי 1928 (ווי ה׳ 419): שפּ׳ 147.
[456] זאַרעצקי 1927 (ווי ה׳ 454): שפּ׳ 11–12.
[457] מאַרק, יודל, 1953: כּללים פֿאַר דער קאָמע אין ייִדיש. אין: **י״ש** XIII (1): 1–5.
[458] לעווין, יעקבֿ, 1954: אַ פֿאָרשלאָג וועגן ניצן די קאָמע אין ייִדיש. אין: **י״ש** XIV (1): 18–20; מיט י. מאַרקס צושריפֿט: 18.

טרעפֿט זיך, ער אַרבעט, און וווּנדערלעך הייס ווערט אים, דער שטערן באַדעקט זיך מיט שווייס" (פּרץ); 3. אַ ווענדונג, אַן אַפּאָזיציע און אַ שטייגער באַשטימונג מיט ,ווי' אָדער ,ווי אַזוי' ווערן אָפּגעטיילט מיט קאָמעס – „גרויסער גאָט, מיר זינגען לידער" (וואַרשאַווסקי), „איך האָב, צום בײַשפּיל, דאָרט אין שטאָט אַן אוגערקע געזען" (נחום יוד).[459]

62 פּאַראַלגעמיינער־ווערטער בײַ גלײַכאַרטיקע זאַצגלידער

427–429 דאָ אַדאַפּטירט פֿאַלקאָוויטש כּללים פֿון דער רוסישער גראַמאַטיק.

63 פּאַראַלעליזם

430–431 ד.נ. אָווסיאַניקאָ־קוליקאָווסקי האָט דער ערשטער אַרײַנגעפֿירט דעם באַגריף ,פּאַראַלעליזם' אין דער רוסישער שפּראַך־וויסנשאַפֿט.[460] זאַרעצקי אַנטלײַט דעם טערמין אין דער יידישער לינגוויסטיק און באַניצט אים צוזאַמען מיט אַן אַנדער טערמין מיטן זעלביקן באַטײַט – די ,אַפּאָזיציע'. דעם לעצטן טערמין באַניצט י. מאַרק אין זײַן גראַמאַטיק (**גי"ב**, 87–88).

זאַרעצקי באַשרײַבט פֿאַרשיידענע טיפּן פּאַראַלעליזם, אַרײַנגערעכנט די אַפּאָזיציע, (**י"ג**, 186–191) און גיט בײַשפּילן פֿון גרענעצפֿאַלן ווו די אַפּאָזיציע איז קאָאָרדינירט מיט אַנדערע זאַצגלידער אָבער נישט אָפּהענגיק פֿון זיי (**י"ג**, 266–268).

זע וועגן דעם סינטאַקס פֿון אַפּאָזיציע בײַ קאַגאַראָוון.[461]

432–434 זע וועגן צעשטערטער מיטשטימונג אין פּאַראַלעלע סובסטאַנטיוון אין: **י"ג**, 215.

435–437 די סאָוועטישע שול אין אַלגעמיין שטרײַכט אונטער די ראָלע פֿון אינטאָנאַציע אינעם שטעלן פּונקטואַציע־סימנים. זאַרעצקי טיילט אויס „אינטאָנאַציעס פֿון אַ קאָמע, פֿון אַ טירע", למשל: „מעגן – מעג ער, קענען – קען ער": **י"ג**, 267.

לויט מאַרקן, טיילט מען אָפּ אַן אַפּאָזיציע מיט אַ קאָמע.[462]

64 באַמערקוואָרט און באַמערקזאַץ

438–442 זאַרעצקי באַשטימט באַמערקזאַצן ווי זײַטיקע אָנמערקונגען אָן קיין שום שײַכות מיט דעם אינהאַלט פֿונעם זאַץ, אָבער אַ מאָל יאָ מיטן אַרויסזאָג־אופֿן (**י"ג**, 263–264). לויט אים, האָבן די באַמערקזאַצן אַ ספּעציעלע „אינטאָנאַציע פֿון קלאַמערן".

443–444 מאַרק שליסט אײַן עטלעכע פֿון פֿאַלקאָוויטשעס בײַשפּילן אין דער קאַטעגאָריע ,זאַצווערטער' אין: **גי"ב**, 59–60.[463]

445–446 לויט זאַרעצקין, שרײַבט מען באַמערקזאַצן אָפּט צווישן קאָמעס (**י"ג**, 263–264).

[459] דאָרטן, 20.

[460] Овсянико-Куликовский, Дмитрий Н., 1912: *Синтаксис русского языка*. Санкт-Петербург: Издание И. Л. Овсянико-Куликовской, 232.

[461] קאַגאַראָוו 1928 (ווי ה' 269): 189–190.

[462] מאַרק 1953 (ווי ה' 457): 2.

[463] מאַרק 1948 (ווי ה' 425): 11.

מאַרק לייגט פֿאָר נישט אָפּצוזונדערן די באַמערקווערטער מיט קיין קאָמע, מן־הסתּם להיפּוך דעם רוסישן כּלל,[464] אָבער בײַ אַ באַמערקזאַץ רעקאָמענדירט ער יאָ צו שטעלן אַ קאָמע.[465]

65 ווענדונג

447–449 זאַרעצקי באַשרײַבט אויף אַן ענלעכן אופֿן, ווי פֿאַלקאָוויטש, דעם חילוק צווישן סוביעקט און ווענדונג, וואָס ווערן ביידע באַניצט אין נאָמינאַטיוו, אין: **י״ג**, 213–214. ער טײַלט אויך אויס אַ דערשײַנונג פֿון אַ „זײַטיקער ווענדונג", ווען מע ווענדט זיך נישט צום פּאַרשוין וואָס מע דערמאָנט אין דער ווענדונג, ווי בײַ שלום־עליכמען: „ס'זאָל דיך אָנכאַפּן, רבונו־של־עולם, אַ שטעכעניש און אַ ברעכעניש, אַ רײַסעניש און אַ בײַסעניש...".

450–451 זע נאָך בײַשפּילן פֿון ווענדונגען ווי אָפּגעזונדערטע טיילן פֿון זאַץ אין: **גי״כ**, 88. לויט מאַרקן, דאַרף מען שטעלן אַ קאָמע בײַ דער ווענדונג.[466]

66 אויסרופֿוואָרט און אַנדערע

452–454 לויט זאַרעצקין, קומען אַזעלכע ווערטער ווי ,אוי' און ,אָט' כּסדר אין אָנהייב פֿון זאַץ. ער רעכנט זיי נישט פֿאַר קיין אויסרופֿווערטער (**י״ג**, 245).

III אײנפֿאַכע און צונויפֿגעזעצטע פֿראַזע און פּונקטואַציע

67 זאַץ און פֿראַזע

456–457 די באַגריפֿן זאַץ און פֿראַזע פֿאַרשטייט מאַרק אַנדערש ווי די סאָוועטישע שול. די פֿראַזע איז פֿאַר אים אַ זעלבשטענדיקער טייל פֿונעם זאַץ. לויט די סאָוועטישע לינגוויסטן, איז פֿאַרקערט: די פֿראַזע איז צונויפֿגעשטעלט פֿון זאַצן. מאַרק צעטיילט פֿראַזעס לויט זייער לעקסישן אינהאַלט אויף „באַשטענדיקע" (זיי „קריגט דער ריידער גרייטערהייט פֿון שפּראַכיקן אוצר פֿון זײַן פֿאָלק") און „צופֿעליקע" (זיי „פֿורעמט דער ריידער ווי אַ יחיד") (**גי״כ**, 73–74). וואָס שייך גראַמאַטיק באַשטימט מאַרק די ווײַטערדיקע טיפּן פֿראַזעס לויט זייערע פֿונקציעס: סוביעקטיווישע, פּרעדיקאַטיווישע, אָביעקטיווישע, אַטריבוטיווע, „כּלערליי ווערבאַלע און אַד־ווערביאַלע פֿראַזעס". ער לייגט אויך פֿאָר אויסצוטיילן פּרעפּאָזיציאָנעלע פֿראַזעס, וואָס הייבן זיך אָן מיט אַ פּרעפּאָזיציע.

459 זע וועגן אָפּזונדערן בײַזאַצן אין: **י״ג**, 259–260.

68 עליפּסישע (אומפֿולע) זאַצן

460–464 זע וועגן עליפּסישע פֿראַזעס אין: **גי״כ**, 54–55. קאַגאַראָוו פֿאָרשט עליפּסישע זאַצן מיט אַ דורכגעלאָזטן סוביעקט.[467]

464 מאַרק 1953 (ווי ה' 462): 5.

465 דאָרטן, 2.

466 דאָרטן.

467 קאַגאַראָוו 1929 (ווי ה' 236): שפּ' 467–468.

שאַפּיראָ אַנאַליזירט פּרטימדיק עליפּסישע זאַצן בײַ שלום־עליכמען, ווו ס׳קענען אַדורכ־געלאָזט ווערן בינדווערטער, פּראָנאָמען, באַהילפיקע טײלן פֿון צײַט־קאָנסטרוקציעס און פֿון מאָדוס־פֿאָרמעס, ווי אויך פֿון פּעריפֿראַסטישע ווערבן און דער עקסיסטענציעלער פּרעדיקאַט. דער סאַמע ספּעציפֿישער עליפּס בײַ שלום־עליכמען איז אַדורכצולאָזן דעם גאַנצן קערן פֿונעם זאַץ: „זאָגט קלעצל: ס׳איז ניט איך, ס׳איז קאָטער. איינער אויפֿן אַנדערן דער אַנדערער אויפֿן דריטן – אַ מעשׂה אָן אַן עק!״.[468]

69 זאַצטיפּן (לויט דעם אינהאַלט און לויט דער פֿאָרמע)

465–466 זאַרעצקי טײלט אײַן פֿרעגיקע זאַצן אין אַנטשייד־פֿראַגעס („ער איז געקו־מען?״), באַשטים־פֿראַגעס („ווער איז געקומען?״), און אַלטערנאַטיוו־פֿראַגעס („ער האָט אַרבעט צי ניין?״). ער שטעלט זיך אויך אָפּ אויף די איבערפֿרעגונגען („כ׳בין געווען אין טעאַטער – ווו?״) (**י״ג**, 271–275).

467–471 מאַרק צעטײלט ייִדישע זאַצן אויף צוויי־גלידערדיקע („אָרעמקײַט איז ניט קיין שאַנד״), אויסגעברײטערטע (מיט בײַגלידער) און צונויפֿגעצויגענע (מיט צוויי אָדער מער סוב־יעקטן אָדער פּרעדיקאַטן). מאַרק באַניצט דעם טערמין ,צונויפֿגעזעצטער זאַץ׳ אין אַ ברייטערן זין: צו דער קאַטעגאָריע געהערן, לויט אים, אי איינפֿאַכע זאַצן מיט גלײַכאַרטיקע זאַצגלידער, אי זאַצן מיט בײַזאַצן (**גי״כ**, 62–68).

שאַפּיראָ אַנאַליזירט אין שלום־עליכמס סטיל: די „איינבאַשטאַנדיקע זאַצן״, וואָס באַשטייען נאָר פֿון איין סוביעקט אָדער איין פּרעדיקאַט; די „סוביעקטלאָזע זאַצן״ מיטן פֿיקטיוון ,עס׳ אָדער מיט בלויז איין אינפֿיניטיוו; עליפּסישע זאַצן (זע אין די קאָמענטאַרן צום אונטערקאַפּיטל 68). ער שטרײַכט אונטער דעם חילוק צווישן נאָמינאַטיווישע זאַצן – „נאָר גאָלע דלות, נאָר דח־קות, נאָר שלימזל״ – און עליפּסישע זאַצן מיט אַ דורכגעלאָזטן ווערב – „נאָר גאָלע דלות, נאָר דחקות, נאָר שלימזל (איז שטענדיק געווען) אַרום און אַרום״. אינעם ערשטן מין זאַצן טײלט שאַפּיראָ אויס די ווו קיין פּרעדיקאַט איז נישט מעגלעך און די וואָס זײַנען נאָמינאַטיוויש צוליב קינסטלערישע סטיליסטישע סיבות – „עקזיסטענציאָנעלע זאַצן״ ווי: „זומערלעבן. די זשאַבעס פֿון־דערווײַטן קוואַקען...״.[469]

70 הויפּטזאַץ און בײַזאַץ

472 זע וועגן הויפּטזאַצן און בײַזאַצן אין: **י״ג**, 246–247; וועגן קאָאָרדינירונג און סובאָר־דינירונג אין: **גי״כ**, 63–64.

זע אויך טאַובעס אַנאַליז פֿון אומאָפּהענגיקע זאַצן מיטן בינדוואָרט ,אַז׳.[470]

468 שאַפּיראָ 1939 (ווי ה׳ 359): 133–137.

469 דאָרטן, 128–131.

470 Taube, Moshe 2017: Argumentative az-Clauses in Yiddish. In: Bosson Nathalie, Anne Boud’Hors, and Sydney F. Aufrère, eds., *Labor omnia uicit improbus, miscellanea in honorem Ariel Shisha-Halevy*. Leuven, Paris, Bristol: Peeters, 647–665.

473–474 זע וועגן סובאָרדינירונג־מיטלען און אויך וועגן בײַזאַצן אָן באַהילפֿיקע סובאָרדינירונג־ווערטער אין: **י״ג**, 247–251; וועגן קאָמפּליצירטע זאַצן מיט עטלעכע בײַזאַצן אין: **י״ג**, 256–258; וועגן איזאָלירטע בײַזאַצן, באַניצט אָן הויפּטזאַצן אין: **י״ג**, 260.[471]

475–477 זאַרעצקי אַנאַליזירט דעם אָרט פֿון װערב אין בײַזאַצן, מיט סטאַטיסטישע חשבונות,[472] און קאָאָרדינירונג אין צײַט צווישן פּרעדיקאַטן פֿון בײַזאַץ און הויפּטזאַץ אין: **י״ג**, 252.

71 בײַזאַצטיפּן

478–481 מײַדאַנסקי ברענגט די זעלביקע קלאַסיפֿיקאַציע פֿון בײַזאַצן, ווי פֿאַלקאָוויטש, פֿאַרגלײַכט אין אַ טאַבעלע פֿונקציעס פֿון זאַצגלידער און בײַזאַצן און דערקלערט זײַן מעטאָד צו לערנען בײַזאַצן אין שול, אַרײַנגערעכנט סטיליסטישע ניואַנסן.[473]

72 אַטריבוטיווער בײַזאַץ

482–484 דער אַטריבוטיווער זאַץ איז איינע פֿון די סאַמע אויסגעאַרבעטע סינטאַקסישע טעמעס אין דער סאָוועטישער ייִדישער לינגוויסטיק. נ. שטיף האַלט בכלל, אַז מע דאַרף פֿאַרטרעטן סובאָרדינאַציע מיט קאָאָרדינאַציע ווו עס איז מעגלעך. ער קריטיקירט דעם באַנוץ פֿון „פֿאַלשן אַטריבוטיוון בײַזאַץ“, ווו דאָס בינדוואָרט ‚וועלכער‘ קען פֿאַרטראָטן ווערן דורך אַנדערע בינדווערטער ווי ‚ווײַל‘, ‚אַז‘. אין די דאָזיקע פֿאַלן האָט דער בײַזאַץ דעם באַטײַט פֿון סיבה, צוועק אָדער אַנדערע: „דער אַדמיניסטראַטאָר פֿונעם זאַוואָד, כ. י., איז איבערגעפֿאָרן מיטן אַווטאָמאָביל אַ ייִדן, וועלכער איז געשטאָרבן“.[474] שטיף פֿאַרברייטערט זײַן קריטיק אויף בײַזאַצן מיטן בינדוואָרט ‚ווו‘, וואָס טאָר נישט, לויט אים, קומען אין קיין ריין אַטריבוטיווע זאַצן, נאָר בלויז אין בײַזאַצן מיטן באַטײַט פֿון אָרט. ביידע סטיליסטישע טעותן פֿאַרבינדט שטיף מיט דער השפּעה פֿון דער רוסישער צײַטונגשפּראַך.[475] ער ברענגט בײַשפּילן פֿון דער ייִדישער ליטעראַטור (מענדעלע, בערגעלסאָן, שאַפּיראָ, ווינער אַ״אַ), ווו די מחברים קלײַבן אויס אַ פּשוטע קאָאָרדינאַציע מיטן בינדוואָרט ‚און‘ אַנשטאָט אַטריבוטיווע בײַזאַצן: „בײַם עק פֿון אַ לאַנגן דעמבענעם טיש זיצט אַ חבֿרה כּלי־זמר און סטראָיען, שטעלן אָן זייערע כּלים“ (ממ״ס).[476] שטיפֿס הויפּט־טענה קעגן די טיפּן בײַזאַץ איז די פֿעלנדיקע מיטשטימונג צווישן דער פֿונקציע און דער גראַמאַטישער פֿאָרעם פֿונעם זאַץ.[477]

[471] זע אויך Taube, Moshe 2013: On Superordinate az-Clauses in Yiddish Narrative. In: Aptroot, Marion, and Björn Hansen, eds., *Yiddish Language Structures (Empirical Approaches to Language Typology)*. Berlin: de Gruyter, 231—249.

[472] זאַרעצקי 1927 (ווי ה׳ 454): שפּ׳ 10.

[473] מײַדאַנסקי, מ[שה], 1939: די טעמע ‚טיפּן בײַזאַצן‘ אין דער מיטלשול. אין: **א״ש** 3: 191–212.

[474] שטיף, נ[חום], 1929: דער פֿאַלשער בײַזאַץ (פֿון דער סעריע „די פּאַפּירענע שפּראַך“). אין: **די״ש** 3: שפּ׳ 7–22, דאָ: שפּ׳ 12.

[475] שטיף, נ[חום], 1928: דער פֿאַלשער בײַזאַץ (פֿון דער סעריע „די פּאַפּירענע שפּראַך“). אין: **די״ש** 6: שפּ׳ 1–14, דאָ: 6–7.

[476] שטיף 1929 (ווי ה׳ 474): שפּ׳ 18.

[477] שטיף 1928 (ווי ה׳ 475): שפּ׳ 14; שטיף 1929 (ווי ה׳ 474): שפּ׳ 18–19.

מײַדאַנסקי טרעט אַרויס אַנטקעגן דעם קאָנצעפּט ‚פֿאַלשער בײַזאַץ‘, אָנווײַזנדיק אַז אַ גראַמאַטישע קאָנסטרוקציע קען דינען אַ סך פֿונקציעס. ער ברענגט אַ טעאָרעטישן אַרײַנפֿיר און גרינטלעכן אַנאַליז פֿונעם אַטריבוטיוון בײַזאַץ, אַרײַנגערעכנט דעם סעמאַנטישן חילוק צווישן אַטריבוטיווע און אַנדערע בײַזאַצן. ער אינספּירירט זיך בפֿרט אין דער פֿראַנצייזישער לינגוויסטיק (פֿ. בריונאָ).[478] מײַדאַנסקי באַניצט אין זײַן אַרגומענטאַציע דעם באַגריף סינטאַקסישע האָמאָנימיע און סינאָנימיע, איינע פֿון די הויפּט־דערגרייכונגען פֿון פּעשקאָווסקיס סינטאַקסישער טעאָריע. מײַדאַנסקי שטימט אײַן מיט שטיפֿס מיינונג אַז אַ מאָל זײַנען אַזעלכע זאַצן אומגעלומפּערטע און צווייטײַטשיקע. אָבער די פּראָבלעם ליגט, לויט אים, נישט אין דער אַטריבוטיווער קאָנסטרוקציע אַליין און נישט אין דער סובאָרדינאַציע בכלל, נאָר גיכער אין דער לעקסיק און אין דעם ווערטער־סדר פֿון קאָנקרעטע בײַשפּילן. מײַדאַנסקי קריטיקירט שטיפֿן פֿאַר זײַן איבעריקן פּוריזם און באַמערקט, אַז דער אַטריבוטיווער זאַץ האָט פֿילצאָליקע פֿונקציעס אויך אין אַנדערע שפּראַכן (לאַטײַניש, דײַטשיש, פֿראַנצייזיש). ער אַנאַליזירט בײַשפּילן פֿונעם ליטעראַרישן ייִדיש פֿונעם 19טן יאָרהונדערט.

זאַרעצקי פֿאַרטיידיקט דעם אַטריבוטיוון בײַזאַץ אויפֿן זעלביקן אופֿן ווי מײַדאַנסקי, וועלכן זאַרעצקי ציטירט, איבערנעמענדיק אַ טייל פֿון זײַנע בײַשפּילן.[479] ער רעדט אַרום די פֿונקציאָנעלע חילוקים צווישן די בינדווערטער ‚וואָס‘ און ‚וועלכער‘, אַ מאָל דובלירטע מיט אַ פּערזענלעכן פּראָנאָם, און צווישן די בינדווערטער ‚ווו‘ און ‚ווען‘. אַן אַטריבוטיווער בײַזאַץ האָט, לויט זאַרעצקין, דרײַ כאַראַקטעריסטיקעס: ער ציט זיך צו אַ סובסטאַנטיוו, ער ענטפֿערט אויף דער פֿראַגע ‚וועלכער?‘ און ער ווערט באַהעפֿט מיטן סובסטאַנטיוו דורך אַ בינדפּראָנאָם.[480] זאַרעצקי ברענגט בײַשפּילן ווען דאָס בינדוואָרט ‚וואָס‘ קען נישט פֿאַרטראָטן ווערן דורך אַ קאָנסטרוקציע מיט ‚וועלכער‘: „די שאַפֿע, וואָס אַזאַ, ווי זי האָב איך געוואָלט קויפֿן, קאָסט טײַער“, ‚בעניע איז אַ מענטש, וואָס אַז ער עסט – עסט ער‘ (ש״ע).[481] אין מינדלעכע רייד זײַנען פֿאַראַן צונויפֿגעשטעלטע בינדווערטער ‚קאַטאָרי וועלכער‘, ‚קאַטאָרי וואָס‘, ‚וואָס קאַטאָרי‘.[482] זאַרעצקי אַנאַליזירט דעם סובסטאַנטיוו פֿון וועלכן דער אַטריבוטיווער בײַזאַץ איז אָפּהענגיק און דעם „אנטשפּרעכער“ – אַן אָנווײַז־פּראָנאָם וואָס פֿאַרשטאַרקט די פֿאַרבינדונג צווישן דעם בײַזאַץ און דעם סובסטאַנטיוו (‚דער‘, ‚יענער‘, ‚אַזאַ‘).[483] אַ מאָל ציט דער אַטריבוטיווער בײַזאַץ צו אַן אַדווערביאַלן פּראָנאָם: „איך קלײַב זיך זומער זײַן דאָרטן, ווו איך בין געווען פֿאַר אַ יאָרן“.[484]

זאַרעצקי רעדט אַרום דעם חילוק צווישן אינדיקאַטיוו און געמישטן מאָדוס אין אַטריבוטיווע בײַזאַצן: „ניטאָ אַזעלכע פֿעסטונג, וואָס באָלשעוויקעס זאָלן ניט נעמען“.[485] ער טיילט אויס

478 מײַדאַנסקי, מ[שה], 1938: סינטאַקסיש־סטיליסטישע פּאַראַלעלן (דער אַטריבוטיווער בײַזאַץ צווישן אַנדערע טיפּן זאַצן־באַהעפֿטונג). אין: **א״ש** 2: 105–129, דאָ: 119–124.

479 זאַרעצקי 1938 (ווי ה׳ 394): 233–236; מײַדאַנסקי 1938 (ווי ה׳ 478).

480 זאַרעצקי 1938 (ווי ה׳ 394): 234.

481 דאָרטן, 239.

482 דאָרטן, 241.

483 דאָרטן, 242–244.

484 דאָרטן, 247.

485 דאָרטן, 244–245.

די וויַיטערדיקע פֿונקציעס פֿון אַטריבוטיוון בײַזאַץ: „אויסטײלנדיקע" („דעטערמינאַטיװוער") – „דער מאַן, וואָס האָט אַנטדעקט אַמעריקע, האָט געמיינט, אַז ער איז געקומען קיין אינדיע", „אונטערשטרײַכנדיקע" („עקספּליקאַטיװוער") – „קאָלומב, וואָס האָט אַנטדעקט אַמעריקע, האָט געמיינט, אַז ער איז געקומען קיין אינדיע", „מיטײלנדיקע" – „איך האָב געזען די שטעלונג[486] ,קיניג ליר', וועלכע האָט אויף מיר געמאַכט אַ שטאַרקן אײַנדרוק".[487]

האַראָוויץ לייגט פֿאָר פּעדאַגאָגישע מאַטעריאַלן צו לערנען דעם אַטריבוטיוון בײַזאַץ אין שול (פֿאַר די קלאַסן 1 – 5).[488]

מאַרק בויט אַ טיפֿאָלאָגיע פֿון אַטריבוטיווע בײַזאַצן און אַנאַליזירט זייער סטיליסטיק.[489] ער קריטיקירט שטיפֿס סטיליסטישן אַנאַליז פֿונעם אַטריבוטיוון בײַזאַץ. זיך באַזירנדיק אויף דער סעמאַנטיק און נאָכפֿאָלגנדיק אָ. יעספּערסענען,[490] לייגט מאַרק פֿאָר אונטערצושיידן דעם לאָגיש פֿאַרבונדענעם און לאָגיש נישט־פֿאַרבונדענעם אַטריבוטיוון בײַזאַץ. לויט אים, באַשטייט דער חילוק דערין, אַז אינעם צווייטן פֿאַל גיט דער בײַזאַץ צו אַ נײַע אינפֿאָרמאַציע. זײַן סיסטעם האַלט ער פֿאַר אַ ניצלעכערער ווי די פֿאָרגעלייגטע פֿון זאַרעצקין און מײַדאַנסקין. זע אַ פֿאַרקירצטע ווערסיע פֿון מאַרקס דערקלערונג אין: **גי"ב**, 68 – 70. זע אויך טאַובע וועגן אַטריבוטיווע זאַצן מיט ,וואָס'.[491]

485 – 489 זאַרעצקי ווײַזט, אַז די בײַזאַצן מיטן פּראָנאָם ,וואָס' בויען זיך אויף פֿאַרשיידענע אופֿנים, אויב ,וואָס' איז אַ גראַמאַטיקאַלישער סוביעקט אָדער אַן אָביעקט: פֿאַר אַן אָביעקט דאַרף מען אַרײַנשטעלן דעם פּראָנאָם ,עס' – ,דער מענטש, וואָס ס'האָט געזען מײַן פֿעטער', און פֿאַר אַ סוביעקט איז דער באַנוץ פֿונעם פּראָנאָם ,וואָס' אַליין גענוג – ,דער מענטש, וואָס האָט געזען מײַן פֿעטער'.[492]

זאַרעצקי האַלט נישט פֿאַר גרײַזיק די בײַשפּילן מיטן רעלאַטיוון פּראָנאָם ,וואָס' + פּערזענלעכן פּראָנאָם אין נאָמינאַטיוו אין: **י"ג**, 253.[493]

490 – 491 לויצקער רעדט אַרום די פֿונקציע פֿון אַטריבוטיווע בײַזאַצן אָן אַ פּרעדיקאַט,[494] קריטיקירנדיק פֿאַלקאָוויטשעס און זאַרעצקיס פּראָיעקט פֿון ייִדישער פּונקטואַציע.[495]

486 אַ קאַלקע פֿון רוסיש: постановка.

487 דאָרטן, 250 – 256.

488 האָראָוויץ, ב[אַשעווע], 1938: אטריבוטיווער בײַזאצ (מעטאָדישע פאנאנדעראַרבעטונג). אין: ווינער, מ[איר] און א[ײַזיק] זארעצקי (רעד'), **פראגן פון יידישער שפראכ**. מאָסקווע: פארלאג עמעס, 257 – 273.

489 מאַרק 1942 (ווי ה' 391): 137 – 140.

490 Jespersen, Otto, 1926: *Notes on Relative Clauses*. Oxford: The Clarendon Press.

491 Taube, Moshe, 2012: On the Relative Marker Vos and Yiddish Post-modifiers. In: Aptroot, Marion, Efrat Gal-Ed, Roland Gruschka, and Simon Neuberg, eds., *Leket: Yiddish Studies Today*. Düsseldorf: Düsseldorf University Press, 467 – 481.

492 זארעצקי 1938 (ווי ה' 394): 250.

493 דאָרטן, 235.

494 לויצקער, כ. [חיים], 1931: צום פּראָיעקט נײַע ייִדישע פּונקטואַציע. אין: **א"ש** 1 – 2: שפּ' 93 – 94, דאָ: שפּ' 93.

495 זארעצקי, א[ײַזיק], 1930: די נײַע ייִדישע פּונקטואַציע. אין: **די"ש** 6: שפּ' 29 – 36, דאָ: שפּ' 30.

לויט מאַרקן דאַרף מען נישט שטעלן קיין קאָמע צווישן דעם הויפּטזאַץ און דעם אַטריבו־טיוון זאַץ: „דער מענטש וואָס קריגט די פּעטש“.[496]

73 קורצע בײַזאַצן (גערונדיווישער, פּאַרטיציפּישער א״אַ)

492–495 בײַם אָנהייב 1950ער, אויף די זײַטן פֿון ניו־יאָרקער זשורנאַל „ייִדישע שפּראַך“, צעוויקלט זיך אַ דיסקוסיע וועגן דער קאָנסטרוקציע ‚אַקוזאַטיוו מיט אינפֿיניטיוו׳. מאַרק דער־מאָנט זי צווישן אַנדערע אין זײַן אַרטיקל וועגן אינפֿיניטיוון.[497] יאָפֿע שטעלט זיך אַנטקעגן מאַרקס דעה, אַז די קאָנסטרוקציע פֿון אַקוזאַטיוו מיט אינפֿיניטיוו איז געווען פֿאַרשפּרייט אין מיטל־הויכדײַטש. ווי ער באַווײַזט, שטאַמען די ייִדישע קאָנסטרוקציעס מיט ווערבן פֿון פֿיזישע חושים (זען, הערן, פֿילן) + אינפֿיניטיוו פֿון פֿאָנעטיש רעדוצירטע קאָנסטרוקציעס מיט גערונדיוו מיט דער ענדונג ־נד וואָס האָט פֿאַרלוירן דעם לעצטן קאָנסאָנאַנט – ד. זיי זײַנען פֿאַרמישט געוואָרן דורך די מאָדערנע גראַמאַטיקער מיט אינפֿיניטיוו און האָבן גאָרנישט נישט צו טאָן מיט דער באַקאַנטער לאַטײַנישער קאָנסטרוקציע פֿון אַקוזאַטיוו מיטן אינפֿיניטיוו.[498] לויט יאָפֿען, בלײַבט אין ייִדיש פּאָפּולער די קאָנסטרוקציע מיטן גערונדיוו, ‚איך זע אים לויפֿנדיק׳, אינעם ליטווישן דיאַלעקט פֿאַרטרעט דער גערונדיוו דאָ כּסדר דעם אינפֿיניטיוו. לויט יאָפֿען, באַניצט מען די קאָנ־סטרוקציע מיטן אינפֿיניטיוו נאָר מיט פֿינף ווערבן: ‚הערן׳, ‚זען׳, ‚פֿילן׳, ‚לאָזן׳, ‚בלײַבן׳ – און מע טאָר נישט באַהעפֿטן צו זיי קיין אינפֿיניטיוון דורך דעם פּאַרטיקל ‚צו׳, וואָס שטיצט אונטער זײַן השערה וועגן זייער גערונדיווישן אָפּשטאַם. אין די אויסדרוקן ‚קומען צו פֿאָרן׳ איז דער צווייטער טייל אויך, לויט יאָפֿען, אַ געוועזענער גערונדיוו, אָבער קיין פּרטימדיקע דערקלערונג גיט ער נישט.[499] יאָפֿע פֿאַרשטאַרקט זײַן אַנאַליז מיט בײַשפּילן פֿון דער קאָנסטרוקציע ‚אַקוזאַ־טיוו מיט גערונדיוו׳ אין אַנדערע לשונות. אינעם ענטפֿער אויף יאָפֿעס קריטיק שטרײַכט מאַרק אונטער זײַן ריינעם סינכראָנישן צוגאַנג, ער זאָגט: „[...] גייען פֿאַרבײַ און רירן מיך ניט אָן די אַלע ראיות פֿון ‚בבֿא־בוך׳ אָדער פֿון וואָסערע אַלטע ביכער דאָס זאָלן ניט זײַן, און אוודאי גייען מיך ניט אָן אַלע אַנדערע לשונות“.[500]

496 אַרומרעדנדיק צי דער הויפּטזאַץ און דער קורצער בײַזאַץ דאַרפֿן אומבאַדינגט האָבן דעם זעלביקן סוביעקט אָדער מעגן האָבן פֿאַרשיידענע, ברענגט מאַרק דעם זאַץ: „פֿאָרנ־דיק אויפֿן מאָטאָציקל, האָט דער ווינט אַרונטערגעריסן פֿון מיר דאָס היטל“ (**גי״ב**, 337–338, 343–344). ער מאָדערניזירט דאָ דעם רוסישן אָריגינאַל וואָס קלינגט: „אָנקומענדיק צו דער סטאַנציע און באַטראַכטנדיק די נאַטור דורך דעם פֿענצטער, איז מיר אַוועקגעפֿלויגן דער הוט“.[501] דער זאַץ קומט פֿון טשעכאָווס מיניאַטור „קלאָגבוך“, ווו דער מחבר מאַכט חוזק פֿונעם

496 מאַרק 1953 (ווי ה׳ 457): 3.

497 מאַרק, יודל, 1950: וועגן דעם אינפֿיניטיוו. אין: **י״ש** X (1): 1–13.

498 יאָפֿע, יודאַ אַ., 1953: דער אַקוזאַטיוו מיטן אינפֿיניטיוו. אין: **י״ש** XIII (1): 5–12.

499 דאָרטן, 10–11.

500 מאַרק 1953 (ווי ה׳ 6): 13.

501 «Подъезжая к сией станции и глядя на природу в окно, у меня слетела шляпа» (А. П. Чехов, «Жалобная книга»). זע אויך דעם זעלביקן זאַץ מיט אַ פּאַרטיציפּ אין: **גי״ב**, 344.

נישט־ריכטיקן פֿאַפּירענעם סטיל אין רוסיש, און איז געוואָרן אַ קלאַסישער ביישפּיל פֿון אָט דעם טעות אין דער רוסישער לינגוויסטיק און פּעדאַגאָגיק. מאַרק דערלויבט אַזעלכע זאַצן אין ייִדיש און ברענגט ציטאַטן פֿון דער ייִדישער קלאַסישער ליטעראַטור. זאַרעצקי רעקאָמענדירט אונטערצושטרייַכן דעם סוביעקט מיט דער אינטאָנאַציע און מיט אַ קאָמע. ער וואָרנט אַז די זאַצן, ווו דער סוביעקט אינעם הויפּטזאַץ פֿאַלט זיך נישט צונויף מיטן סוביעקט אינעם קורצן ביייַזאַץ, קענען זייַן צווייטייַטשיק, למשל: „איך האָבֿ געטראָפֿן מייַן חבר גייענדיק אין גאַס", ווו עס איז נישט קלאָר ווער איז געגאַנגען אין גאַס, איך אָדער דער חבֿר (**י"ג**, 181).

פּרילוצקי, ענטפֿערנדיק אויף אַ לייענערס אַ פֿראַגע, זאָגט קאַטעגאָריש: „אין ייִדיש גילט דערזעלבֿיקער כּלל, וואָס אין פּויליש און אין רוסיש", ד"ה אַז די זאַצן טאָרן נישט האָבן פֿאַרשיידענע סוביעקטן. ער ברענגט גרייַזיקע ביישפּילן פֿון דער ייִדישער ליטעראַטור.[502] שטיף שטרייַכט אונטער, אין זייַן אַרטיקל וועגן קורצע ביייַזאַצן בייַ מענדעלען, אַז אין ס'רובֿ פֿאַלן האָבן דער הויפּטזאַץ און דער גערונדיוו דעם זעלבֿיקן סוביעקט. צו אַלע ביישפּילן געפֿינט שטיף פּאַ־ראַלעלע זאַצן פֿון פֿאַרשיידענע שרייַבער וואָס ניצן נישט דעם קורצן ביייַזאַץ און ער רעדט אַרום מעגלעכע אופֿנים אים צו פֿאַרטרעטן מיט פֿולע זאַצן. זע בייַ אים די סטאַטיסטיק פֿון גערונ־דיווישע און פּאַרטיציפּישע ביייַזאַצן און ביייַזאַצן מיטן בינדוואָרט ,אַז' בייַ מענדעלען, שלום־עלי־כמען, פּרצן און אָפּאַטאָשון.[503]

497–498 בלומענטאַל שרייַבט אַ קליינע נאָטיץ וועגן „פֿאַלשע פֿאַרקירצונגען פֿון ביייַזאַץ דורך פּאַרטיציפּ" ווי: „איך האָב נישט רעכט געהערט אַפֿילו די טענות פֿון מייַן ערל, בשעת קלאָגנדיק זיך אויף מיר" (ממ"ס). ער באַמערקט אַז פּוילישע (נישט־ייִדישע) מחברים מאַכן דעם טעות אויך אַזוי אָפֿט ווי די ייִדישע.[504]

לויט מאַרקן דאַרף מען שטעלן אַ קאָמע כּדי אויסצוטיילן גערונדיוון און פּאַרטיציפּן.[505] לויט זייַן שפּעטערער אָנווייַזונג, איז די קאָמע ברירהדיק בייַ דעם ביייַזאַץ מיט אַ גערונדיוו און הענגט אָפּ פֿון דער אינטאָנאַציע (**גי"כ**, 336).

499 זע בייַ שטיפֿן וועגן דער קאָנסטרוקציע ,ניט צו' + אינפֿיניטיוו בייַ מענדעלען.[506]

74 זאַצן־סדר

500–507 רעדנדיק וועגן פֿאַרבינדונגען פֿון זאַצן, צעטיילט זיי מאַרק אויף צוויי קאַטע־גאָריעס: פּאַראַטאַקסיס (קאָאָרדינירונג) און היפּאָטאַקסיס (סובאָרדינירונג) (**גי"כ**, 70–72). אין אונטערשייד צו די סאָוועטישע ייִדיש־לינגוויסטן, וואָס האָבן געשאַצט סובאָרדינירונג העכער ווי קאָאָרדינירונג,[507] האַלט מאַרק: „אַן אומבאַרעכטיקטע גאווה האָט אַפֿילו זיך צעסבֿרהט:

[502] פּרילוצקי, נח, 1938: פֿאַרקירצונג דורך פּאַרטיציפּ. אין: **ייִדיש פֿאַר אַלע** (ווילנע) 1: 27.

[503] שטיף, נ[חום], 1927: וועגן אייניקע זאַצן־פֿאַרבינדונגען בא מענדעלען. אין: **די"ש** 7: שפּ' 31–46, דאָ: שפּ' 35.

[504] בלומענטאַל, נחמן, 1938: פֿאַרשיידענע נאָטיצן און באַמערקונגען. פֿאַרקירצונג דורך פּאַרטיציפּ. אין: **ייִדיש פֿאַר אַלע** (ווילנע) 9: 260.

[505] מאַרק 1953 (ווי ה' 457): 3.

[506] שטיף 1927 (ווי ה' 503): שפּ' 42–43.

[507] שטיף 1928 (ווי ה' 475): שפּ' 1.

וואָס מער היפּאָטאַקסיס, אַלץ העכער איז די קולטורעלע אַנטוויקלונג פֿונעם פֿאָלק". מאַרק גיט צו, אַז די קאָאָרדינירונג דאָמינירט אין דער גערעדטער שפּראַך, און רופֿט אַפֿילו ייִדיש „אַ פּאַראַטאַקסיש לשון" (גי"כ, 71), פֿאַרבינדנדיק די בכורה פֿון פּאַראַטאַקסיס מיט דער השפּעה פֿון לשון־קודש און תּנך.

75 פּונקטואַציע צווישן זאַצן און זאַצטיילן

530–508 אין 1931 האָבן פֿאַלקאָוויטש מיט זאַרעצקין פּובליקירט אַ לינגוויסטישן פּראָיעקט, געווידמעט דער ייִדישער פּונקטואַציע.[508] די ערשטע ווערסיע איז אַרויס אין אַ ריי אַרטיקלען אין „די ייִדישע שפּראַך".[509] זאַרעצקי טענהט אַז מחמת עס עקסיסטירט נישט אין ייִדיש קיין אויסגעפֿורעמטע סיסטעם פֿון פּונקטואַציע, אָריענטירט מען זיך אין ראַטן־פֿאַרבאַנד אויף דער רוסישער פּונקטואַציע און אין אַמעריקע – אויף דער ענגלישער. לויט אים, איז מאַרק געווען דער ערשטער וואָס האָט געשטעלט די דאָזיקע פֿראַגע.[510] זאַרעצקי באַשטימט אין זײַן פּראָיעקט, אַז די פּונקטואַציע דאַרף ווײַזן אויף דער אינטאָנאַציע, אויפֿן סינטאַקס (אויף דער גראַמאַטישער באַציִונג צווישן ווערטער) און אויף דער סוביעקטיווער מאָדאַליטעט (אויף דער באַציִונג פֿונעם רעדער צו זײַנע רייד).[511]

לויטן באַריכט פֿון דער פֿילאָלאָגישער סעקציע פֿון ייִוואָ,[512] האָט גוטמאַן (1930) צוגעגרייט אַן אַרבעט וואָס זאָל העלפֿן אויסקלײַבן וועלכע פּונקטואַציע (‚אינטערפּונקציע' אין זייער טערמינאָלאָגיע) פּאַסט בעסער צו דער ייִדישער שפּראַך – לויטן ענגליש־פֿראַנצייזישן (וואָס באַזירט זיך אויף אינטאָנאַציע) אָדער לויטן דײַטש־פּויליש־רוסישן מוסטער (וואָס באַזירט זיך אויף גראַמאַטיק).[513]

מאַרק האָט אויסגעפֿורעמט זײַן סיסטעם פּונקטואַציע אויפֿן סמך פֿון גוטמאַנס טאַבעלעס מיט כּללים פֿון פֿאַרשיידענע שפּראַכן.[514] לויט מאַרקס אַלגעמיינעם פּרינציפּ, שטעלט מען אַ קאָמע נאָר ווען עס איז דאָ אַ „קאָמע־אינטאָנאַציע".[515]

[508] זארעצקי, א[ײַזיק] און ע.[אליה] פאלקאָוויטש, 1931: **ייִדישע פּונקטואַציע. פּראָיעקט.** מאָסקווע, כאַרקאָוו, מינסק: צענטראַלער פעלקער־פארלאג פון פ.ס.ס.ר.

[509] זארעצקי, א[ײַזיק], 1928: צו דער ייִדישער פּונקטואַציע. אין: **די"ש** 4–5: שפּ' 23–32; 6: שפּ' 15–20; זארעצקי, א[ײַזיק], 1930: די נײַע ייִדישע פּונקטואַציע. אין: **די"ש** 6: שפּ' 29–36; און זײַן קריטיק אין: לויצקער 1931 (ווי ה' 494).

[510] זאַרעצקי 1928 (ווי ה' 509, **די"ש** 4–5): שפּ' 23; דערמיט מיינט זאַרעצקי: מאַרק, יודל, 1921: **שול־גראַמאַטיק אין בײַשפּילן און אויסגאַבעס.** קאָוונע: פֿאַרלאַג „ליכט".

[511] זארעצקי 1928 (ווי ה' 509, **די"ש** 4–5): שפּ' 25; 1930: שפּ' 31–33.

[512] ידיעות פון יידישן וויסנשאַפטלעכן אינסטיטוט. אין: **ליטעראַרישע בלעטער** (וואַרשע) 79, 9טער אָקטאָבער 1925: 224–226, דאָ: 225.

[513] גוטמאַנס מעמאָראַנדום איז אַרויסגעגעבן געוואָרן פֿון ייִוואָ: גוטמאַן, טעאָדאָר, 1930: די אינטערפּונקציע אין דײַטש, ענגליש, פּויליש און פֿראַנצויזיש. אין: **דער איינהייטלעכער ייִדישער אויסלייג. מאַטעריאַלן און פּראָיעקטן צו דער אָרטאָגראַפֿישער קאָנפֿערענץ פֿון ייִוואָ. ערשטע זאַמלונג.** ווילנע, 118–123.

[514] מאַרק 1930 (ווי ה' 114).

[515] דאָרטן, 99.

זאַרעצקי[516] און מאַרק שטעלן זיך אָפּ אויף די ווייַטערדיקע פֿאַלן:

	זאַרעצקי (1930)	מאַרק (1930)
אין איינפֿאַכן זאַץ	שפּ׳ 28–32	ז׳ 100
מיט פּאַרטיציפּן און גערונדיוון	שפּ׳ 28–32	ז׳ 101
ביַי קאָאָרדינירונג	שפּ׳ 33	ז׳ 100
צווישן זאַצן	שפּ׳ 34	ז״ז 101, 102
ביַי באַמערקוווערטער און באַמערקזאַצן	שפּ׳ 34	ז׳ 101, מיט קורצע באַמערק־ווערטער: ז׳ 104
בײַם סוף פֿון זאַץ	שפּ׳ 34	ז״ז 115–116
ביַי ציטאַטן און דיאַלאָגן	שפּ׳ 34–36	ז׳ 108
ביַי אַן אַפּאָזיציע		ז׳ 99
ביַי אַ ווענדונג		ז׳ 100
אין פֿאַרקירצונגען		ז׳ 46

זע וועגן פֿאַרשיידענע אופֿנים אָפּצוזונדערן איין זאַץ פֿונעם צווייטן: קאָמע, טירע, טאָפּל־פּונקט אין: **י״ג**, 265–266 און אויך וועגן קאָמע־פּינטל און גענדזן־פֿיסלעך.[517]

לויט מאַרקן, שטעלט מען אַ קאָמע צווישן אַ הויפּטזאַץ און אַ ביַיזאַץ מיט פֿאַרשיידענע סובּיעקטן („ער האָט געזאָגט, איך זאָל מאָרגן קומען“), ביַי קורצע ביַיזאַצן, ביַי רעטאָרישע פֿיגורן.[518] מע דאַרף נישט קיין קאָמע צווישן דעם הויפּטזאַץ און דעם אָביעקט־ביַיזאַץ ווי: „ער זאָגט אַז ער וועט ניט קומען“. מאַרק שיידט אונטער צווישן לענגערע זאַצן, וואָס דאַרפֿן אַ קאָמע („ער האָט געזאָגט, אַז איך זאָל מאָרגן קומען“), און קירצערע אָן אַ קאָמע („ער זאָגט אַז ער קומט ניט“). מאַרק זאָגט זיך אַרויס קעגן קאָמעס אין רעלאַטיווע זאַצן („דער מענטש וואָס לאַכט“) און אין אַ גאַנצער ריי באַשטימונגען און ביַיזאַצן.[519]

מאַרק שריַיבט אַז ער האָט נישט קיין סך באַניצט זאַרעצקיס מאַטעריאַל, וואָס איז אַרויס פֿריִער ווי זיַין טעקסט. אין אַלגעמיין האַלט ער זאַרעצקיס כּללים פֿאַר אומזיסט קאָמפּליצירט, וויַיל זיי באַזירן זיך אויף סינטאַקסישע קאָנסטרוקציעס און אויפֿן ווערטער־סדר. מאַרק אַליין פֿאָלגט נישט נאָך די גראַמאַטיק, נאָר די ,רעטאָריק׳ פֿון דער שפּראַך.[520]

516 זארעצקי 1930 (ווי ה׳ 509).
517 מאַרק 1930 (ווי ה׳ 114): 108–115.
518 דאָרטן, 102–104.
519 דאָרטן, 104–106; מאַרק 1953 (ווי ה׳ 457): 5.
520 מאַרק 1930 (ווי ה׳ 114): 116–117.

76 דירעקטע און אומדירעקטע רייד

530–531 זע וועגן דירעקטע און אומדירעקטע פֿראַגעס אין: **י״ג**, 250–251, 254–255. אין אַן אומדירעקטער פֿראַגע קען דער ווערב שטיין אויפֿן צווייטן אָרט נאָכן בינדוואָרט (**י״ג**, 254). זע וועגן אומדירעקטע רייד און אומדירעקטע פֿראַגעס אין: **גי״ב**, 65–66.

532–535 פֿאַלקאָוויטש קלייַבט אויס דעם רוסישן מאָדעל פֿון פּונקטואַציע. זע וועגן פֿאַר־בינדונגען צווישן פֿראַזעס אין דיאַלאָגן און מאָנאָלאָגן אין: **י״ג**, 278.

ביבליאָגראַפֿישער צוגאָב

די פֿאָלגנדיקע ביבליאָגראַפֿישע רשימה איז סטרוקטורירט לויטן טעמאַטישן און כראָנאָ־לאָגישן פּרינציפּ.

1. צו דער געשיכטע פֿון דער ייִדישער שפּראַך

סענעאַן, לאַזאַר, 1902 [1889] Sainéan, Lazare: Essai sur le judéo-allemand et spécialement sur le dialecte parlé en Valachie. In: *Mémoires de la Société linguistique de Paris* 12: 90–138, 177–196.

מיזעס, מאַטיאַס, 1915 Mieses, Matthias: *Die Entstehungsursache der jüdischen Dialekte.* Wien: Löwit.

רובשטיין, בן־ציון, 1922: **די אנטשטייונג און אנטוויקלונג פון דער יידישער שפראך**. וואַרשע: שול און לעבן.

בירנבוים, שלמה, 1933: אונגערן אָדער ליטע – פּאַלעאָגראַפֿיע אין ייִדיש. תּקופֿות פֿון ייִדיש. פּאָליטישע און דיאַלעקט־גרופּעס. אין: **ייִוואָ־בלעטער** (ווילנע) 5: 329–332.

ווײַנרײַך, מאַקס, 1940: ייִדן. אין: **אַלגעמיינע ענציקלאָפּעדיע**. פּאַריז: 24–90; מיט זיסקינדס קריטיק: זיסקינד, נתן, 1953: באַטראַכטונגען וועגן דער געשיכטע פֿון ייִדיש. אין: **ייִדישע שפּראַך** (נ״י) XIII (4): 97–108; און ווײַנרײַכס ענטפֿער: ווײַנרײַך, מאַקס, 1954: עיקרים אין דער געשיכטע פֿון ייִדיש (1). אין: **ייִדישע שפּראַך** (נ״י) XIV (4): 97–110; ווײַנרײַך, מאַקס, 1955: עיקרים אין דער געשיכטע פֿון ייִדיש (2). אין: **ייִדישע שפּראַך** (נ״י) XV (1): 12–19.

ווײַנרײַך, מאַקס, 1954 Weinreich, Max: Prehistory and Early History of Yiddish: Facts and Conceptual Framework. In: Uriel Weinreich, ed., *The Field of Yiddish. Studies in Yiddish Language, Folklore, and Literature. First Collection*. New York: Linguistic Circle of New York: 73–101.

יאָפֿע, יהודה אַ., 1954 Joffe, Judah A.: Dating the Origin of Yiddish Dialects. In: Uriel Weinreich, ed., *The Field of Yiddish. Studies in Yiddish Language, Folklore, and Literature. First Collection*. New York: Linguistic Circle of New York: 102–121.

ווײַנרײַך, מאַקס, 1959: Weinreich, Max: History of the Yiddish Language: The Problems and Their Implications. In: *Proceedings of The American Philosophical Society* (Philadelphia) 103: 563–570.

ווײַנרײַך, מאַקס, 1973: **געשיכטע פֿון דער ייִדישער שפּראַך: באַגריפֿן, פֿאַקטן, מעטאָדן**. ניו־יאָרק: ייִדישער וויסנשאַפֿטלעכער אינסטיטוט – ייִוואָ.

כּ״ץ, דוד 1985 Katz, David: Hebrew, Aramaic and the Rise of Yiddish. In: Joshua A. Fishman, ed., *Readings in the Sociology of Jewish Languages*. Leiden: Brill, 85–103.

קערלער, דובֿ־בער, 1999 Kerler, Dov-Ber: *The Origins of Modern Literary Yiddish*. Oxford: Oxford University Press.

ביידער, אַלעקסאַנדער, 2004 Beider, Alexander: The Birth of Yiddish and the Paradigm of the Rhenish Origin of Ashkenazic Jews. In: *Revue des Études Juives* 163 (1–2): 193–244.

ביידער, אַלעקסאַנדער, 2013 Beider, Alexander: Reapplying the Language Tree Model to the History of Yiddish. In: *Journal of Jewish Languages* 1: 77–121. זע דערצו: כ"ץ, הירשע־דוד 2019: צו דער מעטאָדאָלאָגיע פון דער היסטאָרישער יידישער לינגוויסטיק. אין: *Medievales 68 (Jewish Identity and Comparative Studies)*: 1–12.

ביידער, אַלעקסאַנדער, 2015 Beider, Alexander: *Origins of Yiddish Dialects*. Oxford: Oxford University Press.

2. צו ביבל־איבערזעצונגען

צינבערג, ישׂראל, 1975 Zinberg, Israel: Old Yiddish Literature from its Origins to the Haskalah Period, vol. 6. In: *A History of Jewish Literature*, 12 vols. Cleveland, OH: Press of Case Western University, 1972–1978: 87–139.

שטאַערק, ווילהעלם און אַלבערט לײַצמאַן, 1977 Staerk, Wilhelm and Albert Leitzmann: *Die jüdisch-deutschen Bibelübersetzungen: Von den Anfängen bis zum Ausgang des 18. Jahrhunderts*. Repr. Hildesheim: Olms.

שמערוק, חנא, 1988 Shmeruk, Chone: Concerning the Bible. In: *Chapters in the History of Yiddish Literature*. Tel Aviv: I. L. Peretz: 157–210.

אַפּטראָט, מאַריאָן, 1989 Aptroot, Marion: *Bible Translation as Cultural Reform: The Amsterdam Yiddish Bibles*, 1678–1679. PhD diss., Oxford University.

טים, עריקאַ, 2005 Timm, Erika: *Historische jiddische Semantik. Die Bibelübersetzungssprache als Faktor der Auseinanderentwicklung des jiddischen und des deutschen Wortschatzes*. Unter Mitarbeit von Gustav Adolf Beckmann. Tübingen: Niemeyer.

באַומגאַרטען, זשאַן, 2005 Baumgarten, Jean: Yiddish Bibles. In: Jerold C. Frakes, ed., *Introduction to Old Yiddish Literature*. Oxford: Oxford University Press: 82–127.

בערגער, שלמה, 2007 Berger, Shlomo, ed., *The Bible in/and Yiddish*. Amsterdam: Menasseh Ben Israel Institute for Jewish social and Cultural Studies.

פֿײַערשטיין, מאָריס, 2021 Faierstein, Morris: The Early Modern Yiddish Bible, 1534–1686. A Bibliographical Survey of Scholarship. In: *Oxford Bibliographies in Jewish Studies*: <www.oxfordbibliographies.com>.

3. צו ייִדישע דיאַלעקטן

3.1. אַלגעמיינע אַרבעטן וועגן ייִדישע דיאַלעקטן

פּרילוצקי, נ[ח], 1921: **דיִאַלעקטולוגִישע פּאַראַלעלן און באַמערקונגען**. וואַרשע: נײַער פֿערלאַג.

פּרילוצקי, נ[ח], 1924: **מאַמע־לשון. ייִדישע דיִאַלעקטולוגִישע פֿאָרשונגען**. וואַרשע: נײַער פֿערלאַג.

פּרילוצקי, נ[ח], 1937: **דיאַלעקטאָלאָגישע פֿאָראַרבעטן**. ווילנע: ביבליאָטעק פֿון ייִוואָ – ייִדישן וויסנשאַפֿטלעכן אינסטיטוט.

ווײַנרײַך, אוריאל, 1954 Weinreich, Uriel, ed.: *The Field of Yiddish. Studies in Yiddish Language, Folklore, and Literature. First Collection*. New York: Linguistic Circle of New York.

הערצאָג, מאַרווין אי., 1964 Herzog, Marvin I.: Channels of Systematic Extinction in

Yiddish Dialects. In: *For Max Weinreich on His Seventieth Birthday. Studies in Jewish Languages, Literature and Society*. The Hague: Mouton & Co: 93–107.

ווײַנרײַך, אוריאל, 1955 Weinreich, Uriel, ed., *The Field of Yiddish: Studies in Yiddish Language, Folklore and Literature. Second Collection*. The Hague: Institute for the Study of Human Issues.

הערצאָג, מאַרווין אי., וויטאַ ראַוויד, אוריאל ווײַנרײַך, 1969 Herzog, Marvin I., Wita Ravid, and Uriel Weinreich, eds., *The Field of Yiddish. Studies in Language, Folklore and Literature. Third Collection*. London, The Hague, Paris: Mouton & Co.

הערצאָג, מאַרווין אי., באַרבאַראַ קירשענבלאַט־גימבלעט, דן מירון און רות ווײַס, 1980 Herzog, Marvin I., Barbara Kirshenblatt-Gimblett, Dan Miron, and Ruth Wisse, eds., *The Field of Yiddish: Studies in Yiddish Language, Folklore and Literature. Fourth Collection*. The Hague: Institute for the Study of Human Issues.

כ"ץ, דוד 1983 Katz, Dovid: Zur Dialektologie des Jiddischen (autorisierte Übersetzung von Manfred Görlach). In: Besch, Werner, Ulrich Knoop, Wolfgang Putschke und Herbert Ernst Wiegand, Hg., *Dialektologie: Ein Handbuch zur deutschen und allgemeinen Dialektforschung*. Berlin: De Gruyter, 1018–1041.

כ"ץ, דוד 1988 Katz, Dovid, ed.: *Dialects of the Yiddish Language*. Oxford: Pergamon Press.

3.2. קאַרטן און אַטלאַסן פֿון ייִדישע דיאַלעקטן

ווײַנרײַך, אוריאל, 1962 Weinreich, Uriel: Multilingual Dialectology and the New Yiddish Atlas. In: *Anthropological Linguistics* 4: 6–22.

בעראַנעק, פֿראַנץ י., 1965 Beranek, Franz J.: *Westjiddischer Sprachatlas*. Marburg: N. G. Elwert.

גוגענהיים־גרינבערג, פֿלאָרענס, 1973 Guggenheim-Grünberg, Florence: *Jiddisch auf alemannischem Sprachgebiet. 56 Karten zur Sprach- und Sachgeographie*. Zürich: Juris Druck & Verlag.

הערצאָג, מאַרווין אי., אולריקע קיפֿער, ראָבערט נוימאַן, וואָלפֿגאַנג פּוטשקע, ענדריו סונשײַן און אוריאל ווײַנרײַך, 1992, 1995, 2000 Herzog, Marvin I., Ulrike Kiefer, Robert Neumann, Wolfgang Putschke, Andrew Sunshine, and Uriel Weinreich, eds., *The Language and Culture Atlas of Ashkenazic Jewry*, vols. I–III. Tübingen: Niemeyer. <https://dlc.library.columbia.edu/lcaaj>

הערצאָג, מאַרווין אי., אולריקע קיפֿער, ראָבערט נוימאַן, וואָלפֿגאַנג פּוטשקע, ענדריו סונשײַן און אוריאל ווײַנרײַך, 2008 Herzog, Marvin I., Ulrike Kiefer, Robert Neumann, Wolfgang Putschke and Andrew Sunshine, eds., *Eydes: Evidence of Yiddish Documented in European Societies. The Language and Culture Atlas of Ashkenazic Jewry*. Tübingen: Niemeyer Verlag.

3.3. צו מיזרח־ייִדישע דיאַלעקטן

ווײַנרײַך, מאַקס, 1923: **שטאַפּלען: פֿיר עטיודן צו דער ייִדישער שפּראַכוויסנשאַפֿט און ליטעראַטור־געשיכטע.** בערלין: וואָסטאָק, 193–240.

מאַרק, יודל, 1951: אונדזער ליטווישער ייִדיש. אין: סודאַרסקי, מענדל, אוריה קאַצענעלנבאָגן, [יקותיאל] קיסין (רעד׳), **ליטע**. ניו־יאָרק: ייִוואָ – ייִדישער וויסנשאַפֿטלעכער אינסטיטוט: 429–472.

בעראַנעק, פֿראַנץ י., 1958 Beranek, Franz J.: *Das Pinsker Jiddisch und seine Stellung im gesamtjiddischen Sprachraum*. Berlin: De Gruyter.

הערצאָג, מאַרווין אי., 1965 Herzog, Marvin I.: *The Yiddish Language in Northern Poland: Its Geography and History*. Bloomington: Indiana University Press.

הערצאָג, מאַרווין אי., 1969 Herzog, Marvin I.: Yiddish in the Ukraine: Isoglosses and Inferences. In: Marvin I. Herzog, Wita Ravid and Uriel Weinreich, eds., *The Field of Yiddish. Studies in Language, Folklore and Literature. Third collection*. London, The Hague, Paris: Mouton & Co: 58–81.

3.4. צו מערבֿ־ייִדישע דיאַלעקטן

סטאַלעק, ר. [שלמה ספּיוואַק], 1928: מאַטעריאַלן צום בורגענלענדער ייִדיש: פֿאָלקלאָר און דיאַלעקט. אין: **פֿילאָלאָגישע שריפֿטן פֿון ייִוואָ** (ווילנע) 2: 265–280.

בעראַנעק, פֿראַנץ, 1936: ייִדיש אין טשעכאָסלאָוואַקיי. אין: **ייִוואָ־בלעטער** (ווילנע) 9: 63–75.

בעראַנעק, פֿראַנץ י., 1941 Beranek, Franz. J.: *Die jiddische Mundart Nordostungarns*. Bruno: Rohrer.

ווײַנרײַך, מאַקס, 1953: ראָשי־פּרקים וועגן מערבֿדיקן ייִדיש. אין: **ייִדישע שפּראַך** (נ״י) XIII (2–3): 35–70.

גוגענהײַם־גרינבערג, פֿלאָרענס, 1950 Guggenheim-Grünberg, Florence: *Die Sprache der Schweizer Juden von Endingen und Lengnau*. Zürich: Verlag Jüdische Buchgemeinde.

גוגענהײַם־גרינבערג, פֿלאָרענס, 1964 Guggenheim-Grünberg, Florence: Überreste westjiddischer Dialekte in der Schweiz, im Elsass und in Süddeutschland. In: *For Max Weinreich on His Seventieth Birthday. Studies in Jewish Languages, Literature and Society*. The Hague: Mouton & Co: 72–81.

זווי, אַרטור, 1966 Zuvy, Arthur: *Elsässer Jiddisch. Jiddisch-deutsche Sprichwörter und Redensarten*. Basel: Goldschmidt.

שטאַרק, אַסטריד, 1994 Starck, Astrid: *Westjiddisch*. Aarau: Verlag Sauerländer.

פֿלײַשער, יורג, 2005 Fleischer, Jürg: *Surbtaler und Hegauer Jiddisch: Tonaufnahmen und Texte zum Westjiddischen in der Schweiz und Südwestdeutschland*. Tübingen: Niemeyer.

רעערשעמיוס, גערטרוד, 2007 Reershemius, Gertrud: *Die Sprache der Auricher Juden: Zur Rekonstruktion westjiddischer Sprachreste in Ostfriesland*. Wiesbaden: Harrassowitz.

שעפֿער, לאה, 2017 Schäfer, Lea: On the Frontier between Eastern and Western Yiddish: Sources from Burgenland. In: *European Journal of Jewish Studies* 11: 130–147.

3.5. צו שײַכות פֿון ייִדיש מיט דײַטשישע דיאַלעקטן

גערצאָן, יאַקאָב, 1902 Gerzon, Jacob: *Die jüdisch-deutsche Sprache: eine grammatisch-lexikalische Untersuchung ihres deutschen Grundbestandes*. Frankfurt a. M.: J. Kauffmann.

בן־נון, יחיאל, 1973 Bin-Nun, Jechiel: *Jiddisch und die deutschen Mundarten*. Tübingen: Niemeyer.

זע מער ביבליאָגראַפֿיע וועגן ייִדישע דיאַלעקטן אין:

בירנבאַום, שלמה, 1979 Birnbaum, Solomon: *Yiddish. A Survey and a Grammar.* Manchester: Manchester University Press: 331–335.

4. צו דער ייִדישער פֿאָנעטיק

4.1. צו ייִדישער היסטאָרישער פֿאָנעטיק

ווײַנרײַך, מאַקס, 1957/1958: בני־הית און בני־חית אין אַשכּנז: די פּראָבלעם – און וואָס זי לאָזט אונדז הערן. אין: **ייִוואָ־בלעטער** (ווילנע) 41: 101–123.

ווײַנרײַך, מאַקס, 1960: די סיסטעם ייִדישע קדמון־וואָקאַלן. אין: **ייִדישע שפּראַך** (נ״י) XX (3): 65–71.

ביידער, אַלעקסאַנדער, 2010 Beider, Alexander: Yiddish Proto-Vowels and German Dialect. In: *Journal of German Linguistics* 22 (1): 23–92.

4.2. צו דער ייִדישער פֿאָנאָלאָגישער סיסטעם אין אַלגעמיין

סאַפּיר, עדוואַרד, 1916: Sapir, Edward: Notes on Judeo-German phonology. In: *Jewish Quarterly Review* 6: 231–266.

יאַקאָבסאָן, ראָמאַן, 1953: דער ייִדישער קלאַנגען־באַשטאַנד אין פֿאַרגלײַך מיטן סלאַווישן אַרום. אין: **ייִדישע שפּראַך** (נ״י) XIII (2–3): 70–83.

4.3 צו דער פֿאָנאָלאָגישער סיסטעם פֿון איינצלנע ייִדישע דיאַלעקטן

ווײַנרײַך, אוריאל, 1926: אַ פּרוּוו פֿון אַ פֿאָנעטיק פֿון לאָדזשער ייִדיש. אין: **פֿילאָלאָגישע שריפֿטן פֿון ייִוואָ** (ווילנע) 1 (לאַנדוי־בוך), ווילנע: קלעצקין: 337–388; מיט אַן אויסבעסערונג פֿון גרײַזן אין: גוטמאַן, טעאָדאָר, 1928: צו: אַ פּרוּוו פֿון אַ פֿאָנעטיק פֿון לאָדזשער ייִדיש. אין: **פֿילאָלאָגישע שריפֿטן פֿון ייִוואָ** (ווילנע) 2: 508.

ווילער, יעקבֿ, 1924: פֿאָנעטיק פֿון מזרח־גאַליצישן ייִדיש. אין: **ייִדישע פֿילאָלאָגיע** (וואַרשע) 1: 23–33, 141–151; מיט קאָמענטאַרן אין: ווילער, יעקבֿ, 1928: צו: פֿאָנעטיק פֿון מזרח־גאַליצישן ייִדיש. אין: **פֿילאָליגשע שריפֿטן פֿון ייִוואָ** (ווילנע) 2: 509–510.

ווײַנרײַך, אוריאל, 1952 Weinreich, Uriel: Sabesdiker Losn in Yiddish: A Problem of Linguistic Affinity. In: *Word: International Linguistic Association* 8: 277–360.

ווײַנרײַך, אוריאל, 1953: די קלאַנגיקע סטרוקטור פֿון אַ פּאָדאָליער ריידעניש. אין: **ייִדישע שפּראַך** (נ״י) XIII (4): 109–120.

גוגענהיים־גרינבערג, פֿלאָרענס, 1958 Guggenheim-Grünberg, Florence: Zur Phonologie des Surbtaler Jiddischen. In: *Phonetica* 2: 86–108.

הוטערער, קלאַוס יורגען, 1965 Hutterer, Claus Jürgen: The Phonology of Budapest Yiddish, In: Uriel Weinreich, ed., *The Field of Yiddish: Studies in Yiddish Language, Folklore and Literature. Second Collection*. Philadelphia: Institute for the Study of Human Issues.

הוטערער, קלאַוס יורגען, 1967 Hutterer, Claus Jürgen: Geschichte des Vokalismus der westjiddischen Mundart von Ofen und Pest. In: *Acta Linguistica Hungarica* 17: 345–382.

טים, עריקאַ, 1987 Timm, Erika: *Graphische und phonische Struktur des Westjiddischen: Unter besonderer Berücksichtigung der Zeit um 1600*. Tübingen: de Gruyter.

פעלץ, רחמיאל, 2008 Peltz, Rakhmiel: The Sibilants of Northeastern Yiddish: A Study of Linguistic Variation. In: Marvin I. Herzog, Ulrike Kiefer, Robert Neumann, Wolfgang Putschke, and Andrew Sunshine, eds., *Eydes: Evidence of Yiddish Documented in European Societies. The Language and Culture Atlas of Ashkenazic Jewry*. Tübingen: Niemeyer Verlag: 241–273.

זע מער ביבליאָגראַפֿיע וועגן ייִדישער פֿאָנאָלאָגיע אין:

בירנבאַום, שלמה, 1979 Birnbaum, Solomon: *Yiddish. A survey and a Grammar*. Manchester: Manchester University Press: 326–329.

5. צו פֿרעמדשפּראַכיקע עלעמענטן אין ייִדיש

5.1. צו העברעיִזמען

ווינער, לעאָ, 1894 Wiener, Leo: On the Hebrew Element in Slavo-Judaeo-German. In: *Hebraica* 10: 175–187.

גאלאמבּ, צבֿי ניסן, 1910: **מִלִים בִּלְשוני. העבּרעאיש־אידישעס ווערטער־בּוך**. ווילנא: „דרוק און פערלאַג“.

ספּיוואק, חיים און יהואש (ש. בלומגארטען), 1911: **ייִדיש ווערטערבוך**. ניו יאָרק: „יהואש“.

סופר, ש[מואל] א[בא], 1920: **ווערטער־בוך פֿון אַלע העברעאישע און אַראַמעיאש־סירישע ווערטער, פֿראַזעס און נעמען, וואָס קומען פֿאָר אין יודיש**. טשערנאוויץ: הארניק און בירנבוים.

בירנבאַום, שלמה, 1922 Birnbaum, Salomo: *Das hebräische und aramäische Element in der jiddischen Sprache*. Leipzig: Gustav Engel.

פּערפערקאָוויטש, נ[חמיה], 1929: **העבּרייאיזמען אין אידיש**. ריגע: גלאָבּוס.

שטיינבּערג, ישׂראל, 1949: **העברעיזמען אין דער יידישער שפּראך**. וורצלאַוו: „נידערשלעזיע“.

קרופּין, נחמן, 1957: **האַנטבוך פון העברעיִזמען אין דער ייִדישער שפּראַך**. בוענאָס אײַרעס: איקוף.

קאַץ, ה[ירשע]־ד[וד], 1991: דער סעמיטישער חלק אין ייִדיש: אַ ירושה פֿון קדמונים. אין: **אָקספֿאָרדער ייִדיש** II: 17–95.

כ״ץ, דוד, 1982 Katz, Dovid: *Explorations in the History of Semitic Component in Yiddish*. Unpublished dissertation. University College of London.

5.2. צו סלאַוויזמען

לאַנדוי, אַלפֿרעד, 1928: די סלאַווישע עלעמענטן און השפּעות אין ייִדיש. אין: **פֿילאָלאָגישע שריפֿטן פֿון ייִוואָ** 2: 199–214.

יאָפֿע, יודאַ אַ., 1927: דער סלאַווישער עלעמענט אין ייִדיש. אין: **פּנקס** [פֿון אַמאָפּטייל פֿון ייִוואָ] (נ״י) 1: 235–256; 1928: 2: 296–312.

ווײַנרײַך, אוריאל, 1955 Weinreich, Uriel: Yiddish Blends with a Slavic element. In: *Word: Journal of the International Linguistic Association* 11: 603–610.

ווײַנרײַך, מאַקס, 1956 Weinreich, Max: Yiddish, Knaanic, Slavic: The Basic Relationships. In: *For Roman Jakobson: Essays on the Occasion of His Sixtieth Birthday, 11 October 1956*. Hague: Mouton, 622–632.

ביבליאָגראַפֿיע פֿון אליה פֿאַלקאָוויטשעס פּובליקאַציעס

ביכער

ייִדיש: גראַמאַטיק פֿאַר דערוואַקסענע. מאָסקווע: צענטראַלער פֿעלקער־פֿאַרלאַג פֿון פֿ.ס.ס.ר., 1929.

גראמאטיק פאר דערוואקסענע: ו־ער טייל. וואָרט־בילדונג. באהעפט. צונויפגעזעצטע פראזע. צווייטע, פארבעסערטע און איבערגעארבעטע אויפלאגע. מאָסקווע, כארקאָוו, מינסק: צענט־ראלער פעלקער־פארלאג פון פ.ס.ס.ר., 1930.

מיט זארעצקי, א[ייַזיק]: **ייִדישע פּונקטואציע. פּראָיעקט.** מאָסקווע, כארקאָוו, מינסק: צענטרא־לער פעלקער־פארלאג פון פ.ס.ס.ר., 1931.

ייִדיש פאר דערוואַקסענע. ערשטער טייל. פאָנעטיק, גראמאטיק און אָרטאָגראפיע. מאָסקווע: „עמעס“, 1936.

ייִדיש: פאָנעטיק, גראפיק, לעקסיק און גראמאטיק. מאָסקווע: מעלוכע־פארלאג „דער עמעס“, 1940.

אַרטיקלען

צי דאַרף מען דעם פּאַסיוו? אין: **די ייִדישע שפּראַך** (קיִעוו) 6 (13), נאָוועמבער–דעצעמבער 1928: שפּ׳ 21–26.

געוויינהייטן פאר דערוואקסענע (אין אָוונט־ און פארטיי־שול). אין: **מיירעוווניק** (מאָסקווע) 5, אַפּריל 1929: 23–28; 6, יאַנואַר 1930: 1–4.

צו דער מעטאָדאָלאָגיע פון גראמאטיק פאר דערוואָקסענע. אין: **ראטנבילדונג. פּעדאגאָגישער כוידעש־זשורנאל, אָרגאנ פון פאָלקאָמבילד או.ס.ר.ר.** (קיִעוו) 1, יאַנואַר 1930: 44–63.

א קאפיטל סעמאנטיק און סטיליסטיק אין שולן פאר דערוואָקסענע. אין: **ראטנבילדונג. פּעדאגאָגישער כוידעש־זשורנאל, אָרגאנ פון פאָלקאָמבילד או.ס.ר.ר.** (קיִעוו) 4, אַפּריל 1930: 28–43.

שפּראכקולטור און גראמאטישע קולטור. אין: **די ייִדישע שפּראַך** (קיִעוו) 4–5 (23–24), יוני–אָקטאָבער 1930: שפּ׳ 41–50.

וועגן דעמ מינ אינ יידיש און וועגן יידיש ביכלאל. אין: **דער עמעס** (מאָסקווע) 97 (3924), 27טער אַפּריל 1934: 3.

דעבאטן איבער די פארטראָגן פון כ״כ ספיוואק און לעוויטאנ. אין: **אפנ שפּראכפראָנט** (קיִעוו) 3–4, 1935: 95–96.

ייִדיש אינ שול. אין: **אפנ שפּראכפראָנט** (קיִעוו) 3–4, 1935: 192–201.

ווידער וועגן צונויפזאצנ. אין: **דער עמעס** (מאָסקווע), 26טער מײַ 1936: 3.

פאר אנ איינהייַטלעכער ליטעראַרישער שפּראכ (צו דער שפּראכ־קאָנפערענצ אינ דער ייִדישער אווטאָנאָמער געגנט). אין: **דער עמעס** (מאָסקווע), 5טער יאַנואַר 1937: 6טער יאַנואַר 1937.

בריוו פונעמ וויסנשאפט־טוער ע. פאלקאָוויטש. אין: **אייניקייַט** (מאָסקווע) 7, 5טער אויגוסט 1942: 4.

פאר אונדזער היימלאנד, פאר אונדזער צוקונפט! (פונ דער רעדע פונעמ בארימטנ ייִדישנ

פילאָלאָג כ׳ עליע פאלקאָוויטש, וואָס איז אלס שלאכטמאנ באלוינט געוואָרן מיט א לע־נינ־אָרדענ. אין: **אייניקייַט** (מאָסקווע) 8, 15טער אויגוסט 1942: 1.

לענינ אונ דאָס וואָרט. אין: **אייניקייַט** (מאָסקווע) 5 (117), 1טער פֿעברואַר 1945: 3.

טביהס פסוקים. אין: **ייִדישע שריפֿטן** (וואַרשע) 1956: 10 (114): 2, 11 (115): 3, 12 (116): 3; 1957: 1 (117), יאַנואַר 1957: 3.

אָפּשייַ פארן לאָשן. אין: **סאָוועטיש היימלאנד** (מאָסקווע) 1, יולי–אויגוסט 1961: 121–125; 2, סעפּטעמבער־אָקטאָבער 1961: 114–117.

וועגן פאָרמאליזם. אין: **סאָוועטיש היימלאנד** (מאָסקווע) 3, מייַ–יוני 1963: 110–113.

אסתּר – דער לעבנס־וועג פֿון דער גרויסער רעוואָלוציאָנערין. אין: **פֿאָלקס־שטימע** (וואַרשע) 79 (3193), 22טער מייַ 1965: 5; 80 (3194), 25טער מייַ 1965: 2; 81 (3195), 26טער מייַ 1965: 5; 82 (3196), 27טער מייַ 1965: 2; 83 (3197), 29טער מייַ 1965: 6; 84 (3198), 1טער יוני 1965: 2; 85 (3199), 2טער יוני 1965: 5.

וועגן מענדעלעס באַגריסונג צום „בונד" (אַ בריוו פון מאָסקווע). אין: **ייִדישע קולטור** (ניו־יאָרק) 6, יוני–יולי 1967: 49.

וועגן נאטאן זאבארעס ראָמאן „ס׳איז נאָך גרויס דער טאָג". אין: **סאָוועטיש היימלאנד** (מאָסק־ווע) 11, נאָוועמבער 1973: 156–163.[1]

וועגן לאָשן. אין: **סאָוועטיש היימלאנד** (מאָסקווע) 12, דעצעמבער 1973: 157–169.

וועגן דעם כאווער זאבארעס באמערקונגען. אין: **סאָוועטיש היימלאנד** (מאָסקווע) 3, מאַרץ 1974: 122–136.

שמועסן וועגן ייִדישער שפּראך[2]. אין: **סאָוועטיש היימלאנד** (מאָסקווע) 1974, 1: 190–192; 2: 190–192; 3: 190–192; 4: 190–192; 5: 190–192; 6: 190–192; 7: 190–192; 8: 190–192; 9: 190–192; 10: 191–192; 11: 191–192;

1975, 1: 190–192; 2: 190–192; 3: 190–192; 4: 190–192; 6: 190–192; 7: 190–192; 8: 191–192; 9: 191–192;

1976: 1: 190–192; 5: 189–190; 6: 191–192; 7: 191–192; 9: 189–190; 10: 188–190; 11: 190–192;

1977: 1: 190–192; 2: 190–192; 3: 190–192; 4: 190–192; 5: 190–192; 6: 189–191; 7: 190–192; 8: 188–190; 10: 192–195; 12: 179–182;

1978: 1: 190–192; 2: 197–198; 3: 194–196; 4: 196–198; 5: 196–198; 6: 191–193; 7: 191–193; 8: 193–194; 9: 191–192; 10: 191–193; 11: 194–196.

שפּראכלעכע באמערקונגען. אין: **סאָוועטיש היימלאנד** (מאָסקווע) 8, אויגוסט 1976: 169–177; 10: 135–143.

א וואָרט צו דער זאך. אין: **סאָוועטיש היימלאנד** (מאָסקווע) 2, פֿעברואַר 1978: 180–190.[3]

וועגן דער מעגילע „רות" און אנדערע טאנאכישע ספאָרים. אין: **סאָוועטיש היימלאַנד** (מאָסק־ווע) 6, יוני 1978: 167–179.

[1] מיט אַן ענטפֿער פֿון נ. זאַבאַרע: דאָרטן, 164–166. זע ווייַטער דעם אָנווייַז אויף פֿאַלקאָוויטשעס רעאַק־ציע, „וועגן דעם כאווער זאבארעס באמערקונגען".

[2] אין פֿאַרשיידענע יאָרן זענען עטלעכע נומערן דערשינען אונטערן טיטל „פֿאַר די, וואָס לערנען ייִדיש" אָדער „לעקציעס פֿון דער ייִדישער שפּראַך". דער רוסישער טיטל פֿון דער רובריק האָט געהייסן Беседы в помощь изучающим идиш. די לעקציעס זענען שפּעטער צונויפֿגעזאַמלט און אַרויסגעגעבן געוואָרן אין בוכפֿאָרעם, זע Falkovitsh and Shapiro 2006.

[3] וועגן מ. מארגאָלינס ארטיקל „צו די פּראָבלעמען פון הייַנצייַטיקן ייִדיש". אין: **סאָוועטיש היימלאַנד** (מאָסקווע) 1, יאַנואַר 1978: 154–161.

באמערקונגען וועגן דער איבערזעצונג אף ייִדיש פון דער נײַער סאָוועטישער קאָנסטיטוציע. אין: **סאָוועטיש היימלאנד** (מאָסקווע) 10, אָקטאָבער 1978: 127–132.

וועגן לאָשן. אין: **יונגוואַלד** (מאָסקווע) 1, 1989: 67–95.[4]

שפּראַכלעכע באַמערקונגען. אין: **די צוקונפט** (ניו־יאָרק) 4, אָקטאָבער–דעצעמבער 1998: 37–39.

טבֿיהס פּסוקים. אין: **די צוקונפֿט** (ניו־יאָרק) 1–2, יאַנואַר–יוני 1999: 114–118.[5]

אַרטיקלען אויף רוסיש

Неудачный учебник грамматики // *Литература национальностей СССР* (Москва) 2, 1933: 22 – 25.

Neudačnyj učebnik grammatiki [A Deficient Grammar Book]. In: *Literatura nacional'nostej SSSR* (Moscow) 2, 1933: 22 – 25.

Еврейский язык (идиш) // *Языки народов СССР в пяти томах*. Т. 1. Москва: «Наука», 1966: 599 – 629.

Jevrejskij jazyk (idiš) [The Jewish Language (Yiddish)]. In: *Jazyki narodov SSSR v pjati tomach*. Vol. 1. Moscow: Nauka, 1966: 599 – 629.

Идиш // Сурков А. А., ред., *Краткая литературная энциклопедия*. Т. 3. Москва: Советская энциклопедия (1962 — 1978), 1966: 61 – 63.

Idiš [Yiddish]. In: Surkov A. A., ed., *Kratkaja literaturnaja ėnciklopedija*. Vol. 3. Moscow: Sovetskaja ėnciklopedija (1962 — 1978), 1966: 61 – 63.

О языке идиш // Шапиро, Моисей А., Илья Г. Спивак и Моисей Я. Шульман, ред., *Русско-еврейский (идиш) словарь*. Москва: «Русский Язык», 1984: 666 – 715.

O jazyke idiš [On the Yiddish Language]. In: Šapiro, Moisej A., Il'ja G. Spivak and Moisej Ja. Šulman, eds., *Russko-evrejskij (idiš) slovar'*. Moscow: Russkij jazyk, 1984: 666 – 715.

В соавторстве с Мойше Шапиро: В помощь изучающим идиш. Учебные материалы из журнала «Советиш Геймланд» 1969 – 1978 = פאר די וואָס לערנען ייִדיש. Санкт-Петербург: Еврейский общинный центр Санкт-Петербурга, 2006.

Co-authored with Mojše Šapiro: V pomošč izučajuščim idiš. Učebnye materialy iz žurnala "Sovetiš Gejmland" 1969 – 1978 = פאר די וואָס לערנען ייִדיש. Saint-Petersburg: Jewish Community Center of Saint-Petersburg, 2006.

Еврейская литература в странах народной демократии (обзор). Российский государственный архив новейшей истории, ф. 5, оп. 36, д. 2, справка секретаря Правления Союза писателей СССР А. Суркова от 16 декабря 1955, не опубликовано. По данным статьи: Александр Локшин, Из истории

4 איבערגעדרוקט פֿון: „וועגן לאָשן“ (1973).

5 איבערגעדרוקט פֿון: „טביהס פּסוקים“ (1957).

литературы «самого слабого звена»: попытка возрождения // *Лехаим* 4 (144), апрель 2004, <https://lechaim.ru/ARHIV/144/zavesa.htm>.
Fal'kovič, El'ja [not published]: Evrejskaja literatura v stranach narodnoj demokratii (obzor) [Jewish Literature in People's Democracies]. Russian State Archive of Contemporary History, f. 5, op. 36, d. 2, report by A. Surkov, secretary of the Board of the Soviet Union of Writers, 16 December 1955, not published. Information based on: Aleksandr Lokšin: Iz istorii literatury "samogo slabogo zvena": popytka vozroždenija. In *Lechaim* 4 (144), April 2004, <https://lechaim.ru/ARHIV/144/zavesa.htm>.

ביכער אויף רוסיש

Искусство лектора. Москва: Государственное издательство политической литературы, 1960
Iskusstvo lektora [The Art of the Orator]. Moscow: Gosudarstvennoe izdatel'stvo političeskoj literatury, 1960.

ביכער, רעדאַגירטע דורך אליה פֿאַלקאָוויטשן[6]

אָן אַ נאָמען פֿון מחבר [וויסנשאַפֿטלעך־פֿאָרשערישער שול־אינסטיטוט בײַם פֿאָלקאָמבילד פֿון רספֿס"ר], 1941: **רוסיש־ייִדיש ווערטערביכל: פאר דער אָנפאנגשול**. מאָסקווע: אָגיז, מעלוכע־פארלאג „דער עמעס".

א. [אַהרן] גורשטיין, 1946: **שאָלעמ־אלייכעמ. זײַנ לעבנ און שאפנ**. מאָסקווע: אָגיז, מעלוכע־פארלאג „דער עמעס".

אָן אַ נאָמען פֿון מחבר, 1948: **מיכאעלס 1890–1948**. מאָסקווע: אָגיז, מעלוכע־פארלאג „דער עמעס".

שאָלעמ־אַלייכעמ, 1948: **מאָטל פייסי דעמ כאזנס. צווייטער טייל, אינ אמעריקע**. פאָרוואָרט פונ עלי פאלקאָוויטש; קינסטלער – ג. אינגער; אָנמערקונגענ פונ י. ד. בערקאָוויטש. מאָסקווע: דער עמעס.

קוויטקאָ, לייב, 1967: **לידער**. מאָסקווע: סאָוועטסקי פּיסאטעל.

כאַלאָדענקאָ, שיפרע, 1974: **דאָס וואָרט**. מאָסקווע: סאָוועטסקי פּיסאטעל.

Добрушин, Иехезкель М., 1964: *Литературно-критические статьи*. Сост. Э. Фалькович, перевод А. Белова. Москва: Советский писатель.
Dobrushin, Iechezkel' M., 1964: *Literaturno-kritičeskie stat'i*. Compiled by Ė. Fal'kovič, translated by A. Belov. Moscow: Sovetskij pisatel'.

[6] די ליסטע אַנטהאַלט בלויז די טיטל פֿון די ווערק וואָס זענען אונדז געווען צוטריטלעך פֿאַר קאָנטראָל. מסתּמא איז פֿאַלקאָוויטש געווען פֿאַראַנטוואָרטלעך פֿאַר מער אויסגאַבעס. וועגן דער ספּעציפֿיק פֿון דעם רעדאַקטאָרס אַרבעט אין ראַטן־פֿאַרבאַנד זע אין עסיי פֿון אפֿרת גל־עד (ז"ז xl).

ייִדיש אויסגאַבעס און פֿאָרשונג

Jiddistik Edition & Forschung
Yiddish Editions & Research

Herausgegeben von Efrat Gal-Ed,
Roland Gruschka und Simon Neuberg

Band 7

Elye Falkovitsh

Jiddisch

Phonetik, Graphemik, Lexik und Grammatik

Yiddish

Phonetics, Graphemics, Lexis, and Grammar

Herausgegeben von Edited by

Valentina Fedchenko, Efrat Gal-Ed, Simon Neuberg, Daria Vakhrushova

d|u|p

Yidish: oysgabes un forshung
Jiddistik: Edition & Forschung
Yiddish: Editions & Research

Herausgegeben von Efrat Gal-Ed, Roland Gruschka und Simon Neuberg

Band 7

Yidish. Fonetik, grafik, leksik un gramatik. Naye editsye
Jiddisch. Phonetik, Graphemik, Lexik und Grammatik. Neue Edition
Yiddish. Phonetics, Graphemics, Lexis, and Grammar. New Edition

Die neue Edition wurde durch die Fritz Thyssen Stiftung gefördert

Fritz Thyssen Stiftung
für Wissenschaftsförderung

Library of Congress Control Number: 2024930843

Bibliografische Information der Deutschen Nationalbibliothek
Die Deutsche Nationalbibliothek verzeichnet diese Publikation in der Deutschen Nationalbibliografie; detaillierte bibliografische Daten sind im Internet über http://dnb.d-nb.de abrufbar.

1. Auflage

d|u|p düsseldorf university press ist ein Imprint der Walter de Gruyter GmbH
Kommentierte und revidierte Neuausgabe von: E. Falkovitsh, *Yidish. Fonetik, grafik, leksik un gramatik.* Moskau: Melukhe-farlag »Der emes« 1940.

Typografie, Satz, Umschlag: Efrat Gal-Ed
Druck: Memminger MedienCentrum AG
Hauptschriften: Adobe Garamond, Hadassah EF
Papier: 80 g / m2 Salzer EOS
ISBN 978-3-11-132995-6
e-ISBN (PDF) 978-3-11-133072-3
ISSN (Print) 2702-9425
ISSN (Online) 2702-9433
Printed in Germany

Inhalt

III *Vortstruktur, vortshafung un ortografye*

IV *Vortklasn, formes, funktsyes un ortografye*

I *Substantiv*

II *Verb*

II *Zatsstruktur un punktuatsye*

III *Eynfakhe un tsunoyfgezetste fraze un punktuatsye*

Vorwort

Mit Band 7 der Schriftenreihe *Jiddistik: Edition & Forschung* liegt erstmals eine kommentierte, orthographisch standardisierte, dazu mit vier Essays versehene Neuedition der herausragenden Grammatik des Jiddischen von Elye Falkovitsh vor: *Yidish. Fonetik, grafik, leksik un gramatik | Jiddisch. Phonetik, Graphemik, Lexik und Grammatik.* Das Werk, 1940 in Moskau publiziert, ist heute noch eines der wichtigsten Nachschlagewerke jiddischer Sprachwissenschaft. Das theoretische Grammatikbuch liefert eine ausführliche Beschreibung des modernen Jiddischen im Kontext der allgemeinen Linguistik. Eine um dialektale Varianten erweiterte Deskription des Sprachsystems wird mit der Vermittlung der normativen Regeln verbunden. Die formalistisch synchrone Vorgehensweise wird durch Passagen zur Geschichte der jiddischen Sprache und zur Entwicklung einzelner Formen ergänzt; dies mit dem Ziel, einen jiddisch-sowjetischen Sprachstandard zu etablieren.

Elye Falkovitsh (1898–1979) gehörte zu den führenden jiddischen Sprachwissenschaftlern der Sowjetunion. In den 1920er bis 1930er Jahren wirkte er an der Ausarbeitung der Sprachreformen zur Rechtschreibung und Interpunktion mit. 1929 und 1936 gab er zwei Lehrbücher heraus, die als Vorarbeit zur Grammatik von 1940 betrachtet werden können. Im Unterschied zu seinen früheren Werken ist diese umfangreichste Grammatik bisher nicht digitalisiert worden und in Bibliotheken kaum zugänglich, obwohl sie sich als unentbehrlich für eine eingehende Beschäftigung mit der jiddischen Sprache erwiesen hat. Mit der vorliegenden kommentierten Edition ist das Werk für Forschung und Lehre erneut im Druck und erstmals auch digital zugänglich.

Zwischen 1920 und 1940 entstanden in geographisch auseinanderliegenden jiddischen Kulturräumen (etwa Wilna, Warschau, Moskau, Minsk) einige grammatische Werke. Die Anerkennung nationaler Minderheiten und deren Sprachen nach der Oktoberrevolution 1917 setzte in der jüdischen Minderheit eine Aufbaudynamik in Gang, die zu einer intensivierten Entfaltung des Jiddischen in der Sowjetunion der Zwischenkriegszeit führte, insbesondere hinsichtlich der Sprachplanung. Elye Falkovitsh war ein wichtiger Akteur dieser Entwicklung.

Das Verfahren jiddisch-sowjetischer Linguisten war vielfach von den im russischen Sprachraum herrschenden formalistischen Tendenzen beeinflusst. Im Fokus standen die Systematisierung von Paradigmen und eine umfassende Beschreibung der Formen, der dialektalen Vielfalt und Sprachvariablen. Ihr Interesse galt zugleich der Darstellung des Jiddischen im Kontext der allgemeinen Linguistik und der ideologisch bedingten Integration des in der Sowjetunion um 1930 etablierten Marrismus[1] in die jiddische Sprachforschung. Der Anspruch der jiddisch-sowjetischen Linguisten, eine terminologisch präzise, detaillierte Beschreibung auf Jiddisch zu leisten, verlangte von ihnen, ein vollständiges System linguistischer Begriffe zu entwickeln. Anspruch und Umsetzung waren Teil des Bestrebens, das Jiddische zu einer vollwertigen Nationalsprache auszubauen, in der ein Diskurs in jedem Wissenschaftsbereich, ohne den Rekurs auf die Herrschaftssprache, möglich sein sollte.

Im Unterschied dazu bemühten sich die zunächst in Wilna und später in New York ansässigen Linguisten des Jiddischen Wissenschaftlichen Instituts [YIVO], die Partikularität der jiddischen Kultur unter anderem mittels sprachwissenschaftlicher Forschung hervorzuheben. Im Fokus ihrer Beschreibung des Jiddischen standen dessen Unterschiede zu anderen Sprachen. Die divergenten Perspektiven der sowjetischen und der YIVO-Linguisten werden in deren Beschreibungen des Komponentencharakters des Jiddischen deutlich, das aus Beständen disparater Sprachen schöpft: Max Weinreich, Mitbegründer des YIVO und Autor der vierbändigen *Geshikhte fun der yidisher shprakh*, betonte dies als eine Besonderheit des Jiddischen und prägte dafür den Begriff *shmeltsshprakh / fusion language*. Sowjetische Linguisten vertraten die Ansicht, dass Sprachkontakte für die Entwicklungsdynamik aller Sprachen charakteristisch seien, auch wenn dies im Jiddischen stärker ausgeprägt sei. So wies Falkovitsh in seiner Einführung zur vorliegenden Grammatik auf den »gemischten« Charakter etwa auch des Englischen oder Niederländischen hin.

Vergleicht man die einzige umfassende im Umfeld des YIVO entstandene *Gramatik fun der yidisher klal-shprakh* [Grammatik der jiddischen Standardsprache, New York 1978] von Yudl Mark mit Falkovitshs Grammatik, so fällt

1 Der ›Japhetismus‹ von Nikolaj Marr ist eine heute als überholt geltende linguistische Theorie, die eine Verbindung zwischen der Sprachstruktur und der gesellschaftlich-wirtschaftlichen Entwicklung postuliert. Diese Theorie dominierte die sowjetische Linguistik zwischen 1920 und 1950. Ihre Wirkung auf das Jiddische war nicht auf die Sprachlehrbücher beschränkt, wie etwa Kontroversen im Kyjiwer Institut der jüdischen proletarischen Kultur zeigten.

die Differenz der Verfahren auf: das eine ist präskriptiv, das andere deskriptiv. Die Aufgabe der Sprachstandardisierung gingen die sowjetischen Linguisten nicht durch Auflistung von Regeln an, sondern indem sie Sprachvariablen und diverse Dialekte ausführlich beschrieben. Angesicht des großen Reichtums des behandelten Materials bemühten sie sich möglichst um Wertneutralität. Falkovitsh hält sich daher an die Beschreibung der Phänomene und vermeidet es, sie im Hinblick auf Sprachnorm oder Stilistik zu bewerten. Losgelöst vom engen Formalismus der 1920er Jahre, gilt Falkovitshs Bemühung der Darstellung des Jiddischen als einer Kultursprache. Zugleich möchte er dem jiddischsprachigen, gebildeten Menschen die eigene Sprachkultur näherbringen; ein Anliegen, das ihn veranlasst, aus einem breit angelegten Korpus eine facettenreiche Auswahl an Sprachbelegen in sein Werk einzubeziehen. In diesem Zugang liegt die Aktualität der vorliegenden Grammatik.

Texteinrichtung und Textgestaltung

Für die Neuedition wurde der orthographisch ursprünglich nach der jiddisch-sowjetischen Norm eingerichtete Text an den modernen YIVO-Standard angepasst. Die fünf speziellen Graphe beim Wortauslaut (Endbuchstaben) wurden anstelle der regulären Graphe eingesetzt. Die phonetische Schreibweise von Wörtern hebräisch-aramäischer Herkunft wurde durch die traditionelle Schreibweise ersetzt. Andere Spezifika der jiddisch-sowjetischen Orthographie wurden ebenfalls stillschweigend angepasst, beispielsweise wurde das Vokalzeichen *pasekh* unter dem für den Laut [a] stehenden Aleph ergänzt und das stumme Aleph nach Präfixen wieder eingefügt, etwa פאריייניקונג → פֿאַראייניקונג. Die sowjetische Schreibweise der folgenden Präpositionen bzw. Präfixe wurden standardisiert: בא → בײַ, אפ bzw. ־אופ → אויף bzw. ־אויפֿ. Getrennt- und Zusammenschreibung adverbialer Verbindungen entsprechen dem YIVO-Standard, etwa אשטייגער → אַ שטייגער.

Unverändert blieb die jiddisch-sowjetische Orthographie an den Stellen, wo sie Gegenstand der Abhandlung ist, wie im Kapitel ייִדישע גראַפֿיק און אָרטאָגראַפֿיע [Jiddische Graphemik und Orthographie], und wurde in einzelnen Fällen um die standardisierte Schreibweise ergänzt, um das Nachschlagen in Lexika zu erleichtern.

Falkovitsh versah seine Grammatik mit einem ausführlichen Fußnotenapparat. Der Erstveröffentlichung folgend, sind die Fußnoten der Neuedition seitenweise nummeriert. Im Unterschied zu den redaktionellen stehen

Falkovitshs Fußnotenziffern in eckigen Klammern. In den redaktionellen Fußnoten finden sich jiddische Übersetzungen russischer Begriffe und Textbeispiele sowie ergänzende Informationen.

Sämtliche Zitate und Referenzen der Grammatik wurden in die neue Edition übernommen, jedoch im Einzelnen nicht überprüft. Die Bildzitate wurden von den Originalen für diese Ausgabe reproduziert.

Falkovitsh folgte der Konvention, kontextualisierende Informationen durch eine kleinere Schrift zu unterscheiden; diese Stellen sind im vorliegenden Band ebenfalls durch kleinere Schrift gekennzeichnet. Die Ziffern der Paginierung im Quelltext sind im laufenden Text in eckigen Klammern angegeben.

Am Buchende findet sich eine Bibliographie aller uns zugänglichen von Falkovitsh veröffentlichten Arbeiten.

Der Kommentar

Ein jiddischsprachiger Kommentar dient als Referenzwerk zu den jeweiligen grammatischen Themen und umreißt Falkovitshs Verfahren im Kontext der zeitgenössischen wie heutigen jiddischen Sprachwissenschaft. Der Kommentar, gegliedert nach den Kapiteln und Paragraphen des Buchs, liefert Bezüge zu Arbeiten bedeutender jiddisch-sowjetischer Sprachwissenschaftler und Linguisten des YIVO wie auch zu früheren Forschungen zum Jiddischen. Dabei liegt der Fokus auf der sowjetischen Linguistik, zu deren herausragenden Leistungen Falkovitshs Grammatik gehört.

Die Essays

Die Neuedition beleuchtet die noch heute aufgrund ideologischer Vorurteile wenig beachtete Leistung jiddisch-sowjetischer Sprachforscher. Ein englischsprachiger und drei deutschsprachige Beiträge kontextualisieren Falkovitshs Leben und Werk kulturhistorisch wie linguistisch und setzen seine Grammatik in Beziehung zu jiddistischen Sprachprojekten in und außerhalb der Sowjetunion.

In ihrem biographischen Essay geht Efrat Gal-Ed mithilfe von Interviews mit Familienangehörigen und Schülern der Lebensgeschichte von Elye Falkovitsh und seiner Wirkung als Lehrer und Wissenschaftler nach. Anhand von Presse- und Archivmaterialien rekonstruiert sie seine Rolle als die eines wichtigen Akteurs im großen jiddisch-sowjetischen Kulturprojekt, das kurz nach Ende des Zweiten Weltkriegs abbrach.

Valentina Fedchenko kontextualisiert Falkovitshs Werk im Rahmen der sowjetischen Sprachforschung und vergleicht sein Verfahren mit dem führender Linguisten des YIVO. Sie thematisiert Fragen nach der sprachtypologischen Einordnung des Jiddischen, nach den methodischen Ansätzen, nach dessen Standardisierung sowie nach den Konzepten, die bei der Interpretation des Sprachmaterials wirksam waren.

Der Pädagoge Elye Falkovitsh steht im Fokus des Essays von Daria Vakhrushova, die das Lehrbuch *Jiddisch* in den Zusammenhang der russischwie jiddisch-sowjetischen Sprachmethodik stellt. In ihrer Analyse von Inhalten und Kompositionsprinzipien schildert sie Falkovitshs Handhabung des sprachlichen und visuellen Materials im Dienst seines Bestrebens, Jiddisch als Nationalsprache zu etablieren.

Simon Neuberg behandelt die in Falkovitshs Werk angeführten Zitate aus der älteren (west)jiddischen Literatur und erschließt sie mit bibliographischen und forschungsgeschichtlichen Informationen.

Dank

Wir bedanken uns bei der Fritz Thyssen Stiftung für die Förderung unseres Editionsprojekts. Anna Falkovich Krakinovskaya (New Jersey) danken wir herzlich für die freundliche Überlassung der Abdruckrechte. Für ihre Bereitschaft, ihre Erinnerungen mit uns zu teilen, danken wir Anatoli und Veniamin Artsis (Haifa), Velvl Chernin (Kfar Eldad), Anna Falkovich Krakinovskaya (New Jersey) und Dmitrii Sadovskii (Wimereux). Elena Sarashevskaya (Birobidschan), Lidia Petrova (Moskau), Alexander Frenkel (St. Petersburg), Alexander Gordin und Shiri Shapira (Jerusalem) danken wir für ihre Hilfe bei der Beschaffung von Archivalien und jiddischen Periodika. Unseren Hilfskräften Astrid Blees und Fin Westerkamp danken wir für ihre unermüdliche Mitarbeit. Für die englische Übersetzung des Vorworts danken wir Lawrence A. Rosenwald. Rachel Lefkowitz und Hans-Ulrich Müller-Schwefe danken wir für das englische und deutsche Lektorat. Für Unterstützung, kritische Durchsicht und Rat danken wir Hans Rudolf Bosshard, Roland Gruschka, Yitskhok Niborski, Eliezer Niborski, Alexandra Polyan, Klaus Müller-Salget und Akiñcano M. Weber. Anne Sokoll, düsseldorf university press, gilt unser Dank für die sorgfältige Betreuung des Bandes.

Efrat Gal-Ed und Daria Vakhrushova
Köln, im Januar 2024

Foreword

Volume 7 in the series *Yiddish: Editions & Research* presents for the first time an annotated and orthographically standardized edition, supplemented by four new essays, of Elye Falkovitsh's remarkable Yiddish grammar, *Yidish. Fonetik, grafik, leksik un gramatik* [*Yiddish. Phonetics, Graphics, Lexis, and Grammar*]. It was published in Moscow in 1940 and remains one of the most important reference works in Yiddish linguistics. This theoretical grammar provides a comprehensive description of modern Yiddish in the context of general linguistics. A descriptive account of the language system, including dialectal variations, is joined to an explanation of the normative rules. The synchronic approach informed by Russian Formalism is supplemented by passages bearing on the history of Yiddish and the development of particular forms, the goal being to establish a standard Soviet Yiddish.

Elye Falkovitsh (1898–1979) was among the leading Yiddish linguists of the Soviet Union. In the 1920s and 1930s, he contributed to the development of reforms in spelling and punctuation. In 1929 and 1936 he authored two textbooks, which can be considered prefatory to his 1940 grammar. Unlike his earlier works, this most comprehensive of his grammars has not been digitized and is hard to find in libraries, though it has proven indispensable to any in-depth engagement with Yiddish. With the present annotated edition, the work is again in print for research and teaching, and for the first time it is also available online.

Between 1920 and 1940, in geographically distinct cultural spaces (Vilna, Warsaw, Moscow, Minsk), several Yiddish grammars were published. The recognition, after the October Revolution of 1917, of national minorities and their languages had set in motion, in the Jewish minority, a dynamic of cultural construction that between the wars produced an intensive development of Yiddish in the Soviet Union, in particular in language policy. Elye Falkovitsh was an important contributor to this process.

The approach of Soviet Yiddish linguists was in many ways influenced by the formalist tendencies prominent in Russian-language discourse. Central among these were the systematization of paradigms and a comprehensive

description of forms, of dialectic multiplicity and language variables. The linguists' interest bore both on describing Yiddish in the context of general linguistics and on the ideologically determined integration of the Marrism[1] established in the Soviet Union around 1930 into Yiddish linguistic research. Soviet Yiddish linguists' goal of producing a terminologically precise, detailed description in Yiddish required them to develop a complete system of linguistic concepts. That goal and its realization were both part of an attempt to construct Yiddish as a full-fledged national language, one capable of discourse in every field of study, without a need to fall back on the dominant language.

A different approach was taken by the linguists of the Yiddish Scientific Institute [YIVO; today Institute for Jewish Research] first in Vilna and later in New York: to foreground the particularity of Yiddish culture by means, among other things, of linguistic research. The focus of YIVO's account of Yiddish was its differences from other languages. The contrasting perspectives of the two groups of linguists are made clear in their descriptions of the fusion character of Yiddish, which joins together elements of disparate stock languages. Max Weinreich, cofounder of YIVO and author of the four-volume *Geshikhte fun der yidisher shprakh* [History of the Yiddish Language], emphasized the particularity of Yiddish by a term he had coined: *shmelts-shprakh* [fusion language]. Soviet linguists, on the other hand, considered fusion as characteristic of all languages, even if more strongly marked in Yiddish. Falkovitsh, in the introduction to the present grammar, pointed out the "mixed" character of, among other languages, English and Dutch.

If we compare the one comprehensive grammar emerging from the YIVO environment, Yudel Mark's *Gramatik fun der yidisher klal-shprakh* [A Grammar of Standard Yiddish], with Falkovitsh's grammar, the difference in approach is striking: Mark's book is prescriptive; Falkovitsh's descriptive. Soviet linguists approached the task of language standardization not by listing rules but by giving full accounts of language variables and diverse dialects. They strove, in relation to the wealth of material to consider, for value neutrality. Falkovitsh, accordingly, restricts himself to the description of phenomena and avoids evaluating them with regard to norms or style. Emancipated from

[1] Nikolai Marr's 'Japhetism' is a linguistic theory, now regarded as passé, which postulates a relation between linguistic structure and socioeconomic development. The theory dominated Soviet linguistics between 1920 and 1950. Its effects on Yiddish were not confined to textbooks and manuals, as is clear from the controversies in the Kyiv Institute for Jewish Proletarian Culture.

the narrow formalism of the 1920s, Falkovitsh's efforts concern the presentation of Yiddish as a cultural language. He also seeks to bring cultivated Yiddish speakers nearer to their own linguistic culture; that goal leads him to incorporate into his work a multifaceted selection of citations. It is in this approach that the contemporary value of the present grammar lies.

Text Preparation and Presentation

For this new edition, the text, originally printed according to Soviet Yiddish standards, has been made to conform to the modern standards of YIVO. The five final letter forms used at word endings replace the usual forms of the letters in question. The phonetic spelling of words originating in Hebrew and Aramaic is replaced by the traditional spelling in those languages. Other traits of Soviet Yiddish orthography were also adjusted, without commentary; for example, the vowel indicator *pasekh* was put beneath the letter aleph when it signified the sound [a], and the mute aleph after prefixes was restored, with פארייניקונג → פֿאַראייניקונג. The Soviet spellings of some prepositions and prefixes were standardized: בא → בײַ, אפ or אופֿ־ → אויף or אויפֿ־. Rules for separating and joining adverbial forms now correspond to YIVO standards: אשטייגער → אַ שטייגער.

We have not, however, changed the Soviet Yiddish orthography in passages where it is the subject under discussion, as in the chapter ייִדישע גראַפֿיק און אָרטאָגראַפֿיע [Yiddish Writing System and Orthography]; we have in some cases provided the standard orthography as a supplement, to help in the consultation of reference works.

Falkovitsh equipped his grammar with extensive footnotes. Like those footnotes, the footnotes of the present edition are numbered page by page; Falkovitsh's footnote numbers are given in square brackets. Our footnotes contain Yiddish translations of Russian concepts and sample Russian texts, as well as supplementary information.

All of the work's citations and references have been included in the new edition, but not verified individually. The graphic citations have been reproduced from the originals. Falkovitsh followed a convention of distinguishing contextualizing information by putting it in smaller type; in the present volume, such passages are also marked with smaller type. The page numbers of the original are given in the present edition in square brackets within the text.

At the end of the book there is a bibliography of all Falkovitsh's published work available to us.

Commentary

The Yiddish commentary is a reference guide to the various grammatical themes under discussion and outlines Falkovitsh's approach in the context of Yiddish linguistics both in his time and in ours. The comments correspond to the chapters and paragraphs of the book and provide references to important Yiddish linguists in the Soviet Union and in YIVO, as well as to earlier Yiddish works. The chief focus is Soviet linguistics, Falkovitsh's grammar being among its distinguished accomplishments.

The Essays

This new edition sheds light on the accomplishments of Soviet Yiddish linguists, which even today, because of ideological prejudices, have been little attended to. The four essays, one in English and three in German, contextualize Falkovitsh's life and work both linguistically and historically, and situate his grammar in relation with Yiddishist projects inside and outside the Soviet Union.

In her biographical essay, Efrat Gal-Ed, drawing on interviews with family members and students, explores Falkovitsh's life story, his work and influence as a teacher and scholar. Using journalistic and archival material, she pieces together his role as an important participant in the great Soviet Yiddish culture project, which broke off shortly after the end of the Second World War.

Valentina Fedchenko situates Falkovitsh's work in the context of Soviet linguistic research generally and compares his approach with that of the leading YIVO linguists. Her themes include the language typological classification of Yiddish, the methodological approaches, and the standardization of Yiddish, as well as the concepts underlying the interpretation of the language material.

Daria Vakhrushova's essay focuses on Falkovitsh the teacher, setting his textbook *Yiddish* in the context of both Russian and Soviet Yiddish language methodology. Her analysis of content and compositional principles describes Falkovitsh's handling of both linguistic and visual material in service of his attempt to establish Yiddish as a national language.

Simon Neuberg deals with the passages of older (Western) Yiddish literature cited in Falkovitsh's work and supplements them with both bibliographic and historical information.

Acknowledgments

We thank the Fritz Thyssen Foundation for supporting our project. Anna Falkovich Krakinovskaya (New Jersey) we thank warmly for her kindly granting of printing rights. For their willingness to share memories with us, we thank Anatoli and Veniamin Artsis (Haifa), Velvl Chernin (Kfar Eldad), Anna Falkovich Krakinovskaya (New Jersey), and Dmitrii Sadovskii (Wimereux). To Elena Sarashevskaya (Birobidzhan), Lidia Petrova (Moscow), Alexander Frenkel (St. Petersburg), Alexander Gordin and Shiri Shapira (Jerusalem) our thanks for their help providing archival materials and Yiddish periodicals. Our research assistants Astrid Blees and Fin Westerkamp, we thank for their indefatigable work with us. Our thanks go to Lawrence A. Rosenwald for translating this foreword into English. To Rachel Lefkowitz and Hans-Ulrich Müller-Schwefe, our thanks for their copyediting of the English and German essays respectively. For support, critical reading, and counsel we thank Hans Rudolf Bosshard, Roland Gruschka, Yitskhok Niborski, Eliezer Niborski, Alexandra Polyan, Klaus Müller-Salget, Akiñcano M. Weber. And finally, our thanks to Anne Sokoll of the düsseldorf university press for her careful managing of the volume.

Efrat Gal-Ed and Daria Vakhrushova
Cologne, January 2024

Translated by Lawrence A. Rosenwald

Siglen der Archive | Abbreviations

CAHJP	Central Archives for the History of the Jewish People, Jerusalem
GARF	Staatsarchiv der Russischen Föderation, Moskau
NLI	National Library of Israel, Jerusalem
RGALI	Russisches Staatsarchiv für Literatur und Kunst
YIVO	YIVO Institute for Jewish Research

Efrat Gal-Ed

Keine Spur von Aufruhr

Zu Elye Falkovitshs Leben und Werk

Am 27. Mai 1943 veröffentlichte אייניקייט [EYNIKAYT, Einigkeit][1] einen längeren Artikel des angesehenen jiddischen Schriftstellers Dovid Bergelson mit dem Titel אונדזערער א מענטש [*Undzerer a mentsh*]. Der Titel lässt sich wörtlich mit ›unser Mensch‹ oder ›unser Mann‹ übersetzen, wobei ›Mensch‹ auf Jiddisch auch eine ›zuverlässige Person‹ denotiert. Die Formulierung mit dem eingeschobenen unbestimmten Artikel lässt den Stolz auf einen ›anständigen Menschen‹ mitsprechen, der ›einer von uns‹ ist. Der Mensch, dem hier das lobende Wort seines Zeitgenossen galt, war Elye Falkovitsh, ein im Juli 1942 für seinen herausragenden Einsatz im Krieg mit dem Lenin-Orden ausgezeichneter Soldat.[2]

> ער האָט אין זיין לעבן זיך קיינמאָל ניט געאײַלט און האָט קיינמאָל גאָרנישט ניט פאַרשפּעטיקט. א יונגער סאָלידער שפּראַך־פאָרשער מיט גרויסע פילאָלאָגישע קענטענישן און מיט א באַזונדער צערטלעכער ליבע צו דער ייִדישער שפּראַך און צו דער ייִדישער ליטעראַטור, האָט ער ניט ווייניק אופגעטאָן פאַר דער אַנטוויקלונג פונעם קינסטלערישן וואָרט סיי מיט זיינע וויכטיקע וויסנשאַפטלעכע ווערק, סיי מיט זיינע לעקציעס און פאָרטראַגן אין סאָוועטיש־ייִדישע הויכשולן און אינעם טעכניקום באַם מאָסקווער ייִדישן מלוכע־טעאַטער. און אומעטום האָט ער, דער באַזונדערס קאָרעקטער מענטש און געלערנטער, אַרויסגערופן צו זיך עפּעס א מין באַזונדער בעקאָוועדיקע באַציִאונג. דאָס איז געווען דערעכערעץ און ליבע, וואָס ווערט קיינמאָל ניט אַרויסגעזאָגט מיט ווערטער און לאָזט זיך דאָך שטאַרק פילן, בעייס מע דריקט אים באַם באַגעגענען זיך די האַנט און בעייס מע הערט אויס זיין מיינונג אף דער

Mein Dank gilt Daria Vakhrushova für die Übersetzung aller russischsprachigen Quellen für diesen Essay, für zahllose hilfreiche Hinweise und den Austausch während der Arbeit.

1 EYNIKAYT wurde am 7. Juli 1942 vom Jüdischen Antifaschistischen Komitee als Bulletin lanciert, erschien ab September 1943 als Wochenschrift und ab Februar 1945 dreimal wöchentlich. Als offizielles Organ zielte sie auch auf Anwerbung materieller und ideeller Unterstützung für die sowjetische Kriegspolitik. Ihr Zielpublikum war die jiddische Leserschaft innerhalb wie außerhalb der Sowjetunion. Besondere Aufmerksamkeit galt der Ermutigung zum Widerstand in den von den Nationalsozialisten besetzten Gebieten. Herausgeber waren Shakhne Epstein und nach dessen Tod Hersh Zhits; zur Redaktion gehörten die Schriftsteller und Dichter Dovid Bergelson, Shmuel Halkin, Leyb Kvitko und Itsik Fefer (Kerler 2003, Greenbaum 2010). Das Jüdische Antifaschistische Komitee wurde nach Erscheinen der letzten Nummer von EYNIKAYT am 20. November 1948 aufgelöst.

2 Laut Gens war er der erste gewöhnliche Soldat, der diese Auszeichnung erhalten hat (Gens 1969).

אָדער יענער שרײַבער־פֿאַרזאַמלונג. באַזונדערס שטאַרק לאָזט ער זיך געדענקען טאַקע פֿון
אַזױנע פֿאַך־פֿאַרזאַמלונגען. פֿונעם פּרעזידיום־טיש דערהערט זיך:
– דאָס װאָרט האָט כאַװער עליע פֿאַלקאָװיטש.[3]

Er hat sich sein ganzes Leben nie beeilt und war niemals zu spät. Ein junger solider Sprachforscher mit weitreichenden philologischen Kenntnissen und mit ausnehmend feinfühliger Liebe zur jiddischen Sprache und zur jiddischen Literatur, der nicht wenig für die Entwicklung des künstlerischen Worts geleistet hat, sowohl mit seinen wichtigen wissenschaftlichen Werken als auch mit seinen Vorlesungen und Vorträgen an sowjet-jiddischen Hochschulen und im Technikum des Moskauer Jüdischen Staatstheaters[4]. Und überall hat er, der besonders korrekte Mensch und Gelehrte, bewirkt, dass man ihm besonders respektvoll begegnete. Es waren Achtung und Liebe, die sich nie in Worten ausdrücken, aber deutlich spüren ließen, wenn man ihm bei einer Begegnung die Hand drückte und wenn man seinen Gedanken auf der einen oder anderen Schriftstellerversammlung lauschte. Besonders stark bleibt die Erinnerung an ihn in Fachversammlungen. Vom Präsidiumstisch vernimmt man:

»Das Wort hat Genosse Elye Falkovitsh.«

Falkovitshs Leben und Wirken als Pädagoge, Linguist und jiddischer Sprachaktivist waren von den wechselnden Koordinaten des Handlungsraums jiddisch-sowjetischer Literaten, Intellektueller und Kulturaktivisten bestimmt. Die Anerkennung nationaler Minderheiten und deren Sprachen nach der Oktoberrevolution 1917[5] setzte in der jüdischen Minderheit eine verheißungsvolle Aufbaudynamik in Gang, motiviert durch die staatliche Unterstützung jiddischer Kulturarbeit insbesondere auf den Gebieten der Bildung, der Literatur, der Presse und des Theaters.[6] Auf diese Nationalitätenpolitik der *korenizacija* [Einwurzelung] und deren Förderung kultureller Vielfalt[7] folgte 1929 mit dem *velikij perelom* [großen Bruch] und der Russifizierung der ethnischen Minderheiten auch die Drosselung des jiddischen Kultur-

3 Bergelson 1943.

4 1929 wurde das dem Jüdischen Staatstheater angeschlossene Theaterstudio gegründet, dessen offizielle Bezeichnung Moskauer Jüdisches Theatertechnikum (abgekürzt METT) lautete, wobei *evrejskij*, ›jüdisch‹, auch aufs ›Jiddische‹ verweist.

5 Deklaracija 1917.

6 Zum jiddisch-sowjetischen Kulturaufbau siehe Shneer 2004; zur jiddisch-sowjetischen Sprachplanung siehe Estraikh 1999; zur Geschichte der jiddisch-sowjetischen Literatur siehe Estraikh 2005; Bemporad 2013.

7 Zur Geschichte der sowjetischen Nationalitätenpolitik siehe Dönninghaus 2009, 51, Anm. 87, 130–154; Martin 2001. Zur Umsetzung im belarussischen jiddischen Kulturraum siehe Bemporad 2013, 81–111.

aufbaus.[8] In den 1930er Jahren schränkten politische Zwänge den Handlungsraum der jiddischen Kulturaktivisten zunehmend ein. In den Jahren des ›Großen Terrors‹ (1937–1938), mit der Verhaftung und Ermordung von Hauptakteuren wie Moyshe Kulbak[9] und Moyshe Litvakov[10] und der Schließung von Kultureinrichtungen, etwa der Tageszeitung דער עמעס [DER EMES, Die Wahrheit], kulminierte die Repression in einer Politik der Auslöschung und der erzwungenen Assimilation. Diese wurde während des Zweiten Weltkriegs ausgesetzt, nicht zuletzt im Zusammenhang mit der Arbeit des auf Anlass der Regierung gegründeten Jüdischen Antifaschistischen Komitees.[11] Den Bemühungen, das jiddisch-sowjetische Kulturleben nach Kriegsende wieder zu beleben, wurde bereits 1948 mit der Schließung aller Kultureinrichtungen ein jähes Ende gesetzt. Auf die Verhaftung prominenter Akteure folgten 1952 Prozess und Hinrichtung.[12] Erst nach Stalins Tod ließ die gegen die jüdische Minderheit gerichtete Politik des Regimes allmählich nach.

Vor diesem Hintergrund ist es nicht verwunderlich, dass Informationen zu Falkovitshs Leben und Werk, wie sie aus den in überschaubarem Umfang auffindbaren Dokumenten und Archivalien sowie aus Memoiren und Sekundärliteratur hervorgehen, weitgehend lückenhaft sind.

Elye [Ėl'ja Morduchovič] Falkovitsh wurde am 27. November 1898 in Homel (russisch Gomel; heute Belarus) geboren.[13] Er war das zweite Kind von acht Geschwistern. Die aus Rečica [Retschyza] stammenden Eltern, Tajba Porockaja (1874–1945) und Morduch Fal'kovič (1870–1935)[14] waren religiös, die Kinder nicht.[15] Zu Hause sprach man Jiddisch, und auf Jiddisch werden sich die Geschwister auch in späteren Jahren in Moskau miteinan-

8 Für eine Kurzdarstellung siehe Kappeler ^{2}1993, 302–310.

9 Der Dichter und Schriftsteller Moyshe Kulbak, 1896 in Smorgon (heute Smarhon, Belarus) geboren, wurde 1937 in Minsk exekutiert.

10 Der Literaturkritiker und Chefredakteur der Tageszeitung DER EMES, 1875/1880 in Čerkasy, Ukraine, geboren, wurde 1939 exekutiert.

11 Frank 2011–2017 und die aufgeführte Literatur.

12 Rubinstein und Naumov 2005.

13 Vgl. V[aserman] 1968, Estraikh 2010a, *Falkovich* o. D.

14 Vom NKWD gefoltert, starb er kurz nach der Freilassung an Enzephalitis (persönliche Mitteilung an Valentina Fedchenko, Anna Falkovich, New Jersey, November 2022). Mein Dank gilt Valentina Fedchenko für das Interviewen von Familienangehörigen und Bekannten von Falkovitsh.

15 Von ihrem Großvater erzählte Anna Falkovich, dass er Atheist gewesen sei und Vorträge über Atheismus gehalten habe. Ein Manuskript befinde sich im Familienbesitz (Interview mit Anna Falkovich, New Jersey, 7. April 2021). Vgl. auch Kerler 1991, 137.

Oben: Moskau 1918
Unten: 1944
Fotos: Anna Falkovich Krakinovskaya

Oben: Rivka Škol'nikov, 1950
Unten: um 1960

der unterhalten. Seinen eigenen Kindern hat Falkovitsh Jiddisch nicht beigebracht.[16] In einem autobiographischen Dokument berichtet er,[17] dass er von seinem sechsten bis zum vierzehnten Lebensjahr »eine jüdische Schule« besucht habe,[18] den Rest seiner schulischen Bildung habe er extern absolviert. 1922 bis 1925 studierte er Philologie an der sozialwissenschaftlichen Fakultät der Moskauer Staatlichen Universität und erhielt den akademischen Grad eines Dozenten.

1918 war Falkovitsh mit seiner Frau Rivka Škol'nikov (1899–1960), die er in Homel kennengelernt hatte, nach Moskau gezogen, wo Rivka Chemie studierte. Das Paar bewohnte in der Belinskij Str. 4 eine Wohnung, die den wohlhabenden Eltern Škol'nikovs gehört hatte,[19] und bekam drei Kinder, Lew (1924–1997) und die Zwillinge Mark (1934–2008) und Maja (1934–2017). Mithilfe seiner Schwiegereltern brachte Falkovitsh nach und nach seine Geschwister und seine Eltern, mit denen er eng verbunden blieb, nach Moskau.[20]

Elye Falkovitsh war kein Mitglied der kommunistischen Partei und erhielt keine parteipolitische Bildung. 1913 bis 1918 engagierte er sich als Jugendlicher in der Organisation צעירי ציון [ZĔ'IREJ ZIJJON, Zions Junge], der Erwachsene war Mitglied des Arbeiterverbands der Druckindustrie.[21] Familienangehörige berichten, dass Falkovitsh überzeugter Sozialist gewesen sei, der in Stalin den Verhinderer des Sozialismus gesehen habe.[22]

Falkovitshs Angaben zufolge begann seine Lehrtätigkeit sehr früh; bereits der Vierzehnjährige arbeitete als Privatlehrer, um seine nicht wohlhabenden Eltern zu unterstützen.[23] 1917 bis 1920 lehrte er in Homel, Sarapul und

16 Ibid.

17 Das Typoskript ist mit dem Datum 13. Juli 1944 versehen und vom Verfasser signiert, Личное дело Фалькович И. М. – Ličnoe delo Fal'kovič I. M. (RGALI, f. 2308, op. 1, ed. chr. 134).

18 Seit dem 19. Jahrhundert gab es in Homel neben traditionellen jüdischen Bildungsanstalten auch eine jüdische Grundschule, und zu Beginn des 20. Jahrhunderts kamen eine jüdische Mittelschule sowie ein jüdisches Gymnasium hinzu (Homel 1982). Falkovitsh soll einen Chejder besucht haben (persönliche Mitteilung an Valentina Fedchenko, Anna Falkovich, New Jersey, November 2022) und anschließend die Grund- bzw. Mittelschule.

19 Sie besaßen Textilfabriken (ibid.).

20 Ibid.

21 RGALI, f. 2308, op. 1, ed. chr. 134.

22 Interview mit Veniamin Artsis, Haifa, 7. April 2021; persönliche Mitteilung an Valentina Fedchenko, Dmitrij Sadovskij, Wimereux, 22. April 2021.

23 Der Vater verdiente den Lebensunterhalt als Verkäufer in einem Laden (RGALI, f. 2308, op. 1, ed. chr. 134).

Kyjiw an verschiedenen Schulen für Kinder und Erwachsene.[24] 1920 wurde er in die Rote Armee eingezogen und ein Jahr später, auf Anforderung des Volkskommissariats für Bildung der Russischen Sozialistischen Föderativen Sowjetrepublik (RSFSR), aus der Armee entlassen und als Mitarbeiter der Schulaufsicht eingesetzt. 1922 wurde Elye Falkovitsh als Dozent für Jiddisch an die Moskauer Marchlewski-Universität, die Kommunistische Universität der nationalen Minderheiten des Westens, jiddisch kurz די מערבֿקע [DI MAYREVKE[25]] genannt, geholt, an der er bis zu deren Auflösung 1936 tätig war.[26] 1929 bis 1938 lehrte er als Dozent für Jiddisch und Sprachmethodik auch am Moskauer Staatlichen Pädagogischen Institut. Seit 1930 lehrte Falkovitsh zudem Sprache und Diktion am Moskauer Staatlichen Jüdischen (Jiddischen) Theaterstudio. Neben der Lehrtätigkeit war er seit 1938 Programmleiter und Cheflektor des staatlichen Verlags דער עמעס [DER EMES, die Wahrheit].[27]

Elye Falkovitsh begann 1928 Artikel zur jiddischen Grammatik zu publizieren, in denen er Fragen der Lehrmethoden, Semantik und Stilistik behandelte.[28] 1929, 1930 und 1936 folgten Lehrbücher für Erwachsene, die als Vorarbeit zu der 1940 in Moskau erschienenen Grammatik betrachtet werden können.[29] Diese Arbeiten weisen ihn als einen der führenden jiddischen Sprachwissenschaftler der Sowjetunion aus, mit Sprachdidaktik als Schwerpunkt. Für Falkovitsh bestand die wichtigste Aufgabe der Sprachaktivisten darin:

> שאפֿן א גראמאטיק, וואָס זאָל זײַן וויסנשאפֿטלעך געבויט, וואָס זאָל זײַן מעטאָדיש צוזאַמענגעשטעלט, און וואָס זאָל געבן דאָס, וואָס ס׳איז נייטיק אַף צו באַנעמען די קולטורשפּראַך און אַף צו אַנטוויקלען שפּראַכקולטור [...][30]

Eine Grammatik zu schaffen, die, wissenschaftlich aufgebaut und methodisch zusammengestellt, vermitteln soll, was zum Verstehen der Kultursprache und für die Entwicklung von Sprachkultur nötig ist [...]

24 Interview mit Veniamin Artsis, Haifa, 7. April 2021; Estraikh 2010a.

25 Ein von *mayrev* [Westen] abgeleitetes Kurzwort für die oben genannte Universität.

26 Falkovitsh beschreibt Zweck, Struktur, Lehrprogramm und Parteiarbeit der Universität in seinem biographischen Essay über Ester Frumkin (Falkovitsh 1965, Nr. 84).

27 RGALI, f. 2308, op. 1, ed. chr. 134.

28 Siehe die Bibliographie von Falkovitshs Veröffentlichungen in diesem Band.

29 Zur Geschichte der jiddischen Grammatikographie, vgl. Steffen Krogh 2018.

30 Falkovitsh 1930a, 50.

Neben Linguisten wie Ayzik Zaretski (1891–1956), Nokhem Shtif (1879–1933) und Elye Spivak (1890–1950) wirkte er im Kreis der Pioniere der jiddisch-sowjetischen Sprachplanung mit. Dieser Kreis war weder homogen, noch zeichnete er sich durch hohe Übereinstimmung aus.[31] Seine Akteure, mit russischer und deutscher Linguistik vertraut, hielten an divergenten Ansichten fest, vertraten methodisch unterschiedliche Ansätze und waren ideologisch verschieden geprägt. Entsprechend gingen sie, bei aller verkündeten Konformität, auch mit offiziellen Sprachregelungen, politischen Forderungen und Zwängen auf je eigene Weise um. Hinzu kamen Machtkämpfe unter Einzelnen und zwischen Institutionen. So wurde beispielsweise 1931 auf der ersten jiddischen Allunionssprachkonferenz die Vorrangstellung der Kyjiwer jiddisch-philologischen Sektion vor der Minsker etabliert.[32] Ayzik Zaretski, dem Verfasser der ersten, 1926 erschienenen jiddisch-sowjetischen Grammatik,[33] wurde die Verantwortung für die Orthographiereform entzogen und die Aufgabe zugewiesen, mit Elye Falkovitsh die Interpunktionsregeln zu reformieren,[34] was einer Degradierung gleichkam.[35]

Elye Falkovitsh hatte, im Unterschied zu Shtif und Zaretski, keine leitende akademische Funktion inne, wurde aber als geschätzter Fachmann zur Mitarbeit an den einschlägigen Fachzeitschriften, an Allunionskonferenzen und zu lokalen Arbeitstreffen eingeladen. Etwa von der Redaktion der Zeitung EMES zu deren Beratung am 18. November 1929 über die bibliographische Abteilung.[36] Im März 1932 wurde Falkovitsh eingeladen, am Minsker pädagogischen Institut einen Kurs zur Methodik des Sprach- und Literaturunterrichts zu geben.[37] Im April 1933 meldete sich aus Charkiw das Volkskommissariat für Bildung mit dem Auftrag, bei der Ausarbeitung von einheitlichen Sprach- und Literaturcurricula für die polytechnischen Schulen mitzuwirken.[38]

31 Vgl. hierzu Fedchenko in diesem Band.

32 *Resolutionen* 1930, 19, § 2, d.

33 פּראַקטישע ייִדישע גראַמאַטיק [Praktische jiddische Grammatik]. Moskau: Farlag aktsyonern-gezelshaft »shul un bukh«.

34 *Resolutionen* 1930, 22, § 4.

35 Estraikh 1999, 66f. Zu Zaretskis Vorarbeit siehe Zaretski 1928. Die Konferenz beschloss, die Leitung der orthographischen Kommission dem Institut für Jüdische Kultur in Kyjiw zu übertragen. Mitglieder der neuen Kommission waren Holmshtok, Zaretski, Levitan, Spivak, Falkovitsh, Kamenshteyn und Shtif (*Resolutionen* 1930, 22, § 4.3 und § 5.4).

36 NLI, ARC. 4° 2001/38.

37 Landsman an Falkovitsh, 20. März 1932 (NLI, ARC. 4* 2001/39).

38 Einladungsschreiben von Burganski und Lifšic (NLI, ARC. 4° 2001/2 und /34).

Nokhem Shtif erbat sich Falkovitshs Meinung zum Entwurf des Programms für die geplante »Fachkonferenz jiddischer Linguisten« (bekannt als erste Allunionskonferenz von 1931),[39] bei der Falkovitsh mit Zaretski Moskau vertreten sollte.[40] 1932 bat Shtif Falkovitsh um Durchsicht des Programms für die auf »Stalins Brief« hin geplante Tagung zur selbstkritischen Revision der linguistischen Arbeit.[41] Shtif ließ wissen, dass Falkovitshs Teilnahme an der Sitzung zur Grammatik erwünscht sei. Diese fand erst 1934, nach Shtifs Tod, statt. Im Herbst 1933 und im Frühjahr 1934 bat Elye Spivak, Shtifs Nachfolger als Leiter der philologischen Sektion, um Falkovitshs Beitrag zur geplanten »allukrainischen Fachkonferenz«.[42] Die offizielle Einladung schickte der Direktor des Instituts für Jiddische Proletarische Kultur der allukrainischen wissenschaftlichen Akademie Yoysef Liberberg (1898–1937),[43] der den Vorsitz der Konferenz innehatte.

Mit 116 russischen, ukrainischen und belarussischen Delegierten tagte dieses repräsentative Forum vom 7. bis zum 11. Mai 1934 in Kyjiw. Es wurde von Andrij Chvylja, dem ukrainischen stellvertretenden Kommissar für Bildung, eröffnet.[44] Die Vorträge erschienen 1935 in einer Doppelnummer des

39 Die erste Allunionssprachkonferenz fand in Kyjiw, 8.–13. Februar 1931 statt. Vgl. Nath 2009, 270–265.

40 Shtif an Falkovitsh, 13. September 1930 (NLI, ARC. 4° 2001/31); Programmentwurf (ibid., /33). Falkovitsh ist der Einladung gefolgt und sollte mit Zaretski einen Vortrag über grammatische Terminologie und über Interpunktion halten, wie DI YIDISHE SHPRAKH (4–5, 1930: 95f) im Vorfeld berichtete. Vgl. auch ibid. 6, 1930: 22. In der Diskussion der ersten Allunionkonferenz über den Umgang mit dem Hebräischen an Hochschulen hat Falkovitsh darauf hingewiesen, dass man die hebräische Literatursprache im Vergleich zur jiddischen überbewerte: „מענדעלעס ייִדיש איז פונקט אזוי שווער ווי פערעציס העברעיִש“ [Mendeles Jiddisch ist genauso schwer wie Peretz' Hebräisch] (Zaretski 1931a: 54).

41 Shtif an Falkovitsh, 6. März 1932 (NLI, ARC. 4° 2001/31). Auch Zaretski berichtet: נאָכ כ׳ סטאלינס בריוו אינ „פּראָלעטארסקאיא רעוואָליוציא“ האָט די קאטעדרע פירגענומענ א זעלבסטקריטישע ארבעט. מיט א זעלבסטקריטישנ פאָרטראָג איז ארויסגעטראָטנ א. זארעצקי. [Nach Genosse Stalins Brief in »Proletarskaja revoljucija« hat der Lehrstuhl die *selbstkritische* Arbeit in Angriff genommen. Mit einem selbstkritischen Vortrag ist A. Zaretski aufgetreten] (Zaretski 1932a, 111, Hervorhebung im Original). Zu Stalins Brief vgl. Barber 1976.

42 Spivak an Falkovitsh, 20. Oktober 1933, 1. Februar und 3. April 1934 (NLI, ARC. 4° 2001/17); Falkovitsh an Spivak, 4. März 1934 (YIVO, RG3, Box 67, F 3376), <https://archives.cjh.org/repositories/7/archival_objects/373823>, 17. November 2022. In einem Protokoll der Kyjiwer philologischen Sektion vom 19. Oktober [1933] ist Spivaks Vorschlag festgehalten, Falkovitsh zu einem Vortrag über die Methodik des Sprachunterrichts für Erwachsene an Hochschulen einzuladen (CAHJP, RU-2133 Russia).

43 Liberberg an Falkovitsh, 15. April 1934 (NLI, ARC. 4° 2001/10).

44 Zur Konferenz siehe Estraikh 1999, 79–85, hier 79; Nath 2009, 265–262.

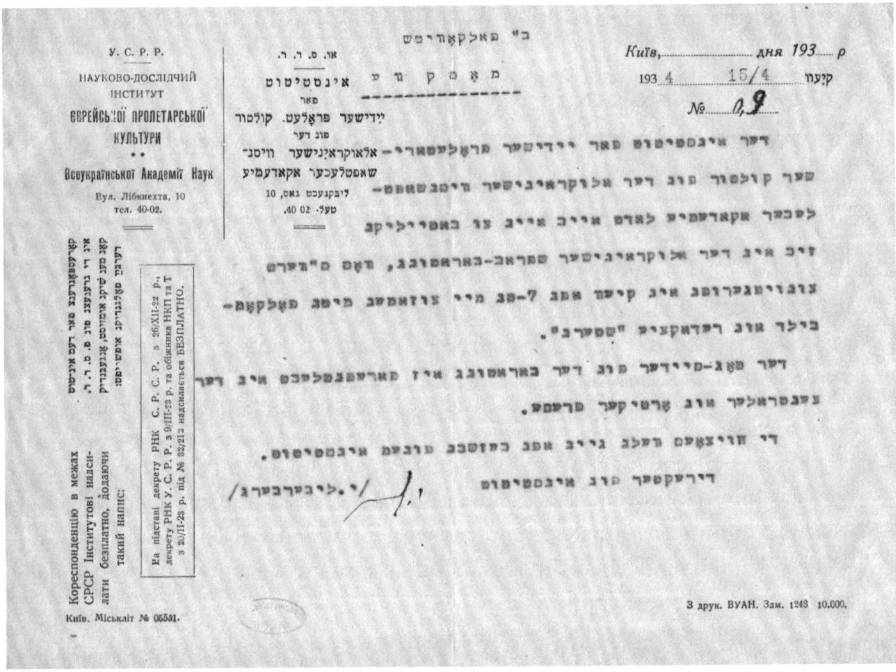

У. С. Р. Р.
НАУКОВО-ДОСЛІДЧИЙ ІНСТИТУТ ЄВРЕЙСЬКОЇ ПРОЛЕТАРСЬКОЇ КУЛЬТУРИ
Всеукраїнської Академії Наук
Вул. Лібкнехта, 10
тел. 40-02.

או. ס. ר. ר.
אינסטיטוט
פאר
יידישער פראָלעט. קולטור
פון דער
אלאוקראַיִנישער וויסנ־שאפטלעכער אקאדעמיע
ליבקנעכט גאס, 10
טעל. 40 02.

Київ, ... дня 193.. р
קיִעוו 193 4 15/4
№ 0,9

דער אינסטיטוט פאר יידישער פראָלעטאַרי־שער קולטור פון דער אלוקראַיִנישער וויסנשאַפט־לעכער אקאדעמיע לאדט אייך איין צו באטייליקן זיך אין דער אלוקראַיִנישער שפראך־באראטונג, וואָס ווערט צונויפגערופן אין קיעוו אפן 7־טן מיי צוזאמען מיטן פאָלקאָם־בילד און רעדאקציע "שטערן".

דער טאָג־סעדער פון דער באראטונג איז פארעפנטלעכט אין דער צענטראלער און אָרטיקער פרעסע.

די הוצאָות וועלן גיין אפן כעזשבן פונעם אינסטיטוט.

דירעקטאָר פון אינסטיטוט /י. ליבערבערג/

Кореспонденцію в межах СРСР Інститутові надсилати безплатно, додаючи такий напис:

На підставі декрету РНК С. Р. С. Р. з 26/XII-22 р., декрету РНК У. С. Р. Р. з 9/III-23 р. та обіжника НКП та Т з 20/II-23 р. під № 32/212 надсилається БЕЗПЛАТНО.

Київ. Міськліт № 05531.

З друк. ВУАН. Зам. 1243 10.000.

Einladungsschreiben zur »allukrainischen Fachkonferenz«, Kyjiw 15. April 1934
The National Library of Israel, ARC. 4° 2001/10

Institutsorgans אפֿן שפּראַכפֿראָנט [AFN SHPRAKHFRONT, An der Sprachfront], ergänzt durch eine Beilage mit weiteren Stellungnahmen, welche die heftige Debatte, die der Konferenz vorausgegangen war, reflektierten.[45] Es ging um die Regulierung und Normierung des Sowjetjiddischen. Dahinter standen Fragen der Anwendung sowjetischer Sprachpolitik auf den Ausbau der Minderheitensprache. Gestritten wurde über die Vereinheitlichung der Lexik, über Parameter für die Neubildung fehlenden Vokabulars und die Standardisierung der vielen, inzwischen umgangssprachlich verbreiteten Sowjetismen. Es ging um das Ausmaß und die Arten der Russifizierung,[46] Dehebraisierung stand auf der Tagesordnung, und einige Teilnehmer forderten eine Degermanisierung. Die Russifizierung nannte man ›Internationalisierung‹,

45 Das Sonderheft umfasst ferner Diskussionsbeiträge, Thesen, Resolutionen, Erklärungen und eine Chronik (*Afn shprakhfront* 1935).

46 Deren radikale Ausformung wurde von dominierenden Linguisten als זשאַרגאָניזאַטערישע ליקווידאַטערײַ [*zhargonizaterishe likvidateray*, jargonisierende Liquidiererei] gebrandmarkt (*Afn shprakhfront* 1935: [6]).

die Anwendung von Hebraismen bzw. puristisch anmutende Einstellungen galten als ›nationalistisch‹.[47]

Falkovitsh brachte sich in die Debatte zunächst relativierend ein und stellte fest, dass die behandelte Problematik das Russische ebenso wie alle anderen Sprachen betreffe und auf das nach der Revolution ausgelöste »kolossale Wachstum« zurückgehe.[48] Die verschiedenen Sprachelemente des Jiddischen müsse man wie folgt »berücksichtigen«:

> דער העבֿרייִשער עלעמענט האָט צו טאָן מיט פארגאנגענהייַט, דער סלאווישער און אינטערנאציִאָנאלער האָבֿן א צוקונפט. דובלעטן דארפן דעריבער גענומען ווערן סלאווישע און אינטערנאציִאָנאלע. אויבֿ מע קען פארבייַטן, אָדער ס׳איז פאראן אן אדעקוואט וואָרט ניט קיין העברעייִש, דארף מען דעם העבֿרייִשן עלעמענט ארויסווארפן.[49]

> Das hebräische Element hat mit der Vergangenheit zu tun, das slawische und das internationale haben Zukunft. Bei Dubletten müssen daher die slawischen und internationalen [Ausdrücke] genommen werden. Wenn man es ersetzen kann oder es ein adäquates nichthebräisches Wort gibt, muss man das hebräische Element tilgen.

Vor allem aber ging es Falkovitsh um die Sicherung einer soliden Sprachvermittlung an den Schulen, die Grundvoraussetzung für Sprachkultur, wie er das nannte. In seinem in der »grammatisch-methodischen Sektion« gehaltenen Vortrag »Jiddisch in der Schule« trat er für ein Curriculum ein mit Lexik, Grammatik und Stilistik als unabdingbarem Fundament für die Entwicklung korrekter Alltagssprache, standardisierter Aussprache, bildungssprachlicher Ausdrucksfähigkeit, mündlich wie schriftlich, und eines kompetenten Textverständnisses.[50] Die Schwerpunkte seines Curriculums skizzierte Falkovitsh in sechs Arbeitsfeldern: Ausbau des passiven und aktiven Wortschatzes, Vermittlung grammatikalischer Funktionen und Strukturen, Entwicklung stilistischer Kenntnisse, Standardaussprache und Rechtschreibung, Methoden der Textlektüre und der Sprachgeschichte. Die verschiedenen Arbeitsfelder sollten aber möglichst nicht getrennt, sondern anhand praktischer Übungen zusammenhängend vermittelt werden.[51] Mit diesem Rüstzeug ausgestattet,

47 Spivak 1935 und die Debatten über die Vorträge von Spivak und Levitan (*Afn shprakhfront* 1935: 80–107); vgl. Estraikh 1999, 81f.

48 *Afn shprakhfront* 1935: 96.

49 Ibid.

50 Falkovitsh 1935: 192f. Zu Falkovitsh als Sprachpädagoge siehe Vakhrushova in diesem Band.

51 Falkovitsh empfahl, זיך באמיִען צו סינקרעטיזירן די באזונדערע געבּיטן [*zikh bamien tsu sinkre-*

sollten Jiddisch-Studierende ihre Gedanken in gut gebauten Sätzen präzise wiedergeben, als Redner sich der standardisierten Aussprache und als Verfasser von Texten der Bildungssprache bedienen können. Durch Grammatikkenntnisse sollten sie schließlich »fähig sein, sich in einem fremden Text zu orientieren« und einen eigenen zu entwerfen, zu strukturieren und zu verdichten.[52] Diese Kompetenzen hielt Falkovitsh für unverzichtbar für die Orientierung in der nachrevolutionären Gesellschaft, wie er anhand der Analyse eines an Ellipsen reichen Texts von Stalin ausführte.[53] Zur Qualitätssicherung der angewandten Lehrmethoden und zur systematischen Sprachkultivierung empfahl er regelmäßige Kurse und Konferenzen für Lehrkräfte auf regionaler sowie allsowjetischer Ebene. Der Schüler solle אָפּשײַ פאר גראמעטנעקייַט [Respekt vor der Lese- und Schreibkompetenz] haben, nicht als Selbstzweck, sondern ווי א מיטל פונ סאָציִאלער אופווירקונג, ווי א מיטל פונ [...] אונדזער גרויסער קולטור־רעוואָליוציע [als ein Mittel sozialer Wirksamkeit, als ein Mittel unserer [...] großen Kulturrevolution].[54]

In diesem Vortrag hallt die Erinnerung an die 1930 von Nokhem Shtif ausgelöste Debatte über den Nutzen des Grammatikunterrichts in der Schule nach.[55] Shtif vertrat die Ansicht, dass die Grammatik der Muttersprache im schulischen Sprachunterricht unnütz sei, »Grammatik lehrt da nichts«.[56] Stattdessen, plädierte Shtif, solle man Stilistik lehren. Falkovitsh entgegnete kontrovers in einem Artikel, den Shtif im nächsten Heft, gefolgt von seiner Antwort an die Gegner, publizierte.[57] Auffallend ist der polemische Stil in Shtifs Entgegnung, der im Kontrast zum freundlichen Ton in seinen persönlichen Briefen an Falkovitsh steht.[58] Shtif hatte Falkovitsh im Frühling 1928 bei einer Fachkonferenz in Charkiw kennengelernt, war vom jüngeren Kollegen beeindruckt und lud ihn zur Mitarbeit in der von ihm herausgegebenen Zeitschrift די ייִדישע שפּראַכ [DI YIDISHE SHPRAKH, Die jiddische Sprache] ein.[59] Tatsäch-

tizirn di bazundere gebitn, sich zu bemühen, die gesonderten Arbeitsfelder zu synkretisieren] (Falkovitsh 1935: 196, Hervorhebung im Original).

52 זײַנ אימשטאנד צו אָריִענירנ זיכ אינ א פרעמדנ טעקסט (ibid.).

53 Ibid., 197–199.

54 Ibid., 201.

55 Ibid., 193.

56 Shtif 1930a: Sp. 4.

57 Falkovitsh 1930a, Shtif 1930b. Vgl. Vakhrushova, S. xciii in diesem Band.

58 Erhalten sind Briefe Shtifs an Falkovitsh aus den Jahren 1928–1932, NLI, ARC. 4° 2001/31.

59 Shtif an Falkovitsh, 27. April 1928, ibid.

lich erschien dort Falkovitshs erster Artikel, eine Entgegnung auf Shtifs Thesen zur Passivkonstruktion, gefolgt von Shtifs Antwort.[60] Shtif bat Falkovitsh wiederholt um Mitarbeit an der Zeitschrift, beklagte die mangelnde Beteiligung der ohnehin wenigen jiddischen Sprachwissenschaftler, gewährte Falkovitsh freie Themenwahl und forderte ihn auf: !איז טוט מיט [*iz tut mit!*, Also machen Sie mit!].[61] Falkovitsh, der wohl an seiner Grammatik schrieb, veröffentlichte in den 1930er Jahren lediglich fünf Fachartikel, darunter zwei 1930 in der Kyjiwer pädagogischen Monatsschrift ראטנבילדונג [RATNBILDUNG, Sowjetische Bildung], dem Organ des Volkskommissariats für Bildung.[62]

In Moskau gehörte Falkovitsh der Sprachsektion der jiddischen wissenschaftlichen Gesellschaft an, die mit etwa einem Dutzend Mitglieder ihre Arbeit im Oktober 1928 aufgenommen hatte.[63] Zweck des Arbeitskreises war es, eine normative Grammatik und eine Methodik für den Grammatikunterricht an Schulen zu erarbeiten, doch rückten aktuelle Arbeitsthemen in den Vordergrund, berichtete Zaretski in DI YIDISHE SHPRAKH.[64] So stellte Falkovitsh seine Abhandlung zur Passivkonstruktion vor, die anschließend in DI YIDISHE SHPRAKH erschien, und Zaretski seine Rezension von Falkovitshs *Grammatik für Erwachsene*, die er in RATNBILDUNG publizierte. Zaretski beklagte in seinen Berichten die geringe Mitgliederzahl:

> די סעקציע לײַדט אלץ אפ מענטשנמאנגל. דערפון נעמט זיך שוין דער לאנגזאמער טעמפ, די עפּיזאדישקײַט פון די טעמעס. אויסזיכטן אפ א ראדיקאלער פארבעסערונג זײַנען זייער קנאפּע.[65]

> Die Sektion leidet weiterhin an einem Mangel an Teilnehmern. Daher kommt das langsame Tempo, die Flüchtigkeit der Themen. Aussichten auf eine radikale Verbesserung sind sehr gering.

Möglicherweise erwies sich auch die Zusammenarbeit zwischen Falkovitsh und dem sieben Jahre älteren und dominanten Linguisten als prob-

60 Falkovitsh 1928.

61 Shtif an Falkovitsh, 10. März 1930, NLI, ARC. 4° 2001/31.

62 Siehe die Bibliographie von Falkovitshs Veröffentlichungen in diesem Band. Zu den Publikationen in RATNBILDUNG vgl. auch Makagon an Falkovitsh, 11. Januar, 2. April, 12. Mai, 7. Juni 1930 (NLI, ARC. 4° 2001/19).

63 Zaretski 1929a.

64 Ibid., 67.

65 Zaretski 1930a: Sp. 46.

lematisch, weswegen ein gemeinschaftliches Arbeiten an einem der großen Themen nicht zustande kam. Zaretskis Rezension von Falkovitshs 1929 in Moskau publizierter גראמאטיק פאר דערוואקסענע [GRAMATIK FAR DERVAKSENE, Grammatik für Erwachsene] ist eine harsche Kritik.[66] Zaretski deklariert seine Abhandlung als »formale« Kritik,[67] führt »größere Fehler«[68] und »einzelne wissenschaftliche Fehler«[69] im Detail auf und attestiert dem Autor, er werde in bestimmten Bereichen der Aufgabe nicht gerecht,[70] verwechsle Klassifikation und Kategorisierung,[71] formuliere mehrfach ungenau,[72] schaffe teilweise terminologische Verwirrung und sei methodologisch schwach[73]. Im letzten Teil der Rezension gesteht er dem Autor zu, »die methodische Seite des Buchs«[74] sei »viel besser als die wissenschaftliche«, und erkennt die »pädagogische Erfahrung« des Autors an.[75] Zum Schluss begründet er seine strenge Rezension damit, dass Lehrenden ermöglicht werden solle, die nach seiner Ansicht erforderlichen Korrekturen in Falkovitshs Grammatik vorzunehmen:

> איך האָב זיך אָפּגעשטעלט אף די שוואכע זײַטן פונעם בוך פיל מער ווי אף די גוטע – וואָרם סאָפּקאָלסאָף דארף מען דעם בוך רעקאָמענדירן (שוין דערפאר אליין, וואָס קיין אנדערע זײַנען ניטאָ), און וויבאלד אזוי, מוז דער לערער, וואָס וועט אים באנוצן, אויספאריכטן אלץ, וואָס לאָזט זיך אויספאריכטן.[76]
>
> Ich bin auf die schwachen Seiten des Buchs stärker als auf seine guten eingegangen, denn schließlich muss man das Buch empfehlen (allein schon deshalb, weil andere nicht vorhanden sind), und deshalb soll der Lehrer, der es benutzen wird, alles korrigieren, was sich korrigieren lässt.

66 Zaretski 1929b. Zuvor brachte die Zeitschrift Kupershmids Rezension der Grammatik (Kupershmid 1929).

67 Siehe die mit einem Stern versehene erste Fußnote (Zaretski 1929b: 64).

68 Ibid.

69 Ibid., 65.

70 Ibid., 64.

71 Ibid., 65.

72 Ibid., 66.

73 Ibid. Zaretski erkennt jedoch Falkovitshs Kommentare zu Sprachphänomenen an: אויב דער אווטאָר איז שוואך אין מעטאָדאָלאָגיע, ווײַזט ער דערפֿאַר ארויס א כוש פאר די נאָכמערקונגען איבער פאקטן, וואָס זײַנען נאָך דוכט זיך ערגעץ ניט פארעגיסטרירט. [Ist der Autor in Methodologie schwach, so zeigt er andererseits ein Gespür für Anmerkungen zu Fakten, welche, wie es scheint, noch nirgends registriert sind.] (ibid.).

74 Hier: die pädagogische Methodik.

75 Ibid., 67.

76 Ibid., 68.

Das strenge Rezensieren gehörte zu den Diskursgepflogenheiten jener Zeit.[77] Das Ringen jiddisch-sowjetischer Linguisten, im Rahmen der herrschenden Sprachpolitik eine jiddische Grammatik auf neuestem sprachwissenschaftlichem Stand zu entwickeln und zu konsolidieren, fand als offener kollektiver Prozess statt, zu dessen Tagesordnung heftige Kritik, das Eingestehen von Fehlern wie auch erzwungene Selbstkritik gehörten.[78] Doch fällt an Zaretskis Kritik seine geringe Wertschätzung für den Fachmann Falkovitsh auf. Zudem wirkt sie, als wollte der für seine strenge Logik und große Gelehrsamkeit bekannte Zaretski,[79] der mit zahlreichen Artikeln zur jiddischen Sprachtheorie und -praxis sowie als führender Architekt der Phonetisierung des Jiddischen eine gewichtige Stimme im Wissenschaftsdiskurs war, sich gegenüber Falkovitsh als der überlegene Linguist profilieren. 1935 wird Zaretski unter dem Titel ווי דארף געבויט זײַן א ייִדישע גראמאטיק [*Vi darf geboyt zayn a yidishe gramatik*, Wie muss eine jiddische Grammatik aufgebaut sein] einen polemischen Artikel zur Grammatiklehre veröffentlichen, in welchem er angibt, wie eine Grammatik des sowjetischen Jiddischen strukturiert und im Sinn der Sprachplanung methodisch aufbereitet werden soll.[80] Dazu informierte die Redaktion:

> דער אווטער פונעם ארטיקל גרייט איצט לויטן אופטראג פונעם אינסטיטוט פאר ייִדישער פראָלעטארישער קולטור פון דער ווײַסרוסישער וויסנשאפט־אקאדעמיע א ייִדישע וויסנשאפטלעכע גראמאטיק, וואָס וועט דערשײַנען אין פארלאג פון דער אקאדעמיע.[81]
>
> Der Autor dieses Artikels bereitet zur Zeit im Auftrag des Instituts für Jiddische Proletarische Kultur der belarussischen Wissenschaftsakademie eine jiddische wissenschaftliche Grammatik vor, die im Verlag der Akademie erscheinen wird.

Die Drucklegung blieb aus. Doch zeugt Zaretskis Feststellung, mit der er seine entstehende Grammatik begründete, dass es zur Zeit »keine wissen-

77 Und doch gab es große Unterschiede im Ton. Etwa in Falkovitshs Kritik eines »misslungenen Grammatiklehrbuchs«, die er in sowjetischer Manier ausübte, jedoch sachlich, nicht abwertend und mit einem Hinweis auf das Wertvolle im Buch (Falkovitsh 1933).

78 Zaretski betonte wiederholt den קאָלעקטיוויזם אין דער ארבעט איבער די פראגעס פון סאָוועטישער ייִדישער שפראכוויסנשאפט [Kollektivismus in der Arbeit an den Fragen der sowjetischen jiddischen Sprachwissenschaft] (Zaretski 1932b: 46).

79 Libinzon 1991, 759, Rokhkind 1995: 31.

80 Zaretski 1935.

81 Ibid., Sp. 128.

schaftliche Grammatik des Jiddischen« gebe, da seine eigene vergriffen sei,[82] davon, dass er auch die revidierte Ausgabe von Falkovitshs Grammatik (1930) als wissenschaftlich ungenügend beurteilte.[83]

Falkovitsh reagierte auf Zaretskis Kritik an seiner Erstausgabe mit einem in der Moskauer Sprachsektion gehaltenen Vortrag zur »Methodologie der Grammatik für Erwachsene«, den er im Januar 1930 in RATNBILDUNG ebenfalls publizierte. Zeitgleich überarbeitete er Struktur und Inhalt, ließ sich auf die Kritik ein, übernahm Korrekturvorschläge und behob Schwächen, die er anhand seiner Erfahrung mit der Anwendung des Lehrbuchs erkannt hatte. Die auf den doppelten Umfang erweiterte und revidierte Auflage gab er im April 1930 in den Druck, nur ein halbes Jahr nach Erscheinen der Rezension von Zaretski. Im Vorwort spricht Falkovitsh von einem »radikalen Unterschied« zwischen den Auflagen, in der ersten habe die Grammatik auf dem Kopf gestanden, und nun habe er versucht, sie »auf die Beine zu stellen«.[84]

Gelegentlich standen Zaretski und Falkovitsh gemeinsam in der Kritik: 1931 warf man beiden vor, ihre Herangehensweise in den Grammatiken sei אפּאָליטיש און אָפּגעריסן פון אונדזער סאָציִאַליסטישער בּויונג, פון דעם שפּראכלעבּן צווישן די ארבּעטמאסן און אין שול. [apolitisch und fern von unserem sozialistischen Aufbau, vom Sprachleben unter den arbeitenden Massen und in der Schule], ihre Systematik »akademisch-formalistisch« und ihre Ziele seien »willkürlich, unangemessen und kleinlich«.[85]

Seit 1929 war Falkovitsh Dozent für Sprachmethodik in der Abteilung für Jiddisch am Moskauer Staatlichen Pädagogischen Institut, an dem Zaretski bereits lehrte.[86] 1931 stellten die beiden auf der Kyjiwer Allunionskonferenz ihr Projekt der jiddischen Interpunktion vor. Aus Zeitmangel wurde das Projekt nicht zur Gänze besprochen. Die Konferenz bestätigte per Resolution die vorgestellten Prinzipien für die Änderung der Interpunktion, der Rest des Projekts wurde von einer Kommission überprüft, und die beiden wurden

82 Ibid.

83 Sowohl seine Grammatik (1927) als auch die von Falkovitsh waren Lehrbücher und keine theoretischen Grammatiken.

84 Falkovitsh 1930b, 3. In RATNBILDUNG erschienen zwei kritische Rezensionen (Gurevitsh 1932, Goldin 1932).

85 Shtulman 1931, Sp. 80.

86 Falkovitsh wird per Postkarte zur Mitarbeit am Institut eingeladen, ihm wird der Kurs ›Grammatik I‹ angetragen, die Einzelheiten solle er mit Zaretski besprechen (Klitenik an Falkovitsh, 10. September 1929, NLI, ARC. 4° 2001/27). Wie es zu dieser Anstellung kam, ist nicht überliefert.

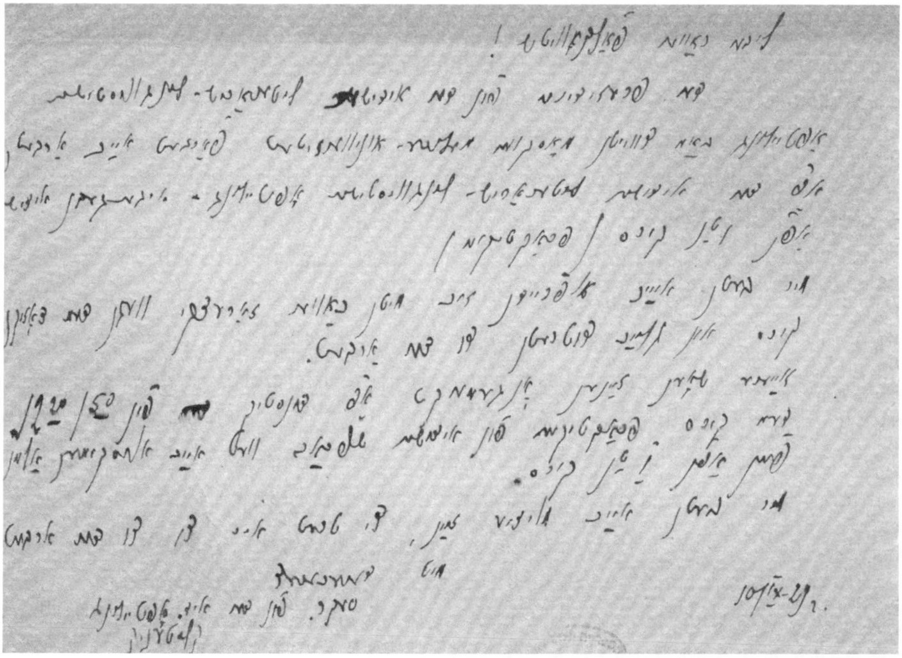

»Lieber Genosse Falkovitsh!
Das Präsidium der Jiddischen Literarisch-linguistischen Abteilung der Zweiten Moskauer Staatlichen Universität lädt Sie ein, an der Jiddischen […] Abteilung zu arbeiten […]«, 10. IX. 1929
The National Library of Israel, ARC. 4° 2001/27

aufgefordert, das Projekt zu publizieren, um eine öffentliche Diskussion anzuregen.[87] Die Arbeit erschien noch im selben Jahr. In Zaretskis Bericht über die Arbeit der Moskauer jiddischen Linguisten von 1932 wird Falkovitsh mit keinem Wort erwähnt.[88]

An den Sprachfolklore-Forscher und langjährigen Freund Yoysef Tshernyak (1895–1975) wird Falkovitsh 1962 über seine Beziehung zu Zaretski schreiben:

> מיט זארעצקין האָב איך געארבעט צוזאמען א סאך יאָרן, זיך געטראָפן בא פארשיידענע געלעגנהײַטן, און מיר האָבן איינע די אנדערע גוט געקענט. ער איז געווען אן אייגנארטיקער מענטש, א וויסנשאפטלער מיט א קאפּ, אָבער אין א סאך הינזיכטן א פּרינציפּלאָזער און א פּראָדוקט פון דער סטאלין־עפּאָכע. איז לאָמיר וועגן אים בעסער ניט ריידן. איך האָב אזעלכע ניט ליב.[89]

[87] Wie die Autoren in der Einführung erläutern (Zaretski und Falkovitsh 1931, 4); und siehe *Resolutionen* 1930, 22, § 4. Um die Diskussion zu beschleunigen, ließ Zaretski Teile der gemeinsamen Arbeit vorabdrucken (Zaretski 1930b). Zu den ersten Diskussionsbeiträgen gehört Loytsker 1931.

[88] Zaretski 1932a.

[89] Falkovitsh an Tshernyak, der damals in Taschkent lebte, 1. September 1962 (ARC. 4° 1765 3–5 19).

> Mit Zaretski arbeitete ich viele Jahre zusammen, man traf sich bei verschiedenen Gelegenheiten, und wir kannten einander gut. Er war ein eigenartiger Mensch, ein Wissenschaftler mit Kopf, aber in vielerlei Hinsicht prinzipienlos und ein Produkt der Stalin-Epoche. Also lass uns besser nicht über ihn reden. Ich habe solche nicht gern.

Verglichen mit Shtif und Zaretski, hat sich Falkovitsh zur Dehebraisierung des Sowjetjiddischen wenig geäußert.[90] Das mag daran liegen, dass er in der Frage der Phonetisierung mit der radikalen Zerstörung der Verbindung zum Hebräischen nicht einverstanden war. Der funktionellen Vereinfachung des Alphabets folgte er,[91] befand jedoch, dass die historische Verbindung gewahrt bleiben sollte.[92] In privater Korrespondenz benutzte er weiterhin die שלאָס־אויסיִעס [*shlos-oysyes*, Endbuchstaben].[93]

Falkovitsh, der sich als Atheist verstand,[94] hielt die Vermittlung des jüdischen Kulturerbes mithilfe der Lektüre literarischer Werke, wie etwa der Bibel,[95] für angehende Jiddisch-Lehrkräfte für wünschenswert. Als er sich im Frühjahr 1937 in der Minsker Akademie ähnlich äußerte und im Zusammenhang mit Fragen zur Orthographie den Mangel an Kenntnissen jüdischer Kulturgeschichte in jüdischen Schulen beklagte, löste seine »nationalistische« Einstellung unter den Minsker Studierenden Empörung aus, die sie in einer Wandzeitung öffentlich machten, worauf der Lehrstuhl für Sprache der Minsker Akademie ihm kündigte. Die Zeitung Oktober berichtete zweimal über den Fall der »bourgeois-nationalistischen« Äußerungen. Als die Minsker Akademie das Moskauer Pädagogische Institut über Falkovitshs Entlassung in Kenntnis setzte, berief dieses am 25. April 1937 eine Sondersitzung ein, um den langjährigen Kollegen in Anwesenheit von Professoren, Dozenten und Studierenden zur Rede zu stellen.[96]

90 Etwa Shtif 1929; Zaretski 1930c: Sp. 7f, 1931b, 21–78, 92–95, 98–101. Vgl. Peltz 1985; Estraikh 1999, 68–70; Nath 2018, 113–115.

91 Siehe Falkovitshs nüchterne Erläuterung der Unterschiede zwischen den orthographischen Systemen in diesem Band, §§ 57 und 58.

92 So Falkovitsh in einem Gespräch über das Alphabet mit seinem Neffen Veniamin Artsis, das 1972/1973 stattgefunden haben soll (Interview mit Veniamin Artsis, Haifa, 7. April 2021).

93 So dass Shtif, in Bezug auf die Vorbereitung von Falkovitshs Manuskript für den Druck, bemerkte: די ענדאויסיִעס מ ו ז ן מיר ארויסוואַרפן. [Die Endbuchstaben *müssen* wir rauswerfen] (Shtif an Falkovitsh, 10. Oktober 1930, Hervorhebung im Original).

94 Siehe Anmerkung 15.

95 Was Falkovitsh durch Lektüre der Bibel vermitteln wollte, lässt sich in einem seiner letzten Artikel erkennen (Falkovitsh 1978).

96 Alle Einzelheiten sind dem Bericht in DER EMES entnommen (*Nationalismus* 1937).

Unter den Professoren waren Arn Gurshteyn, Moyshe Litvakov, Meyer Wiener und Ayzik Zaretski, der Dekan Konstantin Barchin und der stellvertretende Institutsleiter Popov. Auf der Anklagebank saß der Sprachdozent, der nun zu seinem »nationalistischen Zugang« zum Problem des kulturellen Erbes eine ausführliche selbstkritische Erklärung samt ausdrücklicher Anerkennung der eigenen Fehler abzugeben hatte. Immerhin soll er in Minsk gesagt haben, dass die jüdische Schule an einem »öden Ort« stehe, weil sie keine Tradition habe, und sein Lösungsansatz soll in dem Vorschlag bestanden haben, die Bibel, Bialik und Scholem Asch zu lesen. Im ausführlichen Bericht der überregionalen Tageszeitung DER EMES werden Falkovitshs Erklärungen nicht wiedergegeben, sondern nur der Unmut über die Undeutlichkeit derselben, die mit der Selbstbezichtigung geendet habe, er verstehe nachträglich, dass er mit seinen Äußerungen »für den Feind eine Bresche geschlagen« habe, dass seine Äußerungen »bourgeois-nationalistisch« seien, was kein Zufall sei, sondern vielmehr ein Rückfall, habe er doch vor der Revolution der »bourgeois-nationalistischen Partei ZĔ'IREJ ZIJJON angehört«.[97] Die Professoren verurteilten Falkovitshs Verhalten und hielten ihm vor, seine Erklärung zeuge davon, dass er am Inhalt seiner Äußerungen festhalte, statt das Fehlerhafte daran zu erkennen. Litvakov mahnte, dass auch der jüdische Lehrstuhl und die Redaktion von EMES Schuld tragen, denn im Hinblick auf die Parteidirektiven seien die Fragen der Geschichte und des Kulturerbes noch nicht gründlich behandelt worden. Wiener bekannte sich schuldig, da er es versäumt habe, mit Falkovitsh zu sprechen, um dessen Haltung zur Bibel zu eruieren. Nokhem Oyslender hielt ihm vor, er weiche weiterhin öfters vom Unterrichtsthema ab, obwohl man ihn darauf angesprochen habe. Selbstkritisch fügte Oyslender hinzu, dass am Lehrstuhl Überlegungen, Bibelelemente ins Programm aufzunehmen, auf irreführende Weise angestellt worden seien. Nach langer Diskussion konstatierte schließlich der Lehrstuhl, dass Falkovitsh »grobe Fehler« begangen habe, sein Zugang zum Problem des Kulturerbes nationalistisch und seine Einschätzung der jiddisch-sowjetischen Schule »nationalistisch-jiddischistisch« sei, und suspendierte ihn als Dozent des Kurses »Hebräische Elemente in der jiddischen Sprache«.[98]

Trotz der erfolgten kollektiven Selbstbezichtigung ließ das Volkskommissariat für Bildung der RSFSR am 28. August 1938 das Institut schließen.

97 Ibid.

98 Ibid.

1938 wurde Falkovitsh Programmleiter und Cheflektor des staatlichen Verlags DER EMES.[99] Der Verlag, Hauptproduzent jiddischer Bücher in der Sowjetunion, blieb auch nach der Auflösung der Zeitung im September 1938 zunächst bestehen und publizierte Belletristik, politische Literatur und Lehrbücher sowie die Literaturzeitschriften SOVETISH (1934–1941) und HEYMLAND (1947–1948). Während des Zweiten Weltkriegs hatte OGIZ, die Vereinigung der staatlichen Verlage, angeregt, EMES zu schließen, doch das Zentralkomitee (ZK) stellte sich auf die Seite der jiddischen Schriftsteller.[100] Die Redaktion wurde nach Kujbyschew evakuiert. 1942 bis 1948 brachte der Verlag die Zeitschrift EYNIKAYT heraus.

Falkovitsh gestaltete das Verlagsprogramm mit und lektorierte im Ressort Literatur die Manuskripte. Ob Bergelson, Der Nister, Hofshteyn, Kvitko, Kushnirov oder Markish – alle schätzten seinen scharfen Blick und klugen Rat.[101] Seine Methode habe darin bestanden, berichtet Yoysef Kerler, das Wichtigste am Text – die künstlerische Eigenheit des Autors – vor צופֿעליקער באַריידעוודיקייט [*tsufeliker bareydevdikayt*, willkürlicher Geschwätzigkeit] zu hüten.[102] Aus dieser Zusammenarbeit mit den Autoren erwuchsen oft Freundschaften, wie etwa mit Leyb Kvitko, Perets Markish und Der Nister.[103]

99 Zum jiddischen Publikations- und Verlagswesen in der Sowjetunion siehe Shmeruk 1961, 57–125; zum Verlag DER EMES siehe auch Estraikh 2011–2017, Chazdan 2022.

100 Kostyrčenko 2010, 84; vgl. auch Chazdan 2022: 61.

101 Bergelson 1943; Kerler 1991, 138.

102 Ibid. Diese Herangehensweise wird in einem Bericht über einen dem Werk des bessarabischen Dichters Motl Sakzier gewidmeten Abend angedeutet. Am Ende der langen Diskussion meldete sich Falkovitsh zu Wort und riet dem »zweifellos talentierten« Dichter, sich von »Rhetorik und anderen Mängeln« zu befreien, »die sein Gedicht bremsen«, und »sein Wort auch vom Ideengehalt her zu sättigen« [ער דארף זיך באפרייַען פון רעטאָריק און אנדערע כעסרוינעס, וועלכע האמעווען זייַן ליד. ער דארף אָנזעטיקן זייַן וואָרט אויך אידעיִש.] (Ites 1947).

103 So kümmerte sich etwa Kvitko während des Kriegs um die Auszahlung von Falkovitshs Honoraren an dessen Familie (Kvitko an Falkovitsh, 30. Juni 1943, NLI, ARC. 4* 2001/23). 1962 wandte sich Kvitkos Witwe Beti an Falkovitsh, als Kvitkos Werk in SOVETISH HEYMLAND nicht angemessen vorgestellt wurde (Beti Kvitko an Falkovitsh, 20. Mai 1962, NLI, ARC. 4* 2001/22). Veniamin Artsis erinnert, dass nach der Beerdigung von Shloyme Mikhoels Perets Markish zu Falkovitsh kam, um vertraulich über die Ereignisse zu sprechen (Interview mit Veniamin Artsis, Haifa, 7. April 2021). Markishs Sohn Shimen verehrte in seiner Jugend den »unvergesslichen, hochgebildeten und außergewöhnlichen« Falkovitsh (Markish 1985: 26). Markishs Schwester Elena bat um seine Intervention im Verlag SOVETISH HEYMLAND, als die Redaktion, die ihre Memoiren zwar zur Veröffentlichung angenommen hatte, deren Publikation jedoch wiederholt aufschob. Elena Markish vermutete, dass sich die Zuständigen im Verlag von Markishs Witwe Ester, die sich dagegen gestellt habe, unter Druck haben setzen lassen (Elena Markish an Falkovitsh, 15.10.1962, 10.12.1962 und 19.12.1962, NLI, ARC. 4* 2001/13).

Das Verlagsprogramm bis zum Kriegsausbruch umfasste Werke der Klassiker wie Scholem Alejchems und Jizchok Lejbusch Peretz' Erzählungen, Anthologien von Volksliedern und Volksmärchen,[104] Übersetzungen, darunter Honoré de Balzac, Maxim Gorki, Michail Lermontov, Alexander Puschkin, Taras Schewtschenko oder Anton Tschechow, und vor allem Werke jiddisch-sowjetischer Autoren, darunter namhafte wie Dovid Bergelson,[105] Der Nister,[106] Shmuel Halkin,[107] Leyb Kvitko[108] oder Perets Markish,[109] und weniger bekannte wie Rokhl Boymvol,[110] Shifre Kholodenko,[111] Shmuel Nisn Godiner,[112] und Ezre Fininberg[113].

Ende 1940 erschien im Verlag DER EMES Falkovitshs hier als Neuedition vorliegende Grammatik. Im Unterschied zu seinem früheren Lehrbuch enthält das neue 384 Seiten starke Werk auch Kapitel zu Phonetik, Graphik, Lexik/Semantik und Syntax. Der Band umfasst den theoretischen Teil der Grammatik; ein praktischer Teil mit den Übungen sollte separat erscheinen, dazu kam es jedoch nicht. Im Vorwort dankt der Autor den Kollegen Meyer Wiener und Ayzik Zaretski für ihre kritischen Bemerkungen und Ratschläge.

Im März 1941 veröffentlicht die Minsker Monatsschrift שטערן [SHTERN, Stern] Moyni Shulmans Rezension unter dem Titel א נייטיק און נוצלעך בוך [*A neytik un nutslekh bukh*, Ein notwendiges und nützliches Buch].[114] Der Kritiker bewertet die Neuerscheinung nicht nur als ein dringend notwendiges Lehrbuch, sondern auch als ein seit Langem fehlendes Nachschlagewerk für Lehrer, Literaten und Journalisten. Falkovitshs historischen Zugang, der

104 דאָברושין, (רעד׳), **פאָלקס מייסעס**, 1939; דאָברושין און יודיצקי (רעד׳), **ייִדישע פאָלקס־לידער**, 1940. Diese und weitere unten aufgeführte Titel sind in der von Khone Shmeruk herausgegebenen bibliographischen Liste verzeichnet (Shmeruk 1961, hier: [1046]).

105 **לעבן פאנצער־צוג**, 1939; **באם דניעפער**, ב׳ 2, 1940; **דערציילונגען**, 1941.

106 **די מישפאָכע מאשבער**. ראָמאַן. ערשטער טייל, 1939.

107 **לידער**, 1939.

108 **אכאבי**, צייכענונגען פון וו. טאראסאָווא, 1940; **וויג־ליד**, צייכענונגען פון וו. טאראסאָווא, 1940; **וועמעס איז עס מיידעלע?**, צייכענונגען פון מ. פאָליאקאָוו, 1940; **ווי מיכאס האָט זיך אויסגעבאָדן**, 1940; **עלף טעבטער**, 1940; **זומער**, צייכענונגען פון וו. קאנאשעוויטש און וו. אלפייעווסקי, 1941; **יונגע יאָרן**, 1941.

109 **די נײַע מישפאָכע**, 1939; **מיכאָעלס**, 1939; **פאָעמע וועגן סטאלינען**, 1940; **רויטארמייישע באלאדעס**, 1940; **א טויט די קאניבאלן!** לידער, 1941.

110 **לידער**, 1940.

111 **גאנצפרי**. נאָוועלן, 1940.

112 **לינישטשער יאטן**, 1939; **דער יאָנטעוו פון פריינדשאפט**. (דערציילונג), 1939.

113 **ליריק**. 1920–1940, 1940.

114 Shulman 1941.

in die Schrift- und Sprachgeschichte einführe, hält Shulman für »einen der größten Vorzüge« des Buchs und lobt die kontextualisierende Vermittlung der grammatikalischen Phänomene.[115] Ob Falkovitsh über Semantik, Morphologie oder Syntax schreibe, immer verwende er eine zugängliche Sprache, die sich »leicht und mit Interesse« lese.[116] Wertvoll seien Falkovitshs Hinweise für korrektes Schreiben, die er anhand analysierter Beispiele aus Presse und Literatur veranschauliche.[117] So vermittle der Autor nicht nur theoretische, sondern auch praktische Kenntnisse. Beeindruckt zeigt sich der Rezensent vom Reichtum des illustrierenden Materials, das der modernen, klassischen und altjiddischen Literatur entstammt.[118] Anschließend behandelt Shulman auf dreieinhalb Seiten »Ungenauigkeiten und Fehler«.[119] Er ist mit Falkovitsh hinsichtlich einiger sprachhistorischer Details nicht einig,[120] hält etwa die Erläuterung von ›Homonym‹ und ›Synonym‹ für ungenau,[121] die Übersetzung linguistischer Begriffe wie ›transitiv‹ und ›intransitiv‹ für nicht ganz gelungen und erklärt zum Schluss, dies seien kleine Mängel, die den Wert des nützlichen Buchs nicht mindern und vom Autor bei der Vorbereitung der zweiten Auflage berücksichtigt werden könnten.[122]

Zu einer zweiten Auflage kam es nicht. Das Werk ist die letzte große Monographie jiddisch-sowjetischer Sprachwissenschaft und markiert das Ende einer Ära. Im Mai 1941 erschien eine kurze Rezension in der Kaunaser Zeitschrift שטראַלן [SHTRALN, Strahlen]. Auch dieser Rezensent lobt Falkovitshs klare Schreibweise, die gute Auswahl der Beispiele und hält dieses Buch für דאָס בעסטע ווערק צו דערלערנען טיפֿער און אַלזײַטיקער די ייִדישע שפּראַך [das beste Werk, um die jiddische Sprache gründlich und umfassend zu erlernen]. Das Buch sei geeignet für Jugendliche, welche die Mittelschule absolviert haben und ihre Sprachkenntnisse vervollständigen wollen. Doch sei das Buch nicht minder wichtig für Jiddischlehrer, Schriftsteller, Aktivisten und jeden, der Jiddisch beherrschen wolle.[123]

115 Ibid., 88f.
116 Ibid., 89.
117 Ibid.
118 Ibid., 88. Zu den altjiddischen Zitaten siehe Neuberg in diesem Band.
119 Ibid., 89.
120 Etwa hinsichtlich des Ursprungs romanischer Elemente im Jiddischen (ibid., 91).
121 Ibid.
122 Ibid., 92.
123 M–Sh 1941.

1942 begann der Linguist und frühere Redakteur der ייִוואָ בלעטער [YIVO BLETER, YIVO-Blätter] Zelig Kalmanovitsh im Wilnaer Getto Falkovitshs Grammatik ins Deutsche zu übersetzen,[124] wohl im Auftrag der nationalsozialistischen Besatzer. Das vollständige Manuskript ist erhalten.[125]

Auch 37 Jahre nach Erscheinen galt Falkovitshs Grammatik als herausragend: 1977 bemerkt Wolf Yunin im New Yorker פֿאָרווערטס [FORVERTS, Vorwärts]: פון די ביז איצטיקע גראַמאַטיק לערנביכער איז ע. פאַלקאָוויטשס „ידיש“ איינער פון די בעסטע [Von allen bisherigen Lehrbüchern ist E. Falkovitshs »Jiddisch« eines der besten].[126]

1941 kam im Verlag DER EMES unter Falkovitshs Redaktion das רוסיש־ייִדיש ווערטערביכל פאר דער אָנפאנגשול [*rusish-yidish verterbikhl far der onfangshul*, russisch-jiddische Wörterbuch für die Grundschule] heraus.[127] Das Wörterbuch entstand als Teamprojekt des wissenschaftlich-pädagogischen Instituts im Volkskommissariat für Bildung.[128] Falkovitsh soll in dieser Publikation über den praktischen Nutzen hinaus auch ein ermutigendes Zeichen des Fortlebens der jiddischen Sprache in der Sowjetunion gesehen haben.[129]

Am 6. Juli 1941 schloss sich Falkovitsh als Freiwilliger der Roten Armee an, kämpfte 25 Monate an der russischen Westfront und wurde nach seiner Verwundung als Oberleutnant in den Reservedienst entlassen.[130] Im Juli 1942 verlieh ihm die Heeresleitung der Westfront für seine »Heldentaten« den Le-

124 Am 26. Mai 1942 notierte Kalmanovitsh in seinem Tagebuch: די איראָניע פֿון גורל: גענומען אויף זיך איבערצוזעצן פֿאַלקאָוויטשעס בוך ייִדיש! [Die Ironie des Schicksals: [Ich] übernahm es, Falkovitshs Jiddisch zu übersetzen!] (Kalmanovitsh 1997, 50). Kalmanovitsh war Gegner der sowjetischen dehebraisierten Orthographie und sah im jiddisch-sowjetischen Reformverfahren, das alles Jiddischistische als nationalistisch bekämpfte und hebräische Elemente tilgte, einen Mangel an Liebe zur jiddischen Sprache an sich (vgl. Kalmanovitsh 1931). Seine Kritik richtet sich namentlich gegen Nokhem Shtif und Ayzik Zaretski, doch wird ihm Falkovitshs Rolle in der jiddisch-sowjetischen Sprachplanung nicht entgangen sein.

125 YIVO, RG 3, F3402, <https://vilnacollections.yivo.org/?ca=((item.php!id__rg-3-s4-f3402*col__v>, 11. Oktober 2022.

126 Yunin 1977.

127 Im sowjetischen Druckwesen wurde am Buchende der Name des zuständigen Lektors angegeben, da dieser nicht nur für die sprachliche und literarische Qualität, sondern auch für die politische Korrektheit die Verantwortung trug (Krutikov 2019, 159f).

128 *Rusish-yidish verterbikhl* 1941, 5.

129 Interview mit Veniamin Artsis, Haifa, 7. April 2021.

130 RGALI, f. 2308, op. 1, ed. chr. 134.

nin-Orden.[131] Er soll 86 verwundete Kameraden unter schwerem deutschem Feuer gerettet haben, in deutsche Gefangenschaft geraten sein, dabei aus dem Stall, in dem er festgehalten wurde, strategische Stützpunkte der Deutschen ausspioniert und nach schwieriger Flucht mit 18 Soldaten der Roten Armee in einer selbständigen Operation die Deutschen erfolgreich attackiert haben.[132] In der Moskauer Zeitung *Krasnaja zvezda*, der damals tonangebenden Zeitung der Sowjetunion, schildert Ilja Ehrenburg der Zivilbevölkerung die Ereignisse:

> Фальковичу шел пятый десяток. Он был филологом, провел жизнь у письменного стола. На таких немцы облизываются: поймать и повесить. Не тут-то было. Фалькович пошел добровольцем на фронт. Отрезанный от своей части, он набрал восемнадцать бойцов. Они встретили роту немцев. Фалькович скомандовал: «В бой!» Восемнадцать смельчаков взяли в плен тридцать пять фрицев. Филолог своими руками убил восемь немцев.[133]
>
> Falkovitsh war in seinen 40ern. Er war Philologe, verbrachte sein Leben am Schreibtisch. Nach solchen Leuten lecken sich die Fritzen die Finger: Fangen und aufhängen. Mitnichten! Falkovitsh ist als Freiwilliger an die Front gegangen. Von seiner Einheit abgeschnitten, hat er 18 Kämpfer um sich gesammelt. Sie trafen auf eine Kompanie Deutscher. Falkovitsh befahl: »In den Kampf!« Achtzehn Mutige nahmen fünfunddreißig Fritzen in Gefangenschaft. Der Philologe brachte acht Deutsche eigenhändig um.[134]

Im stenographischen Bericht einer Plenarsitzung des Antifaschistischen Komitees aus dem Jahr 1943 wird Elye Falkovitshs kritische Wortmeldung festgehalten: Das Komitee tue nicht genug, um den Anteil der Juden im »vaterländischen Krieg« öffentlich bekannt zu machen. Als Beispiel berichtete er von einem Kampf um Naro-Fominsk, der zwei Monate zuvor stattgefunden hatte:

> מיר, יידישע אינטעליגענטן, זיינען געגאנגען אין שלאכט ניט נאָר ווי סאָוועטישע פּאטריאָטן, נאָר אויך ווי פאָרשטייער פון יידישן פאָלק, וואָס האָט א באזונדערן כעזשבן מיטן

[131] Ibid. Falkovitshs Neffe Veniamin Artsis berichtet, dass Falkovitsh für den Orden »Held der Sowjetunion« nominiert worden sei, aber da er im jiddischen Verlag DER EMES gearbeitet habe, habe er nur den Lenin-Orden bekommen (Interview mit Veniamin Artsis, Haifa, 7. April 2021).

[132] Bergelson 1943, vgl. *Falkovich* o. D.; Ehrenburg 1942; Gens 1969; Kerler 1991, 134–136. Die Zahl der von Falkovitsh Geretteten variiert. Zu Hause soll er über die Vorkommnisse im Krieg nicht geredet haben (Interview mit Anna Falkovich, New Jersey, 7. April 2021).

[133] Ehrenburg 1942.

[134] Übersetzt von Daria Vakhrushova.

פאשיסטישן סוינע. מיר האָבן געפירט און פירן דעם דאָזיקן כעזשבן. מיר האָבן געצאָלט און וועלן צאָלן דעם חוינע פאַר דעם, וואָס ער מאכט כאָרעוו אונדזער לאַנד און ראָט אויס אונדזער פאָלק. איך ווייס וועגן פיל פאקטן פון העלדישקייט, מעסירעסנעפעש, שטאנדהאפטיקייט פון די יידישע קריגס-לײַט פון מיין דיוויזיע. אָבער ניט אלע פאקטן זיינען אופגעזאמלט און פארשריבן געוואָרן.[135]

Wir, jüdische Intellektuelle, gingen in die Schlacht nicht nur als sowjetische Patrioten, sondern auch als Vertreter des jüdischen Volks, das eine besondere Rechnung mit dem Feind offen hat. Wir haben [nicht aufgehört], diese Rechnung zu führen, und führen [sie] fort. Wir haben heimgezahlt und werden dem Feind weiter heimzahlen, dass er unser Land zerstört und unser Volk ausrottet. Ich kenne viele Taten des Heldentums, der Opferbereitschaft, der Standhaftigkeit jüdischer Kämpfer meiner Division. Aber nicht alle Taten wurden zusammengetragen und aufgeschrieben.

Aufgrund seiner guten Deutschkenntnisse wurde Falkovitsh außerdem als Übersetzer beim Verhör deutscher Gefangener und für die sowjetische Kriegspropaganda zur Demoralisierung der deutschen Soldaten an der Front eingesetzt.[136] Dabei wurde er durch eine Mine verletzt und vom weiteren Militärdienst befreit. Er blieb gehbehindert.[137]

Eine weitere Auszeichnung folgte im Oktober 1944: Falkovitsh erhielt vom Kommissar des sowjetischen Bezirks der Stadt eine Medaille für die Verteidigung Moskaus.[138]

In seinem 1946 erschienenen Gedichtband אין ריזיקן פײַער [*In rizikn fayer*, Im mächtigen Feuer] widmete Ezre Fininberg (1899–1946) Falkovitsh das Gedicht אָן טומל [*On tuml*, Ohne Lärm]. Darin die Zeilen:

איך קוק אין אויגן אים אַרײַן.
איך זע דאָרט שטאַרקײַט, און איך זע דאָרט פּײַן.
איך זע דאָרט הונדערט טויזנט פײַערדיקע בילדער.
קיין שפּור פון טומלעניש.
קיין סימען פון געפּילדער.[139]

[135] II. Plenum des Antifaschistischen Komitees 1943 (Holocaust Museum, Reel 232, Frames 690–692). Die Originale sind in Moskau, GARF , f. R-8114, op. 1, d. 903, ll. 153–155. Mein Dank gilt Mikhail Krutikov für diesen Hinweis.

[136] *Falkovich* o. D.; Kerler 1991, 136.

[137] RGALI, f. 2308, op. 1, ed. chr. 134 und Interview mit Veniamin Artsis, Haifa, 7. April 2021. In einem Brief an Yoysef Tshernyak vom 3. Januar 1965 erzählt Falkovitsh, dass man den Schmerzen verursachenden Splitter bei einem Ende 1964 erfolgten chirurgischen Eingriff nicht habe entfernen können (NLI, ARC. 4° 1765, 3–5 19).

[138] Личное дело Фалькович И. М. – Ličnoe delo Fal'kovič I. M. (RGALI, f. 2308, op. 1, ed. chr. 134).

[139] Fininberg 1946, 77f.

Ich schau ihm in die Augen.
Ich seh dort Stärke, und ich seh dort Pein.
Ich seh dort hunderttausend Bilder des Feuers.
Keine Spur von Aufruhr.
Kein Zeichen von Getöse.

Nach seiner Entlassung aus der Armee arbeitete Falkovitsh weiter als Programmleiter und Cheflektor des Verlags EMES.[140] Doch war der Verlag nicht mehr derselbe. Die Leere nach den Verhaftungen und Ermordungen jiddischer Schriftsteller und Kulturaktivisten und der Schließung der Kultureinrichtungen war allgegenwärtig. Moyshe Kulbak, Izi Kharik, Aleksander Khashin und Moyshe Litvakov lebten nicht mehr. Im Krieg waren weitere Kollegen gefallen, darunter Arn Gurshteyn. Wer den Krieg oder die Jahre der Evakuierung in Mittelasien überlebt hatte, war traumatisiert. Shloyme Roytman, damals Lektor für Poesie, erinnert sich:

> שפֿלדיק איז איצט דאָס לעבן אין פֿאַרלאַג, וואָס האָט אַ מאָל, ווען מ׳האָט אַרויסגעגעבן די צײַטונג דער עמעס, ממש געזאָטן. מיר האָבן געפֿילט, ווי גרויס עס זענען די אַבֿדות אין אונדזערע שרײַבערישע רייען, איבער אונדז האָבן געלאָקערט די שאָטנס פֿון די אומגעקומענע.[141]

> Armselig ist jetzt das Leben im Verlag, in dem es einmal, als man die Zeitung DER EMES herausgab, wirklich brodelte. Wir spürten, wie groß die Verluste in den Reihen unserer Schriftsteller waren, über uns lauerten die Schatten der Umgebrachten.

Zu Falkovitshs Team gehörten frühere altgediente, aber auch neue, aus dem Krieg heimkehrende Mitarbeiter: Zuständig für das Ressort Literatur und Prosalektor war Avrom Frumkin, Bluma Kotik war Prosalektorin und Verlagssekretärin, Lektoren für Lyrik waren Shloyme Roytman und Shmuel Halkin, Arn Kushnirov war Herausgeber der Literaturzeitschrift היימלאנד

[140] Der Verlag publizierte Bücher auch im Krieg, etwa דאָברושין, י[עכעזקל], **אונדזערע מענטשן**. פאַרצייכענונגען, 1942; בערגעלסאָן, ד[אָוויד], **געווען איז נאַכט און געוואָרן איז טאָג**. (דערציילונג), 1943; דאָברושין, י[עכעזקל], **הייסע הערצער**, 1943; דער ניסטער, **קאָרבאָנעס**. (דערציילונגען), 1943; וואָלפּ, ל[ייזער], **די ברוינע בעסטיע**. באַלאַדעס און סאַטירעס, 1943; מאַרקיש, פּ[ערעץ], **פאַר פאָלק און היימלאַנד**, 1943; פּאָליאַנקער, ה[ערשל], **נעקאָמע**. פּראָנט דערציילונגען, 1943; פינינבערג, ע[זרע], **פון שלאַכט־פעלד**, 1943; פעפער, א[יציק], **מילכאָמע־באַלאַדעס**, 1943; קוויטקאָ, לייב, **קינדער־הערצער**, 1943; גען, ט[עוויע], **דאָס פאַרבליבענע העפטל**, 1944; האָפשטיין, ד[אָוויד], **איך גלייב**, 1944; פּערסאָוו, שמואל, **דיין נאָמען איז פאָלק**. (פאַרצייכענונגען וועגן ייִדן פּאַרטיזאַנער), 1944; קערלער, יוסף, **פאַר מײַן ערד**, 1944; שוואַרצמאַן, אָשער, **אַלע לידער**, 1944. Diese Buchproduktion hing mit dem Bedarf des Antifaschistischen Komitees an jiddischen Publikationen für die Propaganda im Ausland zusammen (Shmeruk 1961, 96). Vom Ende Juni 1941 bis Ende 1945 veröffentlichte DER EMES 80 Titel (ibid., 97).

[141] Roytman 1984: 81.

[HEYMLAND, Heimat]. Verlagsdirektor war Lev Strongin.[142] Das Lektorat fand oft in Zusammenarbeit mit den Autoren im Verlagslokal statt, gelegentlich in deren Wohnungen. Falkovitsh kontrollierte die Lektoratsarbeit und ergänzte sie mit eigenen Bemerkungen.[143] Seine Mitarbeiter schätzten seine Professionalität, Wärme, Bescheidenheit und Ehrlichkeit.[144]

So intensiv man auch gearbeitet habe, berichtet Roytman, ging die Herstellung mit Verzögerungen vonstatten. Und doch gelang es dem Verlag bis zu seiner Schließung, neben politischen Broschüren und Abhandlungen zum Krieg[145] eine beachtliche Reihe literarischer Werke zu veröffentlichen.[146] Zum Programm gehörten Sammlungen bzw. Einzelwerke von Abramovitsh, Scholem Alejchem und Perets, zahlreiche sowjetische Lyrik-[147] und Prosabände[148], literaturwissenschaftliche Werke[149] und ein von Falkovitsh herausgegebener Band mit Erinnerungen an Shloyme Mikhoels (1948). Auffallend ist die Vielzahl der Werkausgaben. 1947 bis 1948 erschienen Gesammelte Werke [געקליבענע ווערק, *Geklibene verk*] von Dovid Hofshteyn, Ezre Fininberg und Arn Kushnirov sowie Shmuel Halkins Werkauswahl mit dem vielsagenden Titel דער בוים פון מײַן לעבן [*Der boym fun mayn lebn*, Der Baum meines Lebens]. Nicht erscheinen durften der zweite Band von Der Nisters די מישפּאָכע מאשבער [*Di mishpokhe mashber*, Die Familie Maschber] und der von Falkovitsh angeregte Gedichtband von Chaim Nachman Bialik.[150]

Und dennoch deckten die gedruckten Bücher nicht den Bedarf an Publikationen jiddischer Literatur, an Lehrbüchern und politischen Abhandlun-

142 Ibid., 79.

143 Ibid., 85.

144 Ibid., 80f. Roytman, der bei ihm studiert hatte, hielt ihn für seinen besten Lehrer und war gerührt von Falkovitshs unermüdlichen Bemühungen bei den Behörden, Lebensmittelkarten für ihn zu bekommen (ibid.).

145 Darunter Ber Marks Darstellung des Aufstands im Warschauer Getto (1947), Smolars Bericht vom Minsker Getto (1946) und Suzkevers vom Wilnaer Getto (1946).

146 Von 1946 bis 1948 erschienen 114 Titel (Shmeruk 1961, 99).

147 Etwa von Rokhl Boymvol (1947), Itsik Fefer (1946, 1948), Binem Heler (1948), Perets Markish (1948), Hirsh Osherovitsh (1947).

148 Etwa von Dovid Bergelson (1947, 1948), Yekhiel Falikman (1945, 1948), Shire Gorshman (1948), Hershl Polyanker (1948), Yoysef Rabin (1947, 1948), Herz Rivkin (1948), Yekhiel Shraybman (1946), Khayim Zilberman (1948).

149 Etwa Gurshteyns Arbeit zu Scholem Alejchem, 1946, oder Dobrushins zu Bergelson, 1947.

150 Vom tatsächlichen Verlagsprogramm und von den druckfertigen Buchprojekten wurde nur ein kleiner Teil publiziert, wie Shmeruk nachweist (1961, 99–102). Zur Publikationsgeschichte des Romans *Die Familie Maschber* von Der Nister siehe Krutikov 2019, 172–174.

gen, wie Falkovitsh auf Leserkonferenzen in Kischinau und Czernowitz zu hören bekam.[151] Ein Jahr nach diesen Leserkonferenzen verordnete das ZK der KPdSU die Schließung des Verlags mit dem Argument, dass die Leserschaft für Literatur in jiddischer Sprache gering sei und ein Großteil der Bücher nicht vertrieben werde.[152]

Seit Anfang 1948 wurden die zentralen jiddischen Kultureinrichtungen aufgelöst, darunter das früher von Mikhoels geleitete Theater. Falkovitsh wurde bereits vor der Schließung des Verlags gekündigt.[153] Zur Zeit der Verhaftungen prominenter jiddisch-sowjetischer Autoren, Kulturaktivisten und Mitglieder des Jüdischen Antifaschistischen Komitees rechnete Falkovitsh damit, ebenfalls verhaftet zu werden.[154] Er blieb auf freiem Fuß und bangte um die verhafteten Freunde. Für einen Menschen, der das unausgesprochene Wort oft für enthüllender als das ausgesprochene hielt,[155] wie sein ehemaliger Student Yoysef Kerler Falkovitsh beschreibt, war der Satz beredt:

> איך האָב געזען אַ בער, אַ לייב, אַ העלפֿאַנט אין זייערע שטייַגן... איך שטעל זיך אָבער ניט פֿאָר מאַרקישן אין אַ שטייַג![156]

> Ich sah einen Bären, einen Löwen, einen Elefanten in ihren Käfigen… Ich stelle mir aber Markish nicht im Käfig vor!

Bis 1960 konnten weder Falkovitsh noch seine Frau Rivka Škol'nikov Arbeit finden und mussten in bescheidenen Verhältnissen leben.[157] In den 1950er Jahren wurde er sporadisch eingeladen, Vorträge zu allgemeiner Linguistik zu halten. Die Bemühungen seines ehemaligen Studenten Hersh Smolar,[158] inzwischen Autor und Redakteur der Tageszeitung פֿאָלקס־שטימע

[151] Davidovitsh 1947.

[152] Chazdan 2022: 63.

[153] Roytman 1984: 95.

[154] Interview mit Anna Falkovich, New Jersey, 7. April 2021. Ein gepackter Koffer für den Fall seiner Verhaftung habe ständig unter seinem Bett gelegen, erinnert sich seine Enkelin (ibid. und Interview mit Veniamin Artsis, Haifa, 7. April 2021). Vgl. auch Kerler 1991, 137.

[155] Ibid., 133.

[156] Ibid., 137.

[157] Interview mit Anna Falkovich, New Jersey, 7. April 2021. Rivka Škol'nikov war Chemikerin (Gorshman 1959, 5).

[158] Hersh Smolar [Smolyar], 1905–1993, kam 1923 nach Moskau, wo er an der Kommunistischen Universität der nationalen Minderheiten des Westens studierte, unter anderem bei dem jungen Dozenten Falkovitsh. Während des Zweiten Weltkriegs war Smolar ein führender Partisanen-

[FOLKS-SHTIME, Volksstimme], ihn 1956 nach Warschau zu einer Vortragsreihe einzuladen, scheiterten.[159] Sein Artikel zu Scholem Alejchem wurde 1957 in der Warschauer Zeitschrift יידישע שריפטן [YIDISHE SHRIFTN, Jiddische Schriften] gedruckt. Während dieser Zeit schrieb er an einer Monographie zur Rhetorik Искусство лектора [*Iskusstvo lektora,* Die Kunst des Redners].[160] In diesem Werk erläutert Falkovitsh Grundsätze des Vortragsaufbaus, Eigenschaften der Rede, deren rhetorische Mittel und die Aufbereitung des zu präsentierenden Vortragsmaterials. Jiddisch wird weder behandelt noch erwähnt. Aus Warschau meldete Hersh Smolar:

> פֿאר מיר איז אייער בוך ממש אַן אנטפּלעקונג: אַן אנדער ח׳ פֿאלקאוויטש, אַן אנדער, ווי מיר הארן אים געקענט אלס לעקטאר פֿון יידישער שפּראך, אלט מחבר פֿונעם בוך וועגן יידיש, אלס רעדאקטאר פֿון פֿארלאג „עמעס“, אלס ליטעראטור־קענער. עס אימפּאנירט שטאַרק די געוואגטקייט זי׳ן אנטקעגנצושטעלן דעם טראפֿארעט, וועלכער איז שיער ניט קאנאָניזירט געווארן אלס אופן פֿון ארויסקומען מיט עפֿנטלעכע לעקציעס. אונדז אלעמען פלעגט פּייניקן דער צושטאַנד, ווען כמעט אין נוסח פֿון א תהילים פלעגן לעקטארן אפּדאווענען וועגן דער סאַמע רעוואלוציאנערסטער לערע. די פּערזענלעכקייט פֿונעם לעקטאר איז אלס כלל ניוועלירט געוואָרן דורך די ניט געשריבענע געזעצן פֿון נודנעקייט, [...] אייער בוך אנטפּלעקט דעם אמת, אַז זיין א לעקטאר הייסט זיין אויך אַ קינצלער. אייער ארבעט איז אביישפּיל פֿון ערודיציע, פֿון פֿאָרשערישער ערלעכקייט. [...][161]

Für mich ist Ihr Buch wirklich eine Entdeckung: Ein anderer Genosse Falkovitsh, ein anderer, als wir ihn kannten, als Dozenten für Jiddisch, als Verfasser eines Buchs über Jiddisch, als Cheflektor des Verlags EMES, als Literaturkenner. Besonders imponierend ist die Gewagtheit, sich gegen das Klischee zu stellen, das als eine bestimmte Art des Auftretens mit öffentlichen Vorträgen nahezu kanonisiert wurde. Uns alle peinigte immer der Umstand, dass Dozierende fast im psalmodierenden Stil die allerrevolutionärste Lehre

kämpfer in der Minsker Gegend und wurde 1946 mit einer sowjetischen Medaille ausgezeichnet. Im selben Jahr erschienen im Moskauer Verlag EMES unter Falkovitshs Lektorat seine Kriegsmemoiren פֿון מינסקער געטאָ [Vom Minsker Getto]. Kurz darauf kehrte er nach Warschau zurück, wo er in seinem Editorial in der FOLKS-SHTIME vom 4. April 1956 über die »Liquidierung der jiddisch-sowjetischen Kultureinrichtungen und deren führenden Persönlichkeiten zwischen 1948 und 1952« erstmals berichtete (Estraikh 2010b). Diese erste Bekanntgabe wurde weltweit nachgedruckt (ibid.). Smolars erhaltene Briefe an Falkovitsh zeugen von authentischer Wertschätzung für den Fachmann und Gelehrten und von Bewunderung für den Menschen Falkovitsh (NLI, ARC. 4° 2001/16).

159 Siehe Briefe von Hersh Smolar in dieser Angelegenheit, März–August 1956 (NLI, ARC. 4° 2001/16). Der offiziellen Einladung zur Gedenkfeier anlässlich des 15. Jahrestags des Aufstands im Warschauer Getto konnte Falkovitsh anscheinend ebenfalls nicht folgen (Brief vom 10. März 1958, ibid.).

160 Moskau: Gosudarstvennoe izdatel'stvo političeskoj literatury, 1960. Onlinefassung: <https://archive.org/details/iskusstvo-lektora-by-falkovich/page/260/mode/2up>.

161 Brief vom 23. Februar 1960 (NLI, ARC. 4° 2001/16).

> heruntergeleiert haben. Die Persönlichkeit des Dozierenden wurde prinzipiell von den ungeschriebenen Gesetzen der Langeweile nivelliert, [...] Ihr Buch offenbart die Wahrheit, dass Dozent sein auch Künstler sein heißt. Ihre Arbeit ist ein Beispiel von Gelehrsamkeit, von forschender Ehrlichkeit. [...]

In den 1960er Jahren veröffentlichte Falkovitsh einige russischsprachige Artikel, darunter eine linguistische Übersicht über Jiddisch in dem anspruchsvollen, fünfbändigen Nachschlagewerk *Sprachen der Völker der UdSSR* (1966)[162] und einen Artikel zu Jiddisch in der *Kleinen Literaturenzyklopädie* (1962–1978).[163] 1964 gab er die ins Russische übersetzten literaturwissenschaftlichen Artikel seines 1953 in einem Gefangenenlager am Polarkreis verstorbenen Kollegen Yekhezkl Dobrushin[164] heraus. Zudem hielt er Vorträge für »Lektoren und Propagandisten« im Moskauer Umland.[165]

In dieser Zeit las er die New Yorker ייִדישע שפּראַך [YIDISHE SHPRAKH, Die jiddische Sprache], deren Diskurs er für einen »schlechten Akademismus« unter »Elitären« hielt,[166] stand in Kontakt mit Kollegen in Tel Aviv, etwa Dov Sadan, und in New York, etwa mit Yudl Mark und mit Peysekh Novik, Redakteur der New Yorker מאָרגן־פֿרייהייט [MORGN-FRAYHAYT, Morgen-Freiheit].[167] Den Linguisten Max Weinreich hat er sehr geschätzt, an seinen Freund Yoysef Tshernyak schrieb er:

> ווײַנרײַכס ייִדיש־געשיכטע איז א גרויסער אופּטו. איך בין מער ווי זיכער, אז ס׳וועט זײַן וואָגיק און אינטערעסאנט. ווײַנרײַך איז א מענטש מיט וויסן, מיט געשמאק און מיט אכרײַעס (אזוי דוכט זיך מיר).[168]

[162] Darüber bringt die Warschauer FOLKS-SHTIME am 5. Oktober 1966 einen ausführlichen Bericht eines Moskauer Korrespondenten (Rabinovitsh 1966). Wohl ausgehend von dieser Quelle berichtet darüber *The Jewish Chronicle* am 11. November 1966 unter dem Titel »Yiddish given a new status in Russia«. Die israelische Zeitung *Maariv* übernimmt die Nachricht am selben Tag unter der Überschrift „אידיש היא שפתו של אחד העמים הסובייטיים...״ כך נאמר במונוגרפיה של הלשונות המדוברות בבריה״מ [»Jiddisch ist die Sprache eines der sowjetischen Völker...« Laut einer Monographie über die gesprochenen Sprachen in der UdSSR]. Im Bericht wird der »berühmte jiddische Linguist Eli Falkovitsh« erwähnt (*Jewish Chronicle* 1966 und *Maariv* 1966).

[163] Siehe die Bibliographie von Falkovitshs Veröffentlichungen in diesem Band.

[164] Krutikov 2010.

[165] Falkovitsh an Tshernyak, 26. Dezember 1962 (NLI, ARC. 4° 1765 3.5 07).

[166] Falkovitsh an Tshernyak, 30. Mai 1962 (ibid).

[167] Falkovitsh an Sadan, 5. Dezember 1969 (NLI, ARC. 4° 1052 01 5231); Mark an Falkovitsh, 19. Mai 1963 (NLI, ARC. 4° 2001/12); Novik an Falkovitsh, 16. November 1959, 27. Dezember 1964 (NLI, ARC. 4° 2001/14).

[168] Falkovitsh an Tshernyak, 1. September 1962 (NLI, ARC. 4° 1765 3–5 19).

> Weinreichs Sprachgeschichte des Jiddischen ist eine große Leistung. Ich bin mir mehr als sicher, dass sie von Bedeutung und Interesse sein wird. Weinreich ist ein Mensch mit Wissen, mit Geschmack und mit Verantwortung (scheint mir).

1965 veröffentlichte die Warschauer FOLKS-SHTIME in sieben Folgen Falkovitshs umfangreichen biographischen Essay über Ester Frumkin, die er persönlich kannte, nicht zuletzt aus der Zusammenarbeit an der MAYREVKE, der Universität der nationalen Minderheiten des Westens, deren Prorektorin sie seit 1921 und deren Rektorin sie seit 1925 war. Bereits der Untertitel signalisiert Falkovitshs Bewunderung für die Dargestellte: אסתּר. דער לעבנס־וועג פֿון דער גרויסער רעוואָלוציאָנערין [*Ester. Der lebens-veg fun der groyser revolutsyonerin*, Ester. Lebensweg einer großen Revolutionärin]. Falkovitsh schildert die Lebensgeschichte von Khaye Malke Lifshits[169] (1880–1943) alias Ester Frumkin aus auktorialer Perspektive, zeichnet ihren revolutionären Werdegang nach, rekonstruiert ihr politisches Denken anhand ihrer publizistischen Arbeit, zeigt Entwicklungslinien, »Widersprüche und Irrtümer«[170] auf, beschreibt ihre berufliche Laufbahn und porträtiert den Menschen. Die narrative Rekonstruktion gründet weitgehend auf Archivquellen (etwa polizeilichen Aktennotizen, dem Tagebuch der Schwester, stenographischen Berichten) und den namentlich gekennzeichneten bzw. anonymen Publikationen Frumkins und geht kritisch auf die Sekundärliteratur ein. Falkovitsh kontextualisiert das erzählte Leben historisch (etwa durch eine Schilderung des jüdischen Lebensraums in Minsk Ende des 19. Jahrhunderts) und reflektiert Lebenssituationen und -wege im Kontext der zeitbedingten gesellschaftlichen Denkmuster, die sich in ihnen spiegeln. Dabei bleibt die Darstellung des Lebenslaufs dynamisch und anschaulich.

Falkovitsh vergegenwärtigt Frumkin als beliebte, kluge, anmutige und lebensfrohe Gymnasiastin in Minsk, als beherzte Kämpferin der illegalen Organisation und späteren Partei BUND mitsamt deren politischen »Irrtümern«[171] (etwa dem von Lenin kritisierten Programm der national-kulturellen Autonomie)[172], als unermüdliche Publizistin, die sich vor allem im bundistischen

169 Vgl. Gechtman 2010.

170 Falkovitsh 1965, Nr. 80, darunter Frumkins Einsatz für die Pressefreiheit (ibid., Nr. 82).

171 Ibid., Nr. 83, 84.

172 Falkovitsh liest Frumkins 1925 erschienenes »großes Werk« לענין און זיין ארבעט [*Lenin un zayn arbet*, Lenin und seine Arbeit] auch als Frumkins eigenen Prozess der kritischen Selbstreflexion (ibid., Nr. 84).

VEKER oft zu Wort meldet und deren Stil den Fachmann für Rhetorik beeindruckt:

> געשריבן האָט אסתר פיין, קלאָר, פשוט, אָפטמאָל זייער ליריש. זי האָט געוווסט ווי אויסצונוצן א משל, א פארגלייך אָדער אן אנדער בילדנעריש מיטל, כדי פינקטלעכער, פּאָפּולערער אויסצודריקן א געדאנק.[173]

Geschrieben hat Ester fein, klar, schlicht, häufig sehr lyrisch. Sie wusste eine Parabel, einen Vergleich oder ein anderes bildhaftes Mittel einzusetzen, um einen Gedanken genauer, populärer auszudrücken.

Falkovitsh hielt Frumkin für eine גלענצנדיקע פּראָפּאגאנדיסטקע [*glentsndike propagandistke*, glänzende Propagandistin]:

> געהערט האָט מען זי אַלעמאָל זייער אויפמערקזאַם. זי האָט אָפּערירט מיט אינטערעסאַנטע פאַקטן, האָט געוווסט ווי צו מאַכן פון אַ פאַקט אַ פּראָבלעם, ווי צו פאַרבינדן דעם היינט מיטן נעכטן און זיי ביידע מיטן מאָרגן. זי האָט גוט געקענט אַקטואַליזירן אַ טעמע, ווייזן איר וויכטיקייט פאַרן צוהערער, ווען עס האָט זיך געהאַנדלט אפילו וועגן אַ ווייטן און פאַר אים פרעמדן מאַטעריאַל.
>
> [...] אסתר האָט אָפט גערעדט זייער עמאָציאָנעל, מיט אַ סך האַרץ, זייענדיק שטאַרק פאַראינטערעסירט צו באַווירקן דעם צוהערער, נישט לאָזן אים זיין קאַלט, גלייכגילטיק צו דעם, וואָס ער הערט. זי האָט מיטן צוהערער גערעדט ווי מיט אַ גלייכן, האָבנדיק פאַר אים אָפּשיי, און ער פלעגט עס פילן, שעצן און באַציען זיך צו אסתרן מיט גרויס דרך ארץ.[174]

Man hörte ihr sehr aufmerksam zu. Sie operierte mit interessanten Tatsachen, verstand es, anhand einer Tatsache ein Problem darzustellen, das Heute mit dem Gestern und beide mit dem Morgen zu verbinden. Sie konnte ein Thema gut aktualisieren, dem Zuhörer dessen Bedeutsamkeit vor Augen führen, selbst wenn es sich um einen entlegenen und ihm fremden Stoff handelte.

[…] Ester sprach oft sehr emotional, mit viel Herz, sehr bemüht, den Zuhörer zu berühren, damit ihn das Gehörte nicht kalt und gleichgültig lasse. Sie sprach zu dem Zuhörer als ihresgleichen, hatte Respekt vor ihm, und er spürte und schätzte es und verhielt sich Ester gegenüber mit großer Achtung.

Falkovitsh bewunderte sie als Rektorin der MAYREVKE, der קוזניע פון פּארטיי־קאַדערן [*kuznye fun partey-kadern*, Schmiede der Parteikader],[175] die ihre zahlreichen Studierenden kannte, sich um deren persönlichen Belange kümmerte und sie nach dem Studium beruflich unterstützte.[176]

[173] Ibid., Nr. 81.

[174] Ibid., Nr. 84.

[175] Ibid., Nr. 85.

[176] Ibid.

Empathisch erzählt Falkovitsh von ihren letzten »bitteren Jahren«, als die vormalige hohe Parteifunktionärin und Respektsperson, 1940, inzwischen sechzigjährig, zu acht Jahren Zwangsarbeit in einem Lager in Kasachstan verurteilt wurde und ihre Unschuld zu beweisen suchte. Die Zuckerkrankheit habe sie geschwächt, Insulin habe sie im Lager nicht bekommen, berichtet Falkovitsh und beendet die Biographie en miniature mit seinem Bild von Ester Frumkin, der »feinen und geistreichen« Seele, deren einziges Lebensziel gewesen sei, Menschen »besser, edler und glücklicher« zu machen.[177]

Ab 1961 wurde Falkovitsh einer der aktivsten Autoren der Zeitschrift SOVETISH HEYMLAND, eines in der poststalinistischen Ära gegründeten Forums sowjetisch-jiddischer Literaten, Literatur- und Sprachwissenschaftler.[178] Falkovitsh schrieb »Über Formalismus« in der Kunst und über die »Ehrfurcht vor der Sprache«, über das Buch Rut und andere biblische Erzählungen, beteiligte sich an Diskussionen und verfasste ab 1974, unter den Titeln שמועסן וועגן ייִדישער שפּראַך [*Shmuesn vegn yidisher shprakh*, Gespräche über die jiddische Sprache] und פֿאַר די, וואָס לערנען ייִדיש [*Far di, vos lernen yidish*, Für jene, die Jiddisch lernen], eine Kolumne als Lehrbuch in Fortsetzung.[179] Sie war auf ein Zielpublikum ausgerichtet, das Jiddisch nicht mehr oder nur wenig verstand, daher versah Falkovitsh das präsentierte Vokabular mit russischen Übersetzungen. Als Anschauungsmaterial vieler Beiträge zu grammatischen Aspekten dienten ihm literarische Auszüge, die er zweisprachig jiddisch und russisch präsentierte. Seine Beiträge bilden ab 1977 ein systematisches Lehrbuch für Erwachsene, in dem die grammatischen Phänomene nun auf Russisch erläutert sind.[180] Das Spätwerk des jiddischen Linguisten richtete sich nicht länger an Jiddischsprechende, sondern an jene, die Jiddisch lernen wollten.

1967 erschien in Moskau der unter Falkovitshs Redaktion von Beti Kvitko zusammengestellte Band von Leyb Kvitkos lyrischem Werk געקליבענע ווערק [*Geklibene verk*, Gesammelte Werke].[181] Offenbar schätzte Kvitkos Witwe die

[177] Ibid.

[178] Estraikh 2010c.

[179] Für Einzelheiten siehe die Bibliographie von Falkovitshs Veröffentlichungen in diesem Band.

[180] Sie erschienen in Buchform posthum (Falkovich und Shapiro 2006).

[181] 1974 erschien zudem unter Falkovitshs Redaktion Shifre Kholodenkos Gedichtband דאָס וואָרט [*Dos vort*, Das Wort]. Zu seinen Aufgaben als Cheflektor siehe Anmerkung 127.

Zusammenarbeit mit Falkovitsh sehr. Zum Geburtstag, von dem sie in der Warschauer FOLKS-SHTIME erfahren hatte,[182] gratulierte sie ihm:

> [...] און נאך ווינטש איך אייך – איר זאלט פיל־פיל יארן לעבן אין קרייז פון אייערע פריינט און אייגענע און פארבלייבן שטענדיק דער זעלבער דעליקאטער, נאבלער מענטש פון עכטער, גרויסער קולטור.[183]

> […] Und weiter wünsche ich Ihnen – Sie sollen viele-viele Jahre im Kreis Ihrer Freunde und Verwandten leben und immer derselbe feine, noble Mensch von echter, großer Kultur bleiben.

Nicht minder bewundernd berichtete im November 1969 Noyekh Gens in der Warschauer FOLKS-SHTIME von einem Besuch ehemaliger Studierender der MAYREVKE bei ihrem »beliebtesten Professor«,[184] der nach wie vor in der Belinskij Str. 4, im vierten Stock lebte. Mit den meisten war es seit über zwanzig Jahren nicht zu einem Wiedersehen gekommen. Man umarmt sich spontan, beginnt zu erzählen, die Stimmung ist heiter und entspannt, das Gespräch lebhaft, man fällt sich ins Wort, aber wenn Falkovitsh spricht, »schweigen alle und hängen an seinen Lippen«.[185]

Falkovitshs Enkelin erinnert sich an einen »kalten«, »zurückhaltenden« Menschen.[186] Zu seinem 60. Geburtstag porträtierte ihn die Erzählerin und nahe Freundin der Familie Shire Gorshman:

> עליע האָט קיינמאָל קיינע טענות. קיינמאָל באַקלאָגט ער זיך נישט. שטענדיק פּאַוואָליע, קנאַפּע רייד, קאַרגע זשעסטן, קיין שפּרענקעלע אויפן רעקל, געפּוצטע שיך.[187]

> Elye macht nie Vorwürfe. Niemals beklagt er sich. Immer bedächtig, knappe Worte, karge Gesten, das Jackett fleckenlos, die Schuhe geputzt.

Yoysef Kerler berichtet, dass sein Lehrer, der als »trockener Mensch« gegolten habe, sachlich aufgetreten sei und freundlich sein »tiefes Wissen«

[182] Die Warschauer FOLKS-SHTIME gratulierte Falkovitsh auch zu seinem 60. Geburtstag mit einem längeren Artikel der mit ihm befreundeten Erzählerin Shire Gorshman (Gorshman 1959) und zu seinem 70. mit einer Notiz der Redaktion (*Folks-shtime* 1969).

[183] Beti Kvitko an Falkovitsh, 28. November 1967, NLI, ARC. 4° 2001/22.

[184] Falkovitshs einfühlsame Betreuung von Studierenden kommt in seinen Beiträgen in der Universitätszeitschrift מיירעווניק [*Mayrevnik*] über die Entwicklung von Lerntechniken und Lerngewohnheiten zum Ausdruck (Falkovitsh 1930c).

[185] Gens 1969.

[186] Interview mit Anna Falkovich, New Jersey, 7. April 2021.

[187] Gorshman 1959, 5.

wie auch seinen »feinen Sinn für Poesie« mit seinen Zuhörern geteilt habe.[188] Vom ersten Auftritt des Pädagogen prägte sich ihm folgendes Bild ein:

> [...] אַ שלאַנקער אין זײַן פֿײַן געפּרעסטן, א ביסל אַלטמאָדיש־קלאַסישן טונקל־בלויען קאָסטיום, זייער אַן ערנסטער און בלויז בײַם פֿרײַנדלעכן „גוט מאָרגן“ האָבן זײַנע גרווילעכע אויגן אַ פֿאַרשעמטן שמייכל געטאָן.[189]

> […] ein Schlanker in seinem fein gebügelten, ein bisschen altmodisch-klassisch dunkelblauen Anzug, ein sehr Ernster, und nur beim freundlichen »Guten Tag« lächelten schüchtern seine grauen Augen.

Doch bald nahmen seine »ausgewogene Stimme«, »handfesten Argumente« und »klugen Ratschläge« die Studierenden ein.[190] Nach einem Kurs für Jiddischlehrer bedankte sich ein Teilnehmer bei Falkovitsh dafür, dass er ihn für Genauigkeit in der Sprache sensibilisiert habe; tiefen Eindruck hinterließen seine »reine, schöne und geschliffene jiddische Sprache«, seine »methodische Folgerichtigkeit« und die besondere Art, reichhaltige Inhalte zu vermitteln.[191]

Elye Falkovitsh starb in Moskau am 10. Juni 1979.

Zitierte Literatur

AFN SHPRAKHFRONT, 1935 **אפן שפראכפראָנט** (קיִעוו) 3–4.

BARBER, John, 1976: Stalin's letter to the editors of Proletarskaya revolyutsiya. In: *Soviet Studies*, 28 (1): 21–41. <http://dx.doi.org/10.1080/09668137608411040>, 12. Februar 2022.

BEMPORAD, Elissa, 2013: *Becoming Soviet Jews. The Bolshevik Experiment in Minsk.* Bloomington, Ind.: Indiana University Press.

BERGELSON, Dovid, 1943 בערגעלסאָן, דאָוויד: אונדזערער א מענטש. אין: **אייניקײַט** (מאָסקווע) 15 (36), 27טער מײַ 1943: 3. איבערגעדרוקט אין: **ייִדישע קולטור** (ניו־יאָרק) 8–9, אויגוסט–סעפּטעמבער 1943: 60–61.

CHAZDAN, S. E., 2022: Хаздан, С. Е.: «Дер Эмес»: газета, типография, издательство // *Библиосфера* 3: 58–64, <https://www.bibliosphere.ru/jour/article/view/1675>, 9. Februar 2023.

188 Kerler 1991, 127.

189 Ibid., 130.

190 Ibid.

191 Rapoport an Falkovitsh, 14. Januar 1936, NLI, ARC. 4* 2001/28; vgl. auch Roytman 1984, Kerler 1991.

Davidovitsh, H., 1947 דאווידאָוויטש, ה.: לייענער־קאָנפערענצן אין קעשענעוו און טשער־נאָוויץ. אין: **אייניקייט** (מאָסקווע) 5 (411), 11טער יאַנואַר 1947: 4.

Deklaracija 1917: Декларация прав народов России, 1 ноября 1917, <http://www.hist.msu.ru/ER/Etext/DEKRET/peoples.htm>, 4. Januar 2019.

Dönninghaus, Victor, 2009: *Minderheiten in Bedrängnis. Sowjetische Politik gegenüber Deutschen, Polen und anderen Diaspora-Nationalitäten 1917–1938*. München: Oldenburg.

Ehrenburg [Ėrenburg], Il'ja, 1942: Эренбург, Илья: Евреи // *Красная звезда* (Москва) 258 (5322), 1. November 1942: 3.

Estraikh, Gennady, 1999: *Soviet Yiddish: Language Planning and Linguistic Development*. Oxford: Oxford University Press.

Ders., 2005: *In Harness: Yiddish Writers' Romance with Communism*. Syracuse NY: Syracuse University Press.

Ders., 2010a: Falkovitsh, Elye. In: Gershon D. Hundert, ed., *The YIVO Encyclopedia of Jews in Eastern Europe*, <https://yivoencyclopedia.org/article.aspx/Falkovitsh_Elye>, 18. November 2022.

Ders., 2010b: Hersh Smolar. In: D. Hundert, ed., *The YIVO Encyclopedia of Jews in Eastern Europe*, <https://yivoencyclopedia.org/article.aspx/Smolar_Hersh>, 19. Januar 2023.

Ders., 2010c: Sovetish Heymland. In: Gershon D. Hundert, ed., *The YIVO Encyclopedia of Jews in Eastern Europe*, <https://yivoencyclopedia.org/article.aspx/Sovetish_Heymland>, 18. November 2022.

Ders., 2011–2017: Der Emes. In: Diner, Dan, Hg., *Enzyklopädie Jüdischer Geschichte und Kultur*. Stuttgart: Metzler. <https://referenceworks.brillonline.com/entries/enzyklopaedie-judischer-geschichte-und-kultur/der-emes-COM_0203?s.num=0*s.f.s2_parent=s.f.book.enzyklopaedie-judischer-geschichte-und-kultur*s.q=emes>, 9. Februar 2023.

Falkovich, o. D.: In: *Yad Vashem*, <www.yadvashem.org/research/research-projects/soldiers/eli-falkovich>, 18. November 2022.

Falkovitsh, Elye, 1928 פאלקאָוויטש, ע[ליע]: צי דאַרף מען דעם פּאַסיוו? אין: **די ייִדישע שפּראַך** (קיִעוו) 6: שפּ' 21–26.

Ders., 1930a פאלקאָוויטש, ע[ליע]: שפּראכקולטור און גראמאטיק. אין: **די יידישע שפּראכ**. (קיִעוו) 4–5 (23–24): שפּ' 42–50.

Ders., 1930b פאלקאָוויטש, ע[ליע]: **גראמאטיק פאר דערוואקסענע**. 1־ער טייל: וואָרט־בילדונג. באהעפט. צונויפגעזעצטע פראזע. צווייטע, פארבעסערטע און איבערגעארבעטע אויפלאגע. מאָסקווע – כארקאָוו – מינסק: צענטראלער פעלקער־פארלאג פון פ.ס.ס.ר.

Ders., 1930c פאלקאָוויטש, ע[ליע]: געוויינהייטן פאַר דערוואַקסענע (אין אָוונט־ און פּאַרטיי־שול). אין: **מיירעוונִיק** (מאָסקווע) 6, יאַנואַר 1930: 1–4.

Ders., 1933: Фалькович, Эли: Неудачный учебник грамматики // *Литература национальностей СССР* (Москва) 2: 22–25.

Ders., 1935 פאלקאָוויטש, ע[ליע]: ייִדיש אין שול. אין: **אפן שפּראכפראָנט** (קיִעוו) 3–4: שפּ' 192–201.

Ders., 1965 פאלקאָוויטש, ע[ליע]: אסתּר. דער לעבנס־וועג פֿון דער גרויסער רעוואָלוציאָנערין. אין: **פֿאָלקס־שטימע** (וואַרשע) 79, 22.05.1965: 5; 80, 25.05.1965: 2; 81, 26.05.1965: 5; 82, 27.05.1965: 2; 83, 29.05.1965: 6; 84, 01.06.1965: 2; 85, 02.06.1965: 5.

Ders., 1978 פאלקאָוויטש, עליע: וועגן דער מעגילע „רות“ און אנדערע טאנאכישע ספֿאָרים. אין: **סאָוועטיש היימלאנד** (מאָסקווע) 3–4: 167–179.

Falkovitsh, Ėli und Shapiro Mojše, 2006: Фалькович, Эли и Мойше Шапиро: *В помощь изучающим идиш. Учебные материалы из журнала «Советиш Геймланд» 1969 – 1978* = פֿאר די וואָס לערנען ייִדיש. Санкт-Петербург: Еврейский общинный центр Санкт-Петербурга.

Fininberg, Ezro, 1946 פֿינינבערג, עזראָ, 1946: **אין ריזיקן פֿײַער**. מאָסקווע: מעלוכע־פֿארלאג „דער עמעס“.

folks-shtime, 1969 פֿאלקס־שטימע: עליע פֿאַלקאַוויטש – 70 יאָר. אין: **פֿאלקס־שטימע** (וואַרשע) 47 (3881), 15טער פֿעברואַר 1969: 3.

Frank, Günter, 2011 – 2017: Jüdisches Antifaschistisches Komitee. In: Diner, Dan, Hg., *Enzyklopädie jüdischer Geschichte und Kultur*, <http://dx.doi.org/10.1163/2468-2845_ejgk_COM_0381>, 23. Januar 2022.

Gechtman, Roni, 2010: Lifshits, Khaye Malke. In: Gershon D. Hundert, ed., *The YIVO Encyclopedia of Jews in Eastern Europe*, <https://yivoencyclopedia.org/article.aspx/Lifshits_Khaye_Malke>, 10. März 2022.

Gens, Noyekh, 1969 גענס, נח: א באגעגעניש מיט עליע פאלקאָוויטש. אין: **פֿאלקס־שטימע** (וואַרשע) 47 (3927) 22 טער נאָוועמבער 1969: 5.

Goldin, L., 1932 גאָלדין, ל.: ע. פאלקאָוויטש. „גראמאטיק פֿאר דערוואקסענע“. אין: **ראטנ־בילדונג** (כאַרקאָוו, קיִעוו) 3–4: 145–147.

Gorshman, Shire, 1959 גאָרשמאַן, שירע: לאַנג לעבן זאָל ער. אין: **פֿאָלקס־שטימע** (וואַרשע), 168 (2062), 28טער אָקטאָבער 1959: 3, 5.

Greenbaum, Avraham, 2010: Eynikayt. In: Gershon D. Hundert, ed., *The YIVO Encyclopedia of Jews in Eastern Europe*, <https://yivoencyclopedia.org/article.aspx/Eynikayt>, 18. November 2022.

Gurevitsh, M[onye], 1932 גורעוויטש, מ[אָניע]: פֿאר א מארקסיסטיש־אויסגעהאלטענעם לערנבוך. אין: **ראטנבילדונג** (כאַרקאָוו, קיִעוו) 3–4: 142–145.

Homel 1982: Гомель. In: Надель, Ицхак Орен и Михаэль Занд, ред., *Краткая еврейская энциклопедия*. В 11 т. Т. 2. Иерусалим: Общество по исследованию еврейских общин: ст. 168 – 169.

Ites, Y., 1947 איטעס, י.: א שעפֿערישער אָוונט פֿונעם דיכטער מאָטל סאקציִער. אין: **אייניקײַט** (מאָסקווע) 13 (419), 30טער יאַנואַר 1947: 3.

Jewish Chronicle 1966: Yiddish given an new status in Russia. In: *The Jewish Chronicle* (London), 11. November 1966: 28.

Kalmanovitsh, Zelig, 1931 קלמנאָוויטש, זעליג, 1931: פּערספּעקטיוון פֿאַר יידיש אין ראַטנפֿאַרבאַנד. אין: **ליטעראַרישע בלעטער** (וואַרשע) 3, 16טער יאַנואַר 1931: 40–41; 4, 30טער יאַנואַר 1931: 78–80; 6, 6טער פֿעברואַר 1931: 100–102; 8, 20טער פֿעברואַר 1931: 139–141.

Ders., 1997 קלמנאָוויטש, זעליג, 1997: טאָגבוך פֿון ווילנער געטאָ (פֿראַגמענט). אין: **ייִוואָ־בלעטער** (ניו־יאָרק), ב׳ 3: 43–113.

Kappeler, Andreas, [2]1993: *Russland als Vielvölkerreich: Entstehung – Geschichte – Zerfall*. München: C. H. Beck.

Katz, Dovid, Hg., 1991: *Oxford Yiddish. Studies in Yiddish Language, Literature and Folklore III*. Oxford: Oksforder Yidish Press.

Kerler, Yoysef, 1991 קערלער יוסף: מײַן לערער עליע פֿאַלקאָוויטש. (1898–1979). אין: **גע־קליבענע פּראָזע. (עסייען, זכרונות, דערציילונגען)**. ירושלים: ירושלימער אַלמאַנאַך, 125–138.

Kerler, Dov-Ber, 2003: The Soviet Yiddish Press: During the War, 1942–1945. In: Shapiro, Robert Moses, Hg., *Why didn't the Press Shout?: American & International Journalism During the Holocaust*. Jersey City NY: Yeshiva University, 221–249.

Kostyrčenko, Gennadij, 2010: Костырченко, Геннадий: *Сталин против «космополитов». Власть и еврейская интеллигенция в СССР*. Москва: Российская политическая энциклопедия (РОССПЭН).

Krogh, Steffen, 2018: Vom Jargon zur Sprache: Wege der ostjiddischen Sprachwissenschaft vom 19. Jahrhundert bis zur Gegenwart. In: *Sprachwissenschaft*, 43 (1): 1–30.

Krutikov, Mikhail, 2010: Dobrushin, Yekhezkl. In: Gershon D. Hundert, ed., *The YIVO Encyclopedia of Jews in Eastern Europe*, <https://yivoencyclopedia.org/article.aspx/Dobrushin_Yekhezkl>, 11. Februar 2022.

Ders., 2019: *Der Nister's Soviet Years. Yiddish Writer as Witness to the People*. Bloomington, Ind.: Indiana University Press.

Kupershmid, Sh[olem] 1929 קופּערשמיד, ש[לום]: ע. פֿאַלקאָוויטש – גראַמאַטיק פֿאַר דער־וואַקסענע. אין: **ראַטנבילדונג** (קיִעוו) 2: 44–46.

Libinzon, Zalmen, 1991 ליבינזאָן, זלמן: וועגן דעם יידישן פֿאַקולטעט אין מאָסקווע. אין: Katz, Dovid, Hg., *Oxford Yiddish. Studies in Yiddish Language, Literature and Folklore III*. Oxford: Oksforder Yidish Press, 753–770.

Loytsker, Kh[ayim], 1931 לויצקער, כ. [חיים]: צום פּראָיעקט נײַע ייִדישע פּונקטואַציע. (פּאָרלויפֿיקע באמערקונגען). אין: **אפֿן שפּראַכפֿראָנט** (קיִעוו) 1–2: שפּ׳ 93–94.

maariv 1966 מעריב: „אידיש היא שפתו של אחד העמים הסובייטיים“. אין: **מעריב** (תל אביב), כ״ח חשון תשכ״ז.

Markish, Shimen, 1985 מאַרקיש, שמעון: מײַן פֿאָטער פּרץ מאַרקיש. (אַבא מורי שהלך לעולמו). אין: **די גאָלדענע קייט** (תּל־אָבֿיבֿ) 118: 24–27.

Martin, Terry, 2001: *The Affirmative Action Empire: Nations and Nationalism in the Soviet Union, 1923–1939*. Ithaca NY: Cornell University Press.

M–Sh, 1941 מ–ש: אַ נײַ סאָוועטיש בוך וועגן ייִדיש. אין: **שטראַלן** (קאָוונע) 19 (84), 24טער מײַ 1941: 23.

Nath, Holger, 2009 נאַט, האָלגער: פֿון טשערנאָוויץ ביז קיִעוו און ביראָבידזשאַן: ייִדישע שפּראַך־קאָנפֿערענצן צווישן 1908 און 1937. אין: **מיזרח. ייִדישע לימודים אויף דעם ווײַטן מיזרח**. Frankfurt a. M.: Peter Lang, 276–259.

DERS., 2018: Der Ausbau der jiddischen Sprache in Osteuropa (1906–1938). In: Philip, Hannes, Andrea Ströbl, Bernadette Weber und Johann Wellner, Hg., *Deutsch in Mittel-, Ost- und Südosteuropa. FzDiMOS* Bd. 6, Open Access Schriftenreihe der Universitätbibliothek Regensburg, 104–120.

NATIONALISMUS, 1937 קעגן נאציאָנאליסטישן צוגאנג צו דער יערושע־פּראָבלעם! אין: **דער עמעס** (מאָסקווע), 29טער אַפּריל 1937: 3–4.

PELTZ, Rakhmiel, 1985: The Dehebraization Controversy in Soviet Yiddish Language Planning: Standard or Symbol? In: Fishman, Joshua A., Hg., *Readings in the Sociology of Jewish Languages*. Leiden: Brill, 125–150.

RABINOVITSH, Sh[loyme], 1966 ראַבינאָוויטש, ש[למה]: וויכטיקע וויסענשאפטלעכע ארבעט פון סאָוועטיש יידישן געלערטן דאָצענט אליהו פאלקאָוויטש וועגן דער יידישער שפראך. אין: **פאָלקס־שטימע** (וואַרשע) 157 (3476), 5טער אָקטאָבער 1966: 5.

RESOLUTIONEN, 1930 רעזאָליוציעס: רעזאָליוציעס. אָנגענומענע אפ דער ערשטער אלפארב. ייִדישער שפראכ־קאָנפערענצ אינ קיִעוו. (8–13 פעווראל 1931 יאָר). אין: **די יידישע שפראכ** (קיִעוו) 6 (25): שפּ׳ 15–24.

ROKHKIND, Shprintse, 1995 ראָכקינד, שפּרינצע: דריי שטעט פון מיין לעבן. אין: **פּען** (אָקספֿאָרד) 6, 1995: 27–35.

ROYTMAN, Shloyme, 1984 רויטמאַן, שלמה: דרײַ יאָר אַרבעט אין מאָסקווער מלוכה־פאַרלאַג דער עמעס. אין: **די גאָלדענע קייט** (תּל־אָבֿיבֿ) 114, 76–100.

RUBINSTEIN, Joshua and Vladimir P. NAUMOV, eds., 2005: *Stalin's Secret Pogrom. The Postwar Inquisition of the Jewish Anti-Fascist Committee*. New Haven and London: Yale University Press.

RUSISH-YIDISH VERTERBIKHL, 1941 **רוסיש־ייִדיש ווערטערביכל פאר דער אָנפאנגשול.** מאָסקווע: מעלוכע־פארלאג „דער עמעס“.

SHMERUK, Khone, Hg., 1961 שמרוק, חנא (עורך): **פרסומים יהודיים בברית המועצות.** 1917–1960. ירושלים: סדרת ״גלויות״, החברה ההיסטורית הישראלית

SHNEER, David, 2004: *Yiddish and the Creation of Soviet Jewish Culture: 1918–1930*. Cambridge: Cambridge University Press.

SHTIF, Nokhem, 1929 שטיף, נ[חום]: די סאָציִאַלע דיפערענציִאַציִע אינ ייִדיש (די העבּרעיִשע עלעמענטנ אינ דער שפראכ). אין: **די ייִדישע שפראכ** (קיִעוו) 4–5 (17–18): שפּ׳ 1–22.

DERS. 1930a שטיף, נ[חום]: שפראכקולטור. 1 דער איצטיקער צושטאנד פונ דער שפראכ־ארבעט אינ דער שול. גראמאטיק. אין: **די ייִדישע שפראכ** (קיִעוו) 2–3 (21–22): שפּ׳ 1–10.

DERS. 1930b שטיף, נ[חום]: שפראכקולטור אונ גראמאטישע קולטור (אנ ענטפער מײַנע אָפּאָ־נענטנ). אין: **די ייִדישע שפראכ** (קיִעוו) 4–5 (23–24): שפּ׳ 52–68.

SHTULMAN, I.[Yekhiel], 1931 שטולמאנ, אי. [יחיאל]: אקאדעמיסמ פונ דעמ ערגסטנ סאָרט. אין: **אפנ שפראכפראָנט** (קיִעוו) 1–2: שפּ׳ 79–88.

SHULMAN, M[oyni], 1941 שולמאנ, מ[ויני]: א נייטיק אונ נוצלעכ בוכ. אין: **שטערנ** (מינסק) 3: 88–92.

SPIVAK, Elye, 1935 ספּיוואק, ע[ליע] : די פּראָבלעמעס פונ סאָוועטישנ ייִדיש. אין: **אפנ שפראכ־פראָנט** (קיִעוו) 3–4: 28–76.

V[ASERMAN], L[eyb], 1968 וו[אַסערמאַן], ל[ייב]: אליהו פֿאַלקאָוויטש. אין: אפֿרים אויערבאַך, יצחק כאַרלאַש און משה שטאַרקמאַן (רעד׳): **לעקסיקאָן פֿון דער נײַער ייִדישער ליטעראַטור**. 8 בענד, ב׳ 7. ניו־יאָרק: אַלוועלטלעכער ייִדישער קולטור־קאָנגרעס, שפּ׳ [302–303].

YUNIN, Wolf, 1977 יונין, וואָלף: שפּראַכווינקל. אין: **פֿאָרווערטס** (ניו־יאָרק) 29017, 4טער נאָוועמבער 1977: 3.

ZARETSKI, Ayzik, 1928 זארעצקי, א[ײַזיק]: פראגעס פון יידישן אויסלייג. אין: **די יידישע שפראב** (קיִעוו) 1–2: שפּ׳ 1–24.

DERS., 1929a זארעצקי, א[ײַזיק]: באריכט פון דער שפּראַכ־סעקציִע בּא דער ייִדישער וויסנשאפטלעכער געזעלשאפט (מאָסקווע). אין: **די ייִדישע שפּראַב** (קיִעוו) 4–5: 67–68.

DERS., 1929b זארעצקי, א[ײַזיק]: ע. פאלקאָוויטש: גראמאטיק פאר דערוואקסענע. אין: **ראטנ־בילדונג** (קיִעוו) 9: 64–68.

DERS., 1930a [זארעצקי, אייזיק][192]: באריכט פון דער שפּראַכ־סעקציִע בּא דער ייִדישער וויסנ־שאפטלעכער געזעלשאפט (מאָסקווע). אין: **די ייִדישע שפּראַב** (קיִעוו) 6: שפּ׳ 45–46.

DERS., 1930b זארעצקי, א[ײַזיק]: די נײַע ייִדישע פּונקטואציע. אין: **די ייִדישע שפּראַב** (קיִעוו) 1: שפּ׳ 29–36.

DERS., 1930c זארעצקי, א[ײַזיק]: פּראָבלעמען פון ייִדישער לינגוואָטעכניק. אין: **די ייִדישע שפּראַב** (קיִעוו) 1: שפּ׳ 1–10.

DERS., 1931a זארעצקי, א[ײַזיק]: ייִדיש אין הויכשול. (1־טע אלפארבאנדישע שפּראַכ־קאָנפערענצ). אין: **ראטנבילדונג** (קיִעוו) 4: 50–61.

DERS., 1931b זארעצקי, א[ײַזיק]: **פאר א פראָלעטארישער שפּראַב**. כארקאָוו, קיִעוו: צענטרפארלאג

DERS., 1932a א. ז. [זארעצקי, אייזיק]: די ייִדישע לינגוויסטישע ארבעט אינ מאָסקווע 1932. אין: **אפנ שפּראַכפראָנט** (קיִעוו) 5–6: שפּ׳ 109–112.

DERS., 1932b א. ז. [זארעצקי, אייזיק]: וועגנ דער קיִעווער שפּראַכ־קאָנפערענצ. אין: **אפנ שפּראַב־פראָנט** (קיִעוו) 1: שפּ׳ 43–46.

DERS., 1935 זארעצקי, א[ײַזיק]: ווי דארפ געבויט זײַנ א ייִדישע גראמאטיק. אין: **אפנ וויסנשאפטלכנ פראָנט** (מינסק) 7–8: שפּ׳ 106–128.

ZARETSKI, A[yzik] und FALKOVITSH, E[lye], 1931 זארעצקי, א[ײַזיק] און פֿאַלקאָוויטש, ע[ליע]: **ייִדישע פּונקטואציע. פּראָיעקט**. מאָסקווע–כארקאָוו–מינסק: צענטראלער פעלקער־פארלאג פון פ. ס. ס. ר.

192 Im Original A.Z.

Oben: Mit Sohn Mark und Enkelin Rina, Majas Tochter, um 1976
Unten: Mit Enkelin Anna, Marks Tochter, um 1970
Fotos: Anna Falkovich Krakinovskaya

Moskau 1976
Foto: Anna Falkovich Krakinovskaya

Beim 80. Geburtstag, mit der Dichterin Shire Gorshman, 1978
Foto: Anna Falkovich Krakinovskaya

Valentina Fedchenko

Theoretical Framework of Elye Falkovitsh's Academic Grammar of the Yiddish Language

Elye Falkovitsh's ייִדיש. פאָנעטיק, גראפיק, לעקסיק און גראמאטיק [YIDISH. FONETIK, GRAFIK, LEKSIK UN GRAMATIK; *Yiddish. Phonetics, Graphemics, Lexis, and Grammar*] remains to this day one of the most influential Yiddish-language grammars. Among the many linguistic works that emerged as a result of the development of Yiddish scholarship in the 1920–1940s, this academic grammar, thanks to its theoretical approach and its careful selection of language material, has not lost relevance. Additionally, despite some concurrence between YIVO and the Soviet schools of Yiddish studies, Falkovitsh's work has become an authoritative source for non-Soviet Yiddish researchers. For example, American linguist Yudl Mark mentions it, along with works by Zelig Kalmanovich, Ayzik Zaretski, Nokhem Shtif and Max Weinreich, as one of the sources for his famous grammar of standard Yiddish.[1]

Falkovitsh originally conceived the grammar as a two-volume work divided into theoretical and practical parts, but apparently the second volume was not published. The first volume fully represents the theoretical approach within which Falkovitsh explores and presents Yiddish linguistic material to readers. Yet while the theoretical notes scattered throughout YIDISH, and while they imply an academic bent to the text, the grammar has a pronounced practical orientation.[2]

Soviet Yiddish language and related linguistic studies have mainly been investigated as a sociopolitical phenomenon. In the seminal work *Soviet Yiddish* by Gennady Estraikh, the language of Soviet Jews is primarily examined from a sociolinguistic perspective; only chapter 6 is dedicated to the specific linguistic features that emerged in Yiddish during the Soviet period.[3] At the same time, as can be seen from Falkovitsh's YIDISH and the works of other Soviet Yiddishists – such as Zaretski, Shulman, Spivak, Shapiro, and Shtif – Soviet Yiddish studies were a developed branch of the USSR linguistic school,

1 Mark 1978, viii.

2 For more about pedagogical aims of the book see Vakhrushova in this volume.

3 Estraikh 1999.

with its clear pedagogical message; its commitment to the study of minority languages and the creation of orthographic systems for them;[4] and its fundamental theoretical basis in general linguistics. Soviet Yiddishists were educated and conducted their studies in academic circles in Soviet research institutes;[5] they undoubtedly drew on the theoretical work of their colleagues in other scientific disciplines, colleagues who were primarily experts in general linguistics and linguistic typology. The theoretical foundation of Soviet Yiddish studies has not yet been thoroughly studied, and in this article, I aim to touch upon some important aspects of the theoretical linguistic basis on which Falkovitsh's YIDISH is based. Specifically, I will examine Falkovitsh's position on the following questions:

1. The place of Yiddish among other languages and the peculiarities of the language's development.
2. Language standardization and the selection of linguistic material, including attitudes towards Yiddish dialectal diversity.
3. General theoretical conceptualization of language phenomena, and the main method of interpreting linguistic material.

In creating a grammar for a minority language in a developed diaspora, Falkovitsh inevitably had to take into account both the development process of linguistic thought in the dominant Soviet scholarship – primarily in the field of Russian studies and general linguistics – and research on Yiddish conducted in geographical centers outside the USSR – the most important of which was, of course, Yiddish Scientific Institute in Poland (Vilna; founded in 1925). Therefore, in order to provide comparative material, some references to the Polish-American tradition of Yiddish studies will be provided here.

The Place of Yiddish among Other Languages

Falkovitsh is a follower of the formal Moscow linguistic school, which was founded in the prerevolutionary years by academician Filipp F. For-

4 The promotion of national minorities in the USSR was part of a policy in the 1920s and early 1930s called *nativization (indigenization)*. See more about the phenomenon, for example in Hirsch 2005.

5 With the removal of legal limits, Jews gained access to universities and administrative posts; see more in Estraikh 1999, 25f.

tunatov (1848–1914); it dominated among Moscow Soviet linguists in the 1920–1930s.[6] Soviet linguistics of this period was formed from three scientific directions, which sometimes contradicted each other. On the one hand, many linguists still adhered to the old prerevolutionary ideas of neogrammarians (Junggrammatiker) and to diachronic methods. On the other hand, in search of new ways of developing science and following innovations in European linguistics, Soviet linguists increasingly turned to synchronic methods and sought to consider language as a system. Although the term 'structuralism' was not accepted in the USSR until the 1950s, many Soviet linguists objectively followed the same path as their European colleagues.[7] A special place in Soviet language science development was occupied by the Japhetic theory of the Soviet linguist Nikolaj Marr (1864–1934). Starting in the late 1920s, that theory managed to hold a monopolistic position for a long time, and it caused certain damage to the development of Soviet linguistics.[8] The influence of all three scientific schools is noticeable in Falkovitsh's YIDISH. When the author presents readers with the main concepts of the linguistic science within which the book is written, he lists the most important subfields – such as phonetics, lexicography, morphology; these correspond to the main sections of his grammar.[9] Then Falkovitsh examines research methods, which are formulated as follows:

> ווײַטער קאָן מען דאָס אַלץ שטודירן אין די גרענעצן פֿון איין שפּראַך אָדער פֿון פֿיל שפּראַכן. אויב מע שטודירט עס אין אַ ריי שפּראַכן און מע דעקט אויף דאָס געמיינזאַמע און פֿאַרשיידענע פֿון די דאָזיקע שפּראַכן, באַקומט מען דאָס, וואָס מע רופֿט אָן פֿאַרגלײַכיקע שפּראַך־וויסנשאַפֿט. אויב מע שטודירט דאָס אַלץ אין די גרענעצן פֿון פֿיל שפּראַכן און מע דעקט אויף די געזעצמעסיקייטן, וואָס זײַנען פֿאַר זיי אייגנטימלעך אין די אָדער אין יענע סטאַדיעס פֿון זייער אַנטוויקלונג און אין דער אַנטוויקלונג פֿון דער מענטשלעכער שפּראַך בכלל, באַקומט זיך דאָס, וואָס מע רופֿט אָן אַלגעמיינע שפּראַך־וויסנשאַפֿט.[10]

6 Falkovitsh was educated within the framework of the Soviet linguistic school during its formative period. He studied at the Faculty of Social Sciences at Moscow State University from 1922 to 1925 under the guidance of various professors; taught at the Moscow State Pedagogical Institute from 1929 to 1938; and participated in the scientific community of Soviet linguists (Личное дело Фалькович И. М. – *Ličnoe delo Fal'kovič I. M.*, RGALI, f. 2308, op. 1, ed. chr. 134). See more in Gal-Ed (this volume, xxiii).

7 See more about the development of the Soviet structuralism in linguistics in Alpatov 2014.

8 See more about spreading of Marr's theory in the USSR in Smith 1998, 90–97.

9 See a similar introduction that briefly defines the main sections of general linguistics in Reyzen 1920, 25.

10 This volume, 42.

More research can be conducted within the framework of one or several languages. If multiple languages are studied, and attention is paid to their similarities and differences, the scientific field is called *comparative linguistics*. If the research is conducted across multiple languages and focuses on the similarities that are characteristic of these languages at a particular stage of their development and in the development of human language in general, the scientific field is called *general linguistics*.

The definition of the first method explicitly refers to Indo-European studies and comparative-historical linguistics, while the definition of the general linguistic method contains references to the stage-based representation of language development that is characteristic of Japhetic theory.

Falkovitsh's grammar begins by defining Yiddish's place in the panorama of world language systems in which languages are classified according to families and groups. Though he adheres overall to the principles of Indo-European studies and the comparative-historical linguistic method, Falkovitsh rearranges language classification levels. The Roman and Slavic language groups are placed at the same level as such language families as Semitic or Turkic. Such classification blurring allows Falkovitsh to include the last item in his hierarchy – the Japhetic languages:

די יאַפּעטישע: אַ גאַנצע ריי שפּראַכן פֿון צפֿון־ און דרום־קאַווקאַז (לעזגיניש, טשעטשעניש, קאַבאַרדיניש, גרוזיניש, סוואַניש א״אַ), ווי אויך באַסקיש אין שפּאַניע און אין פֿראַנקרײַך, א״אַ. די יאַפּעטישע זײַנען אַזעלכע שפּראַכן, וועלכע געפֿינען זיך, לויט דער מיינונג פֿונעם באַרימטן לינגוויסט דעם אַקאַדעמיקער מאַר אויף אַ פֿריִערדיקער, עלטערער סטאַדיע, וואָס אויף אַזאַ האָבן זיך אַ מאָל געהאַט געפֿונען אויך אַנדערע שפּראַכן – דערין אויך די שפּראַכן פֿון דער סעמיטישער און אינדאָ־אייראָפּעיִשער (פּראָמעטעיִדישער) סיסטעם.[11]

Japhetic languages: a group of languages spoken in the Northern and Southern Caucasus regions, including Lezgian, Chechen, Kabardian, Georgian, and Swan etc., as well as Basque in Spain and France, etc. According to the famous linguist and academician Marr, Japhetic languages belong to an early, more ancient stage of development, a stage once occupied by other languages, including Semitic and Indo-European (Prometheic)[12] languages.

The scheme Falkovitsh presents was an accepted classification in Soviet linguistics in the early 1930s.[13] It attempts to combine the achievements of the

11 This volume, 23.

12 Falkovitsh uses Marr's term 'Prometheic' for the conglomerate of Indo-European tribes.

13 See, for example, the working materials of Marr's Institute of Language and Thought (later

Indo-European theory with the relatively new concept of Japhetic languages. Falkovitsh chose this moderate position because he understood that classic comparative-historical linguistics was not subject to cancellation in its main achievements,[14] and he tried to carefully reconcile all the existing scientific approaches, among which the Japhetic theory occupied a significant place.

Marr's theory dominated with varying success in Soviet linguistics beginning in the late 1920s. As is often the case with sciences developed in a diasporic context, Soviet Yiddish research could not help but follow linguistics development in the dominant Soviet culture as well as Russian-language grammar.[15] The Leningrad school of Yiddish linguistics was primarily engaged in the application of Marr's work to Yiddish material. Mordkhe (Mark) Gitlits, who became a PhD student at the Institute of Language and Thought under Marr's supervision, annually delivered reports on Yiddish materials at Institute meetings.[16]

After Marr's death (1934), in the second half of the 1930s and the beginning of the 1940s, his followers, Soviet linguists, tried to reevaluate his teachings and eliminate obviously untenable hypotheses and postulates. These tendencies are also evident in Falkovitsh's grammar. In his classification of world languages, Falkovitsh supports the position of Žirmunskij, who accepted (or had to accept) certain aspects of the "new language doctrine"; this included mainly the stadial theory,[17] which he interpreted typologically and tried to combine with the classic comparative-historical method.[18] As he presents

called the Institute for Linguistic Studies of the Russian Academy of Sciences) in the 1930s; see Anfert'eva 2013.

14 Many prominent Soviet linguists adhered to Indo-European studies at this period. Later, Žirmunskij referred to the Indo-European method as "the multiplication table without which one cannot engage in higher mathematics" (Žirmunskij 1976, 8).

15 See more about the reaction of Soviet Yiddish linguists to Japhetidology and about the movement "Language Front" in the commentaries §§3–5; also about the "Linguistic Front affair" (*Jazykfront*) in Gruschka 2001.

16 The most important linguistic journal *Язык и мышление* [*Jazyk i myšlenie*, Language and Thought], published by the Institute of Language and Thought, lists the following presentations by Gitlits: Department of General Linguistics: Homonyms and Synonyms in Yiddish (1933); Department of Semito-Hamitic Languages: The Linguistic Policy of Foreign Yiddish Linguists (1933); Slavic Loanwords in Yiddish Language (preliminary thesis report; in collaboration with the department of Semito-Hamitic Studies) (1934); The Process of Realization of Slavic Loanwords in 'Yiddish' [sic] (1935) (*Jazyk i myšlenie* 1934: 177 f).

17 The idea that all the world languages are at different developmental stages and that the order of these stages is the same for all languages takes a leading place, for example, in the publications of Ivan Meščaninov, a Soviet linguist and supporter of Marr (Meščaninov 1936). According to the stadial theory, the language development follows postulated stages of socioeconomic evolution.

18 Žirmunskij compromised to reconcile the Indo-European method with Marr's ideas about

general ideas about the process of language development, Falkovitsh also recognizes the achievements of stadial theory:

> די שפּראַכן און סיסטעמען (גרופּעס שפּראַכן) זײַנען, פֿאַרשטייט זיך, ניט אַבסאָלוט אָפּגעגרענעצט איינע פֿון די אַנדערע. עס זײַנען צווישן זיי פֿאַראַן איבערגאַנג־דערשײַנונגען, אַ שטייגער אַלט־אַרמעניש, וואָס אַנטהאַלט עלעמענטן אי פֿון דער יאַפֿעטישער סיסטעם אי פֿון דער אינדאָ־אייראָפּעיִשער, אָדער אַ שטייגער דײַטש און יעדע פֿון די אַזוי גערופֿענע גערמאַנישע שפּראַכן, וואָס לויט מאַרס מיינונג, שטעלן זיי מיט זיך פֿאָר „אַן אייגנאַרטיקע סטרוקטור פֿון אַן איבערגאַנג־שטופֿע אין דער סטאַדיִאַלער אַנטוויקלונג – פֿון דער יאַפֿעטישער סיסטעם צו דער פּראָמעטעיִדישער.“[19]

Obviously, languages and language systems (language groups) are not completely isolated from one another. Among them, there are transitional phenomena, such as Old Armenian, which contains elements of both the Japhetic system and the Indo-European system, or, for example, German and other so-called Germanic languages, which, according to Marr, represent a "peculiar structure of the transitional stage of *stadial development* from the Japhetic to the Prometheic system."

At the same time, Falkovitsh does not share Marr's most controversial proposals, such as the descendance of all world languages from the 'four basic speech elements' derived from interjections; nor does he agree with fantastic etymologies, the notion of 'language family,' and the struggle against Indo-European studies, among others. Many Soviet linguists had already refuted parts of Marr's theory, but Falkovitsh still felt the necessity to argue against the idea of four initial elements with great caution, citing the authoritative work of Edward Sapir, which was highly regarded in Soviet linguistics at that time:

> „אויסרופֿווערטער – זאָגט דער אַמעריקאַנער לינגוויסט סעפּיר – געהערן צו די אַמווייניקסטן וויכטיקע רייד־עלעמענטן.“ זיי האָבן אין זיך עטוואָס ענלעכס צו אינסטינקטיווע אויסגעשרייען. אָבער אויפֿנעמען זיי פֿאַר אַ דערשײַנונג פֿון דער אינסטינקטיווער טעטיקייט וואָלט געווען פֿאַלש. נאָך מער פֿאַלש וואָלט געווען צו האַלטן – כאָטש איניקע האַלטן אַזוי, – אַז די שפּראַך האָט זיך אַנטוויקלט פֿון אויסרופֿווערטער און פֿון קלאַנג־נאָכמאַכונגען. „אַלע פּרוּוון – זאָגט סעפּיר – צו דערקלערן אויף אַזאַ אופֿן די אַנטשטייונג פֿון רייד האָבן זיך אַרויסגעוויזן פֿאַר פּרוכטלאָז. עס זײַנען ניט פֿאַראַן קיינע פּאָזיטיווע, היסטאָרישע אָדער אַנדערע, באַווײַזן, וואָס זאָלן אונדז קאָנען איבערצײַגן דערין, אַז די גאַנצע מאַסע רייד־עלעמענטן און רייד־פּראָצעסן איז אַנטשטאַנען פֿון אויסרופֿווערטער. אויסרופֿווערטער בילדן זייער ניט קיין גרויסן

the stadial development of language, saying that "the way to the stadial history of language goes through comparative grammar" (Žirmunskij 1940a: 59). For his position, Žirmunskij faced considerable criticism and attacks from ardent supporters of Marrism.

19 This volume, 23.

> און פֿונקציאָנעל ניט קיין באַדײַטנדיקן טייל פֿון דער שפּראַכלעקסיק; אין קיין עפּאָכע און אין קיין קאָנקרעטער שפּראַך, וועגן וועלכע מיר האָבן ידיעות, זעען מיר ניט קיין וויפֿל ניט איז אָנזעעוודיקע טענדענץ צו פֿאַרוואַנדלען די אויסרופֿווערטער אין אַ גרונטגעוועב פֿון דער שפּראַך.״[20]

"Interjections, says American linguist Sapir, are among the least important of speech elements." They resemble instinctive cries, but it would be wrong to take them as a phenomenon of an instinctive nature. It is even less correct, though some do, to assume that language evolved from interjections and word-imitative sounds. "All attempts, says Sapir, so to explain the origin of speech have been fruitless. There is no tangible evidence, historical or otherwise, tending to show that the mass of speech elements and speech processes has evolved out of the interjections. These are a very small and functionally insignificant proportion of the vocabulary of language; at no time and in no linguistic province that we have record of do we see any noticeable tendency towards their elaboration into the primary warp and woof of language."[21]

Marr's theory, despite its odiousness, contained certain postulates that allowed the linguistic specificity of Yiddish to be presented in a favorable light; as Zaretski says:

> די יאפעטישע שול אינ שפּראכוויסנשאפט פארנעמט אלצ א מער אָנגעזעענעמ אָרט אונ ציט אריַינ אינ קריַיז פונ אירע פאָרשונגענ אלצ מער שפּראכנ. ס׳וואָלט געווענ א ווונדער, ווענ אָט די שול, וואָס שטעלט דעמ טראָפּ אפ דער דערשיַינונג פונ שפּראכנ־צונויפֿקומ (מישונג, „קרייצונג״), זאָל זיכ ניט פארינטערעסירנ מיט אזא כאראקטעריסטיש־געמישטער שפּראכ ווי יידיש. אנ אָנהויב פונ אזא אינטערעס באמערקט זיכ טאקע.[22]

The Japhetic school of linguistics is gaining more and more honor in linguistics and is including more and more languages in its range of research. It would be surprising if this school, which focuses on the phenomenon of language interference[23] (mixing, "crossing"), were not interested in a distinctive mixed language such as Yiddish. We are noticing that this interest arises.

Japhetic theory recognized linguistic interference's importance as a factor influencing the process of language change; thus, the 'new doctrine of language' was well suited to the interpretation Yiddish's mixed nature.[24] This

20 This volume, 304.

21 Falkovitsh quotes Sapir's *Language* from its Russian translation (Sapir 1934, 7), but for English translation here, the original text was used (Sapir 1921, 5).

22 Zaretski 1930: col. 71.

23 The idea that linguistic changes are caused by linguistic mixing goes back to the Neogrammarians (Schuchardt-Brevier 1922, 142f).

24 Thanks to Marr's theory, the discussion of the mixed nature of Yiddish went beyond the Yiddish Soviet linguists' circles. In 1930, the famous Soviet semitologist Bentsiyen Grande gave a paper

allowed Falkovitsh to refer to Marr's teachings in acceptable places in his grammar, as when he addresses the phenomena of linguistic interference in Yiddish and its development.[25] Falkovitsh scatters notes mentioning Marr's theory throughout his grammar – for example, in the commentary on the derivation of some parts of speech from others.[26] Sometimes, though rarely, he quotes dubious passages.[27] In that period of the development of Soviet linguistics, it was obligatory to refer to Japhetic theory and Marr's works, and in general to tie linguistic phenomena to the social evolution of society; however, Falkovitsh tries to cite these references in small print and in small quantities.

In general, Marr's theory had a greater influence on the Leningrad school of Yiddish studies; this is seen, for example, in Gitlits's work. In particular, Gitlits took a radical stance in determining Yiddish's place in the general classification of world languages. He insisted that Yiddish should not be assigned to only one language group but should be considered an in-between phenomenon.[28] This point of view seems especially modern and actual within the contemporary theory of cultural hybridity and cultural studies's "in-between" space.[29]

Unlike Gitlits and many non-Soviet specialists of Yiddish studies, Falkovitsh does not believe that Yiddish's sociolinguistic milieu radically influenced its linguistic specificity. Following leading Soviet Germanists, Falkovitsh speaks more cautiously, but he also stresses the language's mixed nature and its dissociation from the other Germanic group languages. The famous Soviet Germanist Žirmunskij, in his review of the ייִדישער שפּראכאטלעס פון סאָוועטנפארבאנד [*Yidisher shprakhatles fun sovetnfarband*; Yiddish Language Atlas of USSR],[30] warns against attempts to automatically interpret Yiddish linguistic phenomena using the paradigms of other Germanic languages; he continues,

on the Japhetic approach to Yiddish history at the Moscow Communist Academy in the section on materialistic linguistics. He discussed this topic beforehand with the author of the Japhetic theory himself, Nikolaj Marr. See Zaretski's report (Zaretski 1930).

25 See, for example, this volume, 27 f, 122.

26 This volume, 43, 289 f, 295 f.

27 For example, see the passage about the common origin of Armenian *hur* [fire] and Basque *ur* [water] (this volume, 149).

28 Gitlits 1937: 102.

29 See, for example, Bhabha 1999.

30 Vilenkin 1931.

[... нельзя] локализовать на немецкой диалектологической карте отдельные признаки современных еврейских говоров, наивно отождествляя их с аналогичными признаками современных и средневековых немецких диалектов. Современные границы еврейских диалектов сложились в зависимости от этих процессов,[31] происходивших на новой родине переселенцев, в пределах тех экономических и политических границ, которые определили историю расселения и дальнейшей жизни евреев на территориях быв. Польши и соседних с нею земель.[32]

[... one should not] localize certain features of modern Yiddish dialects on the German dialectological map, naively identifying them with similar features of modern and medieval German dialects. The modern boundaries of the Yiddish dialects have developed according to these processes[31] that took place in the new homeland of the settlers, within those economic and political boundaries that determined the history of settlement and further life of the Jews in the territories of former Poland and its neighboring lands.

In his grammar, Falkovitsh tends to underline a special status for Yiddish among other Germanic languages; this is seen in individual comments and their obligatory references to authoritative sources. For example, Falkovitsh demonstrates the grammatical specificity of Yiddish through its incomprehensibility to German speakers – even as early as the late 17th century – by the presence of a large number of Hebraisms. He provides a reference from the work of German Hebraist Johann Christoph Wagenseil:

אַזוי אַז דער אָנגעזעענער דײַטשער העבראַיִסט און פֿאָרשער פֿון דער ייִדישער שפּראַך און ליטעראַטור פֿון XVII יאָרהונדערט – וואַגענזייַל (1633–1705) איז אין אַ גאַנץ גרויסער מאָס געווען גערעכט, ווען ער האָט געזאָגט, אַז די ייִדן האָבן די דײַטשע ווערטער באַפֿאַרבט מיט אַ „גאַנץ פֿרעמדן טאָן און קלאַנג", האָבן געשאַפֿן „נײַע אונדז אומבאַקאַנטע" ווערטער און האָבן זיי געמישט מיט אַזוי פֿיל „העברעיִשע ווערטער און ריידאַרטן", אַז ווער עס הערט זיי רעדן טײַטש, גלייבט (מיינט), אַז „זיי רעדן אויסשליסלעך העברעיִש, ווו ס'איז כּמעט קיין איינציק וואָרט ניט פֿאַרשטענדלעך".[33]

Thus, the famous German Hebraist and 17th-century researcher of Yiddish and literature, Wagenseil (1633–1705), was largely right when he said that the Jews colored German words with "quite foreign tones and sounds", created "new words unknown to us", and mixed them with so many "Hebrew words and expressions" that if someone hears them speak German, they will think that "they speak exclusively in Hebrew, in which practically not a word is intelligible".

31 Žirmunskij describes here the process of linguistic interference.

32 Žirmunskij 1940b: 140; the article was translated into Yiddish and published in the linguistic journal YIVO-BLETER (Žirmunskij 1942).

33 This volume, 27.

Thus Falkovitsh emphasizes that the hybrid character of Yiddish was evident even at the earliest stages of its development. In another passage, he refers to Johann Heinrich Callenberg's *Jüdischteutsches Wörterbüchlein* (1736),[34] which gives both Semitic vocabulary and hybrid Semitic–Germanic word formations.[35] In general, YIDISH, which contains comparatively little information about the early period of Yiddish development, tends to link these facts to the modern mixed state of the language.

Falkovitsh in some detail analyzes the mutual influences between Yiddish and other language groups in both vocabulary and grammar. When discussing the phenomena of linguistic interference in Yiddish, Falkovitsh invariably refers to the Japhetic theoretical framework, which states that the specificity of a language is determined only by how and which languages are mixed in.[36] At the same time, Falkovitsh stresses relentlessly that Yiddish is not unique in its hybrid nature – an objective scientific point of view, accepted in modern linguistics; still, one cannot but recognize that such comments arise against the background of the struggle in the 1930s against nationalism in the USSR:

> דאָס, וואָס ייִדיש איז אויפֿגעקומען ווי אַ געמיש פֿון אַ רייִ פֿאַרשיידענע שפּראַכן, דאַרף מען ניט אויפֿנעמען ווי עפּעס אַן אויסטערלישע דערשײַנונג, אַ ספּעציפֿיש ייִדישע. געמישט איז אויך ענגליש – דער עיקר פֿון אַנגלזאַקסיש און ראָמאַנישע עלעמענטן; געמישט איז אויך האָלענדיש [...] געמישט זײַנען נאָך אַנדערע שפּראַכן. די ספּעציפֿישקייט באַשטייט ניט אין דער געמישטקייט בכלל, נאָר דערין, ווי אַזוי און מיט וועלכע שפּראַכן ייִדיש, ענגליש אאַ״וו האָבן זיך אויסגעמישט. וואָרן געמישטע, איבערגעקרייצטע זײַנען אַבסאָלוט אַלע שפּראַכן.[37]
>
> The fact that Yiddish resulted from the mixing of several different languages should not be taken as an exclusive phenomenon, specifically Yiddish. English is also the result of a mixture, primarily of Anglo-Saxon and Romance elements; Dutch is also mixed [...] and other languages. The specificity of Yiddish consists not in the fact of mixing, but in how and with which languages it, English, and so on were mixed, because absolutely all languages are mixed, interfered.

The Soviet linguistic school, due to historical circumstances and the general logic of linguistic science development in the USSR, rejects the unique-

34 Callenberg 1736.

35 This volume, 26.

36 Marr 1933, 218.

37 This volume, 28f.

ness of Yiddish's mixed linguistic nature. However, Soviet linguists use Yiddish material to reveal general trends in language development, such as the idea that language contacts cause linguistic changes.[38]

It is well known that Yiddish's mixed linguistic specificity became the main focus of attention at YIVO in New York. The Jewish-oriented approach to the history of Yiddish and to the interpretation of Yiddish's linguistic material was primarily based on the mixed character of the language. However, this phenomenon undoubtedly has deeper roots. Soon after the Czernowitz Conference, the study of Yiddish language and culture began to be included in the large-scale project of building Jewish cultural autonomy in Eastern Europe, which in turn required the identification of specific Jewish elements in the culture and languages of Jews.[39] YIVO linguists went even further; they repeatedly declared that Yiddish, primarily because of its mixed character, made a unique contribution to the development of general linguistic theory.[40] Max Weinreich even invented a special term for the phenomenon of Yiddish linguistic mixedness – שמעלצשפּראַך [*shmeltsshprakh*, fusion language],[41] which has not caught on in general linguistics. Weinreich also constructed the theory about the development of the Yiddish language from a chain of Jewish languages (קייט פֿון ייִדישע לשונות [*keyt fun yidishe leshoynes*]) as a justification for Yiddish mixedness.[42]

Thus, the YIVO approach can be considered culturally centered: Yiddish is described as a uniquely original phenomenon; attention is paid primarily to its differences from other languages and cultures; and the contribution that Yiddish material can make to the development of general linguistic theories is emphasized. By contrast, the Soviet school studies Yiddish as one of the languages of the world, fitting it into the general theory of comparative-historical linguistics (Indo-European studies and, in part, Japhetic theory) and structuralism. This approach, combined with the formal method, makes it possible to create a complete description of Yiddish that includes both its unique features and the typologically frequent phenomena characteristic of

38 Spivak (1937) applies these ideas to the lexicon.

39 Kuznitz 2014, 17f.

40 Max Weinreich presented the paper "Le yiddish comme objet de la linguistique générale" at the 4th World Congress of Linguists in Copenhagen in 1936.

41 Weinreich 1973 (1), 32–37.

42 Ibid., 48–183. Weinreich's mythology about the origins of Yiddish is discussed in Burko 2015.

many world languages.[43] Soviet Yiddishists have often been criticized by their non-Soviet colleagues for a lack of historical approach.[44] Indeed, references to Old Yiddish literature are scattered throughout YIDDISH,[45] but its main emphasis remains the systematic description of the language facts and the identification of general language patterns.

The Jewish-oriented approach in Yiddish linguistics was met with criticism by Soviet Yiddishists. Gitlits traced the evolution of this scientific tradition from cultural studies to linguistics: from Syrkin (1910), Tavyov (1914), Borokhov (1913), to Max Weinreich and Zelig Kalmanovich (1931). Gitlits entitled this Yiddish-centered approach „טעאָריע פֿון ,איזאָלירטע עלעמענטן'" [*teorye fun 'izolirte elementn'*, theory about 'isolated elements'], because it points out fragmentary language elements and interprets their value in a hierarchical way (the Hebrew-Aramaic component is more important than the others), instead of looking at historical context and researching language development as a long process.[46] Maks Erik criticizes Max Weinreich for his sentimental treatment of history, unwarranted generalizations, and historical simplifications. He argues that Weinreich does not ask the tough questions – as, for example, why Jews did not shift to Polish in the areas where the Polish dialects spread, as they once did, according to his theory, with German dialects.[47]

Falkovitsh, probably due to his moderate position and his tendency to avoid radical polemical debates, never participated in those discussions and has never been criticized by YIVO linguists – unlike his Soviet colleagues, who were condemned by their YIVO counterparts for ideological bias and adherence to Soviet dogma, as well as for specific word and phrase usage influenced by the Russian language.[48]

43 A moderate, not culturally centered, approach returns to modern Yiddish linguistics. For example, Beider (2015) criticizes the "Jewish-oriented" approach to Yiddish and relies more on the older "Germanist" approach.

44 See more about historical linguistic studies in Poland and in the USSR in Althaus 1972, 1363.

45 For more details see Neuberg in this volume.

46 Gitlits 1937: 84–86.

47 Erik 1930, 77f.

48 See for example a discussion about "dehebraization" of the Yiddish language in the commentaries § 178.

Approach to the Selection of Linguistic Material

Like any academic grammar, Falkovitsh's work aims to standardize language and present its normative variant. In the case of Yiddish, the task of standardization is complicated by the existence of well-established supradialect regional and social varieties (the three main dialect zones, theatrical koine, etc.). For example, the language of the Yiddish press has clearly distinguishable regional features – phonetic, as reflected in the printed text, and lexical, and, to a lesser extent, morphosyntactic. Presenting a standard language variant involves developing an approach to selecting linguistic material and sorting it into acceptable and less recommended variants.

The Soviet school of Yiddish interprets the phenomenon of standard language broadly; according to it, a standard variant of Yiddish is to be calculated by comparing different language strata: literary, folkloric, dialectal, colloquial, etc.[49]

Falkovitsh consistently embodies the principle of maximal descriptive neutrality, and he strives to include the greatest variety of linguistic material in the corpus of his grammar. This makes the book a unique linguistic description that can, to some extent, be used as a source on the evolution of Soviet Yiddish, with its lexical neologisms and sometimes even grammatical innovations. YIDISH is a remarkable example of an explanatory grammar with a predominant descriptive principle, in which the notion of acceptable language variety is interpreted as broadly as possible.[50] Language description is based on literary language with references to the most authoritative classical literary texts. This basis is supplemented by comparisons to spoken-word usage and dialectal variants, as well as by examples of low-style spoken word and observations of contemporary language changes, neologisms, and language jokes. For example, in the chapter on morphemic word division, Falkovitsh focuses separately on the phonetic phenomena of epenthesis and epithesis, commenting that such particularities are not generally characteristic of literary language but can be used to create speech particularities of the characters in literature. An example of epithesis is given: זיי האָבן עס מיר אָפּגעטאָנעט אויף

49 For a discussion on the subject, see Tshernyak 1929, Kaganovitsh 1930.

50 The same principle is followed by Zaretski (1927; 1929), who includes lexical and grammatical neologisms in his grammars, which make them a unique description of Soviet Yiddish.

טערקיש [*zey hobn es mir opgetonet oyf terkish*, They played a dirty trick on me, literally, did in a Turkish way)].[51]

The prolongation of the verb participle with an extension ־עט [et] is a marginal phenomenon of the Yiddish conversation style that is rarely mentioned by prescriptive grammarians.

By combining common linguistic phenomena and rules, the grammar successfully answers pedagogical aims while also presenting more rare linguistic phenomena. Falkovitsh, like many other Yiddish grammarians – Max Weinreich, Yudl Mark, and others – admires how Yiddish combines components from different origins; these are a consequence of the general mixed nature of the language. For example, he cites a phrase by Scholem Alejchem that combines Hebrew prepositions with lexical borrowings from Russian: כאַפּ איך מיך אַראָפּ מפּאָיעזד לפּאָיעזד [מיפּאָיעזד לעפּאָיעזד] אין אַ קליין שטעטל [*khap ikh mikh arop mipoyezd lepoyezd in a kleyn shtetl*, Between two trains (literally, *from train to train*) I stay in a small town].[52]

The new phenomena are put on a par with the familiar older constructions and analyzed in their totality. For instance, in the chapter on abbreviations and acronyms, Falkovitsh consecutively classifies the different types of Soviet abbreviations, then in smaller type adds a paragraph on the traditional abbreviations found in classic Yiddish literature.[53] The detailed analysis of the new Soviet phenomena in this case has another, no longer purely scientific, objective: it serves as a kind of justification before the Soviet censorship[54] for a discussion of similar abbreviations in Jewish religious and traditional culture: the abbreviations of the names of famous rabbis (Falkovitsh mentions only the surnames formed from these abbreviations). To compensate for the 'retrograde' nature of this factual information, Falkovitsh continues the discussion of traditional abbreviations by arguing that the necessity to abbreviate words is modern and actual:

> דאָס שאַפֿן געקירצטע צונויפֿזאַצן איז אַ גאַנץ אַלט מיטל (ס׳איז באַוווּסט פֿון אַ פּאָר טויזנט יאָר), אָבער פֿאַרשפּרייט האָט זיך עס באַזונדערש די לעצטע עטלעכע צענדליק יאָר. דער עיקר

[51] This volume, 83.

[52] This volume, 100. Mark (1978, 354 f) gives similar examples of mixing Hebrew prefixes with German- or Slavic-origin substantives.

[53] This volume, 89 f.

[54] By censorship, I mean not only reviewing a manuscript before publication to identify unacceptable elements, but also subsequent reviews of the book by the scientific community.

> – מחמת דעם טעלעגראַף מיט זײַן היפשן טאַריף פֿאַר אַ וואָרט און מחמת דעם אויפֿקום פֿון אַ סך אַקציאָנערע פֿירמעס און געזעלשאַפֿטלעכע און מלוכישע אַנשטאַלטן, וואָס זייערע נעמען באַשטייען (זײַנען באַשטאַנען) געוויינטלעך פֿון אַ גרעסערער גרופּע ווערטער.
>
> גאָר ברייט האָט מען גענומען אָנווענדן אַזעלכע צונויפֿזאַצן אין דער צײַט פֿון דער מלחמה און באַזונדערש אין די יאָרן פֿון דער רעוואָלוציע – אין די יאָרן פֿונעם אָנגעשטרענגט־האַסטיקן לעבן און דענקען.[55]
>
> The creation of abbreviations is an old means (known for a couple of thousand years), but it has become especially popular in recent decades, primarily due to the telegraph, with its high rate per word, and to the emergence of joint-stock companies, public and state institutions whose names usually consist (or consisted) of an expanded group of words.
>
> Such abbreviations became especially widespread during the war and especially during the Revolution, the years of intense and rapid life and thought.

By skillfully finding ways to circumvent Soviet censorship and forcibly justifying the inclusion of a whole layer of Yiddish language material, primarily related to the religious and traditional sphere, in his grammar, Falkovitsh provides maximum coverage of linguistic phenomena and an openness to different scientific interpretations of his grammar's material. Falkovitsh is foreign to linguistic purism and, in general, to the idea that a given linguistic phenomenon can be evaluated as desirable or undesirable for use in speech. The absence of a prescriptive attitude seems all the more interesting given that the creation of a Yiddish grammar is for Falkovitsh a pedagogical project.

Unlike some of his colleagues, Falkovitsh belonged to the category of scholars who lived in a country under strong pressure from political ideology, as was the case in the USSR in the 1930s, but who preferred in their linguistic analysis to avoid language politics as much as possible. The quotations from Lenin and the classics of Marxism-Leninism that occasionally appear in the text of YIDISH are just the unavoidable scenery needed for the book to be allowed to go to print. By contrast, Falkovitsh's scientific approach demonstrates the absence of obvious tendencies in language policy, an emphasis on the observation of language development, and an objective record of the observed facts.

Historically, all traditions of language description have proceeded from a normative point of view. However, in the 19th century, the objective approach prevailed, first in comparative-historical and then in the rest of linguistics.

55 This volume, 89.

Falkovitsh and other Soviet Yiddishists probably adopted this objective approach from their Soviet Russian colleagues – for example, from Aleksandr Peškovskij, who is broadly quoted in the Soviet Yiddish publications.[56] In his article Объективная и нормативная точка зрения на язык [Objective and Normative Points of View on Language] Peškovskij formulates principles that should guide a linguist in describing language:

> И не только к целым языкам, но и к отдельным языковым фактам лингвист, как таковой, может относиться в настоящее время только объективно-познавательно [...]. В мире слов и звуков для него нет правых и виноватых.[57]
>
> And the linguist, as such, can at present only treat objectively-cognitively not only whole languages, but also individual linguistic facts [...]. In the world of words and sounds there are no right and wrong for him.

Peškovskij actively opposes the normative, conservative approach in linguistics and declares equal value for all varieties of language, including speech errors, speech defects, and individual deviations from the linguistic norm.

Like Peškovskij, Falkovitsh initially proceeded from the practical necessity of teaching the native language.[58] Peškovskij's first and best-known work, Русский синтаксис в научном освещении [Russian Syntax in a Scientific Light], first published in 1914 and considerably revised for the third edition in 1928, was extremely popular among Soviet linguists during the period when Falkovitsh was a university student. Falkovitsh's grammar recalls Peškovskij's work, and both books are scientific grammars of the mother tongue with a pedagogical bias, where theory is popularized and presented practically – that is, the general pedagogical message and high precision of theoretical interpretation is presented in a simple style.

In later works, such as the article וועגן לאָשן [*Vegn loshn*, About Language] for the סאָוועטיש היימלאנד [SOVETISH HEYMLAND, Soviet Homeland], Falkovitsh, as if to relieve the linguist-researcher of his responsibility, insists that

56 Peškovskij's scientific approach was extremely popular among Soviet Yiddish specialists. His works, if not translated, were extensively quoted in Yiddish, and his methods were applied to Yiddish studies. This can be seen, for example, in Shapiro 1937.

57 Peškovskij 1925a, 55.

58 Peškovskij worked for a long time as a gymnasium teacher and relatively late concentrated on scientific research.

the actual choice of lexical and grammatical variants is the task of the writer or, more generally, of the speaker.[59]

The prescriptive approach generally dominates the research of the YIVO Yiddish linguistic school in the works of Max and Uriel Weinreich, Yudl Mark, and many other linguists who publish their articles in the New York-based scientific journal ייִדישע שפּראַך [YIDISHE SHPRAKH, Yiddish Language]. In their works, the YIVO Yiddish scholars often take a prescriptive approach to describing the language[60] and organize, for example, an entire campaign against Daytshmerisms,[61] while Falkovitsh's Soviet colleagues often oppose the excessive use of Russisms and Sovietisms.[62] The difference in research approaches generated a wave of criticism against Soviet linguists from their YIVO colleagues. Among the authors of critical analyses of Soviet linguistic works on Yiddish are Zelig Kalmanovitsh, Shmuel Niger, and Yudl Mark. The latter in particular, in his 1940 and 1941 articles ייִדישע לינגוויסטישע אַרבעט אין סאָוועטן־פֿאַרבאַנד [*Yidishe lingvistishe arbet in sovetn-farband*, Yiddish Linguistic Research in the Soviet Union],[63] undertakes an entire critical campaign of Soviet Yiddish studies. Mark refers to Spivak's analysis of the relationship between literary language and its oral variants, in which Spivak had raised the issue of harmonizing the lexicon and finding a compromise between different components of the Yiddish language. For Mark, the prescriptive practice dominates, and he considers more important such questions as which lexemes of the dialectal vocabulary to keep in the standard language and which to forbid, and how to choose among synonyms from different dialects. Mark argues that Spivak does not ask these practical questions while also being too liberal about the use of certain layers of Yiddish vocabulary, such as Daytshmerisms. On the whole, Mark points out that there is no purist tendency in the Soviet tradition, and he judges the Soviet researchers who instead welcome neologisms, loanwords, and the construction of complex terms – for example, in the field of jurisprudence. Instead of using multicomponent terms, as in the Russian language, Mark suggests using paraphrases in standard Yiddish for such terms as מיטבבֿיוונדיקייט [*mit-*

59 Falkovitsh 1973, 161f.

60 See, for example, Mark 1978.

61 For a broader discussion, see commentaries §§ 131–132.

62 For a broader discussion, see commentaries § 129.

63 Mark 1940; 1941.

bekivndikayt, intentionality], אָניורשימדיקער [*onyorshimdiker*, heirless]. (He does not give concrete substitutes.)[64]

Such a radical difference between the Soviet and YIVO schools of Yiddish studies in approaches to the selection and analysis of material is all the more surprising in that both worked within the same language, albeit with real differences, and had similar pedagogical objectives. It is worth noting that in his articles and his grammar of the Yiddish language, Yudl Mark often borrows full fragments of linguistic analysis, and even specific examples, from the Soviet tradition. As we were able to establish and demonstrate in detail in the commentaries on Falkovitsh's YIDISH,[65] Mark cites entire thematic blocks with examples from Zaretski's grammar[66] without indicating the source. Sometimes such borrowing leads to confusion and inconsistency in Mark's own terminology, as Mark transfers concepts developed for the analysis of language material in one scientific tradition, based on the principles of structuralism and formalism, to another; these concepts, taken out of context, become incomprehensible.[67]

Dominant Structuralism and Revised Formalism

Most representatives of the Soviet linguistic school of Yiddish studied linguistics in Russian at Soviet universities.[68] During Falkovitsh's studies at Moscow State Pedagogical University, formalism was the dominant approach. Debates in Yiddish linguistic publications of the 1920s and 1930s – for example, the journals די ייִדישע שפּראַך [DI YIDISHE SHPRAKH, The Yiddish Language] and אפֿן שפּראַכפֿראָנט [AFN SHPRAKHFRONT, On the Language Front] – often mention Soviet theoretical linguists such as Peterson, Reformatskij, Peškovskij, Polivanov, and Potebnja, all of whom adhered to the formal method at that time. Of these Soviet Yiddishists, Zaretski, a mathematician, was a true follower of the formal school. In the preface to פראקטישע גראמאטיק [*Praktishe gramatik*, Practical Grammar, 1927], Zaretski clearly states:

64 Mark 1940: 43f.

65 See, for example, commentaries § 399.

66 Zaretski 1927; 1929.

67 About the term פֿאַרטרעטווערטער [*fartretverter*, substitute words], see commentaries §§ 359–362.

68 Estraikh 1999, 30.

גראַמאַטיק פאַרשטיי איך אַלס אַ לערע וועגן פאָרמעס פון שפּראַך (פאָרמעס פון וואָרט, פון ווערטער־באַהעפט, פון פּראַזע) [...] מיין סיסטעם איז ניט קיין קאָפּיע פון דער אָדער יענער רוסישער סיסטעם, נאָר אַן איבעראַרבעטונג, אַ צופּאַסונג פונם רוסישן פאָרמאַליזם צו די פאַקטן פון דער יידישער שפּראַך.[69]

I understand grammar as the study of language forms (word forms, word combinations, sentences). [...] My system is not a copy of any Russian system, but an elaboration and an adaptation of Russian formalism to the facts of the Yiddish language.

Falkovitsh does not declare his method formal, especially since by the time his grammar was published, a wave of criticism of the formal method had taken place; this criticism can be seen on the pages of Soviet linguistic publications.[70] However, despite these loud proclamations, accompanied by corresponding ideological background, the formal method partially retained its dominance in Soviet linguistics and particularly in Yiddish studies. The structuralist idea to analyze language as a system is inevitably present in YIDISH, but Falkovitsh's method belongs instead to the less radical branch of Russian formalism.

In the 1920s, discussions took place in Soviet linguistics about the role of form and meaning in grammatical description of language.[71] The definition of parts of speech occupies an important place in this discussion. The Moscow linguistic school distinguishes parts of speech according to their morphological features – for example, nouns are considered a distinct part of speech, because they all can be declined. Zaretski, as his treatment of form and meaning in language shows, defines a noun through its syntactic connections to other parts of speech.[72] Both approaches belong to the formal school, but they are guided by different criteria: morphological or syntactical.

Falkovitsh expands the number of criteria involved in identifying parts of speech:

69 Zaretski 1927, 3.

70 In the 1930s, the work of Yiddish dialectologists was criticized for exaggerated formalism (Shklyar 1932); a formalist trend in Yiddish linguistics received a negative assessment (Beznosik 1932, 81). In general, the formalist approach in many scientific disciplines and art underwent persecutions in the 1930s in the USSR (Erlich 1980, 140f).

71 See such works as Peterson 1923; Durnovo 1924; Peškovskij 1925a, 1925b.

72 The syntactic approach to parts of speech definition for the Russian language was elaborated in, for example, Šachmatov 1927.

> וואָרטקלאַסן, דאָס הייסט גרעסערע אָדער קלענערע גרופּעס, וואָס נעמען אין זיך אַרײַן אַלע אָדער כּמעט אַלע ווערטער פֿון דער שפּראַך, אײַנגעטיילט לויט דעם, וואָס די ווערטער באַטײַטן; וועלכע פֿונקציעס און פֿאָרמעס זיי האָבן און מיט וועלכע ווערטער זיי באַהעפֿטן זיך אָדער קאָנען זיך באַהעפֿטן.[73]

> *Parts of speech*, small and large groups that include all or almost all words of the language, are identified based on what these words *mean*, what *functions* and *forms* they have, and with which words they *combine* or can combine.

Unlike Zaretski's formal approach, Falkovitsh considers function to be the most important of these criteria:

> די ווערטער אין אַ זאַץ פֿילן געוויינטלעך אויס פֿאַרשיידענע פֿונקציעס – זיי ווײַזן אָן אויפֿן טוער, אויף זײַן טוּונג, אויפֿן קעגנשטאַנד פון דער טוונג אאַ״וו. פֿון דעם שטאַנדפּונקט טיילט מען די ווערטער אײַן אין זאַצגלידער.[74]

> Words in a sentence usually have different *functions:* they indicate an actor, an action, the object of an action and so on. Based on this criterion, words are divided into parts of speech.

Thus, it can be argued that YIDISH exhibits a clear tendency towards the methods of functional grammar. Functional grammar also gained supporters in the USSR during this period, especially after the popularization among Soviet linguists, including Yiddishists, of Ferdinand Brunot's *La pensée et la langue*[75] [Thought and Language] and Otto Jespersen's *The Philosophy of Grammar*,[76] which reveals the relationship between conceptual and syntactic categories.

Based on the formal method, Falkovitsh still pays great attention to form and, for example, provides a detailed enumeration of morphological variations on topics such as verbal prefixation[77] or suffixal noun derivation.[78] The section on the peculiarities of substantivization summarizes a huge preceding discussion in Soviet Yiddish linguistics on this topic and provides a complete systematic description of this phenomenon. Falkovitsh describes in detail the transitions of different parts of speech into nouns and raises the question

73 This volume, 37.

74 Ibid., 35 f.

75 Brunot 1922.

76 Jespersen 1924.

77 This volume, 90.

78 Ibid., 100 f.

of what formal criterion distinguishes them and what the formal carrier of substantivization is; that is, he feels free in formulating scientific questions within the framework of the formal method.[79]

However, Falkovitsh's general theoretical views and definitions often extend beyond strict formalism. For example, the noun classification Falkovitsh outlines is based on a morphological principle: the corpus of nouns is divided into primary and secondary (derivatives). Through the phenomenon of substantivization, other parts of speech can become nouns; this process, according to Falkovitsh, implies the ability to perform certain syntactic functions (object and subject), the ability to certain syntactic combinations (with an article, adjective, or numeral), possession of certain morphological categories (number), and finally, a special meaning of 'materiality.' Falkovitsh's definition of a noun is far from including only formal parameters; it turns out to be multicomponent:

> דער גרעסטער און וויכטיקסטער וואָרטקלאַס איז דער סובסטאַנטיוו – דער קלאַס ווערטער, וואָס באַטײַטן קאָנקרעטע אָדער אַבסטראַקטע זאַכן (סובסטאַנצן) אָדער אַזוינס, וואָס מע נעמט עס אויף ווי אַ זאַך, אומאָפּהענגיק דערפֿון, צי די דאָזיקע זאַך עקסיסטירט צי ניט. אַ שטייגער: טיש, מענטש, לופֿט, הימל, אַרײַנגאַנג, זויערקייט, פֿריילעכקייט, פֿאַרשטאַנד, נשמה, טײַוול אאַ"וו.[80]

> The largest and most important part of speech is the *noun*, a word class denoting concrete or abstract things (substances) or something that is perceived as an object, whether it exists or not. For example: table, man, air, sky, entrance, sourness, fun, understanding, soul, devil and so on.

This definition brings forward the *meaning* of the noun, just as Russian school grammars at that time did, defining a noun as "слово, обозначающее предмет" [a word denoting an object].[81] Peškovskij criticized this definition of Russian grammar as incomplete, since it did not describe abstract nouns such as 'whiteness,' 'fight,' 'walk'; he suggested transforming this definition by adding to it the formal criterion: "слово, обозначающее в своих формальных принадлежностях предмет" [a word denoting in its formal belongings an object].[82] Falkovitsh, apparently prompted by similar considerations, pre-

79 See a discussion about substantivization by Tsvayg [Rozentsvayg] and Zaretski in the commentaries § 183.

80 This volume, 169.

81 Peškovskij 1925b, 26.

82 Ibid.

fers to specify his definition by listing the possible groups of objects or substances to which a noun can refer. In this way, he includes abstract concepts and even objects whose existence can be questioned, such as נשמה [*neshome*, soul] and טײַוול [*tayvl*, devil].

Following this approach, which gravitates toward psychologism and a greater consideration of semantics, Falkovitsh supports the branch of Soviet linguistics that, since the mid-1920s, had been engaged in a revision of the strict formal method.[83] The evolution of the theoretical approach and the movement from the logical (formal) method toward psychologism can be traced in Peškovskij's revision of *Russian Syntax in Scientific Light* (1914–1928). In particular, the book's final version proposed distinguishing parts of speech not according to formal criteria but to semantic ones. By the 1940s, Soviet linguistics had already completely rehabilitated semantics and tended to consider the syntactic structure in combination with words' semantic properties, focusing on the fact that "the semantics of a word to a certain extent determines its syntactic role in a sentence."[84]

Other parts of speech were problematic, including pronouns; their determination had no unambiguous solution in contemporary Soviet linguistics. Different approaches ranged from not allocating pronouns to a separate part of speech to attributing to this category a number of words with different syntactic functions, such as adverbs or question words. Here Falkovitsh again chooses the middle way: he describes pronouns as a separate group but stipulates that, relying on their grammatical properties, they do not represent any specificity in comparison with other parts of speech. Instead, pronouns are substitutes for full-fledged words (nouns, adverbs, and so on). In this way, Falkovitsh is following Peškovskij's reasoning. Like Peškovskij and (later) Meščaninov, Falkovitsh demonstrates the closeness of personal pronouns to nouns and even includes a proper analysis of personal pronouns in the chapter on nouns, סובסטאַנטיוון אַלס סוביעקטן און אָביעקטן און זייערע פֿאָרמעס [*substantivn als subyektn un obyektn un zeyere formes*, nouns as subjects and objects and their forms].[85]

Apparently drawing from the Soviet tradition, Falkovitsh uses the special term סובסטאַנטיווישע פּראָנאָמען [*substantivishe pronomen*, substantive

83 See, for example, Durnovo 1924.

84 Meščaninov 1978 [1945], 7.

85 This volume, 191–196.

pronouns] for personal pronouns. Peškovskij calls this group "pronominal nouns" and justifies the term by the semantic and formal closeness of personal pronouns to nouns: personal pronouns denote objects and possess a number of the formal features of nouns (that is, they change in case, partly in gender).[86] Falkovitsh dwells solely on their formal similarity to nouns.

The shift away from strict formalism and the greater attention to words' semantic content is evident not only in the way Falkovitsh defines the system of parts of speech, but also in the way he treats individual grammatical categories. For example, he combines into a single section, צאָלפֿאָרמעס [*tsolformes*, forms of quantity], information on the plural of nouns with possible morphological variants of plural forms, and a breakdown of the phenomenon of collective nouns, giving the examples of מחנה, פֿאָלק, עולם, מערהייט, פויערטום [*makhne, folk, oylem, merhayt, poyertum*; crowd, people, public, majority, peasantry].[87]

It was these two phenomena – grammatical number and collectivity of nouns – that Hermann Paul, one of the founders of neogrammarian school, identified as expressing the category of number.[88] In 1927, Baudouin de Courtenay added to this list other linguistic means of expressing quantification (frequency, size, and so on).[89] Thus, Falkovitsh's description of the grammatical category of number not only focuses on the morphological phenomenon of the plural, but understands the grammatical category in a broad sense as expressing the idea of linguistic quantification.

Falkovitsh's YIDISH often describes linguistic phenomena from the general to the particular: the author first introduces the reader to the overall theoretic linguistic fundamentals and then 'descends' to specific linguistic facts. Such an approach is characteristic of linguistic studies in USSR and former Soviet countries, allowing one to avoid ethnocentric studies in the period – precisely when Falkovitsh created his grammar – during which any form of nationalism was persecuted in the USSR. The section about phonetics presents phonetic material from the broad to the specific. Section II.4 could serve as an introductory chapter to a course in general linguistics, describing the physiological features of the speech apparatus. The terminology Falkovitsh uses for

86 Peškovskij 1925b, 27.

87 This volume, 181 f.

88 Paul 1880.

89 Baudouin de Courtenay 1963, 321–324; for further analysis see also Reformatskij 1960.

the physiological description of the speech apparatus, the phonetic description of language, and the classification of speech sounds is much the same as in Reyzen's grammar,[90] which Falkovitsh may have been partly guided by. However, unlike Reyzen, whose grammar obviously follows a neogrammarian approach to the description of phonetics with a historical diachronic perspective, comparison with Middle High German, and reference to dialectal material, Falkovitsh describes the phonetic structure of Yiddish exclusively at the synchronic level, effectively remaining within the framework of structural and even applied linguistics. In his grammar, Falkovitsh prefers not to get into the Moscow linguistic school's overly theoretical arguments that stray from the practical sense. He follows an applied descriptive method at the synchronic level when describing phonetics, whereas in the 1930s, a heated discussion of the notion of the phoneme, the phonemic structure of the language and phonological writing, took place in the Moscow State Pedagogical Institute as part of the formation of the Moscow Phonological School.

Falkovitsh's grammar's contribution to the development of the linguistic description of Yiddish lies in how Falkovitsh built an objective logical description of the language as a system, based on general linguistics and on the contemporary knowledge of the structural particularities of different world languages. He combined in a harmonious way and applied to Yiddish the findings of such areas as comparative-historical and structural linguistics, while avoiding the pitfalls of a prescriptive approach to language and the distortion of scientific analysis by any kind of ideology. Because of these properties, Falkovitsh's grammar remains a work of high scholarly quality, useful to both Yiddish students and researchers.

As a scientific tradition developed in a diasporic context, Yiddish studies has several geographical centers with varying scholarly approaches and policies; there are even variations in the language materials they describe. In contrast to the Jewish-oriented approach of YIVO linguists, Falkovitsh does not insist on the linguistic exceptionalism of Yiddish but rather studies it from a comparative and typological perspective with other world languages. Falkovitsh's grammar synthesizes the accomplishments of the Soviet school of Yiddish studies and meticulously documents the language's evolution in the USSR.

90 Reyzen 1920, 38–47.

Bibliography

Alpatov, Vladimir M., 2014: Soviet Linguistics and World Linguistics. In: Kasevich, Vadim, Yuri A. Kleiner, and Patrick Sériot, eds., *History of Linguistics 2011: Selected Papers from the 12th International Conference on the History of the Language Sciences (ICHoLS XII), Saint Petersburg, 28 August – 2 September 2011*. Amsterdam, Philadelphia: John Benjamins Publishing, 159 – 167.

Anfert'eva, A. N., 2013: Материалы к истории ИЛИ РАН (1921 – 1934). Составитель А. Н. Анфертьева // *ACTA LINGUISTICA PETROPOLITANA. Труды Института лингвистических исследований РАН* IX, 1. Отв. ред. Н. Н. Казанский. Санкт-Петербург: Изд-во «Наука».

Althaus, Hans Peter, 1972: Yiddish. In: Einar Haugen, ed., *Linguistics in Western Europe. Part 2: The Study of Languages*. Berlin: De Gruyter Mouton, 1345 – 1382.

Baudouin de Courtenay, I[van] A., 1963: Бодуэн де Куртенэ, И[ван] А.: Количественность в языковом мышлении // *Избранные труды по общему языкознанию* 2. Москва: Издательство Академии наук СССР, 311 – 324.

Beider, Alexander, 2015: *Origins of Yiddish Dialects*. Oxford: Oxford University Press.

Beznosik, K., 1932 בעזנאָסיק, ק., 1932: ייִדיש־גראמאטישע ארבעט פארן סאָוועטישן פּעריאָד (איבערזיכט). אין: **צום 15־טן יאָרטאָג אָקטיאבער־רעוואָליוציע**. ליטעראריש־לינגוויסטישער זאמלבוך, מינסק: 76–112.

Bhabha, Homi, 1999: *Multicultural States: Rethinking Difference and Identity*. London: Routledge.

Brunot, Ferdinand, 1922*: La pensée et la langue. Méthode, principes et plan d'une théorie nouvelle du langage appliquée au français*. Paris: Masson.

Burko, Leyzer 2015 בורקאָ, לייזער: מאַקס ווײַנרײַכס ייִדיש־מיטאָס (רעפֿעראַט געלייענט בײַ דער קאָנפֿערענץ „ייִדישיזם: מיטאָלאָגיעס און איקאָנאָגראַפֿיעס“, וואַרשע, 15–16טער נאָוועמבער 2015) (unpublished).

Callenberg, Johann Heinrich, 1736: *Jüdischteutsches Wörterbüchlein*. Halle: Jüdisches Institut.

Durnovo, N[ikolaj] N., 1924: Дурново Н[иколай] Н.: О формальной грамматике и логике // *Родной язык в школе* 6: 88 – 93.

Erik, Maks, 1930 עריק, מאַקס: אַ „אַ בינטל בריוו“ וועגן דער עלטערער ייִדישער ליטעראַטור. אין: **פאשיזירטער ייִדישיזם און זײַן וויסנשאפט**. מינסק: ווײַסרוסישע וויסנשאפט־אקאדעמיִע, ייִדישער סעקטאָר, 75–90.

Erlich, Viktor, 1980: *Russian Formalism*. The Hague: Mouton Publishers.

Estraikh, Gennady, 1999: *Soviet Yiddish. Language Planning and Linguistic Development*. Oxford: Oxford University Press.

Falkovitsh, E[lye], 1973 פֿאַלקאָוויטש, עליע [אליה]: וועגן לאָשן. אין: **סאָוועטיש היימלאנד** (מאָסקווע) 12: 157 – 169.

Gitlits, M[ordkhe], 1937 גיטליץ, מ[רדכי]: צו דער פראגע וועגן די אנטוויקלונגס־וועגן פון ייִדיש (געשיכטלעכע באאָבאכטונגען). אין: **שטערן** (מינסק): 84–102.

Gruschka, Roland, 2001: On Marrism and Soviet Yiddish Linguistics. In: *Slavic Almanach. The South African Yearbook for Slavic, Central and East European Studies* 7 (10): 165–190.

Hirsch, Francine, 2005: *Empire of Nations: Ethnographic Knowledge and the Making of the Soviet Union*. Ithaca, NY: Cornell University Press.

Jazyk i myšlenie, 1934: *Язык и мышление* (Ленинград) II.

Jespersen, Otto, 1924: *The Philosophy of Grammar*. London: G. Allen and Unwin.

Kaganovitsh, N[okhem], 1930 קאגאנאָוויטש, נ[חום]: פּאָלקס־שפראַך און ליטעראַרישע שפראַך. אין: **די ייִדישע שפּראַך** (קעיִוו) 2–3: שפּ׳ 39–48; 4–5: שפּ׳ 67–74.

Kuznitz, Cecile Esther, 2014: *YIVO and the Making of Modern Jewish Culture: Scholarship for the Yiddish Nation*. New York, NY: Cambridge University Press.

Mark, Yudl, 1940 מאַרק, יודל: ייִדישע לינגוויסטישע אַרבעט אין סאָוועטן־פֿאַרבאַנד. אין: **ייִוואָ־בלעטער** (ניו־יאָרק) 16: 31–44; 150–160.

–, 1941 מאַרק, יודל: ייִדישע לינגוויסטישע אַרבעט אין סאָוועטן־פֿאַרבאַנד. אין: **ייִוואָ־בלעטער** (ניו־יאָרק) 17: 222–234.

–, 1978 מאַרק, יודל: **גראַמאַטיק פֿון דער ייִדישער כּלל־שפּראַך**. ניו־יאָרק: אַלוועלטלעכער ייִדישער קולטור־קאָנגרעס.

Marr, N[ikolaj] Ja., 1933: Марр, Н [иколай] Я.: *Избранные работы. Том 1. Этапы развития яфетической теории*. Ленинград: ГАИМК.

Meščaninov, I[van] I., 1936: Мещанинов, И[ван] И.: *Новое учение о языке. Стадиальная типология*. Ленинград: ОГИЗ, Государственное социально-экономическое издательство, Ленинградское отделение.

–, 1978 [1945]: Мещанинов И[ван] И.: *Члены предложения и части речи*. Ленинград: «Наука».

Paul, Hermann, 1880: *Prinzipien der Sprachgeschichte*. Tübingen: Niemeyer.

Peškovskij, A[leksandr] M., 1925a: Пешковский, А[лександр] М.: Объективная и нормативная точка зрения на язык // *Сборник статей. Методика родного языка, лингвистика, стилистика, поэтика*. Ленинград – Москва: Государственное издательство: 54 – 67.

–, 1925b: Пешковский, А[лександр] М.: В чем же наконец суть формальной грамматики? // *Сборник статей. Методика родного языка, лингвистика, стилистика, поэтика*. Ленинград – Москва: Государственное издательство: 5 – 31.

Peterson, M[ichail] N., 1923: Петерсон М[ихаил] Н.: *Очерк синтаксиса русского языка*. Москва: Государственное издательство.

Reformatskij, A[leksandr] A., 1960: Реформатский А[лександр] А.: Число и грамматика // *Вопросы грамматики. Сборник статей к 75-летию академика И. И. Мещанинова*. Москва – Ленинград, 384 – 400.

Reyzen, Zalmen, 1920 רייזען, זלמן: **גראַמאַטיק פון דער יידישער שפּראַך**. ווילנע: ש. שרעבערק.

Sapir, Edward, 1921: *Language. An Introduction to the Study of Speech*. New York, NY: Harcourt, Brace.

–, 1934: Сепир, Эдуард: *Язык. Введение в изучение речи*. ОГИЗ, СОЦЭКГИЗ. Translation of Sapir 1921.

Schuchardt-Brevier, Hugo, 1922: *Ein Vademecum der Allgemeinen Sprachwissenschaft*, zusammengestellt und eingeleitet von Leo Spitzer. Tübingen: Max Niemeyer Verlag.

Shapiro, Moyshe, 1937 שאפּיראָ, משה: פּעשקאָווסקיס גראמאטישע סיסטעמ און דער פאָרמאליזמ אינ דער ייִדישער גראמאטיק (קריטיש־געשיכטלעכער איבערבליק). אין: **אפּנ שפּראכפּראָנט** (קיִעוו) 1: 150–185.

Shklyar, H[irsh], 1932 שקליאר, ה[ירש] 1932: די ייִדישע דיִאלעקטאָלאָגישע פאָרשונג אין סאָוועטן־פארבאנד. אין: **צום 15־טן יאָרטאָג אָקטיאבער־רעוואָליוציע**. ליטעראריש־לינגוויסטישער זאמלבוך. מינסק: 141–163.

Smith, Michael G., 1998: *Language and Power in the Creation of the USSR, 1917–1953*. Berlin, New York: Mouton de Gruyter.

Spivak, E[lye], 1937 ספּיוואק, ע. [אליה]: צו דער פּראָבלעמ פונ לעקסישער פאריינהייַטלעכונג און רעגולירונג אינעמ ליטעראַרישנ ייִדיש. אין: **אפּנ שפּראכפּראָנט** (קיִעוו) 1: 3–46.

Šachmatov, A[leksej] A., 1927: Шахматов, А[лексей] А.: *Синтаксис русского языка*. Выпуск второй: Учение о частях речи: дополнения. Ленинград: Издательство Академии Наук СССР.

Tshernyak, Y[oysef], 1929 טשערניאק, י[וסף]: די שפּראך פונעמ ייִדישן פאָלקס־ליד אין פארגלייַך מיט דער גערעדטער שפּראך (מאטעריִאלן). אין: **די ייִדישע שפּראַך** (קעיִוו) 2: 29–36.

Vilenkin, L[eyzer], 1931 ווילענקינ, ל[ייזער], 1931: **ייִדישער שפּראכאטלעס פונ סאָוועטנ־פארבאנד**, אפּנ גרונט פונ די דיאלעקטאָלאָגישע מאטעריאלנ וואָס זייַנענ צונויפגעזאמלט געוואָרנ דורכ דער שפּראכקאָמיסיע פונ ייִדישנ סעקטער פונ דער ווייַסרוסישער אקאדעמיע אונטער מ. וויינגערס אָנפירונג. מינסק: ווייַסרוסישע וויסנשאפט־אקאדעמיע, ייִדישער סעקטער.

Weinreich, Max [Vaynraykh, Maks], 1973 ווייַנרייַך, מאַקס: **געשיכטע פֿון דער ייִדישער שפּראַך: באַגריפֿן, פֿאַקטן, מעטאָדן**. 4 בענד. ניו־יאָרק: ייִדישער וויסנשאַפֿטלעכער אינסטיטוט — ייִוואָ.

Zaretski, A., 1927 זארעצקי, א[ייַזיק]: **פּראַקטישע ייִדישע גראַמאַטיק**. מאָסקווע: פארלאג „שול און בוך“.

–, 1929 זארעצקי, א[ייַזיק]: **ייִדישע גראַמאַטיק**. נייַ־איבערגעאַרבעטע אויסגאַבע. ווילנע: ווילנער פארלאג פון ב. קלעצקין.

–, 1930 א. ז. [זאַרעצקי, אייַזיק]: די יאפעטישע לינגוויסטיק אינ ייִדיש. אין: **די ייִדישע שפּראַך** (קיִעוו) 2–3: שפּ׳ 71–76.

Žirmunskij, Viktor, 1940a: Жирмунский, В[иктор] М.: Сравнительная грамматика и новое учение о языке // *Известия АН СССР. Отделение литературы и языка* 3: 28 – 61.

–, 1940b: Жирмунский, Виктор М.: О некоторых вопросах еврейской диалектографии // *Язык и мышление* (Ленинград) IX: 135 – 145.

–, 1942 זשירמונסקי, וויקטאָר: דער ייִדישער שראַפּכאַטלאַס פֿון סאָוועטן־פֿאַרבאַנד. אין: **ייִוואָ־בלעטער** (ווילנע) 19: 243–249.

–, 1976: Жирмунский, В[иктор] М.: *Общее и германское языкознание. Избранные труды*. Москва: Наука.

Daria Vakhrushova

Jiddisch-sowjetische Grammatiken des Linguisten und Sprachpädagogen Elye Falkovitsh

1930 beteiligte sich der Sprachwissenschaftler Elye Falkovitsh an einer Diskussion über die Notwendigkeit des Grammatikunterrichts in der Schule, die sich auf den Seiten des Hauptorgans jiddisch-sowjetischer Linguisten – די ייִדישע שפּראַך [DI YIDISHE SHPRAKH, Die jiddische Sprache][1] – entfaltete. Falkovitsh war zu diesem Zeitpunkt bereits ein anerkannter Fachmann der Sprachpädagogik;[2] in den folgenden Jahren wird seine Expertise im Sprachunterricht, insbesondere für Erwachsene, sehr gefragt sein und bei der Konzipierung einheitlicher Schulprogramme[3] oder auch der kritischen Besprechung neuer Jiddisch-Lehrbücher herangezogen werden.[4] In DI YIDISHE SHPRAKH bezog er kritisch Position gegenüber den Thesen seines Kollegen, des Linguisten Nokhem Shtif, über die Zwecke und Methodik des schulischen Sprachunterrichts.

Hintergründe: Jiddische Wandlungen des russisch-sowjetischen linguistischen Diskurses

Die von Shtif initiierte Debatte in DI YIDISHE SHPRAKH fand vor dem Hintergrund des russischsprachigen Diskurses statt. Der Linguist Grigorij

Für wertvolle Hinweise und anregende Besprechungen gilt mein Dank Efrat Gal-Ed. Marian Fritsch danke ich für sprachliche Unterstützung und kritische Durchsicht.

1 Die Zeitschrift erschien in Kyjiw 1927–1930 unter diesem Titel und 1931–1939 unter dem Titel אַפֿן שפּראַכפֿראָנט [AFN SHPRAKHFRONT, An der Sprachfront]. Nach einer Unterbrechung 1933 änderte sich 1934 das Erscheinungsformat: Die Ausgaben wurden umfangreicher und erschienen in größeren Abständen, häufig mit *zamlung* [Sammelband] als Untertitel.

2 Siehe etwa die Bitte eines Schuldirektors, Jiddisch-Lehrbücher zu besorgen bzw. zu empfehlen, 1928 (NLI, ARC. 4* 2001/18). Für weitere Informationen zu Falkovitshs Biographie und beruflicher Laufbahn siehe Gal-Ed in diesem Band.

3 Siehe die Einladungen zur Kulturkonferenz in Charkiw 1928 (NLI, ARC. 4* 2001/34), zur Fachkonferenz in Kyjiw 1930 (NLI, ARC. 4* 2001/33), zur Besprechung des einheitlichen Unterrichtsprogramms in Politschulen in Charkiw am 25. April 1933 (NLI, ARC. 4* 2001/02, ARC. 4* 2001/34).

4 Siehe die Bitten um Rezensionen des קורס פֿון ייִד. שפּראַך [*Kurs fun yid. shprakh*, Kurs der jiddischen Sprache] von Ayzik Zaretski (1930, NLI, ARC. 4* 2001/19) und des Jiddisch-Lehrbuchs von Gelbman und Rodak (1934, NLI, ARC. 4* 2001/02).

Vinokur hatte 1925 einige seiner Artikel in einem Buch unter dem Titel Культура языка [*Kul'tura jazyka*, Sprachkultur] herausgebracht. Den titelgebenden Artikel (1923)[5] eröffnete eine Übersicht über die Entwicklung der Linguistik seit dem 19. Jahrhundert. Danach beschränkten sich in der ersten Phase Franz Bopp und August Schleicher, die Begründer der Sprachwissenschaft im engeren Sinn, auf eine allgemeine historische Rekonstruktion, die sie laut Vinokur »mechanistisch« betrieben.[6] In der nächsten Phase rückten spezifische Sprachentwicklungsprozesse in den Fokus. Während die minutiösen Studien der Junggrammatiker eine solide Basis für die historisch-vergleichende Sprachwissenschaft lieferten, ließ diese Gründlichkeit – an der es Bopp und Schleicher in ihren Arbeiten fehlte (so Vinokur) – die Linguisten der zweiten Phase die Grenzen der Phonetikforschung nicht überschreiten, des einzigen Gebiets, das »sich für historische Zwecke der Sprachwissenschaft eignete«[7]. Nun proklamierte Vinokur eine neue Stufe in der Linguistik, welche sich der sozialen Seite der »linguistischen Erfahrung«[8] und deren praktischer Anwendung widmen sollte. Sein Buch sollte ein Mittel im Kampf gegen »stilistische Entartung«[9] werden.

»Linguistische Kultur« sei Vinokur zufolge integraler Teil der Kultur schlechthin und zugleich ihr Medium.[10] Die Revolution stelle die Aufklärer vor die Aufgabe, Kultur den breitesten Gesellschaftsschichten zu vermitteln, was wiederum nur mithilfe der »umfassenden gesellschaftlich-linguistischen Erziehung« erfüllt werden könne.[11] Die Sprache selbst müsse dabei nicht nur erforscht, sondern aufgrund der gesammelten Forschungsdaten und gemäß gesellschaftlichen Bedürfnissen geformt und gestaltet werden:

> Рациональная организация языка, в понятие которой входит как направление лингвистических процессов по определенному руслу, так и непосредственное воздействие на самое структуру языка, – составляет содержание проблемы, которую удобнее всего характеризовать, как проблему *языковой культуры*.[12]

5 Vinokur 1923. Alle Übersetzungen aus dem Russischen und Jiddischen, sofern nicht anders angegeben, sind meine (DV).

6 Ibid., 100.

7 Ibid.

8 Ibid., 104.

9 Vinokur 1925, 4.

10 Ibid.

11 Ibid.

12 Vinokur 1923: 106.

> Die rationale Organisation der Sprache, deren Begriff sowohl die Steuerung linguistischer Prozesse in eine bestimmte Richtung umfasst als auch die unmittelbare Einwirkung auf die Sprachstruktur selbst, bildet den Gehalt des Problems, das man am praktischsten als das Problem von *Sprachkultur* definieren kann.

Diese neue Stufe der Sprachwissenschaft nannte Vinokur ›angewandte Linguistik‹ oder ›linguistische Technologie‹.[13]

Die theoretisch-sprachwissenschaftliche Annahme, dass die zeitgenössische linguistische Arbeit sich auf praktische Aufgaben konzentrieren müsse, schlug sich in der Unterrichtsmethodik nieder. Bereits vor der Oktoberrevolution erklärte Vinokurs Kollege Aleksandr Peškovskij die traditionelle Schulgrammatik für unwissenschaftlich und methodisch unzulänglich.[14] In der experimentellen Umgebung der neuen sowjetischen Schule der 1920er Jahre[15] konzipierte er neue, induktiv aufgebaute Lehrbücher der russischen Sprache, in denen er auf klassische grammatische Definitionen und Regeln verzichtete.[16] Peškovskijs Hauptmethode im Sprachunterricht, ›Beobachtung‹ genannt, wurde bereits 1921 im Lehrplan verankert.[17] Als Gegenbewegung zum traditionellen Unterricht entstanden, dessen wichtigsten Teil die Vermittlung und das Auswendiglernen von Regeln ausmachten, postulierte die Beobachtungsmethode, dass Kinder grammatische Phänomene der eigenen Sprache unmittelbar erkennen, beobachten und anschließend erklären und abstrahieren sollen.[18]

13 Vinokur 1923: 106; 1925, 5.

14 Die erste Auflage seiner umfangreichen und ausführlich argumentierenden Kritik, Школьная и научная грамматика [Schulgrammatik und wissenschaftliche Grammatik], erschien 1914.

15 Zu den in den USA entwickelten, auf praktischen Erfahrungen basierenden Methoden von John Dewey und dem sogenannten Daltonplan von Helen Parkhurst im frühsowjetischen Bildungssystem siehe Fitzpatrick 1979, 7; Dejkina und Jančenko 2017, 106–108; zur zeitgenössischen Rezeption des Daltonplans siehe etwa die Aufsatzsammlungen Далтон-план в русской школе [Daltonplan in der russischen Schule, Leningrad, 1925–1927]; für einen zeitgenössischen Bericht über die Anwendung des Daltonplans im russischen Sprachunterricht siehe Nikiforov 1926, im jiddischen Sprachunterricht – Basok und Flik 1929.

16 Наш язык [Unsere Sprache], 1922–1927. Das Lehrbuch wurde auch von Ayzik Zaretski positiv rezensiert (Zaretski 1923).

17 *Programme* 1921, 42–49. Zu ›Beobachtung‹ als Unterrichtsmethode siehe Čeljustkin 1927, 21–39, speziell zum Sprach- und Literaturunterricht ibid., 24–27. Zur Geschichte der Methodik des Sprachunterrichts in der Sowjetunion siehe Prudnikova 1974.

18 Vergleichbare Tendenzen lassen sich in zeitgenössischen Konzepten für den Deutschunterricht erkennen, etwa in dem Plädoyer des Mitherausgebers der *Zeitschrift für den deutschen Unterricht* Walther Hofstaetter für »sprachbildendes Wissen« statt »Sprachwissen« (Hofstaetter 1926, 27) oder

Bei der Entwicklung und Anwendung der neuen Unterrichtsmethodik verstärkten sich zwei Momente gegenseitig: Zum einen die Überzeugung, dass der traditionelle Sprachunterricht nicht nur pädagogisch mangelhaft sei, sondern auch oft den theoretischen Erkenntnissen der Sprachwissenschaft widerspreche;[19] zum anderen stellte die gesamte Bildungspolitik, die die Erziehung des neuen sowjetischen Menschen und seine Vorbereitung auf die Bewältigung verschiedener Alltagsaufgaben im Auge hatte, praktische Kenntnisse und Fertigkeiten über theoretisches Wissen. Für einige Jahre dominierte dieser praktische Zugang im sowjetischen Unterricht. Erst die frühen 1930er Jahre brachten eine methodische Wende. Auf dem Gebiet des Sprachunterrichts entfaltete sich eine Diskussion über die (teilweise) Rückkehr zum klassischen Grammatikunterricht, für den neue, sogenannte ›stabile‹ Lehrbücher entwickelt wurden.[20]

Jiddisch-sowjetische Linguisten rezipierten diese Entwicklungen und führten sie weiter. Die Rezeption vollzog sich sowohl über direkte Kommunikation mit Kollegen an Universitäten und Forschungsinstituten[21] als auch über die Lektüre von deren Vorträgen und Büchern, auf die sie sich in ihren Studien bezogen[22] oder deren Begriffe sie für die Entwicklung eigener lingu-

in der Erkenntnis, dass »Beobachtung« (ibid.) und die »eigene« Arbeit der Schüler (Bojunga 1926, 35f) mehr Raum im Unterricht einnehmen sollten. Doch anders als in der Sowjetunion mündeten diese Einsichten in Deutschland nicht in eine ausdifferenzierte Formulierung der Unterrichtsmethodik.

19 Die Autoren des Programms 1921 bezogen sich unter anderem auf Peškovskijs Kritik der traditionellen Schulgrammatik (*Programme* 1921, 43).

20 Prudnikova 1974: 89f. Unter ›stabilen‹ Lehrbüchern verstand man einheitliche Lehrbücher, die dem staatlichen Schulprogramm entsprachen.

21 Elye Falkovitsh selbst studierte beispielsweise Philologie an der Staatlichen Moskauer Universität (Личное дело Флькович И. М. – *Ličnoe delo Fal'kovič I. M.*, RGALI, f. 2308, op. 1, ed. chr. 134; vgl. hierzu Gal-Ed in diesem Band, xxiii). Zu Vorträgen jiddischer Linguisten am Institut für Sprache und Denken siehe Fedchenko in diesem Band, lxv. Über den Aufenthalt am Forschungsinstitut für Sprachwissenschaft (НИЯЗ – Научно-исследовательский институт языкознания) vom Februar bis Juni 1932 und seine Begegnungen mit russischen Professoren und Doktoranden berichtet ausführlich der jiddische Linguist Khayim Loytsker (Loytsker 1932). Ein Hinweis auf persönliche Bekanntschaften findet sich in den Memoiren des russischen Linguisten Aleksandr Reformatskij, der sich an die Zusammenarbeit mit Ayzik Zaretski erinnert (Reformatskij 1973). Viele jiddische Sprachforscher und -forscherinnen arbeiteten zeitgleich in belarussischen, russischen bzw. ukrainischen Linguistikinstituten, etwa Shprintse [Sonya, Sof'ja] Rokhkind, die ab September 1933 allgemeine Sprachwissenschaft am Minsker pädagogischen Institut lehrte und 1939 einen Beitrag zu einem Band über die Syntax der belarussischen Sprache lieferte (Dzjatko 2014).

22 Jiddische Linguisten zitierten nicht nur maßgebliche Meinungen ihrer russischen Kollegen, sondern illustrierten auch die eigenen Thesen mit Beispielen aus russischen Grammatiken, die zahlreicher und in ihrem Verfahren vielfältiger waren als jiddische Sprachlehrbücher. Siehe Re-

istischer Paradigmen adaptierten. Ayzik Zaretski beispielsweise führte den Begriff לינגוואָטעכניק [*lingvotekhnik*] in den jiddischen Diskurs ein, der von Vinokurs Terminus ›linguistische Technologie‹ inspiriert war.[23] Der Sprachforscher und Kulturaktivist Nokhem Shtif übertrug die Ideen der russischen Wissenschaftler und Sprachpädagogen auf das Jiddische und den jiddischen Sprachunterricht.[24] Unermüdlich argumentierte er gegen theoretische Grammatik und für Stilistik als angewandte Sprachwissenschaft. Den Grammatikunterricht in der Schule hielt Shtif für überflüssig.[25] Die Schüler sollten ihm zufolge möglichst einfache und klare Satzstrukturen im Laufe eines praktisch ausgerichteten ›Sprachkultur‹-Unterrichts einüben, um die für die Bewältigung der Alltagsaufgaben notwendigen Sprachregister zu beherrschen – etwa für einen Auftritt in einer Gewerkschaftsversammlung oder für das Verfassen eines Zeitungsberichts.

Elye Falkovitsh, der wie auch Shmuel Dobin viele Einwände gegen Shtifs Vorschlag formulierte,[26] war von der Ausschließlichkeit der induktiven Methode nicht überzeugt.[27] Im Unterschied zu seinen Kollegen proklamierte er nirgends die Verwendung der Beobachtungsmethode, die auf Jiddisch נאָכמערקונג־מעטאָד [*nokhmerkung-metod*] genannt wurde und beispielsweise Elye Spivaks Lehrbüchern ייִדישע שפּראַך [*Yidishe shprakh*, Jiddische Sprache, 1925–1929] zugrunde lag.[28] In der Debatte in DI YIDISHE SHPRAKH führte Falkovitsh eine

ferenzen auf Aleksandr Peškovskij (Shtif 1930a: Sp. 54, 55f, 60; Dobin 1930: Sp. 36, 40), Michail Peterson (Shtif 1930a: Sp. 60), Vladimir Vinokur (Shtif 1930a: Sp. 53; Dobin 1930: Sp. 37–39) und Sergej Karcevskij (Dobin 1930: Sp. 39f) im Rahmen der im Folgenden geschilderten Debatte über Schulunterricht.

23 Zaretski 1930.

24 Dies machten auch die Vertreter anderer sowjetischer Nationalitäten, siehe beispielsweise zur ›praktischen‹ Unterrichtsmethode der ukrainischen Sprache Ostapčuk 2021, 312–314.

25 ס'איז [...] ניט נויטיק צו לערנען ספּעציִעל גראַמאַטיק, ווײַל גראַמאַטיק לערנט דאָ גאָרנישט [Es ist [...] nicht nötig, speziell Grammatik zu unterrichten, weil man hier durch Grammatik nichts lernt] (Shtif 1930b: Sp. 4).

26 Dobin 1930. Von der Tragweite dieser Debatte zeugt, dass sich Ayzik Zaretski noch 1935 in seinem Buch zur Methodik des jiddischen Sprachunterrichts kritisch zu Shtifs Ideen äußerte (Zaretski 1935, 57f). Falkovitsh erinnerte ebenfalls an diese Diskussion in einem späteren Artikel zum Thema Jiddisch im Schulunterricht (Falkovitsh 1935: 193f).

27 Siehe etwa seinen Artikel zur Methodik des Sprachunterrichts für Erwachsene (Falkovitsh 1930a; vgl. auch ibid. 1930b: 24). Die Debatte über Stilistik- bzw. Grammatikunterricht wurde auf der Ersten Allsowjetischen Jiddischen Sprachkonferenz (Kyjiw, Februar 1931) fortgeführt: Auf Falkovitshs Anregung hin wurde die Formulierung einer These geändert, damit Grammatik unmissverständlich als notwendiger Teil des Sprachunterrichts in der Schule erschien (Zaretski 1931: 57).

28 Spivaks Lehrbuch wurde vom Zentralen jüdischen Bildungsbüro beim Belarussischen Bildungskommissariat zur Verwendung im Unterricht empfohlen (*Program fun yidish* 1925, 4). Der

ganze Reihe von Gründen an, warum Schulunterricht in der Grammatik der Muttersprache unumgänglich sei: für das Erlernen von Rechtschreibung und Interpunktion, für die Ergründung der Besonderheiten der Dialekte und der Schriftsprache, zur Vermeidung von Kontamination infolge eines engen Sprachkontakts mit dem Russischen, dem Ukrainischen und dem Belarussischen und schließlich für das Erlernen und Beherrschen komplexer Satzstrukturen.[29] In einer Fußnote erläuterte er, dass der Sprachunterricht zwei Arten von Grammatik erfordere:

> 1) אַ טעאָרעטישע – אזא, וואָס פארצייכנט אלע פאָרמעס פון וואָרט און באהעפט־בילדונג, וועלכע זײַנען דאָ און זײַנען געווען אין א וועלכן ס׳ניט איז יִידישן דיִאלעקט, און וואָס טײַטשט אויס די באַטײַטן פוו דידאָזיקע פאָרמעס הײַנט און אמאָל. דער אידעאַל פון אזא גראמאטיק איז אופצוווײַזן די סיבעס, וואָס ברענגען צו דער אנטשטייונג, אנטוויקלונג און ענדערונג פון די אָדער יענע פאָרמעס און נאָטיצן.
> 2) אַ פּראקטישע – אזא, וואָס שטרעבט צו אויסגלײַכן אין פארשיידענע דיִאלעקטן דעם באנוץ פון אלערליי פאָרמעס, און וואָס העלפט מיט אקטיווער ארויסצושטויסן פון דער שפּראך דאָס אָפּגעלעבטע און ארײַנפירן און קולטיווירן נײַערע און צוועקמעסיקערע וואָרט־ און באהעפט־בילדונגען.[30]

> 1) eine *theoretische* – eine, die alle Formen von Wörtern und Wortfügungen verzeichnet, die in welchem jiddischen Dialekt auch immer vorhanden sind oder waren, und die die Bedeutungen dieser Formen heute und in der Vergangenheit erläutert. Idealerweise zeigt eine solche Grammatik die Gründe auf, die zur Entstehung, Entwicklung und Änderung dieser oder jener Formen und [Schreibweisen?] führen.
> 2) eine *praktische* – eine, die bemüht ist, den Gebrauch der verschiedenen Formen in unterschiedlichen Dialekten anzugleichen, und die dabei hilft, das

Lehrplan enthielt Anweisungen, wie ›Beobachtung‹ als Methode in verschiedenen Klassenstufen einzusetzen sei (ibid., 4–6). Im Vorwort zu Spivaks Lehrbuch erläuterte Ayzik Zaretski ausführlich die neue Methode (Zaretski 1925, 5). Im selben Vorwort argumentierte der Linguist für die allmähliche Abschaffung aller Sprachlehrbücher (ibid., 6) – der Vorschlag stützte sich auf ein vergleichbares Projekt im russischen Sprachraum, das in den 1920er Jahren anstelle von Lehrbüchern periodische Veröffentlichungen mit Lehrmaterialien propagierte (siehe etwa Sen'kina 2012). Zehn Jahre später unterzog Zaretski die Beobachtungsmethode scharfer Kritik (Zaretski 1935, 9, 12f).

29 Falkovitsh 1930c. Wohl wegen dieser genauen Auflistung wurde der Artikel 1931 von Shtulman kritisiert, der Falkovitsh generell »formalistische Registrierung und Klassifizierung von Sprachfakten« vorwarf (Shtulman 1931: Sp. 80, 82). Laut Shtif reiche für die von Falkovitsh benannten Zwecke eine Einführung in grammatische Terminologie aus, ein vollwertiger Grammatikunterricht sei überflüssig (Shtif 1930a: Sp. 59f). In einem späteren Artikel bekräftigte Falkovitsh noch sein Eintreten für Grammatikunterricht in der Muttersprache mit dem Argument, das Erlernen von Fremdsprachen erfordere einen souveränen Umgang mit Begrifflichkeiten der Grammatik (Falkovitsh 1935: 194).

30 Falkovitsh 1930c: Sp. 49. Ähnlich formulierte der belarussische Linguist Jazėp Lësik die doppelte – praktische und theoretische – Aufgabe der Schulgrammatik (Lësik 1926, 21).

Veraltete aus der Sprache vehementer zu verdrängen und neuere und zweckmäßigere Wortbildungen und Wortfügungen einzuführen und zu kultivieren.

Falkovitsh bestand auf der Notwendigkeit der theoretischen Grammatik, auch wenn er Shtif und anderen Kollegen darin beipflichtete, dass der Sprachunterricht reformiert werden müsse, um dem Schüler die richtigen Mittel für den »zweckmäßig[en]« Umgang mit »gesprochenem und geschriebenem Wort« an die Hand zu geben.[31] 1930 stellte er seine Ansichten und Vorschläge in der Sprachsektion der Moskauer wissenschaftlichen Gesellschaft vor.[32] Hier kritisierte er den traditionellen Zugang zum Sprachunterricht in der Schule, der sich in erster Linie der Formenlehre widme und dabei die Syntax vernachlässige.[33] Die Kritik und seine Verbesserungsvorschläge veranschaulichte Falkovitsh am Beispiel der methodischen Frage, ob man zunächst Nomen oder Verb lehren solle. Die traditionelle Reihenfolge – erst Nomen, dann Verb – hielt Falkovitsh für umständlich: Es sei nicht sinnvoll, Kasusformen oder direkte und indirekte Objekte ohne Vorkenntnisse über das System Verb zu studieren.[34] Im Vortrag präsentierte er seinen Lehrplan, in dem das Verb den Ausgangspunkt für Grammatikunterricht bildete: Erst wenn die Schüler die Phrase und alle möglichen Verbformen studiert haben, können sie zu den nominalen Wortklassen übergehen.[35]

Elye Falkovitshs Grammatiken (1929 – 1940)

Wie sah aber die Praxis aus? Seit den späten 1920er Jahren arbeitete Falkovitsh an praktischen Grammatiken maßgeblich mit: 1929 erschien die erste Auflage seiner גראַמאַטיק פֿאַר דערוואַקסענע [*Gramatik far dervaksene*, Grammatik für Erwachsene], deren Material »praktische Spracharbeit, Elemente der Rechtschreibung (Orthographie) und Gesetze der Satzzeichen (Interpunktion), Struktur von Wort und Phrase, elementare Stilphänomene« bildeten.[36]

[31] Falkovitsh 1935: 192, Hervorhebung im Original.

[32] Der Vortrag wurde in der pädagogischen Zeitschrift ראַטנבילדונג [RATNBILDUNG, Sowjetische Bildung] abgedruckt (Falkovitsh 1930a).

[33] Ibid., 46.

[34] Laut Falkovitsh erfordere die Erforschung des Jiddischen als analytischer Sprache eine Konzentration auf die Syntax, während in slawischen Sprachen, die über mehr synthetische Formen verfügen, Morphologie eine größere Rolle spiele (Falkovitsh 1935: 194).

[35] Falkovitsh 1930a: 54.

[36] Falkovitsh 1929, [3]; siehe die gleichlautende Beschreibung in der zweiten Auflage (Falkovitsh 1930d, [3]).

Der Autor stellte explizit fest, dass sein Buch ניִט קיין סיִסטעם און ניִט קיין אויספיִרלעכע קלאָלים פון דער ייִדיִשער גראַמאַטיק [kein *System* und keine *ausführlichen Regeln* der jiddischen Grammatik] enthalte.[37] Bereits ein Jahr später erschien die zweite, vom Autor erheblich überarbeitete Auflage: אונדזער אייגענע דערפארונג האָט אונדז איבערציַיגט, אז די ערשטע גראמאטיק איז געשטאנען מיטן קאָפּ אַראָפּ; איצט פּרובירן מיר זי שטעלן אף די פיס [Die eigene Erfahrung hat uns überzeugt, dass die erste Grammatik auf dem Kopf stand; jetzt versuchen wir, sie auf die Füße zu stellen].[38] In Einklang mit dem in RATNBILDUNG abgedruckten Vortrag bestand die Überarbeitung in der radikalen Umkehrung der Reihenfolge des Materials: Die Behandlung des theoretischen Begriffs *Phrase*, die das Lehrbuch öffnete, diente dem praktischen Erlernen von Interpunktion; darauf folgte ein Kapitel zu Wortbildung, das Grundlage für orthographische Regeln lieferte; schließlich ging der Autor unmittelbar zu Grammatik über – zu den Begriffen Satz, Subordination und Koordination, wobei Verbformen im Fokus standen.[39]

Zu Beginn jeder der 33 Lektionen, in die das Unterrichtsmaterial eingeteilt wurde,[40] forderten einige Beispiele den Schüler zur Beobachtung eines Sprachphänomens auf. Die Theorie wurde dabei möglichst niederschwellig vermittelt: Die vergangene Zeit wurde etwa konkret durch Verbformen mit Bestandteilen *hob, host, hot, hobn; bin, bist, iz, zaynen, zayt* sowie *fleg, flegst, flegt, flegn* erläutert.[41] Grammatische Phänomene wurden zunächst mit konkreten Beispielen veranschaulicht und in einem zweiten Schritt definiert sowie verallgemeinert. Auf die theoretischen Teile folgten in jeder Lektion Übungen und praktische Aufgaben. Trotz der Konzentration auf die praktische Arbeit legte Falkovitsh großen Wert auf die Vermittlung linguistischer Fachterminologie und – unter Wahrung der wissenschaftlichen Präzision – auf allgemeine Kenntnisse über das jiddische Sprachsystem. Über diese theoretischen Anteile entflammte bereits nach dem Erscheinen der ersten Auflage ein Streit mit seinen Kollegen, die den »theoretischen Luxus« kritisierten.[42]

37 Falkovitsh 1929, [3], Hervorhebung im Original.

38 Falkovitsh 1930d, [3].

39 Vgl. die Beschreibung dieses Lehrplans in Falkovitsh 1930a: 48–50.

40 Diese Einteilung, welche die praktische Anwendung des Lehrbuchs betonte, bildete einen weiteren Unterschied zur ersten Auflage, die aus thematisch konzipierten Kapiteln bestand.

41 Falkovitsh 1930d, 38. Die modernen Linguisten betrachten die jiddische *fleg*-Form eher als Aspekt- denn als Tempusform (vgl. Kommentar zu §§ 264–267 in diesem Band).

42 Zaretski 1929: 66. Nokhem Shtif – der Zaretskis Buch גריַיזן און ספייקעס [*Grayzn un sfeykes*,

1936 brachte Elye Falkovitsh eine weitere Grammatik für Erwachsene heraus,[43] in der, so der Autor, das theoretische Material über die üblichen Grenzen hinaus ausgeweitet wurde:

> אינעם לערנביכל ווערן אָפּט געמאכט די אָדער יענע באמערקונגען, וואָס ביכלאַל מײַדט מען זיי אויס אין אזא טיפּ ביכל ווי דאָס דאָזיקע. אהער געהערן אייניקע היסטאָרישע עקסקורסן, בײַשפּילן פון אנדערע שפּראכן, ציטאטן, פוסנאָטיצן און די אָנווײַזן אפ ליטעראטור.[44]

In dem Lehrbuch findet sich häufig die eine oder andere Bemerkung, die man in Büchern wie diesem normalerweise vermeidet. Dazu gehören einige historische Exkurse, Beispiele aus anderen Sprachen, Zitate, Fußnoten und Literaturhinweise.

Der gesteigerte theoretische Anspruch[45] ließ sich in neuen Kapiteln erkennen wie dem Kapitel über Dialekte und literarische Sprache: Die Formierung von jiddischer Hochsprache und deren Unterscheidung von Dialekten[46] bildete zwar einen wichtigen Schwerpunkt im jiddisch-sowjetischen sprachwissenschaftlichen Diskurs, für einen Jiddisch-Schüler hatte die Beschäftigung damit jedoch keinen praktischen Wert. In diesem Kapitel skizzierte Falkovitsh die Problematik der im Entstehen begriffenen jiddischen Hochsprache und deren Grundlage in verschiedenen jiddischen Dialekten und lieferte für diesen Prozess der Sprachbildung die historisch-theoretische Basis.[47] In diesem Buch verzichtete Falkovitsh außerdem auf die Einteilung in Lektionen und einführende ›Beobachtungsübungen‹. Das Material wurde in klassischer deduktiver Form präsentiert, die Übungen folgten nun nicht auf jede theoretische Lektion, sondern erschienen gesammelt im zweiten Teil des Lehrbuchs. Das machte den ersten Teil zu einer Art grammatischem Nachschlagewerk.

ייִדיש. פאָנעטיק, גראפיק, לעקסיק און גראמאטיק [*Yidish. Fonetik, grafik, leksik*

Fehler und Zweifel, Kyjiw 1927] als Muster einer ›praktischen‹ Grammatik lobte (Shtif 1930a: Sp. 66) – kritisierte Falkovitshs terminologisch überladene Ausführungen und nannte sie eine »Hypertrophie der Grammatik« (ibid., Sp. 62).

43 ייִדיש פאר דערוואקסענע [*Yidish far dervaksene*, Jiddisch für Erwachsene] (Falkovitsh 1936).

44 Falkovitsh 1936, 5.

45 Für eine solche methodische Wende in Jiddisch-Lehrbüchern – von Induktion hin zu Deduktion mit mehr theoretischem Material – plädierte 1935 Moyshe Maydanski (Maydanski 1935: 244f).

46 Dialektforschung war eine wichtige Säule der jiddisch-sowjetischen Linguistik. Zu den größten Vorhaben zählt etwa der von Mordkhe Veynger initiierte ייִדישער שפּראכאטלעס פון סאָוועטנפארבאנד [*Yidisher shprakhatles fun sovetnfarband*, Jiddische Sprachatlas der Sowjetunion], der 1931 von Leyzer Vilenkin herausgegeben wurde.

47 Falkovitsh 1936, 12–15.

un gramatik, Jiddisch. Phonetik, Graphemik, Lexik und Grammatik] enthielt keine praktischen Aufgaben mehr – diese sollten in einem zweiten Band folgen, der jedoch nie erschienen ist. Das 1940 publizierte umfangreichste Werk von Falkovitsh, das auch in seinem Aufbau an die klassischen Grammatiken mit ihrer Einteilung in Phonetik, Morphologie und Syntax erinnert,[48] ist der Höhepunkt von Falkovitshs Bestrebungen als Grammatiker und Sprachforscher. Hier wurde das Projekt einer umfangreichen jiddischen Grammatik in Einklang mit den Prinzipien der zeitgenössischen Sprachwissenschaft realisiert.[49]

Jiddisch war ein sowjetisches Lehrbuch für jiddische Muttersprachler. Was zeichnete es als solches aus?[50] Welche Unterrichtsmethoden legte Falkovitsh seinem Lehrbuch zugrunde? Was wollte er seiner Leserschaft wie beibringen? Wie ›sowjetisch‹ war dieses Werk, enthielt es auch ›nicht-sowjetische‹ Elemente? Und wie wurde es rezipiert? Die im Weiteren vorgeschlagenen Antworten auf diese Fragen fußen auf der Untersuchung von drei Aspekten: der Grammatik im Rahmen des allgemeinen Bildungsauftrags, ihres Beitrags zum Ausbau des Jiddischen als Nationalsprache sowjetischer Juden und der Auswirkung der sozialistischen Ideologie auf den Inhalt von *Jiddisch*. Bevor das Material auf inhaltlicher Ebene untersucht wird, deutet eine Analyse der graphischen Gestaltung in *Jiddisch* diese Dimensionen exemplarisch an.

Graphische Gestaltung

Die visuelle Gestaltung von *Jiddisch* lässt einige pädagogische Ansichten des Autors erkennen und legt zugleich die Spannungen zwischen den sowjetischen und nicht-sowjetischen Elementen des Buchs offen. In der Auf-

48 Unter vergleichbaren zeitgenössischen Publikationen in der russischen Sprache sei etwa der *Повторительный курс грамматики русского языка* [Wiederholungskurs der Grammatik der russischen Sprache] von Nikolaj Durnovo (in 2 Bänden, 1924–1929) erwähnt, der ebenfalls die Kapitel Phonetik, Morphologie und Syntax enthielt.

49 In ihrem Anspruch innerhalb des jiddischen Sprachraums ist die Grammatik von Falkovitsh mit den 1925 posthum veröffentlichten grammatischen Werken des russischen Sprachwissenschaftlers Aleksej Šachmatov vergleichbar: *Очерк современного русского литературного языка* [Grundrisse der modernen russischen literarischen Sprache, 1925] und *Синтаксис русского языка* [Die Syntax der russischen Sprache, 1925], die bis 1941 in mehreren Auflagen erschienen und Kapitel zur Geschichte des Russischen, zu historischer Phonetik sowie zu einzelnen Wortarten und deren Kategorien enthielten.

50 Zur Frage, welche sowjetische linguistische Forschung Falkovitsh zur Verfügung stand, siehe Fedchenko in diesem Band.

machung des Buchs fallen einige für sowjetische Sprachlehrbücher typische Merkmale auf, die Falkovitsh übernahm: Dazu zählt die verbreitete Methode, den Haupttext und die weiterführenden, für fortgeschrittene Studierende vorgesehenen Erklärungen durch zwei Schriftgrößen zu unterscheiden.[51] Außerdem verwendete Falkovitsh zahlreiche Graphiken und Tabellen, die das abstrakte theoretische Material anschaulich präsentieren, bei seiner Strukturierung helfen und das Memorieren erleichtern sollten. Die Aufmachung des Buchs ist daher wesentlich von tabellarischen und schematischen Darstellungen des Materials geprägt,[52] etwa Tabellen, die synonyme syntaktische Strukturen vergleichen und ihre jeweiligen Bedeutungsnuancen illustrieren,[53] oder Schemata, welche die syntaktische Struktur des Satzes, Koordinations- und Subordinationsbeziehungen zwischen Satzteilen darstellen.[54]

Neben diesen graphischen Elementen, die einem Russisch-Schüler heute noch vertraut sind, enthielt *Jiddisch* auch Illustrationen, die diese Grammatik als ein jüdisches Buch kennzeichnen. Im Kapitel zum hebräischen Alphabet und zur Entwicklung der modernen jiddischen Rechtschreibung bringt der Verfasser Abbildungen aus ספר של רבי אנשיל [*Sefer shel rabi anshel*, Buch des Rabbi Anschel, Krakau, 1584][55] und aus der Tanach-Übersetzung von Josel (Joseph) Witzenhausen (Amsterdam, 1679).[56] Auf den ersten Blick

51 Für eine ähnliche Unterscheidung der Schriftgrößen in zeitgenössischen Grammatiken siehe Durnovo 1929, 12f, 22, 37; in Schulbüchern – siehe Krjučkov und Svetlaev 1936, 16; 130, 131; Barchudarov ³1940, 16, 17; im jiddischen Sprachraum siehe etwa Zaretski 1927, 44, 56. Die hier zum Vergleich herangezogenen Russisch-Lehrbücher erschienen nach der Wende in der Methodik des Sprachunterrichts in den frühen 1930er Jahren und sind deduktiv aufgebaut: Die Darstellung jedes Themas beginnt mit theoretischen Erläuterungen und Beispielen, auf die dann erst Übungen folgen.

52 Vgl. hingegen die zeitgenössischen Deutschlehrbücher, die nur vereinzelt Tabellen zur Darstellung von Wortparadigmen oder Wortstellung im Satz verwenden (Le Mang 1927; Wolfsteller, Kleinau, Lippert 1929). Der Unterschied geht wohl auf die starke historisch-etymologische Ausrichtung des Deutschunterrichts in der Weimarer Republik zurück (Frank 1973, 662f, 667). Im Arbeitsbuch *Unsere Muttersprache* (1929) findet sich lediglich eine Darstellung des »Satzbildes«, die den formalistischen Schemata ähnelt und etwa die Zugehörigkeit des Attributs zum Substantiv illustriert (Wolfsteller, Kleinau, Lippert 1929, 74). Sie fokussiert jedoch nicht die Aufmerksamkeit wie die russische formale Schule und die jiddisch-sowjetische Linguistik auf das prinzipiell neue Verfahren der syntaktischen Analyse, bei welcher der Satz zunächst in Gruppen oder ›Nester‹ eingeteilt wird statt direkt die herkömmlichen Satzglieder zu bestimmen.

53 Beispielsweise Tabellen zum Vergleich von Nebensätzen und Partizipialsätzen: § 494; Barchudarov 1940, 110.

54 §§ 457, 464; Krjučkov und Svetlaev 1936, 6, 162; Barchudarov ³1940, 7, 9, 42, 49, 115, 117f.

55 Falkovitsh verwendet diesen Titel des Werks, das auch als מרכבת המשנה [*Mirkeves hamishne*, Der Zweitwagen] bekannt ist.

56 §§ 50, 53. Auch in den Text der Grammatik schiebt Falkovitsh mehrfach Exkurse zur Ge-

mutet es wunderlich an: In der Zeit des Kampfs gegen den jüdischen wie jeden anderen Nationalismus waren solche Bilder in einem Lehrbuch, das den Schüler nicht nur in einem Fach, sondern allseitig bilden sollte, nicht selbstverständlich. Doch die Abbildungen wurden vom Autor lediglich als historische Artefakte behandelt, der Wert dieser Quellen für den nationalen Zusammenhalt wurde nicht angesprochen. Über das Bildelement fand die jüdische Tradition, über die man explizit nicht sprechen durfte, ihren Weg in ein sowjetisches Sprachlehrbuch.

Illustrationen machten außerdem den Anspruch des Autors deutlich, Jiddisch im Rahmen der allgemeinen Linguistik darzustellen. Das Buch wurde als ein Nachschlagewerk nicht nur für die jiddische, sondern für Sprachwissenschaft überhaupt konzipiert. Im Kapitel zur Entstehung der Schrift beschrieb Falkovitsh nicht nur die Entwicklung des hebräischen Alphabets, sondern auch verschiedene Schreibsysteme, von Piktogrammen bis zu Alphabeten. Veranschaulicht wurde diese Schilderung mit Piktogrammen indigener Völker in Südamerika aus dem Buch *Researches into the Early History of Mankind and the Development of Civilization* von Edward Burnett Tylor.[57] Solche Illustrationen, so unbedeutend oder gar fehl am Platz sie auf den ersten Blick in einem Grammatikbuch erscheinen, zeigen, dass sich der Autor des sowjetischen Sprachlehrbuchs nicht auf Vermittlung grammatischer Regeln beschränkte, sondern den Gesichtskreis seiner Leserschaft generell erweitern wollte.

Die Abbildungen in *Jiddisch* zeigen deutlich, dass dieses Buch der besonderen Kultursituation sowjetischer Juden entstammte. Die drei Aspekte – Allgemeinbildung, sowjetische sowie jüdische bzw. jiddisch-nationale Inhalte – fanden ihren Ausdruck auch in dem Inhalt des Buchs, in der Präsentation und Interpretation von Sprachphänomenen und in veranschaulichenden Beispielen.

schichte der jiddischen Sprache ein, die er mit Beispielen aus Tanach-Übersetzungen veranschaulicht. Zu Falkovitshs altjiddischen Quellen siehe Neuberg in diesem Band.

57 § 45; Tylor 1878 [1865], 83. Die Quelle wird in *Jiddisch* nicht angegeben. Falkovitsh lag wohl die russische Übersetzung vor, wie aus den Details der von ihm angebotenen Interpretation der Piktogramme hervorgeht (Tylor 1868, 109).

Jiddisch – eine sowjetische Grammatik der jiddischen Sprache

Allgemeiner Bildungsauftrag

Jiddisch, obwohl als theoretisches Buch konzipiert, enthielt Spuren der in den 1920er Jahren populären induktiven Methode. Immer wieder adressierte das Lehrbuch Studenten und regte sie an, Sprachphänomene selbst zu erforschen, – zum Beispiel wurden die Leser im Phonetik-Kapitel gebeten, den Unterschied in der Artikulation von [m] und [t] zu beobachten, bevor in den nächsten Paragraphen eine theoretische Erklärung folgte.[58] Da im Mittelpunkt dieser Grammatik, wie auch in früheren Lehrbüchern von Falkovitsh, die praktischen Fertigkeiten standen, gab der Autor bei besonders komplizierten Themen, für die eine tiefer greifende theoretische Auseinandersetzung belanglos gewesen wäre, konkrete Ratschläge für die »praktische Arbeit«.[59] Bei der Erläuterung theoretischer Grundlagen wurde Fachterminologie bewusst zurückhaltend verwendet: So hieß es über den substantivierten Infinitiv, er werde mit dem Artikel *dos/dem* gebraucht, ohne dass die Sprachkategorie Genus erwähnt wurde. Der für linguistisch nicht geschulte Studierende schwierige abstrakte Terminus *Nullform* wurde durch einen Vergleich mit der »Null in der Arithmetik« erläutert, die »zeigt, dass an der gegebenen Stelle keine Ziffer steht«[60].

Einige Begriffe wurden dabei ausführlich erklärt – und zwar nicht nur wichtige grammatische Begriffe,[61] sondern auch allgemeine bildungssprachliche Lexeme wie »identifizieren«[62] oder »pedantisch«.[63] Der Grammatiker, der seine Aufgabe offenbar breiter – nämlich als die eines Philologen – auffasste, nahm außerdem Erklärungen zu einigen bedeutenden rhetorisch-stilistischen Mitteln in sein Buch auf, obwohl diese Phänomene nicht im Bereich linguistischer Forschung liegen. Auch hier verwendete er die präzisen wissenschaftlichen Termini, erläuterte sie aber mit wenigen einfachen Worten und veranschaulichte sie mit Beispielen.[64] Solche Definitionen und

58 § 31.

59 Etwa in der Anmerkung 2 zu § 178, der sich der morphologischen Wortstruktur widmet.

60 Fn. 1 zum § 272, Seite 232.

61 Etwa פאָסעסיווישקייט – אָנגעהעריקייט (*posesivishkayt – ongeherikayt*, possessive Bedeutung – Zugehörigkeit) (§ 364).

62 § 186.

63 Fn. 5 [6] zum §149, Seite 141.

64 Siehe etwa die Erklärung des Begriffs *Gradation* im Kapitel zu Synonymen (§ 174).

erläuternde Einschübe zielten offenbar auf die Anhebung des Sprachniveaus der Leserschaft ab: Neben grammatischen Regeln sollte sich der Leser eine bildungssprachliche Ausdrucksweise aneignen. Zugleich war Falkovitshs wissenschaftliche Präzision ein Beweis, dass Jiddisch nicht nur Umgangssprache war, sondern sich auch für den intellektuellen Diskurs eignete.[65]

Die Ernsthaftigkeit, mit der sich Falkovitsh auf den allgemeinen Bildungsauftrag bezog, kam bereits im Vorwort zu *Jiddisch für Erwachsene* (1936) zum Ausdruck, worin der Autor auf die zusätzliche Aufgabe des Lehrers hinwies, »in den ersten Gesprächen die Gruppe [der Studierenden] mit den elementaren Begriffen der Hygiene[66] und Organisation der intellektuellen Arbeit bekannt [zu machen]« – etwa wie man beim Schreiben und Lesen am Tisch sitzen, mit Bibliothekskatalogen arbeiten oder exzerpieren müsse.[67] Sein Schüler Yoysef Kerler erinnerte sich, dass dies tatsächlich der Inhalt der ersten Vorlesung war, die Falkovitsh in seinem Kurs der jiddischen Sprache und Literatur im Moskauer jiddischen Theaterstudio hielt.[68] Ein anderer Schüler betonte, dass Falkovitsh seinen Studenten nicht nur Liebe zur jiddischen Sprache und Literatur, sondern zur Kultur schlechthin vermittelt habe.[69] Der Verfasser von *Jiddisch* setzte sich außerdem zum Ziel, seine Leser – die womöglich nicht über linguistische Vorkenntnisse verfügten – allmählich an sprachwissenschaftliches Denken heranzuführen. Dazu gehörte die Vermittlung der Grundbegriffe der allgemeinen Linguistik (etwa die Struktur des menschlichen Sprechapparats oder das System indoeuropäischer Sprachen) sowie der für das Verständnis linguistischer Phänomene erforderlichen Begriffe aus anderen Bereichen, etwa der Logik.[70] Grammatische Kategori-

65 Falkovitsh war nicht der Einzige, der sich dieser Aufgabe stellte und entsprechende Ergänzungen in seine Texte einschob: Bereits 1923, in der Debatte um die Pressesprache, schlug M. Utkovitsh vor, kurze Vokabelerklärungen direkt in Zeitungsartikeln und längere Vokabellisten mit Definitionen in einer eigenen Abteilung unterzubringen (Utkovitsh 1923). Der Linguist Aleksandr Finkel bediente sich derselben Methode in seinen aus dem Russischen und Ukrainischen übersetzten Artikeln zur Sprach- und Übersetzungswissenschaft (Vakhrushova 2022, 293f).

66 Falkovitsh bezieht sich auf ›Hygiene‹ bzw. ›Arbeitshygiene‹ als eine etablierte Wissenschaftsdisziplin in der Sowjetunion und versteht darunter etwa die Körperhaltung bei der Arbeit, Zeiteinteilung und Pausen usw. Vgl. Falkovitsh 1930e: 1.

67 Falkovitsh 1936, 5f.

68 Kerler 1991, 130. Laut Kerler entwickelte Falkovitsh, der seine Studenten taktvoll in unterschiedlichsten Bereichen, bis hin zur Ernährung (ibid., 131), beriet, ein Vertrauensverhältnis zu seinen Schülern (ibid., 132f).

69 Gens 1969.

70 Beispielsweise die Unterscheidung zwischen dem Einzelnen und Allgemeinen, die für die Interpunktion bei gleichrangigen Satzgliedern von Bedeutung ist (§ 429).

en wurden nicht nur in Bezug auf das Jiddische präsentiert, sondern auch mit Beispielen aus anderen Sprachen veranschaulicht, um die Varietät der Sprachformen und der in ihnen zum Vorschein kommenden menschlichen Denkformen zu zeigen. In den Paragraphen, welche die Kategorien Person und Modus des Verbs behandeln, wurde beispielsweise angemerkt, wie diese Verbkategorien in den Sprachen der indigenen Bevölkerung in Südamerika verwendet werden.[71] Das Lehrbuch war kein bloßes Regelwerk, sondern weckte auch das Interesse für die eigene Sprache wie für menschliche Sprachen und deren Funktionsweise schlechthin.

Sowjetisches Jiddisch als Standard- und Literatursprache

Neben der anspruchsvollen Aufgabe, Jiddisch im Rahmen der allgemeinen Linguistik zu präsentieren, war es Falkovitsh ein Anliegen, den spezifischeren Begriff ›sowjetisches Jiddisch‹, der bereits seit knapp zwanzig Jahren in der Presse in und außerhalb der Sowjetunion kursierte, mit wissenschaftlichem Gehalt zu füllen und damit das Entstehen einer homogenen, sich von Jiddisch im Ausland abhebenden und für diverse gesellschaftliche, politische und wissenschaftliche Diskurse geeigneten Sprache zu signalisieren. Die Standardvarietät des sowjetischen Jiddischen bezeichnete er als »literarische«[72] Sprache. Mit kleinen Anmerkungen und Hinweisen deutete Falkovitsh die geographischen Konturen der sich entwickelnden jiddisch-sowjetischen Hochsprache an: Die Schreibweise der Präposition *bei* als בא [*ba*] veranschaulichte etwa den Unterschied zum Jiddisch jenseits der sowjetischen Grenze, wo sich die Schreibweise בײַ [*bay*] durchgesetzt hatte.[73] Im Paragraph zu Abkürzungen ergänzte der Autor seine Beschreibung des sowjetischen Jiddisch um die historische Dimension: Seine lakonische Schilderung der verschiedenen Formen dieses Phänomens in Jiddisch – von traditionellen hebräischen Kürzeln bis hin zu modernsten, die Sprache seit der Oktoberrevolution überflutenden Abbreviaturen – zeigte das sowjetische Jiddisch als ein Glied in der Kette der jüdischen Sprachen. Dank den präziseren Informationen über die Unterschiede in Gebrauch und Frequenz von Abkürzungen in den 1920er

71 §§ 248, 255.

72 Dieser Begriff wurde aus dem russischen Diskurs übernommen, wo er synonym zu ›Hochsprache‹ oder ›Standardsprache‹ gebraucht wird und unter anderem als »die Sprache der russischen Kultur, das heißt die Sprache des Staats, der Wissenschaft, der Druckerzeugnisse usw.« definiert wurde (Vinokur 1958 [1943], 17).

73 § 376, Seite 297.

bzw. 1930er Jahren erschien die jiddisch-sowjetische Sprache selbst, so jung sie auch war, als eine Sprache mit Geschichte, in der sich verschiedene Tendenzen abwechselten.[74]

Die Ausbildung zur ›literarischen‹ Sprache bedeutete keineswegs Ausschluss umgangssprachlicher und dialektaler Formen; im Gegenteil dazu betonte der Autor, dass die jiddischen Dialekte die Grundlage der sich entwickelnden Standardsprache bildeten.[75] Obwohl er immer die normativen Formen zitierte, blieb Falkovitsh, dessen linguistische Ausbildung in den 1920er Jahren vom Formalismus geprägt worden war, dem deskriptiven Verfahren treu und erwähnte stets die Existenz abweichender dialektaler phonetischer und morphologischer Varianten.[76]

Den Gebrauch der in der Grammatik aufgezählten Formen und Strukturen veranschaulichte Falkovitsh mit zahlreichen Beispielen. Als Pädagoge war es ihm wichtig, auf die verbreitetsten Fehler hinzuweisen, diese ausführlich zu kommentieren und bessere Formulierungen vorzuschlagen. Die Satzbeispiele waren vielfach der zeitgenössischen Presse entnommen, wurde doch die Presse als Massenmedium oft als Quelle des ›Sprachverfalls‹ kritisiert.[77] Den misslungenen Formulierungen stellte Falkovitsh der jiddischen Literatur entnommene Sätze entgegen. Am häufigsten zitierte er Scholem Alejchem, mit dessen Œuvre er sich zeit seines Lebens beschäftigte.[78] Die Zitate dienten als musterhafte Formulierungen, während Scholem Alejchem selbst als großer Meister dargestellt wurde, der wesentlich zur Entwicklung der jiddisch-literarischen Norm beigetragen habe. Falkovitsh spürte dem Arbeitsprozess von Scholem Alejchem nach, der unermüdlich an seiner Sprache

74 § 90.

75 די ייִדישע ליטעראַרישע שפּראַך איז אין תּוך געבילדעט ווי אַ זינטעז פֿון די דיאַלעקטן [Die jiddische literarische Sprache ist im Grunde genommen wie eine Synthese ihrer Dialekte gebildet] (§ 14, Seite 32).

76 Etwa im Hinweis, dass das Lehrbuch zwar das phonetische System der literarischen Sprache beschreibe, das jiddische Sprachsystem in der Ukraine und Polen jedoch weitere Laute besitze (§ 31).

77 Die Pressesprache und deren Verständlichkeit und Zweckmäßigkeit standen u. a. im Zentrum der Diskussion mit Nokhem Shtif 1930. Andere nationalsprachliche Grammatiken verwendeten ebenfalls Beispielsätze aus der Presse, siehe zu ukrainischen Lehrbüchern Ostapčuk 2021, 309.

78 1948 verfasste Falkovitsh das Vorwort zur Edition von מאָטל, פּייסי דעם כאזנס אינ אמעריקע [*Motl, peysi dem khazns in amerike*; Motl, Sohn des Kantors Pejssi, in Amerika]; 1957 erschien in der Warschauer Zeitung יידישע שריפטן [*Yidishe shriftn*, Jiddische Schriften] sein Artikel טביהס פסוקים [*Tevyes psukim*, Tewjes Bibelzitate] (siehe die Bibliographie von Falkovitshs Veröffentlichungen in diesem Band).

gefeilt hatte – etwa anhand eines Vergleichs der verschiedenen Editionen von סטעמפעניו (*Stempenyu*, 1888 und 1903).[79] Mit diesen Beispielen, die Bedeutungsnuancen zum Vorschein brachten, demonstrierte er, wie die Wortkunst ähnlich einem Handwerk erlernt und beherrscht werden kann. Mit Scholem Alejchems Autorität untermauerte Falkovitsh die eigenen Ausführungen über die stilistische Qualität verschiedener grammatischer Formen; zugleich scheute er sich nicht, auch auf den nicht-normativen Sprachgebrauch des Klassikers hinzuweisen.[80]

Neben Scholem Alejchem wurden in *Jiddisch* andere bedeutende Schriftsteller wie Scholem-Jankew Abramowitsch (Mendele Mojcher-Sforim), Dovid Bergelson und Perets Markish zitiert. Viele Beispiele stammten von jiddisch-sowjetischen Dichtern und Prosaautoren wie Shmuel Godiner, Shmuel Halkin, Dovid Hofshteyn, Ezre Fininberg, Itsik Fefer, Arn Kushnirov, Itsik Kipnis und Shmuel Rozin.[81] Durch diese Zitate vermittelte Falkovitsh seiner Leserschaft auf indirekte Weise das Wissen um die jiddische Literatur wie um die stilistischen Besonderheiten der jeweiligen Autoren und regte sie zum Lesen der jiddisch-nationalen Literatur an.

Schließlich nutzte Falkovitsh Beispielsätze, um die historische Entwicklung der jiddischen Lexik, Morphologie und Syntax zu veranschaulichen. Seine Hauptquellen waren die jiddischen Bibelübersetzungen von Blitz (1676–1679) und Witzenhausen (1679). Mit Beispielen aus diesen Texten zeigte er etwa, dass das Genus historisch eine instabile Kategorie im Jiddischen war,[82] oder er illustrierte die schleichende Verdrängung des Imperfekts aus dem Jiddischen.[83] Neben dieser utilitären Funktion trugen die Zitate dazu bei, modernes sowjetisches Jiddisch als eine Sprache mit Tradition darzustellen, die – obwohl die Förderung seitens des sowjetischen Staats immer wieder als ausschlaggebend für die Entfaltung der jiddischen Sprache betont wurde – nicht erst nach der Oktoberrevolution entstand, sondern eine wei-

79 Im Abschnitt Partizipialsätze §§ 494–497. Auch das Kapitel zur Geschichte der modernen Rechtschreibung illustrierte Falkovitsh mit einer Abbildung aus *Stempenyu* (1888).

80 § 496, Seite 378.

81 Mit den meisten zeitgenössischen Autoren pflegte Falkovitsh freundschaftliche Beziehungen. Noch viele Jahre nach der Ermordung von Perets Markish und Leyb Kvitko wandten sich deren Angehörige an Falkovitsh mit Bitten um Unterstützung (Briefe von Basya Kvitko, NLI, ARC. 4* 2001/22; Brief von Elena Markish, NLI, ARC. 4* 2001/13).

82 § 209.

83 § 252, Seite 213.

tere Stufe im langen Prozess der jiddischen Sprachentwicklung bildete. Die Bibeltexte, auch wenn ihr religiöser Gehalt nun entwertet wurde, blieben ein Reservoir der Sprach- und Kulturtradition.

Die zahlreichen Beispielsätze verankerten die Grammatik im Feld der jiddischen Sprachkunst; *Jiddisch* war kein Standardlehrbuch der sowjetisch-jiddischen Sprache, sondern wurde zu einer bedeutenden allgemeinen sprachlich-literarischen Abhandlung über die jiddische Sprache. Bewies seine terminologische Präzision, dass Jiddisch sich für den wissenschaftlichen Diskurs eignete, so zeigte das breitgespannte Netz der Satzbeispiele, dass Jiddisch auch eine etablierte Literatursprache war, die über eine breite dialektale Basis, eine historische Entwicklung und eine moderne normative Standardvarietät verfügte.

Sozialistische Ideologie in Jiddisch

Der Diskurs über die Befreiung und nationale Entfaltung sowjetischer Minderheiten – die etwa die Existenz einer Nationalsprache, einer partikularen nationalen Kultur sowie einer gemeinsamen vorsowjetischen Geschichte voraussetzten – war in der Sowjetunion dem sogenannten internationalen, das heißt sowjetischen Diskurs untergeordnet und durfte nur in dessen Rahmen stattfinden. Falkovitshs Darstellung der wachsenden jiddisch-sowjetischen Kultur, mit eigener Nationalliteratur und -sprache, wurde aus diesem Grund immer wieder durch Bezüge auf die Errungenschaften des Sowjetstaats relativiert. Als sowjetischer Wissenschaftler musste er der Ideologie Tribut zollen und den Beitrag der Revolution zur nationalen Entwicklung preisen. Auch die Entwicklung des Jiddischen zu einer einheitlichen Hochsprache wurde als Ergebnis der politischen Revolution dargestellt:

> אַ באַזונדערן שטויס פֿאָרויס האָט דער אַנטוויקלונג פֿון אונדזער ייִדיש געגעבן די גרויסע סאָציאַליסטישע אָקטיאַבער־רעוואָלוציע, ווען אונדזער לשון איז צו גלײַך מיט אַלע אַנדערע שפּראַכן פֿונעם גרויסן סאָוועטישן פֿאָלק געוואָרן אַ מעכטיק געצײַג פֿון און פֿאַר די פֿײַנסטע און איידלסטע געדאַנקען און אידעען פֿון דער פֿאָרגעשריטנסטער טעאָריע פֿון אונדזער צײַט – פֿון מאַרקסיזם־לעניניזם.[84]

> Einen besonderen Anstoß für die Entwicklung unseres Jiddisch gab die große sozialistische Oktoberrevolution, als unsere Sprache genau wie alle anderen Sprachen des großen sowjetischen Volks zum mächtigen Werkzeug der feinsten und edelsten Gedanken und Ideen der fortgeschrittensten Theorie unserer Zeit wurde, des Marxismus-Leninismus.

84 §14, Seite 33.

Jeglicher nationalen Bedeutung beraubt, erscheint die Sprache in dieser Darstellung als Werkzeug und Medium für die Vermittlung der Ideologie. Das Nationale solle eine zwar notwendige, aber vorübergehende Etappe sein:

> אָט דאָס אַלץ פֿירט צו דער אויסבילדונג פֿון אַן איינהייטלעכער ליטעראַרישער שפּראַך בײַ יעדער נאַציאָנאַליטעט און צו דער צעבליִונג פֿון אַלע נאַציאָנאַלע שפּראַכן, און דאָס גרייט אַזוי אַרום צו אַ באָדן פֿאַר דער אַנטוויקלונג פֿון איין אַלגעמיינער קולטור מיט איין אַלגעמיינער שפּראַך פֿון (און פֿאַר) אַלע פֿעלקער, ווען דער סאָציאַליזם וועט שוין האָבן אָפּגעהאַלטן אַ נצחון אין דער גאַנצער וועלט און ער וועט אומעטום אַרײַן אין לעבן־שטייגער.[85]
>
> Das alles führt zur Ausbildung einer einheitlichen literarischen Sprache bei jeder nationalen Minderheit und zur Entfaltung aller Nationalsprachen, und das bereitet auf diese Weise den Boden für die Entwicklung einer gemeinsamen Kultur mit einer gemeinsamen Sprache aller Völker (und für alle Völker), wenn der Sozialismus auf der ganzen Welt siegen wird und überall zur Lebensweise wird.

Diese und ähnliche Passagen entfalteten eine Gegenwirkung zu den Literaturzitaten, die das Nationale in der jiddischen Sprache repräsentierten. Sätze aus der jiddisch-sowjetischen Presse, zahlreiche Erwähnungen der führenden politischen Figuren sowie Zitate aus Werken von Lenin, Marx und Engels – inklusive des Mottos des Buchs, das dem *Anti-Dühring* entstammte – trugen zur ›Sowjetisierung‹ des Inhalts von *Jiddisch* bei.

Die sowjetische Realität förderte einige Sprachbesonderheiten und brachte spezifische Schwierigkeiten mit sich. Einen ganzen Paragraphen widmete Falkovitsh beispielsweise den für den sowjetischen Diskurs essentiellen – und dem neuen sowjetischen Bürger, dem aus der sogenannten ›proletarischen Masse‹ stammenden Jiddisch-Sprecher nicht vertrauten – Fremdwörtern *bourgeois* und *Bourgeoisie*.[86] Manchmal dienten ideologisch gefärbte Phrasen lediglich als Beispiele stilistischer Erläuterungen: Mit einem ungeschickt formulierten doppelsinnigen Satz über »Imperialisten«, die das Proletariat in den Krieg hineinlockten, unterstrich der Grammatiker beispielsweise die Bedeutung von Genauigkeit im Gebrauch von Pronomen und rief seine Leser zu klarem Denken und Formulieren auf – ein anderer wichtiger Topos sowjetischer angewandter Sprachwissenschaft.[87] In anderen Fällen wurden

85 §17, Seite 34.

86 § 344.

87 In diesem Zusammenhang zitierte Falkovitsh im Kapitel zur Satzeinteilung Maksim Gor'kij: [...] фраза должна быть плавной, экономно построенной из простых слов, притёртых одно к другому так плотно, чтоб каждое давало читателю ясное представление о происходящем,

grammatische Phänomene unmittelbar vor dem Hintergrund der sowjetischen Ideologie gedeutet – etwa die auf eine Person bezogene Mehrzahlform, die »unterwürfige Höflichkeit« ausdrücke.[88] Im sowjetischen Jiddisch, das Falkovitsh als eine neue Stufe der Sprachentwicklung betrachtete und der jiddischen Sprache außerhalb der Sowjetunion entgegensetzte, sei diese Form bereits abgeschafft. So brachte der Linguist den gesellschaftlich-politischen und den linguistischen Fortschritt in Einklang.

Der ideologische Einfluss drückte sich nicht nur explizit in bestimmten Textabschnitten aus, sondern auch in der Abwesenheit einiger ›nationaler‹ Inhalte. Bei der Erläuterung der numerischen Bedeutungen der Buchstaben im Kapitel über das hebräische Alphabet erwähnte Falkovitsh lediglich, dass die Zahlen 15 und 16 »meistens« mit טו und טז bezeichnet würden, ohne den Grund für diese Abweichung – die Vermeidung der Ähnlichkeit mit dem Tetragrammaton – zu nennen.[89]

Am deutlichsten tritt die Ideologisierung in den Passagen zu hebräisch-aramäischstämmigen Elementen im Jiddischen zutage, die seit den 1920er Jahren ein wichtiges Thema der jiddisch-sowjetischen Sprachplanung waren und die kraft ihrer Verbindung zur ›klerikalen‹ Sprache der Juden ein enormes symbolisches Potential besaßen. Auch Falkovitsh machte auf die Tendenz aufmerksam, weniger Hebraismen zu gebrauchen:

> בײַ אונדז אין לאַנד, וווּ עס קומט פֿאָר אַ פּראָצעס פֿון איבערבויען דאָס גאַנצע לעבן און דענקען אויף גאָר נײַע, סאָציאַליסטישע יסודות, האָט מען אַ שטייגער כּמעט אויפֿגעהערט אַרײַנצונעמען נײַע ווערטער פֿון העברעיִש און אַראַמעיִש – פֿון די שפּראַכן, וואָס פֿון זיי האָט יידיש פֿריִער געשעפּט ווערטער אין אַ גרויסער מאָס. און ניט נאָר מע האָט אויפֿגעהערט אַרײַנצונעמען נײַע, נאָר מע האָט אויפֿגעהערט צו ברויכן זייער פֿיל אַלטע ווערטער – סײַ סעמיטישע און סײַ אַנדערע, – וואָס זײַנען געווען געבונדן מיט אַמאָליקע פֿאַרהעלטענישן, מיט אָפּגעשטאַנענע באַגריפֿן פֿון דער אָפּגייענדיקער וועלט.[90]

> Bei uns im Land, wo der Prozess einer Umgestaltung des ganzen Lebens und Denkens auf absolut neuen, sozialistischen Grundlagen stattfindet, hat man zum Beispiel beinah aufgehört, neue Wörter aus dem Hebräischen und Aramäischen aufzunehmen – aus den Sprachen, aus denen Jiddisch einst Wör-

о постепенности и неизбежности изображаемого процесса [[…] die Phrase muss flüssig sein, ökonomisch aus einfachen Wörtern gebaut, die so dicht [aneinander gefügt] sind, dass jedes von ihnen dem Leser eine klare Vorstellung von dem Geschehen, von der Allmählichkeit und Notwendigkeit des geschilderten Prozesses geben soll] (§ 507 [in jiddischer Übersetzung]).

88 § 300, Seite 253. Vgl. zum selben Phänomen im Russischen Durnovo 1929, 32.

89 § 50, Anm. 2, Seite 60.

90 § 136, Seite 132.

> ter in großer Menge geschöpft hat. Nicht nur hat man aufgehört, neue Wörter aufzunehmen, sondern man hat auch aufgehört, sehr viele der alten – semitischen wie anderen – Wörter zu gebrauchen, die mit den einstigen Verhältnissen verbunden waren, mit den rückständigen Begriffen der verschwindenden Welt.

Für Falkovitsh als Autor bedeutete diese Tendenz in der Entwicklung des Jiddischen, dass er bei seiner Leserschaft keine Kenntnisse des jüdisch-traditionellen Lebens und der entsprechenden Lexik voraussetzen durfte und diese Wörter, ebenso wie die neuen Fachtermini, erklären musste: Das hebräischstämmige מינהג (*mineg*, Brauch) wurde beispielsweise mit dem Internationalismus טראַדיציע (*traditsye*, Tradition) erläutert, הכנעהדיק (*hakhnoedik*, demütig) – mit dem germanischen Adjektiv אונטערטעניק (*untertenik*, untertänig).[91] Er wies auch auf den archaischen Charakter von Hebraismen hin, die nur in bestimmten Kontexten zum Zweck der Stilisierung geeignet seien, in anderen aber aus diesem Grund ausgeschlossen werden sollten:

> דעריבער איז טאַקע ניט פּאַסיק, ווען אין אַ מאָדערנער פּאָליטישער בראָשור, איבערגעזעצט פֿון רוסיש, טרעפֿט מען אַזעלכע ,מוסטערן': למען־האמת מוז איך מעלדן...; איך וועל דאָ ניט מאריך זײַן וועגן דעם באַטײַט פֿון טעאָריע; דערלויבט אַצינד אָפּצושטעלן זיך אויף די הוספֿות צו די טעזיסן א"אַ.[92]
>
> Es passt deswegen nicht, wenn man in einer modernen politischen Broschüre, die aus dem Russischen übersetzt wurde, solchen ›Vorbildern‹ begegnet: *leman-hoemes* [der Wahrheit zuliebe] muss ich melden…; ich werde hier nicht *mayrikh zayn* [mich auslassen] über die Bedeutung der Theorie; gestatten Sie mir jetzt, die *hoysofes* [Ergänzungen] zu den Thesen anzusprechen usw.

Falkovitsh selber scheint jedoch diese Empfehlung zu missachten und hebräischstämmige Wörter bewusst eingesetzt zu haben, auch wenn die darauffolgenden deutschstämmigen Erläuterungen zum Beweis der Entbehrlichkeit des Hebraismus erschienen. So in einem eingeschobenen Zitat von Lenin, das im Sinne des allgemeinen Bildungsauftrags der Klärung des Begriffs ›Verallgemeinerung‹ diente und das Falkovitsh selbst ins Jiddische übersetzte:

> יעדעס וואָרט (רייד) פֿאַראַלגעמיינערט שוין. די חושים (געפֿילן) ווײַזן די רעאַלקײַט, דער געדאַנק און דאָס וואָרט – דאָס אַלגעמיינע [...][93]
>
> Jedes Wort (Rede) *verallgemeinert* bereits. Die Sinne weisen auf das Reale hin, der Gedanke und das Wort – auf das Allgemeine […]

91 § 148, Seite 140; § 300, Seite 253.

92 § 173, Seite 158.

93 Fn. 1 zu § 360, Seite 287.

Statt direkt auf das germanischstämmige Wort געפֿילן [*gefiln*, Gefühle] für die Übersetzung des russischen чувства [Gefühle, Sinne] zurückzugreifen, verwendete Falkovitsh das hebräischstämmige Wort חושים [*khushim*, Sinne, Gefühle] – das er mit Blick auf seine Leserschaft in Klammern mit dem germanischen *gefiln* erläutern musste. Möglicherweise war diese übersetzerische Entscheidung von inhaltlicher Präzision bedingt, denn *khushim* bezieht sich stärker auf Sinne und Sinnesorgane, während das Wort *gefil* auch die Bedeutung ›Emotion‹ hat. Womöglich geschah es aber zugleich in dem Bemühen, der Tendenz, die jüdische Tradition aus der Sprache zu verdrängen, doch entgegenzuwirken.[94]

Zeitgenössische Rezeption von *Jiddisch*

Mit den ideologisch gefärbten Satzbeispielen, die der Presse und politischen Broschüren entnommen waren, veranschaulichte Falkovitsh den zeitgenössischen Sprachgebrauch. Zugleich dienten diese Beispiele wohl auch dem Zweck, die Grammatik für die Kritiker akzeptabel zu machen.[95] So ein Vorgehen war im sowjetischen wissenschaftlichen Diskurs fest etabliert: Da die Oktoberrevolution als Auslöser aller fortschrittlichen Veränderungen in der Gesellschaft gepriesen wurde, mussten alle Thesen mit Zitaten aus Reden und Aufsätzen führender Ideologen untermauert werden. Dem musste sich Falkovitsh beugen, obwohl er aus eigener Erfahrung wusste, dass es die wissenschaftliche Auseinandersetzung behinderte. Als er 1930 seine Antwort auf Nokhem Shtifs Artikel über Sprachkultur und Grammatikunterricht einreichte, bat dieser ihn um eine Revision. Falkovitsh berufe sich, so Shtif, in seiner Argumentation auf »große politische Autoritäten«. Er forderte Falkovitsh auf, diese Stellen zu revidieren bzw. zu streichen, denn sie trügen nichts Wesentliches zur Argumentation bei; aber diese Zitate seien gefährlich für Falkovitshs Opponenten, die gegen solche Autoritäten nicht polemisieren dürften.[96] Offenbar kam Falkovitsh dieser Bitte des Kollegen nach: Der Artikel[97] bezieht sich nicht auf maßgebliche politische Figuren. Hingegen enthält ein späterer Artikel, der nach Shtifs Tod erschien und die Debatte rekapitulierte, Zitate von Engels und Marx über Grammatik.[98]

94 Zu Falkovitshs Umgang mit der Tradition siehe Gal-Ed in diesem Band, xxxv f.

95 Ähnlich verfuhren ukrainische Lehrbuchautoren (Ostapčuk 2021, 308).

96 Shtif an Falkovitsh, 10. Oktober 1930 (NLI, ARC. 4* 2001/31).

97 Falkovitsh 1930c.

98 Falkovitsh 1935: 194.

In den Rezensionen sowjetischer Sprachlehrbücher wurden Satzbeispiele tatsächlich mit besonderer Aufmerksamkeit behandelt, denn ein Lehrbuch war polyfunktional, da es nicht nur Fachkenntnisse vermittelte, sondern die Schüler auch zu neuen sowjetischen Bürgern erziehen sollte.[99] Auffällig ist der Unterschied in der Rezeption des illustrativen Materials von Falkovitshs Lehrbüchern zwischen 1930 und 1940. Abgesehen von der fachlichen Kritik tadelten 1930 verschiedene Kritiker Falkovitshs Artikel und Bücher wegen Beispielen, die aus ihrer Sicht ideologische Mängel aufwiesen.[100] Die Redaktion von RATNBILDUNG kritisierte etwa die Verwendung von נאָך אַלעמען [*Nokh alemen*] von Dovid Bergelson[101] und מנחם־מענדל [*Menakhem-Mendl*] von Scholem Alejchem[102] im Sprachunterricht:

> עס וואָלט אסאך גלײַכער געווען, ווען דער אווטער פונעם ארטיקל בּרענגט בּײַשפּילן פון די סאָוועטישע שרײַבער מיט היינטצײַטיקע טעמעס, וועלכע אינטערעסירן געוויס מער אונדזערע שילער און זײַנען לויט דער טעמאטיק און ווערטער־לעקסיקאָן פאר זיי אסאך לײַכטער דורכצוארבּעטן.
>
> Es wäre viel besser gewesen, wenn der Verfasser des Artikels Beispiele von sowjetischen Autoren mit zeitgenössischen Themen gebracht hätte, die unsere Schüler mit Sicherheit mehr interessieren und in Hinsicht auf Thematik und Wortschatz für sie viel leichter zu bearbeiten wären.[103]

Bergelsons Roman, der sich der aussterbenden jüdisch-traditionellen Welt widmet, oder Scholem Alejchems Schilderungen der Abenteuer eines ›Luftmenschen‹ konnten kaum als passende Lektüre für den neuen, aktiven, optimistischen sowjetischen Menschen durchgehen. Ein anderer Rezensent bezeichnete Falkovitshs GRAMATIK FAR DERVAKSENE (1930) als eine »unreine Quelle«[104]:

> ער [פֿאַלקאָוויטש] האקט פראזעס אין דער וועלט אריינ – קליינבּירגערלעכע, עראָטישע

99 Zum typologisch ähnlichen Phänomen der »Deutschkunde« (Frank 1973, 665) im Deutschunterricht in der Weimarer Republik siehe ibid., 672–681; siehe auch Bojunga 1926, 32; Hofstaetter 1926, 2.

100 Kritik an den Textbeispielen in Sprachlehrbüchern war im sowjetischen Raum üblich, vgl. Maydanski 1935: 246. Eine ähnliche Praxis existierte im belarussischen Sprachraum, siehe Zaprudski 2014: 146f.

101 Ins Deutsche übersetzt von Alexander Eliasberg (Bergelson 1923).

102 Ins Deutsche übersetzt von Siegfried Schmitz (Scholem Alejchem 1921).

103 Anmerkung der Redaktion in Falkovitsh 1930f: 37, Anm. 3.

104 Goldin 1932: 147.

> און אזעלכע, וואָס קאָנען אויסגעטײַטשט ווערן און ווערן אויסגעטײַטשט אפֿן ציניששטן אופֿן.[105]
>
> Er [Falkovitsh] bringt Beispielsätze, ohne nachzudenken – kleinbürgerliche, erotische und solche, die auf die zynischste Weise gedeutet werden können und gedeutet werden.

Zu solchen ›bourgeoisen‹ Beispielen zählt der Rezensent L. Goldin, selbst Lehrer und Autor von Jiddisch-Lehrbüchern,[106] Sätze, in denen das Wort *Liebe* vorkommt, oder auch Alltagsbeispiele, die mit Hosen oder Socken zu tun haben.[107]

Im Laufe der 1920er Jahre lösten sich die sowjetische Linguistik und Sprachpädagogik von den experimentellen Methoden der formalen Schule. Sprachgeschichte – auch durch Beispielzitate von klassischen Autoren repräsentiert – spielte wieder eine wichtige Rolle im Sprachunterricht. Diese Veränderung macht sich auch in der Rezeption von Elye Falkovitshs Werk bemerkbar. Nach dem Erscheinen von *Jiddisch* lobten zwei Rezensenten ausdrücklich die Auswahl der Beispiele in Falkovitshs umfangreichster Grammatik:

> עס איז דאָס נײַסטע ווערק וועגן אונדזער שפּראַך, איר פֿאָנעטיק, גראַפֿיק, לעקסיק און גראַמאַטיק. עס איז געשריבן קלאָר און דײַטלעך מיט אַ גוט־צוגעפּאַסטן אויסוואַל פֿון בײַשפּילן (וואָס איז באַזונדערס וויכטיק אין אַזעלכע ווערק).[108]
>
> Das ist das neueste Werk über unsere Sprache, ihre Phonetik, Graphemik, Lexik und Grammatik. Es ist in einer klaren und deutlichen Sprache verfasst, mit einer guten Auswahl an Beispielen (was in solchen Werken besonders wichtig ist).

Diese positive Einschätzung, die anonym in der Zeitschrift שטראַלן [SHTRALN, Strahlen, Kaunas] erschien, wurde auch vom sowjetischen Kritiker und Übersetzer Moyni Shulman vertreten.[109] In der Minsker Zeitschrift

105 Ibid., 145.

106 P[omerants] 1958.

107 Goldin 1932: 146. Der Redaktion von RATNBILDUNG zufolge habe Goldin allerdings selber ein ניט־דערלאָזבאַר[ע] באַציִונג צו דעם איליוסטראַטיוון מאַטעריאַל [unzulässiges Verhältnis zum illustrativen Material] (ibid., 145, Anm. der Redaktion).

108 M–sh 1941. Vgl. Gal-Ed in diesem Band, xxxix.

109 Womöglich stammte auch die lobende Rezension in SHTRALN, mit *M–sh* unterzeichnet, aus der Feder von Moyni Shulman.

שטערן [SHTERN, Stern] lobte er das Lehrbuch von Falkovitsh, das sich nicht auf die Vermittlung von Regeln beschränke, sondern auch den historischen Aspekt der Sprachphänomene berücksichtige. Auffällig in seinem Lob ist der Hinweis auf Falkovitshs altjiddische Quellen und das Fehlen jeglicher Kommentare bezüglich ideologisch-politischer Beispiele:

> אפּ צו באַלײַכטן די אַלע פֿראַגן האָט דער אָװטאָר צונױפֿגעזאַמלט אַפֿן גרונט פֿון אַן ערנסטער פֿאָרשערישער אַרבעט אַ רײַכן אילױסטראַטיװן מאַטעריאַל סײַ פֿון די קלאַסיקער און פֿון דער מאָדערנער ייִדישער ליטעראַטור, סײַ פֿון דער אַלט־ייִדישער ליטעראַטור. [...] דער היסטאָרישער צוגאַנג איז אײנע פֿון די גרעסטע מײַלעס פֿון פֿאַלקאָװיטשעס בוך, װײַל אַזאַ צוגאַנג גיט דעם לײענער די מעגלעכקײט בעסער צו באַזיניקן דעם פּראָצעס פֿון דער אַנטװיקלונג פֿון ייִדיש.[110]
>
> Um all diese Fragen zu beleuchten, sammelte der Autor im Laufe einer ernsthaften Forschungsarbeit ein reiches illustratives Material sowohl aus den Klassikern und der modernen jiddischen Literatur als auch aus der altjiddischen Literatur. [...] Die historische Annäherung ist einer der größten Vorzüge von Falkovitshs Buch, denn eine solche Annäherung ermöglicht es dem Leser, den Prozess der Entwicklung des Jiddischen besser nachzuvollziehen.

Shulman war der erste Rezensent, der die historische Dimension in Falkovitshs Büchern anerkannte und würdigte. Er listete, wie in sowjetischen Rezensionen üblich, ausführlich alle Mängel des Buchs auf, von grundsätzlichen Aspekten wie einer aus seiner Sicht inkorrekten Darstellung der Marr'schen Sprachlehre bis hin zu Ungenauigkeiten im Text, die wohl auf Druckfehler zurückgingen. Bei aller Kritik war seine eindeutige Wertschätzung bereits im Titel der Rezension unverkennbar: »ein notwendiges und nützliches Buch«.[111]

Jiddisch war das letzte große grammatische Projekt von Elye Falkovitsh.[112] Das Buch wurde 1940 in Moskau gedruckt, kurz bevor Nazi-Deutschland die Sowjetunion überfiel. Der Krieg führte zu einer Zäsur in der Entfaltung der jiddisch-sowjetischen Kultur, die nie wieder das Niveau der 1920–1930er

110 Shulman 1941: 88f. Vgl. Gal-Ed in diesem Band, xxxviii f.

111 Nicht nur sowjetische Rezensenten, auch die nationalsozialistischen Besatzer fanden das Buch wertvoll und ließen es von Zelig Kalmanovitsh im Wilnaer Getto übersetzen. Siehe Kalmanovitshs Tagebucheinträge vom 20. Mai und 15. Juni 1942 (Kalmanovitsh 1997: 50, 64). Das Manuskript der Übersetzung ist in Edward Blank YIVO Vilna Online Collections zugänglich (Folder 3402, Elye Falkovitsh). Mit hoher Wahrscheinlichkeit erfuhr der Autor nichts von dieser Übersetzung ins Deutsche.

112 Zu weiteren, in der Nachkriegszeit entstandenen Artikeln und Büchern siehe Gal-Ed, in diesem Band, xlvii–l sowie die Bibliographie von Falkovitshs Veröffentlichungen.

Jahre erreichte. *Jiddisch* bleibt ein Denkmal der jiddisch-sowjetischen Linguistik, Sprachpädagogik und der unverwirklichten Utopie der jiddisch-sowjetischen Kultur.

Zitierte Literatur

Barchudarov, S[tepan] G., [3]1940: Бархударов, С[тепан] Г.: *Грамматика русского языка.* Часть вторая. Синтаксис. Учебник для неполной средней и средней школы. Москва: Государственное учебно-педагогическое издание Наркомпроса РСФСР.

Basok, M. und Flik, Y., 1929 באסאָק, מ. און י. פליק: יידישע שפּראַכ לויט דאַלטאָן-פּלאַן. אין: **ראטנבילדונג** (קיִעוו) 12: 50–61.

Bergelson, David, 1923: *Das Ende vom Lied.* Übcrsctzt von Alexander Eliasberg. Berlin: Jüdischer Verlag.

Bojunga, Klaudius, 1926: Sprache und Schrift. In: Hofstaetter, Walther, Hg., *Der neue Deutschunterricht.* Leipzig, Berlin: Verlag von B. H. Teubner, 31–56.

Čeljustkin, I. A., 1927: Челюсткин, И. А.: *Методы работы в трудовой школе.* Москва, Ленинград: Государственное издательство.

Dejkina, A. D. und V. D. Jančenko, 2017: Дейкина А. Д., В. Д. Янченко: *История методики преподавания русского языка в биографических очерках.* Москва: МПГУ.

Dobin, Sh[muel], 1930 דאָבינ, ש[מואל]: גראַמאַטיק און סטיליסטיק אין דער אַרבעטשול. אין: **די ייִדישע שפּראַכ** (קיִעוו) 4–5 (23–24): שפּ׳ 29–42.

Durnovo, N[ikolaj], 1929: Дурново, Н[иколай]: *Повторительный курс грамматики русского языка.* Синтаксис. Введение в учение о формах словосочетаний. Москва, Ленинград.

Dzjatko, D. V., 2014: Дзятко, Д. В.: Асоба ў беларускай лінгвістыцы: Спрынца Львоўна Рохкінд // Даніловіч М. А., ред., *Краявіды роднай мовы: зборнік мовазнаўчых навуковых артыкулаў (памяці прафесара І. Я. Лепешава).* Гродна: ЮрСаПрынт. <http://elib.bspu.by/handle/doc/8978>, 3. Juli 2023.

Falkovitsh, E[lye], 1929 פאלקאָוויטש, ע[ליע]: **גראַמאַטיק פֿאַר דערוואַקסענע**. מאָסקווע: צענטראַלער פֿעלקער-פֿאַרלאַג פֿון פֿ.ס.ס.ר.

Ders., 1930a פאלקאָוויטש, ע[ליע]: צו דער מעטאָדאָלאָגיע פון גראמאטיק פאר דערוואָקסענע. אין: **ראטנבילדונג** (כאַרקאָוו) 1, 1930: 44–63.

Ders., 1930b פאַלקאָוויטש, ע[ליע]: געוויינהייטן פאַר דערוואַקסענע (אין אָוונט- און פּאַרטיי-שול). אין: **מיירעווניק** (מאָסקווע) 5, אַפּריל 1929: 23–28.

Ders., 1930c פאלקאָוויטש, ע[ליע]: שפּראַכקולטור און גראַמאַטיק. אין: **די ייִדישע שפּראַכ** (קיִעוו) 4–5 (23–24): שפּ׳ 41–50.

Ders., 1930d פאלקאָוויטש, ע[ליע]: **גראַמאַטיק פאַר דערוואַקסענע**. 1-טער טייל. מאָסקווע, כאַרקאָוו, מינסק: צענטראַלער פעלקער-פאַרלאַג פון פ.ס.ס.ר.

Ders., 1930e פאַלקאָוויטש, ע[ליע]: געוויינהייטן פאַר דערוואַקסענע (אין אָוונט־ און פּאַרטיי־שול). אין: **מיירעוויניק** (מאָסקווע) 6, יאַנואַר 1930: 1–4.

Ders., 1930f פאלקאָוויטש, ע[ליע]: א קאפּיטל סעמאנטיק און סטיליסטיק אין שולן פאר דער־וואָקסענע. אין: **ראטנבילדונג** (כאַרקאָוו) 4, אַפּריל 1930: 28–43.

Ders., 1935 פאלקאָוויטש, ע[ליע]: ייִדיש אין שול. אין: **אפנ שפּראכפראָנט** (קיִעוו) 3–4, 1935: 192–201.

Ders., 1936 פאלקאָוויטש, ע[ליע]: **ייִדיש פאר דערוואקסענע**. ערשטער טייל. פאָנעטיק, גראמא־טיק און אָרטאָגראפיע. מאָסקווע: פארלאג „עמעס“.

Fitzpatrick, Sheila, 1979: *Education and Social Mobility in the Soviet Union 1921–1934*. Cambridge, London, New York, Melbourne: Cambridge University Press.

Frank, Horst Joachim, 1973: *Geschichte des Deutschunterrichts von den Anfängen bis 1945*. München: Carl Hanser Verlag.

Gens, Noyekh, 1969 גענס, נח: אַ באגעגעניש מיט עליע פאלקאָוויטש. אין: **פאָלקס־שטימע** (וואַרשע) 47 (3927), 22טער נאָוועמבער 1969: 5.

Goldin, L., 1932 גאָלדין, ל.: ע. פאלקאָוויטש. „גראמאטיק פאר דערוואקסענע“ 1־טער טייל. צווייטע פארגרעסערטע און איבערגעארבעטע אופלאגע. 1930 יאָר. מינסק. אין: **ראַטנבילדונג** (כאַרקאָוו) 3–4, מאַרץ–אַפּריל 1932: 145–147.

Hofstaetter, Walther, 1926: Deutschkunde und Deutschunterricht. In: Hofstaetter, Walther, Hg., *Der neue Deutschunterricht*. Leipzig, Berlin: Verlag von B. H. Teubner, 1–31.

Kalmanovitsh, Zelig 1997 קלמנאָוויטש, זעליג: טאָגבוך פֿון ווילנער געטאָ (פֿראַגמענט). אַרויסגעגעבן פֿון שלום לוריא און אַבֿרהם נאָווערשטערן. אין: **ייִוואָ־בלעטער**. נייַע סעריע, ב׳ 3: 43–113.

Kerler, Yoysef, 1991 קערלער, יוסף: מייַן לערער עליע פֿאַלקאָוויטש (1898–1979). אין: **געקליבענע פּראָזע (עסייען, זכרונות, דערציילונגען)**. ירושלים: ירושלימער אַלמאַנאַך, 125–138.

Krjučkov, S. E. und M. V. Svetlaev, 1936: Крючков, С. Е. и М. В. Светлаев: *Грамматика. Учебник для школ взрослых*. Москва: Учпедгиз.

Le Mang, Richard, 1927: *Deutsche Sprachlehre für die unteren und mittleren Klassen der höheren Schulen*. Münster: Verlag der Aschendorffschen Verlagsbuchhandlung.

Lësik, Jazėp, 1926: Лёсік, Язэп: *Граматыка беларускае мовы. Фонэтыка*. Мінск.

M–sh, 1941: מ–ש: א ניי סאָוועטיש בוך וועגנ יידיש. אין: **שטראַלנ** (קאָוונע) 19 (84), 24טער מייַ 1941: 23.

Maydanski, M[oyshe], 1935 מייַדאנסקי, מ[שה]: וועגנ די לערנביכער אפּ שפּראכ. אין: **אפנ שפּראכפראנט** (קיִעוו) 3–4: 230–249.

Loytsker, Kh[ayim], 1932 לויצקער, כ. [חיים]: באריכט וועגנ מיינ לער־קאָמאנדירונג אינ ניִיאז, מאָסקווע. YIVO Archives, RG 3 (Yiddish Language and Literature), Folder 3344.

Nikiforov, S. D., 1926: Никифоров, С. Д.: Далтон-план и методика преподавания родного языка // *Русский язык в школах взрослых: сборник ме-*

тодических статей. Составлен коллективом преподавателей Коммунистического университета им. Я. М. Свердлова. Москва. Издательство Коммунистического университета им. Я. М. Свердлова: 5 – 21.

Ostapčuk, Oksana A., 2021: Остапчук, Оксана А.: Учить по-новому: украинский язык в учебниках эпохи украинизации // *«Родное слово». Белорусский и украинский языки в школе (очерки истории массового образования, середина XIX – середина XX века)*. Под ред. И. И. Баринова, Е. Ю. Борисенок, И. О. Гапоненко. Москва, Санкт-Петербург: Нестор-История, 304 – 328.

P[omerants], A[leksander], 1958 פּ[אָמעראַנץ], אַ[לעקסאַנדער]: גאָלדין, ל. אין: **לעקסיקאָן פון דער נייער יידישער ליטעראַטור**. 8 בענד, ב׳ 2. ניו־יאָרק: אַלוועלטלעכער יידישער קולטור־קאָנגרעס: שפּ׳ 63.

Programme, 1921: *Программы для I и II ступени семилетней единой трудовой школы*. Москва: Государственное издательство. <http://elib.gnpbu.ru/text/programmy-7-letney-edinoy-trudovoy-shkoly_1921/go,0;fs,1/>, 28. Mai 2023.

Program *fun yidish*, 1925: **פראגראם פון יידיש און יידישער ליטעראטור**. מינסק.

Prudnikova, A. V., 1974: Прудникова, А. В.: О методах изложения теоретического материала в учебниках русского языка // *Проблемы школьного учебника* (Москва, Санкт-Петербург) 1: 85 – 92.

Reformatskij, Aleksandr, 1973: Реформатский, Александр: *Московская фонологическая школа, ГАХН и реформы орфографии, 21 ноября 1973*. Interview mit Viktor Duvakin, <https://oralhistory.ru/talks/orh-347>, 3. Juli 2023.

Scholem Alejchem, 1921: *Menachem Mendel, der Spekulant*. Aus dem Jüdischen übertragen von Siegfried Schmitz. Wien, Leipzig: R. Löwit Verlag.

Sen'kina, A. A., 2012: Сенькина, А. А.: Последний авангардный проект советской школы: журналы-учебники 1930 – 1932 гг. // *Отечественная и зарубежная педагогика* (Москва) 4 (7): 60–91. <https://cyberleninka.ru/article/n/posledniy-avangardnyy-proekt-sovetskoy-shkoly-zhurnaly-uchebniki-1930-1932-gg>, 10. März 2023.

Shtif, N[okhem], 1930a שטיף, נ[חום]: שפּראַכקולטור און גראַמאַטישע קולטור (אַן ענטפער מײַנע אָפּאָנענטן). אין: **די ייִדישע שפּראַך** (קיִעוו) 4–5 (23–24): שפּ׳ 52–68.

Ders., 1930b שטיף, נ[חום]: שפּראַכקולטור. געדאַנקען, וואָס און וויאַזוי דאַרף מען לערנען פון מוטערשפּראַך אין דער אַרבעטשול, אין צווייטן קאָנצענטער. אין: **די ייִדישע שפּראַך** (קיִעוו) 2–3 (21–22): שפּ׳ 1–33.

Shtulman, I. [Yekhiel], 1931 שטולמאַן, אי. [יחיאל]: אַקאַדעמיזם פונעם ערגסטן סאָרט. אין: **אַפן שפּראַכפראָנט** (קיִעוו) 1–2 (26–27), יאַנואַר–אַפּריל 1931: שפּ׳ 79–88.

Shulman, M[oyni], 1941 שולמאַן, מ[ויני]: אַ נייטיק און ניצלעך בוך. אין: **שטערן** (מינסק) 3, מאַרץ 1941: 88–92.

Tylor, Edward B., 1878 [1865]: *Researches into the Early History of Mankind and the Development of Civilization*. Boston: Estes Lauriat.

Ders. [Tajlor, Ė. B.], 1868: Тайлор, Э. Б.: *Доисторический быт человечества и начало цивилизации*. Пер. с англ. Е. Валицкого. Москва: Д. И. Преснов.

Utkovitsh, M., 1923 אוטקאָוויטש, מ.: די אידישע שפּראַך און די אידישע פּרעסע. אין: **דער עמעס** (מאָסקווע) 289, 21טער דעצעמבער 1923: 3.

Vakhrushova, Daria, 2022: *Rote Juden. Der jiddisch-sowjetische Kulturentwurf 1917–1934*. Dissertation. Heinrich-Heine-Universität Düsseldorf.

Vinokur, G[rigorij], 1923: Винокур, Г[ригорий]: Культура языка. (Задачи современного языкознания.) // *Печать и революция* (Москва) 5, 1923: 100 – 111.

Ders., 1925: Винокур, Г[ригорий]: *Культура языка. Очерки лингвистической технологии*. Москва: Работник просвещения.

Ders., 1958 [1943]: Винокур, Г[ригорий] О.: История русского литературного языка // *Избранные работы по русскому языку*. Москва: Государственное учебно-педагогическое издательство Министерства просвещения РСФСР, 11 – 226.

Wolfsteller, Martin, Johannes Kleinau und Werner Lippert, 1929: *Unsere Muttersprache. Arbeitsbuch zur deutschen Sprachlehre für Sexta, Quinta, Quarta*. Bielefeld, Leipzig: Verlag von Velhagen Klasing.

Zaprudski, Siarhiej, 2014: Запрудски, Сергей: Белорусская лингвистика 1920-х гг. в ее отношениях с властью // *Studia Białorutenistyczne* 8 (Lublin): 139 – 156.

Zaretski [Zareckij], A[yzik], 1923: Зарецкий, А[йзик]: А. М. Пешковский. Наш язык // *Путь просвещения* (Харьков) 2, 1923: 249 – 252.

Ders., 1925 זאַרעצקי, א[ייַזיק]: האקדאָמע. אין: ספּיוואַק, א[ליה]: **ייִדישע שפּראַך**. קיִעוו: קאָאָפּעראַטיווער פאַרלאַג „קולטור־ליגע“, 3–6.

Ders., 1927 זאַרעצקי, א[ייַזיק]: **פּראַקטישע גראַמאַטיק**. מאָסקווע: פאַרלאַג „שול און בוך“.

Ders., 1929 זאַרעצקי, א[ייַזיק]: ע. פאַלקאָוויטש. **גראַמאַטיק פאַר דערוואַקסענע**. צענטראַלער פעלקער־פאַרלאַג פון פ.ס.ס.ר. מאָסקווע, 1929, ז. 104. פּרייַז 70 קאָפּ. אין: **ראַטנבילדונג** (קיִעוו) 9, סעפּטעמבער 1929: 64–68.

Ders., 1930 זאַרעצקי, א[ייַזיק]: פּראָבלעמען פון ייִדישער לינגוואָטעכניק. אין: **די ייִדישע שפּראַך** (קיִעוו) 1 (20), יאַנואַר – פֿעברואַר 1930: שפּ׳ 1–10.

Ders., 1931 זאַרעצקי, א[ייַזיק]: ייִדיש אין הויכשול (ו־טע אַלפאַרבאַנדישע ייִדישע שפּראַך־קאָנפערענץ). אין: **ראַטנבילדונג** (כאַרקאָוו) 4, אַפּריל 1931: 50–61.

Ders., 1935 זאַרעצקי, א[ייַזיק]: **מעטאָדיק פון ייִדיש**. מאָסקווע: פאַרלאַג „עמעס“.

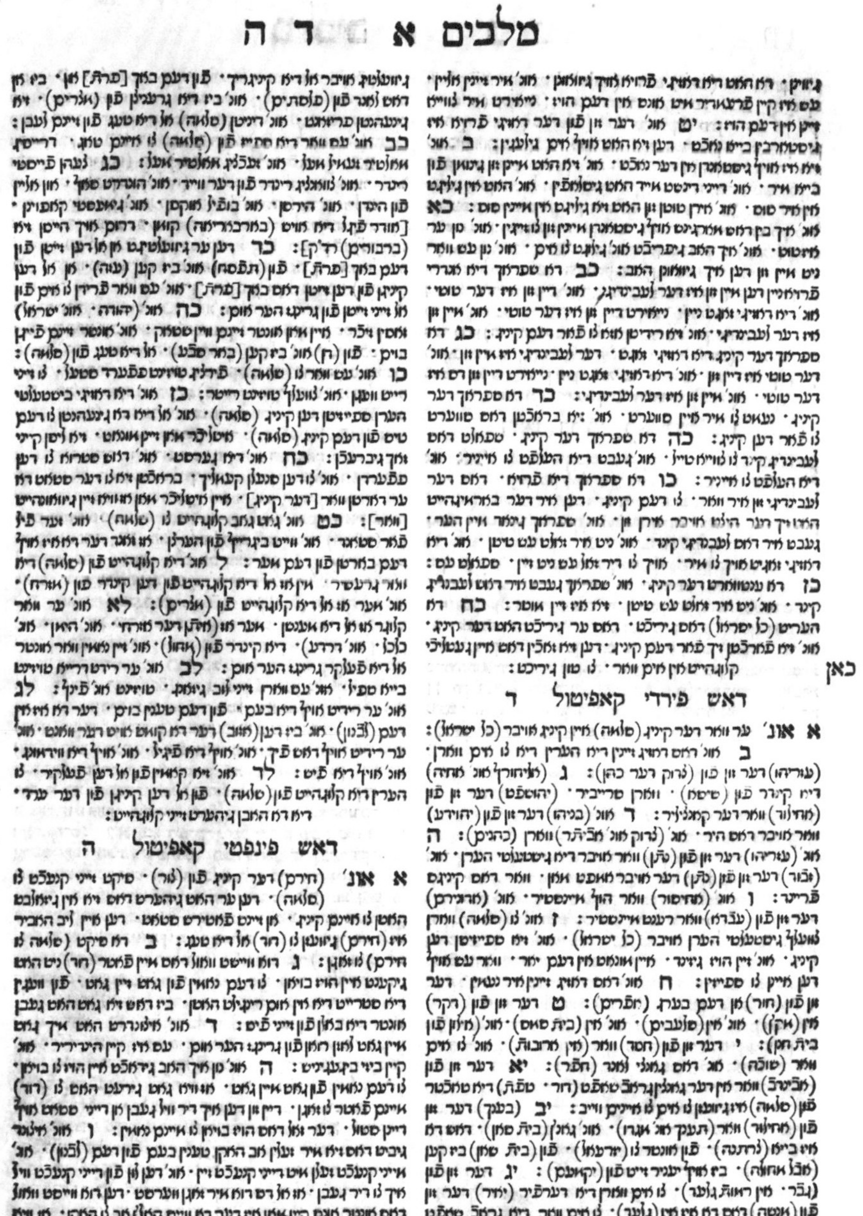

Witzenhausens Bibelübersetzung, Amsterdam 1679, Anfang der Seite 18v (zu 1R, cap. 3)
(Regensburg, Staatliche Bibliothek -- 999 IE/2Script.83)

Simon Neuberg

Die älteren Quellen in Falkovitshs Grammatik

Die Grammatik von Falkovitsh ist zwar durch ihre synchronische, an der modernen Schriftsprache orientierte Herangehensweise charakterisiert, erwähnt aber nicht selten (dialektale und) historische Sprachformen. Dies ist nicht nur methodologisch gerechtfertigt, da eine Sprache monolithisch darzustellen immer eine künstliche Entscheidung erfordert, sondern im Falle des Jiddischen, da Mehrsprachigkeit und Komponentenbewusstsein eine große Rolle spielen, befreit es erst die Sicht auf gewisse in die Sprachstruktur selbst eingeschriebene historische Phänomene; es bietet aber Falkovitsh auch die Gelegenheit, mit gebotener Vorsicht manches anzusprechen, was in der Sowjetunion als überwunden gilt, jedoch zum Teil ›in der kapitalistischen Welt‹ noch Aktualität besitzt. Falkovitshs Bewusstsein der Wichtigkeit von diachronen Informationen – neben der reichlich vertretenen klassischen Literatur und den sowjetisch geprägten Ideologemen – als Elementen der Sprachkultur ändert aber selbstverständlich nichts daran, dass sein Hauptaugenmerk nicht der Sprachgeschichte gilt; die Erwähnung älterer Sprachmaterialien ist entsprechend nicht sehr häufig, doch hat sie Falkovitsh Lob seitens seiner frühen Rezensenten eingebracht.[1] Wenn diese aus der Perspektive des Gesamtwerkes eher marginalen Dinge in der Folge aufgelistet, zusammengefasst, bibliographisch untersucht, gelegentlich in aller Kürze kommentiert und nach ihren direkten Quellen befragt werden, so ist dies keine reine philologische Spielerei: Es soll einerseits bei der Rezeption von Teilen der Grammatik, die auch geübten Lesern moderner jiddischer Texte Schwierigkeiten präsentieren, helfen, andererseits klarmachen, wie sehr die Arbeit mit solchen Materialien sich gewandelt hat, also auch ein Stück Fachgeschichte auf diesem Wege beleuchten.

Wegen der inzwischen geleisteten Arbeit an älteren jiddischen Materialien und weil zahlreiche ältere Werke durch neue Editionen und Digitalisate verfügbar(er) geworden sind,[2] lohnt es sich nämlich, auf einige dieser Werke genauer einzugehen und die Frage zu behandeln, welche Möglichkeiten Fal-

1 Vgl. Gal-Ed in diesem Band.

2 Alle Angaben zur Verfügbarkeit im Internet beziehen sich auf den Stand Anfang 2024.

kovitsh überhaupt hatte, Kenntnis von den seltenen, in aller Welt verstreuten altjiddischen Texten zu erlangen. Über welche Vermittlung gelangte diese Kenntnis an potentielle Interessenten, und wie stark prägten frühere Publikationen das Bild der älteren jiddischen Literatur, bevor die politischen Zwänge der Zeit die Wahl des zu Zitierenden mitbestimmten.

Natürlich ist der bibliographische Aspekt nicht immer entscheidend; schließlich agierte Falkovitsh unter angehenden und bereits etablierten Forschern, von denen zumindest Nokhem Shtif, der uns in den nächsten Abschnitten begegnen wird, wichtige Veröffentlichungen zur Sprach- und Literaturgeschichte vorgelegt hatte.[3] Mündliche Diskussionen oder ungedruckte Vorarbeiten mögen Falkovitsh in unbekanntem Umfang zugänglich gewesen sein. Doch zunächst sollen nun die von Falkovitsh angeführten Werke aufgelistet werden, die ›älteren Sprachstufen‹ zuzurechnen sind, bevor die meisten einzeln in Bezug auf die in der Grammatik zitierten (oft sehr kurzen) Ausschnitte genauer kommentiert werden. Bei dieser Gelegenheit werden die bei Falkovitsh häufig fehlenden Stellenangaben nach Möglichkeit nachgetragen. Transkription und Kontext zahlreicher Texte, die in der Zwischenzeit durch moderne Editionen und Digitalisierung älterer Bestände zugänglich geworden sind, können nun überprüft werden.

Falkovitshs Berücksichtigung historischer Sprachstufen macht sich bereits am Anfang des Werkes in der Kürzelliste (vor §1) bemerkbar, in der mehrere ältere jiddische Werke verzeichnet sind. Hier seien die westjiddischen Drucke aus dieser Liste noch einmal zusammengestellt (die vergebenen Nummern verweisen auf die Abschnitte, die weiter unten dem jeweiligen Werk gewidmet sind):

14a אַנשל *Seyfer shel rabi Anshl* (Krakau 1584) [Shmeruk 1981, 85f, Nr. 17]
14d בליץ Jekusiel Blits: *Tanakh* (Amsterdam 1676–1679)
10 גל.א.י.: *Gliles erets-Yisroel* (Fürth 1691) [früher Lublin 1635, Shmeruk 1981, 111, Nr. 53]
1 גליקל: Glikl Hamel (1645–1724)
14e וויצנה.: Yoyzl (Yoysef) Vitsnhoyzn: *Tanakh* (Amsterdam 1679)
8 מ.א.: *Metsekh-Ahrn* (Nowy Dwór 1797)
2 מארקוזע Moyshe Markuze: *Seyfer-refues* (Poryck 1790)
9 מס.ר.ב. *Masoes rabi Binyomin* (Amsterdam 1691)

[3] Zu der wechselhaften Beziehung Falkovitshs zu Shtif vgl. Gal-Ed in diesem Band.

13 .ס.מ *Seyfer mides* (Isny 1542)
14c .על.ב Eliyohu bokher, Elia Levita, Ashkenazi, der Tishbi (1468 [?] – 1549)
11 רשל reb (rabeynu) Shloyme Lurye (1510 – 1573), *Shayles utshuves* (entstanden Mitte 16. Jh., zitiert nach der Ausgabe Fürth 1768)
14b שערטל Moyshe Shertl (Sherteln, Shertls, Serteles), *Beer-Moyshe* (Prag 1605); *Lekakh-tov* (Prag 1604)

Diese zwölf umfangreichen Werke machen fast ein Viertel der Posten auf der Abkürzungsliste aus, wobei Shloyme Luryes Responsen ein hebräisches Werk sind, in dem Jiddisch nur gelegentlich in der Form von wörtlich wiedergegebenen Zeugenaussagen vorkommt,[4] während andere Kürzel oft auf moderne, umfangreiche mehrbändige Gesamtwerkausgaben hinweisen, aus denen mehrere Romane (Mendele, Scholem Alejchem) exzerpiert werden konnten. Die ältere jiddische Auswahl bleibt aber innerhalb einer Grammatik der modernen Sprache durchaus beachtlich, auch wenn die betreffenden Werke nur sporadisch oder vereinzelt auftauchen, wie wir sehen werden.

Zu den in die Kürzelliste aufgenommenen kommen im Laufe der Darstellung folgende, ebenfalls zum älteren Jiddisch gehörende Werke hinzu:

3 *Lueḥ-hadikdek* (Krakau 1598) [Shmeruk 1981, 97f, Nr. 37; Josef Heilbronn CB 5926-3 (col. 1472)]
5a *Šmu'el-buch* (Basel 1612)
5b *Mėlochim-buch* (Krakau 1583) [Shmeruk 1981, 84f, Nr. 14. »1582«]
4 *Ḥajė-'ōlem* (Breisgau/Basel 1583)
6 *Giv̄'ass-Šo'ul* (Żołkiew 1774)
7 *Mėgilass-Vinz* (die benutzte Ausgabe wird nicht genannt)
12 *Šev̄et-Jėhudḙ* (Amsterdam 1648)

Das berühmte Werk *Paris̱ un' Wienḙ* (Verona 1594) wird zwar §50, Anmerkung 3 als Beispiel eines in Raschi-Schrift gedruckten jiddischen Werks erwähnt, daraus wird aber nicht zitiert.[5]

Zu der so definierten Quellenauswahl anzumerken ist, dass ich hier »M. Markuse« berücksichtigt habe, obwohl seine Sprache bereits deutliche ostjiddische Züge trägt, insbesondere eine stattliche Anzahl slawischer Wörter auf-

4 In diesem Fall nennt Falkovitsh die von ihm benutzte Ausgabe in einer Anmerkung.

5 Zu diesem Buch und dessen Attribution siehe die Edition von Timm 1996, besonders §10 der Einführung, CXXXVI–CXLV.

weist, nicht aber Mendel Lefin Satanover (לעפ. 1741–1819)[6] oder Nakhmen Breslever / Bratslaver (ברעסל. 1772–1811), die üblicherweise bereits als vollgültige Vertreter des Ostjiddischen betrachtet werden. Letzterer wird lediglich §250 am Ende der ersten Anmerkung wegen der Verwendung des abweichenden Hilfsverbs in *hot gevaksn* und *hot geshlofn* (anstatt des heute bei diesen Verben weit verbreiteten *iz*...) erwähnt, ohne Zitat oder Stellenangabe, vermutlich aus zweiter Hand.

Anzuführen sind auch die Sekundärtexte von Buxtorf, Callenberg und Wagenseil, christlichen Hebraisten, die aus unterschiedlichen Beweggründen[7] nicht nur interessante Aussagen zum Jiddischen ihrer Zeit überliefern, sondern gelegentlich auch Texte vollständig wiedergeben. Die Einbettung solcher Texte in lateinisch oder deutsch geschriebene gelehrte Werke, die in vielen Bibliotheken zu finden waren und sind, haben für spätere Forscher den Bestand der zugänglichen älteren jiddischen Literatur nachhaltig bereichert, obwohl die Auswahl jeweils von spezifischen Absichten gelenkt wurde, die von der sprachlichen oder literaturhistorischen Repräsentativität unabhängig waren.

In gewissem Sinne gehören zu dieser Art Quellen auch die Ausführungen von Elia Levita in seinem תשבי [[*ṡefer ha*]*Thišbi*], da auch dieses Werk mehrmals, u. a. für die Bedürfnisse der christlichen Hebraistik, nachgedruckt wurde. Dieses Buch (zum ersten Mal 1541 in Isny bei Paulus Fagius gedruckt) ist auf Hebräisch verfasst und enthält nur gelegentlich ein jiddisches Wort oder Anmerkungen zur jiddischen Sprache. Die Beschreibung (in der ersten Fußnote zur Anmerkung in §9) als viersprachiges Wörterbuch scheint auf einer Verwechslung mit dem am selben Ort im folgenden Jahr gedruckten Wörterbüchlein שמות דברים [*Šmóss-dvorim*, Namen der Sachen] mit einem viel bescheideneren Umfang (32 Bll. im Kleinformat) zu beruhen.

– Callenberg, Johann Heinrich: Jüdischteutsches Wörterbüchlein [...], Halle: Jüdisches Institut 1736.[8]

6 Für neuere Forschung zur Sprache dieser beiden Werke, die Falkovitsh noch nicht zur Verfügung standen, siehe Gruschka 2007, mit weiterführender Literatur.

7 Für eine detailreiche Diskussion siehe Elyada 2012. Zum Beitrag dieser Autoren zur Erforschung des Jiddischen vgl. die Marburger Dissertation von Max Weinreich (1993 [1923]).

8 Siehe auch das von Hans Peter Althaus herausgegebene Faksimile im Rahmen der »Schriften zur jiddischen Sprache« [von Callenberg und Chrysander], Marburg: Elwert 1966.

Auf dieses Werk wird in §8 verwiesen (periphrastische Verben). Dort beschreibt Falkovitsh in der zweiten Fußnote das unvollständige Exemplar, das er hatte einsehen können, und zitiert einige der dort zu findenden Wörter, die nicht der hebräischen Komponente zuzurechnen sind.

– Bei der von Falkovitsh erwähnten hebräischen Grammatik von Buxtorf dem Älteren handelt es sich um Buxtorf, Johann: *Thesaurus grammaticus linguæ sanctæ hebrææ*, Basel 1609 (mehrmals nachgedruckt). Die von ihm §11 zitierte Aussage konnte er M. Weinreichs Dissertation (§122) entnehmen. In §146 führt er an, dass Buxtorf bereits die Wörtlichkeit der Bibelübersetzungssprache als Motor sprachlicher Innovation erkannt hatte; schließlich erwähnt er ihn ein letztes Mal in §269–274 zu den periphrastischen Verben.

– Bei der in §8, Nr. 3 Wagenseil zugesprochenen Aussage handelt es sich wohl um einen Satz aus dem »Fürtrag« von dessen *Belehrung der Jüdisch-Teutschen Red- und Schreibart*, Königsberg 1699, die ebenfalls in M. Weinreichs Dissertation §148 (im deutschen Originalwortlaut) zu finden ist.

– Vom [*ṡefer ha*]*Thišbi* (Erstausgabe Isny 1541) wird Elia Levitas berühmte Aussage (aus dem Eintrag קרובץ) angeführt, die aschkenasischen Juden stammten bekanntlich aus Frankreich und hätten deswegen französische Wörter beibehalten. Auch diese Aussage war M. Weinreichs Dissertation (§65) zu entnehmen.

Die folgenden Kommentare zu den Einzelwerken und den aus ihnen angeführten Zitaten zeigen eine Kombination der Anführung berühmter »klassischer« und deswegen erwähnenswerter Werke mit der Verfügbarkeit einzelner Texte sowie dem spezifischen Interesse an Drucken, die die Geschichte des östlichen Zweigs der jiddischen Sprache beleuchten können.

o Ein Werk, dessen Identifizierung unerwartete Schwierigkeiten mit sich bringt, wird einmal, nämlich §287, angeführt. Es handelt sich um תקנות [*thakoness*, Statuten] »der Amsterdamer Gemeinde aus dem Jahr 1735«, aus denen die Partizipien der Form *ge…irt* (°geregulirt, °getaksirt, °geprobirt, °getransportirt, °gepublitsirt u. a.) angeführt werden. In M. Gutschows »Inventory of Yiddish Publications from the Netherlands« sind Amsterdamer THAKONESS mit diesem Titel und Datum nicht nachgewiesen.[9] Für das Jahr 1735 wird Nr. 280 verbucht, mit der Titelangabe: *Ekṡtrakt ouṣ dȧs zehėntė grȯs memorjal-buch foljo 115….* Dessen Text (samt Titel und Datum von 1735) aber auch auf unnummerierten Blättern am Anfang von THAKONESS erscheint, die dem Jahr 1737 zugerechnet werden (Gutschow Nr. 291) – zumindest in dem hier benutzten Frankfurter Exemplar.[10] Die angeführten Partizipialformen

9 Vgl. dort die zahlreichen (über 75) Verweise im Index (Gutschow 2007, 210 s.v. »Statutes«).

10 GJ 553: ab <http://sammlungen.ub.uni-frankfurt.de/jd/content/pageview/1721548>.

sind selbstverständlich von niederländischen Parallelen beeinflusst, hatten also in Texten, die zum internen Gebrauch der Amsterdamer Gemeinde gedacht waren, die besten Chancen aufzutreten.

Im genannten Büchlein sind zumindest die Wörter, die Falkovitsh anführt, mit einiger Wahrscheinlichkeit auszumachen, allerdings betont er ausdrücklich, dass diese Wörter manchmal mit י (also *-irt*), manchmal ohne Kennzeichung des Vokals (*-ért*) vorkommen. Hier sind die vorkommenden Varianten aber *-i*(*h*)*rt* (ohne bzw. mit ה) – hier die Belege nach dem Frankfurter Digitalisat, Zeilen neu gezählt bei neuem Paragraphen; berücksichtigt werden die nummerierten Bll. 1-28r (entspr. Abb. 10-64); bis 33v (Abb. 75) schließt sich eine Aufschlüsselung des Inhalts an; weitere im selben Band beigebundene Texte sind von unserem bibliographisch unabhängig:[11]

°geregulirt erscheint als *géregulirt* (Abb. 10, 1r, Nr. א, Z. 7) bzw. *géregulihrt* (Abb. 17, Nr. יט, letzte Zeile – und passim);

°getaksirt erscheint als *gétakṡirt* (Abb. 11, 1v, Nr. ג, Z. 6) bzw. *gétakṡihrt* (Abb 17, 4v, Nr. יח erstes Wort (und auf der vorigen Seite als Reklamante – und passim);

°getransportirt, *gétranṡpórtirt* (Abb. 21, Nr. כז, Z. 4; bzw. *gétranzpórtirt* (Abb. 46, 20r, Nr. סח, Z. 2 & 12 – und passim);

°gepublitsirt: *gépublizihrt* (Abb. 19, 5v, Nr. כב, letzte Zeile);

°geprobirt ist allerdings nicht belegt, es liegt aber wohl eine Verwechslung mit *géaprόbihrt* vor (Abb 20, 6r, Nr. כד, Z. 3 & 5).

Falkovitshs oben zitierter Hinweis auf weitere vergleichbare Belege bezieht sich also wohl auf solche Formen wie:

géadmitihrt, (Abb. 11, 1v, Nr. ה, Z. 3) bzw. *géadmétihrt* (Abb. 13, 2v, Nr. ח, Z. 9); *gékunṡentirt* (Abb. 39, 15v, Z. 12); *gépermitirt* (Abb. 19, 5v, Z. 2) bzw. *gépermitihrt* (Abb. 28, 10r, Nr. לט, Z. 1); *géprópónihrtė* (Abb. 15, 3v, Nr. טו, Z. 7); *géresélwihrt* (Abb. 17, 4v, Z. 5 und passim).

1 Bei der Vorstellung der einzelnen Originalwerke, aus denen Falkovitsh Zitate anführt, fangen wir mit solchen an, die nur an ein paar Stellen vorkommen, um erst zum Schluss auf solche (ebenfalls knapp) einzugehen, die mehr Wortmaterial zu der Grammatik beigesteuert haben.

[11] Auf 33v (Abb. 75 erscheint noch eine ampliazjo; es folgen Gutschow Nr. 209 (*Ṡeder hanhogess béss-hacneṡess*, ab Abb. 92) und Nr. 307 (ab Abb. 92).

Wie gesagt, werden unter den eindeutig westjiddischen Werken viele nur vereinzelt zitiert. So erscheint Glikl, wegen ihrer um die Wende zum 18. Jahrhundert geschriebenen Memoiren die wohl bis heute international bekannteste Jiddisch schreibende Autorin, im Buch nur an einer Stelle, und zwar am Ende einer Fußnote zu §106. Dort wird die Geschichte des Suffixes *-erley* diskutiert und das archaische *alerhant* als Variante von *alerley* mit einem Zitat illustriert:

> חמי ע״ה [האט צו האמיל גיוואונט. אלזו האט ער משם עוקר דירה גיוועזין אונ׳ זיין הויף און הויז וכלי בית מלאה כל טובֿ אליש שטיהן לאזין אונ׳ איזט לק״ק הילדסום היצאגין צו וואונין אונ׳] האט אונש לכאן המבורג ב׳ גרושי פעסיר מיט א ל י ר ה נ ט ליינין צייק גשיקט אונ׳ דרין איזט גיוועזין פון א ל י ר ה נ ט עסין שפייז.

> ḥami ʿo``h [hot zu Hamėl gėwȯnt. alsȯ hot er mišom ʿȯker-dire̱ gėwesėn un` sein houf un` hous̱ uclė-bajiss mėle'e̱ col-tuv̄ alės štėhėn losėn un` is̱t lėkȧ``k Hildėšȯm gėzogėn zu wȯnėn un`] hot uns lėcan Hȧmburg b` grȯßė fešėr mit **alėr-hȧnt** leinėn-zeik gėschikt un` drin is̱t gėwesėn fun **alėr-hȧnt** ešėn-špeis̱.[12]

2 Dieselbe Fußnote (zum Suffix *-erley*) enthält auch ein Zitat aus Markuses medizinischem Buch:

> איהר גיבט נאך אייערע קליינה קינדר : צווייא : דרייא ערלייא : שפייזן : [דאס הייסט גיריכט : וואז מיינט איהר דער מיט ווייבר : ווייסט איהר דען ניט : דאס בייא קליינה קינדר : איז דער מאגן נאך שוואך : ער קען ניט פֿאר דייען איינרלייא :] – אונד איהר גיבט זייא נאך עטליכע ערלייא שפייזן.

> ihr gibt noch eiere klaine̱ kindėr : zwai'- : drei'-erlai' : špeisėn, : [dȯš haišt gėricht. : wȯš maint ihr der-mit, weibėr? : waišt ihr den nit, : daš bei' klaine̱ kindėr : is̱ der mogėn noch schwach, : er ken nit far-deien ainėrlai' :] – und ihr gibt sei' noch etliche-erlai' špeisėn. :

In der Quelle selbst findet sich diese Stelle auf 109v, ab Zeile 11.[13] Damals war der Text zum Teil über die von Prilutski abgedruckten langen Auszüge zugänglich.[14]

[12] In der Ausgabe Turniansky 2006, 154 (in der damals verfügbaren Ausgabe Kauffmann 1896, 82); in der in Frankfurt am Main aufbewahrten Handschrift auf 48r <https://sammlungen.ub.uni-frankfurt.de/mshebr/content/pageview/1557547>.

[13] Im Frankfurter Digitalisat Bild 221: <https://sammlungen.ub.uni-frankfurt.de/jd/content/pageview/1738113>.

[14] Prilutski 1917 (zu M. Markuse, 5–56, hier: 53).

Markuse wird an zwei weiteren Stellen angeführt: §181 (Fn.) wird die Etymologie des Adverbs *say vi say* erläutert und zitiert (48v, Ff Bild 99; diese Stelle ist bei N. Prilutski nicht wiedergegeben):

> [נ]ור זייא עס וויא עס זייא ווייל איך שון האלט דיא פען אין דער האנט וועל איךווייטר שרייבן.
>
> [n]ur sei' eṡ wi' eṡ sei' weil ich schȯn halt di' pen in der hant wel ich weitėr schreibėn.

Schließlich werden in §366, wieder in einer Fußnote, den Pronomina *derbay*, *derin, dernokh, derfar, derunter, dermit, dertsu…* die selteneren *derdurkh* und *dertsvishn* hinzugefügt, das erste mit einem Markuse-Beleg (110r, Ff Bild 222, Z. 23, Prilutski 1917, 55): דער דורך וואקסין דיא קינדר ערשט. [*derdurch wakṡėn di' kindėr eršt*].

Die Tatsache, dass wenigstens ein Zitat nicht aus der damals verfügbaren Sekundärliteratur stammen kann, belegt, dass im Umfeld Falkovitshs Diskussionen um die Geschichte der (ost-)jiddischen Sprache auch unter Verwendung eines Exemplars dieses Buches stattfanden.

3 Das Büchlein *Lueḥ-hadikdek* (Krakau 1598)[15] ist eine Grammatik der hebräischen Sprache für Kinder bzw. für Cheder-Lehrer, die einmal (§251) erwähnt wird, um die Geschichte des jiddischen Futurs nachzuzeichnen. Das Tempus wird dort mit der hebräischen Bezeichnung benannt אפקד (איך וויל גידענקן) איז איין עתיד. [*efkod* (*ich wil gėdenkėn*) *iṣ ain ʿossid*].

Im Original steht das Zitat auf fol. 10v, kann also in dem Exemplar der Bodleiana (von dem eine Mikrofiche-Ausgabe zur Verfügung steht) nachgelesen werden. Für dort fehlende Teile könnte man die ein Jahr zuvor (1597) unter dem Titel אם הילד [*ʾem hajeled*, Mutter des Kindes] in Prag erschienene Erstausgabe konsultieren (dort steht der zitierte Satz ebenfalls auf 10v – und zwar in der ersten Zeile –, allerdings sind die Blätter nicht nummeriert).

Das Buch wird von Güdemann in seinen *Quellenschriften*[16] lediglich in der Form dieser ersten Ausgabe erwähnt, die auch allein den Namen des Autors erkennen lässt.

4 Das *Ṡefer Ḥajė-ʿòlem* [Prijs 1964, 138; CB 5859-29 (col. 1427)] trägt lediglich ein Zitat bei (§269, Nr. 1); es geht darum, die Konstruktion *kumen* + *tsu* + Infinitiv bzw. *kumen* + Partizip auch anhand älterer Belege zu kontras-

15 Shmeruk 1981, 97f, Nr. 37; CB 5926-3 (col. 1472) s.v. »Josef Heilbronn«.

16 Güdemann 1891, 293.

tieren: קומט אין דיין הויז איין גאסט גיגאנגן גיטליך זאלסטו אים אנטפאנגן. Eigentlich: kumt in dein hous̱ ain g**ȧ**st gėg**ȧn**gėn . g**ü**tlich sȯ**lt**u i**n** ant**pfȧ**ngėn : [also: גיגנגן / גויטליך / זולטו / אין / אנטפפֿנגן (statt *gėgangėn, gitlich, solṡtu, im, antfangėn*)] Die (durch Fettschrift in der Transkription hervorgehobenen) abweichenden Graphien zeigen, dass Falkovitsh nicht aus dem Original zitiert, sondern aus zweiter Hand, nach einer lateinschriftlichen Sekundärquelle, und die ältere Schreibweise, nicht immer richtig, rekonstruiert. Als Vermittler dieses Zitats kommen in Frage sowohl Moritz Güdemann (1891), der auf den Seiten 55–58 aus dem bewussten Buch zitiert (die vorliegende Stelle Seite 56), als auch Max Grünbaum (1882), bei dem das Buch auf den Seiten 254–265 mit annotierten Zitaten vorgestellt wird (unser Zitat Seite 256). Im Original steht diese Stelle auf 5r, und sie kann leicht überprüft werden, da von einem der beiden heute bekannten Exemplare, dem Baseler, ein Digitalisat verfügbar ist unter <https://www.e-rara.ch/bau 1/content/titleinfo/5229720> (das Münchner Exemplar, aus dem Grünbaum zitiert, scheint noch nicht digitalisiert worden zu sein).

Falkovitsh kann nicht aus Maks Erik geschöpft haben, der, um den volkstümlichen Ton des Werkes zu belegen,[17] über 50 Verse aus diesem Büchlein in modernisierter jiddischer Fassung nach Grünbaum wiedergibt, denn das von Falkovitsh erwähnte Verspaar kommt dort nicht vor (es kann auch nicht aus der noch zu zitierenden jiddischen Übersetzung von Güdemann durch Nokhem Shtif stammen, da der einzige erschienene jiddische [Aschkenas gewidmete] Band diese Stelle nicht enthält).

5a Aus dem *Šmu'el-buch*, Basel 1612 wird an derselben Stelle (§269, Nr. 1) ebenfalls nur ein Zitat angeführt: ווען מיין וויינד קומט גיגאנגן [*wen mein veind kumt* [*eigentlich: kumėn*] *gėgangėn*]. Es geht wieder um das Partizip nach קומען [kumen]. Die erwähnte Stelle entspricht in der Erstausgabe (Augsburg 1544) dem Vers 1721–2 (fol. 97v), dort ist allerdings der Wortlaut ein anderer; die Strophe fängt folgendermaßen an:

הענגט אן מיינר שטאנגן   איין קופפֿרן ארמברושט
מיין וויינד צו מיר קאמן   מיין קראפֿט זיא זער בֿור

es hengt an meinėr štangėn   ain kupfėrn armbrust grȯs
wen mein veind zu mir komėn   mein kraft si' ser v̄ȯr-drȯs

Bemerkenswert ist dabei, dass dieser Teil des Epos (Strophen 1691–1738,

17 Erik ²1929, 285f.

entsprechend dem davidischen Psalm im zweiten Buch Samuel, Kap. 22) Binnenreime aufweist, die offenbar zum Teil Überlieferungszufällen zum Opfer gefallen sind, im Augsburger Druck aber oft genug erhalten sind, um sie als vom anonymen Autor intendiert zu sichern.[18] Unsicher bleibt, ob der Baseler Druck hier den ursprünglichen Text (und Reim) bewahrt (er kann nämlich mittelbar, über die Krakauer Drucke auf eine verlorene italienische Vorlage zurückgehen) oder ob die Intention erkannt und der Reim ohne weitere textuelle Stütze hergestellt wurde. Die beiden erhaltenen Handschriften geben dazu keine Auskunft, da sie an dieser Stelle eine andere, nicht-reimende Abweichung überliefern (*wen zu mir kumėn di kunig*, so die Pariser Hs.; auch *kunigėn* der Hamburger Hs. kann nicht als Reim auf *šṭangėn* gewertet werden, da solche schwachtonigen Reime im Text sonst nicht vorkommen); der Krakauer Druck von 1578 (Shmeruk 1981, Nr. 11) aber hat diesen Psalm bewusst hervorgehoben durch *dȧṣ̱ ist di haftorẹ̱, di mȧn sagt am sibėndėn tag v̄un Peṡaḥ* vor Strophe »1691« und durch *ṡėlik haširẹ̱* nach Strophe »1738« (Strophennummerierung nach der bekannteren Ausgabe Augsburg, da der Strophenbestand nicht identisch ist) und die Binnenreime durch Reimpunkte – vgl. den Wortlaut dieser Stelle in dem Krakauer Druck von 1578 auf 24–4r (die Blätter sind nicht nummeriert, daher die Lagenzählung). Wie dem auch sei, diese Frage, deren Beantwortung auf eine in Vorbereitung befindliche kritische Ausgabe von Oren Roman warten muss, ist unabhängig von der Intention Falkovitshs, und die von ihm angeführte Stelle kann in den digitalisierten Exemplaren der Baseler Ausgabe fol. 69r gefunden werden.[19]

5b Das andere Epos, das *Mėlochim-buch*, das eine ähnliche Überlieferungsgeschichte wie das *Šmu'el-buch* hat, zitiert Falkovitsh nur an einer Stelle, ebenfalls nicht aus der Augsburger als der ältesten bekannten Ausgabe, sondern aus einem Krakauer Druck von 1583. An der angeführten Stelle unterscheiden sich aber die gedruckten Texte nicht. Es handelt sich (Zählungen wieder nach Augsburg) um Vers 495-3: גר באלדא דער נאך קאם דיא קוויניגין צו וארן [gȧr bald' dėr-noch kam di' künigėn zu varėn].

6 Aus den hebräischen Responsen von Saul ben Mose (aus Łomża) unter dem Titel *Giv̄'ass-Šo'ul* wird auch lediglich ein Zitat nach der Erstausgabe

18 Zu diesen Reimen, vgl. Neuberg 2002, 2004, 2008.

19 Im Frankfurter Exemplar Bild 124, also <https://sammlungen.ub.uni-frankfurt.de/jd/content/pageview/1732540>; im Baseler Exemplar Bild 145, also <https://www.e-rara.ch/bau 1/content/zoom/9928860>.

Żółkiew (heute ukr. Жовква) 1774 angeführt. Dieses Werk wurde posthum, drei Jahre nach dem Tode des Autors, als einziges seiner Werke zum Druck gebracht. Ein Nachdruck erschien 1834 in Sudilkow (ukr. Судилків). Beide Ausgaben sind als Digitalisate frei zugänglich: Die Erstausgabe über die Jerusalemer Nationalbibliothek, die zweite über <https://hebrewbooks.org/702>; die dortige Angabe, es handle sich um die Erstausgabe, wird vom abgebildeten Titelblatt widerlegt. In dem Werk sind zahlreiche Zeugenaussagen im jiddischen Original wiedergegeben, die 1756 zur nachträglichen Identifizierung eines ermordeten Juden beitragen sollten, um den Witwenstand von dessen Ehefrau nachzuweisen (die eine »Agune« bleibt, solange der Mann lediglich als vermisst gilt, nicht wieder heiraten darf):

> דער שיסער האט אונז גפירט נאך דיא ביינר האט ער גיזאגט וויא ער האט דעם מת גיפונן איז נאך דאש פּנים גאנץ גיוועזין און איך האב אים דער קענט אן פּנים אז דאש איז דער בריסקר קרעמר וואש איז בייא אונז גיוועז.
>
> der schiŝer hot uns̱ gėfirt noch di’ beinėr, hot er gėsogt, wi’ er hot dem mess gėfunėn, is̱ noch dos ponim ganz gėwesėn; un` ich hob im der-kent on ponim, as̱ dos is̱ der Briŝkėr kremėr, wos is̱ bai’ uns̱ gėwen.

Das Zitat ist in der *editio princeps* auf 17rb (Z. 11–16) zu finden; im Nachdruck 16ra (dort *in ponim* statt *on ponim*). In der Transkription wird hier eine ostjiddische Färbung der Vokale gewählt, da die Sprache der Zeugenaussagen eindeutig östlich geprägt ist.

Die jiddischen Textteile von durchaus beachtlicher Länge scheinen von der Forschung bisher unbemerkt geblieben zu sein (bei Rubashov, der jiddischsprachige Zeugenaussagen nur aus Texten bis 1700 gesammelt hat, können sie nicht vorkommen),[20] obwohl es sehr unwahrscheinlich erscheint, dass Falkovitsh Kenntnis von dem Buch gehabt haben soll, ohne mehr daraus zu entnehmen. Es ist aber denkbar, dass eine diesbezügliche ungedruckte Arbeit in seinem Umkreis entstanden ist, aus der er diese Stelle zitieren konnte.

Da es hier um die Entwicklung der Schreibtraditionen geht, war der Zugang zum Original oder zu einer zuverlässigen Abschrift erforderlich, wenn auch die Tatsache, dass die Hauptsprache des Werkes Hebräisch ist, möglicherweise einige (wenige) Eigentümlichkeiten erklärt (z. B. gelegentlich einfaches ו statt des zu erwartenden Doppelwaw וו). Jedenfalls würden diese jiddischen Passagen eine eingehendere Analyse durchaus rechtfertigen.

20 Rubashov 1929, Sp. 115–196.

7 Die älteste erhaltene Ausgabe des berühmten Liedes *Mėgilass-Vinz* (bzw. *Vinz-Hȧns-lid*) von *Elḥonen Helėn* wurde (zweisprachig: hebräisch und jiddisch) 1648 in Amsterdam gedruckt; eine Erstausgabe, die den beschriebenen Ereignissen während und unmittelbar nach dem »Fettmilch-Aufstand« von 1616 zeitlich näher steht, ist nicht erhalten (CB 4930-1, col. 921). Das Lied wurde mehrmals, besonders in umfangreicheren Werken (*Zemaḥ-Dovid* von David Gans bzw. Wagenseils *Belehrung*) nachgedruckt und bereits mehrmals philologisch ediert.[21] Es wird bei Falkovitsh zweimal erwähnt, einmal §53, Nr. 4, Fn., um zu illustrieren, dass das einfache ו in älteren Drucken dem modernen /f/ im Anlaut, aber auch im Wort dem heutigen Diphthong /oy/ entsprechen kann: (4–7) דאיש זעלביג האט אונז גיבראכט אין גרושי נוט [*das selbig hot uns gėbracht in grö̧ßė nöt*].

Die zweite Erwähnung erscheint §181, in einer Fußnote, um die etymologische Analyse des Wortes *umet* < *un-mut* zu stützen: (20–7) דען גנצן טאָג און מוט אונ׳ טרויאריקייט [*den gȧnzėn tag un-mut un*ʾ *trouʾėrikait*].

Die Hinzufügung eines Komez unter dem Alef von *tag* (also *tog*), soll dem Leser helfen, gehört aber nicht zur Vorlage, die in der Fußnote selbst als »Frankfurt 1696« benannt wird, es handelt sich also entweder um eine jiddischsprachige Ausgabe des *Zemaḥ-Dovid*, in der der jiddische Text reproduziert wird, vermutlich diejenige, die üblicherweise auf 1698 datiert wird,[22] oder eher um den bei Wagenseil (1699) zu findenden Abdruck. Dort beginnt das diesbezügliche Kapitel Seite 111 mit dem Titel: »Von der Aufruhr Welche Vincenz Fettmilch im Jahr 1614. in des H. R. Reichs Freyen Stadt Franckfurth angestifftet / und wie dieselbige folglich gestillet worden«; die Zitate erscheinen Seite 120 und Seite 124.[23] In der Amsterdamer Ausgabe finden sich die entsprechenden Stellen (mit nur geringfügigen orthographischen Varianten) fol. 2v bzw. 6r.

8 Die umfangreiche Prosa-Wiedergabe der Esther-Geschichte unter Einschluss zahlreicher midraschischer Elemente, *Mezaḥ-Ahrȯn*, zitiert Falkovitsh

21 103 8-zeilige Strophen; zu den Drucken cf. außerdem Steinschneider 1905, 112f, Nr. 140; CB 4930- (col. 921), zu den Editionen Ulmer 2001, insbesondere 50–53 und Frakes 2004, 579–619, Nr. 100 (mit Hinweisen auf beide von M. Weinreich besorgten Editionen des jiddischen Textes).

22 In Ff/M jud.germ. 778, digital verfügbar. Die oben zitierten Stellen kann man in der genannten Ausgabe des *Zemaḥ-Dovid* auf 141rv, also hier sehen: <https://sammlungen.ub.uni-frankfurt.de/jd/content/pageview/1706611>f.

23 Cf. ab <https://sammlungen.ub.uni-frankfurt.de/judaicaffm/content/pageview/3856300>.

nach einer Ausgabe Nowy Dwór 1797, die mir nicht zugänglich war, die Zitate kommen aber in ähnlicher Form in früheren Ausgaben vor, die digital konsultiert werden können, etwa Frankfurt am Main 1718 [CB 4367-1 (col. 724)][24] oder Fürth 1768, die beide in Frankfurt vorhanden und digital verfügbar sind.

Mit der ersten Erwähnung will Falkovitsh belegen, dass die Rechtschreibung im 18. Jahrhundert oft näher am modernen Standard liegt als manche spätere, unter deutschem Einfluss mit künstlichen, der tatsächlichen Aussprache oft widersprechenden stummen Buchstaben angereicherte Versuche. Das können die verschiedenen Varianten dieses Zitats alle zeigen. Dabei entsprechen die Nowy Dwórer Neuerungen offenbar eher Kürzungen als Modernisierungen, die Graphien sind aber in den älteren Ausgaben durchaus vergleichbar:

1) Nowy Dwór (nach Falkovitsh §56, Nr. 2):

דא וועלן מיר שרייבן דען בריב וואש (המן הרשע) האט אויש גשיקט צו אלי הערציגן אונ גראבן און פירשטן די וואש זיין גיזעצט גוועזין איבר די לענדר פון קיניג אחשורש. אונ מיט דען (חתום) פון מלך פר (חתמנת).

do welėn mir schreibėn den briv̄ was (Homen harošeʿ) hot ous-gėschikt zu alė herzėgėn un\` grav̄ėn un\` firstėn di was sein gėsezt gėwesėn ibėr di lendėr fun kinig Aḥašverȯš. un\` mit dem (ḥossem) fun melech fėr-(ḥȧssmėnth).

2) Ff/M 1718:

דא וועלן מיר דען בריף שרייבן ואז המן הרשע האט אויז גשיקט צו אלי הערציגן פֿון דעם קיניג אונ׳ צו אלי גראפֿין דיא דא גזעצט זיין איבר איטליכין לאנד שאפֿט . און צו אלי פֿירשטן . צו איטליכֿן פֿאלק וויא זיין שפראך וואר אלש איזווארן גשריבן אין דען נאמן פֿון דעם קיניג אחשורוש . אונ׳ איז ווארן פֿר זיגלט מיט דעם (חותם) פֿון מלך :

do welėn mir den brif schreibėn ẇas̱ Homen harošeʿ hot ous̱-gėschikt zu alė herzėgėn fun dem kinig un\` zu alė grafėn diʾ do gėsezt sein ibėr itlichėn landschaft . un\` zu alė firštėn . zu itlichėn folk wiʾ sein šprach war als is̱ worėn gėschribėn in den namėn fun dem kinig Aḥašverȯš . un\` is̱ worėn fėr-sigėlt mit dem (ḥȯssem) fun melech :

Transkription nach Ff/M 1718, 40ra, ab Z. 23, die Unterschiede gegenüber Fürth 1767 30va, ab Z. 22 können vernachlässigt werden.[25]

24 Zu diesem Werk, von dem zahlreiche weitere Drucke nachgewiesen sind, vgl. a. Baum-Sheridan 1996, 74 (Nr. 13).

25 Die Seiten können hier eingesehen werden: <https://sammlungen.ub.uni-frankfurt.de/jd/content/pageview/1754037> bzw. <https://sammlungen.ub.uni-frankfurt.de/jd/content/pageview/

Ein weiteres Zitat erscheint in der Quelle deutlich früher, wegen der langen eingebauten Vorgeschichte aber nicht ganz so früh, wie die Zugehörigkeit zu einem Midrasch, das an Esther 1, 4 angehängt wird, vermuten lassen könnte. Bei Falkovitsh dient es §105 dazu, ein Suffix, bzw. §201, Anmerkung 2 ein Wortbildungsmuster zu illustrieren:

> הט ער גפונדן זעקש הונדרט אונ אכציג קופפרני קעסלין פול מיט גאלד אונ אליר לייא איידל גשטיין.

> hȧt er gėfundėn seks hundėrt un` achzig kupfėrnė keslėn ful mit gold un` alėr-lai' eidėl-**gėštain**.

Ff/M 1718:

> un` er hot dortėn gėfundėn seks hundėrt un` achzig kupfėrė keslėn di' seinėn alė ful gėwesėn mit gutėn gold un` mit alėr-lai' ėdėl-gėštain.

Dieses Zitat findet sich in Ff/M 1718, Bl. 17ra, ab Z. 17 bzw. Fürth 1767, 12vb, ab Z. 14.[26]

Das Buch wird in den Darstellungen zur älteren jiddischen Sprache und Literatur kaum berücksichtigt, und es ist unklar, warum es hier für Belege bemüht wird, die recht unauffällig sind und aus zahlreichen bekannteren Werken ebenfalls hätten bezogen werden können.

Dasselbe gilt für die weiteren Belegen aus §373, die ein syntaktisches Phänomen zeigen sollen: איטליכר הט איין קלייד גטראגן זיין דינשט נאך [*itlichėr hȧt ain klaid gėtragėn sein dinst noch*] (Ff/M 13rb [Fürth 11ra]); מייני מיינונג נאך הב איך גאנץ וואול גיטאן [*meinė mainung noch hȧb ich ganz wȯl gėton*] (vgl. Ff/M 41ra [Fürth 31rb]).

Allerdings gibt es hier einen bemerkenswerten Unterschied zwischen dem Wortlaut der älteren westlichen Ausgaben und der von Falkovitsh benutzten:

> [דא האב איך קיניג אחשורוש איין גרושי פֿרייד גהאט אונ׳ האב מיך זער משמח גווען נאך] מיינר מיינונג נאך טוט [מ]יר דיא זאך גאר וואול גפֿאלין.

> [do hab ich kinig Aḥašverȯš ain grȯßė fraid gėhat un` hab mich ser mėśameaḥ gėwesėn noch] meinėr mainung noch tut *m*ir[27] di' sach gar wȯl gėfalėn :

1733384>. Die spätere Ausgabe ist auch in München vorhanden (Signatur: A.hebr. 999 z) und ebenfalls digitalisiert.

26 <https://sammlungen.ub.uni-frankfurt.de/jd/content/pageview/1753990> bzw. <https://sammlungen.ub.uni-frankfurt.de/jd/content/pageview/1733350>.

27 Das Wort *mir* ist als *ir* (איר) in Ff/M verdruckt, in Fürth berichtigt; dort *mainug* (statt Ff/M *mainung*).

Trotzdem ist die Entsprechung der zitierten Stellen, an denen *Aḥašverȯš* seine Handlungen erklärt und rechtfertigt, nicht zweifelhaft.

Damit vergleichbar ist das letzte Zitat am Ende von §480:

אונ׳ די אנדרי יונג פֿרויא גינג נאך איר אונ׳ היבט די [...] קליידר אויף דש זיא ניט זאלן אן רירן אן דר ערד דש זיא ניט זאלן בשמירט ווערן.

un` di andėrė jung-frau' ging noch ir un` hėbt di [...] klaidėr ouf, dȧs si' nit solėn an-rirėn an dėr erd, dȧs si nit solėn bėschmirt werėn.

bzw. (Ff/M 49vb [Fürth 37va):

אונ׳ דיא אנדר יונג פֿרויא גינג נאך איר . דיא האט אונטר ליינט אירי שיני קעסטליכי קליידר דש זיא ניט זאלן אנ רירן אן דיא ערד

un` di' andėr jung-frau' ging noch ir . di' hot untėr-leint irė schėnė keštlichė klaidėr dȧs si' nit solėn an-rirėn an di' erd.

9 Von den מסעות רבי בנימין [*Maṡo'ess rabi Binjomin*], Amsterdam 1691, also der Übersetzung des hebräischen Reiseberichtes, der die Reihe derer eröffnet, die in Mendeles Roman über die Reisen »Benjamins III.« kulminiert, findet sich lediglich ein Zitat bei Falkovitsh (§325) – unter anderen Beispielen für unflektierte Possessiva: אך האט דר מלך זיין קינדר צואה גיטאָן [*ach hot dėr melech sein kindėr zavo'e̱ gėton*].

Falkovitshs Zitat ist hier gegenüber der Vorlage (61v, ab Z. 2) außer zwei winzigen graphischen Varianten (und dem Verzicht auf Hervorhebung der Hebraismen durch Klammern) zur besseren Übersichtlichkeit etwas vereinfacht; im Amsterdamer Druck heißt der Satz:

אך האט דער (מלך) איין גבאט לאזן אויז גין . אונ׳ אויך זיין קינדר (צואה) גטאן . דאז זיא פֿר דעם זעלביגן (רבי דניאל) זאלן אויף שטין אונ׳ אים (כבֿוד) אן טאן . וואו מיט זיא נייארט קענן [...]

ach hot der (melech) ain gėbot losėn ouṣ-gėn . un` auch sein kindėr (zȧvo'e̱) gėton . daṣ si' fȧr dem selbigėn (rabi Dani'el) solėn ouf-štėn un` im (cov̄ed) an-ton . wu-mit si' nei'ėrt kenėn [...][28]

Auch hier scheint Falkovitsh auf Vorarbeiten von Kollegen oder Studierenden zurückzugreifen, die ich nicht ermitteln konnte.

[28] Das Buch ist digital unter <http://hebrewbooks.org/42250> frei verfügbar. Die Seite entspricht der 38. Abbildung, weil die Nummerierung mit fol. ›43‹ anfängt (bzw. nach dem Titelblatt das erste nummerierte Blatt die Nummer מד [44] trägt).

10 *Gliless-erez-Jiśro'el*, [CB 5136 (col. 1010sqq.)][29] Amsterdam תס"ה (≈ 1705), Fürth תפ"ד (≈ 1724), und öfter – die Erstausgabe Lublin 1635 ist verschollen – wird von Falkovitsh dreimal nach der Ausgabe Fürth 1691 zitiert, das erste Mal (§251), um das in der älteren Sprache noch vorhandene Präteritum zu illustrieren:

> האט מן גיזאגט וויא איין קריוואן איז גיקומן אונ׳ קויפט פיל אייזן אויף... דא גינג איך צו דען קריוואן [...]
>
> [asȯ] hot mȧn gėsagt wi' ain kȧrėwan is̱ gėkumėn un` kauft fil eisėn ouf . [hab ich gėfregt fun wanėn er gėkumėn is̱ habėn mir gėsagt ous erez-haḥȯv̄eš un` firt eisėn ibėr den Ṡȧmbȧtjȯn] do **ging** ich zu dem kȧrėwan [...]

In der Amsterdamer Ausgabe steht das Zitat im Original auf 18v, in der Edition von Ben Zvi 1952/3, פב.

Mit dem zweiten Zitat aus diesem Buch (§480, Anm. 4) wird die nur noch dialektal vorkommende Konjunktion *dos* (entspr. ›dass‹) vorgeführt:

> בין איך מיט אים גיגנגין צום טירקישן דיין אונ׳ הָאב לאזן אין איין בוך איין שרייבן דאז איך מיט אים פאר
>
> [(ubėchen] bin ich mit im gėgȧngėn zum tirkėschėn dajjen) un` hab losėn in ain buch ein-schreibėn **dȧs̱** ich mit im **zi'** [bei Falkovitsh *for*!]

Im Werk (Amsterdamer Ausgabe) sind diese Zitate auf 18v bzw. 19r zu finden.

Ein längeres Zitat steht weiter vorn (§8) bei Falkovitsh, um die Nähe der älteren Sprache zum gesprochenen Jiddisch seiner Zeit vorzuführen:

> אונ׳ זיא האבן מיר גיזאגט אונ׳ גיוויזן וויא יהודים זיינן גיקומן אין דר שטאט אונ׳ האבן מחריב גיוועזן אונ׳ האבן אלי איהרי אוצרות איין וועק גינון אונ׳ איין טייל מויארן פון דער שטאט מחריב גיוועזן אונ׳ איין טייל הייזר. זיא האבן מיר דיא חרבות גיוויזן. אונ׳ דיא מוירן האבן דיא שטאט לייט געך ווידער גיבויאט אונ׳ האבן גרושי שאנצין אויף גישטעלט דער פיר. דערווייל פראגט איך וואז דער מער איז מיט יהודים אודר וואז איר גבורה איז אודר וואז פור איין לאנד דיא יהודים האבן אונ׳ פראגט אלש אויז אונ׳ זיא זאגטן מיר כל דבר בשורש דאז איך פור שמחה האב גימוזט וויינן.
>
> un` si' habėn mir gėsagt un` gėwi[sė]n [20v] wi' jėhudim seinėn gėkumėn in dėr štat un` habėn maḥriv̄ gėwesėn un` habėn alė irė ȯzress awek-gėnumėn un` ain tail mou'ėrėn fun der štat maḥriv̄ gėwesėn un` ain tail heisėr . si' habėn mir di'

[29] Zu diesem Buch (von Gerson b. Elieser Levi aus Prag) vgl. auch Erik ^{2}1929, ab 380 und besonders die Edition von Ben Zvi 1952/3.

> ḥurv̄ess gėw[i]sėn . un` di' mou'ėrėn habėn di' štat-leit [**gech**] widėr gėbou'ėt un` habėn größė schȧnzėn **dėr-far ouf-gėštelt** der-weil frogt ich was der mer is̱ mit jėhudim odėr was̱ ir gv̄ure̱ is̱ odėr was̱ fȧr ain lȧnd di' jėhudim habėn un` frogt als ous̱ un` si' sagtėn mir col dov̄er **šȯreš** das̱ ich far śimḥe̱ hab **musėn** wainėn.

Die Transkription folgt der modernen Edition nach dem ältesten erhaltenen Druck (19v-20r). Gegenüber dem Zitat sind nur geringfügige graphische Varianten zu verzeichnen, die gewichtigeren Unterschiede sind durch Fettschrift hervorgehoben: Das Wort *gech* [schnell] scheint hinzugefügt worden zu sein, die Reihenfolge der beiden Wörter *dėr-far ouf-gėštelt* ist vertauscht, statt *šȯreš* steht bei Falkovitsh das eher zu erwartende *bėšȯreš* (vielleicht fehlt die Präposition irrtümlich im älteren Druck), schließlich ist das ältere, deutschnähere *hab musėn wainėn* zum moderneren *hab gėmus̱t wainėn* geworden.

11 Aus den hebräischen Responsen des רשל [*Rashal*, eigentlich *R' Shloyme Lurye*] – die Abkürzung erklärt Falkovitsh samt deren Bildung §90 – häufig auch מהרש״ל [*MaHarShal*] genannt,[30] zitiert Falkovitsh folgende Stelle:

> איך האָב גקויפט איין פרידיג בשר פון חזן דא זאך איך היניין דא האב איך גיזעהן איין שייצליכי סירכא

> ich hab gėkauft ain prėdig bośer fun ḥasen do **sach** ich hinein do hab ich gėsehėn ain scheizlichė ṡirchẹ

Damit illustriert er das Vorkommen des (in der modernen Sprache unbekannten) Präteritums (hier von ›sehen‹) in der älteren Sprache. Das Zitat war – außer aus dem hebräischen Werk direkt – bereits in der Sammlung von Rubashov (1929, Nr. 75) leicht zu finden, es wird allerdings meist als der älteste bekannte Beleg für das slawischstämmige Wort *preydik* [Vorderviertel (Rind)] benutzt.[31]

12 *Šev̄et-Jėhude̱* wird nur an einer Stelle (§8) verwendet, um die Eigenständigkeit bereits der älteren jiddischen Sprache im Vergleich mit dem

[30] Zur Behandlung der hebräischen Abkürzungen durch Falkovitsh vgl. Fedchenko in diesem Band.

[31] So von M. Weinreich 1973, 202, §151.1; in der englischen Ausgabe §7.55.1, 543. Die Stelle wird zwar bei Spivak 1934, 10 mit Anm. 2 angeführt, aber in modernisierter Schreibweise und mit weniger Kontext als bei Falkovitsh [*ikh hob gekoyft eyn preydik boser fun khazn*], nämlich ohne Präteritum.

Deutschen zu belegen (statt der Erstausgabe Krakau 1591 zitiert Falkovitsh Amsterdam 1648 – die folgende Transkription richtet sich nach der editio princeps), dabei unterstreicht (und glossiert) er besonders die Hebraismen. Bezeichnend ist die Wahl des Auszugs aus einem langen Satz des Titelblatts, der auch reich an weiteren jiddischen Spezifika ist (aus der Beschreibung des Inhalts zitiert er vom zweiten Element bis zum Ansatz zu »fünftens« – die Unterschiede zwischen beiden Fassungen sind geringfügig):[32]

> [...] שנית שטיט אין דען ספר פון שיני כוונות אויף עטליכי הערבי אדגות אויז דעם תלמוד. שלישית דאז ספר רעט פון פיל שיני דישפוטיר דעש גלויבן דיא זיין גירעט ווארדן פער גרושי קיניגן. רביעית דאז ספר וויא מן פר צייטן האט גיטאן ווען מן האט גיוועלט אויף ריכטן איין נשיא אונטר ישראל. חמישית רעט עז [...]

> [das̱ buch, das̱ ret fun fil gėschichtnėṡ un` laid, di’ do sein Jiśro’el gėschehėn in goless untėr den felkėrn; (1) rišȯn der-zėlt das̱ buch wi’ mán hot ouf Jiśro’el gėtracht fil šeker ‘aliless . un` gȯt hot gebėn, dás̱ di’ worhait is̱ kumėn an tag un` hot Jiśro’el gėholfėn fun irė ‘aliless;] (2) šeniss štėt in den ṡefer fil schėnė cawoness ouf etlichė herbė agodess ous̱ dem Thalmud; (3) šlišiss ret das̱ ṡefer fun fil schėnė disputir des glaubėn, di’ sein gėret wordėn fer größė kinigėn; (4) rėv̄i‘iss ret das̱ ṡefer, wi’ mán fár-zeitėn hot gėton, wen mán hot gėwelt ouf-richtėn ain nośi’ untėr Jiśro’el; . (5) ḥamišiss ret es̱, [wi’ das bėss-hamikdeš is̱ gėbout gėwest . un` wi’ der cohen-godel hot am jȯm-hacipurim di’ av̄ȯde̱ gėton; . (6) šišiss wi’ es̱ is̱ zu-gangėn wen mán hot gėbracht das̱ korben-Peṡaḥ; un` wen ir wert drinėn lai’ėn, do wert ir gar hip̄schė sachėn drinėn gėfindėn; . dėr-hálbėn sol es ain itlichėr kaufėn drous̱ zu lai’ėn mit seinėm weib un` kindėr. :]

Offen bleibt, inwieweit linguistische und inwieweit inhaltliche Gründe für Falkovitshs Auszug ausschlaggebend waren.

13 Öfter angeführt sind Bibelübersetzungen und -glossare, die im Vergleich verschiedene traditionelle Erscheinungen der Graphien oder der Wortbildung illustrieren sollen. Eine Zwischenposition nimmt das *ṡefer midess* (Isny 1542) ein, das an mehreren Stellen herangezogen wird, insbesondere wegen der dort zu findenden (und mehrfach mit Varianten nachgedruckten) metasprachlichen Darstellung der jiddischen Orthographie (cf. §53, Nr. 4).

32 Außer kleinen graphischen Varianten, z.B. die häufige Hervorhebung der Hebraismen (nicht nur der hebräischen Ordnungszahlen) durch Quadratschrift in der späteren Ausgabe ist eine zweimalige Umstellung zu erwähnen (zu 3, 4): *das̱ ṡefer ret*, ferner (6) *dem-hálbėn* statt *dėr-hálbėn* und *sel* statt *sol* (die arabische Zählung ist hier zur besseren Lesbarkeit hinzugefügt).

Diesen Text hatte bereits Nokhem Shtif als Basis seiner geschichtlichen Darstellung zur Entwicklung der Schreibweise im Jiddischen gewählt, ihn allerdings nicht im Original-Wortlaut wiedergegeben.[33] Die fragliche Stelle wird aber in Max Weinreichs *Shtaplen* anhand eines Faksimiles des Originals (1923, 108f) kommentiert (ibid., 103–115) und erscheint bei Güdemann (1888) in der »Note VII« (ab 280, hic Nr. 6, 282) ebenfalls, daher auch in der jiddischen Übersetzung von Shtif (s. weiter unten) an der entsprechenden Stelle (ab 180, hier Nr. 6, 183). Allerdings ist die hebräischschriftliche modernisierte Wiedergabe bei Shtif von der lateinschriftlichen Fassung Güdemanns abhängig und spiegelt nicht die Originalgraphien wider, wohingegen Falkovitsh es an dieser Stelle tut:

> אונ׳ דש אלף זוא עז הינדן שטעט [...] טוט עז ניקש דען עש מאכט דער גישריפט איין צירונגא
>
> un` dȧs Alef, sȯʾ es̱ hindėn štet [noch ainėm püntėl, so] tut es̱ niks, den es macht der gėschrift ain zirungʾ [gleich als (diʾ).]

Die einzelnen Wortbeispiele zur älteren Schreibweise sucht Falkovitsh unabhängig von diesem Buch aus (und diese Beispiele entsprechen nicht alle dem im Zitat erläuterten »Zier-Alef« am Wortende), nutzt es aber gelegentlich wieder als Quelle, so auf der folgenden Seite, wobei dort in einer Sternchenfußnote enthüllt wird, dass das vorige Zitat Güdemann (1922, ab 148) entnommen sei,[34] nämlich dem zweiten Teil von Kapitel VI, in dem aus erbaulichen jiddischen Büchern zitiert wird. Hier nach dem Original transkribiert:

§53, Nr. 4, Fn. (cf. Güdemann 1888, 233f; 1922, 153): זיין חברים ניקש קוינן לערנן (32r) [[*un` vraiʾėt sich, wen*] *sein ḥėv̄ėrim nichs könėn lernėn*].

Ebenda (cf. Güdemann 1888, 229; 1922, 150): ער זול אבער [...] ורוימדר געלט ניט ליבא הון (22v) [er sȯl abėr [*um gelt nimȧnt un-recht tun un` sȯl*] *vrömdėr gelt nit libʾ hȯn*]

§53, Nr. 5, Fn. (Güdemann 1888, 229f; 1922, 151): עס ור גוט אויף ... נעמן (23r) [[*un` wen er diʾ löüt / štrȯft, sȯ*] *nemėn* [*siʾ*] *es v̄ȯr gut ouf* [*un` mȧn kert sich an sein* [*š*] /[20] *štrȯf.*]]

Ebenda (Güdemann 1888, 232; 1922, 152): איינר זול זיין חבר [...] פרויינטליך שטרופן (30r) [[*un` diʾ thȯro hot gėsagt: / (Lev. 19, 15)*] *»ainėr sȯl sein ḥav̄er* [*gütlich*

[33] Shtif 1928.

[34] Vgl. Kühn-Ludewig [2]2018, 50, Nr. 103 (und allgemein zu N. Shtif ebd., 162f).

un`] vröüntlich štrófén.« [*abér wen ainér undérbarmig ist, so kan er mit nimánt gütlich rêdén.*]]

Ebenda (Güdemann 1888, 233; 1922, 153): וועןעש דיינם ויינדא אויבל גיט זו זולשטו דיך עש ניט פרווייאן דאש איז איין בויזי שמחה (31v) [[*vór-wor,*] *wen es deiném veint übél get,* [*wen du schön nit schuldig dran bist, so dárfstu dich nit vraien. as unsér ḥéchomim habén gésagt: »wen dein veind' valt,*] *so sólstu dichs nit vrai'én.« dás is auch ain bösė śimḥe*]

§53, Nr. 8, Fn. (Güdemann 1888, 227; 1922, 149): בון קנאה קומט דש איינר קריגט מיט דען לוייטן (45r) [[*un`*] *vun kin'e kumt dás ainér krigt mit den löütén*]

Ebenda: ויר אודר בוינף בעלי בתים (97r) [[*un`warén nit mer den*] *vir ódér vünf ba'alė-bathim* [*in der selbėn schul.*]]

14 Die nun noch anzuführenden Werke fallen alle in das Gebiet der Bibelübersetzungstradition, seien es ein Wörterbuch des Bibelhebräischen (*R` Anschél*), Bibelglossare (M. Särtels) oder biblische Texte in Übersetzungen (*El. B.* = Elias Psalmen, sowie die Gesamtbibeln von *Bliz* = Blitz und *Wizénh`* = Witzenhausen). Da diese Werke meist von Falkovitsh untereinander verglichen werden, sollen die benutzten Belege in einer gemeinsamen Liste Platz finden. Die Einzelwerke seien aber vorweg kurz vorgestellt.

14a Das Werk, das mit dem Namen *r` Anschél* verbunden wird, ein Bibelhebräisch-Jiddisches Wörterbuch, ist als Kronzeuge der Sprache der traditionellen im Cheder praktizierten Bibelübersetzung in Timm 2005 (bes. §6, 22–26) exzerpiert, ausgewertet und besprochen worden. Inzwischen liegt mit G. Heide eine Edition des gesamten Bestandes vor.[35] Diese Edition folgt nicht der Reihenfolge des Buches, sondern der Bibel, die Einzelwörter können aber auch anhand des Index gefunden werden (aus diesem Grund brauchen die daraus entnommenen Einzelwörter hier nicht nachgewiesen zu werden).

Der Name *R` Anschél* erscheint (in der editio princeps) lediglich in dem Merksatz אנשיל הכותב ם (etwa »*Anschél* der Schreiber aus/von…«) oder eher אנשיל הכותבם [Anschél, deren Autor], der die Buchstaben enthält, die als Zusätze (litterae serviles) zur hebräischen Wurzel eines graphischen Wortes nicht gehören müssen, so dass nach Abzug dieser Buchstaben die übrigen die Gruppe bilden, unter der ein biblisches Wort zu suchen ist. Da andere

35 Heide 2017.

Merksätze zum selben Zweck konstruiert werden können,[36] liegt es nahe, den Vornamen *Anschėl* als signifikanten Kern und Inspirationsquelle beim Zusammenstellen des Satzes anzunehmen. Es ist auch durchaus möglich, dass die Hinzufügung des Namens auf dem Titelblatt der zweiten Auflage auf einer konkreten Kenntnis des gemeinten Lehrers basierte, die inzwischen verloren gegangen ist. Der Merksatz taucht zwar nicht explizit auf, seine Buchstaben werden aber in dieser Reihenfolge in dem einführenden Text zur Verwendung des Wörterbuchs behandelt (Heide 2017, X). Die Begründung für den ursprünglichen Titel *Mircev̄ess-hamišne̱* paraphrasiert Falkovitsh §50, Anmerkung 3; sie erscheint am Ende des Buchs im hebräischsprachigen Kolophon.

Anstatt des Kürzels אַנש(י)ל erscheint das Buch bei Falkovitsh zweimal mit ausgeschriebenem Titel. An der ersten, ausführlicheren Stelle (§50, Anm. 3 mit Fußnote) wird die zweite Auflage des Buches als Beispiel dafür genannt, dass Jiddisch gelegentlich mit der sogenannten Raschi-Type gedruckt wurde (das war in der Erstausgabe nicht der Fall, sondern für Jiddisch wurde dort die *Vaybertaytsh*-Type eingesetzt, wie Falkovitsh mitteilt). Bei der Gelegenheit wird das Buch genauer beschrieben, die Ausgaben von 1534 und 1584 werden verglichen, und eine Seite (der zweiten Auflage) ist abgebildet.

Die §50 reproduzierte Seite (der zweiten Ausgabe, Krakau 1584) dient gewissermaßen zur Einübung in das Lesen der Raschi-Schrift. In Transkription lautet sie (das Hebräische gebe ich ohne die Vokalisierung wieder, die Stellenangaben in ›Übersetzung‹):

Erste Spalte

בנות tochtėr [Gn 6, 4]
ובנותי deinė tochtėr [Gn 19, 12]
בנותיו seinė tochtėr [Gn 19, 14]
בנותי meinė tochtėr [Gn 31, 26]
בנותיכם öuerė tochtėr [Gn 34, 9]
בנותינו unsėrė tochtėr [Gn 34, 9]
ויבן un` er bouet [Gn 2, 22]
בונה er bouet [Gn 4, 17]
נבנה mir wolėn bou'ėn [Gn 11, 4]
בנו si hȧtėn gėbout [Gn 11, 5]

36 Hier nach dem Muster des Salomo Ibn Gabirol zugeschriebenen mnemonischen Satzes אני שלמה כותב; wenn Falkovitsh den Namen *Anschėl* zu אנשל normalisiert, geht einer dieser Buchstaben verloren.

אבנה ich wer gėbout [Gn 16, 2]
תבנה du werst bou'ėn [Ex 20, 25]
בנה bou' [Nu 23, 1]
נבנתה wȧr bėßėr gėbout [Nu 13, 22]
בנו bout ir [Nu 32, 24]
בבנותכם in öuhėr bou'ėn [Jos 22, 16]
הבנוי dȧs do war gėbou' [Jud 6, 28]
בהבנותו in sein tun bou'ėn [1K 6, 7]
ויבנהו un' er böü'ėt in [1K 6, 38]
מבנות v̄un bou'ėn [1K 15, 21]

Zweite Spalte

ובניתים ich wil bou'ėn si [Jer 24, 6]
ונבנית un' er wert werėn gėbout [Jer 31, 4]
ותבני du hȯst gėbout [Ez 16, 24]
בונייך deinė bou'ėr [Ez 27, 4]
ובניהם irė bouer [Gn 32, 16]
בין zwischėn
בינות zwischėn si' [Gn 42, 23]
בינה zwischėn ir
ובּיניך zwischėn *d*ir
ביני zwischėn mir
ביניהם zwischėn si'
ביניכם zwischėn öuch
בינינו zwischėn uns
בינותינו zwischėn uns
הבינים der mitėn [1S 17, 4]
נבון vėrnuftig [Gn 41, 33]
בתבונה vėr-štendikait [Ex 31, 3]
ונבונים vėrnüftigė [Dt 1, 13]
בינו pruv̄t ir [Dt 32, 7]
[י]בוננה[ו] hȯt tun prüv̄ėn in [Dt 32, 10]

Dritte Spalte

יבינו si' wȯltėn prüv̄ėn [Dt 32, 29]
ויבן un' er prüv̄t [1S 3, 8]
להבין zu tun prüv̄ėn [1K 3, 9]
ואתבונן un' ich was sein prüv̄ėn [1K 3, 21]
מבינתי v̄un meinėr vėrnuft [Job 20, 3]
והתבוננת du werst sein prüv̄ėn [Job 38, 18]
בנת du hȯst gėpruft [Ps 139, 2]

בין vėr-nuft [Pv 30, 1]
נבונתי mein vėrnuftigė [Jes 10, 13]
נבוניו seinė vėrnuftigėn [Jes 29, 14]
ויבינידו un` er hȯt mȧchėn prüv̄ėn in [Jes 40, 14]
הביצים di aier [Dt 22, 6]
ביציה irė aier [Job 39, 14]
ביצי aier [Jes 59, 5]
מביציהם v̄un irėn aierėn [Jes 59, 5]
ביר brunėn [Jer 6, 7]
הבירה di heipštat [Esth 1, 2]
בירניות heipštėt [2Ch 17, 12]
בסרו sein hėrling [Job 15, 33]
בוסר herling [Jer 31, 29]

14b Der Name Moses Särtels, der in verschiedenen hebräisch- und lateinschriftlichen Schreibweisen begegnet (u. a. *Śertėl*(*s*), vgl. Steinschneider 1852–1860, 6553) bezeichnet den Autor zweier oft gedruckter Glossare (*Bė'er-Mošę* und *Lekaḥ-tȯv̄*) – die Erstdrucke stammen aus Prag 1605 bzw. 1604 –, die zusammengenommen die ganze hebräische Bibel abdecken und zum Standard-Handbuch der Cheder-Lehrer geworden sind. In der ersten Anmerkung zu §53 wird aus der gereimten Vorrede zitiert, nach einem Text, der nicht allen Ausgaben entspricht: *itlichėr sȯl kumėn zu lȧfėn, vȧr sich un` sein kindėr dȧs̱ ṡefer kȧfėn*.

Derselbe Reim ist aber immerhin im *Lekaḥ-tȯv* (2r) zu finden: er sȯl kumėn zu **lafėn** . un` das̱ schėn liplich ṡefer **kafėn**

14c Elia Levitas Psalmen-Übersetzung wurde als *ṡefer Thėhilim* zum ersten Mal in Venedig 1545 gedruckt – und in der Folge noch öfters.[37] Welche Ausgabe Falkovitsh benutzte, ist unklar.

14d/e Die Konkurrenzprojekte einer jiddischsprachigen Gesamtbibel, die zeitgleich (1679) in Amsterdam zum Druck gebracht wurden und mit den Namen der Übersetzer Blitz bzw. Witzenhausen verbunden sind, sind inzwischen Gegenstand eingehender Untersuchungen geworden.[38]

Aus *Wizėn-housėn*, Seite 9, werden Auszüge aus dem Vorwort des Herausgebers (*Jȯṡef ben Av̄rohom 'Atias* [Athias]) mitgeteilt (Falkovitsh zitiert nach

37 Vgl. Turniansky und Timm 2003, 110, Nr. *53.
38 Timm 1993; Aptroot 1993.

der Ausgabe von 1687; auch in der Erstausgabe steht der Passus auf 5va, Z. 18 [der unnummerierten ersten Lage]):

> אויך האב איך לגמרי קיין געלט גישפּארט אונ׳ גינומן מובחר פּפייאר גוטי טינט, שיני נייאי אותיות, דיא בעשטי בעלי מלאכות. דען אפילו המעתיק הנ״ל האט עש אויך זעלבירט גיזעצט אונ׳ וואול אכטונג גיגעבן אויף די הגהה אונ׳ אלי זאכן גאר היפּש אורינטליך גישטעלט.
>
> **auch** hab ich lėgamrė kain gelt gėšpart . un` gėnumėn muv̄ḥer pȧpei'ėr . gutė tint . schėnė nei'ė ȯssjess . di' bestė ba'alė-mėlochess . den afile hama'ėthik hȧnȧ``l hot es auch selbėrt gėsezt . un` wȯl achtung gėgebėn ouf di' hagohe̱ . un` alė sachėn gar hipsch ȯrdėntlich gėštelt :

Etwas früher in derselben Spalte (ab Z. 3) findet sich das §14 zitierte:

> do hab ich mich mėśameaḥ gėwesėn cėmȯze̱ šlal-rav̄ . das ich aso ainėn man hab gėfundėn der do auch wȯl boki is̱ in den lėšȯness fun den mėdiness Pėhėm. Merhėrėn . Ėštreich . Pȯlėn .un` Aščėnas̱ . der-wortėn das man es übėr-al wȯl sol kenėn far-štėn . un` kainė wertėr in disėm śefer gėbraucht di' hi' in Hȯland ȯdėr Fris̱-land murgel seinėn . den man far-štėt si' andėrst-wu nit .

Das besonders Rätselhafte an diesen parallelen Drucken war bereits N. Prilutski aufgefallen, der in seinem Band צום ייִדישן וואָקאַליזם [*tsum yidishn vokalizm*] (zu §103, worin er die verschriftete Monophthongierung zu [a:] in dem Wort *schlafėn /schlaflėch* »Schleifen« vorführt) mitteilt:

> ביַי נאָנטערן פֿאַרגליַיכן האָב איך פֿעסטגעשטעלט, אַז די איבערזעצונג פֿון די קאַפּיטלעך כ״ו און ל״ו (פֿון וועלכע עס זענען גענומען די ציטאַטן, וואָס ווערן באַהאַנדלט אין דער איצטיקער אָנמערקונג) איז ביַיביידע מחברים פֿאָלשטענדיק אידענטיש (אויסער קליינע אָפּוויַיכונגען אין די ווערטער און אין דער אויסלייגונג), אַזוי אַז עס איז זיכער איינס פֿון די צוויי: אָדער איינער פֿון די מחברים האָט גענומען ביַים צווייטן, אָדער ביידע האָבן עקספּלואַטירט איינעם אַ פֿאָר־גענגער (דער פֿאָרשער פֿון דער ייִדישער ליטעראַטור־געשיכטע וועט זיך מוזן אויספּירלעך פֿאַרנעמען מיט דעם פּראָבלעם, וועלכן איך באַריר דאָ נאָר דרך־אַגבֿ).[39]
>
> Ich habe beim näheren Vergleich festgestellt, dass Kap. 26 und 36 (aus denen die in dieser Anmerkung behandelten Zitate stammen) bei beiden Autoren vollkommen identisch sind (wenn man von kleinen Wort- und Orthographie-Varianten absieht), sodass entweder einer der Autoren sich beim anderen bedient haben muss – oder aber beide haben aus derselben Vorlage geschöpft (die künftige jiddische Literaturgeschichtsforschung wird sich mit diesem Problem auseinandersetzen müssen, das ich hier nur en passant erwähne).

39 Prilutski 1920, 115, Anm. 218.

Prilutski plante, wie er 1930 mitteilte,[40] ein etwa sechsbändiges Werk zu den alten jiddischen Bibelübersetzungen, von dem etwa ein Drittel im Manuskript vorlag (also war er vermutlich noch nicht bis zum 17. Jahrhundert vorgedrungen). Diese Arbeit ist nie vollendet worden, und Prilutskis Manuskripte sind offenbar verschollen. Für des Rätsels Lösung (und für eine Charakterisierung der unterschiedlichen Übersetzungstechniken in den meisten Teilen beider Werke) kann man aber den erwähnten Aufsatz von E. Timm (1993) konsultieren.

Als Falkovitsh an seiner Grammatik arbeitete, lagen bereits zwei umfangreiche Untersuchungen zu den älteren jiddischen Übersetzungen vor: der Aufsatz von Leibowitz (1931) und das Buch von Wilhelm Staerk und Albert Leitzmann (1923).

Aus Witzenhausens Bibelübersetzung reproduziert Falkovitsh den Anfang der Seite 18v (zu 1R, cap. 3): die ersten 25 Zeilen der rechten Spalte. Es ist die berühmte Schlüsselszene des salomonischen Urteils, zu dem mehrere Zitate aus Blitz oder Witzenhausen oder aber aus beiden im Vergleich im Text angeführt werden. Die einzeln zitierten Stellen sind in der folgenden zeilengetreuen Transkription hervorgehoben.[41]

[18va] gėwinėn . do hot di' dosigė frau' auch gėwunėn . un` mir seinėn alain .
es is̱ kain fremdėr mit uns in dem hous̱ . nei'ėrt mir zwai'
seinėn in dem hous̱ : יט[19] un` der sun fun der dosigė frau' is̱
gėštorbėn bei'-nacht . den si' hot ouf im gėlegėn : כ[20] un`
si' is̱ ouf-gėštandėn in der nacht . un` si' hot meinėn sun gėnumėn fun
bei' mir . un` **deinė dinst-maid hot gėschlofėn** . un` hot in gėlėgt
in ir schȯs̀ . **un` irėn tȯtėn sun hot si' gėlėgt in meinėn schȯs̀** : כא[21]
un` ich bin das morgėns ouf-gėštandėn meinėn zu seigėn . un` nun er
is̱ tȯt . **un` ich hab gėpriv̄t** un` gėlugt zu im . un` nun es war
nit mein sun den ich gėwunėn hab : כב[22] do šprach di' andėrė
frau' nain den mein sun is̱ der lebėndigė . un` dein sun is̱ der tȯtė .
un` di' dosigė sagt main . nei'ėrt dein sun is̱ der tȯtė . un` mein sun
is̱ der lebėndigė . un` si' rėdėtėn aso zu-for dem kinig : כג[23] do
šprach der kinig di' dosigė sagt . der lebėndigė is̱ mein sun . un`
der totė is̱ dein sun. un` di' dosigė sagt nain . nei'ėrt dein sun dȧs is̱
der totė . un` mein sun is̱ der lebėndigė : כד[24] do šprach der
kinig . nemt zu mir ain schwert . un` si' brachtėn das schwert

40 Vgl. *Literarishe bleter* 1931: 331.

41 Diese Seite – im Rahmen einer Digitalisierung des ganzen Buches – kann man hier finden: <https://www.digitale-sammlungen.de/de/view/bsb11119905?page=264, 265>. Vgl. cxviii und 67 in diesem Band.

> zu-far den kinig : כה[25] do šprach der kinig . špalt das lebėndig kind zu zwai' tail . un` gebt di' helft zu ainėr . un` di' helft zu ainėr : כו[26] **do šprach di' frau' . das der lebėndigė sun ir war** . zu dem kinig . den ir der-barmighait hot sich der-hizt übėr irėn sun . un` šprach gėnod mein her . **gebt ir das lebėndigė kind** . un` nit ir solt es tėtėn . un` di' dosigė sagėt **auch zu mir . auch zu dir sol es nit sein** . špalt es : כז[27] do entwort der kinig . un` šprach **gebt ir das lebėndig** [...]

In der nun folgenden Liste werden die Zitate in der Reihenfolge ihres Vorkommens in Falkovitshs Grammatik vorgestellt und nach Möglichkeit mit Nachweisen versehen, allerdings werden Einzelwortbeispiele, die lediglich die Entwicklung der Graphien zeigen und mehrfach begegnen, stillschweigend übergangen.

§10 [Ct 4,10] *Bliz*: wi' gar schėn is̱ dein libschaft mein schwestėr . auch brout . – *Wizėnh`*: wi' gar schėn is̱ deinė größė freindschaft . mein schwestėr (libe̱) cale̱) – [Ps 104,19] *Bliz*: er hot di' mȯnt bėschafėn . far di' gėseztė hȯchzeitėn – *Wizėnh`*: er hot di' (lėv̄one̱) bėschafėn zu den (jȯmim-tȯv̄im).

Die danach erwähnten verschiedenen Schreibweisen von °Mond (*mont, m'ȯnt mon, monėt, monėd*) habe ich bei *Bliz* nicht verfolgt. Das *Wizėn-housėn*-Zitat *si' werdėn dich ferchtėn . aso lang as̱ di' sun un` aso lang der mȯnat werdėn sein* weist Falkovitsh selbst als Ps 72,5 nach.

§53 werden typische ältere jiddische Graphien anhand von Einzelwortbeispielen thematisiert.[42] Dazu kommen in den Fußnoten einige (lediglich mit dem Kurztitel eines Werks nachgewiesene) illustrative Mehrwort-Zitate. Hierzu seien die Stellenangaben ergänzt: [Nr. 1, Fn.:] (*Lekaḥ-tȯv̄*) zu Ps 75,2: si habėn dėr-zėlt – Für das Zitat aus der gereimten Einleitung, vgl. oben. – (*El. B.* Ps 19,6) er vrait sich as̱ ain štȧrkėr – [Nr. 2, Fn.:] *mein vreind hot gėbotėn uns̱ zu bou'ėn* ist ein gekürztes Zitat zu einem Wort aus dem Hohenlied (דודי); (*Bė'er-Moše̱* zu Ct 6,2): mein freind hakodeš-boruch-hu' er is̱ gėnidėrt zu seinėm gartėn un` hȯt gėbotėn uns̱ zu bou'ėn das bėss-hamikdeš – (*Wizėnh`* Gn 37,34) er trou'ėrt ouf seinėn sun fil teg – (*Wizėnh`* Gn 38,35) nei'ėrt ich werd nidėrėn trou'ėrig zu meinėm sun – (*Wizėnh`* Gn 38,32) un` si' schiktėn den rok fun fil-ėrlai' farbėn. – [Nr. 2, Fn.:] (*Wizėnh`* Ps 19,6) er

[42] Die beigefügten Erklärungen sind wohl ausreichend; für ein vollständiges Panorama der älteren jiddischen Schreibweisen und Erklärungen der Entwicklungen und Sonderfälle kann man bei Timm 1987 nachschlagen.

frai'ėt sich gleich as̱ wi' ain štarkėr held – (*Bliz* Ct 3, 11) gėt ous un' schou'ėt, ir techtėr – (*El. B.* Ps 7, 16) ain grub' er grabt – (*Wizénh'* Ps 7, 16) er falt in di' grub – (*Wizénh'* – nicht eruiert) er hot si' ous-gėgrabėn – (*Lekaḥ-tóv̄* Ps 55, 18) un' ich tu' brumėn. – [Nr. 3, Fnn.:] (*Bė'er-Mošeַ*) er sȯl gėweltigėn (Gn 3, 16) – du hȯst gėjagt nȯch mir (Gn 31, 36) – ich wil tun ȯdėr ich wil machėn (Gn 2, 18). – (*Wizénh'*) un' irėn tȯtėn sun hot si' gėlėgt in meinėn schȯs̈ (1K 3, 20) – secht den kinig [...] mit der krȯn (Ct 3, 11). – (*El. B.*) er valt in di' grub' (Ps 7, 16) – du hȯst vėr-sucht mein herz (Ps 17, 3). – (*Bė'er-Moše̱* Gn 19, 21) ich hȯb vėrtragėn. – [Nr. 4, Fn.:] (*El. B.* Ps) er wert künigėn (146, 10) – wer geb mir vlügėl as̱ ain toub so wolt ich vlihėn (55, 7) – hüt dein zung fun bös̱ (34, 14) – un' si' werėn vrölichėn (5, 12) [allerdings in der Erstausgabe: *un' si' werén vrȯ-lȯkėn*] – [Nr. 4 Anm.:] ker ab' fun bös̱ un' tu' gut süch vrid (34, 15) – [Nr. 5, Fn.:] du hȯst gėlȯütėrt mich (17, 3) – du hȯst zu-brochėn al sein möü'ėrn (*Bė'er-Moše̱* Ps 89, 41) – [Nr. 6, Fn.:] (*Bliz* Gn 24, 13) ich štė' hi bei' dem waßėr-brunėn – (*Bė'er-Moše̱* Gn 32, 18) er wert bėgegėnėn di[r] – (*Wizénh'* Ps 19, 11) si' seinėn gėlustigėr mėn wedėr gold – [Nr. 6 Anm.:] (*Wizénh'* Ps 22, 13/14) si' habėn irėn munt kėgėn mich ouf-gėšpert. – [Nr. 7, Fn.:] (*Bliz* Gn 38, 35) ich wer mit laid nidėrėn in di' grub zu meinėm sun – (*Bė'er-Moše̱* Ct 7, 12) gė' zu dir mein vreint – (*El. B.* Ps 119, 25) si' bėheft sich zu der erdėn mein leib'. – [Nr. 8, Fn.:] (*El. B.* Ps 55, 18) ȯv̄ėnt un' mȯrgėn un' mitȧg ich rėd un' ich brum – (*Wizénh'* Ps 17, 3) du' host mein herz gėpriv̄t – (*El. B.* Ps 17, 3) du' host gėv̄undėn. – [Nr. 9:] (*Bė'er-Moše̱*, Einleitung)[43] ich hab es̱ var mich un' meinė kindėr lȯs̈ėn drukėn – (*Lekaḥ-tóv̄*, Einleitung) ich wer das̱ s̈efer kainėm schenkėn – (*Bliz* 1K 3, 26) gibt ir dȧs̱ lebėdigė kind – (*El. B.* Ps 19, 6) un' er is̱ as̱ ain ḥossen der do gėt ous̱ fun seinėr ḥupe̱. – [Nr. 11, Fn.:] (*El. B.* Ps 77, 5) du host bėgrifėn – du tust bėgreifėn (*Lekaḥ-tóv̄* Ps 77, 5) – (*Wizénh'* Ct 7, 11/12) mir welėn hin-ous-gėn ouf das feld – (*El. B.* Ps 55, 5) mein herz es zitėrt in zwischėn mir – (*Lekaḥ-tóv̄* Ps 23, 4) si tun tröstėn mich – (*Wizénh'* 1K 3, 20) deinė dinst-maid hot gėschlofėn. – [Nr. 11, Anm.:] du must widėr-kerėn (*Bė'er-Moše̱* Gn 3, 19) – es is̱ kain fremdėr mit uns in dem hous̱ (*Wizénh'* 1K 3, 18).

§55 Vergleichsbeispiele: 1. ir vėr-schemt (*El. B.* Ps 14, 6) / ir far-schemt (*Wizénh'*) – 2. gė'... mein vreint (*Bė'er-Moše̱* Ct 7, 12) / gė' mein freind (*Wizénh'* »7, 11«) – 3. hȯst tun vėr-wechs̈ėln (*Anschėl* Gn 31, 41) / host [...] far-weks̈ėlt (*Wizénh'*).

[43] Dieser Satz der הקדמה [*hakdome̱*] fehlt nicht selten in den Nachdrucken, ist aber bei Zinberg 1935, 414f vorhanden.

§84 Fn.: (*Wizénh*` Ps 19,11) si' seinėn gėlustigėr mėn wedėr gold un` mėn wedėr fil gim-gold / (*El. B.*) si sein gėlustigėr mėn wen gȯld un` mėn wen gim vil.[44]

§104 Nr. 14, Fn.: Die hier zu illustrierende Schreibweise *gė-* in *gėleich* findet sich nicht in allen Ausgaben. Die Zitate stammen aus Ct 2,6 bzw. 2,9 (letzteres in gekürzter Form – hier transkribiert nach dem Frankfurter digitalen Exemplar GJ 924, II-IVa/b [unnumm. 41v, Abb. 75]): [2,6] [...] der hot mir gleich gėmȧcht di weg [...] – [2,9] דומה דודי לצבי asȯ šprachėn Jiśro'el: »er is̱ gleich mein freind HK``BH mit eilung dėr gė'ulẹ zu ainėm hirschėn odėr zu ainėm rėch der hindėn, di' do bėhend lȧfėn, das̱ is̱ hakodeš-boruch-hu' [...].«

§106 (*El. B.* Ps 34,11 [?]) un` nit felėn kainėr-lai' dingėn.[45]

§168 Anm., Fn.: (*Wizénh*` 1K 5,10) un` di' klughait fun (Šlomẹ) di' war greßėr mėn as̱ al di' klughait fun den kindėr fun (mis̱reḥ) un` mer as̱ al di' klughait fun (Mizrajim). – [Fn.:] (*Lekaḥ-tȯv̄* Ps 18,2) ich hab lib dich – (*Lekaḥ-tȯv̄*, Einleitung) itlichėr wert das̱ ṡefer habėn hȯlt.

›Dubletten‹ bei M. Särtels, bes. *Bė'er-Mošẹ*: vrucht j``o ȯps (Gn 1,11) – er sȯl vlihėn ȯdėr schwebėn (Gn 1,20) – der do leitėrt ȯdėr scherfėt (Gn 4,22) – bėheltnis ȯdėr fėr-birkniṡ (Gn 43,23) – fil j``o gėnugėn (Gn 46,28) – ich wil ton ȯdėr ich wil machėn (Gn 2,18).

§201 Anm. 2: (für das Zitat aus *M.A.*, vgl. oben §8) – un` gėfegėl sol fligėn (*Bliz* Gn 1,20).

§209 werden am Ende *Bliz* und *Wizénh*` bezüglich des Genus mancher Substantive kontrastiert: 1. das štim meinės freind das klopft / di' štim fun meinėm freind di' klopft (Ct 2,8) – 2. ich hab mein hemd ous-gėzogėn wi' sol ich im widėr an-zihėn / ich hab mein hemd ous-gėzogėn . wi' sol ich es widėr an-klaidėn (Ct 5,3).

§217 Anm. 2: (*Wizėn-housėn* in der zugehörigen Fn.) (*Bė'er-Mošẹ* Ct 2,9) er is̱ gėleich mein vreind [...] zu ainėm hirschėn / (*Wizénh*`) mein freind is̱ gleich as̱ wi' ain hirsch – (*Bė'er-Mošẹ* Ct 2,12) un` štim der turkėl-toubėn is̱ wordėn gėhert in unsėrėm land / (*Wizénh*`) un` di' štim fun der turtėl-toub is̱ wordėn gėhert in unsėrėm land.

§225 (*El. B.* Ps 22,14) si hȧbėn gė'ėfėnt ouf mich ir mund – (*Bė'er-Mošẹ* Ct 2,6) er schikt var mich den oren – (*Bė'er-Mošẹ* Ct 1,4) nȯch dir mir welėn lafėn in di midber – (*Wizénh*` Ruth 2,2) ich wil izundėrt in das feld gėn.

44 Zum hier behandelten Wort *gimgold*, vgl. Timm 2005 s. v.

45 Das ist vermutlich Ps. 34,11, allerdings nicht in der Übersetzung Elias (*nit si gėbrechėn kainėr-l[ai]' gut'*). Woher das Zitat in der von Falkovitsh zitierten Form stammen mag, konnte ich nicht ermitteln.

§227 (Parallelen aus *Wizénh`* zum Teil in den Fnn.): (*El. B.* Ps 11, 1) vėr-wagėl fun öürėn bergėn wi' ain v̄ögėl / (*Wizénh`*) far-wagėlt zu eirėm berg [gleich as̱ wi'] ain fögėl – (*Bė'er-Moše̱* Ct 2, 9) er lugt fun den venstėrn / (*Wizénh`*) er kukt fun den fenstėrn – (*Bė'er-Moše̱* Ct 7, 11[/12]) mir welėn übėr-nechtigėn in derfėrėn / (*Wizénh`*) mir welėn in den derfėr übėr-nechtigėn – (*Bliz* Gn 37, 26) do šprach Jėhude̱ zu seinė bridėrn / (*Wizénh`*) un` (Jėhude̱) šprach zu seinė bridėr.

§237 (Jes 30, 26) werden wieder die Übersetzungen von *Bliz* und *Wizénh`* kontrastiert: 1. un` dås licht dėr mon wert sein gleich alės dås licht dėr sun / un` das licht fun der lėv̄one̱ wert sein as̱ das licht fun der sun – 2. (Pv 4, 24) sei' das far-krimėnuš das mouls fun dir ab-ton / tu' ab fun dir di' far-krimung v̄un dem moul – 3. (Gn 24, 15) do kam arous̱ Riv̄ke̱ di' tochtėr Bėssu'el . der ain sun fun Malce̱ war welchė Naḥörs Av̄rohoms brudėrs weib war un` nun . (Riv̄ke̱) di' do is̱ worėn gėborėn zu (Bėssu'el) dem sun fun Malce̱ . di' hous̱-frau' fun Naḥör . der brudėr fun (Av̄rohom) ging ous.

So auch **§252** (nach einem ersten *Wizén-housén*-Zitat), wo das hebräische Original in der Fußnote herangezogen wird: un` si' namėn den rok fun (Jöšef) . un` si' schechtėtėn ain zigėn-beklein . un` tunktėn den rok ein in dem blut : un` si' schiktėn den rok ful fil-ėrlai' farbėn . un` si' brachtėn in zu irėm fatėr . un` si' sagėtėn das dosigė habėn mir gėfundėn . der-ken doch nun . öb es deinės suns rok is̱ ödėr nit : un` er der-kent si' . un` er šprach . es is̱ meinės suns rok ain bės̱ wild tir hot in ouf-gėgeßėn . gėwis is̱ (Jöšef) farzukt gėwordėn : un` (Ja'ėkov̄) zuriš seinė klaidėn . un` er tet ainėn sak an seinė lendėn un` er trou'ėrt ouf seinėn sun fil teg : un` al seinė sin un` al seinė techtėr štundėn ouf . [un` gingėn zu im] das si' in woltėn trėstėn . abėr er wolt sich [ganz un` gar . dorch-ous] nit losėn trėstėn . un` er šprach . nei'ėrt ich werd nidėrėn trou'ėrig . zu meinėm sun in di' grub (*Wizénh`* Gn 37, 31–35).

1. (Ct 5, 5) ich štund ouf / ich bin ouf-gėštandėn – 2. (Ct 5, 6) ich suchtėt im abėr ich fand im nit . ich rif im abėr er entfėrėt mir nit / ich hab in gėsucht abėr ich hab in nit gėfundėn . ich hab im gėrufėn abėr er hot mir nit gėentwort – 3. (Ct 5, 7) di' wechtėrs di' in der štat um-gingėn si' fandėn mich si' schlugėn mich si' far-wundėtėn mich di' wechtėrs ouf di' mou'ėrėn nåmėn mein zirung fun mir / di' wechtėr di' in der štat her-um gėn di' habėn mich gėfundėn . si' habėn mich gėschlagėn si' habėn mich far-wunt . di' hitėr fun der mouer habėn meinėn schlei'ėr fun mir gėnumėn. – 1. (*El. B.* Ps 55, 7) wer geb mir vlügėl as̱ ain toub / (*Wizénh`*) wer wolt mir gebėn fligėl gleich as̱ wi' ain toub – 2. (*Bliz* Gn 37, 26)

was helft uns̱ . dȧs̱ mir unsėrėn brudėr dėrschlogėn / (*Wizénh*`) was werdėn mir gėwinėn das mir unsėrėn brudėr tȯt schlogėn. – 1. (*El. B.* Ps 13,3) bis̱ wi’ lȧng sȯl sich dėr-hėbėn mein veind ouf mich / (*Bliz*) wi’ lang werdėn meinė feindėn ibėr mich er-hȯbėn sein – 2. (*Wizénh*` Ct 8,7) fil waßėr seltėn di’ libschaft nit kenėn ous-leschėn / (*Bliz*) fil waßėr werėn nit kenėn disė libschaft ous-leschėn – 3. (*Wizénh*` Gn 24,14) naig dein krug un` ich wil trinkėn / (*Bliz*) naigė deinėn krug un` los̱ micht trinkėn. – 1. (*El. B.* Ps 18,2) ich wil libėn dich / (*Lekaḥ-tȯv̄*) ich hab dich lib – 2. (*El. B.* Ps 80,4) un` mir wolėn werėn bėholfėn / (*Wizénh*`) asȯ werdėn mir gėholfėn werdėn – 3. (*El. B.* Ps 59,13) si mus̀ėn werėn bėgrifėn / (*Wizénh*`)si’ selėn bėzwungėn werdėn . – [Anm. 2:] 1. (*Bė’er-Mošẹ* Ct 6,1) mir welėn suchėn in mit dir un` welėn dir helfėn – 2. (*Wizénh*` Ct 7,1/[6,13]) widėr-ker . widėr-ker . du’ (Šulamiss)... un` mir welėn dich an-sehėn.

1. (*Bliz* Ct 7,11[/12]) losėn mir ibėr-nechtigėn in di’ derfėr / (*Wizénh*` 7,11/[12]) mir welėn in den derfėr übėr-nechtigėn – 2. (*Bliz* Gn 37,27) kumt lȯst uns̱ in den Jišmėʿelim fėr-kafėn / (*Wizénh*`) gėt un` mir welėn in far-kaufėn zu den (Jišmėʿelim) – 3. (*Bliz* Ct 6,1) wu-hin hot dein freind dȧs an-gėsicht gėwent um dȧs mir ainėn mit dir suchėn / (*Wizénh*`) wu hot sich dein freind hin-gėkert . un` mir welėn in mit dir suchėn.

§263 (*Lekaḥ-tȯv̄* Ps 119,25) ’ ist bėheft / (*El. B.* Ps) si’ bėheft sich.

§269 Nr. 8 werden Belege aus drei Psalmen-Übersetzungen parallelisiert, Elia Levitas (*El. B.*), Särtels Glossen im *Lekaḥ-tȯv̄* und *Wizėn-housėn*: 1. (Ps 22,20) eil / tu’ eilėn / eil – 2. (Ps 6,5) zich ous̱ / tu’ ous-zihėn / zi’ ous – 3. (Ps 55,5) es zitėrt / es̱ tut zitėrn / mein herz zitėrt – 4. (Ps 14,6) ir vėr-schemt / si’ tun vėr-schemėn / ir far-schemt – 5. (Ps 18,5) si’ hȧbėn der-schrekt mich / si hȯt tun dėr-schrekėn mich / ... habėn mich der-schrekt. – 1. (Ps 55,18) ich rėd un` ich brum / ich tu’ klagėn un`ich tu’ brumėn / ich wil bitėn un` ich werd brumėn – 2. (Ps 5,13) du um-ringėlst in / du tust um-ringlėn in / du’ werst in ... um-ringlėn – 3. (Ps 4,7) wer weis̱t uns̱ gutės / wer tut weisėn uns̱ gutės / wer wert uns was gutės losėn sehėn – 4. (Ps 23,4) si’ tröstėn mich / si’ tun tröstėn mich / si’ selėn mich trėstėn. – [Nr. 9:] (*El. B.* Ps 23,2 oder 78,31) er mȧcht höu’ėrėn – (*Bė’er-Mošẹ* Gn 24,11, *Anschėl*) er mȧcht kni’ėn – (*Anschėl* Gn 37,23) un` si mȧchtėn ous-zihėn – (*Anschėl* Gn 25,30) mach ein-schütėn in mich – (*Lekaḥ-tȯv̄* Ps 75,8) er mȧcht nidėrn – (*Bė’er-Mošẹ* Gn 37,23) un` si’ machtėn ous̱-zihėn – (*Bliz* Ps 75,8) er macht disėn far-nidėrėn – (*Wizénh*` Gn 24,11) un` er macht di kemlėch nidėr-knihėn – (*Wizénh*` Ct 7,9[10]) er macht di’ lefzėn fun den schlȯfėndigėn rėdėn.

§275 (*Anschėl* Dt 21, 2) un` si solėn meṡėn – (*El. B.* Ps 60, 8) sol ich meṡėn – (*Lekaḥ-tōv̄* [Jes 65, 7;] Ps 60, 8, [108, 8]) ich wil meßėn – (*Bliz* Ps 60, 8) wil ich ous-meßėn – (*Wizénh`* Ps 60, 8, [108, 8]) wil ich meṡėn.

§281 Nr. 6, Anm. 4: [Einige dieser Belege werden §290 wieder aufgenommen und mit den Entsprechungen aus *Wizénh`* und *Bliz* kontrastiert] – (*El. B.* Ps 40, 2) hȯfan ich hȯn gėhȯft – (*El. B.* Ps 118, 18) kėstigėn er hȯt gėkėstigt mich – (*Bė'er-Mošė̱* Gn 50, 24/25, Ex 13, 19) gėdenkėn er wert gėdenkėn – vindėn du werst vindėn (ebenfalls M. Särtels zugeschrieben; die gemeinte Stelle konnte ich in den mir zugänglichen Ausgaben der beiden in Frage kommenden Werke nicht identifizieren).

§283 (*Lekaḥ-tōv̄* Hiob 1, 5) er pflekt zu tun – (*Bė'er-Mošė̱* Gn 29, 3) un` si' flegėn ein-zu-samėln – (*Bė'er-Mošė̱* Gn 29, 3) un` [si'] pflegėn zu welgėrėn – (*Lekaḥ-tōv̄* Ps 107, 34) ain lȧnd dȧs̱ do pfligt zu wȧkßėn vrucht.

§290 Nr. 8: (*Bė'er-Mošė̱* Gn 27, 28) gėsehėn mir habėn gėsehėn – (*Bė'er-Mošė̱* Ex 22, 12) vėr-zukt er is̱ wordėn vėr-zukt – (*Bė'er-Mošė̱* Gn 40, 15) gėštȯlėn ich bin wohrėn gėštȯlėn – (*Lekaḥ-tōv̄* 2S 1, 6) bėgėgėnt ich bin wordėn bėgėgėnt.

1. (*El. B.* Ps 40, 2) hȯfan ich hȯn gėhȯft / (*Wizénh`*) ich hab ..., gėhoft / (*Bliz*) ich hab ... štark far-hȯft – 2. (*El. B.* Ps 118, 18) kėstigėn er hȯt gėkėstigt mich / (*Wizénh`*) der hot mich ser gėštroft / (*Bliz*) hot mich wȯl štark geštroft – 3. (*Bė'er-Mošė̱* Gn 50, 24/25) gėdenkėn er wert gėdenkėn / (*Wizénh`*) got wert eich gėwis gėdenkėn / (*Bliz*) wen eich got gėdenkėn wert – 4. (*Bė'er-Mošė̱* Gn 27, 28) gėsehėn mir habėn gėsehėn / (*Wizénh`*) mir habėn aigėntlich gėsehėn / (*Bliz*) mir sehėn mit sehėndigė augėn – 5. (*Bė'er-Mošė̱* Ex 22, 12) vėr-zukt er is̱ wordėn vėr-zukt / (*Wizénh`*) er is̱ gėwis far-zukt / (*Bliz*) er is̱ zu-riṡėn.

§325 (*Anschėl* Ps 19, 6) fun seinėr bėdenkung – (*El. B.* Ps 19, 7) v̄un seinėr hiz / (*Anschėl*) v̄ȯr seinėr hiz – (*El. B.* Ps 10, 6 u.ö.) in seinėm herzėn – (*El. B.* Ps 76, 7) fun deinėr an-schrei'ung – (*Bė'er-Mošė̱* Gn 32, 11) mit meinėm štab – (*Bė'er-Mošė̱* Ct 1, 6) fun meinėr mutėr – (*Bliz, Wizénh`* Gn 38, 35) zu meinėm sun – (*Bliz* Gn 37, 26) unsėrėn brudėr – (*Wizénh`* 1K 22, 10 [?]) [ouf] seinėm štul – (*Bliz* Gn 4, 9–10) sol ich den meinės brudėrs hitėr... di' štim fun deinės brudėrs blut schrei'ėt zu mir – (*Anschėl* 2S 2, 21) sein klaidėr – (*Anschėl* Jes 14, 25) mein berg – (*El. B.* Ps 34, 14) hüt [dein zung v̄un bös un`] dein lefzėn – (*Lekaḥ-tōv̄* Ps 122, 8) mein bridėr un` [mein] gėselėn – (*Bė'er-Mošė̱* Dt 32, 5) sein kindėr.

§332 Fn.: (*Wizénh`* Gn 37, 9) di' sun . un` di' (lėv̄onė̱) . un` eilf štern di'

naigtėn sich zu mir / (*Bliz*) di' sun un` di monėd. un` eilėf šternėn . naigėtėn sich får mir.

§245 Anm. 3, Fn.: (*Bė'er-Mošę* Ct 1, 6) den wein-gårtėn den zu mir den ich hab fun meinėn ov̄ess selt ich bilėch habėn gėhit den hab ich nit gėhit.

§380 Anm. mit Fn.: (*Bliz* 1K 3, 26) es sei' zu mir es sei' zu dir sol es nit sein / (*Wizénh`*) auch zu mir auch zu dir sol es nit sein .

§431 Nr. 3, Anm. 4 mit Fn.: (*El. B.* Ps 6, 11) si' sölėn werėn vėr-schemt un` werėn dėr-schrökėn sėr al meinė vveind / (*Wizénh`*) al meinė feind werdėn far-schemt un` ser der-schrokėn werdėn – (*Bė'er-Mošę* Ct 7, 13) mir welėn sehėn oub er blit der wein-štok / (*Wizénh`*) mir welėn sehėn oub der wein-štok hot gėblihėt – (*Bliz* Gn 49, 8) får dir werdėn si' sich bukėn . di' kindėr deinės fatėrs / (*Wizénh`*) deinės fatėrs kindėr selėn sich zu dir naigėn.

§485 (*El. B.* Ps 19, 6) er is̱ as̱ ain ḥossen der do gėt ous̱ fun seinėr ḥupę – (*Lekaḥ-töv̄* Ps 110, 3) di ma'ėśim di du höst gėhåt an dir in deinėr jugėnt – (*Bė'er-Mošę* Gn 48, 6) un` dein gėbirt das̱ du tust gėwinėn – (*Wizénh`* Ps 7, 16) er falt in di' grub di' er gėmacht hot – [Anm.:] (*Bliz* 1K 3, 26) do sagt di' frau' welchė dås̱ ir sun lebėndig war – (*Bliz* Gn 24, 14) wen nun ain jung-frau' kumt zu welchėr ich wer sagėn naigė deinėn krug [...].

§491 1. (*Lekaḥ-töv̄* Ps 107, 34) ain lånd dås̱ do pfligt zu wåkßėn vrucht / (*Bliz*) das frucht-bar land / (*Wizénh`*)ain fruchtbar land – 2. (*El. B.* Ps 22, 13–14) si håbėn gė'ėfėnt ouf mich ir mund as̱ ain lėb' der do vėr-zukt un` schreit / (*Bliz*) si' habėn ir moul kegėn mir ouf-gėšpart (gleich) ain far-zuk-haftigėr un` brilėndigėr lėb / (*Wizénh`*) si' habėn irėn munt kėgėn mich ouf-gėšpert [gleich as̱ wi'] ain brülėndigėr lėb der do far-zukt .

§528 Nr. 8: (*El. B.* Ps 55, 5) mein herz es zitėrt in zwischėn mir – (Ps 23, 4) dein rut un` dein štab si' tröstėn mich – (*Bė'er-Mošę* Ct 2, 6) un` sein rechtėn hånt di' tet halsėn mich – (*Wizénh`* Gn 4, 10) di' štim fun deinės brudėrs blut si' schrei'ėt.

Zitierte Werke

Aptroot, Marion, 1993: »In galkhes they do not say so, but the taytsh is as it stands here«: Notes on the Amsterdam Yiddish Bible Translations by Blitz and Witzenhausen. In: *Studia Rosenthaliana* 27: 136–158.

Baum-Sheridan, Jutta, 1996: *Studien zu den westjiddischen Estherdichtungen.* Hamburg: Buske.

Ben Zvi, Itzhak, 1952/3 בן צבי, יצחק (עורך): **גרשון בן אליעזר סגל, גלילות ארץ ישראל**. ירושלים: מוסד הרב קוק.

CB = Steinschneider, Moritz, 1852–1860: *Catalogus Librorum Hebraeorum in Bibliotheca Bodleiana*. Berlin. [Nachdruck Hildesheim: Olms, 1964].

Elyada, Aya, 2012: *A Goy Who Speaks Yiddish. Christians and the Jewish Language in Early Modern Germany*. Stanford: Stanford University Press.

Erik, Maks, [2]1929 מאַקס, עריק: **די געשיכטע פון דער יידישער ליטעראַטור פון די עלטסטע צייטן ביז דער השכלה־תקופה**. וואַרשע: פארלאג קולטור־ליגע.

Frakes, Jerold, 2004: *Early Yiddish Texts 1100–1750*. Oxford: Oxford University Press.

Grünbaum, Max, 1882: *Jüdischdeutsche Chrestomathie*. Leipzig: Marcus. [Nachdruck Hildesheim: Olms 1969].

Gruschka, Roland, 2007: *Übersetzungswissenschaftliche Aspekte von Mendel Lefin Satanowers Bibelübersetzungen*. Hamburg: Buske.

Güdemann, Moritz, 1888: *Geschichte des Erziehungswesens und der Cultur der abendländischen Juden während des Mittelalters und der neueren Zeit*. 6 Bde., Bd. 3. Wien: Hölder.

Ders., 1891: *Quellenschriften zur Geschichte des Unterrichts und der Erziehung bei den deutschen Juden: Von den ältesten Zeiten bis auf Mendelssohn*. Berlin: Hofmann.

Ders., 1922: Gideman, M[orits] גידעמאן, מ[אָריץ]: **אידישע קולטור־געשיכטע אין מיטל־אַלטער**. אידיש – נחום שטיף. בערלין: כלל־פאַרלאַג.

Gutschow, Mirjam, 2007: *Inventory of Yiddish Publications from the Netherlands: c. 1650 – c. 1950*. Leiden: Brill.

Heide, Gernot, 2017: *Mircevess hamischne des Rabbi Anschel, Krakau um 1534, Nach dem Tenakh geordnet, mit deutschsprachigen Entsprechungen und einem Wörterverzeichnis*. Hamburg: Buske.

Kaufmann, David, 1896: *Die Memoiren der Glückel von Hameln*. Frankfurt a. M.: J. Kauffmann.

Kühn-Ludewig, Maria, [2]2018: *Jiddische Bücher aus Berlin (1918–1936). Titel, Personen, Verlage*. Nümbrecht: Kirsch-Verlag.

Leibowitz, Nechama, 1931: Die Übersetzungstechnik der jüdisch-deutschen Bibelübersetzungen des XV. und XVI. Jahrhunderts dargestellt an den Psalmen. In: *Beiträge zur Geschichte der deutschen Sprache und Literatur* (PBB) 55: 376–463.

literarishe bleter, 1931 ליטעראַרישע בלעטער: דרייסיק יאָר ליטעראַרישע טעטיקייט פון נח פרילוצקי (פון אַ שמועס מיט דעם חשוב[ן] בעל־היובל). אין: **ליטעראַרישע בלעטער** (וואַרשע) 18, 1טער מײַ 1931: 329–332.

Neuberg, Simon, 2002: Reimstudien zur jiddischen Midrasch-Epik. In: Jürgen Jaehrling, Uwe Mewes und Erika Timm, Hg., *Röllwagenbüchlein, Festschrift für Walter Röll zum 65. Geburtstag*. Tübingen: Niemeyer, 391–409.

Ders., 2004: Wie Gott im »*Schmu'el-buch*«. In: *Jiddistik-Mitteilungen* 31: 11–15.

Ders., 2008: Noch mehr Reime im »*Schmu'el-buch*«. In: *Jiddistik-Mitteilungen* 39: 12–16.

Prijs, Joseph, Hg., 1964: *Die Basler hebräischen Drucke (1492–1866)*. Ergänzt und herausegegeben von Bernhard Prijs. Olten: Urs Graf Verlag.

Prilutski, Noyekh, 1917 פּרילוצקי, נח: **נח פּרילוצקיס זאַמלביכער פֿאַר יידישן פֿאָלקלאָר, פֿילאָלאָגיע און קולטור־געשיכטע**. ב׳ 2, טייל 1: ליטעראַטור־געשיכטע און פֿאָלקלאָר. וואַרשע: נײַער פערלאַג.

Ders., 1920 פּרילוצקי, נח: **צום ייִדישען וואָקאליזם. עטיודן**. ב׳ 1. וואַרשע: נײַער פערלאַג.

Rubashov, Zalmen, 1929 רובאַשאָוו, זלמן: ייִדישע גבֿיות־עדות אין די שאלות־ותשובֿות פֿון אָנהייב 15 ביזן סוף 17 י״ה. אין: **היסטאָרישע שריפֿטן** 1: שפּ׳ 115–196.

Shmeruk, Chone, 1981 שמרוק, חנא: **ספרות יידיש בפולין**. ירושלים: מגנס.

Shtif, N[okhem], 1928 שטיף, נ[חום]: צו דער היסטאָרישער אנטוויקלונג פון יידישן אויסלייג. אין: **די יידישע שפּראַך** (קיִעוו) 1–2 (8–9), יאַנואַר–אַפּריל 1928: שפּ׳ 33–60.

Šmu'el-buch = Falk, Felix, und L. Fuks, Hg., 1961: *Das Schemuelbuch des Mosche Esrim Wearba. Ein biblisches Epos aus dem 15. Jahrhundert*. Einleitung und textkritischer Apparat von Felix Falk. Aus dem Nachlaß hg. von L. Fuks. 2 Bde., Bd. 1: Einleitung und Faksimile der Editio princeps, Augsburg 1544. Bd. 2: Textkritischer Apparat. Assen: Van Gorcum.

Spivak, E[lye], 1934 ספּיוואַק, ע. [אליה]: וועגן דעהעבֿרייִזאַציע און וועגן דעם העבֿרייִשן עלעמענט׳ אינ ייִדיש. אין: **אַפֿן שפּראַכפֿראָנט** (קיִעוו), זאַמלונג 2, 3–22.,

Staerk, Wilhelm, und Albert Leitzmann, 1923: *Die jüdisch-deutschen Bibelübersetzungen von den Anfängen bis zum Ausgang des 18. Jahrhunderts. Nach Handschriften und alten Drucken dargestellt*. Frankfurt a. M.: Kauffmann 1923. [Nachdruck Hildesheim: Olms 1977]

Steinschneider, Moritz, 1905: *Die Geschichtsliteratur bei den Juden in Druckwerken und Handschriften*. Frankfurt a. M.: J. Kauffmann.

Ders., 1852–1860: s. CB.

Timm, Erika, 1987: *Graphische und phonische Struktur des Westjiddischen unter besonderer Berücksichtigung der Zeit um 1600*. Tübingen: Niemeyer.

Dies., 1993: Blitz and Witzenhausen. In: Bartal, Israel, Esra Mendelsohn and Chava Turniansky, eds., *Studies in Jewish Culture in Honour of Chone Shmeruk*. Jerusalem: The Zalman Shazar Center for Jewish History, 39–66.

Dies., 1996: *Paris un Wiene. Ein jiddischer Stanzenroman des 16. Jahrhunderts von (oder aus dem Umkreis von) Elia Levita*. Eingeleitet, in Transkription herausgegeben und kommentiert von Erika Timm unter Mitarbeit von Gustav Adolf Beckmann. Tübingen: Niemeyer.

Timm, Erika, 2005: *Historische jiddische Semantik*. Tübingen: Niemeyer.

Turniansky, Chava, 2006, ed.: *Glikl. Memoires 1691–1719*. Edited and translated from the Yiddish by Chava Turniansky. Jerusalem: The Zalman Shazar Center for Jewish History.

Turniansky, Chava, and Erika Timm, 2003: *Yiddish in Italia. Yiddish Manuscripts and Printed Books from the 15th to the 17th Century*. With the collaboration

of Claudia Rosenzweig. Milano: Associazione Italiana Amici dell'Università di Gerusalemme.

Ulmer, Rivka, 2001: *Turmoil, Trauma and Triumph: The Fettmilch Uprising in Frankfurt am Main (1612–1616) According to Megillas Vintz.* A Critical Edition of the Yiddish and Hebrew Text including an English Translation. Frankfurt a. M.: Peter Lang.

Wagenseil, Johann Christoph, 1699: *Belehrung der Jüdisch-Teutschen Red- und Schreib-Art.* Königsberg: Rhode 1699.

Weinreich, Max, 1923: ווײַנרײַך, מאַקס: **שטאַפּלען. פיר עטיודן צו דער יידישער שפּראַכ־וויסנשאַפט און ליטעראַטורגעשיכטע.** בערלין: וואָסטאָק.

Ders., 1973 ווײַנרײַך, מאַקס: **געשיכטע פֿון דער ייִדישער שפּראַך.** 4 בענדער. ב׳ 2. ניו־יאָרק: ייִדישער וויסנשאַפֿטלעכער אינסטיטוט – ייִוואָ. [Englische Übersetzung: *The History of the Yiddish Language.* Ed. by Paul Glaser, trans. by Shlomo Noble. New Haven, London: Yale University Press, 2008].

Ders., 1993 [1923]: *Geschichte der jiddischen Sprachforschung*, hg. v. Jerold C. Frakes. Atlanta: Scholars Press. [Diss., Universität Marburg, 1923, unter dem Titel: *Studien zur Geschichte und dialektischen Gliederung der jiddischen Sprache. Erster Teil: Geschichte und gegenwärtiger Stand der jiddischen Sprachforschung*].

Zinberg, Israel, 1935 צינבערג, ישראל: **די געשיכטע פון דער ליטעראַטור ביי יידן.** ב׳ 6. ווילנע: פאַרלאַג „טאָמאָר“.